三　代　考　古

（九）

中国社会科学院考古研究所
夏商周考古研究室　编

科　学　出　版　社
北　京

内 容 简 介

本书是中国社会科学院考古研究所夏商周考古研究室编辑的关于三代考古研究的论文集。第九集包括考古新资料，理论探索，历史、考古与文化，手工业研究，学术史，考古方法与技术，文化遗产保护与利用七个板块，收录了该研究室在职人员和中外其他科研单位学者的论文45篇。

本书适合文物考古、历史、古文字等方面的专家学者及相关专业的师生参考、阅读。

图书在版编目(CIP)数据

三代考古. 九 / 中国社会科学院考古研究所夏商周考古研究室编. —北京：科学出版社，2021.9

ISBN 978-7-03-069848-3

Ⅰ.①三… Ⅱ.①中… Ⅲ.①文物－考古－中国－三代时期－文集 Ⅳ.①K871.3-53

中国版本图书馆CIP数据核字（2021）第190724号

责任编辑：雷 英 董 苗 / 责任校对：邹慧卿
责任印制：肖 兴 / 封面设计：张 放

科学出版社 出版
北京东黄城根北街16号
邮政编码：100717
http://www.sciencep.com

中国科学院印刷厂 印刷

科学出版社发行 各地新华书店经销

*

2021年9月第 一 版 开本：787×1092 1/16
2021年9月第一次印刷 印张：48 1/2 插页：11
字数：1138 000

定价：268.00 元

（如有印装质量问题，我社负责调换）

目　录

考古新资料

理论探索

历史、考古与文化

手工业研究

学　术　史

考古方法与技术

文化遗产保护与利用

考古新资料

邯郸北羊井遗址调查记

段宏振

（河北省文物考古研究所）

自2004年冬邯郸赵王城遗址考古工作开展以来，我们曾多次在周边附近地区进行考古调查，发现多处新石器时代至战国时期的遗址。2012年夏，在赵王城遗址考古发掘期间，我们调查并抢救清理了北羊井村东取土场区暴露的文化遗存，之后又在北羊井村西及其周边的蔺家河、大隐豹等地做了一些调查和复查。本文即有关调查和清理情况的简报。

一、北羊井遗址

（一）遗址概况

北羊井村位于今河北省邯郸市区西南郊，东北距赵王城西城的西南角约9千米（图一）。北羊井遗址位于村东南100米左右、渚河北岸的台地上，以往调查采集到少量商代陶片，初步判定这是一处商代遗址，面积约5万平方米。

2012年夏，我们在赵王城遗址考古发掘期间，偶尔闻听村民说起北羊井村东正在大规模取土，遂立即赶到施工现场查看。取土场已暴露一些灰坑，陶器残片随处可见，可能为遗址核心区域。当即报告有关文物保护部门，随即着手抢救性清理。当时施工现场已将1米多厚的表土铲去，我们的工作方法是清理那些已暴露的残存灰坑。经过两天多时间的工作，清理残灰坑12个、残墓1座，出土大量陶片遗物，时代包括龙山、先商、商代、西周和东周等多个时期。

北羊井遗址所在的渚河北岸台地，土质较好，地表为农田。根据取土现场挖掘所形成的断崖剖面观察，耕土层之下即为厚0.5—1米左右的灰色文化层堆积，一些灰坑的底部距现地表深2米左右。挖掘取土之后的地表可以看到许多圆形、近圆形或不规则形坑口，土色呈灰黑色，即为灰坑遗迹的残留。我们主要对这些残余灰坑进行了清理，由于地层关系已缺失，因此只能单纯根据出土遗物推定遗存的年代。根据现场情况分析推测，该遗址取土场范围内的文化堆积延续时间长，包含多个时期，但似乎以先商遗存分布较为普遍，其次是龙山和商代遗存，东周遗存只在局部地方存在。由于取土场正在挖掘作业中，考古清理工作是在施工时间与场地的间隙中穿插进行，许多灰坑破坏严重，故未能对灰坑形制作详细完整的资料记录，但力求对边界清晰的灰坑所出遗物尽量完全收集。因此本文对所有的灰坑形制及结构情况不再介绍，出土遗物按照灰坑单位进行叙述。

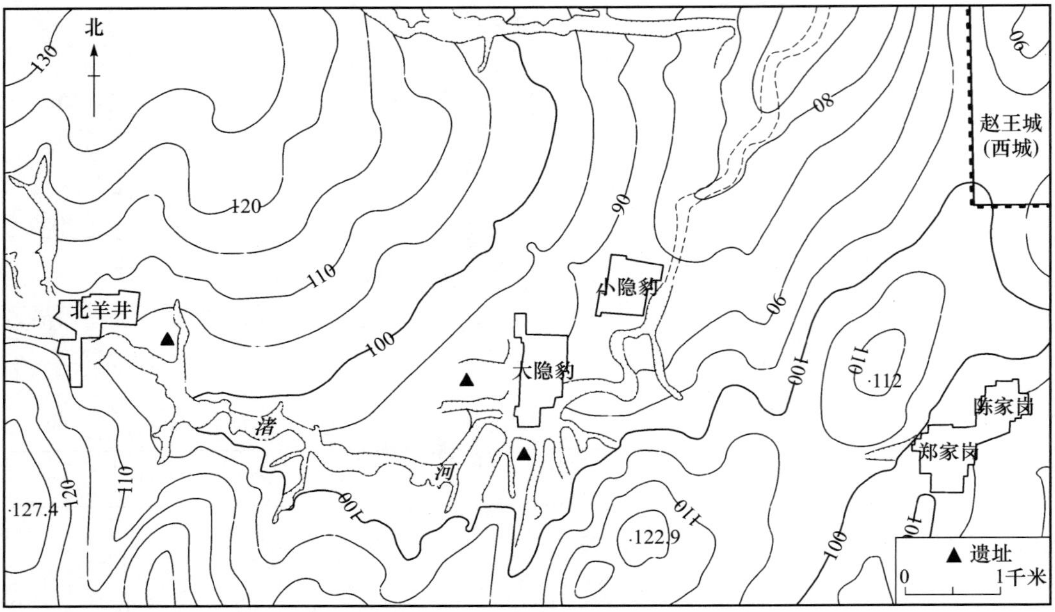

图一　北羊井遗址位置示意图

（二）龙山时代遗存

清理灰坑3座，其中H10和H7出土物较丰富。出土遗物主要是陶片，陶质分夹砂和泥质两类，其中夹砂陶约占67%，泥质陶约占33%。陶器颜色包括灰黑色、灰色和褐色。纹饰以绳纹为主，其次是素面，另有少量的篮纹和方格纹。如H10（表一）。夹砂陶器形主要有罐、瓮、盆、甗等。泥质陶器表多为素面，其次为弦纹，主要器形有圈足盘、器盖、盆、豆等。这里介绍两座出土陶片较多的灰坑。

表一　北羊井H10陶系统计表

纹饰＼类别	泥质				夹砂				合计	百分比（%）
	灰黑	灰陶	红褐	小计	灰黑	灰陶	红褐	小计		
粗绳纹	2	2	1	5	43	38	8	89	94	24.67
中绳纹					6	13	2	21	21	5.51

续表

类别 纹饰	泥质				夹砂				合计	百分比（%）
	灰黑	灰陶	红褐	小计	灰黑	灰陶	红褐	小计		
细绳纹		1		1	18	5		23	24	6.30
抹断粗绳纹			1	1	10	7	1	18	19	4.99
交错中绳纹					2			2	2	0.52
弦断篮纹						1		1	1	0.26
弦断粗绳纹					1			1	1	0.26
素面	38	65	9	112	1	62	12	75	187	49.08
篮纹					1	1		2	2	0.52
凹弦纹	3	2		5					5	1.31
方格纹	1			1	9	15		24	25	6.56
小计	44	70	11	125	91	142	23	256	381	100
百分比（%）	35.20	56.00	8.80	32.81	35.55	55.47	8.98	67.19	100	

1. H10

深腹罐　4件。H10：13，完整器，属于典型深腹罐。夹砂灰陶，深灰色泛黑，方唇，唇面有浅显凹弦纹。折沿，沿面上端有一周浅凹槽。弧鼓腹，小平底略内凹。沿下肩部有2厘米宽素面带，其下通体包括底部饰有麦粒状粗绳纹，上部竖行，下部斜行。口径21.6、通高31、底径9厘米（图二，17；图版一，2）。H10：14，口沿。夹砂灰陶，方唇，折沿，饰竖行麦粒状粗绳纹。口径16.4、残高7.6厘米（图二，4）。H10：15，口沿。夹砂灰褐陶，方唇，折沿，沿面有数道轮制凹弦纹痕迹，饰竖行麦粒状粗绳纹。口径20、残高10厘米（图二，1）。H10：16，方格纹残片。夹砂灰黑陶。残高4.75、宽7.9、厚0.3厘米（图二，7）。

小型深腹罐　3件。均完整。形制同上，唯有形制较小。H10：10，夹砂灰陶，深灰泛黑。圆唇，卷沿，弧鼓腹，小平底。肩部以下饰竖绳纹，较细密，近底部素面。口径10、通高15、底径7厘米（图二，11）。H10：11，泥质灰陶，素面。圆唇，窄折沿，弧鼓腹，小平底。口径10.5、通高14、底径6厘米（图二，13）。H10：9，泥质灰陶，素面。形制大致同H10：11。口径7.8、底径5.4、通高11.2厘米（图二，12）。

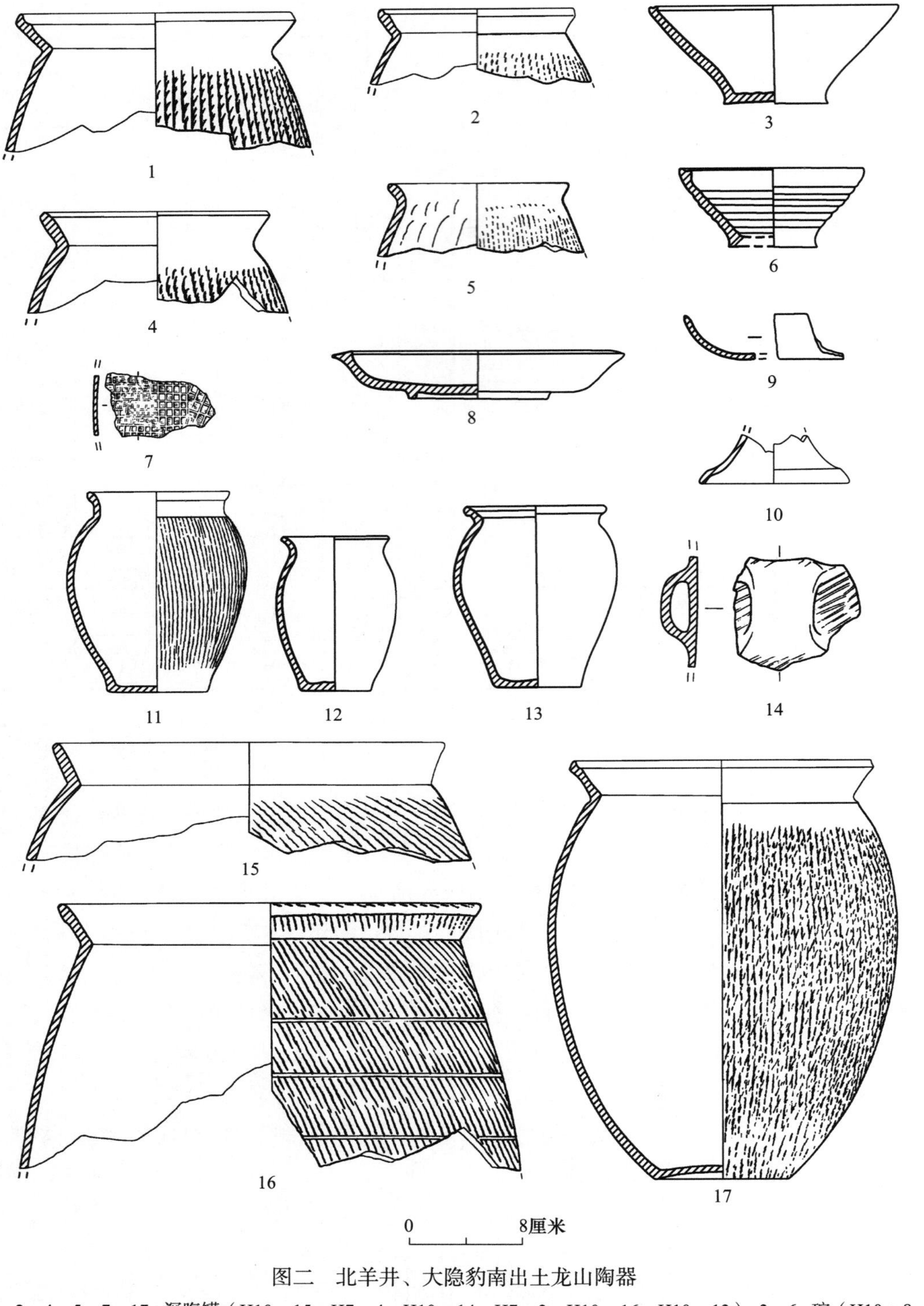

图二　北羊井、大隐豹南出土龙山陶器

1、2、4、5、7、17. 深腹罐（H10：15、H7：4、H10：14、H7：3、H10：16、H10：13） 3、6. 碗（H10：8、H10：7） 8. 盘（H10：5） 9、10. 豆（H10：4、H10：3） 11～13. 小型深腹罐（H10：10、H10：9、H10：11） 14. 小口瓮腹耳（H7：2） 15、16. 深腹罐（H22：5、H23：9）（15、16 为大隐豹南，余为北羊井）

甗 2件。H10：12，盆部。夹砂褐陶，手制，不规整。圆唇，敞口，斜腹，素面。口径20.8、残高16、腰部直径9.6厘米（图三，1）。H10：6，足部。夹砂灰陶，饰细绳纹。残高7.6厘米（图三，2）。

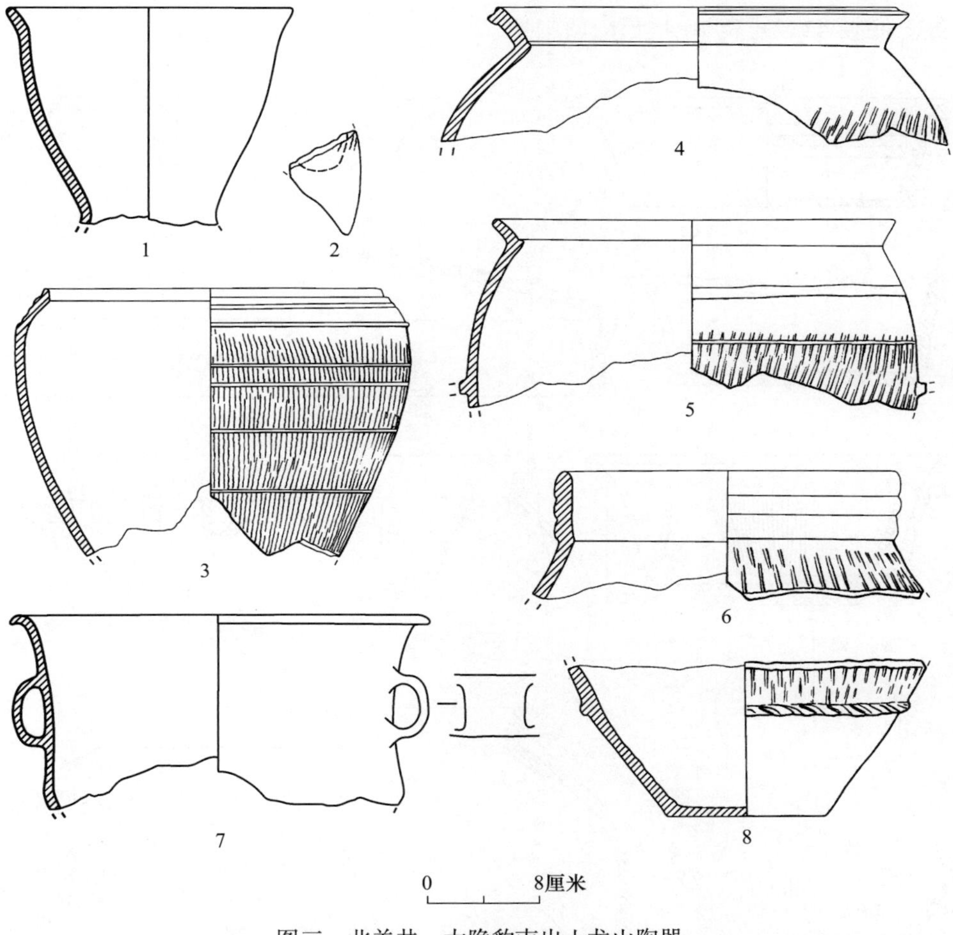

图三 北羊井、大隐豹南出土龙山陶器

1～3. 甗（H10：12、H10：6、H23：1） 4、5. 大口瓮（H23：4、H23：3） 6. 直领瓮（H22：2） 7. 盆（H23：5） 8. 瓮底（H22：3）（1、2为北羊井，余为大隐豹南）

平底盆 1件。H10：2，泥质灰黑陶。圆唇，大敞口，斜弧腹，大平底，素面磨光。口径26、底径16.8、通高9.2厘米（图四，3）。

盘 1件。H10：5，盘部。泥质灰陶，方唇，浅盘，素面磨光。口径20.8、底径9.8、残高3.6厘米（图二，8）。

豆 2件。H10：4，豆盘。圆唇，敞口，弧腹较深。泥质灰陶，素面磨光。残高3.3厘米（图二，9）。H10：3，豆座。泥质灰陶，素面磨光。底径10.5、残高3.6厘米（图二，10）。

碗　2 件。H10：8，泥质灰陶，素面。唇面一周深凹槽，斜腹，小平底。口径 18、底径 7.3、通高 7.2 厘米（图二，3）。H10：7，泥质灰陶，素面。唇面一周深凹槽，斜腹，小平底。口径 13、底径 6.1、通高 5.7 厘米（图二，6）。

器盖　1 件。H10：1，泥质灰陶，素面磨光。方唇，弧壁，饰有一周小凸棱，顶部弧鼓。底径 42、残高 10.4 厘米（图四，7）。

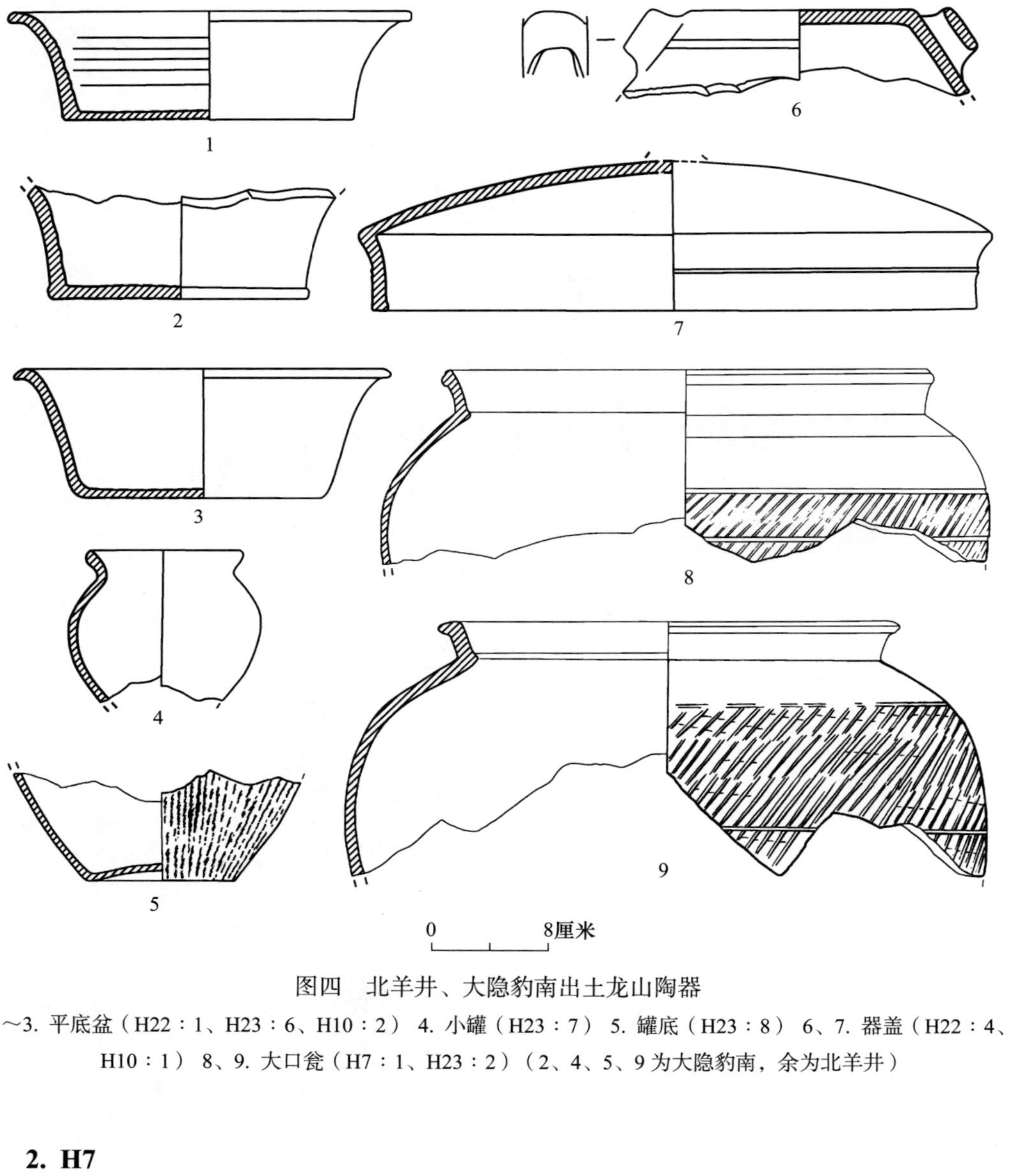

图四　北羊井、大隐豹南出土龙山陶器

1～3. 平底盆（H22：1、H23：6、H10：2）4. 小罐（H23：7）5. 罐底（H23：8）6、7. 器盖（H22：4、H10：1）8、9. 大口瓮（H7：1、H23：2）（2、4、5、9 为大隐豹南，余为北羊井）

2. H7

大口瓮　1 件。H7：1，口沿。泥质褐陶，高领，弧肩，肩下饰斜行篮纹。口径 34、残高 14 厘米（图四，8）。

小口瓮　1件。H7：2，腹部。泥质灰褐陶，竖耳，饰斜行篮纹。耳高8.2、耳宽4.4厘米（图二，14）。

深腹罐　2件。H7：3，口沿。泥质灰褐陶，窄卷沿，饰细绳纹。口径12.8、残高5.2厘米（图二，5）。H7：4，口沿。泥质灰褐陶，窄折沿，饰麦粒状中绳纹。口径14、残高5.6厘米（图二，2）。

（三）先商时期遗存

共计清理灰坑4座。出土遗物主要是陶器残片，另有少量石器和骨器等。陶质分夹砂和泥质两大类。夹砂陶颜色分为灰黑、灰和褐色，器表以绳纹为主（图五），又有细、中、较粗之分，流行弦纹加绳纹，器形有鬲、甗、罐、盆、瓮等。泥质陶颜色分灰黑、灰和褐色，器表以素面磨光为主，另有弦纹、印纹等，器形有盆、豆、器盖等。以下以灰坑为单位分别介绍4座灰坑的出土器物。

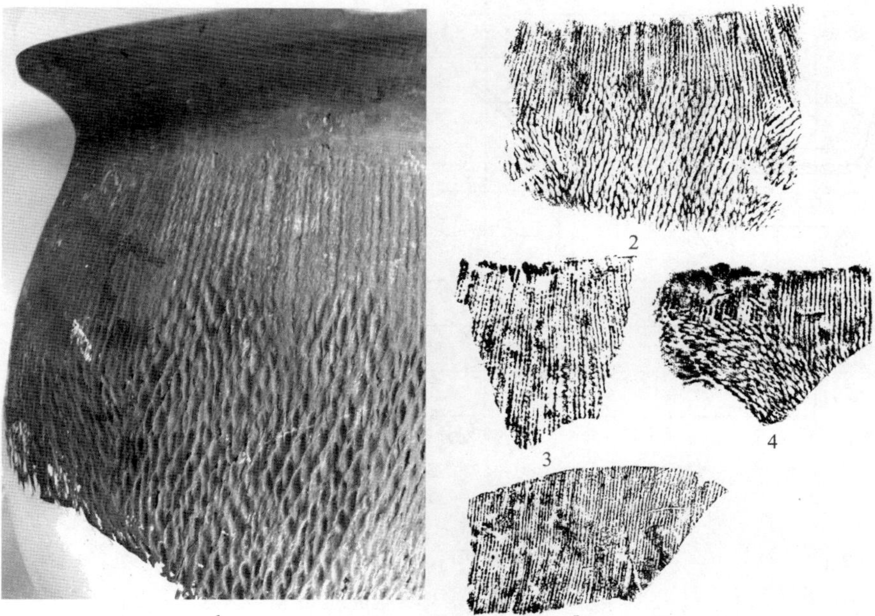

图五　北羊井出土先商陶器的绳纹和线纹

1、2. 细绳纹和中绳纹（H21：1） 3. 细绳纹（H21：52） 4. 细绳纹与中绳纹（H21：2） 5. 线纹（H21：12）

1. H21

（1）陶器

该坑出土陶片总计636片，比较丰富。陶质及纹饰情况可参见表二。

表二　北羊井 H21 陶系统计表

类别 / 纹饰	泥质				夹砂				合计	百分比（%）
	灰黑	灰陶	红褐	小计	灰黑	灰陶	红褐	小计		
粗绳纹		12	1	13	2	3	3	8	21	3.30
中绳纹	6	21	9	36	53	63	17	133	169	26.57
细绳纹		8		8	28	18	39	85	93	14.62
抹断粗绳纹		2	2	4	1		5	6	10	1.57
抹断中绳纹		1		1			2	2	3	0.47
弦断粗绳纹		1		1	4			4	5	0.79
弦断中绳纹	2	5		7	21	7	1	29	36	5.66
弦断细绳纹	2	3		5		8	1	9	14	2.20
交错绳纹	6	10	2	18	44	1	22	67	85	13.36
绳纹加堆纹					2			2	2	0.31
磨光	7			7					7	1.10
素面	46	47	9	102	17	22	4	43	145	22.80
篮纹	4	2		6	1	1		2	8	1.26
凹弦纹	23	2	1	26	1	4		5	31	4.87
凹弦纹加篮纹	1			1					1	0.16
戳印纹		5		5					5	0.79
划纹		1		1					1	0.16
小计	97	120	24	241	174	127	94	395	636	100
百分比（%）	40.25	49.79	9.96	37.89	44.05	32.15	23.80	62.11	100	

注：本表“细绳纹”中含有少量“线纹”。绳纹划分标准大致为：宽度 1 毫米以下为线纹，1～2 毫米为细绳纹，2～3 毫米为中绳纹，3 毫米以上为粗绳纹

鬲　5 件。H21∶1，夹砂灰陶，薄胎，壁厚 3～4 毫米，形制规整。尖方唇，折沿，弧鼓腹，高裆，锥足。颈下饰有细密竖行绳纹，规格接近线纹，并存有饰过绳纹之后的抹掉痕迹，而腹部饰有麦粒状斜行中绳纹，两种纹饰接茬交错。锥足尖部刮光，存刮削痕。足上部存有绳纹。口径 18、通高 23 厘米（图六，1；图版一，1）。H21∶2，口沿及腹部。夹细砂灰陶，薄胎。卷沿，小方唇，肩部饰有竖向细绳纹，其下为麦粒状中绳纹。口径 19.5、残高 16.5 厘米（图六，7）。H21∶3，口沿。夹砂灰陶，卷沿，饰竖向细绳纹和斜行绳纹。口径 13.2、残高 8.1 厘米（图六，6）。H21∶4，口沿。夹砂灰陶，薄胎。卷沿，小方唇，饰细密竖线纹。口径 18、残高 7.2 厘米（图六，3）。H21∶5，足部。夹砂灰陶，薄胎，饰竖向细绳纹，接近线纹，高足尖抹光，足根部存绳纹痕迹。残高 11.1、足高 4.8 厘米（图六，17）。

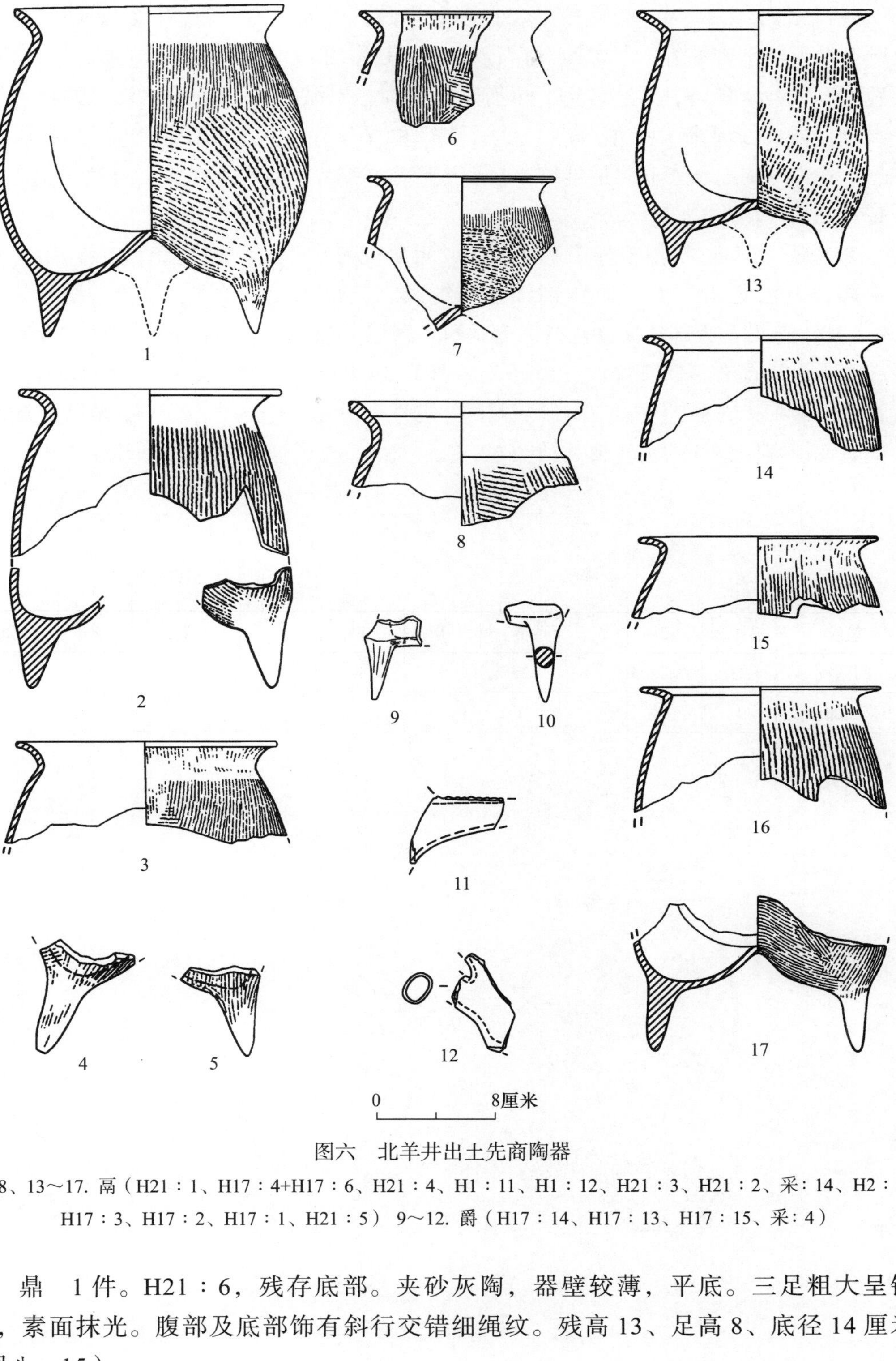

图六　北羊井出土先商陶器

1～8、13～17. 鬲（H21：1、H17：4+H17：6、H21：4、H1：11、H1：12、H21：3、H21：2、采：14、H2：1、H17：3、H17：2、H17：1、H21：5）9～12. 爵（H17：14、H17：13、H17：15、采：4）

鼎　1件。H21：6，残存底部。夹砂灰陶，器壁较薄，平底。三足粗大呈锥状，素面抹光。腹部及底部饰有斜行交错细绳纹。残高13、足高8、底径14厘米（图八，15）。

甗　3 件。H21：9，甗盆口沿。夹砂灰黑陶，褐胎，器壁较薄。尖圆唇，卷沿，束颈，沿下饰细密整齐的竖绳纹。口径 29.7、残高 12 厘米（图九，1）。H21：22，甗腰残片。夹沙灰黑陶，器壁较薄，内有隔，外饰一周泥条素面附加堆纹，腹足饰细密竖绳纹。残高 3 厘米（图九，6）。H21：23，甗腰残片。夹沙灰黑陶，器壁较薄，内有隔，外饰一周泥条素面附加堆纹，腹足饰细密竖绳纹。唯有泥条附加堆纹呈花边状。残高 3.9 厘米（图九，3）。

深腹罐　5 件。折沿或卷沿，深弧腹，腹部较鼓或略鼓。H21：8，口沿残片。夹砂褐陶，宽沿近折，沿下通体饰细密竖绳纹。口径 27、残高 9.9 厘米（图七，5）。H21：10，口沿及腹部。夹砂灰陶，有褐斑，薄胎。尖唇，唇内侧有一周凹槽，卷沿，略鼓腹。沿下饰有竖向细绳纹。口径 21、残高 14.4 厘米（图七，1）。H21：24，口沿及腹底部残片，大概为一器。夹砂灰褐陶，薄胎，壁厚 3 毫米。小方唇，卷沿，鼓腹，小平底。饰细密整齐的竖线纹。口径 22.5、底径 6、复原通高约 28.5 厘米（图七，7）。

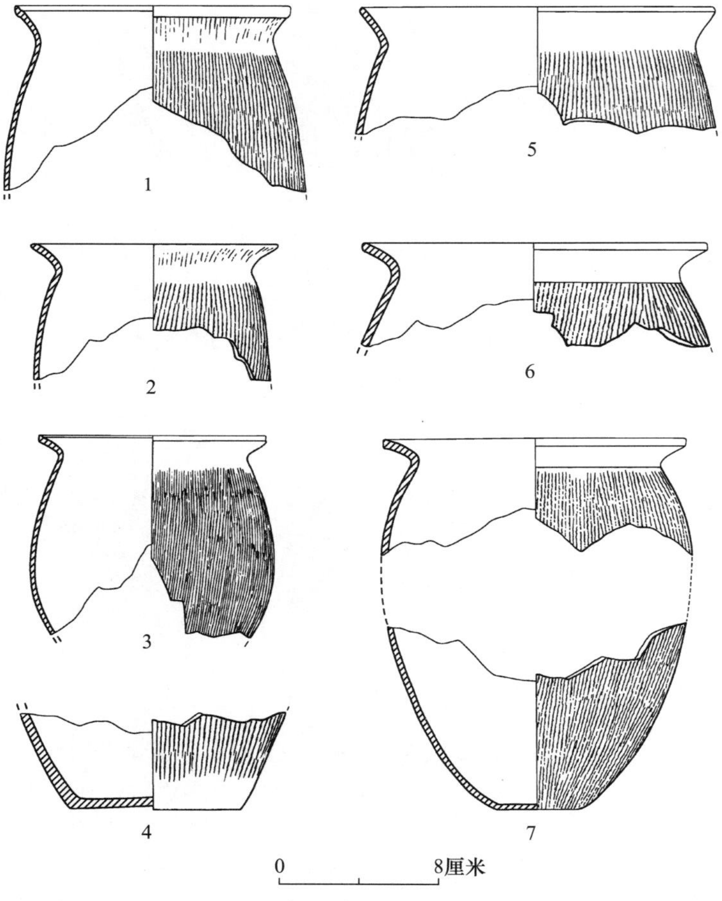

图七　北羊井出土先商陶深腹罐

1. H21：10　2. H21：11　3. H21：12　4. H2：14　5. H21：8　6. H2：12　7. H21：24

H21：11，口沿及腹部。夹砂褐陶，薄胎。小圆唇，近折沿，沿下饰有较细的竖绳纹，趋向接近中绳纹。略鼓腹。口径 18.7、残高 10.5 厘米（图七，2）。H21：12，口沿及腹部。夹砂灰黑陶，薄胎，壁厚 3 毫米。窄方唇，近折沿，沿下饰有细密整齐的竖线纹，腹部略鼓。口径 17.1、残高 15.6 厘米（图七，3）。

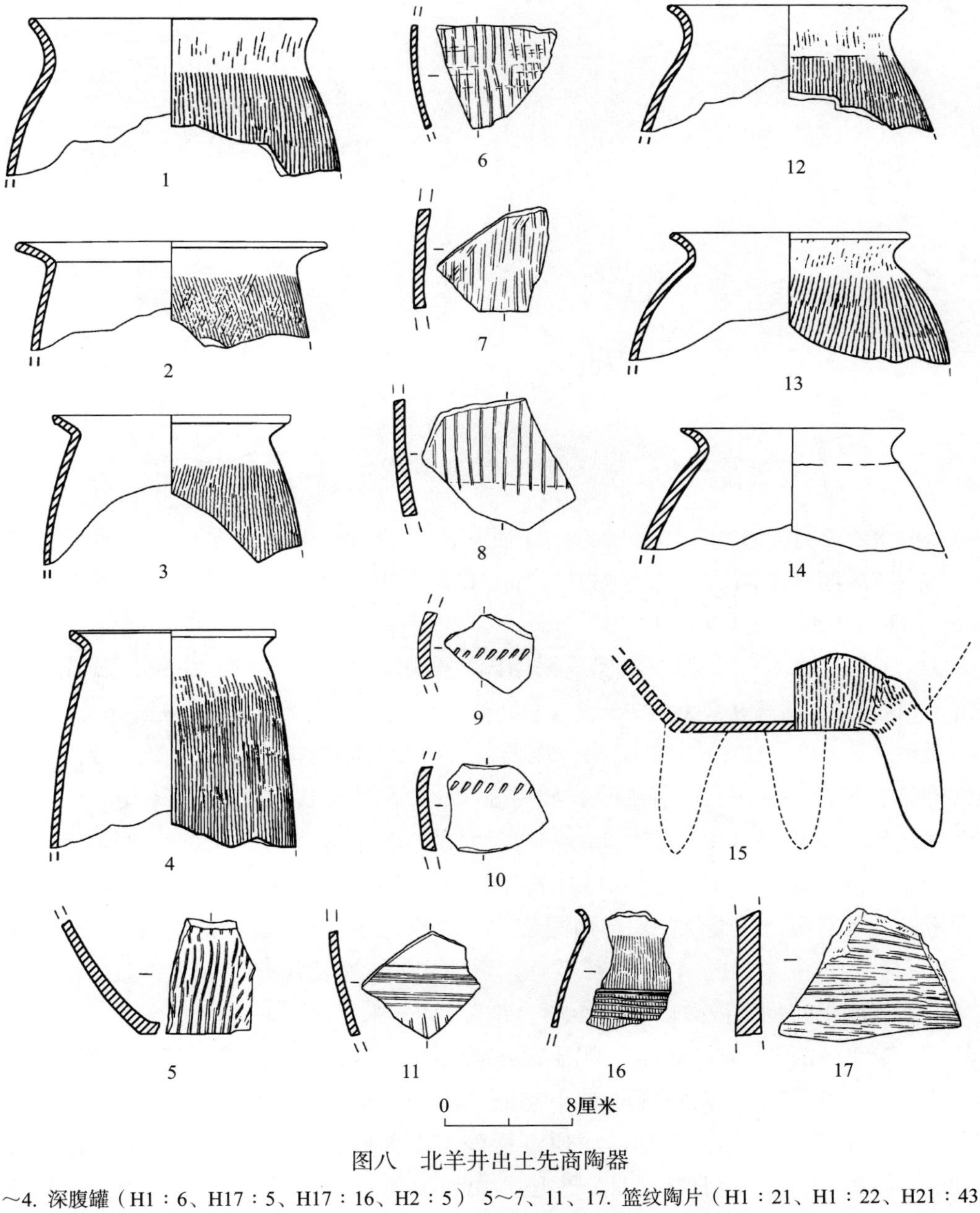

图八 北羊井出土先商陶器

1～4. 深腹罐（H1：6、H17：5、H17：16、H2：5） 5～7、11、17. 篮纹陶片（H1：21、H1：22、H21：43、H21：44、H1：17） 8. 竖线划纹陶片（H21：47） 9、10. 戳印楔点纹陶片（H21：45、H21：46） 12～14. 小口罐（H21：13、H17：12、H21：14） 15. 鼎（H21：6） 16. 绳纹陶片（H21：49）

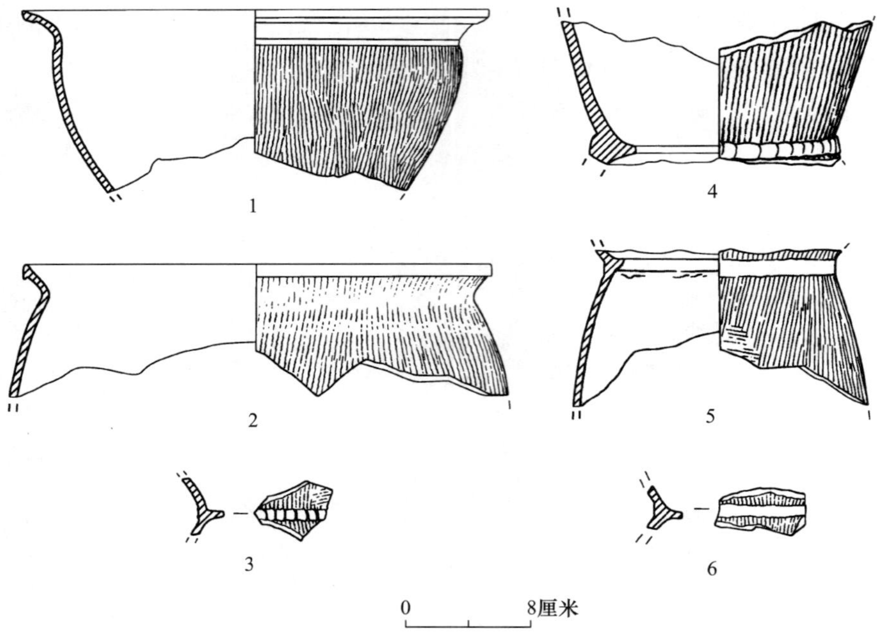

图九　北羊井出土先商陶甗

1. H21：9　2. H17：18　3. H21：23　4. H2：9　5. H1：9　6. H21：22

小口罐　2件。H21：13，口沿。泥质灰陶，卷沿，束颈，饰竖向细绳纹。口径15、残高8.1厘米（图八，12）。H21：14，口沿，泥质灰陶，卷沿，素面磨光。口径14.1、残高8.1厘米（图八，14）。

盂　1件。H21：7，泥质灰黑皮褐胎陶，素面。尖唇，卷沿，束颈，弧鼓肩，小平底。口径16、通高9、底径7.6厘米。类似岳石文化的同类器（图一〇，6）。

蛋形瓮　3件。H21：15，口沿。泥质灰陶。厚方唇大幅内收，呈窄平沿，自口沿边线即饰有竖向细绳纹。口径21.1、残高8.7厘米（图一二，7）。H21：16，口沿。泥质灰陶、厚方唇内敛，沿下有3.5厘米宽素面带，其下有竖向细绳纹。口径18、残高5.7厘米（图一二，8）。H21：17，口沿。泥质灰褐陶。厚方唇内敛，沿下有7.5厘米宽素面带，其下有竖行中绳纹并加饰横凹弦纹。口径22.5、残高8.1厘米（图一二，1）。

素面盆　1件。H21：41，腹部残片。泥质灰陶，素面磨光，鼓腹，腹中部饰有3至4道不规则平行的凹弦纹。腹径24.3、残高8.4厘米（图一一，4）。

豆　3件。H21：18，盘部。泥质黑皮褐胎陶，素面磨光，但宽沿下有抹掉绳纹痕迹。圆唇，宽斜沿，弧腹内收为小窝底，腹部有缓凸棱。口径21.9、残高6厘米（图一〇，1）。H21：19，盘部。泥质红褐陶，素面磨光，深弧腹。口径13.5、残高3.3厘米（图一〇，4）。H21：21，豆座，泥质黑陶，磨光。底径9.9、残高2.1厘米（图一〇，5）。

器盖　1件。H21：20，泥质黑皮褐胎陶，素面磨光。残高5.1厘米（图一〇，2）。

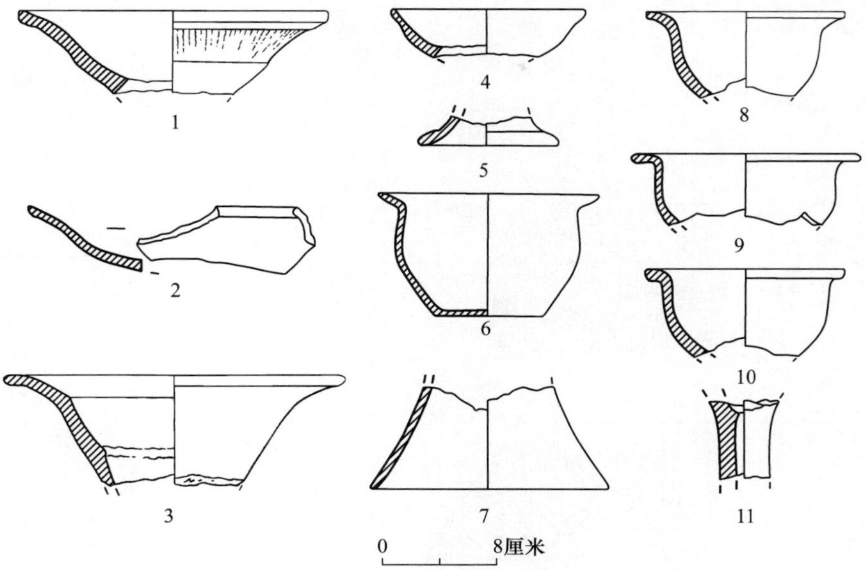

图一〇 北羊井、蔺家河出土先商陶器

1、3～5、7～11. 豆（H21：18、蔺采：1、H21：19、H21：21、H2：7、H2：13、H17：8、H1：20、H1：19） 2. 器盖（H21：20） 6. 盂（H21：7）（3为蔺家河，余北羊井出土）

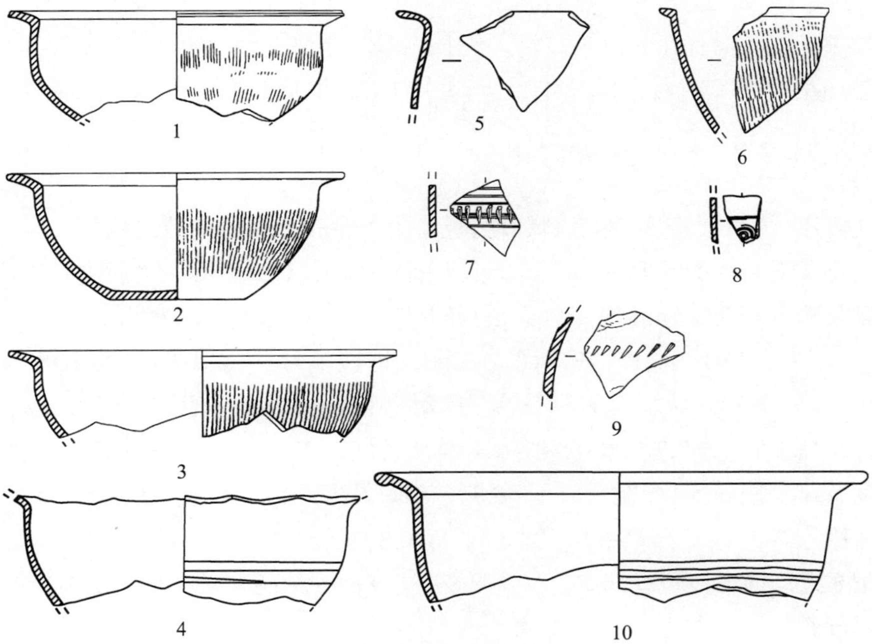

图一一 北羊井出土先商陶器

1～3、5～9. 绳纹盆（H2：3、H2：4、H2：11、H1：16、H17：11、H1：24、H1：25、H1：23）

4、10. 素面盆（H21：41、H2：10）

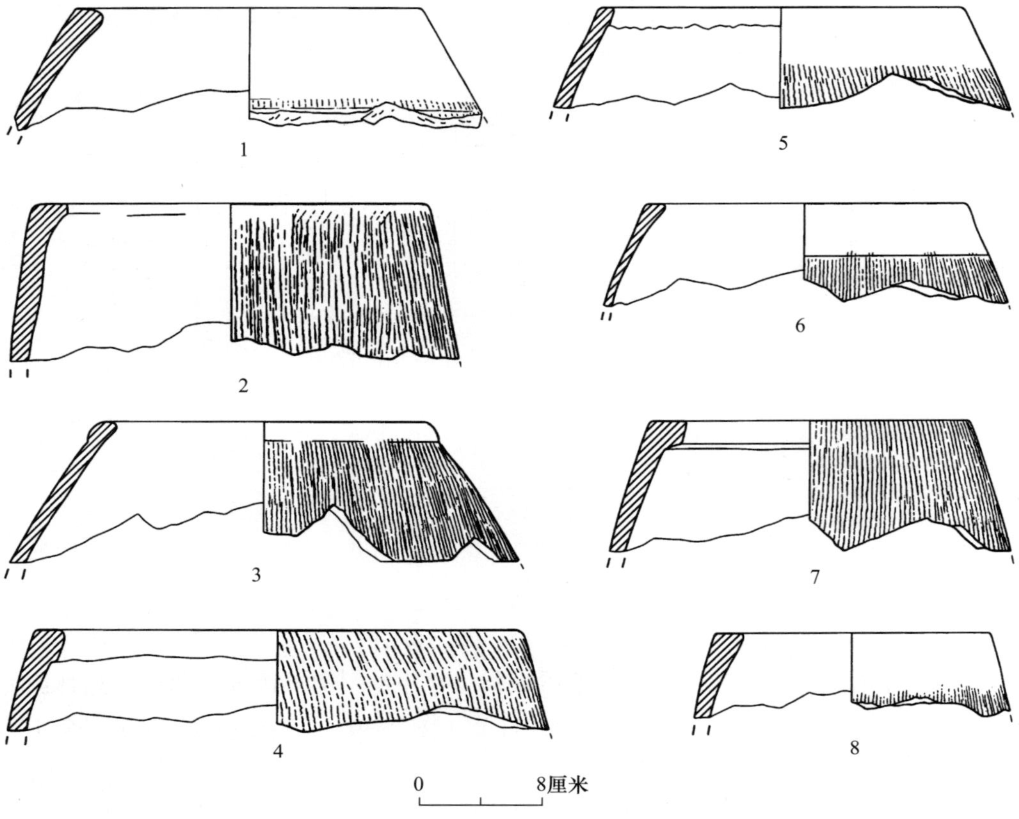

图一二　北羊井出土先商陶蛋形瓮

1. H21：17　2. H2：8　3. H1：10　4. H1：5　5. H1：15　6. H17：9　7. H21：15　8. H21：16

饰纹陶片　6件。戳印楔点纹具有特色。另外存在很少量的篮纹陶片，应是龙山时期以来这类器逐渐减少的遗留，已属于消失前的尾声。H21：49，可能为瓮残片。泥质灰黑皮褐胎陶，竖向细绳纹加饰数道平行凹弦纹，即弦断绳纹。残高11.4、宽7.5、厚0.6厘米（图八，16）。H21：43，泥质灰陶，饰竖篮纹。残高6.8、宽6.9、厚0.6厘米（图八，7）。H21：44，夹细砂褐胎黑皮陶，上部饰数道不规则平行凹弦纹，其下饰竖篮纹。残高6.8、宽7.3、厚0.5厘米（图八，11）。H21：45，泥质灰陶，素面磨光，饰戳印楔点纹。残高5.1、宽5.6、厚0.8厘米（图八，9）。H21：46，泥质灰陶，素面磨光，饰戳印楔点纹。残高5.8、宽6.4、厚0.8厘米（图八，10）。H21：47，泥质灰陶，素面磨光，饰平行竖线划纹。残高8.8、宽9.6、厚0.8厘米（图八，8）。

（2）石器

以长条形薄体石铲、拱背弧刃石镰最具特色。

石斧　4件。H21 ： 25，完整。长条状，刃部有崩疤，中部有损块。通体琢光。长20厘米。长19.6、宽4～5.8、厚3.6厘米（图一七，18）。H21 ： 51，半成品。四边存琢制崩疤，两面略经磨制。长11.6、宽5.5、厚1.8厘米（图一七，1）。H21 ： 42，半成品。四边存琢制崩疤。长 10.6、宽 7、厚 2.2 厘米（图一七，15）。H21 ：31，琢制剥离石片形成，石材自然面呈凸弧形，加工面平直磨光。长 12、宽 4.9、厚 2.6 厘米（图一七，7）。

石铲　2 件。H21：26，刃部。长方条形，通体磨光，体薄。刃部存崩疤。最厚处 1.1 厘米。残长 7.8、宽 8、厚 1.3 厘米（图一七，16）。H21：37，仅存中部，两端残。通体磨光，体薄。最厚处 0.5 厘米。残长 10.3、宽 8、厚 0.8 厘米（图一七，21）。

穿孔石刀　1 件。H21：36，长方形，中央对穿一孔。两面磨光，顶部刃部及两侧边均存崩疤，粗钝。长 10.4、宽 7.6、厚 1.2、孔径 1.4 厘米（图一七，20）。

石镰　8 件。H21：27，后端，前端断损。刃部因使用而内弧，通体磨光。残长 7.4、宽 3.6、厚 0.6 厘米（图一七，5）。H21：28，后端，前端断损。刃部因使用而内弧，通体磨光。残长 12.6、宽 3.1~4.6、厚 0.8 厘米（图一七，12）。H21：29，后端，前端断损。刃部略内弧，通体磨光。残长 12.4、宽 5.8~6.2、厚 0.6 厘米（图一七，14）。H21：30，完整。刃部较直，使用时间很短或尚未完全完工的近成品。背脊琢制有疤痕，两面磨光较差或者还未完工。通长 20.5 厘米。宽 6.8、厚 1.2 厘米（图一七，17）。H21：33，半成品。琢制崩疤痕迹明显，有待磨光工序。长 12.2、宽 4、厚 1 厘米（图一七，6）。H21：38，后端，前端断损。窄小型，刃部因使用略弧，通体磨光。残长 8.8、宽 2.6、厚 0.6 厘米（图一七，11）。H21：39，后端，前端断损。窄小型，刃部因使用而内弧，通体磨光。残长 6、宽 2.8、厚 0.7 厘米（图一七，4）。H21：40，前端，后端断损。直刃，通体磨光。残长 7、宽 5.2、厚 0.8 厘米（图一七，13）。

石凿　1 件。H21：32，前端，后端断损。直刃，通体磨光。形体较小。长 7、宽 2.1、厚 1.1 厘米（图一七，10）。

（3）骨器

骨锥　2 件。H21：34，长条形。通体磨光。长 10.5、宽 1.6、厚 0.5 厘米（图一七，9）。H21：35，长三角形。扁平薄体，通体磨光，尖端残断。残长 7.7、顶宽 1.6、厚 0.2 厘米（图一七，3）。

2. H1

H1 陶系统计数据见表三。

表三　北羊井 H1 陶系统计表

类别 / 纹饰	泥质				夹砂				合计	百分比（%）
	灰黑	灰陶	红褐	小计	灰黑	灰陶	红褐	小计		
粗绳纹	3	5	5	13	3	1	2	6	19	3.70
中绳纹	3	12	4	19	17	27	18	62	81	15.79
细绳纹		5	2	7	54	56	12	122	129	25.15

续表

纹饰＼类别	泥质				夹砂				合计	百分比（%）
	灰黑	灰陶	红褐	小计	灰黑	灰陶	红褐	小计		
线纹		1		1	1	21		22	23	4.48
抹断粗绳纹		3		3	2	1	1	4	7	1.36
抹断中绳纹		1		1	5	5		10	11	2.14
抹断细绳纹		1		1	2	2		4	5	0.97
弦纹加旋涡纹	1			1					1	0.19
弦断中绳纹			3	3	3	8	12	23	26	5.07
弦断细绳纹					11	7	2	20	20	3.90
交错绳纹	1	1		2	6	11	3	20	22	4.29
绳纹加堆纹						1		1	1	0.19
绳纹加旋涡纹		1		1					1	0.19
磨光					13			13	13	2.53
素面	17	14	14	45	19	15	6	40	85	16.57
篮纹	3	1	1	5	2			2	7	1.36
凹弦纹	12	21	4	37	10	10		20	57	11.11
刻划三角纹		1		1					1	0.19
戳印纹		3		3					3	0.58
凹弦纹加压印						1		1	1	0.19
小计	40	70	33	143	148	166	56	370	513	100
百分比（%）	27.97	48.95	23.08	27.88	40	44.86	15.14	72.12	100	

蛋形瓮　6件。H1：1，夹细砂灰褐陶，有褐斑，褐胎灰芯，制作粗糙，壁厚。厚唇内收，敛口，窄平沿，沿宽3、壁厚1.5厘米。斜鼓腹，底部残。沿面饰有隐约绳纹，沿下绳纹抹掉存有痕迹，其下一道划纹。腹饰竖绳纹，较粗，有些潦草，腹中部加饰三道平行划纹，隔断绳纹。口径33.6、残高22.2厘米（图一三，5）。H1：5，泥质灰陶，褐胎灰芯。厚唇内收，窄沿，沿下通体饰有绳纹。口径32、残高6.8厘米（图一二，4）。H1：10，泥质灰陶。厚唇，敛口，沿下竖向细绳纹。口径22.8、残高9.6厘米（图一二，3）。H1：14，泥质灰陶。厚唇，敛口，沿面存有绳纹，器壁较薄，器形较小。腹饰绳纹。残高8厘米（图一三，2）。H1：15，泥质灰陶。厚唇，敛口，沿下为磨光带，腹饰竖向细绳纹。口径24、残高6.8厘米（图一二，5）。H1：18，底部。假圈足式。泥质灰陶，褐胎灰芯，饰中绳纹。底径16、残高4.4厘米（图一三，3）。

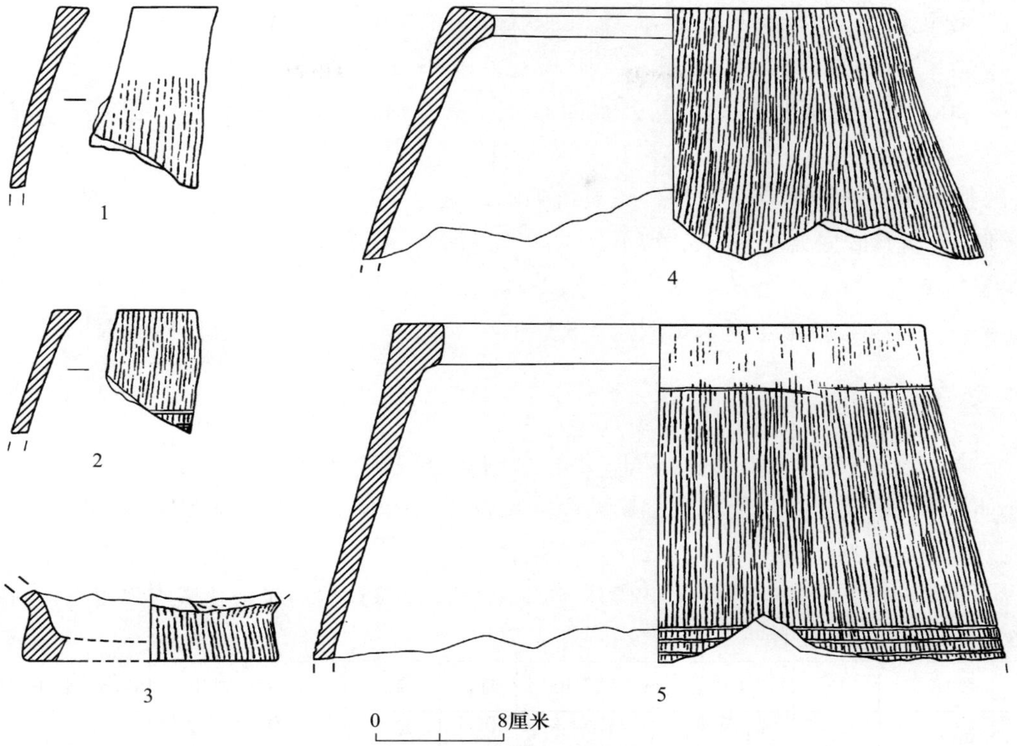

图一三 北羊井、蔺家河出土先商陶蛋形瓮

1. 蔺采：4 2. H1：14 3. H1：18 4. 采：3 5. H1：1（1为蔺家河，余为北羊井）

敛口瓮 3件。H1：2，泥质灰陶，厚唇，敛口，宽斜折肩，肩部磨光，肩下磨光并加饰数道凹弦纹。口径34.6、残高9.8厘米（图一五，3）。H1：3，泥质灰陶，肩部饰有稀疏绳纹。口径26、残高9厘米（图一五，1）。H1：4，泥质红褐陶，肩部磨光，折肩处饰一周楔形点纹。口径26.6、残高7.2厘米（图一五，2）。

器盖 2件。H1：7，泥质黑陶，磨光。口径36、残高8厘米（图一六，2）。H1：13，泥质灰陶，磨光加饰凹弦纹。残高9.2厘米（图一六，3）。

深腹罐 1件。H1：6，泥质灰陶，褐胎，壁薄。卷沿，饰整齐的竖向细绳纹。口径18、残高10.4厘米（图八，1）。

甗腰 1件。H1：9，夹砂灰陶，饰竖向细绳纹。直径14.6、残高10厘米（图九，5）。

鬲 2件。H1：11，足部。夹砂灰褐陶，绳纹至足尖。残高9.3厘米（图六，4）。H1：12，足部。夹砂灰陶，绳纹至足尖。残高6.3厘米（图六，5）。

素面盆 4件。素面磨光，腹部加饰凹弦纹、楔点纹、同心圆或“S”形印纹等。H1：16，泥质灰陶，宽卷沿，饰凹弦纹2～3道。残高7.6厘米（图一一，5）。H1：23，泥质灰陶，楔点纹。残高7、宽7.8、厚0.6厘米（图一一，9）。H1：24，泥质灰陶，楔点纹加平行凹弦纹。残高6、宽5.3、厚0.5厘米（图一一，7）。H1：25，泥质黑陶，同心圆印纹。长 3.7、宽 3、厚 0.5 厘米（图一一，8）。

豆 2 件。H1：19，柄部。泥质灰褐陶，磨光。残高 5.7 厘米（图一〇，11）。H1：20，盘部。泥质褐胎黑陶，素面磨光。窄卷沿，弧腹。口径 14、残高 6.2 厘米（图一〇，10）。

篮纹陶片 3 件。H1：17，泥质黄褐陶，壁厚 1.7 厘米，饰横篮纹。残高 8.4、宽长 11.4、厚 1.6 厘米（图八，17）。H1：21，泥质灰黑陶，褐胎，饰竖篮纹。残高 7.4、宽 5.2、厚 0.8 厘米（图八，5）。H1：22，泥质灰黑陶，褐胎，饰竖篮纹。残高 6.6、宽 7.4、厚 0.4 厘米（图八，6）。

3. H2

鬲 1 件。H2：1，夹砂灰陶，器壁较薄，壁厚 3～4 毫米。尖圆唇，折沿，饰竖向细绳纹，但较潦草，局部模糊。素面锥足较矮，裆部亦较低。口径 16.2、通高 18 厘米（图六，13）。

甗腰 1 件。H2：9，夹砂灰陶，饰中绳纹，腰间有一周泥条花边附加堆纹。直径 16、残高 9.6 厘米（图九，4）。

深腹罐 3 件。H2：5，夹砂灰陶，薄胎，壁厚 3～4 毫米。方唇，窄沿近折，腹饰细密竖线纹。腹部微弧鼓，形体瘦高，即所谓橄榄型罐。口径 12.8、残高 14 厘米（图八，4）。H2：12，口沿。泥质灰褐陶，宽卷沿，沿下饰竖向细绳纹。口径 26、残高 8 厘米（图七，6）。H2：14，底部。泥质灰陶，平底，腹部饰竖向细绳纹。底径 12.8、残高 7.6 厘米（图七，4）。

蛋形瓮 1 件。H2：8，夹砂灰褐陶，有褐色斑，器壁厚，接近 1.5 厘米。厚唇内敛，窄沿面上有斜行绳纹。腹饰较粗的竖绳纹。口径 26、残高 10.6 厘米（图一二，2）。

敛口瓮 1 件。H2：2，泥质灰陶。厚唇，敛口，斜折肩，肩部磨光，肩下饰有整齐的竖向细绳纹。口径 24.4、残高 13 厘米（图一四，2）。

缸 1 件。H2：6，夹砂红褐陶，厚胎，壁厚 1.5 厘米。厚方唇，斜直口，口沿下 2 周细凸棱，其下饰有 2 道花边附加堆纹。口径 38、残高 8.4 厘米（图一四，3）。

绳纹盆 3 件。斜折沿，弧腹，小平底，腹部饰有竖向细绳纹。H2：3，泥质浅灰陶。尖方唇，折沿，弧腹，腹部绳纹局部抹掉。口径 26、残高 8.8 厘米（图一一，1）。H2：4，泥质灰陶。方唇，折沿，弧腹，大平底。唇面上有一周凹弦纹。口径 26.4、底径 10.4、通高 10 厘米（图一一，2）。H2：11，泥质灰陶。口径 30、残高 6.8 厘米（图一一，3）。

素面盆 1 件。H2：10，细泥灰陶。厚圆唇，宽斜折沿，弧腹。素面，腹部加饰 4 道不规则平行凹弦纹。口径 38、残高 10.4 厘米（图一一，10）。

豆 2 件。H2：13，盘部。近似碗形。泥质黑陶，黑皮褐胎，胎较厚，素面磨光。圆唇，卷沿，弧腹。口径 14、残高 6.4 厘米（图一〇，8）。H2：7，豆座。泥质黑陶，薄胎，素面磨光，喇叭口形圈足。底径 16.8、残高 7.6 厘米（图一〇，7）。

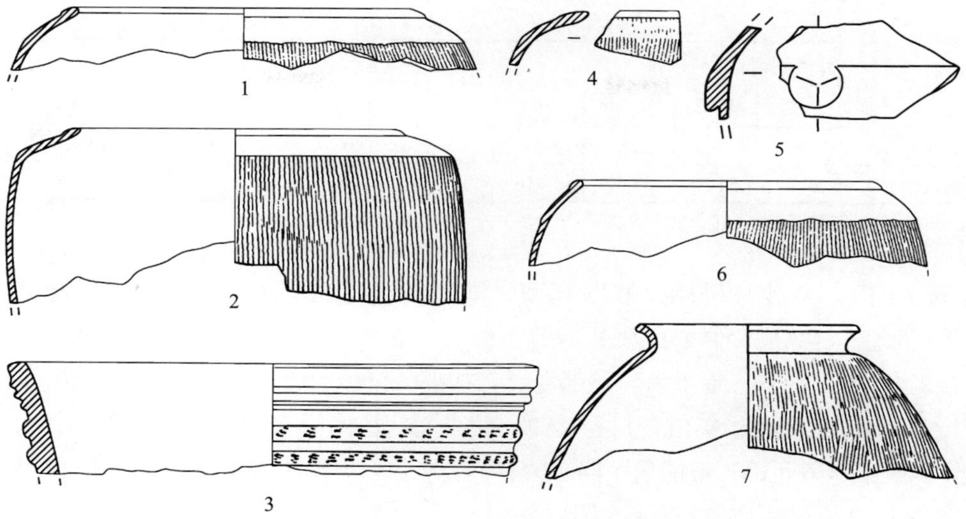

图一四　北羊井、蔺家河出土先商陶器

1、2、4、6. 敛口瓮（H17：7、H2：2、H17：20、H17：19） 3. 缸（H2：6） 5. 折肩瓮（蔺采：7）
7. 小口瓮（蔺采：3）（5、7为蔺家河，余为北羊井）

4. H17

H17陶系统计数据见表四。

表四　北羊井H17陶系统计表

纹饰＼类别	泥质				夹砂				合计	百分比（%）
	灰黑	灰陶	红褐	小计	灰黑	灰陶	红褐	小计		
粗绳纹					8	9		17	17	3.39
中绳纹	7	18	8	33	102	60	15	177	210	41.92
细绳纹		8		8		9		9	17	3.39
抹断粗绳纹					3			3	3	0.60
抹断中绳纹						4		4	4	0.80
弦断细绳纹					1			1	1	0.20
交错绳纹	1	1		2	53	38		91	93	18.56
素面	11	18	12	41	48	23	6	77	118	23.55
篮纹			1	1					1	0.20
凹弦纹	5	12	5	22	8	3		11	33	6.59
戳印纹加弦纹	3			3					3	0.60
中绳纹加戳印纹		1		1					1	0.20

续表

纹饰＼类别	泥质				夹砂				合计	百分比（%）
	灰黑	灰陶	红褐	小计	灰黑	灰陶	红褐	小计		
小计	27	58	26	111	223	146	21	390	501	100
百分比（%）	24.32	52.25	23.42	22.16	57.18	37.44	5.38	77.84	100	

注：本表“细绳纹”中含有少量“线纹”

鬲　4件。夹砂灰黑陶，器壁轻薄，饰细密竖绳纹。H17：1，口沿。圆唇，折沿。颈部绳纹有抹痕。器壁最薄处不足3毫米。口径16.2、残高8.7厘米（图六，16）。H17：2，口沿。圆唇，近折沿。颈部绳纹有抹痕。口径16.2、残高6厘米（图六，15）。H17：3，口沿。圆唇，折沿。口径16.2、残高8.1厘米（图六，14）。H17：4，口沿及腹部，与H17：6足部，可能为一器。圆唇，卷沿。器壁厚3毫米。足尖抹光。口径18、足尖高7.8、复原通高约22厘米（图六，2）。

爵　3件。H17：13，爵足。泥质灰黑陶。高实足尖。素面磨光。高7.1厘米（图六，10）。H17：14，爵足。泥质灰褐陶。高实足尖，素面有刮痕，底部饰细绳纹。高6.1厘米（图六，9）。H17：15，爵流。泥质灰黑陶，褐胎，素面磨光，有细条花边装饰。高2.2～4.6、长6.4厘米（图六，11）。

深腹罐　2件。H17：5，口沿。夹砂灰陶，器壁厚3～4毫米。圆方唇，折沿，饰细密竖线纹。口径19.5、残高6.9厘米（图八，2）。H17：16，口沿。圆方唇，卷沿近折，腹部微鼓，饰竖线纹。口径15、残高9.6厘米（图八，3）。

绳纹盆　1件。H17：11，口沿。夹砂灰黑陶，窄平沿，饰竖向细绳纹。残高10.2厘米（图一一，6）。

甗　1件。H17：18，口沿。泥质灰陶，方唇，卷沿，饰竖向细绳纹。口径30、残高8.7厘米（图九，2）。

小口罐　1件。H17：12，口沿。泥质灰陶，卷沿，短束颈，弧肩，饰竖向细绳纹。口径15、残高8.4厘米（图八，13）。

蛋形瓮　1件。H17：9，泥质灰黑陶。厚平唇，敛口，斜弧腹。口部磨光，其下饰竖向细绳纹。口径21、残高6.6厘米（图一二，6）。

敛口瓮　3件。厚唇，敛口，斜折肩。H17：7，泥质灰陶。叠唇。折肩磨光，其下饰竖向细绳纹。口径26.1、残高4.5厘米（图一四，1）。H17：19，形制同上。口径21.9、残高6.3厘米（图一四，6）。H17：20，形制基本同上，唯肩部存绳纹抹痕。残高3.9厘米（图一四，4）。

豆　1件。H17：8，盘部。细泥黑陶。圆唇，卷沿近平，弧腹。素面磨光。口径15.9、残高5.1厘米（图一〇，9）。

石斧　2件。H17：10，通体磨光，刃部有崩疤。通长9.2、宽3～4.2、厚2.4厘米（图一七，2）。H17：17，上体劈裂脱落。通长9.9、宽2.4、厚1厘米（图一七，8）。

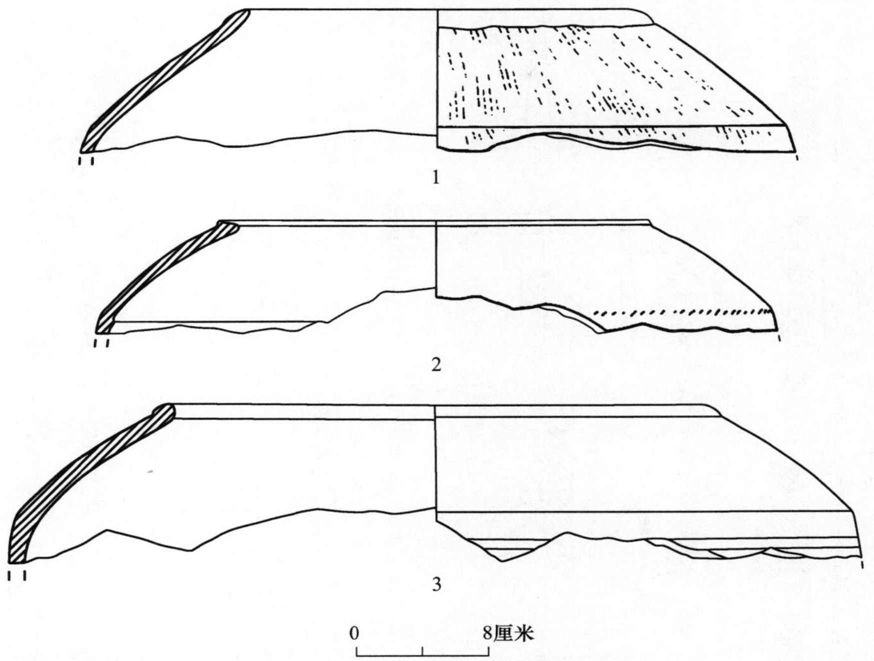

图一五　北羊井出土先商陶敛口瓮

1. H1：3　2. H1：4　3. H1：2

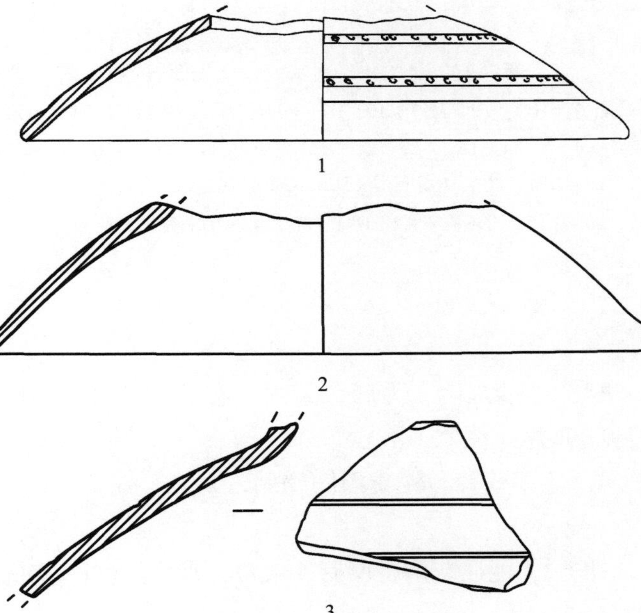

图一六　北羊井、蔺家河出土先商陶器盖

1. 蔺采：6　2. H1：7　3. H1：13

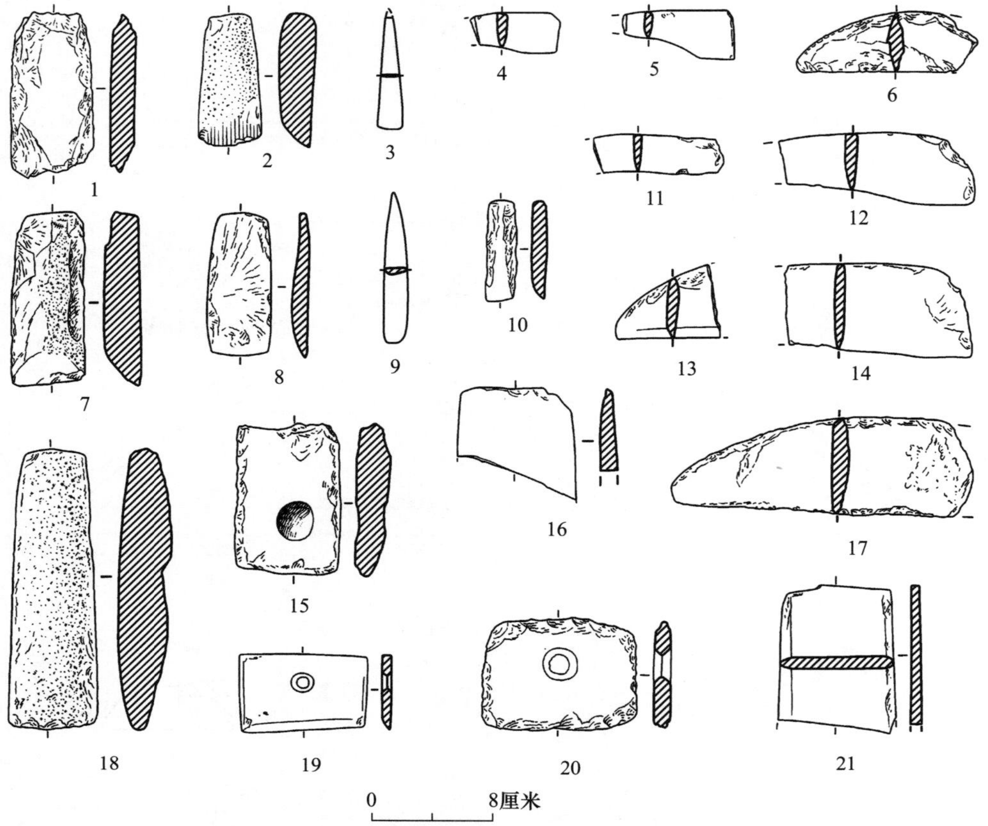

图一七 北羊井、蔺家河出土先商石器

1、2、7、8、15、18. 石斧（H21∶51、H17∶10、H21∶31、H17∶17、H21∶42、H21∶25） 3、9. 骨锥（H21∶35、H21∶34） 4～6、11～14、17. 石镰（H21∶39、H21∶27、H21∶33、H21∶38、H21∶28、H21∶40、H21∶29、H21∶30） 10. 石凿（H21∶32） 16、21. 石铲（H21∶26、H21∶37） 19、20. 穿孔石刀（蔺采∶2、H21∶36）（19为蔺家河，余为北羊井）

5. 采集遗物

鬲 1件。采∶14，夹砂灰陶。方唇，束颈，卷沿，沿面有一周凹槽。饰交错绳纹。口径16、残高8.8厘米（图六，8）。

爵 1件。采∶4，流部残片。泥质黑陶褐胎，素光。残高6.8、流口外径2.3厘米（图六，12）。

蛋形瓮 1件。采∶3，泥质灰陶，厚唇，敛口，窄平沿。饰竖中绳纹。口径27.8、残高16.4厘米（图一三，4）。

（四）商代遗存

清理商代灰坑2座。

1. H15

鬲　1 件。H15：1，夹砂灰黑陶，局部有褐斑。厚方唇，唇内沿面一周浅凹槽，沿面内凹，弧鼓腹，锥足浑厚，足尖与裆腹浑然一体，边界不明显，形体近方。饰粗绳纹。口径 19.5 通高 20.5 厘米。年代约为殷墟一期至二期之交（图一八，2）。

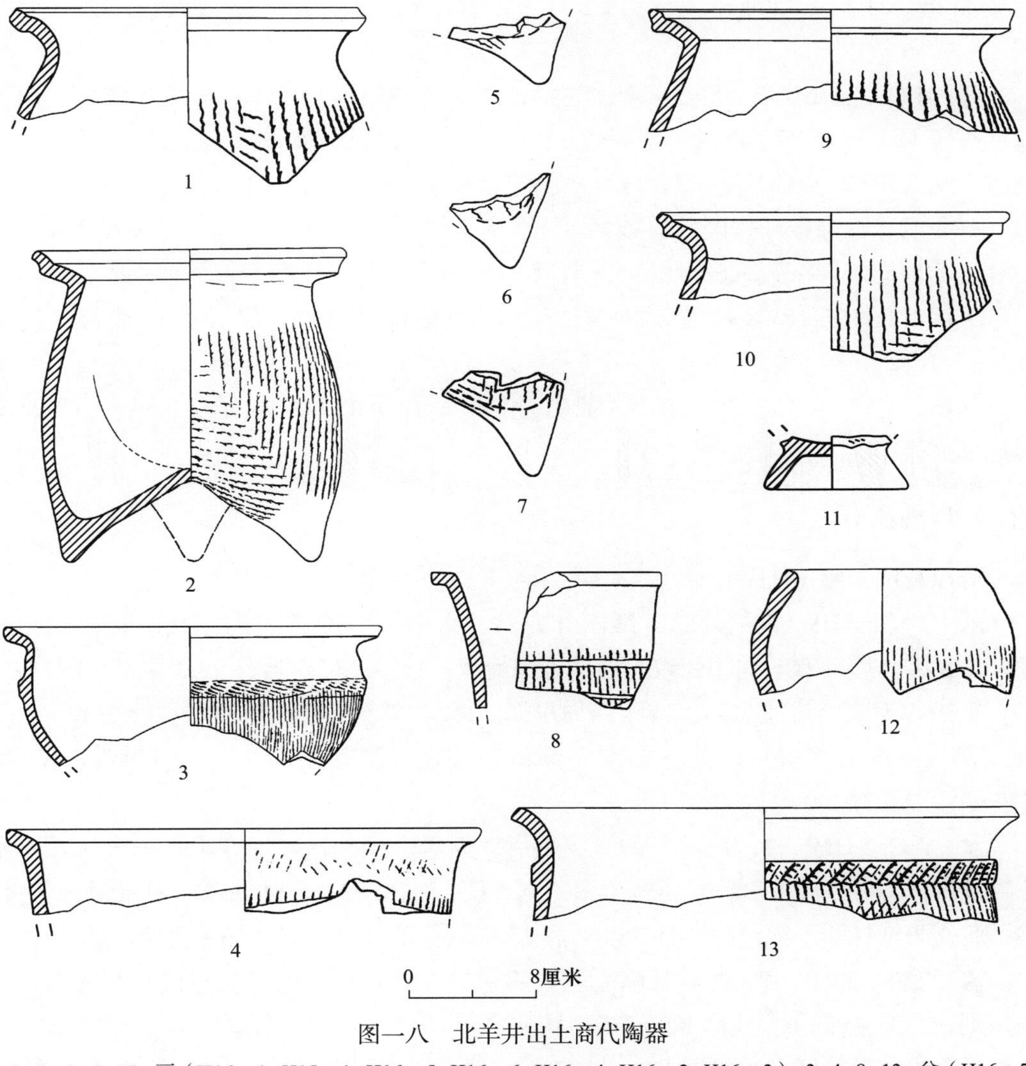

图一八　北羊井出土商代陶器

1、2、5～7、9、10. 鬲（H16：1、H15：1、H16：5、H16：6、H16：4、H16：2、H16：3）3、4、8、13. 盆（H16：7、H16：12、H16：11、H16：8）11. 圈足（H16：10）12. 小罐（H16：9）

2. H16

陶鬲　6 件。夹砂灰褐陶，颜色不均匀，有褐斑，饰粗绳纹或较粗的绳纹。H16：1，夹砂褐陶。方唇，沿面有一周凹弦纹，束颈较高，颈部抹光。饰粗绳纹。约为殷墟二期时期。口径 21.4、残高 10.8、鬲足残高 7.6 厘米（图一八，1）。H16：2，夹砂灰黑陶。方唇折沿，唇面一周浅凹槽，沿面一周深凹槽。饰粗绳纹。口径 22.8、残高 8 厘米（图一八，9）。H16：3，夹砂灰褐陶。方唇，折沿，唇面沿面均一深凹槽，竖粗绳纹。口径 21.8、残高 9.6 厘米（图一八，10）。H16：4，足尖。夹砂灰陶。足较高，残高 7.6 厘米（图一八，7）。H16：5，足尖。夹砂灰陶。较 H16：4 低矮而粗。残高 4.72 厘米（图一八，5）。H16：6，足尖。夹砂灰陶。残高 6 厘米（图一八，6）。

盆　4 件。H16：7，泥质灰陶。卷沿，颈下饰一周附加堆纹，腹饰中绳纹。口径 32、残高 12、腹径 29.2 厘米（图一八，3）。H16：8，泥质灰褐陶。卷沿，颈下饰一周附加堆纹，腹饰交错绳纹。口径 32、残高 7.2 厘米（图一八，13）。H16：11，泥质灰陶。窄平沿，腹饰抹断中绳纹。残高 8.8 厘米（图一八，8）。H16：12，泥质褐陶。窄平沿，腹饰绳纹。口径 29.6、残高 5.6 厘米（图一八，4）。

小罐　1 件。H16：9，泥质灰陶。敛口，腹饰细绳纹。口径 12、残高 8 厘米（图一八，12）。

圈足　1 件。H16：10，泥质黑陶，褐胎。素面磨光。底径 9、残高 3.6 厘米（图一八，11）。

（五）西周遗存

清理灰坑 1 座（H19）。

鬲　2 件。H19：2，夹沙灰黑陶。方唇，折沿，沿面有一周凹槽。矮裆，肥袋足，无足尖。唇面有一周凹弦纹，通体饰粗绳纹。口径 26.2、通高 13.2 厘米（图一九，1）。年代约为商周过渡之际，或至西周早期。H19：7，小型柱足鬲。夹砂灰黑陶。壁薄。束颈，颈下有楔点，其下饰交错绳纹，柱足。腹片残高 6.8、鬲足残高 4 厘米（图一九，2、3）。

盆　2 件。H19：1，泥质灰陶。窄平沿，斜腹，腹部饰竖绳纹大部抹去，存一窄条绳纹带。口径 36、残高 16 厘米（图一九，6）。H19：3，泥质灰陶。窄平沿，斜腹，小平底，腹饰抹断细绳纹。口径 38.8、底径 12、通高 20.8 厘米（图一九，8）。

簋　2 件。H19：4，泥质灰陶。厚方唇，口部外斜折，内有折棱线，腹饰绳纹加三角划纹。口径 21.6、残高 8.2 厘米（图一九，4）。H19：5，泥质灰陶。厚方唇，口部外折，内有折棱线，纹饰同上。口径 26.4、残高 7.4 厘米（图一九，7）。

石斧　1 件。H19：6，半成品。长 13.1、宽 3.8~8.6、厚 2.4 厘米（图一九，5）。

（六）东周遗存

清理东周灰坑 2 座，战国小型墓葬 1 座。

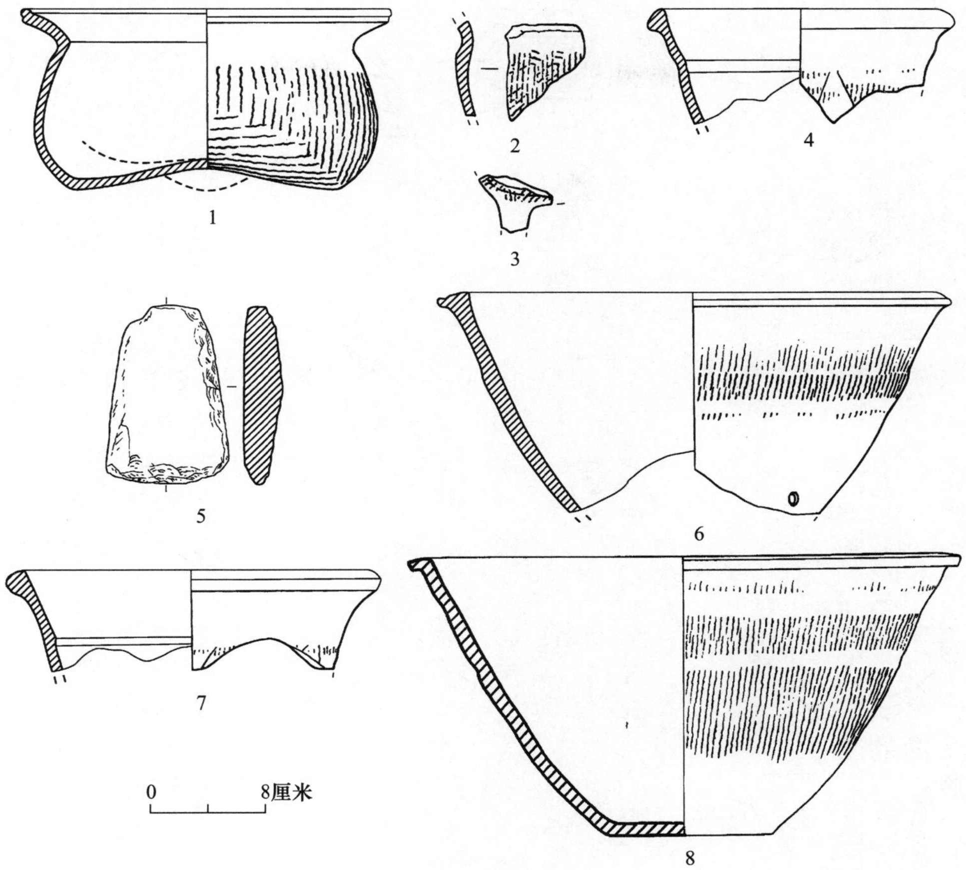

图一九 北羊井出土西周陶、石器

1. 陶鬲（H19：2） 2、3. 陶鬲（H19：7） 4、7. 陶簋（H19：4、H19：5）
5. 石斧（H19：6） 6、8. 陶盆（H19：1、H19：3）

1. H3

根据此灰坑出土陶片的特征，其年代应属春秋时期。

盆 1件。H3：1，泥质灰陶。宽平沿，折腹，素面磨光。口径24、残高7.2厘米（图二二，8）。

鬲 1件。H3：2，口沿。夹砂灰陶，方唇，微束颈，斜肩，饰绳纹。残高6.2厘米（图二〇，1）。

豆 1件。H3：3，泥质灰陶。斜直口，腹部较深。素面。口径14.8、残高7.6、盘深4.8厘米（图二三，1）。

瓮 2件。H3：5，口沿。泥质灰陶，矮领，饰绳纹。残高4.6厘米（图二〇，9）。H3：6，口沿。泥质灰陶，矮领，饰绳纹。口径14.2、残高3.6厘米（图二〇，5）。

石圭 1件。H3：4，灰黑色。残长8.7、宽1.6、厚0.55厘米（图二〇，13）。

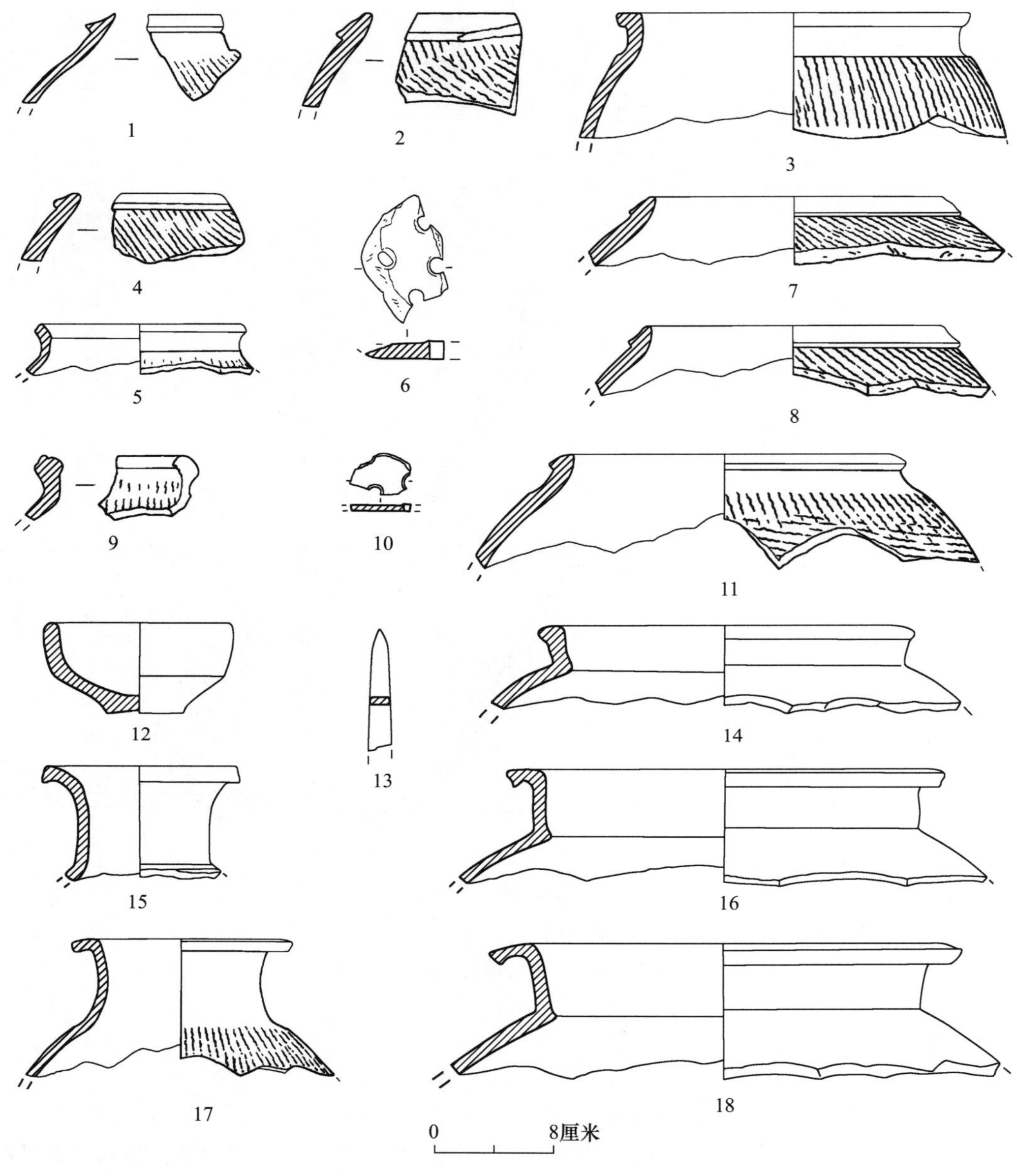

图二〇　北羊井、北羊井西、大隐豹西出土东周陶、石器

1～4、7、8、11. 陶鬲（H3：2、H8：25、H8：24、H8：28、H8：26、H8：29、H8：27） 5、9. 瓮（H3：6、H3：5） 6、10. 甑（H8：11、H8：23） 12. 碗（H8：13） 13. 石圭（H3：4） 14、16、18. 直领瓮（H8：17、H8：7、H8：16） 15. 壶（H1：3） 17. 高领罐（H1：5）（15 为大隐豹西，17 为北羊井西，余为北羊井）

2. H8

出土陶片较多，其陶器特征应属于战国晚期。

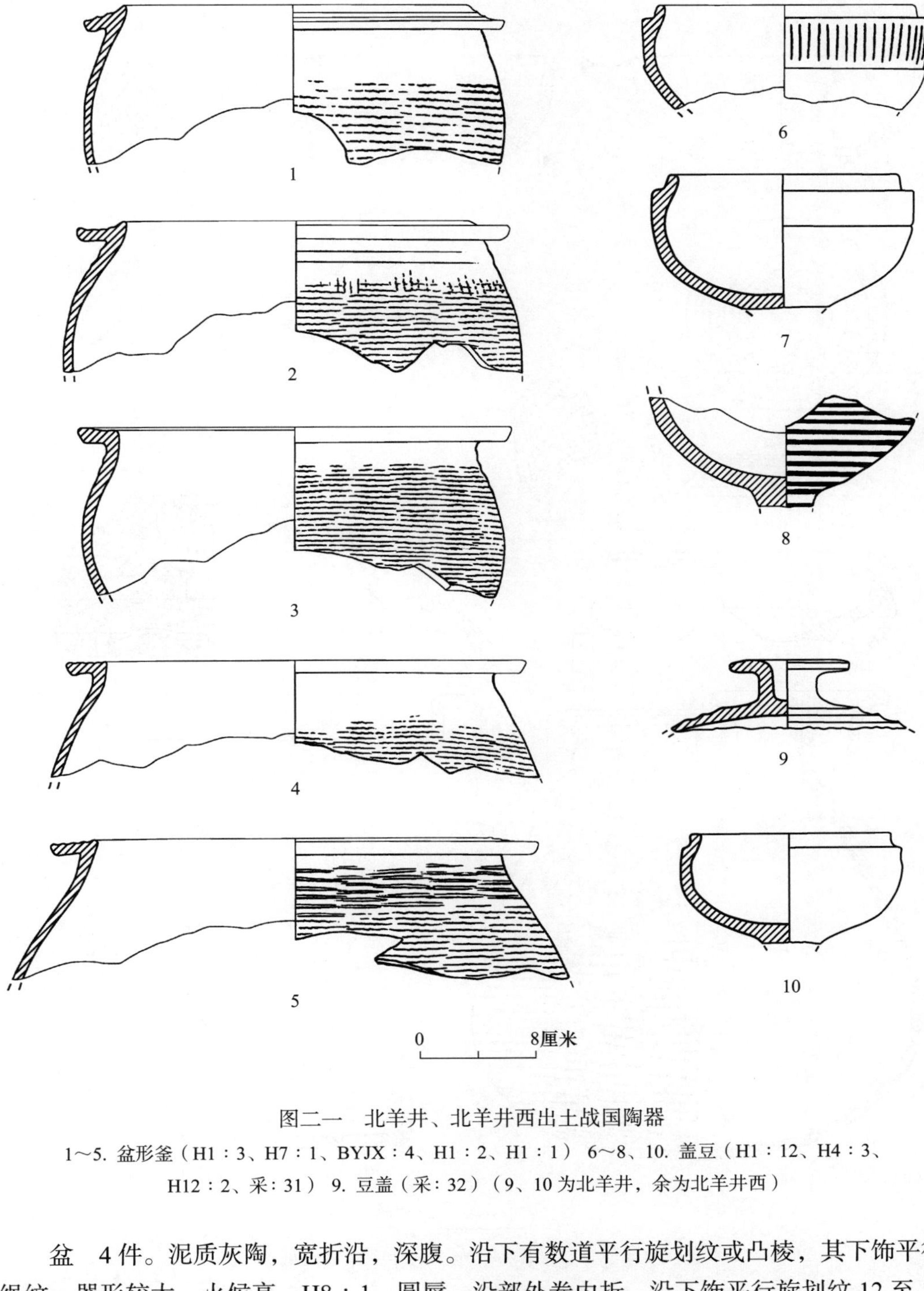

图二一　北羊井、北羊井西出土战国陶器

1～5. 盆形釜（H1：3、H7：1、BYJX：4、H1：2、H1：1） 6～8、10. 盖豆（H1：12、H4：3、H12：2、采：31） 9. 豆盖（采：32）（9、10 为北羊井，余为北羊井西）

盆　4 件。泥质灰陶，宽折沿，深腹。沿下有数道平行旋划纹或凸棱，其下饰平行绳纹。器形较大，火候高。H8：1，圆唇，沿部外卷内折。沿下饰平行旋划纹 12 至 13 道，其下为横粗绳纹。口径 43、残高 16.5 厘米（图二四，5）。H8：2，方唇，沿下饰平行旋划纹 13 道。口径 51.2、残高 19.5 厘米（图二四，7）。H8：3，方唇，沿下饰 16

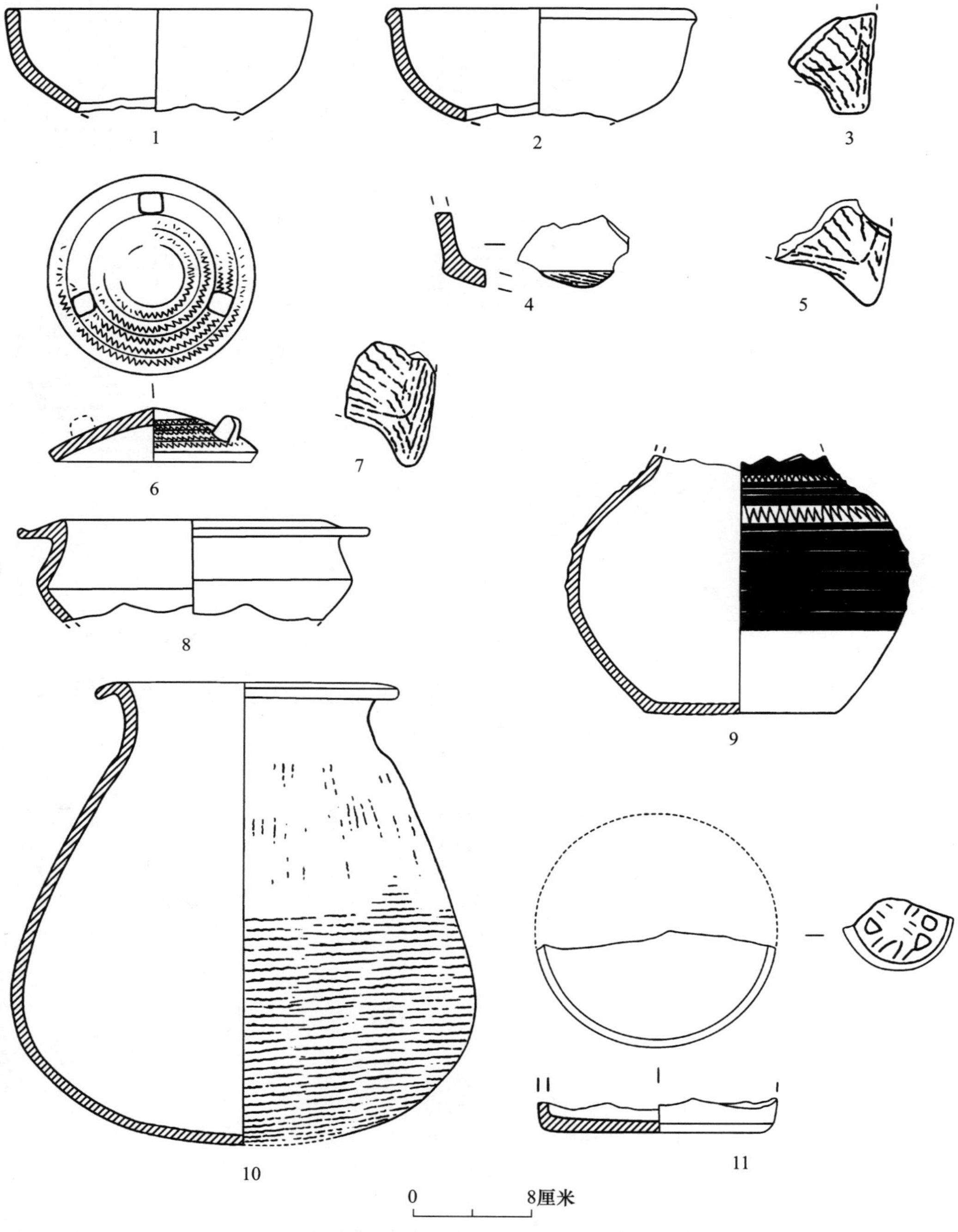

图二二　北羊井、北羊井西出土东周陶器

1、2. 豆（H8：22、H8：21）　3、5、7. 鬲足（采：17、采：15、采：16）　4. 折腹釜（H8：4）　6. 壶盖（采：30）　8. 盆（H3：1）　9. 壶（H4：2）　10. 罐形釜（H4：1）　11. 量（H8：10）（9、10为北羊井西，余为北羊井）

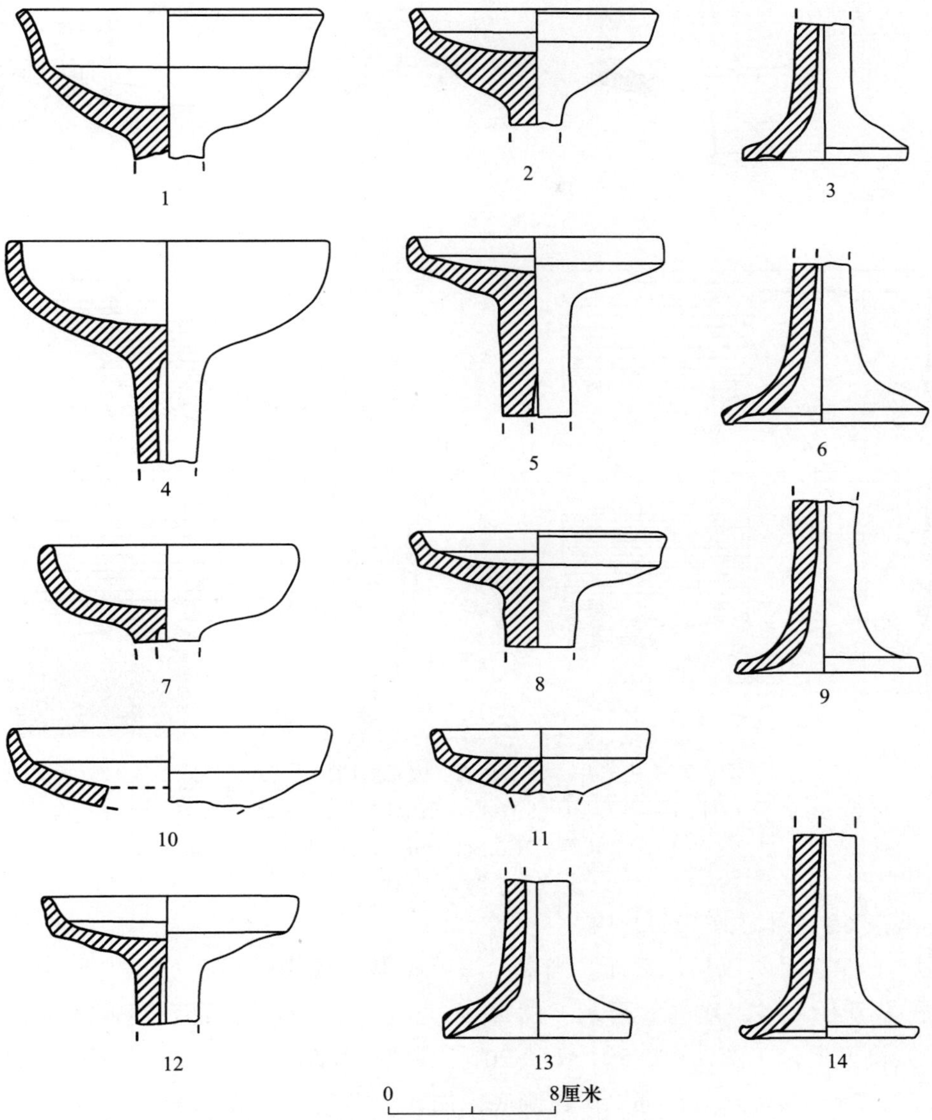

图二三　北羊井、北羊井西出土东周陶豆

1. H3∶3　2. H1∶10　3. H12∶3　4. H12∶1　5. H8∶19　6. H1∶7　7. H8∶20　8. H8∶9　9. H4∶4　10. H1∶9　11. H4∶5　12. H1∶11　13. H8∶18　14. H1∶8（1、5、7、8、13为北羊井，余为北羊井西）

道旋划纹，其下为横绳纹。口径48.2、残高19厘米（图二四，6）。H8∶15，圆唇，沿下饰平行旋划纹8道。口径45、残高13厘米（图二四，4）。

折腹釜　1件。H8∶4，腹部残片。泥质灰陶。饰绳纹。残高5.2厘米（图二二，4）。

直领瓮　3件。泥质灰陶。宽厚唇，束颈，广肩，素面。器形较大而厚重，口沿尤其肥厚。H8∶7，口沿。肩部有平行线黑色暗纹。口径29.6、残高8.4厘米（图二〇，16）。H8∶16，口沿。口径32、残高9.6厘米（图二〇，18）。H8∶17，口沿。口径

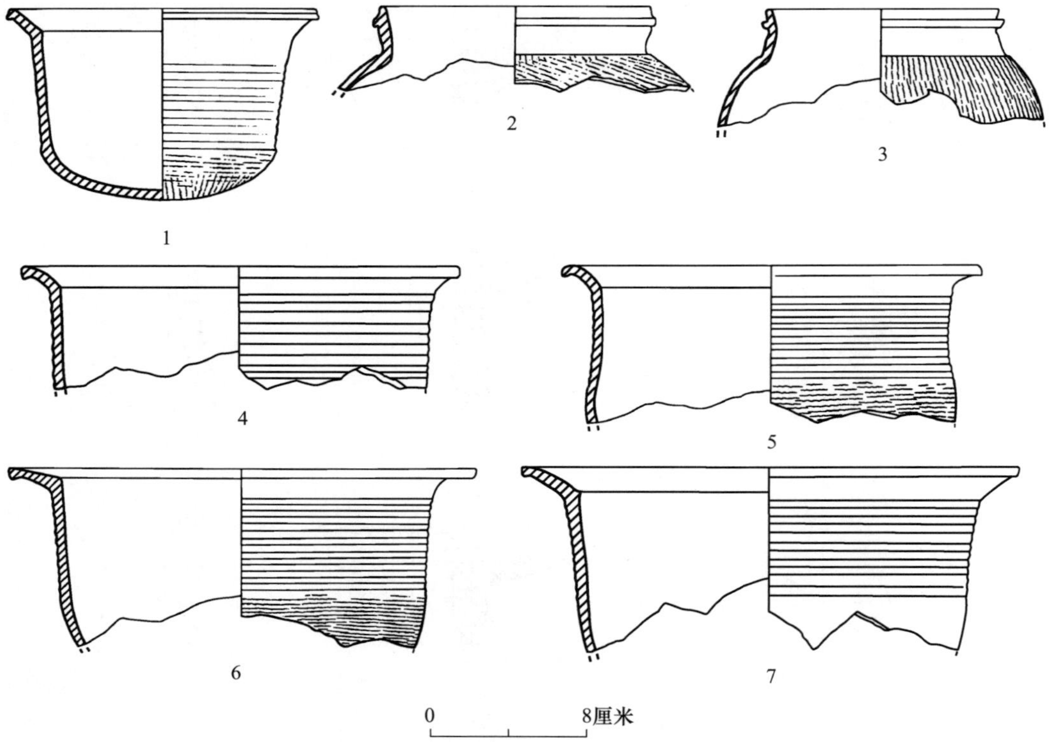

图二四　北羊井、北羊井西、大隐豹西出土东周陶器

1、4～7. 盆（H1：1、H8：15、H8：1、H8：3、H8：2）2、3. 高领罐（H1：6、H1：4）

（1 为大隐豹西，2、3 为北羊井西，余为北羊井）

25.6、残高 6.4 厘米（图二〇，14）。

豆　6 件。泥质灰陶，素面。细柄，深弧腹圜底或浅腹平底。H8：9，盘部。浅腹平底。口径 12.4、残高 6 厘米（图二三，8）。H8：19，盘部。浅腹平底。口径 12.4、残高 9 厘米（图二三，5）。H8：20，盘部。浅腹圜底。口径 12、残高 4.8 厘米（图二三，7）。H8：21，盘部。深腹圜底，饰数道黑色平行暗纹线。口径 21、残高 8 厘米（图二二，2）。H8：22，盘部。深腹圜底，饰数道黑色平行暗纹线。口径 20.8、残高 7.2 厘米（图二二，1）。H8：18，圈足。底径 8.8、残高 7.8 厘米（图二三，13）。

甑　2 件。泥质灰陶。圆孔。H8：11，仅剩底部。长 8.8、宽 5.8、孔径 1.1、厚 1.1 厘米（图二〇，6）。H8：23，仅剩底部。长 8.2、宽 5.8、孔径 1.6、厚 0.8 厘米（图二〇，10）。

碗　1 件。H8：13，泥质灰陶，素面。外折腹，内弧腹，圜底，假圈足。内壁饰黑色平行线纹。口径 12.8、底径 5.2、高 6.2 厘米（图二〇，12）。

量　1 件。H8：10，泥质灰陶，素面。内底部戳印“邯亭”。底径 14.8、残高 2.2 厘米（图二二，11）。

鬲 6件。均为口沿残片，多为窄沿叠唇。或属于春秋时期。H8：24，夹砂灰褐陶。厚方唇，束颈明显，饰绳纹。口径24、残高8.8厘米（图二〇，3）。H8：25，夹砂灰褐陶。斜肩，饰交错绳纹。残高7.2厘米（图二〇，2）。H8：26，夹砂灰陶。饰斜绳纹。口径22.4、残高4.8厘米（图二〇，7）。H8：27，夹砂灰陶。略有束颈，饰粗交错绳纹。口径24、残高8厘米（图二〇，11）。H8：28，夹砂灰陶。饰绳纹。残高4.8厘米（图二〇，4）。H8：29，夹砂灰陶。饰绳纹。口径22、残高5.2厘米（图二〇，8）。

采集鬲足 3件。采：15，夹砂灰陶，饰粗绳纹。残高7.4厘米（图二二，5）。采：16，夹砂灰褐陶，饰中粗绳纹。残高8.8厘米（图二二，7）。采：17，夹砂灰褐陶，饰特粗绳纹。残高6.8厘米（图二二，3）。

3. M1

墓葬已破坏，出土器物被毁，原貌及数量不详。收拾残片复原7件陶器，似是两套组合，应属于同一座墓葬。陶器均为泥质灰陶，饰有彩绘花纹，白色底色，鼎、豆为黑彩，壶为红彩。年代应为战国早期。

华盖壶 1件。M1：1，方唇，敞口，束颈，弧腹略垂，平底。腹部饰有4条平行凸棱并彩绘。盖顶装饰4个花瓣形纽。口径15.3、底径11.4、通高43.5厘米（图二六，1；图版一，5）。

盘 2件。M1：2，口较小，弧腹，小平底。内壁饰彩绘。口径13.8、底径5.7、高3.6厘米（图二六，2）。M1：3，口较大，浅腹，大平底。内壁饰彩绘。口径24.3、底径12.3、高3.9厘米（图二六，3）。

盖豆 2件。M1：4，深弧腹，圜底，短柄，圈足。口径16.2、底径11.7、盖纽直径8.1、通高18厘米（图二五，6；图版一，4）。M1：5，深弧腹，圜底，短柄，圈足。口径16.5、底径11.5、盖纽直径7.6、通高18厘米（图二五，2）。

鼎 1件。M1：6，敛口，鼓腹，圜底。附耳较高，兽足，盖顶有三方块小纽。盖及腹部均饰有彩绘。口径18.6、通高19.6厘米（图二五，1；图版一，3）。

鼎盖 1件。M1：7，形制同上。底径21.4、高3厘米（图二五，3）。

在墓葬附近还采集到一些遗物。

壶盖 1件。采：30，泥质灰陶，盖顶存三个桥形纽。饰凹弦纹两道和浅黑色波浪纹五圈。直径13.5、高3.8厘米（图二二，6）。

盖豆盘部 1件。采：31，泥质灰陶，子母口。口径13.2、腹径15.5、残高7.7、盘深6.2厘米（图二一，10）。

豆盖 1件。采：32，泥质灰陶。残高4.7、器纽直径8.6厘米（图二一，9）。

铜布币 3枚。采：33、采34，其中两枚因锈蚀粘连在一起，故编号为两个。其上均有“甘丹”（邯郸）二字。长8.3、宽3.6厘米（图二五，4、5；图版一，6）。

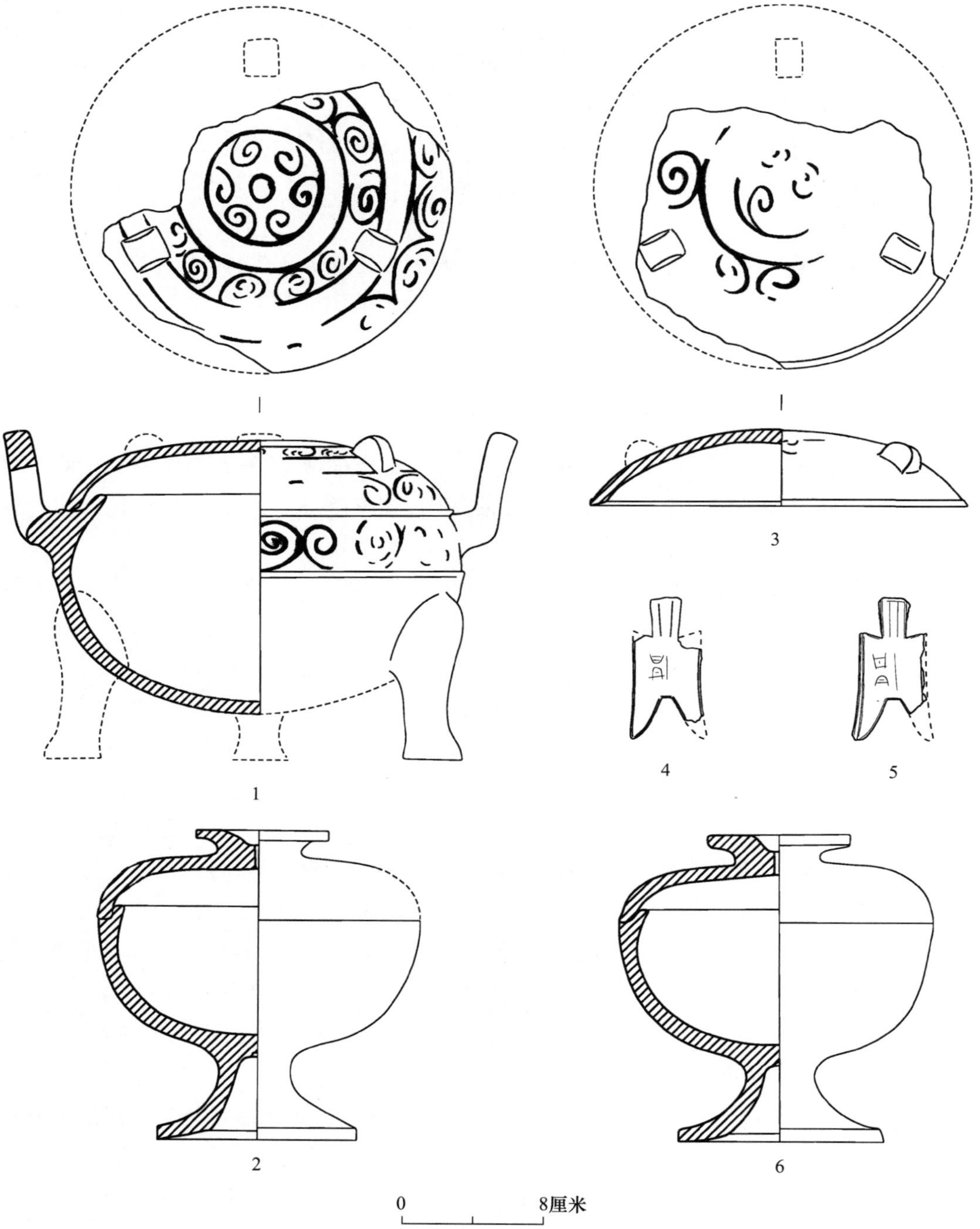

图二五　北羊井出土战国陶器、铜币

1. 陶鼎（M1：6）2、6. 陶盖豆（M1：5、M1：4）3. 陶鼎盖（M1：7）

4、5. 铜“甘丹”（邯郸）布币（采：33、采：34）

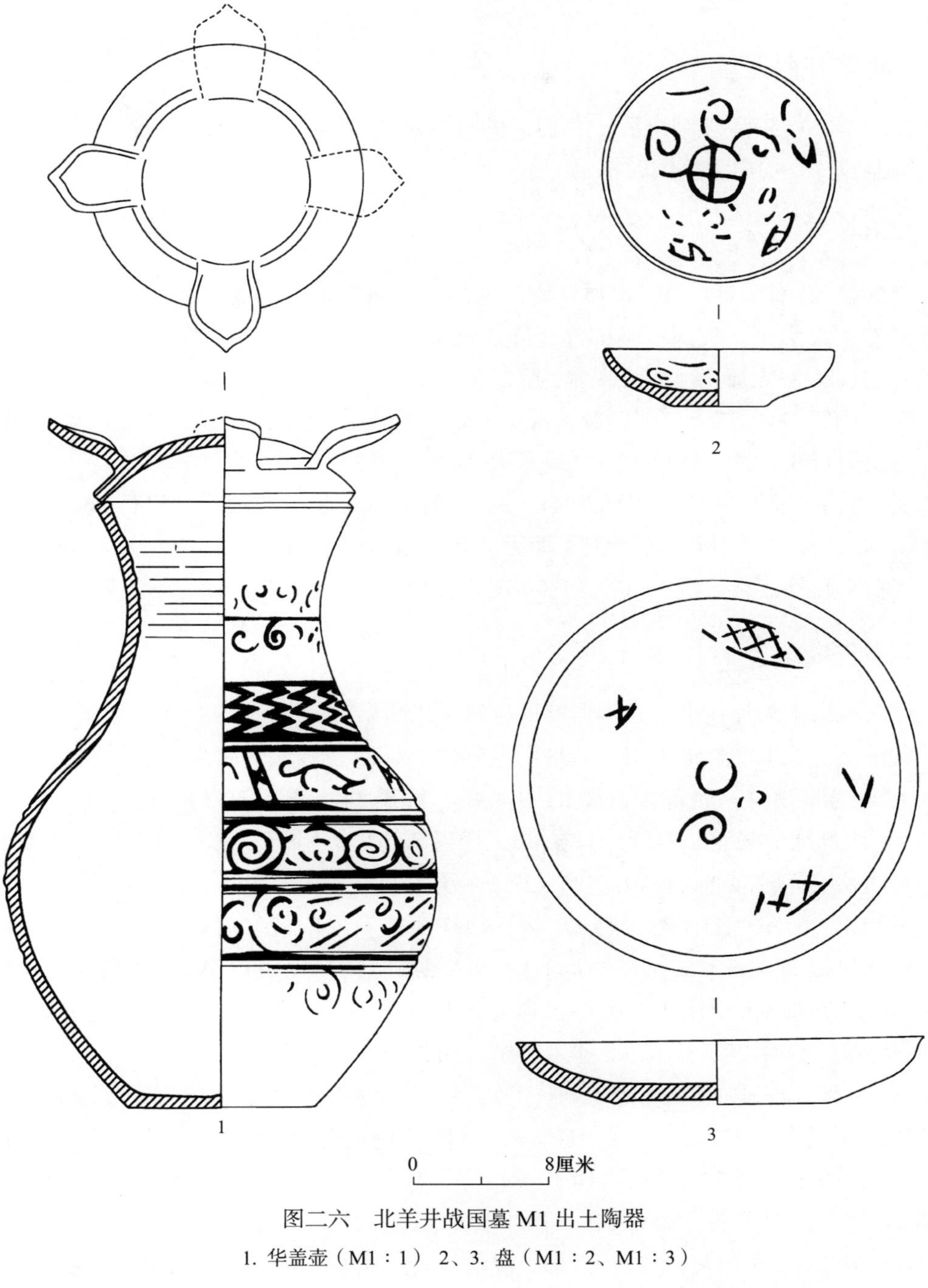

图二六　北羊井战国墓 M1 出土陶器
1. 华盖壶（M1：1） 2、3. 盘（M1：2、M1：3）

二、周边其他遗址

（一）北羊井西遗址

在北羊井村东清理结束后，我们又到村西进行了调查。清理了 4 座灰坑，收集到一些陶器残片，均属于战国时期。

1. H4

罐形釜　1 件。H4：1，泥质灰陶。卷沿，沿面有轮制线痕。束颈，垂腹，最大腹径近底部，大圜底。腹部上半部饰竖绳纹又抹去，下半部饰横绳纹。口径 20.4、最大腹径 31.6、高 33.5 厘米（图二二，10）。

壶　1 件。H4：2，口部残缺。泥质灰陶，腹部以上饰瓦棱纹，瓦棱凹处饰黑彩，肩部有两周折线暗纹。底径 12.8、残高 18 厘米（图二二，9）。

豆　3 件。泥质灰陶，素面。H4：3，盖豆盘部。子口，碗形。口径 16、残高 9.6 厘米（图二一，7）。H4：4，豆座。底径 8.8、残高 8.8 厘米（图二三，9）。H4：5，盘部。浅盘，盘外侧有折棱。口径 10.8、残高 3.2 厘米（图二三，11）。

2. H1

此灰坑出土陶片较多，其陶器特征应属于战国早期。

盆形釜　3 件。泥质灰陶。窄平沿或斜沿，深腹，圜底，腹部饰横绳纹。H1：1，沿面有 4 道凹弦纹，腹部饰规整的中绳纹。口径 34、残高 10.2 厘米（图二一，5）。H1：2，腹部绳纹规整，略细。口径 32、残高 8.4 厘米（图二一，4）。H1：3，沿面下撇并有凹弦纹，腹部绳纹略粗。口径 29.2、残高 11.6 厘米（图二一，1）。

高领罐　3 件。H1：4，夹砂灰陶。领外侧饰一周凸棱，肩下饰竖粗绳纹。口径 24、残高 12.2 厘米（图二四，3）。H1：5，泥质灰陶。卷沿，束颈，肩下饰竖绳纹。口径 14.8、残高 9.6 厘米（图二〇，17）。H1：6，泥质灰陶。领外侧饰一周凸棱，肩下饰斜绳纹。口径 28、残高 9.2 厘米（图二四，2）。

豆　6 件。泥质灰陶，素面。H1：7，豆座。座内近底缘处有一周浅凹槽。底径 10、残高 8 厘米（图二三，6）。H1：8，豆座。座内近底缘处有一周浅凹槽。底径 8.8、残高 10.2 厘米（图二三，14）。H1：9，盘部。浅盘，盘外侧有折棱。口径 15.6、残高 4.4 厘米（图二三，10）。H1：10，盘部。浅盘，盘外侧有折棱。口径 11.6、残高 6 厘米（图二三，2）。H1：11，盘部。浅盘，盘外侧有折棱。口径 12.4、残高 6.4 厘米（图二三，12）。H1：12，盖豆盘部。子口，碗形，磨光，饰黑色竖线暗纹。口径 18、残高 7.6 厘米（图二一，6）。

3. H12

此坑为战国早或春秋末。

豆 3件。泥质灰陶，素面。H12：1，盘部。浅腹，碗形。口径15.6、残高11.2（图二三，4）。H12：2，盖豆盘部。深腹，碗形。口部残，应是子口。饰黑色平行线暗纹。残高8.4（图二一，8）。H12：3，豆座。座内近底缘处有一周浅凹槽。底径8、残高6.8（图二三，3）。

4. H7

盆形釜 1件。泥质灰陶。窄平沿，深腹，圜底，腹部饰横绳纹。H7：1，沿面微凹并有数道凹弦纹，沿下两周凹弦纹，其下饰较规整的横绳纹。口径30、残高10.4厘米（图二一，2）。

5. 采集品

采集到很多板瓦、筒瓦残片。附近或有较高等级的建筑遗址。

筒瓦 采集到6件完整筒瓦。泥质灰陶，舌呈窄弧形，抹光。通体饰竖向绳纹，较粗，另有数道横向抹断。通长51~53、宽15~17、高6~7厘米。内壁装饰有三种：其一，素面，显露横向拼接黏接痕迹，所见有9节。其二，纵向绳纹痕迹。其三，横向绳纹痕迹。BYJX：1，内壁饰横绳纹，长50.8、宽16.8、高8.8厘米（图二七，2）。

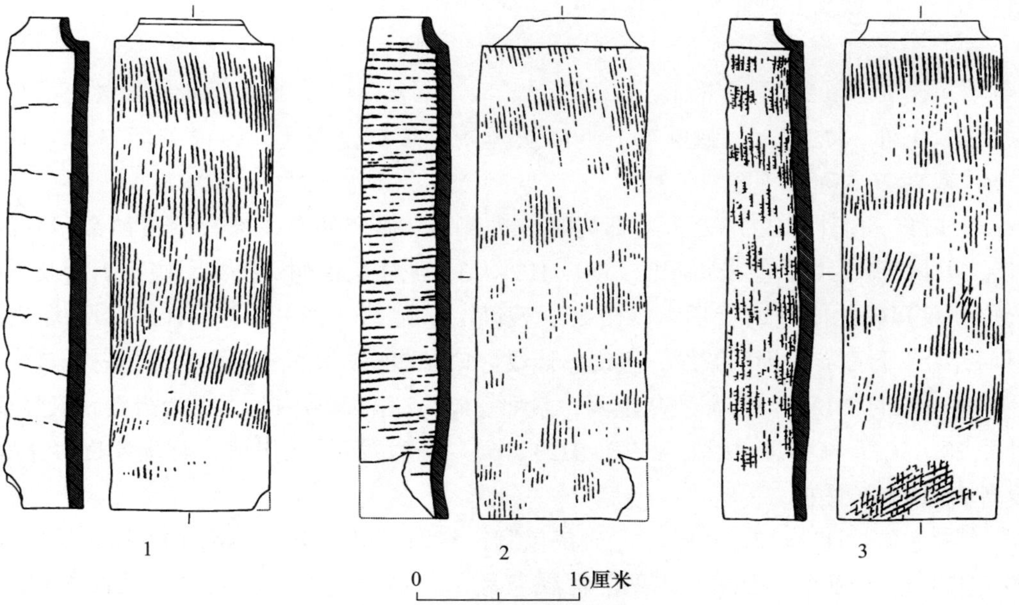

图二七 北羊井西出土战国筒瓦

1. BYJX：3 2. BYJX：1 3. BYJX：2

BYJX：2，内壁饰纵绳纹，长 50.8、宽 16.2、高 8.6 厘米（图二七，3）。BYJX：3，内壁素面，有 9 节接痕，长 50、宽 16、高 8 厘米（图二七，1）。

盆形釜　1 件。BYJX：4，腹饰较细的横绳纹。口径 30、残高 12.8 厘米（图二一，3）。

（二）大隐豹南遗址

位于大隐豹村南。清理龙山时代残余灰坑 2 个，即灰坑 H22 和 H23。另发现战国灰坑 3 座，出土遗物很少。另外，此次还复查了大隐豹村西南约 1 千米处的一处先商和商代遗址，该遗址西北距北羊井遗址约 1.5 千米，但此次复查未采集到重要遗物。

1. H22

盆　1 件。H22：1，泥质灰黑陶，素面。圆唇，卷沿，大敞口，斜直腹，大平底。内壁存轮制痕迹。口径 29.2、底径 22.4、高 7.7 厘米（图四，1）。

瓮　2 件。H22：2，泥质灰陶，饰竖篮纹。直口，高领。口径 22.4、残高 8.8 厘米（图三，6）。H22：3，底部残片。泥质灰陶，饰篮纹和附加堆纹，底径 11.2、残高 12.3 厘米（图三，8）。

深腹罐　1 件。H22：5，夹砂灰陶。斜折沿，唇部压印绳纹，沿外侧饰绳纹后抹去，腹饰中绳纹。口径 27.2、残高 8.8 厘米（图二，15）。

器盖　1 件。H22：4，泥质灰黑陶，素面。平顶，饰凹弦纹两道，侧边装双横耳。顶直径 15.4、残高 6.3 厘米，器耳长 4.7、宽 3.9、高 2.6 厘米（图四，6）。

2. H23

甗　1 件。H23：1，甗盆部。夹砂灰黑陶。敛口，深腹，腹饰弦断绳纹。口径 23.8、残高 20.5 厘米（图三，3）。

大口瓮　3 件。H23：2，泥质灰陶。矮直领，弧肩外凸，饰斜篮纹加饰凹弦纹。口径 31.4、残高 18.2 厘米（图四，9）。H23：3，泥质灰褐陶。折沿，腹饰斜篮纹加凹弦纹。双耳残，应是鸡冠耳。口径 28、残高 13.6 厘米（图三，5）。H23：4，泥质灰陶。折沿，唇面有一周凹弦纹，腹饰斜篮纹。口径 28.4、残高 9.9 厘米（图三，4）。

盆　2 件。H23：5，泥质灰黑陶，素面。卷沿，上腹略内收，下为折腹，双竖耳。口径 28、残高 14 厘米（图三，7）。H23：6，盆底。泥质灰黑陶，素面。底径 17.6、残高 7.5 厘米（图四，2）。

罐　3 件。H23：7，小罐。泥质灰黑陶，素面。口径 10、残高 10.6 厘米（图四，4）。H23：8，罐底。小平底内凹。泥质灰黑陶，饰竖绳纹。底径 10、残高 7.4 厘米（图四，5）。H23：9，深腹罐。折沿，深腹。唇面饰有压印绳纹，沿外侧饰绳纹后抹去，腹饰弦断斜绳纹。口径 29.2、残高 19.5 厘米（图二，16）。

（三）大隐豹西遗址

位于大隐豹村西。清理战国灰坑 1 座，据出土陶片特征应属战国晚期。

H1

盆形釜　1 件。H1：1，泥质灰黑陶，斜折沿，方唇，唇部饰凹弦纹一道，腹近直，饰凹旋纹 10 道。圜底饰粗绳纹。口径 31、高 17.2 厘米（图二四，1）。

壶　1 件。H1：3，壶口沿。泥质灰陶，方唇，高领。残高 8.2 厘米（图二〇，15）。

（四）蔺家河遗址

位于蔺家河村东。该遗址文化遗存包括先商和商代两个时期，此次采集的陶片主要属于先商时期遗存。

豆　1 件。蔺采：1，泥质黑陶，褐胎，盘内有一周小凸棱。素面磨光。底径 24、残高 8.2 厘米（图一〇，3）。

穿孔石刀　1 件。蔺采：2，矩形，单面刃。长 8.4、宽 5.4、厚 0.6、孔径 0.8 厘米（图一七，19）。

瓮　3 件。蔺采：3，小口瓮。泥质灰黑陶，矮卷领，弧广肩，饰细密整齐竖绳纹。口径 16、残高 11.4 厘米（图一四，7）。蔺采：4，蛋形瓮。厚唇，敛口。泥质灰陶，饰竖绳纹。残高 12 厘米（图一三，1）。蔺采：7，折肩瓮。泥质黑陶，素面磨光。折肩处装饰圆形乳钉。残高 7.2、宽 13.2 厘米（图一四，5）。

器盖　1 件。蔺采：6，泥质黑陶，素面磨光，有褐斑。饰双弦纹夹楔点纹组成的纹饰带两周。底径 31.6、残高 6.4 厘米（图一六，1）。

三、结　　语

北羊井遗址延续时间长，大致包括 5 个时期。其中先商文化堆积应是北羊井遗址的主体遗存。

北羊井村东和大隐豹村南两处龙山文化遗址相距约近 3 千米，可知渚河上游流域龙山时期聚落分布的基本特点。两处遗址的龙山文化陶器特征基本相同，年代亦应相近。陶器群以灰陶为主，还有一定数量的泥质磨光黑陶。器表主要饰为绳纹，其次是篮纹，方格纹很少。器类以平底器为主。主要器类有深腹罐、小口瓮、盆、大器盖、圈足盘、豆、甗等。整体特征与附近的涧沟和龟台二个遗址的同时期遗存相似，基本上同属于后冈二期文化文化系统[1]。该区域龙山时期遗存的一些因素传承延续至先商时期早段，例如两个时期的器类均较流行深腹罐，其中唇部所饰压印绳纹、腹部饰麦粒状绳纹等细节贯穿于前后两个时代。

北羊井遗址的先商时期文化遗存最为丰富，周边还分布有另两处先商时期遗址：位于北羊井遗址以北约 3 千米处的蔺家河遗址、东南约 1.5 千米处的大隐豹遗址。三处遗址均属于渚河流域，它们应是该地域龙山时代以来聚落发展的延续，显示自龙山到先商时期的文化日益繁盛。

根据与周边同期遗址以及二里头遗址出土陶器的比较，北羊井先商时期文化遗存大致可分为早晚连续发展的三组（图二八）：

第一组以 H21 为代表，年代约相当于二里头文化三期晚段。本组陶器正在发生剧烈的变化过程中，陶胎变薄，绳纹以中绳纹为主但整体趋向变细，并已开始出现线纹，

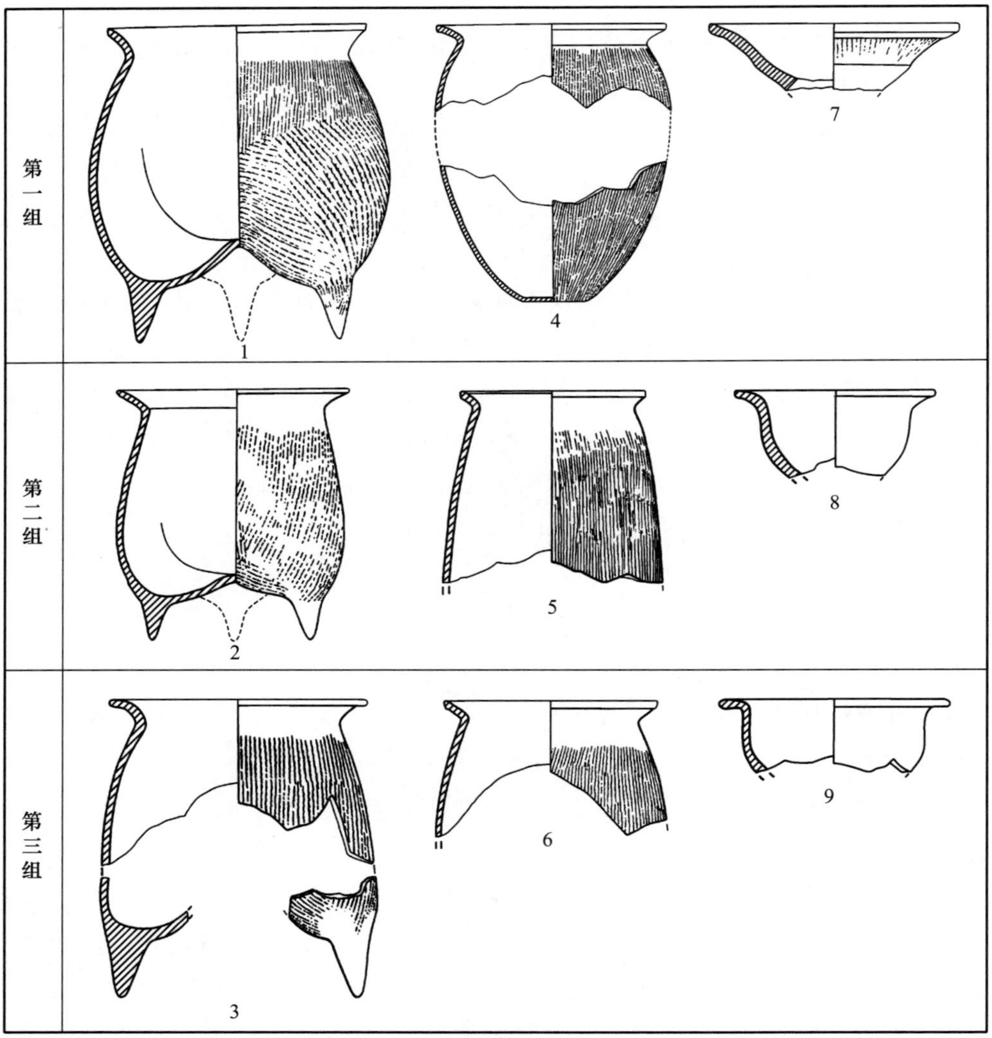

图二八　北羊井遗址先商时期遗存分组示意图

1～3. 鬲（H21：1、H2：1、H17：4+H17：6）4～6. 罐（H21：24、H2：5、H17：16）

7～9. 豆（H21：18、H2：13、H17：8）

但仍存在少量的麦粒状绳纹，H21：1 鬲上的复合绳纹就是此转变过程中的极好例证。鬲的形制趋向一致，矮领、微鼓腹、高锥足。深腹罐由明显鼓腹变为略鼓腹，形体趋向瘦高，但典型的橄榄型罐似尚未大量出现。

第二组以 H1 和 H2 为代表，年代约相当于二里头文化四期早段。本组陶器特征已趋向稳定，器体薄胎，流行整齐的细绳纹和线纹，橄榄形罐成为深腹罐类的典型形制。鬲、盆类器物宽沿多外折，碗形豆为侈口，鼓腹。

第三组以 H17 为代表，年代约相当于二里头文化四期晚段。本组陶器形制稳定，延续保持了上组的特征，鬲、盆、罐等器物为折沿，微鼓腹，碗形豆的口沿外卷、近平。流行整齐的中绳纹，细绳纹和线纹大幅减少，典型陶器为高锥足鬲和橄榄形罐。

一至三组基本上反映了漳河流域核心地带先商时期晚期遗存发展演进的总体轨迹。其中第一组陶器群正处于一个重大变革的历史阶段：陶器风格发生剧烈变化，制作日趋规整和细腻，流行细绳纹，并开始出现线纹，典型器鬲和深腹罐等形体趋向瘦高，尤其是鬲的形制基本定型，即作矮领、高锥足，饰细绳纹。第一组遗存的这种剧烈变革，很可能代表了一个特殊的历史阶段，不妨可称之为北羊井期文化突变。

商代时期，北羊井、大隐豹和蔺家河三处遗址继续繁荣，显示着商文化在该地域的连续性发展。北羊井遗址的商代遗存大致属于殷墟一期晚段至二期，其他两处遗址所发现的陶器，多属于殷墟二到四期。

北羊井遗址的西周遗存属于西周早期，包含有不少的殷墟四期文化因素。

北羊井遗址春秋遗存发现较少，以 H3 为代表。此类遗存宏观上属于晋国文化范畴，但若严格说来则是晋赵氏集团控制邯郸时期的遗存。

北羊井村附近战国时期的遗存广泛而丰富，村东和村西均有分布，而且向东断断续续一直延伸到大隐豹村西，再向东即与郑家岗战国遗址相连。它们均属于赵王城西南近郊的聚落点，出土的筒瓦、板瓦等建筑材料与赵王城内的完全一致，应属于赵王城总体城市建设的有机组成部分。战国遗存大致可分为早晚两期：早期以北羊井村东 M1 和村西 H1 为代表，晚期则以村东 H8、大隐豹村西 H1 为代表。

附记：参加此次田野调查清理的人员有段宏振、焦志华、赵国海和赵瑞法。

器物绘图：任　涛
器物照相：段宏振

注　释

[1] 北京大学、河北省文化局邯郸考古发掘队：《1957 年邯郸发掘简报》，《考古》1959 年第 10 期；河北省文化局文物工作队：《河北邯郸涧沟村古遗址发掘简报》，《考古》1961 年第 4 期；中国社会科学院考古研究所安阳工作队：《1979 年安阳后冈发掘报告》，《考古学报》1985 年第 1 期。

2016年河南内黄县河村商代晚期遗址和墓葬发掘简报

安阳市文物考古研究所　河南省文物考古研究院

内黄县位于河南省北部，处于黄河冲积平原上。传说华夏人文始祖“五帝”中的颛顼、帝喾二帝活动于此。夏代，内黄一带属冀州之域。传商代中宗太戊于此建亳都。2016年3月初，内黄县亳城乡河村砖厂（图一）在取土时发现大量木板及少量陶片、铜片、人骨。经我们现场调查确认，窑场取土坑面积大，坑底距地表深8.9米，底部暴露有商代晚期的墓葬，墓中葬具已暴露，是一处商代晚期遗址。3月上旬，安阳市文物考古研究所考古队对窑场取土坑底部调查和钻探，面积约2000平方米。钻探以梅花点式、0.50米间距布孔。勘查可知商代墓葬主要集中在大取土坑的东北部，共发现墓葬19座，水井3眼（图二），在取土坑北壁上发现灰坑1个（图版二，1）。

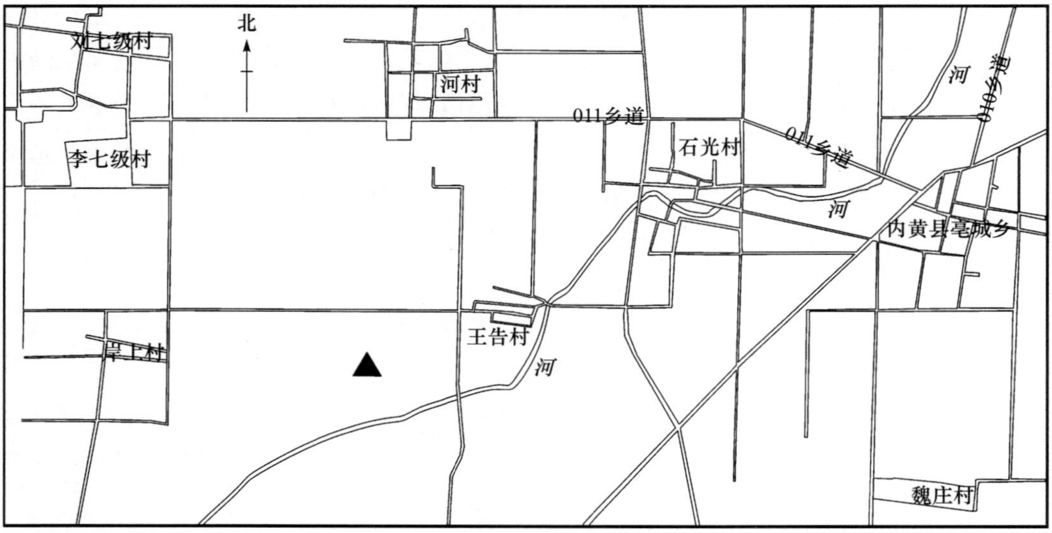

图一　河村遗址位置示意图

经国家文物局批准后，河南省文物考古研究院和安阳市文物考古研究所联合发掘。布10×10米的探方（正北方向）4个，共计400平方米，历时30余天。共清理商代晚

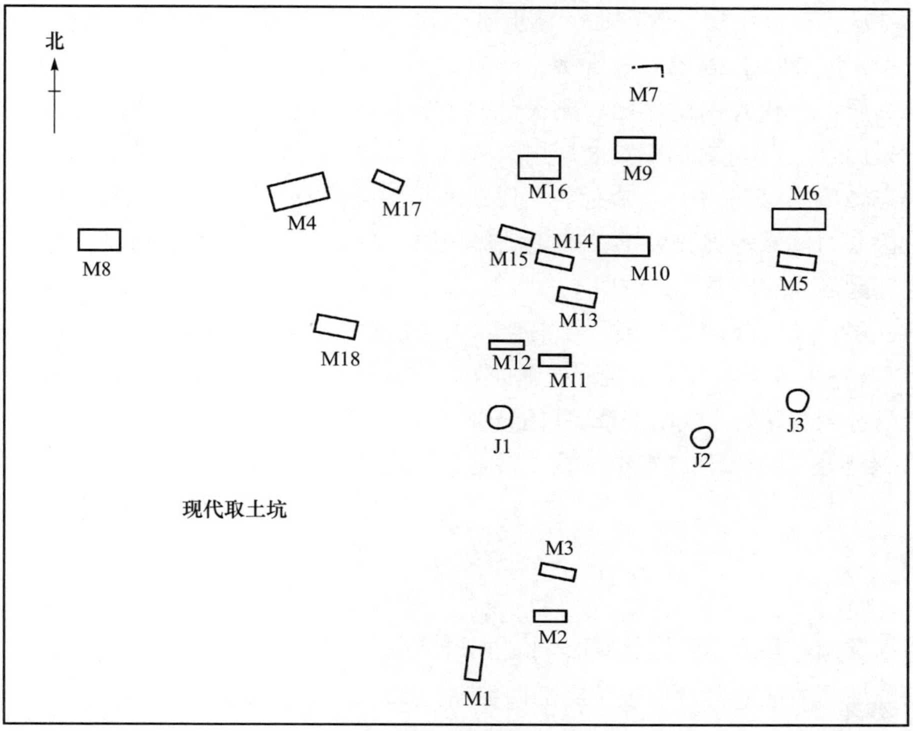

图二　河村商代遗迹分布图

期墓葬 19 座，水井 3 三眼。出土各类器物共 11 件，其中铜器 6 件（含铜器残片），分别有铜戈、铜器残片、铜镞。陶器 3 件，分别有陶鬲、陶碗。玉柄形器 1 件，贝 1 件。

一、地 层 关 系

本次发现的墓葬位于地表下 8.9 米深的取土坑里，墓葬原开口层被破坏，墓葬等遗迹的准确开口层位不清楚。取土坑的北壁断面一共分为 9 层，9 层以下为原生土层：

第 1 层：耕土层。黄灰色土，土质松软，厚 0.2~0.3 米。

第 2 层：宋元时期层。黄淤沙层，土质松软，包含少量瓷片、砖块等。厚 1.7~2.2 米。

第 3 层：褐色黏土层，土质较硬，较纯净。厚 1~1.2 米。

第 4 层：冲积淤土层。黄褐色土，土质较硬，较纯净。层内可见多层冲积形成的薄层，厚 0.76~1.1 米。

第 5 层：黄色淤沙层，土质松软，较纯净。该层为一次性淤积形成，厚 0.68~1.5 米。

第 6 层：冲积淤沙层，土质松软，较纯净。该层分多层不同颜色的薄淤沙层，厚 0.52~0.75 米。

第 7 层：黄淤土层，含黄细沙，土质松软，较纯净。该层的可见多层不同颜色的薄淤土层，厚 0.8~1.26 米。

第 8 层：商代晚期文化层。黑褐色，土质致密，包含少量绳纹陶片、木炭粒等。厚 0.25~0.3 米。经过对周围第 8 层层表的调查以及 ^{14}C 采样分析（采集年代样品编号 NH2），确定该层为土壤层，表面有一层草木炭灰层，经过仔细观察判断及检测为草类植物，因长时间浸泡在泥沙下，碳化成灰状层。在取土坑北壁断面可见，有两处明显为人工开凿形成的沟渠打破该层（图版二，1）。

第 9 层：商代晚期文化层。红褐色，土质松软，包含少量陶片、烧土粒、木炭粒等。厚 0.15~0.26 米。在取土坑北壁断面处，该层下压一个商代晚期灰坑。取土坑发现的这批已遭到破坏的商代晚期墓葬可能开口于该层下。

第 10 层：黏土发白，夹黄土粒、料姜石，较硬，该层为原生土层。

二、遗　　迹

本次发掘，共清理商代墓葬 19 座，水井 3 眼。

1. 墓葬

墓葬均为中、小型土坑竖穴墓，与殷墟发现的中小型墓葬形制相同，中型的为一椁一棺，小型的仅有一棺。由于砖厂取土，墓葬都被破坏，保存的随葬器物较少。但部分墓葬棺椁保存较好，木质结构尚存，这在北方地区罕见。有 10 座尚存有木质葬具，其中葬具为一椁一棺的有 4 座，单棺的有 6 座。其中有 4 座墓葬（M1、M9、M16、M18）的葬具保存相对完好。墓室大部分被破坏殆尽。为了更好的保护和研究这批商代墓葬，整体打箱搬运到安阳市文物研究所进行实验室清理和进一步保护研究。

（1）M1

方向 197°。长方形竖穴土坑墓，墓室上部被完全破坏。残存坑口呈长方形，长 2.54、宽 0.9~1、残深 0.36 米。填土为黑花土，含红土粒等，结构紧密。墓近底部四周有熟土二层台。东二层台宽 0.16~0.18 米，南二层台宽 0.14 米，西二层台宽 0.14~0.2 米，北二层台宽 0.32 米。二层台高 0.36 米（图三；图版二，2）。

葬具为单棺，长方形，木质。经过中国社会科学院考古研究所科技中心检测分析，M1 棺木材质为柏木。墓葬木棺保存完整，整体套箱提取搬迁。

木棺由盖板、侧板、底板、挡板组成。棺长 2.08、宽 0.53、高 0.42 米。四角采用榫卯方式套合，整体结构呈“□”形。除了部分盖板被破坏，整体保存较完整。木板的木质尚好，但有不同程度的腐朽。榫卯保存完好。

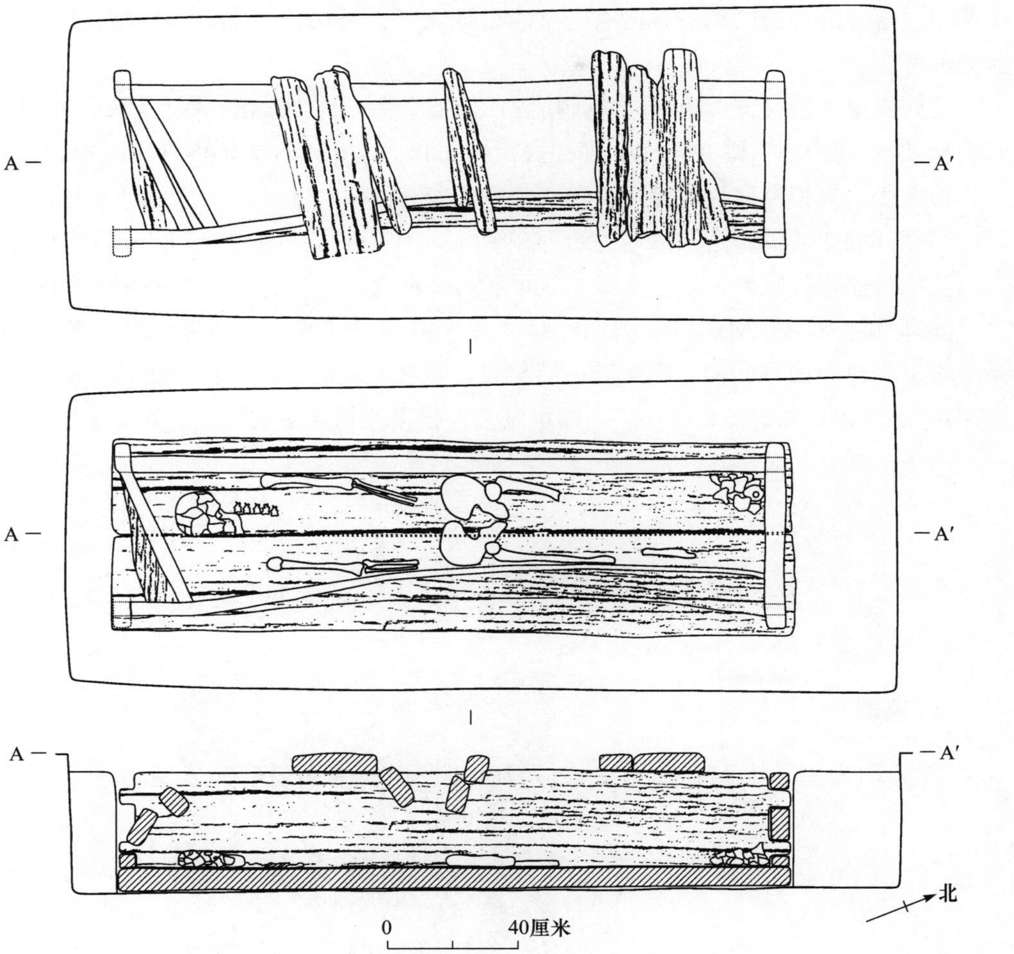

图三　M1平、剖面图

棺盖板被现代取土破坏，部分盖板被挪走，残存有7块棺盖板。盖板长0.6~0.62、宽0.22~0.26、厚0.05~0.06米。盖板搭在棺室东西侧板上，横向铺，盖板间隙较紧密。每块棺盖板加工平整。

棺的东、西侧板都为一整块长方形木板，加工平整，北半部上部略向棺室内倾倒。保存较完整。东侧板长1.94、高0.3、厚0.05~0.06米。西侧板长1.94、高0.3、厚0.05米。侧板南北两端上下各凿有两个对称的榫头，榫头插入南北两侧挡板的榫槽（卯）内。其中东侧板的榫头长0.05~0.06、左右宽0.05、上下高0.04~0.05米，两榫头间距0.12米；西侧板的南北两端榫头长0.05~0.06、左右宽0.05、上下高0.04~0.05米，两榫头间距0.13米。

棺的南、北挡板为单块长方形木板，其中南挡板长0.6、高0.3、厚0.06米；北挡板长0.59、高0.3、厚0.06米。加工平整，两面均有不同程度腐朽。南挡板上部向棺室内倒塌。南、北挡板的两侧各凿有上下两个宽 0.05、深 0.06 米的方形榫槽（卯），与棺侧板的榫头套合。

棺底板由 2 块长方形板纵向并排拼成，加工平整，拼合紧密。保存较好，其中东侧底板长 2.08、宽 0.3、厚 0.06 米；西侧底板长 2.08、宽 0.32、厚 0.06 米（图版二，3）。

棺盖板、侧板及底板均髹漆，黄漆为主，兼有红漆。

因底部尚未清理，不知墓地是否存在腰坑。

墓主骨骼保存较差，呈粉末状，仅可看出头向北，直肢，性别年龄无法判断。

随葬陶鬲 1 件。M1∶1（图四，3），置于棺内西北角。夹砂灰褐陶，略呈方形，折沿微上翻，唇面有凹槽，腹微鼓，裆与实足略矮，表面饰粗绳纹。腹直径 15.2 厘米，高超过 13 厘米，壁厚 0.8 厘米。因库房调整，很多文物经多次搬移，暂无法修复实物。

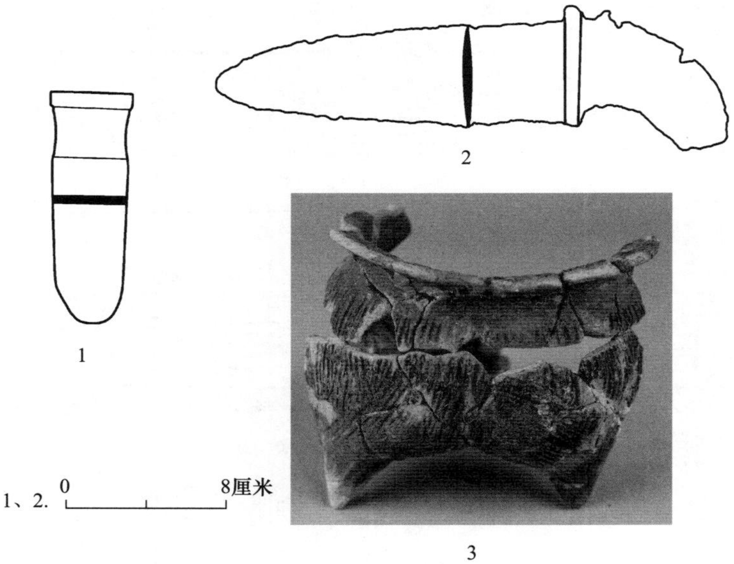

图四　河村墓葬出土器物

1. 玉柄形器（M8∶3）　2. 铜戈（M8∶2）　3. 陶鬲（M1∶1）

（2）M8

方向 286°。墓室上部被完全破坏。长方形竖穴土坑墓，近底的平面呈长方形，东侧两角呈圆弧形，西侧两角为直角，底长 2.8、宽 1.2～1.31、墓残深 0.3 米（图五）。填土为黑花土，含红土粒等，结构紧密。近底部四周有熟土二层台，东二层台宽 0.36～0.4、南二层台宽 0.46、西二层台宽 0.4～0.5、北二层台宽 0.4、高 0.22 米。南二层台上中部偏西殉狗一条，保存较差，头向西、背向南。北二层台上中部有殉狗一条，保存较差，头西背北。墓底中部有一圆角长方形腰坑，长 0.8、宽 0.28～0.3、深 0.16 米。坑内殉狗一条，保存较差，头向东，背向北（图版三，1）。

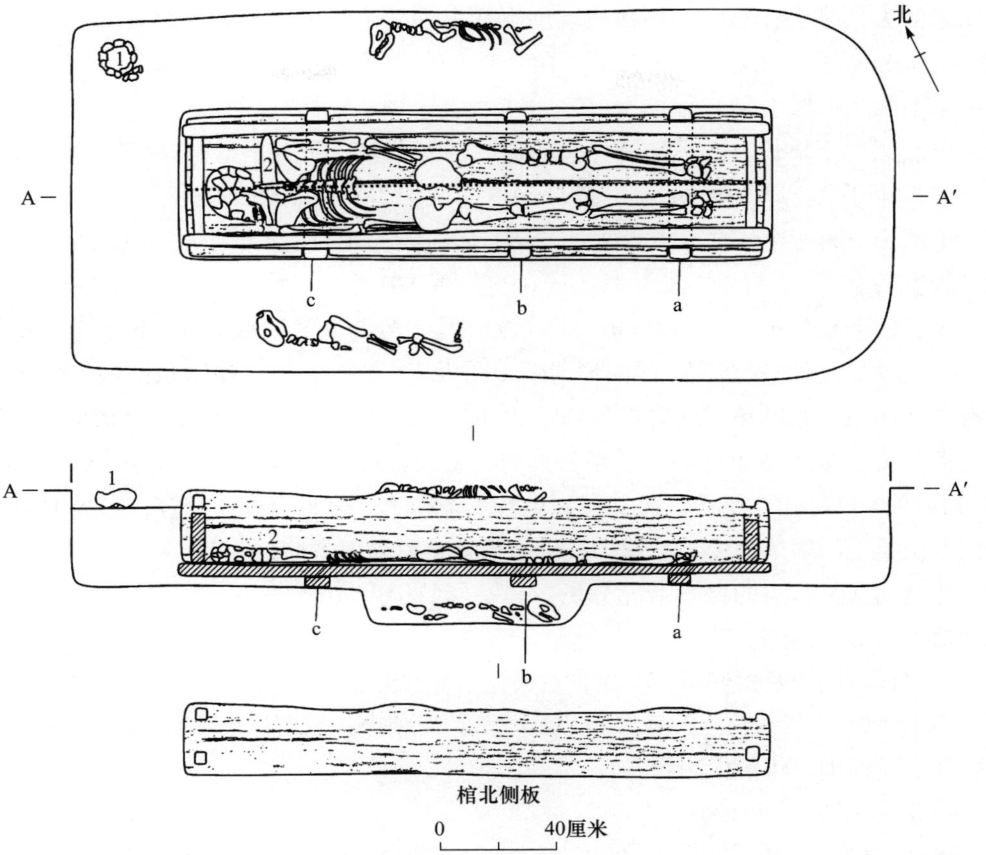

图五　M8 平、剖面图

1. 陶鬲　2. 铜戈　3. 玉柄形器

葬具为长方形木质单棺，经过检测分析，M8 棺木材质为柏木。除部分盖板被破坏，整体结构保存较完整，木板保存较好。从残存棺四面板高、结合二层台高度分析，棺侧板、挡板均为整块长方形木板，加工平整，四角有榫槽（卯）套合，平面呈“囗”形。棺长 1.94、宽 0.46、残高 0.22 米。

棺盖板被现代取土破坏，仅存有 1 块木质长方形纵板塌陷在棺室中部的淤土内，残长 1.36、残宽 0.15～0.2、厚 0.05 米。

棺侧板上部均遭到不同程度破坏，仅存下部。棺南侧板上部略向棺室内倾倒，长 2、残高 0.22～0.26、厚 0.04 米。南侧板两侧端上下各凿有两个对称的方形榫槽（卯），榫槽（卯）左右长 0.04、上下高 0.04、深 0.04 米，东侧上下榫槽（卯）间距 0.1 米，西侧上下榫槽（卯）间距 0.11 米。棺北侧板长 2.02、残高 0.23～0.28、厚 0.04 米。北侧板两侧端榫槽（卯）长 0.04、上下高 0.04、深 0.04 米，东侧上下榫槽（卯）间距 0.1 米，西侧上下榫槽（卯）间距 0.12 米。

棺东挡板长 0.4、残高 0.16、厚 0.04 米。南北两侧各有上下两个长 0.04～0.05、宽

0.04 米的方形榫头，与南北侧板东端上下两个榫槽（卯）套合。西挡板长 0.39、残高 0.18、厚 0.04 米。南北两侧各有上下两个长 0.04、宽 0.04 米的方形榫头，与南北侧板西端上下两个榫槽（卯）套合。

棺底板由 2 块长方形纵向板并排拼成，加工平整，拼合紧密，保存较好。南侧板长 1.96、宽 0.27、厚 0.05 米。北侧板长 1.95、宽 0.28、厚 0.05 米。

棺底板下有三个横向长方形木条，从右向左编为 a、b、c（图版三，2），两端均有不同程度的腐朽。a 号木条长 0.53、宽 0.08、厚 0.03 米；b 号木条长 0.53、宽 0.09、厚 0.03 米；c 号木条长 0.54、宽 0.08、厚 0.03 米。a 号与 b 号间距 0.50、b 号与 c 号间距 0.6 米。墓坑底部底板与横木的印痕清晰（图版三，3）。在三个横木条两端上面部均发现有条形朽痕，紧贴棺南北侧板，朽痕宽 0.07～8、厚 0.03、残高 0.22～0.26 米。底板下三条长方形横木条正好与东西侧板外的三组长方形木条朽痕一一对应。结合后面介绍的 M18 木棺可知，包括棺盖上可能也有三条横木，每组由榫卯套合，组成类似青海柳湾半山类型的木棺结构[1]，呈“井”字形棺束以加固木棺。

通过对 M8 木棺的保存情况分析，其整体结构由底板、侧板、盖板及“井”字形框架棺束四部分构成。

棺盖板、侧板及棺底板均髹漆，黄漆为主兼有红漆。

墓主骨骼保存一般，俯身直肢，头向西，面朝南，双臂顺于身体两侧，双手斜压于腹部下。性别、年龄无法判断。

随葬品 3 件。

陶鬲　1 件。M8：1，残。置于墓室西北角的二层台上。残高 10 厘米。

铜戈　1 件。M8：2（图四，2），残。置于棺室内墓主右肩西侧。通长 25.6 厘米。

玉柄形器　1 件。M8：3（图四，1），口含。长 7.3、宽 2.5 厘米。

（3）M18

方向 96°。墓室上部被完全破坏。长方形竖穴土坑墓，近底平面呈长方形，长 2.8、东宽 1.44、西宽 1.3、残深度 0.6 米。填土为黑花土，含红土粒等，结构紧密。墓底部四周有熟土二层台，东二层台宽 0.22、南二层台宽 0.3～0.32、西二层台宽 0.3、北二层台宽 0.16～0.2、残高 0.45 米（图版四，1）。

经精细清理确认，M18 葬具为一椁一棺。均为木质。经过检测分析，M18 木椁材质大部分采用柏木，少部分采用松木；棺木为柏木。

墓底中部有一圆角长方形腰坑，长 0.8、宽 0.5～0.52、深 0.18 米。中有殉狗一条，保存较差，头向东，背向北。在腰坑的东南角有一根直径 7 米的木质立柱朽痕，高 0.2 米，应是用于支撑椁底板作用（图版四，2）。

椁长 2.34、南端宽 1.15、北端宽 1.1、残高 0.45 米（图六）。木椁结构基本清楚，由底板、壁板、盖板三部分组成。单块木板为长方形，木板加工平整。因椁室四面侧板腐朽严重，导致椁盖板整体下陷。

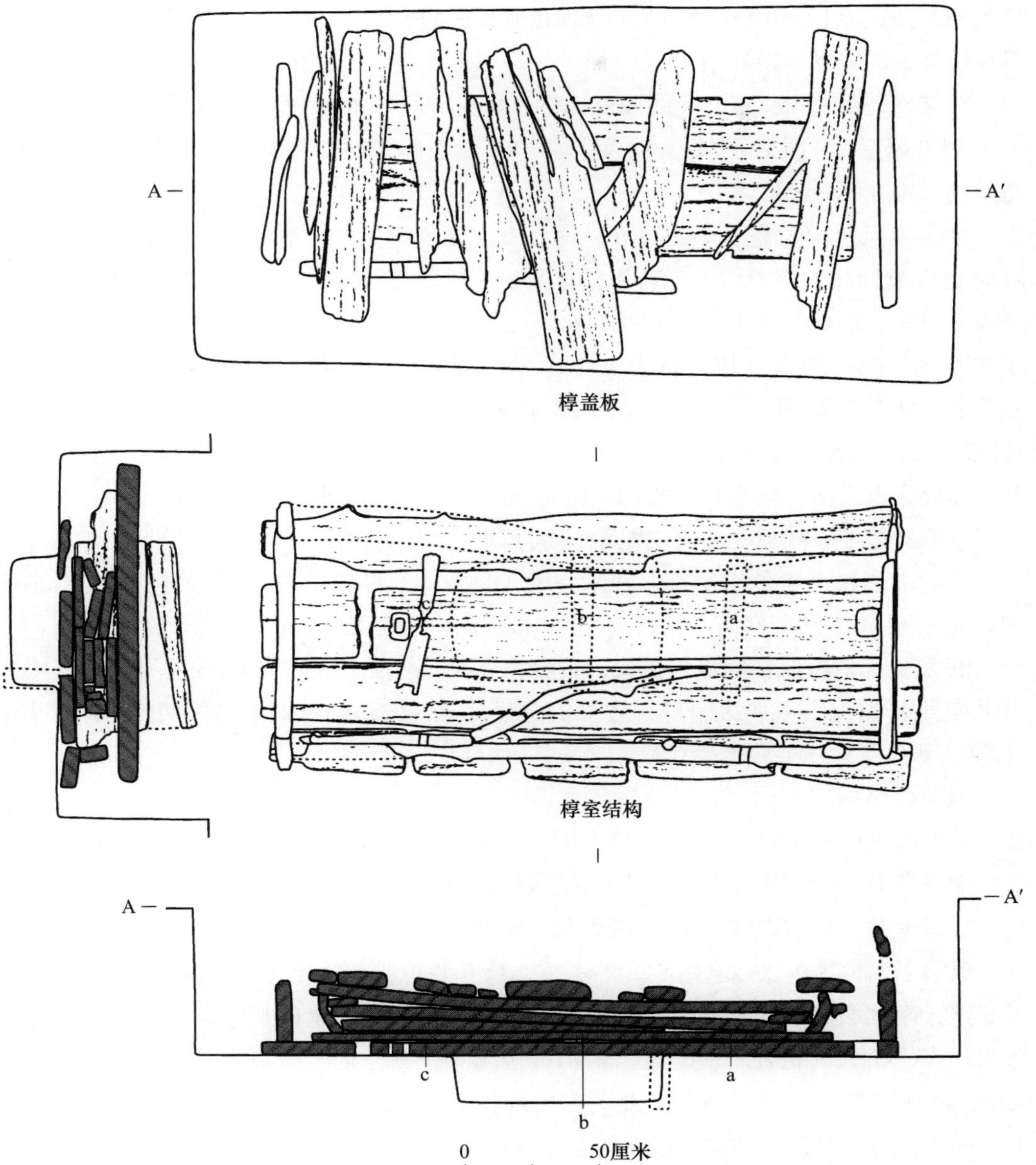

图六　M18木椁平、剖面图

椁盖板由长方形木板横向铺成，长度基本一致。盖板东侧部分被现代取土破坏。自东向西保存有6块长方形木板搭在椁室上方，部分盖板略移位，长1.1～1.18、宽0.2～0.28、厚0.06～0.08米。

从残存椁室四侧壁立板及痕迹判断，椁室四面侧板采用榫卯结构套合而成，构成长方形框架结构；每面各有上下两块整板组成。

南北面侧板腐朽严重。南侧板底部保存有一块长方形木板，上部分呈板灰状，残长 1.94、残高 0.12～0.15、厚 0.06 米。北侧板呈板灰状。东侧板保存基本完整，木板保存较好；两端榫卯结构清楚。

东挡板（图版四，3）下部残长 1.06、高 0.24、厚 0.06 米；上部残长 0.78、残高 0.2、厚 0.06 米。西挡板仅保存底部部分木板，上部腐朽严重、呈板灰状，残长 1.05、高 0.25、厚 0.06～0.07 米。

椁底板保存较为完整（图版五，1），由 9 块长方形木板纵向铺成，加工平整，自南向北拼成四排，有 0.01～0.02 米的间隙。第一排有 5 块，总长度 2.4、每块木板长 0.38～0.55、宽 0.16～0.18、厚 0.04～0.06 米。第二排有 1 块，长 2.49、宽 0.22～0.27、厚 0.05 米。第三排有 2 块，总长度 2.38 米；其中东侧木板长 1.98、宽 0.28～0.3、厚 0.05 米，两端各有两个长 0.11、宽 0.08 米的长方形榫槽，此板似为其他建筑的构件，被挪用于该墓的椁底板；西侧木板长 0.35、宽 0.3、厚 0.05 米。第四排有 1 块，保存较差，部分边缘腐朽，长 2.4、残宽 0.15～0.26、厚 0.05 米。

木椁的盖板、侧板及底板均髹漆，黄漆为主，兼有白漆。

椁室中部置木质单棺，保存基本完整。长方体，榫卯结构清晰。棺长 1.93、东侧宽 0.6、西侧宽 0.58、残高 0.16 米。均由长方形木板组成，木板加工平整。

棺盖板由 2 块长方形纵板拼成，拼合紧密。东西两端均有不同程度腐朽。其中南侧纵板残长 1.87、宽 0.29～0.3、厚 0.04 米。北侧纵板残长 1.89、宽 0.29、厚 0.04 米（图版五，2）。

棺侧板整体向内倾斜，部分倒塌。两个侧板都为单块独立的长方形木板，加工平整。其中南侧板长 1.93、高 0.4、厚 0.04 米，从中部断为上下两半，向棺室内倾倒。东西两端各凿有一个长方形榫槽。北侧板从中部断为上下两半，向棺室内倾倒，西端腐朽，残长 1.88、残高 0.32、厚 0.04 米（图版五，3）。

棺的东挡板为单块独立的长方形木板，长 0.49、残高 0.36、厚 0.04 米（图七）。加工平整，南北两侧中部各有一个长 0.06、高 0.07、厚 0.04 米的长方形榫头，与南北侧板两端榫槽（卯）正好对应套合。西挡板也为单块独立的长方形木板，长 0.46、残高 0.35、厚 0.04 米。加工平整，南北两侧中部各有一个长 0.06、高 0.07、厚 0.04 米的长方形榫头，与南北侧板两端榫槽（卯）正好对应套合。

南、北两侧板两端中间榫槽（卯），与东、西挡板两端榫头套合，形成“口”形结构框架（图版六，1、2）。

棺底板由 2 块长方形纵向木板并排拼成，加工平整，拼合紧密。南侧木板长 1.95、宽 0.3、厚 0.045 米。北侧木板长 1.93、宽 0.28～0.3 米、厚 0.05 米。

两个侧板外板面有三个竖向木条痕迹（图版七，1）由东向西编号 a、b、c，其中 a 与 b 间距 0.55 米，b 与 c 间距 0.52 米。槽宽 0.06～0.07、厚 0.015～0.02 米。棺盖板上，存有三条长方形横向木条朽痕（编号 a、b、c），其中 a 长 0.56、宽 0.07 米；b 长 0.53、宽 0.07 米；c 长 0.49、宽 0.07～0.08 米，厚与侧面的近似。棺底板下、椁板上也

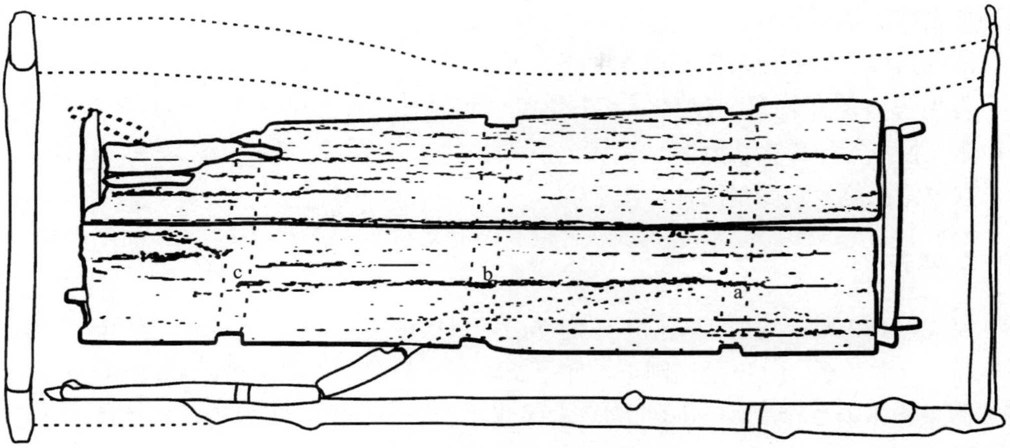

棺盖板

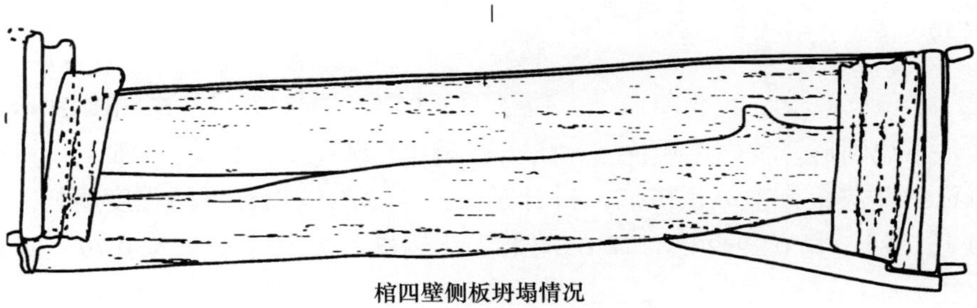

棺四壁侧板坍塌情况

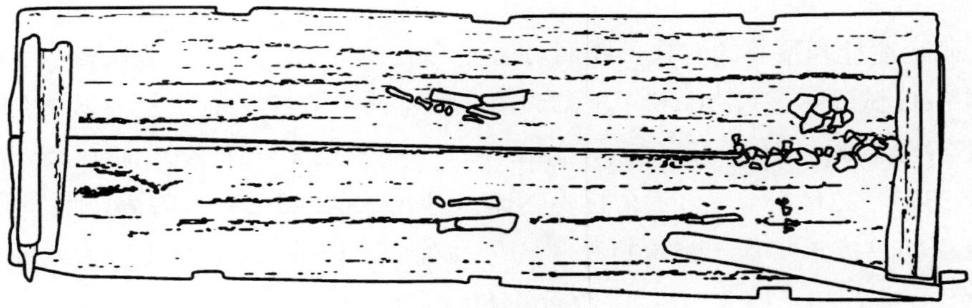

棺底板及人骨

0　50厘米

图七　M18 木棺平面图

有对应的三条（由东向西编号 a、b、c），a 与 b 间距 0.55、b 与 c 间距 0.51 米（图版七，2）。其中 a 已为朽痕，长 0.52、宽 0.07～0.08、厚 0.01.5～0.02 米。b 仅余朽痕，长 0.52、宽 0.08 米。c 为长方形木条，保存基本完整，两端均有不同程度的腐朽，残长 0.54、宽 0.08～0.1、厚 0.02 米，南端有一个榫头，东西长 0.04 米。棺盖板、侧板与底板下的三组长方形横木条及其痕迹对应，由此推断木棺外围由三组木条组成棺束，起到加固棺的作用。

棺的盖板、棺壁板及棺底板均髹漆，黑漆打底，兼有红漆。

墓主骨骼保存较差，仅存少量头骨残片和腿骨残片。根据头骨残片的位置分析，头向东，性别、年龄无法判断。

在椁室西侧发现少量陶片（图七）。

2. 水井

商代水井 3 眼，均位于发掘区东南部，开口层位不清楚。

J1　口大底小，上口呈椭圆形，底呈长方形，斜壁，平底，底距地表 11.90 米。在 J1 东侧壁上下有 2 个大小不同的脚窝，西侧壁有 1 个脚窝。J1 内为黄色淤沙，土质松软，含少量陶片。

3. 灰坑

1 处，在砖厂取土坑的北断面上，位于第 9 层下，坑口长约 1.5、深约 1.8 米，口大底小，呈不规则形。坑内填灰色土，出土有陶片、蚌片及兽骨等。

三、结　　语

1. 年代

为了确定遗址和墓葬的时代，我们对遗址的地层和棺、椁木材等采集了 4 个样品，委托美国 Beta 试验室进行 ^{14}C 测年检测。结果给了两个数据，第一个为 M18 的棺木样品 NH1（实验室编号 Beta-436544），校正年代（95% 概率）为公元前 1425～前 1265 年（距今 3375～3215 年）。第二个标本 NH2（编号 Beta-436545）为黑土层（第 8 层）的有机沉积物，校正年代（95% 概率）为公元前 2280～前 2245 年（距今 4230～4195 年），或公元前 2230～前 2130 年（距今 4180～4080 年），或公元前 2085～前 2045 年（距今 4035～3995 年），此标本测年比第一标本的年代明显要早，也比该层下商代墓葬随葬器物的明确年代早，可能是标本自身的原因。

M1 出土陶鬲 1 件，形制略呈方形，折沿微上翻，唇面有凹槽，裆与实足略矮，表面饰粗绳纹。形制与殷墟二期的陶鬲形制大体相同，与第一个 ^{14}C 测年的结果基本吻合。M8 出土青铜戈 1 把，援呈长条三角形，上下有阑，下阑残，曲内，呈圆弧状，此形制也具有殷墟二期的青铜戈的特征。

2. 墓主人身份

由于这批墓葬被破坏严重，出土器物较少，尚无法直接证明墓主人身份和地位。

但从墓葬形制、棺椁使用情况、腰坑殉狗等要素看，与殷墟发现的墓葬一致，属于典型的殷墟文化墓葬。根据墓葬规模和使用葬具的情况，尤其是有棺、椁的墓主，应是有一定地位的贵族，但整体上地位偏低。M8 出土青铜戈，墓主可能有兵士身份。

这批墓葬排列有序，墓地可能也像殷墟发现的族墓地一样，为家族墓地，墓主人可能是同一个家族的成员。墓葬方向除 M1 外，其他的皆为东西向，这与殷墟范围内的族邑墓葬大多为南北向的方向有明显的区别，表现出地域特点。

3. 价值与意义

河村商代晚期遗址和墓葬是内黄县第一次发现有明确地点的商代遗址和墓葬。文化内涵与殷墟商文化基本一致，这是殷墟以外地区发现的又一处重要聚落。它对研究商代晚期文化交流、发展与传播等具有重要的意义。这里距传说的商中宗太戊陵仅有约 7 千米，也为寻找商代早期、中期文化提供了重要的线索。特别是几座商墓，历时三千多年，木质棺椁仍然保存较好，结构清晰，这个发现弥足珍贵，这在商代考古中是罕见的，在中国的上古考古发现中也是非常少见的。类似的木棺结构见于青海柳湾的半山文化墓葬。河村商墓葬棺椁的榫卯结构，体现了商人的智慧和较高的木工技术，不仅为研究商代晚期的木质葬具的组合，也为研究上古建筑史提供了非常重要的实物资料。

河村聚落遗址西距殷墟约 46 千米，在商代，处在殷墟向东过黄河、济水，通往山东、安徽的线路上。甲骨文和其他文献记载商人多次东征。河村聚落可能是商人东征淮夷、东夷路线上的重要聚落和据点。墓葬内出土的铜礼器和兵器，表明此聚落单位在政治和军事等方面的多重性质。

内黄河村位于古黄河冲积平原上，汉代以前位于黄河东岸，汉代后基本上都位于黄河北岸，濒临古黄河河道，受黄河冲积影响较大。此次内黄河村发现的商代晚期遗存，在地表下近 9 米深处，其上地层叠压清晰、完整，由此可见历史上黄河改道、淤积造成本地区地形地貌的变化，对于研究黄河变迁和黄河文化等具有非常重要的价值。

附记：本次考古发掘由河南省文物考古研究院和安阳市文物考古研究所共同完成，发掘领队为孔德铭，参与发掘的还有孔维鹏、申明清、焦鹏、梁宇等，田野绘图和摄影、器物绘图由孔维鹏完成，器物摄影为申明清。发掘期间，中国社会科学院考古研究所的唐际根博士、岳洪彬博士、牛世山研究员、何毓灵研究员、岳占伟副研究员、加拿大英属哥伦比亚大学的荆志淳教授、河南省文物考古研究院的杨文胜研究员等给予了大力指导和帮助，在此一并表示感谢。

执笔：孔维鹏　孔德铭

注　释

［1］青海省文物管理处考古队、中国社会科学院考古研究所:《青海柳湾——乐都柳湾原始社会墓地》图八，文物出版社，1984年，第12页。

2017年河南安阳市殷墟郭家庄东墓葬发掘简报

中国社会科学院考古研究所安阳工作队

郭家庄位于殷墟东南部，铁路苗圃东侧，距小屯宫殿区约1.5千米。自20世纪80年代开始，配合村庄及城镇化建设，在该村及其附近进行了多次考古发掘，并取得重要收获，以属“亚址”族的郭家庄西南M160[1]，属“旛”族的郭家庄东南M26[2]、M5[3]最为著名，推测此区域至少有两个家族的墓地。

2017年7～8月，为配合安阳市供电局带电作业车库工程建设项目，我队在郭家庄村东对项目施工区进行了抢救性考古发掘（图一）。根据殷墟统一网格化布方，该区域为

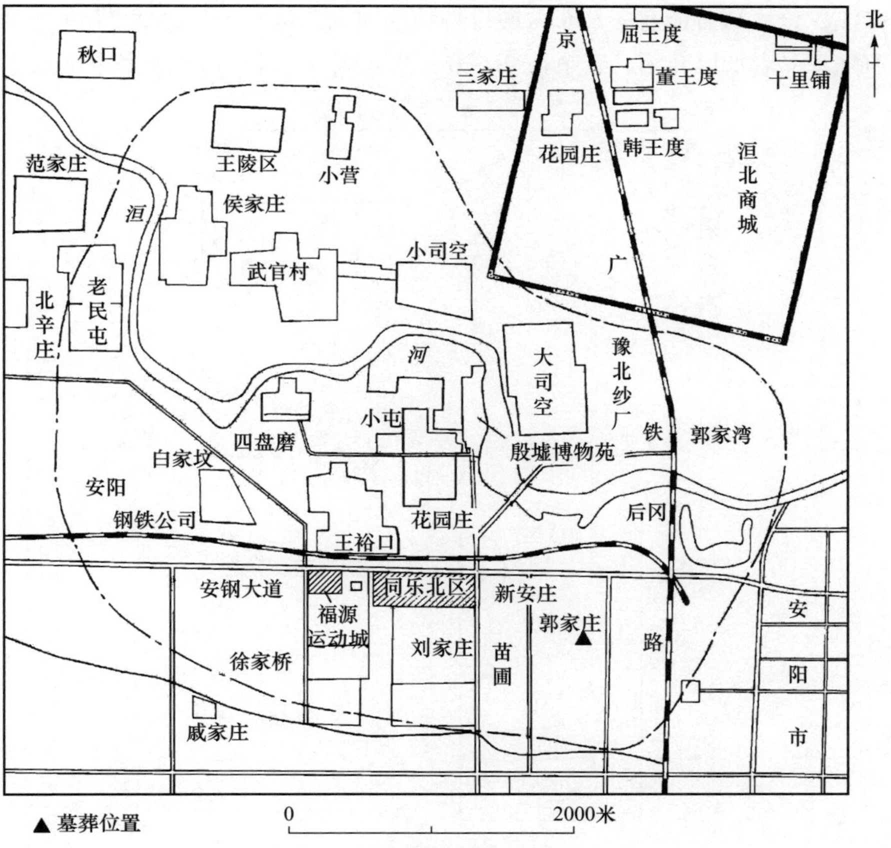

图一　2017年郭家庄东墓葬位置图

SE11。两个探方编号分别为T2534、T2535，其中T2534面积为5米×8米，T2535为4米×7米，合计68平方米。共发现殷墟时期的灰坑11个，水井1眼，房基2处，墓葬7座。受发掘区域的限制，部分遗迹未能清理完整。现将墓葬情况简报如下：

一

发掘区内地层较为简单，第1层为近现代耕土，厚约0.3米，灰褐色土，土质较疏松，夹杂较多灰渣颗粒；第2层厚约0.25米，黄色土，土质较疏松，夹杂较多红烧渣土颗粒、炉渣及少量瓷片等，属明清时期；第3层厚约0.2米，遍布全方。浅黄褐色土，土质较第2层致密，夹杂少量红烧土颗粒及青花瓷片。本层亦属明清时期。所有殷墟时期的遗迹均开口于此层下。第4层厚约0.2厘米，浅灰色土，土质较为致密，夹杂少量炭屑、红烧土粒。包含陶片极少。

7座墓葬均为长方形竖穴土坑墓，除M5头向北、M3头向西外，其他5座墓均头向东。墓葬开口于3层下，殷墟时期的H6、H7打破了M7、M8，7座墓葬本身打破了殷墟时期的房基、灰坑等，且M3打破M5，M7～M10排列有序。根据殷墟墓葬分布规律推测，该区域可能有一片东西向排列的墓地。兹选取M5、M8、M9三座保存完好、且有随葬品者加以介绍，其余在墓葬登记表（表一）中予以简要说明（图二）。

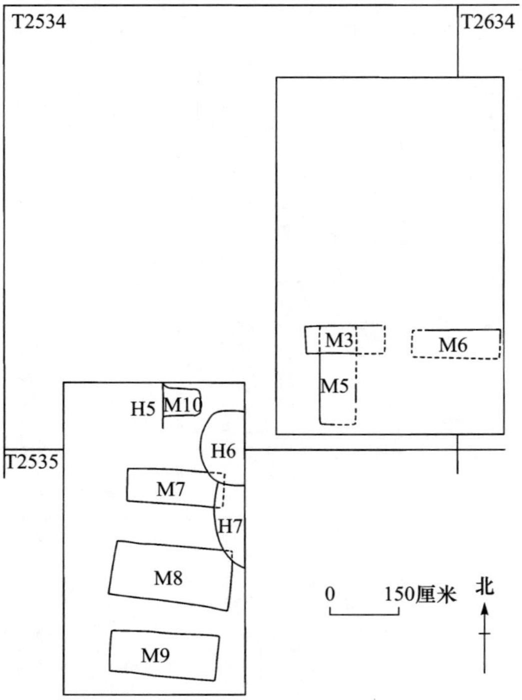

图二　2017年郭家庄东墓葬分布图

表一　2017 年殷墟郭家庄东地墓葬登记表

墓号	方向	分期	形制、葬具（长 × 宽 - 深，单位：厘米）				殉人\殉牲	墓主			随葬品	是否盗扰
			墓室	二层台	腰坑	葬具		葬式	头向	面向		
M3	281°		墓口 175 × 65 墓底 160 × 55-120					仰身直肢	头西脚东	面北		否
M5	2°	三期	墓口 210 ×（72～83） 墓底（188～212）×（72～88）-214	高 11～20 北宽 12～17 南宽 13～20 东宽 14～18 西宽 6～10		棺 190 ×（52～68）	填土内殉狗	不明	北	不明	陶鬲 1、豆 1、盘 1、觚 1、爵 1、弹丸 2，磨石 1、玉蝉 1、货贝 1	否
M6	90°		200 × 58-115			情况不明		仰身直肢	头东脚西	面北		否
M7	99°		墓口 208 × 75 墓底 200 ×（53-56）-115			人骨上及周围见红漆，可能是葬具上的		仰身直肢	头东脚西	面上		否
M8	97°	三期	墓口 265 × 130 墓底 270 ×（141～152）-390	北宽 8～19 南宽 18～32 东宽 11～15 西宽 21～30 高 70	东西 75 南北 52 深 20	椁 240 ×（85～100）-70 棺 195 × 62	南二层台上有破碎的动物骨骼，应为牛、羊、猪。西壁龛有殉人一个	不明	头东	不明	铜觚 1、爵 1、凿 1、锛 1、戈 4、矛 4、镞 2、铜片 1，陶觚 1、爵 1、豆 1、盘 1、簋 1，玉鱼形器 2、玉弧形饰 2、玉戈形器 2、石饰 1、石子 1、货贝 1	否
M9	96°	三期	墓口 230 ×（90～95） 墓底（255～284）×（115～125）-325	北宽 15 南宽 8～15 东宽 10～15 西宽 14～21 高 47	东西 80 南北 38～41 深 20	椁 216 × 92-47 棺 208 × 61	填土内有狗头骨一个、羊腿骨一根，腰坑内殉狗	俯身直肢	头东脚西	面南	铜铃 1、簋 1、鼎 1、爵 1、戈 1、镞 1，陶豆 1、觚 1、爵 1、簋 1、盘 1，玉璋 1、玉柄形器 1、绿松石碎片数片、骨饰 1、货贝 1	否
M10	97°		80 ×（53～60）-（35～50）			人骨北侧发现少许红色漆痕		俯身	头东	面北		否

二

1. M5

长方形竖穴土坑墓，方向 2°。被 M3 打破，未被盗扰。墓室填土为黄、灰、褐色花土，经过夯打，夯层、夯窝不明显。填土中出土少量商代陶片。墓口距地表 1.2 米，墓底距墓口 2.14 米。墓东壁垂直，南壁向下内收，北壁、西壁向下扩大，墓底略大于墓口。墓口长 2.1、北宽 0.83、南宽 0.72 米，墓底长 1.88～2.12、北宽 0.88、南宽 0.72 米。墓底一周有生土二层台，高 0.11～0.2、北宽 0.12～0.17、南宽 0.13～0.2、东宽 0.14～0.18、西宽 0.06～0.1 米。墓底无腰坑（图三）。

葬具为木棺，腐朽严重。棺长 1.9、宽 0.52～0.68 米。盖板上有黄、红、白三色漆。根据朽痕观察大致有南北向纵板 3 块，每块宽 0.1～0.15 米。西边一块板上全髹黄漆，色彩鲜艳，东边板上主要髹红漆，红漆上局部见白漆条纹。棺上放置打碎的陶器和殉狗。狗头向西，躯干骨随墓室塌陷，骨架散乱，部分骨骼已腐朽（图四）。

人骨绝大部分已粉末化腐朽，仅可见大致轮廓。人身下发现一层席纹，纹路清晰，遍布棺内。应铺于棺内人身下。

随葬品有陶器、玉器、石器等。陶器放于棺盖板之上，西部有陶豆 1 件，中部有陶鬲、觚、爵各 1 件，东部有陶盘 1 件。墓主口含玉蝉，双脚之间发现陶弹丸 2 个，磨石 1 块，碎陶片 4 块。在棺室西部发现货贝 1 枚，原应握于墓主手中。下面逐件介绍：

陶器共 7 件，有豆、鬲、觚、爵、弹丸等（图版九，4）。

陶豆　1 件。M5：1，完整。泥质深灰陶。微敛口，卷沿厚唇，深盘，高圈足。盘壁上饰凹弦纹二三周，圈足上饰凹弦纹两周。口径 11.8、底径 7.4、高 10.4 厘米（图五，3）。

陶鬲　1 件。M5：2，完整。泥质灰陶。侈口圆唇，沿面呈盘口状，短直颈，上腹略鼓，低裆近平，实足根内收。颈部及腹部饰凹弦纹一二周。口径 9.1、高 9.4 厘米（图五，2）。

陶觚　1 件。M5：3，被打碎。泥质灰褐陶。形体较小，喇叭口残缺，下腹部略外鼓，矮圈足外撇下折。腹下部有凹弦纹三周。圈足径 6.2、高 12 厘米（图五，4）。

陶爵　1 件。M5：5，完整。泥质深灰陶。敞口尖唇，口沿外侧有凸棱一周，短流无尾，半环形鋬，下腹内收，下腹折棱接近底部，三锥足直立。口径 7.6、高 9 厘米（图五，5）。

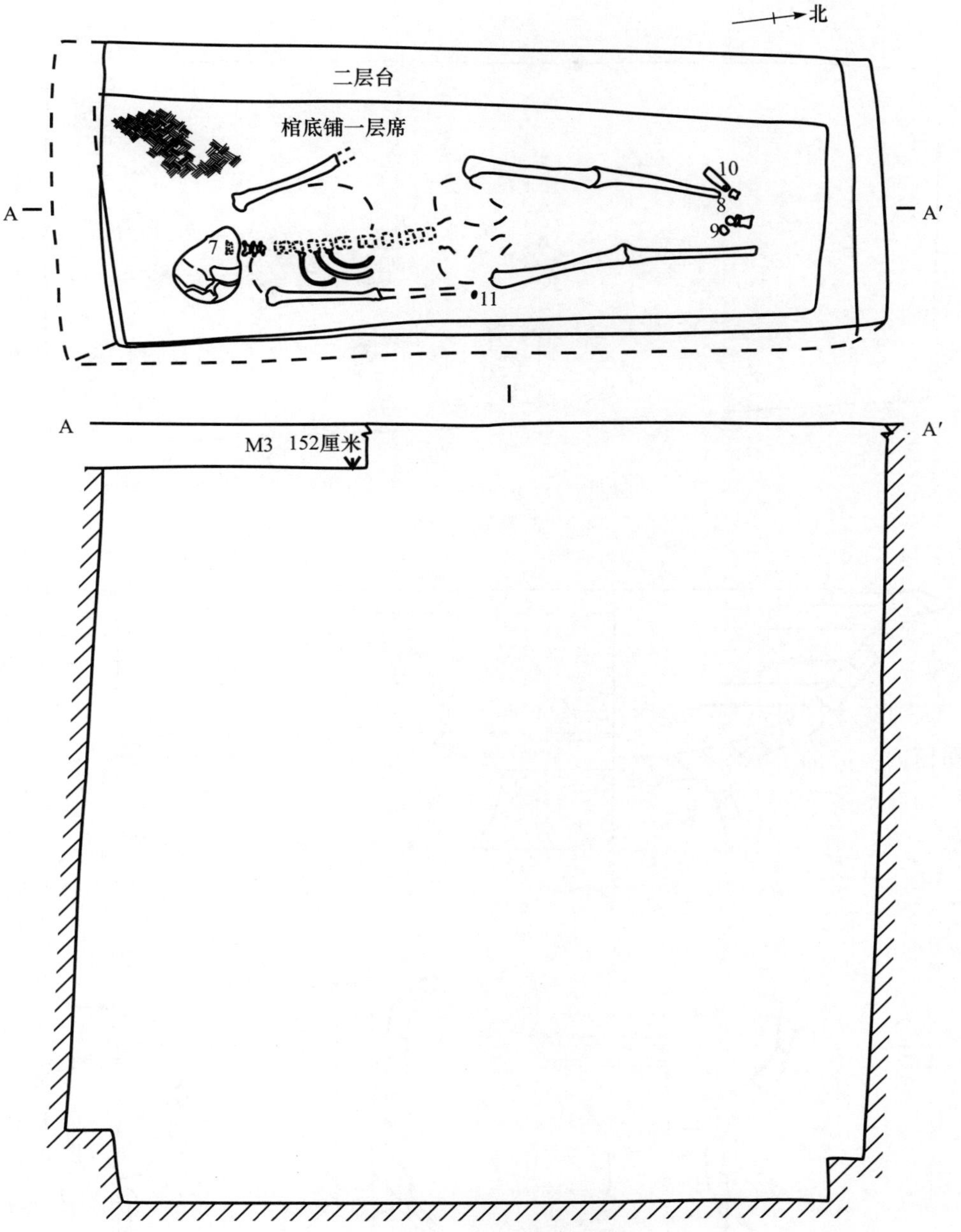

图三 M5平、剖面图

7. 玉蝉 8. 陶弹丸 9. 陶弹丸（残）10. 磨石 11. 货贝

陶盘 1件。M5：4，被打碎。泥质灰褐陶。斜沿尖唇，沿面内侧有凹槽一周，盘体较深，斜腹内收，高圈足外撇。盘内壁饰凹弦纹一周及螺旋状凹槽，外壁近底处饰模糊绳纹。口径29.1、圈足径12.1、高12厘米（图五，1）。

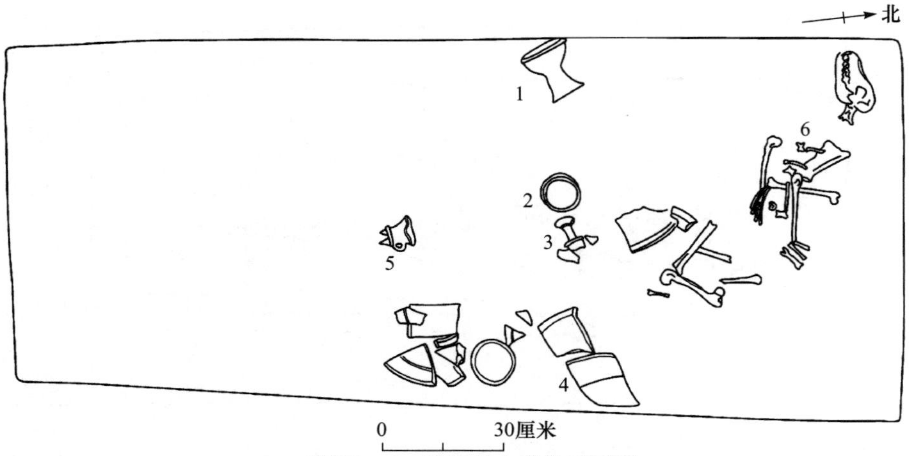

图四　M5 棺板盖上器物平面图

1. 陶豆　2. 陶鬲　3. 陶觚　4. 陶盘　5. 陶爵　6. 狗

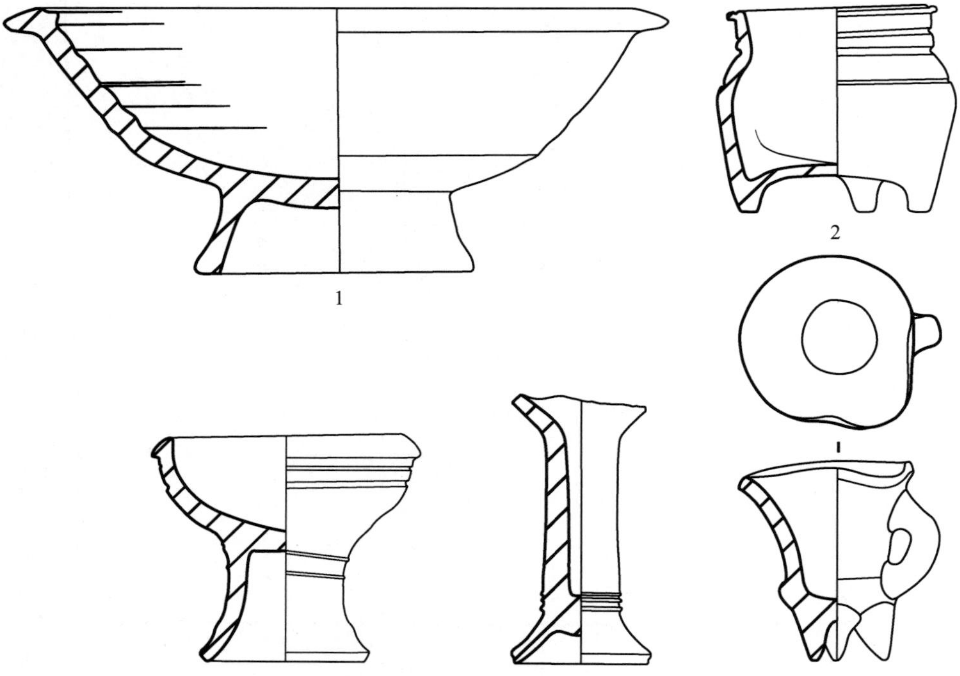

图五　M5 出土陶器

1. 盘（M5：4）2. 鬲（M5：2）3. 豆（M5：1）4. 觚（M5：3）5. 爵（M5：5）

陶弹丸　2 件。M5：8，完整。泥质红陶。球形，质地坚硬，表面光滑无纹饰。直径 2.3 厘米（图六，3）。M5：9，残。泥质红陶。半球形，质地坚硬，表面光滑无纹饰。直径 2.5 厘米（图六，5）。

玉蝉　1 件。M5：7，完整。灰白色，有杂斑。圆雕，嘴部有一斜向对钻孔，椭圆形减地凸眼，双翅合拢，两道阴线表示体节。长 3.9、宽 1.6、厚 1.1 厘米（图六，2；图版九，2）。

磨石　1 件。M5：10，完整。黄褐色砂岩，扁平长梯形，上端有一对钻孔，体窄而薄。长 7.3、宽 2～2.7、厚 1、孔径 0.4 厘米（图六，1；图版九，1）。

货贝　1 件。M5：11，完整。背部钻孔较大。长 2.1 厘米（图六，4）。

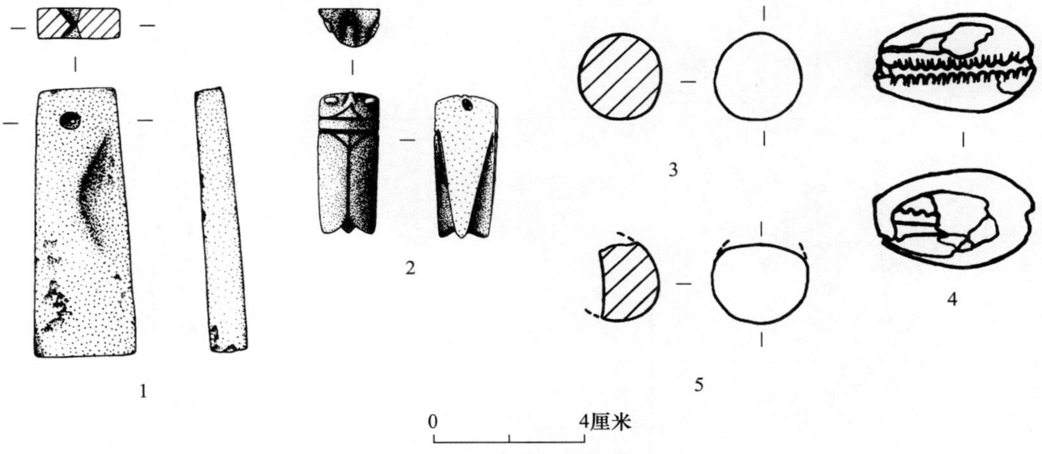

图六　M5 出土器物

1. 磨石（M5：10）　2. 玉蝉（M5：7）　3、5. 陶弹丸（M5：8、M5：9）　4. 货贝（M5：11）

2. M8

长方形竖穴土坑墓（图版八，1），方向 97°。未遭盗扰，保存完整。填土为灰黄褐色花土，经夯打，夯层厚 0.08～0.12 米，夯窝明显，直径 0.06 米，深约 0.01～0.05 米。出土较多陶片，可辨器形有陶豆、鬲足、陶簋、陶罐等。

墓口距地表 1.2 米。墓底距墓口 3.9 米。墓口东西长 2.65、宽 1.3 米。墓底略大于墓口。墓底长 2.7、东宽 1.52、西宽 1.41 米。墓底一周熟土二层台。北宽 0.08～0.19、南宽 0.18～0.32、东宽 0.11～0.15、西宽 0.21～0.3、高 0.7 米。

西端沿墓室设有一壁龛，龛底距墓底 0.4 米，龛入口高 0.55 米，龛剖面形状为三角形，龛底部自入口向内呈缓坡状抬高。龛进深 0.35 米。内殉一人，头南脚北，仰身直肢，双手上曲，下肢略弯。经鉴定，年龄不超过 16 岁，性别不明。人骨身下有黑色朽痕，腰部下面见红色漆痕，可能原有葬具。

墓底中部有一腰坑。原应为长方形，边缘被椁板压塌，不规则，东西长 0.75、南北宽 0.52、深 0.2 米（图七）。

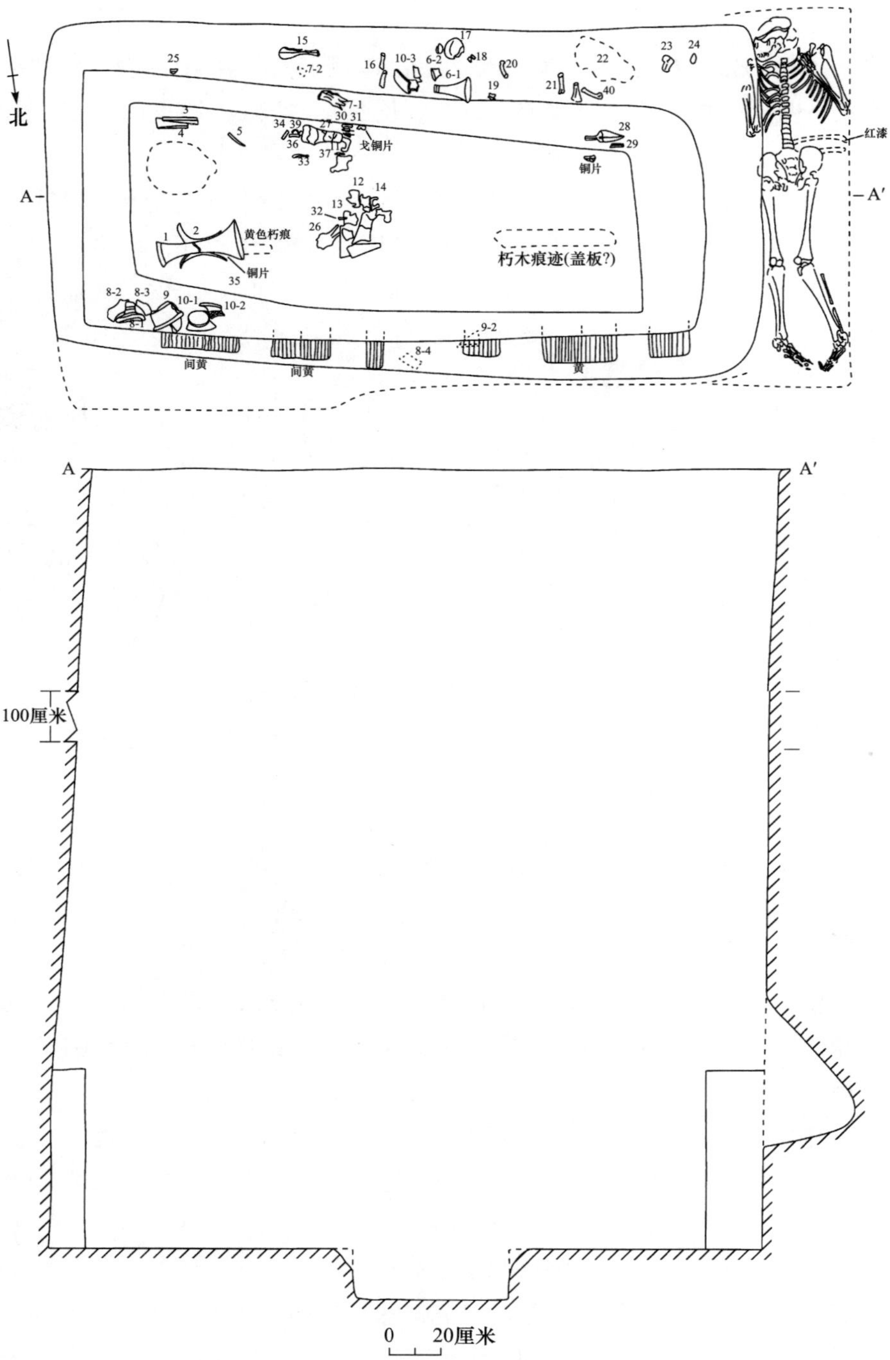

图七　M8平、剖面图

1. 铜觚　2. 铜爵　3. 铜凿　4. 铜锛　5、33. 玉鱼形器　6. 陶觚　7. 陶爵　8. 陶豆　9. 陶盘　10. 陶簋　11～14. 铜戈　15～23、25、40. 动物骨骼（具体见文中描述）　24. 石子　26～29. 铜矛　30、31. 铜镞　32、37. 玉弧形饰　34、39. 玉戈形器　35. 铜片　36. 石饰

葬具有一椁一棺。保存较差。椁室长 240、宽 85～100、高 70 厘米。椁顶板为南北向横板，从二层台上的朽痕、漆痕可以看到 9 块，实际可能有 17 块。每块宽 6～16 厘米，厚度不明。侧板腐朽严重，情况不明。底板根据朽痕判断有 7 块东西向纵板，每块宽约 5～10、厚 6 厘米（图八）。棺板腐朽严重，仅余漆痕，呈红、黄、黑、白色。棺长 195、宽 62 厘米。

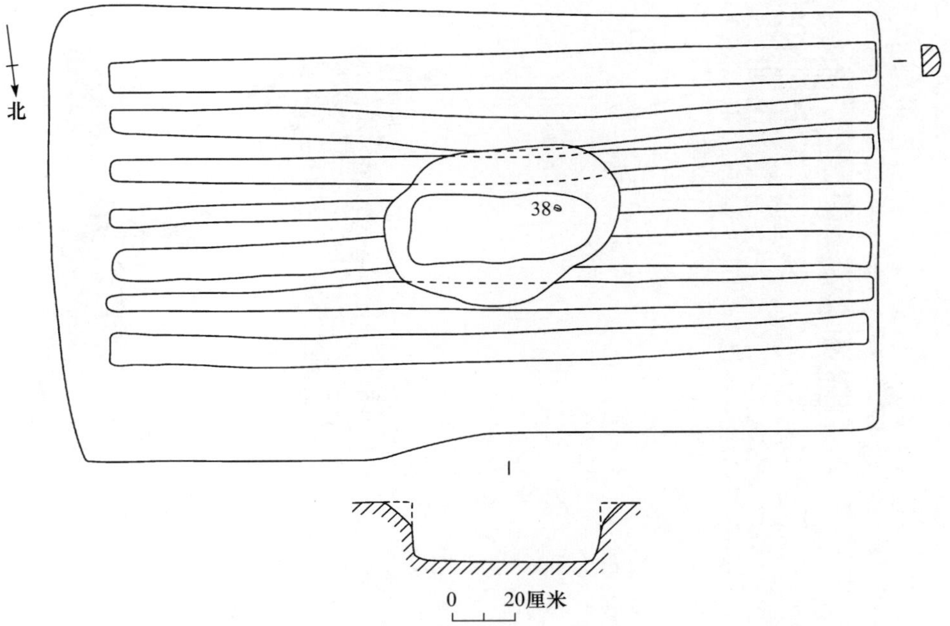

图八 M8 椁底平面图

38. 货贝

人骨保存差，已粉末化，葬式、性别、年龄难辨。

随葬品有铜器、玉器、陶器、石器等。陶器多被有意打碎放于二层台上，铜器、玉器均出土于棺内（图版九，5）。

（1）铜器

15 件。棺内东北角随葬青铜觚、爵一套（图版九，3），觚置于爵上，觚从中间折断，爵的一个爵柱被砸下。东南角随葬青铜凿、锛各 1 件。棺内南侧随葬青铜戈 1 件。棺室北部中间随葬青铜戈 3 件。棺室西部还见碎铜片 2 片。

铜觚 1 件。M8：1，保存基本完好。高体，大喇叭口，细长柄，高圈足，底部小盘座较高，自柄部至小盘座以上有四条扉棱，各分两段。口至腹部饰四组大三角蕉叶纹，内填简化、抽象的倒立饕餮纹，圆角方眼外凸，有瞳孔，“一”字形眉，眉梢下勾，角细长，角尖内勾，躯干受三角纹限制而斜收。蕉叶纹下为四组夔纹，尖嘴下勾，圆眼，身细长，身躯三折尾上卷。柄部以扉棱为界饰两组对称夔纹，圆眼，有瞳孔，卷鼻，下唇内勾呈咧嘴状，“刀”形角，角根粗大为云头形，角尖上钩，直身，尾上卷钩向背，有足。腹与圈足衔接处饰两道凸弦纹。圈足上部饰一周蝉纹，蝉以波折弧线显示体节。下部饰分解饕餮纹。饕餮以扉棱为鼻，圆眼，有瞳孔，“C”形耳，“几”字形角，角根圆齐，角身三折尖外伸，张口有牙，身曲折，尾上卷钩向背。主纹均以云雷纹作地纹。通高 30.1～30.3、口径 16.6、口沿厚 0.6、底径 8.8 厘米，重 1516.6 克（图九，1、3；图版九，3）。

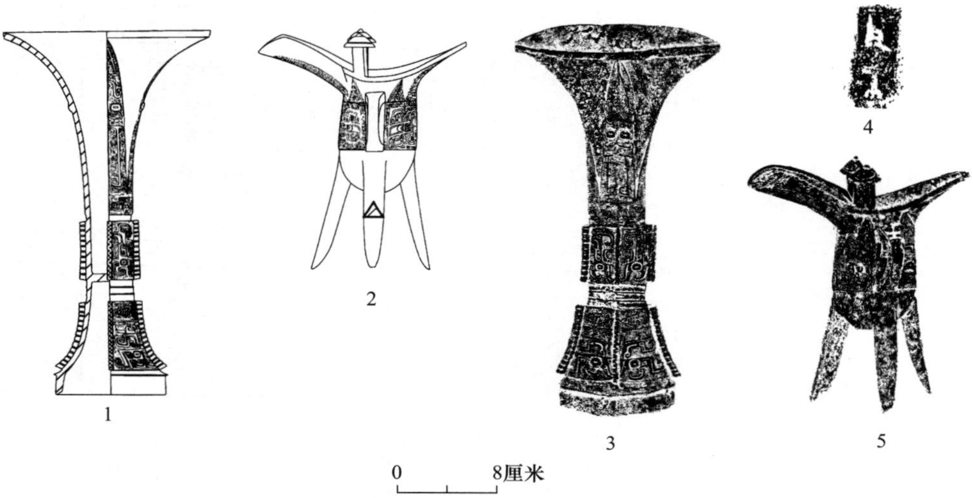

图九　M8 出土铜觚与爵线图及全形拓、铭文拓片

1、3. 觚（M8：1）　2、4、5. 爵（M8：2）

铜爵　1 件。M8：2，完整。菌状高立柱立于口部近流折处，腹壁较直，深腹呈卵形，三棱锥状外撇，半环形兽头纹鋬。柱帽尖凸起，上饰涡纹，流尾饰三角蕉叶纹，内填云雷纹，口沿下饰三角纹，内填云雷纹，有鋬的一侧饰两组，另一侧饰三组；上腹部饰扉棱一条，与鋬一起界定两组饕餮纹，“目”字形眼，圆眼球突出，“一”字形眉，“C”形耳，“几”字形角，角根圆齐，角身三折尖外伸，张口有牙，身简化。云雷纹衬地，鋬上兽头，小圆眼，卷云状弯角上翘，吻略突出。鋬下有铭文较模糊，但能辨认出为“咸父”二字，疑缺日名。通高 20、柱高 3.2、足高 9.7、流至尾长 16.7、流长 6.8、流宽 3.8、腹壁厚 0.4 厘米，重 814 克（图九，2、4、5；图版九，3）。

铜戈　4 件。M8：11，残，曲内戈，发现于棺内南侧。上下阑残缺，鸟首形曲内残缺，纹饰不清晰。残长 25.8、援长 13.6、援最宽 6.7、阑残宽 5.7、内宽 4、援厚 0.3、内厚 0.8 厘米，重 119 克（图一〇，3）。M8：14，援、阑、内均残缺，依稀可辨为曲内戈。残长 18.8、援残长 13.4、援最宽 6.6、内宽 4.3、援厚 0.3、内厚 0.2 厘米，重 87.9 克（图一〇，11）。M8：12，仅存部分援部与内部。残长 14.2、援残长 14.2、援最宽 5.9、援厚 0.3 厘米，重 56.7 克（图一〇，8）。M8：13，仅存部分援部与内部。

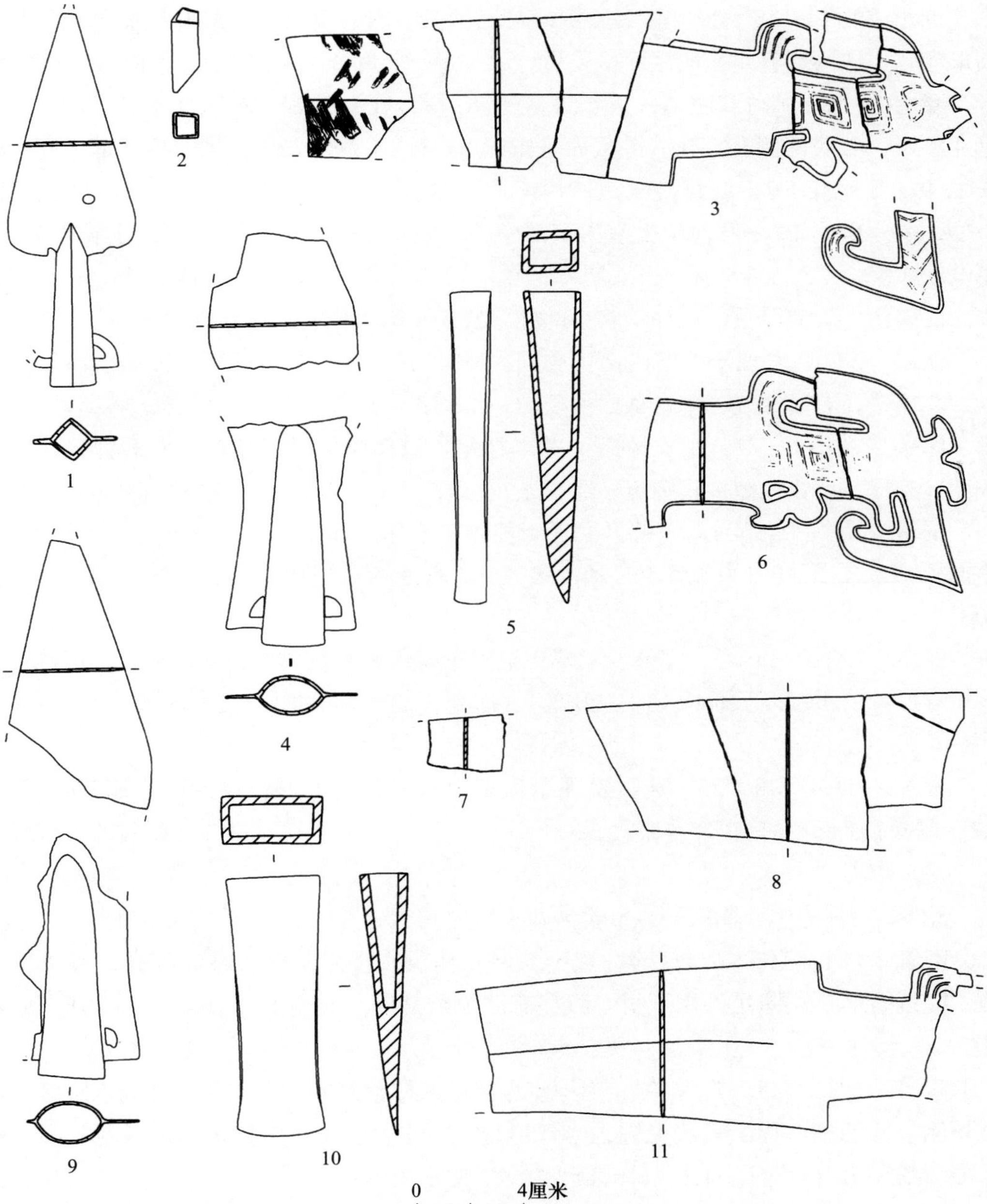

图一〇 M8出土铜器

1、2、4、9. 矛（M8：29、M8：28、M8：26、M8：27） 3、6、8、11. 戈（M8：11、M8：13、M8：12、M8：14） 5. 凿（M8：3） 7. 铜片（M8：35） 10. 锛（M8：4）

上下阑均残，鸟首形曲内。残长 11.9、内残长 11.9、内宽 6.1、内厚 0.3 厘米，重 82.3 克（图一〇，6）。

铜矛　4 件。M8：29，基本完整，发现于棺室内西南角。叶呈柳叶形，叶身有一圆形穿孔，骹两侧有纽，骹截面呈菱形。通长 14.5、叶长 9.4、叶最宽 4.8、叶厚 0.2 厘米，銎腔 1.8 厘米 ×1.6 厘米，重 42.2 克（图一〇，1）。M8：26、M8：27，均残。叶呈亚腰形，叶底两侧有穿孔。骹截面呈橄榄形。M8：26，发现于棺室内北部中间。残长 13.9、叶残长 5.3、叶最宽 5.5、叶厚 0.3、銎腔 2.1 厘米 ×1.5 厘米，重 74 克（图一〇，4）。M8：27，发现于棺室内南部中间。残长 18.3、叶残长 10.7、叶最宽 5、叶厚 0.2 厘米，銎腔 2.6 厘米 ×1.6 厘米，重 72.3 克（图一〇，9）。M8：28，发现于棺室内西南角。破损严重，仅存銎腔小部分。残长 3.2 厘米，重 16.3 克（图一〇，2）。

铜镞　2 件。发现于棺室内南部中间。M8：30，残。关本持平。镞体整体呈三角形，左翼残，右后锋残，中脊截面呈菱形，长圆铤。通长 4.2、铤长 1.8、翼残宽 1.5 厘米（图一二，10）。M8：31，略残。关本持平。镞体整体呈三角形，左后锋残，中脊截面呈菱形，后锋较短，长圆铤。通长 4.7、铤长 1.8、翼残宽 1.2 厘米（图一二，9）。

铜锛　1 件。M8：4，完整，发现于棺内东南角。体呈扁平长条形，长方形銎口，单面弧刃。通长 10、刃宽 3.3 厘米，銎宽 3.7 厘米 ×1.6 厘米，重 106.8 克（图一〇，10）。

铜凿　1 件。M8：3，完整，发现于棺内东南角。细长条形，顶宽刃窄，顶端銎口呈长方形，单面弧刃。通长 12.1、刃宽 1.3 厘米，銎宽 2.1 厘米 ×1.6 厘米，重 101.7 克（图一〇，5）。

铜片　1 件。M8：35，残，发现于棺室内东北角。方形残铜片。残长 2.8、残宽 2.2、厚 0.2 厘米（图一〇，7）。

（2）陶器

5 件。陶爵完整，陶觚、豆、簋、盘发现时均为碎片。

陶觚　1 件。M8：6，打碎，置于二层台南侧。泥质灰陶。整体细高，喇叭口外撇，腹近直筒形，圈足外撇下折。腹部有凹弦纹三周。通高 16～16.4、口径 10.9 厘米（图一一，2）。

陶爵　1 件。M8：7，打碎，因椁室塌陷落入棺椁之间。泥质灰陶。敞口圆唇，口沿外侧有浅凹槽一周，短流无尾，半环形鋬，下腹变窄小，折棱突显，三足外撇。腹部饰凹弦纹两周。通高 11.2、口部最大径 9.2 厘米（图一一，3）。

陶豆　1 件。M8：8，打碎，因椁室塌陷落入棺椁之间，柄下部及圈足残缺。泥质灰褐陶。敛口，卷沿圆滑，浅盘。盘壁上饰凹弦纹两周，圈足上部饰凹弦纹四周。残高 10、口径 14.6 厘米（图一一，1）。

陶盘　1 件。M8：9，打碎，因椁室塌陷落入棺椁之间。泥质灰褐陶，硬度不高，火候低。斜沿尖唇，沿面内侧有一周凹槽，斜直腹，圈足外撇。盘内、外壁各饰凹弦纹一周。高 10.3～12.1、口径 31.2、底径 12.8 厘米（图一一，5）。

陶簋 1 件。M8：10，打碎，因椁室塌陷落入棺椁之间。泥质灰陶。侈口，尖唇，束颈，鼓腹，圜底，圈足较高且外撇。沿面饰凸棱一周，器表颈部饰凹弦纹两周，腹上部饰三角划纹，上、下均饰凹弦纹两周，腹下部饰模糊细绳纹。高 15.8～16.2、口径 22.3 厘米（图一一，4）。

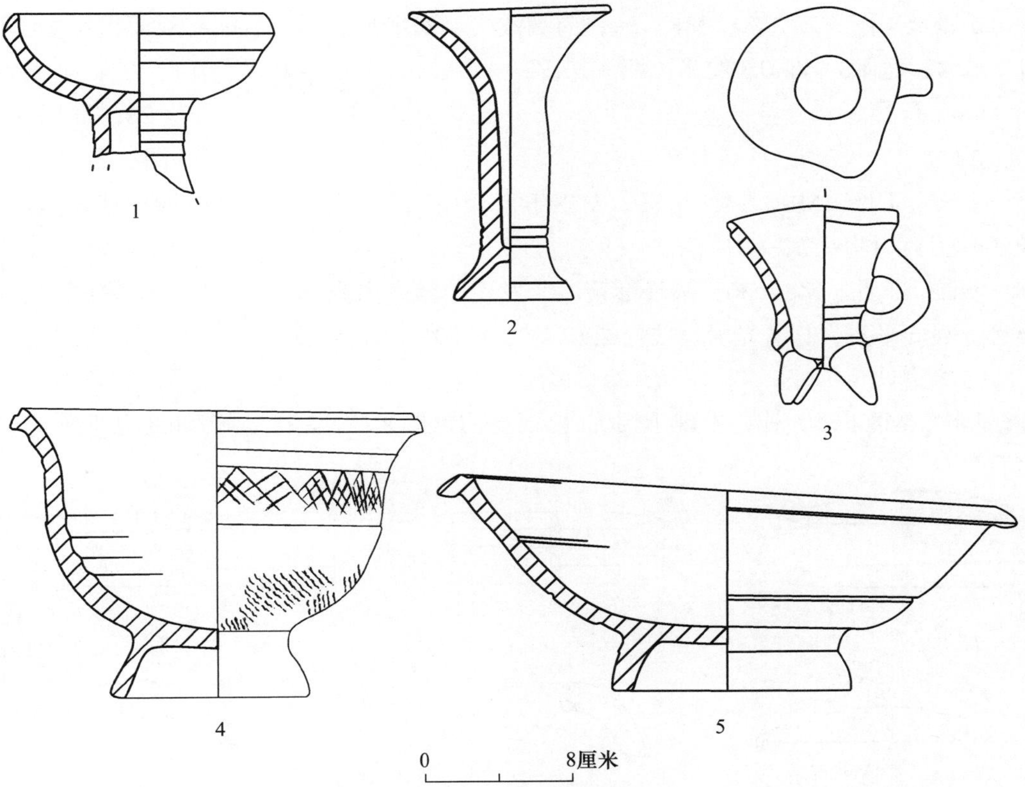

图一一 M8 出土陶器

1. 豆（M8：8） 2. 觚（M8：6） 3. 爵（M8：7） 4. 簋（M8：10） 5. 盘（M8：9）

（3）玉器

6 件。有鱼形器、弧形饰、戈形器等。

玉鱼形器 2 件。M8：5，完整，发现于棺内东南角。青色，有白色条斑，扁平状直体，尾部斜收。眼部双面桯钻出小圆穿，阴线刻出腮、鳍。长 6.4、宽 1.1、厚 0.5 厘米（图一二，11）。M8：33，完整，发现于棺室内南部中间。青白色，表面有朱砂痕迹。直体，口微张，尾部斜收。眼部双面桯钻出小圆穿，阴线刻出腮、鳍。长 5.3、宽 1、厚 0.7 厘米（图一二，7）。

玉弧形饰 2 件。M8：32，完整，发现于棺室内北部中间。黄白色，表面有朱砂痕迹。弯弧形，头部残，尾部有一单面桯钻小圆穿。减地刻出背鳍。长 4.2、宽 1.1、厚 0.5 厘米（图一二，1）。M8：37，残，发现于棺室内南部中间。白色，表面有朱砂痕迹。弯弧形，头部有一双面桯钻出小圆穿。长 4.4、宽 0.7、厚 0.3 厘米（图一二，4）。

玉戈形器　2 件。一整一残，发现于棺室内南部中间。M8：34，完整。白色，表面有朱砂痕迹。扁平长条形，前端斜收，后端有双面桯钻小圆穿孔。长 5.9、宽 1.4、厚 0.3 厘米（图一二，3）。M8：39，前端残失。扁平长条形，后端有双面桯钻小圆穿孔。长 4、宽 1.3、厚 0.3 厘米（图一二，2）。

（4）石器

2 件。

石子　1 件。M8：24，完整，发现于墓葬南二层台上。黄褐色石子，不规则形。长 3.6 厘米（图一二，8）。

石饰　1 件。M8：36，圆环形残段，发现于棺室内南部中间。白色，表面有朱砂痕迹。表面平直，打磨光滑。残长 2.9、厚 0.4 厘米（图一二，5）。

（5）货贝

1 枚。M8：38，残，发现于腰坑内。残长 1.4 厘米（图一二，6）。

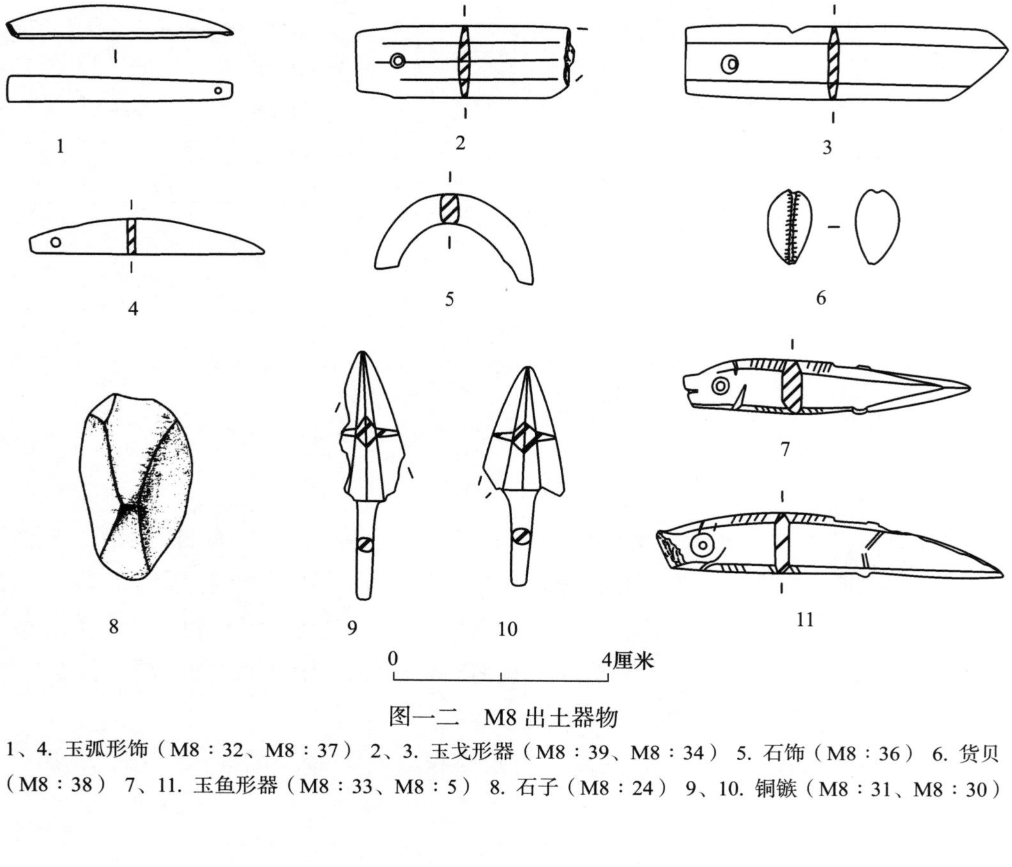

图一二　M8 出土器物

1、4. 玉弧形饰（M8：32、M8：37）　2、3. 玉戈形器（M8：39、M8：34）　5. 石饰（M8：36）　6. 货贝（M8：38）　7、11. 玉鱼形器（M8：33、M8：5）　8. 石子（M8：24）　9、10. 铜镞（M8：31、M8：30）

（6）动物骨骼

11件，放置在南二层上，应是殉牲动物。较破碎，骨骼保存不好。M8：15，羊左侧肩胛骨（愈合）；M8：16，牛左侧肩胛骨（愈合不明）；M8：17，牛左侧肱骨远端（愈合中）；M8：18，牛肩胛骨碎块、大型或中型哺乳动物骨骼碎块；M8：19，牛肱骨骨干碎块；M8：20，牛左侧桡骨骨干残块；M8：21，牛左侧掌骨近端（愈合）；M8：40，猪左侧肩胛骨远端（愈合不明）、左侧桡骨（近端愈合，远端未愈合）、猪（胫骨，左近端关节面，未愈合）、第五掌骨（左/右，完整，愈合）；M8：22，大或中型哺乳动物骨骼碎块；M8：23，牛第一指/趾骨远端（愈合不明）、第二指/趾骨（完整，两端愈合）、第三指/趾骨（完整）、腕骨（完整）；M8：25，猪左侧肱骨近端（未愈合）。

骨骼保存较差，发掘清理时多有残破，推测上述骨骼是一只羊的左肩胛骨，一头黄牛完整的左侧前腿带肩胛骨（包括肩胛骨、肱骨、桡骨、掌骨，第1-3指骨），一头家猪的左侧前腿上半段带肩胛骨（包括肩胛骨、肱骨与桡骨，桡骨以下部分不见）。

3. M9

长方形竖穴土坑墓，方向96°，保存完整。填土为灰黄色五花土，经夯打，土质坚硬，夯层厚约10厘米，夯窝不明显，包含少量商代陶片。

墓底距墓口3.25米。墓口东西长2.3、东宽0.95、西宽0.9米。墓底大于墓口。墓底北长2.55、南长2.84、东宽1.15、西宽1.25米。墓内有熟土二层台一周。北宽0.15、南宽0.08～0.15、东宽0.1～0.15、西宽0.14～0.21、高0.47米（图一三；图版八，2）。

距墓口2.2米填土内，在墓室的东、西部发现羊腿骨、狗头骨和陶器。陶豆、觚、爵、簋各一件，陶豆完整，余皆碎放。殉狗在墓室西部，头骨下发现铜铃一个（图一四）。

墓底有腰坑，位于墓室偏西处，圆角长方形，东西长0.8、南北宽0.38～0.41、深0.2米。腰坑内殉狗，保存极差，头向西，背向南。狗骨下面发现货贝一枚（图一五）。

葬具一椁一棺。椁室长2.16、宽0.92、高0.47米。保存较差。椁盖板为南北向横板，从二层台上的朽痕、漆痕可以看出有7块，实际可能有9块（图一六）。每块宽0.2～0.23米，厚度不明。侧板腐朽严重，情况不明。底板根据朽痕判断有5块东西向纵板，每块宽约0.12米，厚度不明（图一七）。棺板腐朽严重，仅余漆痕，见红、黑、黄、白漆。长2.08、宽0.61米。

人骨保存极差，除头骨、牙齿、上肢骨、肩胛骨外均已粉末化腐朽，葬式为俯身直肢，双手相交放于腹部，头东，脚西，面南。性别、年龄不明。

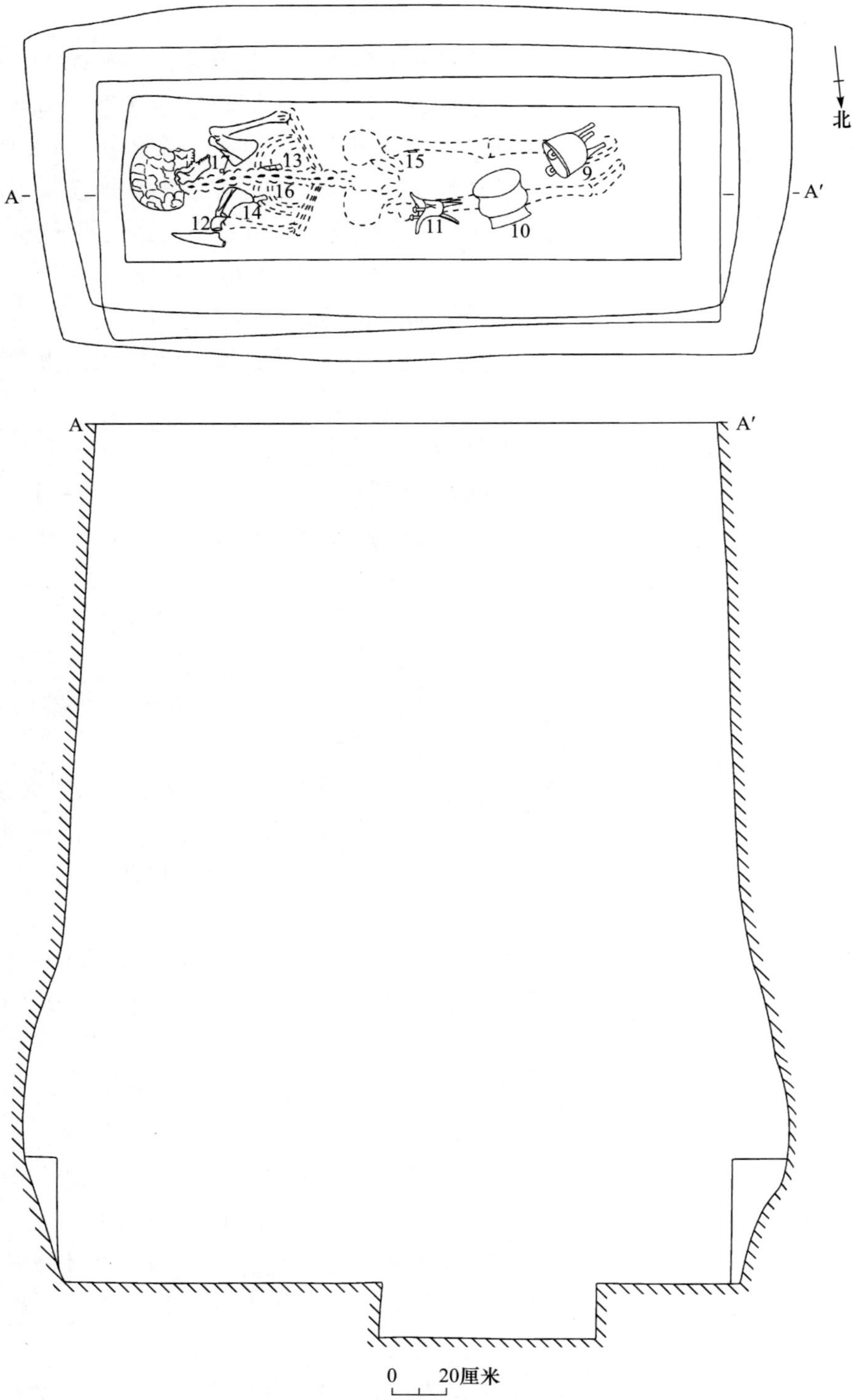

图一三　M9平、剖面图

9. 铜鼎　10. 铜簋　11. 铜爵　12. 铜戈　13. 玉柄形器　14. 玉璋　15. 铜镞　16. 绿松石碎片　17. 骨饰

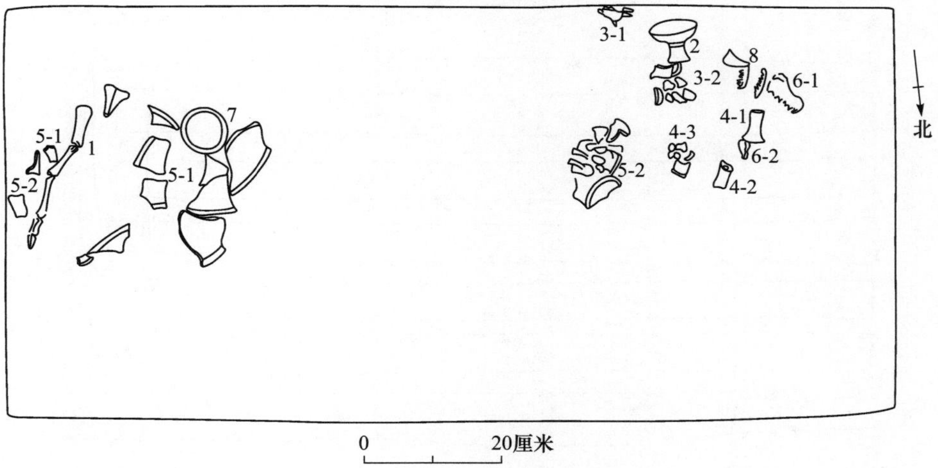

图一四　M9 填土器物平面图

1. 羊腿骨　2. 陶豆　3. 陶爵　4. 陶觚　5. 陶簋　6. 狗上、下颌骨　7. 陶盘　8. 铜铃

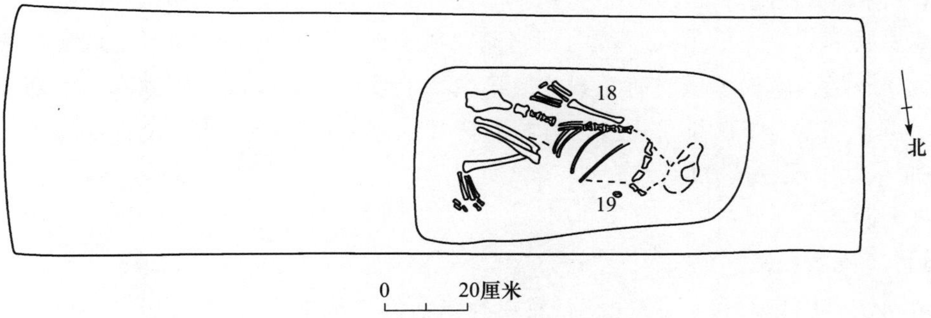

图一五　M9 腰坑平面图

18. 狗　19. 货贝

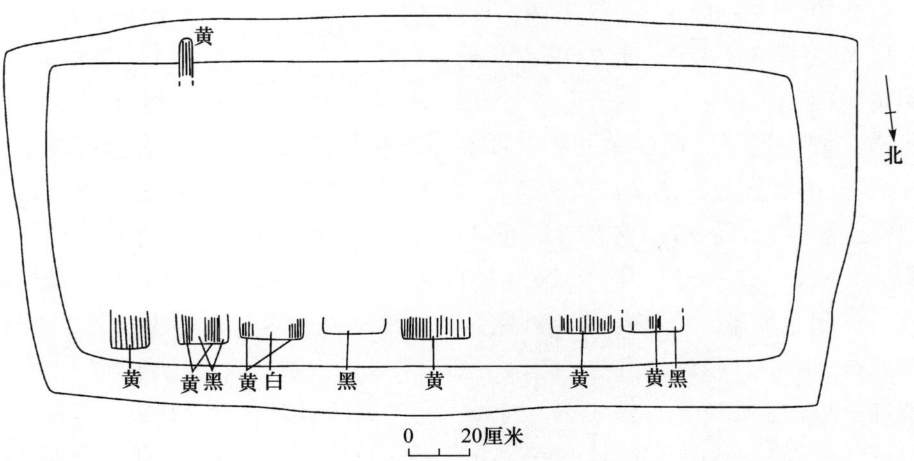

图一六　M9 椁盖板平面图

图一七　M9椁底板平面图

M9内共发现随葬品19件，有铜器、陶器、玉器、货贝等（图版一〇，2）。铜鼎位于墓主脚部，簋、爵落入腰坑内。铜戈发现于墓主头部北侧。援部与内部分离，茬口相距5厘米，应为埋入时有意毁之。墓主背上发现玉器两件。棺内南侧中部发现小铜镞一件。墓主身下胸部位置发现绿松石碎片，原来可能是手腕上的饰物。绿松石以东20厘米处发现一枚方形骨饰。

（1）铜器

6件（图版一〇，1）。

铜圆鼎　1件。M9：9，完整，置于棺内西部，墓主人足端。圆形，直口，方唇，直口，方形立耳略外斜，直腹弧收，圜底，下有三柱状足。颈下部饰三周凸弦纹，凸弦纹上饰扉棱三条，构成三组简化兽面纹。兽面纹以扉棱为鼻，有两个凸起小圆眼。通高19.1～20、口径15.8、腹径14.9、耳高3.4、耳根宽4.2、耳厚0.9、足高8.4、柱足径2.1、腹壁厚0.6厘米，重2312克（图一八，1、2）。

铜簋　1件。M9：10，完整，置于棺内西部，墓主人腿部。侈口，方唇，束颈，下腹外鼓，圜底近平，高圈足外撇。颈部饰三周凸弦纹，圜底部有青铜浇筑时留存的“气道”。内壁底部有铭文“咸父乙”。高14.2～14.7、圈足高4.3、口径19.2、腹径18.2、圈足径14.7、腹壁厚0.4厘米，重2099.5克（图一八，4、6、7）。

铜爵　1件。M9：11，完整，置于棺内中部。菌状高立柱立于口部近流折处，腹壁较直，深腹呈卵形，三棱锥状足外撇，半环形兽头纹鋬。柱帽尖凸起，上饰涡纹，流尾饰三角蕉叶纹，内填云雷纹，口沿下饰三角纹，内填云雷纹，有鋬的一侧饰两组，另一侧饰三组；上腹部饰扉棱一条，与鋬一起界定两组饕餮纹，饕餮以扉棱和鋬为鼻梁，“目”字形眼，圆眼球突出，“一”字形眉，“C”形云状耳，“几”字形角，角身三折尖外伸，嘴部纹饰不清，云雷纹衬地。鋬上兽头，小圆眼大耳，卷云状弯角上翘，吻略突出。鋬下有铭文“咸父乙”。通高 20.4、柱高 3.1、足高 10.1、流至尾长 16.7、流长 6.8、流宽 3.7、腹壁厚 0.4 厘米，重 867.8 克（图一八，3、5、8）。

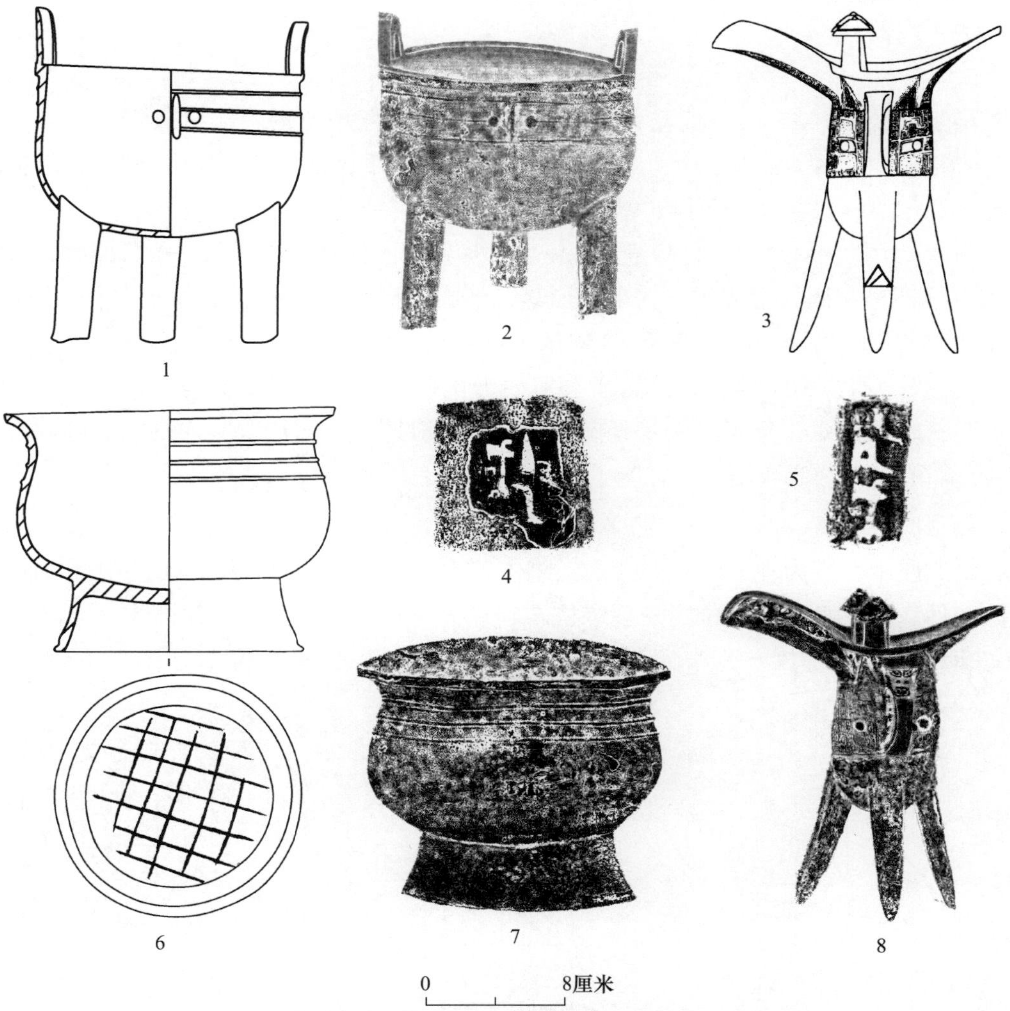

图一八 M9 出土铜鼎、簋、爵线图及全形拓、铭文拓片

1、2. 鼎（M9∶9） 3、5、8. 爵（M9∶11） 4、6、7. 簋（M9∶10）

铜戈 1 件。M9∶12，残，置于棺内墓主头部北侧。曲内戈，弯曲断裂，质地轻薄。援中部无脊，锋残缺，上阑残缺，下出短阑，圆曲内基本无纹饰。残长 24、援长 16.1、援最宽 4.9、阑宽 5.3、内宽 3、援厚 0.2、内厚 0.3 厘米，重 82.5 克（图二〇，1）。

铜铃 1 件。M9∶8，残，发现于狗头骨下。铃体呈扁圆筒形，体侧有扉棱，铃腔瘦长，无顶盖，未见铃舌，腔体口缘内凹。素面。高 6、口缘径 3.9、腔壁厚 0.4 厘米

（图二〇，5）。

铜镞　1件。M9：15，完整，置于棺内南侧中部。关本持平。镞体整体呈三角形，中脊截面呈菱形，短圆铤。通长3、铤长1.1厘米（图二〇，6）。

（2）陶器

5件。

陶豆　1件。M9：2，完整，发现于墓室西部南侧填土内。泥质灰陶。高体，敛口，卷沿圆滑，深盘，高圈足。盘壁、圈足上分别饰凹弦纹二三周。盘壁和圈足烧制变形。高12.3～12.8、口径14.6厘米（图一九，1）。

陶爵　1件。M9：3，打碎置于墓室西部南侧填土内。泥质灰陶。敞口圆唇，口沿外侧有浅凹槽一周，短流无尾，半环形鋬，下腹变窄小，折棱突显，三足外撇。腹部饰凹弦纹两周。通高10.9、口径9.2厘米（图一九，3）。

陶觚　1件。M9：4，打碎置于墓室西部南侧填土内。泥质灰陶。整体细高，喇叭口外撇，腹部近直筒形，圈足外撇下折。腹部有凹弦纹三周及竖向刮削痕迹。通高18.4、口径11.2厘米（图一九，2）。

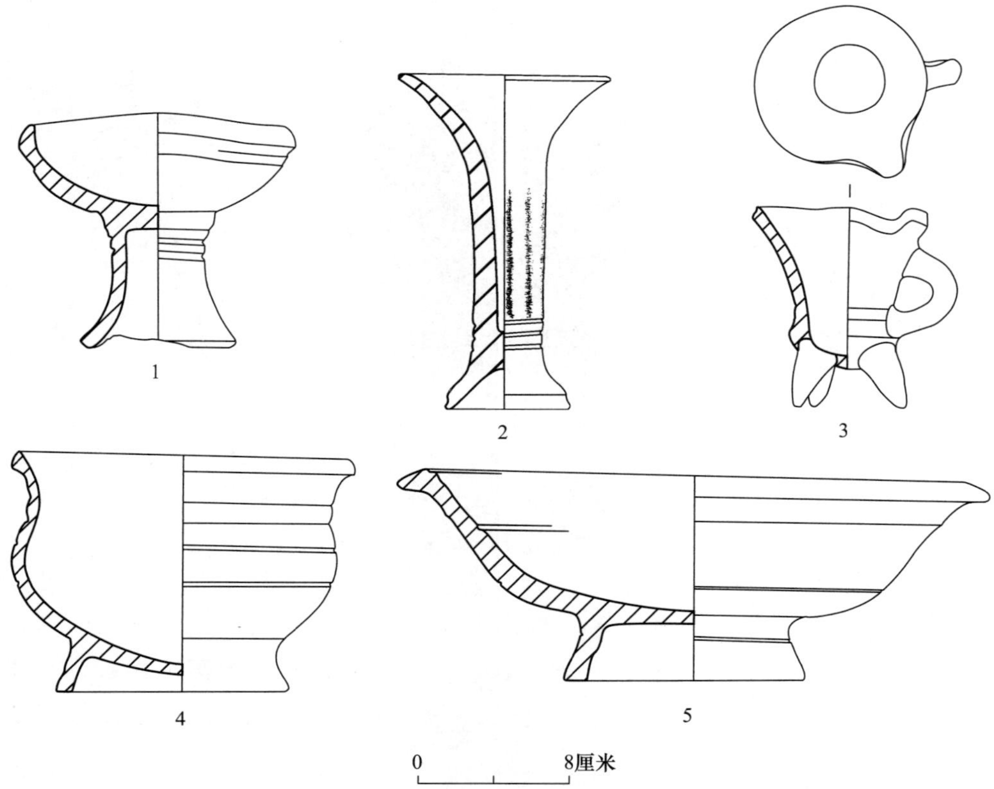

图一九　M9出土陶器

1. 豆（M9：2）2. 觚（M9：4）3. 爵（M9：3）4. 簋（M9：5）5. 盘（M9：7）

陶簋　1件。M9：5，打碎置于墓室填土内。泥质灰陶。侈口，尖唇，窄折沿，束颈，小鼓腹，圜底，圈足矮且外撇。器表颈部、腹部饰凹弦纹四周。通高12.8～13.1、口径18厘米（图一九，4）。

陶盘　1件。M9：7，打碎置于墓室西部南侧填土内。泥质灰褐陶，硬度不高，火候低。斜沿尖唇，沿面内侧有凹槽一周，盘体较深，腹较下垂，高圈足微外撇。盘内壁饰凹弦纹一周，外壁饰凸棱一周、凹弦纹一周，圈足上饰凹弦纹一周。通高10.7～11.4、口径31.3厘米（图一九，5）。

（3）玉器

3件。

玉柄形器　1件。M9：13，完整，发现于墓主背上。青灰色，有白色条斑。梯形柄首，其下两侧略凹腰，柄体前端平齐，两侧斜收，截面呈长方形。抛光精细。长4.2、宽1.9、厚0.5厘米（图二〇，7）。

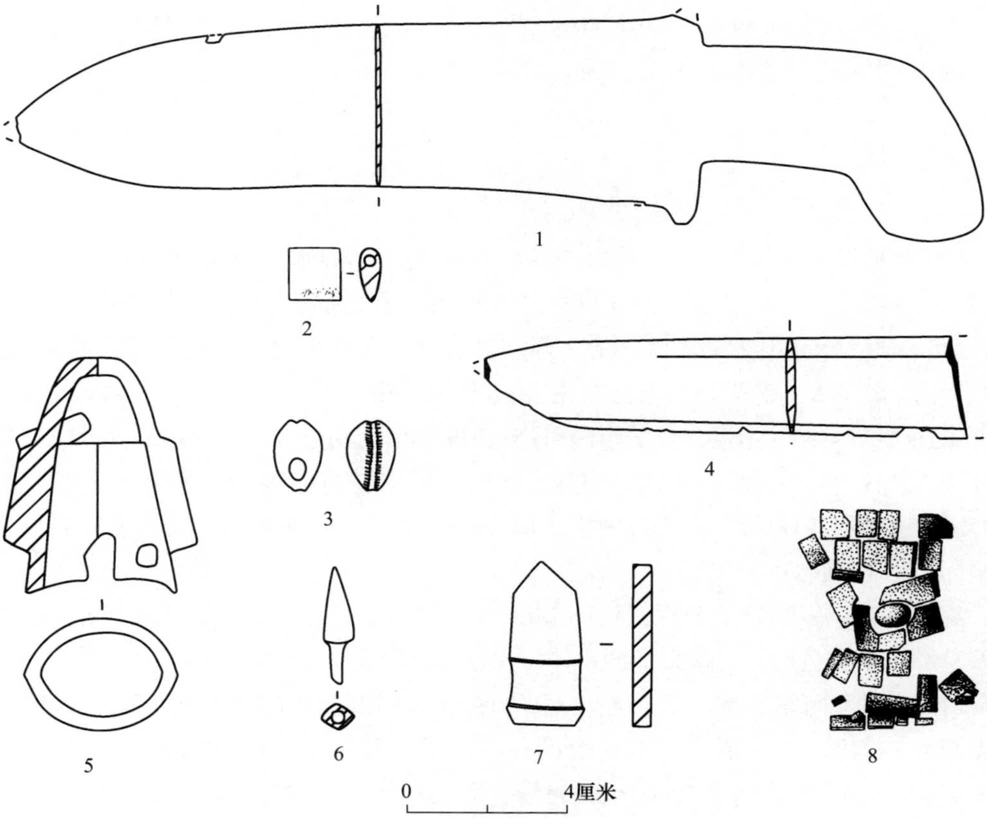

图二〇　M9出土器物

1. 铜戈（M9：12） 2. 骨饰（M9：17） 3. 货贝（M9：19） 4. 玉璋（M9：14） 5. 铜铃（M9：8） 6. 铜镞（M9：15） 7. 玉柄形器（M9：13） 8. 绿松石饰（M9：16）

玉璋 1件。M9：14，残，发现于墓主背上。灰白色，扁平长条形，中部略厚，前端呈不对称的斜三角形，后端残。双面打磨。残长11.9、宽2.5、厚0.3厘米（图二〇，4）。

绿松石饰 数片。M9：16，残，发现于墓主身下胸部位置。绿色，多数呈长方形、方形的绿松石片组成了兽面的图案，破损严重。残长1.7、宽2.3厘米（图二〇，8）。

（4）骨饰

1件。M9：17，完整，发现于绿松石以东20厘米处。牙黄色。体呈扁平长方形，一端有一对穿钻孔，另一端磨制成斜刃。打磨光滑。长1.4、宽1.3、厚0.6～0.2厘米（图二〇，2）。

（5）货贝

1枚。M9：19，完整，发现于狗骨架下。背部钻孔略大。长1.8厘米（图二〇，3）。

（6）动物骨骼

有羊和狗。其中M9：1为一只绵羊完整的左侧前腿（包括左侧肱骨、桡骨、掌骨、第1-3指骨）与左侧肩胛骨，为未成年个体。

三

7座墓地层关系较为一致，多被明清时期的地层、灰坑、墓葬叠压或打破，并有少量殷墟时期的灰坑打破墓葬。墓葬自身打破的是殷墟时期的房基、灰坑等遗迹。

M5、M8、M9出土的陶觚、爵、簋、盘、豆、鬲等均为殷墟文化三期的典型器。M8铜觚、爵与M9铜爵与郭家庄东南M26铜觚、爵[4]形制基本一致；M9素面铜簋与郭家庄M25：9[5]相近，只是腹部略鼓；M9铜鼎与小屯M17：4铜鼎[6]形制相近，与小屯82M1：10铜鼎[7]相比，腹深、足短。郭家庄东南M26、郭家庄M25、小屯M17均为殷墟二期墓葬，而且郭家庄东南M26是殷墟二期偏晚阶段的典型代表。小屯82M1属殷墟四期。

综合陶器、铜器特征分析，M5、M8、M9的年代应为殷墟文化三期。结合地层关系及墓葬排列方位可知，该墓地的主体年代也应是殷墟文化三期。

M5随葬有陶觚、爵、豆、盘、鬲，M8与M9均随葬了陶觚、爵、豆、盘、簋。殷墟墓葬，陶觚、爵始终是陶器组合的核心，但不同墓地、不同时间段，与陶觚、爵搭配组合的陶器有所不同。2003～2004年在孝民屯铸铜作坊遗址内共发掘墓葬645座，其中333座有陶器随葬，组合以陶觚、爵、豆，觚、爵、盘，觚、爵、鬲，或单件的鬲、豆为主[8]。1969～1977年在殷墟西区发掘的1003座墓葬，被分为八个区，各区墓葬陶器组合也多有不同[9]。但在上述1648座墓葬中，均未见到陶觚、爵、豆、盘、鬲，觚、爵、豆、盘、簋的组合方式。一般来说，陶盘出现时代较晚，且有替代较早的陶豆的趋势，豆与盘同时出现较为少见，这些正是郭家庄东这批墓的特色。

M8 随葬了铜觚、爵，M9 有铜鼎、簋、爵。一般来说，如非盗扰，殷墟时期铜觚、爵会配套随葬，特别是殷墟一、二、三期之时。M9 中为何缺少铜觚，不得而知。

M5、M8、M9 均存在碎器现象。M5 陶盘与觚被打碎，且陶觚的口部缺失。M8 铜觚被折成两段；铜爵的一个爵柱被砸下；陶豆与盘被打碎后分别放在北二层台的东部和中部，陶豆残缺圈足；陶觚与爵打碎后放在南二层台上；最为突出的是陶簋，碎片被分别放在南、北二层台上。M9 随葬陶器分置两处。除陶豆基本完成外，其余陶器也被打碎，陶簋碎片也是分别放在两个区域。

2001 年，笔者发掘了殷墟花园庄东地 M60，发现其青铜器、陶器均被打碎，铺于墓底[10]。从此笔者开始关注商代墓葬中的碎器现象，花园庄东地 M54（亚长墓）的铜方尊（M54：84）放在椁室南部，其中一个残块放在南二层台内[11]；2009 年发掘的王裕口南地 M103 贞人吕墓，铜瓿被打碎成两部分，分置于椁室与二层台上[12]；2010～2011 年发掘的殷墟刘家庄北地制陶作坊区内同样有碎器现象，如 M70、M220 等[13]。2018～2019 年发掘的洹北商城铸铜作坊工匠墓有大量碎器行为[14]。如果仔细检验殷墟墓葬就会发现，这种现象较为普遍，不仅是铜器、陶器，甚至玉器、石器也被刻意打碎。随着材料报道的增多，也引起了学者们的关注[15]。不仅是殷墟，新石器时代[16]、二里头文化、二里冈文化[17]及西周时期[18]，碎器或称毁器现象普遍存在。有学者研究认为，甲骨文中有关于碎物祭的记录[19]。碎器行为的具体含义尚无定论，但持续时间久，传播范围广[20]，在世界其他文化区域同样存在[21]，这一现象值得进一步深入研究。

有研究者注意到，玉柄形器与绿松石饰在墓葬中经常贴近同出，装载玉柄形器的木器或布帛用绿松石镶嵌或粘贴，此可称之为复合体玉柄形器。并进一步讨论了商周柄形器之功用[22]。M9 中，玉柄形器与绿松石饰相邻，位于墓主人胸部，极有可能是复合体玉柄形器。

M8 铜爵铭文为“咸父”，M9 铜簋与爵铭文均为“咸父乙”。商代“咸”铭青铜器较少，如妇酉咸簋（集成 3229）、咸父甲鼎（集成 1520）、咸父乙簋（集成 3150）、咸爵（集成 7641）等。西周时期，在山东滕州前掌大遗址的于屯村北 M316 出土有咸母爵[23]、西安沣西张家坡墓地 M284 出土铜鼎与簋，铭文均为“咸作丰大母尊彝”[24]。上述两墓年代分别为西周早、中期。

郭家庄东 M8、M9 是第一次经考古发掘所获的商代咸铭青铜器。“咸”显系族氏名称。甲骨文中，亦有咸（咸戊）的记载：

（1）丁未卜，扶：侑咸戊牛。不。《合补》6570

（2）丁巳卜：侑咸戊。《甲》2907（即《合集》19946 正）

罗振玉、王国维、陈梦家等认为，甲骨文中的咸戊即文献中辅佐商王太戊的巫咸。

其与商初重臣伊尹等齐名，享受后世祭祀。M8、M9 咸族墓主是否与咸戊或巫咸有关，尚不可知。

综合以上分析可知，此处应是咸族墓地。从墓葬规模、随葬青铜礼器判断，M8、M9 等级相当，属低级贵族。有学者提出殷墟时期存在夫妻“异穴合葬”现象，有一定的道理[25]。可惜 M8、M9 人骨腐朽，无法进行人骨考古学研究工作。

在 M8 壁龛中发现殉人。殷墟少见带壁龛的墓葬，且壁龛中多放置器物，壁龛中安置殉人的此前仅见于妇好墓[26]。这种特殊的现象值得注意。

附记：参与本次田野发掘工作的有安阳队技师霍慧军、山东大学历史文化学院考古学及博物馆学系硕士研究生高杨。动物骨骼鉴定由李志鹏、管明丽完成；器物绘图由马媛绘制，器物拓片由何巧娟拓印，器物照相由何凯拍摄。郑州大学历史学院考古专业硕士研究生刘思镯参与了资料整理工作。简报编写过程中，严志斌、孙亚冰二位博士就铭文问题提出宝贵建议。在此一并致谢！

执笔：何毓灵

注　释

［1］中国社会科学院考古研究所编著：《安阳殷墟郭家庄商代墓葬 1982～1992 年考古发掘报告》，中国大百科全书出版社，1998 年。

［2］中国社会科学院考古研究所安阳工作队：《河南安阳市郭家庄东南 26 号墓》，《考古》1998 年第 10 期。

［3］安阳市文物考古研究所：《河南安阳市殷墟郭家庄东南五号商代墓葬》，《考古》2008 年第 8 期。

［4］中国社会科学院考古研究所安阳工作队：《河南安阳市郭家庄东南 26 号墓》，《考古》1998 年第 10 期。

［5］中国社会科学院考古研究所编著：《安阳殷墟郭家庄商代墓葬 1982～1992 年考古发掘报告》，中国大百科全书出版社，1998 年，36 页，图 25：7。

［6］中国社会科学院考古研究所安阳工作队：《安阳小屯村北的两座殷代墓》，《考古学报》1981 年第 4 期。

［7］中国社会科学院考古研究所编著：《殷墟青铜器》，文物出版社，1985 年，图八五：5。

［8］中国社会科学院考古研究所编著：《安阳孝民屯（四）殷商遗存・墓葬》，文物出版社，2018 年。

［9］中国社会科学院考古研究所安阳工作队：《1969～1977 年殷墟西区墓葬发掘报告》，《考古学报》1979 年第 1 期。

［10］中国社会科学院考古研究所编著：《安阳殷墟花园庄东地商代墓葬》，科学出版社，2007 年，第 232～250 页。

［11］中国社会科学院考古研究所编著：《安阳殷墟花园庄东地商代墓葬》，科学出版社，2007 年，第 91 页。

［12］中国社会科学院考古研究所安阳工作队：《河南安阳市殷墟王裕口村南地 2009 年发掘简报》，

《考古》2012 年第 12 期。
[13] 中国社会科学院考古研究所安阳工作队：《河南安阳市殷墟刘家庄北地 2010～2011 年发掘简报》,《考古》2012 年第 12 期。
[14] 何毓灵：《洹北商城作坊区内发现铸铜工匠墓》,《中国文物报》2019 年 6 月 21 日第五版。
[15] 郜向平：《商墓中的毁器习俗与明器化现象》,《考古与文物》2010 年第 1 期。
[16] 黄卫东：《史前碎物葬》,《中原文物》2003 年第 2 期。
[17] 李雪婷：《盘龙城遗址碎器葬俗研究》,《江汉考古》2017 年第 3 期。
[18] 张明东：《略论商周墓葬的毁兵葬俗》,《中国历史文物》2005 年第 4 期。
[19] 何崝：《商代卜辞中所见之碎物祭》,《中国文化》1995 年第 1 期。
[20] 张碧波：《关于毁尸葬、毁器葬、焚物葬的文化思考》,《中原文物》2005 年第 2 期。
[21] John Chapman. Fragmentation in archaeology-people,place and broken objects in the prehistory of south-eastern Europe. *London and New York*, 2000.
[22] 李小燕、井中伟：《玉柄形器名"瓒"说——辅证内史亳同与〈尚书·顾命〉"同瑁"问题》,《考古与文物》2012 年第 3 期。
[23] 滕州市博物馆：《滕州前掌大村南墓地发掘报告（1998～2001）》,《海岱考古（三）》，科学出版社，2010 年。
[24] 中国社会科学院考古研究所编著：《张家坡西周墓地》，中国大百科全书出版社，1999 年。
[25] 孟宪武：《试析殷墟墓地"异穴并葬"墓的性质——附论殷商社会的婚姻形态》,《华夏考古》1993 年第 1 期。
[26] 中国社会科学院考古研究所编著：《殷墟妇好墓》，文物出版社，1980 年。

河南安阳市殷墟大司空东地M123发掘报告

中国社会科学院考古研究所安阳工作队

为配合安阳市殷都区大司空集中安置区的建设，经国家文物局批准，中国社会科学院考古研究所安阳工作队自2017年3月至2018年9月对拟建设区域进行了考古发掘。该区域位于殷墟遗址东北边缘。M123是本次发掘发现的较重要的一座商代墓葬（图一；图版一一，1），其内出土了较多的仿铜陶器，故先予以报道。

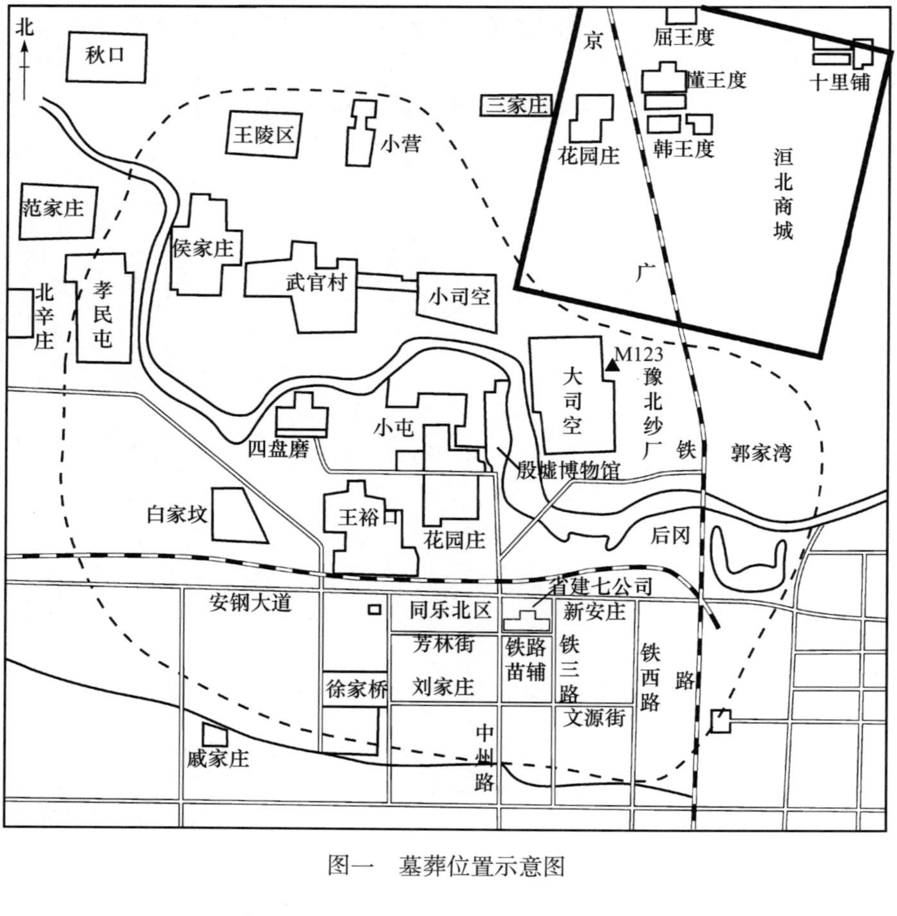

图一　墓葬位置示意图

一、墓葬形制

该墓为长方竖穴土坑墓，开口于第4层（黑土层）下，打破灰坑H407，方向20°。墓口距地表约1.5米，口北端略宽于南端，口长3.2、北宽1.26、南宽1.14米；墓底距地表约8.2米，底略宽于口，底长3.2、北宽1.41、南宽1.43米。填土为灰花夯土，质地较硬，内出土有鬲、簋、罐、盆等陶片，另有陶纺轮和残骨笄各1件。

在距地表深约5.9米处，墓室中部偏北的填土中发现一殉狗，头南，背西，四肢蜷曲侧躺，狗架保存较好，颈系一铜铃（图二）。在距地表深约7.8米处，椁上东南角放置一铜铃，铜铃正北发现一猪腿骨，猪腿骨西侧放置一羊腿骨（图三）。

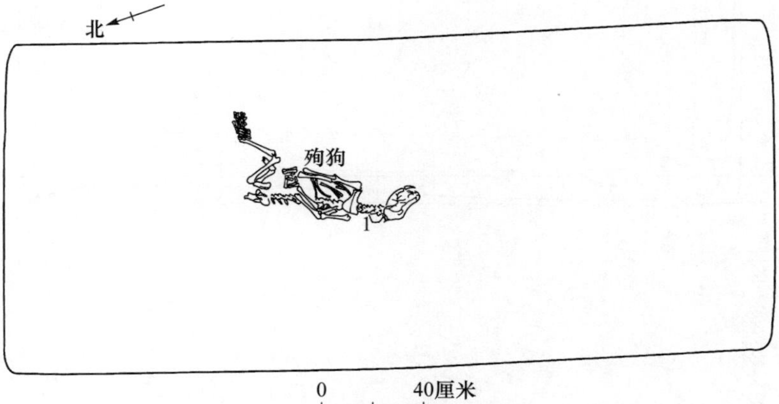

图二　M123填土中殉狗平面图
1. 铜铃（M123：1）

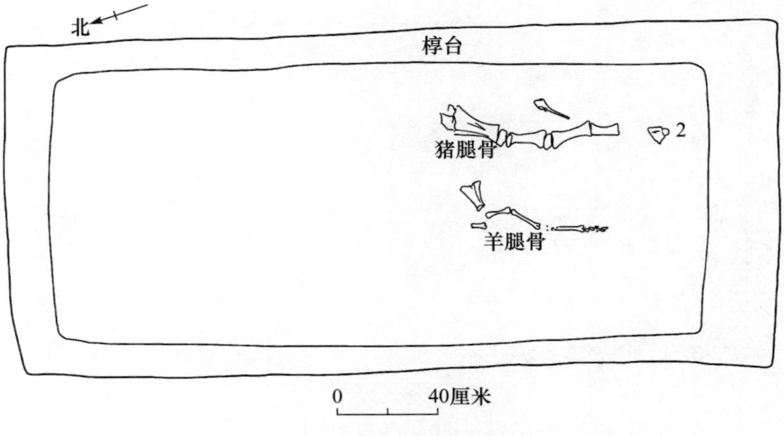

图三　M123椁上殉牲平面图
2. 铜铃（M123：2）

墓室下部四周有两重经过夯打的熟土二层台。外为椁台，系椁室塌陷所致，椁台四周宽度不同，北宽 0.15～0.18、东宽 0.13～0.17、南宽 0.29、西宽 0.10～0.14、台现高 0.6 米。内为棺台，系棺室塌陷形成，棺台四周宽度亦不同，北宽 0.11、东宽 0.11～0.16、南宽 0.06、西宽 0.13～0.17、台现高 0.45 米。

墓底中部有一长方形腰坑，口大底小，口长 0.69、宽 0.31、深 0.2 米。坑内殉狗一只，头南，嘴西，背东，四肢蜷曲侧躺，狗架部分腐朽。狗头朝向与墓主人头向相反（图四）。

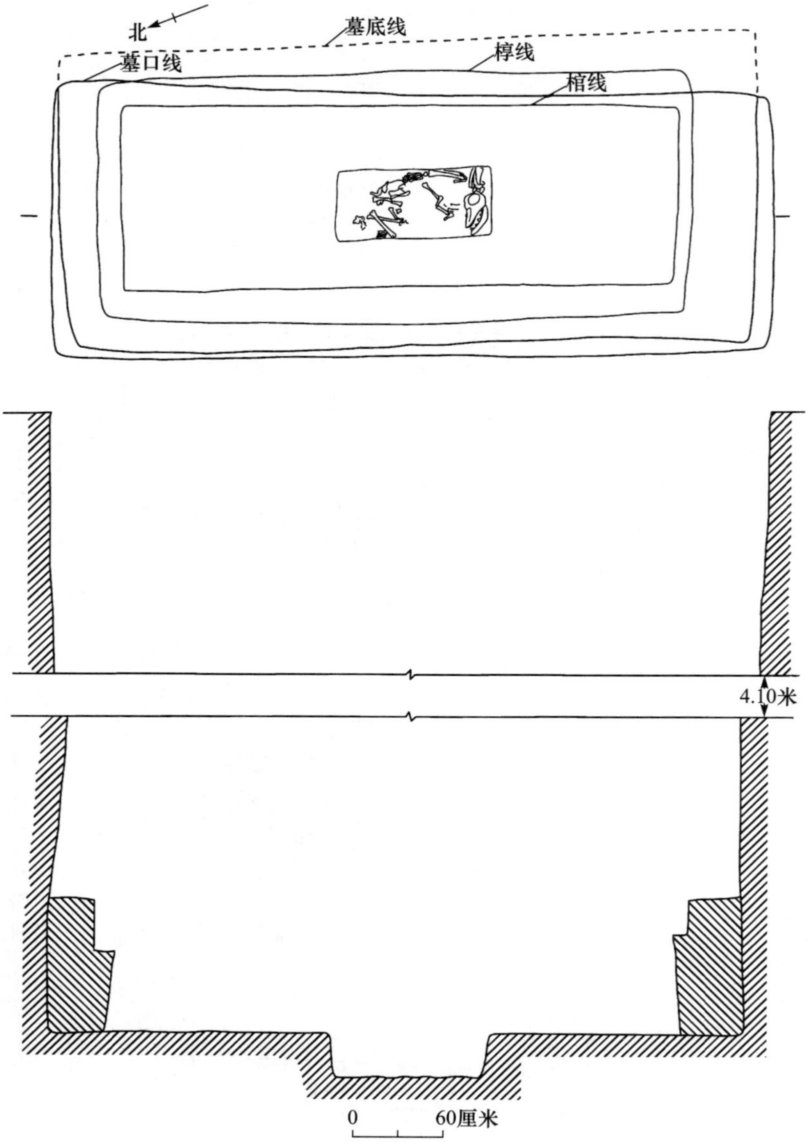

图四　M123 平、剖面图

葬具为1椁1棺，皆木质，已腐朽。椁长2.63、宽1.15、现高0.6米，椁板较薄，上饰彩绘，模糊。棺室位于椁室中部，长2.46、宽0.84、现高0.45米。棺上髹黄、红、黑三种漆。

墓主人置于棺室中部，男性，骨骼保存完整，身高约1.6米，仰身直肢，头北，面东，两手置于腹部，双腿并拢，膝盖下两小腿向东稍微弯曲。两脚并拢，脚趾朝东。

随葬品摆放位置大致是：全部陶器、蚌饰、螺蛳、3件铜铃、1件石璋放置在棺内北端墓主人头顶部（图版一一，2）；4件石璋和2件骨镞放置于棺室中部西边缘；磨石、铜蚌合体饰、文蛤、蚌泡等位于墓主人胸上；玉器位于墓主人腰部；1件石璋位于棺室南部，墓主人膝盖骨附近；货贝含在墓主人口中；另有1件骨镞和1残块石璋出土于棺室填土中（图五）。

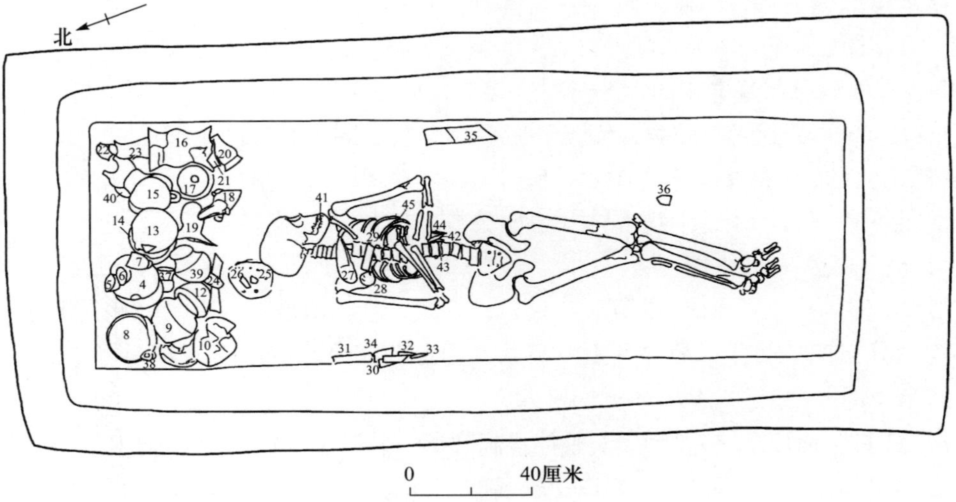

图五　M123平面图

4、14. 仿铜陶鼎　5～7. 铜铃　8、13. 仿铜陶簋　9～11. 陶罐　12、39. 陶罍　15. 仿铜陶甗　16. 仿铜陶尊　17. 仿铜陶卣　18、19. 仿铜陶爵　20. 仿铜陶觯　21、23. 仿铜陶觚　22. 陶觚　24、30、31、34～36. 石璋　25. 螺蛳　26. 蚌饰　27. 铜蚌合体器　28. 文蛤　29. 磨石　32、33. 骨镞　37. 陶尊　38. 陶爵　40. 仿铜陶斝　41. 货贝　42. 玉柄形器　43、44. 玉鱼形刻刀　45. 蚌泡（1、2为铜铃2件，3为骨镞1件，出于填土中）

二、随 葬 器 物

葬品有110余件，以仿铜陶器和蚌饰较多，还有一些铜器、玉石器、骨器等。

（一）陶器

21件，皆泥质。可分为仿铜陶器和日常陶器两大类（图版一二，5）。

1. 仿铜陶器

13件。器类有鼎、甗、簋、尊、卣、觚、爵、斝、觯等9类，其中鼎、簋、觚、爵各出2件，其他各1件。仿铜陶器表面多磨光，上涂一层黑灰色彩衣，因火候较低，内胎多呈红褐色。

鼎 2件。形制基本相同，系一对。体较小。双立耳稍外侈，直口微敛，腹较浅且直，分裆较矮，三柱足细高。口沿下和腹上部各饰一周凹弦纹。M123：4，口径16.3、足高8.2、通耳高18.4厘米。鼎内有动物骨骼和其他遗物（图六，1；图版一二，1；图版一三，1右）。M123：14，口径16、足高8.4、通耳高18.3厘米。鼎内有植物类遗存（图六，4；图版一三，1左）。

甗 1件。M123：15，体较瘦小。绹索状双耳外侈较甚，敞口，方唇，甑部下内收，鬲部微鼓，高裆，三蹄形柱足。甑部饰两道凹弦纹。口径18.4、通耳高24.2厘米（图七，1；图版一三，6）。

簋 2件。形制基本相同，系一对。侈口，束颈，半环形双耳，下接小垂珥，高圈足。M123：8，尖圆唇，鼓腹，圈足外撇。颈、腹、圈足共饰四道凹弦纹。口径15.8、圈足径11.6、通高11.9厘米（图六，8；图版一三，2左）。M123：13，方唇，下腹微垂，圈足下有座盘。颈、下腹各饰一道凹弦纹，口径16、圈足径11.6、通高11.9厘米（图六，5；图版一三，2右）。

尊 1件。M123：16，粗觚形。敞口，方唇，直腹微鼓，高圈足外撇，下有座盘。腹部均匀分布四条简化扉棱，其上、下各饰两道凹弦纹。口径18、圈足径12.4、通高21.1厘米（图七，2；图版一三，5）。

卣 1件。M123：17，带盖。整体呈扁圆形，蘑菇纽，直口，平沿内敛，截面呈倒“L”形，肩部设对称半环形耳，其一残，鼓腹下垂，最大径在下腹部，圈足较高，下部残。肩部两耳间饰对称简化兽头，盖、肩部各饰两道凹弦纹。口径9.2～11.2、最大腹径14.2～17.4、复原圈足径10.2～11.9、通高约23.4厘米（图七，3；图版一四，1）。

觚 2件。形制基本相同，系一对。体较粗矮。大敞口，方唇，腹微鼓，圈足外撇，下有座盘。腹部上、下各饰两道凹弦纹。M123：21，口径12.4、圈足径8、通高19.2厘米（图六，9；图版一三，4右）。M123：23，口径12.6、底径8.2、通高19.8厘米（图六，10；图版一三，4左）。

爵 2件。形制基本相同，系一对。体较胖。长流宽尾，均上翘，束颈，卵形腹，三棱锥足外撇，蘑菇形双柱较高。颈腹部设半环形鋬。颈部饰两道凹弦纹。M123：18，流尾间距17.3、腹径7.1、通高19.4厘米（图六，15；图版一三，3左）。M123：19，流尾间距16.7、腹径7、通高18.9厘米（图六，16；图版一三，3右）。

斝 1件。M123：40，体较瘦高，分裆。对称双柱置于口沿上，上接伞状帽。侈口，方唇，高束颈，鼓腹较浅，高裆，三蹄形柱足。半环形鋬设在颈腹间。颈、腹部饰数道凹弦纹，裆部刻划两道“人”字形纹。口径12.5、腹径13.4、通高19.6厘米（图六，18；图版一四，2）。

觯 1件。M123：20，扁圆体，较瘦高。口残，束颈，垂腹，较高圈足外撇。腹径13.4、圈足径5.6、残高10.2厘米（图六，17；图版一二，2左）。

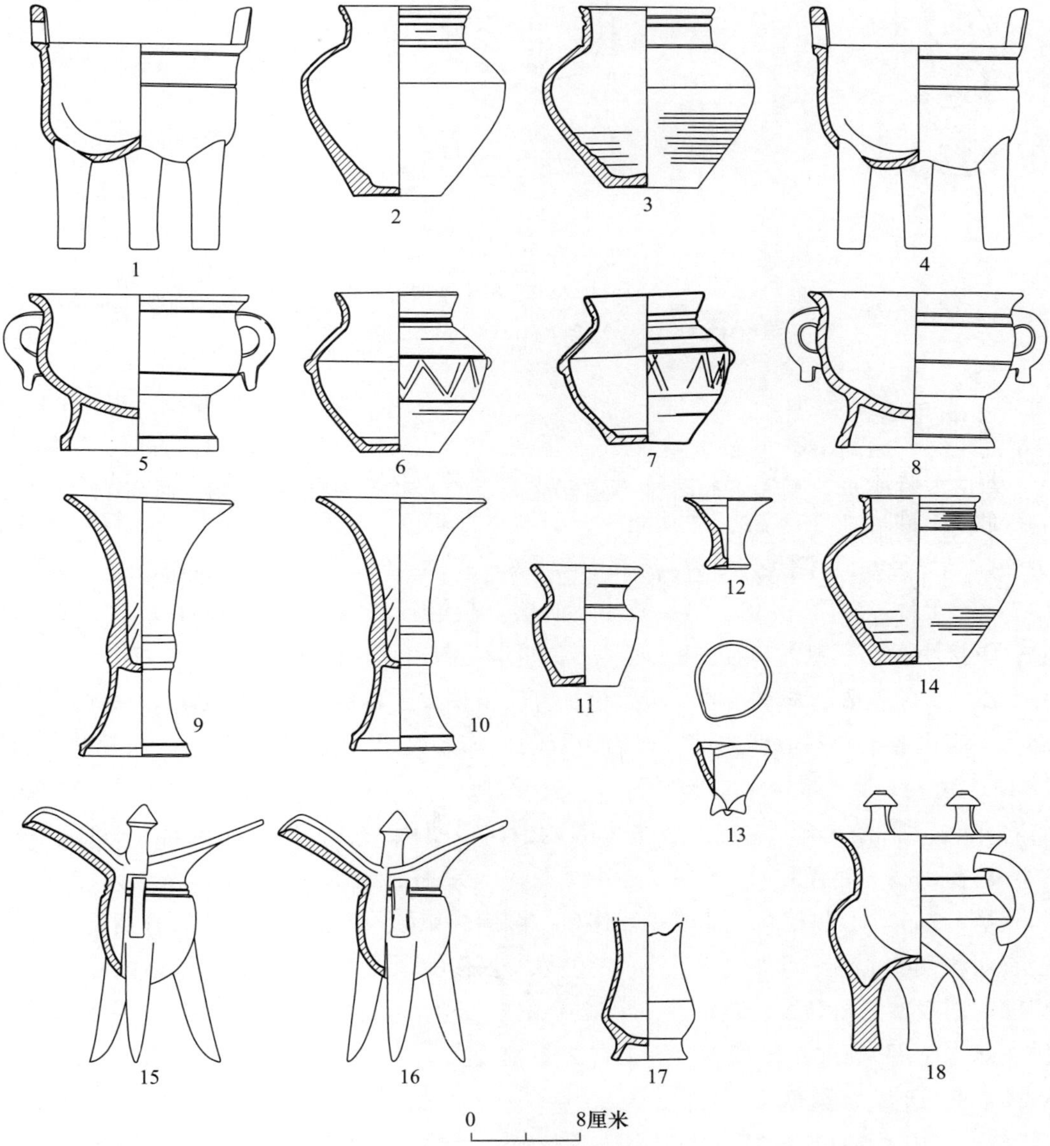

图六 M123出土陶器

1、4. 鼎（M123：4、M123：14） 2、3、14. 罐（M123：11、M123：9、M123：10） 5、8. 簋（M123：13、M123：8） 6、7. 罍（M123：12、M123：39） 9、10、12. 觚（M123：21、M123：23、M123：22） 11. 尊（M123：37） 13、15、16. 爵（M123：38、M123：18、M123：19） 17. 觯（M123：20） 18. 斝（M123：40）

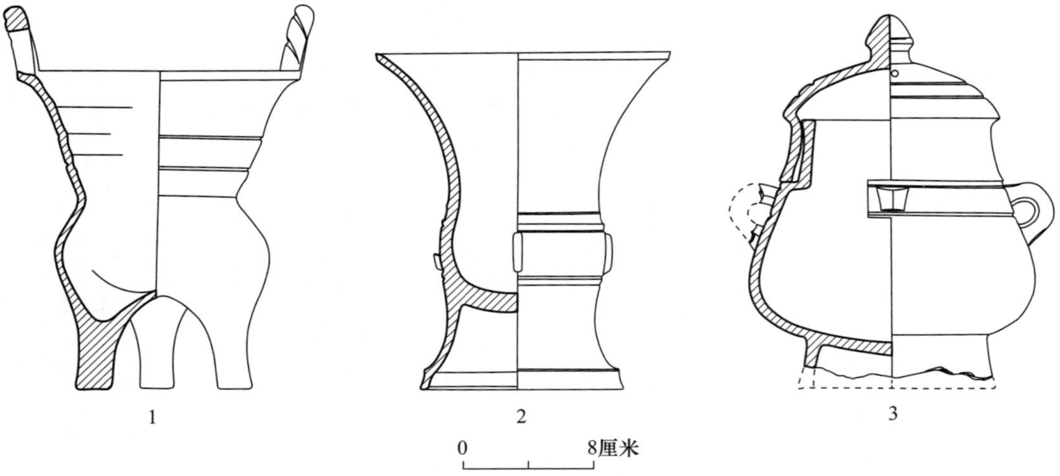

图七 M123 出土陶器

1. 甗（M123：15） 2. 尊（M123：16） 3. 卣（M123：17）

2. 日用陶器

8件。器类有罐、罍、尊、觚、爵、纺轮等6类，其中罐3件、罍2件，其他各1件。

觚 1件。M123：22，体甚矮小，明器。青灰色，喇叭口，圆唇，短直腹，矮圈足外撇。口径6.5、圈足径3.4、通高5.4厘米（图六，12；图版一二，4左）。

爵 1件。M123：38，体甚矮小，明器。灰黑色，侈口，尖唇，小流，浅腹下急收，下接小泥丁三足。口径5.8、通高5.3厘米（图六，13；图版一二，4右）。

罐 3件。形制基本相同。灰黑色，直口微侈，圆唇，高领，广弧肩，最大径在肩部，下腹内收，小平底微内凹。口沿下及领部饰数道凹弦纹。M123：9，口径9.8、肩径15、底径6.4、高14.4厘米（图六，3；图版一二，3左2）。M123：10，口径8.4、肩径14.2、底径6.4、高12.7厘米（图六，14；图版一二，3中）。M123：11，口径10、肩径15.6、底径6.8、高13.7厘米（图六，2；图版一二，3左1）。

罍 2件。形制相同。体较小。侈口，圆唇，束颈，广折肩，最大径在肩部，折肩处有对称两实心耳，上腹较直，下腹急收，小平底。颈、肩、腹部饰数道凹弦纹，上腹部刻划双重三角划纹，较潦草。M123：12，灰色。口径9.1、肩径12.8、底径6、高12.3厘米（图六，6；图版一二，3右2）。M123：39，灰黑色，口径8.8、肩径12.2、底径5.8、通高11.6厘米（图六，7；图版一二，3右1）。

尊 1件。M123：37，体较小。浅灰色，大敞口，最大径在口部，圆唇，高领，束颈，窄折肩，上腹较直，下腹内收，平底微内凹。颈部饰两道凸弦纹。口径8.1、肩径7.7、底径5、高9.2厘米（图六，11；图版一二，2右）。

纺轮 1件。M123：02，出于填土内。泥质灰陶，上下两面稍残。体呈扁圆形，中间有圆形孔，轮沿中腰凸起。素面。直径4.4、孔径1.0、厚1.7米（图九，8）。

（二）铜器

5件，皆为铜铃。铃体呈椭圆形，无扉棱，平顶，上有桥形环，棒槌状铃舌顶端有小环，悬于顶内。按铃腔体形状可分为两式。

Ⅰ式 4件。铃腔体较瘦，口缘内弧。铃身两面均饰阳线兽面纹。锈蚀较严重，纹饰模糊。M123：1，口缘稍残。体较小，铃舌短于铃体。通高5.8、口径3.1～4.1、厚0.3厘米（图九，1；图版一四，5右2）。M123：5，稍残，体较大，铃舌略长于铃体。通高8.9、口径4.0～5.8、厚0.2厘米（图九，5；图版一四，5左1）。M123：6，完整。体较大，铃腔瘦长，铃舌略长于铃体。表面有布纹印痕。通高8.7、口径3.9～5.8、厚0.2厘米（图九，4；图版一四，5左2）。M123：7，完整。铃舌短于铃体。通高7.7、口径3.7～5.2、厚0.25厘米（图九，3；图版一四，5中）。

Ⅱ式 1件。铃腔体扁宽。M123：2，残。体较小，腔体口缘较直，未见铃舌。素面。表面有席纹痕迹。通高6.1、口径1.7～6、厚0.25厘米（图九，2；图版一四，5右一）。

（三）玉石器

10件，其中玉器3件，石器7件。

1. 玉器

柄形器 1件。M123：42，末端稍残。扁平长条形，青灰色，有纹理，长方形柄首，中部微内束，器体向下斜收，末端有刃。长约10、宽0.4～1.5、厚0.7厘米（图九，10；图版一四，3）。

鱼形刻刀 2件。形制基本相同。白色，局部泛灰，细长条，鱼形，一面平，一面凸起。鱼头部双面钻出一小圆孔，似鱼眼；阴线刻出鱼鳃、鳍；鱼分尾处又延出一段，凸起面的尾部磨出单面刃。后端近刃处有一半圆形缺口。因个两刻刀的半圆形缺口位置相同，可组成一圆形穿孔，故推测这两件刻刀应是由一件旧玉一分为二改制而成。M123：43，分尾前端稍残，长9.1、宽1.1、厚0.4厘米（图八，2；图版一四，4下）。M123：44，长9、宽1、厚0.5厘米（图八，3；图版一四，4上）。

2. 石器

石璋 6件。均为扁平长条形。其长短、宽窄、厚薄不一，中部厚，边缘薄。表面光滑。除1件甚残不明外，其他5件按是否有内可分为A、B两型。

A型 1件。有内。M123：36，灰色，有白斑。直内，援首端斜刃，少残。残长18.3、援宽3.6、内宽3.2、最厚0.3厘米（图八，10；图版一五，6右2）。

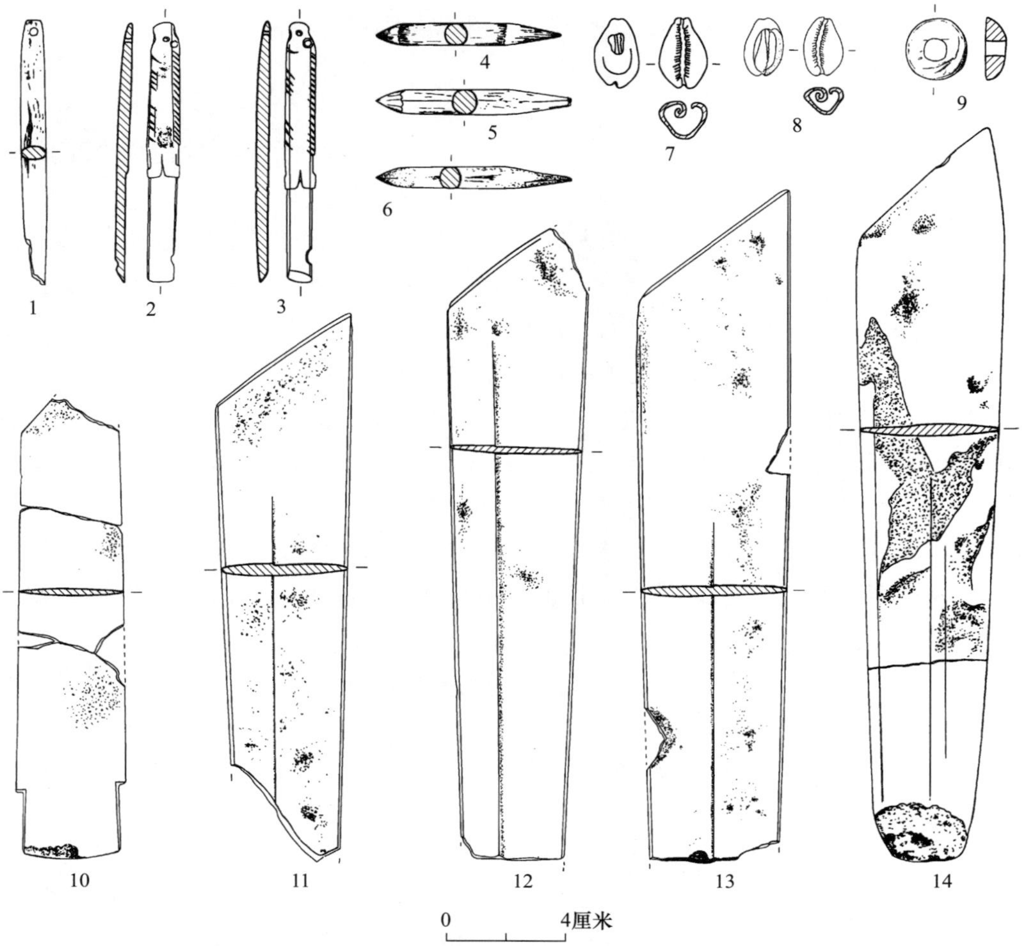

图八　M123出土器物

1. 骨笄（M123∶01） 2、3. 玉鱼形刻刀（M123∶43、M123∶44） 4～6. 骨镞（M123∶3、M123∶32、M123∶33） 7、8. 贝（M123∶41a、M123∶41b） 9. 蚌泡（M123∶45） 10～14. 石璋（M123∶36、M123∶31、M123∶30、M123∶35、M123∶24）

B型　4件。无内。亚白色，局部泛灰。首端略宽于柄端，首端斜刃。M123∶24，长25.6、最宽5.1、最厚0.4厘米（图八，14；图版一五，6左2）。M123∶30，首端稍残，中脊有切割痕。残长22、最宽4.7、最厚0.4厘米（图八，12；图版一五，6左3）。M123∶31，柄端残，一面涂有少许朱砂。残长19.1、最宽4.1、最厚0.4厘米（图八，11；图版一五，6右3）。M123∶35，柄端残，中脊有切割痕。残长23.3、最宽5.2、最厚0.4厘米（图八，13；图版一五，6左1）。

不明型石璋　1件。M123∶34，残片。亚白色。表面涂有朱砂。残长3.8、宽2.9、最厚0.35厘米（图版一五，6右1）。

磨石　1件。M123∶29，灰白色，粗砂岩，磨制规整。体呈扁平长条梯形，上部有一圆形穿孔，中部用朱砂绘制八道彩绘。长 11.2、宽 1.9～2.55、厚 0.9 厘米（图九，9；图版一四，6）。

（四）骨器

骨镞　3 件。形制基本相同。镞身似圆柱形，尖锋锐，铤细长，尖、铤均呈圆锥状。M123：3，身径 0.75、通长 6.1 厘米（图八，4；图版一五，1 左）。M123：32，铤少残。身径 0.9、残长 6.6 厘米（图八，5；图版一五，1 中）。M123：33，表面有切削痕迹。身径 0.75、通长 6.6 厘米（图八，6；图版一五，1 右）。

骨笄　1 件。M123：01，出于填土内。笄首有一圆形钻孔，笄杆下部和笄尖残失。扁圆形，截面呈椭圆形。通体磨光。残长 9.3、最宽 0.9、厚 0.7 厘米（图八，1）。

（五）蚌饰、贝

70 余件。有蚌泡、蚌饰、文蛤、螺蛳、铜蚌合体饰、货贝等。

蚌泡　1 件。M123：45，圆形，中部厚，边缘薄，一面平，一面呈弧形凸起，中部有一穿孔。凸起面穿孔周围有打磨痕迹。直径 2.1、孔径 0.7、最厚 0.7 厘米（图八，9）。

蚌饰　10 余件，部分残碎。体呈片状长方形或梯形，有的前端磨成鱼形。大部分前端有一小穿孔，孔内穿线成为坠饰。M123：26a，有孔，梯形，长 4.8、最宽 1.5 厘米；M123：26b，有孔，梯形，长 3.1、最宽 1.2 厘米；M123：26c，有孔，长方形，长 4.9、宽 1.1 厘米；M123：26d，有孔，长方形，残长 1.4、宽 0.9 厘米；M123：26e，有孔，鱼形，长 3.2、宽 1.2 厘米；M123：26f，无孔，长方形，长 4.6、宽 1.2 厘米；M123：26g，有孔，梯形，长 3.3、宽 1 厘米（图九，11）。

文蛤　1 件。M123：28，两扇可扣合。扇顶各打磨一孔，表面光滑，有多条褐色波折纹。高 5、宽 4.2 厘米（图九，7；图版一五，5）。

螺蛳　50 余枚。多数残碎，体小，多钻一小孔。与蚌饰一起出土，原来二者可能用线穿在一起成为同一坠饰。M123：25，高 1.1、最宽 0.7 厘米（图九，11）。

铜蚌合体饰　1 件。M123：27，长条状，蚌体一面内凹，一面凸起，顶端宽，尾端内收，顶端有一穿孔，可能是为了便于系绳。蚌体内凹面粘连一蚌形铜饰，二者应是铸在一起使用的，因锈蚀严重，不知其用途。长 16.9、最宽 4 厘米（图九，6；图版一五，3、4）。

货贝　10 枚。其中 4 枚体较大，较完整；6 枚较小，3 枚较完整，3 枚残碎。按钻孔加工方式的不同，较完整的 7 枚可分为 A、B 两型。

A 型　5 枚。在背部钻出一小孔。M123：41a，长 2.4、宽 1.6 厘米（图八，7；图版一五，2 上左 1）。

B 型　2 枚。在背部磨出一大孔。M123：41b，长 2.0、宽 1.3 厘米（图八，8；图版一五，2 上左 2）。

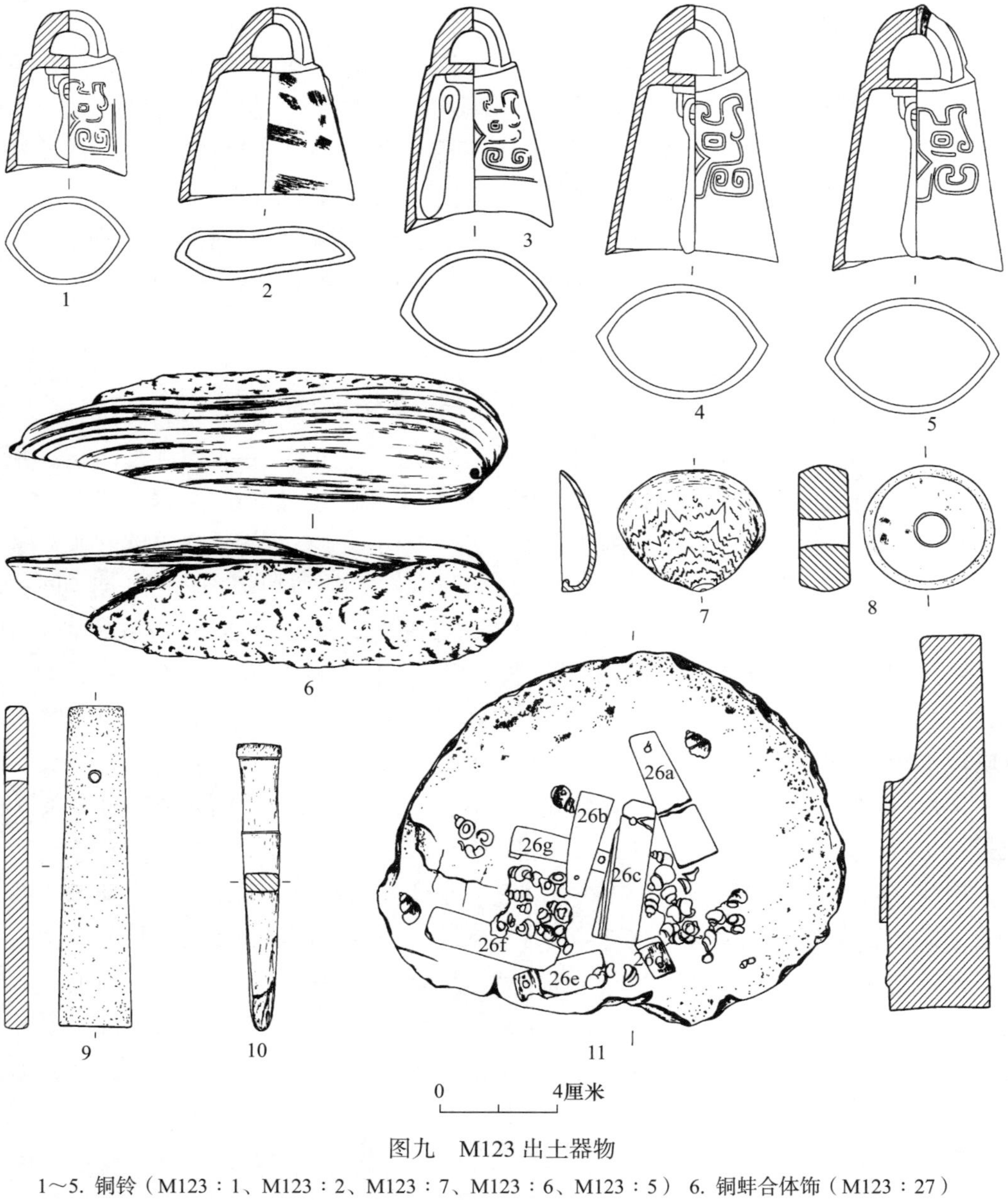

图九　M123 出土器物

1～5. 铜铃（M123：1、M123：2、M123：7、M123：6、M123：5） 6. 铜蚌合体饰（M123：27）
7. 文蛤（M123：28） 8. 纺轮（M123：02） 9. 磨石（M123：29） 10. 玉柄形器（M123：42）
11. 螺蛳、蚌饰（M123：25、M123：26）

三、结　　语

1. 墓葬年代

墓葬年代可以通过随葬的典型陶器来判断。此墓出土的明器化的陶觚（M123：22）和陶爵（M123：38）形制与殷墟西区墓地第四期第四段Ⅷ式的陶觚、爵相近，两件陶罍（M123：12、M123：39）的形制与殷墟西区墓地第四期晚段A型Ⅵ式的陶罍接近[1]。

墓内随葬成套仿铜陶器替代铜器的现象多见于殷墟第四期偏晚阶段。此墓出土的仿铜陶器整体偏瘦小，多素面或饰弦纹，其中三足器甗、斝等足呈马蹄形，圈足器簋、尊、觚等不仅圈足高，而且有较高的底盘，这些现象皆是殷墟晚期的特征。两件仿铜陶簋（M123：8、M123：13）的耳下接垂珥，更是殷墟第四期偏晚阶段的特征。

综上，此墓的年代应属殷墟第四期偏晚阶段，即帝辛（纣王）时期。

2. 墓主人地位

墓主人生前的社会地位要依据墓葬的规模、葬具、殉人和殉牲以及随葬品等综合来判断。依据前人的研究成果和以往的经验，此墓墓室面积在3～10平方米之间，其规模在殷墟土坑竖穴墓中应属于中型墓葬；墓葬距地表深8米以上，自身的深度达6.7米，这个深度比大多中型墓葬要深；葬具中不仅有棺，还有一椁；墓中虽无殉人，但有两只殉狗，还有两种较大型动物猪腿、羊腿等殉牲；代表礼制的随葬品是用仿铜陶礼器代替铜礼器，有鼎、甗、簋、尊、卣、觚、爵、斝、觯等9类13件（图版一二，5），礼器组合比较齐全，其中有两套仿铜陶觚、爵，相当于随葬两套铜觚、爵的等级；另随葬有代表礼制的数件石璋，且长度在20厘米左右。综上判断，墓主人生前应是中等偏下贵族。

3. 墓葬发现意义

此墓出土了一套组合完整的仿铜陶礼器，为殷墟文化第四期的仿铜陶礼器提供了一套典型标尺性文物。

在礼制方面，此墓用一套仿铜陶礼器替代铜礼器，不仅是礼制载体由铜器转变到了陶器上，更深层的意义是商代社会后期人们思想观念发生了一定变化的表现。从文献记载和甲骨文刻辞内容看，殷人尊崇鬼神，崇拜上帝。但是到了殷墟后期，殷人开始对上帝及鬼神有所怀疑，甚至出现了“武乙射天”的景象[2]。殷墟晚期墓葬中随葬仿铜陶礼器、明器化铜器、铅礼器等来替代珍贵的实用铜礼器，应是殷人思想观念发生变化的直接体现。这在人类思想发展史上是一大进步。

附记：主要参加此次发掘的人员有岳占伟、岳洪彬、申文喜等，线图由刘小珍、岳俊燕绘制，照片由何凯拍摄。

执笔：岳占伟　岳洪彬

注　释

[1] 中国社会科学院考古研究所安阳工作队：《1969～1977年殷墟西区墓葬发掘报告》，《考古学报》1979年第1期。

[2] 司马迁：《史记·殷本纪》，中华书局，1955年。

2008年河南安阳市殷墟刘家庄北地J15发掘简报

中国社会科学院考古研究所安阳工作队

2008年2月至10月，经国家文物局批准，中国社会科学院考古研究所安阳工作队在殷墟宫殿宗庙遗址南约700米的刘家庄北地，配合花园庄村搬迁项目进行基建发掘，发掘面积达4000余平方米，取得重要收获。相关信息已经以简报形式刊登于《考古》2009年第7期[1]。

我们在后期整理过程中，发现2008ALNJ15（后文简称J15）出土大量泥质红陶罐，且没有常见的圜底罐（俗称“人头罐”），这在殷墟发掘史上较为少见。为了更好地认识J15的性质，我们认为有必要对J15进行全面报道，以飨学界。现将J15主要收获报告如下。

一、J15层位及形制

2008年刘家庄北地是配合基建发掘，当时考虑到尽可能减少发掘面积，安阳队决定只发掘建筑占压的基槽区域，每个建筑基槽作为一个发掘区。J15位于第Ⅸ发掘区内、T0315探方的北部略偏西（图一）。

J15所在区域文化层堆积不厚，层位关系相对简单。以T0315探方的北壁剖面为例，介绍J15周边的层位关系（图二）。

第1层，现代耕土层。厚0.2～0.6米。

第2层，唐宋文化层。为较纯净的黄土层，含沙量较大，距地表深0.2～0.6、厚0.5～0.75米。包含有部分唐宋白瓷片、黑瓷片、板瓦残片和部分商代陶片、兽骨等。该层下有一条西北—东南方向的道路，褐灰色路土层，质地较硬，路面距地表深1米左右，厚0.15～0.3米。路面较宽，最宽处达30米左右，其上发现有车辙多而杂乱，推测应是当时的一条主要道路。从路土中的包含物判断，该道路应不早于唐宋时期，不晚于殷墟时期。

第3层，黄色淤土层，土质较松软，距地表深1.1、厚0～0.2米。无包含物，时代应不早于唐，不晚于晚商时期。该层下叠压诸多商代房基、灰坑、墓葬和文化层。

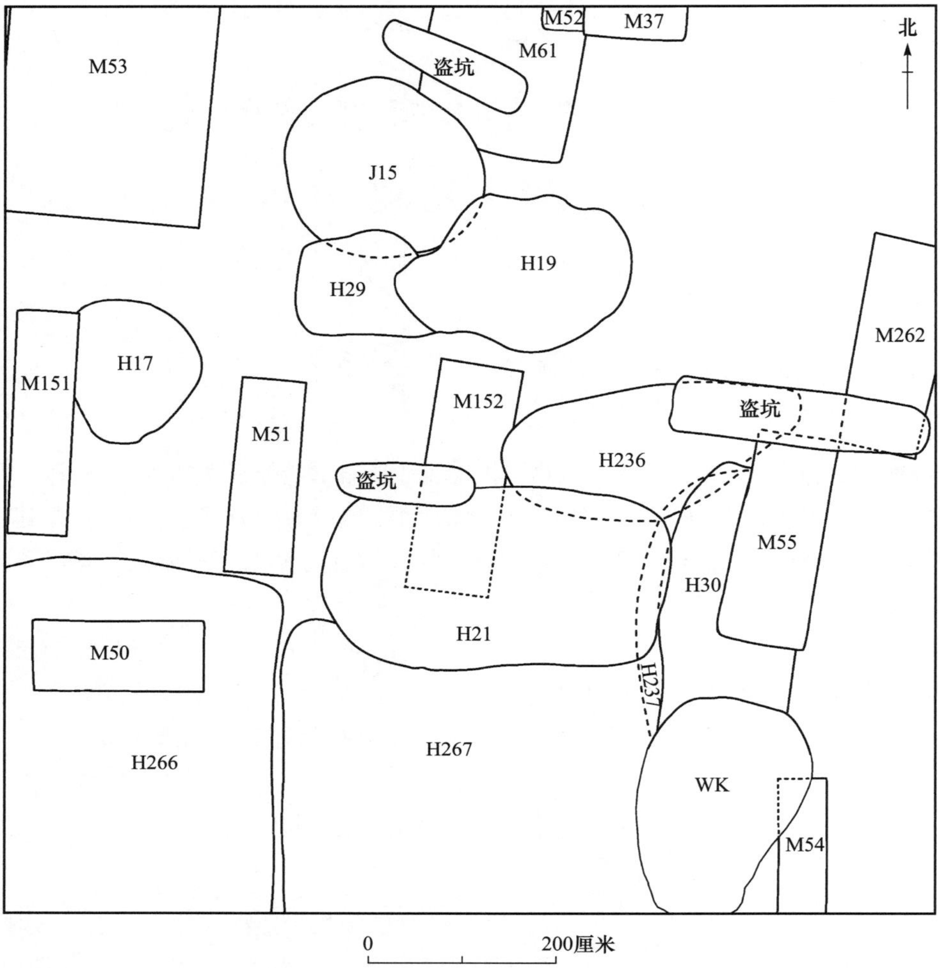

图一　J15 在 2008ALNT0315 中的位置及其与周边遗迹的关系图

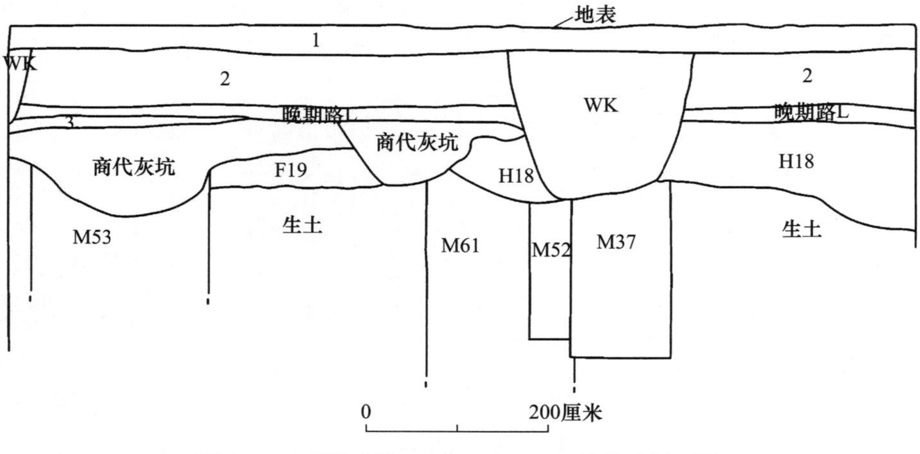

图二　J15 所在探方 2008ALNT0315 的北壁剖面图

J15即开口于第3层下。被H19、H29打破，其下打破M61。

井口距地表0.9米，井口平面呈不规则圆形，长径2.1、短径1.8米。井口距井底11.3米，井壁较规整，呈斜坡状内倾，东半部坡度较大；井底呈圆形，直径1.05米，底部较平（图三）。

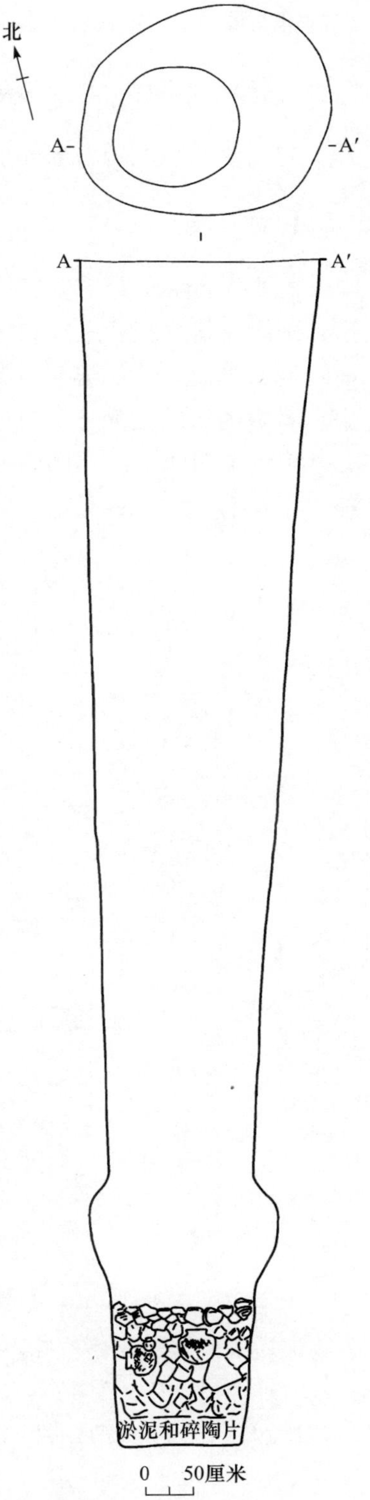

图三 J15平、剖面图

井内填土分三层：第一层，井口以下至9.4米深处，填灰土和黄灰土，上段填土土质较松散，下段土质呈泥状。该段填土内出土较少量残碎陶片；第二层，自9.4米至10.4米深处，填土呈灰泥状，该段填土内填充着大量的红陶片及完整陶器，陶器以泥质红陶圜底罐居多，有少量灰陶罐、簋、尊等殷墟四期遗存；第三层，自10.4米至井底，填土为淤泥，土质较细，内含陶片极少。

2008年刘家庄北地发掘时，我们设定了本发掘区统一水平标高，用于测量本发掘区商代水井地下水位线的相对高差，以此判断殷墟时期水井的地下水位线的深浅变化。J15井口距统一水平标高0.6米，距地表0.35米，距地下水位线9.56米，该水位线距井底1.74米。也就是说，J15的地下水深度可能长时间稳定在1.7米左右。井壁自吃水线向下外阔，外阔深度0.9米，外阔进深0.2米左右，说明该井使用时间较长。

二、J15出土的完整陶器

J15出土器物以陶器为主，罕见其他材质器物。陶器数量较多，包括残破陶器（可辨器形却不能修复者）、相对完整陶器（完整或可以修复者）。本简报重点介绍相对完整的陶器。

相对完整陶器共48件，以罐为主，其他器类有簋、罍、壶、瓿形器、尊形器、器盖等；陶质以泥质为主，夹砂陶次之；陶色以红陶为主，灰陶次之，少量褐色陶。纹饰以各类粗细不一的绳纹为大宗，另有凹（或凸）弦纹、三角刻划纹等。无论完整的、或可复原的、或残破不可复原的陶器均集中出土于水井近底的第二层堆积中。下面按照器类一一介绍。

（一）陶罐

37 件，可以按照口部大小分为大口罐、中口罐、小口罐三类。

1. 大口罐

2 件。口径较大，在 20 厘米以上，口肩比都在 80% 以上。泥质灰陶。侈口，平沿，圆唇，斜直腹。颈部和肩部饰弦纹数周，上腹部饰弦断细绳纹，下腹素面。这类陶罐通常器型较大，器壁较厚，或称之为“陶瓮”。J15∶1，高直领，溜肩微折，平底。器腹内布满大麻点。口径 22、腹径 27、底径 15.8、肩高 22.5、通高 34 厘米，重 4.87 千克（图四，1；图版一六，1）。J15∶2，高领，折肩，平底内凹。口径 23.7、腹径 27、底径 12.8、肩高 25、通高 35.5 厘米，重 5.72 千克（图四，2；图版一六，2）。

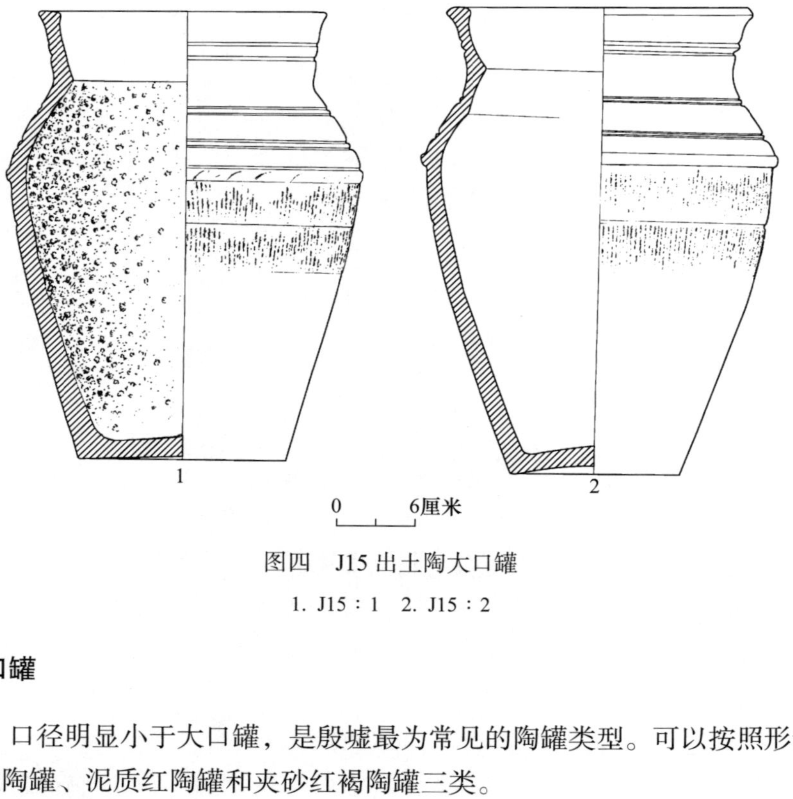

图四　J15 出土陶大口罐

1. J15∶1　2. J15∶2

2. 中口罐

34 件。口径明显小于大口罐，是殷墟最为常见的陶罐类型。可以按照形制和质地，分为泥质灰陶罐、泥质红陶罐和夹砂红褐陶罐三类。

（1）泥质灰陶罐

11 件。可以按照大小分为两型。

A 型　8 件。体型较大，又可据鼓腹程度分两个亚型。

Aa 型　7 件。腹部略鼓。J15∶4，侈口，圆唇，矮领束颈，溜肩鼓腹，腹下斜收至底，平底。通体饰交错绳纹。口径 15.1、腹径 25.9、底径 14.1、通高 30.3 厘米，重 4 千克（图五，1；图版一六，3）。J15：5，侈口，尖唇，矮领，溜肩鼓腹，腹下斜收至底，平底。肩与上腹部饰绳纹。口径 16.8、腹径 28.3、底径 12.5、通高 32.2 厘米，重 3.65 千克（图五，2；图版一六，4）。J15：9，侈口，尖圆唇，中领束颈，溜肩鼓腹，腹下斜收至底，平底。通体饰交错绳纹。口径 15.4、腹径 26.1、底径 12、通高 30.1 厘米，重 2.9 千克（图五，3）。J15：7，敞口，矮领束颈，溜肩微折，腹下斜收至底，平底内凹。颈腹底饰绳纹。口径 15.5、腹径 27.3、底径 12、肩高 20.5、通高 30.1 厘米，重 3.28 千克（图五，4）。J15：8，侈口，尖圆唇，束颈，溜肩微折，腹下斜收至底，平底。肩与上腹部饰弦断绳纹，下腹部饰交错绳纹。口径 15.3、腹径 27、底径 11.8、肩高 22、通高 28.5 厘米，重 3.85 千克（图五，5；图版一七，1）。J15：11，

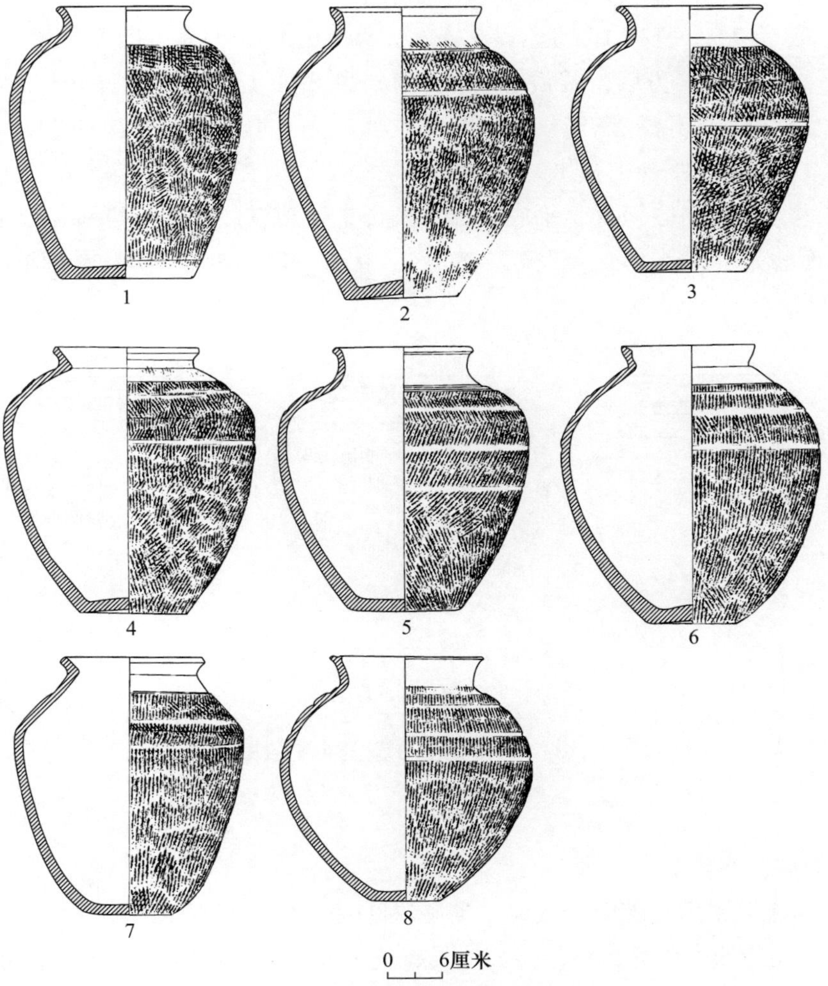

图五　J15 出土 A 型泥质灰陶罐

1～7. Aa 型陶罐（J15：4、J15：5、J15：9、J15：7、J15：8、J15：11、J15：6） 8. Ab 型陶罐（J15：10）

微侈口，尖唇，束颈，溜肩，腹下斜收至底，平底。肩与腹部饰绳纹。口径 14.4、腹径 28.2、底径 9.5、肩高 23、通高 30.3 厘米，重 3.93 千克（图五，6；图版一七，2）。J15：6，敞口，尖唇，矮领束颈，溜肩微折，腹下斜收至底，圜底。通体饰绳纹。口径 15.7、腹径 25、底径 8.6、肩高 20.5、通高 28.9 厘米，重 3.05 千克（图五，7：图版一六，5）。

Ab 型　1 件。腹部圆鼓。J15：10，侈口，尖唇，沿内有凹槽，中领束颈，溜肩圆鼓腹，圜底。肩部饰三周弦纹，通体饰绳纹。口径 16.2、腹径 27.9、底径 7、通高 26.9 厘米，重 2.79 千克（图五，8：图版一六，6）。

B 型　3 件。体型较小，下腹斜收，肩部和中腹略偏下有折棱，形成肩、上腹、下腹三节。故有学者称这类陶器为“三节罐”[2]。J15：12，敞口，方唇，矮领束颈，折肩，腹下斜收至底，平底略内凹。颈与肩部饰数道弦纹，腹部素面磨光。口径 15.4、腹径 22、底径 9.5、肩高 16.8、通高 24.2 厘米，重 1.73 千克（图六，1；图版一七，3）。J15：13，敞口，方唇，矮领束颈，折肩，腹下斜收至底，平底内凹。颈部与肩部饰数道弦纹，上腹部饰弦断绳纹，下腹部素面磨光。口径 14.3、腹径 24、底径 10.5、肩高 19.2、通高 25 厘米，重 1.97 千克（图六，2）。J15：14，子母口，尖唇，束颈，折肩微鼓腹，下腹斜收至底，平底内凹。颈部饰数道弦纹，上腹部饰三周弦断绳纹，下腹部素面磨光。口径 13.3、腹径 22.2、底径 9.6、肩高 15.3、通高 22.6 厘米，重 1.43 千克（图六，3；图版一八，1）。

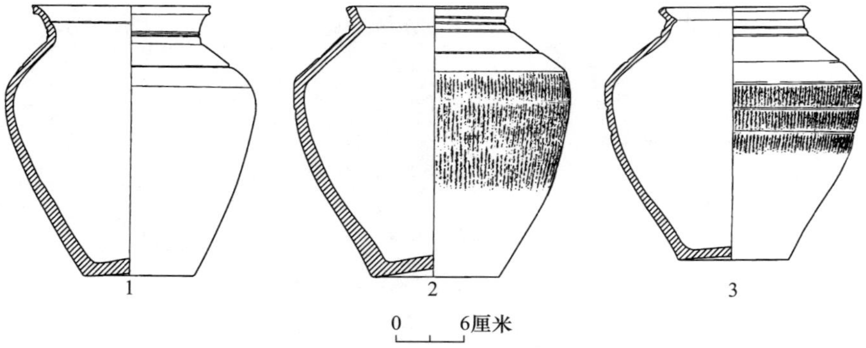

图六　J15 出土 B 型泥质灰陶罐

1. J15：12　2. J15：13　3. J15：14

（2）泥质红陶罐

21 件。这类泥质红陶罐于殷墟二期晚段初见端倪，流行于殷墟文化的三、四期，周边其他商代遗址中少见，可作为殷墟具有代表性的典型器类。器形特征明显，大部分为尖唇，矮领外侈，广肩斜直，折肩，圆鼓腹，圜底略内凹，肩部饰若干道瓦棱纹，通腹饰中绳纹。可以按大小分为两型。

A型　15件。体型较大，通高一般在26～30厘米之间。J15：28，肩部有6道瓦楞纹。口径16.3、腹径27.4、肩宽24.6、肩高19.6、通高26.6厘米，重2.86千克（图七，1）。J15：36，矮领略外侈，溜肩微折。肩部有六道瓦楞纹。口径16、腹径27.4、肩宽24.5、肩高19.1、通高26.6厘米，重2.72千克（图七，2；图版一九，1）。J15：39，肩部有六道瓦楞纹。口径15.7、腹径26.6、肩宽23.3、肩高21.2、通高26.6厘米，重2.66千克（图七，3）。J15：34，肩部有四道瓦楞纹。口径15.6、腹径27.4、肩宽23.5、肩高19.9、通高26.9厘米，重2.96千克（图七，4；图版一九，2）。J15：41，溜肩，圜底。肩部有七道瓦楞纹。口径16.2、腹径27.4、肩宽23.5、肩高20、通高26.9厘米，重2.76千克（图七，5）。J15：27，肩部有五道瓦楞纹，下饰两周绳纹带，其中一周较宽。口径16.3、腹径28.5、肩宽25.1、肩高20.7、通高27厘

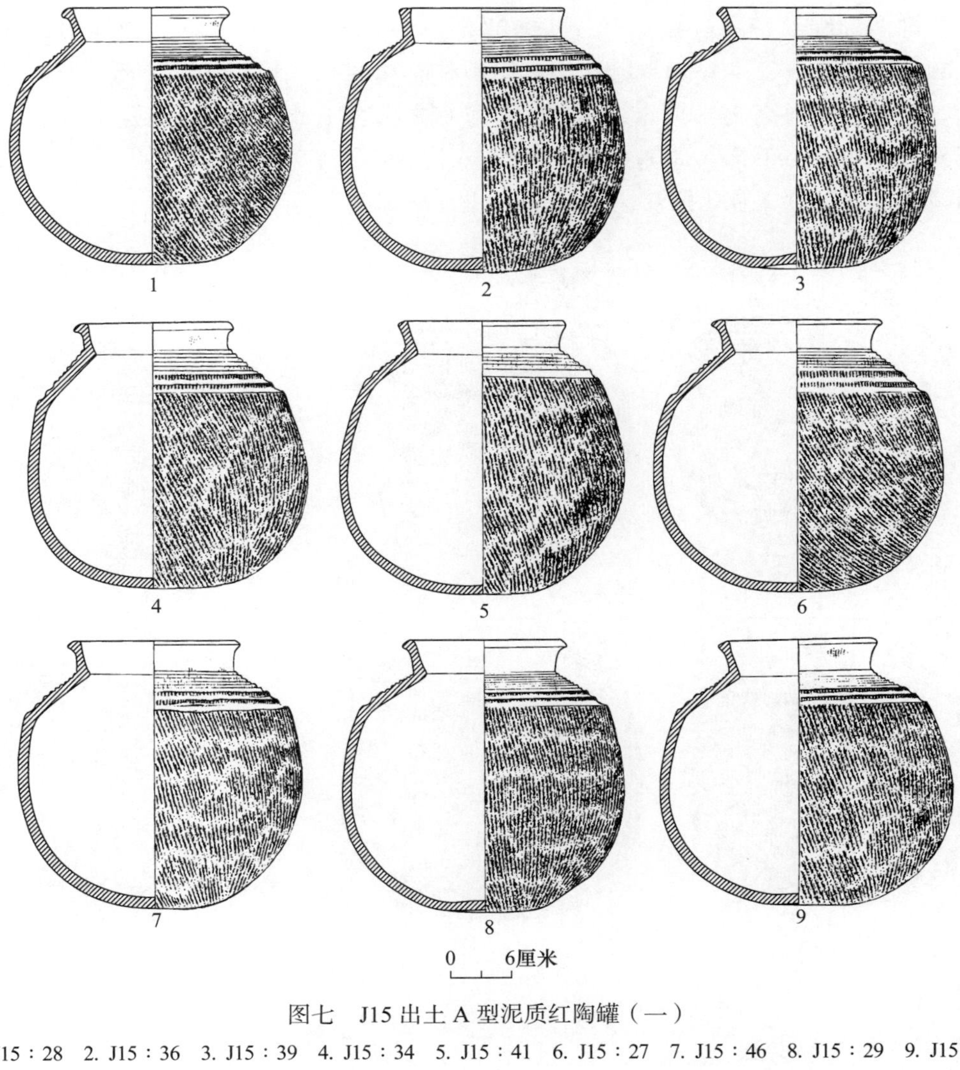

图七　J15出土A型泥质红陶罐（一）

1. J15：28　2. J15：36　3. J15：39　4. J15：34　5. J15：41　6. J15：27　7. J15：46　8. J15：29　9. J15：40

米，重 2.92 千克（图七，6；图版一九，3）。J15∶46，基本完整。鼓腹，圜底。肩部有五道瓦楞纹，下饰两周绳纹带。口径 16.9、腹径 26.8、肩宽 25、肩高 19.4、通高 27.1 厘米，重 3.32 千克（图七，7；图版一九，4）。J15∶29，肩部有七道瓦楞纹。口径 16、腹径 26.8、肩宽 24、肩高 20.6、通高 27.4 厘米，重 2.95 千克（图七，8）。J15∶40，尖唇，平沿。肩部有六道瓦楞纹。口径 15.4、腹径 28.3、肩宽 24.8、肩高 21.1、通高 27.4 厘米，重 2.81 千克（图七，9）。J15∶43，肩部有六道瓦楞纹，下饰 2 周绳纹带。口径 16、腹径 27.5、肩宽 24、肩高 20.5、通高 27.4 厘米，重 2.77 千克（图八，1）。J15∶33，肩部有六道瓦楞纹。口径 16.3、腹径 26.9、肩宽 24.1、肩高 20、通高 27.7 厘米，重 3.08 千克（图八，2）。J15∶37，肩部有四道瓦楞纹，下饰两周绳纹带，通腹饰中绳纹。口径 16、腹径 29.1、肩宽 15.9、肩高 21.4、通高 27.9 厘米，重 3.13 千克（图八，3）。J15∶31，折肩，鼓腹一侧内凹，圜底略内凹。肩部有六道瓦楞纹，下饰两周绳纹带。口径 15.8、腹径 27.5、肩宽 23.9、肩高 21.9、通高 28.5 厘米，重 2.69 千克（图八，4）。J15∶38，肩部有六道瓦楞纹。口径 16.5、腹径 29、肩宽 24.8、肩高 23、通高 29.6 厘米，重 3.3 千克（图八，5；图版一九，5）。J15∶42，肩部有八道瓦楞纹，下饰一周绳纹带。口径 16.1、腹径 28.9、肩宽 23.1、肩高 23.5、通高 30 厘米，重 3.9 千克（图八，6；图版一九，6）。

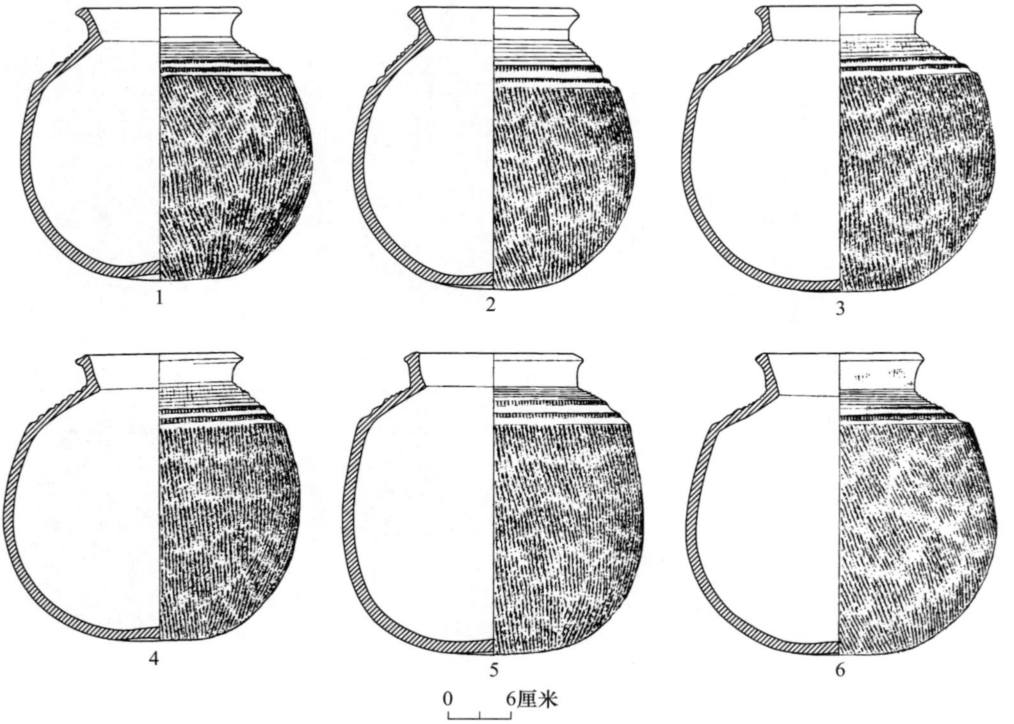

图八　J15 出土 A 型泥质红陶罐（二）

1. J15∶43　2. J15∶33　3. J15∶37　4. J15∶31　5. J15∶38　6. J15∶42

B型　6件。器形特征与A型相似，唯体型较小，通高一般在20厘米左右。基本特征：圆唇，矮领外侈，溜肩，鼓腹，圜底。肩部有若干周瓦楞纹，下饰一周宽绳纹带，通腹饰中绳纹。J15：35，鼓腹，腹部一侧略内凹。肩部有五道瓦楞纹。口径14.6、腹颈20.8、肩宽19、肩高13.7、通高20厘米，重1.62千克（图九，1）。J15：26，圆鼓腹，圜底略内凹。肩部有六道瓦楞纹。口径17.8、腹径22.3、肩宽20.6、肩高14、通高20.4厘米，重1.56千克（图九，2）。J15：44，圆鼓腹，圜底略内凹。肩部有三道瓦楞纹。口径16.8、腹径22、肩宽20.5、肩高14.9、通高21.5厘米，重1.8千克（图九，3；图版二〇，3）。J15：32，肩部有五道瓦楞纹。口径16.5、腹径23.3、肩宽21、肩高15.1、通高21.6厘米，重2千克（图九，4）。J15：45，圆鼓腹，圜底略平。肩部有六道瓦楞纹。口径16.3、腹径23.3、肩宽22.1、肩高14.6、通高21.6厘米，重1.76千克（图九，5；图版二〇，4）。J15：30，鼓腹一侧内凹，圜底略内凹。肩部有八道瓦楞纹。口径16.5、腹径23、肩宽22.1、肩高15.3、通高22.3厘米，重1.66千克（图九，6）。

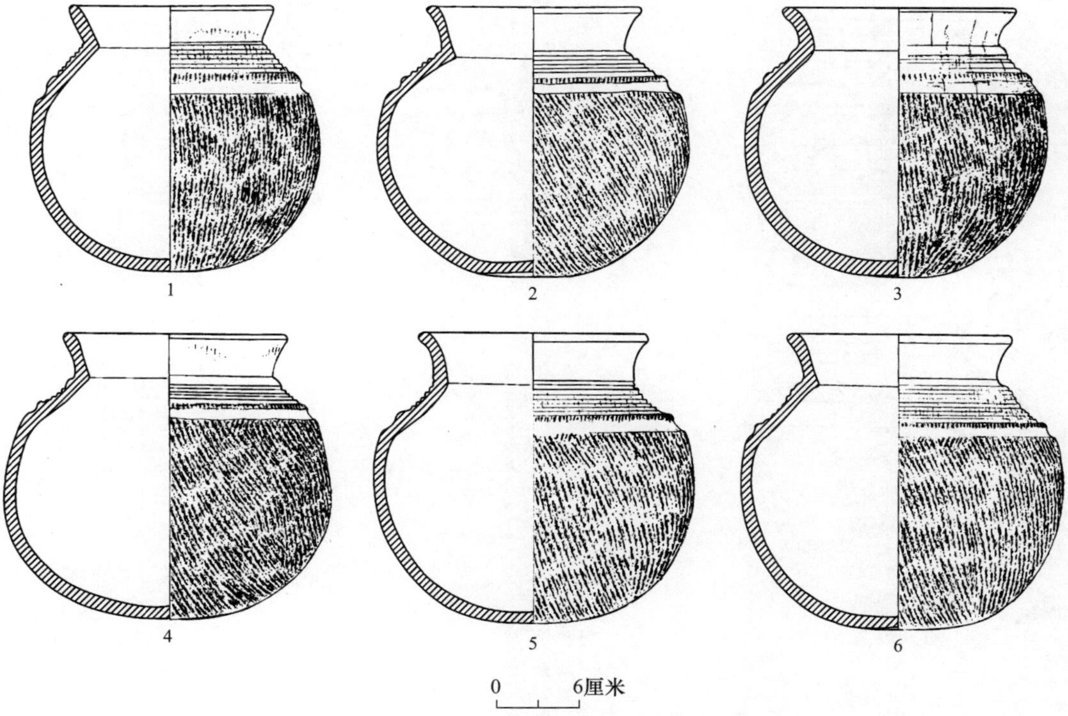

图九　J15出土B型泥质红陶罐

1. J15：35　2. J15：26　3. J15：44　4. J15：32　5. J15：45　6. J15：30

（3）夹砂红褐陶罐

2件。侈口，鼓肩，肩下腹部收敛至底，平底内凹。J15：24，圆唇，矮领，肩腹部饰交错绳纹，近底绳纹被抹。口径 29.5、腹径 29.5、底径 13.1、肩高 23、通高 32 厘米，重 3.84 千克（图一〇，1；图版二〇，1）。J15：25，方唇，中领，肩微折。通体饰绳纹，下腹部绳纹交错。口径 16.1、腹径 28.7、底径 12.7、肩高 25、通高 33 厘米，重 4.05 千克（图一〇，2；图版二〇，2）。

图一〇 J15 出土陶器

1、2. 夹砂红褐陶罐（J15：24、J15：25） 3. 簋（J15：23） 4. 小口罐（J15：49） 5. 陶尊形器（J15：20） 6～8. A 型陶罍（J15：15、J15：16、J15：19） 9、12. 壶（J15：22、J15：21） 10. B 型陶罍（J15：18） 11. C 型陶罍（J15：17）

3. 小口罐

1件。J15：49，泥质灰陶。圆唇直领，肩部有一道凸起，斜收腹，素面。口径3.5、底径3、肩宽6.4、通高5.9厘米，重0.08千克。此器甚小，用途不详（图一〇，4；图版一八，2）。

（二）陶簋

1件。J15：23，泥质灰陶。方唇，侈口，腹内收，圜底，高圈足略外撇。口沿下饰两道弦纹，腹部刻画三角纹，并以绳纹填充其间，器底饰绳纹。口径28.1、底径14.8、通高17厘米，重2.08千克（图一〇，3；图版一八，3）。

（三）陶罍

5件。均为泥质灰陶。依器形特征，可分三型。

A型　3件。敞口，尖唇，中领，折肩明显，形似"三节罐"，下腹内收，平底。J15：15，平底略内凹。肩置一组对称半圆形錾，饰三道弦纹，下腹饰一周三角刻划纹，下腹素面。口径10.4、腹径15.9、底径7.6、通高15.7厘米，重0.72千克（图一〇，6）。J15：16，肩置一组对称錾。颈饰四道弦纹，肩饰两道弦纹，上腹饰多周细绳纹带，下腹素面。口径15.8、腹径24.7、底径10.9、通高22.6厘米，重2.03千克（图一〇，7）。J15：19，肩置一组对称兽首和一组对称半圆形錾，錾内有小圆穿。颈饰两道弦纹，肩饰一道弦纹，上腹饰三周细绳纹带，下腹素面。口径16、腹径22.5、底径10.3、通高22.5厘米，重1.86千克（图一〇，8；图版一七，6）。

B型　1件。折肩，上腹部与下腹部没有明显界限。J15：18，敞口，尖唇，矮领，折肩，斜腹，平底内凹。肩置一组对称半圆形錾，内有小圆穿。唇内有一道凸起，颈饰一周三角绳纹带，上腹饰一周细绳纹带，下腹素面。口径15.5、腹径25.2、底径12.3、通高26.7厘米，重2.22千克（图一〇，10；图版一七，4）。

C型　1件。J15：17，平沿，尖唇，中直领，溜肩，上腹略鼓，下腹内收，平底。肩部置对称半圆形錾，内有一小圆穿。肩饰一周三角绳纹带，腹饰菱形绳纹，下腹素面。口径13.6、腹径25.4、底径10.7、通高27.4厘米，重2.27千克（图一〇，11；图版一七，5）。

（四）陶壶

2件。均为泥质灰陶，束颈，鼓腹下垂，圜底，高圈足。J15：21，尖圆唇，沿内有一圈凸起，圈足有对称小圆穿，下有切地。颈部置对称贯耳。贯耳上方饰两周凸弦纹、下方饰一周凸弦纹，两贯耳之间饰一周三角刻画纹，并饰对称简化兽面纹，其余部分素面磨光。壶内有残留物痕迹。口径13、腹径19.8、底径13.6、通高23.1厘米，重 1.7 千克（图一〇，12；图版一八，4）。J15：22，侈口，方唇斜沿。颈饰五周弦纹，腹置对称贯耳，贯耳两侧饰一周交错刻划纹，下腹素面。口径 11.4、腹径 16.3、底径 12.3、通高 17.2 厘米，重 1.06 千克（图一〇，9；图版一八，5）。

（五）陶尊形器

1 件。J15：20，泥质灰陶。小口，圆唇，矮领，折肩腹内收至圈足，圈足残。上腹饰一周刻划纹，外接三个器耳，其中一个缺失。肩和下腹素面。口径 4.1、通高 8.2 厘米，重 0.21 千克（图一〇，5）。

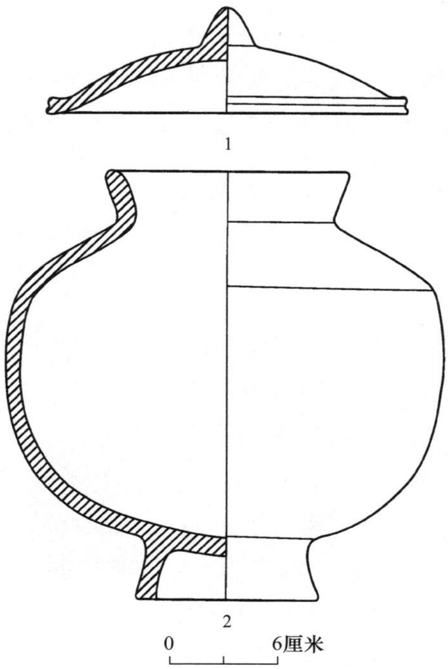

图一一　J15 出土陶器
1. 器盖（J15：47）2. 陶瓿形器（J15：48）

（六）陶瓿形器

1 件。J15：48，泥质红陶。圆唇，矮领外侈，广肩斜直，折肩，鼓腹下腹部内收至圈足。通体素面。口径 13.4、腹径 29.8、底径 10.2、通高 24.3 厘米，重 1.74 千克（图一一，2；图版二〇，5）。

（七）器盖

1 件。J15：47，泥质红陶。整器呈斗笠状，纽部残缺，口沿呈双唇状，素面。口径 19.8、残高 4.5 厘米，重 0.42 千克（图一一，1；图版一八，6）。

除上述完整器和可复原陶器外，还有少量无法复原的残碎陶器。其中，仍以泥质红陶罐为主，少量泥质灰陶罐碎片；还有少量夹砂灰陶鬲足和鬲口沿等。据可辨器形统计，共计 63 件。择典型者介绍如下。

鬲足　3 件。J15：62，夹砂灰陶。裆较低，无实足尖。腹饰中绳纹。残高 4.2 厘米（图一二，5）。J15：64，夹砂灰陶。高实足尖，内壁残留黑色痕迹。腹饰细绳纹。残高 5.8 厘米（图一二，6）。J15：63，泥质灰陶。袋足，分裆较低，矮实足尖。整器素面磨光，中腹饰一周凹弦纹。残高 6.4 厘米（图一二，4）。

鬲口沿　2 件。J15：65，夹砂灰陶。尖唇折沿，沿下残留中绳纹。口径 14、残高 4.3 厘米（图一二，7）。

泥质红陶罐　23 件。依其口沿特征和器形大小，分为两型。

A 型　19 件。器形较大。侈口，尖唇，束颈，折肩，肩饰多周瓦棱纹。中腹以下残失。J15：50，腹饰中绳纹。口径 16.8、残高 15.5 厘米（图一二，11）。J15：51，下腹圆鼓。腹饰中绳纹。口径 15.7、残高 16.8 厘米（图一二，8）。J15：52，腹饰粗绳纹。口径 14.9、残高 12.4 厘米（图一二，14）。J15：53，腹部饰中绳纹。口径 16.2、残高 14 厘米（图一二，9）。J15：56，腹部饰中绳纹。口径 15.7、残高 10.8 厘米（图一二，12）。J15：59，腹部饰中绳纹。口径 16.1、残高 10.3 厘米（图一二，15）。J15：60，腹部饰中绳纹。口径 16.8、残高 9.4 厘米（图一二，16）。

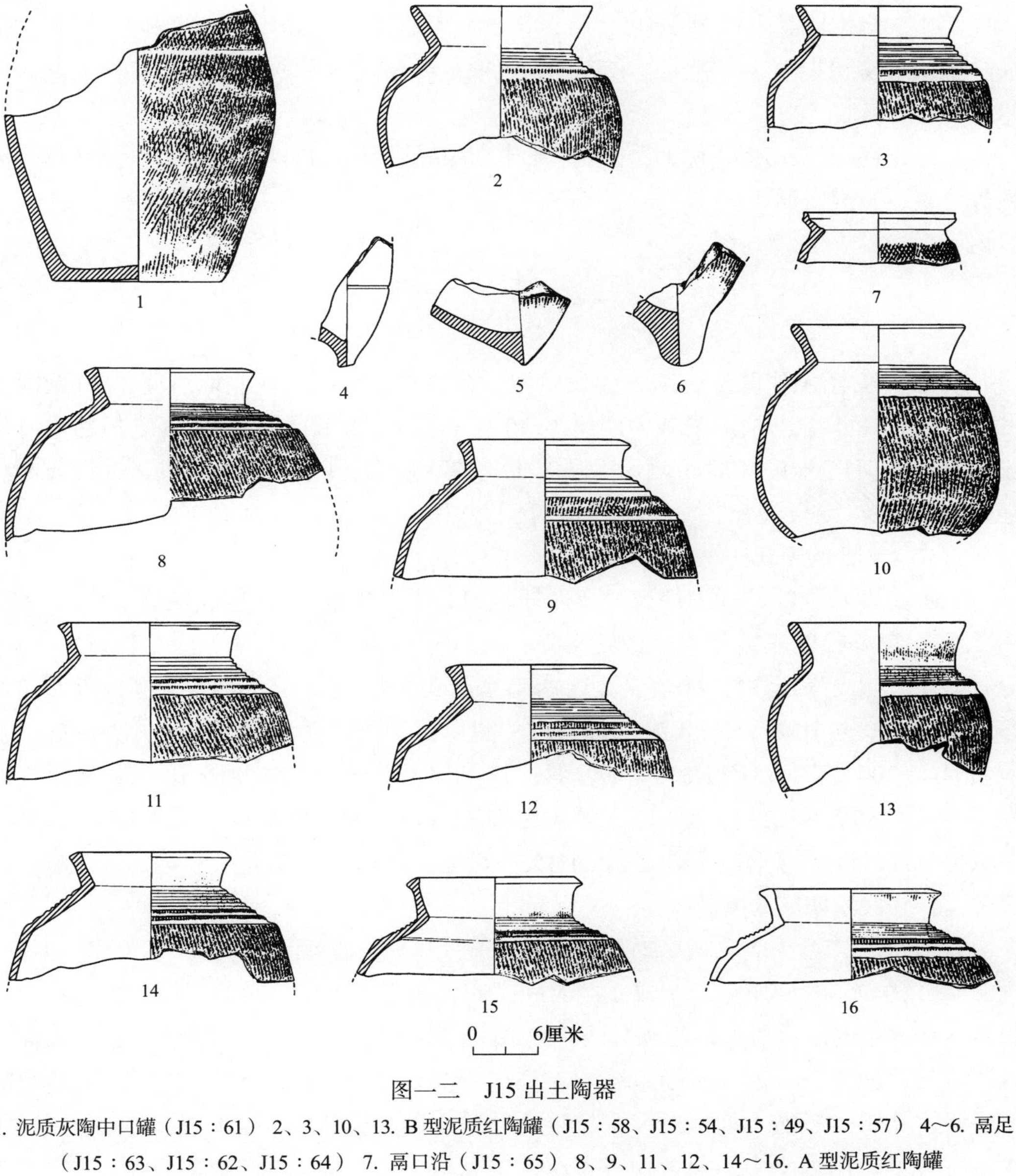

图一二　J15 出土陶器

1. 泥质灰陶中口罐（J15：61） 2、3、10、13. B 型泥质红陶罐（J15：58、J15：54、J15：49、J15：57） 4～6. 鬲足（J15：63、J15：62、J15：64） 7. 鬲口沿（J15：65） 8、9、11、12、14～16. A 型泥质红陶罐（J15：51、J15：53、J15：50、J15：56、J15：52、J15：59、J15：60）

B型　4件。器形较A型小。侈口，圆唇，束颈，折肩，鼓腹。肩部饰数周瓦棱纹，腹饰中粗绳纹。J15：49，腹饰粗绳纹。近底部残失。口径16、残高21厘米（图一二，10）。J15：54，腹饰粗绳纹。中腹以下残失。口径15.2、残高11.8厘米（图一二，3）。J15：57，腹饰中绳纹。下腹以下残失。口径16.3、残高15.9厘米（图一二，13）。J15：58，腹饰中绳纹。中腹以下残失。口径16.7、残高15.4厘米（图一二，2）。

泥质灰陶中口罐　11件。J15：61，口和上肩部残失。溜肩，腹部斜收至底，大平底。上腹饰交错绳纹，下腹绳纹较凌乱，近底处绳纹被抹平。底径15.5、残高26.3厘米（图一二，1）。

此外，还有泥质灰陶簋口沿2件，泥质红陶瓿形器4件；其他灰陶口沿18件，因残碎严重，不辨器形。

三、结　　语

2008年安阳工作队配合基本建设发掘，在殷墟遗址刘家庄北地清理了30余眼水井，在发掘简报中已报道了其中两座（J30和J31）出青铜器的水井，J15虽然没有出土青铜器，但出土近50件可复原陶器，也是殷墟发掘90余年来所仅见，其性质和功能值得探讨。

首先看J15的年代。

从出土陶器判断，基本都属殷墟四期，如泥质红陶罐流行于殷墟三、四期，但B型泥质红陶罐殷墟三期较少，四期多见；三件鬲足中的两件（J15：62和J15：63），分裆较低，几无实足尖，都是殷墟四期陶鬲的典型特征，且素面小鬲也是殷墟四期多见的器类；再比如J15：4泥质灰陶罐，溜肩，鼓腹，最大腹径较高，大平底，形制特征与2004年大司空H374：7近似，其年代可能会早到殷墟文化三期晚段或四期早段；比如J15：23陶簋，厚方唇，腹饰三角划纹和交错绳纹，与2004年大司空T0808H333：14陶簋形制极其相似，H333为殷墟四期早段。其他大多数的灰陶罐及陶罍等，皆为殷墟四期的形制。

作为水井，至少应有两个时间界面：一是其营造和使用时期，一是其废弃时间。通常水井的使用时间应是一个较长的时间区间，最直接反应该时间区间的就是打水时掉落在水井中的汲水器具，殷墟常见的就是圜底汲水罐（俗称“人头罐”）和B型泥质红陶罐等，如2015～2016年大司空村东南地发掘的J25，在水井部出土近10件完整的圜底汲水罐[3]；而废弃时间是一个较短的时间区间，基本可以看作一个时间点，通常由水井废弃后回填土中的包含物来表现，如上文所说大司空村东南地的J25回填土中出土的陶鬲、陶甑、陶豆等。

就本文所讨论的J15来说，其第一层堆积应是水井废弃之后的回填土层，较纯净，很少有陶片出土；第三层为淤积土，应是使用时期形成的，但里面也没有包含物。因此很难根据这两层堆积来判断J15的使用区间和废弃的时间点。而第二层堆积则非常特殊，差不多没有黏土，几乎全部是由碎陶片堆积而成。由此判断，这些碎陶片应是水井使用时间有意填入的，若此不误，这些陶器的年代至少可以反映出J15使用时期的某一阶段。由此判断，J15在殷墟四期偏早阶段曾使用过一段时间，但其始建年代无法准确判断，依地层关系应不早于属于殷墟三期晚段的M61，其废弃年代应不晚于叠压或打破J15的H18、H19和H29，后三者均为殷墟四期偏晚的灰坑。

再看J15的性质和使用方式。

从J15的形制判断，无疑应是一座晚商时期常见的水井。其吃水线非常明显，据此可知其地下水位较高，井水深度曾有一段时间稳定在1.7米左右。

值得思考的是，在吃水线以下的位置，为何会出现堆积近1米厚的碎陶器？试想，如果是打水掉落井中的汲水器具，应不会摔碎，大部分应于井底保存完整。笔者认为有三种可能：其一，是地下水位下降，甚至井水干涸可见底部淤积层，此时往井下投掷大量陶器，陶器摔碎，形成陶片堆积层；其二，是地下水位并没有下降，井水仍很深，但在井台之上把大量陶器摔碎，然后集中把陶器残片投入井中，形成第二层堆积，但在向水井投掷陶片时，并没有百分百全部投入；其三，在发掘过程中也有人提出，在刘家庄北地发现不少的商代陶窑，J15中的大量陶器残片，可能是陶窑烧坏的破损陶器，都扔入水井中[4]。如果是第一种情况，出土的大部分陶器不仅应该能够复原，而且不应该缺失残片，实际情况是虽然大部分陶器能复原，但多数都缺失部分腹片；第三种情况可能性也不大，因为水井还在使用过程中，通常不会把废弃物扔入水井中。由此推测，第二种情况可能性最大。若是，时人为何要摔碎如此大量的陶器，并把碎片投入水井中呢？

关于这个问题，目前还没有明确的答案。实际上，对殷墟时期的水井，我们认识并不多。20世纪90年代以前，安阳地区地下水位较高，几乎没有把水井清理到底的资料[5]；直到21世纪初，由于大量开采地下水，致使地下水位下降，对殷墟遗址商代水井的发掘才具备了条件。最集中的一次就是2008年刘家庄北地的发掘，一次清理了30余眼水井，基本都清理到底，使得我们对殷墟时期的水井有了较为全面的认识。笔者发现，在殷墟水井底部堆积（应是使用时期的堆积形成的）中，除打水掉落的汲水器具外，还有不少与打水无关的器具，如2015年大司空东南地发掘的J16井底出土一件完整的陶鬲[6]，甚至有些水井中还出应该放置于庙堂中的礼器，如2008年刘家庄北地J30出土四足铜盉，J31出土铜爵、铜觚和打碎的铜罍和蜗体兽纹提梁卣残片等。我们推测，这种现象可能与当时因干旱造成地下水位下降，井水不足，人们向井中投送祭器许愿祈求井水丰盈有关。本文讨论的J15底部数十件与汲水无关的陶器，其性质很可能与J30和J31中的青铜礼器相同，亦作为祭器投送井中，目的是为祈求井水丰盈。

附记：本次发掘领队为岳洪彬，岳占伟协助，参加发掘的还有屈光富、霍慧军、汤永锋、李海燕等，王祁、董好、吴梦洋、王雪、单清霞和张婷只等参与资料整理，器物绘图由刘小贞、岳小燕和王祁完成。

执笔：岳洪彬　岳占伟　王　祁　吴梦洋　胡进驻

2021 年 3 月 22 日

注　释

[1] 中国社会科学院考古研究所安阳工作队：《河南安阳市殷墟刘家庄北地 2008 年发掘简报》，《考古》2009 年第 7 期。

[2] 中国社会科学院考古研究所：《安阳大司空——2004 年发掘报告》，文物出版社，2014 年，第 342 页。

[3] 中国社会科学院考古研究所安阳工作队：《安阳殷墟大司空村东南地 2015～2016 年发掘报告》，《考古学报》2019 年第 4 期。其中，J25 水井底部出土近 10 件圜底汲水罐，且这些汲水罐的形制特征也存在些许的早晚差别，早、晚之间的时间区间，就是该水井的使用时期。

[4] 中国社会科学院考古研究所安阳工作队：《河南安阳市殷墟刘家庄北地制陶作坊遗址的发掘》，《考古》2012 年第 12 期。

[5] 中国社会科学院考古研究所：《殷墟发掘报告（1958～1961）》，文物出版社，1987 年。

[6] 中国社会科学院考古研究所安阳工作队：《安阳殷墟大司空村东南地 2015～2016 年发掘报告》，《考古学报》2019 年第 4 期。

理 论 探 索

史学原理初认识

徐良高

（中国社会科学院考古研究所）

一、作为广义历史学一部分的考古学

近代兴起的考古学，在研究资料和方法上与依赖文献记载的传统历史学有很大不同，因此有学者主张将考古学与历史学区别开来，作为一门独立的学科。我们认为，虽然考古学与传统历史学在研究资料和方法上有所差异，但本质上考古学仍属于广义历史学的一部分，都是以人类的过去为研究对象，目标都是重建人类文化的发展历程。夏鼐说：“作为考古学的研究对象的实物，即物质的遗存，应该是古代人类活动遗留下来的，考古学是历史科学的一部分。”[1]“在传统考古学家杰凯特·霍克斯（Jacquetta Hawkes）看来，考古学本质上仍是人文学科的，而不是科学的，考古学遵循的是‘无论使用的方法如何科学，其最终目标仍旧是史学的。’”[2]“皮柯特指出，除了研究资料不是有意识地保存或记录的之外，考古学就是历史学。”[3]朱凤瀚说：“如果从理论上讨论学科的界定，那么从可操作性角度看，决定学科性质与分类归属的不应该是其手段与方式，也不是研究过程中兼及的其他已有各自明确学术界域的相关学科，而应该取决于其本身终极的研究对象与研究目标。鉴此，笔者认为，现代考古学本质上仍当归入人文科学，亦即广义历史学中。”[4]

那么，什么是广义的历史学？什么又是传统历史学或曰狭义历史学？朱凤瀚定义为：“一是广义的历史学，或称历史科学，即研究人类社会历史的科学；另一是狭义的历史学，指依靠文献资料研究人类社会历史的学科。”[5]

当代广义历史学的史料无疑包括了传统文献记载和考古发现的古代文化遗存两个部分，历史学研究也包括了主要基于传统文献研究的狭义历史学和基于古代物质文化遗存研究的考古学两部分。两者虽然在史料和研究方法上有所差异，但研究对象和目标一致，且彼此之间相辅相成，越来越交融在一起。两者虽然使用不同的史料，传统文献史学主要依赖文献记载，考古学主要依赖考古发现的物质形态的古代文化遗存，但两者史料本质上也有相通之处，文献史料都是“文本”，考古资料也是“文本”，虽然这类“文本”在形式和内容上与流传下来的文献“文本”有所不同，但在文本属性上并无本质差异，都是人类观念与行为的产物，在其作为史料的选择、阐释与使用过程中，都受到环境的影响和史家思想观念的左右。

基于以上理由，考古学理论，尤其是本体理论与一般史学本体论密切相关，两者在原理、内涵上是一致的，史学本体理论包含了考古学本体理论。这也正是本文将考古学本体理论纳入史学本体论一起讨论的原因，虽然考古学也有一些自身特有的理论内容需要我们予以专门探讨。

作为一个以广义历史学为职业的人，我们首先应该对以下问题有所认识。历史学是如何展开的？历史学的本质是什么？我们对历史的认识与讲述是真实历史的再现，还是我们的解读、建构和对古人世界的想象？我们真的能与古人沟通，对他们的世界一清二楚吗？我们真能再现他们的生活，理解他们的行为、观念和思想吗？我们如何以及能否判断我们关于历史的解释与讲述是真实历史的再现，或只是我们的解读与建构呢？只有对历史学原理展开讨论，即对史学本体理论进行研究，才能解答这些疑问。也唯有对历史学本体论进行研究，才能使我们的历史学研究不仅做到知其然，而且做到知其所以然。

二、史学理论：本体理论与对象理论

什么是史学理论？广义的史学理论包括历史学的本体理论和对象理论。

本体理论是将历史学科本身作为研究对象，对相关问题进行探讨的各种理论。对象理论是将人类过去的历史作为对象，予以阐释和叙述的各种理论、观点。正如赵吉惠在《史学概论》中所提出的，历史学可分为史学理论、历史过程与规律的叙述、史料三个层次。史学理论包括历史哲学、历史学自身的理论和方法、历史过程中概括的理论和方法三个方面[6]。

本体理论探讨的是历史学的本质，大约相当于“历史哲学”的研究范畴，正如克罗齐所主张的，历史哲学所涉及的历史不是本来意义的历史，而是历史学。他主张把历史哲学作为历史认识论，也就是不以客观的历史为研究对象，而以历史学（历史编纂学）为研究对象。

狭义的史学原理的主要关注对象就是历史学本体理论，即历史学到底是什么。这也是每一个史学工作者首先应该关注的问题。

布莱德雷说：“历史哲学，亦即对历史进行一番哲学的反思，是古已有之的，但是要到 1951 年沃尔什（W. Walsh）的《历史哲学导论》一书才正式提出所谓‘思辨的历史哲学’与‘批判的历史哲学’之分，并且为不少的学者所接受。”[7]对本体论的关注不仅来自史学家对本学科相关具体研究的思考与体悟，也来自科学方法论研究者们的影响。

随着历史学家对自己史学研究实践过程的总结与反思，许多问题自然不可避免地被提出：历史学是否等同于历史？各自的本质是什么？彼此之间是什么关系？史料是如何形成和发现的？即历史是如何被记录和表述的？有什么特性？谁在说（写、研究或记录）？怎么说（写、研究或记录）？即历史学家是如何进行研究和陈述的？历史学研究对象是如何被选择、解释和建构的？为什么这样说（写、研究或记录）而不那样说（写、研究或记录）？如何看待历史学家之间不同的观点与陈述？为什么史学中充斥着争论、无穷无尽的阐释与各种版本的叙述？能否对史学研究成果作真假对错的判断，或我们所做出的仅仅只是有关阐释与叙述合理性的判断？判断标准是什么？面对各种史学观点和有关历史的阐释与叙述，我们如何做出自己的选择？我们的工作有价值吗？即历史学的意义何在？历史学是科学还是艺术？是实证还是建构？是基于当代需要还是为了再现过去，寻找人类社会的发展规律？人类社会的发展规律是否存在？等等。这些问题困扰着那些探根究底的史学家们，他们希望找到答案，历史学本体论成为一种需要。

当代科学方法论的研究者们提出“元理论”概念，将研究一门科学的元理论的学问称之为“元科学”，如“元数学”“元逻辑学”“元历史学”“元物理学”等等，以区别于对象理论。“逻辑经验主义者的许多人从20世纪50年代起，把他们对自然科学的元理论研究的兴趣，转移到历史科学，于是形成了批判的（分析的）历史哲学。它研究历史知识的基础和理论结构、研究历史的理解与解释、一般规律和因果关系在历史中的作用、历史认识的客观性和主观性等等，而不涉及历史事实本身。”[8]

概而言之，本体理论将历史学本身作为一种人类的文化现象来考察，追问历史学的本质是客观再现历史，还是主观建构历史？是神意的表达，还是忠实的记录？有无规律？史家的作用是什么？历史事件是具体的、独一无二的，还是规律的表象，受规律的支配？我们如何记录历史？如何选择、判断、表达？什么因素会影响到我们？历史学的价值和意义是什么？问题、理论与史料的关系如何？等等。如果所有的史学研究和历史过程的叙述都是基于当代的阐释与建构，那么，史学本体论就是要研究历史因何被阐释与建构？如何被阐释与建构？为何不断被解构与建构？等等。从一定意义上讲，本体理论与具体研究的关系，大约相当于过去所说的“道”与“术”的关系。

关于对象理论，有学者将科学研究中的对象理论定义为：“科学家基于对该学科的研究对象——即大量的现象或事实——的观察，建立了由一套描述性的陈述和判断性的陈述所构成的逻辑系统；这些陈述由概念、范畴、定义、原理、定律等所组成。这就是科学理论的结构，它的作用就在于：认识各种变量（如数学变量、时间变量）之间的相互关系（如因果关系、发生学的关系等等），以达到解释某种（或某些）已知现象为什么发生，并预测将要发生的现象。”[9]

如果以此为标准，历史学的对象理论就是那些用于描述史料，阐释历史现象，解释现象之间关系，构建历史叙述的概念、史观、理论与模式等，以及历史学家利用这些概念、史观、理论或模式对史料所作的解读，对历史现象所作的阐释，对历史过程所作的叙述与解释。如关于人类文明社会的特征、起源及其产生动力的各种解释，如生态影响论、人口增长论、灌溉论、贸易发展论、战争论、宗教论、社会分层论、系统论、古国—方国—王国论等都属于对象理论[10]。历史学的对象理论包括人类文化的所有方面，是史学研究的基本内容。

对象理论解决的是两个基本问题：首先，历史是什么？其次，历史现象背后的为什么？实证主义史观所追问的人类社会发展规律也属于“为什么”的范畴。托波尔斯基说：“在历史研究中，一个历史学家向自己提出的问题的总和可以归纳为如下的三个基本类型：①（曾经）是什么——即叙事学的问题；②为什么（曾经）是那样——即解释性的问题；③从关于过去的研究中得出什么科学的规律——即理论性的问题。”“历史的对象理论是对历史上的重大事件和人物的行为的一种尝试性的解释，是历史家回答他自己提出的问题的答案中的主要组成部分。”[11]

简而言之，本体理论探讨历史学是怎么回事，对象理论回答历史是怎么回事。从某种意义上讲，对象理论与本体理论的关系，犹如游戏的参与者和游戏规则制定者的关系。前者强调规则的神圣性和遵守的必要性、正确性。后者则要思考规则的本质、目的，及其相对性、局限性和人为性，以及如何使之更加完善。两者之间密切相关，互相影响。一方面，通过具体的历史学实践，我们认识史学的本质，由自在的历史研究者到自觉的历史研究者，由知其然到知其所以然。另一方面，本体理论是学术研究的基础理论，你如何看待史学学科影响你如何开展史学研究，如何看待研究成果。只有通过史学本体理论的思考，才能使我们认识到历史学的本质特性和原理，打破旧观念禁锢，并由此带来对象理论的创新，即历史现象新解读与历史叙述新构建的出现。中国近代新史学的兴起，新考古学和后过程主义考古学的出现都与对史学本体论的新思考、新认识密切相关。

三、为什么要重视史学理论

1926年，爱因斯坦在与海森伯关于科学观察的本质和意义的讨论中提出“理论决定我们能够观察到的东西”，毛泽东说：“感觉到了的东西，我们不能立刻理解它，只有理解的东西才能够更深刻地感觉它，感觉只解决现象问题，理论才解决本质问题”[12]。

年鉴学派史学的口号是“没有理论就没有史学”[13]。于沛说：“20世纪中国史学研究的实践证明，理论是基础，任何一次史学实践的重大发展，都是以史学理论的进步为前导；史学理论的发展，是历史学永葆青春不断获得前进的动因。”[14]对于考古学来说，同样如此。“为了研究过去，考古学家先确定要研究的问题，再运用一系列考古学方法来发现、复原、保护、描述和分析考古学遗存，以解答这些问题。为了探索这些遗存的意义，考古学家有一套理论体系作为指导，这些理论为解释考古证据提供了手段而且有助于对过去进行描述和说明。”[15]“理论是所有考古学方法和实践的中心。理论确立了研究的领域和考古学者的工作方法。它形成而且影响了考古学所使用语言的逻辑。”[16]“广义上讲，所有考古都是理论的。后过程主义者认为技术和资料背后都隐藏着理论。任何貌似中性的陈述、分析都具有强烈的理论色彩。”[17]那种认为可以不管理论，只进行具体历史问题的研究也没有摆脱理论的影响，只不过研究者凭借的是自己的经验、常识和自己受教育过程中所接受的各种理论为基础进行的潜意识的、直觉性的研究，是一种自发自然的研究方式。

所以，英国历史哲学家布莱德雷说：“根本就不存在没有任何预先判决的历史这样一种东西；真正的区别只在于有的作者有着他的各种预先判断而并不知道它们是什么，并且他们的预先判断可能是错误的；而有的作者则是有意识地根据自己所认为是真理的已知基础而在有意识地发号施令并且在创造。”“唯有当历史学警觉到了它的前提假设的时候，它才开始成其为批判性的，并且尽可能地保护它自己远离种种虚构的异想天开。”[18]“学术讨论中最偏颇的观点往往源自那些公然声称自己的立场是中性的、不含偏见的和无价值倾向的人。”[19]

理论引导研究，史学理论既帮助我们提出问题，开拓视野，也帮助我们对史料进行选择、阐释与再阐释，指导我们建构历史叙述，还帮助我们对各种观点进行审视与评判。从这个意义上讲，历史学学术史首先是理论发展史，是思想观念变迁史，对于历史学来说，富有启示的新理论、新思想甚至比新史料更关键，更能推动史学的发展。

四、本体理论研究的重要性

每一个史学研究者都有自己心目中的元理论，只不过有些学者经过自己的主动反思和选择，具有明确的自我意识；有些学者则是潜意识的，其关于历史学的观念、认知或来自所受的教育，前人的研究成果，或来自个人的经验感悟。

何兆武说：“什么是历史？什么是历史学？历史知识和理解的性质是什么？倘若不首先认真考虑并确切回答这些问题，就径直着手研究历史，那种历史知识就必然是盲目的而又混乱的，有如盲人摸象。……当代我国史学界有人喜欢侈谈中国历史的特点以及人类历史的普遍规律之类，而对于作为其先决条件的，即什么是历史的和历史学的本性和特点，却毫不措意，这又怎么能够把历史学和历史认识建立在一种健全的基础之上呢？历史理性批判这项工作乃是历史学研究的一项前导或先行，不首先进行这项工作，历史学就等于没有受洗礼，就没有资格侧身学术的殿堂。”[20]是啊，我们孜孜以求希望获得历史的真相，但我们却往往忽略探求历史真相的历史学的真相！

本来，学术的目的是探究事物的本质，那么，我们又怎么能忽略对学术自身本质特性的探究呢？程子曰："凡事思所以然，天下第一学问人。"没有学理的深入讨论，也就不会有具体研究的真正突破。没有理论的自觉和反思，也就不可能做到对学科不仅知其然，而且知其所以然，进而全面审视学科的理论基础、方法、思路、价值与意义，客观地评价已有成果及存在的问题，准确地把握发展的方向和趋势。真正创新与发展不是人云亦云或为创新而创新，为反对而反对。

对于任何一门学科来说，科研创新的前提首先是要全面审视和深刻反思已有的研究成果，将我们潜意识中的定式思维和偏见呈现出来，分析其形成背景和优缺点，只有这样才能在传承中创新。"不识庐山真面目，只缘身在此山中。"本体理论首先可以帮助我们超越史学看史学，通过历史学本体的反思与研究，高屋建瓴，站在更高的视角看待当前的历史学研究，不仅知其然，而且知其所以然，使我们认清自身研究的时代性与局限性，开展真正的学术批评与讨论，培养真正的科学精神，破除学术迷信和垄断，培养"百花齐放百家争鸣"的学术氛围，我们才能走向研究的自觉，审视我们的研究成果，进而超越现有的史学研究概念、范式、体系与成果。

缺乏理论的自觉和反思，往往导致以我之标准要求他人，衡量他人研究，轻率评判他人成果，固执地自认为代表科学、正确等现象，忽略了自己的研究和观点也是有理论前提的，也是相对的。而本体理论思考可以帮我们树立"兼容并蓄"、客观评价多元学术观点的学术意识与胸怀。

宋代大儒张载说"为学要在不疑处有疑"，一个缺乏通过不断的自我反思、批判来努力排除各种或明或暗思想观念禁锢的学科如何才能跳出窠臼，实现真正的创新呢？中国史学传统和当代史学研究与教育实践，缺乏对理论的关注和理论的思辨、反思与批判，大多数史学家是由所受教育和学术传统培训出来的陷于既有范式而不自知的研究者。如果我们继续这种囿于现有思维定式和学术范式而不自省，真正的学术自由与创新就无从谈起！

具体到考古学来说，本体理论同样重要。可是中国考古学界流行的某些观点却认为考古学以材料说话，理论无所谓，更无所谓本体理论，或认为我们的指导理论是不言自明，无须讨论。

事实真的如此吗？其实不然，我们的一切研究都是在特定的理论框架内和假说前提基础上的。张光直说："考古学理论指的是我们考古学家坚信考古材料——包括其性质、分类、相互关系、稳定或变化的机制可以被处理和解释的这样一个概念体系。""简单地说，理论赋予我们运作我们的方法论体系，选择我们收集、整理和解释我们所用的资料的具体方法和技术的框架。"[21]"我们可以说，考古学上的理论是在考古作业的每个步骤上指导我们作何选择，如何作此选择的，关于文化现实、社会现实的有系统的一套看法和想法。换句话说，在考古学实践中，我们应当先知其所以然才能决定其然。使我们能知其然的便是考古学理论。口口声声说他不相信考古学理论，或者说他没有考古学理论的人，并不是真没有考古学理论，而是只有未经检讨的、不成系统的或者甚至是迷惑混乱的理论。”“如果有的考古工作者认为考古学理论不值得重视的话，我们不妨问一问，是盲目地使用主观的、未经检讨的理论好，还是先对自己的理论体系作一番检讨好呢？”[22]马修·约翰逊说：“大多数的考古学家都同意从广义上来讲我们解释过去的方式具有‘理论’特征。例如，我们可以引用诸如社会和生物进化的普遍原理。”“如果任何人告诉你，他们是‘没有理论’的考古学家，也就是说他们‘对理论不感兴趣’，或者同那些‘时髦的理论家’相反，他们从事的是‘真正的考古’，都没有讲出全部的真相。虽然他们为自己贴上‘实用主义’或者‘常识’的标签来掩饰理论成见，其实他们和其他人一样都是理论家。我认为他们为了达到这一目的而逃避了阐明其工作的学术基础的责任，并且为了避免批评性的分析而试图隐藏他们实际使用的理论假设和方法。”[23]

比如夏鼐先生关于中国考古学的定义，“考古学属于人文科学的领域，是历史科学的重要组成部分，其任务在于根据古代人类通过各种活动遗留下来的实物，以研究人类古代社会的历史。”“考古学是根据古代人类通过各种活动遗留下来的实物以研究人类古代社会历史的一门科学。”“作为一门历史科学，考古学的研究不应限于对古代遗迹、遗物的描述和分类；也不应限于鉴定遗迹、遗物的年代和判断它们的用途与制造方法。考古学研究的最终目标在于阐明存在于历史发展过程中的规律，而马克思列宁主义的历史唯物论便是指导研究这种规律的理论基础。”[24]从这段论述中，我们可以明显地看出其中的时代主流思想——进化论、近代民族主义思潮、实证主义新史学和马克思主义的影响。

迄今，在中国史学界，对历史学的主流定义仍是认为历史学是一门科学，目的是寻找规律人类社会发展规律，并用以指导未来发展。同样，在考古学界，夏鼐先生几十年前的关于中国考古学的定义仍被奉为圭臬，尚无人予以质疑。现在看来，这些定义无疑是将历史学、考古学简单化了，同时禁锢了我们的视野、思路，影响了我们的学术创新。我们是继续闭眼跟着前人走，还是自己也睁开眼睛看看脚下的路？苏格拉底说：“未经反思的生活是不值得过的。”同样，未经反思、批判和质疑的任何理论、思想和学术观点是不是也是不值得相信的？我们是否应该经常自问：我们的许多观念是别人灌输给我们而被我们自认为是理所当然的，还是经过我们自己独立思考后而作的判断与选择？

中国史学（包括考古学）的创新当从改变观念和思维方式起，而改变观念和思维方式当从观念和思维方式的自觉意识和自我批判起，观念和思维方式的自觉意识和自我批判则应从本体理论讨论始！

英国考古学家科林·伦福儒说：“经历了大概四十年，英美的考古学者逐渐意识到真正的考古学史不仅是指考古发现的历史，也不只是科学技术的发展史。事实上，真正意义的考古学史也是考古学思想的发展史。”[25]“经验证明，难度最大的进展是观念上的进步。要回答历史重建的问题，与其说依靠新的发现或发掘，还不如说来自分析上的进步和理性、观念上的发展。”[26]中国考古学要有突破性发展，首先必须对我们的考古学本体理论进行反思与批判，使我们由一位理论自然观的史学家变为一位理论自觉观的史学家。“真正的考古学家也应是理论家、思想家、哲学家，是一个关注理论和社会思潮的人文科学学者。”[27]

文化的创新来自观念的创新，社会的变化源自思想的变化。陈春声说：“对于人文学者来说，思想的发明要比知识的创造重要得多。思想的发明是人文学科的根本追求。人文学科不会给你很多实用性的知识，但是它提出的思想可能会改变人们对世界的看法。因为人们对世界看法的不同，他们面对和改造世界的方法也就有所不同，结果，世界也随着改变了。”[28]我们希望，从考古学中，不仅能享受到发现的得失喜忧之乐，还能品味到思想的思辨醇厚之美！考古学给我们的不仅仅是一个个精彩的故事，也不只是有关人类过去的各种知识，还能给我们带来启迪、思想和人生大智慧！忽视理论和思想，历史学带给我们的只是知识，而不是智慧。

哈耶克说观念的转变和人类意志的力量塑造了今天的世界。人类观念的变化带来文化的创新，只有通过理论反思，打破观念禁锢，跳出定式思维，才有百花齐放，学术繁荣。可以预见，“一旦我们的思想观念更新了，原来的史料就被转化为新史料并被给予新的诠释而获得新的意义”[29]。

五、历史与历史学，自在的历史与表述的历史

讨论史学理论，我们首先要回答这样几个问题：什么是历史？什么是历史学？历史的本质特性是什么？历史学的本质特性又是什么？两者之间是一种怎样的关系？任何史学理论都涉及这些问题，它们是史学本体理论的核心和关键之所在。我们对它们有怎样的认知决定我们有怎样的史观，怎样看待历史研究及其成果。

在现代汉语中，“历史”一词有多重含义，据《现代汉语词典》，“历史”一词有四个含义：①自然界和人类社会的发展过程，也指某种事物的发展过程和个人的经历；②过去的事实；③过去历史事实的记载；④指历史学。《简明不列颠百科全书》对“历史”的定义是：历史一词在使用中有两种完全不同的含义：第一，指构成人类往事的事件和行动；第二，指对此种往事的记录及其研究模式。前者是实际发生的事情，后者是对发生事件进行的研究和描述[30]。这些解释已经指出历史包括“过去发生的事”和“对过去发生的事的记载与研究”两种含义，前者是指一般意义上的“历史”，后者指一般意义上的“历史学”。它涉及两个范畴、两个概念——自在的历史与表述的历史，以及它们之间的关系。

据研究，在西方文化中，自荷马起的古希腊诗文中，historia 一词就有三个意义：研究和研究报道、诗体纪事、事实的精确描述。被称作西方“历史学之父”的希罗多

德所撰写的古代希腊波斯战争史，以*History*为书名，意思就是“调查和探究”之意，是指对于过去事件的记述以及对这些事件相互关系的探索[31]。

从文艺复兴开始，西方“历史”一词逐渐具有明确的双重含义：既指“过去的事件”，又指“关于过去事件的陈述”[32]。这种对“历史”概念予以两分的观念被后来的历史哲学家们广为接受，黑格尔论述“历史”的双重内涵时说：“在我们的语言中，历史一词兼有客观的侧面与主观的侧面，因而既表示事件的记录，又表示事件的本身。历史是事实的描述，亦是事实本身。”[33]意大利历史学家克罗齐提议用意大利语“storia”（即英语history，法语histories）一词指历史上发生过的事，用“storiografia（即英语historiography，法语historiographie等）指历史学家编写的历史或作为一门学科（知识）的历史。法国历史学家科尔班（Henry Corbin）建议用大写的法语Histories指客观的事件，用小写的histories来指撰写出的历史[34]。美国历史学家卡尔·贝克（Carl Becker）说：“在所有过去的时间里，确实发生过的一系列的事件；不论我们是否知道它们是怎么一回事，这些事件从某种最根本的意义上来说，就构成了历史，然而关于这些事件的绝大部分，我们是毫无所知的，甚至不知道它们曾经发生过。”“由于这些事件已不复存在，所以，史学家也就不可能直接与事件本身打交道。他所能接触的仅仅是这一事件的有关记载，简单说来，他接触的不是事件，而是证明曾经发生过这一事实的有关记载。……如果确实如此，历史事实就不是过去发生的事情，而是可以使人们想象地再现这一事件的一个符号（symbol）。”[35]

以上这些学者都强调了历史学与历史之间的不同与差异。

在中国的历史学传统中，人们又是如何认识这一问题的呢？

“史”字最早出现在中国古代的甲骨文中，据王国维《释史》考证，“中”字在甲骨文、金文中的原始意义为盛放简策之器，后引申为簿书之意，史的字形为手持簿书之人，即“史之职，专以藏书、读书、作书为事”。汉代许慎《说文解字》说：“史，记事者也。”《汉书·艺文志》记载：“左史记言，右史记事。事为《春秋》，言为《尚书》。”

关于“历”字，《说文解字》说：“历，过也，传也。”“过”是指空间上的移动，“传”是指时间上的变化。

虽然“历”和“史”两字关系密切，但直到19世纪末，在中国的学术分类中，并没有“历史”这么一说，今天所说的历史，古代一般只用一个“史”来表达。“历史”一词来自日语。明治维新以后，日本大量引入西方的科学概念，首先用“历史”来译西方概念的history，然后被早期游历日本的中国人介绍回来。清光绪二十二年（1896），梁启超在《变法通议·论女学》中介绍：“日本之女学，约分十三科，……，五历史……”。其后不久黄遵宪的《日本杂事诗》也说：“（日本）有小学校，有学科曰读书，曰习字，曰算术，曰地理，曰历史。”此后，“历史”作为一个固定的词汇在中国被广泛使用[36]。

大致说来，在中国的传统史学观念中，认为有关过去的一切及其文字记录和研究都属于历史，“史”没有双重含义，历史和历史学往往不分。而且由于政治的影响，中国文化一开始就把“史”看成是政治事件或君王的“言”与“事”的记载，而不是所有人类言行的记载。记载的目的在于为后代作政治的借鉴或道德的教化，而不是探究事理[37]。正是由于普遍缺乏对“历史”具有两种含义的意识，中国传统史学往往将历史记载与记忆当成了历史事实本身。

直到近代，受西方史学的影响，关注历史哲学的中国学者开始对此重新思考。早在20世纪二三十年代，中国马克思主义史学的先驱李大钊在强调史学科学化时，已注意到：①所谓“过去”，原有“实在的过去”和“历史的过去”之分，前者指过去本身，是一去不复返的死了的过去，后者指常存人间的活着的过去。②所谓史实，原有“实在的事实”和“历史的事实”之别，前者相当于实在发生过的事实，后者意为史籍所著录、所解喻，人群所记忆的事实。……④解喻是不断变动的，故去年的历史真实未必是今年的真实，昨日的真实未必是今日的真实[38]。

现在越来越多的中国学者认识到历史与历史学的差异，如叶舒宪说：“如果说当代历史人类学研究对我们有什么重要启示的话，其中最重要的一点在于将以往人们对‘历史’的笼统认知剥离开来。它至少让人们在观念的层面了解到，过去发生的事情与对过去所发生事情的选择和记录绝不是一回事，后者带有‘制造’和‘想像’的性质。”[39]杜经国等著的《历史学概论》，庞卓恒主编的《史学概论》，都提出“历史”一词包含不同的含义。王学典将历史分为两种，即“实在的历史”和“描述的历史”。其中，所谓“实在的历史”就是历史本身，亦即那种已经离我们而去、消逝的无影无踪、但确实存在过且又不为后人的意图所左右的过去，是“确有其人”“确有其事”中的“人”与“事”[40]。描述的历史是“史学家依据一定的理论预设、一定的参照框架、一定的价值准则，为达到某种特定的意图，采用一定的方法，对零散、杂乱、众多的历史事实进行选择、取舍、整理、强调、归纳、组合而勾画出的一定区域、一定时间内的人类社会的变迁过程。”“后人对历史的描述与曾经客观地发生过的历史是不能等同的两回事。”[41]

所有这些中外先贤的真知灼见促使我们认真思考这样的问题——史家们对历史描述、解释与评述到底是古人自己的所思、所想、所为，还是史家们所认为的古人所思、所想、所为？

1. 什么是“自在的历史”？有何特征？

记得刚参加工作的时候，在考古工地上经常想：如果现代科技能发明一种仪器使我们收集到古人在遗址中活动留下的所有信息，并将它们像录像回放那样全部播放出来，该多好呀。历史过程被我们再现了，任何研究成果都可以通过验证而判断出对错。

可惜历史已随时间而去，一去不复返了。自在的历史具有不可重复、不可验证的特性。虽然有大量的科幻作品讲述着我们在过去、现在与未来之间穿梭往来，时空变换，但那些都不过是人类的幻想而已。科学告诉我们，人类不可能回到过去，时空旅行只能存在于人们的想象、神话传说和科幻作家的作品中[42]。

按照前面对历史和历史学的区分，其中“历史”，我们可以称之为“自在的历史”，即已经发生的人类生存、发展过程和为生存、发展而创造的所有适应方式——人类文化现象。人类的历史本身就是一个持续发展、演变的过程，过去被视为今天的历史，今天将成为明天的历史。人类所创造的文化也因自然和人为的因素而大部分消失，少部分化为残垣断壁的遗迹和零星、破碎的遗物成为历史的见证，供我们研究和凭吊。在人类创造文字以后，一些历史现象、事件、人物言行因为各种原因和目的而被记录、陈述和传播。

据说有这么一条詹姆斯历史定律——历史本身不会重复，重复只出现在历史学家之间。同样，“考古学家和历史学家根本就无法可验证地复原原原本本的过去。……过去具有独立于考古学家的重建和解释之外的自身存在的价值”[43]。

2. 什么是“表述的历史”？有何特征？

不同于“历史”的“历史学”，我们又可以称之为“表述的历史”。历史虽然不能重复，但可以叙述；历史过程虽然不能再现，但可以建构。表述的历史是对自在的历史的记录、阐释与叙述，是由处于特定时代的人为了特定的目的来观察、记录、编撰与传播的。

“表述的历史”由以下几个要素组成：被视为记录、反映“自在历史”的各种史料文本，作为观察者、记录者、叙述者、研究者的史家，根据某种史观、理论模式所作的史料选择、分析、解读和历史叙述与评判。

根据李振宏等在《历史学的理论与方法》一书中的划分，作为“表述历史”的历史学可分为以客观历史为对象的诸学科、以史学本身为对象的诸学科、以历史资料为对象的诸学科三大类别。以客观历史为对象的诸学科包括记叙的历史和历史理论即历史哲学两部分，记叙的历史又分为通史、断代史、专门史、事件运动史；以史学本身为对象的诸学科包括史学史、史学理论、历史编纂学、史学评论；以历史资料为对象的诸学科包括辨伪学、校勘学、辑佚学、版本学、考据学、史料学[44]。

王学典说“描述的历史”（相当于本文中的“表述的历史”）具有以下两个基本特征[45]：

（1）这种历史实质上体现的是一种过去观，而不是过去本身，因此，这种历史可以而且应该因人而异。由于各个人所怀抱的宗旨、对未来的期待、看待生活的方式不同，他们所写的同一段历史，面貌也可能不同。范文澜的《中国通史简编》和钱穆的《国史大纲》，写作出版的事件大体相同，但所描述的历史面貌却差异甚大，其源盖出于范钱二人的历史观不同：范著主要侧重“揭露统治阶级的罪恶”，突出下层人民“反封建”的内容，因而整部历史显得较为灰暗，基调低沉；钱著主张对过去的历史要充满“温情”与“敬意”，尽可能多地展示过去历史的积极内容和光明一面，因而历史描述的基调是上扬的。尽管两书所涉人、地、事大体一致，但整体情景却反差甚大。同样，胡绳的《帝国主义与中国政治》和蒋廷黻的《中国近代史大纲》也提供了这方面的例证。胡著采取“革命化”的叙事立场，把鸦片战争以来的中国近代史写成一种“反帝反封建”的“革命”过程，蒋著采用“现代化”的叙事线索，将海通以来的历史看作是中国不断向西方学习、实现工业化、近代化的过程。这样，以鸦片战争为起点的同一部中国近代史就具有了两种面貌。

（2）这种历史可以随时翻新，不断重构，因此，这种历史又可以因时而异。“一时代有一时代比较进步的历史观，一时代有一时代比较进步的知识；史观与知识的不断进步，迫使人们对于历史事实的解释要不断地变动。解释变动了，事实的意义也就可能与以往不同了；过去看不到的，现在看到了；过去认为是真理的，现在变得荒谬了。因此，一切的历史，不但不怕随时改作，并且都要随时改作，而改作的历史，比以前的比较近真。”“不断被重写，正是历史的魅力所在。”

表述的历史的核心是人，历史是由人创造的，也是由人来陈述，即记录与撰写的。海德格尔在定义“陈述”时说：“陈述是有所传达有所规定的展示。”因而，“陈述是根据已经在领会中展开的东西和寻视所揭示的东西进行展示的”[46]，“所有的陈述都是在此时、此地和现在提出来的，正如我所写出的和您所读到的。它们不属于过去”[47]。历史学的陈述同样如此，英国学者奥克肖特说得直截了当：“历史不是别人而是历史学家‘制造出来’的：写历史就是制造历史的唯一办法”[48]。

表述的历史受到时代的权力体系、话语体系、认知体系、史家的个人立场、观念与目的等多方面因素的影响。乔治·奥威尔说：“谁控制过去就控制未来；谁控制现在就控制过去。”[49]即谁控制了话语权，谁就控制了历史陈述权。换言之，控制现在的人根据自己的需要建构历史，形成某种历史记忆，而这种历史记忆又影响到人的观念与行为，进而影响到社会的未来。

3. 自在的历史与表述的历史的关系

自在的历史与表述的历史的关系，或曰历史与历史学的关系表现为：前者是已经发生的全部人类行为，具有独立于我们而存在的自在性和一去不返的不可重复性。后者是由人记录、写作、阐释、叙述与传播的历史，具有主观性、选择性和片面性，被赋予了各种目的和价值判断。表述的历史以自在的历史为对象，但不可能全面、客观、真实地展现自在的历史，虽然史学家非常希望撰述出这种历史著述，或者自认为撰述的就是这种历史著述。实际上，表述的历史终归是由史学家选择、阐释、撰述和评判的，所有流传下来的历史叙述都是表述的历史。

另一方面，表述的历史以自在的历史为依据，不能信口开河、天马行空，否则就属于小说创作和神话虚构范畴了。自在的历史通过表述的历史得以展现，进入人类的认知体系。但表述的历史终归是表述者心中的历史，是表述者向他人传播并希望他人接受、相信的历史叙述，不是自在历史的复制和再现，二者不能等同。

自在的历史与表述的历史虽然密切相关，但彼此更有区别，前者是已经过去的，不可重复的历史；后者是存在于现时的，随时代而变化，并与我们密切相关的历史，由我们书写，满足我们的需要，表达我们的观念、认知，并教育、塑造我们。

自在的历史与表述的历史是否能够达成一致，即所谓再现真实的历史，发现历史的真相？能否实现表述的历史与自在的历史的一致？如何判断它们之间的一致性？这几个问题就是历史学本体理论的核心问题。传统上，当我们视史学为科学时，实际上是追求，并认为能达到两者的完全重叠，但实际上这是忽视了具有时代性和主观能动性的史家在其中的作用和影响。英国历史哲学家爱德华·卡尔曾指出历史学中的两种错误观点：一种认为历史就是客观地编辑事实，事实绝对优先于解释；另一种认为历史是历史学家头脑里主观的产物，历史事实是历史学家确立的。他主张：历史是历史学家与他的事实之间相互作用的连续不断的过程，是现在与过去之间永无止境的回答交流[50]。我们认为，他的观点很中肯。

历史与历史学，或曰自在的历史与表述的历史之间虽然有这样的相互依存关系，但对于我们人类社会和历史学界来说，真正发挥影响，与我们密切相关的还是历史学，而不是已经一去不返的、远离我们而去的自在的历史。自在的历史真实存在而不可知，而我们所看到的、研究的历史都是史家的、建构的史学，是表述的历史。正如美国哲学家卡尔·贝克尔（Carl Becker）所说："在历史学家创造历史事实之前，历史事实对于任何历史学家而言都是不存在的。"[51]我们有关历史的一切研究实际上都是关于表述历史的研究。

4. 再现自在历史的尝试——"中程理论"小议

正是因为困惑于如何沟通自在的历史与表述的历史，实现两者的一致，即再现自在的历史这一问题，美国新考古学派的代表人物路易斯·宾福德提出了著名的"中程理论"，对考古学理论发展产生了巨大影响。这一理论也引起了中国考古学界的关注，并在中国学者的著述中屡被提及。

如果我们仔细推敲中国学者对"中程理论"的各种理解与使用，似乎对这一概念的内涵存在着某些误读误解。如果我们从自在的历史与表述的历史的区分与关联的角度来解读"中程理论"，也许能更准确地理解其含义和价值，发现其存在的问题。

什么是"中程理论"？路易斯·宾福德为什么要提出"中程理论"？

路易斯·宾福德认为传统考古学界重于对发现的描述而忽视对发现的解释和通过解释去再现古人的行为方式与思想观念，并进而探讨文化现象背后的机制。他提出，无论是考古记录还是物质文化，如果不和人类行为相联就无法被理解。他认为传统考古学在用物质遗存复原人类的过去时普遍缺乏科学可信的方法论，考古学家即使对古代遗存有所解释，也往往具有随意性、主观性，而缺乏科学规范和可验证性，因此极有可能扭曲对过去真实情形的把握，因此，考古学家必须寻找新的和具有说服力的方法，从考古材料中推断人类行为。宾福德认为，考古学家调查和观察的现象是在现在进行的，所以他们做出有关观察的表述也仅是眼前的一些事实。那么，考古学家应如何将对现在观察的一种表述转化成关于过去有意义的阐释呢？显然，如果没有一种推理的方法，我们就无法从观察现象的表述转变成对过去的科学阐释，除非我们解决了如何赋予考古记录以真正含义的问题，否则我们无法重建历史。由此，他提出了"中程理论"（the middle range theory）或"中程理论建设"的概念，并将这个概念看作是一种可信赖的认知手段，是考古学家能够将静态的观察转变成有关动因阐释的"罗塞达碑"[52]。按照宾福德的观点，中程理论模式主要依赖当代人类学知识。

实际上，新考古学利用"中程理论"这一概念是想建立一座沟通表述的历史与自在的历史之间的科学桥梁，从静态的考古现象来解释过去的久已消失的动态原因。英国考古学家约翰逊说："事实和现象是重要的，但是没有理论，它们不会吐露真言。考古学家和废铜烂铁收集者之间的区别在于，我们要用一套法则将那些事实和现象转化成对过去有意义的解释。过去和现在之间有一条鸿沟，需要考古学家建立一座连接的桥梁，这座桥梁就是用来阐释的理论与方法。"[53]"宾福德的中程理论试图利用民族志资料建立考古学所观察到的现象和考古学所不能观察得到的人类行为之间的有效对应关系。"[54]宾福德将它定位为不仅沟通古今之间静与动，沟通研究者的"现在"与考古遗存"过去"之间的桥梁，还试图解决表述的历史与自在的历史如何达致统一，即保证考古学家对古代遗存的解读具有真实性、客观性，进而实现考古学研究的科学化的方法。

为了建立中程理论的研究范例，宾福德身体力行，开创了被称为"民族考古学"（ethnoarchaeology）的研究方法。他只身前往阿拉斯加，与纽纳米爱斯基摩人生活了十年，观察他们的生活方式、资源利用、群体结构和移动方式。宾福德特别关注土著人行为，如废弃方式与文化遗存之间的关系，即他们的生活方式会在废弃的垃圾和居址的遗迹方面留下哪些特征，寻找出行为与物质遗存之间的因果率，建立一种对应的模式。然后，利用这些来自民族志的材料和对现代土著人的观察得到的模式去解释史前人工制品和相关考古遗址的散布现象，探讨其形成原因和古人的行为方式。

炊格尔对民族考古学在建立考古学中程理论方面的作用做了如下的解释：民族考古学是用来了解物质文化是怎样从其有机系统的位置上过渡到考古学位置上去的。对这种物质转化过程的分析，能够使考古学家了解正常运转的文化系统中物质的废弃过程，通过对土著群体和部落社会中物质的废弃率、废弃地点、缺失概率以及废弃实例的观察来了解活体社会文化中物质保留下来和不能保留下来的原因，从而建立起一套关系法则使得考古学家能够更正确地从物质遗存中推断其所代表的文化系统。"这些人类行为和物质之间的关系被用来建立某种观察的原则，正如宾福德所言，这些原则可以通过在现生系统中的检验而上升为理论，那么它们可以成为我们用来从史前遗存中破解人类行为和文化系统动力的密码，考古学家就有了解读文化动力的‘罗塞达碑’。”[55]

罗伯特·沙雷尔等说：“考古学中有一个基本矛盾：考古资料存在于当下，考古学家关心的却是过去，尤其关心创造这些遗存的古人的行为及行为的变迁。因为不可能直接观察古代发生的事件，只能依据获取的遗存复原这些事件。考古学家运用了中程理论在实物遗存和人类行为之间建立严谨的联系。这些理论上的联系是以类比为基础的。类比就是根据已知事物和联系推论出未知的事物和联系的推理形式。类比推理基于这样的前提：如果两类现象的某一个方面相似，那它们的其他方面也可能类似。具体运用到考古学上，类比是把考古遗存与活态社会的类似现象进行比较，推断考古遗存的性质和不同遗存之间的联系。”[56]“中程理论是为考古解释建立一套可靠的普遍类比。中程理论的核心是在忽略特定文化背景的前提下建立遗存与行为之间的联系。”[57]

对于“中程理论”及其在考古学研究中的应用所存在的问题，西方学者也有评述。伊恩·霍德说：“新考古学宣传其阐释过去的方法论是‘坚实’而普遍适用的，简单地说，他们可以将物质文化模式与人类模式联系在一起，通过物质文化模式上运用通用法则和中程理论，实现对人类模式的‘阅读’。”但“新考古学总是回避行为者的可能性，将其排除在社会理论之外”。“行为者不一定简单地按照预定的角色或规则行事。”[58]炊格尔说：“尽管少数考古学家坚持进化主义的决定论形式应该回到‘中心舞台’，大多数美国和西欧的考古学家则越来越倾向于相信，人类的行为是复杂的，对其发展过程的解释如果不试图运用多样性和特别性的观点的话，将一事无成。”“人类行为并不是如此具有规律性，以至于无法在两三个民族志个案研究基础上建立空间行为的通则性总结，即使这些研究非常细致——在假定人类行为的特别形式的普遍适应性上，需要保持非常警惕的态度。”“经过仔细调查的中程理论对适用个案的运用有助于减少从考古学资料中探求人类行为活动的主观因素。这并不能保证对考古学证据的阐释能够完全避免由于考古学家的利益、价值或玄想所导致的对材料的扭曲，但是它们提供了考古学资料的阐释可以受到最大程度的约束的背景。”[59]

以上这些西方学者对中程理论的理解和评述非常到位，反观中国学者的理解，往往存在某些误解，如将“中程理论”理解为处于低级理论与高级理论之间的中级理论。我们认为，这种误解的根源在于我们未注意到自在的历史与表述的历史之间的差异，以及史学家是如何试图通过解读考古遗存，推测古人的行为并实现当代历史叙述再现古人的自在历史这一历史研究过程的。

宾福德意识到表述历史反映自在历史的困境，才希望寻求一种符合当代科学认知体系的方法来解决这一问题，试图让考古学发展为一门符合当代实证科学特性的一门学科，建立一种由明确的当代知识模式去解读，并且可以被验证的有关考古学遗存现象的解释理论和古史的陈述。

针对19世纪实证主义史学所主张的“史学就是史料学”“史料自己会说话”以及传统考古学重描述轻解释、对古代遗存解释缺乏科学性等现象，新考古学和中程理论是很有价值的。它建立了一种新范式，努力实现考古学的实证科学化，试图解决自在的历史与表述的历史之间如何实现统一性以保证表述的历史具有科学性的问题，即希望解决考古学研究中考古学家对考古发现的古代遗存现象解释的主观性、随意性问题，保证考古学家所叙述的历史与自在的历史一致。

不过，我们必须认识到，虽然新考古学试图通过中程理论沟通自在的历史和表述的历史，从古代遗存中揭示真实的历史，达到考古学解释可验证、科学化的目的，但考古学家的任何成果本质上仍是考古学家所作的当代解释与表述的历史。由于历史学、考古学的特性及其局限性，这些来自当代知识系统的模式本身虽然可以被检验，但将它们用于对古代遗存的解释所得到的认识，本质上还是一种解读，无法验证。“中程理论”不过是研究者对考古发现进行阐释的理论模式而已，自在的历史也未由此再现。所谓“史学科学化”“客观化”、寻找“历史真相”“再现历史”等等说法从理论和人的认知上都是不可能实现的目标。

其实，宾福德也意识到考古学研究中的时代性和个人主观性，但他将之视为一种非科学性和随意性，希望建立起科学的考古学解释方法来消除这种影响，即通过人类学考察，建立科学模式去解释考古发现。但我们认为考古学研究中的时代性和个人主观性是史学的特性之一，我们不能否定它，也无法改变它，而是要理解它，接受它，承认它。

除此之外，当代人类学知识作为阐释考古发现的理论模式，在适用性上也是需要讨论的问题。

科林伍德认为用跨文化通则方法（这种通则是否存在?）阐释历史资料是不可取的，福柯也强调过去与现在之间有不可弥合的断裂。炊格尔则一针见血地指出，“宾福德关于考古学能做什么的观点与他的新进化论立场有关。新进化论人类学家认为，在社会文化现象中存在高度的规律性。宾福德把文化定义为人类超肌体的适应手段，他还像莱斯利·怀特一样认为，总体上说技术决定社会，而这两者一起又决定了意识形态。这表明，人类行为特点具有显著的一致性，并会反映在考古记录中。宾福德进一步认为，无须详细的跨文化确证，全世界的狩猎采集群都是十分相似的。”“新进化论者还相信，处于相同发展阶段的文化具有许多共同特点，特别是那些具有适应意义的结构特征。”“过程考古学最初的系统阐述因将规范性研究与人类行为共性的探讨混为一谈，这就使这一问题的探讨变得复杂化。研究文化‘规则’在左右人类行为上作用的社会人类学家并不认为同一社会中的所有成员都遵循相同的规则。相反，作为社会互动认知导向的‘文化地图’概念尤其反对这种观点。”[60]“(20世纪)70年代，越来越多的美国考古学家认识到，萨哈林和塞维斯的一般进化论模式，甚至斯图尔德的多线进化主义都远远低估了史前文化的多样性程度。”“通则性进化论的可信度也遭受到民族学批判，尤其是来自那些对进化论研究并没有本质性敌意的人类学家的打击。”[61]

由于新考古学将人类社会等同于自然现象之一种，过于强调考古发现的普遍性与代表性、单线进化论观念、文化演变的规律性、同质性（或曰均变论）等，而忽视了考古发现的各种局限性、片段性，人类的主观能动性、人类文化的多元性、偶然性、复杂性、积累性和变化性，即人类文化以及历史学的本质特性，使它所追求的考古学科学化不可能实现，他们的研究也只能是一种基于考古发现和当代认知，符合现代实证主义科学范式的一种解读与建构而已，并非历史的真相与规律。

那么，我们能够依赖科学的方法或别的什么手段来实现自在历史与表述历史的统一性问题吗？由于自在历史的一去不返，不能重复，无法验证的特性，以及表述的历史所具有的时代性、史家主观性等特性，我们不可能实现两者之间的统一。况且，即使我们在某些方面或历史片段上真的达到了某种统一，即再现了自在的历史，我们也无法作出客观判断和科学验证。我们所能追求的只能是表述历史的持之有据，论说有理。

六、由自在的历史到表述的历史：史家的核心作用

公元前5世纪，古希腊哲学家普罗泰戈拉在《论真理》中说："人是万物的尺度，存在时万物存在，不存在时万物不存在。"[62]世界的本质是什么？是客观存在还是某种幻象？是可知的还是不可知的？我们所描述的世界是真实世界的反映还是人类的一种感觉和建构？这是哲学、宗教讨论的根本问题。自古至今，哲学争论的一个核心问题就是人的意识与自然世界的关系问题。一种观点认为世界是一种不依赖于人的意志，可以被人类认识的客观存在。另一种观点，从"庄周梦蝶"到佛教的"万物本空，皆为幻相"[63]，从王阳明的"心外无物"到康德的"知性为自然立法"和乔治·贝克莱的"存在就是被感知"，均认为客观世界是不确定的，也是不可知的，我们所能认识的自然世界只是"现象界"，依赖于我们的主观意识而存在。当代量子力学的最新理论认为，从不确定状态变成确定状态，一定要有意识的参与，意识不能被排除在客观世界之外，只有把人的意识加进去你才能够确定客观世界，如薛定谔的猫。

历史学本体论涉及同样的根本问题。当然，我们首先承认"自在的历史"是客观存在过的事实。那么，"自在的历史"是否可知？能否被全面、客观地复原与再现？我们所读到、听到的历史，即"表述的历史"是"自在的历史"的直接的、真实的再现，还是人们建构的有关人类过去的解释与叙述体系？历史学家们是如何以及为何重建已经过去了的历史过程，并解释各种历史现象背后的原因？"表述的历史"是如何形成的？与"自在的历史"之间有怎样的关系？

受近代自然科学思维方式影响而形成的实证主义史观认为：①历史是在历史学家头脑之外存在的一个或一系列的事件；②历史学家可以知道这些事实，并一如其发生的那样客观地描述它们；③历史学家可以排除任何宗教的、政治的、哲学的、道德的等等利害的考虑[64]。"在19世纪30年代，当兰克很正当地抗议把历史当作说教时，

他说历史学家的任务只在于‘如实地说明历史’。”“实证主义者力主把历史当作科学，因而对于崇拜事实这一点给予了很大的影响。实证主义者说，首先确定事实，然后从这些事实之中得出结论。在英国，这种历史观恰恰适应于从洛克到波特兰·罗素的作为英国哲学主流的经验主义的传统。经验主义关于知识的理论是预先假定主体与客体之间的完全分离。事实，就像感官印象一样，从外界向观察者袭来，是独立于观察者的意识之外的。”[65]一句话，即历史学家可以像物理学家、化学家、生物学家那样面对并处理他的研究对象，历史学是建立在史料具有客观性和自在历史可以获得并再现的认知上，人文与自然、历史与科学之间没有什么差异，史学的目的是“求真”。同时，实证史学主张史学家要保持一种超然态度，在历史研究时要自动消失，让史料自己去说话。

但实证主义史观忽略了一去不复返的历史是由人来记录、陈述、解读、传播并被人所接受，从而成为人类记忆和认知的一部分的，即历史学是由人主导的。历史学与人关系密切相关，人的观念、行为既决定人类社会的历史特性，也决定作为人类文化现象的历史学的特性，无论历史事件，还是历史著述，其背后都是作为行为者和著述者的人。人是复杂的，受时代环境、个人性格、经历、教育、立场、诉求等等因素的影响。即使对于标榜客观主义的代表人物兰克来说，多位历史学家都指出：兰克在其历史编纂学的实践中并没有抹掉自己的个性，并且最终诉诸于神学的解释。克罗齐说兰克的客观主义是一种折中主义，是“建立在支吾其词的、旁敲侧击的、谨慎沉默的文字诡计之上的公正性与客观性”。美国的“现代主义”学派历史学家查理·比尔德、卡尔·贝克等人从兰克的历史著作中找出许多例子证实兰克是19世纪偏见最深的历史学家之一。至于喊出“史料自己会说话”的另一实证主义史学代表人物古朗士，卡尔·贝克说：不是历史通过古朗士的口说话，而是古朗士通过历史来说话。仰慕古朗士的听众用掌声来赞扬的既不是历史，也不是古朗士，而是古朗士挑选出来并加以文饰的某些历史事件，以证实法国的制度不是起源于日耳曼人的一个部族法兰克人，而是起源于罗马化的高卢人（拉丁文化）。因为他以此来安抚法国人对德国人（日耳曼人）的敌对情绪，所以赢得了听众的热烈掌声[66]。

许冠三说：“‘现代化’时期的史学理论非但已注意‘历史客观’与‘历史记载’的区别，‘历史实际’‘历史资料’与‘历史认识’这三者之间的永恒差距，而且还尝试论证史学的研究对象、认识过程与思维模式之间不同于其他经验科学。有关论述指出，从理论上说，史学所研究的对象，本是川流不息一去不返的‘历史过程’，它既不像一般社会科学素材那样可以重现，更不似自然客体那样可以复制或仿造。而且，在实际上，研究者所直接考察的并不是‘历史过程’本身，而只能是‘历史资料’，即‘历史过程’留下的残迹，零星遗物和打着各种主观烙印的文献。是以，‘历史研究活动乃是认识主体（历史学家）经由中介质（历史资料）与认识客体（历史实际）这三者在实践基础上能动的统一。’”[67]那些受过专业训练的史学家自认为自己是客观的、中立的历史观察者、记录者和复述者，在研究中可以做到无我的境界的想法是幼稚的。每部史著、每篇文章不仅反映被研究、被表述的特定的过去的人与事，实际上，更反映出作者的立场、情感、世界观、价值观等。史家的认知、立场、情感、利益诉求、价值观等都影响到他对历史的阐释与叙述，而史家所受的历史教育又会影响到史家的认知、立场、情感、价值观、人生观，彼此互相作用。任何一本史学著作都是史家的主观选择，他对事件之间关联关系的建构，以及基于他自己认知体系的分析和价值判断的结果。什么样的时代就有什么样的历史，什么样的史家就有什么样的史著。

克罗齐说“一切历史都是当代史”，科林伍德说“一切历史都是思想史”。大量而无序的各类文字资料、各种古代物质遗存只有经过史家的记录、选择、解读、阐释才能成为史料，这些史料只有通过史家的建构才能形成有序的历史叙述。历史学家所研究的过去不是一个死的过去，而是在某种意义下仍然活在现在之中的过去。历史就是一个对这种思想的历史进行研究的历史学家，在自己脑子里把这种思想重新加以组织的过程。历史不是别人而是历史学家“制造出来”的，写历史是制造历史的唯一办法[68]。

后现代思潮的关键就是关注了人及其观念在构建人类社会及其认知体系中的核心作用，一切社会关系、认知体系都是人类为了需要而建构出来的，是不同时期人类观念的产物。后现代史学的出现正是对实证史学过于强调科学、客观而忽视作为核心的人及其主观能动性的一种矫正。

卡尔·贝克尔批判了科学历史学，在他看来历史事实就是历史学家的创造，在创造过程中，历史学家的个人经历也必须参与其中，不仅如此，历史学家的个人经历还是评判材料的最终法庭，因为历史学依赖证词，而对这些证词的分析和评判需要依赖历史学家的经历。除了寻找历史事实需要历史学家主观性的介入，记录这些历史事实更少不了主观性的参与。历史学家面对找到的历史事实，需要选择那些能令他体会到历史真谛的事实[69]。

何兆武说：“事实本身不会说话，论断并不是事实本身说出的，而是史家的思想所做出的判断。……我们对历史的知识和认识是通过史家的炮制，再又通过我们自己思想的折射而形成的。史料不等于史实。实证主义者认为只要有了史料就足以确定史实；……这实在是一种过分天真而毫无根据的信条。史料本身是由史家在进行解说而传递给读者后，又经过读者本人的思想折射。所以严格地说，历史并无所谓‘本来的面貌’，而只有人们所理解的面貌。……我们的历史知识并不是由所谓的客观事实直接给定的，而是通过我们的思想认识和我们意识所折射出来的。只有我们大体上有一致的思想和意识，我们才可能有大抵一致的历史知识，我们的历史知识永远不可能是全面的而纯客观的。根据同样的‘事实’，人们可以得出不同的结论。犹如用同样的材料，建筑师可以建造出不同的建筑物。材料本身不会形成一座大厦，事实本身也不能自行解说其自身而构成其为历史。面对一大堆史料，史家便需要有一套规范的标准，否则就无从下手。而一旦有一套规范的标准，史家就只能把所谓的史实置诸于这个规范的标准之下进行评判，也就是把历史置诸于一个一定的坐标之上，而这个坐标却不是史实本身所自行给定的，而是史家本人所预先假定的。”[70]余英时说：“每个人既然不能避免主观，那么最可能做的事情，就是把主观的问题，把基本的假定提到一个明确的境地来，提到一种自觉的状态来。假借客观的外形，来隐藏着一种主观，这对史学的发展来说是不利的。”[71]忽视历史学家的主观能动性、影响历史解读与建构的各种外在因素和历史中的人性，都是简单化的、想当然的，忽视了历史及历史叙述的复杂性。

由自在的历史到表述的历史，核心因素是历史的撰述者——具有复杂人性的历史学家。这也是为什么我们要研究历史学的本体论，关注人与史学的关系问题。“事实只是事实，它本身是不会说话的。说话的乃是掌握着所谓史实的人，即历史学家。而历史学家并不等于史实本身，而只是所谓的史实的阐述者。……一个历史学家是怎样看待历史学的，也就决定了他是怎样研究历史的。”[72]

实际上，人类一切问题根本上都是人的问题，历史是由人为了各种目的而创造的，历史著述也是由人为了各种目的而撰述的，因此，研究历史首先要研究创造历史的人和撰述历史的人。人既是历史学研究的终极目标，也是研究中要考量的基本要素，缺少对人及其主观能动性的关注与思考的历史学研究是简单化和表面化的，也是肤浅的。同样，任何否定或忽视人的核心作用和复杂性的人文社会科学研究都是简单化的、想当然的。

简单地说，在表述历史的形成过程，即历史学的研究中，史料、史家与理论之间互相作用，如下所示：

史家

↗↙　↘↖

史料⟷理论。

史学的研究过程是“自在的历史——→史家——→史料——→史家——→表述的历史”，而不是传统实证主义史学观所认为的“自在的历史——→史料——→表述的历史”的简单关系。

我们所看到的、研究的历史都是表述的历史。在表述历史的形成过程中，史学家发挥着核心作用，他决定着表述什么，如何表述，给予何种解释与评价等等。同样，史料的形成也受到记录者、撰述者的主观影响。史料本身，包括文献记载和考古记录，都是文本，在其形成过程中，受到各种人为因素的影响。“后现代思维认为，每代人、不同阶级和个人都会以不同方式来解释历史，而且没有什么客观标准能使学者评估不同的见解。在历史学方面，他们认为即便是历史资料本身，也是由古代史官和学者根据他们认为什么是值得记录的价值判断而有选择地保留在史籍之中的，这种记录或史料难免掺杂了作者当时的个人利益、社会价值观和历史偏见。”[73]但过去我们往往忽视了史家的核心作用，或者想当然地认为，我们可以在研究中做到客观、中立，达到无我之境界。

没有绝对的客观、中立，只是史家的立场表现的或明或暗，有的是有意识，有的是无意识。那些自认为在研究中保持了中立、客观和超然立场的史家不过是自欺欺人，或者是缺乏理论自觉而已。

当我们承认史家的核心作用时，我们就不得不承认史著具有史家的个性，其内容受到史家的观念与诉求的影响，表现出陈述者的立场、情感、价值观、利益诉求、认知水平等。面对各种版本的历史解读与陈述，我们不能对陈述者视而不见，或假装其不存在，或假设其为一部没有个人思想、情感和价值观念的历史过程记录机器。无论我们承认，还是否认，作为一个鲜活的人的历史家都在那里，并通过自己的观察、选择、撰述与评论在历史记述中或明或暗地展现自己，尽管他们往往没有直接宣称自己的主张，甚至以实录而自诩。

典型案例：女性史与性别考古

从女性史的简单回顾和性别考古学中我们不仅可以看出男女性别的社会角色差异及其历史演变，更可以从中看出史家的性别意识和角色定位对史学著述的影响，一窥历史学家在史学中的核心作用。

“从历史的观点上讲，性别考古学与后过程主义考古学及人文科学中的女权主义思想保持了密切的联系。”[74]受到后现代思潮的影响，伴随着女权主义兴起而带来的对传统男性霸权在历史学中主导地位的反思与批判，近年来，女性史和性别考古学兴起，其目的就是批判传统的男性霸权的历史叙述及其偏见，重新审视女性在历史中的地位，重构女性本位的历史叙述体系。

我们知道，传统中国社会是男权社会，男人掌控着话语权。在男性中心的社会文化中，历史撰述是男性本位的观察、判断与叙述，无不以男性为中心，以男性的视角为视角，以男性的价值标准为判断标准，文献记载充满男权意识，体现男性的价值观和世界观。女性作为配角或附庸而存在，基本处于失语状态，历史文献对女性要么忽略，要么充满男性的偏见。以我国第一部辞书——东汉的《说文解字》为例，全书共收九千三百五十三字。有学者通过梳理其中的女部字，发现其中表现出明显的男性视角、男权思想和特定的时代观念，而这些视角、观念又影响到当时的历史叙述和文献文本。如，“婦（妇），服也，从女持帚洒扫也”，反映了当时妇女的典型形象是女子持帚，表示从事家务劳动，是当时社会对女性的一种定位。书中对“婦”字的定义不止于主持家务，更重要的是“服也”，即服从，是否懂得服从成为整个社会对女性的评价标准。“媒，谋也，谋合二姓”，“妁，酌也，斟酌二姓也”，婚姻的着眼点在于两个家族之间的联系与利益权衡，女性作为当事人，其个人自主意志却被忽略。“嫁”“娶”二字，“嫁，女适人也，从女家声”，《白虎通·嫁娶》：“嫁者，家也，妇人外成，以出适人为家”，即对女子来说，出嫁以后的家才是真正的家。除此之外，《说文解字·女部》中存在的大量贬义词，如表示嫉妒的，“妎，妒也”“妒，妇妒夫也”“娼，夫妒妇也”；表示不顺从、妨害的，如“妨，害也”“妄，乱也”“婼，不顺也”；表示贪婪的，如“婪，贪也”，表示言多、诽谤的，如“姍（姗），诽也”，表示淫乱的，如“婬

（淫），私逸也”“姘，除也。汉律：‘齐人予妻婢姦（奸）曰姘’”；“奸，犯婬也”“姦，私也”；等等。这些贬义字的含义虽并不只针对女性，但字形却全部从女，很明显表现出对女性的歧视，反映了掌握社会权力的男性对女性的偏见[75]。

其他如对妲己、褒姒的妖魔化，对汉初吕后、唐武则天的贬抑等等，无不是男权话语的表现。所以，鲁迅说：“一向不信，昭君出塞可以安汉，木兰从军可以保隋，也不信妲己亡殷，西施沼吴，杨妃乱唐的那些古话。我以为在男权社会里，女人是绝不会有这种大力量的，兴亡的责任，都应该男的负。但向来的男性的作者，大抵将败亡的大罪，推在女性身上，这真是一钱不值的没有出息的男人。”[76]因此，18世纪法国哲学家普兰·德·拉巴尔在评价男人时提到，但凡男人写女人的东西都值得怀疑，因为男人既是法官又是当事人。“某些女权主义者主张传统史学的独特话语模式，依赖于逻辑、理性和一致性，反映出逻各斯中心的、男权中心的、霸权的意识形态，这对女权主义来说是充满敌意的。”“新的女权主义史学呼唤着从一种‘有意识的女权主义立场’‘一种女权主义者的视角’出发的对全部历史的再概念化，以便于它可被‘通过妇女的眼光看见，并借由她们界定的价值来规序’。”[77]

女性视角和性别考古学在具体的考古学研究中确实也能够帮助我们打破偏见，带来新思路、新认识。例如，著名性别考古学家珍妮特·斯佩克特尔提出，一般研究中，只有家庭内的劳动工具而不是狩猎工具、装饰品而不是礼器、厨房而不是“大房子”才和女性联系在一起。这种貌似科学客观且简单易行的二分方法事实上饱含占据主导位置的男性中心观念的歧视，而且男女两性、家内与家外、种植与狩猎等分类法是否符合前现代社会实践值得质疑。她于1983年发表的《希达察人的性别任务分工：性别研究的考古学方法的发展》一文，通过从器物、空间到行为和认知的两性关系模式分析考古遗存，发现遗物和空间蕴含的性别信息，揭示出此前被忽视的历史上的女性的存在，并进一步讨论了历史上女性的活动、社会地位和相关信仰及禁忌，大大拓展了考古学研究的视野与思路[78]。

七、历史学的对象——人及其文化

历史学的研究对象是人及其创造的文化的演变过程，马克思、恩格斯说：“我们仅仅知道一门唯一的科学，即历史科学。历史可以从两方面来考察，可以把它划分为自然史和人类史。”[79]卡西勒说：“历史现象属于一个特殊的领域：人的领域。在人类世界之外，我们不能在这个词的特殊意义上说历史。”[80]“历史学所要掌握的正是人类，做不到这一点，充其量只是博学的把戏而已。优秀的史学家犹如神话中的巨人，他善于捕捉人类的踪迹，人，才是他追寻的目标。”[81]

虽然从研究历史角度上讲，自然史和人类史都属于历史学范畴，但以自然现象为研究对象的学科，如有关地球的起源与地质、地貌的演化，物种的起源与演变等，都属于自然科学。

我们知道，自然史研究建立在“均变论”的假说前提之上。“均变论”原则源自地质学，与英国地质学家查尔斯·赖尔（C. Lyell）密切相关。赖尔认为：第一，自然规律具有时空的普遍性，所以过去并不是变幻莫测的，万事万物都有其自然的原因，并不需要神学的解释。第二，我们必须首先了解现在作用于地表的各种可观察的过程，然后才能解释过去的事件。第三，地质变化是缓慢的、渐进的、稳定的，不是灾难性的。第四，地球从形成以来基本保持一致——地球形成以后就稳定下来，不存在全球性的灾变。概括地说，“均变论”认为，地球的变化原理古今一致，过去的变化可以通过现今的侵蚀、沉积、火山作用等物理和化学过程来认识[82]。进一步推论，“均变论”认为自然界的物质形态、结构、性质和运动规律从古至今都是相同的，通过对现在的研究，就掌握了认识过去的关键，即赖尔所强调的“现在是认识过去的钥匙”。由“均变说”发展出的“以今论古”原理，在现代科学中发挥了重要作用，至今仍是自然科学研究最为基础的理论假设之一。

不过，“均变论”适应于自然史研究，却未必适用于以人类及其文化演变为对象的历史学研究。自然科学的“均变论”前提假设是研究对象——自然现象的重复性、同一性和运行的规律性（即运动和变化由某些因素决定并受一定的规律支配），以及假说的可验证性。如果将历史学视为像自然科学一样的实证学科，就必须假说古今人类及其文化是简单重复的，具有同一性，文化的演变受一定规律的支配，由某种固定因素所决定，研究结论具有可验证性。

近代实证主义史学也正是这么想的。受到近代以来自然科学成就的鼓舞，实证主义史学试图将史学发展为一门实证科学，将人及其文化假设为一种简单的自然现象之一来开展研究，并努力寻找其中的规律，从而控制、安排人类社会的发展方向和未来。但结果证明这些尝试都是失败的，或者被某些政治、经济集团所利用，成为工具和蛊惑人心的口号，为他们的行为披上合法、神圣的外衣。

科学主义的人文研究忽视了人的主观能动性和人类文化的复杂性，将具有文化性的人及其社会预设为简单重复的自然现象之一种，因而过于简单和乐观。

为什么“均变论”不适用于历史学研究？要回答这个问题，我们必须对人及其文化的特性以及由人性所决定的人类历史及历史学特性有所认识。

将人与一般动物区分开来的本质特性是什么？人类是依靠身体被动适应环境还是凭借文化去主动适应环境？人类文化是重复和均变的，还是积累、反思、创新、变化与多元的？如何看待人类文化的偶然性与必然性？文化的发展有无规律？是进化、退化抑或循环？是单线进化还是多线进化？对这些问题的不同认识决定一个人的历史观，即视历史学、考古学为以求真为目的的实证科学，还是将历史学、考古学看作满足多元化需要的建构性学科。

1. 具有生物与文化双重属性的人

马克思说："人双重地存在着：主观上作为他自身而存在着，客观上又存在于自己生存的这些自然无机条件之中。"[83]人既是自然世界的一部分，又独立于自然世界；既被动地适应环境，又主动地改造环境以适应自己。人既是生物的人，又是文化的人，只有人类发展出复杂的文化系统来主动适应环境或改造环境以满足自己的需要。与自然界相比，人及其文化具有突出的主观能动性和复杂性。因此，人类是一种同时具有生物属性与文化属性的动物。

人的文化属性既建立于生物属性之上，又超越于生物属性的限制，具有主动的自我创造能力。

人的生物性与文化性之间的关系犹如人的身体与服饰之间的关系。前者体现了人的生物性，虽有差异，但基本相同。后者是人类后天有意识的发明与创造，是一种文化现象，它不仅满足人保暖的基本生理需要，还发挥了满足审美趣味，象征社会地位与财富等多样化的人类需要。"坦诚相见"与"袒裎相见"两个词语形象地说明人的文化属性与生物属性的区别。前者强调做事为人应有诚实互信的态度，强调人之间相处的行为方式；后者指的是身体直接相对，强调的作为生物属性的人之间的相处状态。

人类不断创造文化，文化又不断影响人类。文化使人类超越一般动物，成为地球的主宰。只有人类才发展出一套超越生理限制的文化体系来主动地适应环境，改造环境并获得巨大成功。虽然新的研究显示，一些物种也有制造工具主动获取食物的能力，如乌鸦会做掏树洞中虫子的钩子、猩猩会利用石头砸开硬果实等，但毕竟它们的工具使用范围简单、有限。

作为生物属性的人具有自然现象特性，要比作为文化属性的人简单的多，容易把握的多，因此，研究人的生物体的医学比研究人类文化现象的人文学科进步更快，成果的共识性也更强。

当然，人的生物属性与文化属性又是密切相关，互相影响的，这也就决定了"医学要远比科学复杂。表现在人群的异体性，人体的异质性和疾病的异现性。"因此，"医学不是纯粹的科学，也不是单纯的哲学，医学充满了科学和哲学，但还涵盖有社会学、人学、艺术、心理学等等"[84]。

孔子说"性相近，习相远"，人的生理属性使我们彼此之间具有相似性，但文化属性又决定我们彼此之间的差异和个性，因为文化具有主动性、多元性，因人、因事、因地、因时而不同。生物遗传特性一致的同卵双胞胎受后天各种环境因素的影响而形成各自不同的个性、价值观、人生观，走出不同的人生道路，就很好地说明了文化对人的塑造作用和人类文化多样性特征。文化属性决定了我们每一个人都是独一无二的自己。"几乎所有有意义的人类行为要素都不是由生物程式完全直接决定的，这些要素代表着生物程式和社会以及文化经验的互动。"通过文化学习，一个婴儿可以变成部落民，或印第安农夫，或纽约曼哈顿公寓里的居民。饥、渴、性等生物性驱动力都永无止境地受到文化习尚的再塑造和重整[85]。

以一般人印象中最能表现人的生物属性的男女性别区分与角色认同现象为例，也可以看出人所具有的两重属性——生物属性与文化属性，即人类社会的性别区分和角色认同既取决于生理特性，也受到文化背景的影响。伊恩·霍德说："在性别认知研究中，曾经一度存在共识，认为性别是生物性和自然性的，因此也是固定的。然而，性别认知却是可变的，它是一个由社会意义构成的对身体的'事实'可颠倒的阅读。性别认知可以像人的服饰一样经常发生变化，而性别不可变，因为身体是物质性的和自然的。"[86]"学者为了把概念讲清楚，通常把生物学上的区分称为'性（sex）'，而文化上的区分称为'性别（gender）'。'性'区分的是男性和女性，属于客观标准，在整个历史上未曾改变。至于"性别"区分的是男人和女人（某些文化也有其他类别），所谓'够男人'和'够女人'的标准存在于主体之间，而且会不断改变。"[87]英文中的"gender"一词更多是指通过文化而建构的一种关于性别的观念，更强调性别的社会属性和文化属性，即对性别的认同和观念不是自然生理的结果，而是社会成员在实践过程中被社会和文化所塑造出来的产物。个人所建立的性别认同会随时间和文化环境的变化而变化，如等级、种族的影响。换句话说，"gender"是一种文化的建构与认同，而不是由生理因素决定的。

2. 文化的基本特性

首先，文化具有复杂性。人性的复杂带来文化的复杂性。

1993 年，一个写下了大量优美诗篇的诗人顾城残忍地用利斧劈死了自己的爱妻，彰显了人性的复杂。人性的复杂决定了人类文化并不都是经过全面分析、科学设计、综合比较和理性选择的结果，有许多理性与非理性因素、偶然因素与必然原因影响文化的创造与选择等，带来人类文化的复杂性。

实际上，即使是现代自然科学，也将偶然性作为一种回避不了、消除不了的客观事实摆在人们面前。现代物理学中的量子力学对微观现象随机性的揭示、分子生物学对遗传基因随机突变的发现，以及系统科学对各类系统中存在的随机噪声和涨落现象的分析，无不表明了偶然性的客观存在。对人类社会来说，历史中的偶然性更是广泛存在，所以，《欧洲史》的作者 K. 费舍说："人类命运的发展只是一些偶然的、不可预见的力量的游戏。"[88]

从个人与社会关系的角度讲，根据一般性原则，个人似乎应该完全遵守普遍的社会规则，因此，物质文化应当体现一种共同的、普遍性的意义。我们的考古学研究也是以此为立论的前提的。但由于每个人实际上都有各自的性格、认知与诉求等，常常出现对社会主流规则的抵抗意识，并由此导致物质文化形式及含义的复杂化。即使同一个人，在不同背景下，其观念、行为也会不同。如梁启超早年是维新派，后来成了保皇派，晚年又反袁世凯称帝，写了篇《异哉帝制》，声称“不惜以今日之我，向昨日之我宣战”。

许多伟大的思想家所规划的人类社会美好蓝图，如孔子的大同世界，西方的空想社会主义之所以在实践中失败，或在实践中被改造的面目全非，就是因为这些蓝图往往是建立在单一的、美好的人性假说基础之上的，忽视了人性的复杂性和自利性。在中国和苏联，人民公社或集体农庄尝试失败的原因之一就是理想的理论建构和制度设计忽略了人性的自私与复杂。2000 年诺贝尔经济学奖获得者丹尼尔·麦克法登（Daniel L McFadden）说：“所有这些诺贝尔奖获得者就不能坐在一起，发明一个真正公正的制度？一个没有穷人的制度？唔，计划经济的制度正是要解决这个问题的。……在其后面的想法是：大家共同决定财富如何分配，每一个人都是为公众谋利益的。这听起来很好，对不对？在俄罗斯，人们已经实践了 70 年之久的计划经济制度，然而在 1990 年，（前）苏联的经济崩溃了。这个计划经济的制度干脆就不灵了。计划经济制度的崩溃证明了它有两个大问题。第一，在计划经济制度中的个人不像在市场经济中那样，有一种直接的和强有力的工作动力。即使这个制度也强调关心别人，但是，如果这些工作不能给人们带来直接的利益的话，也难以让人们早晨一起来就埋头苦干。不管这多么可悲，我相信，这是人的本性。”“另一个问题是财富分配问题。说是大家共同决定这些事务，这听起来很好听；然而在实践中人们却需要一种官僚机构，以便作出这些决定。历史已经表明，公众对受到这个官僚机构冷遇，感到厌烦而奋起反抗。此外，这种制度中的官僚机构不像个别人那样，可以自己拥有各种信息，同时拥有实现个人欲望的动力。”[89] 从分配者和被分配者角度讲，人的需求、欲望、情感等是复杂的、因人因时而异的，市场经济尊重了人性的多元和人的主动性，但带来了社会的不公，重效率而轻公平；计划经济重在保证社会的公平，国家按特定标准安排一切，但这一设计忽视了人性的复杂，假设人性是简单的、无私的，人类的思想和需要是一致的。

当代人类社会实践如此，古代社会也当如此。遗憾的是，以寻求历史真相和探究人类社会发展规律为目的的实证史学的前提恰恰是将人类社会、文化作为一种简单化的自然现象来对待，忽视了其中的复杂人性和人的主观能动性。历史是由人创造的。任何采用简单化的思维方式，将人类社会、文化设想为像自然现象那样的简单重复，试图寻找到其中的发展规律，并希望以某一种或几种原因来解释其发展原因，进而像利用科学原理掌握自然现象那样去掌握、规划人类社会的发展方向，都是一厢情愿的想当然，忽视了人性的复杂和人的主观能动性，以及人类社会的各种或然性。

理解当代社会和人们的行为，我们必须了解人性及其复杂性。研究古人及其社会同样需要考虑人性及其复杂性。忽视人性的复杂和人的主观能动性的任何历史学结论都是简单化的结论，貌似有理但实际上难以令人信服。正是考虑到人的复杂性，法国年鉴学派的创始人吕西安·费弗尔主张历史必须与心理学联合，取得心理学的有力支援。心理学解释使历史学家能更好地去解释、了解人类历史实际创造者的行为和动机[90]。是的，我们应该重视研究人类心理活动的心理学的各种成果，看看人类心理的复杂性以及这种复杂性对于其行为的影响。只有理解了人性的复杂，我们才能更深刻地理解古人及其所创造的各种复杂文化，也才能更深刻地理解历史学家和他所创作的各种史学著述文本。

其次，文化是不断变化的，具有反思、积累、传播、交流学习、自我调整和主动创新等特性，它们都是人类主观能动性的反映。从采集到农业到工业，从简单社会到复杂社会，从部族到奴隶制国家再到当代民主国家，从石器时代到信息化时代，从神权社会、君权社会到民主社会，从万物有灵观念到科学主义盛行，人类的文化既在不断积累，也在不断变化。一成不变的文化是僵化的文化，只会被历史淘汰。

第三，文化具有多元性。不同时代、不同地域的人，因环境因素、资源条件、技术手段、认知水平、文化传统、集体审美、个人灵感等等因素的不同，创造出不同的适应方式，即不同的文化，虽然所有的文化在本质上都是为了主动适应环境、满足各种相同的人类需要。

由于人类文化的创新性、传承性和多元交流特性，必然形成累进效应。人类社会之所以在加速发展，而不是简单的重复，其原因就在于人类文化的创新、传承、积累与交流融合。人类今天如此复杂而高级的文化也得益于此。

3. 为什么我们不能预测未来

记得在我们的沣西考古工地发生过这样一件事：老王做饭与小王风格不同，前者刀功粗糙，口味较重，后者刀功较好，口味清淡。某天，大家吃完早餐，一致认为是小王做的，因为菜切得细，口味清淡，符合小王的做菜风格。结果一问，大家都错了，早餐是老王做的。原来，前天晚上，老王听到大家对饭菜的议论和口味偏好，主动作了改变，有意识地将菜切细了，口味放清淡了。

这一事例生动地告诉我们：人是有反思能力和主观能动性的，人及其文化具有不断主动反思，自我调整的特点，不是简单地重复和遵循某种规律一成不变运行下去。

人性的复杂、人的主观能动性和文化属性不仅决定了人类历史的复杂性，也决定了我们不可能预测我们的未来，虽然预测未来是我们人类梦寐以求的愿望和孜孜以求的目标。伟大的科学家牛顿在炒股失败后哀叹道："我可以计算天体运行的轨道，却无法计算人性的疯狂。"正如凯恩斯的研究所揭示的市场经济活动中的人类非理性——多数决策不是基于冷静的理性计算，而是出于受一种"动物精神"的驱使，"在历史上所有的经济泡沫，从郁金香泡沫、南海泡沫，到20世纪90年代日本房市泡沫和美国IT泡沫中，都能看到投机者的疯狂。2007年至今的美国房市泡沫破裂和金融危机再次见证了人类决策的非理性层面"[91]。

我们的历史研究，尤其是因果解释中往往是建立在这样的假说之上：人类的任何决策和行为总是理性的（而且是我们认知体系中的理性），是经过系统分析后的理性选择。但大量的历史事实告诉我们：这种理性人的假设是不成立的，人类决策和行为受到各种因素的影响，往往是非理性的，由此导致历史发展的不确定性与偶然性。法国哲学家勒庞在其著作《乌合之众：大众心理研究》中说，集体无意识的群体，缺乏理性，少有深思熟虑，多诉诸感情，更多受生物本能影响，易被煽动[92]。

除了复杂人性和非理性因素对人类行为的影响外，人的主观能动性也在干预人类社会的发展走向，人不是完全被动地受所谓“人类社会发展规律”的支配。当我们根据某种理论或规律假说来预测人类社会的发展方向时，同时也就在影响人类的行为或社会发展趋势，因为我们会根据这种预测来主动调整自己的行为方式，其结果是既有可能使原来的预测基本实现，也有可能使原来的预测变错。卡尔·波普尔说：“由于观察客体与观察主体之间的相互作用而导致预测的不确定性。”“社会科学家也许正在努力发现真理，但同时他也必定总在对社会施加一定的影响。他的意见确定起作用这个事实就破坏了意见的客观性。”[93]即预测本身就影响被预测事件的发展方向。例如，马克思、恩格斯切中要害地指出了19世纪资本主义社会中的问题，提出社会主义的设想。不过，资本主义社会在后来的发展中，针对问题不断做出调整，强化社会福利、公平机制和社会保障，当代资本主义国家已远非早期资本主义国家，资本主义迄今也并没有被社会主义代替。

所以，卡尔·波普尔说：“物质世界受着在整个空间与时间之内不变的物质统一体的支配（即均变论），而人类社会则是不同的。”“由于纯粹的逻辑理由，我们不可能预测历史的未来进程。因为：①人类历史的进程受人类知识增长的强烈影响；②我们不可能用合理的或科学的方法来预测我们的科学知识的增长；③所以，我们不能预测人类历史的未来进程；④我们必须摈弃理论历史学的可能性，即摈弃与理论物理学相当的历史社会科学的可能性。”[94]

我们看到的过去是我们想象的过去，我们预想的未来是我们所期望的未来，都未必是客观的存在。我们既不能看清过去，也不能预测未来，我们只能感受当下。对于我们所生活的世界，虽然我们总是希望有一种确定性，可以不再焦虑与彷徨，安心地生活于其中，但实际上，不确定性才是其本质，人生无常，大约如此，确定性不过是一种信仰和自我安慰而已。

4. 人及其文化属性决定历史与历史学的特性

历史决定论的前提是将人类及其文化视为简单重复的自然现象之一，可以寻找到像万有引力、相对论一样的几条规律来解释一切发展现象，忽视人的主观能动作用、人类文化的复杂性，甚至将人的核心作用从历史中完全抹除，应该说是实证科学思维方式的过度乐观反映。同样，实证主义史学的根本问题在于忽略历史学中的人——史学家及其主观影响作用的存在。

“20世纪80年代以来，在后现代主义思潮的影响下，一方面欧美考古学和其他社会科学一样重拾对人类行为复杂性、特殊性和偶然性的兴趣，开始采纳所谓的后过程方法来研究人类意识形态对文化变迁的影响。后过程考古学追随20世纪30年代英国哲学家和考古学家罗宾·柯林武德提出的观念论，以更加严厉的态度审视主观因素对科学认知的影响。”[95]与历史决定论不同，历史选择论认为，人是历史活动中的能动因素，社会是人的活动场所，历史是人主观选择的产物。选择论充分肯定了人的自由意志的作用。选择论凸显了历史活动中主体的作用。主体的情感、认知、需要都会对历史过程有所影响。选择论突出了人的自决力量，使历史完全成为人的历史，使人具有了作为创造者所应有的尊严[96]。

同样，历史学是一门有关人及其文化的学科。首先，历史学的基本研究对象是人及其文化的发展演变过程，人性的复杂决定其行为方式，即文化的复杂性。其次，历史学的研究者是具有复杂人性和主观能动性的人，历史学家的立场、观念、利益诉求、情感、认知等等不可避免地对其研究对象的选择、阐释、判断、评价与叙述等产生影响。

从自在的历史一面看，历史随时间而一去不返，不能重复，不可验证。人类具有主观能动性，人类创造的文化具有主动的调整、适应、积累、改变的特性，不像自然科学的研究对象那样被认为是进行简单重复的运动。“‘自然现象’背后没有什么东西可供追查，而‘历史现象’背后却有挖掘不尽的思想、动机、考虑、构思、阴谋、算计等等。”“自然的过程可以确切地被描述为单纯事件的序列，而历史的过程则不能。历史的过程不是单纯事件的过程而是行动的过程，它有一个由思想的过程所构成的内在方面；而历史学家所要寻求的正是这些思想过程。一切历史都是思想史，……都是在历史学家自己的心灵中重演过去的思想。”[97]同样，在考古学中，“制作一件人工制品时，如有装饰的陶罐，它的制作者通常有很多选择，这些选择部分地被文化和习惯（如传统和经验）所制约；但是陶匠可以依据自身的判断和艺术感觉做出选择。……他们既在制定文化和习惯，又被文化和习惯约束着”[98]。“人类行为却被看成是有目的的或是有意图的。换句话说，只有了解人们的观念和意图才能解释人类的行为。观念和意图并非有形实体，它们只是以思想的方式存在于我们脑袋中。考古学家无法直接观察或者‘测量’它们。在这种意义上，考古学解释在本质上始终是解释学的（即与观念、含义和象征有关），而不是科学的。这一论点是后过程主义考古学的核心纲领之一。”[99]

历史是由人创造的，也是由人来撰述的。人的主观能动性和复杂性决定人类历史的复杂性和无规律可循，作为著史核心的史家的人性决定历史学的建构性与多元性。自在的历史虽客观存在但已难以确知，我们所看到的、听到的、读到的历史都属表述的历史，是史家解读与建构的结果。

5.“均变论”不适用于历史学

如前所述，试图使历史学实证科学化的实证史学，其前提假说是假定古今人类行为方式和社会运行被动地遵循某些固定的规律，人类社会和文化演变同自然现象一样按照规定好的路线运行，历史学的最终任务就是发现这些规律和路线，预测人类的未来。本质上，这是一种自然科学的“均变论”假说前提。

在人类历史研究和古代遗存现象的解释方面，实证主义史学家采用的正是“均变论”原则，与之相关的还有人类学上的“文化同质论”。

实证史学的前提之一——文化均变论，即假设古今文化是一致的、一元的，我们与生活在任何一个时代、一个区域的人具有相同的文化背景、认知体系，我们有相似的思维方式和行为准则，因此，我们才可以以当代的经验、知识、思维习惯和行为方式去理解古代遗存与文献记载，理解古人的观念及行为，进而发现历史的真相，找到事件的因果关系，重建历史的过程。就考古学来说，新考古学本质上属于实证主义史学流派，试图使考古学科学化，寻求历史中的因果关系和规律。为了实现考古学的科学化，许多考古学家认为均变论同样适用于早期人类及其文化——如果我们不能假定他们的生理需要、耐受性以及其行为反应具有古今一致性，且可以预测，那么考古学研究就根本无法进行下去[100]。为了说明现在的观察可以作为过去判断的依据，宾福德借鉴了地质学家赖尔的“均变说”来予以支持。宾福德声称尽管过去文化的动力系统已经消失，但是相似的动与静的关系仍然存在于现生的文化系统之中，比如土著群体结构与生态环境的关系，土著人的活动与动植物资源的关系，以及他们生产工具、技术与原料及活动方式的关系都应当和过去的状况相似。如果在现生文化系统之中人类物质文化废弃特点和人类行为的相伴关系存在某种规律的话，那么考古学家对这种规律的总结可以用来从史前文化的物质现象来提炼人类行为和文化动力的信息[101]。

我们认为，这种前提假说忽视了人的复杂性和文化属性，否定了人是一种具有自我反思、主动调整能力的动物，即否定了人的主观能动性及其影响。因此，“均变论”的假说前提是否适用于人类历史研究是值得推敲的。

另外，不同时代不同地域的人群与文化之间虽然具有同质性，使得我们彼此之间能够互相沟通与理解，但也具有各有的独特性，即文化的多样性，彼此之间文化传统、自然人文环境和认知体系各有不同。人类文化不是按照某种规律单线进化的，而是多元发展的。同质性和多样性并存也是人类社会及其文化复杂性的一种反映。

基于以上对历史及历史学本质特性的认识，我们认为自然科学中的“均变论”前提不适用于历史学研究。均变论对于研究考古发现的动物、植物、环境等自然现象的研究也许适应，但一旦涉及人及其文化，作为人类文化的一部分，对于以人类文化为研究对象的考古学来说，就未必适用了[102]。

自然界尤其是无机界中的发展，表现为“原因—结果”的过程，直接受因果关系的支配。人类社会的历史运动，表现为“原因—目的选择—结果”的过程，中间插入了人的目的这一主观环节。人的需要是文化创造与历史选择的主体因素和动力源。人是社会活动的主体，是历史的主人，社会历史就是人类有意识活动的历史，每一个社会现象都留下人的活动轨迹，打上人的意志的烙印[103]。

梁启超曾对自然科学和历史学的差别作了说明，他指出，第一自然科学的事件是重复出现的，然而历史事件是一次性的。第二自然科学的事件是普遍的，而历史事件是唯一的。第三自然科学的事件是超时空的，而历史事件是以时空条件为主要基础。因此，史学研究要比自然科学研究更为复杂和困难[104]。

克罗齐认为历史学不是科学，而是艺术。如果说自然科学是通过外部的观察来认识科学现象的，那么，历史学则主要是通过认识主体的内省和体验来认识历史现象。这由历史现象是偶然的、个别的、不可重复所决定[105]。科林伍德说："自然科学的事实是一种现象，而历史事实的背后却是思想。自然科学所研究的仅仅是现象，而历史学家所研究的却是现象后面的思想。"[106]历史学以人及其文化为研究对象必须考虑到人性及人类文化的复杂性。

总之，自然科学与历史学之间有本质的区别，自然科学的"均变论"前提假说不适用于历史学研究。实证主义历史学（包括新考古学）的根本问题之一也正在于其前提假说——均变论和同质论。

注 释

[1] 夏鼐：《什么是考古学》，《考古》1984年第10期。

[2]〔英〕马修·约翰逊著，魏峻译：《考古学理论导论》，岳麓书社，2005年，第37页。

[3]〔英〕伊恩·霍德、〔美〕司格特·哈特森著，徐坚译：《阅读过去》，岳麓书社，2005年，第125页。

[4] 朱凤瀚：《论中国考古学与历史学的关系》，《历史研究》2003年第1期。

[5] 朱凤瀚：《论中国考古学与历史学的关系》，《历史研究》2003年第1期。

[6] 赵吉惠：《史学概论》，陕西师范大学出版社，1990年。

[7]〔英〕F.H. 布莱德雷著，何兆武、张丽艳译：《批判历史学的前提假设》译序，北京大学出版社，2007年。

[8] 朱本源：《历史学理论与方法》，人民出版社，2007年，第84～86页。

[9] 朱本源：《历史学理论与方法》，人民出版社，2007年，第84页。

[10] 徐良高：《他山之石，可以攻玉——英美学术界"文明起源"研究的理论及其启示》，《古代文明研究》（第1辑），文物出版社，2005年。

[11] 朱本源：《历史学理论与方法》，人民出版社，2007年，第104页。

[12] 毛泽东：《实践论》，《毛泽东选集》第一卷，人民出版社，1991年。

[13] 朱本源：《历史学理论与方法》，人民出版社，2007年，第86页。

[14] 于沛：《没有理论就没有历史科学——20世纪我国史学理论研究的回顾和思考》，《史学理论研究》2000年第3期。

[15]〔美〕罗伯特·沙雷尔、〔美〕温迪·阿什莫尔著，余西云等译：《考古学——发现我们的过去》（第三版），世纪出版集团，上海人民出版社，2009年，第13页。

[16]〔英〕肯·达柯著，刘文锁、卓文静译：《理论考古学》，岳麓书社，2005年，第219页。

[17]〔英〕马修·约翰逊著，魏峻译：《考古学理论导论》，岳麓书社，2005年，第177页。

［18］〔英〕F.H. 布莱德雷著，何兆武、张丽艳译：《批判历史学的前提假设》，北京大学出版社，2007 年，第 28 页。
［19］〔英〕马修 · 约翰逊著，魏峻译：《考古学理论导论》，岳麓书社，2005 年，第 4 页。
［20］何兆武：《对历史学的若干反思》，《史学理论读本》，北京大学出版社，2006 年，第 65 页。
［21］张光直：《考古学：关于其若干基本概念和理论的再思考》，生活 · 读书 · 新知三联书店，2013 年，第 104 页。
［22］〔加〕布鲁斯 · G · 特里格（Bruce G. Trigger）著，陈淳译：《时间与传统》序，中国人民大学出版社，2011 年。
［23］〔英〕马修 · 约翰逊著，魏峻译：《考古学理论导论》，岳麓书社，2005 年，第 2～7 页。
［24］夏鼐主编：《中国大百科全书 · 考古学卷》，中国大百科全书出版社，1986 年。
［25］陈淳：《考古研究的哲学思考》，《中国文物报》2006 年 8 月 11 日第七版。
［26］杨建华：《外国考古学史》序，吉林大学出版社，1999 年。
［27］张春海：《考古学与哲学联手打开新视野》，《中国社会科学报》2013 年 3 月 11 日第 A01 版。
［28］陈春声：《人文学科的“有用性”》，《大学的根本》，商务印书馆，2015 年。
［29］何兆武：《对历史学的若干反思》，《史学理论读本》，北京大学出版社，2006 年，第 66 页。
［30］《简明不列颠百科全书》第八卷，中国大百科全书出版社，1986 年，第 961 页。
［31］葛懋春主编：《历史科学概论》，山东教育出版社，2002 年；姜义华、瞿林东、赵吉惠：《史学导论》，复旦大学出版社，2010 年。
［32］朱本源：《历史学理论与方法》，人民出版社，2007 年，第 9 页。
［33］〔德〕黑格尔著，王造时译：《历史哲学》，上海书店出版社，1999 年，第 63 页。
［34］朱本源：《历史学理论与方法》，人民出版社，2007 年，第 9、10 页。
［35］朱本源：《历史学理论与方法》，人民出版社，2007 年，第 11 页。
［36］葛剑雄、周筱赟：《历史学是什么》，北京大学出版社，2005 年，第 3～9 页。
［37］朱本源：《历史学理论与方法》，人民出版社，2007 年，第 13、14 页。
［38］李大钊：《史学要论》，《李大钊史学论集》，河北人民出版社，1984 年。
［39］叶舒宪、彭兆荣、纳日碧力戈：《人类学关键词》，广西师范大学出版社，2004 年，第 96 页。
［40］王学典主编：《史学引论》，北京大学出版社，2008 年，第 5 页。
［41］王学典主编：《史学引论》，北京大学出版社，2008 年，第 11、12 页。
［42］〔英〕史蒂芬 · 霍金著，许明贤、吴忠超译：《时间简史——从大爆炸到黑洞》，湖南科学技术出版社，2002 年，第 134～140 页。
［43］〔加〕布鲁斯 · 崔格尔著，徐坚译：《考古学思想史》，岳麓书社，2008 年，第 340 页。
［44］李振宏、刘克辉：《历史学的理论与方法》，河南大学出版社，1989 年。
［45］王学典主编：《史学引论》，北京大学出版社，2008 年，第 12～14 页。
［46］〔德〕马丁 · 海德格尔著，陈嘉映、王庆节合译，熊伟校：《存在与时间》，生活 · 读书 · 新知三联书店，1987 年，第 191 页。
［47］〔英〕马修 · 约翰逊著，魏峻译：《考古学理论导论》，岳麓书社，2005 年，第 15 页。
［48］〔美〕迈克尔 · 奥克肖特著，〔英〕奥沙利文编，王加丰、周旭东译：《历史是什么》，上海财经大学出版社，2009 年。

[49]〔英〕乔治·奥威尔著，董乐山译：《1984》，上海译文出版社，2003年，第37页。

[50]〔英〕爱德华·卡尔著，吴柱存译：《历史学家和历史学家的事实》，《史学理论读本》，北京大学出版社，2006年，第96页。

[51]〔美〕卡尔·贝克尔：《什么是历史事实》，《现代西方历史哲学译文集》，上海译文出版社，1984年。

[52] 陈淳编著：《考古学理论》，复旦大学出版社，2004年，第126～129页。

[53] 陈淳编著：《考古学理论》前言，复旦大学出版社，2004年，第3页。

[54]〔加〕布鲁斯·崔格尔著，徐坚译：《考古学思想史》，岳麓书社，2008年，第21页。

[55] 陈淳编著：《考古学理论》，复旦大学出版社，2004年，第128、129页。

[56]〔美〕罗伯特·沙雷尔、〔美〕温迪·阿什莫尔著，余西云等译：《考古学——发现我们的过去》（第三版），世纪出版集团，上海人民出版社，2009年，第343页。

[57]〔美〕罗伯特·沙雷尔、〔美〕温迪·阿什莫尔著，余西云等译：《考古学——发现我们的过去》（第三版），世纪出版集团，上海人民出版社，2009年，第346、349页。

[58]〔英〕伊恩·霍德、〔美〕司格特·哈特森著，徐坚译：《阅读过去》，岳麓书社，2005年，第3、4、6页。

[59] 布鲁斯·崔格尔著，徐坚译：《考古学思想史》，岳麓书社，2008年，第309、329、330页。

[60]〔加〕布鲁斯·特里格（Bruce Trigger）著，沈辛成译，陈淳校：《世界考古学展望》，《南方文物》2008年第2期。

[61]〔加〕布鲁斯·崔格尔著，徐坚译：《考古学思想史》，岳麓书社，2008年，第276、277页。

[62] 转自赵本义：《"人是万物的尺度"的新解读》，《人文杂志》2014年第6期。

[63] 佛教的《金刚经》说：宇宙人生的本质缘起性空，无固定不变的实体，无一相才是真相、实相。世界的本质是无相，现象世界都是幻有，"凡所有相，皆是虚妄"。

[64]〔美〕比尔德：《那个高贵的梦》，《当代西方史学理论》，中国社会科学出版社，1996年，第683、684页。

[65]〔英〕爱德华·卡尔著，吴柱存译：《历史学家和历史学家的事实》，《史学理论读本》，北京大学出版社，2006年，第38页。

[66] 朱本源：《历史学理论与方法》，人民出版社，2007年，第441、442页。

[67] 许冠三：《新史学九十年》，岳麓书社，2003年，第586、587页。

[68]〔英〕爱德华·卡尔著，吴柱存译：《历史学家和历史学家的事实》，《史学理论读本》，北京大学出版社，2006年，第46、47页。

[69]〔美〕卡尔·贝克尔（Carl L. Becker）著，马万利译：《历史的观念译丛·人人都是他自己的历史学家：论历史与政治》，北京大学出版社，2013年。

[70] 朱本源：《历史学理论与方法》，何兆武序一，人民出版社，2007年，第7、8页。

[71] 余英时：《史学、史家与时代》，《文史传统与文化重建》，生活·读书·新知三联书店，2004年，第124、125页。

[72] 朱本源：《历史学理论与方法》，何兆武序一，人民出版社，2007年，第1页。

[73] 陈淳：《考古学史首先是思想观念的发展史——布鲁斯·特里格〈考古学思想史〉第二版读后感》，《南方文物》2009年第1期。

[74]〔英〕马修·约翰逊著，魏峻译：《考古学理论导论》，岳麓书社，2005年，第133页。

[75]（汉）许慎著，（宋）徐铉校，王宏源新勘：《说文解字》，社会科学文献出版社，2005年；周士璋：《从汉字看古代对女性的歧视》，《河北师范大学学报（哲学社会科学版）》2000年第2期。

[76] 鲁迅：《且介亭杂文·阿金》，《鲁迅全集》第六卷，人民文学出版社，2005年。

[77]〔美〕格特鲁德·希梅尔法布著，余伟译：《新旧历史学》，新星出版社，2007年，第27、28页。

[78] 徐坚：《超越性别的性别考古学——纪念珍妮特·斯佩克特尔》，《中国社会科学报》2013年6月5日第B06版。

[79]〔德〕马克思、〔德〕恩格斯：《德意志意识形态》，《马克思恩格斯选集》第1卷，人民出版社，1995年，第66页。

[80] 卡西勒：《符号、神话与文化》，《历史理论与史学理论——近现代西方史学著作选》，商务印书馆，1999年，第59页。

[81]〔法〕马克·布洛赫：《历史学家的技艺》，上海社会科学院出版社，1992年，第23、110页。

[82]〔英〕C. 莱伊尔（C. Lyell）著、徐韦曼译：《地质学原理（第一册）》，科学出版社，1959年。

[83]《马克思恩格斯全集》第46卷（上），人民出版社，1974年，第491页。

[84]《樊代明院士：医学远比科学复杂》，《世界复合医学》2015年第1卷第3期。

[85]〔美〕基辛（Keesing，M.R.）著，北晨编译：《当代文化人类学概要》，浙江人民出版社，1986年，第14页。

[86]〔英〕伊恩·霍德、〔美〕司格特·哈特森著，徐坚译：《阅读过去》，岳麓书社，2005年，第92页。

[87]〔以色列〕尤瓦尔·赫拉利著，林俊宏译：《人类简史——从动物到上帝》，第八章，中信出版股份有限公司，2014年。

[88] 转引自陈中立：《反映论新论》，中国社会科学出版社，1997年，第406页。

[89]〔德〕贝蒂娜·施蒂克尔编，张荣昌译：《诺贝尔奖获得者与儿童对话》，生活·读书·新知三联书店，2003年。

[90]〔法〕吕西安·费弗尔：《历史与心理学——一个总的看法》，《现代西方史学流派文选》，上海人民出版社，1982年。

[91] 杨春学：《凯恩斯的“动物精神”：人类市场行为非全理性》，《中国社会科学报》2010年2月9日第9版。

[92] 勒庞的思想极大地挑战了18世纪以后启蒙哲学中有关理性人的假设。美国学者罗伯特·墨顿在评价勒庞《乌合之众：大众心理研究》的得与失时说：“人既无理性又自私自利，易于冲动且反复无常，或者是把理性用在伤天害理的事情上。他既是暴力和虔诚骗局的实施者，又是它的牺牲品——这样一幅人类画像，在勒庞写此书时当然算不上什么新见解。至少从《君主论》——这个标题显然强调了控制者——的时代起，一直到《乌合之众：大众心理研究》——这个标题转向了被控制者——的时代，每个世纪的马基雅维利主义作家，就一直在不断地设计出这样的形象。”“对于人类及其行为中这个令人憎恶的方面，心理学家、社会学家、社会哲学家、政治理论学、政论记者以及有创造性的落魄小说家都写过大量的书和应时之作，勒庞的《乌合之众》，不过是其中的一本而已。”——〔美〕罗伯特·墨顿：《勒庞〈乌合之众：大众心理研究〉的得与失》，《乌合之众：大众心理研究》，中央编译出版社，2017年，第38页。

[93]〔英〕卡尔·波普著，杜汝楫、邱仁宗译:《历史决定论的贫困》，华夏出版社，1987年，第11～13页。

[94]〔英〕卡尔·波普著，杜汝楫、邱仁宗译:《历史决定论的贫困》序，华夏出版社，1987年，第1页。

[95] 陈淳:《考古学史首先是思想观念的发展史——布鲁斯·特里格〈考古学思想史〉第二版读后感》,《南方文物》2009年第1期。

[96] 王学典主编:《史学引论》，北京大学出版社，2008年，第17页。

[97]〔英〕科林伍德著，何兆武、张文杰译:《历史的观念》，商务印书馆，1997年，第83、84、302、303页。

[98]〔英〕肯·达柯著，刘文锁、卓文静译:《理论考古学》，岳麓书社，2005年，第179、180页。

[99]〔英〕马修·约翰逊著，魏峻译:《考古学理论导论》，岳麓书社，2005年，第44页。

[100]〔英〕科科林·伦福儒、保罗·巴恩主编，陈胜前译:《考古学：关键概念》，中国人民大学出版社，2012年。

[101] 陈淳编著:《考古学理论》，复旦大学出版社，2004年，第127、128页。

[102] 自然科学手段在考古学中的应用，即科技考古将均变论作为自己的重要原则基础，科技考古秉承“以今论古”的原则（见中国社会科学院考古研究所著:《科技考古的方法与应用》，文物出版社，2012年，第2页）。科技考古学家的基本预设之一就是动植物、环境气候等自然现象的特性与生长、运行方式古今一致，我们可以以今天的相关动植物、环境气候知识去研究古代的同类现象的特性、行为方式，进而探讨它们与人类的关系。我们认为，如果仅仅限于对古代的动植物、河流气候等自然现象的研究，这种“均变论”原则有其合理性，而一旦涉及人，探讨它们与人的关系，问题就复杂了，必然受到人的文化属性的影响。对于科技考古来说，科技是手段，研究古代的人及其文化才是目的，即研究人与各种自然环境因素的互动关系及其对文化的影响。因此，科技考古本质上仍是历史学科，同样具有历史学的本质属性。

[103] 王学典主编:《史学引论》，北京大学出版社，2008年，第36、37页。

[104] 梁启超:《中国历史研究法》，上海古籍出版社，1998年。

[105]〔意〕B·克罗齐著，田时纲译:《一切历史都是当代史》,《世界哲学》2002年第6期。

[106]〔英〕科林伍德著，何兆武、张文杰译:《历史的观念》，中国社会科学出版社，1986年。

中国早期文明路径与文明史观的产生

张天恩

（西北大学文化遗产学院　陕西省考古研究院）

越来越多的考古发现，在不断地刷新我们对古代文明的认识。从2001年起，科技部启动“十五”科技攻关项目“中华文明探源工程”，至2016年完成结项已取得了不少的重要收获。以中原陶寺古城、长江下游良渚古城和长江中游石家河古城的出现为标志，许多地区的史前社会的发展普遍达到相当高度，被认为已进入到王朝之前的古国文明阶段[1]，也即早期文明社会。所谓文明，就是社会发展至较高级阶段的概括，是以较成熟社会秩序的建立为标志。考古发现显示，相关文化都已存在建设宏大工程需要的有效动员大量人力物力的能力，明确的等级分化，以及一定高度的社会秩序形成等相关的重要迹象。

但这些文化所表现出的文明形式并非完全雷同，还存在有不小的差别。那究竟是什么原因导致这些文化、文明差异的出现，不能不认为是从事考古的人应该关注的重要问题。因此，本文想就此做一些初步探讨，以供学界同行的思考。

一、早期文明路径的认识

大量考古发掘工作揭示了中国新石器时代考古学文化的纷繁多样，大约在距今5000年前后走向早期国家形态的前夜，自北向南发现的红山、仰韶、大汶口、屈家岭、良渚等几支重要的考古学文化，分别产生了一些被认为与社会复杂化和早期文明相关的文化遗存，诸如祭坛、神庙、大墓、殿堂类建筑、大型聚落或城址等。

为什么会认为这些遗存与早期文明相关？主要是因其内涵丰富、规模比较大，有些甚至可以说是非常庞大。许多工程的兴建都需要大量劳动力和社会资源投入方可成功，少数人参与则难以完成，不可能是一个家庭、家族，甚至人数有限的部落所能承担的。故应是在拥有广泛的社会动员能力、有效的社会协调组织，可调动大量人力、物力的条件下，才能进行设计、施工建设这些标志性建筑。而能够调用多方面资源的背景，实际应是这些文化的社会结构和组织已超越了原始部落形态，达到部落联盟或早期国家的文明程度。

比较而言，分布于辽西和内蒙古东南部的红山文化，是以巨大的祭坛、女神庙、积石冢等为其文明成就的代表[2]；几乎囊括了黄土高原的仰韶文化，以殿堂式大型建筑，大型居址及二十四万多平方米的大型环壕聚落、大型墓地，以及大墓显示其文明程度[3]；分布于海岱地区的大汶口文化，发现了城址和随葬品丰富的大型墓葬[4]；以江汉平原地区为中心的屈家岭文化，是以规模不等的城址建筑、大型墓葬及丰富的随葬品为特色[5]；分布在钱塘江和太湖流域为中心地区的良渚文化，则是面积达300多万平方米的城址、祭坛和高等级的墓地，大型的拦、蓄水坝等水利工程[6]，成为文明高度发展的标志。

对这些文化特征进行一些梳理，就可以注意到其文明因素各有千秋，特色鲜明。诸类文化的时代虽大体相当或略有早晚，但文化的面貌特征显然是各不相同。所以学界前辈提出的区系类型、重瓣花朵等观点[7]，就是对这些考古学文化的文明特点所做的客观总结。在对物质文化特征差异观察的基础上，关注这些文化的社会治理特点，思想观念体系等上层建筑等问题，逐渐成为学界思考的新方向。这些处于相应发展阶段但文明特征不同的文化类型，代表的可能是文明发展的不同模式，也显示出了文明演进的不同路径。

“在中国古代文明演进历程中，距今5500～4500年这个阶段，无论是北方的红山文化、东南的良渚文化，还是中原的仰韶文化，都已发展到苏秉琦先生所说的‘古国’阶段，但它们所走的道路、表现的形式并不相同。如果说它们都属‘古国’，则红山文化古国是以神权为主的神权国家，良渚文化古国是神权、军权、王权相结合的以神权为主的神权国家，仰韶文化古国是军权、王权相结合的王权国家。”[8]这是李伯谦先生颇具创意的认识，将考古学文化的特征差异解构为崇尚神权，和崇尚军权—王权的两种文明演进模式。

李先生提出两种文明模式之初，是在对大汶口文明模式“还没有清晰的认识”之情况下，后再认真分析大汶口文化考古资料，并看到济南焦家遗址发掘资料以后，他确信大汶口文化的文明模式也“是崇尚军权—王权的模式”[9]，也就是将之与仰韶文化归为一类。

焦家遗址的新发现，提供了认识大汶口文化社会演进的真切图景，约百万平方米的大型聚落中心建有城垣及环壕，墓葬有大型、中型和小型的分级，随葬品数量、品级差距明显，社会的层级关系分明。这些特征与红山文化、良渚文化以神庙、祭坛等宗教设施为核心的神权社会确有明显不同，与仰韶文化的差别实际也还比较大，反而与湖北沙洋县屈家岭文化城河遗址的发现相似。城河城址也发掘出城垣、人工水系、大型建筑、祭祀遗存等重要遗迹，表明其是屈家岭文化在汉水西部的区域中心聚落。城北的王家塝墓地大、中、小型墓葬的分级较明显，大型墓的面积在10平方米以上或略小，随葬品多者达60余件，陶器以制作较精的磨光黑陶为主，部分还随葬有精美的玉石钺、象牙器、漆器，以及猪下颌骨等[10]。

相比之下能深切地感受到，后两种文化的文明特征具有更高的相似度。在显示等级的大墓中，都有形式不同的木质葬具，随葬品有数十件特色陶器，以及属于珍贵奢侈品的玉器、漆器、象牙，或白陶器、彩陶等，并均有象征军事指挥权的玉钺随葬，反映出了对军事权拥有者和武力的尊崇。这就很清楚地说明，大汶口文化和屈家岭文化的文明演进一样，所反映的才是“崇尚军权—王权的模式”。

若以此作为一个标准，回头再看一下仰韶文化的基本特征，就可注意到其对军事权威的尊崇并不明显。灵宝西坡遗址发现的庙底沟文化中期最大墓葬 M27，为一带生土二层台的长方形竖穴土坑墓，墓口长 5、宽 3.4 米，面积 17 平方米[11]。如此规模的墓葬仅随葬了大口缸、簋形器、釜灶、壶、钵、杯等 9 件陶器在脚坑内，未见任何一件可视为珍稀的奢侈品，或体现占有财富的遗物。以之与城河、焦家大墓出土的丰富随葬品相比，西坡大墓不免有些相形见绌。从墓葬规格而言，与城河屈家岭文化、焦家大汶口文化的大墓相当甚至还要更大，但随葬品数量的多寡、品质的高低一目了然。同时，也较少见代表军事权威的玉石斧钺等。如果说大汶口、屈家岭文化的大墓多见斧钺类文物，并多见城址类军事设施属于“军权—王权的模式”之定位可信，那么将仰韶文化归属于同类模式，就不能不令人心生疑窦？

西坡遗址 2005 年发掘的 22 座墓葬[12]，多数似成排分布，可分为大中小三类，显然存在等级的差别无疑。大型墓长 3.05～3.95、宽 2.25～3.6 米，均小于 2006 年的 M27，而接近 M29 但形制相似，墓室也带生土二层台及脚坑，随葬品数量和种类均相近。M27、M29 两墓的墓室都发现有木质盖板，并用草拌泥填封而显得更为尊崇，故其级别与 2005 年的相当或略高。前后发掘的这些大墓少见或不见贵重的奢侈品随葬，与军权有关的玉钺也比较少见，只出于 2005 年的大墓 M8 和 M11。前者为一年龄约 30～35 岁的男性墓，随葬玉钺 1 件，后者为年龄大约 4 岁的儿童墓反而出了 3 件。但斧钺并未见于最大的墓葬 M27 和 M29，可见军权并非最为显赫的标志。因此，仰韶文化中地位更高的可能是具有社会治理和管理能力的人，而非仅为武勇的猛士，更看不出代表宗教法物的迹象。这些人物能获得高规格墓葬的尊显，应该是能为族群创造福祉、抵御灾难，对社会管理有方的“贤达或圣王”。因此，仰韶文化的文明演进路径和模式与大汶口等显然存在差异。既非崇敬武勇及财富，亦非崇拜神祇及灵物，应是以社会治理有贡献者被推崇，而形成族群的权力中心和社会伦理核心，视之为“王权—军权的模式”或路径则显得更为合适。

这一文明路径的特征，主要表现为注重社会治理和公众事务处置，尊崇圣王贤达者的地位，而非追求财富占有和奢侈品享用。杨官寨遗址中心面积达 24 万多平方米的环壕，东侧发现数以千计但无打破叠压关系的墓葬，就是当时社会管理成熟有序的标志。灵宝西坡、彬县水北、秦安大地湾等遗址的超大型殿堂式建筑[13]，是其关注公众事务的反映。管理国族社会的圣王死后享有规模颇大、形制较讲究的墓葬以彰其地位尊崇，但随葬品为数量不多的简朴日用器具，甚少耗费资源的精美奢侈品，反映了崇尚简约朴实的思想观念和社会风尚，遂成为“仰韶文化中期社会复杂化过程的显著特点”[14]。

所以，中国早期文明的路径，应在李先生所提出的两种之外，再加上“王权—军权的模式”而为三种。但三者并非毫不相干，实际具有不可全然割裂的相关性。像红山、良渚类所谓神权古国，实为神权、军权、王权相结合而以神权为主[15]，大汶口、屈家岭类“军权—王权”模式的古国，也有神权的内核，焦家遗址大汶口大墓旁有祭祀坑，城河遗址屈家岭大型院落南部也有祭祀活动区。王权—军权路径的仰韶类古国，同样也有一定程度的神权属性，大地湾等遗址的殿堂式大建筑，就被认为有祭祀和举行宗教仪式的功能[16]，更早的半坡遗址就发现过立石及陶器坑等祭祀遗迹[17]。实际上比较成熟的早期文明体系，都要具备强化社会治理的王权，维护社会安全的军权，和维系社会思想意识的宗教神权这三类基本要素，三者缺一都不能算完备的社会文明形态。只是占据主导地位的要素侧重的为哪一类？却因受到各种条件的制约，而影响到文明路径的选择。

二、文明路径差异的原因

早期文明发展的路径既非单一的形式，而是具有多样性的特征，也就是文明以何种形式演进，实际存在选择的可能性和机遇。但何以会出现这样、那样不同的选择？却是要受到许多因素的影响。但最主要的影响或制约，定与各种文化所处的自然环境及其具体的生存条件攸关。任何文化、文明都是人类创造，但人类的衍生和世界上一切生物一样，无不受到环境的制约。虽不能以此类推导为“环境决定论”[18]，但也不可能否定存在人地关系的相互作用，和环境条件优劣的限制。特别是社会生产力低下的古代社会，某一类地理环境对成长于其中的那个人类社会的物质生产活动具有决定性的制约，并进而影响到那个人类文明的类型及其发展进程，就属于马克思主义关于地理环境的论述[19]。

从中国境内早期文化的经济类型而言，稻作农业起源于中国南方，旱作谷物培育就在北方地区而不是相反，就表明人类处于什么样的自然环境条件下，便会创造出相应特征的经济形态以及文化、文明类型。“橘生淮南则为橘，生于淮北则为枳”，是关于植物生长受环境制约的经典表述。“胡马依北风，越鸟巢南枝”，讲的是动物对环境的依赖和眷恋。无论“一方水土养一方人”的老话，还是近来盛传的“文明不上山”新说[20]，都揭示了人类对所居环境的适应性，也符合进化论“适者生存”法则的思想观念。即使不同的农业耕作方式，都“可能意味了不同的社会运作方式”[21]。因此，不同文明的路径形成，必会受到不同文化所处自然环境的影响，而不是无缘无故的发生。

如果从地形图上进行观察，可以清楚看到我们中国的自然地形明确分为三个阶梯（图一）。前述的几种考古学文化，主要分布在黄色的第二和绿色的第三阶梯区域内，褐色的第一阶梯高寒区尚没有早期先民所遗留的痕迹。其中的红山、大汶口、屈家岭和良渚等考古学文化为代表的文明，大体是自北向南处于第三阶梯的中间地带，也就是这一区域内条件更优越的区间。只有仰韶文化处在第二阶梯东部的中间位置，也是自然条件相对稍好而近邻前几类文化的区域。

第三阶梯的地形是以平原为主，其余为低山丘陵地带，绝大部分海拔在 500 米以下，平原地区多在 10 多米或几十米，面向大海易受太平洋暖湿气流影响，雨量丰沛、水源充裕，属于自然条件最为良好的区域。适宜植物生长、动物存活，也是人类获取生活资源比较简便、容易的生存环境。第二阶梯的地形主要以高原为主，间以盆地和河谷平原，平均海拔高度在 1000 米，河谷盆地约在 500 米，面向内陆为大陆性季风气候影响区，雨水较少且分布不均，相比于第三阶梯区的自然环境普遍较差一些。动植物存活生长都会受到不同程度的影响，人类获取生活资源的条件更为困难，需要努力劳作方能谋求温饱，生存状况显然较为艰苦。

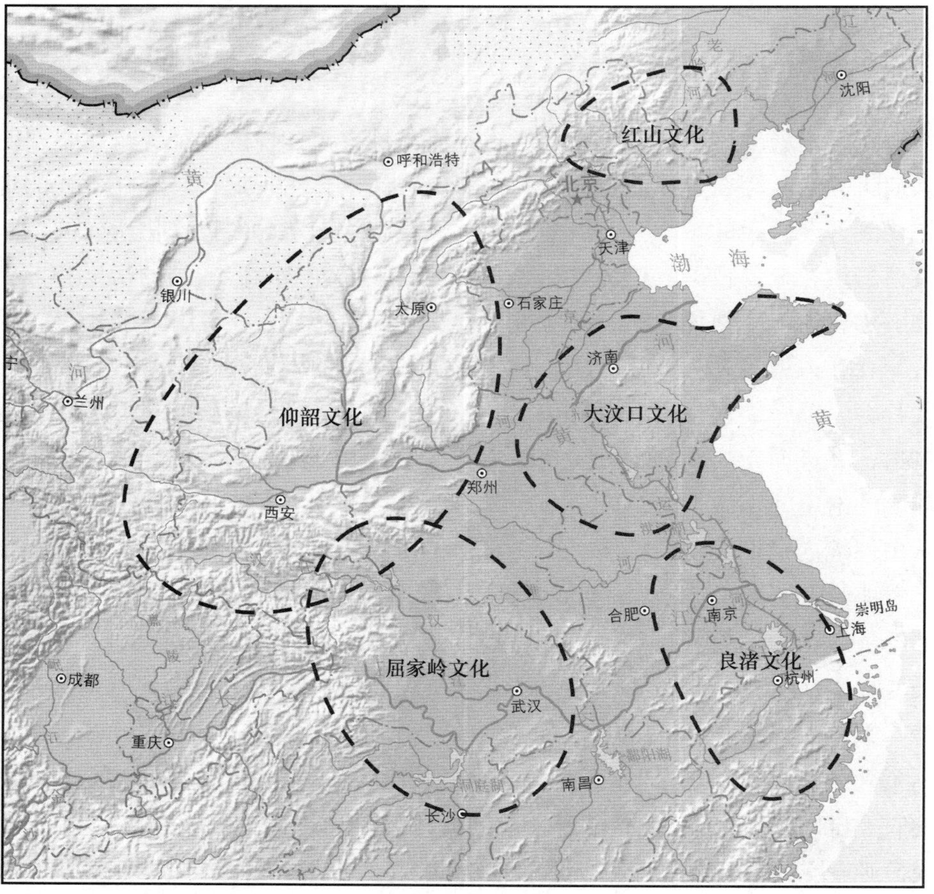

图一　中国的自然地形特征和距今 5000 年左右的古文化分布示意图

［据国家测绘地理信息局监制中国地势图修改，原图审图号：GS（2016）1609 号］

处于第三阶梯南部的良渚文化、屈家岭文化，都属于稻作农业为主的经济形态，前者辅以捕捞、采集，后者则辅以渔猎、采集，分别因小的环境差异而有所侧重[22]。处于中间位置的大汶口文化的经济形态，是以粟类种植为主体的旱作农业，也辅以渔猎、采集和畜牧养殖[23]。处在偏北的红山文化也是以粟类旱作农业为主，渔猎采集为辅的经济形态[24]。这几类文化在农业经济基础上，各自都有可获取的较丰富的自然资源和较好的生存条件，个体家庭、家族及族群社会多不存在生计的压力。所以，这些文化都可能有更富余的人工和可以利用的自然资源，也提供了进行更细社会分工的条件，可让更多的人去从事生计之外的手工业活动，并生产出生活必需品之外的其他产品甚至奢侈品，去满足不同层次人群、不同类型的社会生活需要。诸如稀缺的精良器具，以及原料不易获得、耗时费工的玉器等产品，故在这几类文明中都有数量可观的精美玉器发现。

相比而言，红山文化和良渚文化的玉器发现量更为突出，器类主要是宗教祭祀活动的礼神用器，以及巫师、祭司类神职人员举行祭祀仪式的佩饰物品，显示了特别突出的神权地位。为了表达对神祇的崇敬，他们可以不惜工本的去制作大量形制精美、体量较大的玉器作为礼器献祭，兴建宏大的神庙和祭坛等礼神建筑以示虔诚。并为巫师们安心礼神，让工匠们精艺治玉提供了条件保证，而不必受衣食之需的困扰。这显然是得益于优越的自然环境，易于获得足够的食物等资源补给，而保障了社会群体的正常生活。

大汶口和屈家岭文化所处的自然地理条件与前两者近似，但略有不同的是在低山丘陵为主的地带，生活资源的获取相对较为欠缺。加之分别处在多种文化的中间区域，生存空间或要受到一定的限制，出于维护生活资源和拓展生存空间的需要，注重武力、崇尚军权显然成为一种必要的选择。随葬品丰富的大型墓葬中，常常可以见到玉、石钺之类的武器，重要聚落普遍营建城垣，明显是有对军事首领的尊崇，以及军事防御方面的考虑。各自也有一些较贵重的玉器发现，但数量明显较少，除了少量斧钺之外，其余为环、管类饰件，宗教属性的玉器比较罕见，可知神权祭祀必处于次要的地位。

处于第二阶梯的仰韶文化，是依赖粟类种植为主的旱作农业经济形态，辅以家庭的家畜养殖业、有限的渔猎活动作为生活资源的补充，可获取的自然资源相对较为有限。原始的农耕生产要投入更多的劳动力才会有相应的收获，比较干旱的气候条件也不能确保谷物收成的稳定，养殖业又直接受农作物丰欠的影响，渔猎的补充条件亦较有局限。这一环境中的个体家庭、家族及族群社会都会面临较大的生存压力，不可能有富余的劳动力去从事生活必需品之外的奢侈品生产。因此，这类文明路径的道德伦理和审美价值追求，必是对族群利益的维系，对社会治理做出贡献者表达尊崇，而非对财富拥有的膜拜。故凸显的是王权的崇高地位，而军权和神权均在其次。其代表社会等级、身份的主要形式，并非对玉器等贵重物品及众多器具等资源的占据，而是以仪式性的较大规格墓葬彰显。

三、文明路径差异所致的文明史观

不同文明路径的社会治理观念体系，会有迥异的差别，大体可以将之概括为：神权文明是信神明；军权文明是崇武力；王权文明是尽人事。

崇尚神权的文明，社会上层率民以事神，引导民众向神灵膜拜，祭祀和维护祭祀的崇高和威严是最重要的社会行为，将有限的社会剩余劳动价值和资源，耗费在宏大的祭坛、神庙建筑，精美玉器等礼神的设施、祭品（法器）以及衣饰方面。这是一类依赖、迷信神明的社会运作形式，而不是依靠治理能力掌管社会事务的文明体系，可持续发展的前景实际不容乐观。正如李伯谦先生所说，这类文明模式是“靠向神致祭、同神对话秉承神的意志和个人想象来实现领导”。由于“掌握神权的巫师，无所节制地将社会财富大量挥霍于非生产性的宗教祭祀设施的建设和活动上，掏空了社会机体正常运转和持续发展的基础，使社会失去了进一步发展的动力”[25]。

对考古发掘资料较充分良渚文化而言，其特征显示“神权应凌驾于世俗权力之上。大量不同层次的祭坛以及玉质礼器的使用，表明良渚先民对神的崇拜已到痴迷的程度。这种对神灵崇拜的过度依赖，一度使以良渚遗址群为中心的方国具有强大的凝聚力和战斗力，但是长期的盲目依赖，也导致了统治阶层的僵化和迂腐，他们日渐沉醉于缥缈的神灵世界，而忽视现实世界的和谐稳定及物质世界的创造力，终于导致在生业方面的调控能力不断衰退”[26]。故在其遭遇社会波动或面临自然灾难之际，因缺乏应变和抵御灾异的能力，就难逃致命的打击[27]，从而导致了文明的衰落或者消亡。

所以，继良渚文化之后出现的广富林、好川等文化，再没有发现祭坛、堤坝等建筑和大型水利工程等。而在红山文化之后的小河沿文化，以及更晚的夏家店下层文化等，也再未见兴建坛、庙、冢等宏大的祭祀设施。当然，也均没有进一步发展出更高层次的文明中心。

注重军权路径的文明体系，虽亦需要王权、神权功能进行社会的治理，但基本的统治理念和更多的社会资源会向军事防卫方面倾斜。大汶口文化中晚期开始有防御性城址的出现，随葬品丰富的大型墓葬多见代表军权的玉钺。随其后而兴的山东龙山文化的城址更多，已知有 20 余座[28]，分属于山东龙山文化的城子崖、尧王城、尹家城等多个类型。新发现的山东滕州西孟庄遗址，是一处先后相继、建有方形和圆形围墙，面积分别为 2200 和 1100 平方米的龙山早期小聚落。其形制和生活生产功能有欠完备，农业和家畜养殖活动均很微弱，却存在一般聚落少见的规模较大的公共仓储区等设施，具有鲜明的军事、防御特征，而被判断可能是一个军事据点[29]。这样的聚落恰仅见于海岱地区，也印证了注重军事武力的特点。

在此区域内，一些属于核心的城址多为 10 万～30 万平方米的规模，至今未见有凌驾于不同类型之上或更高文明层次的中心城址，呈现出没有隶属关系的独立格局，反映了社会整合和管理的机制较差，不利于文明自身的提升和持续发展，当与其崇尚军权的风气有关，也会在一定程度上导致社会资源的消耗。

凸显王权路径的文明，“不大会造成社会财富的极大浪费，从而保证了社会的正常运转和持续发展的可能。……虽对自然神也心存敬畏，也有祭祀，但主要是崇敬先祖，通过祭祀祖先求得庇佑和治世良策”。统治者“比较接近民间社会，因而能够提出比较符合民众和社会需要的措施，顺应社会发展的要求”[30]，继承和发扬社会管理的有益经验。这类以世俗社会为特征的文明体系，应以仰韶文化为代表，在此基础上发展起来的陶寺文化，以及河南登王城岗遗址为代表的中原地区诸龙山文化，营造出的大型城址、宫城、仓储、墓地等设施，体现的均为社会生活、公众事务等相关的建筑和遗迹。即使在陶寺文化的大型墓中，出土的随葬品仅是数量不多的彩绘陶器及玉钺，来显示王者的特殊地位。

王权路径为主体的文明，也可称为中原文明，表现的是重实际、求实效、尊实干的价值观，被尊崇的王者必有突出的治世才干，善于凝聚各种社会能量，具备整合社会资源、统领族众抵御自然及人为的灾难或风险能力，是对部族或国族有具体贡献或治理实绩的圣贤，而不只是秉承神灵意志的代言者。陶寺古城从其地望、规模，和宫城、大墓、仓储区及观象设施反映的文明高度等考察，可能与史书记载的尧舜都邑相关，是学界较普遍的认识[31]。尧舜也是史书中盛赞的王权禅让时代的圣王，被尊为众望所归的圣明君主。《尚书》和《史记·五帝本纪》等盛赞帝尧治国才能：“其仁如天，其知如神，……能明驯德，以亲九族。九族既睦，便章百姓。百姓昭明，合和万国。”帝舜的才德亦受称赞，“于是舜乃至于文祖，谋于四岳，辟四门，明通四方耳目，命十二牧论帝德，行厚德，远佞人，则蛮夷率服”。很显然，他们都是因为德行才能卓著而被尊崇。

当然，还有后来继位的大禹，更是在关乎万民百姓死生的洪水治理工程历练中，考验了他的组织协调、统筹观测、具体实施的综合管理能力后。《夏本纪》谓禹治水“乃劳身焦思，居外十三年，过家门不敢入。薄衣食，致孝于鬼神。卑宫室，致费于沟淢。”表彰的是他为国族的卓越贡献和无私付出。亦如《韩非子·五蠹》所说：“尧之王天下也，茅茨不翦，采椽不斫，粝粢之食，藜藿之羹，冬日麑裘，夏日葛衣，虽监门之服养，不亏于此矣。禹之王天下也，身执耒臿以为民先，股无胈，胫不生毛，虽臣虏之劳不苦于此矣。”

相关文献所揭示的这些圣王风范，正与先后处于第二阶梯的仰韶文化、陶寺文化、中原龙山文化等，均没有发现富藏珍稀的大墓，宏大的宗教设施和特殊法物等特征的王权路径文明社会发展观和价值观相应。在此文明观念下衍生出一类独特文明的史观：关注社会治理，维护群体利益，选贤与能，尊崇奉献精神和改善族群生存质量的杰出人物，和他们的具体业绩，受到人们的推崇和敬仰。进一步凝结为高地社会文化的记忆经典[32]，后来则成为司马迁《史记》为代表的、古代中原华夏正统文明史观产生的历史文化基础。在这一文明史观的语境中，主要记录的是特殊人物在华夏历史发展中的崇高地位和价值，与其他（包括世界各地）早期文明相比，神灵上帝的地位明显偏低。

一部《史记》中，这一基本的价值判断确有非常充分的体现。《五帝本纪》记载帝尧之前的圣王还有黄帝、颛顼、帝喾，除了讲他们自幼不凡、聪慧过人外，称颂的内核主要是他们的人间事功，绝少神话诡异的传闻。说黄帝是“天下有不顺者，黄帝从而征之，平者去之，披山通道，未尝宁居。……劳勤心力耳目，节用水火材物。”谓颛顼是“静渊以有谋，疏通而知事；养材以任地，载时以象天，依鬼神以制义，治气以教化，絜诚以祭祀。”讲帝喾是“普施利物，不于其身。聪以知远，明以察微。顺天之义，知民之急。仁而威，惠而信，修身而天下服。取地之财而节用之，抚教万民而利诲之，历日月而迎送之，明鬼神而敬事之。”描述的均是鲜活的人间圣君，而非主宰世界之大神，任众事舍己亡身，抚生民尽心竭力，敬鬼神而恒远之。

禹之后有商之祖“契兴于唐、虞、大禹之际，功业着于百姓”，周之先“（弃）及为成人，遂好耕农，相地之宜，宜谷者稼穑焉。民皆法则之。帝尧闻之，举弃为农师，天下得其利，有功。帝舜曰：‘弃，黎民始饥，尔后稷播时百谷。’封弃于邰”等等，莫不出于同样的社会治理观念和思想价值判断，王权路径的文明能够保证持续发展，根本原因正基于此。

以军权为主的文明路径，是大汶口和屈家岭文化的特征，考古所见的珍器厚藏、斧钺随葬、城堡耸立，均是崇尚军事武力的反映，其必容易形成群雄并起的社会管理格局。

《论语》《国语》《尔雅》等文献记居于东方的古族，屡屡有“东夷”和“九夷”等说法[33]，可能正是大汶口和山东龙山文化类型众多的反映。以中原文明史观为基础形成的史书，明显缺失了对东方文明发展历史的系统记录，但因东夷族的一些著名人物与中原诸夏相邻而有纠葛，部分人物、历史的影子还隐现于中原王权路径古史的字里行间。大体可溯知太昊、少昊是东夷族群的远祖，后羿、寒浞等东夷名人并称武勇，《左传·襄公》有“因夏民以代夏政”之说，也还保有军权文明尚武的基本特征，但可惜无法建立起清晰的人物谱系，更不用说认识其文明史观和整体的历史脉络。

屈家岭文化也有清龙泉、划城岗、屈家岭、关庙山等类型之分，内部的差别显然存在，故其与石家河文化皆被推测为三苗文化[34]。从分布地域、文化特征，及其与中原仰韶、龙山文化的相互消长关系等方面观察[35]，这一认识显得比较有道理。

值得注意的是石家河文化，其虽主要是继承屈家岭发展的文化遗存[36]，但就后期的考古发现而言却有向神权路径文明发展的趋势。三房湾东台地埋藏10万只红陶杯[37]，当是有关祭祀的遗物。罗家柏岭的红烧土杂黄褐色土所筑的大型长方形台基和长墙，皆使用人工建材红烧土（砖）块、碎块和粉末，坛面台基系依层烧烤成烧土硬面而做成，所有表面为泥浆烧烤后打磨光平，其性质可能为大型的玉器制作工坊[38]，或是郊天祭坛[39]。这些均表现出与宗教祭祀文化相关，而与民生的基本需求和生计无涉，却在浪费巨量人力物力及各种资源，显然是“竭力营造出宏大奢华的宗教氛围”[40]，是否与良渚文化的去向有某些联系，应是需要关注的一个问题。

以神权路径为主的文明，北方的红山、南方的良渚，以及较晚的石家河文化等，均可能是在极度沉迷宗教礼仪的狂欢中，存在过度挥霍社会财富和自然资源的现象。如果在没有遇到特大灾异的情况下，也许会有更为长久的延续，甚至向更高的文明发展。但当遇到5000～4000年前全新世气候异常的“洪水时代”，因其社会治理水平低下，抵御自然灾变和外患能力不足，被膜拜的神灵上帝又未能伸出救助之手，便迅速走向衰亡。这些曾经创造了一度辉煌的文明，就此人亡政息，失落在历史长河中，对于他们的人物传奇、历史故事等已渺无踪迹。

如果给予一些推测，播撒在长江中下游为主的文明记忆和神权史观，更多可能是那些空灵美妙的神话故事，人神纠结的奇闻传说。虽幸有考古发掘再现了早期长江文明的光彩，为后人所赞叹，但他们究竟有过多少动人的异趣传奇，我们仍将是无从知悉。

四、余　　论

第二地形阶梯相对较差的自然环境和比较艰苦的生存条件，让居者不能轻易谋生，在只有聚合众力方能存活的压力下，生发出注重社会治理，关心人世事务，维护群体利益的社会治理观，选贤与能，尊崇奉献精神和改善族群生存质量的优秀人物的价值观取向，构成王权路径文明基本特征，并具有可持续发展的能力机制，在其后的发展中呈现出明显的优势。故在中原地区成长起了以二里头文化为代表的夏代文明，以及商代、周代文明等。尤其是商代甲骨为代表的文字书写系统，是在王权文明体系中成熟起来的文化传承载体，西周的分封制又将之传播到王朝所控的广袤疆域，春秋以后在诸侯国得到进一步扩散，简帛的使用更是提高文字和文化普及率的利器，也使王权社会治理体系、思想和价值观念主导下形成的文明史观得到进一步强化。其所经历的文明发展史也因“后继有人”被史官传承记录，再经司马迁整理成为《史记》为代表的中原华夏正统文明史观，对后世的中国历史发展产生了非常深远的影响。

自然环境相对优渥的第三地形阶梯，为先民提供了良好的生态条件，生存资源获取便捷简单，但催生了信奉神明、崇拜巫师的神权文明路径，以及倡导掠夺竞争、崇尚武勇的军权文明路径，都存在程度不同的社会资源虚耗，难以持续发展和不利于提升文明高度的问题。前者因没有得到进一步的良好发育，并可能主要因人祸天灾而夭亡，其自身的历史及文明史观基本湮没在岁月的云烟中。后者虽仍有延续而没有那么快的消亡，但因疏于社会治理的缺陷，也没能发展出更高层次的文明成果，在跨入国家文明门槛前拉下了距离，只好作为王权路径文明的配角，最终融入夏商周文明潮流之中。

春秋以后在大国争霸的纷扰中，出现了所谓百家争鸣的局面，促使地域文化得到较快的发展，并促进了文字、文化的普及，和地方文化人才的成长。在国家正统史官体系之外，地方文人或文吏搜集并记录了区域社会的文化历史传闻，形成最早的地方志版本，其中多少也包括了后两种文明的历史传说信息。如新出土的春秋晚期曾侯与编钟铭文，追述曾国的远祖后稷以及南宫适受封[41]、清华简《楚居》有关楚国先祖及居地的内容等[42]，也都应属于这一类家国历史的重要文献。

战国时期以武力争雄的诸侯大国，也开始争夺历史地位的话语权，地方历史传说中的名人先贤成为夸耀比拼的资本。随着楚文化在江汉湖湘地区的兴起，地方的历史记忆开始被激活，庄子著作就出现了伏羲的记载[43]，屈原的楚辞、出土文献中长沙子弹库楚国帛书都有伏羲（雹戏）、女娲创世神话[44]。很明显，这些神话故事在南方楚国传世和出土文献中出现，一定不会是古人的随意编造，部分传说也会有地域久远历史的蛛丝马迹，以及与神权文明相关的创世神话底本，并非尽为战国秦汉人的凭空编造。其很有可能与良渚文化、石家河文化等古老的历史传闻有关，必是神权路径文明才可能产生的传说故事，但后经秦始皇的焚书之劫，这类书简亦多有失传。

西汉政权建立后，司马迁利用其史官的家族背景，继任太史令掌管国家历史典籍档案的有利条件，及其壮行游历采写的丰富见闻传说[45]，编写的《史记》记载了王权文明的华夏正统历史，少量吸收军权文明的历史信息，基本未采纳神权文明的资料。但有着深厚楚文化基因的西汉学者，不断搜集战国以来的历史记载和传说，将三种文明的历史进行人为整合，是他们在自己的知识结构和认识角度的基础上进行的整合、编撰，也必存在有意、无意的删减、嫁接，结果导致了时代越晚的文献，所记载的历史越长久的特殊现象。恰似曾侯与编钟铭、清华简等出土文献的记载，但谁也没有理由怀疑这些内容是书写者故意编造的历史。

这一现象，当年被顾颉刚为代表的古史辨派说是“层累地造成的中国古史”[46]，现在只能解释是一种误解，其实是与他们那一代没有见到多少考古发现有关。不过，现在的学人如仍停留在古史辨的认识层次，再这样无端地怀疑古代历史记载，恐怕就属闭目塞听，不可理解了。

附记：三种文明路径的考古学文化之间都有许多的联系、交流和融合，因篇幅和内容重心的关系，无法进行更多论述。另外，本文对几种文明路径区域文化的归纳与韩建业先生所提出的中原、江汉平原、东方三种文明模式有一致的方面（《中原和江汉地区文明化进程比较》，《江汉考古》2016年第6期），但相互的关注、讨论的重点各有不同。

注　释

[1]《中华文明探源工程成果发布：以考古资料实证中华5000年文明》，央广网，2018年5月28日。

[2] 刘国祥：《红山文化研究》，科学出版社，2015年。

[3] 甘肃省文物考古研究所：《秦安大地湾》，文物出版社，2006年，第423～428页；陕西省考古研究院：《陕西高陵县杨官寨新石器时代遗址》，《考古》2009年第7期；王炜林、杨利平、胡珂等：《陕西高陵县杨官寨遗址发现庙底沟文化成人墓地》，《中国文物报》2017年2月10日；中国社会科学院考古研究所河南一队、河南省文物考古研究所、三门峡市文物考古研究所等：《河南灵宝市西坡遗址2006年发现的仰韶文化中期大型墓葬》，《考古》2007年第2期。

[4] 山东大学考古学与博物馆学系、济南市章丘区城子崖遗址博物馆：《济南市章丘区焦家新石器时代遗址》，《考古》2018年第7期。

[5] 彭小军：《寻找失落五千年的古城》，《光明日报》2019年06月2日12版；中国社会科学院考古研究所、湖北省文物考古研究所、荆门市博物馆等：《湖北沙洋县城河新石器时代遗址王家塝墓地》，《考古》2019年第7期。

[6] 浙江省文物考古研究所：《良渚遗址群》，文物出版社，2005年；王宁远、刘斌：《杭州市良渚古城外围水利系统的考古调查》，《考古》2015年第1期；王宁远：《良渚古城及外围水利系统的遗址调查与发掘》，《遗产与保护研究》2016年9月第1卷第5期。

[7] 苏秉琦、殷玮璋：《关于考古学文化的区系类型问题》，《文物》1981年第5期；严文明：《中国史前文化的统一性与多样性》，《文物》1987年第3期。

[8] 李伯谦：《中国古代文明演进的两种模式——红山、良渚、仰韶文化大墓出土玉器观察随想》，《文物》2009年第3期。

[9] 李伯谦：《从焦家遗址看大汶口文化的社会性质与文明模式》，《华夏文明》2017年第8期。

[10] 中国社会科学院考古研究所、湖北省文物考古研究所、荆门市博物馆等：《湖北沙洋县城河新石器时代遗址王家塝墓地》，《考古》2019年第7期。

[11] 中国社会科学院考古研究所河南一队、河南省文物考古研究所、三门峡市文物考古研究所等：《河南灵宝市西坡遗址2006年发现的仰韶文化中期大型墓葬》，《考古》2007年第2期。

[12] 河南省文物考古研究所、中国社会科学院考古研究所河南一队、三门峡市文物考古研究所等：《河南灵宝市西坡遗址墓地2005年发掘简报》，《考古》2008年第1期。

[13] 中国社会科学院考古研究所河南一队、河南省文物考古研究所、三门峡市文物考古研究所等：《河南灵宝市西坡遗址发现一座仰韶文化中期特大房址》，《考古》2005年第3期；陕西省考古研究院、咸阳市文物考古研究所：《陕西彬县水北遗址发掘报告》，《考古学报》2009年第3期；甘肃省文物考古研究所：《秦安大地湾——新石器时代遗址发掘报告》，文物出版社，2006年，第413～428页。

[14] 李伯谦：《从焦家遗址看大汶口文化的社会性质与文明模式》，《华夏文明》2017年第8期。

[15] 苏秉琦、殷玮璋：《关于考古学文化的区系类型问题》，《文物》1981年第5期；严文明：《中国史前文化的统一性与多样性》，《文物》1987年第3期。

[16] 甘肃省文物考古研究所：《秦安大地湾——新石器时代遗址发掘报告》，文物出版社，2006年，第427页。

［17］ 何周德：《2002～2005年半坡遗址考古新发现》，《史前研究》（辑刊），2006年。
［18］〔德〕F·拉采尔：《人类地理学》，1882年；〔美〕埃尔斯沃思·亨廷顿著，吴俊范译：《文明与气候》，商务印书馆，2020年，第151～168页；曾昭璇：《人类地理学概论》，科学出版社，1999年，第2页。
［19］ 李学智：《"环境决定论"：唯心主义还是唯物主义》，《历史教学》2010年第11期。
［20］ 谷家荣：《"文明不上山"："赞米亚"人自有的高地生存策略——读詹姆斯·C.斯科特〈逃避统治的艺术〉》，《北方民族大学学报》2018年第2期。
［21］ 赵辉：《中华文明起源的考古学探索："考古中国"暨"长江下游文明模式研究"课题推进会的讲话》，《南方文物》2018年第1期。
［22］ 中国大百科全书总编辑委员会《考古学》编辑委员会、中国大百科全书出版社编辑部编：《中国大百科全书·考古学》，中国大百科全书出版社，1986年，第272、405页。
［23］ 中国大百科全书总编辑委员会《考古学》编辑委员会、中国大百科全书出版社编辑部编：《中国大百科全书·考古学》，中国大百科全书出版社，1986年，第81、82页。
［24］ 中国大百科全书总编辑委员会《考古学》编辑委员会、中国大百科全书出版社编辑部编：《中国大百科全书·考古学》，中国大百科全书出版社，1986年，第198页。
［25］ 苏秉琦、殷玮璋：《关于考古学文化的区系类型问题》，《文物》1981年第5期；严文明：《中国史前文化的统一性与多样性》，《文物》1987年第3期。
［26］ 浙江省文物考古研究所：《良渚遗址群》，文物出版社，2005年，第326页。
［27］ 赵辉：《良渚文化的若干特殊性——论一处中国史前文明的衰落原因》，《良渚文化研究——纪念良渚文化发现六十周年国际学术讨论会文集》，科学出版社，1999年。
［28］ 宋颂：《山东龙山文化城址研究》，表二，烟台大学硕士研究生学位论文，2011年。
［29］ 孙波、梅圆圆：《基层聚落还是军事据点——山东滕州西孟庄龙山寨墙聚落的一些探讨》，《文博中国》2020年4月17日。
［30］ 苏秉琦、殷玮璋：《关于考古学文化的区系类型问题》，《文物》1981年第5期；严文明：《中国史前文化的统一性与多样性》，《文物》1987年第3期。
［31］ 李民：《尧舜时代与陶寺遗址》，《史前研究》1985年第4期；王文清：《陶寺遗存可能是陶唐氏文化遗存》，《华夏文明》（第一集），北京大学出版社，1987年；王震中：《陶寺与尧都：中国早期国家的典型》，《帝尧之都　中国之源——尧文化暨德廉思想研讨会文集》，中国社会科学出版社，2015年，第36～62页；何驽：《陶寺考古：尧舜"中国"之都探微》，《帝尧之都　中国之源——尧文化暨德廉思想研讨会文集》，中国社会科学出版社，2015年，第63～123页；何驽、高江涛：《薪火相传探尧都——陶寺遗址发掘与研究四十年历史述略》，《南方文物》2018年第4期。
［32］ 李旻：《重返夏墟·社会记忆与经典的发生》，《考古学报》2017年第3期。
［33］《论语·子罕》："子欲居九夷。"何晏集解引马融曰："东方之夷有九种。"《国语》："昔武王克商，通道于九夷、百蛮"；《尔雅·释地》："九夷，八狄，七戎，六蛮，谓之四海"。
［34］ 俞伟超：《先楚与三苗文化的考古学推测》，《文物》1980年第10期。
［35］ 杨新改、韩建业：《禹征三苗探索》，《中原文物》1995年第2期。
［36］ 湖北省文物考古研究所：《湖北石家河罗家柏岭新石器时代遗址》，《考古学报》1994年

第 2 期。

[37] 赵辉、张弛：《石家河遗址群调查报告》,《南方民族考古》(第 5 辑)，四川科学技术出版社，1992 年。

[38] 赵辉：《良渚文化的若干特殊性——论一处中国史前文明的衰落原因》,《良渚文化研究——纪念良渚文化发现六十周年国际学术讨论会文集》，科学出版社，1999 年。

[39] 宋颂：《山东龙山文化城址研究》，表二，烟台大学硕士研究生学位论文，2011 年。

[40] 何驽：《可持续发展定乾坤》,《中原文物》1999 年第 4 期。

[41] 湖北省文物考古研究所、随州市博物馆：《随州文峰塔 M1（曾侯舆墓）、M2 发掘简报》,《江汉考古》2014 年第 4 期。

[42] 李学勤主编：《清华大学藏战国竹简 1 · 楚居》，中西书局，2010 年。

[43]《庄子 · 外篇 · 缮性》："及燧人、伏羲始为天下，是故顺而不一。"

[44] 李零：《长沙子弹库战国楚墓帛书研究》，中华书局，1985 年。

[45]（汉）司马迁：《史记 · 太史公自序》曰："迁生龙门，……二十南游江、淮，上会稽，探禹穴，窥九嶷，浮于沅、湘，北涉汶、泗，讲业齐、鲁之都，观孔子之遗风，鄉射邹、峄，戹困鄱、薛、彭城，过梁、楚以归。于是迁仕为郎中，奉使西征巴、蜀以南，南略邛、筰、昆明，还报命。"

[46] 顾颉刚：《与钱玄同论古史书》,《顾颉刚集》，中国社会科学出版社，2001 年。

再论“最早中国”及其判断标准*

何　努

（中国社会科学院考古研究所）

随着中华文明起源考古探索的逐步深入，最早中国成为持续火热的话题。我曾经总结过以往有关最早中国考古论述的学术观点，有以许宏先生为代表的“都城考古视角下的中国”观点，以韩建业和李新伟先生为代表的“考古学文化视野下的中国”观点，以曹兵武先生为代表的“精神文化视角的中国”观点，我们则坚持以地中观念为核心基础的“精神文化考古视野下的中国”观点，因而陶寺遗址是“最早的中国”[1]。

孙庆伟先生认为，二里头最早中国与陶寺最早中国的观点，在论证时都是依据各自遗址中相关的特定内涵而立论的，都根据各自遗址考古发现而“量身打造”若干条都邑判别标准，就必然导致何为“中国”的各自表述与无序竞争。他认为，正确理解“中国”和“最早的中国”，必须回到相关的历史语境中进行考察，而不能仅以特定的考古材料或学者个人标准为准绳。根据《史记·五帝本纪》的文献线索，孙庆伟先生认为，黄帝及其部落的诞生，标志着“最早的中国”出现，然而在黄帝、颛顼、帝喾尚未得到考古确证的情况下，陶寺遗址“堪称考古学上的‘最早的中国’”[2]。

张国硕先生分析认为，古代“中国”一词的含义比较复杂，主要有地域、都城、国家、华夏族群文明等四种意义，考古学界还有“文化圈”意义的“中国”概念，他认为，探讨何为“最早的中国”的标准，应遵循“中—国—优”的思路，即地理范围局限在黄河流域，社会形态须进入早期国家阶段（包括邦国和王国），文化发展占优势地位。那么从考古学文化的角度看，陶寺文明为“最早的中国”目前最具有说服力[3]。

韩建业先生认为，陶寺遗址“最初中国”实际上只是先秦时期“地中”或“土中”的含义，最早的中国只是文化意义上的，就是和现代中国传统上绵延接续、地理上大体吻合的一个超级文化共同体或文化圈，不同于政治意义上的最早中国[4]。

各家观点有不同的视角，以致对最早中国判定的标准各异，关于最早中国的考古探索便很难形成共识。因而，在已形成诸多最早中国考古观点之后，亟需讨论的是最

*　本文受“中华文明探源研究·中原和海岱地区文明进程研究”课题（课题编号：2020YFC1521602）、中国社会科学院“哲学社会科学创新工程”重大项目“中华思想通史·原始社会编”课题资助。

早中国判定的考古标准是什么。只有在对最早中国判定的考古标准形成共识之后，关于最早中国的考古探索才能继续下去。

已有学者提出：“红山文化、良渚文化、陶寺文化、二里头文化这些早期文明遗存处于当代民族国家——中国的地理范围之内，……它们不能等同于当代‘中国’，不能称为‘最早的中国’，也不能为当代中国所独占、独有、独享，它们是东亚最早的文明，世界几大古代文明之一，人类共同的财富。……我们如何能简单直接地将某一考古学文化与当代民族国家——中国联系起来呢！这种思维方式恐怕是具有太明显的当代民族国家意识和特定国家历史认同的倾向了！”[5]

我们认为，学界有关“最早中国”判别标准的讨论尽管分歧很大，却都很有启发，考古探索的“最早中国”当然不是当代民族国家概念下的中国，尽管二者有着历史发展的血脉联系，因此，最早中国的考古判断的标准固然不能套用现代民族国家的标准。

另一方面，我们也并不认为中国概念仅仅是当代民族国家引入中国后才形成的，它有着漫长的孕育、诞生与成长、变化的过程及其历史文脉，不同的历史时期，中国的具体概念存在差异。在中华民国成立之前，确实也没有任何一个政权或王朝以“中国”为国号，但是，自西周《何尊》金文有“中国”之称之后，“中国”一词在历代文献中屡见不鲜，尼雅古城出土的汉代织锦射褠“五星出东方利中国”，表明汉代依然认同“中国”概念。不变的内核是在精神文化层面中对中央政权和王朝的意识形态的认同。因此，最早中国是历史的客观存在，考古探索是具有理论依据和客观依据的。而最早中国的考古判别标准，不仅应当放到历史语境当中去，更应放到当时的大历史背景关系之中，不仅要回归到政治与文化层面，更应从精神文化层面的意识形态角度去讨论，由“已知推未知”。

一、西周《何尊》铭文“中国”含义

《何尊》铭文释曰：“唯王初壅，宅于成周。复禀（逢）王礼福，自（躬亲）天。在四月丙戌，王诰宗小子于京室，曰：‘昔在尔考公氏，克逨文王，肆文王受兹命。唯武王既克大邑商，则廷告于天，曰：余其宅兹中国，自兹乂民。呜呼！尔有虽小子无识，视于公氏，有勋于天，彻命。敬享哉！’唯王恭德裕天，训我不敏。王咸诰。何赐贝卅朋，用作庾公宝尊彝。唯王五祀。”

《何尊》铭文“宅兹中国”，是迄今出土文献中最早出现“中国”二字，从上下文看，显然是指周王“宅于成周”，也就是西周初年的东都洛邑。周人为何将成周即洛邑视为中国呢？这又必须借助《史记·周本纪》并结合《尚书·召诰》《洛诰》《康诰》《书序》文献线索，梳理出周成王时营建成周洛邑的大历史背景，才能弄清周人称成周为中国的理论依据，进而表明周人的“中国”概念的内涵。

《史记·周本纪》说：“（周武）王曰：‘定天保，依天室，悉求夫恶，贬从殷王受。

日夜劳来，定我西土，我维显服，及德方明。'"《正义》曰："武王答周公云，定知天之安保我位，得依天之宫室，退除殷纣之恶，日夜劳民，又安定我之西土。我维明于事，及我之德教施四方明行之，乃可至于寝寐也。"

武王接着说："自洛汭延于伊汭，居易毋固，其有夏之居。"《集解》：徐广曰："夏居河南，初在阳城，后居阳翟。"《索隐》：言自洛汭及伊汭，其地平易无险固，是有夏之旧居。《正义》：括地志云"自禹至太康与唐、虞皆不易都城"，然则居阳城为禹避商均时，非都之也。帝王世纪云："禹封夏伯，今河南阳翟是。"汲冢古文云："太康居斟寻，羿亦居之，桀又居之。"括地志云："故鄩城在洛州巩县西南五十八里也。"

武王说："我南望三涂，北望岳鄙，顾詹有河，粤詹雒、伊，毋远天室。"《正义》：粤者，审慎之辞也。言审慎瞻雒、伊二水之阳，无远离此为天室也。于是，周武王"营周居于雒邑而后去"。

《史记·周本纪》上述记述中，周武王表达的核心思想是周王朝虽已战胜殷商，建立了王朝，但是由于偏居西土，远离天室地中，毕竟显得政权不正统。武王勘察山川地望后，觉得伊洛盆地乃夏王朝的中心故地，距天室地中不远，比较理想。于是周武王在洛邑建一个据点而去。这段历史，与《何尊》铭文周成王追述"唯武王既克大邑商，则廷告于天，曰：余其宅兹中国，自兹乂民"相呼应。足见，周人认同的洛邑为天室之位，是夏朝故居，这里就是中国。那么，天室与中国如何关联？

《尚书·召诰》："王来绍上帝，自服于土中。"孔传：言王今来居洛邑，继天为治，躬自服行教化于地势正中。孙星衍疏：土中谓王城于天下为中也。

武家璧先生认为，上古盛行盖天说，以为大地是平坦的，故认为普天之下最高的"天顶"即"天之中极"，只有一个。对应于"天之中极"的"极下"地区，就是"土中"或"地中"。《逸周书·作雒》"作大邑成周于土中"，《书·召诰》"王来绍上帝，自服于土中。（周公）旦曰'其作大邑，其自时配皇天，毖祀于上下，其自时中乂。'"所谓"自时中乂"就是躬自践行"土中"致治之法，密近"天室"以"绍上帝"。于"土中"建国（都），称为"中国"。武先生还梳理出周成王时营建成周洛邑的大致过程。周成王七年三月，召公奉成王之命，先到洛汭周居"相宅攻位"，就是看洛汭周居的风水，并用正朝夕法定正南北方向，五日而成。召公定洛汭周居的正方向后之次日，周公抵洛，再次相宅，既定宅，即开工建设洛邑。历时九个月完工，经历夏至、秋分、冬至等重要节气，因此只有周公才有可能最早践行"土圭"圭表测影法，以"求地中""致四时"等。当然这已经是"边施工、边论证了"，显然是为了确定成周的正统地位的政治需要寻找理论依据[6]。

唐代南宫说等人在河南登封告成实测得到1.5尺地中，建周公测影台，附会周公测影的历史故事，显然是认同周公测影故事与周公相宅、定宅、营建成周洛邑之间的关联。暗示周公相宅洛邑其实就是测影寻找地中。

《尚书·洛诰》隐晦称为"卜"。周公曰："予惟乙卯，朝至于洛师。我卜河朔黎水，我乃卜涧水东，瀍水西，惟洛食；我又卜瀍水东，亦惟洛食。伻来以图及献卜。”经文中“惟洛食”之食，颇为费解。张道勤直解道：“服食，指可作服食之地。或释食为食墨。据《尚书》伪孔传：‘卜先必墨画龟，然后灼之，兆顺食墨。’孔颖达疏：‘求其兆顺食此墨画之处。’食墨则吉。后人多从其说。但孙星衍不同意这种说法。他说：‘《伪孔传》以为龟兆食墨，非也。食墨不必尽吉。且《周礼·占人》云：凡卜，君占体，大夫占色，史占墨，卜人占坼。此卜作洛，是王之事，宜占体，不宜占墨也。’他引用《洪范》‘惟辟玉食’，认为‘食为玉食此土’之义。兹从其说。[7]”对于“惟洛食”的解释，貌似“食墨”说最贴近占卜行为逻辑，但是孙星衍的驳论似也有理有据，且出土的商周卜甲卜骨上基本不见墨线，足见“食墨线”的解释不足为信。《占人》所谓的“史占墨”当非墨线，而另有指称。根据古代墨块制作方法，第一步就是焚烧植物得到炭粉作为墨的原料，可以推至“史占墨”有可能是将卜骨卜甲灼焦炭粉刮下来，据炭粉量判断吉凶，称为“占墨”。然而，若将“惟洛食”解释为“服食”之地，显然将洛邑等同于一般诸侯的服食之邑，与洛邑都城的地位不符。且经济地理方面适合服食之地绝不可能只有洛汭一地，因此服食之地说难以服众。于是我们认为“惟洛食”另外大有玄机。

《周髀算经》明确记载“古时天子治周，此数望之从周，故曰周髀。髀者，表也…（夏至）日中无影。”“日中立杆测影…周髀长八尺，夏至之日晷一尺六寸。髀者，股也；正晷者，勾也。”《周礼·大司徒》“以土圭之法测土深、正日景，以求地中。……日至之景，尺有五寸，谓之地中……乃建王国焉。”郑玄注引郑众曰“以夏至之日，立八尺之表，其景适与土圭等，谓之地中。今颍川阳城地为然。”《考工记》“土圭尺有五寸，以致日，以土地。”注曰，土犹度也。武家璧分析认为，周公寻找地中的方法是制作一件长 1.5 尺的玉石“土圭”，夏至日平置八尺立表的正北侧，当夏至日表影与土圭相等，土圭之外无日影时，称为“日中无影”，由此判定地中[8]。我们可进一步认为，测量八尺立表夏至日正午阴影，被 1.5 尺土圭尽食，就是夏至晷影与土圭等长，即为“日中无影”。

南宫说建造的周公测影台位于河南告成登封战国阳城内，古称颍川阳城，由石表即石碑及碑座组成，夏至日正午，石表的阴影与碑座北侧底边等长[9]，碑座北侧底边尽食石表阴影，做到“日中无影”，当地学者多年实地观测结果确认，每年夏至午后北京时间 13：06～13：08 时段，周公测影台处于无影状态，围观者无不叹服[10]。中国多地古代建造的“无影塔”，也是遵从这套原理，做到夏至正午时分，塔影尽食塔基实体。山西洪洞万安镇历史上有座“无影塔”，近代圮败，三十年前拆除。当地学者于 2016 年夏至日在万安无影塔原址进行模拟实验，证实塔身的倾斜面只要小于 77.12 度，基座直径大于影长的两倍，塔在夏至午后北京时间 12：34 就没有影子[11]。

据此我们有理由相信，周公卜洛，实际上是分出若干测量小组，携带八尺立表与一尺五寸土圭（度量用的标准玉圭，简称度圭），同时到河朔黎水、涧水东、瀍水西、瀍水东诸地，测量夏至正午影长，唯有洛汭夏至晷影被土圭“尽食”即“其景适与土圭等”，此谓“惟洛食”。唯有符合地中的夏至晷影，才能将其他选址或其他政治中心排除在正统地位之外，才能服众。

接下来我们要追问，周公是如何设立1.5尺晷影地中标准的？这就存在两种可能。一是周公原本不知道什么地中标准，也不在乎什么已有的地中标准，唯揣摩周武王与成王的意图，执意要在洛汭营建洛邑，于是实测洛汭本地夏至晷影几乎接近1.5尺，对外宣称1.5尺夏至晷影是地中标准，其余选址不合。二是周公知道夏王朝故都旧居原本就有1.5尺地中标准，但他并不知道是在今河南登封告成王城岗城址实测的，他实测洛汭基本符合这个既有的标准，于是判定洛汭为地中，定宅营建洛邑。

从严格的晷影测量技术角度说，1.5尺夏至晷影的实测地点在告成，唐代南宫说测量确定1.5尺实测点并命名和建立周公测影台已足以说明问题，南宫说通过精测认为周公测量的1.5尺晷影地中是告成[12]，而不是洛阳，因为洛阳本地的夏至晷影实际上比1.5尺长一些，或正因如此，《隋书·天文志上》误引《周髀算经》作“成周土中，夏至景一尺六寸”，冯时先生已指出过[13]。这说明，隋朝一方面认同成周即洛阳天地之中的地位，一方面认为洛阳地区的夏至影长不是一尺五寸，应是更长一些，而《周髀算经》确实记载了夏至影长为一尺六寸的数据，隋朝便误以为是洛阳实测的数据。换句话说，周公在洛汭实测，不可能得到1.5尺晷影的地中标准，反倒有可能是先有1.5尺夏至晷影的地中标准，然后按图索骥去“寻中”，再附会或凑到洛汭。陶寺城址的选址也是先有1.6尺晋南垣曲地中标准，再附会陶寺本地地中，通过测影时使用的圭尺上的玉琮游标内侧刻度误导观众，声称陶寺为地中[14]。而且，《周本纪》明言周武王已知伊洛地区是有夏故居，靠近地中天室，那么有夏故居的天室地中之所以被认同，必定是有一个明确的标准在先。这个标准其实就是告成王城岗实测的早期夏王朝地中标准——1.5尺夏至晷影。经上述分析，我们认为周公卜洛是先已知夏王朝地中的标准1.5尺夏至晷影，再套用在洛汭，以说服众人，为洛邑的正统性与合理性提供宇宙观方面的理论依据。

通过周人营建成周洛邑的动机与过程，反推出以告成王城岗城址为基点的嵩山地区即天室地中“区域”，外延至靠近天室地中区域的伊洛平原，都曾是有夏之居，被周人视为“中国”，其理论基础就是地中标准观念，地中之都成周洛邑即为中国，天室地中区域也可称之为中国或“中域”。

二、商文化中的“中国”概念

偃师商城属于商王朝的早期都城之一，在二里头遗址的北侧，仍然占据洛阳地中的核心区域。然而，郑州商城作为商王朝早期最大的都城，却偏离了洛阳地中的核心区，向嵩山东北麓偏移，纬度与洛阳基本相同，因而从理论上说，夏至晷影的地中标准，郑州与洛阳差别不大，仍处在“嵩山文化圈”的东缘[15]。这说明商王朝早期也是认同洛阳地中的观念，只是不那么严格局限在洛阳地中核心区，而似乎更青睐嵩山文化圈天下之中的大观念[16]。足见，商代早期也认同在地中建都的意识形态。

商朝中期的洹北商城和晚期的殷墟，远离了洛阳地中和嵩山文化圈，脱离了传统地中区域，难以服众，故作《尚书·盘庚》三篇以劝说。另一方面，殷墟卜辞中常有“王立中”言，肖良琼先生早已指出“王立中”即圭表测量[17]，商代晚期商王屡次圭表测量立中，除了制定和校正历法之外，很可能也还是为了反复演示地中测量，不断宣传殷墟为“地中”的正统性。可见，尽管商代中晚期出于政治或环境原因，迁徙后所建殷都远离了传统的洛阳地中和嵩山文化圈，但是商王将“地中”意识形态强行套在殷都，“王者居中”的意识形态[18]没有变。

《诗经·商颂·殷武》:“商邑翼翼，四方之极。”注曰：“商邑，京师也。《笺》云：极，中也。”这同样表明，商王朝都城被视为天地之中。足见，商文化中，“中国”概念虽非显性，但至少遵从“地中之都”的观念。

三、夏文化中的“中国”概念

许宏先生最早称二里头文化为“最早中国”[19]，他的立足点是二里头文化为中原地区最早的广域王权国家。从周武王和成王营建东都洛阳的地中理论依据和天室地中意识形态来看，显然是因袭夏人既有的地中与天室观念。二里头遗址被中国考古界和先秦史学界主流观念视为夏王朝晚期都城。我们也曾论证二里头宫城内 2002VM3 出土的绿松石龙牌很可能在祭祀仪式中作为“禹”的化身仪仗；宗庙祭祀禹时跳万舞，龙牌又作为伶官舞动的道具，绿松石龙牌后简化为绿松石铜牌饰，继续作为“禹”的化身仪仗和万舞的核心道具，为二里头遗址作为夏王朝晚期都城考古证据链又增添了重要的一环[20]。位于洛阳盆地的二里头遗址，不仅印证了周人所认为的“有夏之居”确有历史根据，更说明二里头遗址作为夏王朝晚期都城，其选址仍然受到洛阳地中标准的指导，坐落在伊洛地区。

然而，天文学计算和唐代南宫说等人的圭表测量实践证明，八尺表夏至影长一尺五寸地中标准实测地点在今河南登封告成。南宫说实验性的实测地点“周公测影台”，位于战国“阳城”城址内，东距王城岗城址约 1.5 千米。学术界许多学者认为，告成王城岗遗址为禹都阳城[21]。事实表明，西周初年，周人视洛阳为地中天室的观念，秉承《周礼》中记载的夏至影长一尺五寸的标准，绝非周人自创的，而是继承了夏王朝地中天室观念与地中标准。这个一尺五寸的地中标准，是夏王朝早期根据王城岗“阳城”本地夏至影长制定的。正是由于周人对于夏人地中天室以及地中晷影一尺五寸标准的认同，才真正“表现出周人希望继承王城岗—二里头历史传统的政治理想”[22]。换句话说，周人认同的是夏人的“中国”概念——地中之都，天室中域。无怪乎《说文》曰：“夏，中国之人也。”从古文字字形角度分析，“夏”字描绘的就是跳万舞或夏籥舞之人[23]，他们是洛阳地区地中天室、中域地区跳万舞祭祀禹的族群，从特殊族群习俗指征角度称为“夏”，从其所居天室中域角度称为“中国人”。

四、陶寺文化的“中国”概念

笔者关于陶寺文化的“中国”概念，已有专文论述，在此不再展开。陶寺中期王墓IIM22圭尺第11刻度1.6尺长度，是一个特别标出来的刻度，符合《周髀算经》的数据记载。《隋书·天文志》说“成周为地中，夏至影长一尺六寸”，虽然坚持认同洛阳为地中，却把数据弄错了，暗示《周髀算经》所载夏至影长一尺六寸是曾经存在的另一个地中标准。那么这个一尺六寸的地中标准，在陶寺IIM22圭尺上得到印证。而陶寺早期中型墓M2200出土立表全长九尺，插入地下一尺，地表以上部分就是八尺表。圭表配套使用，不仅表明陶寺文化已经存在地中观念，而且在都城选址的实践中，利用圭表测量寻找地中，为都城的正统性寻找理论依据[24]。

需要指出的是，陶寺当地实际夏至影长并非1.6尺，而是1.69尺。这说明：其一，陶寺圭尺地中标准夏至晷影尺六寸，是从其母体文化中心垣曲盆地（很可能是东关遗址）继承来的；其二，陶寺统治者利用横宽2.85厘米的玉琮游标IIM22：129，遮挡标准地中刻度1.6尺与陶寺当地实际夏至晷影1.69尺近1寸（2.5厘米）的误差，利用玉琮游标内侧卡在第11号刻度标准地中晷影，演示给他人看，宣称陶寺为地中，以图将其他政治中心城市排除在地中正统地位之外；其三，陶寺当地实际夏至晷影1.69尺，既能满足离开传统地中垣曲盆地独立发展的政治实际需求，又保证选址不超出地中晷影1寸以外，陶寺都城选址被限定在地中晷影1.6尺标准误差的最北线，这一结果，只能是像周公测影确定洛邑选址那样，通过圭表测量确定陶寺都城选址，“封邦建国”。显然，陶寺文化“中国”的概念首先是“地中之都”。

尽管晋南地区没有出土文献明确称为中国，中国传统认知认同夏文化的地中标准即伊洛地区为地中，但是文献中关于晋南“中国”还是有些蛛丝马迹的。

《史记·五帝本纪》称，尧去世后，舜避尧子丹朱于南河之南，“诸侯朝覲者不之丹朱而之舜，狱讼者不之丹朱而之舜，讴歌者不讴歌丹朱而讴歌舜。舜曰‘天也’，夫而后之中国践天子位焉，是为帝舜”。《集解》刘熙曰：“天子之位不可旷年，于是遂反，格于文祖而当帝位。帝王所都为中，故曰中国。”考古证据链已能初步证明陶寺遗址为尧舜之都[25]，那么帝舜“之中国践天子位”的“中国”就应是陶寺——帝王所都的地中之都。

根据陶寺圭表所具备的天文大地测量功能，结合《尚书·尧典》分派羲仲宅嵎夷、羲叔宅南交、和仲宅西、和叔宅幽都，进行陶寺邦国所在欧亚大陆四表天文大地测量的历史记载[26]，大致可以看出，以地中观念为基础的、中土为中方的政治地理五方天下观诞生[27]，从逻辑上推导，中土之国亦可称为“中国”。

苏秉琦先生立足于考古学文化谱系区系类型分析提出，大致在距今五千至四千年间，华山一个根、泰山一个根、北方一个根，三个根在晋南结合，这就是陶寺。“夏以前的尧舜禹，活动中心在晋南一带，‘中国’一词的出现也正在此时，……出现了最初的‘中国’概念。”[28]这是考古学家根据文化谱系研究，首次提出晋南为最早“中国”的观点。笔者则在此基础上，根据陶寺圭尺地中标准刻度、陶寺都城性质以及陶寺文化国家社会，进一步明确陶寺为“本初中国”[29]。

五、结　语

中国古代的“中国”概念，不是民族国家范畴里的“中国”，诞生于西周《何尊》铭文“中国”之前。在不同的历史时期，“中国”概念的内涵与外延都有所变化，然而不变的基因是对地中、中土以及地中之都和中土之国的观念认同。因此，判断最早中国的标准，应当是地中之都、中土之国观念的出现。从目前的考古研究来看，地中之都、中土之国在陶寺文化最早出现，故曰，陶寺是最早“中国”。

注　释

[1] 何驽：《史前经济基础考古视野里的最初中国形成》，《南方文物》2016年第2期，第20～27页。

[2] 孙庆伟：《“最早的中国”新解》，《中原文物》2019年第5期，第44～50页。

[3] 张国硕：《也谈“最早的中国”》，《中原文物》2019年第5期，第51～59页。

[4] 韩建业：《最早中国：多元一体早期中国的形成》，《中原文物》2019年第5期，第60～65页。

[5] 徐良高、周广明：《当代民族国家史的构建与“最早的中国”之说》，《南方文物》2016年第4期，第13页。

[6] 武家璧：《读清华简〈宝训〉（续）》，《古代文明研究通讯》（总第42期），2009年，第22～34页。

[7] 张道勤直解：《书经直解》，浙江文艺出版社，1997年，第136页。

[8] 武家璧：《读清华简〈宝训〉（续）》，《古代文明研究通讯》（总第42期），2009年，第22～34页。作者原文说将土圭埋在立表正南地面，应为正北笔误。因为正午太阳在正南天，表影只能在正北。

[9] 董作宾、刘敦桢、高平子：《周公测景台调查报告》，商务印书馆，1939年。

[10] 曹书敏：《告成观星台天文测量与探究》，河南人民出版社，2017年，第304～306页。

[11] 王隰斌：《〈无影塔舜帝故里的傲岸之作〉后续：万安无影塔真无影》，临汾新闻网2016年6月23日。

[12] 赵永恒：《〈周髀算经〉与阳城》，《中国科技史杂志》（第30卷）2009年第1期，第107页。

[13] 冯时：《中国天文考古学》，社会科学文献出版社，2001年，第200页，注①。
[14] 何驽：《陶寺圭尺“中”与“中国”概念由来新探》，《三代考古》（四），科学出版社，2011年，第85～119页。
[15] 张松林、张莉：《嵩山文化圈初论》，《中华文明与嵩山文明研究》（第一辑），科学出版社，2009年，第79～99页。
[16] 张新赋：《嵩山历史地理若干问题探论》，《中华文明与嵩山文明研究》（第一辑），科学出版社，2009年，第68页。
[17] 萧良琼：《卜辞中的“立中”与商代的圭表测影》，《科学史文集》（第10集），上海科学技术出版社，1983年，第27～44页。
[18] 杜金鹏：《偃师二里头夏都规划探论》，《夏商周考古学研究》，科学出版社，2007年，第129～133页。
[19] 许宏：《最早的中国》，科学出版社，2009年。
[20] 何驽：《二里头绿松石龙牌、铜牌与夏禹、万舞的关系》，《中原文化研究》2018年第4期，第31～39页。
[21] 河南省文物研究所、中国历史博物馆考古部：《登封王城岗与阳城》，文物出版社，1992年。
[22] 李旻：《重返夏墟：社会记忆与经典的发生》，《考古学报》2017年第3期，第301、302页。
[23] 何驽：《二里头绿松石龙牌、铜牌与夏禹、万舞的关系》，《中原文化研究》2018年第4期，第31～39页。
[24] 何驽：《陶寺圭尺“中”与“中国”概念由来新探》，《三代考古》（四），科学出版社，2011年，第85～119页。
[25] 何驽：《陶寺考古：尧舜“中国”之都探微》，《帝尧之都　中国之源——尧文化暨德廉思想研讨会文集》，中国社会科学出版社，2015年，第63～123页。
[26] 何驽：《怎谈古人何所思——精神文化考古理论与实践探索》，科学出版社，2015年，第167～180页。
[27] 何驽：《从宇宙观考古看中国文明形成》，《三代考古》（六），科学出版社，2015年，第35～39页；何驽：《从精神文化考古的维度看中原观念的出现与形成》，《中原文化研究》2015年第5期，第45、46页。
[28] 苏秉琦：《中国文明起源新探》，生活·读书·新知三联书店，1999年，第160、161页。
[29] 何驽：《最初“中国的考古探索简析”》，《早期中国研究》（第一辑），文物出版社，2013年，第36～43页。

历史、考古与文化

论新石器时代晚期至周代祭祀与丧葬中的奉献饮食仪节

——以墓葬材料为核心

胡进驻

（北京师范大学历史学院）

自上古开始，中国古代文明首重祭祀与丧葬，祭祀与丧葬仪节涉及的内容比较丰富，比如祭拜场所的布置，比如迎神、悦神、送神诸环节的歌舞等，但其中一个核心部分是供奉给神灵和魂灵“食品”，即所谓饮食仪节。本文欲借助相关考古学材料，简单梳理一下自上古以降中国古代高等级贵族的祭祀与丧葬饮食仪节。

一、红山以降的古国时代祭祀与丧葬中的奉献饮食仪节

红山古国以神王为首的高等级贵族“唯玉为葬”[1]，牛河梁积石冢大墓内以随葬勾云形玉佩、玉斜口筒形器、玉人、玉凤等神巫法器为主，基本不见容器类物品，因此，探讨红山高级贵族的丧葬饮食仪节比较困难。但牛河梁遗址群第二地点四号冢下层积石冢的几座墓中出土有陶罐、陶盘与陶钵等物，应该与饮食仪节有较为密切的关联。尤其是N2Z4M5、M6与M7三墓随葬的带盖彩陶瓮（罍）比较引人注目，这种精美的陶礼器在红山大墓随葬品中属于比较罕见的种类，它们装饰绘制精细、且专门带盖，可能是用来盛装很珍贵的饮食之物[2]。由于没有做残留物科技分析，对于这些彩陶瓮（罍）中到底曾经容纳何物，无法做出准确的判断。但含酒精类发酵饮料可能是备选答案之一。这些罍状物可能曾经用来盛装含酒精类饮料，甚至不排除下葬时是装满这类饮料的。红山贵族笃信原始萨满教，这种精神信仰活动特别强调“精神领袖”与神灵之间的“直接沟通”，而巫师和神王为达到和神灵及魂灵有效沟通的境界，必须采纳各种手段将自己“提升”到某种不一般的境界，此种境界以迷幻为最佳等级。周晓晶女士以为红山古国非常重要的玉礼器之一——勾云形玉佩可能就是红山高级贵族达到迷幻状态时看到的迷幻景致[3]。大量饮入含酒精类饮料是较为理想的致幻手段。因此，凡信萨满之处，酒精类饮料也往往比较盛行。古埃及前王朝大墓内随葬数量很多的盛有美酒的陶瓮一类储酒器。古代贵族

墓葬随葬大量酒类的用意，一是供贵族之魂灵在另外一个世界饮用，一是供贵族之魂灵在另外一个世界向其他神灵供奉。啤酒是古埃及各个历史时期贫富皆饮的一种带有主食性质的饮料，营养丰富，而且酿造过程中还特意加入海枣汁、蜂蜜和各种香料，味道极佳。酿造所用的主要原料是大麦和燕麦等粮食。古埃及人将一块块大麦面粉烤制的面包浸入水中，经过一段时间的发酵，美味的啤酒即可滴流而出。大量酿制好的啤酒储存于大陶缸中（以大陶缸作为主要的储酒器，在中国的大汶口文化、山东龙山文化、良渚文化、盘龙城早商遗址、小双桥中商遗址均很流行），然后再统一置放于地窖储藏室内。考古发掘揭示古埃及啤酒酒精含量还挺大。在前王朝的 Hierakonpolis 都邑（与中国的凌家滩与陶寺这一类古国都邑文明比较接近）遗址考古学家清理出一个规模较大的"皇家"酿酒厂。吉萨台地大金字塔旁也清理出规模较大的啤酒厂。古埃及啤酒至少有五种，有的古埃及人一天喝三四次。当代啤酒特别容易让人长胖，如果不是古埃及啤酒其实所含热量不是很高的话，则那些古埃及图画材料中魔鬼身材的古埃及人都是骗人的"套路"，真实的古埃及人，包括法老和王后也许都是大腹便便状。在中国，至少生活在距今 9000～8000 年前的河南舞阳贾湖人已用大米、蜂蜜和野葡萄或野山楂之类的野生果实酿制含酒精饮料，当时人可能也饮用，但正如张居中教授所言，贾湖酒首先是贾湖巫师通神的道具[4]，而以有致幻作用的酒作通神道具是全世界所有神权信仰行为的普遍选择之一。与古埃及人贫富、神人共饮差不多相同的啤酒种类不一样，中国商周高级贵族则特别将捣制的一种很珍贵的香草汁加入酿好的黑黍酿制的酒中，调制成"鬯酒"，不是一般的珍贵，价值很高，只有很重要的神灵和列祖列宗魂灵才有资格享用，而高级贵族本人可能可以象征性地品尝一下，并不能真正地大量饮入，当然，这种酒若真正大量摄入或对人体有害。中国上古时期应该另有让生人大量喝的酒类。古埃及神人共饮差不多一样的啤酒，正是神权信仰情结非常浓厚的一种表现，神人不分；而中国上古贵族专门调制一种鬯酒专用于供奉给神灵和魂灵，则是神人有别，"敬鬼神而远之"的一种表现，从不陷入"走火入魔式"的极端非理性神权信仰，是作为中华文明核心组成部分的中国中原地区的文明特质之一。商周王在赏赐臣下时，如果有鬯酒，鬯酒一般被置于青铜礼器铭文所列所有赏赐物品之首，足见其珍贵程度之高。在前王朝和早期王朝时期，古埃及人自己的啤酒酿造技术可能还很一般。真正上好的啤酒可能还需要从北面的黎凡特（今巴勒斯坦一带）等处大量进口。当然，这种特别昂贵的进口酒，只能供王和其他重要王室成员及高级贵族饮用，普通人或难以企及，因为考古学家只是在前王朝和早期王朝的王墓中大量发现这种从黎凡特进口的装满优质啤酒的酒坛。也有考古学家推测，其中有些可能是古埃及人自己模仿制作的"山寨货"，不一定都是真正的进口之物，也未可知[5]。

凌家滩古国祭坛大墓有些继承红山古国"唯玉为葬"的特点，以玉璜、玉龟版、玉人及玉石钺等神器为重点，重要的大墓出土陶器非常少，而中等墓葬出土陶器相对多一点[6]。不过，这些陶器质地不高、烧成火候较低，似乎是专门为丧葬制作的礼器。凌家滩贵族墓随葬的陶器种类较为丰富，其中绝大多数均与饮食仪节密切相关。比如其中的鼎类显然是炊煮器，豆应该是列食器（即将已煮熟或处理好的食物置放于豆盘之上），陶壶可能是水器，陶豆壶可能是酒器，陶鬶则是比较明确的酒礼器。凌家滩墓葬随葬的陶礼器，主要有鼎壶罐、鼎豆壶、鼎豆罐、豆壶罐等组合，似乎炊煮器鼎最为核心，盛食器豆次之，酒礼器陶壶也很重要，一般存储器陶罐也比较突出。已与后来中原地区以青铜酒礼器及青铜鼎簋等炊煮盛食礼器为核心的情形有一定的联系。

湖北江汉平原上的石家河古城西北部石家河文化宗教遗迹有专门摆置在祭拜场所的扣碗[7]，显然与供奉给神灵和魂灵的饮食有关。

二、陶寺准王国大墓材料所反映的祭祀与丧葬中的奉献饮食仪节

陶寺准王国早期的王陵大墓中随葬有比较丰富的用于饮食仪节的各式礼器[8]。比如其一类墓中随葬有棺前用于置器设奠的木案；炊事器具有陶灶，各种大型和小型陶斝、木俎及与之配套使用的石厨刀；盛食器有分别用于盛置黍稷、牲肉、菜肴的陶大口罐、盆、盘、豆以及具有精美彩绘的木豆和高柄木豆；盛洁净用水的大型木盆及附属用于舀水的木斗；彩绘木胎仓形器上每置骨匕，推测也是一种食器或食器模型；酒器有储酒的小口高领折肩罐、高领陶壶，温酒用的薄胎折腹斝，饮酒器木觚等；大型陶斝内置有猪头，木俎上载有石厨刀和猪的蹄、肋，足端墓底放经肢解的猪骸。

陶寺早期王陵兆域（图一）内最早下葬的M3072可能是“太祖夫人（太祖之后）”的墓穴[9]，其内顺足端墓壁横置木俎1件，俎上并列2件彩绘木匣（高炜先生推测是古文献中置于俎上的“房”），俎前侧有椭圆形大陶斝1件、折腹斝1件、大型木豆1件、蟠龙纹陶盘1件，8号木匣旁有石厨刀1件、匣后有劈开的猪头1具，刀与猪头原应置于俎上匣内，是匣与木俎朽塌后掉落一旁的。在右侧近中部墓壁下，有大口罐、陶尊各1件，附近见陶豆3件。另在打破M3072墓穴的H3013灰坑中发现陶灶1件、大口罐3件、陶豆1件。M3072西南方向与之左右并列的M3073可能是陶寺早期王陵兆域的“太祖”墓穴，其内可能和饮食仪节有关的随葬品有大口缸1件，套合的骨匕2件，其下近左侧墓壁依次放置骨匕2件、彩绘木豆5件、彩绘陶豆5件，右侧中段近墓壁处有残大口罐4件、盆形斝1件，打破该墓的H3012中出有彩绘蟠龙纹盘、折腹盆、小口高领折肩罐、折腹斝和盆形斝等，大口罐4件一组，而彩绘木豆、陶豆则是奇数（5件）成组（图二）。

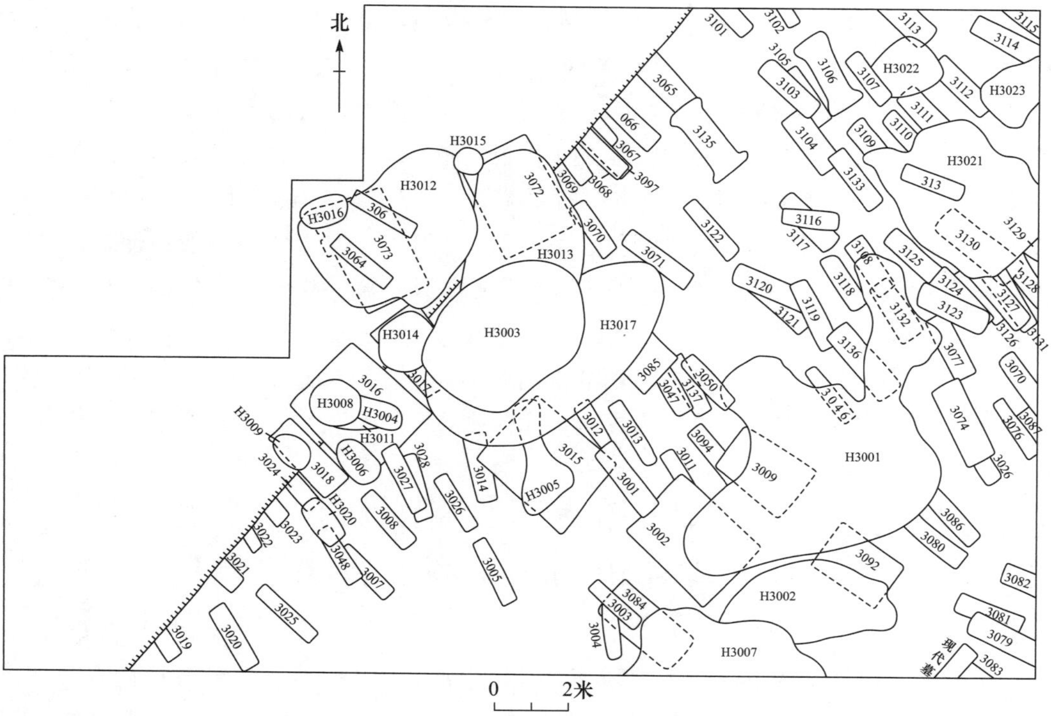

图一　陶寺早期王陵墓葬穴位昭穆布局形势图

（改自《1978～1980 年山西襄汾陶寺墓地发掘简报》,《考古》1983 年第 1 期）

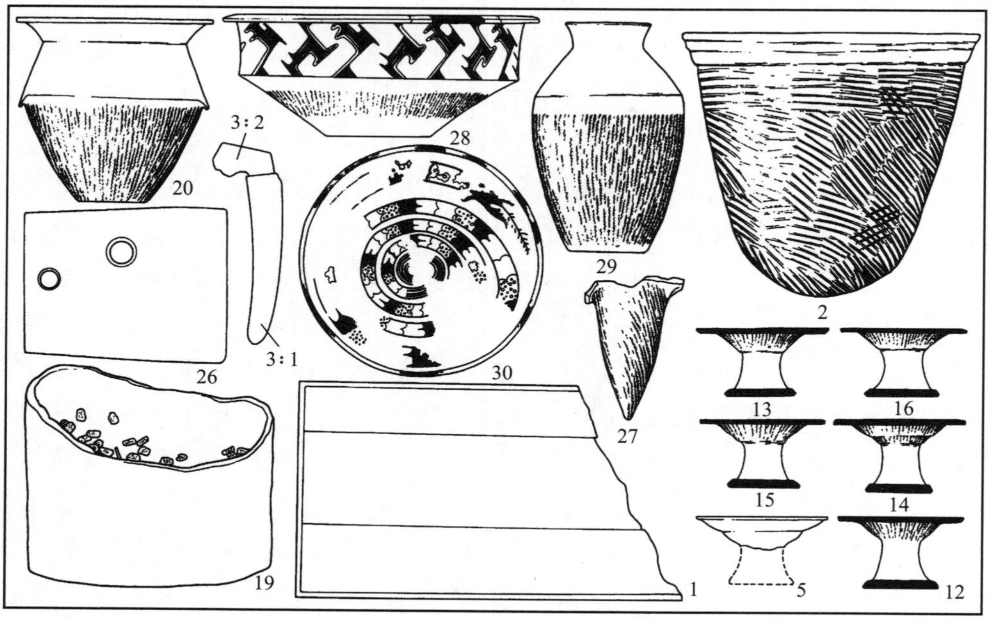

图二　陶寺 M3073 随葬器物组合图

（《襄汾陶寺——1978～1985 年考古发掘报告》，文物出版社，2015 年，第 447 页，图 4-33（B））

M3016随葬肢解后的猪骸，在墓主头端正中墓底有陶折腹斝和残木觚各1件，原当是置于案上，案已不存；头端偏右侧墓壁下有小口高领折肩罐1件、高领陶壶2件；右侧近头端有大口罐2件，折腹小罐、单耳夹砂小罐、蟠龙纹陶盘各1件；右侧偏足端有内置猪下颌的盆形斝1件、陶灶1件，另见散置的猪下颌、猪肋、蹄等（图三）。M3015头端正中有破碎的折腹斝1件，头端左侧见彩绘木胎仓形器4件、骨匕7件、玉石双孔刀1件，1件骨匕置于1件仓形器之上，头端右侧有彩绘高柄木豆2件，棺右有彩绘大木盆，盆内放置长柄木斗，盆沿下压着高柄木豆1件，附近有小木盆、陶灶、单耳夹砂小陶罐、陶盆形斝2件（1大1小），大陶盆形斝内置已劈开的猪头，右侧中段墓壁下放着小口高领折肩罐1件、大口罐2件，附近又有彩绘高领陶壶2件、鼓腹小罐1件，这群陶炊器、盛器下方，沿右侧墓壁顺置木俎，俎上放置与之配套的彩绘木匣，匣内斜立着石厨刀，还有猪蹄骨，另1件石厨刀掉落在俎旁，足端

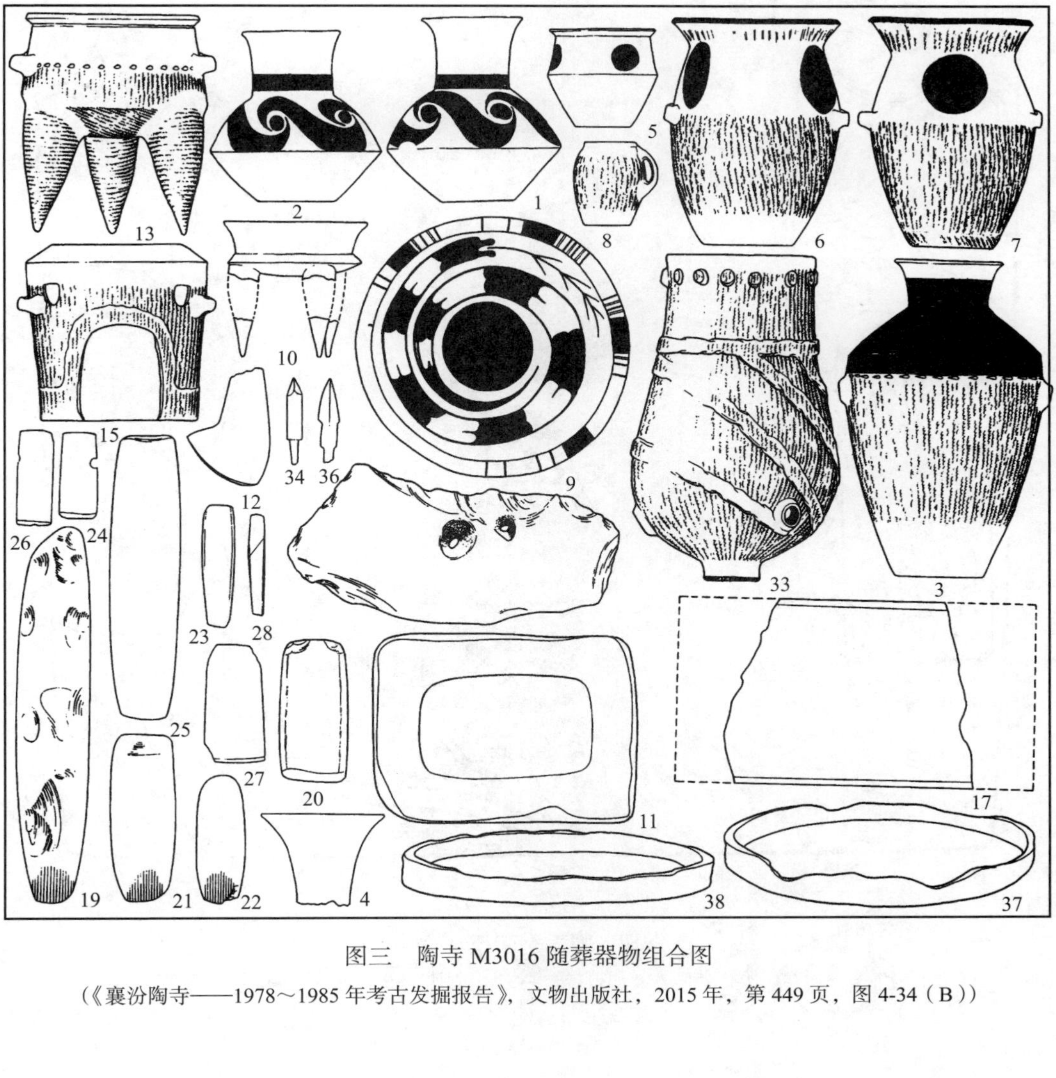

图三　陶寺M3016随葬器物组合图

（《襄汾陶寺——1978～1985年考古发掘报告》，文物出版社，2015年，第449页，图4-34（B））

右侧有大型木豆，墓室左侧近头端有彩绘、朱绘木豆 7 件，左侧中段偏下有大口罐 2 件、小口高领折肩罐 1 件似与右侧同类器对称布置，木俎上置木匣、猪骨和 3 件成套的石厨刀，同 M3072 的俎可相互印证，展现出古礼中俎与房、厨刀配置的具体形象（图四、图五）。

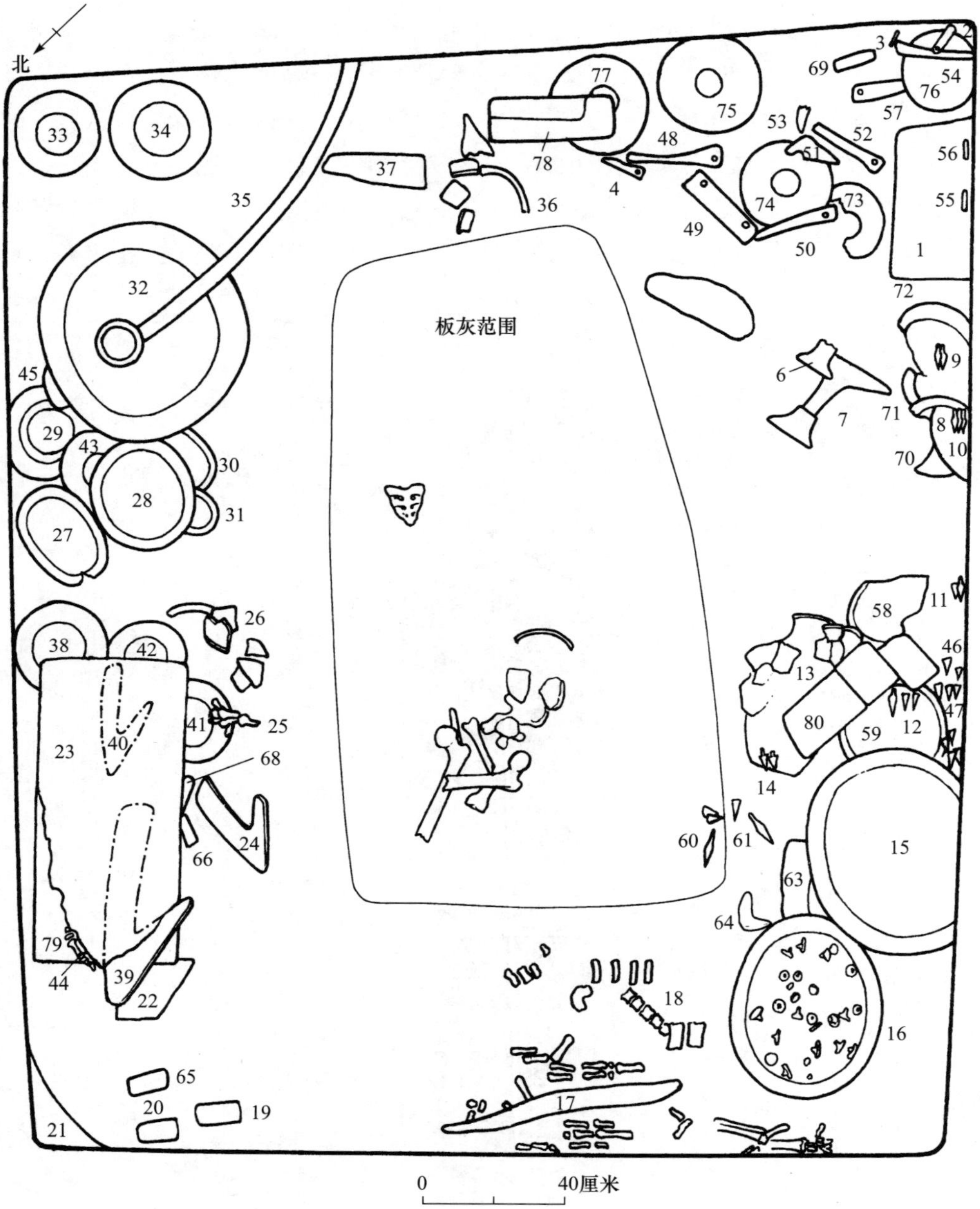

图四　陶寺 M3015 平面图

（《襄汾陶寺——1978～1985 年考古发掘报告》，文物出版社，2015 年，第 452 页，图 4-36（A））

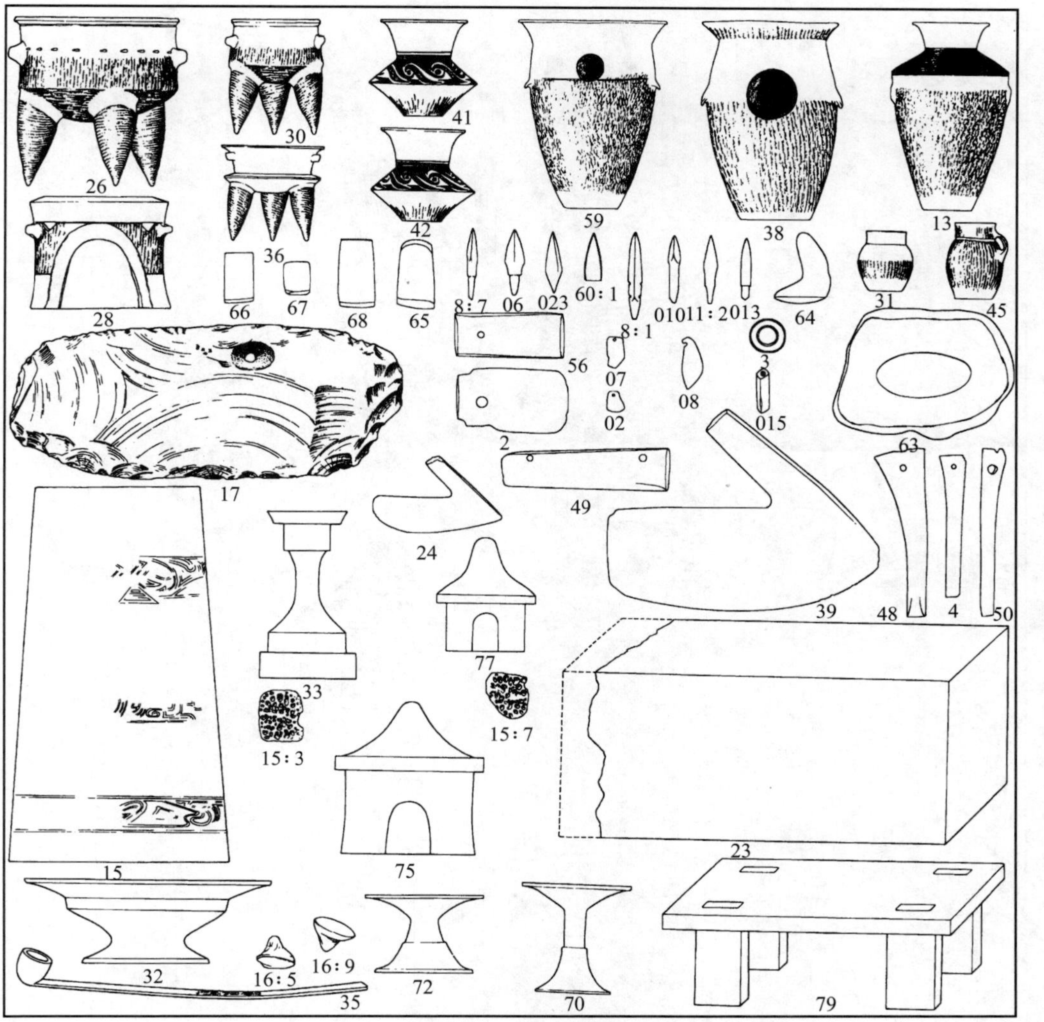

图五　陶寺 M3015 随葬器物组合图

（《襄汾陶寺——1978～1985 年考古发掘报告》，文物出版社，2015 年，第 453 页，图 4-36（B））

M3002 头端有折腹斝 1 件，头端左角存木胎仓形器 2 件，木棺板灰左侧顺墓壁有一长方形彩绘痕迹，其上方及附近有高领彩绘陶壶 1 件，残朱绘木豆 3 件，左侧偏足端墓壁下放大口罐 2 件、小口高领折肩罐 1 件，石厨刀 2 件，从右侧墓壁下至足端鼓腔附近，散置劈开的猪头、猪下颌（8 副），猪的肩胛、脊椎、肋排、蹄骨等，至少包括一具被肢解的整猪及几副下颌骨，右侧残留有盆形斝 1 件、单耳罐形斝 1 件、高领彩陶壶残片，打破该墓的 H3001 出有单耳夹砂小罐 1 件、大口罐 2 件、大型夹砂器盖 1 件、陶灶 1 件等，可能有残存的漆木案与俎未被识别出来（图六）。M2001 棺前头端中部有彩绘木案，案中央置折腹斝，斝后有 1 残木觚，头端左侧墓壁下有木胎仓形器 5 件，每件仓形器顶端各平放骨匕 1 件，头端右侧墓壁下有高柄木豆 7 件，其中 1 件在

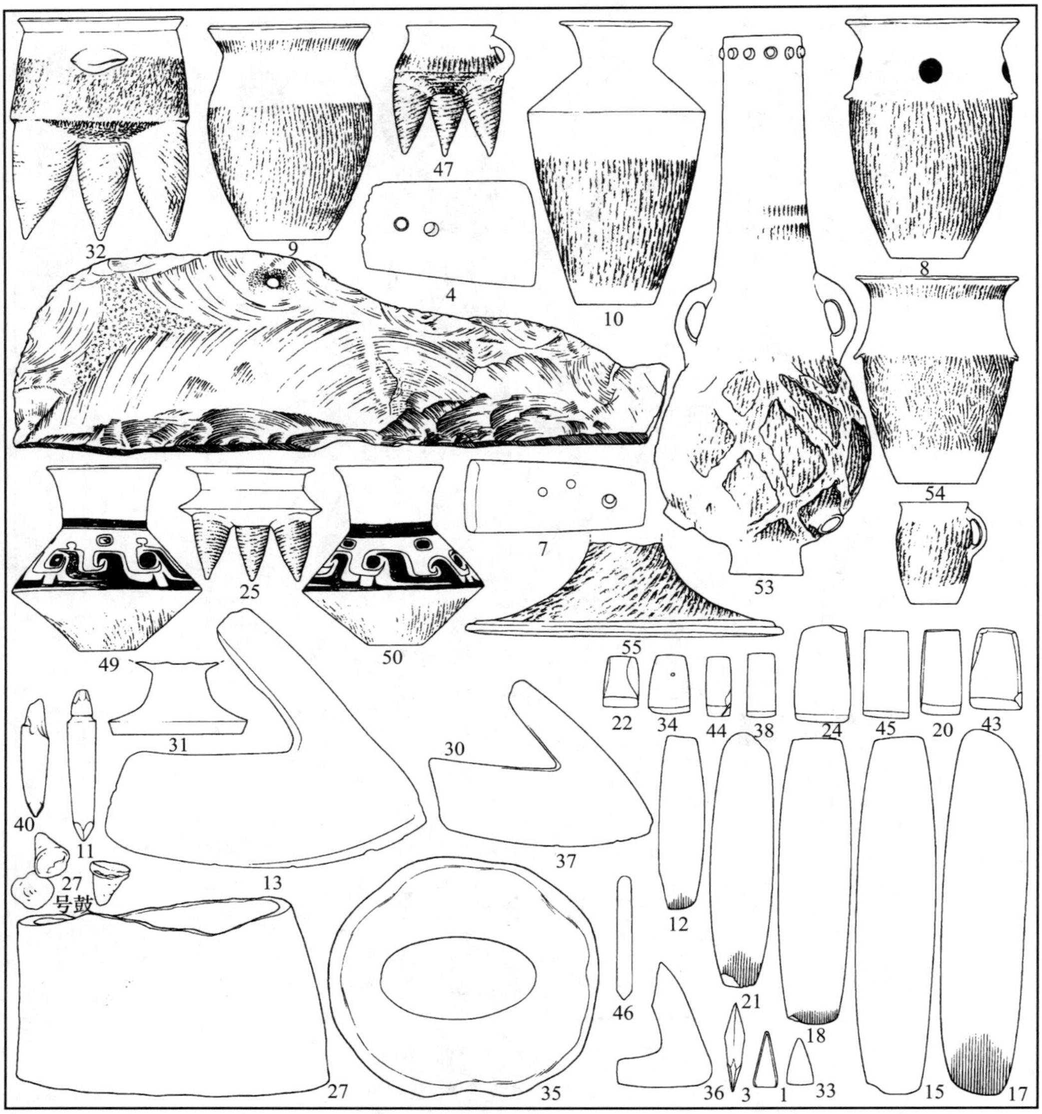

图六　陶寺 M3002 随葬器物组合图

（《襄汾陶寺——1978～1985 年考古发掘报告》，文物出版社，2015 年，第 455 页，图 4-37（B））

案上，另 1 件近木案右侧边缘，棺左侧挨着仓形器有彩绘双耳木豆 9 件，其下方有朱绘磨光黑陶豆 13 件，靠墓室左侧中段墓壁下，有彩绘高领陶壶 2 件、陶尊 1 件、大口罐 2 件、陶盂 1 件、小口高领折肩罐 1 件，棺右侧近头端有大木盆 1 件，盆旁为蟠龙纹陶盘 1 件，右侧墓壁下放大口罐 2 件，右侧中部有大型圆木案 2 件，63 号案上置石厨刀、猪肋骨，64 号案上置石厨刀、猪肋、猪腿与猪蹄，63 号案与右墓壁间顺置木俎，俎上置石厨刀，63 号案与木棺之间有盆形斝 2 件，足端右角放陶灶 1 件，64 号木案案面下墓底见单耳夹砂罐、高柄陶豆、陶尊各 1 件，足端墓底有猪头、猪脊椎、猪肋排、猪腿、猪蹄及猪尾椎骨等（图七）。

图七　陶寺 M2001 随葬器物组合图

（《襄汾陶寺——1978～1985 年考古发掘报告》，文物出版社，2015 年，第 461 页，图 4-38（B））

棺左侧，靠近仓形器摆放成组的彩绘木豆、朱绘陶豆，M2001、M3073、M3015、M3002都是如此。M3073发现木豆、陶豆各5件，M3072残存陶豆4件，M3105与M3002只见残存木豆，而M2001则有彩绘双耳木豆9件、朱绘磨光黑陶豆11件、朱绘高柄陶豆3件，凡木胎仓形器、高柄木豆、朱绘陶豆和高柄陶豆，都是奇数成组，或是当时的固定规则。在左侧中段墓壁下，摆放大口罐、陶壶、尊、小口高领折肩罐等，M2001与M3015、M3002情形相类。一类大墓使用4件大口罐，墓室中段左、右墓壁下各有2件，对称放置。蟠龙纹陶盘放置在墓室右侧偏近头端，M2001同M3016情形相近，在这一部位，M2001与M3015都有1件大型彩绘木盆，同炊事有关的木俎、灶、盆形斝、单耳夹砂罐等，一般都置于右侧近足端。经肢解的猪骸，除有的在俎上，大部分放在足端墓底，M3015、M3002与M2001都是如此。M3072与M3015保存有木俎，俎上有内置厨刀和牲肉的彩绘木匣（房），M2001木俎上放置石刀，但未见木匣，可能是其规格略低的缘故。比起一类甲型大墓，M2001规格稍逊，但2件大型圆木案是独有的，仓形器用5件，高柄木豆7件，木豆和陶豆各在10件上下，数量之多，罕见，彩绘木案、彩绘双耳木豆、朱绘磨光黑陶豆和彩陶壶等，形制和图案都精美异常，显现这座墓的特点[10]。

陶寺一类大型墓随葬盆形斝2件、大口罐一般为4件，二类墓一般用盆形斝1件、大口罐2件[11]。二类墓有的也设置案、俎、石厨刀，并用牲体，除M2103等个别墓的案较大，二类墓中的案、俎一般体量较小，形制简单，甚至有的只用一块厚木板代替；厨刀只用1件，见不到两三件成组的、呈侧置“V”字形的大型厨刀；牲体有猪的头、脊椎、肋、蹄中的二至三种，有几座墓随葬10～130余副猪下颌骨，但不见经肢解的整猪。看来，用或不用整猪所表现的乃是礼遇上的差别，二类墓的陶器和木器多为朱绘，只在折腹盆和个别木案上看到彩绘图案，也反映出与一类大墓的差距。二类甲型墓随葬陶器主要有盆形斝1件（个别2件）、尊形斝（或折腹斝）1件、大口罐2件（个别1件，或用大型圆腹罐代替其中的1件）、彩绘折腹陶盆1件、彩绘或朱绘的陶壶1至2件、朱绘陶豆2至4件。有的见到朱绘陶盘，但盘内壁绝无龙纹，木器主要是木案、木俎，木案上置尊形斝或折腹斝、木觚，木俎上置猪肋或蹄腿，石刀斜插在猪骸与俎面之上，有的还发现高柄木豆或仓形器1至2件，M2014、M1111等墓还出土大型喇叭座木豆，其中5座墓使用猪的头、蹄、肋，猪头往往是劈开的半个，猪肋至多是半扇，或兼用猪下颌骨，有的只见猪下颌骨，数量1～58副不等。M2103随葬猪下颌骨1副及少许猪肋，棺前至头端墓壁间横置大型彩绘木案，案面中央放置木觚2件，偏左侧案面上放木胎仓形器1件，其上顶部平置骨匕1把，木棺至右侧墓壁间挨近木案处有大型彩绘折腹陶盆1件，右侧中段有大型木豆1件，陶盆与木豆之间放着尊形器1件，木豆与右侧墓壁之间侧立着2件已残朱绘木器，其中1件直径原在90厘米以上、存高70厘米，紧靠墓壁，另一件压在木豆上，它还压着几件陶器，两件残木器至右侧足端墓底，摆放1对朱绘陶壶、单耳夹砂小罐2件、单耳罐形斝1件、单耳折腹小罐 1 件、折肩罐 1 件、圆腹大罐 1 件、大口罐 1 件，朱绘陶盘斜立于大口罐与墓壁之间。棺左侧靠近木案有朱绘残陶豆 1 件、中段墓底猪下颌骨 1 副，偏足端墓底放盆形斝 1 件、猪肋骨 3 条。M2168 随葬有猪头、猪下颌、猪蹄、兽牙等，头端设木案，案上有已倾倒的木觚，墓室右侧近案处置彩绘折腹陶盆 1 件，靠右墓壁下有单耳罐形鼎、单耳夹砂小罐各 1 件，右侧中段至足端墓底依次有盆形斝、上有两段猪肋的不明木器、圆形木盘、木俎、双耳折腹小罐、大口罐各 1 件，石厨刀斜插在俎上，俎侧有掉落的猪蹄，这一带还见散见的猪骨（其中有下颌骨），头端左侧有朱绘陶豆 2 件、骨匕 1 件、不明木器 1 件、兽牙 2 枚，墓室左侧中段至足端有朱绘陶豆 2 件、陶盘 1 件、木盘 1 件、陶三足盘 1 件、折肩罐 2 件、桶形木器、尊形斝套置于陶灶之上、圆肩罐等，中段墓壁下有一近长方形不明木器，足端偏左墓壁下有一猪头，一“十”字形木架上置圆形木桶两重，小桶套在大桶内，小桶内又置粗体木觚 1 件，由之可推定为酒器，包括饮酒器（木觚）和储酒或酿酒器（桶），木架及桶、觚内外表皆髹朱红色。M2172 生土二层台上见猪下颌骨 5 组，右侧 2 组，足端偏右 2 组，每组均 13 副；左侧中段残存 1 组 6 副，合计 58 副。原数不详，按对称布局推算，当在百副以上，木俎上有猪肋、猪蹄，填土中有猪头骨，头端墓壁下设木案，案右侧边缘见木觚 2 件，头端左角有高柄木豆 2 件及骨匕，墓室右侧近头端为彩绘折腹陶盆，其下至右侧中段墓底依次有双耳折腹小罐、陶尊、陶瓶、陶壶、单耳夹砂罐、单耳罐形鼎各 1 件、陶豆 4 件，陶簋、圆腹罐、盆形斝各 1 件，偏足端放着硕大的大口罐 2 件，墓室左侧中段有浅腹陶盆，尊形斝套置于陶灶之上，近墓壁下有木碗、桶形木器（“十”字木架上只有单层木桶），木勺、骨匕斜置桶形器上，左侧近足端顺置木俎，俎上有石刀、猪肋、猪腿、猪蹄骨，俎上方 30 厘米填土中有猪头 1 具，足端墓壁下侧置浅腹盆 1 件。M2180 右侧近足端生土二层台面上有一堆公猪下颌骨 18 副，墓室头端偏左摆放着一块长方形朱红色木板，即最简单的木案，案上置酒器 6 件：舀酒木斗 1 件、带鋬木杯 2 件、木觚 3 件，器内外表面皆涂朱红色，案的右方置 1 件大型朱绘折腹陶盆，墓室右侧自折腹盆以下依次有带耳折腹小罐、陶瓶、陶尊、折腹罐、陶壶、陶豆、单耳罐形斝、单耳夹砂小罐、陶盘、大型木豆各 1 件，一不明器形木器置于大木豆之上，墓室左侧近木案处有尊形斝，近左墓壁有不明器形木器、高柄豆各 1 件；墓室足端，右侧顺置木俎，俎上有石厨刀，足端中段有盆形斝 1 件，左侧为大口罐 1 件，靠近的还有圆腹罐 1 件。M2027 头端左侧有尊形斝 1 件、彩绘折腹陶盆 1 件，头端偏右见残木器 2 件，近足端墓壁下有盆形斝 1 件，足端偏左墓壁下见单耳折腹小罐 1 件。M2043 头端右侧墓底有尊形斝、木觚各 1 件，左侧有陶豆、骨匕、左角有陶敦各 1 件，棺右，近头端有彩绘折腹陶盆，其下为陶瓶、单耳夹砂小罐、陶豆、盆形斝（内置半个猪头）、石刀各 1 件，足端右角放大口罐 1 件，另 1 件大口罐已被扰坏。M2035 随葬有猪头、猪肋排及猪下颌骨，墓室头端有一片不明木器的残痕，其上发现涂朱圆石片 1 件，墓室右侧靠近头端见彩绘折腹陶盆 1 件，其下依次有朱绘陶尊 2 件，尊形斝、单把黑陶壶、单耳罐形斝、单耳夹砂小罐各1件、带耳折腹小罐；右侧中段有大型木豆、盆形斝（内置劈开的半个猪头）、折腹罐、陶尊各1件，右侧近足端有石厨刀1件；墓室左侧，中段偏足端有朱绘陶豆、大口罐各2件；墓室足端中段有猪肋排、右角放猪下颌骨一组9副。M2039残存盆形斝2件、尊形斝2件、折腹陶盆1件、浅腹陶盆1件，此墓盆形斝与尊形斝各用2件，很有特色。M2092墓室头端墓壁下的木案形制相当规整，棺前至木案间置酒器3件；折腹斝套置于陶灶之上，旁有木觚，觚为饮器，折腹斝置于灶上，是为温酒器，这组器物的性质一目了然，棺右残存大型木豆、木俎，石刀置于俎上，旁有盆形斝，足端右角有彩绘陶壶2件；棺左，近头端有1件不明木器残迹，骨匕置其上；左侧中段较集中放着大口罐2件、带耳折腹小罐1件、折腹罐1件、朱绘陶豆5件，左侧近足端有朱绘陶盘1件，足端墓壁下斜立朱绘陶瓶1件。M2095墓室左侧近头端有骨匕1件、陶豆2件、折腹罐1件；近足端见大口罐2件；墓室右侧见盆形斝、木俎和石刀各1件，另在M2075填土中见到扰自本墓的单耳罐形斝、尊形斝以及陶豆与陶瓶的残片。H2008有扰自M2079的盆形斝、折腹罐等物，H2003有扰自M2079的大口罐、折腹盆残片，总计，M2079出有盆形斝、单耳罐形斝、陶灶、单耳夹砂小罐、折腹罐（3件）、带耳折腹小罐、陶壶（2件）、折腹盆、陶豆（3件），其中折腹盆、陶壶、折腹罐用红、白、绿三色彩绘，造型、图案堪称精致。M2014左侧近足端见朱绘大口罐2件，右侧中段有大型木豆、带耳折腹小罐、单耳夹砂罐、朱绘陶盘、木俎、放木俎上的石刀各1件，盆形斝2件、木勺架置于10号斝的口沿上，足端有劈开的半个猪头及猪肋骨数根，所出朱绘大木豆高26、豆盘直径60余厘米，一对朱绘大口罐高40余厘米，都是饶具特点的大型器物。M1111墓室右侧头端见彩绘折腹盆1件，右侧中段有大型朱绘木豆、单耳罐形斝、单耳夹砂小罐、盆形斝、残木器、石厨刀各1件，在足端墓底放有猪下颌骨29副，似为二组，靠右角一组为幼猪下颌骨22副，另一组为成猪下颌骨7副，有整有半。二类乙型墓主要有盆形鼎或盆形斝、彩绘折腹盆，一般不见案、俎，牲体只用猪下颌骨（最多达132副），但不见猪头及肋、蹄。M2135墓室右侧中段有盆形鼎、不明器形残木器，近足端放猪下颌骨7副。M2053墓室右侧有尊形斝、盆形鼎各1件，足端摆放猪下颌骨23副，其中14副为带獠牙的成年公猪，头端原应有朱绘木觚、彩绘折腹陶盆等遗物。M2063头端放置陶觚、朱绘木觚、尊形斝各1件，墓室右侧近头端有红、绿、白三色彩绘折腹陶盆，近足端有石刀；足端左角有1件硕大的异形陶鼎，鼎内有动物骨骼，人架小腿右侧有散置的猪下颌骨，足端墓底放成堆的猪下颌骨，共86副。M2202墓室右侧近头端有木觚2件，中段有大型折腹陶盆、尊形斝、陶盂各1件，墓室左侧近头端有小型木胎仓形器、器形不明残木器各1件，中段有小型高柄木豆、陶尊和大、小陶钵各1件。M2200足端及左、右侧近足端二层台台面上，摆放猪下颌骨13组，每组内的下颌骨大小相仿、互相套合，组与组之间或见叠置，右侧第1组为9副，左侧第13组为13副，其余各组均为10副，共132副，以第4组个体最大，第3组个体最小、尚为乳猪，该墓不见案、俎、鼎、斝之类涉及饮食仪节的器物。M2115 头端设外着红、绿两色的彩绘木案，案上有陶觚及不明器形木器各 1 件，墓室右侧近头端有尊形斝、陶豆、单耳壶、单耳夹砂小罐各 1 件，右侧近足端有盆形斝 1 件，该墓不见木俎、石刀和彩绘折腹陶盆。M2112 墓室右侧近头端有折腹罐 1 件，右侧中段有不明器形残木器 1 件，足端右角有盆形斝 1 件，足端左角有大口罐和陶盘各 1 件，墓室左侧中段有尊形斝 1 件。

陶寺大墓出土有关丧葬和祭祀饮食仪节的礼器大致可以分为三类：一类用来炊煮各类食物，一类用来切割处理未烹煮或已煮熟的动物牺牲肉等，一类用来盛装煮熟并处理好的动物牺牲肉食和谷物类饭食。

陶寺早期王陵等级最高的“太祖”墓穴内墓主头端左侧随葬的厚胎大口缸比较特别，可能原初是一件大型的储酒礼器，但从其内外表面皆有烟炱及器内存有大半灰烬的情况来看，可能是在下葬过程中其内的酒液被焚烧或使用殆尽，而又被临时“征用”为短暂的“燎祭”场所。

陶寺陶盘内壁则绘有特定象征意义的蟠龙纹，由于在大墓内是和众多的盛食器置放在一起，高炜先生推测这些陶寺蟠龙纹盘是用来盛装食物的礼器。但陶寺蟠龙纹盘的蟠龙纹主题一般认为与水关系密切，早于它们的著名的仰韶文化半坡类型人面鱼纹盆的鱼纹则是直接和水关联，应该是水器。晚于陶寺蟠龙纹盘的商代鱼龙纹盘也是比较明确的水礼器。这种大敞口的器类，很难有较为有效的覆盖手段，因此如果用来盛装食物或饮用水之类，显然无法保障清洁度。因此它们只能是东周秦汉礼书中记载的承水礼器，即从上面浇注水，然后在下面进行洗洁手活动，最下面是这些盆、盘类承水礼器承接使用过的不洁水，不让不洁水在礼仪场所横流。从仰韶文化半坡类型的巫术活动（人面鱼纹盆），再到陶寺的礼仪丧葬活动（彩绘蟠龙纹盘），再到商周时期的丧葬及祭拜活动（鱼龙纹青铜盘等），说明承水礼器非常重要。承水礼器的重要，说明在丧葬与祭拜礼仪中，需要频繁地清洁参与者的肢体及涉及的食物和用具等，因为丧葬和祭拜对于清洁度有很高的要求。而且以水洗洁，可能也不仅仅是洗去世俗理解的肉眼可见的污垢，可能还有洗去恶灵污秽之义，起源有可能来自旧石器时代及新石器时代的巫术仪节。著名的仰韶文化半坡类型人面鱼纹盆就显然是巫术法器，其盛水洁净的目的可能不仅仅是去除肉眼可见的世俗污垢。仅仅洁净世俗理解的肉眼可见的污垢，可能还不足以让早期水器有如此高的礼仪地位，有可能正是洁净晦气不祥方让早期水器的重要性如此之高。包括后来商周青铜水器的重要性，或许都有这方面的原因。不仅仅是洁净世俗污垢，而更有袚除晦气不祥之功效。最近彭裕商先生撰文论述商周青铜盉为水器[12]，可能比较有道理。青铜盉最早发现于二里头四期，二里头四期之时青铜礼器的种类和绝对数量仍然还比较少，仅有炊煮的青铜鼎、用作酒礼器的青铜爵与斝等，但出现有青铜盉，说明水器在中国早期青铜礼仪制度中已占有较为显赫的地位，这可能是丧葬和祭拜对于清洁度的严格要求所致。二里头青铜盉的具体功能可能主要是注水器，也兼有一定的储水功能。具体使用方法，可能就是通过青铜盉的管状流向下倾倒水，然后在下面进行各种清洁活动。至于二里头时期最下面的承水器，可能是二里头发现的各式平底盆和深腹敞口盆类器[13]。二里头发现的陶盉之功能与使用方法应该与二里头的青铜盉一致。陶寺大木盆可能用来盛洁净用水，木斗从其内舀水下浇（曾侯乙墓中室2件水器铜盥缶之上即置有类似于陶寺木斗的长柄铜斗，显然是专用于挹水之器），洗手或其他涉及物品于浇水柱下，蟠龙纹盘（盆）最后承接洗用过后的水。似乎上古自旧石器时代巫术活动以来，对于清洁十分看重，因此水器也非常重要，应该引起足够的重视。比较值得注意的是，上古时期有专门的清洁用水礼器组合，但于饮用水，无论上古、还是商周时期，似乎没有很突出的专门礼器类别承担它。

陶寺一类墓随葬的被肢解的整猪、二类甲型墓随葬的被肢解的部分猪牲体及大量的猪下颌骨、二类乙型墓随葬的大量猪下颌骨，包括已被置放于大型斝内的猪头等，都不一定是已被煮熟者，有可能多为生肉（饩），其寓意是让陶寺大墓的墓主魂魄在阴间自己“烹煮”成熟肉（饔），这个“阴间”烹煮的目的可能主要不是墓主魂魄自己“食用”，而是墓主魂魄在阴间进行祭拜活动时供奉给其他神灵和魂灵“食用”。陶寺以后商周至秦汉时期贵族大墓内如果随葬大量的动物牺牲肉，可能也多为生肉（饩），其寓意可能并不是让墓主魂灵在阴间自己“享用”，而是让魂灵在阴间自行“烹煮”，然后供奉给其他神灵与魂灵；只有少量的动物牺牲可能是煮熟的（饔），其寓意可能是供墓主魂灵在阴间自己“食用”。

陶寺墓葬随葬的灶、斝、鼎、鬲与甗等显然是炊煮器具；木俎及其上的厨刀自然是切割处理未烹煮的生肉（饩）或进一步“细加工”处理已煮熟动物牺牲肉的礼器；木案之上固定出土木觚等酒礼器，则它应该和西周时期的青铜禁类似，即为专门置放各类酒礼器的礼器托盘之类；各式木豆与陶豆应该主要用来盛列已经煮熟并处理好的动物牺牲肉；各式小口高领类陶器应该是各种储酒礼器；彩绘与朱绘折腹盆应该是一种高等级礼器，可能主要用来盛列已经煮熟且切割处理好的某些特别重要的大块动物牺牲肉，因为各种豆类礼器固然众多，但它们承盘较浅的缺陷使盛装大块牲肉变得较为困难。陶寺最高等级的大墓随葬4件形制与大小相同的陶大口罐，而次一等级的大墓随葬2件形制与大小皆相同的陶大口罐，其组合形式与周代核心礼器组合青铜鼎簋中的青铜簋比较一致，因为周代青铜鼎簋组合中的青铜簋也是2、4、6、8的偶数组合，而且这些偶数个青铜簋的形制和大小也是相同的。同时陶寺大墓内随葬的各式豆类器往往是奇数（5个）成组，并有大小、质地与形制不一的状况，此与周代青铜鼎簋组合中的青铜列鼎的情形较为类似。周代青铜鼎主要用来盛装动物牺牲肉，陶寺豆类器可能也是以盛列肉类祭品为要务。于此，或可推测陶寺墓葬大口罐则可能主要用来盛装已蒸煮熟的谷物类饭食，与周代青铜簋功能近似。陶寺陶缸与陶瓮等大型容器可能是储水器，所存储之水，既可用于饮用，也用于清洁。饭食可用匕柶（勺），肉食有可能直接以手抓取。陶寺大墓随葬的木胎仓形器可能象征在地下阴间有取之不竭用之不尽的粮食，可视作汉墓中普遍随葬粮仓模型的渊源。陶寺大型陶缸与陶瓮等是否也用于存储粮食，现在没有证据。粮食是制作半固体状醴的主要原料，东周礼书记载以匕柶掘醴而食，陶寺骨匕一律置于木胎仓形器之上，而仓是存储粮食的，因此，不排除陶寺已有匕柶食醴之制度。汉代墓葬常见随葬陶仓模型，内里一般真正地存储一些粮食，但陶寺的木胎仓模型是实心的，无法存储任何物质。长沙马王堆一号汉墓随葬的漆木案、盘等[14]也与陶寺大墓的漆木或陶制同类器物形制与功用相似，可见陶寺大墓随葬的丧葬和饮食器具及其反映的仪节，不仅被商周贵族所沿用，而且在西汉时期还仍然被因袭。

三、二里头以降王国时代祭祀与丧葬中的奉献饮食仪节

二里头的陶器种类非常丰富[15]，以深腹罐和圆腹罐为最主要的炊器，以爵、觚、鬶、壶等为主要的酒器，以盉、盆等为主要的水器，以簋盛装谷物类饭食，以各式豆类盛装动物牺牲肉，以三足盘类盛装比较特别的大块动物牺牲肉。二里头三期出现青铜爵，这是中国古代最早诞生的一种容器类青铜礼器，反映出饮酒礼器的核心地位；二里头四期又出现炊煮用的青铜鼎、斟酒用的青铜斝、水器青铜盉等，青铜礼器群初步完善[16]。但无论从绝对数量、还是从种类上看，二里头四期的青铜礼器还不足以独立承担当时的礼仪任务，当时最主要的礼器是以玉柄形器（象征祖先崇拜）、玉钺（象征王权与军权）、玉牙璋（象征王权）及带孔玉刀（细加工煮熟的动物牺牲肉所用，象征牺牲奉献）为核心，并辅以前述各式陶礼器与漆木礼器方能完成各项礼仪任务。这种情况至二里冈下层时期，尚未有明显的改观。

自二里冈上层时期开始，青铜礼器种类与绝对数量极大增加，已经可以独立完成主要的礼仪任务，因此站在礼器舞台的中央。二里冈上层时期，以饮酒器（青铜爵）、斟酒器（青铜觚与青铜斝）、储酒礼器（青铜尊、青铜罍、青铜壶与青铜卣）组成的青铜酒礼器群已基本完备，并初步形成以觚爵套数的多少来标识贵族身份礼仪地位高低的制度。以青铜鼎、鬲、甗为主的青铜炊煮礼器组合也基本形成。专以青铜簋盛列谷物类饭食的制度在二里冈上层时代已经基本被确立。以形制与纹饰基本相同、大小依次递增或递减的数件青铜方鼎形成一套列鼎的制度也初露端倪。而以青铜盘与青铜盉相配的水礼器组合可能沿袭自二里头的青铜（陶）盉与陶盆相配制度，并基本稳定下来。总体来看，二里冈上层的青铜酒礼器最为突出，但青铜鼎簋等盛列器、青铜鼎鬲甗等炊煮器及青铜盉盘相配等类别也非常重要。

郑州商城内城城垣外侧近旁发现三处二里冈上层时期商王室方能遗留的大型青铜重礼器坑，安金槐先生认为可能是商王室在举行完重大祭祀活动以后，将使用的青铜礼器进行掩埋[17]；袁广阔先生认为是商王室以小双桥为都以后仍然回郑州商城进行重

大祭祀活动，因而留下祭祀所用青铜礼器掩埋坑[18]；张国硕先生认为郑州三铜器坑是二里冈上层时期商王室“城隍”祭祀所形成[19]。郑州商城二里冈上层时期商王室三个青铜礼器坑应该为王室举行的重大祭祀活动所遗留。其中的张寨南街铜器坑出土两件形制与纹饰近同、但大小明显有别的青铜大方鼎[20]，应该是一组青铜大方鼎列鼎之中的两件，被当时的主祭人员选择留下埋藏，也许当时入埋时满盛煮熟且已切割处理好的动物牺牲肉，惜现在早已腐烂无存，该坑同出的一件青铜鬲应该是烹煮用礼器，不排除当时下埋时，其内可能也盛有动物牺牲肉，只是档次级别可能低于前述大方鼎所盛肉，也或许盛装的是谷物类饭食，因为鬲类是商人最主要的炊器。推测当时入埋的含义就是将动物牺牲肉和谷物类饭食及盛装它们的青铜礼器一并供奉给神灵。南顺城街铜器坑出土青铜爵 2 件（饮酒礼器）、青铜斝 2 件（斟酒礼器）、青铜簋 1 件（盛蒸煮熟的谷物类饭食），最关键的是出土形制类同但大小依次成列的青铜方鼎 4 件，出土时，1 号方鼎居中，2 号方鼎套放在 1 号鼎腹内，3 号、4 号方鼎紧贴靠在 1 号鼎的左右两侧[21]，无论是 4 件的形制大小情况、还是埋入摆放的布局，可能都隐约反映出周代列鼎制度的祖型（图八）。南顺城街铜器坑出土的青铜饮食礼仪器具应该不是当时一组完整的组合，可能也是选取埋葬的结果。向阳回族食品厂铜器坑[22]出土的 2 件青铜大方鼎形制与纹饰基本相同，大小有一定的差异，重量差距较大，也应该曾是一组青铜大方鼎列鼎组合当中的两件；大圆鼎 1 件，可能相当于周制当中专门用来烹煮动物牺牲的镬鼎；小圆鼎 2 件，造型、大小和纹饰相同，可能相当于周制当中用来盛装调味品一类的陪鼎；2 件尊、1 件卣与 1 件罍应该为储酒礼器；觚 2 件为斟酒礼器；盘 1 件为承水礼器；中柱盂 1 件或为古灯。盘龙城李家嘴 M2 是礼仪等级很高的商代二里冈上层时期的贵族墓葬[23]，以 4 件青铜爵（饮酒器）、1 件青铜觚与 3 件青铜斝（4 件

图八　郑州商城内城外南顺城街铜器坑出土青铜礼器组合图

（河南省文物考古研究所、郑州市文物考古研究所：《郑州商代铜器窖藏》，彩版二，北京：科学出版社，1999 年）

斟酒器）构成4套觚爵的青铜礼器组合核心，1件青铜鬲与1件甗属于炊煮礼器，1件青铜尊属于储酒礼器，1件青铜簋属于盛装谷物类饭食礼器，1件青铜盘与1件青铜盉属于相配套的水礼器，PLZM2：36青铜锥足鼎形体较大，可能相当于周制中的镬鼎，另外2件锥足鼎大小明显有别，类于周制的列鼎，也有可能是3件青铜锥足鼎共同构成1组列鼎，1件扁夔足鼎应该是陪鼎类，陶缸1件应该是储酒礼器（图九）。

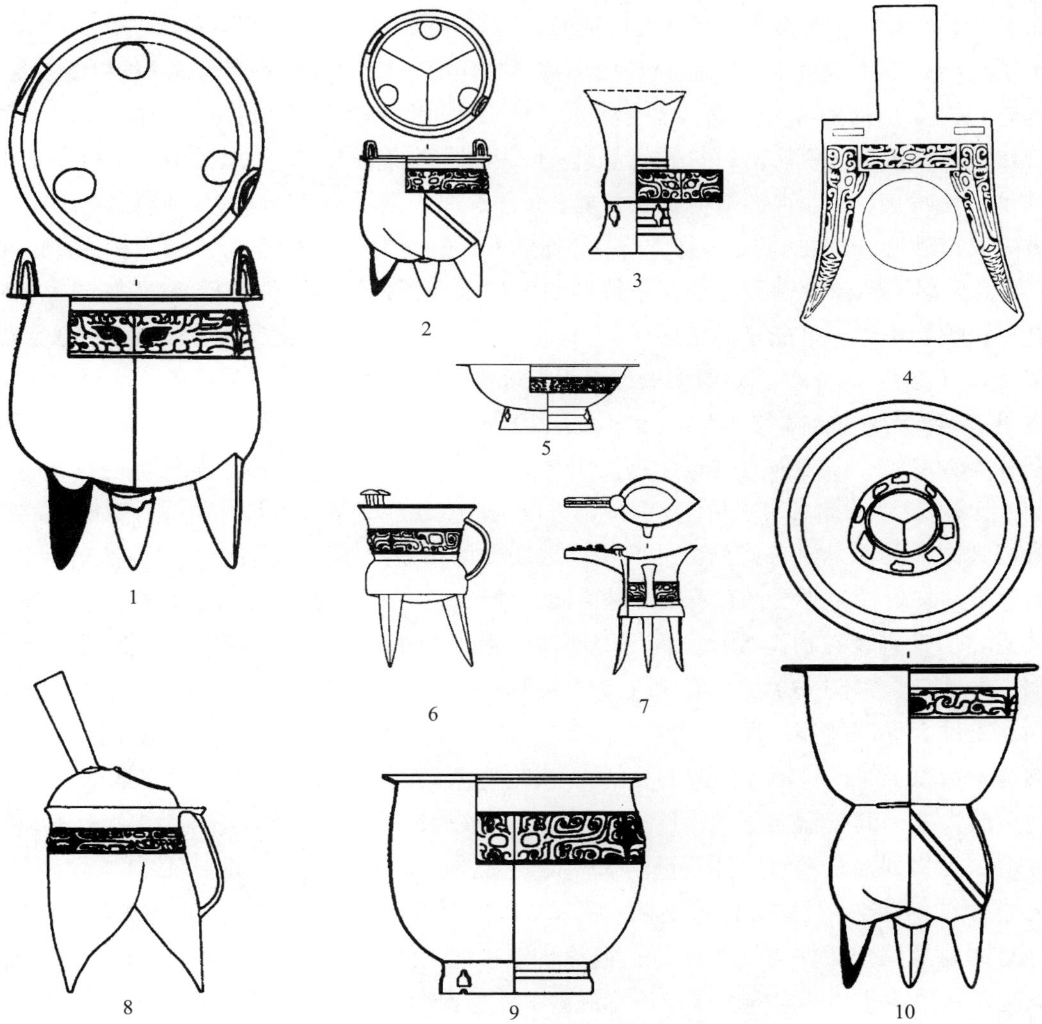

1 2 3 4 5 6 7 8 9 10

图九　湖北黄陂盘龙城李家嘴M2出土部分青铜礼器组合图

1. 锥足鼎（M2：55） 2. 鬲（M2：38） 3. 觚（M2：53） 4. 钺（M2：15） 5. 盘（M2：1） 6. 斝（M2：19） 7. 爵（M2：12） 8. 盉（M2：20） 9. 簋（M2：2） 10. 甗（M2：45）

商代晚期大墓绝大多数均遭惨重盗掘，难以窥探其墓内饮食器具组合。现选取几座未被盗扰的晚商高级贵族墓葬进行简单分析。殷墟妇好墓[24]的2件大型姤辛青铜方鼎应该为最重要的盛装最主要动物牺牲肉的列鼎（升鼎），亚弜大圆鼎形体很大且形制较为独特，应为镬鼎，妇好中型圆鼎12件应该为基本列鼎（升鼎）部分；各类甗属蒸煮器；5件青铜簋中，带妇好铭的3件形体较小，但另外2件形体较大，不同的青铜簋可能是不同谷物类饭食的需要；各式尊、觥、壶、瓿、卣、方罍、方彝与妇好偶方彝属储酒礼器；4方8圆共12件斝、觯2件、53件各式觚属于斟酒礼器；40件各式爵属饮酒礼器；8件青铜斗属挹酒器；6件各式青铜盉与2件青铜盘配套成水礼器组合，1件大型青铜盂是一种较为特别的大型水礼器；1件妸辛方形高圈足器与1件箕形器可能是燃木炭礼器，可能与炙烤动物牺牲肉有关。殷墟花园庄东地M54随葬的2件青铜方鼎属列鼎（升鼎）；2件青铜圆鼎中的大者（M54：240）应该为镬鼎，小者（M54：224）乃盛列鼎，4件分裆鼎实际上是青铜鬲的变体，属于炊煮器，也可用于盛列动物牺牲肉；1件青铜甗也是炊煮器；9件觚属于斟酒器；9件爵属于饮酒器；1件方斝属斟酒器；1件方尊、1件方彝、1件觥、1件牛尊、1件方罍皆为储酒礼器；铜斗1件，为挹酒器；青铜盂2件属于特别的大型水礼器；铜簋2件乃盛装谷物类饭食的礼器；铜勺1件，可能是挹水器[25]。商代贵族以10为青铜礼器数之极，因此10套觚爵（10个觚＋10个爵）是最多的，至于妇好墓内出土几十套觚爵的原因，或是由于其内可能有6组10套觚爵，有的套内没有10觚与10爵之足数[26]；周代贵族以9为青铜礼器数之极，但为何有的贵族墓内出土27个青铜鼎，那或是由于其内可能有3组9鼎，比如27个青铜鼎和24个青铜簋，可以构成3组9鼎8簋。殷墟郭家庄M160：62青铜大圆鼎乃镬鼎，分裆鼎2件乃铜鬲之变，可作盛列器，亦是炊具，方鼎2件自然为盛列动物牺牲肉所设，有盖提梁鼎可能为移动盛列而铸；铜甗1件自是炊具；铜簋1件主要用来盛装谷物类饭食；铜方尊2件、圆尊1件、罍1件、卣1件乃储酒礼器；铜方斝2件、铜圆斝1件、觯1件、方觚10件乃斟酒礼器；铜角10件为饮酒礼器；铜斗1件为挹酒礼器；铜盉1件与铜盘1件搭配成一组水礼器；铜方形器1件可能为燃烧木炭以炙烤动物牺牲肉的器具[27]。河南鹿邑太清宫长子口墓为西周早期的高级殷遗贵族大墓，其青铜大圆鼎1件（M1：9）应该为镬鼎，其余各类圆鼎12件及方鼎9件应该为盛列鼎；铜甗2件及铜鬲2件为炊煮器；铜簋3件自然是盛列谷物类饭食的礼器；方、圆各4件共8件青铜觚、铜斝3件、觯5件为斟酒礼器；方、圆各4件共8件青铜爵及铜角2件为饮酒礼器；铜尊5件、觥3件、卣6件、壶2件、罍2件为储酒礼器；青铜斗4件为挹酒礼器；青铜盘1件与青铜盉1件搭配成一组水礼器[28]。

湖北随州叶家山西周早期曾国墓地M111[29]随葬青铜方鼎6件，应为墓内核心的盛列动物牺牲肉礼器；墓内体型最大的祖辛鼎（M111：84-1），外地有黑色烟炱，内有挹取食具铜匕，应该是镬鼎；各式兽面纹鼎6件、圆涡纹鼎4件等应该属于普通的盛列鼎；铜甗1件、铜鬲1件为炊煮器；各式铜簋12件为盛列谷物类饭食礼器；铜罍3件、铜尊2件、铜卣3件、铜壶2件、漆壶1件属于储酒礼器；铜斝1件、铜觚1件、铜觯2件属于斟酒礼器；铜爵4件属于饮酒礼器；铜盉1件、铜盘1件属于清洁用水礼器。

梁带村芮国墓地M28[30]随葬青铜列（升）鼎一组5件，青铜簋4件为盛谷物类饭食礼器，与前述5件青铜列鼎相配，成5鼎4簋之制；铜鬲4件、铜甗1件为炊煮器；铜壶2件为储酒礼器；铜盘1件与铜盉1件相配成1组清洁用水礼器。

时代在两周之际的河南三门峡虢国墓地M2001虢国国君虢季墓[31]随葬虢季列（升）鼎7件，与6件虢季铜簋相配，这是虢季虢国国君礼仪地位的核心标识物；8件铜鬲与1件铜甗为炊煮器；4件虢季盨与2件虢季簠乃盛装稻粱类谷物饭食礼器；联羽纹圆壶2件、虢季方壶2件为储酒礼器；铜盘4件与铜盉3件为清洁用水器。

时代在春秋晚期的太原晋国赵卿墓[32]，其M251：541附耳牛头螭纹蹄足鼎为大镬鼎1件，鼎旁是一堆肉钩；立耳凤螭纹蹄足䥶鼎5件，内盛牛、猪等牺牲肉；附耳牛头螭纹蹄足升鼎7件，内有牛、羊、猪之骨骼；铺首牛头螭纹蹄足升鼎6件，内有牛骨，其中M251：606内有1条皮毛尚存的牛腿，说明当时置入时有可能是未经处理的生肉（饩），有待晋卿魂魄在阴间需要时自行“烹煮”，并奉献给某些神灵或魂灵，其主要目的或不是让晋卿魂灵自己“食用”；铺首环耳螭纹蹄足升鼎5件，M251：569内有2副雁骨架；铜鬲5件、铜甗2件为炊煮器；铜豆14件为列食器，其中3件细虺纹盖豆内有焦化的粮食黍，说明其性质和功用与青铜簋类同，即盛列谷物类饭食，3件粗虺纹盖豆内亦有焦糊的粮食遗存，说明其性质与细虺纹盖豆一致；铜簠2件为盛列谷物类饭食器皿；各式铜壶8件，铜鸟尊1件，铜罍2件，皆为储酒礼器；各式铜鉴6件，铜匜2件，铜舟4件，铜盘2件为清洁用水器；铜勺6件为挹取器；铜炭盘1件可用于炙烤动物牺牲肉；铜肉钩14件用于钩挂经过处理的动物牺牲生肉（饩）。

下葬于战国早期的曾侯乙墓[33]随葬2件青铜大鼎（C.96、C.97），内各有半边牛体，腹底有烟炱痕，应是煮牛牲的镬鼎。此2件大镬鼎内有牛体的前肢、也有其后肢，同时左右两侧均有。李志鹏先生在考察相关考古学材料的基础上、再参以传世文献的相关记载，认为商代墓葬使用牲腿随葬时对牲体的体位选择是“贵前尚左”，即崇尚用牲体的前腿及其左侧，并形成规范化的丧葬礼仪制度，在整个商文化的分布范围内得到较为严格的遵守，并且周人用牲腿时亦崇尚前腿。至于丧葬用左，是由于不忍遽以鬼神事之，因为用左是为生人，祭祀为鬼神则用右[34]。商周贵族墓葬墓主头前二层台上常见的动物前腿，数量一般不多，可能是墓主始死至下葬间举行各种丧葬祭奠礼仪活动所供奉的“食品”，也有可能是专为下葬所准备的牲体，不论哪一种情况，此类牲体大概率均为蒸煮熟后置入墓葬二层台上的，其寓意可能是让墓主魂魄在另外一个世界“食用”。但曾侯乙墓2件大镬鼎内的两半牛牲体可能寓意有异，其目的是让曾侯乙魂魄在阴间举行诸种祭拜活动时“使用”，是供奉给其他神灵或魂灵，而非曾侯乙魂魄自己“享用”。这些牛牲体有可能是生的饩，有待曾侯乙魂灵在阴间于恰当的时机以俩大镬鼎将它们煮熟成饔而用之。9件束腰大平底鼎楚式风格明显，乃标识曾侯乙礼仪地位的最主要的列（升）鼎组合，内盛牛、羊、猪、鱼、鸡的骨骼，与传世文献所言的九鼎大体相合；各式带盖鼎 9 件，内盛牛、猪、鱼、雁等的骨骼；1 大 9 小共 10 件铜鬲、1 件甗为炊煮器；炉盘 1 件用来炙烤鲫鱼；8 件铜簋、4 件铜簠为盛装谷物类饭食的礼器；豆类器 4 件可能用来盛列果脯一类贡品；10 件鼎形器为特别盛食器；各式匕 14 件为挹食器；大尊缶 2 件、联禁大壶 2 件（置于 1 件铜禁之上）、提链壶 2 件、方鉴缶 2 套（有冰酒功用。天热时需要冰酒，天凉时需要温酒）、尊盘 1 套、罐 1 件、过滤器 1 件、勺 3 件皆为储酒礼器及其配套器；小口鼎 1 件、匜鼎 1 件、罐缶 4 件、圆鉴 2 件、盘 1 件、匜 2 件、斗 1 件（出土于 2 件盥缶之上）皆为水器；炭炉 1 件、箕 1 件、漏铲 1 件用于取暖，可能也与炙烤食品有关。漆木斗 23 件可盛列果脯一类，漆木杯 27 件为饮器，漆木桶 2 件为盛水器，漆木勺 3 件为挹酒器，漆木禁 1 件用来承放酒器或其他饮食器，漆木案 3 件承放酒器或其他饮食器，漆木俎 10 件用来切割处理动物牺牲肉。

下葬于战国中期的中山王嚳墓[35]随葬列（升）鼎 9 件，内盛马、猪、羊、犬等动物牺牲，另有陪鼎 5 件；铜鬲 4 件与铜甗 1 件为炊器；铜豆 4 件为盛食器；铜簠 4 件为盛装谷物类饭食具；各式铜壶 17 件为储酒礼器；提梁盉 3 件、盘 1 件、匜 1 件、勺 5 件为清洁用水器；错金银四龙四凤方案用来承放饮食器具。

长沙马王堆汉墓一号墓[36]出土的漆鼎 7 件，相对于商周青铜礼器中的列鼎；漆钫 4 件，类于青铜方壶，当为储酒礼器；漆锺 2 件，类青铜圆壶，依然是储酒礼器；漆盒 4 件，出土时内有饼状食物，应该是商周青铜簋类器的遗裔；漆匕 6 件，自然是挹取食物之器；平底、直壁、直口的漆卮，上有黑漆书“君幸酒”字样，应该是储酒礼器，与商周青铜筒形卣比较近似；漆勺 2 件为挹取器；漆酒杯 40 件，相对于商周青铜爵的角色；漆食杯 50 件，相当于商周的骨匕与木匕一类掘食器具；各种漆盘类可能为食器；漆匜为水器；漆案 2 件，上置酒器一套或食器一组，功用与早期相同。

四、中国古代早期祭祀与丧葬中的奉献饮食仪节

至少从新石器时代中期开始，考古发现中的墓葬和祭祀坑材料已经可以比较生动地展示祭祀和丧葬中的奉献饮食仪节，而随着新石器时代晚期古国文明的到来及礼制建设的加强，墓葬与祭祀坑材料中和祭祀与丧葬中奉献饮食仪节直接相关的内容更为丰富，王国时代以后的相关材料更是蔚为大观。通过本文简单的梳理可以看出，沿袭自早期巫术时代的奉献神灵和魂灵以酒的习俗始终非常兴盛，相关器具众多，仪节繁缛，主持与参与祭拜活动的人员也需要礼仪性地饮酒，早期彩绘陶礼器与漆木礼器中相当大一部分是酒礼器，包括储酒礼器、斟酒礼器、饮酒礼器与挹酒礼器等，作为饮酒礼器的二里头三期的青铜爵是王国时代最早出现的容器类青铜礼器，青铜爵直到西周早期都是青铜礼器组合的核心类别，西周中期以后，虽然青铜酒礼器逐渐稀少，但漆木与陶瓷酒礼器等日渐兴盛，酒依然是中国古代贵族祭祀与丧葬中必须奉献与使用

的物品；在酒类贡品始终重要的同时，动物牺牲肉的奉献也一直非常重要，袁靖教授曾提出“食以肉为上”的论点[37]，非常有道理。这种“食以肉为上”可能主要鲜明地体现于丧葬与祭祀活动中对神灵和魂灵的“饮食”供奉上，而非贵族的世俗生活方面。在中国古代高级贵族的丧葬与祭祀活动中，以祭拜天神地祇神灵与列祖列宗魂灵为核心，而诸种祭拜内容以“食”为重，“食”又以供奉动物牺牲肉为上，即袁靖教授的“食以肉为上”。袁靖教授在论述中国家猪人工饲养起源时，曾提出在新石器时代中期的内蒙古和长江三角洲地区，人们养猪的原因可能和原始宗教有关[38]。罗运兵先生也有类似的认识[39]。李志鹏先生等学者认为晚商殷墟墓葬二层台上随葬的牲腿，可能来自行遣奠礼所供奉的“食品”[40]，下葬时将其埋入墓中，谓之曰“苞牲”。体现在商周青铜礼器上，烹煮动物牺牲的青铜镬鼎往往是标示身份等级的核心重器，而成列盛装动物牺牲肉的升鼎则是青铜礼器组合的核心。即令在郭宝钧先生所云的“重酒礼器”组合盛行的商代，镬鼎和升鼎也是青铜礼器的重心，并且等级越高的贵族拥有的青铜礼器中，这些与动物牺牲奉献直接相关的青铜鼎类器越突出，所谓商人有“重酒组合”的制度，一定不能掩盖商人高级贵族对于食器（尤其是食肉器）的看重。从几千年的长时段观察来看，如果非要在“酒”与“肉”中选一个更基本的项目，可能应该倾向于“肉”。由此看来，袁靖教授的“食以肉为上”，在中国古代祭祀与丧葬礼仪上体现得最为突出。薛家岗、清凉寺、陶寺与石峁遗址均出土较多的带孔玉刀。带孔玉刀也是二里头王国最为重要的四种玉礼器之一（另外三种分别是象征王权与军权的玉钺、象征王权的玉璋及象征祖先崇拜的玉柄形器）。“食以肉为上”是新石器时代以来形成的重要特点，晚商以来牛牲肉是最高等级的牲肉，而肉还可以分种类，熟的肉称为饔，生的是饩，将生肉用镬鼎煮熟，煮熟后在案俎之上，以上述带孔玉刀进行切割处理，然后置入列（升）鼎之中，最后将若干件盛满动物牺牲肉的列（升）鼎成组摆放于布置好的祭拜场所的神席之上，供神灵与魂灵或其“扮演者”——尸“享用”。在“饮酒”与“食肉”的同时，谷物类饭食的奉献也是必不可少的。在万物有灵观念的驱使下，上古人类认为对神灵和魂灵进行植物类食品献祭也是非常重要的。如果说部分地区最早的家猪（或其他动物种类）饲养动机可能与供奉神灵或魂灵的需要有关，其实不能排除部分地区最早的野生植物驯养可能也与供奉神灵或魂灵需要有关。动物与植物各有特点，不能互相替代。河北武安磁山遗址祭祀坑与良渚古城莫角山台城东坡均发现大量的粮食遗留，应该与奉献神灵和魂灵密切相关。古代帝王必须亲耕籍田，产出上好的粢盛，以供奉天神地祇与列祖列宗魂灵，就是这个传统的不断延续。早期以各类彩绘陶礼器或漆木礼器盛装蒸熟的谷物类饭食进行奉献，青铜礼器则逐渐固定到青铜簋及其衍生品类上，一直到秦汉时期还在坚持，更晚时期也在不同程度地展示。

因此祭祀与丧葬中，奉献“饮食（吃喝）”是核心内容。其中饮以酒为上（尚），但牺牲血液不可偏废；食以肉为上，但谷物类饭食不可偏废。

注　释

［1］ 张锡英：《红山文化原始宗教探源——原始宗教考古研究之二》，《辽海文物学刊》1993 年第 1 期，第 49～57 页；郭大顺：《红山文化的“唯玉为葬”与辽河文明起源特征再认识》，《文物》1997 年第 8 期，第 20～26 页。

［2］ 辽宁省文物考古研究所：《牛河梁——红山文化遗址发掘报告（1983～2003 年度）》，文物出版社，2012 年，第 150～172 页。

［3］ 周晓晶：《红山文化玉器研究》，吉林大学博士学位论文，2014 年，第 82 页。

［4］ 河南省文物考古研究院、中国科学技术大学科技史与科技考古系：《舞阳贾湖（二）》，科学出版社，2015 年，第 485～490 页。

［5］ Emily Teeter. *Before the Pyramids: The Origins of Egyptian Civilization*. Chicago: The Oriental Institute of the University of Chicago, 2011: 33-35, 97, 166.

［6］ 安徽省文物考古研究所：《凌家滩——田野考古发掘报告之一》，文物出版社，2006 年，第 276～278 页。

［7］ 石家河考古队：《邓家湾：天门石家河考古报告之二》，文物出版社，2003 年，第 139 页。

［8］ 中国社会科学院考古研究所、山西省临汾市文物局：《襄汾陶寺——1978～1985 年考古发掘报告（第二册）》，文物出版社，2015 年，第 440～458 页。

［9］ 胡进驻：《试论考古发现所见的商王室宗庙制度》，《北京师范大学学报（社会科学版）》2020 年第 1 期，第 64～84 页。

［10］ 中国社会科学院考古研究所、山西省临汾市文物局：《襄汾陶寺——1978～1985 年考古发掘报告（第二册）》，文物出版社，2015 年，第 458～462 页。

［11］ 中国社会科学院考古研究所、山西省临汾市文物局：《襄汾陶寺——1978～1985 年考古发掘报告（第二册）》，文物出版社，2015 年，第 462～494 页。

［12］ 彭裕商、韩文博、田国励：《商周青铜盉研究》，《考古学报》2018 年第 4 期，第 433～456 页。

［13］ 中国社会科学院考古研究所：《二里头陶器集粹》，中国社会科学出版社，1995 年，第 1～38 页。

［14］ 湖南省博物馆、中国科学院考古研究所：《长沙马王堆一号汉墓（上集）》，文物出版社，1973 年，第 76～96 页。

［15］ 中国社会科学院考古研究所：《二里头陶器集粹》，中国社会科学出版社，1995 年，第 1～38 页。

［16］ 陈国梁：《二里头文化铜器研究》，《中国早期青铜文化：二里头文化专题研究》，科学出版社，2008 年，第 124～274 页。

［17］ 安金槐：《再论郑州商代青铜器窖藏坑的性质与年代》，《华夏考古》1997 年第 1 期，第 73～82 页。

［18］ 袁广阔：《关于郑州小双桥遗址的几个问题》，《考古》2014 年第 11 期，第 72～80 页。

［19］ 张国硕：《郑州商城铜器窖藏坑性质辨析》，《中原文物》2018 年第 1 期，第 53～59 页。

［20］ 河南省文物考古研究所、郑州市文物考古研究所：《郑州商代铜器窖藏》，科学出版社，1999 年，第 75～80 页。

[21] 河南省文物考古研究所、郑州市文物考古研究所：《郑州商代铜器窖藏》，科学出版社，1999年，第9～23页。
[22] 河南省文物考古研究所、郑州市文物考古研究所：《郑州商代铜器窖藏》，科学出版社，1999年，第86～94页。
[23] 湖北省文物考古研究所：《盘龙城——1963～1994年考古发掘报告（上）》，文物出版社，2001年，第152～181页。
[24] 中国社会科学院考古研究所：《殷墟妇好墓》，文物出版社，1980年，第31～94页。
[25] 中国社会科学院考古研究所：《安阳殷墟花园庄东地商代墓葬》，科学出版社，2007年，第68～231页。
[26] 岳洪彬：《论妇好墓随葬铜觚爵的配制及相关问题》，《三代考古》（七），科学出版社，2017年，第100～123页。
[27] 中国社会科学院考古研究所：《安阳殷墟郭家庄商代墓葬》，中国大百科全书出版社，1998年，第77～112页。
[28] 河南省文物考古研究所、周口市文化局：《鹿邑太清宫长子口墓》，中州古籍出版社，2000年，第56～121页。
[29] 湖北省文物考古研究所、随州市博物馆：《湖北随州叶家山M111发掘简报》，《江汉考古》2020年第2期，第3～86页。
[30] 陕西省考古研究院、渭南市文物保护考古研究所、韩城市景区管理委员会：《梁带村芮国墓地——二〇〇七年度发掘报告》，文物出版社，2010年，第105～111页。
[31] 河南省文物考古研究所、三门峡市文物工作队：《三门峡虢国墓》第一卷（上），文物出版社，1999年，第30～71页。
[32] 山西省考古研究所、太原市文物管理委员会：《太原晋国赵卿墓》，文物出版社，1996年，第16～78页。
[33] 湖北省博物馆：《曾侯乙墓》，文物出版社，1989年，第189～377页。
[34] 李志鹏：《殷墟晚商墓随葬牲腿现象的相关问题再探讨》，《南方文物》2019年第5期，第152～156页。
[35] 河北省文物研究所：《𡚶墓——战国中山国国王之墓（上）》，文物出版社，1996年，第110～140页。
[36] 湖南省博物馆、中国科学院考古研究所：《长沙马王堆一号汉墓（上集）》，文物出版社，1973年，第76～96页。
[37] 袁靖先生在河南大学做学术讲座时，明确提出“食以肉为上”的观点。
[38] 袁靖：《中国古代家猪的起源》，《科技考古文集》，文物出版社，2009年，第88页。
[39] 罗运兵：《中国古代猪类驯化、饲养与仪式性使用》，科学出版社，2012年，第188～191页。
[40] 李志鹏：《殷墟晚商墓随葬牲腿现象的相关问题再探讨》，《南方文物》2019年第5期，第152～156页。

陶寺出土的一件口簧及其相关问题初探

高江涛

（中国社会科学院考古研究所）

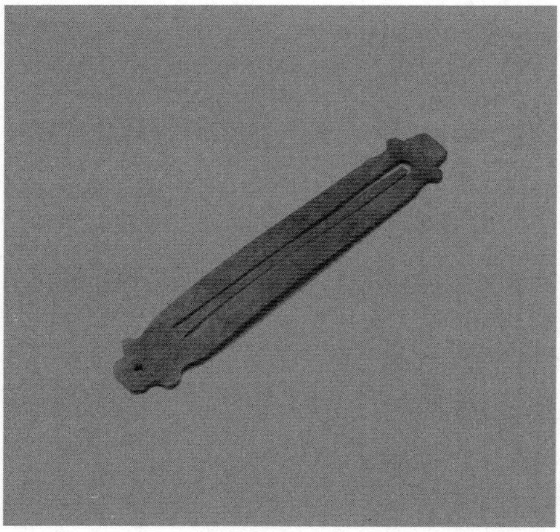

图一　陶寺骨簧（J401：29）

山西襄汾县陶寺遗址在1978至1985年期间的发掘中，位于第Ⅳ发掘区的水井J401出土1件“发卡形”骨器，编号J401：29。该骨器棕黄色，为极薄的骨片，窄长方形，长8.3、宽1.3、厚0.1厘米（图一）[1]。骨器两端有外凸端头，一端中部穿一圆孔，器体中部剔出一宽0.2～0.3厘米的舌状长条，较宽部分与带孔一端相连，窄头部分与另一端分离，可以上下拨动。陶寺遗址目前仅发现1件此类骨器，罕见。陕西石峁遗址在2017～2018年皇城台发掘中发现了21件同类器物，认识到可能是文献中提到的重要乐器“簧”[2]。

《说文解字》言：“簧，笙中簧也。从竹黄声。古者女娲作簧”[3]，认为簧只是笙中的簧片。《诗经·小雅》曰：“吹笙鼓簧，承筐是将。”[4]显然，簧与笙并列，并非同一乐器。《礼记·月令》：“是月也，命乐师修鼗、鞞、鼓，均琴、瑟、管、箫，……调竽、笙、篪、簧”[5]，同样是说簧与笙不同。簧非笙之簧，古今多有学者辨析，今人多称之为口弦、口弦琴、响篾，或口簧[6]。古之簧多以骨、竹为材质制成，通过穿绳拉振，横于口中，呼吸成音，其上圆孔穿绳之用，中间舌状长条为簧片或簧舌。

对于出土的骨簧实物，方建军先生较早地就认出辽宁建平水泉遗址出土的一件属于夏家店下层文化的骨器为骨簧，并认为是中国目前发现最早的“簧”[7]，但未引起大家的关注。石峁骨簧的发现及其初步认识促进了相关问题的研究，以往其他遗址中的此类器物被不断辨析出来[8]，如夏家店遗址属于其上层文化的墓葬中M14：6原称“骨梭”，应为骨簧。但值得注意的是，织网的骨梭这类器物中间确实有类似簧片的梭舌，也不能一概认为以前发现的被称为“骨梭”者就是骨簧。骨梭与骨簧最大的差别在于骨梭器体一端为锐利尖状便于穿刺，另一端多无孔。山东泗水尹家城遗址属于岳石文化的房址F116柱洞中出土的骨梭确为骨梭[9]，但同属海岱地区的桓台李寨遗址出土有骨簧[10]。

陶寺骨簧因只有1件，发掘者没有专门论述。然而，随着相关资料的不断增加，我们还是可以在有限的资料下，尝试作进一步探讨的，以抛砖引玉推动进一步研究。考古学研究，尤其出土文物研究，年代是关键。孙周勇先生认为陶寺骨簧的绝对年代约为公元前1900年，而石峁骨簧年代为公元前2000年前后，且陶寺口簧为石峁人群或“石峁文化”南下的孑遗[11]。最近，田建文先生也专文探讨了石峁骨簧，得出不同看法，恰恰认为石峁口簧的实际年代应为公元前1900年以后。此外，田先生虽未明言陶寺口簧绝对年代，却提出了陶寺口簧早于石峁口簧的观点[12]。

如何认识陶寺出土口簧的年代，笔者觉得需要注意以下两点：第一，陶寺口簧本身没有测年数据，但出土口簧的遗迹单位J401正好有测年数据。尽管J401的年代并不能完全等于出土口簧的年代，但这个数据是可以参考的，而孙周勇先生忽略了这一点。陶寺遗址1978至1985年发掘中居住址的^{14}C测年数据有20个，除了6个明显偏离的数据外，另外14个数据可信[13]。其中J401出土木炭（ZK1087）测年为BC2140～BC1946。而石峁遗址与其口簧出土于同一层位的兽骨经牛津大学测年分析，年代为BC2135～BC1941，陶寺与石峁测年数据竟如此一致。但这几乎同样的测年数据，取石峁口簧年代为BC2000前后，而取陶寺口簧年代为BC1900，似有不妥。第二，与J401同期的遗迹单位也有一些测年数据，如T312③B层出土木炭测年为BC2199～BC1972；H1101出土木炭测年为BC2183～BC1959；H318出土木炭测年为BC2290～BC1880。几组数据比较接近，无论如何，其年代BC2000前后合宜，甚至或更早。考虑到依据J401出土器物类型学分析属于晚期二组，而这些器物大多是J401废弃之后的堆积中出土，且J401打破属晚期一组的H443和中期灰坑H441等，J401的开挖与使用时期很有可能是陶寺文化晚期早段，甚至不排除是陶寺文化中期偏晚阶段的可能性。因此，单就绝对年代而言，石峁口簧与陶寺口簧很难断定谁早谁晚，同样不排除陶寺口簧偏早些的可能性，而如田建文先生建立在对整个石峁遗址分期基础之上的所言，石峁口簧为BC1900以后之器。

更为重要的是，我们分析陶寺口簧不能脱离其所在的J401以及J401所在区域背景的探索。J401口呈椭圆形，最长径4米，最窄径3.58米，井深14.7米。井发现有木构护壁，且是比较先进的圆木穿壁固定法（图二），此外在J401开挖之前同一位置已有属于陶寺文化早期水井J402。因此，这些都表明J401是一眼十分讲究并特意建造的水井，而非一般随意开挖临时使用之井。J401分为28层，11米以上为27层，出土大量遗物，可复原陶器130余件。11米以下至井底为使用时期的遗存。限于资料，我们不能知道骨簧具体出土位置或深度，无法判断是属于废弃时还是使用时落井之物。J401除了出土大量的常见陶器外，有些特殊陶器值得深思。

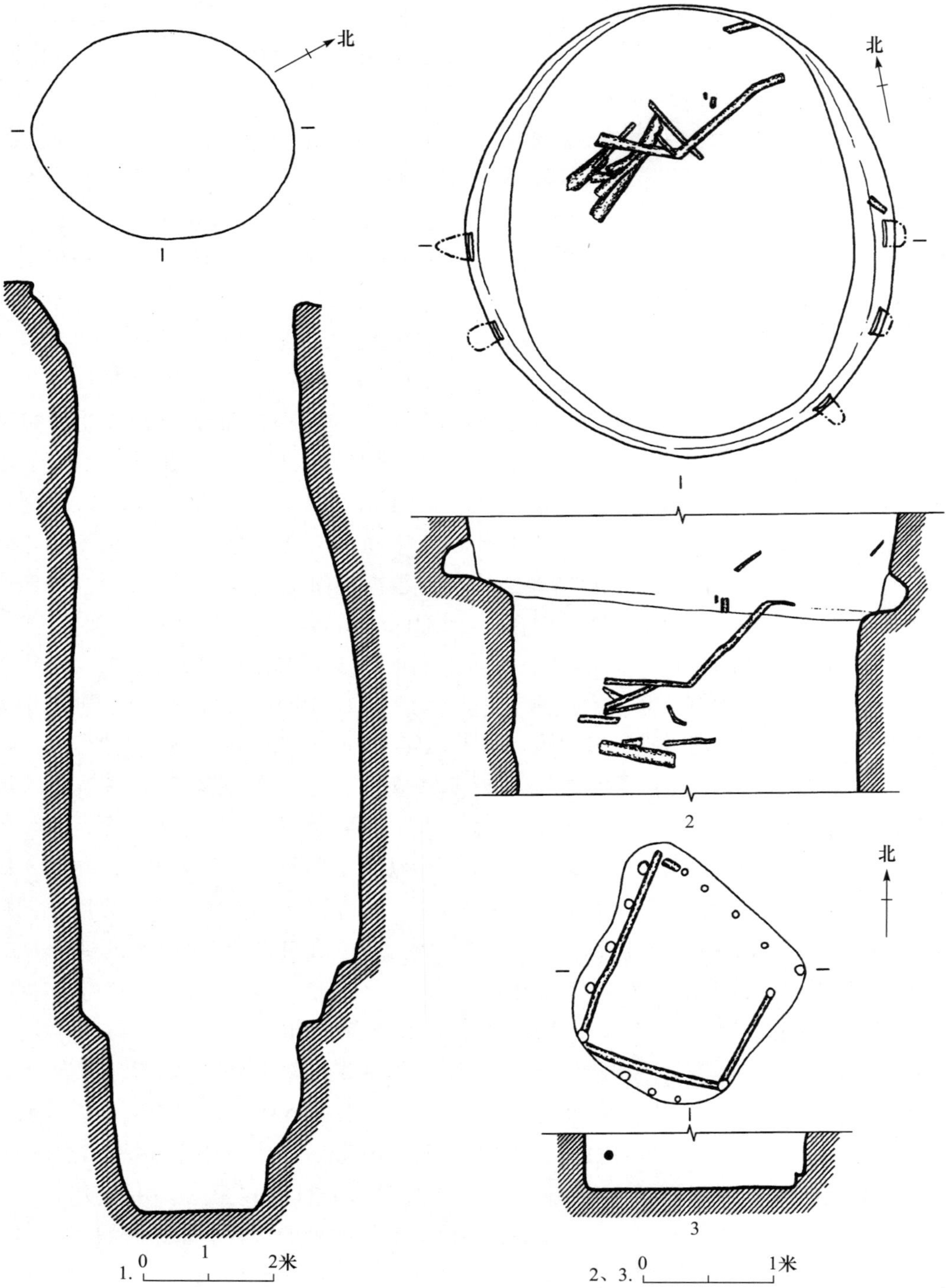

图二　J401 以及护壁木构遗迹平、剖面图

陶寺出土众多的陶鬲中有一种形制特殊的器类，被称为“无领平唇鬲”[14]（图三）。对于此类“鬲”主要有两种看法，一是认为是制作鬲的内模，或言鬲模；二是鬲的部件，非完整器。我们对此类鬲进行了模拟实验考古（图四），初步结论是陶寺遗址所出“无领平唇鬲”曾作为鬲模，在陶寺文化中期至晚期偏早阶段使用过，但是由于工序复杂、操作不便，在经历短暂的使用期之后，如昙花一现般被淘汰，湮没在历史洪流中。但是，“无领平唇鬲”也是陶寺人群试图对制陶技术进行创新的反映。同时，我们注意到目前陶寺遗址一共出土 5 件此类鬲，竟然 3 件都出土于 J401 中。如此“密集”出现，这很可能反映 J401 及其所处区域与手工业作坊密切有关，而另外的 2 件鬲模恰也是出土于 J401 所在的Ⅳ区的灰坑 H401 中和探方 T405 地层中。

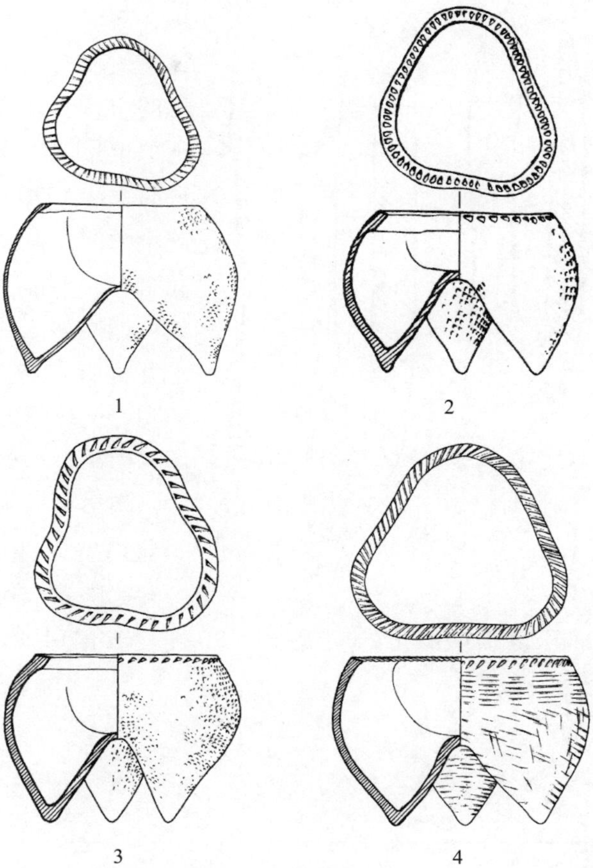

图三　陶寺遗址出土“无领平唇鬲”

1. J401：109　2. J401：124　3. H401：28　4. T405④A：11

图四　无领平唇鬲（H401：28）模拟实验

J401 出土有两件“匕形器”，即 J401：26 与 J401：57。此类陶器器形较小，长仅 7 厘米，两端均扁薄[15]（图五），似乎不宜作为取食器具，应为制陶工具。

J401 所在的区域为 1978～1985 年发掘Ⅳ区，从发掘情况看，Ⅳ区具有以下几点特殊之处。第一，Ⅳ区发掘的遗迹包括 9 座房址、6 座陶窑、3 眼水井以及数量不少的灰

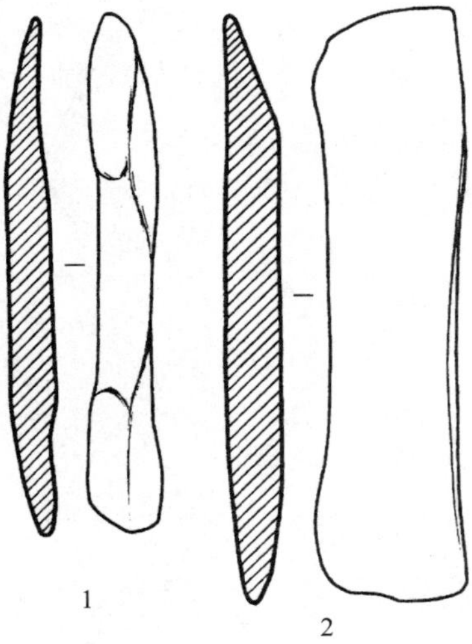

图五　陶“匕形器”
1. J401：26　2. J401：57

坑，却罕见墓葬，基本未见一座真正意义上的竖穴土坑墓（图六）[16]。这种陶窑、房子、水井以及相关灰坑的组合明显属于手工业作坊所常见的内涵，少墓的现象也是侧面反映了这一点。而且，Ⅳ区不像Ⅲ区发掘面积达1570余平方米，仅仅发掘372平方米，在如此不大的发掘面积中却有着比Ⅲ区还多的房址、陶窑和水井，不排除其周边未发掘处还有着不少此类遗迹的可能性。此外，陶窑有早有晚，并不同时，房址与水井也有陶寺文化早、中、晚期不同时期。换言之，从陶寺文化早期到其晚期，此处均作为手工业作坊使用，似乎是一处绝佳的手工业制作点而长期生产。第二，陶垫是一种制陶工具，用于陶器坯胎入窑前抵垫陶器内壁以保形。1978～1985年陶寺居住址发掘获得的完整器或可复原器共计33件[17]，而Ⅳ区这一小面积范围内出土的陶垫竟有20件，占有61%之多，包括J401、J402、J403、H421、

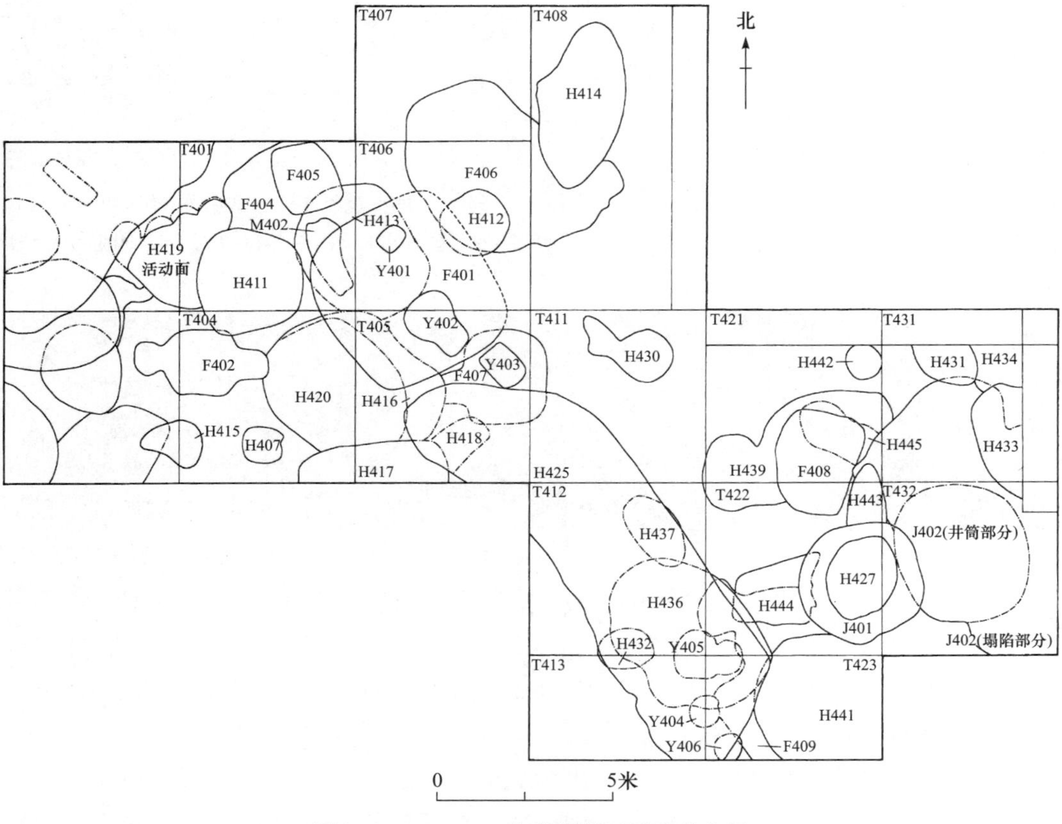

图六　1978～1985年发掘Ⅳ区遗迹分布图

H401、H425 以及探方 T403、T404、T406、T421、T423、T431 等的地层中均有发现，分布较为普遍。Ⅳ区较多数量的陶垫出土反映了其为制陶区的性质或功用。第三，1978～1985 年发掘出土 1 件陶陀螺 T401 ④ C：3 和 1 件“T”字形器 T432 ④ D：13 也仅出土于Ⅳ区[18]（图七）。这种上下似两个圆锥体对接的陶“陀螺”和柱面方形平整似方墩的“T”字形陶器均应为制陶工具。第四，Ⅳ区出土的石器中，少见大型生产工具如石铲、石锄、石斧，却多见石凿等手工业制作工具。此外，J401 及其所在Ⅳ区还出土大量骨镞。第五，目前陶寺遗址共发现 7 件较为完整的陶铃，这种十分重要又罕见的陶器其中 3 件出土在Ⅳ区，即Ⅳ C：06、T403 ④ C：48、H419：5。还有目前陶寺遗址虽出土大量石镞，但带孔的石镞仅有 3 件，其中 2 件出土在Ⅳ区（图八），即 T404 ④：9 与 J401：93，其中 1 件出土于 J401 中。而这类罕见的带孔石镞很可能就是缴射或文献中常常提到的“弋射”之箭头[19]。因此，Ⅳ区还可能兼做某些特种产品，如铃、弋射镞，包括口簧。可见，出土口簧的 J401 所在的区域是当时的一处手工业作坊点，不仅烧制陶器，还是“高模”制陶技术的试验场；同时还很可能制作骨器，甚至生产一些特殊的贵重器物。

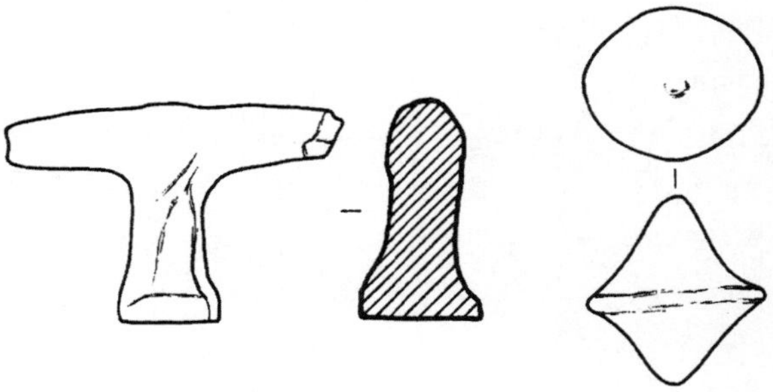

图七　“T”字形陶器与陶陀螺

1.“T”字形陶器（T432 ④ D：13）　2. 陶陀螺（T401 ④ C：3）

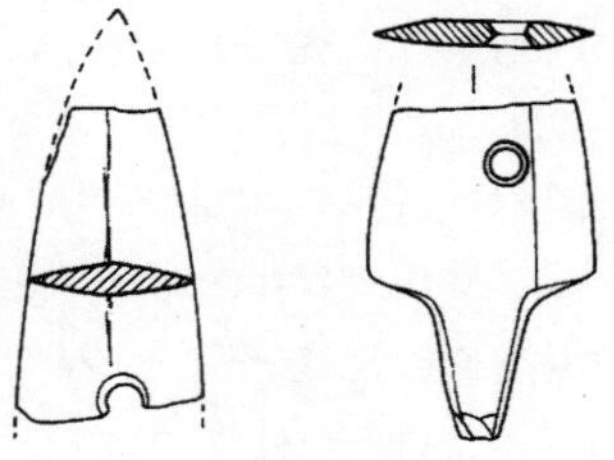

图八　弋射镞

1. T404 ④：9　2. J401：93

总之，陶寺 1 件骨簧却反映出一系列重要问题。陶寺口簧在年代上距今 4000 年左右，与石峁口簧年代相近，具体孰早孰晚难以断定，虽然出土多数口簧的皇城台“弃置堆积”年代可能较晚，但弃置年代并不等同于口簧使用与制作年代。陶寺口簧出土区域是一处特殊而又长期使用的手工业作坊点，此件口簧极有可能是该手工业作坊点本地制作，不能轻易断定为石峁人群或“石峁文化”南下的孑遗或者“舶来品”。进一步而言，石峁所在河套地区不一定是中国乃至世界口簧的“唯一”来源，除了“一源”外，还有“多源”的可能性。

注　释

[1] 中国社会科学院考古研究所、山西省临汾市文物局：《襄汾陶寺——1978～1985 年考古发掘报

告》，文物出版社，2015 年，第 363 页。
[2] 孙周勇：《陕西神木石峁遗址出土口簧研究》，《文物》2020 年第 1 期。
[3]（汉）许慎撰，（清）段玉裁注：《说文解字注》，浙江古籍出版社，2006 年，第 197 页。
[4] 程俊英：《诗经译注》，上海古籍出版社，1985 年，第 286 页。
[5] 杨天宇：《礼记译注》，上海古籍出版社，2004 年，第 189 页。
[6] 参见方建军：《石峁骨簧的音乐历史意义》，《音乐研究》2020 年第 1 期；孙周勇：《陕西神木石峁遗址出土口簧研究》，《文物》2020 年第 1 期；范子烨：《"女娲做簧"：四重证据视域下的一个古史传说及其礼乐意义》，《艺术学研究》2020 年第 3 期。
[7] 方建军：《秦墨书竹筒与乐器"簧"》，《交响（西安音乐学院学报）》2008 年第 1 期。
[8] 参见孙周勇：《陕西神木石峁遗址出土口簧研究》，《文物》2020 年第 1 期。
[9] 山东大学历史系考古专业教研室：《泗水尹家城》，文物出版社，1990 年，第 193 页。
[10] 桓台县博物馆展出 1 件骨簧，显示为李寨遗址，且属于大汶口文化，若然，意义重大，但发掘信息不详，年代存疑。李寨遗址以大汶口文化堆积为主，还见有龙山文化遗存，因此该骨簧基本属于新石器时代的骨簧。
[11] 孙周勇：《陕西神木石峁遗址出土口簧研究》，《文物》2020 年第 1 期。
[12] 田建文：《石峁遗址出土口簧的年代问题——兼谈石峁遗址的分期》，《文博》2020 年第 4 期。
[13] 中国社会科学院考古研究所、山西省临汾市文物局：《襄汾陶寺——1978～1985 年考古发掘报告》，文物出版社，2015 年，第 389、390 页。
[14] 中国社会科学院考古研究所、山西省临汾市文物局：《襄汾陶寺——1978～1985 年考古发掘报告》，文物出版社，2015 年，第 210、211 页。
[15] 中国社会科学院考古研究所、山西省临汾市文物局：《襄汾陶寺——1978～1985 年考古发掘报告》，文物出版社，2015 年，第 298、299 页。
[16] 中国社会科学院考古研究所、山西省临汾市文物局：《襄汾陶寺——1978～1985 年考古发掘报告》，文物出版社，2015 年，第 123 页。
[17] 中国社会科学院考古研究所、山西省临汾市文物局：《襄汾陶寺——1978～1985 年考古发掘报告》，文物出版社，2015 年，第 286～294 页。
[18] 中国社会科学院考古研究所、山西省临汾市文物局：《襄汾陶寺——1978～1985 年考古发掘报告》，文物出版社，2015 年，第 300、301 页。
[19] 关于陶寺带孔石镞，另撰文探讨。

有关陶寺遗址竹鼠遗存的若干问题

孟　鑫

（上海大学文学院历史系）

竹鼠是今天主要栖息于中国南方的一种动物，多见于竹林中。在4000多年前的龙山时期，竹鼠分布的范围远较当代为广。在被誉为“尧都”的山西襄汾陶寺遗址就出土了竹鼠遗存，学界通常将其视为龙山时期陶寺地区气候暖湿的证据。伴随近年来考古材料的增加，通过竹鼠遗存认识陶寺遗址在龙山时期的自然环境，进而探究陶寺人群的来源成为可能。

一、陶寺遗址竹鼠遗存相关研究概况

陶寺遗址发现竹鼠遗存，始于周本雄先生在1982年和1989年对陶寺遗址出土的动物骨骸进行的鉴定。周先生指出“在陶寺灰坑H420、探方T353③B层出土了3件中华竹鼠的下颌骨。这3件下颌骨的特征与现代生存的中华竹鼠无差异，应属同一个种。”[1]在陶洋先生对陶寺遗址2001～2002年出土的动物遗存的整理[2]及博凯龄先生对陶寺遗址2004年发掘所得动物遗存的鉴定中[3]，都有一部分骨骼被归入“小型哺乳动物”[4]或“啮齿类动物”[5]中，其中不排除有属于竹鼠的骨骼。

目前学界的主流观点将竹鼠遗存的发现视为遗址所处历史时期暖湿气候的证据，如计宏祥先生[6]、黄尚明先生[7]凭借竹鼠遗存论证半坡遗址气候较为温暖潮湿，宋艳波女士等也通过竹鼠遗存判断证明庄里西遗址气候较现在更暖湿[8]，陆丽丹女士也将竹鼠遗存作为衡量姜寨遗址暖湿气候的指标[9]。何业恒先生则通过竹鼠分布北界南移的现象来论证气候的干冷化[10]。

就陶寺遗址而言，孔昭宸、杜乃秋二位先生在1992年最早将竹鼠遗存作为陶寺遗址在龙山时期气候暖湿的证据[11]，这一看法得到学界普遍接受。周本雄先生也认为发现竹鼠遗存说明陶寺文化时期该地区生态环境远胜于现代[12]。

王守春先生进一步提出竹鼠遗存是陶寺人群来自黄河下游的证据[13]。他认为陶寺地区在龙山时期植被为暖温带落叶阔叶林，竹子数量应当很少，不适宜竹鼠栖息。他进而推断陶寺遗址的土著人群不会有吃竹鼠的爱好，又推测同时期黄河下游地区竹林较多，因此当时黄河下游人群会形成食用竹鼠的爱好。他由此得出陶寺居民是从黄河下游迁移而来的推论。

不过，也有学者质疑将竹鼠遗存与暖湿气候对应的做法，如李冀先生颇有启发性的指出竹鼠未必生活在暖湿地带，竹鼠所栖息的竹林也未必分布在热带、亚热带地区[14]。可惜他未能进一步深入讨论该问题。中国社会科学院考古研究所宝鸡发掘队也在分析北首岭遗址中发现的竹鼠遗存时指出，竹鼠在现代该地区绝迹可能是长期人类活动的结果。他们认为不宜将竹鼠作为“南方动物”来看待，乃至引为气候变化的证据[15]。

基于已有讨论，笔者认为有必要对竹鼠遗存和龙山时期陶寺地区自然环境的关系进行考察，进而思考陶寺遗址竹鼠遗存是否能证明陶寺人群来自黄河中下游地区。为此，本文尝试对龙山时期陶寺地区自然环境、竹鼠的栖息条件、龙山时期前后北中国竹鼠遗存的分布等因素进行分析，并在此基础上重新认识陶寺竹鼠遗存所传达出的信息。

二、竹鼠遗存与龙山时期陶寺地区的自然环境

（一）龙山时期陶寺地区的气候

陶寺遗址的考古学绝对年代在公元前2300～前1900年之间。这段时间属于环境学家命名的“全新世大暖期”。施雅风先生认为中国全新世大暖期大概在距今8500～3000年之间[16]。虽然在全新世大暖期鼎盛期时期，北亚热带的北界只到达西安、兖州一线[17]、陶寺遗址仍属于暖温带；但参考陕西富平地区龙山时期的情况[18]，可知陶寺时期黄河中游年均温至少比现今高1～2℃，降水量至少比现今高100～150毫米，气候较今天更为暖湿。直到龙山时期晚期，二里头等遗址的孢粉证据仍反映出较今天为暖湿的气候[19]。竺可桢先生也曾指出：“近五千年中的最初二千年，即从仰韶文化到安阳殷墟，大部分时间的年平均温度高于现在2℃左右。一月温度大约比现在高3～5℃，年降雨量也要比现在多100～200毫米。”[20]又鉴于中全新世后期在陕西蓝田东城水库见有亚热带山核桃侵入等证据[21]，可知当时黄河中游地区南缘如秦岭北麓等地区气候确实当与亚热带较为接近。

总体上，龙山时期前后包括陶寺地区在内的整个黄河中游地区气候属于暖温带气候，但比现在更为暖湿，且其南缘有接近亚热带的气候分布。这一气候条件有利于竹类植物在北方黄河流域一带生长，能够为竹鼠的繁衍生息提供良好条件。

（二）龙山时期陶寺地区竹类分布的条件

竺可桢先生曾提出，自五千年前的仰韶时期以来，中国竹类的分布纬度向南退却了1～3°[22]。许多人据此认定中国竹类分布于南方。其实，在中国古代，北方暖温带地区竹类生长的历史也十分悠久，竹类分布的范围远比人们印象中为广。

在黄河中上游地区，古代曾分布大量竹林。北宋沈括《梦溪笔谈》记载："近岁延州永宁关大河岸崩，入地数十尺，土下得竹笋一林，凡数百茎，根干相连，悉化为石。"[23] 何业恒先生曾指出"古代黄土高原西北部从祁连山，经兰州东南、六盘山东南坡，到陕北的佳县都有一些竹林分布。"[24] 可见黄河中上游地区在古代也曾是竹类生长的地区。

那么，在黄河中游地区的陶寺遗址附近，竹类生长的条件又怎么样呢？中国五千年竹类分布的北界，大致在北纬 34°～38°间波动[25]，而陶寺遗址所在纬度为北纬 35° 53′[26]，正处于这一范围内。《山海经·中山经》载："渠猪山，其上多竹"[27]，古之渠猪山即今之中条山西端，位于山西永济、芮城境内。北魏郦道元《水经注》卷四载，太行山与太岳山之间的沁水沿岸，其时"小竹细笋，蒙笼茂密"[28]。可见古代太行山、太岳山、中条山等地区竹林十分茂密，而这些地方都毗邻陶寺所在的襄汾地区。太行山区竹类品种众多，有刚竹、淡竹、苦竹等，其中刚竹、淡竹在北京仍能越冬，具有耐寒的优异性状[29]。20 世纪六七十年代，我国曾开展"南竹北移"运动，在山西南部芮城、平陆一带成功种植了大量竹类[30]，而这些地区仅在陶寺南部 1 个纬度左右。竹类生长需要背风向阳的山坡[31]，而陶寺遗址附近塔儿山一带山地从太行山分出向西延伸，其南坡正好符合背风向阳的条件，适宜竹类生长。

因此，陶寺地区在温湿条件更加优越的龙山时期是具备竹林生长甚至大量分布的自然条件的。相比之下，黄河下游地势总体上较为平坦，平川竹林在今天需要设立围墙防风保护[32]，这一条件事实上不利于竹类的生长。

（三）对竹鼠栖息条件的再认识

事实上，竹鼠对栖息地的要求并不是很高，在多种植被类型和气候条件植被类型下都可以生息繁衍。在历史上竹鼠的栖息地范围相当广泛，也不仅仅局限于南方地区。

根据寿振黄先生主编的《中国经济动物志（兽类）》，竹鼠的栖息地不仅限于竹林，还包括竹树混合林、灌丛和向阳草坡[33]。而灌丛和草本植物在龙山时期包括陶寺遗址在内的黄河流域是广泛分布的[34]。竹鼠的食性也较广泛，并非只吃竹子。宋代《淳熙三山志》载竹鼠亦食芦苇根[35]。陈根红先生指出竹鼠对粗纤维消化率高，野生中华竹鼠主食竹类根茎叶、芒草的茎、槐叶、萝卜、青草的梗以及各种青菜等[36]。可见竹鼠适应性较强，能够在多种类型的植被中生存。

竹鼠也并不仅在暖湿气候下生存。欧阳新举先生在 1959 年的峨眉山考察中发现，当地竹鼠栖息在寒温带、亚寒带的竹林中。它们所栖息的竹林主要品种为火箭竹和方氏苦竹[37]，也并非亚热带植物。在陕西宁陕地区进行的研究也指出，当地竹鼠栖息于海拔 2000 至 3000 米的桦杉林带与松花竹灌丛中[38]，说明竹鼠可以在气温较低的山地生存。

从历史角度考察竹鼠的分布情况，也可以发现竹鼠分布范围之广、数量之多、适应性之强，超出了我们惯常的认识。宋代《太平广记》记载说明直到当时秦陇地区仍大量分布竹鼠，甚至进入民房之内，到了“犬食不尽”的地步[39]。宋代气候较龙山时期已为干冷，秦陇地区又是高海拔内陆地区，仍有大量竹鼠生息。可以设想竹鼠在龙山时期分布要较宋代更广，并非局限在南方亚热带地区。

因此，竹鼠并非必须生活在亚热带竹林中，其生存条件远比人们通常认为的宽松。值得注意的是，欧阳新举先生发现的峨眉山竹鼠栖息地的苦竹，周芳纯先生曾提及在太行山区亦有分布，尽管种类可能不同。因此，龙山时期的陶寺地区可能不仅在较温暖地带的竹林中栖息着竹鼠，这一带较高的山地在龙山时期也可能生长类似峨眉山苦竹的较为耐寒的竹类，供竹鼠繁衍生息。至于灌丛、草坡等竹鼠也可以生存的环境，在当时的陶寺地区分布就更广泛了。竹鼠具有如此强的适应性，无疑有利于其在陶寺地区生存。

综上可知，陶寺及其邻近地区在龙山时期气候较今天暖湿，包括陶寺邻近地区在内的黄河中上游地区历史上竹类分布广泛，有利于竹鼠的生存。竹鼠的栖息条件远比人们惯常认为的要宽松，其栖息的植被类型不仅限于竹林，其能够生存的气候类型也是多样的。在历史时期竹鼠的分布范围也不仅限于南方地区。因此，陶寺地区的自然环境能够支持竹鼠繁衍生息。

三、竹鼠遗存与陶寺人群的来源

显然，竹鼠适合在龙山时期陶寺遗址的自然环境中生存，并可能成为人们食用肉类资源的一部分。但要确认包括陶寺遗址在内的北方竹鼠遗存是否为人们食用遗留，并据此判断陶寺人群的来源，则需要对北中国各地发现竹鼠遗存的分布及出土相关信息进行考察，以探寻陶寺人群食用竹鼠行为的可能来源。

（一）龙山时期前后北中国竹鼠遗存的分布情况

竹鼠对栖息地的要求并不高，因此在很长时间内，以黄河流域为主的北中国广大地区都有竹鼠遗存的发现。

在全新世以前发现的竹鼠遗存记录较少。山西省榆社地区曾发现晚中新世竹鼠一新种[40]。这说明黄河中游地区竹鼠繁衍生息的历史十分悠久。

进入全新世后，龙山时期以前，我国北方诸多遗址都有竹鼠遗存见诸报道。这一时期黄河上游的竹鼠遗存出土很多，在甘肃省境内的天水大地湾[41]、天水西山坪[42]、天水师赵村[43]、礼县西山[44]、武山傅家门[45]、岷县山那树扎各遗址[46]及临近甘肃省南部的四川省阿坝茂县营盘山[47]都有发现。在黄河中游地区，陕西省的扶风案板[48]、宝鸡关桃园[49]、西安半坡[50]、宝鸡北首岭[51]、临潼白家[52]、临潼姜寨[53]、临潼零口[54]、高陵杨官寨[55]各遗址都发现了竹鼠遗存，表明这一时期竹鼠在关中地区广泛分布；河南省中西部的灵宝西坡[56]、郑州大河村[57]、渑池笃忠[58]诸遗址也有竹鼠的踪影。另外，在黄河下游的山东沂源扁扁洞[59]和济南西河遗址[60]也发现了竹鼠遗存。

进入龙山时期，竹鼠遗存也有不少发现。除山西省襄汾陶寺遗址外，在黄河中游的旬邑下魏洛[61]、临潼康家[62]、华县泉护村[63]，黄河下游的河南省新乡前高庄[64]，山东省滕州庄里西[65]、在平教场铺[66]和邹平丁公[67]诸遗址都发现了竹鼠遗存。

龙山时期以后，竹鼠遗存在北方仍时有发现。甘肃省的酒泉干骨崖遗址[68]、陕西省的淳化枣树沟脑先周遗址[69]、临近黄河上游的四川省阿坝九寨沟阿梢垴西汉遗址[70]及河南省的安阳殷墟[71]、新密新砦[72]、郑州花地嘴[73]、山东省的阳信李屋[74]等遗址均发现了竹鼠遗存。

（二）竹鼠遗存的成因考察

北方各遗址中竹鼠遗存的发现，证明了龙山时期前后竹鼠在黄河流域的广泛分布。然而，讨论陶寺人群食用竹鼠的行为是否外来，首先需要确定各遗址所发现的竹鼠遗存系人类食用遗留。由于竹鼠以粗纤维为主食，较少危害粮食，被人类当做害兽大量捕杀的可能性不大。在涉及鼠类动物遗存时，通常还需要考虑后期侵入的可能性。如胡松海先生领衔撰写的一系列文章都认为陕西地区出土的鼠类遗存是遗址废弃后侵入所致[75]。但是张琦、侯旭东二位先生也指出，部分研究者在“以今度古”的“辉格式史学”影响下将现代人不吃鼠类的错觉不自觉带入了考古研究的语境，习惯性地将鼠类遗存归因于后期侵入[76]。因此有必要从竹鼠遗存在各遗址中的出土情况着手，判断其成因是人类食用还是后期侵入。

陶寺遗址发现的竹鼠遗存属于食用遗留的证据较为充足。以发现竹鼠遗存的灰坑H420为例，该灰坑位于陶寺遗址居住区Ⅳ区4D地层以下[77]。笔者参考陶寺遗址居住区Ⅳ区T431、T432探方东隔梁剖面图[78]，测算4D地层顶端距离当代地表约2.3～2.8米深，距离陶寺文化时期各地层中最上层的第4层顶端也有1.7～2米深。动物研究表明，中华竹鼠在掘洞生活时，洞道距离地面仅20～30厘米左右[79]。显然，中华竹鼠不具备后期从外界侵入H420灰坑所在位置的能力。H420灰坑还出土了大口罐、深腹侈沿罐、杯、釜灶、缸、鬲及小口高领罐等陶器[80]，其中的釜灶显然是用于烹饪，其他陶器也可能用于饮食。陶寺人很可能是在使用这些陶器烹饪竹鼠食用后，将竹鼠骨骼弃置在附近，从而形成了竹鼠遗存和陶器并存的H420灰坑状态。

陶洋先生将陶寺遗址古代居民获取肉食资源的方式界定为“开发型”[81]，其定义为“当时人们的肉食主要来自饲养家畜，但在一定程度上还依赖于捕获居住地周围自然环境中存在的野生动物”[82]。而竹鼠作为当地活跃的野生动物，自然也属于陶寺人捕猎的范畴，为陶寺人群提供肉食资源。

在陶寺以外的各遗址中，出土情况记录较详细的有西安半坡、临潼姜寨、旬邑下魏洛、华县泉护村、九寨沟阿梢垴、新密新砦、阳信李屋等，依次分析如下。

在西安半坡各考古地层中都出土了大量竹鼠遗存，较完整的下颌骨就有30余个[83]。李有桓、韩德芬二位先生认为，竹鼠遗存在半坡发现如此之多，又与箭镞和箭头共存，应属于“猎获来的动物”[84]。在半坡发现的竹鼠下颌骨和门齿都有人工磨制的痕迹[85]，应是人类在食用竹鼠后将残余骨骼制为骨器所致。

临潼姜寨中的竹鼠遗存出土于灰坑T265H344、T24H9等处[86]。灰坑T265H344叠压在房屋F98下方，内含竹鼠残骨和猪牙[87]，应系房屋F98的窖穴。竹鼠残骨和猪牙应都是房屋F98的居民食用后丢弃入窖穴。灰坑T24H9内含竹鼠残骨和狗下颌骨[88]，应同属食物残渣。

旬邑下魏洛中的灰坑H57及房屋F3中均发现有竹鼠遗存[89]。灰坑H57内含竹鼠个体1只和梅花鹿个体1只[90]。竹鼠与梅花鹿应同属遗址居民的食物而残留。而房屋F3堆积中则含有一百多块废弃的各部位动物骨骼，部分骨骼有火烧痕迹，其种类包括家猪和竹鼠[91]。在房屋这样的家庭环境中发现有火烧痕迹的动物骨骼，显然属于食用遗留。

在华县泉护村灰坑H107④层出土了竹鼠遗存，与之相伴出土的还有大量猪骨[92]。灰坑H107的坑口距离现代地表有0.5米[93]。该灰坑内竹鼠遗存所在的④层上方的①、②、③三层堆积厚度按照三层最薄处相加也有0.95米[94]。参考灰坑H107所属的ⅠT1407探方北壁剖面图，该灰坑开口上方仅有一层地层，土质较硬，含有青白瓷片、铁钉、植物根系，应是在较晚期堆积而成[95]。因此灰坑H107的开口位置应为庙底沟文化时期的地面。晚近时期的中华竹鼠连穿越0.5米的较硬地层的能力都不具备，遑论再进入灰坑④层的位置。庙底沟文化时期的地面与灰坑H107④层的距离长达0.95米，远远超过了中华竹鼠的打洞能力，因此即使是在庙底沟文化时期竹鼠也难以侵入抵达该位置。结合大量猪骨与竹鼠遗存相伴的现象，灰坑H107④层出土的竹鼠遗存应属居民食用所致。

九寨沟阿梢垴的竹鼠遗存出土于房屋F1，该房屋遗址内出土动物骨骼861块，除竹鼠外还包括鹿、野兔等野生动物和牛、羊、马、家猪等家畜[96]。骨骼上留下了清晰的切割痕迹，显系人类食用所致。

新密新砦中的竹鼠遗存发现于灰坑2000T2H48及探方2000T2⑧层[97]。灰坑2000T2H48除竹鼠遗存外，还发现了猪、狗、牛、羊、鹿、鸡、鱼、贝壳、蚌等动物遗存[98]。探方2000T2⑧层的竹鼠残骨也与猪、牛、羊、鹿、鸡、河蚌、贝壳等动物遗骸共存[99]。竹鼠遗存和多种可食用动物的遗存相邻，应也属于居民食用遗留。

阳信李屋的竹鼠遗存出土于大型取土坑内生活和生产垃圾堆积层，该区域出土动物至少有26个属种，生活在陆地、天空、地下、淡水、海水和咸淡水之间的动物均有一定数量存在[100]。李屋居民的肉食来源中野生动物资源占了很重要的地位，哺乳类动物中野生动物的比例高达47%[101]。因此竹鼠应是李屋居民的肉食来源之一。

在其余各遗址中，竹鼠遗存也多发现于居民丢弃食物残渣的场所。例如，在枣树沟脑发现的竹鼠遗存来自“家庭环境”[102]，其他遗址竹鼠遗存也多埋藏于灰坑中。刘莉等学者也指出，康家遗址中发现的竹鼠遗存均为零星骨骼，因此应为与龙山文化同时期的遗存，而不是后期打洞侵入的结果[103]。

根据上述遗址情况推测，其他考古遗址中发现的竹鼠遗存大部分也应当是人类食用行为的产物。

古人食用竹鼠的一个重要原因是竹鼠作为食物美味可口。正如张琦、侯旭东二位先生所言，中国人食用包括竹鼠在内的各种鼠类的传统由来已久[104]。作为食物，竹鼠“肉肥美亦松……味如甜笋……傜中以为上馔，谓之竹豚”[105]。唐人元稹有诗赞美竹鼠肉道“芋羹真暂淡，𪏭炙漫涂苏”[106]。时至今日，中华竹鼠的分布区内仍有大量的人食用竹鼠。笔者的朋友湖南凤凰人吴国庄先生就曾对笔者讲述他在湘西山区捕猎竹鼠的经过，并夸赞竹鼠肉的美味。竹鼠肉还具有解竹毒的药用价值，“‘凡竹刺入肉不能出者，啖此物立消。’以其食竹，故能化竹毒也”[107]。因此古人也会有较高的积极性去捕猎竹鼠食用。

何驽先生近来指出，陶寺文化已出现“美食政治”理念，即将饮食活动政治化，并贴上“文明”生活方式的标签，为政治统治与文明教化服务[108]。他认为陶寺文化肉类美食食谱中应当包括竹鼠，虽然竹鼠的肉取食量不大，但是不妨碍它成为以少为贵的“美食”[109]。何驽先生强调，陶寺美食以新奇味觉刺激人们的味蕾，使其心向往陶寺美食，崇拜陶寺文化乃至跪拜陶寺政治[110]。而竹鼠具备野味、美味、药膳的特性，使其成为服务于陶寺文化“美食政治”的珍贵食材。不过，笔者认为仅仅依靠竹鼠带来的味觉刺激还不足以让食用者臣服于陶寺，陶寺文化“美食政治”所彰显的政治实力更为关键。前文已述，古代太行山、太岳山、中条山等地区竹林十分茂密，是竹鼠繁衍生息的宝地。陶寺政权为举办盛宴笼络远人，需要获取优质且足量的竹鼠等野味食材，仅城郊塔儿山一带捕猎恐怕不能满足需求。因此陶寺政权很可能派遣捕猎队前往太行山、太岳山、中条山等周边地区，或命令当地附庸势力缴纳土贡。即使在饮食文化较陶寺时期大大丰富的唐代，竹鼠仍作为房陵地区的土贡上交给朝廷[111]，陶寺政权完全可能更加积极地索取竹鼠作为贡品。当食客在陶寺享用美味的竹鼠时，不难认识到陶寺政权获取食材资源的强大能力，进而拜服于这个晋南强权的广域影响力。在陶寺“美食政治”中，竹鼠等野味作为陶寺政权实力的象征发挥着重要作用。

综上所述，竹鼠遗存的人工利用痕迹、出土区域功能、伴随出土的动物、所在地层深度，以及竹鼠作为食物的优良特质乃至其在陶寺“美食政治”中的意义，均可证明我国北方各遗址出土的竹鼠遗存应主要为人类食用的遗留，而非后期侵入的结果。

（三）竹鼠遗存分布所反映的陶寺人群来源

在了解整个黄河流域的竹鼠遗存发现情况、并明确竹鼠遗存主要为食用遗留后，有必要将发现竹鼠遗存的各遗址按照地理位置属于黄河中上游地区或黄河下游地区划归为两部分，以帮助判断陶寺人群的来源。其中，位于黄河中下游交界的环嵩山地区的遗址划归哪一部分，难以仅仅依靠地理标准决定。从考古学文化的角度，郑州大河村遗址在龙山时期以前与黄河中上游地区同属仰韶文化分布范围，而新密新砦与郑州花地嘴两处遗址都受到黄河中上游的“高地龙山社会”影响很大[112]。如花地嘴遗址存在明显的来自晋东南陶寺文化的影响[113]，花地嘴遗址出土的牙璋被认为与石峁文化有紧密联系[114]。有鉴于此，本文将这三处环嵩山地区的遗址划归黄河中上游地区。根据这一标准，龙山时期前后黄河流域发现竹鼠遗存的遗址分布情况见表一。

表一　龙山时期前后黄河流域发现竹鼠遗存的遗址分布统计表

遗址所处时期 遗址所处地区	龙山时期以前	龙山时期	龙山时期以后
黄河中上游地区	18处（大地湾、西山坪、师赵村、西山、傅家门、山那树扎、营盘山、案板、关桃园、半坡、北首岭、白家、姜寨、零口、杨官寨、西坡、大河村、笃忠）	4处（陶寺、下魏洛、康家、泉护村）	5处（干骨崖、枣树沟脑、阿梢垴、新砦、花地嘴）
黄河下游地区	2处（扁扁洞、西河）	4处（前高庄、庄里西、教场铺、丁公）	2处（殷墟、李屋）

如上表所示，在龙山时期以前，黄河中上游地区发现竹鼠遗存的遗址目前有18处之多，而黄河下游地区仅有2处，差异悬殊。龙山时期，黄河中上游地区发现竹鼠遗存的遗址有4处，与黄河下游的4处持平。龙山时期以后黄河中上游地区发现竹鼠遗存的遗址有5处，黄河下游地区则仅有2处，仍处于下风。总体上，目前发现竹鼠遗存的遗址在地理分布上“头重脚轻”，位于黄河中上游地区的多于位于黄河下游地区的。

在黄河中上游地区及其邻近地区发现竹鼠遗存的各遗址延续时间较下游地区也更长。以陕西淳化枣树沟脑遗址为例，该遗址位于渭河盆地北缘山地，纬度和海拔较高，气候相对其他发现竹鼠的遗址较为干燥。竹鼠遗存在这样不甚适宜竹鼠居住的区域直到先周时期仍有分布，可见黄河中游地区竹鼠食用传统的顽强生命力。在气候极为寒冷干燥的甘肃酒泉干骨崖，仍发现了龙山时期以后的竹鼠遗存。在甘肃省南部和邻近的四川省西北部地区，从马家窑文化时期到西汉一直有发现竹鼠遗存。直到今天，临近甘肃南部黄河上游地区的四川平武白马藏族乡居民仍常上山用猎狗捕猎竹鼠食用[115]。可见食用竹鼠的行为在黄河上游地区一直绵延不绝。而在黄河下游地区，在商代的殷墟遗址、李屋遗址之后，就未见再有发现竹鼠遗存的遗址了。

由此可见，黄河中上游地区发现竹鼠遗存的遗址无论在数量上还是在延续时间上都超过黄河下游地区。如果陶寺人群食用竹鼠的行为来自外地，那么这一来源应以黄河中上游地区其他文化人群的可能性较大。这也与陶寺文化与黄河中游的仰韶文化、庙底沟文化有一定传承关系的事实相符合。在陶寺地区发现的庙底沟二期文化遗存和晋、陕、豫交界地区仰韶晚期西王村文化具有传承关系[116]。庙底沟二期文化晚期阶段在临汾盆地派生出陶寺文化[117]。陶寺文化在早期仍与南方运城盆地、垣曲盆地的庙底沟文化并存[118]。而在龙山时代之前发现竹鼠遗存的高陵杨官寨、灵宝西坡、郑州大河村、渑池笃忠这四个遗址都属于仰韶文化庙底沟类型，龙山时代发现竹鼠遗存的华县泉护村、旬邑下魏洛这两个遗址也曾受到庙底沟文化的影响。显然，陶寺文化食用竹鼠的行为很有可能继承自庙底沟文化。

当然，陶寺文化在形成阶段也受到大汶口文化的影响[119]。但目前并未在大汶口文化遗址中发现竹鼠遗存，缺乏大汶口文化人群食用竹鼠的证据。此外，大汶口文化对陶寺文化的影响，主要属于文化交流、影响的范畴[120]，是否存在人群的迁移尚无证据。在当时的条件下，捕猎和食用竹鼠行为的养成需要经验的传授，应当依赖于人群的迁移。仅仅是文化的交流和影响，难以带来食用竹鼠的行为。从地理位置上说，大汶口文化及其他影响陶寺的文化如红山文化、良渚文化、屈家岭 - 石家河文化等，距离陶寺地区较远，不利于人群的迁移。而庙底沟文化本身就是陶寺文化的源头，陶寺文化早期又和庙底沟文化并存。庙底沟文化人群将使用竹鼠的行为带到陶寺，是较为便利的。

因此，陶寺遗址食用竹鼠的行为如果存在外来因素，应是受到黄河中上游其他地区的影响。伴随着仰韶文化、庙底沟文化等黄河中上游地区文化的扩散，食用竹鼠的行为可能被传播到陶寺地区。陶寺人群可能一开始就从庙底沟文化中继承了食用竹鼠的行为，也可能是在陶寺文化早期受到邻近的庙底沟文化或黄河中上游地区其他文化的影响而养成了食用竹鼠的行为。

四、结　　语

对龙山时期陶寺地区的气候条件及竹类分布条件的分析表明，陶寺地区的自然环境适宜竹类的生长。目前的动物研究表明，竹鼠的栖息条件远较过去一般认为的宽松，将竹鼠遗存视为暖湿气候证据的传统观点值得反思。因此陶寺地区的自然环境适合竹鼠生存。

研究发现，竹鼠遗存在龙山时期前后的北中国广泛分布。鉴于对竹鼠遗存的人工利用痕迹、出土区域功能、伴随出土的动物、所在地层深度及竹鼠作为食物意义的分析，这些遗址中的竹鼠遗存应主要是人类食用的遗留，而非后期侵入的结果。故陶寺人群具备在本地养成食用竹鼠行为的条件。考虑到在黄河中上游地区发现竹鼠遗存的遗址在数量上和延续性上都超过黄河下游地区，陶寺人群食用竹鼠的行为若系外来，更可能受到庙底沟等黄河中上游地区文化的影响。所以陶寺人群更可能来自黄河中上游地区，而非黄河下游地区。

附记：本文的写作首先要感谢上海大学文学院曹峻老师的指导，也得到友人北京大学陈宇峰先生、湖南凤凰吴国庄先生的帮助和启发。

注　释

[1] 周本雄：《山西襄汾陶寺文化遗址出土的动物骨骸》，《襄汾陶寺——1978～1985年考古发掘报告》（第三册），文物出版社，2015年，第1232页。

[2] 陶洋：《陶寺遗址出土动物骨骼遗存研究》，中国社会科学院研究生院硕士学位论文，2007年，第7～9页。

[3] 博凯龄：《中国新石器时代晚期动物利用的变化个案探究——山西省龙山时代晚期陶寺遗址的动物研究》，《三代考古》（四），科学出版社，2011年，第137～142页。

[4] 陶洋：《陶寺遗址出土动物骨骼遗存研究》，中国社会科学院研究生院硕士论文，2007年，第7～9页。

[5] 博凯龄：《中国新石器时代晚期动物利用的变化个案探究——山西省龙山时代晚期陶寺遗址的动物研究》，《三代考古》（四），科学出版社，2011年，第174页。

[6] 计宏祥：《从动物化石看古气候》，《化石》1974年第2期。

[7] 黄尚明：《新石器时代黄河流域的气候变迁》，《中原文化研究》2018年第6期。

[8] 宋艳波、宋嘉莉、何德亮：《山东滕州庄里西龙山文化遗址出土动物遗存分析》，《东方考古》（第9集），科学出版社，2012年。

[9] David G. Anderson, Kirk A. Maasch, Daniel H. Sandweiss. CLIMATE CHANGE AND CULTURAL DYNAMICS: A Global Perspective on Mid-Holocene Transitions. Academic Press, 2007: 311.

[10] 何业恒：《中国竹鼠分布的变迁》，《湘潭大学学报（哲学社会科学版）》1980年第3期。

[11] 孔昭宸、杜乃秋：《山西襄汾陶寺遗址孢粉分析》，《考古》1992年第2期。

[12] 周本雄：《山西襄汾陶寺文化遗址出土的动物骨骸》，《襄汾陶寺——1978～1985年考古发掘报告》（第三册），文物出版社，2015年，第1232页。

[13] 王守春：《尧的政治中心的迁移及其政治意义》，《古代文明研究通讯》，北京大学震旦古代文明研究中心，2001年总第八期。

[14] 李冀：《先秦动物地理问题探索》，陕西师范大学博士学位论文，2013年，第82页。

[15] 中国社会科学院考古研究所：《宝鸡北首岭》，文物出版社，1983年，第147页。

[16] 施雅风、孔昭宸、工苏民等：《中国全新世大暖期鼎盛阶段的气候与环境》，《中国科学（B辑）》1993年第8期。

[17] 施雅风、孔昭辰、工苏民等：《中国全新世大暖期鼎盛阶段的气候与环境》，《中国科学（B辑）》1993年第8期。

[18] 李秉成:《一万年以来陕西富平的植被与气候环境演化》,《辽宁工程技术大学学报(自然科学版)》2010 年第 4 期。

[19] 王星光:《中国全新世大暖期与黄河中下游地区的农业文明》,《史学月刊》2005 年第 4 期。

[20] 竺可桢:《中国近五千年来气候变迁的初步研究》,《考古学报》1972 年第 1 期。

[21] 李秉成、孙建中:《黄土高原西安地区全新世的植被与气候环境》,《海洋地质与第四纪地质》2005 年第 3 期。

[22] 竺可桢:《中国近五千年来气候变迁的初步研究》,《考古学报》1972 年第 1 期。

[23] (北宋)沈括著，张富祥译注:《梦溪笔谈》卷 21，中华书局，2009 年，第 240 页。

[24] 何业恒:《古代黄河流域的竹林》,《中南林学院学报》1981 年第 2 期。

[25] 周芳纯:《我国黄河流域的竹林》,《植物学杂志》1975 年第 1 期。

[26] 中国社会科学院考古研究所、山西省临汾市文物局:《襄汾陶寺——1978～1985 年考古发掘报告》(第一册)，文物出版社，2015 年，第 1 页。

[27] 方涛译注:《山海经》卷 5，中华书局，2009 年，第 108 页。

[28] (北魏)郦道元著，陈桥驿校证:《水经注校证》卷 9，中华书局，2007 年，第 229 页。

[29] 周芳纯:《我国黄河流域的竹林》,《植物学杂志》1975 年第 1 期。

[30] 周芳纯:《我国黄河流域的竹林》,《植物学杂志》1975 年第 1 期。

[31] 周芳纯:《我国黄河流域的竹林》,《植物学杂志》1975 年第 1 期。

[32] 周芳纯:《我国黄河流域的竹林》,《植物学杂志》1975 年第 1 期。

[33] 寿振黄:《中国经济动物志(兽类)》，科学出版社，1962 年，第 473 页。

[34] 孔昭宸、杜乃秋:《山西襄汾陶寺遗址孢粉分析》,《考古》1992 年第 2 期。

[35] (南宋)梁克家:《淳熙三山志》卷 42，海风出版社，2000 年，第 665 页。

[36] 陈根红:《中华竹鼠驯养的研究》，中国农业科学研究院硕士论文，2012 年，第 9 页。

[37] 欧阳新举:《中华竹鼠(Rhizomys sinensis vestitus Milne-Edwards)的初步观察》,《动物学杂志》1960 年第 5 期。

[38] 王廷正、王德兴、魏宏等:《陕西宁陕地区啮齿动物区系和垂直分布的研究》,《陕西师大学报(自然科学版)》1989 年第 4 期。

[39] (北宋)李昉等编:《太平广记》卷 163，中华书局，1961 年，第 1187 页。

[40] 〔美〕劳伦斯 J. 弗林著，邱铸鼎译:《山西榆社晚中新世竹鼠一新种》,《古脊椎动物学报》1993 年第 2 期。

[41] 甘肃省考古研究所:《秦安大地湾》，文物出版社，2006 年，第 861～910 页。

[42] 中国社会科学院考古研究所:《师赵村与西山坪》，中国大百科全书出版社，1999 年，第 336、337 页。

[43] 中国社会科学院考古研究所:《师赵村与西山坪》，中国大百科全书出版社，1999 年，第 336、337 页。

[44] 余翀、吕鹏、赵丛苍:《甘肃省礼县西山遗址出土动物骨骼鉴定与研究》,《南方文物》2011 年第 3 期。

[45] 袁靖:《论中国新石器时代居民获取肉食资源的方式》,《考古学报》1999 年第 1 期。

[46] 任乐乐:《青藏高原东北部及其周边地区新石器晚期至青铜时代先民利用动物资源的策略研

究》，兰州大学博士学位论文，2017 年，第 29 页。
[47] 何锟宇：《营盘山遗址出土动物骨骼研究》，北京大学硕士学位论文，2006 年，第 5 页。
[48] 西北大学文博学院考古专业：《扶风案板遗址》，科学出版社，2000 年，第 90～94 页。
[49] 陕西省文物考古研究院、宝鸡市考古工作队：《宝鸡关桃园》，文物出版社，2007 年，第 72～75 页。
[50] 李有桓、韩德芬：《陕西西安半坡新石器时代遗址中之兽类骨骼》，《古脊椎动物与古人类》1959 年第 4 期。
[51] 中国社会科学院考古研究所宝鸡工作队：《一九七七年宝鸡北首岭遗址发掘简报》，《考古》1979 年第 2 期。
[52] 中国社会科学院考古研究所：《临潼白家村》，巴蜀书社出版社，1994 年，第 123～126 页。
[53] 西安半坡博物馆、陕西省考古研究所、临潼博物馆等：《姜寨——新石器时代遗址发掘报告》，文物出版社，1988 年，第 516 页。
[54] 陕西省考古研究所：《临潼零口村》，三秦出版社，2004 年，第 525～533 页。
[55] 陕西省考古研究院、中美国际田野考古学校、西北大学文化遗产学院：《陕西高陵杨官寨遗址 H85 发掘报告》，《考古与文物》2018 年第 6 期。
[56] 中国社会科学院考古研究所河南一队、河南省文物考古研究所、三门峡市文物工作队等：《河南灵宝市西坡遗址试掘简报》，《考古》2001 年第 11 期；河南省文物考古研究所、中国社会科学院考古研究所河南一队、三门峡市文物考古研究所等：《河南灵宝市西坡遗址 2001 年春发掘简报》，《华夏考古》2002 年第 2 期。
[57] 郑州市文物考古研究所：《郑州大河村》，科学出版社，2001 年，第 683 页。
[58] 河南省文物考古研究所：《河南渑池笃忠遗址 2006 年发掘简报》，《华夏考古》2010 年第 3 期。
[59] 徐珍珍、高华中：《山东沂源扁扁洞遗址古人食物结构分析》，《农业考古》2016 年第 1 期。
[60] 宋艳波：《海岱地区新石器时代的动物考古学研究》，山东大学博士学位论文，2012 年，第 9 页。
[61] 西北大学文化遗产与考古学研究中心、陕西省考古所：《旬邑下魏洛》，科学出版社，2006 年，第 546～548 页。
[62] 刘莉、阎毓民、秦小丽：《陕西临潼康家龙山文化遗址 1990 年发掘动物遗存》，《华夏考古》2001 年第 1 期。
[63] 陕西省考古研究院、渭南市文物旅游局、华县文物旅游局：《华县泉护村——1997 年考古发掘报告》，文物出版社，2014 年，第 595～661 页。
[64] 左豪瑞、李慧萍、张自强等：《河南新乡前高庄遗址龙山时期动物遗存分析》，《中原文物》2021 年第 2 期。
[65] 宋艳波、宋嘉莉、何德亮：《山东滕州庄里西龙山文化遗址出土动物遗存分析》，《东方考古》（第 9 集），科学出版社，2012 年。
[66] 宋艳波：《海岱地区新石器时代的动物考古学研究》，山东大学博士学位论文，2012 年，第 27 页。
[67] 饶小艳：《邹平丁公遗址龙山文化时期动物遗存研究》，山东大学硕士学位论文，2014 年，第 11 页。
[68] 甘肃省文物考古研究所、北京大学考古文博学院：《酒泉干骨崖》，文物出版社，2016 年，第 418～427 页。

[69] Yue Li, Chengrui Zhang, Zhen Wang, et al. Animal use in the late second millennium BCE in northern China: Evidence from Zaoshugounao and Zaolinhetan in the Jing River valley. *International Journal of Osteoarchaeology*, 2020（3）.

[70] 四川大学考古学系、四川省阿坝藏族羌族自治州文物管理所、九寨沟管理局科研处：《四川阿坝州九寨沟阿梢垴遗址的调查与试掘》，《考古》2017年第10期。

[71] 杨钟健、刘东生：《安阳殷墟哺乳动物群補遗》，《考古学报》1949年第4期。

[72] 北京大学震旦古代文明研究中心、郑州市文物考古研究院：《新密新砦：1999～2000年田野考古发掘报告》，文物出版社，2008年，第390～418页。

[73] 刘一婷：《河南巩义花地嘴遗址出土动物遗存研究》，中国社会科学院研究生院硕士学位论文，2014年，第8页。

[74] 山东省文物考古研究所、北京大学中国考古学研究中心、山东师范大学齐鲁文化研究中心等：《山东阳信县李屋遗址商代遗存发掘简报》，《考古》2010年第3期。

[75] 胡松梅、张鹏程、袁明：《榆林火石梁遗址动物遗存研究》，《人类学学报》2008年第3期；胡松梅、孙周勇、杨利平等：《陕北横山杨界沙遗址动物遗存研究》，《人类学学报》2013年第1期；胡松梅、杨苗苗、孙周勇等：《2012～2013年度陕西神木石峁遗址出土动物遗存研究》，《考古与文物》2016年第4期；胡松海、孙周勇：《陕北靖边五庄果墚动物遗存及古环境分析》，《考古与文物》2005年第6期。

[76] 张琦、侯旭东：《汉景帝不吃老鼠吗？——我们如何看待过去》，《史学月刊》2009年第10期。

[77] 中国社会科学院考古研究所、山西省临汾市文物局：《襄汾陶寺——1978～1985年考古发掘报告》（第一册），文物出版社，2015年，第168页。

[78] 中国社会科学院考古研究所、山西省临汾市文物局：《襄汾陶寺——1978～1985年考古发掘报告》（第一册），文物出版社，2015年，第17页。

[79] 刘明玉等编：《中国脊椎动物大全》，辽东大学出版社，2000年，第780页。

[80] 中国社会科学院考古研究所、山西省临汾市文物局：《襄汾陶寺——1978～1985年考古发掘报告》（第一册），文物出版社，2015年，第168页。

[81] 陶洋：《陶寺遗址出土动物骨骼遗存研究》，中国社会科学院研究生院硕士学位论文，2007年，第31页。

[82] 袁靖：《论中国新石器时代居民获取肉食资源的方式》，《考古学报》1999年第1期。

[83] 李有桓、韩德芬：《陕西西安半坡新石器时代遗址中之兽类骨骼》，《古脊椎动物与古人类》1959年第4期。

[84] 李有桓、韩德芬：《陕西西安半坡新石器时代遗址中之兽类骨骼》，《古脊椎动物与古人类》1959年第4期。

[85] 李有桓、韩德芬：《陕西西安半坡新石器时代遗址中之兽类骨骼》，《古脊椎动物与古人类》1959年第4期。

[86] 西安半坡博物馆、陕西省考古研究所、临潼博物馆等：《姜寨——新石器时代遗址发掘报告》，文物出版社，1988年，第516页。

[87] 西安半坡博物馆、陕西省考古研究所、临潼博物馆等：《姜寨——新石器时代遗址发掘报告》，文物出版社，1988年，第393页。

[88] 西安半坡博物馆、陕西省考古研究所、临潼博物馆等：《姜寨——新石器时代遗址发掘报告》，文物出版社，1988 年，第 462 页。

[89] 西北大学文化遗产与考古学研究中心、陕西省考古所：《旬邑下魏洛》，科学出版社，2006 年，第 546～548 页。此外，《旬邑下魏洛》第 647 页提及灰坑 H89 中发现的动物遗存为猪和竹鼠两种，但在第 447 页关于灰坑 H89 遗物的论述中却称动物遗存为猪和雉两种。有鉴于此，暂不讨论该灰坑情况。

[90] 西北大学文化遗产与考古学研究中心、陕西省考古所：《旬邑下魏洛》，科学出版社，2006 年，第 273 页。

[91] 西北大学文化遗产与考古学研究中心、陕西省考古所：《旬邑下魏洛》，科学出版社，2006 年，第 27 页。

[92] 陕西省考古研究院、渭南市文物旅游局、华县文物旅游局：《华县泉护村——1997 年考古发掘报告》，文物出版社，2014 年，第 595～661 页。

[93] 陕西省考古研究院、渭南市文物旅游局、华县文物旅游局：《华县泉护村——1997 年考古发掘报告》，文物出版社，2014 年，第 319～321 页。

[94] 陕西省考古研究院、渭南市文物旅游局、华县文物旅游局：《华县泉护村——1997 年考古发掘报告》，文物出版社，2014 年，第 319～321 页。

[95] 陕西省考古研究院、渭南市文物旅游局、华县文物旅游局：《华县泉护村——1997 年考古发掘报告》，文物出版社，2014 年，第 11、12 页。

[96] 四川大学考古学系、四川省阿坝藏族羌族自治州文物管理所、九寨沟管理局科研处：《四川阿坝州九寨沟阿梢垴遗址的调查与试掘》，《考古》2017 年第 10 期。

[97] 北京大学震旦古代文明研究中心、郑州市文物考古研究院：《新密新砦：1999～2000 年田野考古发掘报告》，文物出版社，2008 年，第 390～418 页。

[98] 北京大学震旦古代文明研究中心、郑州市文物考古研究院：《新密新砦：1999～2000 年田野考古发掘报告》，文物出版社，2008 年，第 390～418 页。

[99] 北京大学震旦古代文明研究中心、郑州市文物考古研究院：《新密新砦：1999～2000 年田野考古发掘报告》，文物出版社，2008 年，第 390～418 页。

[100] 山东省文物考古研究所、北京大学中国考古学研究中心、山东师范大学齐鲁文化研究中心等：《山东阳信县李屋遗址商代遗存发掘简报》，《考古》2010 年第 3 期。

[101] 山东省文物考古研究所、北京大学中国考古学研究中心、山东师范大学齐鲁文化研究中心等：《山东阳信县李屋遗址商代遗存发掘简报》，《考古》2010 年第 3 期。

[102] Yue Li, Chengrui Zhang, Zhen Wang, et al.Animal use in the late second millennium BCE in northern China: Evidence from Zaoshugounao and Zaolinhetan in the Jing River valley. *International Journal of Osteoarchaeology,* 2020（3）.

[103] 刘莉、阎毓民、秦小丽：《陕西临潼康家龙山文化遗址 1990 年发掘动物遗存》，《华夏考古》2001 年第 1 期。

[104] 张琦、侯旭东：《汉景帝不吃老鼠吗？——我们如何看待过去》，《史学月刊》2009 年第 10 期。

[105]（明）屈大均：《广东新语》卷 21，中华书局，1997 年，第 543 页。

[106]（唐）元稹：《酬乐天东南行诗一百韵并序》，《元氏长庆集》卷 12，上海古籍出版社，1994

年，第 65 页。

[107] （南宋）陈耆卿：《赤城志》卷 36，台州日报印刷有限公司，2016 年，第 316 页。

[108] 何驽：《浅谈陶寺文明的“美食政治”现象》，《中原文化研究》2021 年第 4 期。

[109] 何驽：《浅谈陶寺文明的“美食政治”现象》，《中原文化研究》2021 年第 4 期。

[110] 何驽：《浅谈陶寺文明的“美食政治”现象》，《中原文化研究》2021 年第 4 期。

[111] （北宋）李昉等编：《太平广记》卷 163 引《新唐书·地理志》，中华书局，1961 年，第 1187 页。

[112] 李旻：《重返夏墟：社会记忆与经典的发生》，《考古学报》2017 年第 3 期。

[113] 顾万发、张松林：《河南巩义市花地嘴遗址“新砦期”遗存》，《考古》2005 年第 6 期。

[114] 潘禾玮奕：《新石器时代晚期至夏商时代黄河中上游玉器研究》，南京大学硕士学位论文，2018 年，第 83 页。

[115] 王欣：《四川平武白马藏族的生态文化空间》，《西藏民族学院学报（哲学社会科学版）》2011 年第 6 期。

[116] 中国社会科学院考古研究所、山西省临汾市文物局：《襄汾陶寺——1978～1985 年考古发掘报告》（第三册），文物出版社，2015 年，第 1083～1086 页。

[117] 中国社会科学院考古研究所、山西省临汾市文物局：《襄汾陶寺——1978～1985 年考古发掘报告》（第三册），文物出版社，2015 年，第 1099 页。

[118] 中国社会科学院考古研究所、山西省临汾市文物局：《襄汾陶寺——1978～1985 年考古发掘报告》（第三册），文物出版社，2015 年，第 1087～1092 页。

[119] 中国社会科学院考古研究所、山西省临汾市文物局：《襄汾陶寺——1978～1985 年考古发掘报告》（第三册），文物出版社，2015 年，第 1092～1097 页。

[120] 中国社会科学院考古研究所、山西省临汾市文物局：《襄汾陶寺——1978～1985 年考古发掘报告》（第三册），文物出版社，2015 年，第 1092～1097 页。

试论石峁古城的方向*

武家璧

（北京师范大学历史学院）

良渚、陶寺和石峁三大古城是中国古代文明起源研究中的重大考古发现，这三大古城是三大王国的国都。《周礼》开宗明义讲“维王建国，辨方正位，体国经野，设官分职，以为民极。”即把辨正方位作为“建国（都）”的首要大事，它是一切工程建设和制度建设的基础。这是新石器时代晚期形成的传统，到周朝完全礼制化并通过文本规范化了。古城的方向一般根据中轴线或者城墙的走向来确定，周朝规定“王城”必须居天下之中、合四正方位，要求城墙走向与四个正方向平行。在此之前很多古城有自己的朝向方位，在夏朝以前形成了以良渚、陶寺和石峁古城为代表的三大方位体系。良渚古城是典型的四正方位，陶寺古城是典型的四维方位，两者合起来就是八分方位，即后世所称的“四面八方”。石峁古城主要是六分方位，后世所称的地平“十二辰”即源于此，详论如下。

一、石峁城的地貌环境

现在讨论石峁城的方向主要有三个方面的依据，一是皇城台的方向，二是外城东门的方向，三是内城的城门和角楼的方向。石峁古城的方向与环境地貌密切相关，先来看古城所在周边地区的地理环境。

石峁遗址位于陕西省神木市毛乌素沙漠南缘、明长城高家堡附近，古城建筑在黄河一级支流秃尾河与二级支流洞川沟交汇的台塬峁梁之上。秃尾河流域总体地势西北高东南低，上游主要是沙漠区，地势平坦；中游主要是沙丘和黄土丘陵沟壑区，水流较分散；下游两岸主要是陡峭的岩石，河谷下切。根据分形地貌理论[1]，水系河网的分维值反映了地貌发育的阶段性特征，黄土高原大部分流域处于侵蚀发育的幼年期（地形分维值 D ＜ 1.6），水系尚未充分发育而河网密度小，地面比较完整而河流深切

* 本项目为郑州市政府资助项目“郑州地区仰韶时代的天文学遗存研究（项目编号：SKHX2018385）”。

侵蚀剧烈；只有秃尾河（D = 1.8951）与窟野河（D = 1.7065）的河网分维值 D 超过 1.6，可能处于侵蚀发育的壮年期，地势起伏较大，切割平面支离破碎，崎岖不平[2]。

也有学者认为，由于秃尾河、窟野河流域处于鄂尔多斯稳定地块，受到下伏基岩古地形影响，加之流域地势平均坡度较小，致使流域的圆度率较大等等，因此窟野河、秃尾河流域处于地貌演化发育幼年期，河流切割速度较快，土壤侵蚀严重，属于未均衡的幼年期地形；无定河、延河、洛河流域属于均衡的壮年期地形；汾河、渭河流域属于老年期地形[3]。总之大家都认为秃尾河流域是黄土高原强烈土壤侵蚀区。

石峁遗址地表支离破碎、沟壑纵横，四千多年以前就是如此，有两方面的证据可以参考。一是 2011 年陕西省考古研究院组织联合考古队进行区域系统考古调查，发现石峁遗址由皇城台、内城、外城组成完整封闭的“三套城”，2012 年又进行复查确认。内城、外城除城墙上部有坍塌之外，地表高度大多残存 1 米以上，基本没有毁坏城墙根基的迹象，并且发现有城墙越沟的现象，内、外城墙均有石墙由沟底攀山坡而上，在断崖处采用堑山砌石的方法垒砌，外城还发现在沟壑底部加宽的石墙，上述遗迹将石峁城基本闭合起来，形成相对封闭的空间[4]。二是此次复查以自然沟壑为界，区分为 16 个相对独立的地理小单元（梁峁），发现这些独立峁梁上密集分布着居址、墓葬等龙山文化遗存，一些房址甚至修建在下切沟壑的基岩平台之上，大多沿坡面分布。由此推测，石峁遗址的总体地貌四千年来似乎没有太大变化[5]。

考古工作的结论并不支持上引地貌演化发育还处于“幼年期”的假说，反而证明秃尾河流域地形分维值 D = 1.895 的结论是符合事实的。根据分形地貌的理论，李后强、艾南山和何隆华先生等提出划分流域地貌发育阶段以分维值 1.89 作为侵蚀中期和晚期的临界值[6]，按此标准，则秃尾河流域已进入地貌发育晚年期。我们认为就石峁遗址局地所见，其分水岭山脊变得浑圆，谷坡变得平缓，河流两岸主要是岩石，整个地貌属于低丘宽谷，其地貌发育至少已越过幼年的深切侵蚀期而进入壮年后期，侵蚀基准长期稳定，属于均衡调整期。正因如此，四千年前“堑山堙谷”的古城墙才得以完好保存至今。

基于以上分析，我们在讨论石峁城的方向时，不必考虑山形地貌是否发生了较大变化。石峁古城的方向肯定与山脉河流的走向有关，但秃尾河、洞川沟以及皇城台东南坡下的石龙西沟等，四千年来基本上没有什么变化。山梁峁塬也大体保持原貌，从皇城台能看到的最高处几乎都被外城墙所占据，为防止外敌和猛兽入侵，内、外城墙均深入沟底，连续而封闭，这一基本格局从形成以来就没有改变。

二、“石龙”地形与皇城台的寅正方向

虽然秃尾河流域的总体地势西北高而东南低，但石峁遗址古城圈内的地势却是东北高而西南低，这是分形地貌的特征，即整体相似性之下的局地差异性，局地可以有

无限精细的结构。石峁地势主要受到洞川沟和连岗山形的影响，城圈内的山地主要由北侧皇城台所在的一条长条形峁梁，和南侧外城墙所在的分水岭——一连串的连山岗地组成，中间由洞川沟的支流石龙西沟，自东北的后阳湾高地向西南的洞川沟入口处，冲刷成上窄下宽的宽广谷地。

北峁梁沿着洞川沟东侧分布，其东端起自东城墙中段（两马面中间），其北部山脊大约沿着北偏东 60°（一个纪限角）或西偏南 30°（一辰限角）的方向线，向西南延伸至石窑圪台，坡度逐渐降低；中部经过低矮的马鞍部，然后抬升到南部的皇城台（台城）；再继续沿着西偏南 30°方向降至谷底，止于内城北城墙在河口处修建的角台。为了叙述方便，下文称皇城台所在的峁塬和山梁为“皇城台峁梁”。

正如地名“石龙西沟”所言，石峁的地形犹如一条石龙，龙头在皇城台，龙的身尾就是外城墙所在的连山岗，实际上是一条分水岭。石龙西沟除上源之外，其南侧尚有三个大的冲沟支流，下切冲刷成宽谷，切割出四块较大的独立峁塬，加上皇城台峁梁北端的一块独立峁塬，共同组成石龙的四肢和龙尾。整个山形如同一个“勿”字形，像一条卷曲的“句龙”。这条石龙向西弯卷，故可称为“石龙西勾”（图一）。

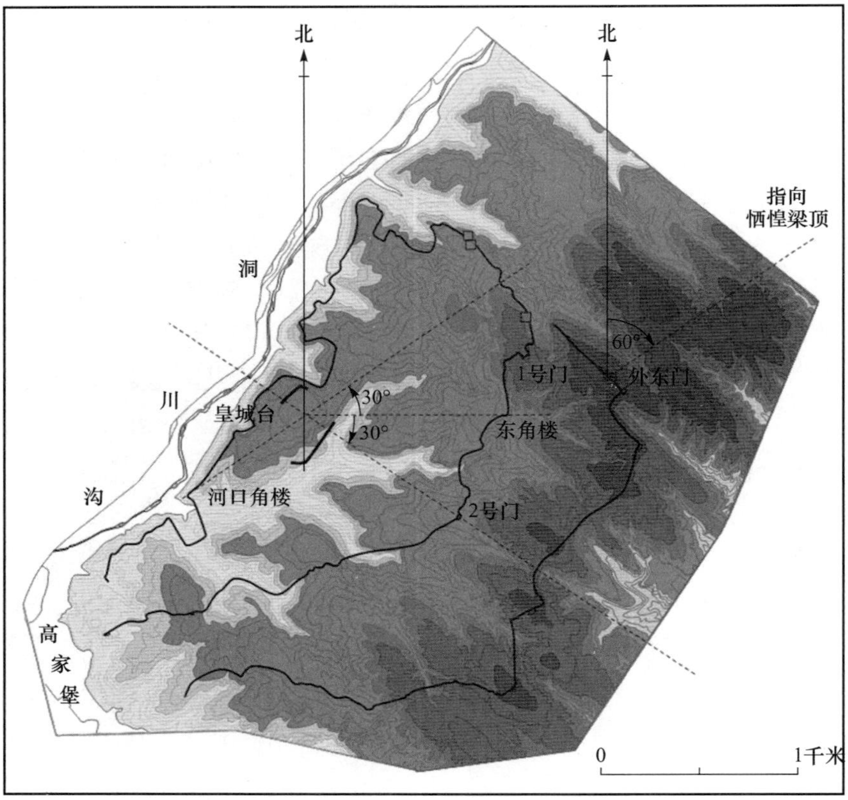

图一　石峁古城地形与方位图

石峁内外城的总面积超过400多万平方米，单纯从数值上看是龙山时代晚期最大的古城。然而如上所论，“石龙”卷曲的形状，亦即分水岭的走向，决定了外城的规模，那种认为石峁城是龙山时代最大古城的说法就出现了问题，因为石峁城的大小是由山形地貌决定的，与社会结构没有必然联系，因此它与良渚城、陶寺城等没有可比性。

与城的规模大小相类似，石峁城的方向也是由地形环境决定的。上述地形地势的特征，表明“皇城台峁梁”的走向，可能主要地决定了石峁城的方向。考古调查和发掘的结论是：皇城台方向不正，平面呈东偏北逾30°的圆角方形，此处与外城东门址方向保持一致[7]。

考古报告的结论是非常权威的。从地形等高线图上可以看出，皇城台东面的“獾子畔”至“地牢壕”地段的等高线，基本上呈东偏南60°（一个纪限角），即与东偏北30°的轴线互相垂直（图一）。这一地段基本上是人工包砌的高大护墙，气势宏伟，那么此处的等高线走向反映了人为设定的城墙走向，与之垂直的方向就是皇城台中轴线的方向——东偏北30°。

东偏北30°这个方向，在中国古代“十二辰”方位体系中属于“寅正”方位；即从正北向东偏一个纪限角（60°）是六分方位。从正北向东偏半个象限角（45°）是八分方位，即十二辰的“寅初”方位，在“八卦”方位体系中属于“艮维”。“寅正”方位在八分方位中找不到对应的位置。显然石峁人没有利用八分方位，而是采用了六分方位。

三、外城东门的寅正方向

考古工作者根据发掘工作和测年数据，初步判断石峁城址三重城垣在修建年代上存在先后关系，皇城台的“台城”最早，建筑在龙山中期或略晚，约公元前2300年；然后在其外围修城，以保护“台城”；最后在分水岭上修外郭城，形成宫城、内城、外城“三套城”；外城东门址的建造年代在龙山晚期，约公元前2100年[8]。皇城台门址和外城东门址均以内外瓮城和南北墩台为主要组成部分，表明外城东门址的设计理念承袭于皇城台门址。然而事实表明，外城东门的方向并非简单地由皇城台的轴线平移而来，而是有其自身的准线。

2019年吕宇斐先生发表论文公布在石峁外城东门址所做的日出观测和研究结论，认为其门道精确地朝向4300年前的夏至日出方向[9]。这个结论存在几个问题：首先，古人站在门道内根本看不到日出，因为有外瓮城遮挡在前面；其次，外东门的真实方向如考古报告所言是东偏北30°，实测夏至日出方向是东偏北31°，两者相差1°，即相差两个太阳宽度，这是不能用误差来解释的；最后，由岁差原理可知，四千年前夏至日出比现在更加偏西0.5°，即偏离门道方向1.5°，两者更加不可能是同一方向。

关于石峁外城东门址的方向，考古简报《陕西神木县石峁遗址》首次公布了它的平面图，孙周勇、邵晶《瓮城溯源》一文再次发表此图[10]，2016年文物出版社出版的《发现石峁古城》收录《瓮城溯源》并增加了部分线图。根据最新公布的外城东门址平面图，可知其中轴线方向是北偏东60°（图二），亦即东偏北30°，与皇城台中轴线的寅正方向高度一致。从外东门的平面图上可以看出，中轴线的位置和方向并非受到门道或门塾两侧边墙的约束，而是受到南北墩台外侧墙基以及外瓮城墙基的严格限定，即中轴线与墩台及瓮城外侧墙基互相垂直，这个方向很容易测知，就是从正北（子正）向东偏一个纪限角（60°），中国古代称“寅正”方位。

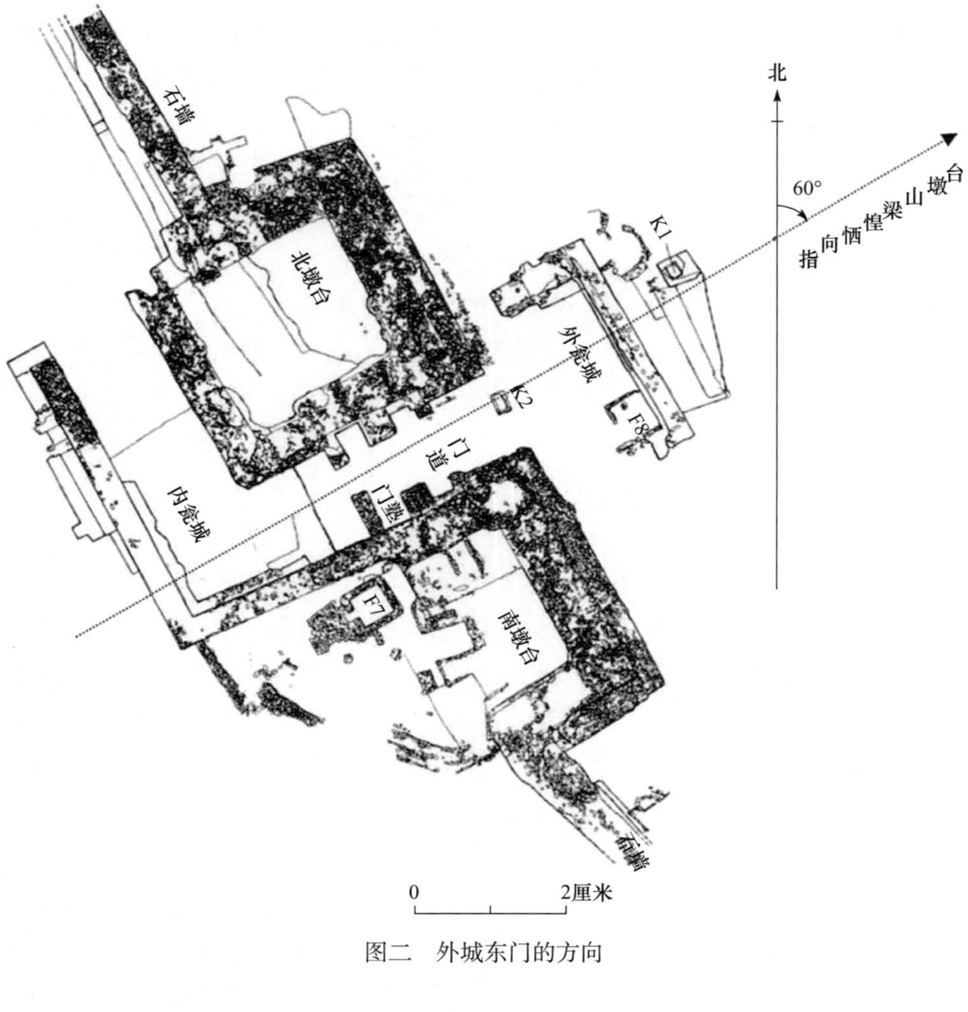

图二　外城东门的方向

事实表明外东门的寅正方向不可能由日出方向确定，应该另行解释。虽然吕宇斐先生的结论难以成立，但他在现场拍摄的夏至日出的实景照片，非常具有科学价值，我们将其描绘成摹本，足以说明东门方向的来历（图三）。

在夏至日出实景照片上可以看到，外东门址门道的中轴线指向远处的一处山顶，这座山十分平缓，但明显可以看出山顶的最高处就在门道所见的中央，山顶两侧平缓地向南北方向降低开来，似乎有一个尖峰作为标志出现在门道中轴线的视线方向的末端。这个尖峰西侧是夏至日出地点，日出时半个太阳所出现的位置，东距山顶尖峰约两个太阳宽度（一个太阳宽度约0.5°）（图三）。按照吕宇斐所测夏至日出方向东偏北31°，那么这个尖峰在门道中的方向就是东偏北30°——寅正方位，与孙周勇、邵晶等先生在考古报告和论文中指出的“外城东门址方向”高度一致。这种情况表明外东门的建造者把门道中轴线照准在远山的顶峰，并有可能在这里设置了人工标志。

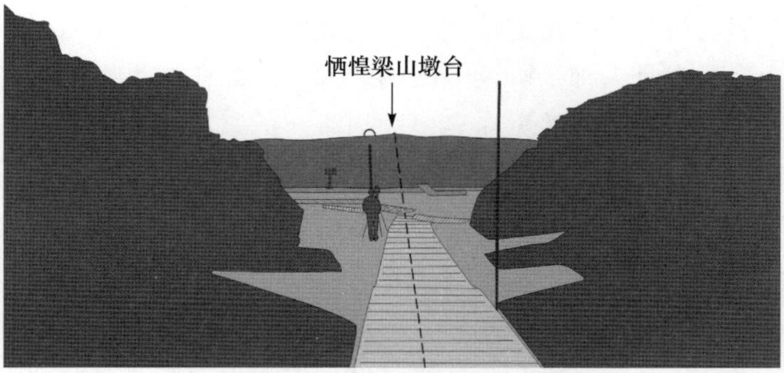

图三　外城东门夏至日出图摹本

外东门所见山峰，邵晶先生在《大众考古》杂志撰文描述是“今石峁遗址外城东门北约3千米处的恓惶梁山头，该地点至今仍有一座高大的圆形夯土‘墩台’”，并公布了这处“恓惶梁地貌”的照片，可见有一座圆形的土楼或烽火台位于恓惶梁山顶[11]。由于它位于外东门的中轴线上，是门道中所见的制高点和最远处，我们不妨把这处恓惶梁山墩台称之为“望门峰”。由于“望门峰”远在3千米之外，而门道的宽度十分窄小，在门道内移动不会发现“望门峰”的方向有明显改变，故此中轴线方向不受门道宽窄及侧壁位置变化的影响。

四、城外寅正方向的神山——恓惶梁山

外东门是整个石峁城的最高峰，在没有修建外城墙以前，古城的最高峰在内城1号城门所在的山头，而外东门址充当内城门的望门峰；修建外城时，原来的望门峰变成东门址，恓惶梁山则成为新的望门峰。望门峰的存在可能与聚落的神山有关。

《左传·庄公三十二年》（公元前662年）载“秋七月，有神降于莘。惠王问诸内史过曰：‘是何故也？’对曰：‘国之将兴，明神降之，监其德也；将亡，神又降之，观其恶也。故有得神以兴，亦有以亡，虞夏商周皆有之。’”《国语·周语》载内史过曰：“或见神以兴，亦或以亡。昔夏之兴也，融降于崇山；其亡也，回禄信于聆隧。商之兴

也，梼杌次于丕山；其亡也，夷羊在牧。周之兴也，鸑鷟（凤）鸣于岐山；其衰也，杜伯射王于鄗。是皆明神之志者也。”

内史过论神，揭示了一个普遍现象，即大型王朝的兴起，都与著名的神山和降神事件有关，这座神山位于都城或者宗庙的附近，是周边地区的最高山。春秋时期的晋国曾经把神降之山称为“绛山”，把国都称为“绛都”，就是源自上古降神的传说故事。

石峁古城的望门峰可能就是当时的神山和神降之所。神山上有“通天柱”[12]，天神由此降到人间，被迎神者引导入城门，沿着东城墙来到台城的主轴线上，然后由高至下直线到达皇城台享受神殿中的祭祀。从外东门到东城墙沿线发现的人头骨可能就是“祖道”设祭的遗迹。这就是为什么外东门要照准恓惶梁山头的原因。可能在石峁人的观念里，恓惶梁山是天神下降到人间的天梯，因此在这里用夯土兴筑起圆形的墩台，就是“通天柱”的形状。后世对名山大川举行的祭祀称为“望”祭，所谓“望祀山川”即源于此。

十分诡异的是，外东门高地与“望门峰”居然连成寅正方向，与皇城台的方向高度一致，这是很难解释的。因为皇城台是人工包砌的，完全可以而且已经修整了边墙的走向，使之完全符合人为设定的方向；但是两个相距遥远的自然山峰，没有人工修改方向的可能，为什么会一定符合早前修建的皇城台方向呢？我们的解释是，可能在早期石峁人的观念里，寅正方向就是神来的方向，望祭天神要朝准这一方向，故此修建皇城台为寅正方向；后来新朝代的统治者发现在现有神山的寅正方向，还有更远、更大、更高的山峰出现在视线的末端，于是受到“神”的启示，扩建了外城，并在直线最近的远山顶上修建了“望门塔”，使“天神”来到人间更加方便。

《史记·周本纪》记载周武王灭商后曾因“未定天保”而“自夜不寐”，对周公说要“定天保，依天室”，即要依靠在“天室”附近建都城。这个“天室”一般认为是嵩山的“太室山”[13]。《逸周书·度邑解》载武王曰：“其惟依天，其有宪命，求兹无远；天有求绎，相我不难……无远天室，其曰兹曰度邑。”这就是后来周公营建成周洛邑的由来。武王强调在神山附近建都城，对于天神求我（享祀）、我求天神（福佑），都很方便。这种思想并非从周朝开始，应该从夏朝以前就有了，石峁古城就是一例。

以上是从宗教神学的角度进行的解释，当然也可以从军事防御的角度予以解释：兴建外城是保护台城的需要，台城北邻绝壁深谷，从其余三面望去的制高点连成分水岭，在这条山岭上可以居高临下，俯瞰外敌，于是在这条连山岗上修建外城，可以确保内城和宫城的安全。特别地，恓惶梁山是与北方沙漠地区游牧民族分隔的天然屏障，在这里设立瞭望塔，一旦发现敌情可以使城内得到提前预警，迅速关闭城门等等。还可以从商业贸易的角度予以解释：恓惶梁山墩台是商路上的标志塔，可以给沙漠中的远客指明方向等等。这三者也可以综合起来进行解释，按照“文化功能主义”的观点，文化具有实际功能和使用价值[14]，例如我们看到的宗教祭祀是一种普遍的文化现象，某个具体对象或者祭祀活动可能具有军事或商业等实用性功能，很多庙宇就建在要塞或商路和市场之所，古往今来莫不如是。

五、内城的方位与原点推测

石峁台城和外东门的方向是寅正方向，内城的方向也与此有关。假设石峁人在台城原点上已经测得正北（子正）方位，很容易证明：向东偏转一个纪限角（60°）是东偏北 30°即寅正方向，它是台城的中轴线；再加一个纪限角是东偏南 30°即辰正方位，内城的 2 号门（东南门）就在这个方向上；再加一个纪限角是正南向（午正），台城的拐角在这个方位上；再加一个纪限角是西偏南 30°即申正方向，河口的角楼在这个方位上（图一），因此内城采用了基于正北的六分方位（图四）。

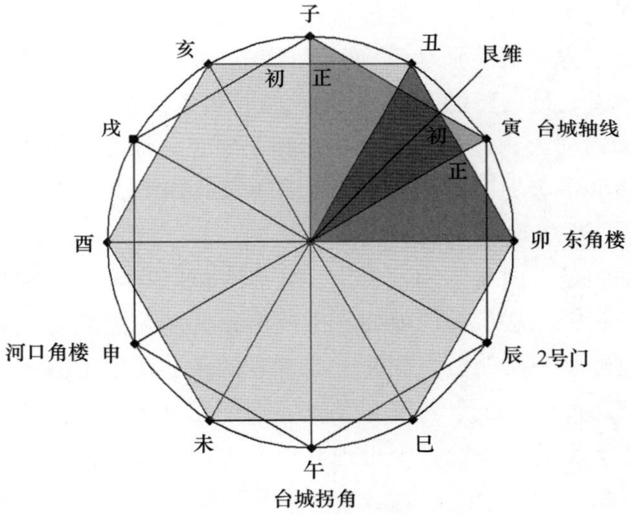

图四 石峁城的方位示意图

这里需要说明石峁人如何划分六分方位。首先做一个等边三角形，每个角都是一个纪限角（60°），再连接顶点与底边中点就得到一辰限角 30°，易知一辰限角的对边是斜边的 1/2。假设石峁人在台城上已经测得正北（子正）方位（观测方法详后），把等边三角形的一个顶点置于观测原点上，将其中一条侧边对准子正方向，另一个顶点就是寅正方向；依次累加一个纪限角（60°），先后得到子、寅、辰、午、申、戌六个方位，这六个顶点连成正六边形，把以原点为圆心、以边长为半径的圆周分割为六等份。

由六分方位发展到十二分方位是很自然的，例如将等边三角形的底边对准卯正方向，原点如前不变，其顶点就是丑正方向；依次累加纪限角（60°），先后得到丑、卯、巳、未、酉、亥六个方位，连接顶点得到另一个正六边形。两个正六边形交错排列，就得到“十二辰”方位（图四）。

“十二分”方位与“八分”方位都有子午、卯酉方向，其余方向则不能对应，只有将“十二辰”再分为“初”“正”二小辰，才能有“寅初”等方位与四维卦对应起来（图四），于是形成中国古代的“二十四”方位。从数学上讲，就是 8 与 12 的最小公倍数是 24，因此从逻辑上可以肯定，“二十四”方位是调和“十二辰”和“八卦”方位的结果，一定是晚出的。我们还没有证据说石峁人使用了“二十四”方位，但可以说已经发明和使用了“十二分”方位（详下）。石峁人采用的“十二分”方位，与陶寺人采用的“八分”方位，是两个不同的度量系统。

也许有人要问，四千年前是否已有等分圆周的几何知识？在此之前古埃及金字塔证明人类早期文明已经具有发达的几何知识，石峁古城并非人类最早的文明，具有并不复杂的几何知识是符合情理的。《周髀算经》卷上载：“昔者周公问于商高…商高曰：‘数之法，出于圆方，圆出于方…故禹之所以治天下者，此数之所生也。’”商高的意思是说用一把尺子去丈量圆周就能得到周长的数值，这相当于把圆周等分为正多方形，故曰“圆出于方…数之所生”。世界上古文明中，一般把圆的半径作为丈量圆周的尺子，得到“周三径一”的圆周率[15]，以及圆内接正六边形。《周髀算经》的圆周率是 $\pi = 3$，而石峁人正是利用正六边形得到寅正、辰正、申正等方位的，商高说是“故禹之所以治天下者”，即是从夏朝传承而来的知识，这与石峁古城的年代也是符合的。

需要特别注意的是，内城东南门（2 号门）的辰正方向（东偏南 30°），有可能与冬至日出观象活动有关。从东南门朝辰正方向看，其制高点是外城墙分水岭的一个马鞍部，此马鞍部西侧是一条向城内西北方向冲刷的大冲沟，东侧是向城外东南方向冲刷的大沟壑，两条对冲沟几乎沿着同一条直线而朝相反的方向侵蚀下切，从而形成独特的自然景观：在巨大的连山背景上出现一个大山阙，整个古城中只有这一方向才能看到最低位置的日出；同时也是台城或者东南门所见的日出方位的最南点。因此在这个方向的山阙中观测日出，能够得到大致准确的冬至日期，冬至前后举行的迎日祭祀活动等，当与此天象观测有关。

根据吕宇斐先生等在外城东门所作的夏至日出模拟观测，夏至日出方位是东偏北 31°，从外东门看去的远山大致可以归入与东门等高的地平面，故此观测值可以近似看作是地平方位值。准此则冬至日出的地平方位应该是东偏南 31°，四千年前大约是东偏南 31.5°。内城东南门位于一个倒栽坡上，看不到地平方位上的日出，只能看到分水岭山阙上被抬高了的日出，方位角是辰正方向——东偏南 30°，比日出地平方位北移了 1.5°，据此估计与冬至日期的误差在 ±2～3 日左右。《左传》僖公五年、昭公二十年有两次关于“日南至”的记载，据考查它们与实冬至相差两至三天[16]，石峁古城的冬至观测精度与东周时代处于大致相同的水平。

如果上述理论成立，那么反过来可以推测皇城台观测原点的具体位置：①过内城东南门（2 号门）作东偏南 30°（辰正）方向线；②用三点一线“叁望法”引至皇城台，穿过台城南北两边的宫城墙；③以辰正线与宫墙的两个交点为端点，测量它们之间的正中点，此线段的正中间就是台城的观测原点。④过此原点作寅正方向线，就是皇城台的中轴线，起于内城东城墙的两个马面中间，止于河口角楼。⑤皇城台原点位于宫城的前半部（见图一），在此处是否有标志性建筑或遗迹，有待今后的考古工作予以说明。

当我们在图纸上完成上述作业后，十分惊奇地发现：台城原点的正东方——卯正方向上是内城的东角楼！此角楼以北长达270多米长的城墙，几乎呈南北子午方向垂直南下，至此角楼处突然向西急拐弯90°，在整个城墙走势中形成一个非常显眼的大尖角，出现在台城的正东面。在此建角楼可能有地形的影响、军事防御的需要等，但我们认为还应考虑它可能是一种方位标志。这个方向不在六分方位中，它的发现说明石峁人在筑城中已经使用了十二分方位，并且有可能佐证了我们对台城基点的推测是可信的。

六 "玉璇玑"与定位方法

前文的论述有一个前提，即假设石峁人已经测得正北（子正）方向，然后利用纪限角划出六分方位，现在讨论石峁人如何测得正子午方向。石峁人是否已知正北方向？回答是肯定的。《夏小正》记载说"正月初昏…参中，斗柄悬在下。"这里的"斗柄"指北斗第四星天权（大熊座 δ）和第七星摇光（大熊座 η）的连线[17]。很容易验证这个天象的真实性：利用共享软件SkyMap天文演示软件，将年代设置在公元前2000年，地点设置在石峁城的地理纬度38° 34′ 54.5″（38° .5818N），然后观察太阳位置及其地平高度，以调整观测日期和时刻：日期控制在立春节（太阳黄经315°）前，观测时刻控制在太阳入地平下6°左右（初昏）。实际天象确实如《夏小正》所言：参星（猎户座腰带三星）位于南中天即北极与天顶的延长线上，斗柄连线（北斗四—北斗七）指向天顶，这就是"参中，斗柄悬在下"。据胡铁珠女士的研究，《夏小正》中全部星象的年代是一致的，这些星象大约在夏朝与二十四节气偕同出现在月初[18]。其中大部分天象是"中天"星象，必须利用"天子午线"进行观测。《尚书·尧典》记载的"四仲中星"也必须用到天子午线[19]。同时代的石峁人肯定也能测"天子午线"，问题是他们采用了什么样的定位方法？

根据《周礼·考工记》《淮南子·天文训》《周髀算经》等书记载，"辨方正位"的方法主要有三种，一是"为规（圆）识日出之影与日入之影…以正朝夕（东西）"，二是"昼参诸日中之影"以定正南，三是"夜考之极星"以定正北。第一种方法要求大地背景是水平的，石峁城东有高大分水岭遮挡，看不到日出地平线，故行不通；第二种方法因日光散射、影端模糊而很难确定最短日影的位置，只能得到粗略方向作为参考；准确定位一般采用第三种方法。

利用极星测方向时，如果密近北极点有人眼可见的亮星，是非常理想的，例如现在的北极点附近有一颗亮星称为"北极星"（小熊座 α）；距今5000年的仰韶时代也有一颗“北极星”，即右枢星（天龙座 α）位于北极点附近，它最靠近北极的年代是公元前 2790 年前后[20]，距离北极点在 0.05°以内，即不超过月亮宽度的十分之一，肉眼是很难察觉的。由于岁差运动等原因，北极点围绕黄极转，公元前 2000 年左右北极点密近位置已经没有人眼可见的亮星（图五）。石峁建城的公元前 2300 年左右，右枢星离开北极点 2.76°（五个半月亮），另一颗亮星帝星（小熊座 β）离开北极点 8.85°，可以说这是一个没有“北极星”的时代，人们必须想出办法去测量北极点（北极枢）的位置。只有测定北极点，才能为建造城市确定方位基线。

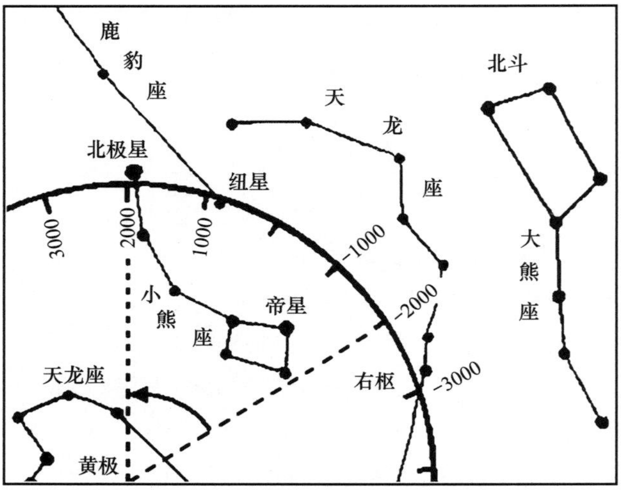

图五　5000 年来北极的变迁

《周髀算经》记载测“北极枢”的仪器是“璇玑玉衡”，原理是测量靠近北极的亮星画出的圆形轨迹，其圆心就是“北极枢”。清末吴大澂《古玉图考》最早指认古物中的“玉璇玑”是“正天文之器”[21]。这类玉器在玉璧或玉环上附加三个旋臂，在旋臂终止端形成三个牙口，故称“璇玑”或“牙璧”。这类玉器数量不多，但在龙山时代和夏商时期广泛存在，石峁城也发现了这类玉器，《发现石峁古城》书中称为“牙璧”或“玉牙环”[22]，有必要对“玉璇玑”的研究情况略加介绍。

学术界对“玉璇玑”的定名和功能有较大分歧。夏鼐先生认为是玉璧环，应称为“牙璧”，起源于仰韶文化的三联璧和大汶口文化的玉璧，其用途可能是带有礼仪或宗教意义的装饰品[23]。曲石先生认为是一种简单的天象观测用具[24]。尤仁德先生否定了璇玑和牙璧的说法，将其定名为“日晕形佩”，认为是一种象征太阳神用以祈雨的日晕形佩饰[25]。安志敏先生认为“牙璧”起源于大汶口文化的玉璧，盛行于龙山文化，延续到商周，属于配饰的一种[26]。栾丰实先生认为牙璧年代始于大汶口文化中期，首先产生于山东和辽东半岛南部，后来主要向西部扩散，推断其具有装饰、祭祀和宗教礼器、其他特殊功用等三种功能和用途[27]。杨伯达先生将其称之为玉圆孔边刃三牙器，认为其功用是女巫事神的神器[28]。陆思贤先生认为牙璧是一种机械工具，古代织布机上的附件等等[29]。

比利时学者亨利·米歇尔1956年发表《璇玑玉衡的一个解释》[30]，提出“璇玑玉衡”是把玉琮插入牙璧圆孔中组合而成的观测仪器，手举仪器伸向眼睛的前方，从圆孔和锯齿状边缘中显露出拱极星座的恒星，约略可以测定北天极和分、至点的位置，其功能类似于后世的牵星板。李约瑟非常推崇米歇尔的解释，把璇玑这种仪器称为“拱极星座样板”[31]。李政道先生采用米歇尔的解释，手绘并注明了牙璧半径和玉琮长度之间的比例关系，其数据表明这种仪器非常适合于人类做裸眼观测。他认为“璇玑玉衡”是我国天文学仪器发展史上的一项重要创举，也是望远镜发明以前人类从事天文观测一项重要发明，证明我国的科学传统源远流长[32]。

我们认为讨论“玉璇玑”是否具有天文功能，主要看璇玑的形状和北极区的星象是否有互相吻合的特征。寻找北极点需要利用拱极星画出的圆弧，单颗星或邻近两星（纬度接近）一个晚上只能画出半个圆弧，另一个半圆要靠北极对面的亮星补上，但可能不在同一个圆上。四千多年前北极附近有而且仅有两组双连星位于北极互相对冲的位置，一组是“帝（小熊座 β）—太子（小熊座 γ）”星，对面一组是“玉衡（大熊座 ε）—开阳（大熊座 ζ）”星；两组星的连线大致平行并且正对着北极互相对望（图六）；“帝—太子”星在夜空画出半径较小的圆弧，“玉衡—开阳”画出半径较大的圆弧，两者以北极点为中心互相对称。

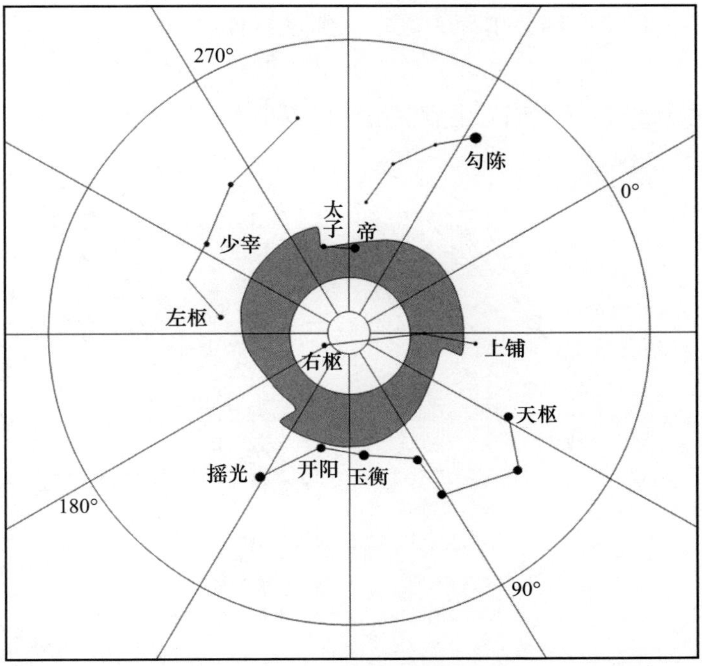

图六　玉璇玑的使用方法

“玉璇玑”正是根据这种天象特征设计的：牙口离中心近，适合照准“帝—太子”星；旋臂离中心远，适合照准“玉衡—开阳”星；内圆空腔显示北极点在圆心。按此方法，我们把石峁城发现的“玉牙环”放到公元前2300年的北极区，把“太子星”恰好置于牙口的拐角处，对面的旋臂尽量抵近“玉衡—开阳”星，但以牙口不掩盖“太子星”为限制；左右两侧有左枢（天龙座 ι ）和上辅（天龙座 λ ）星出现在旋臂的边缘附近，限制璇玑在中间。如此照准之后，发现北极点果然在圆心之上（图六），参照右枢星位置估计误差不超过0.25°即半个月亮之内，这在新石器时代足够准确了。

实际上人们不必观测一整个晚上，即不需要拱极星画出完整的半圆弧，复原一个圆只需要半个象限（45°扇形区）就可以了。“玉璇玑”正是基于这种需要设计的，粗略地估计大致符合一个基本模型：牙口的中心距是小圆的半径，画出半个象限弧（45°）；旋臂的中心距是大圆的半径，也画出半个象限弧（45°）；它们之间大约有半个纪限（30°）的区间是过渡带，使得边缘曲线平滑过渡，看不出痕迹。于是有：$3\times(45°+30°+45°)=360°$。这就是“玉璇玑”利用两对星做观测，却有三个旋臂的原因，它很方便在夜晚的任意时刻和任意方位照准拱极星，从而确定北极点。

玉衡星与帝星的连线大致垂直于斗柄而近似穿过璇玑圆的中心，从而使北斗七星好像变成了一杆秤——这大概是它被称为“玉衡”的原因。形象地说，用旋臂抵着玉衡星——大概就是“璇玑玉衡”了。

以上是利用“玉璇玑”在恒星背景上确定北极点的方法，《周髀算经》记载了将北极点引到地平面上来的方法：“正极之所游，冬至日加酉之时，立八尺表，以绳系表颠，希望北极中大星，引绳致地而识之。又到旦明日加卯之时，复引绳希望之。首及绳致地而识其两端，相去二尺三寸，故东西极二万三千里。其两端相去正东西，中折之，以指表，正南北。”钱宝琮先生有图解法可以参考（图七）[33]。

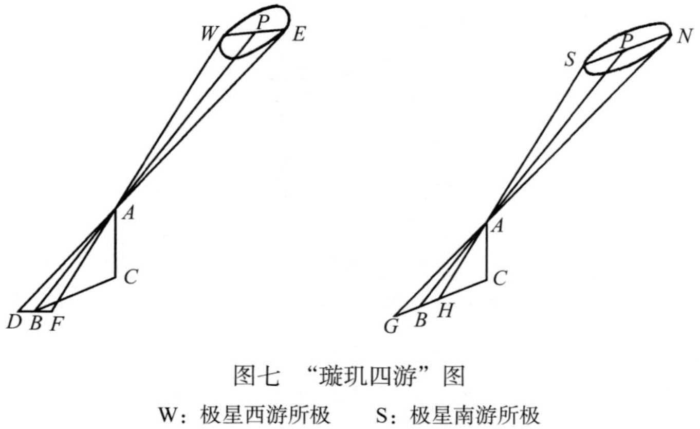

图七 “璇玑四游”图

W：极星西游所极　S：极星南游所极

E：极星东游所极　N：极星北游所极

注：立表AC，引绳希望表颠A，将璇玑四游E、W、N、S及正北极P，引至地平，得西、东、北、南四方D、F、G、H及地中B，连BC得正南北向

这个方法就是测“璇玑四游”，须在冬至日进行，因为冬至夜晚最长，可测得大于半周的圆弧。其方法是立八尺表测望“北极中大星”，将其“四游所极”通过“表颠”“引绳希望”延至地平面；类似于通过表端的针孔成像，在地平面上得到反向的“四游”极点，交叉联接极点，可以确定“正东西”和“正南北”方向。

石峁城内看不到日出地平线，无法通过测日影来辨正方位，然而石峁的“三套城”都有精准的方向线，说明他们可能掌握了“璇玑玉衡”的定位方法，还有测“璇玑四游”仅需要很小的地平面，这在石峁城内毫无问题。又发现有“玉璇玑”器类，更加坐实石峁人具有测定“北极点”的能力，从而为全城确定准确的方位基线。按照《周礼》所言，只有掌握了“辨方正位”之术，才能“以建王国”“为民立极”，因此石峁古城的准确方向，是石峁人享有高度发达文明的象征。

附记：作者在石峁考察期间得到邵晶先生热情接待，并与何努同志进行了有益讨论，谨志。

注　释

[1] 李后强、艾南山：《分形地貌学及地貌发育的分形模型》，《自然杂志》1992年第7期；艾南山、李后强：《从曼德布罗特景观到分形地貌学》，《地理学与国土研究》1993年第9卷第1期；赵锐、赵宏、何隆华等：《地理现象分形研究》，《地理科学》1994年第1期；何隆华、赵宏：《水系的分形维数及其含义》，《地理科学》1996年第16卷第2期。

[2] 张建兴、马孝义、赵文举等：《黄土高原重点流域河网分形特征研究》《泥沙研究》2008年第5期。

[3] 李晨瑞、李发源、马锦等：《黄河中游流域地貌形态特征研究》，《地理与地理信息科学》2017年第33卷第4期。

[4] 孙周勇、邵晶、邵安定等：《陕西神木县石峁遗址》，《考古》2013年第7期。

[5] 孙周勇、邵晶：《石峁：过去、现在与未来》，《发现石峁古城》，文物出版社，2016年。

[6] 李后强、艾南山：《分形地貌学及地貌发育的分形模型》，《自然杂志》1992年第7期；何隆华、赵宏：《水系的分形维数及其含义》，《地理科学》1996年第16卷第2期。

[7] 孙周勇、邵晶、邸楠等：《陕西神木县石峁城址皇城台地点》，《考古》2017年第7期；孙周勇、邵晶：《陕西神木石峁遗址皇城台发掘取得重要收获》，《中国文物报》2020年2月7日。

[8] 邵晶：《试论石峁城址的年代及修建过程》，《考古与文物》2016年第4期；孙周勇、邵晶、邸楠等：《陕西神木县石峁城址皇城台地点》，《考古》2017年第7期。

[9] 吕宇斐、孙周勇、邵晶：《石峁城址外城东门的天文考古学研究》，《考古与文物》2019年第1期。

[10] 孙周勇、邵晶、邵安定等：《陕西神木县石峁遗址》，《考古》2013年第7期；孙周勇、邵晶：《瓮城溯源——以石峁遗址外城东门址为中心》，《文物》2016年第2期。

[11] 邵晶：《九十年前的一段石峁记忆》，《大众考古》2018年第6期；陕西省考古研究院、榆林市文物考古勘探工作队、神木县文体广电局等：《发现石峁古城》，文物出版社，2016年，第9页。

[12] 张光直：《考古学专题六讲》，文物出版社，1986年，第7页。

［13］ 武家璧：《周初“宅兹中国”考》，《考古学研究（八）——邹衡先生逝世五周年纪念文集》，科学出版社，2011 年。
［14］〔英〕马林诺夫斯基著，费孝通等译：《文化论》，中国民间文艺出版社，1987 年，第 14 页。
［15］〔美〕H·伊夫斯，欧阳绛译：《数学史概论（修订本）》，山西经济出版社，1986 年，第 31、89 页。
［16］ 陈美东：《古历新探》，辽宁教育出版社，1995 年，第 52 页。
［17］ 陈久金：《北斗星斗柄指向考》，《自然科学史研究》1994 年第 3 期。
［18］ 胡铁珠：《〈夏小正〉星象年代研究》，《自然科学史研究》2000 年第 19 卷第 3 期。
［19］ 武家璧：《〈尧典〉的真实性及其星象的年代》，《晋阳学刊》2010 年第 5 期。
［20］ 武家璧：《上古天文学的起源》，河南人民出版社，2019 年，第 45 页。
［21］（清）吴大澂：《古玉图考》光绪十五年刻本，1889 年，第 50～54 页。
［22］ 陕西省考古研究院、神木县石峁遗址管理处、榆林市文物考古勘探工作队等：《发现石峁古城》，文物出版社，2016 年，第 229、241 页。
［23］ 夏鼐：《商代玉器的分类、定名和用途》，《考古》1983 年第 5 期；夏鼐：《所谓玉璇玑不会是天文仪器》，《考古学报》1984 年第 4 期。
［24］ 曲石：《为璇玑正名》，《文博》1988 年第 5 期。
［25］ 尤仁德：《璿玑新探》，《考古与文物》1991 年第 6 期。
［26］ 安志敏：《牙璧试析》，《东亚玉器》（第 1 册），香港中文大学，1998 年。
［27］ 栾丰实：《牙璧研究》，《文物》2005 年第 7 期。
［28］ 杨伯达：《莱夷玉文化板块探析——胶县三里河大汶口文化玉器解读》，《故宫博物院院刊》2009 年第 6 期。
［29］ 陆思贤：《新石器时代原始先民对“机械运动”的认识——论“璇玑”》，《内蒙古大学报（汉文哲学社会科学版）》1986 年第 3 期。
［30］〔比〕亨利·米歇尔：《璇玑玉衡的一个解释》，《天文学报》，1956 年第 2 期；郑文光：《中国天文学源流》，科学出版社，1979 年，第 164 页。
［31］〔英〕李约瑟：《中国科学技术史（第四卷天学第一、二分册）》，科学出版社，1975 年，第 205、392～397 页。
［32］ 李政道：《以天之语，解物之道》，《物理》2008 年第 12 期。
［33］ 钱宝琮《盖天说源流考》，《钱宝琮科学史论文选集》，科学出版社，1983 年，第 382 页；陈遵妫：《中国天文学史》（第一册），上海人民出版社，1980 年，第 175、176 页；潘鼐：《中国恒星观测史》，学林出版社，2009 年，第 167、168 页。

关于二里头文化类型划分的若干思考*

贺 俊

（河南大学黄河文明与可持续发展研究中心）

考古学文化是指特定时空范畴下具有共同特征的古代人类遗存的集合体，其在空间上的差异性通常用“类型”来表述。对某一考古学文化类型的划分，是考古学研究的基础内容之一。随着20世纪70年代后期考古学文化区系类型理论的提出[1]，对相关考古学文化类型的研究也取得了诸多进展，尤以新石器时代到殷墟时代为最[2]。然而，对某一考古学文化类型的划分本质上是基于客观物质遗存之上的建构，由此导致既有认识中存在诸多分歧，而如何理解这些分歧及它们出现的原因，无疑是至关重要的。

有鉴于此，本文选取在中国古代文明形成期扮演关键角色的二里头文化为研究对象，通过梳理该文化类型划分的研究史，结合已有研究成果，对既有文化类型进行辨析，进而指出研究中的症结，最后提出个人的相关认识，以期为深化相关研究提供有益镜鉴。

一、研究概况回顾

二里头文化遗存最初发现于河南登封玉村遗址，发掘者当时已经认识到该遗址下层文化比较陌生，与郑州二里冈文化遗存“似属两个文化系统”，只是对其文化性质尚不能确定[3]。此后的20世纪五六十年代，随着同类遗存在郑洛地区多有发现，尤其是二里头遗址的大规模发掘，使学界对此类遗存的特征、分期、年代及分布有了初步认识[4]。在文化命名上，这一时期出现了“洛达庙类型”[5]、“东干沟类型”[6]、“二里头类型”[7]等提法。虽然名称各异，但它们实际上指的都是分布于郑洛地区年代晚于河南龙山文化、早于二里冈文化的同一类遗存。

同时，考古工作者还在山西西南部开展调查与发掘工作，由此对这一区域早商文

* 本文为2020年河南省文物局夏文化基础研究项目“郑州商城王畿区域夏商之际的文化互动（批准号：豫文保［2020］185号）”阶段性研究成果。

化遗址（按：实为二里头文化）的陶器面貌也有了初步认识，并将之与晋南和豫西地区相关遗址所出陶器进行比对，指出陶鬲与当地龙山文化接近，而小口缸、尊、四足方形器、大缸与“二里头中期”和“东干沟早商遗物”近似[8]。徐殿魁后来回忆道：“当时已经察觉到，山西晋南的二里头时期遗物，与河南二里头遗址的出土物既存在明显的相似之处，也存在着许多地域性特征，这一现象很值得我们注意。”[9]

上述是在二里头文化遗址发现的初期，以探讨此类遗存的文化性质问题为中心而展开的命名研究及不同区域的初步对比研究。需要指出的是，尽管此类文化遗存的类型划分问题在这一阶段还未正式提上议程，相关认识也并不属于严格意义上的类型划分，但仍为后续研究奠定了基础。

1977 年，夏鼐提出“二里头文化”的命名[10]。有研究进一步解释道：“二里头文化是指在河南偃师二里头等地发现的介于龙山文化和早商文化之间的古文化”“在这类文化遗址尚未最后确定其文化性质的情况下，暂时命名‘二里头文化’似较为合适”[11]。随着这一命名得到学界的普遍接受，及相关遗址材料的积累与讨论的深入，对该文化进行类型划分的时机也日趋成熟。

1980 年，东下冯考古队在简报中正式提出“二里头文化东下冯类型”的命名。执笔者在结语中指出，“‘东下冯类型’遗存和二里头一至四期，在文化面貌上既有很多相同之处，又有不少相异之点”，并较为详细地论述了二者在陶器上的异同[12]。显而易见，这是对早年晋南地区相关考古工作者想法的具体实践。

在东下冯遗址发掘材料的基础上，邹衡对二里头文化的类型首次作了系统全面的考察，指出暂时可以将之分为两个类型——二里头型和东下冯型。其中，前者以河南偃师二里头遗址为代表，主要分布在河南黄河以南地区，向西延及陕西东部，其南或已至湖北省东部、长江以北地区，最东可达安徽的西部，纵横均约千里。此类型影响或遍及长江中、下游地区，而以伊、洛、汝、颍四流域为中心。分布在这些区域的遗址的文化特征大体一致，还看不出大的差别。后者以山西省夏县东下冯遗址为代表，主要分布在山西西南部，年代相当于二里头文化二期偏晚到四期，文化特征基本同于二里头类型，但有其特点[13]。

1986 年，赵芝荃指出不同地区的二里头文化不尽相同，“大致可以分为豫西地区（包括郑州）的二里头类型文化、晋西南地区（包括陕西东部）的东下冯类型文化、豫北冀南地区的下七垣文化、豫南地区的下王岗类型，豫东地区的二里头文化很有特色，应另为一类型”，并对每个类型的文化特征进行了总结与比较[14]。赵氏的认识中有几点颇值得注意：其一，认为以华县南沙遗址为代表的陕西东部地区属于东下冯类型。其二，豫北、冀南以下七垣遗址为代表的二里头文化时期遗存在性质上属于二里头文化的地方类型。其三，以淅川下王岗遗址为代表的下王岗类型分布在豫南地区，其晚二期文化和先商文化可以作为这里早期和晚期二里头文化的代表。

2000 年，董琦认为二里头文化可大致分为四个类型，分别是二里头类型、东下冯类型、南沙村类型、下王岗类型。具体看来，他认为二里头类型以二里头遗址为代表，同时强调该类型的分布范围随时间早晚存在变化，并指出该类型的中心分布区（伊洛地区）与其内的其他区域的文化面貌存在差异，有四个地区值得注意：一是郑州和杞县之间的豫东西区；二是三门峡地区；三是黄河以北的沁水西部；四是豫南地区。东下冯类型主要分布在山西南部，可初步分为运城区、临汾区及长治区。南沙村类型以陕西华县南沙村遗址为代表，主要分布在关中东部的华山周边区域。下王岗类型主要分布在豫西南、鄂西北地区[15]。显然，董氏在进行文化类型的划分中，注意到同一类型下不同小区之间存在的差异，并给予了进一步的划分。

2003年，杜金鹏将二里头文化分为五个类型：一是二里头类型，以偃师二里头遗址为代表；分布范围以洛阳盆地为中心，东面包括郑州地区，北面到沁水沿岸，西北抵晋南黄河北岸一带，西达三门峡地区，南到南阳地区（方城八里桥遗址）。二是东下冯类型，以东下冯遗址为代表，主要分布在汾水下游及其支流浍水流域的临汾盆地和运城盆地。三是牛角岗类型，以开封杞县牛角岗遗址为代表；主要分布在豫东开封地区。四是杨庄类型，以驻马店杨庄遗址为代表；分布范围尚不清楚，不过北界应与二里头类型相接。五是下王岗类型，以淅川下王岗遗址为代表；具体的分布范围尚不清楚，推测大体在伏牛山以南的豫西南地区[16]。

2013年，徐昭峰将二里头文化分为三个类型，分别是二里头类型、东下冯类型及杨庄类型。其中，二里头类型以二里头遗址为代表，分布范围较广，以伊洛平原为中心，东面到开封杞县境内，北面达沁水沿岸，西至三门峡地区，南至豫西南的南阳盆地。东下冯类型以东下冯遗址为代表，主要分布在晋南的临汾盆地和运城盆地，在晚期向晋东南有所发展。杨庄类型以杨庄遗址为代表，分布范围包括驻马店、漯河及平顶山、周口部分地区的汝河、洪河及沙河流域[17]。

2014年，《夏商周考古学》的执笔者将二里头文化分为五个类型：一是二里头类型，以二里头遗址命名，分布于二里头文化的中心区；二是牛角岗类型，以牛角岗遗址命名，主要分布于郑州以东的开封地区；三是杨庄类型，以杨庄遗址命名，分布范围尚不清楚；四是下王岗类型，以下王岗遗址命名，分布范围大体在伏牛山以南的豫西南地区；五是东龙山类型，以陕西商洛东龙山遗址命名，分布范围大致在丹江上游地区[18]。

上述观点颇具代表性，是不同时期对二里头文化进行类型划分比较系统的成果，在相互承继中也有所发展。除此之外，还存在一些其他认识。如杨贵金将沁河西南的夏文化遗存称为二里头文化沁西类型，分布在黄河以北、王屋山以东、沁河西南这一狭小范围内，东西不过百华里[19]。徐燕对豫南地区二里头文化时期遗存进行考察，将它们分为南阳盆地、驻马店及信阳三个小区，同时强调前两个小区之间文化面貌的差异比较细微，两者的共性是主要的，进而指出二者不属于同一考古学文化的两个地方类型，而应当作一个地方类型的两个文化小区来认识[20]。李维明认为豫南及邻境地区的二里头文化为该文化的地方类型，并将之分为汉水系和淮河系，前者主要分布在豫西南及邻境地区汉水中游北部支流所在的南阳地区和随枣走廊的北部，包括下王岗型、八里桥型、墓子岗型。后者分布在豫东南及邻境地区淮河上游两岸，包括杨庄型和南山嘴型[21]。向桃初认为分布于江汉平原的“盘龙城一期、荆南寺一期及乱葬岗、李家台主体遗存等与二里头文化关系非常密切”，建议称之为“二里头文化盘龙城类型”[22]。

二、既有类型辨析

由上可知，除二里头类型之外，对豫东、豫南、关中盆地东部、晋南、江汉平原等地域的二里头文化时期遗存，皆有或多或少的学者认为它们属于二里头文化的地方类型。那么，这些类型的文化特征是什么？现阶段将它们视为独立文化类型的条件是否充分？面对这些问题，有必要对既有类型作进一步审视。

（一）二里头类型

二里头类型是较早提出，也是为学界所公认的二里头文化的地方类型。从上述梳理来看，该类型的分布范围在不同学者之间尚存歧见，但它以环嵩山地带为核心分布范围则是没有问题的。这一区域遗址数量众多，尤以嵩山北部的伊洛河流域为最。其中，二里头遗址是该类型的典型遗址，经长期系统的田野工作可知其内二里头文化遗存异常丰富且存在不少高规格者[23]。除此之外，发表资料比较丰富的遗址还包括郑州望京楼[24]、大师姑[25]，洛阳皂角树[26]，伊川南寨[27]，登封南洼[28]等。根据相关材料和研究，现将此类型的特征总结如下。

从陶器来看，二里头遗址出土的数量最多，种类最丰富，年代涵盖了二里头文化一至四期（图一），可作为二里头类型陶器群的代表。在质料上，有夹砂和泥质两大类。陶色以灰色为主，灰黑、灰褐、红褐陶较少，此外还有少量白陶、黄褐陶。器类有深腹罐、圆腹罐、鼎、甑、鬲、盆、刻槽盆、平底盆、豆、三足皿、捏口罐、敛口罐、高领罐、高领尊、矮领尊、大口尊、小尊、缸、瓮、鬶、盉、爵、觚、杯、器盖等。陶器表面的处理方式主要有施加纹饰、施加麻点、素面抹光、素面磨光及附加鋬、耳、乳钉或镂孔等。绝大多数夹砂陶有纹饰，且覆盖大部分器表。泥质陶中素面或磨光的略多于施加纹饰的，且多数纹饰施加在器表局部。所有容器的口沿或口沿至肩部、上腹部均经过抹光处理。比较常见的纹饰有篮纹、方格纹、绳纹、附加堆纹、凹凸弦纹、刻划纹、指甲纹等，另外还有云纹、雷纹、S纹、回形纹、花瓣纹、圆圈纹等多种特殊花纹。值得注意的是，陶器的质料、颜色、主要器类及纹饰的比例或特征随着时代的不同而有所变化（表一）[29]。

表一　二里头遗址二里头文化陶器特征的变化

类别 期段	陶质	陶色	主要器类	常见纹饰
一期晚段	夹砂陶与泥质陶相当	灰黑陶数量超过一半	尊、深腹罐、刻槽盆、瓮、缸	篮纹、方格纹深且清晰；绳纹较细，比例低于篮纹
二期早段	泥质陶多于夹砂陶	灰色为主要陶色；灰黑陶占10%；灰褐、黑皮陶较少；有少量白陶、灰褐陶	深腹罐、尊、圆腹罐、盆、器盖、豆、缸、瓮、捏口罐、平底盆等	篮纹、方格纹深且清晰；细绳纹比例开始多于篮纹，此后一直是主流；有稀疏且小的麻点，直径约0.1厘米
二期晚段	泥质陶多于夹砂陶	灰陶占90%，色调逐渐变浅；灰褐、灰黑、红褐陶、白陶数量少	尊、深腹罐、圆腹罐、盆、平底盆、捏口罐、豆、甑、缸等	篮纹浅且模糊；绳纹为细绳纹；麻点同上
三期早段	夹砂陶多于泥质陶	除灰陶外，还有灰黑、灰褐陶；不见白陶、黄褐陶	圆腹罐、深腹罐、尊、盆、捏口罐、缸、器盖等	篮纹、方格纹在此时消失不见；绳纹为中绳纹；有中型麻点，直径约0.2厘米；仍有小型麻点
三期晚段	夹砂陶多于泥质陶	除灰陶外，灰褐、红褐、灰黑陶数量略有上升	尊、深腹罐、圆腹罐、盆、捏口罐、缸、器盖等	
四期早段	夹砂陶多于泥质陶	除灰陶外，有少量灰黑、灰褐陶	尊、深腹罐、圆腹罐、盆、缸、器盖等	绳纹为粗绳纹，少量下七垣文化陶器上有细绳纹；出现大型麻点，直径约0.3～0.6厘米，中、小型麻点仍然有
四期晚段	夹砂陶与泥质陶相当	少量灰褐、红褐、灰黑陶	尊、深腹罐、圆腹罐、盆、缸、瓮、器盖、捏口罐等；还有岳石和下七垣文化的典型陶器	

注：依《二里头（1999～2006）》第51、52页文字信息改制

除陶器外，二里头类型中还有一批较具特色的铜器、玉器及漆器。铜器包括鼎、爵、斝、盉等容器，以铜铃为代表的乐器，戈、刀、钺、镞等兵器，及铜牌饰、圆形器等，还有镞、小刀、凿等小件铜器。玉器包括璋、刀、圭、钺、戈、琮、璧戚、柄形器、铲、凿及大型绿松石龙形器等。漆器包括觚、豆、钵、盒、匕、勺、棺等。另外，还有数量众多、各种形制的石器、骨器、蚌器及角器等遗物[30]。

在遗迹方面，二里头遗址内发现了宫城城垣、大型“井”字形道路网、作坊区夯土围垣、车辙、大中小型夯土建筑、小型地面式建筑和半地穴式建筑、灶址、形制各异的灰坑、灰沟、水井、中小型墓葬、乱葬坑等[31]。另外，在望京楼、大师姑、南洼等遗址内还发现了城垣、壕沟、大型夯土建筑等遗迹。

整体看来，二里头类型是出现得最早、延续时间最长、分布范围广且内涵极其丰

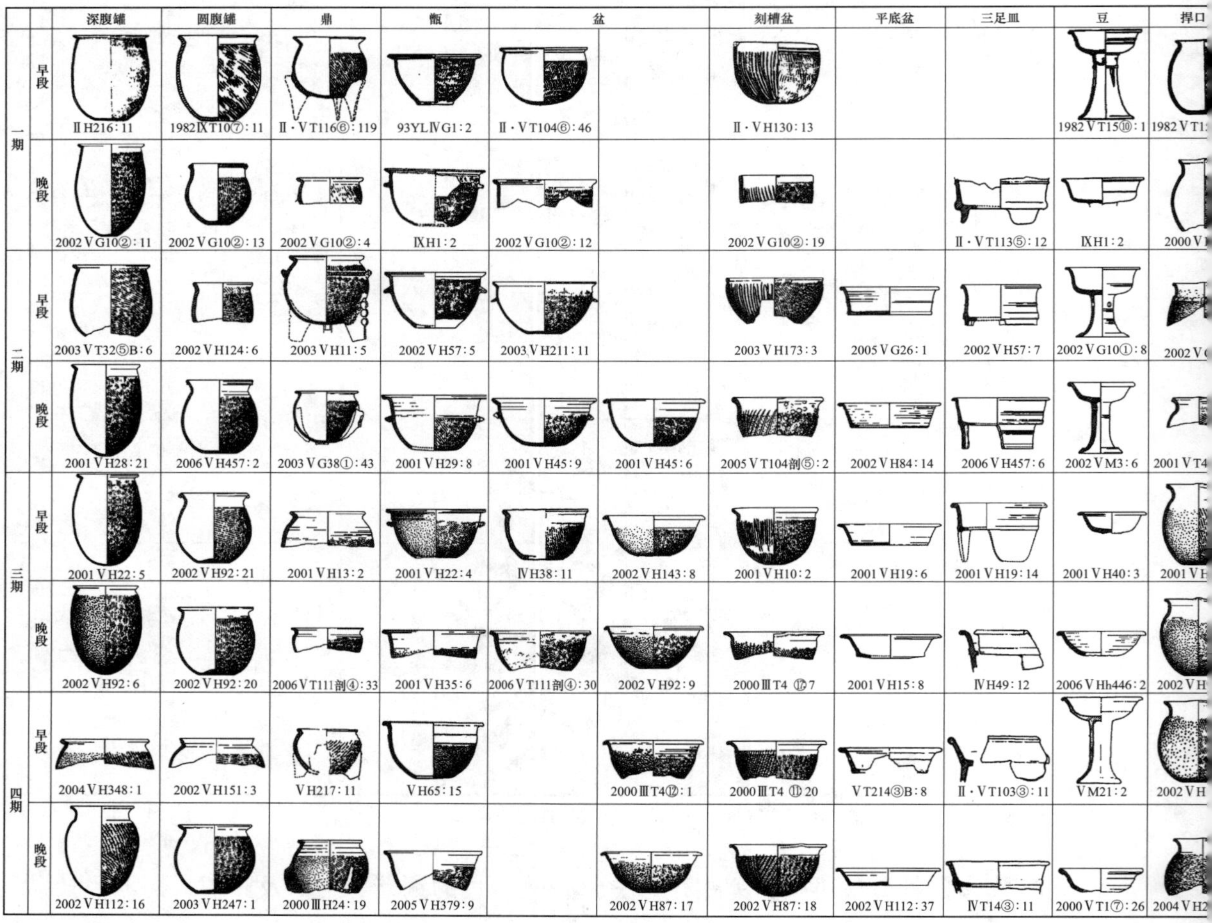

图一　二里头遗

（引自《二里头考

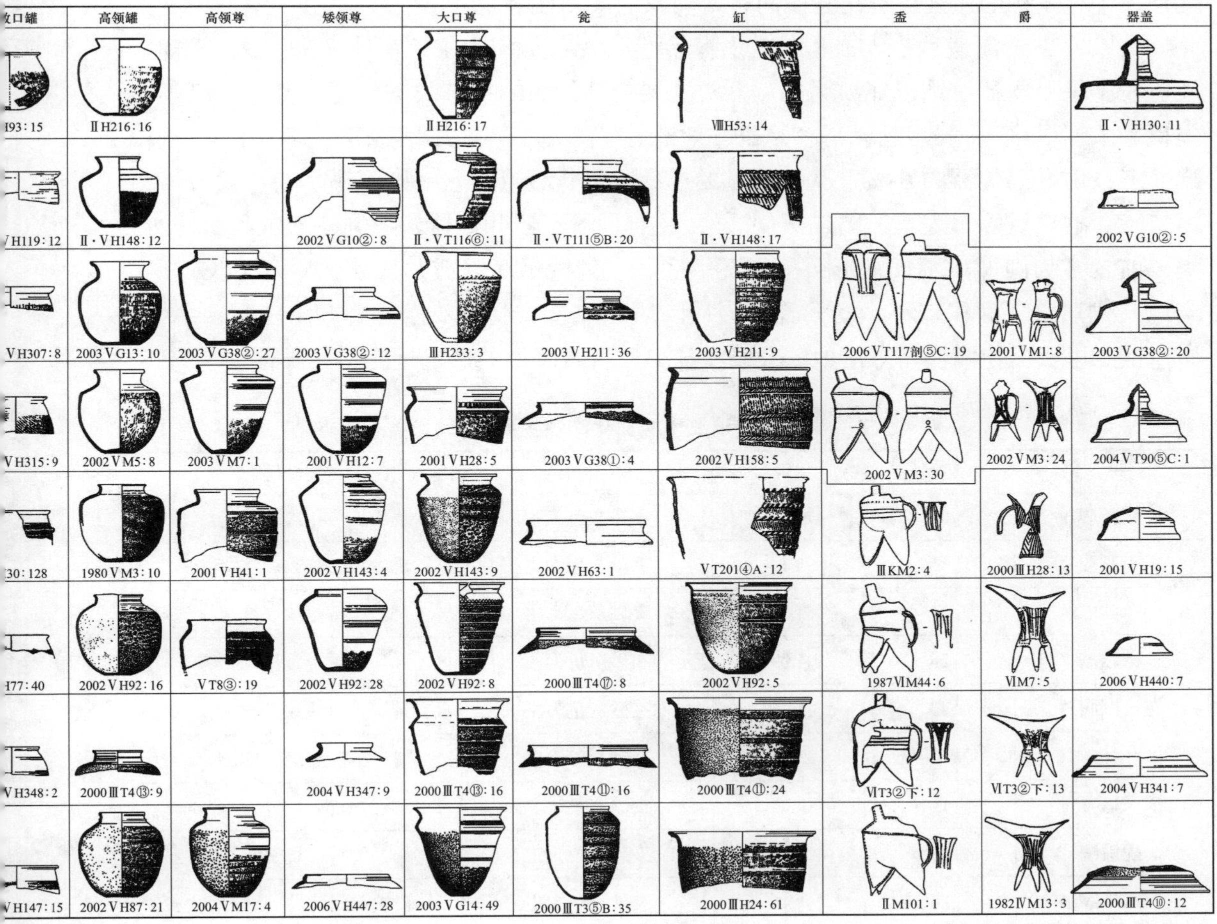

文化陶器分期图

》第 59 页图 3-1）

富的一个类型，充分展现了二里头文化的独特面貌与发展水平，是该文化的核心。这为确认二里头文化其他类型提供了参照系。

（二）牛角岗类型

牛角岗类型的提倡者认为其主要分布在豫东的开封境内，以牛角岗遗址为代表。此外，经过发掘的遗址还有杞县段岗、朱岗及尉氏新庄等。

其中，牛角岗遗址[32]二里头文化陶器群以夹砂灰陶为主，泥质灰陶次之，其他质色较罕见。陶器纹饰以绳纹为主。器类主要包括深腹罐、圆腹罐、盆、瓮、大口尊、捏口罐（捏沿罐）、缸、豆、鬲、器盖、刻槽盆、甑、小杯、瓦足器等，其中中口长腹罐最多，占全部陶器的68%，其他常见的还有大口长腹罐、盆、圆腹罐、瓮、大口尊、捏口罐、缸、豆等（表二、图二）。此外，还有少量石器和蚌器。遗迹有灰坑和房址两类，前者多为圆形或不规则形，呈直壁平底状、斜壁平底状或锅底状；后者为长方形半地穴式建筑，面积较小。发掘者认为从陶质、陶色、纹饰及器类等方面来看，牛角岗遗址二里头文化陶器与郑洛地区大同小异，二者之间的共性远远大于差异性。

表二　牛角岗遗址二里头文化陶器主要信息

器类	数量	比例	陶质陶色	主要纹饰
中口长腹罐	468	68.32	夹砂灰色为主	绳纹、方格纹、坑窝纹
大口长腹罐	35	5.11	夹砂灰色为主	绳纹、方格纹、坑窝纹
盆	31	4.53	夹砂灰色为主	绳纹、方格纹、坑窝纹
圆腹罐	28	4.09	夹砂灰色为主	绳纹、方格纹
花边圆腹罐	23	3.36	夹砂灰色为主	绳纹、方格纹、坑窝纹
瓮	15	2.19	夹砂灰色为主	素面磨光、绳纹
大口尊	14	2.04	夹砂灰色为主	旋纹、绳纹、坑窝纹
捏沿罐	14	2.04	夹砂灰色为主	绳纹、坑窝纹
箍状堆纹缸	10	1.46	夹砂灰色为主	绳纹或方格纹＋箍状堆纹
豆	7	1.02	泥质灰、黑灰色	素面、磨光
带鋬罐	6	0.88	夹砂灰为主	绳纹、方格纹
鬲	5	0.73	夹砂灰、褐色	多直行细绳纹，个别线纹
器盖	4	0.58	夹砂褐、灰褐、黑灰	磨光
鼎	3	0.44	夹砂或泥质灰、褐色	足绳纹，素面、小方格纹
刻槽盆	2	0.29	泥质灰	方格纹
小盆	2	0.29	夹砂灰色	素面或坑窝纹
甑	2	0.29	夹砂灰色	中绳纹

续表

器类	数量	比例	陶质陶色	主要纹饰
甗	1	0.15	夹砂灰色	细绳纹
长颈罐	1	0.15	泥质灰色	中绳纹
圈足盘	1	0.15	泥质灰褐色	磨光
瓦足器	1	0.15	泥质灰色	素面
小杯	1	0.15	夹砂褐色	素面
合计	685	100	—	—

注：依《河南杞县牛角岗遗址试掘报告》表六改制

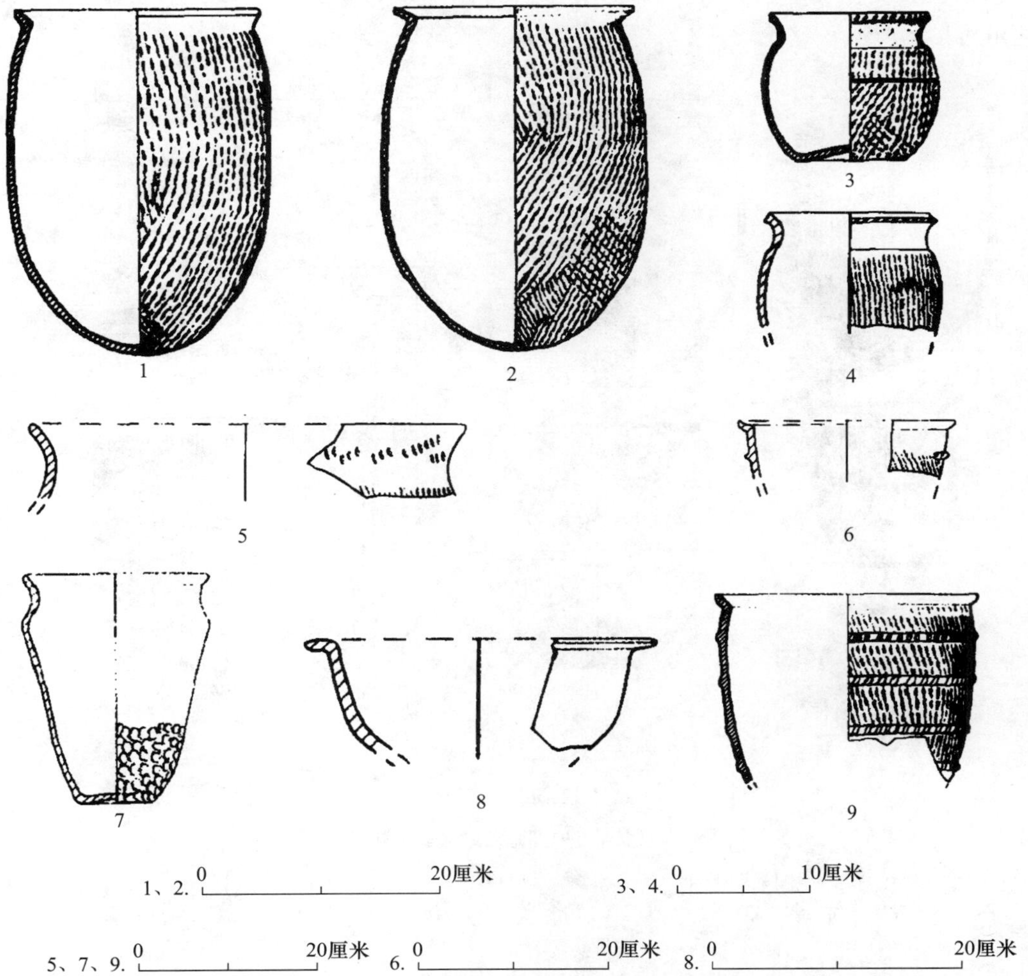

图二　牛角岗遗址二里头文化典型陶器举例

1、2. 深腹罐（F1：5、H6：1） 3、4. 花边圆腹罐（H17：1、T1⑤：2） 5、7. 大口尊（H13：3、TI⑤：35） 6. 盆（H16：8） 8. 豆（TI⑦：2） 9. 缸（H11：14）

类似的情况在段岗、朱岗、新庄等遗址也同样存在。段岗遗址[33]二里头文化陶器群以夹细砂灰陶为主，自然夹砂约占 60%～70%；其次为泥质灰陶；其他颜色与质地较少。常见陶器有中口长腹罐、圆腹罐、深腹盆、盆形甑、箍状堆纹缸、瓮、大口尊、曲柄浅盘豆、粗柄浅盘豆等（图三），此外还有少量大口罐、圈足盘、束腰平底爵、缸、簋、鼎、铃等。其中，中口长腹罐的比例占全部陶器的一半左右，其他器类所占比例多不超过 5%。纹饰以绳纹为大宗，达 70% 左右。朱岗遗址[34]二里头文化陶器以泥质和夹砂为主，多有绳纹，其他纹饰占比仅约 20%。器类以中口长腹罐为主，此外还包括深腹盆、圆腹罐、大口尊、捏沿罐、箍状堆纹缸、小口矮领瓮、浅盘曲柄和深盘直柄豆等。有鉴于此，发掘者指出上述两个遗址与郑洛地区的二里头文化大同小异，属于二里头文化二里头类型。新庄遗址的材料尚未系统发表，但发掘者也指出它属于二里头类型[35]。

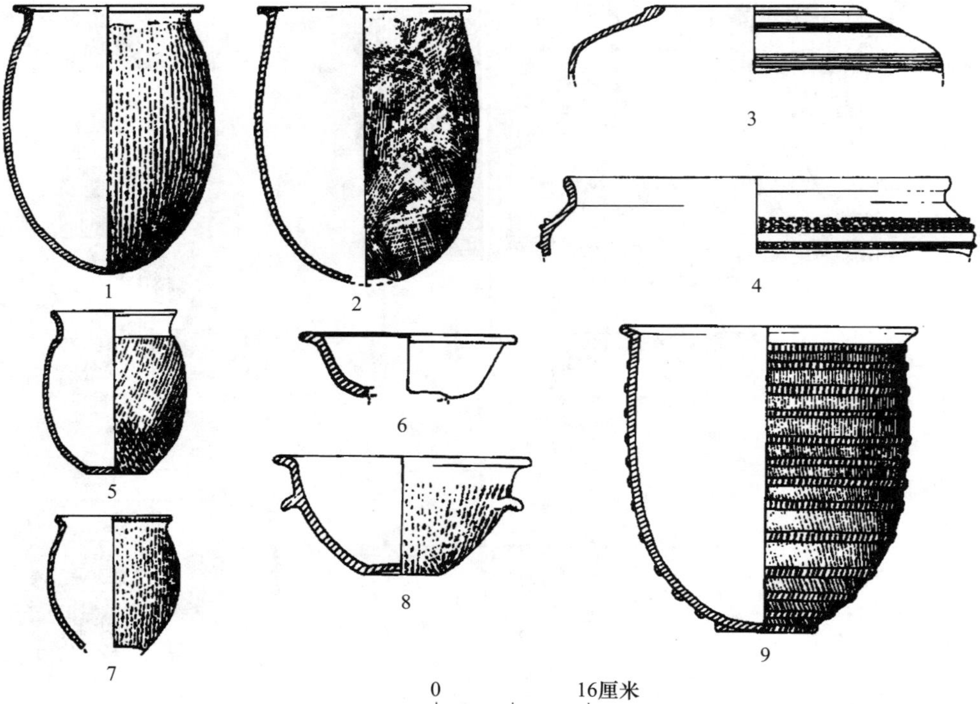

图三　段岗遗址二里头文化常见陶器举例

1、2. 深腹罐（89IIH54：1、89IIH36：2） 3. 瓮（90IIT18②：2） 4. 大口尊（90IT19②：2） 5、7. 圆腹罐（89IIH36：14、89IIH35：3） 6. 豆（89IIG2：1） 8. 盆（89IIH56：7） 9. 缸（89IIT4②：1）

综上可知，开封地区相关遗址二里头文化陶器的组合、形制、纹饰及演变与郑洛地区的同类遗存接近，二者之间的差异性并不显著。因此，牛角岗类型在目前看来似难成立。

（三）杨庄类型

杨庄类型的提倡者认为其分布范围目前尚不明确，北界与二里头类型接壤，西部与下王岗类型相近，至少包括驻马店、漯河等区域。此类型以杨庄遗址为代表，经过发掘的遗址还有郾城皇寓、郝家台，驻马店党楼、上坡等。

杨庄遗址[36]二里头文化陶器群以夹砂陶为主，占比约60%，其中以夹粗砂者为最；泥质陶约占40%。陶色以灰色为主，占比近60%；黑陶与褐陶相近，占比分别为22%、20%；此外还有少量白陶、淡黄褐色陶。绳纹的比例最高，占比在50%以上，以中绳纹为主；素面次之，占比为24%；篮纹也较多，占比为11.2%；箍状堆纹、旋纹也很流行。器类主要有中口长腹罐、大口尊、鼎、箍状堆纹缸、器盖、盆、豆、圆腹罐、捏口罐、擂钵等（图四），其中圆腹罐、中口长腹罐、鼎及盆的比例皆在10%以

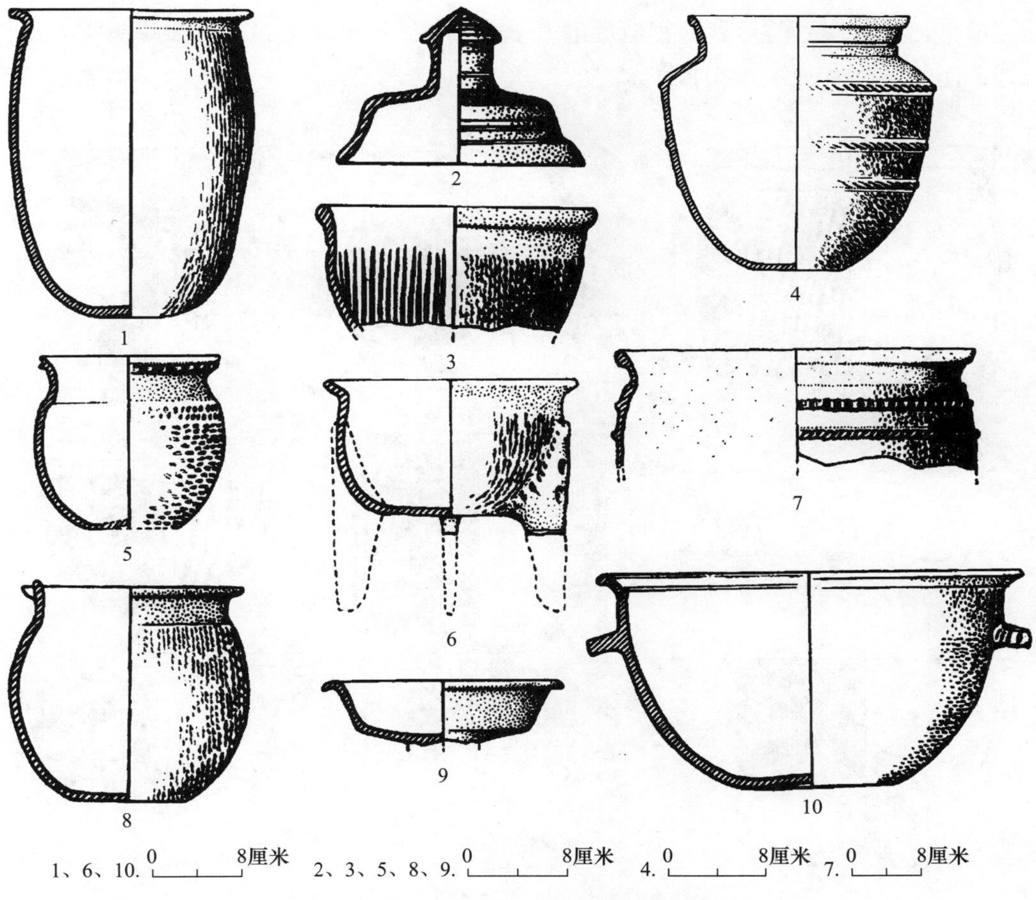

图四 杨庄遗址二里头文化常见陶器举例

1. 深腹罐（T19②：52） 2. 器盖（JZ1：1） 3. 刻槽盆（T20③：5） 4. 大口尊（H25：12） 5. 花边罐（T18⑥：1） 6. 鼎（JZ1：17） 7. 缸（T19②B：4） 8. 捏口罐（T11②B：1） 9. 豆（T15②：22） 10. 盆（J1：1）

上，豆、大口尊的比例在 5% 以上。一般器类有甑、平底盆、小盆、瓮、大口罐、铃、贯耳壶、小壶、扁壶、碗、盘、鬶、爵、盉等，占比多不足 1%。在遗迹方面，遗址内主要有壕沟、灰坑、水井、祭址、瓮棺等。发掘者指出，杨庄遗址的陶器与伊洛地区二里头文化陶器大同小异，此外在石器、灰坑等方面也近似。不过，作者也同时认为，这些遗存在某些方面又具有鲜明的特征，“因而，本期遗存虽属二里头文化，但不宜将之归入二里头类型”[37]。

但这一区域其他相关遗址的发掘者及研究者却存在不同看法，如漯河皇寓是一处面积较大的二里头文化遗址，出土陶器（图五）丰富。袁广阔指出，“通过将该遗址陶器的种类、陶色、陶质、器物形制等与偃师二里头遗址的陶器进行比较，我们认为皇寓遗址的二里头文化遗存属于典型的二里头文化”，同时还强调其与杨庄遗址三期文化有很大的相似性[38]。有研究对皇寓遗址出土的二里头文化陶器工艺及特征进行了分析，同时结合杨庄、郝家台等遗址的材料，在与二里头遗址进行比较的基础上，指出前述遗址出土的陶器与后者的相似性远大于差异性，因此将前者归入二里头类型比较合理，而不能单独划分出杨庄类型[39]。

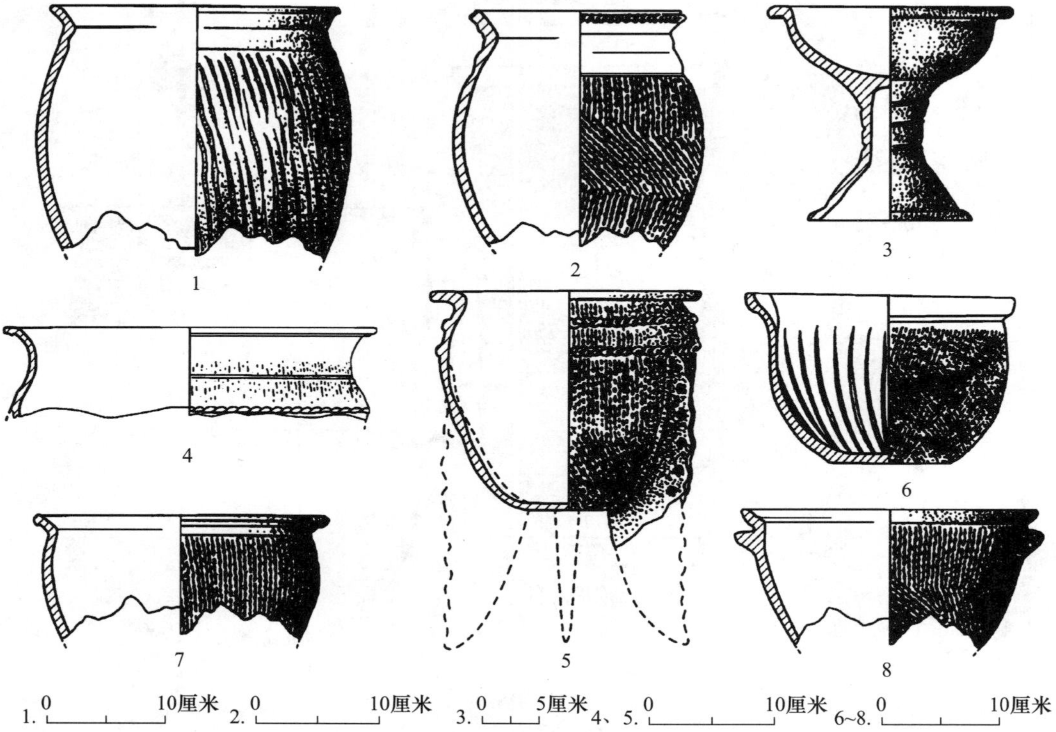

图五　皇寓遗址二里头文化常见陶器举例

1. 深腹罐（T204J1∶11） 2. 圆腹罐（T33H49∶12） 3. 豆（T82H10∶9） 4. 大口尊（T569H105∶36） 5. 鼎（T540H103∶1） 6. 刻槽盆（T34H55∶5） 7. 盆（T33H49∶39） 8. 甑（T33H49∶37）

综合上述遗址的材料及相关学者的研究，可以发现此区域的二里头文化遗存确实与二里头类型极其接近，不存在显著差异。

（四）下王岗类型

下王岗类型因下王岗遗址而得名。该类型的提倡者认为它主要分布在伏牛山以南的豫西南地区，或兼涉鄂西北地区。方城八里桥、邓州穰东也是这一区域的代表性遗址。

一般认为，下王岗遗址发掘报告[40]中的“二里头文化一期”遗存与典型二里头文化差异过大，已经不属于后者的范畴。因此，该遗址中属于二里头文化者只有“二里头文化三期”遗存。此期陶器以夹砂灰陶数量最多，泥质灰陶次之，并有少量的泥质黑陶和棕色陶。器类包括罐、鼎、钵、盘、豆、壶、杯、大口尊（图六）等，其中花边罐、鼎、甑、豆、杯、盆、瓮、大口尊都能在二里头类型中找到相近者，不过由于

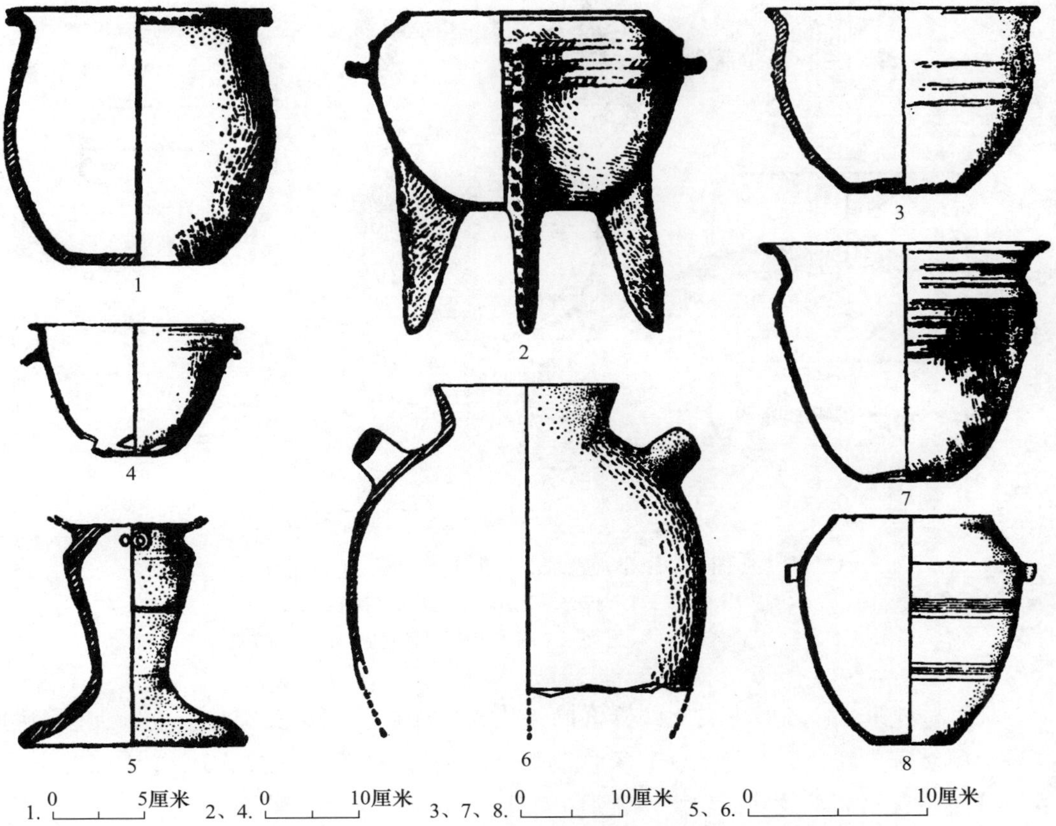

图六　下王岗遗址二里头文化陶器之一

1. 花边罐（H250∶1） 2. 鼎（H244∶8） 3. 盆（H290∶1） 4. 甑（H249∶9） 5. 豆（H16∶15） 6. 壶（T12②A∶10） 7. 大口尊（T19②A∶9） 8. 瓮（H16∶12）

公布材料较少，尚无法确认它们在陶器群中所占的比例。器表多饰有纹饰，以绳纹为主，另有弦纹、附加堆纹、指窝纹、锯齿纹等。遗迹仅发现灰坑与墓葬两类，前者形制多样，包括圆形、椭圆形、长方形等，剖面有袋状、直筒状及锅底状等；后者有土坑墓和瓮棺葬两类。

近来，考古工作者又公布了一批下王岗遗址出土的二里头文化时期的材料。遗迹包括陶窑和灰坑两类。陶器包括泥制陶和夹砂陶两类，前者占比较高。陶色以褐色为主，灰色次之。陶器制作主要是轮制，辅以手制。纹饰以绳纹为主，篮纹次之，另见少量附加堆纹、弦纹，素面也占一定比例，方格纹罕见，鼎足及鋬上常有按窝。鼎、甑、深腹盆多饰双鋬，附加堆纹多与绳纹并用，常见于鼎的肩部及大口尊的腹部。陶器主要有各种形制的罐、罐形鼎、大口尊、缸、甑、鬲、盆、碗、盘、豆、瓮、器盖等[41]（图七）。

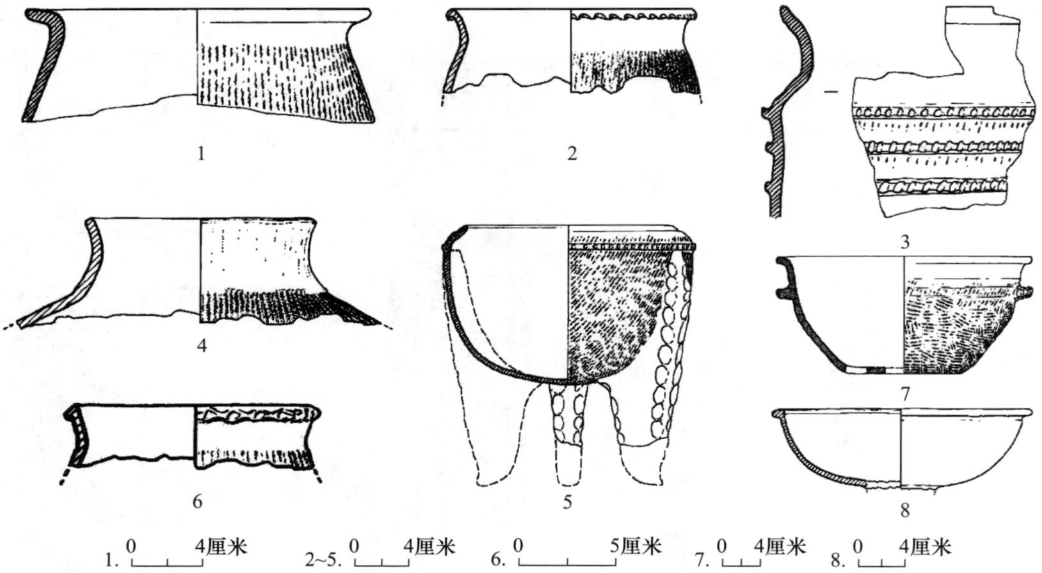

图七　下王岗遗址二里头文化陶器之二

1. 深腹罐（T5⑥：1）　2、6. 圆腹罐（T4H131：2、T5⑥：10）　3. 大口尊（T1H188：1）　4. 高领罐（T5⑤：24）　5. 鼎（T5⑥：1）　7. 盆（T4H29：4）　8. 豆（T4H29：8）

八里桥遗址[42]二里头文化陶器群的年代大致相当于二里头文化三期，夹砂陶明显多于泥质陶。陶色以灰色为主，其次为黑陶，还有一定数量的褐陶。纹饰以绳纹居多，另外还有附加堆纹、旋纹、鸡冠耳、花边、刻槽等装饰。器类主要包括鼎、深腹罐、圆腹罐、花边罐、豆、爵、大口尊、盆、瓮、缸等（图八），这与二里头类型基本相同。在遗迹方面，以灰坑为主，形制有圆形、椭圆形、近方形和不规则形等，剖面以直壁平底为主。

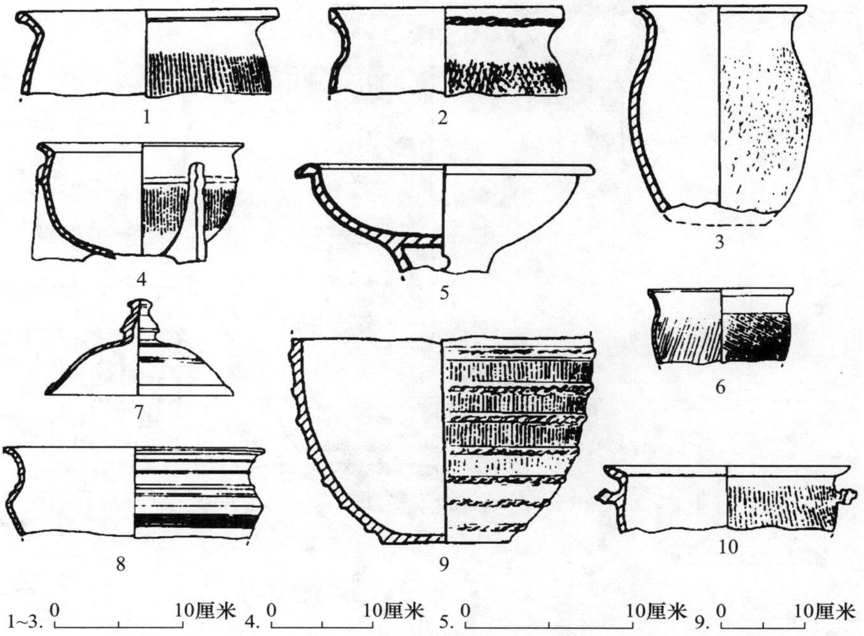

图八　八里桥遗址二里头文化典型陶器举例

1. 深腹罐（H2：2） 2. 花边罐（H4：13） 3. 圆腹罐（94FB0：8） 4. 鼎（H7：48） 5. 豆（94FB0：13） 6. 刻槽盆（H7：28） 7. 器盖（H4②：8） 8. 大口尊（H7：3） 9. 缸（H16：46） 10. 盆（H6：31）

注：6、8、10 为 1/8　7 为 1/10

穰东遗址[43]二里头文化遗存的年代相当于二里头文化二到四期，陶器群以夹砂、泥质灰陶为大宗，夹砂棕黄陶占相当比例，夹砂红褐陶、泥质黑陶及泥质棕黄陶较少。器表多有纹饰，素面较少；纹饰以绳纹最多，另外还有弦纹、附加堆纹、花边口、篮纹、方格纹等。器类主要有深腹罐、圆腹罐、花边罐、捏口罐、盆、擂钵、鼎、豆、三足盘、大口尊、缸、瓮、器盖、爵、鬶、甑等（图九），这与二里头类型陶器群基本相同。遗迹仅有灰坑和墓葬两类，灰坑平面多呈圆形或椭圆形，弧壁圜底或平底者比较常见；墓葬仅有一座，为小型圆角长方形竖穴土坑墓，随葬有陶爵、鬶等。

由上可知，八里桥遗址和穰东遗址的二里头文化面貌与二里头类型是非常接近的。若认可豫西南地区的二里头文化遗存是一个独立的文化类型，那么又该如何理解这一现象呢？显然，至少应该将八里桥和穰东遗址归入二里头类型之中。实际上，穰东遗址的发掘者就曾强调道："与伊洛地区的二里头文化相比，这里的二里头文化遗存也有一定的地域性特征……但这种地域性特征尚不足以构成一个地方类型，也就是说穰东二里头文化遗存仍然属于二里头文化的二里头类型。"[44]

与之相比，学界在下王岗遗址二里头文化遗存性质的认识上还存在较大分歧。一方面，袁广阔认为遗址内的二里头文化与八里桥、穰东遗址的二里头文化存在较大差异[45]；李维明将它们分为同一区系下的不同类型[46]。最近，高江涛强调二里头文

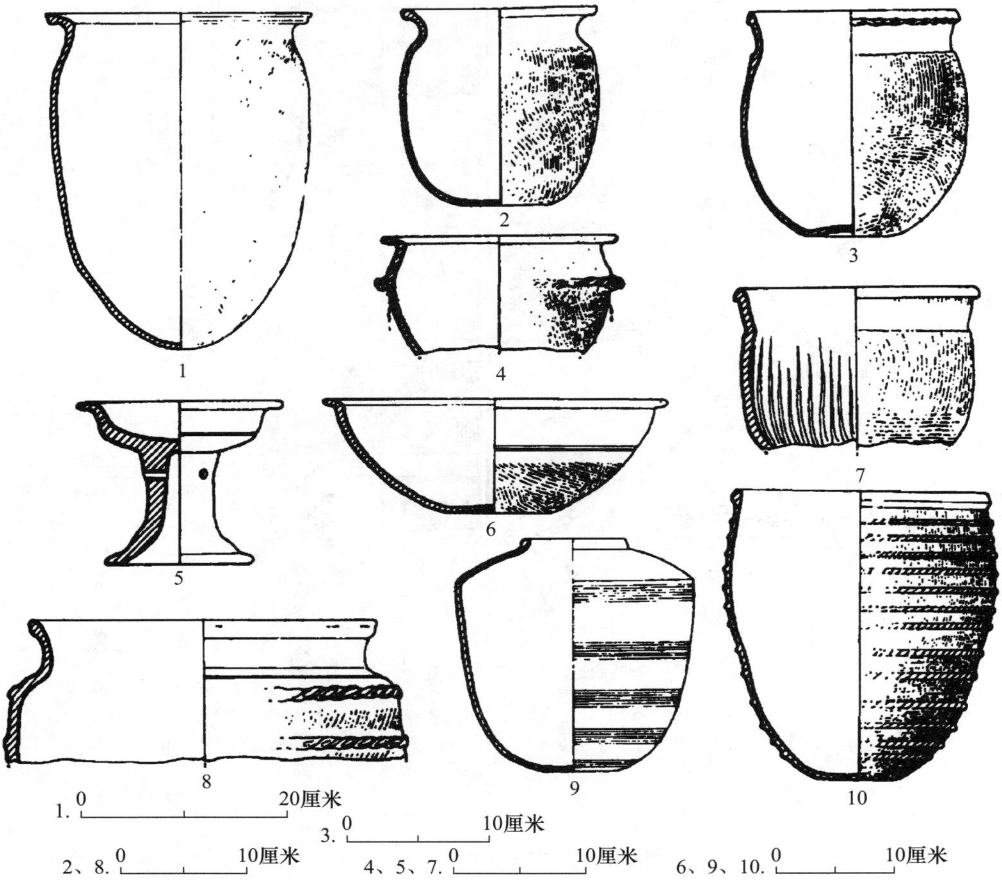

图九　穰东遗址二里头文化典型陶器举例

1. 深腹罐（H10：1） 2. 圆腹罐（T6④：1） 3. 花边罐（H12：1） 4. 鼎（H9：9） 5. 豆（H7：1） 6. 盆（H5：1） 7. 刻槽盆（T6③：3） 8. 大口尊（T4⑤：2） 9. 瓮（H10：15） 10. 缸（H12：12）

化下王岗类型确实存在，其主要分布在丹淅流域、鄂西北、荆襄地区等鄂豫陕交界地区[47]。另一方面，靳松安认为处于二里头文化分布边缘的遗址虽然有一定的个性，但远未达到划分不同地方类型的程度，所谓的“下王岗类型”很难成立[48]。对此，王琼表示认同[49]。

但无论如何，可以肯定的是，若“下王岗类型”可以成立，其分布范围显然无法涵盖整个南阳盆地，分布在鄂豫陕边界应是比较合理的认识。不过，这一区域的材料依然很少。在这种情况下，诚如有学者所言，不妨先将下王岗遗址二里头文化归入二里头类型，待材料丰富后再予以讨论[50]。

（五）东龙山类型

东龙山类型的倡导者指出该类型主要分布在丹江上游地区，以东龙山遗址[51]为代表。该遗址二里头文化遗存的年代大致相当于二里头文化三、四期，陶器以泥质陶最多，占比为 54%；夹砂陶次之，占比为 46%。在陶色方面，灰、灰褐及黑陶数量较多，占比为 52.5%；红陶、红褐陶次之，占比为 47.5%。器表多纹饰，其中绳纹最多，约为 73%；素面陶次之，约占总数的 18%；附加堆纹、弦纹再次之，约占总数的 8%；此外还有少量篮纹、方格纹等。器类主要有鼎、鬲、大口尊、盆、盂、甑、盘、簋、豆、壶、罐、瓮、缸、器盖等（图一〇），与二里头类型的陶器群近似。遗迹主要有灰坑、墓葬两类：灰坑以平面圆形或椭圆形竖穴为主，平面圆形或椭圆形锅底状坑次之，其他数量较少；墓葬以小型长方形土坑墓为主，另外还有瓮棺葬一座。

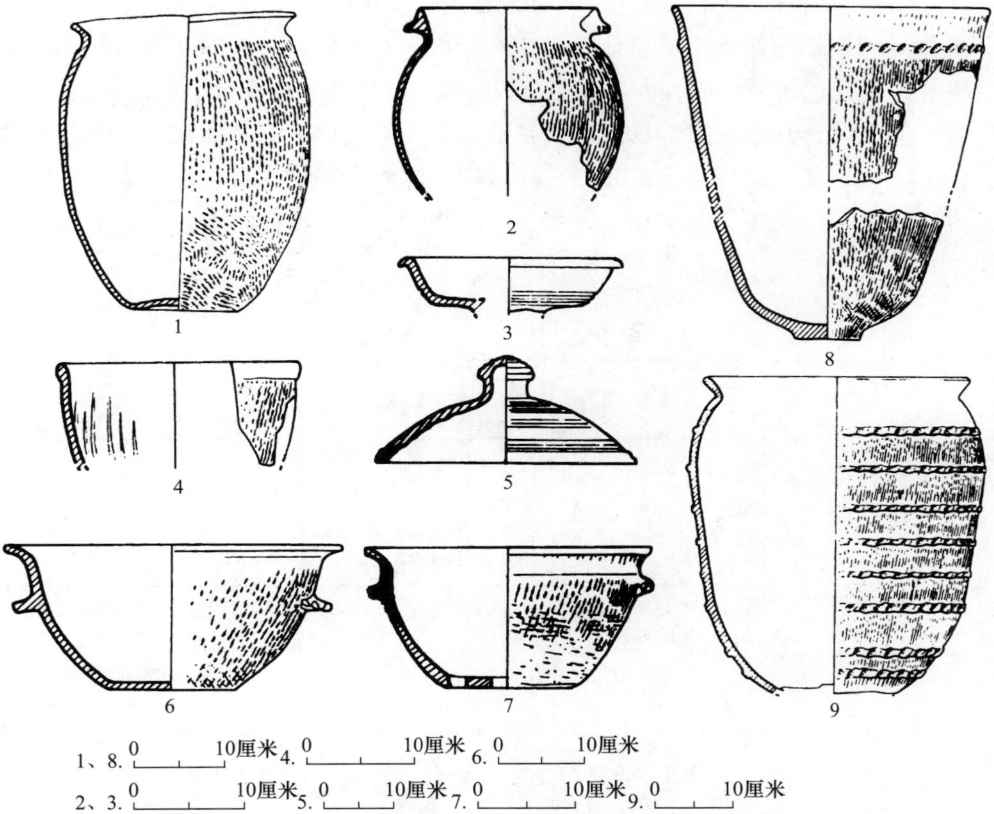

图一〇　东龙山遗址二里头文化典型陶器举例

1. 深腹罐（H18：2） 2. 圆腹罐（H34：4） 3. 豆（IT5④：8） 4. 刻槽盆（H28：42） 5. 器盖（IT5④：7） 6. 盆（H28：1） 7. 甑（H225：18） 8. 缸（H18：12） 9. 瓮（H34：23）

发掘者指出，从陶器群来看，东龙山夏代晚期遗存与二里头文化同期遗存之间的文化关系基本上可以概括为大同小异，依“小异”可将之称为二里头文化“商洛类型”。不过，从陶器群的特征及其他相关因素来看，笔者认为将之视为一个独立类型的条件并不充分。

（六）东下冯类型

与上述诸类型相比，学界对“东下冯类型”遗存存在较大争议。这首先表现为在文化性质的认识上有着“类型文化说”与“独立考古学文化说”两种迥异的意见。前者认为其是二里头文化的地方类型，称之为“二里头文化东下冯类型”[52]；后者则强调它有独特的陶器群，进而认为应是一支独立的考古学文化，并命名为“东下冯文化”[53]。一般认为，此类遗存主要分布在山西西南地区的运城盆地与临汾盆地，代表性遗址有夏县东下冯，襄汾大柴，永济马铺头与翼城感军，绛县柳庄、周家庄、西吴壁，侯马乔山底等。其中，东下冯遗址经过较大面积发掘，公布材料较多，可资重点分析。

首先需要指出的是，本文认可东下冯遗址[54]二里头文化时期遗存的年代相当于二里头文化二到四期的认识。就遗址出土的陶器群来看，质料有夹砂和泥质两类。颜色主要有灰色与褐色，另外还有少量红陶及黑皮陶。纹饰主要有绳纹、弦纹、附加堆纹、方格纹、篮纹等，其中绳纹数量最多，弦纹、附加堆纹次之，其他比较少见。器类主要包括鼎、鬲、甗、大口尊、单耳罐、深腹罐、深腹盆、蛋形瓮、爵、盉、刻槽盆及四足方杯（图一一）等。颜色和主要器类、纹饰的比例或特征随着时代的不同而有所变化（表三）。

表三　东下冯遗址二里头文化时期陶器特征的变化

期段＼类别		陶质	陶色	主要器类	常见纹饰
二期	Ⅰ期		褐色为主，占比为55%；其次为灰色，占比为37.5%	甗、单耳罐数量较多；敛口瓮、罍、蛋形瓮、折肩罐数量也较多，甑、鬲等少见；鼎多于鬲	绳纹为主，占比59.8%；其次为附加堆纹、弦纹、素面；少量篮纹、方格纹等
	Ⅱ期	夹砂陶与泥质陶约各占50%	灰色为主，占比为65.3%；褐色比例下降，占比为20.6%；黑皮陶占比14.1%	单耳罐、甗数量较多；折肩罐、盆、敛口瓮、罍、器盖、小口罐数量也较多；鬲的数量增加，多于鼎	绳纹为主，占比74%；其次为附加堆纹、素面、篮纹等；少量划纹、方格纹、圆圈纹等
三期	Ⅲ期	夹砂陶多于泥质陶	灰色为主，占比为71.7%；褐色、黑皮陶继续减少	单耳罐、甗的数量很多；深腹盆、大口尊、敛口瓮、折肩罐、蛋形瓮、器盖、小口罐数量也较多；鬲继续增加	绳纹为主，占比为80%；还有少量附加堆纹、方格纹、篮纹、素面等
四期	Ⅳ期	夹砂陶多于泥质陶	灰色为主，占比达83%；其次为褐色陶，占比为15.1%；数量最少的为黑皮陶	鬲、甗、单耳罐、大口尊、深腹盆、蛋形瓮的数量最多；其次是深腹罐、折肩罐、敛口瓮等；其余比较少见	绳纹为主，占比为78.32%；还有弦纹、附加堆纹、素面、方格纹、圆圈纹、篮纹、席纹等

虽然从器类来看，东下冯遗址二里头文化时期陶器与二里头类型基本接近，鼎、大口尊、单耳罐、深腹罐、深腹盆、爵、盉、刻槽盆及四足方杯等皆可在后者中找到

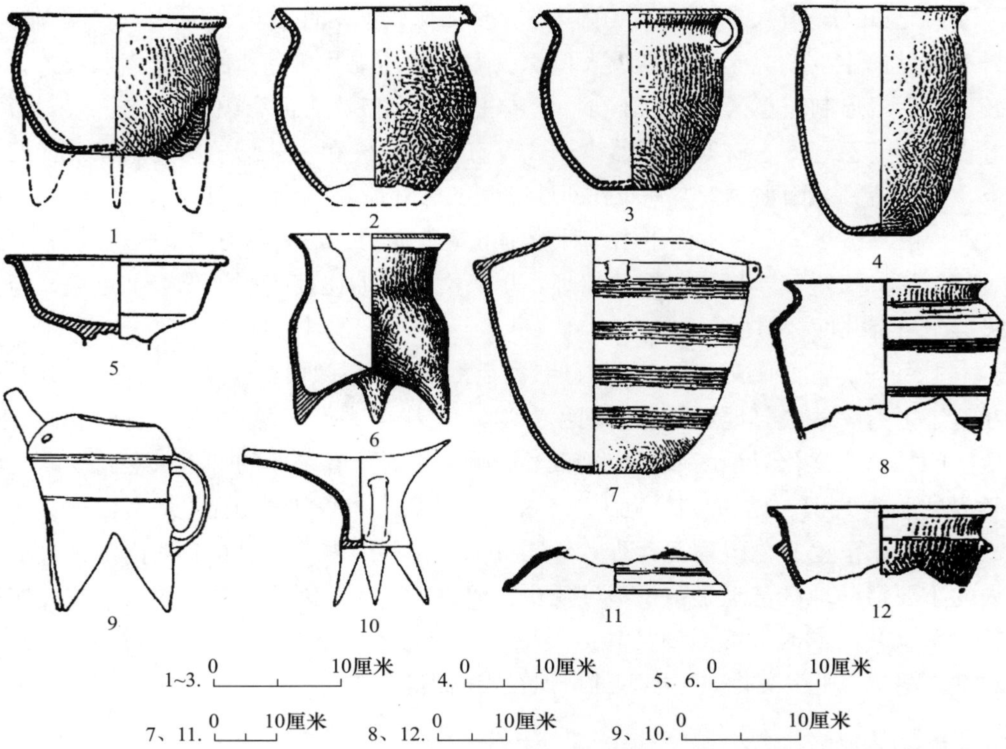

图一一　东下冯遗址二里头文化时期主要陶器举例

1. 鼎（H1：11） 2. 圆腹罐（H413：22） 3. 单耳罐（H17：5） 4. 深腹罐（H9：121） 5. 豆（H62：6） 6. 鬲（H61：2） 7. 瓮（H42：3） 8. 大口尊（H402：22） 9. 盉（M401：3） 10. 爵（M401：2） 11. 器盖（H42：2） 12. 盆（H36：7）

相近者。但从主要器类的占比及历时性演变上来看，却较为复杂。从表三及报告中的相关信息[55]可知，单耳罐、甗的数量一直较多，前者占比最高可以达到20%，后者一般在10%左右；鬲的数量不断增加，时代越晚，数量越多；蛋形瓮各期皆有，三、四期数量最多；大口尊出现于二期，三到四期持续增加；深腹罐比较常见，出现于二期，盛行于三期，四期趋于衰落。其中，单耳罐、甗、鬲、蛋形瓮等皆不是二里头类型的典型陶器，不过深腹罐与大口尊在后者中比较常见。由此似可表明，东下冯遗址二里头文化时期遗存与二里头类型存在较大差异，但同时也有不少相同之处，尤其是二里头类型因素不断增加，显示出“二里头化”的程度在不断加深。

从遗迹出发，可知东下冯遗址二里头文化时期遗存的特殊性是比较显著的。比如，遗址内发现了人工修筑的平面呈“回”字形的内外双重壕沟。此壕沟的军事防御色彩并不浓厚，沟内曾存在比较频繁的人类活动，是一处特殊的活动场所。房址以窑洞式为主，不少还配备有储藏室。灰坑内有不少特殊现象存在，如一些灰坑内部有台阶、斜坡或生土隔梁。上述现象在二里头类型范围内不见或罕见。

除此之外，襄汾大柴遗址[56]可以进一步加深我们对此类遗存的认识。发掘者指出，此遗址的主要炊具是鬲、甗、大口深腹罐、单耳罐及甑等，前三者体型较大，数量较多；后者形制较小，数量也不少。容器主要有大口尊、折肩罐、折肩瓮、三足瓮、盆等；食器有豆、钵、碗等。酒器少见，仅有残爵一件和一件陶角的管状流。在此基础上，发掘者一方面强调大柴遗址中缺少二里头文化常见的鼎、捏口罐、刻槽盆、缸、三足皿、觚、盉等，另一方面指出多种形制的鬲、甗、三足瓮等为二里头遗址所少见。此后相关研究又进一步指出，大柴遗址二里头文化时期遗存与东下冯遗址近似，与二里头类型虽有共性，但也存在个性[57]。

由上可知，晋西南二里头文化时期遗存存在不少与豫西二里头类型迥异的陶器，且在遗迹上有一些独具地域特色的现象，为二里头类型所不见或罕见。尽管如此，豫西地区的二里头文化对该区域产生过重要影响，后者具有浓厚的二里头文化因素，则是学界的基本共识。比如，持“独立考古学文化说”的学者指出：“从考古学文化上看，此地的东下冯文化中确实含有大量二里头文化的因素，所以将晋西南地区理解为夏人的重要活动地区甚至是殖民地性质也是可以的。”[58]因此，笔者认为其首先应属于二里头文化。同时，考虑到与其他类型相比，它与二里头类型之间的差异性更大，因此将之视为二里头文化地方类型的认识在当前是合适的。

（七）其他类型

除上述之外，二里头文化其他类型主要包括“沁西类型”“盘龙城类型”。同时，对于垣曲盆地、关中东部及豫东南等区域内的二里头文化时期遗存的性质，学界还存在不同认识，故而一并讨论。

1. 沁西类型

沁西类型的提出者认为此类型主要分布于黄河以北、王屋山以东和沁河西南一带，东西不过百华里[59]。这一区域目前发现的二里头文化遗址较少，且资料公布有限。其中，比较重要的遗址包括济源留庄、西关汽车站、白沟、交兑、赵庄及北平皋等。对于赵庄和北平皋遗址的二里头文化遗存，刘绪曾做过系统研究，他强调二者的陶器特征与二里头类型的器物特征完全相同，应属同一文化同一类型，“也就是说，北平皋-赵庄一期遗存属于二里头文化二里头类型”[60]。

不惟于此，这一区域其他遗址的陶器文化面貌也基本同于二里头类型。比如，留庄遗址二里头文化陶器包括夹砂和泥质两大类，在多数单位里是以夹砂为主。陶色以灰、灰褐或红褐色陶占大宗，少量灰黑及浅红色陶，白陶少见。器表纹饰以绳纹为主，占比较高；箍状堆纹和旋纹也比较流行，素面和磨光陶较少，另有少量弦纹、麦穗状纹、连珠纹。器类较多，有深腹罐、花边圆腹罐、带鋬罐、捏口罐、鼎、甗、鬲、甑、缸、大口尊、爵、器盖等（图一二）。显然，这些陶器都可以在二里头类型中找到形制

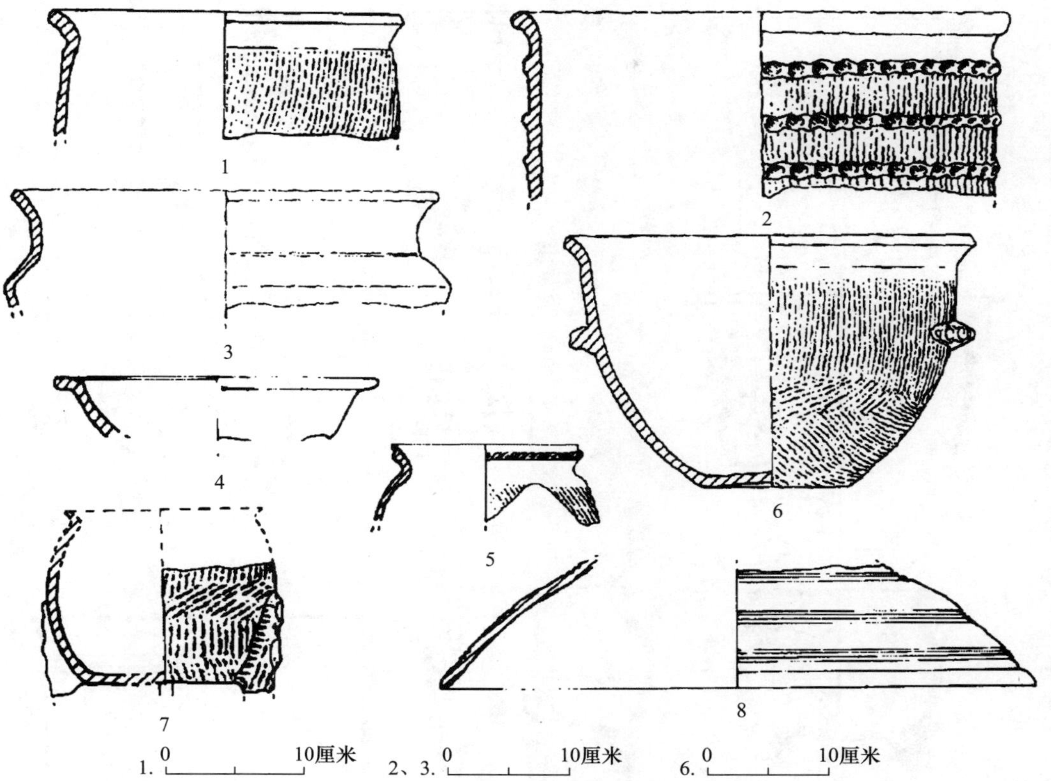

图一二 留庄遗址二里头文化主要陶器举例

1. 深腹罐（H19：5） 2. 缸（H19：11） 3. 大口尊（H19：8） 4. 豆（H42：18） 5. 花边罐（H19：6） 6. 盆（H2：1） 7. 鼎（H42：22） 8. 器盖（H42：20）

注：4、5、7、8皆为1/6

相似者。据此，发掘者认为本遗址二里头文化遗存在文化性质上与伊、洛地区一样，也当归入二里头文化二里头类型[61]。

由上可知，二里头文化沁水类型似乎难以成立，应该将此类遗存归入豫西二里头类型。

2. 盘龙城类型

盘龙城类型的提倡者认为其分布在江汉平原地区，主要以“盘龙城一期、荆南寺一期及乱葬岗、李家台主体遗存”为代表[62]。从盘龙城遗址发掘报告[63]来看，“盘龙城一期”遗存的数量较少，陶器包括盆形鼎、花边罐、豆、陶壶、瓮、大口尊、鬲、缸等（图一三），其中盆形鼎与花边罐是二里头类型的典型器物，陶缸也与后者同类器相近，但大口尊、豆及数量稍多的陶鬲（部分陶鬲在报告中被称为“罐形鼎”）与二里头类型的同类器差异较大。至于“盘龙城类型”的其他遗址，目前的材料较少，而且遗址内二里头文化因素相对薄弱。因此，将上述遗存视为二里头文化的独立类型的条件并不充分。

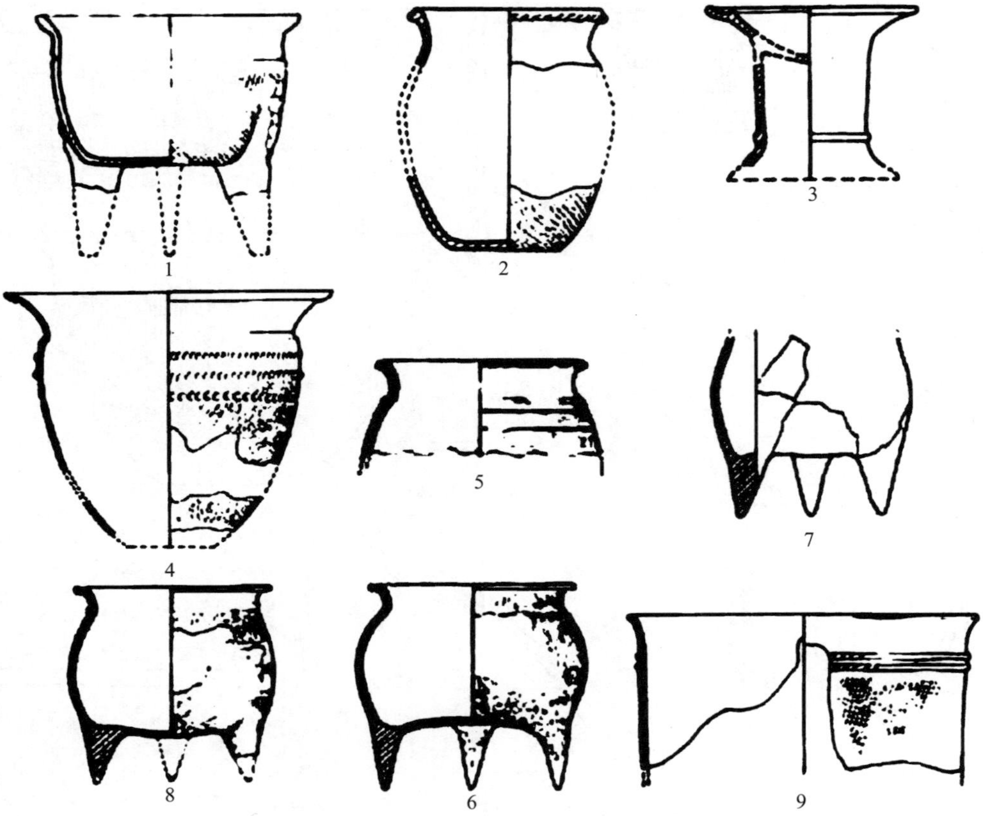

1~3. 0　10厘米　4~9. 0　10厘米

图一三　盘龙城遗址一期主要陶器

1. 盆形鼎（79HP3TZ33 ⑨ A：7） 2. 花边罐（79HP3TZ33 ⑨ B：1） 3. 豆（79HP3TZ33 ⑨ A：3）
4. 大口尊（PWZT20 ⑨：5） 5. 鬲（PWZT20 ⑨：7） 6. 鬲（PWZT20 ⑨：1） 7. 鬲（PWZT32 ⑨：10）
8. 鬲（PWZT20 ⑨：2） 9. 缸（PWZT32 ⑨：13）

3. 垣曲盆地

垣曲盆地是一个独立的自然地理单元，在行政区划上以垣曲县为主体，南缘还包括黄河南岸河南省渑池县的河边地区。其东部为太行山和王屋山，西部隔中条山与运城盆地相邻，南为黄河和崤山。盆地范围内及其周边地区有极为发达的水系，包括黄河及其支流。该区域二里头文化遗址数量较多，合计50余处，经过发掘的有古城南关、小赵、苗圃、宁家坡、口头、龙王崖、丰村等遗址。对于它们属于二里头文化的何种类型，学界还存在较大争议。有学者认为垣曲盆地属于二里头文化东下冯类型的分布区[64]；但也有学者持不同意见，认为此区域的代表性遗址古城南关中的二里头文化属于二里头类型[65]。

从古城南关遗址[66]来看，其内出土的二里头文化陶器以夹砂陶为主，其次为泥质陶。陶色以灰色为主，灰褐、红褐色其次，红陶、黑陶甚少。绝大多数陶器带纹饰，素面陶较少。纹饰的种类较少，以中绳纹为大宗，较常见的纹饰还有附加堆纹。陶器主要以各种罐为主，盆的数量也较多，另外还有甑、甗、大口尊、鬲、鼎、缸、瓮、碗、豆、盘、爵、盉等器物（图一四）。综合来看，它们与伊洛地区的二里头类型陶器面貌更为接近。对此，发掘者系统总结了古城南关二里头文化的特征，并与二里头类型和东下冯类型分别进行比较后指出，将之归入东下冯类型并不合适[67]。除此之外，其他遗址也存在类似情况，如在口头遗址采集到的20余件二里头文化陶器以泥质与夹砂灰黑陶为主，少量为黄褐色陶和红褐陶，泥质陶与夹砂陶的比例相当。主要器类有深腹罐、双鋬罐、圆腹罐、鼎、大口尊、盆、甑等。除绳纹之外，纹饰还有弦纹和附加堆纹[68]。从陶器特征来看，该遗址应属于二里头类型。

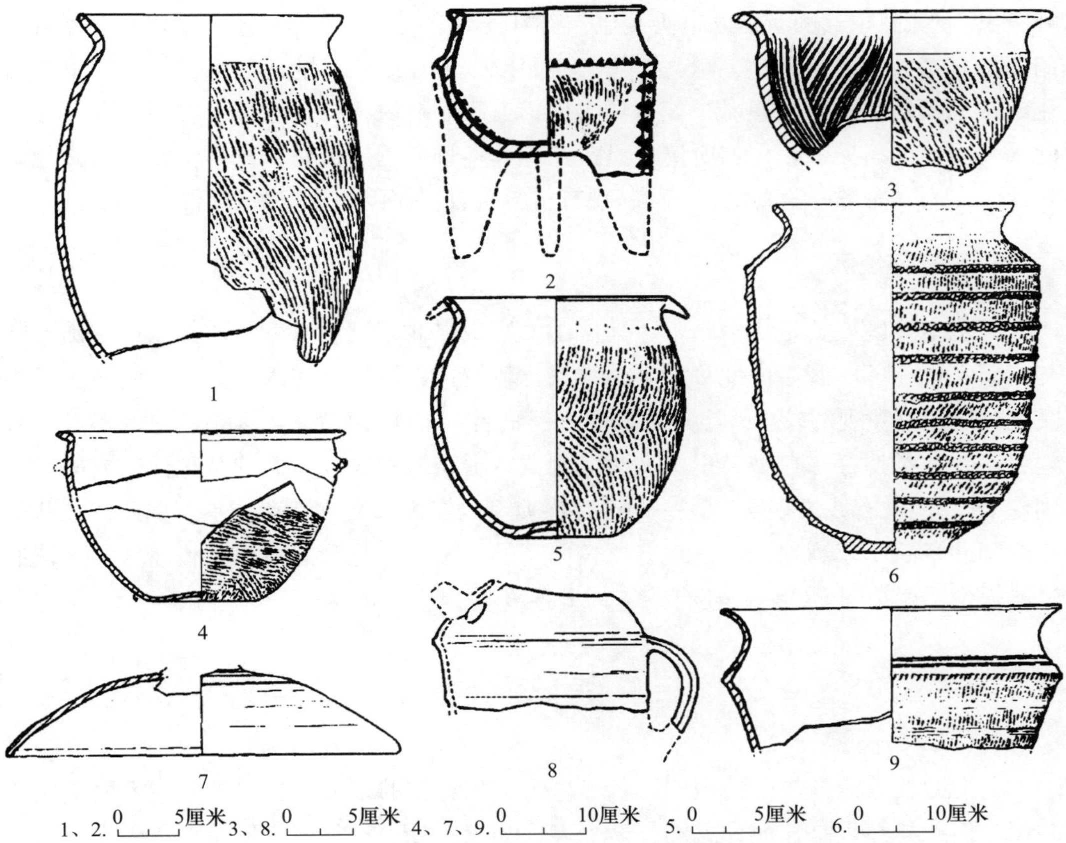

图一四　古城南关遗址二里头文化主要陶器举例

1. 深腹罐（H176：1）　2. 鼎（H303：29）　3. 刻槽盆（H319：3）　4. 盆（H319：3）　5. 圆腹罐（H161：15）　6. 瓮（H108：1）　7. 器盖（H303：31）　8. 盉（H199：3）　9. 大口尊（H200：1）

需要指出的是，虽然小赵[69]、苗圃遗址[70]、丰村[71]的发掘者认为其内二里头文化遗存属于东下冯类型，但这几处遗址内的二里头文化遗存很少，在当前阶段不足以得出上述认识。另外，垣曲盆地位于豫西二里头类型和晋西南东下冯类型的交汇地带，自然不可避免地受到二者的影响。在这种情况下，对某些遗址中二里头文化遗存的归属，当前也很难作出非此即彼的结论。总之，将垣曲盆地境内的二里头文化遗存整体归入二里头类型在当前似乎更加合理。

4. 关中东部

陕西关中东部区域处在渭河的下游，与豫西、晋南相邻。董琦将这一区域二里头文化时期遗存称为“南沙村类型”，以华县南沙村遗址为代表，此外经过发掘的遗址还有蓝田泄湖、商县紫荆、华阴横阵、华县元君庙等[72]。张天恩也认为关中东部发现有二里头文化遗存，可以华县元君庙、南沙村及大荔赵庄等遗址为代表[73]。然而，徐昭峰指出：“关中东部的所谓二里头文化，资料较为薄弱，从公布的资料来看，陶器可见的器类有罐、尊、鬲、盆、觚、杯等，而尤以带单耳或双耳的罐数量最多，二里头文化的常见器物如鼎、深腹罐、捏口罐、刻槽盆、盉、爵、三足盘、豆等不见或罕见于此……因此说，关中东部的所谓二里头文化非典型二里头文化，只是受二里头文化影响的一支地方性考古学文化。”[74]就现有材料来看，徐氏的认识似乎更具合理性。

5. 豫东南地区

豫东南地区主要是指信阳市，其位于大别山以北、汝河以南，西部以桐柏山余脉与南阳盆地相邻。区域内地势低平，水系比较发达，属于淮河水系。这一区域二里头文化时期遗存发现的较少，经过发掘的有三里店[75]、南山嘴[76]、孙寨[77]等遗址。有学者认为此类遗存与典型二里头文化的陶器特征相差较大，它们的文化性质或应另当别论[78]。但已有线索表明，这一地区存在典型的二里头文化遗存。不仅如此，在其邻近的湖北孝感李家湾遗址也发现有比较典型的二里头文化。只是由于目前这一区域的材料较少，相关问题的解决还有待进一步系统的田野工作。

三、综合讨论

上文的相关梳理与分析表明，对二里头文化类型的划分，虽然在某些方面达成了共识，但差异性也是显而易见的，至少表现为以下几点：其一，虽然都认为二里头类型是二里头文化的核心类型，但对其分布范围尚存歧义。其二，对晋西南二里头文化时期遗存的文化属性的看法迥异，存在“二里头文化地方类型说”和“独立考古学文化说”两种认识。其三，对部分区域二里头文化遗存或某些遗址的类型归属存在不同认识，如垣曲盆地、下王岗遗址等。其四，新的地方类型在不断地被划分出来。其五，在文化类型的命名上存在差异，既包括同一类型存在不同命名（如东龙山类型和商洛类型），也包括采用比较特殊的命名原则（如以河流和方位来命名的“沁西类型”）。

产生前四点现象的原因比较复杂，至少包括五个方面：其一，标准不一，比如同为二里头文化的地方类型，东下冯类型与二里头类型之间的差异性无疑远远超过牛角岗、杨庄、下王岗、东龙山等类型与后者之间的差异性。其二，部分研究过度强调陶器乃至遗迹上的某些细微差别，而忽略了陶器组合在判断文化类型中的关键作用。其三，仅强调与二里头类型的比对，而忽略了对整个二里头文化的宏观考察。其四，在材料相对缺乏甚至不典型的情况下，就往往提出某个类型。这一过程中定性分析常见，定量分析却相对较少。诚如许宏指出：“后来一些学者划分的其他地方类型，一般仅是在二里头文化的共性下，显现出若干当地土著文化传统或同期相邻文化因素的影响，且出土材料尚少，不足以窥其全貌。”[79]其五，对二里头文化的空间分布范围存在较大歧见，相关研究将一些分布于二里头文化边缘区域、仅含若干二里头文化因素的遗存视为二里头文化的地方类型。

至于最后一点，并不是本文所讨论的核心问题，但为了避免不必要的混乱，文化类型的命名也应该遵循考古学文化一般的命名原则，即以遗址所在的小地名来命名。

有鉴于此，通过上文对既有文化类型的辨析来看，除一些文化属性尚难断定者之外，所谓的牛角岗类型、杨庄类型、下王岗类型、东龙山类型等或与二里头类型基本接近，或尚存疑问，所以目前将它们各自独立成一个类型的条件尚不充分。因此，本文提出“泛二里头类型”的概念来概括它们（含二里头类型），其以环嵩山地区为核心，西到豫西三门峡地区，西南到南阳盆地、丹江上游地区及鄂西北，南到信阳及其邻近地区，东南到周口西部，东到开封，北部到黄河北岸、沁河西南，西北到垣曲盆地。

与之相比，晋西南二里头文化时期遗存与二里头类型的差异程度要超过前述类型，但在目前材料相对较少（仅有几处遗址经过发掘，公布材料也比较有限）且不典型（如东下冯遗址可能并不是这一地区的典型遗址，近来发掘的西吴壁遗址或是佐证）的情况下，这种差异程度是否能够独立成为一个考古学文化，仍然有待进一步的田野工作。同时，与周邻其他考古学文化相比，二里头类型因素在此类遗存中所占的比例无疑是较高的，且呈现出不断增多的趋势，因此将其称为“二里头文化东下冯类型”在当前还是比较合理的。

注　释

［1］ 苏秉琦、殷玮璋：《关于考古学文化的区系类型问题》，《文物》1981 年第 5 期。

［2］ 中国社会科学院考古研究所：《中国考古学·新石器时代卷》，中国社会科学出版社，2010 年；中国社会科学院考古研究所：《中国考古学·夏商卷》，中国社会科学出版社，2003 年。

［3］ 韩维周、丁伯泉、张永杰等：《河南登封县玉村古文化遗址概况》，《文物参考资料》1954年第6期。
［4］ 中国社会科学院考古研究所编著，许宏、袁靖主编：《二里头考古六十年》，中国社会科学出版社，2019年。
［5］ 中国科学院考古研究所：《新中国的考古收获》，文物出版社，1961年，第43页。
［6］ 中国科学院考古研究所洛阳发掘队：《1959年豫西六县调查简报》，《考古》1961年第1期。
［7］ 夏鼐：《新中国的考古学》，《红旗》1962年第17期。
［8］ 中国科学院考古研究所山西工作队：《晋西南地区新石器时代和商代遗址的调查与发掘》，《考古》1962年第9期。
［9］ 张立东、任飞主编：《手铲释天书——与夏文化探索者的对话》（参见徐殿魁先生访谈），大象出版社，2001年，第416、417页。
［10］ 夏鼐：《碳-14测定年代和中国史前考古学》，《考古》1977年第4期。
［11］ 北京大学历史系考古教研室商周组：《商周考古》，文物出版社，1979年，第14页。
［12］ 东下冯考古队：《山西夏县东下冯遗址东区、中区发掘简报》，《考古》1980年第2期。
［13］ 邹衡：《试论夏文化》，《夏商周考古学论文集》，文物出版社，1980年。
［14］ 赵芝荃：《关于二里头文化类型与分期的问题》，《中国考古学研究——夏鼐先生考古五十年纪念论文集》（二），科学出版社，1986年。
［15］ 董琦：《虞夏时期的中原》，科学出版社，2000年，第86～126页。
［16］ 中国社会科学院考古研究所：《中国考古学·夏商卷》，中国社会科学出版社，2003年，第89～97页。
［17］ 徐昭峰：《夏夷商三种文化关系研究》，科学出版社，2013年，第21～30页。
［18］ 井中伟、王立新：《夏商周考古学》，科学出版社，2013年，第34～37页。
［19］ 杨贵金：《沁水下游的夏文化与先商文化》，《中原文物》1997年第2期。
［20］ 徐燕：《豫南地区二里头时期遗存的相关问题试析》，《华夏考古》2009年第2期。
［21］ 李维明：《豫南及邻境地区青铜文化》，线装书局，2009年，第146～152页。
［22］ 向桃初：《二里头文化向南方的传播》，《考古》2011年第10期。
［23］ 中国社会科学院考古研究所编著，许宏、袁靖主编：《二里头考古六十年》，中国社会科学出版社，2019年。
［24］ 顾万发主编，郑州市文物考古研究院编著：《新郑望京楼：2010～2012年田野考古发掘报告》，科学出版社，2016年。
［25］ 郑州市文物考古研究所：《郑州大师姑（2002～2003）》，科学出版社，2004年。
［26］ 洛阳市文物工作队：《洛阳皂角树：1992～1993年洛阳皂角树二里头文化聚落遗址发掘报告》，科学出版社，2002年。
［27］ 河南省文物考古研究所：《伊川考古报告》，大象出版社，2012年。
［28］ 郑州大学历史文化遗产保护研究中心：《登封南洼：2004～2006年田野考古报告》，科学出版社，2014年。
［29］ 中国社会科学院考古研究所：《二里头（1999～2006）》，文物出版社，2014年，第51、52页。
［30］ 中国社会科学院考古研究所：《偃师二里头——1959～1978年考古发掘报告》，中国社会科学院考古研究所，1999年；中国社会科学院考古研究所：《二里头（1999～2006）》，文物出版社，2014年。

[31] 中国社会科学院考古研究所编著，许宏、袁靖主编:《二里头考古六十年》，中国社会科学出版社，2019年。

[32] 郑州大学历史系考古专业、开封市博物馆考古部、杞县文物保管所:《河南杞县牛角岗遗址试掘报告》,《华夏考古》1994年第2期。

[33] 郑州大学文博学院、开封市文物工作队:《豫东杞县发掘报告》，科学出版社，2000年。

[34] 郑州大学考古专业、开封市博物馆等:《河南杞县朱岗遗址试掘报告》,《华夏考古》1992年第1期。

[35] 张小虎:《河南尉氏新庄二里头遗址的发掘收获》,《中国文物报》2014年12月19日。

[36] 北京大学考古学系、驻马店市文物保护管理所:《驻马店杨庄——中全新世淮河上游的文化遗存与环境信息》，科学出版社，1998年。

[37] 北京大学考古学系、驻马店市文物保护管理所:《驻马店杨庄——中全新世淮河上游的文化遗存与环境信息》，科学出版社，1998年，第206页。

[38] 河南省文物考古研究院、首都师范大学历史学院:《河南郾城县皇寓遗址二里头文化遗存发掘简报》,《考古》2017年第2期。

[39] 陈雪飞:《河南郾城皇寓遗址二里头文化陶器工艺及特征分析》,《中原文物》2019年第6期。

[40] 河南省文物研究所、长江流域规划办公室考古队河南分队:《淅川下王岗》，文物出版社，1989年。

[41] 中国社会科学院考古研究所山西队、河南省文物局南水北调办公室:《河南淅川下王岗遗址二里头文化遗存发掘简报》,《中原文物》2020年第3期。

[42] 北京大学考古学系、南阳市文物研究所、方城县博物馆:《河南方城县八里桥遗址1994年春发掘简报》,《考古》1999年第12期。

[43] 河南省文物考古研究所:《河南邓州市穰东遗址的发掘》,《华夏考古》1999年第2期。

[44] 河南省文物考古研究所:《河南邓州市穰东遗址的发掘》,《华夏考古》1999年第2期。

[45] 袁广阔:《试论豫西南地区的二里头文化》,《中原地区文明化进程学术研讨会论文集》，科学出版社，2006年。

[46] 李维明:《豫南及邻境地区青铜文化》，线装书局，2009年，第146～150页。

[47] 中国社会科学院考古研究所:《淅川下王岗：2008～2010年考古发掘报告》，科学出版社，2020年，第386～390页。

[48] 靳松安:《河洛与海岱地区考古学文化的交流与融合》，科学出版社，2006年，第114页。

[49] 王琼:《豫西南鄂西北地区龙山晚期至二里头时代考古学文化研究》，郑州大学博士学位论文，2015年。

[50] 徐昭峰:《夏夷商三种文化关系研究》，科学出版社，2013年，第22页。

[51] 陕西省考古研究院、商洛市博物馆:《商洛东龙山》，科学出版社，2011年。

[52] 东下冯考古队:《山西夏县东下冯遗址东区、中区发掘简报》,《考古》1980年第2期；中国社会科学院考古研究所、中国历史博物馆、山西省考古研究所:《夏县东下冯》，文物出版社，1988年，第215页；邹衡:《试论夏文化》,《夏商周考古学论文集》，文物出版社，1980年；李伯谦:《东下冯类型的初步分析》,《中原文物》1981年第1期；高天麟、李健民:《就大柴遗址的发掘试析二里头文化东下冯类型的性质》,《考古》1987年第7期；刘绪:《东下冯类型及其相关问题》,《中原文物》1992年第2期；李维明:《再议东下冯类型》,《中原文物》1997

年第 2 期；中国社会科学院考古研究所：《中国考古学·夏商卷》，中国社会科学出版社，2003 年，第 89～94 页。

[53] 郑杰祥：《夏史初探》，中州古籍出版社，1988 年，第 247 页；张立东：《论辉卫文化》，《考古学集刊》（第 10 集），地质出版社，1996 年；宋豫秦：《夷夏商三种考古学文化交汇地域浅谈》，《中原文物》1992 年第 1 期；张忠培、杨晶：《客省庄与三里桥文化的单把鬲及其相关问题》，《宿白先生八秩华诞纪念文集》，文物出版社，2002 年；于孟洲：《东下冯文化与二里头文化比较及相关问题研究》，《文物春秋》2004 年第 1 期。

[54] 中国社会科学院考古研究所、中国历史博物馆、山西省考古研究所：《夏县东下冯》，文物出版社，1988 年。

[55] 中国社会科学院考古研究所、中国历史博物馆、山西省考古研究所：《夏县东下冯》，文物出版社，1988 年，第 210～214 页。

[56] 中国社会科学院考古研究所山西工作队：《山西襄汾县大柴遗址发掘简报》，《考古》1987 年第 7 期。

[57] 高天麟、李健民：《就大柴遗址的发掘试析二里头文化东下冯类型的性质》，《考古》1987 年第 7 期。

[58] 井中伟、王立新：《夏商周考古学》，科学出版社，2013 年，第 68 页。

[59] 杨贵金：《沁水下游的夏文化与先商文化》，《中原文物》1997 年第 2 期。

[60] 刘绪：《论卫怀地区的夏商文化》，《纪念北京大学考古专业成立三十周年论文集》，文物出版社，1990 年。

[61] 河南省文物管理局、河南省文物考古研究所：《黄河小浪底水库考古报告（一）》，中州古籍出版社，1999 年。

[62] 向桃初：《二里头文化向南方的传播》，《考古》2011 年第 10 期。

[63] 湖北省文物考古研究所：《盘龙城——1963～1994 年考古发掘报告》，文物出版社，2001 年。

[64] 中国社会科学院考古研究所山西工作队：《山西垣曲古文化遗址的调查》，《考古》1985 年第 10 期；刘绪：《论卫怀地区的夏商文化》，《纪念北京大学考古专业成立三十周年论文集》，文物出版社，1990 年。

[65] 王睿：《垣曲商城的年代及其相关问题》，《考古》1988 年第 8 期。

[66] 中国历史博物馆考古部、山西省考古研究所、垣曲县博物馆：《垣曲商城（一）——1985～1986 年度勘察报告》，科学出版社，1996 年；中国国家博物馆田野考古中心、山西考古研究所、垣曲县博物馆：《垣曲商城（二）——1988～2003 年度考古发掘报告》，科学出版社，2014 年。

[67] 中国历史博物馆考古部、山西省考古研究所、垣曲县博物馆：《垣曲商城（一）——1985～1986 年度勘察报告》，科学出版社，1996 年，第 278～288 页。

[68] 中国国家博物馆考古部：《垣曲盆地聚落考古研究》，科学出版社，2007 年。

[69] 中国社会科学院考古研究所山西工作队：《山西垣曲小赵遗址 1996 年发掘报告》，《考古学报》2001 年第 2 期。

[70] 山西大学文博学院、山西省考古研究所：《垣曲苗圃遗址发掘报告》，《而立集——山西大学考古专业成立 30 周年纪念文集》，科学出版社，2009 年。

[71] 中国社会科学院考古研究所山西工作队:《山西垣曲丰村新石器时代遗址的发掘》,《考古学集刊》(第5集),中国社会科学出版社,1987年。
[72] 董琦:《虞夏时期的中原》,科学出版社,2000年,第114页。
[73] 张天恩:《试论关中东部的夏代文化遗存》,《文博》2000年第3期。
[74] 徐昭峰:《夏夷商三种文化关系研究》,科学出版社,2013年,第21、22页。
[75] 河南省文物局文物工作队:《河南信阳三里店遗址发掘报告》,《考古学报》1959年第1期。
[76] 中国社会科学院考古研究所河南一队:《河南信阳南山嘴新石器时代遗址试掘简报》,《考古》1990年第5期。
[77] 王豪、武志江:《河南信阳孙寨遗址发现龙山晚期到周代遗存》,《中国文物报》2016年9月27日。
[78] 北京大学考古学系、驻马店市文物保护管理所:《驻马店杨庄——中全新世淮河上游的文化遗存与环境信息》,科学出版社,1998年,第206页。
[79] 许宏:《二里头文化聚落动态扫描》,《早期夏文化与先商文化研究论文集》,科学出版社,2012年。

新砦遗址2002年CT1骨样品碳十四年代数据相对早晚排序及启示

李维明

《考古》2009年第2期刊发《河南新密市新砦遗址2002年发掘简报》（按，“新砦”应为“新寨”，下同），公布新砦遗址2002年CT1骨样品碳十四年代数据表[1]（表一）。该表显示样品物质分别出自8个地层单位，碳十四年代、树轮校正年代数据按考古学分期龙山晚期、新砦期早段、新砦期晚段形成系列。

报告说明这一组新测定的绝对年代数据采用常规测年方法得出，与此前运用加速器质谱仪测定出来的新砦遗址测年数据基本吻合。从而再次证明了“新砦期”的存在，也反映出其能够分段的可能性。

表一　新砦遗址2002年CT1骨样品碳十四年代数据表

实验室编号	原编号	样品物质	考古学分期	碳十四年代（1950，5568）	树轮校正年代（OxCal v3.10）
ZK—6302	2002CT1H5	骨	新砦期晚段	3479±47	1880 BC（68.2%）1740 BC
ZK—6303	2002CT1H6	骨	新砦期晚段	3411±46	1770 BC（68.2%）1630 BC
ZK—6310	2002CT1H17	骨	新砦期晚段	4548±58	3370 BC（19.7%）3310 BC 3300 BC（3.3%）3260 BC 3240 BC（45.2%）3100 BC
ZK—6311	2002CT1H15	骨	新砦期晚段	3528±46	1930 BC（28.8%）1860 BC 1850 BC（39.4%）1770 BC
ZK—6313	2002CT1H2	骨	新砦期晚段	3516±42	1900 BC（68.2%）1770 BC
ZK—6305	2002CT1H19	骨	新砦期早段	3624±77	2140 BC（12.8%）2080 BC 2060 BC（55.4%）1880 BC
ZK—6312	2002CT1H25	骨	龙山晚期	3496±48	1890 BC（68.2%）1750 BC
ZK—6301	2002CT1H28	骨	龙山晚期	3495±145	2020 BC（68.2%）1630 BC

一、新砦遗址2002年CT1骨样品碳十四年代数据相对早晚排序

笔者依据报告报道2002CT1H6开口于第2层下，其余7个单位皆开口于第3层下；2002CT1H2打破2002CT1H15、2002CT1H28等地层关系，将2002年CT1骨样品碳十四年代数据按相对早晚排序形成序列（表二）。

表二　新砦遗址2002年CT1骨样品碳十四年代数据相对早晚排序

实验室编号	原编号	碳十四年代（1950，5568）	树轮校正年代（OxCal v3.10）	考古学分期
ZK—6303	2002CT1H6	3411±46	1770 BC（68.2%）1630 BC	新砦期晚段
ZK—6302	2002CT1H5	3479±47	1880 BC（68.2%）1740 BC	新砦期晚段
ZK—6312	2002CT1H25	3496±48	1890 BC（68.2%）1750 BC	龙山晚期
ZK—6313	2002CT1H2	3516±42	1900 BC（68.2%）1770 BC	新砦期晚段
ZK—6301	2002CT1H28	3495±145	2020 BC（68.2%）1630 BC	龙山晚期
ZK—6311	2002CT1H15	3528±46	1930 BC（28.8%）1860 BC 1850 BC（39.4%）1770 BC	新砦期晚段
ZK—6305	2002CT1H19	3624±77	2140 BC（12.8%）2080 BC 2060 BC（55.4%）1880 BC	新砦期早段
ZK—6310	2002CT1H17	4548±58	3370 BC（19.7%）3310 BC 3300 BC（3.3%）3260 BC 3240 BC（45.2%）3100 BC	新砦期晚段

二、新砦遗址2002年CT1骨样品相对早晚排序引出的现象

1. 碳十四年代数据相对早晚排序倒置现象

表一碳十四年代数据按考古分期相对早晚自下而上排序，2002CT1H6数据排序在2002CT1H5数据之下，与2002CT1H5数据早于2002CT1H6数据和两者相对早晚地层关系出现倒置现象。2002CT1H2数据排序在2002CT1H15数据之下，与2002CT1H15数据略早于2002CT1H2数据和2002CT1H2打破2002CT1H15的地层关系出现倒置现象。

表二对表一中出现上述碳十四年代数据排序和相对早晚地层关系倒置现象予以调整。

2. 考古学分期顺序错位现象

（1）2002年CT1骨样品碳十四年代数据相对早晚排序导致考古学分期错位

比较表二与表一，不难看出依据碳十四年代、树轮校正年代数据相对早晚形成系列（表二）与依据考古学分期相对早晚形成系列（表一）存有明显的差别。

表一，按考古学分期，2002CT1H28（龙山晚期）居于早端。表二，按碳十四年代、树轮校正年代数据相对早晚排序，2002CT1H17（新砦期晚段）数据最早，居于早端。

表一，按考古学分期，“龙山晚期”早于“新砦期”。表二，按碳十四年代、树轮校正年代数据相对早晚排序，2002CT1H25（龙山晚期）、2002CT1H28（龙山晚期）数据交错于“新砦期晚段”数据之间。

表一，按考古学分期，“新砦期早段”早于“新砦期晚段”。表二，按碳十四年代、树轮校正年代数据相对早晚排序，2002CT1H19（新砦期早段）数据介于“新砦期晚段”数据之间。

（2）与此前公布数据比较显示考古学分期错位现象

1999 年系列样品 ^{14}C 年龄、拟合后日历年代数据，按考古分期以“龙山晚”（1999T1H123）居早端[2]。2002 CT1 骨样品碳十四年代、树轮校正年代数据相对早晚序列，以 2002CT1H17（新砦期晚段）居早端（见表二）。

上述现象表明，按系列样品碳十四年代、树轮校正年代数据早晚排序不一定与考古学者提供的考古学分期（段）排序相符合。

3. 先后公布部分龙山晚期、新砦期数据比较显示相近与相远现象

1999 年系列样品 ^{14}C 年龄、拟合后日历年代数据显示，部分“龙山晚”与“新砦晚”^{14}C 年龄数据相近，拟合后日历年代数据相远（表三）。2002 年 CT1 骨样品碳十四年代数据显示，部分“龙山晚期”与“新砦期晚段”碳十四年代、树轮校正年代数据均相近（表四）。

1999 年系列样品部分“龙山晚”与“新砦晚”^{14}C 年龄、拟合后日历年代数据与 2002 年 CT1 骨样品部分“龙山晚期”与“新砦期晚段”碳十四年代、树轮校正年代数据比较，显示两者 ^{14}C 年龄与碳十四年代相近，拟合后日历年代与树轮校正年代相远（表三、表四）。

表三　新砦遗址 1999 年部分龙山晚、新砦晚样品碳十四年代数据比较

实验室编号	样品原编号	^{14}C 年龄	拟合后日历年代（BC）	分期
SA00001 SA00001-1	1999T1H119	3485 ± 30 3490 ± 35	1880～1840	龙山晚
SA 00020	1999T4H30	3490 ± 30	1775～1700	新砦晚

注：数据参见北京大学震旦古代文明研究中心、郑州市文物考古研究院：《新密新砦——1999～2000 年田野考古发掘报告》，文物出版社，2008 年，第 536、537 页表七四

表四 新砦遗址 2002 年部分龙山晚期、新砦期晚段样品碳十四年代数据比较

实验室编号	原编号	样品物质	碳十四年代（1950，5568）	树轮校正年代（OxCal v3.10）	考古学分期
ZK—6312	2002CT1H25	骨	3496 ± 48	1890 BC（68.2%）1750 BC	龙山晚期
ZK—6302	2002CT1H5	骨	3479 ± 47	1880 BC（68.2%）1740 BC	新砦期晚段

上述现象表明，2002 年 CT1 骨样品部分“龙山晚期”与“新砦期晚段”树轮校正年代数据与此前公布 1999 年系列样品部分“龙山晚”与“新砦晚”拟合后日历年代数据存有不相吻合之处。

4. 与此前公布二里头遗址一期碳十四年代数据比较显示相近与交错现象

将新砦遗址 2002 年 CT1 骨样品部分碳十四年代数据与以往夏商周断代工程公布二里头遗址一期常规 ^{14}C 测年数据[3]比较，显示新砦遗址部分“龙山晚期”碳十四年代数据与部分“二里头遗址一期”^{14}C 年代数据相近，新砦遗址部分“新砦期晚段”碳十四年代数据与二里头遗址一期 ^{14}C 年代数据交错现象（表五）。

表五 新砦遗址龙山晚期、新砦期晚段与二里头遗址一期部分样品 ^{14}C 年代数据比较

实验室编号	单位	样品物质	^{14}C 年代（BP）	拟合后日历年代（二里头）树轮校正年代（新砦）（BC）	考古学分期
ZK5206	二里头遗址 97VT2（11）	木炭	3406 ± 33	1740～1640	一期
ZK—6303	新砦遗址 2002CT1H6	骨	3411 ± 46（1950，5568）	1770（68.2%）1630（OxCal v3.10）	新砦期晚段
XSZ104	二里头遗址 97VT3H58	兽骨	3445 ± 37	1880～1840（0.41） 1810～1800（0.09） 1780～1730（0.49）	一期
ZK—6312	新砦遗址 2002CT1H25	骨	3496 ± 48（1950，5568）	1890（68.2%）1750（OxCal v3.10）	龙山晚期

注：新砦遗址龙山晚期、新砦期晚段数据，参见中国社会科学院考古研究所河南新砦队、郑州市文物考古研究院：《河南新密市新砦遗址 2002 年发掘简报》，《考古》2009 年第 2 期，第 15 页附表一；二里头遗址一期数据，参见夏商周断代工程专家组：《夏商周断代工程——1996～2000 年阶段成果报告（简本）》，世界图书出版公司，2000 年，第 76 页表二十

上述现象与“新砦期”介于龙山文化晚期与二里头一期之间的学术论断相悖。

三、由新砦遗址 2002 年 CT1 骨样品碳十四年代数据引出上述现象的启示

由于碳十四测年专家提示，测年标本埋藏环境，标本提取与处理，样品位置，样

品物质，样品的代表性，实验室的系统误差，偶然误差，仪器工作点的漂移，化学制备中些微污染，测年技术测量精度，数据校正计算，考古信息的可靠性等诸多因素都会对测量数据产生影响，导致误差。因此，相关碳十四测年数据应视为具有一定误差的参考年代数据范围。

由于碳十四数据测年技术测不出考古学文化名称与性质，测不出考古学文化分期（段），因此相关系列样品碳十四年代数据、拟合后日历年代不一定与考古学者提供的考古学文化分期编年完全相符。就考古学文化相对年代研究而言，考古学者应首先做到考古学文化性质与分期（段）编年等信息的成熟可靠。

由于新砦遗址龙山晚期与新砦期，新砦期与二里头文化一期的关系仍在研讨中，因此以往用新砦遗址龙山晚期、新砦期，二里头遗址一期系列样品得出的碳十四年代数据拟合后日历年代，只能作为参考。至于对考古发掘出土样品所在地层单位文化性质与分期判断的准确性，以及系列样品碳十四测年数据拟合后日历年代可信度，需要经过实践反复检验后才有可能逐渐得出较为客观的认识。

注　释

[1] 中国社会科学院考古研究所河南新砦队、郑州市文物考古研究院：《河南新密市新砦遗址2002年发掘简报》，《考古》2009年第2期，第15页附表一。

[2] 北京大学震旦古代文明研究中心、郑州市文物考古研究院：《新密新砦——1999～2000年田野考古发掘报告》，文物出版社，2008年，第536、537页表七四、607页附表四〇。

[3] 夏商周断代工程专家组：《夏商周断代工程——1996～2000年阶段成果报告（简本）》，世界图书出版公司，2000年，第76页表二十。

关于夏商考古学研究的几点思考

——许宏教授《夏王朝考古：学术史、新动向、新思考》读后感

谷　飞

（中国社会科学院考古研究所）

一、关于夏文化

许宏教授在该文中概括了日本学界的动向变化，指出在2003年以前日本学者基本上没有人肯定中国夏王朝的存在。2003年以后，饭岛武次教授、岗村秀典教授、宫本一夫教授相继发表了自己的观点，认可中国夏王朝的存在。其中岗村秀典教授的著作《夏王朝——王权诞生の考古学》当最具代表性[1]。岗村教授之所以认可了夏王朝的存在，是基于他对中国学者关于二里头与偃师商城时空和族群关系的推理的认可。认为这应当就是夏商分界的考古学证据，即找到了"夏王朝"的下限，由此提出"夏王朝存在论"，但同时指出其上限还无法确认。对于传世文献，岗村教授认为这只能让我们了解到战国、秦汉人眼中的"夏王朝"是个什么样子，并不能当做信史来看待。

许宏教授在文中简略地回顾了有关夏文化探索的学术史。在1977年登封告成遗址发掘现场会上，夏鼐先生指出关于"夏文化问题"的论证前提是两个"假定"：首先是我们探讨的夏王朝在历史上是存在过的，其次是夏文化有它一定的特点。对这两点许宏教授作了进一步的解析：一是"夏文化"讨论的前提是承认文献记载中的夏王朝历史为信史，二是"夏文化"能够在没有当时文字材料的情况下，从考古学文化中辨识出来。

在当时的中国学术界，"夏王朝存在说"与"夏文化可定说"这两个前提已不被认为是"假定"，而成为深入人心的共识。而这样的自信则是源于甲骨文和殷墟的发现：由于在殷墟发现了商朝后期的甲骨卜辞，其中的有关记录基本证实了《史记·殷本纪》所列的商王世系。可见《史记·夏本纪》中的夏王世系亦不会是司马迁的杜撰，理应与其撰写《商本纪》一样有所依据。由此，判断夏王朝的存在也是一种合理的结果。

许宏教授接着说道，进入21世纪或稍早，一些中青年学者开始反思并逐渐接受20世纪上半叶以"古史辨"为核心的反思传统，以及海外学界相对严谨保守的态度和观点，"超脱"出原有的话语系统，出现了质疑传统的"夏王朝可知论"的声音，提倡"有条件的不可知论"，即主张如果没有当时的有足够历史信息的文书类资料出土，不

可能解决族属和王朝归属问题。纵观数十年的有关夏商文化的论战，二里头文化究竟属夏还是属商仍在争论之中，主流观点摇来摆去，仍然无法认为取得了实质性的进展。相关讨论可以认为都是在无从验证的假说的层面进行的。而考古学、文献学能够契合的上限是殷墟文化——商王朝晚期的遗存。再往前就是所谓的“原史时代”。到目前为止，二里头与偃师商城的兴废是中国历史上第一次王朝更替——夏商革命的说法，不能不说仍是最能“自圆其说”的假说。

谈及二里头遗址和二里头文化，许宏教授坦言：本人不敢断言二里头遗址即为夏都，二里头文化即为夏文化，他认为，剥开夏商文化问题热闹非凡的表层外壳，它的基岩部分，也即夏鼐 1962 年及以后对二里头文化与夏文化关系的确切表述，却没有被撼动或突破。因为排除不了二里头遗址和二里头文化属于商都和商文化（甚至是其他国族）的可能性，他认为对二里头文化到二里冈文化期的广域王权国家遗存，日本学者西江清高教授倡导的“初期王朝”的提法是妥当的。

通观许宏教授的观点，我以为他关于二里头遗址和二里头文化的疑虑也有一定的道理。回顾夏文化的探索过程，的确如其所言，相关的研讨确实都是建立在“合理”的假说层面之上的，并无如殷墟甲骨文那般不容置疑的铁证（可以自证的文字资料）出现。

那么，如何看待传统文献中关于夏代历史的记载？是否如日本学者岗村秀典教授认为的只能反映战国、秦汉人眼中的“夏王朝”是什么样，并不能当作信史来看待呢？我想大多数中国学者并不这样认为，虽然上述文献大多成书于战国、秦汉时期，应该也经过时人的整理、加工，但绝非凭空杜撰之物，一定是有所依据的！司马迁在《史记·殷本纪》中关于商代世系的记载已被出土的甲骨文资料所证实便是有力的证明。我们不应当轻易的予以否认。

我们如何看待这种“合理”的假说，对于期盼已久的夏代和商代前期的文字材料我们还应当继续期待下去吗？二里头遗址的发掘历经了 60 余年的时间跨度，出土的遗迹、遗物涵盖了方方面面；偃师商城遗址的发掘亦过去了 30 余年，发掘面积已逾 5 万平方米，核心部位——宫城遗址全部发掘完毕。虽然发现有一定数量的卜骨，但却没有发现任何文字的蛛丝马迹（陶器上的刻划符号当与文字无关）。将来还会有发现吗？本人持悲观态度，若真的有什么文字材料，早就应该发现了！我们应当做的是放弃幻想，好好思考一下在没有文字资料的条件下如何认识夏文化，如何认识殷墟之前的商代文化！

夏王朝的遗存非得要文字来证明吗？其实不然。唐际根教授认为，从学理上说，证明夏王朝遗迹，单一的证据当然不行，但如果有严格的证据链，则可以判定为“接近历史真相的认识”。目前考古学界的主流观点，认为河南偃师二里头遗址是夏王朝都城。而支撑这一观点的，便是一系列的证据链。

按照文献记载，商王朝是在推翻夏王朝的基础上建立的。按照王朝更替的规律，如果我们找到“最早的商都”，则它可成为夏商两朝分界的标志。如果我们能够找到一处年代刚好早于最早的商都，而且具有都邑规模，其地理范围又被后来的商王朝势力所覆盖的遗址，那么它就有可能是夏王朝的都邑。

河南偃师二里头遗址便是这样一处遗存。二里头遗址面积宏大，在其核心位置发现了大型建筑遗迹，不但发现了宫城，还发现了青铜器和铸铜作坊。这些遗存都表明它具备了都邑性质。主流学术界认为，二里头遗址可能是夏王朝最后一处都邑。为什么呢？除了二里头遗址本身具备都邑规模之外，最重要的理由是它在年代、地望、文化三方面都与文献中的夏王朝最后一都相契合。

偃师商城是与郑州商城年代基本一致，且同样有着巨大城垣的商代遗址。这座遗址距二里头遗址的空间距离仅 6 千米。这样的空间距离，完全符合商王朝推翻夏王朝这样的历史背景。有学者甚至认为，偃师商城正是灭夏之后商人专门为镇抚伊洛河流域的夏人而建。时间上，偃师商城（包括郑州商城）正好与二里头遗址的衰败相接。文化属性上，呈现的是商文化对二里头文化的迅速取代。这些现象，都有利于论述二里头遗址是夏王朝遗存[2]。

对于前文许宏教授的第一个解析："夏文化"讨论的前提是承认文献记载中的夏王朝历史为信史，杜金鹏先生在其研究论文《试论夏文化探索》中的观点可以回答这个问题，我以为杜先生的观点也代表了目前中国学术界的主流认识。他认为，从考古学上探讨夏文化，并非像有人希望的那样，用考古发现去验证有无夏王朝，验证"疑古"学者的观点是否正确，而是从一开始，就是在基本肯定古代文献典籍关于夏代历史的记载为信史的前提下去进行的。不相信中国历史上有个夏王朝，抛开古代文献中关于夏代历史的有关记载，考古学上的夏文化探索便根本无从说起[3]。

对于许宏教授的第二个解析："夏文化"能否在没有当时文字材料的情况下，从考古学文化中辨识出来，杜先生的观点也可以给予很好的解释：中国考古学的研究成果告诉我们，中国古代历史是非常悠久的和连续不断的。尤其是在中原地区，起码从距今七八千年开始，人类文化连绵不绝，一脉相承。裴李岗文化、仰韶文化、龙山文化、二里头文化和商代二里冈文化构成了一条古代文化的长链，在它们之间已不可能再有其他的中间环节。而早于二里冈商文化的二里头文化，从其内涵上看，已经步入了初步发达的文明社会并且与文献所记载的夏王朝的状况每每相合。可以肯定地说，在商代之前中原地区已经有一个威仪四海的王朝存在了。传世文献和考古学研究成果都可以证实以《史记》为代表的中国传统古史体系基本上是可靠的，在中国历史上存在着一个"夏王朝"是不容置疑的！

郑若葵先生在其论文《论二里头文化类型墓葬》的结语里也说到，二里头文化的上限与河南龙山文化衔接，下限与二里冈商文化的上限重合或略有交错，大体在夏王朝的纪年范围之内。结合二里头文化的分布地望以及中心区域，考虑到其出土物的质与量，墓葬制度的内涵特色，在此年代范围内真正具备夏王朝文化条件或王者相的，迄今所知非二里头文化莫属。尤其是位于该文化分布中心的二里头遗址，文化堆积丰富，宫殿建筑气势非凡，铸铜、制骨等作坊完备，显示出大型聚落或都邑的气派，其应当是夏王朝统治时期的重要城址之一[4]。

邹衡先生是夏商文化研究的领军者，在夏商文化探索方面用功最多，最早提出了二里头文化一至四期皆为夏文化的重要论点。抛开郑亳说与西亳说的争议不说，邹衡先生关于二里头文化的论点是正确的，也得到了学界的认可，代表了学界的主流意见！

我们对夏文化的判断主要是依据历史文献和考古学资料，虽然就像许宏教授所言，这种判定至今并无能确定无疑的出土文字资料的支持。但是，正如上文邹衡、杜金鹏、郑若葵等先生所言，位于龙山文化和二里冈商文化之间的二里头文化，无论从其内涵还是分布范围而言都是唯一可与夏文化、夏王朝契合的一只考古学文化，具有排他性。

按照历史文献记载，商王朝是在推翻夏王朝的基础上建立的。如同数学家解决问题，解决夏王朝的问题也必须“从已知到未知”，而商王朝是已知点。因此论证夏王朝，我们还是要从商王朝做起。

二、关于商文化

许宏教授在文中提到现在并不能排除二里头文化为商文化、二里头遗址为商都的可能性，这一点本人并不认同。主要基于以下几点考虑。

首先，二里头文化与商文化文化来源不同，基本内涵不同。北京大学考古文博学院的刘绪教授在其学术专著《夏商周考古探研》中收录了其发表于1998年的一篇文章《早商文化的考古学横向观察》。刘绪教授指出，在中原地区（黄河中下游地区），在龙山文化时期之后步入了一个新的阶段，主要存在着三种考古学文化。一是二里头文化，在三者中位居最西，主要分布在豫西晋南地区；二是岳石文化，位居二里头文化之东并与之相邻，主要分布在山东及其邻近地区；三是漳河型文化（或称下七垣文化），其南与二里头文化和岳石文化相邻，主要分布在河北省中南部，三者呈鼎足之势，构成了一种新的格局。

刘绪教授进一步指出，在黄河中下游地区，二里头文化时期是介于龙山文化和二里冈文化之间的一个新的阶段，无论是从该时期各种文化本身还是从这一地区各文化的同步发展规律来看，都不宜将其一分为二，不可能分属夏商。二里头文化、岳石文化和漳河型文化的分布地域分别与夏人、夷人和商人的活动区域相吻合，他们的年代又基本与夏王朝同时，无可置疑，这三种文化应当分属于夏时期的夏、夷、商文化（应为先商文化，本文作者注）。

上述三种考古学文化大致同时出现在黄河中下游地区，共同显示了一个新阶段的开始。大量证据显示，在其结束之际取而代之的是二里冈期商文化。二里冈期商文化被分作早晚两大期（即二里冈下层和二里冈上层），该文化首先统一了中原地区，进而又统一了黄河中下游地区，并对周邻文化产生了深远的影响。结合文献所见夏商时期有关夏人（族）、商人和夷人活动地域的记载，以及成汤灭夏的史实，只有把二里冈文化确定为早商文化最为合理[5]。

如将整个商文化分为早晚或前后两大期，那么刘绪教授将二里冈商文化确定为早商文化是合理的。但是，随着有关商文化考古学研究的不断深入，多数学者认为将商代考古学文化分为早、中、晚三期更为合乎历史事实。如此，则将二里冈下层文化确定为早商文化应该是更为合理的解释[6]。

所以，即使在目前的条件下（截至目前没有自证性文字材料的支持），如许宏教授所言，暂时无法认定二里头文化即为夏文化，二里头遗址为夏都，甚至是其他国族，那它的主体文化也一定不是商文化，二里头遗址亦绝非商都。在二里头四期晚段之前出现的一些商文化因素，我以为应当理解是文化交流的原因造成的，而非什么改朝换代的证据。

其次，在考古学的层面上而言，从早商到晚商，有商一代的商文化是完整的。我们对于商文化的认识是基于一系列考古发现和研究得来的。从 1899 年发现甲骨文，到王国维先生论证《史记》所载的商王世系基本可靠；从 1928 年开始到今天殷墟遗址持续不断的发掘和研究都为商文化的研究打下了坚实的基础。正是在商代晚期殷墟文化的基础之上，经过二里冈遗址、郑州商城遗址、小双桥遗址、偃师商城遗址等一系列遗址的考古发掘和研究，通过地层学和类型学的研究一步一步向前推导，最终将商文化从晚商经中商上推到早商文化，这些成果已获得学术界的公认。

结合先商文化的研究成果，殷墟所出之甲骨文证实的不仅仅是晚商的历史也应该包括商代前期乃至先商时期的历史。因此，商代考古学和文献学能够契合的时间段是可以涵盖整个商代历史的！而非仅仅只到晚商时期。

最后，简单谈谈郑州商城与偃师商城的关系问题。偃师商城发现以后，原二里头西亳说（旧西亳说）被偃师商城西亳说（新西亳说）取代，并与郑州商城西亳说（郑亳说）继续对峙。但无论是新西亳说还是郑亳说，绝大多数学者都认为偃师商城具有都城性质，是商代早期商人统治的一座重要城址，它的出现代表着商汤代夏的成功。偃师商城也由此成为划分夏商文化的一个重要的关键点和标志。并且，偃师商城独有的地理位置和历史背景，使得偃师商城界标说在划分夏商文化上更具代表性[7]。

郑州商城与偃师商城发现后，历经数十年的考古发掘和研究，对二者的认识已经相当的深入。偃师商城西亳说认为偃师商城的始建略早于郑州商城，郑亳说则相反。二者各据其理，一时难以说服对方。由于二者相距近百千米，没有直接的地层叠压、打破关系，也就无法从地层学上来证明二者的早晚关系，只能退一步，从出土遗物的类型学研究上进行比较分析。新西亳说认为偃师商城的始建早于郑州商城之始建，偃师商城商文化是最早的早商文化，进而以此为基点区分夏商文化，确定分界界标，郑亳说亦大致如此。两观点所依据的文献和考古学资料及其相关研讨各有其理，在此不做评论。不妨换个角度思考一下：先商文化起源于豫北、冀南，历经数代的发展之后羽翼逐渐丰满，商人趁夏末乱世之际起兵伐夏，最终取而代之，建立了庞大的商帝国。有关商人的征夏路线，先南下而后西进是学术界认可的主流意见。从地理位置上看必定是先到郑州地区，在郑州地区营建灭夏桥头堡，然后再进一步西进横扫夏人老巢并在灭夏后定都偃师商城。建都偃师的目的显然是控制前朝核心地区，安抚前朝民众。待政局稳定之后，考虑到控制东方的需要而在仲丁之时迁都郑州商城，开启中商时期的历史阶段（偃师商城此后成为副都，继续起到镇守西部的作用）。从这个角度考虑，作为都城的偃师商城始建在前应该是一种合乎逻辑的解释（中商之前的郑州商城并非早商时期的政治中心——都城）。

注　释

［1］〔日〕岗村秀典：《夏王朝——王权诞生の考古学》，讲谈社，2003 年。
［2］ 唐际根：《历史传说能否求证——商王朝、夏王朝与上古五帝》，《美在成久》2019 年第 4 期。
［3］ 杜金鹏：《试论夏文化探索》，《夏商周考古学研究》，科学出版社，2007 年。
［4］ 郑若葵：《论二里头文化类型墓葬》，《华夏考古》1994 年第 4 期。
［5］ 刘绪：《夏商周考古探研》，科学出版社，2014 年。
［6］ 谷飞：《关于商代文化分期的几点思考》，《华夏考古》2016 年第 4 期。
［7］ 曹慧奇：《关于偃师商城的一些思考》，《南方文物》2017 年第 4 期。

先商文化的考古学存在
——漳河流域先商时期考古学文化及相关问题

段宏振

20世纪70年代，邹衡先生将太行山东麓一线的漳河型和辉卫型、郑州地区的南关外型等遗存考证为考古学意义上的先商文化，并指出其中的漳河型是商文化的原始形态。自此，关于商人起源及先商文化的考古学探索开启了一个新阶段[1]。但是，有关先商文化的概念及在相关考古学文化中的位置，与先商文化相关的考古遗存年代与属性，以及早期商部族的活动地域及特征等等相关问题，学界一直存在着歧义与争论。漳河流域被许多学者视作是先商文化的中心区，本文将以漳河流域核心地带（邯郸附近）的先商时期文化遗存为基础，讨论先商文化的概念及与考古学文化的对应、早期商部族在豫东地区的活动方式等问题，其本质是尝试厘清先商文化研究的考古学途径，探讨先商文化在考古学层面的存在形式。

一、先商文化概念的应用与局限

先商文化之说缘于商人起源问题。追寻商人起源一直是历史学界所关注的一个焦点问题，长期以来多数学者主张商人源于东方[2]。1928年殷墟开始发掘以后，考古学者也积极参与到探寻商人源头的探索，李济提出了先殷、先商和原商等概念[3]，而李景聃1936年赴豫东一带考古的目的就是要寻找殷墟文化的前身和来源[4]。考古学的发展使得追寻商人渊源的探索不断深入，但关于先商文化这一概念的具体定义与系统理解，长期以来一直存在着歧义与纷争。

20世纪60年代，考古学意义的先商文化被首次正式提出，指向的考古遗存是二里头文化[5]。之后的70年代，邹衡先生开始系统讨论先商文化，其出发点是从商文化的考古学角度阐述的："商文化第一期即先商期，先商期也可叫作先商文化，绝对年代约相当于成汤灭夏以前。……先商文化的分布比较集中在太行山东麓一线。……先商文化漳河型是商文化的原始形态，也是较为纯粹的商文化。"[6]邹衡先生关于先商文化的概念，虽比较严格然而略欠严密，但在当时无疑属于一个划时代的突破性研究，其主要意义在于将夏商二族及其文化在考古学层面揭示并区别开来，并提出了商人源于太行山东麓一线的冀南新说。

此说一经提出，立刻引起考古界广泛关注，许多学者将先商文化探索的重点着眼于太行山东麓一线地区，商人源于冀南逐渐成为考古学界比较主流的认识，从而颠覆了历史学界长期以来认为商人起源于东方的传统看法。但不容忽视的是，支持冀南说的许多学者同时对该说又提出了各种修正。1988 年，郑杰祥提出了东下冯—辉卫型文化为先商文化之说[7]。1989 年，李伯谦提出了漳河型、辉卫型一类遗存似可以下七垣遗址第 3、4 层为代表而称之为下七垣文化，它是二里冈下层早段先商文化的直接前身，是汤始居亳前的先商文化[8]。20 世纪 90 年代后期，以族属文化为基础来解析先商文化冀南说的探索陆续出现：南部的辉卫型被分离出先商文化系统，被认为属于豕韦族的文化[9]；而北部的先商文化保北型被另立为下岳各庄文化，被认为是有易氏的文化[10]；还有将下七垣遗址第 4 层遗存排除在下七垣文化之外等等[11]。这种将考古学文化解构并分化的趋势无疑是与族属对应探索的结果，于是便出现这样的情况：以族属为中心的三代考古学文化探索，常常将考古学文化拆解分化，此与新石器时代考古学文化划分确立的惯例标准形成差异。此正说明了考古学文化的确立基础主要是一种比较和参照，难免含有主观因素，如果比对的基准有异而非一致，则结果即多样化。三代考古学文化拆解探索的趋势，波及影响到新石器时代文化的划定，如认为后冈二期文化范畴内的冀南与豫北分属两个不同的文化系统[12]。总之，太行山东麓一线所谓先商文化遗存的分解及多种命名，显示了先商文化冀南说存在的某些困扰和问题。

与此同时，还存在着与先商文化冀南说相反的意见，商人起源于东方的传统观点在考古学界继续传承，先商文化分布于太行山东麓一线的新流行观点面临着挑战。一些学者将先商文化定位于豫东鲁西南地区，龙山时代的青堌堆类型或王油坊类型被认为是先商文化遗存[13]，或者推定岳石文化的创造者就是先商居民[14]。张光直一贯坚持商出自夷，先商文化是岳石文化的一支[15]。但又同时认为，先商文化可能存在两个源头：统治者可能来自东方，而被统治者可能来自漳河流域[16]。这一观点实际上就是认为先商文化分别存在于东西两支不同的文化之中，而商王朝的居民则主要由两部分人群合流而成。另外，赵芝荃将下七垣遗址第 4 层划为二里头文化下七垣类型，但又视之为先商文化的代表，实际上即认为夏商二族属于同一文化体系，两者之间的区别只是王朝更替[17]。这些观点将早商文化的主要来源或追寻至东方，或指向本地的二里头文化，均与先商文化冀南说形成对照。

总之，先商文化冀南说面临的问题是先商文化的概念及与考古学文化的复杂对应，面临的挑战则是与商人起源东方说的某种程度对立。而先商文化的概念与命名问题涉及考古学研究理论的构建，它是一切问题的根本所在。

一般来讲，先商文化系指商灭夏以前商部族创造并使用的文化。这仅仅是以族属性质为基础的理论上的定义，而在具体研究层面将会面临着一些复杂的歧义。先商文化首先是一个部族属性文化概念，这一概念所含的一个隐性基础就是：灭夏前的商部族是一支民族性明确的群团，不仅独立存在并有一定的规模，而且还具有色彩鲜明的独特文化——这支文化的某些物质遗存不仅至今保存，而且还有可能被考古学发现。但这只不过是理论上的一种理想程序，在具体研究探索层面，将族属文化与考古学物质文化如何对应，即如何辨明哪一支考古学文化是先商文化，则是一个非常复杂的问题。

邹衡先生在论证先商文化与考古物质遗存的对应时，主要通过逆向追溯之法，即从有文字可证的殷墟晚商物质文化向上追溯至二里冈早商文化，再由二里冈追溯至漳河型先商文化，而早商文化起始点的判定主要取决于“汤始居亳”之地的商文化遗存。但是，由于物质文化本身构成及渊源的复杂性，以及纵向追溯过程愈远愈大的误差性等因素，上溯至先商时期的文化与商代文化之间，究竟存在多大比重的传承渊源无疑是个无法简单回答的问题。另外还有一个不容回避的问题：即便是殷墟商文化，也不一定全部都是商部族所创造和使用。因此，考古学文化与族属文化的对应是个非常复杂的问题。可能正是看到这一情况，邹衡先生后来对先商文化的概念加以严密，指出“先商文化是指商汤灭夏以前主要属于商人的考古学文化”[18]，李伯谦也提出类似的看法，即“先商文化是指汤灭夏以前商族（或以商族为主体）创造和使用的文化”[19]。很明显，这些表述实际上即明确了先商文化包括商族在内同时含有其他部族。但所谓以商族为主体的比重到底有多少，纵向发展又有什么变化等等，又是一个必须面对的问题。

上述表明，先商文化这一概念在考古学探索领域的使用中具有一定的局限性。这一点正如孙华指出，先商文化的概念可以用于族属判断，但不适于作为一种考古学文化的命名[20]。事实上，邹衡先生当年可能也认识到了这一问题，虽然他曾提出“考古学文化是田野考古中使用的术语，并不是永远使用的名称，如有可能（确有证据）应该尽量用古代的族属来代替它”[21]，但同时又指出：“河北龙山文化涧沟型至少应该包括伯益之族或其所属部落在内的，……伯益和商的先人曾经居住于同一个地区是完全可能的，……共工氏所留下的遗迹，应该是包括在河北龙山文化之内的，……而伯益族可能即属于共工氏的一个分支”[22]。这里的表述很明显透露出这样一种含义：即一种考古文化之中可能包括有两支以上的部族，反过来说，一个部族也有可能在不同的阶段和地域使用两种以上的考古学文化。1990年，李伯谦在论述夏家店下层文化的族属性质时，即明确表达了这一理念，后来又专门讨论了这一问题[23]。此对理解先商文化与考古学文化的对应很有启发意义。但是，由于古代部族的构成非常复杂，文献记载的史实也常常互有抵牾，而考古学文化方面也存在着层次与结构等多方面的认知差异。因此，将古代部族与考古学文化相对应的探索，即使在两者的基本构成层面都存在着许多问题，更遑论进一步的联络和照应。但这一点也恰恰正是考古学探索，尤其是三代考古学研究的一个重要目标所在，而先商部族与考古学文化关系的探索正是一个很好的个案。

综上所述，太行山东麓一线先商文化系列概念在考古学领域的探索应用，大致经历了三个阶段：兼具族属与考古学文化的笼统先商文化概念，单纯的考古学文化概念——下七垣文化的提出，先商文化概念应用局限性的觉悟及下七垣文化的分解等。这一历程不仅显示出先商文化概念在考古学探索领域具体应用的局限性，同时更反映了先商文化考古学研究途径的逐渐严密和细化。

邹衡先生最初提出的先商文化概念，主要是出自族属性质，但同时又承担着考古学文化的概念，属于一个兼具双方属性的复合概念。一个概念兼具两个层面，其内涵及外延均非完全重合，这必然在研究过程中产生歧义和误差。因此，下七垣文化的提出无疑是先商文化探索深入的一个标志。下七垣文化的概念基本上属于考古学文化的范畴，它既不是对先商文化的简单改称，也不是一种可以完全互用的替代，两者并不是简单的对等关系。所谓下七垣文化即是先商文化的表述是不太严密的，关于下七垣文化的拆解及其年代区间的不同看法等等即是一种证明。先商文化与下七垣文化的关系不能简单归之为对应，两者之间表面是先商文化的考古遗存辨认，但究其本质实际上是先商文化考古学存在的全面复原与结构剖析，因此两者之间绝不是互相对应这么简单，两个概念在具体使用时的语境尤为值得注意。

先商文化的考古学探索存在纷争，反映了族属文化与考古学文化对应的复杂性。但这种对应无疑是三代考古的一个重要方面，相互对应的对象辨别是非常复杂的，需要确凿的依据和详尽考证。在这一探索过程中，准确把握和使用相关概念则是一切研究的基础。有鉴于此，先商文化这一概念在使用时，应主要着眼于族属性质，它要高于一般的考古学文化意义，而下七垣文化等则是一个单纯的考古学文化概念。因此，两个概念的使用应有所区别，尽量避免混用。有时候在涉及与先商文化相关的考古学遗存，但无合适的考古学文化命名称呼，或者欲从另外的角度阐释时，不妨可暂称之为先商时期（时代）遗存或先商时期（时代）文化。

二、漳河流域先商时期文化遗存的编年

以漳河流域为中心的先商时期考古学文化遗存，最初被称之为先商文化漳河型，年代分为三组[24]；后来又被视作下七垣文化的一部分，年代则分为三期[25]；近年有学者将其分为四段或五期[26]。这里需要讨论的是，所谓先商时期的区间问题。先商文化的下限是汤灭夏，其上限可追至始祖契，如此先商时期则为契至汤之间。汤始居亳，亳的具体地望尽管存在争议，然其考古学踪迹也基本可寻。但是契所居的地望，至今未有确凿无疑的线索和证据。因此，先商文化起始年代及文化初始的形态等，目前均难以在考古学层面具体把握。虽然如此，但仍可以推论出一个大致的年代区间。

依据《史记·殷本纪》“契长而佐禹治水有功”的记载，夏商二族可能曾并行存在，其中商契或大概与夏禹大致同时代。如果按照这一说法，则先商文化的起始年代或许与夏文化的开端基本同时。若再按照目前将龙山时代晚期视作夏文化开始的比较流行

的观点，则先商文化的起始也大致在龙山时代晚期阶段。

契居之地，有“商”与“蕃”之说。二地具体地望的考证，主要有豫东鲁西南和冀中南两种说法[27]。因此，豫东和冀南先商时期的考古遗存或许与先商文化具有密切的关系。本文主要针对冀南漳河流域核心地带（邯郸附近）先商时期的考古学文化，这一区域相当于龙山时代晚期阶段的考古遗存，可能与先商文化的起始阶段存在某种联系。

漳河流域相当于龙山时代晚期晚段的文化遗存，目前暂以永年榆林遗址为代表，可称之为榆林期（图一）。榆林期遗存主要以榆林遗址的H11为代表[28]，另外武安念头遗址也有一些发现[29]。目前该期遗存主要发现的是陶器，陶器颜色多不纯正，以灰陶为主，其次是褐陶，约占42%。器表纹饰以绳纹为主，篮纹和方格纹很少。器形以罐、瓮类为主，其次是鬲、甗、鼎、器盖、缸和碗等。其中深腹罐、小口瓮、鸡冠鋬肥袋足鬲、甗、鸟首形足鼎、三足盘、子口缸等，具有独特的文化特色。该期陶器群中的平底罐和瓮等器类属于本地系统，而鸡冠鋬鬲源于太行山西麓、鸟首足鼎和三足盘等又来自东方。因此，漳河流域的龙山晚期遗存深受东西两翼的影响，但同时具有自身的独有特征，新石器考古研究领域一般将其归之为后冈二期文化。

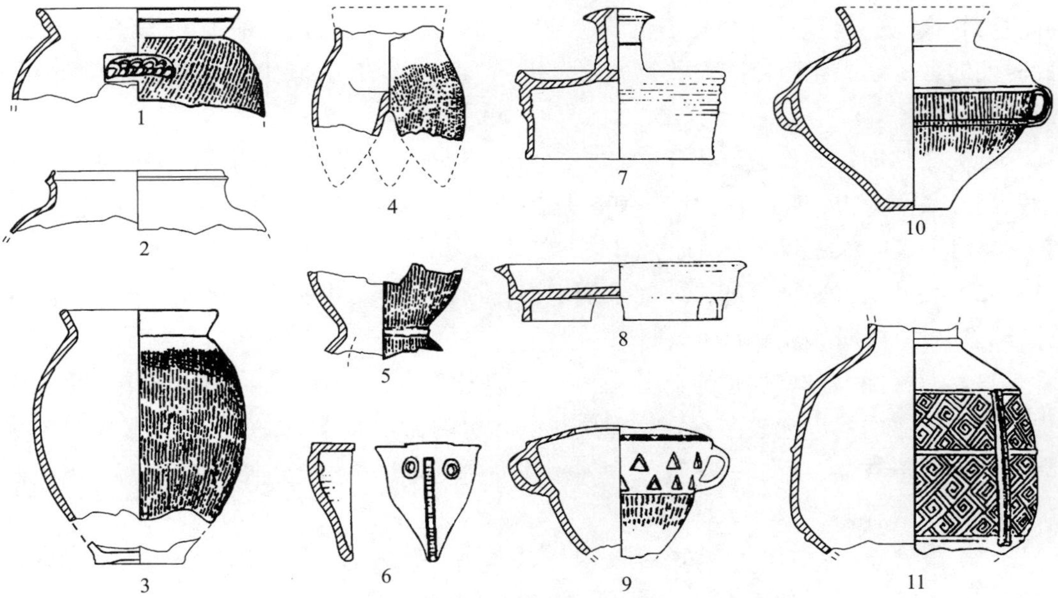

图一　榆林期陶器

1. 鬲（H11：1） 2. 子口瓮（H11：25） 3. 罐（H11：22） 4. 鬲（T30②：1） 5. 甗（H11：7） 6. 器足（H11：3） 7. 器盖（H11：10） 8. 三足盘（H11：5） 9. 小口镂孔瓮（H11：14） 10. 双耳瓮（H56：1） 11. 小口雷纹瓮（H11：18）（4、10. 武安念头，余均永年榆林）

榆林期遗存的年代大致相当于龙山时代晚期晚段，文化面貌与新砦二期有些相似[30]，很可能与商祖契或者说先商最早期的时代大体相当。如果再考虑到契所居的地望可能涉及漳河流域，则榆林期遗存便有可能与最早期的先商文化有关。但这仅仅是一种理论上的推测，目前的考古资料还无法将榆林期遗存与下七垣文化早期紧密有机地联系起来，其间传承的线索大概是深腹罐、鬲和甗之类，但这种程度的联系还不足以充分说明两者之间具有文化主脉的传承关系。追寻先商文化早期遗存不仅需要考古发现的丰富，更需要考古学文化发展与族群演变两方面对应的科学理论和具体数据支撑。此将是今后先商文化考古的一个重要方向。

榆林期之前的后冈二期文化与先商文化之间，大概也存在着某种程度的联系。邹衡先生曾将冀南地区的龙山遗存归之为河北龙山文化涧沟型，并分为早中晚三期，指出漳河型的来源有主要三个，其中首要来源就是涧沟型龙山遗存，并明确推论它可能是伯益族和商祖先共同的文化[31]。1979 年，后冈遗址发现丰富的后冈二期文化遗存，发掘者称其为先商文化[32]。1995 年，王立新将后冈二期文化分解为冀南与豫北两部分，认为冀南的涧沟型遗存应是先商文化的更早阶段[33]。如前所述，榆林期与先商文化之间的细节关系尚难辨清，因此早于榆林期遗存与先商文化关系的细考，将有待于更多的考古发现。

漳河流域先商中晚期时期的考古遗存比较丰富，目前所谓下七垣文化的年代区间即主要指向这一时期。综合几个主要遗址的资料，漳河流域核心地带（邯郸附近）先商时期的考古学文化，目前大致暂可分为如下 7 期（图二），其中第二期遗存暂时空缺或不明：

（1）榆林期：典型遗址永年榆林，约相当于龙山晚期晚段。陶器以夹砂灰陶和褐陶及泥质灰陶为主，绳纹占大宗，其次是篮纹，方格纹很少。常见器形有鼎、甗、罐、瓮、鬲等，其中深腹罐、小口或大口瓮、甗等为典型器。

（2）某某期：遗址暂缺，或尚未辨识出，约相当于二里头文化一期，抑或榆林期部分下延、白村期部分上伸至该期。

（3）白村期：典型遗址有磁县白村[34]、下七垣第 4 层等[35]，约相当于二里头文化二期晚段。陶器以夹砂灰褐陶、泥质灰陶和黑陶为主，器壁较厚，绳纹较粗且不规整，常见器形有鼎、罐、鬲、豆、瓮等，其中扁三角足鼎、高领束颈鼓腹鬲、深腹鼓腹罐等为典型器。

（4）南城期：典型遗址磁县南城[36]，约相当于二里头文化三期早段。陶器器壁较厚，但所饰绳纹开始趋向变细和整齐，流行中绳纹。鼎、鬲、罐继续流行，鬲的颈部变短，鬲和深腹罐的腹部外鼓幅度均有略收。

（5）北羊井期：典型遗址有邯郸北羊井[37]、磁县界段营[38]、峰峰义西[39]等，约相当于二里头文化三期晚段。陶器风格发生剧烈变化，制作日趋规整，器壁变薄，绳纹以中绳纹为主但总体趋向变得更细，并开始出现线纹，仍存在少量的麦粒状绳纹，

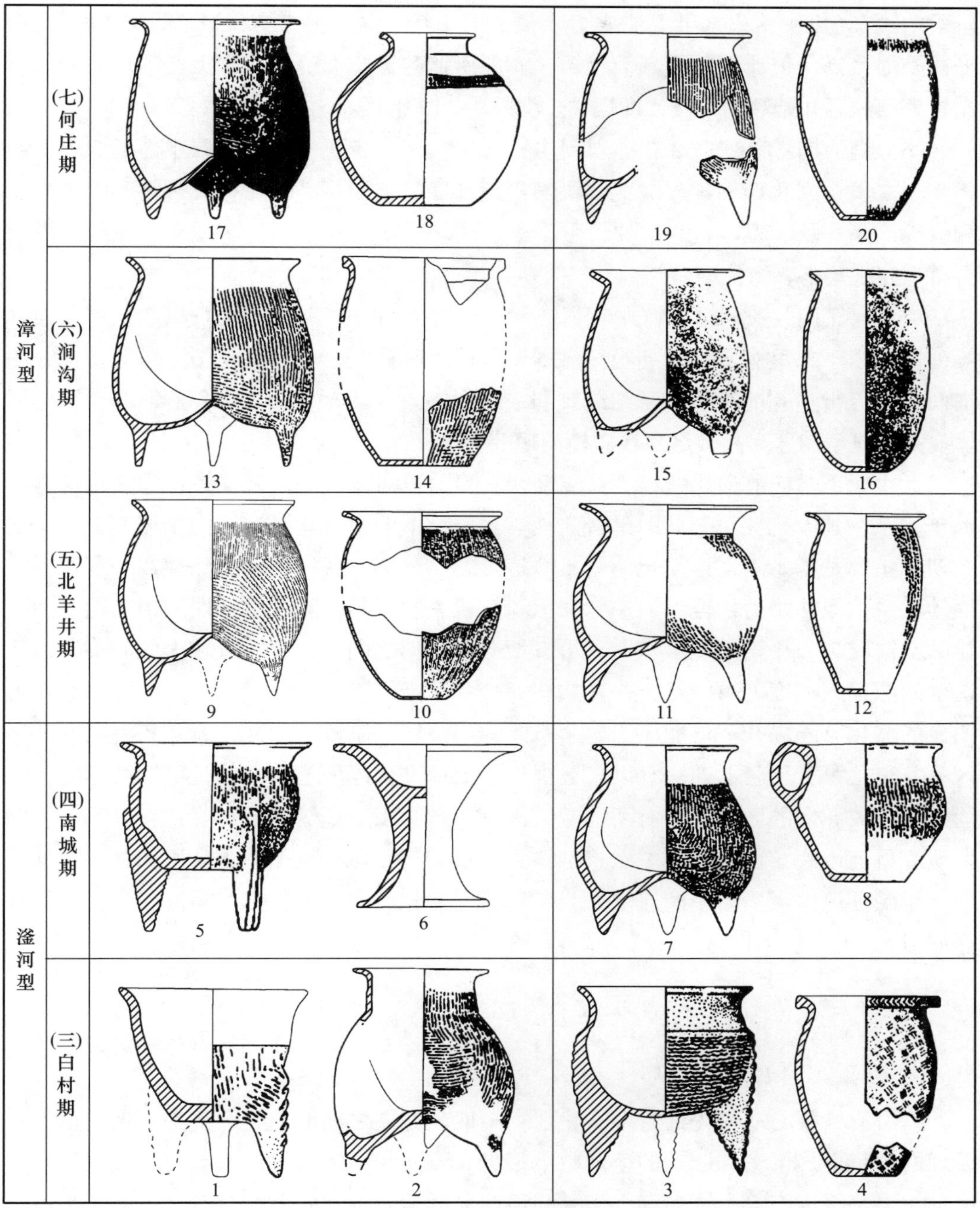

图二　漳河流域核心地区（邯郸附近）先商时期主要陶器演进示意图

1、2. 白村（H14：3、H73：13）3、4. 下七垣（H16：782、H61：787）5～8. 南城（M38：3、M38：2、M88：1、M88：2）9、10、19. 北羊井（H21：1、H21：24、H17：4）11、12. 界段营（H8：35、H8：6）13、14. 涧沟　15、16. 薛庄（H275：7、H275：8）17、18. 何庄（H1：1、H1：3）20. 河北村（H8）

北羊井 H21：1 鬲上的组合绳纹就是此转变过程中的极好例证，亦即细绳纹风尚起始阶段的一个物证。常见器形以鬲、甗、罐、豆、瓮、盆为主，鬲和深腹罐均作略鼓腹，形体趋向瘦高，但典型的瘦高筒状罐，亦即所谓的橄榄型罐似尚未大量出现。此前形制较繁杂的鬲开始趋向一致，即矮领、微鼓腹、高锥足。

（6）涧沟期：典型遗址有邯郸涧沟[40]、薛庄[41]及下七垣第 3 层主体遗存等，约相当于二里头文化四期早段。此阶段陶器特征已趋向稳定，薄胎，流行整齐的细绳纹和线纹。鬲、甗、罐、盆为主要器形，鬲、罐均作微鼓腹，形体多瘦高，流行卷沿或折沿高裆锥足鬲、橄榄型罐等。

（7）何庄期：典型遗址有永年何庄[42]、磁县河北村[43]及下七垣第 3 层部分遗存等，约相当于二里头文化四期晚段。本期陶器形制稳定，延续保持了上组的特征，胎细而薄，流行整齐的中绳纹，细绳纹和线纹大幅减少。鬲、甗、罐、盆继续流行，形体瘦高，典型陶器为高锥足鬲和橄榄型罐等。

上述七个时期的文化遗存，大致反映了目前漳河流域先商时期考古学文化遗存的编年体系，其中第三至七期即是目前被学界所称下七垣文化漳河型的主体部分。这七个期段主要是基于陶器群演化的基本轨迹及编年分期，各期之间虽然存在一些谱系方面的联系，但并非由始至终的一脉相承和有机关联。其中除了第一期和第三期之间明显的空缺间隙外，第四期南城期和第五期北羊井期之间，也存在着较大的间隙，而且这个间隙很大程度上可能缘于一种文化突变和革新。换言之，第四、五期之间存在着明显的文化分隔界线，可能属于两个不同的历史发展阶段。因此，有必要将两者前后区分开来。第五至第七期一直以来被视作下七垣文化漳河型的主体，可继续称之为漳河型，但较原来的区间范畴有所缩减，即不再包含下七垣第 4 层一类遗存。第三、四期遗存目前以磁县白村和南城二遗址最为典型，其中包括下七垣第 4 层，这些遗址大多处于磁县境内滏阳河上游流域，为了与漳河型相对应，可暂称之为滏阳河型，简称滏河型。

三、滏河型的确立与北羊井期的文化突变

漳河流域核心地带先商时期文化遗存第四、五期之间的差异，首先表现在遗址所发现的数量上，第三和四期的遗址数量很少，漳河滏阳河上游流域的百余处先商时期遗址主要是第五至第七期遗存。但其间最明显的差异是在陶器群总特征方面，第三至第七期可分为显著的两组：三、四期比较接近，联系也较密切；五至七期风格相似，发展传承轨迹比较明确。这种区别就是构成滏河型和漳河型的基础，将二型区别开来有助于深刻认识漳河流域的先商时期文化。二型之间陶器方面的差异主要如下：

滏河型：陶器制作略显粗糙，器壁较厚，绳纹较粗且散乱，有一定数量的麦粒状

绳纹，另有很少量的篮纹，典型器有鼎甗罐鬲豆等，鼎多鬲少。鬲的形制较繁杂，多作高领，腹部较鼓。深腹罐腹部较鼓，瘦长的橄榄形罐尚未出现。陶器群中含有较高比例的岳石文化和二里头文化因素。

漳河型：陶器形体比较规整，器壁很薄，绳纹变细，流行整齐的细绳纹和线纹，篮纹基本消失，典型器为鬲甗罐盆豆等，鬲多鼎少。鬲的形制趋向统一，领部变矮，卷沿或折沿，高锥足，腹部趋向微鼓。深腹罐瘦高，即所谓的橄榄型罐。尤为重要的是，鬲的形制在这一阶段得到定型，其基本型一直发展延续至二里冈文化时期。

滏河型和漳河型之间的差异和变化，主要反映在二型交接的四、五期之间，即南城期和北羊井期之间。更准确地说，二型之间的较大落差主要表现在北羊井期的文化新貌，故可称之为北羊井期文化突变。

北羊井期的文化突变反映在陶器特征方面主要有二：一是由厚重和粗糙向轻薄细腻与规整转变，尤其是绳纹转向细绳纹和线纹，陶器群的器表装饰因此而风格大变。其二，在陶器形制上，鬲的形制逐渐得到定型，矮领微鼓腹高锥足成为主流形式，深腹罐中的橄榄型罐已经开始出现，但还存在一定比例腹部略鼓的传统形式。这些变革的轨迹集中显现在北羊井 H21：1 鬲为代表的陶器上，麦粒状中绳纹与直线细绳纹并列兼施，传统的孑遗与革新的萌芽共存于同一件陶器，此中缘由或许只不过是一种工艺技术上的疏忽，察其装饰工艺及效果似乎并不协调，但至少可能反映出一些文化风尚变革的社会背景。至于这种文化转型是单纯缘于制陶工艺更新发展，还是另有其他复杂的社会动因，当是今后先商文化探索需要着力的方向。

北羊井期的文化突变是漳河型形成的重要基础，或者说，漳河型文化内涵的主要结构及总体风格来自北羊井期的文化奠定。目前若单从陶器群演变观察，北羊井期属于漳河型的最初阶段，而 H21：1 组合绳纹陶鬲正是漳河型开端的物质文化标志器，比较形象地显示出漳河型起始阶段文化面貌的转型轨迹：细绳纹之风的发端、鬲的形制基本定型等，这些元素已成为漳河型文化初步形成的一个标志。这一标志更重要的意义还在于传承和延续，北羊井期基本定型的矮领高锥足细绳纹鬲，一直发展延续至二里冈文化，不仅是漳河型与二里冈文化联系起来的重要纽带，由此也成为商部族物质文化方面传承的重要基因。并且这种革新与转型不单表现在陶器群层面，还反映在遗址的数量也突然剧增，分布范围扩大，而且在文化面貌上也基本同步一致。

北羊井期文化突变的缘由及历史背景目前还不十分清楚。如果推定漳河型居民可能以商部族为主，则这种变革将很有可能与商族的结构变化有关，或者说与商部族的规模性集团的形成有关。如果这一推测有一定的道理，那么滏河型遗存与商部族照应关系的讨论，将面临着不得不进一步的谨慎。不管怎样，北羊井期遗存的位置尤为重要，它开启了崭新的漳河型文化，并在一定程度上传承了南城期某些因素，从而将漳河型和滏河型联系起来。但目前的资料还不能十分肯定地说，漳河型完全或者基本完全由滏河型发展而来，两者之间的差异及革新的背景因素，或许正是商部族形成壮大过程中的一个重要节点，遗憾的是目前还没有资料能够复原说明这一环节。

滏河型与漳河型之间的差异性与联系性均较凸显，另还兼具东西两翼地区的文化因素，更有南邻二里头文化的因素。如何认识和把握这种区别和联系，以及周边文化介入的性质，目前学界存在较大的分歧。关于滏河型，白村和南城二遗址都是近十多年来的新发现，此前主要见于下七垣4层，下七垣的发掘者和一些学者将其归入二里头文化范畴，但大多数将其与漳河型共同归入下七垣文化。由于滏河型遗存发现的较少，且资料公布有限，本文不拟深入讨论其与漳河型的关系。或许滏河型与漳河型一起同属于下七垣文化系统，亦或许滏河型属于另外一支文化体系。但目前可以肯定的是滏河型与漳河型之间存在着明显的变革，而漳河型中的北羊井期就是这一变革的具体表现。

四、先商文化的考古学存在

如果将漳河流域先商时期第三至第七期的考古学文化遗存，归之为先后的滏河型和漳河型，那么此二型遗存之间是一种什么样的有机联系？它们又与先商文化之间将是一种怎样的对应关系？或者说先商文化在目前所谓的“下七垣文化”中到底是以如何一种形式存在？

如果我们避免先商文化概念所兼具的族属文化与考古学文化的双重属性，而趋向单纯使用其族属方面的性质，那么它与考古学意义上的下七垣文化概念之间的对应关系，将具有复杂的层次与模式[44]。如果简单归纳之，则似可以说，下七垣文化只是先商文化在某一时段、某一地域的一种考古学存在。但若考证其细节，则面临着许多问题和困难。

应当看到，无论是将先商文化与下七垣文化相对应，还是与岳石文化作联系，其本质都是在探索先商文化作为一种族属文化在考古学领域中的存在方式。张光直的所谓先商文化双源之说，并非只是一种简单的折中观点，应该视作是尝试探索先商文化考古存在的多种可能性。先商文化下七垣文化说和岳石文化说，两者之间并不一定就是完全对立和互不兼容。在田野考古的永远发现过程中，探索多种可能性是非常必要的。

既然先商文化的出发点是商部族，因此先商文化的考古学探索必须结合古代文献的考证，此与早商文化始端的考古学推证要以“汤始居亳”为根据一样。根据文献记载，先商文化时期的商部族曾频繁迁徙，即所谓的“殷人屡迁，前八后五”，成汤以前的商先公八迁所及的地域范围，大致在今太行山东西两翼至泰山之间河济流域的平原地区（下文详及），这一区域亦即先商文化可能的分布地，其中冀南地区商人活动较为频繁，但豫东鲁西南地区也是一个重要的区域。

依据目前的考古发现资料，结合文献记载商先公的活动地域，再根据漳河流域先商时期考古学文化的年表及文化特征，以及豫东地区的考古发现情况，可以推论先商文化考古学存在的形式大致如下：

先商早期文化，大致包含在后冈二期文化以及东西相邻的同时期龙山文化之中，换言之此时先商文化主要存在于后冈二期文化涵盖之下的某时段和某地域，其中某一时段很有可能曾主要存在于榆林期龙山遗存之中，另在某时段还有可能部分存在于太行山西麓龙山遗存、或者豫东鲁西南龙山遗存之中（如造津台类型文化）。若果如此，早期先商文化的考古学存在则呈现出分散支离的现象，此或许正与早期商部族屡迁背景有关，亦或许与商部族形成之时的融合等相关，其具体细节因资料有限目前难以揣度。

先商中晚期文化，大部分包含在滏河型和漳河型文化之中，或言下七垣文化的主体是先商文化。其存在形式大概因时间而有所变化：先商中期文化，可能部分存在于滏河型之中，其余部分存在于周边其他文化之内；先商晚期文化大概大体与漳河型基本重合，抑或略大于之而少部分存在于辉卫型之中，另有一小部分包含在豫东鲁西南地区的岳石文化之中。如此表述的内在含意即是，先商文化大致包含在与之相关的诸考古学文化之中，其中漳河型文化之中所占的比重最高。学界对下七垣文化的内涵及年代尽管尚存在不同的意见，但都基本认同漳河型遗存是其核心，邹衡先生曾言漳河型是较纯粹的商文化。因此，或许漳河型就是先商部族在考古学层面的较为典型的存在形式，属于先商部族基本形成之后的成熟文化，而滏河型则可能是先商部族形成中的初始文化（主体或部分），至于更早的榆林期遗存大概只是先商部族萌芽阶段与之相关的诸原始文化之一。

上述模式主要是一种理论上的推论。从某种角度观察，实际上就是先商文化在考古学文化领域纵横两个方面的延伸，纵向溯源与横向扩展均延伸至下七垣文化的考古学范畴之外。先商文化早期及其渊源可追溯至后冈二期文化及其东西邻近的龙山文化，是先商文化的孕育和初步形成阶段。先商文化中晚期某一时段在东方的岳石文化之中，应是商部族的迁徙与游移所致。尤其需要指出的是，文化来源并不一定等同于人群移动，但人群迁徙必定带动文化传播与融合。先商文化早期在龙山文化中的存在轨迹演进，目前还不是十分清晰，此是今后考古探索的重要方面。

五、先商文化在豫东地区的游移

先商文化中晚期某一时段的一小部分，有可能包含在岳石文化之中，或者说先商文化某一部分曾在豫东鲁西南岳石文化涵盖区存在过。这一推论有着文献记载和考古学资料的两方面支持，杞县鹿台岗和郑州南关外二遗址即是考古学层面的佐证。

根据漳河流域先商文化考古学遗存的结构分析，其中包含有不少的岳石文化因素。

但这只能说明两种考古学文化存在某种联系，其背后的人群与族属究竟是如何互动的，尚需要进一步推证。如果认为漳河流域的人群基本以商部族为主，豫东一带的人群基本以夷族为主，则可能有如下两个方面的推论：

其一，商部族可能只是在原地通过某种中介吸取了夷族的一些文化因素，也有可能是部族某支曾游移至豫东地区后又转回而亲自携带借鉴而来的。

其二，或是夷族某支曾迁徙至商部族地区，从而将东方的文化携带传至漳河流域。

这里尤其需要明确的是，文化来源并不完全等同于人群移动，但人群游移必定是构成文化诸多渊源的一个重要原因。对于先商文化来说，其文化构成的多元性，很大程度上是缘于商部族的迁徙，漳河流域的岳石文化因素大多可能是由商人自己带回来的。

先商文化的分布与商先公的活动踪迹紧密相关。商先公自契至汤八迁：始祖契，可能涉及豫东鲁西和冀南两个区域。昭明，大致活动于冀南。相土，踪迹大致在豫东鲁西地区。王亥、王恒和上甲微，活动地域集中在冀中南地区。汤征诸侯，伐葛（豫东）、韦、顾、昆吾（豫北），伐桀灭夏立商。总之商先公的活动地域大致在：太行山至泰山之间河济流域的平原地区，这一地域亦即商人的起源地[45]。

王国维考证说“（夏）与商人错处河济间盖数百岁。……虞夏商皆居东土”[46]。但邹衡结合考古资料考证认为，成汤以前商人活动的地区，最早大概不出先商文化漳河型的分布区，其中心地点就在滹沱河与漳河之间，稍后渐次向南扩展，成汤之时南渡黄河[47]。两位学者的推论存在差异，恰恰是先商文化与考古学遗存复杂对应关系的一个极好例证。王国维的考证主要依据文献，认为夏商二族杂处于东土，而邹衡根据鲁西南地区岳石文化的发现，进而推定否认了先商文化在豫东鲁西南地区的考古学存在，但也指出岳石文化与先商文化之间存在着密切的联系[48]。这一结论不仅否认了岳石文化即先商文化的观点，也是对商人源于东方说的考古学否定。

如果说早期商人活动踪迹是否涉及豫东，单从文献考证上无法得到确切答案的话，那么在考古学研究层面，先商文化到底在豫东存在与否？这一问题绝不等于下七垣文化在豫东存在与否，其实质是将何种考古学文化确认为商部族的属性。从目前的考古学发现所见，下七垣文化与岳石文化为两个东西相邻的不同文化系统，豫东为典型的岳石文化分布区，而非下七垣文化的范围。但如上文所言，先商文化中晚期某一时段某一部分曾存在于岳石文化之中，杞县鹿台岗遗址可能就是这一考古学文化存在的证据之一。

鹿台岗遗址所谓的先商文化遗存只有1座残房址和3座灰坑，发掘者将其考古学文化性质归为漳河型先商文化，并认为先商文化和岳石文化为共存一地的两种文化，但同时又说两种文化可以视为岳石—先商或先商—岳石混合型文化，在分布上先商文化是点，岳石文化则是面[49]。应该说后一种看法是比较客观的，事实上鹿台岗所谓两种遗存共存的本质应属于一种文化系统，考虑到周围的文化环境，这支文化应属于岳石文化。鹿台岗的先商遗存应是当地岳石文化的有机组成部分，而没有游离于之外。

换言之，鹿台岗这个“点”大概未能割据独立于岳石文化的“面”，因而可能只是一种“面”上或外之“点”，但仍然依附属于这个“面”。以目前的考古发现推测，即使这一地区将来发现了单纯的先商文化遗址，至多可能算是一块文化飞地，亦即商部族某支的一个小据点，即使这个“点”嵌于“面”之内，或许仍不能改变这一地域广泛属于岳石文化范畴的基本格局。

鹿台岗遗址正反映了商部族在豫东鲁西南一带游移的情况。夏商在河济流域是否达到如王国维所言的数百年这一程度，尚难全面定论。但夏商等众多部族及东方诸夷，曾一度混杂于河济流域地带当无多大问题。在此期间，夷夏关系既有融合又有对立，而夷商关系可能以融合相处为基调。夷夏势力较大，而商部族规模较小，又处于时常迁徙之中，在豫东一带游移时大概一度依附于夷人部族。先商部族在河济间及附近地区的游移，导致先商文化在河济流域附近地区的零星存在，此就是先商文化在豫东及鲁西南地区的存在方式。但是，游移期间的先商文化以何种考古学文化状态存在？如果独立存在，需要割据一个据点和范围。如果混合存在，即被涵盖在当地文化之内。鹿台岗遗址的情况说明，先商文化在这一地区的考古学存在很可能是裹挟在岳石文化涵盖之下。因此，所谓鹿台岗遗址为先商文化南下通道之说还有待于更多考古发现的检验[50]。综合文献记载与考古资料来看，先商文化局部曾在豫东一带游移的背景是丰富而复杂的，或许并非只是为了借道南下而再转西伐夏，更大可能是缘于一种经济生活方式。目前的考古发现资料已经在某种程度上显示，这种经济类型兼具农业和畜牧业，并很可能在某些部落是一种定居和游移相结合的经营形式，不排除曾存在过游农的模式。

文献记载夷夏商三个部族在豫东杂处，但反映到考古学文化层面，不一定就恰好正对应三支文化，更何况夷夏商三族在当时的地位和规模也并不平均。事实上，只有二里头文化和岳石文化两大文化系统相对峙，下七垣文化只有零星因素存在并未形成地域规模，所见的下七垣文化因素较集中的遗址如鹿台岗，至多可能是先商部族的重要据点，但其所属地域处于岳石文化的范围，文化属性也应是在岳石文化的涵盖之下。而鹿台岗遗址西邻的段岗、牛角岗等典型二里头文化遗址，其中含有的先商文化因素很少[51]。换言之，与岳石文化和二里头文化相比，先商文化在豫东一带的存在，还不足以构成一支与其他二支文化相提并论的独立的考古学文化，并且还主要被涵盖于岳石文化之下。究其历史背景，商先公时期所游动的部族大概规模很小，加之屡迁游移不定，因此民族文化特性难得稳固，尚未完全定型。迁居一地，或许与当地文化混合而用，或许即主要使用当地文化。另迁居他处，则复依然。因此难以形成统一稳固具有规模的文化体[52]。

当然，如果将来在豫东一带发现足够多单纯的下七垣文化遗址，则可能为岳石、二里头和下七垣三文化交错并存，反映到族属性质上即夷夏商三族为主，众多部族交错存在。但以目前的发现，似乎只是岳石文化和二里头文化的并存，鹿岗台遗址所显示的所谓的下七垣文化主要包含在岳石文化之内，反映到族属性质及存在形态方面，可能有两种情况：一是先商时期游移的商部族规模小，时常迁徙，所居之地历时较短，因此未形成规模性的区域居住区甚至据点，与当地居民杂居一处，只是局部相对独立，故导致未形成区域遗址；二是游移到河济一带的先商部族某支，与夷族的关系比较密切，可能主要是混合于当地的夷族部落之中，虽未深度融合一体，但基本平和共存。无论何种形式，反映到考古学层面的结果，就是游移至豫东地区的先商部族可能主要使用当地的岳石文化，此时此地的先商文化存在包含于岳石文化之中。

先商文化在豫东鲁西南地区游移存在的形式，除鹿台岗模式外还应有其他的形态。鹿台岗遗址的先商文化，在岳石文化的涵盖之下，尚保持一定程度的独立性。但其他地域的先商文化，在岳石文化之中可能较少保留自身的文化传统，或者改造使用了当地的文化，或者基本借用了当地的文化。换言之，或许某些商族部落在豫东鲁西南地区游移的过程中，几乎完全使用了岳石文化。这一方面的考古证据，目前还没有十分明确发现，抑或是不能够确切地辨识出来。豫东及鲁西南地区岳石文化遗址中所含的漳河型先商文化因素，或许就包含了这种情况。另外郑州商城南关外期遗存或可以作一个佐证。

关于南关外期遗存的性质，存在多种看法。邹衡先生指出，南关外期和二里冈期遗存中的夹砂褐陶等因素，来自岳石文化[53]。李伯谦推断，南关外型有可能是夏之某一国的文化遗存[54]。郑州商城发掘者推定，南关外期遗存是从外地迁来的人群留下的，其来源地可能是淮河中游一带[55]。栾丰实认为，鲁豫皖一带岳石文化的创造者——先商居民，在夏朝末期西伐来到郑州，留下了南关外期遗存[56]。这些观点有一个共同点，就是认为南关外期遗存与东方有着密切的联系。事实上，南关外期遗存很似一个岳石文化的边疆变体类型，它所代表的人群很可能就是曾在东方岳石文化区游移过的商部族某支。这支人群在东方暂居时，基本接受并改造使用了岳石文化，或许还接纳了一些夷族居民，后来又迁徙（或者参加西伐）至郑州一带，南关外期遗存就是他们携带而来经改造过的岳石文化类似体。需要补充说明的是，这一推论与岳石文化居民即是商部族的观点是有区别的。

六、结　　语

本文的主要内容概要如下：

（1）先商文化是基于族属性质方面的概念，下七垣文化则是考古学意义的概念，两者并不等同和重合，不宜混用。必要时可使用先商时期或先商时代概念。

（2）漳河流域核心地带先商时期考古学文化遗存的编年，目前暂可分为7期，其中第二期暂时空缺或尚未辨识。第四、五期之间落差区别较大，因此第三、四期可称之为滏河型，第五至七期可继续称之为漳河型，但较原来的内涵范畴有所收缩，不再包含下七垣4层一类遗存。

（3）第四期南城期与第五期白羊井期之间的显著差别，缘于白羊井期的文化内涵及面貌发生突变，漳河型即形成于此时，标志性事件是矮领高锥足细绳纹鬲的基本定型。

（4）中期先商文化可能部分存在于滏河型之中，而晚期阶段的先商文化，或许大部分存在于漳河型之中，其核心部分大致与漳河型基本重合。

（5）先商文化某一时段的某一部分曾被包含存在于豫东鲁西南地区的岳石文化之中，鹿台岗和南关外二遗址是考古学方面的佐证。其历史背景可能反映了先商部族某支曾在东方地区游移并裹挟于夷族之内，两族关系一度比较密切，某一阶段共同与夏部族形成对峙。

（6）先商文化曾部分涵盖包含于岳石文化之说，与以往的先商文化即岳石文化之说，或者说商人源于东方之说，并非一个层面的意义，二者有着本质的区别。

注　释

［1］邹衡：《关于探讨夏文化的几个问题》，《文物》1979年第3期。

［2］举要如：王国维：《殷周制度论》，《观堂集林》卷十，中华书局，1959年；王国维：《说自契至于成汤八迁》《说商》《说亳》，《观堂集林》卷十二，中华书局，1959年；傅斯年：《夷夏东西说》，《庆祝蔡元培先生六十五岁论文集》，1933年。

［3］李济：《小屯地面下的先殷文化层》，《李济考古学论文选集》，文物出版社，1990年；李济：《安阳》，河北教育出版社，2000年。

［4］李景聃：《豫东商邱永城调查及造律台黑孤堆曹桥三处小发掘》，《中国考古学报》（第二册），商务印书馆，1947年。

［5］北京大学历史系考古教研室商周组：《商周考古》，文物出版社，1979年。

［6］邹衡：《试论夏文化》，《夏商周考古学论文集》，文物出版社，1980年，第106、139、141页。

［7］郑杰祥：《夏史初探》，中州古籍出版社，1988年，第265页。

［8］李伯谦：《先商文化探索》，《庆祝苏秉琦考古五十五年论文集》，文物出版社，1989年。

［9］张立东：《论辉卫文化》，《考古学集刊》（第十集），地质出版社，1996年。

［10］张翠莲：《太行山东麓地区夏时期考古学文化浅析》，《三代文明研究》（一），科学出版社，1999年。

［11］魏峻：《下七垣文化的再认识》，《文物季刊》1999年第2期。

［12］王立新、朱永刚：《下七垣文化探源》，《华夏考古》1995年第4期。

［13］吴秉楠、高平：《对姚官庄与青堌堆两类遗存的分析》，《考古》1978年第6期；孙飞：《论南亳与西亳》，《文物》1980年第8期。

［14］栾丰实：《试论岳石文化与郑州地区早期商文化的关系——兼论商族起源问题》，《华夏考古》1994年第4期。

［15］张光直：《商城与商王朝的起源及其早期文化》，《中国青铜时代》，生活·读书·新知三联书

店，1999 年。
［16］张长寿、张光直：《河南商丘地区殷商文明调查发掘初步报告》，《考古》1997 年第 4 期。
［17］赵芝荃：《试论二里头文化的源流》，《考古学报》1986 年第 1 期；赵芝荃：《二里头文化与二里冈期文化》，《庆祝苏秉琦考古五十五年论文集》，文物出版社，1989 年。
［18］邹衡：《夏文化研讨的回顾与展望》，《中原文物》1990 年第 2 期。
［19］李伯谦：《先商文化探索》，《庆祝苏秉琦考古五十五年论文集》，文物出版社，1989 年。
［20］孙华：《商文化研究的若干问题》，《三代文明研究》（一），科学出版社，1999 年。
［21］邹衡：《关于探讨夏文化的方法问题——答方酉生同志质疑》，《中原文物》1980 年第 2 期。
［22］邹衡：《关于夏商时期北方地区诸邻境文化的初步探讨》，《夏商周考古学论文集》，文物出版社，1980 年。
［23］李伯谦：《论夏家店下层文化》，《纪念北京大学考古专业三十周年论文集》，文物出版社，1990 年；李伯谦：《考古学文化的族属问题》，《考古学研究》（七），科学出版社，2008 年。
［24］邹衡：《试论夏文化》，《夏商周考古学论文集》，文物出版社，1980 年。该文正文分为两组，文末附注又增加一组。
［25］李伯谦：《先商文化探索》，《庆祝苏秉琦考古五十五年论文集》，文物出版社，1989 年。
［26］胡保华、王立新：《试论下七垣文化的类型与分期》，《早期夏文化与先商文化研究论文集》，科学出版社，2012 年；张渭莲、段宏振：《中原与北方之间的文化走廊——太行山东麓地区先秦文化的演进格局》，文物出版社，2015 年，第 107～119 页。
［27］王国维：《说自契至于成汤八迁》《说商》《说亳》，《观堂集林》卷十二，中华书局，1959 年；邹衡：《论汤都郑亳及其前后的迁徙》，《夏商周考古学论文集》，文物出版社，1980 年；张渭莲：《商先公踪迹与商人起源考》，《历史研究》2019 年第 2 期。
［28］河北省文物研究所：《永年县榆林遗址发掘简报》，《河北省考古文集》，东方出版社，1998 年。
［29］河北省文物研究所：《武安念头遗址发掘简报》，《文物春秋》2014 年第 4 期。
［30］北京大学震旦古代文明研究中心、郑州市文物考古研究院：《新密新砦——1999～2000 年田野考古发掘报告》，文物出版社，2008 年。
［31］邹衡：《关于夏商时期北方地区诸邻境文化的初步探讨》，《夏商周考古学论文集》，文物出版社，1980 年。
［32］中国社会科学院考古研究所安阳工作队：《1979 年安阳后冈遗址发掘报告》，《考古学报》1985 年第 1 期。
［33］王立新、朱永刚：《下七垣文化探源》，《华夏考古》1995 年第 4 期。
［34］张晓峥：《河北邯郸白村遗址》，《中国考古新发现年度记录》（2010），《中国文化遗产》2011 年增刊。
［35］河北省文物管理处：《磁县下七垣遗址发掘报告》，《考古学报》1979 年第 2 期。
［36］石磊、王会民、梁亮：《河北磁县南城遗址浅析》，《早期夏文化与先商文化研究论文集》，科学出版社，2012 年。
［37］段宏振：《邯郸北羊井遗址调查记》，《三代考古》（九），科学出版社，2021 年。
［38］河北省文物管理处：《磁县界段营遗址发掘简报》，《考古》1974 年第 6 期。
［39］河北省文物研究所：《邯郸市峰峰电厂义西遗址发掘报告》，《文物春秋》2001 年第 1 期。

[40] 北京大学、河北省文化局邯郸考古发掘队：《1957年邯郸发掘简报》，《考古》1959年第10期；河北省文化局文物工作队：《河北邯郸涧沟村古遗址发掘简报》，《考古》1961年第4期。
[41] 南水北调中线干线工程建设管理局、河北省南水北调工程建设领导小组办公室、河北省文物局：《邯郸薛庄遗址考古发掘报告》，科学出版社，2019年。
[42] 邯郸地区文物保管所、永年县文物保管所：《河北省永年县何庄遗址发掘报告》，《华夏考古》1992年第4期。
[43] 乔登云：《河北磁县几处先商遗址的考古发现与探索》，《早期夏文化与先商文化研究论文集》，科学出版社，2012年。
[44] 段宏振：《先商文化考古学探索的一些思考》，《早期夏文化与先商文化研究论文集》，科学出版社，2012年。
[45] 张渭莲：《商先公踪迹与商人起源考》，《历史研究》2019年第2期。
[46] 王国维：《殷周制度论》，《观堂集林》卷十，中华书局，1959年版。
[47] 邹衡：《论汤都郑亳及其前后的迁徙》，《夏商周考古学论文集》，文物出版社，1980年。
[48] 邹衡：《论菏泽（曹州）地区的岳石文化》，《文物与考古论集》，文物出版社，1986年。
[49] 郑州大学文博学院、开封市文物工作队：《豫东杞县发掘报告》，科学出版社，2000年，第141页。
[50] 宋豫秦：《夷夏商三种考古学文化交汇地域浅谈》，《中原文物》1992年第1期。
[51] 郑州大学历史系考古专业：《河南杞县牛角岗遗址试掘报告》，《中原文物》1994年第2期。
[52] 张渭莲：《商先公踪迹与商人起源考》，《历史研究》2019年第2期。
[53] 邹衡：《论菏泽（曹州）地区的岳石文化》，《文物与考古论集》，文物出版社，1986年。
[54] 李伯谦：《先商文化探索》，《庆祝苏秉琦考古五十五年论文集》，文物出版社，1989年。
[55] 安金槐：《对于郑州商代南关外期遗存的再认识》，《华夏考古》1989年第1期。
[56] 栾丰实：《试论岳石文化与郑州地区早期商文化的关系——兼论商族起源问题》，《华夏考古》1994年第4期。

殷墟考古三题

牛世山
（中国社会科学院考古研究所）

20世纪初以来，国人尤其是学术界对基于传世文献构建的传统史观开始反思。随着新文化运动的兴起，打破偶像、重估传统成为当时社会的一股风尚。同时，为适应建设现代学科的新要求，1928年，历史语言研究所在广州成立，下设考古组，专门从事考古工作。傅斯年先生在研究所成立宗旨书中，提出要把历史学、语言学建设得和生物学、地质学等同样，喊出了“我们不是读书的人，我们只是上穷碧落下黄泉，动手动脚找东西！”的口号[1]。历史语言研究所的考古工作选点，首选安阳殷墟。

1899年来，殷墟因甲骨文的出土地而闻名于世。1908年，罗振玉确认甲骨文出于河南安阳的小屯，确认小屯一带为殷墟所在[2]，殷墟重新引起学界的关注。《史记·殷本纪·正义》引《括地志》有“《竹书纪年》，自盘庚徙殷至纣之灭，二百七十三年更不徙都”[3]之说，这是历来有关殷墟作为商代都城的基本年代认识。史学大师王国维对殷墟甲骨卜辞中商王及其系谱的研究，证实《世本》《史记》等传世文献所记载的商王世系是可信的[4]；1925年，王国维在清华讲授《古史新证》，在“殷”条下说：“盘庚以后，帝乙以前，皆宅殷墟。知《纪年》所载，独得其实”。由于对殷墟甲骨文与传世文献《殷本纪》《竹书记年》中有关记载的综合研究，从而确认了殷墟这个晚商都城及其历史地位。

自1928年以来、尤其是20世纪50年代以来，殷墟考古工作基本没有中断，迄今已历90余年，殷墟也成为中国考古圣地。通过殷墟考古工作的开展，为研究商文化和商史提供了新的第一手资料，也是最重要、最直接的研究史料，学界翘首以盼。

殷墟考古，培养了中国第一代考古学家，成就了中国考古学，创新了研究中国古代文化、人群与社会及其关系的全新模式，为历史研究提供了新的工具和手段。通过基于传世文献的狭义历史学与考古学等多学科的综合研究，从而获知商代晚期的都城大邑商、商朝历史和文化的丰富信息。现在，有关殷墟的研究在向全方位、纵深拓展，在甲骨学、商文化与商王朝、城市规划与建设、大都商邑的人群及其来源、手工业技术与工艺、资源利用、艺术史等等方面不断取得新的成果。但还有一些基本的问题仍然没有解决，如殷墟的范围、殷墟文化的分期与年代以及殷墟王陵的废弃与盗掘等问题。本文就有关问题进行讨论。

一

首先讨论有关殷墟遗址的范围问题。

1899 年，甲骨文发现。1908 年，罗振玉确认甲骨文出于河南安阳的小屯，确认小屯一带为殷墟所在[5]。1928～1937 年间，史语所在殷墟作了 15 次考古发掘[6]。其中 1928～1929 年间的前 3 次发掘都选小屯为工作点，具体在村东北、村中和村南。1929 年的第 2 次发掘，已经注意到殷墟的范围不限于小屯村一带[7]。1931 年在安阳进行第 4 次考古发掘时，大家都相信，“要了解小屯，必须兼探四境”“想用由外求内的方法，发掘小屯四境，以解决小屯”，于是在小屯村西边的四盘磨、小屯村东南的后冈选点发掘[8]，所知小屯一类殷商遗存的范围不限于小屯一地。后制定 20 年的考古计划，为了探求殷墟的范围，把工作范围向外扩大，即向洹河两岸十里以内寻找与殷墟同时的文化遗物及遗址，以殷墟的遗物为标准，进行比较研究[9]。实际工作地点扩展到更大区域，主要在殷墟遗址所在的洹河流域共发现 60 多处遗址[10]，其中王裕口、霍家小庄、五道沟、大司空、四面碑、南霸台、侯家庄南地、侯家庄西北冈、高井台子、范家庄等遗址在今天所知的殷墟遗址范围内。1934 年春在侯家庄南地发掘出土著名的大龟七版，另收缴甲骨 36 片，自此出土甲骨文地点自小屯、后冈外，又增加一处侯家庄南地。殷墟第 8、9 次发掘，在后冈发现了殷商的大墓，当时认为属于殷商统治阶级奴隶主的墓葬无疑，由此获得启示，安阳这个地方不仅是殷商王都，而且有发现殷王陵的可能[11]。怀着这一信念，调查认为侯家庄西北冈确有发掘的必要。在 1934 年秋到 1935 年秋，在西北冈作了的殷墟第 10～12 次发掘，发掘 10 座带墓道的殷商大墓、1 座未完成的大墓及 1000 多座小墓（其中大部分是祭祀坑），墓葬有带四条墓道的“十”字形、带两条墓道的“中”字形、带一条墓道的“甲”字形，还有无墓道的中小型，规模宏大，随葬器物精美，殉人众多，据此可确定其为商王陵所在。这是前所未有的大发现，为研究商文化和商王国、商代社会结构和社会性质及发展水平提供了重要证据。商王陵的发现与发掘，不仅获得了丰富而宝贵的资料，而且在殷墟考古和中国考古学史上，在商王朝乃至中国上古史研究上都具有重要意义。总之，殷墟前 15 次考古发掘取得了丰硕成果，其中最重要的是在小屯村一带发掘出土了商代晚期的甲骨卜辞、大型夯土建筑基址，从而确认了商王的宫殿区所在；在侯家庄的西北冈发现了商王陵，据这些殷墟考古史上的重大成果获知殷墟这个商代晚期都城遗址的中心以及宫城与商王陵区两个最重要功能区的建置方位。

20 世纪 50 年代后期，考古学家提出探索殷墟的范围与布局的课题[12]。60 年代初，根据当时所掌握的殷墟遗址地下埋藏信息，估计殷墟的面积约在 24 平方千米以上[13]，并划出了殷墟遗址的保护范围。90 年代中期出版的《殷墟的发现与研究》认为[14]，殷墟都邑是随着时代的推移不断扩大的，因为其中第一期早段主要发现在小屯，另外在洹北的三家庄一带也发现有墓葬；第一期晚段（一般认为相当于武丁早期）时显著扩大，面积达 12 平方千米，此后不断扩大，到第四期时范围达到东西长约 6 千米、南北宽约 5 千米，总计达 30 平方千米。《殷墟的发现与研究》对 20 世纪 80 年代后期以前殷墟主要考古工作地点的信息综合梳理，把各类重要考古现象（居址、手工业作坊区如铸铜和制骨、墓葬区）标绘成图，从中可见 80 年代对殷墟遗址的范围、考古发现的重要遗存的空间分布情况等方面的认识。

迄今为止，虽然殷墟考古已历 90 余年，但今天对殷墟的外围边界仍然没有比较清晰的确定，主要是对南边界的界定。有关殷墟的面积，或以东西 6 千米、南北 5 千米得出 30 平方千米，或以东西、南北各 6 千米得出 36 平方千米。实际上，已知殷墟遗址的形状大致呈椭圆形，其面积肯定不能按最长与最宽之积来算，实际面积肯定要小于上举数据。笔者曾计算得到殷墟已知面积大致不到 26 平方千米。当然，这个应该不会是殷墟实际的面积数。今后需要加强考古勘探，找到殷墟遗址比较明确的边界，方能确知殷墟遗址比较准确的面积。

二

对殷墟文化的分期研究，也是一个不断探索的过程，有关认识也是通过考古实践逐步深入的。

史语所在殷墟第 2 次发掘后，已经认识到小屯的地下堆积包括殷商文化层、隋唐文化层和现代层等三个时期[15]，即注意到了殷墟地下遗存的分期问题。1931 年在后冈发现了著名的彩陶（仰韶）、黑陶（龙山）、白陶（小屯殷商）文化遗存的“三叠层”地层关系[16]，进一步明确了以小屯为中心的古代遗存的时代与文化性质。1932 年春在高井台子的发掘，注意到古代文化堆积在有的地方上层为灰陶，下层为黑陶；有的上层为灰陶，下层为彩陶；有的上层为灰陶，中层为黑陶，下层为彩陶。这是在后冈发现的三叠层之后，又得到了新地点的证明材料[17]。

与殷墟文化分期相关的，还有甲骨卜辞分期研究的进展。1931 年，董作宾先生对殷墟第 3 次考古发掘中在小屯村北大连坑所得甲骨作了研究，在《大龟四版考释》[18]中，首次提出了“贞人”与甲骨卜辞断代的关系，提出了区分甲骨文时代的八项标准。1933 年又作了著名的《甲骨文断代研究例》[19]，用十项标准即世系、称谓、贞人、坑位、方国、人物、事类、文法、字形、书体，将殷墟甲骨卜辞划分为五个时期：

第一期：盘庚、小辛、小乙、武丁；

第二期：祖庚、祖甲；

第三期：廪辛、康丁；

第四期：武乙、文丁；

第五期：帝乙、帝辛。

这个分期在今天仍然具有重要意义。殷墟甲骨断代的研究，无疑对推动殷墟文化的分期具有借鉴意义。李济先生在总结1928年秋到1932年春的前6次发掘时说，董作宾先生的甲骨文断代研究，对殷墟文字字体的演变作了细致区分，这是必要的。这种细的分期法，如果用于其他实物，自是将来一个有趣的研究。由六次考古发现以及甲骨文字的研究，可以推断殷商文化层是一个长期的堆积，即在较长时期形成的。殷商文化层是连续的，但在连续中又有变化，变化的节点是版筑（即夯土建筑基址）。以遗迹论，大约版筑以前为一期，版筑以后又为一期；或者把它分为方、圆坑时期与版筑时期[20]。并试图以出土物讨论分期以及其他问题。他举例说，从殷墟发掘所得陶片的数量及种类，可探讨各种类与其他地方文化的关系；粗陶中的绳纹和方格纹，与细陶中的黑陶与白陶是两个时代之产品，在后冈发掘中已完全证明了；第二方面，据铜器的形制与纹饰的变化，均可分为两个时期。其中所举陶器的差别是比较了龙山文化与殷墟文化的陶器，实与殷墟文化的分期关系不大，但对铜器的差别的讨论，已经是在尝试用遗物讨论殷墟文化的分期了，只是没有具体说明。按照后来的研究实践，考古发掘中的出土文物，具有一定的空间方位，共存于特定的单位中，组成一定的组合关系，本身的变化具有一定的规律可循，在考察遗址乃至考古学文化变迁中无疑具有指示器的作用。1940年，石璋如先生在昆明撰写的《殷墟最近之重要发现附论小屯地层》中，将殷商文化遗迹之窖穴、水沟、版筑（夯土建筑基址）、墓葬，按从下到上的次序分为三层：第三层为穴窖，第二层为版筑和水沟，第一层为墓葬[21]。这也是尝试对殷墟文化作进一步的分期研究。由于地下考古单位如遗迹的深度是一定的，相互间也有明确的早晚次序，但遗迹的形态千差万别，难以归纳出有序的规律，要将它们分类并作为考古学文化分期的依据，实践证明是很难成功的。相反，遗物尤其是容器的形态及其演变规律则相对容易把握。早在20世纪20年代，安特生已把甘肃远古文化分为齐家、仰韶、马厂、辛店、寺洼、沙井期[22]，划分的依据基本是陶器。自殷墟考古开始，李济先生对殷墟出土陶器与仰韶和甘肃地区古文化陶器的差别予以关注[23]。1947年，李济与潘悫编成的《殷墟陶器图录》[24]，将全部殷墟陶器分为圜底（包括尖底、凸底及圆底）、平底器、圈足器、三足器、四足器、器盖等六目、443式、359型，这样分目排列的办法只具有一个极简单的目的：便于检查。这套程序对于考古学文化研究中的分类和分期研究而言，过于复杂和烦琐，可操作性低，后并未得到推广。

邹衡先生对殷墟前15次的考古发掘中小屯发现的地层关系尤其是第13～15次发掘的遗迹关系进行梳理，对小屯殷商遗存做了分期研究。在1956年刊出的《试论郑州新发现的殷商文化遗址》第三部分中探讨了殷墟文化的分期[25]。首先找标准的地层，按李济先生对小屯前6次发掘的总结，小屯殷商文化层的地层是继续的、不断变化的，而其中变化最大的关节就是版筑（夯土建筑基址）。在后几次的发掘中又提出了水沟的问题，认为水沟的使用时间较短，情形简单，可作断代标准。同时，水沟和夯土建筑基址有密切关系。因而把水沟以及与水沟有关系的夯土建筑基址定为小屯殷商文化的标准层（第二层），把早于第二层的现象归为第三层；把晚于第二层的现象归为第一层。于是有了小屯殷商文化分期的地层根据。在此基础上，将有关单位中的常见陶器如鬲、盂、簋、豆、盆、瓿、罍做了型式划分，梳理它们的逻辑演变轨迹。根据这几种器形的演变和共存关系，结合地层关系及其他共出遗物，将小屯的殷商文化划分为三期，从而推知小屯殷商文化的发展过程。这是殷墟文化分期方面新的突破。后又结合20世纪50年代的殷墟发掘新资料，以地层关系为基础，将分类对象扩展到更多的陶器和青铜器，其中陶器包括鬲、罐、甑、簋、盂、觚、爵、豆、盘、钵、釜、盆、缸、大口尊、圜腹罐、瓮、罍、瓿、器盖、甲骨以及其他器具，青铜器包括鼎、甗、簋、盂、斝、盉、觚、爵、尊、觯、卣、罍、瓿、彝、斗、盘、壶、铙、戈、矛、弓以及其他器具。在1964年刊出的《试论殷墟文化分期》中，以上述器物的考古类型学的型式分析为基础，将殷墟文化分为四期七段，其中第一期包括一段，第二、三、四期各包括两段。这也是迄今通行的殷墟文化分期标尺。这个分期中，对常见的鬲、簋、觚、爵的排序，逻辑关系清晰。文中有关考古学的分类方法明显具有可操作性，成为今天考古学分类的主流方法。

1950年以来，随着殷墟的考古工作的恢复，考古所安阳队以新发掘的殷墟考古资料为依据，不断关注殷墟文化的分期等问题。1958～1959年在大司空的发掘，殷商文化堆积可分上、下两层，两者间的器物有显著的不同，尤以鬲和簋最为明显。114号灰坑内发现了一片卜骨，刻有“辛贞在衣”四个字，从字体来看，属于甲骨文第一期即武丁时期，为所在层堆积的绝对年代提供了有力的证据。故此将下层称为“大司空村Ⅰ期”，上层称为“大司空村Ⅱ期”[26]。1962年秋季，在大司空村遗址的发掘补充了新的资料，从而在两期的基础上划分为四期[27]。郑振香先生结合20世纪80年代中期前的新资料，也将殷墟文化分为四期七段[28]。它与邹衡先生的分期序列是一致的，但各期包括的段略有不同，如第三期只有一段，其他三期各包括两段。这个分期标尺是后来殷墟考古报告遵循的分期标准。

总之，以陶质类容器为主要分期对象和依据的殷墟文化四期七段的划分法，是最细致的分期标尺，这是以其他任何对象为依据的分期都无法达到的。几十年来的殷墟考古证明，七段的先后次序是可靠的。但两种分期略有差别，应该只有其中一种是更合理的。这需要今后用新的明确地层关系的材料进行检验和修正，以进一步完善和丰富。

21世纪以来，由于洹北商城的发现，为殷墟文化的分期研究提供了新的材料和研究视角。洹北商城与传统的殷墟遗址，空间上并非一体，在时间维度上有早、晚关系。洹北商城可分为早、晚两期，遗存都很丰富，都是都城的兴盛期。传统殷墟范围内相当于洹北商城晚期（相当于邹衡先生分期的第一期、郑振香先生分期的一期早段）的遗存是很有限的。综合多重证据看，从殷墟文化分期角度考虑，殷墟一期包括一段应该是最合理的。其他各段如何归并到同期还是不同的期，需要今后加强探讨。

考古研究中，分期断代研究几乎是第一要务。一般的程序是，以层位关系为前提，先把研究对象如器物作型和式的定性，再以器物的式为基准，对共出同式器物的考古单位聚类、合并为一组；结合定量分析，按差异程度，将不同的组合并为段、期。这个过程中，既有对一个个对象的型、式定性，在从组、段到期的归并定性中，还需要定量分析这个重要的基础。虽然这个操作过程是人为的，但认识具有客观性。今后在殷墟文化分期研究中，需要加强量化分析依据，使分期标尺更为完善。

前述殷墟文化的分期只是在研究其相对年代。关于殷墟文化各期、段的绝对年代，以往有关研究中都有涉及，有的尝试与殷墟卜辞分期之五期试图对应。实际上，迄今为止，这个问题并没有得到解决。相关科技测年手段也可以为解决殷墟各期、段的绝对年代服务，这方面的研究也有一些成果，但现有的技术手段，由于其技术局限和其他方面的原因，提供的日历年代还不能确定殷墟各期以及商王的时代，这项研究也是今后需要加强的。

三

殷墟遗址西北冈的商王陵的被盗年代，也是一个比较引人关注的问题。

有关殷墟商王陵区考古工作主要是20世纪30年代所做[29]，后来也有一些工作[30]。已知西北冈有14座大型墓葬，分东西两区分布。墓葬有带四条墓道的“十”字形、带两条墓道的“中”字形、带一条墓道的“甲”字形。其他还有无墓道的中小型墓葬以及祭祀坑和殉葬坑。西区有9座大型墓葬，其中带四条墓道的大墓7座（M1001～M1004、M1217、M1500、M1550），带一条墓道的1座（78AHBM1），另有1座无墓道但墓室很大的M1567也应该是同时期的。从空间上看，以居中位置M1567为中心，四周分布有78AHBM1、M1002、M1003、M1004、M1217；M1002、M1004之东有M1001和M1550，M1003西北有M1500，78AHBM1西有M1217。这些大墓间，有些有明确的早晚关系，其中M1217（北墓道）打破M1500（南墓道）、78AHBM1（南墓道）；M1550（西墓道）打破M1001（南墓道），M1002（西墓道）打破M1004（南墓道），M1004的东、南墓道分别打破M1001的北、西墓道。东区有5座大墓，其中带四条墓道的大墓1座，为M1400；带两条墓道的大墓3座，分别为M1443、M1129和武官大墓（编号50WKGM1），带一条墓道的大墓1座（84M260）。其中M1400居中，其他墓葬分布于周围。只有M1400（西墓道）打破M1443（南墓道）。学界普遍认为，只有带4条墓道的“十”字形墓葬为商王陵。

商王陵区大墓在历史上多次被盗。最早的大盗坑（考古报告中称为“翻葬坑”）规模最大，多近圆形。盗坑大多正对墓室口部，大小接近墓室（如“十”字形墓葬的墓室，口部面积一般达300～400平方米），向下挖到深11米左右的墓底，有的墓中连墓道部分也被盗挖，每个“十”字形大墓墓室的土方量达上千立方米，大墓都被盗掘，可见盗挖不是一个短期行为；早期盗掘者可以沿椁室内壁往下掘，可见盗挖时大墓的棺椁木质尚好。据井中伟文[31]，与王陵区大墓盗挖特点类似的，还有后冈和殷墟西区大墓等。由未被盗挖的殷商墓葬尤其是大型墓葬可见，规模越大的墓葬，随葬品越丰富。西北冈王陵区大墓遭到多次盗掘，考古发掘所见，有些墓坑中还有一些残余物，尤其是最早的大盗坑中的残片很多，有的墓则几乎被盗空。可见盗墓的目的应该是以获取墓葬贵重物品为主要目的。

这种大规模盗挖发生在何时，在殷墟考古发掘报告中就有讨论。石璋如先生对后冈大墓的第一次盗掘时间作了推测，认为虽然盗挖的具体年代不得而知，但从盗掘的技术来看，有两个可能的时间段：一个是距下葬时间很近，其上尚有标记、或者在人们的记忆之中，不然不可能挖掘的那样准确；第二个时间是北宋末年，那时常有大规模盗掘事件发生，且有洹河岸河亶甲墓里出古物的记载，由于墓内没有找到直接的证据，这两个可能都存在，但以第一个可能性更大[32]。84M260的考古报告推测早期盗掘的时间“约在商末周初”。井中伟认为，大盗坑具有共时性特征，盗掘者对大墓的所在位置与形制了如指掌，盗坑口几乎占满墓室，深度直达墓底，要挖掘如此大规模的土方量，显然非少数人偷偷摸摸的作为。进而分析认为，盗掘背景与西周早期周公东征平定武庚叛乱有关；目的不仅是为了获取墓中宝器，还是为了打击殷遗民复辟势力，更深的目的则是要“以绝殷祀”；由于这种做法不太光彩，有损于当权者周公的伟大形象，故史官们对此避而不书[33]。何毓灵也同意井文说，但并没有提出更有力的证据，只是顺着前文之意作了逻辑推论[34]。张敏的论文认为不早于西周中期[35]。

笔者以为，井、张的文中虽然澄清了一些问题，还是没有解决最早盗挖年代的问题。这个问题，现在也有条件作进一步探讨。以周初形势与周王朝的国家治理方式为背景看，都不支持西周早期盗挖说，据一些具体的证据，可推断盗挖发生在西周之后，以春秋中期的可能性为最高。

首先看历史背景。有关讨论中，井文的理由阐述得比较充分，其中将盗挖的大背景与周公二次东征、打击殷顽势力相联系，认为史书中对周公主导盗墓避而不书是怕有损周公的形象。这个看似有一定道理，但实际是对有关历史背景的误解和过度解读。其中所谓周公主导盗墓而为史家讳，可能性不高。从西周初期的形势来说，《尚书·多士》等传世文献中可见，周人二次东征后，只是对殷商故都的商人分迁于四处，又在商王畿核心区建卫国，“启以商政，疆以周索”（《左传》定公四年），对商人族群采取笼络方式，而不是镇压和对抗方式。如果为了惩罚殷顽的反叛，去干盗挖商王陵、扒坟掘墓式的国家行为，必然导致商人族群的反感甚至对抗，恐怕只会引起更大、不断的反抗，不可能短期内完全压服商人，不利于国家统治。像大规模盗挖商王陵等大墓的行为，也不是短期能完成的，不可能不让人知道，在当时或后代会留下传闻。如果是周公主导的大规模盗墓，必然属于重大事件，自有官方史官的合理性辩解记录，传世文献中会有记载，后代也有不同的说法。如周武王灭商，自认为是受天命伐商，《尚书·牧誓》记录了在牧野之战阵前誓师时，列举商纣王的几大罪状，为周人灭商找法理理由。但当时就有如伯夷、叔齐不认为灭商是正义之战，因而耻之，不食周粟而死（《史记·伯夷列传》），后代世俗之人也有“桀纣有天下，汤武篡而夺之”之说（《荀子·正论》）。总之，刻意欺瞒、不让大众知道是不可能的。

如果再联系一些具体的证据，所谓西周早期盗挖甚至周公主导盗挖商王陵明显是不对的。下面逐次讨论。

西北冈大墓的考古所见，晚于大墓的遗存，报告称有“小屯文化期”的灰堆、灰坑和墓葬等，之后是早期盗掘坑。其中大墓 HPKM1500 的早期盗掘坑的北部被一座汉代砖室墓（M1569）打破。因此，早期盗掘坑的时间要早于汉代，盗挖时间也不会早于报告所称的“小屯文化期”遗迹，或许还要晚于“小屯文化期”。这是研究者公认的。

第一，对晚于大墓的“小屯文化期”遗存的时代作一下分析。大墓考古报告所称的“小屯文化期”遗存，有灰坑、小墓等，挖在大墓墓室或墓道上，自然晚于大墓的修建年代。报告将它们的时代定为殷代，即商代晚期。实际上，这类遗存的时代也需要仔细梳理和斟酌。报告所见，“小屯文化期”的部分墓葬随葬有绳纹肥足鬲，这是殷墟文化最常见、最典型的陶鬲，很容易辨识，报告整理者不会认错，但很容易将其时代都定为商代晚期。现在所知，这种商式鬲为代表的商式因素，在西周时期也是常见的，也在以殷墟为中心的原商王畿核心区的豫北冀南地区常见，其中西周早期者与商末的差别很小，很容易混淆。如打破 78AHBM1 的 H1[36]，坑中出土大量陶片，可辨器形有瓮、深腹罐、罍、小罐、圜底罐、鬲、盆、甑、尊、簋、豆、将军盔等。简报结语中提到此坑出土的器物中有宽沿矮裆粗绳纹鬲、敞口鼓腹小簋、敞口矮领鼓腹粗绳纹罐、小口高领斜肩鼓腹瓮等，认为属于殷墟文化第四期的形态[37]。但据报告刊发陶器所知，此坑中最常见的陶器多为商式风格，时代却是西周早期的，没有更晚的。因此，所谓“小屯文化期”遗存，并不都是商代晚期的，晚期的年代要晚到西周早期。

第二，“小屯文化期”与早期大盗坑的关系是明确的。如大墓 M1004 的墓室一角有“小屯文化期”的第 2 号灰坑和 M1043，其中第 2 号灰坑被 M1043 打破，M1043 又被早期大盗坑打破。可见“灰坑最早，小墓次之，早盗坑次之。先后次序显然。”[38]通览西北冈报告提供的墓葬平面图，“小屯文化期”遗存布满几个大墓上，但都在墓上的早期大盗坑口线以外区域，大盗坑口线内则没有。说明大盗坑口线内不是没有，而是被挖掉了。那么，大盗坑的时代不会早于“小屯文化期”遗存的晚期。盗挖时间，在此之后的可能性最大。

第三，西北冈商王陵区 78AHBM1 与其上的西周早期大坑 H1、早期大盗坑的关系是关键证据。如果盗挖发生在西周早期，当与 H1 的时代相近，后者可能就是盗坑了，即为西周早期周人盗掘的最佳证据了。但盗挖 M1 的早期大盗坑明确是打破 H1 的，两者完全不是一回事。H1 完全坐落在 78AHBM1 墓口上，坑口呈不规则形，坑最深处达 4 米，如果接着向下挖，就到了墓椁室顶的位置。从 78AHBM1 报告刊布的 H1 剖面图可见，H1 坑底线并没有向下到 78AHBM1 的墓室顶，更不用说到墓底了。恰恰是早期大盗坑不仅打破 H1，接着向下挖，直达 78AHBM1 墓室，甚至连墓室的填土几乎都被掏干净了。这个关系可证早期盗坑的年代要晚于 H1。其中 H1 所出陶盆，口沿形态属于西周早期最晚的形态，与中期常见的陶盆已有几分相像。由此可证 H1 的时代是西周早期偏晚的，比周公二次东征的时间明显要晚。那么，早期大盗坑为西周早期的可能性就没有了。

第四，西周早期盗挖说的证据，以大盗坑中出土周式陶鬲、簋和青铜戈等为主要依据。认为早期大盗坑内出土物中，其中殷商器原本是墓中随葬品，所以依据它们只能判定墓葬的年代。晚于它们的，自然是盗挖者留下的。讨论早期大盗坑的年代，以其中出土的年代最晚的遗物为证据是最直接、最可靠的。据大墓的考古报告，大盗坑里除有西周早期和商代晚期文物外，还有晚于西周早期甚至更晚的。从逻辑上讲，以大盗坑中年代最晚的文物为依据定性盗挖年代才是符合逻辑的，而仅以西周文物晚于商代晚期为依据，则是有违常识的。

第五，由打破 78AHBM1 的西周早期大坑 H1 可知，王陵区有西周遗址，明确有灰坑；大盗坑所出西周陶器有陶鬲、簋，明显是西周墓葬随葬品中的常见器类，可知还有墓葬，这些情况与同属于殷墟遗址范围的西周早期遗址如刘家庄北地、孝民屯是一样的，它们是周人居此留下的，即为一个个西周遗址的遗物。单就西北冈大盗坑里的西周文物来说，如陶鬲明显为周式风格，以西周早期的为多，其他还有同时期的青铜器如戈。但它们并不都是西周早期的，如鬲 HPKM1004：R17850，扁体，小锥足，明显是西周晚期的。估计这样的器物还有。由于这类资料未刊布，不好具体讨论。这类器物为何出现在大盗坑中，最合理的解释是，由于早期盗墓者盗挖商王陵等大墓时，也挖毁了西周遗迹，将西周陶器等丢弃、最后填到大盗坑里。那么，盗挖时间就不会早于西周晚期了。

第六，按说讨论早期大盗坑的年代，以其中出土的年代最晚的遗物为证据是最直接、最可靠的。但据大墓的考古报告所述，由于历史原因，除 M1001、M1002 外，其他几个大墓的大盗坑所出大多与墓上的“小屯文化期”遗存以及更晚期时代的相混淆，难以分辨，无法直接作为早期盗挖的证据。而 M1002 被盗挖干净，没有可资使用的证据。只有大墓 M1001 尚有讨论的余地。据 M1001 的考古报告，墓内出土文物之丰富，为西北冈各大墓之冠，但是它们的绝大多数是在早期盗掘坑内出土的。M1001 建成之后，在它的上面产生了一些所谓居住遗迹的灰坑，此后早期盗掘者曾破坏了灰坑直掘入墓底，自然在填坑时不免填入出自灰坑或散布在当时地面的东西。据田野记录，早期大盗坑内所出的后世器物，有以下数种：

（1）上层内有“多量”的灰色粗绳纹陶片，与墓葬上层灰坑所出之陶片的作风完全相同。

（2）地下1～1.7米深处出铁钉6，铁矢1，铁块1；地下9.2米深之北部出土铁块1，锈蚀过甚，似为用具之一部分。

（3）地下1米深处出开元通宝铜钱2枚。

（4）地下1.3～1.7米深处出白色瓷怨、盘残片5片，3.40米深处出淡绿色印纹瓷片1片。

据上面信息可知，早期大盗坑出土文物，其中第3、4类更晚。这与汉墓打破早期大盗坑的层位关系是矛盾的。可见由于20世纪30年代的考古发掘技术还不成熟，未能分清与后代遗迹或晚期盗坑之间的关系。据第2项，在地下9.2米出有铁块。这个深度已经很深，考古报告所见，除了早期大盗坑能到这个深度，似乎没有其他后代遗迹有这么深。那么，这个接近大盗坑底部的铁块，就有为早期大盗坑出土物的可能性，对判断盗坑的年代有一定意义。我们知道，西周时期虽然出土有铁器，但非常稀少和珍贵。1931年河南浚县辛村卫侯墓地出土铁刃铜器钺和铁援铜戈各1件，经检测具有陨铁特征[39]。1990年在河南三门峡市上村岭虢国墓地西周晚期墓出土5件铁刃兵器和工具，其中1件玉柄铜芯铁剑为人工冶铁制品[40]，还有3件则是由陨铁制成的[41]。可见铁器在当时是非常珍贵的，为少数上层贵族拥有，不可能是盗墓者的工具残留。只有在春秋以来，铁器才得以普及。这同样证明殷墟王陵盗掘的年代不会早到西周。当然，由于当年考古发掘技术所限，大盗坑所出铁块并不能完全排除为后代的可能，此项证据不属于强证。

笔者以为，综合历史背景和多方面的证据看，盗挖商王陵的年代，不会在西周时期，也不是战国及其之后，最有可能是在春秋中期。

先从殷墟范围的西周遗存谈起。笔者曾梳理殷墟范围的西周文化遗存作过分析[42]，可见原殷墟遗址范围的西周文化遗存以周式风格最为显著。结合新的考古发现可见，殷墟90多年来，在同样的考古工作频率下，与几乎随处可见殷商遗存的情形不同，殷墟范围内几乎没有几处像样的西周早期遗址，已知有西北冈、刘家庄北地、孝民屯三处，遗址规模都不大。西周晚期的明显增多，有西北冈、刘家庄北地、小屯北地、侯家庄南地、小司空、大司空等。没有明确属于西周中期的遗址。其中就西周早期三个遗址的空间方位看，西北冈为商王陵区，刘家庄北地向北不远是小屯宫殿区，东有苗圃大型铸铜工场，孝民屯也有大型铸铜工场。这几个地方的西周早期墓葬中随葬有青铜兵器，墓主身份引人注目，如刘家庄北地27座西周墓葬，其中出13件青铜戈，随葬兵器者，无疑是兵士。为什么原殷商都城里几个最重要的地方有周人活动，这显然是周王朝或作为其诸侯国的卫国有意安排的，尤其是西周早期的一批随葬兵器墓可见，周人在殷商故都有少量驻军，他们不可能是盗墓者，而是作为监控殷商故都的力量居于此地的。据考古发现，殷墟范围内的西周早、中期的遗址很少，像小屯一带，直到西周晚期才有人生活和活动，可见周人监控的性质明显。有了这样的措施，在整个西周时期，周王朝统治者盗挖商王陵的可能性不高。如果结合前面所说周初形势、西北冈商王陵区 78AHBM1 与其上的西周早期大坑 H1、早期大盗坑的关系，可证周王朝统治者并无盗挖商王陵的意识，也无以复仇为目的盗挖的可能性。

当然，复仇、报复式掘墓行为，先秦时期也有[43]；以获取贵重物品为目的的盗墓行为，历代都有。《吕氏春秋·孟冬纪·节丧》讲到战国时期的厚葬之风时说："国弥大，家弥富，葬弥厚。合珠鳞施，夫玩好货宝，仲鼎壶鉴，舆马衣被戈剑，不可胜其数。诸养生之具，无不从者。题凑之室，棺椁数袭，积石积炭，以环其外。"因为盗墓"为利甚厚，乘车食肉，泽及子孙""民之于利也，犯流矢，蹈白刃，涉血盩肝以求之。"如果国家和社会太平，国家有完善的政令和措施，情况会好一些。如果国家秩序混乱，严重时会出现"上虽以严威重罪禁之，犹不可止"的极端情况，乱世时情况就更混乱。

西周末年开始，随着周王朝内乱和崩溃，周王朝边疆外的少数民族族群纷纷内侵。据《春秋》《左传》《国语》等传世文献，春秋时期，晋陕高原上的狄人进入华北平原，对晋、邢、卫、周、宋、郑、齐、鲁等国都构成威胁。从鲁庄公三十二年冬（公元前 662 年）狄伐邢（都城在河北邢台附近）开始，到鲁闵公二年十二月狄入卫都（在今河南鹤壁辛村一带），再到鲁僖公十年狄人入温（今河南温县附近），整个华北平原尤其是沿太行山南北一线和南边的南太行以南、今河南焦作一带，先后都有狄人的踪迹。于是有了齐桓公"存邢救卫"之举，迁邢于夷仪（今山东聊城县西），迁卫于楚丘（今河南滑县东），卫国后迁帝丘（今河南濮阳），以避狄人。今安阳一带，原为卫国属地，自然沦丧于狄人。直到晋文公成濮之战（公元前 632 年）后为晋夺回。此后，安阳一带一直为晋和从晋分化出来的魏国所有。相比之下，狄人占据的这个时期，与周围的华夏国家相互攻战，无疑属于乱世。所以，笔者以为，这样的形势下，盗挖商王陵的可能性是最高的；以公开大规模盗挖的情况推断，主导盗挖者可能为狄人。相反，安阳一带为晋国属地以后，商王陵被盗挖的可能性又降低了。

注　释

［1］傅斯年：《历史语言研究所工作之旨趣》，《历史语言研究所集刊》第一册，史语所，1928 年。

［2］罗振玉：《殷商贞卜文字考》序，玉简斋石印本，1910 年；上海古籍出版社，2013 年。

［3］原作"七百七十三年"，"七"当为"二"，见范祥雍：《古本竹书纪年辑校订补》，上海人民出版社，1957 年，第 21 页。

［4］王国维：《殷卜辞所见先公先王考》，《殷卜辞所见先公先王续考》，1917 年，收入《观堂集林》，乌程蒋氏刊本，1921 年；中华书局据商务印书馆版影印修订本，1959 年。

［5］罗振玉：《殷商贞卜文字考》序，玉简斋石印本，1910 年；上海古籍出版社，2013 年。

［6］石璋如：《考古年表》，史语所，1952 年；胡厚宣：《殷墟发掘》，学习生活出版社，1955 年，又复旦大学出版社，2015 年；李济：《安阳》（中文版）肆、伍、陆，外语教学与研究出版社，

2013 年；石璋如编撰、李匡悌、冯忠美辑补：《安阳发掘简史》，史语所，2019 年。
[7] 李济：《民国十八年秋季发掘殷墟之经过及其重要发现》，《安阳发掘报告》第二期，1930 年初版，京华印书局印刷，1978 年南天书局有限公司再版，第 226、227 页。
[8] 李济：《安阳最近发掘报告及六次工作之总估计》，《安阳发掘报告》第四期，史语所，1933 年。
[9] 董作宾：《安阳侯家庄出土之甲骨文字》，《中国考古学报》第一册，商务印书馆，1936 年，第 91 页。
[10] 石璋如：《考古年表》，史语所，1952 年。
[11] 石璋如：《河南安阳后冈的殷墓》文尾，《六同别录》上册，史语所，1945 年；又《历史语言研究所集刊》第十三本，史语所，1948 年，第 47、48 页。
[12] 中国社会科学院考古研究所：《殷墟的发现与研究》，科学出版社，1994 年，第 40 页。
[13] 中国科学院考古研究所安阳发掘队：《1958～1959 年安阳殷墟发掘简报》，《考古》1961 年第 2 期，第 65 页。
[14] 中国社会科学院考古研究所：《殷墟的发现与研究》，科学出版社，1994 年，第 41、42 页。
[15] 李济：《小屯地面下情形分析初步》，《安阳发掘报告》第一期，史语所，1930 年初版，京华印书局印刷，1980 年南天书局有限公司再版，第 48 页。
[16] 梁思永：《后冈发掘小记》，《安阳发掘报告》第四期，史语所，1933 年初版，1978 年南天书局有限公司再版；梁思永：《小屯龙山与仰韶》，《庆祝蔡元培先生六十五岁论文集》，史语所，1933 年，第 555～568 页。后收入《梁思永考古论集》，科学出版社，1959 年，第 27 页。
[17] 吴金鼎：《摘记小屯迤西之三处小发掘》，《安阳发掘报告》第四期，史语所，1933 年初版，1978 年南天书局有限公司再版。
[18] 董作宾：《大龟四版考释》，《安阳发掘报告》第三期，史语所，1931 年。
[19] 董作宾：《甲骨文断代研究例》，《庆祝蔡元培先生六十五岁论文集》，商务印书馆，1933 年。后收入《董作宾先生全集》甲编第三册，台北艺文印书馆，1977 年。
[20] 李济：《安阳最近发掘报告及六次工作之总估计》第五节，《安阳发掘报告》第四期，史语所，1933 年初版，1978 年南天书局有限公司再版，第 575、576 页。
[21] 石璋如：《殷墟最近之重要发现附论小屯地层》，《中国考古学报》第二册，商务印书馆，1947 年，第 69 页。
[22] 安特生著，袁复礼节译：《甘肃考古记》，农商部地质调查所印，1925 年。
[23] 李济：《殷商陶器初论》，《安阳发掘报告》第 1 期，1929 年。后收入《李济考古论文选集》，文物出版社，1990 年；《李济文集》卷 3，上海人民出版社，2006 年。
[24] 李济《记小屯出土之青铜器》所引，《中国考古学报》第三册，商务印书馆，1948 年，第 7 页。后收入《李济考古学论文选集》，文物出版社，1990 年，第 551 页；《李济文集》卷 3，上海人民出版社，2006 年，第 471 页；《殷墟陶器图录》见《小屯第 3 本 · 殷虚器物甲编 · 陶器（上辑）》，史语所，1956 年；《李济文集》卷 3，上海人民出版社，2006 年。
[25] 邹衡：《试论郑州新发现的殷商文化遗址》，《考古学报》1956 年第 3 期。后收入《夏商周考古学论文集》，文物出版社，1980 年。
[26] 中国科学院考古研究所安阳发掘队：《1958～1959 年殷墟发掘简报》，《考古》1961 年第 2 期。
[27] 中国科学院考古研究所安阳发掘队：《1962 年安阳大司空村发掘简报》，《考古》1964 年 8 期。

[28] 郑振香：《论殷墟文化分期及其相关问题》，《中国考古学研究——夏鼐先生考古五十年纪念论文集》，文物出版社，1986年。
[29] 梁思永、高去寻：《侯家庄第二本·1001号大墓》，史语所，1962年；梁思永、高去寻：《侯家庄第三本·1002号大墓》，史语所，1965年；梁思永、高去寻：《侯家庄第四本·1003号大墓》，史语所，1967年；梁思永、高去寻：《侯家庄第五本·1004号大墓》，史语所，1970年；梁思永、高去寻：《侯家庄第六本·1217号大墓》，史语所，1968年；梁思永、高去寻：《侯家庄第九本·1129、1400、1443号大墓》，史语所，1996年；梁思永、高去寻：《侯家庄第七本·1500号大墓》，史语所，1974年。
[30] 郭宝钧：《一九五〇年春殷墟发掘报告》，《中国考古学报》第五册，商务印书馆，1951年；中国科学院考古研究所安阳发掘队：《1958～1959年殷墟发掘简报》，《考古》1961年第2期；中国社会科学院考古研究所：《安阳武官村北的一座殷墓》，《考古》1979年第3期；中国社会科学院考古研究所：《安阳殷墟奴隶祭祀坑的发掘》，《考古》1977年第1期；中国社会科学院考古研究所安阳工作队：《安阳侯家庄北地一号墓发掘简报》，《考古学集刊》（第2集），中国社会科学出版社，1982年；中国社会科学院考古研究所安阳工作队：《1978年安阳殷墟王陵区侯家庄北地一号墓发掘报告》，《江汉考古》2017年第3期；中国社会科学院考古研究所安阳队：《殷墟259、260号墓发掘报告》，《考古学报》1987年第1期；中国社会科学院考古研究所：《殷墟的发现与研究》，科学出版社，1995年，第22页；唐际根、汤毓赟：《再论殷墟人祭坑与甲骨文中羌祭卜辞的相关性》，《中原文物》2014年第3期。
[31] 井中伟：《殷墟王陵区早期盗掘坑的发生年代与背景》，《考古》2010年第2期。
[32] 石璋如：《河南安阳后冈的殷墓》，《历史语言研究所集刊》第13本，商务印书馆，1948年，第41、42页。
[33] 井中伟：《殷墟王陵区早期盗掘坑的发生年代与背景》，《考古》2010年第2期。
[34] 何毓灵：《殷墟王陵早期被盗年代研究》，《考古》2014年第6期。
[35] 张敏：《殷墟王陵上的晚期遗迹及早期盗掘坑年代辨析》，《中国国家博物馆馆刊》2011年第12期。
[36] 中国社会科学院考古研究所安阳工作队：《1978年安阳殷墟王陵区侯家庄北地一号墓发掘报告》，《江汉考古》2017年第3期。
[37] 中国社会科学院考古研究所安阳工作队：《安阳侯家庄北地一号墓发掘简报》《考古学集刊》（第2集），中国社会科学出版社，第39页。
[38] 梁思永、高去寻：《侯家庄第五本·1004号大墓》，史语所，1970年，第9页插图二。
[39] R. J. Getterns, B. S. Clarcke, Jr. and W. T. Chase. Two Early Chinese Bronze Weapons With Meteorite Iron Blades. Washington, D. C., Freer Gallery of Art, Occasional Papers, vol. 4, No.1971.
[40] 河南省文物研究所、三门峡市文物工作队：《三门峡上村岭虢国墓地M2001发掘简报》，《华夏考古》1992年第3期。
[41] 韩汝玢：《近年来冶金考古的一些进展》，《“迎接二十一世纪的中国考古学”国际学术讨论会论文集》，科学出版社，1998年。
[42] 牛世山：《西周时期的殷墟与周边：文化的革新与传承——附论有关殷遗民的若干问题》，《华夏考古》2017年第2期。
[43] 王子今：《中国盗墓史》，九州出版社，2011年，第48～57页。

晚商殷墟小型墓随葬陶鬲的若干问题

常怀颖
（中国社会科学院考古研究所）

一、缘　　起

作为晚商王朝政治、经济与文化中心，“大邑商”无论等级、规模、人口、物质文化发达程度，还是人员与文化来源的多样性，都远超同时期的任何城邑。在任何地域生活的人群，必然需要应对生老病死的自然规律。生活在殷墟不同来源的人群，尤其是基层人群，在日常生活中是否还是用其来源地文化属性的物质文化遗存，在逝去后埋骨大邑商时是否还坚持自身族群传统的葬仪和随葬物品特点，是当时社会基层日常但必须面对的事情，但这一颇为重要的问题讨论却十分稀少。

对殷墟陶器的认识，是晚商时期遗存研究的基础。随着材料的积累和认识的深入，学术界已经认识到，殷墟遗址群陶器的文化因素和来源并不单纯，构成也并不单一。殷墟遗址群陶器的主体，是由二里冈文化陶器群结合豫北地区早商陶器发展而来的。都城人员来源复杂，殷墟遗址群的陶器群中也包含有不同考古学文化的陶器，因此晚商殷墟遗址群中的文化因素较复杂。这既是晚商时期考古学文化发展过程中开放、变化的表现，也是当时人群流动的物质反映。

由于全国各地晚商时期考古资料丰富程度及公布情况有别，考古学文化谱系构建与认知深入程度不同，即便是殷墟陶器多样性的辨识和分析，目前也尚处于起步阶段。牛世山等曾对殷墟文化多样性做出过框架性认识[1]，并在此基础上，对殷墟的硬陶、釉陶、原始瓷器类和徐家桥墓地发现的鄂东地区因素进行过分析[2]，我亦曾对殷墟所发现的晋陕冀三地同时期考古学文化风格的陶器尝试作分析[3]。

长期以来，对于殷墟身前与死后的物质文化遗存差异及其勾连关系的讨论，多集中在等级、铜器礼制等方面。但通过日用陶器与葬用陶器的对比，讨论不同人群在殷墟的组成线索，似乎是一条理论上可行的道路。对殷墟墓葬遗存中物质文化遗存最大宗的陶器，虽有专文讨论，但视角多集中在器物的组合规律、编年和以酒器为中心的礼制构建，将随葬陶器与日用陶器进行比较研究的视角反而较少[4]。

在殷墟无论居址还是墓葬出土的所有陶器中，陶鬲无疑是最具指标意义的器物。鬲是商文化研究中的标志性复杂器物代表，自先商阶段至周代长期使用，具有年代学标尺作用。同时，鬲也是黄河流域到北方长城地带同时期各考古学文化共有的主要器物，是用以区分考古学文化和人群差异的代表器类。可以毫不夸张地说，长期以来中国夏商周考古的年代学与文化因素分析研究的基础，很大程度上是基于陶鬲谱系的研究。虽然陶鬲不是殷墟随葬陶器中数量最多的，但却是最具分析意义的器类。

虽然商代陶鬲的研究取得了巨大成就，但是由于研究目的和尺度不同，对殷墟各类陶鬲的形态分类和演变规律反映的阶段性变化已有共识[5]。但分析目的不同，决定了结论尺度的差异。陶鬲种类繁多，形态繁杂，既往研究的分类、认识不尽相同，随着资料的积累和认识逐渐深入，对殷墟陶鬲的分类也逐渐细化。但由于视角和分析深度程度不同，学者间还未有共识。比如，最新的研究中，牛世山等将殷墟陶鬲细分为三类 34 型（包括亚型）[6]，李晓健则将殷墟墓葬随葬陶鬲与居址发现的陶鬲皆分为 9 型[7]。两相比较，牛世山等的研究分析尺度明显更为细致。

总体来看，殷墟时期陶器研究，以辨识文化因素为目的的研究刚刚开始，对于居址和墓葬随葬用陶器的差异，更是少有涉及[8]。由于墓葬随葬器物往往与墓主身份、等级有特定的连带关系，也较日用陶器更具有意识形态意义的主观选择。在尝试分析殷墟以外族墓地时，我曾发现不同地区的族墓地，选择的主体陶器器类存在差异，明显有以鬲为主和以簋为主两种倾向，甚至不排除有以豆、罍（罐）为核心的随葬陶器组合方式[9]。

有鉴于此，我在下文将尝试对殷墟中小型墓葬与居址所见陶鬲进行讨论[10]。由于讨论目的并非年代学研究，所以本文不做类型学的重复分析，采用我对殷墟陶鬲的谱系研究结论，根据足部和陶质差别将殷墟发现的陶鬲分为四大类：夹砂实锥足鬲、夹砂柱足鬲、夹砂无实足根鬲、泥质陶鬲，共 22 种型别差异[11]。

二、居址与墓葬共有的陶鬲

殷墟小型墓葬随葬的陶鬲形态较多，大体有夹砂实锥足鬲、夹砂空锥足鬲、夹砂柱足鬲和泥质鬲四大类，以夹砂实锥足鬲数量最多，泥质鬲数量次之，空锥足鬲和柱足鬲数量较少。每种类别的陶鬲，形态差异较大。以下分类予以说明。

1. 夹砂实锥足鬲

此类鬲是殷墟最为常见的形态，但形态较多，根据沿、颈、腹差异大略可分为十二类，其中有十类为居址和中小型墓葬所共见。

A 型　纵长方体鬲，灰陶或灰黑陶，有折沿和卷沿两种，但统一的特点是沿面较宽，饰粗绳纹。口缘变化较多，方唇和圆唇最为常见，有的在口缘加贴泥条，唇缘似双唇；有的缘下有勾棱；有的沿面前端加贴泥条呈盘口；有的在沿面划有凹槽。此类陶鬲是殷墟最常见的种类。此种鬲为居址常见器类，在中小型墓中也较为常见（图一，1、2）。

B 型　横长方体鬲。有折沿和卷沿两种，但统一的特点是沿面较宽。口缘变化较多，但整体与纵长方体鬲无太大差别。此类陶鬲是殷墟居址中最常见的种类，也是中小型墓葬随葬陶鬲中最常见的（图一，3、4）。

C 型　厚沿鬲。直口或微侈口。一般都是褐陶，厚胎，方唇多于圆唇。多饰粗绳纹。口部形态变化不大，裆、足部变化与 A、B 型演变规律相同。此种陶鬲多见于居址，中小型墓葬随葬较少（图一，5、6）。

D 型　筒腹鬲。此类陶鬲，直腹，袋足不外鼓，有实足根，一般饰中、粗等的绳纹，但绳纹绝大多数不到底。整体演变形态与 A 型鬲相同。在殷墟的居址中比较常见，在中小型墓葬中有一定数量（图一，7、8）。

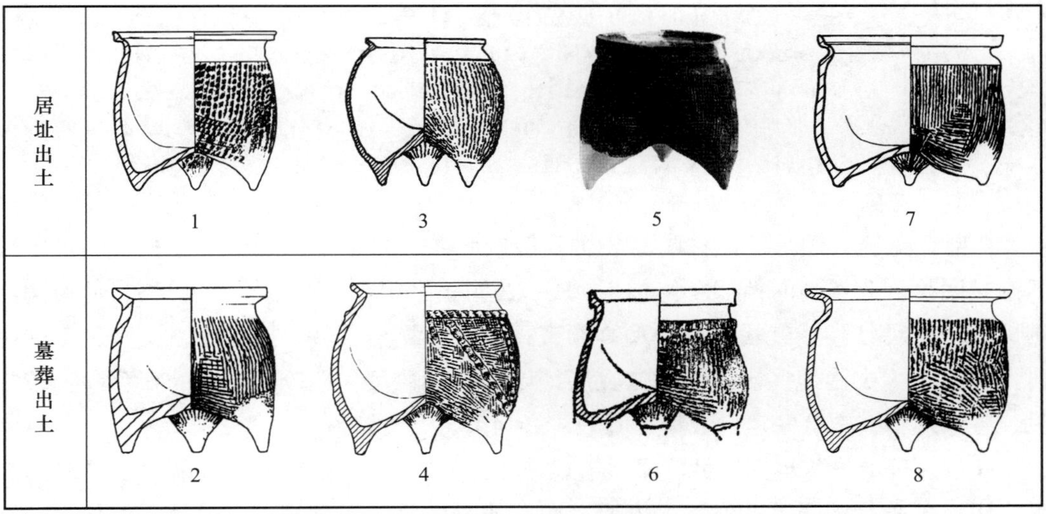

图一　殷墟出土的 A～D 型夹砂实锥足鬲

1、2. A 型（04 大司空 T0606⑥：1、孝民屯 03SM724：1） 3、4. B 型（58SH326：12、04 大司空 M254：1） 5、6. C 型（2010AGDDIH26：1、84 大司空 M82：4） 7、8. D 型（04 大司空 H373：1、04 大司空 M348：2）

以上四类是殷墟最常见的陶鬲种类，其中前两种是自二里冈文化陶鬲发展演变而来的，在殷墟各墓地中基本都有发现；C 型鬲与鲁北地区的陶鬲形态接近，D 型则常见于冀中地区的同时期遗址中，在殷墟的中小型墓葬随葬陶鬲中，也属于常见器类。

E 型　瘪裆筒腹鬲。此类鬲大多数为筒腹，实足根不太明显。大部分袋足与足尖之间无明显分界，绳纹大部分滚压浅细散乱，绳纹大多滚压至足尖。也有部分纹饰滚压似殷墟常见的粗绳纹，但绳纹滚压时有的没有中断或分组，往往一棍至底。此类鬲裆部始终较高，变化规律与 A、B 型鬲不同，有个别袋足外撇。此种陶鬲在居址中有一定比例，但在中小型墓葬中较少见（图二，1、2）。此类陶鬲常见于晋中地区以杏花墓地为代表的遗存中。

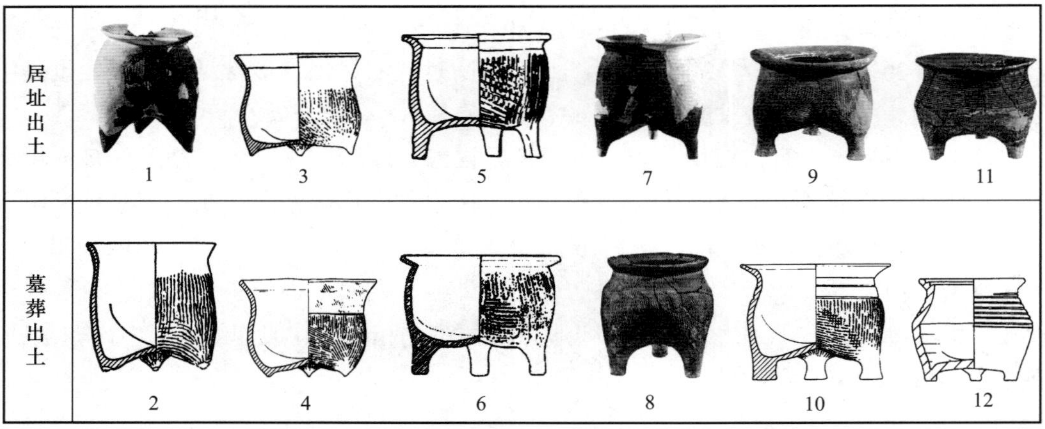

图二 殷墟出土的E、F型夹砂实锥足鬲与A～D型夹砂柱足鬲

1、2. E型夹砂实锥足鬲（04AXSF106③：1、西区M78：1） 3、4. F型夹砂实锥足鬲（58苗圃PNIIIT4③A：2、04大司空M430：1） 5、6. A型夹砂柱足鬲（小屯H111：1、北徐家桥M250：1） 7、8. B型夹砂柱足鬲（孝民屯AXSH36：1、03刘家庄北地M1179：2） 9、10. C型夹砂柱足鬲（75AXTF11：65、04大司空M442：3） 11、12. D型夹砂柱足鬲（73ASNH32：1、03孝民屯SM596：2）

F型 高领束颈鬲。此种陶鬲袋足一般较肥鼓，且年代越晚颈部越长，袋足肥鼓状态越明显。此类鬲的裆部变化与A、B、C型陶鬲相同。在殷墟偏晚阶段，此类陶鬲中，特有一种红陶或红褐陶的小型高领束颈鬲更多见于墓葬。此类陶鬲，常见于晚商时期郑州至豫中南地区。这类陶鬲在居址中有一定数量，在较晚阶段的墓葬中比较常见，各墓地中，都有一定的数量（图二，3、4）。

G型 联裆羊角足鬲。此类器物在殷墟总量不多，以夹细砂的灰陶或灰褐陶为多见，也有部分为泥质。此类鬲多卷沿，圆唇或尖圆唇，长颈折肩、弧裆，颈部多较细的成组旋纹，下腹、袋足上滚压较浅的短节细绳纹。三足近羊角状，较高，足尖外撇，形态较容易辨认（图三，1、2）。此类陶鬲，牛世山已经指出，在蕲春毛家咀为代表的鄂东地区遗址中较为常见。但在殷墟的中小型墓葬中，目前仅密集见于北徐家桥墓地[12]，总量不多。

H型 联裆敛口鬲。数量较少，形态似陶甗的下半（图三，3）。此类陶鬲渊源不太清楚，但可能与鲁北地区同时期遗存和胶东半岛的珍珠门文化有一定关系。此类鬲在殷墟较为罕见，目前仅在郭家庄东南墓地发现过一件[13]。

I型 单把鬲。数量较少，目前亦罕见完整器（图三，4）。此类陶鬲的渊源不详，但不排除与淮河中游地区的同时期遗存有关。此类鬲极为罕见，目前在殷墟中小型墓葬中仅见于北徐家桥墓地[14]。

J型 束口折肩鬲。此类鬲在殷墟数量不多，但十分有特色（图四，5～7）。此类陶鬲与晚商时期鲁南地区以滕州前掌大遗址为代表的遗址和墓地中较为常见，应该是后者传入的遗存。此类鬲在殷墟中小型墓葬中罕见，目前仅在戚家湾[15]与纱厂[16]的墓葬有所见。

2. 夹砂柱足鬲

此类陶鬲在殷墟有一定数量，但总量不多，裆部变化规律与锥足鬲相近。至殷墟偏晚阶段，出现一类夹砂红陶或红褐陶的柱足鬲，年代相对集中，比较特殊。根据领部、肩部差异，可分为四类，在居址和中小型墓葬所共见，虽然数量不多，但尚不属罕见器类。

A型 矮领柱足鬲（图二，5、6）。上部形态与B型实锥足鬲较接近，但柱足较高。此类陶鬲数量不多，但特色鲜明，在冀中地区也有零星发现，但源头还不能肯定。

B型 高领柱足鬲。与A型形体接近，领部较高，有的束颈（图二，7、8）。此类陶鬲形态特殊，来源不详。

C型 高领蹄足鬲。与B型鬲总体接近，但一般均为褐陶或红褐陶，柱足多为蹄足，足面无纹饰（图二，9、10）。此类陶鬲形态特殊，来源不详，但似乎与豫中、豫南至鲁西一带的考古学文化有关。

D型 折肩柱足鬲。此类鬲数量极少，有的甚至为泥质（图二，11、12）。如牛世山所指出的那样，可能和鄂东毛家咀类遗存和赣中地区的吴城文化相关。

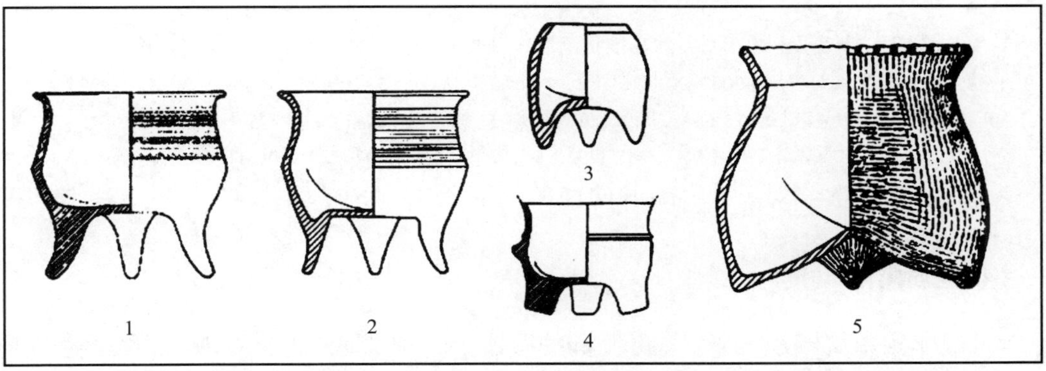

图三 殷墟墓葬出土的G～I型夹砂实锥足鬲与A型夹砂无实足根鬲

1、2. G型夹砂实锥足鬲（北徐家桥M160：1、北徐家桥M296：2） 3. H型夹砂实锥足鬲（87郭家庄东南M1：26） 4. I型夹砂实锥足鬲（北徐家桥M273：1） 5. A型夹砂无实足根鬲（03孝民屯AXSM776：3）

3. 夹砂无实足根鬲

除实足根鬲外，殷墟还有一定数量的无实足根夹砂陶鬲。这类无实足根陶鬲，一般绳纹滚压至足底。但此类陶鬲的形态差别较大，种类较多。根据腹部形态差异，在殷墟大体可分为四类，有两类见于中小型墓葬，仅有瘪裆鬲在居址和中小型墓中共见，高领肥袋足鬲目前仅在孝民屯墓葬有发现，尚未见于居址，两类陶鬲的总量亦不多。

A 型　高领肥袋足鬲。多有花边，总量较少。一般为夹砂褐陶，多在唇沿外侧贴附一周泥条制成的花边，器物最大径在肥袋足靠下部位，袋足底部有的修饰成装饰性的实足根或平底足样（图三，5）。此类鬲形态特征明显，在殷墟有一定数量，形态与李家崖文化的花边肥袋足鬲较为接近，但并不完全相同。

B 型　瘪裆空锥足鬲。有一定数量，形态较多，一般绳纹滚压较浅，散乱，有的筒腹，有的绳纹自沿下一直滚压到足尖（图四，1～4）。此类陶鬲在殷墟有一定的数量，是晋中地区晚商时期遗存的代表性器物。

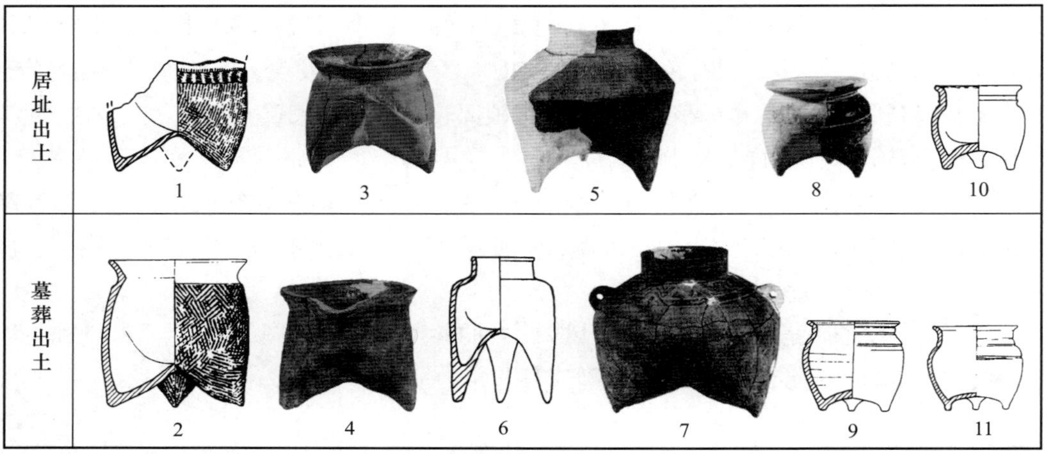

图四　殷墟出土的 J 型夹砂实锥足鬲、B 型夹砂无实足根鬲与 A、B 型泥质陶鬲

1～4. B 型夹砂无实足根鬲（2003AXSH263：2、04 大司空 M111：3、75AXTF10：32、90AGM1229：4）
5～7. J 型夹砂实锥足鬲（66 纱厂 AST305 ⑤ B：1、戚家湾 M270：2、92 纱厂 ASM1131：1）
8、9. A 型泥质陶鬲（03 孝民屯 AXSH202：64、04 大司空 M407：2）　10、11. B 型泥质陶鬲（04 大司空 T0305 ④ B：4、04 大司空 M360：3）

4. 泥质陶鬲

一般非实用炊器，大都为墓葬随葬的明器，但在居址中也有发现。此类器物在殷墟发现数量多，在山东、河北和豫中地区也有发现，似乎此类器物的源头与山东地区素面鬲的传统影响有关。由于其出现时间基本上集中在殷墟晚期，可能是晚商与山东地区夷人的交流过程中，受后者影响新创造的器物。在殷墟，泥质鬲的数量较多，且多见于墓葬，但在居址中也有一定的数量。此类陶鬲个体不大，制作较精，但形体不太固定，沿、颈变化较多。器表大都磨光，一般多为黑皮，袋足上部多有一道旋纹。多为短平沿，个别沿面起榫做盘口状。一般为锥足，个别也有柱足或蹄足。根据颈部有无可分两类。

A 型　卷沿无领，整体器型变化不大，形体都较小（图四，8、9）。

B 型　高领鬲。有的在颈部有旋纹，形体都较小。整体器型上部变化不大，裆、足部变化与夹砂宽沿鬲近同（图四，10、11）。

三、墓葬不见的陶鬲

除了上述在居址与小型墓葬共出或仅见于墓葬的陶鬲以外，殷墟还有一些目前仅发现于居址，而尚未在墓葬中发现过的陶鬲种类。这些陶鬲大体有高领的颈花边鬲（图五，1、2、5）、矮体双耳或三耳肥袋足鬲（图五，6）、唇沿带鋬耳的高领袋足鬲（图五，3）、联裆锥足鬲（图五，8）、矮领的肥足鬲（图五，4）、素面袋足鬲（图五，7）等几类。除素面袋足鬲外，上述各类陶鬲在居址中的数量也较少。

高领的颈花边鬲和矮体双耳或三耳肥袋足鬲，是李大人庄类遗存和围坊三期文化的代表性器物，比较容易辨识。此类高领的颈花边鬲，花边饰于长颈靠上位置；矮体双耳或三耳肥袋足鬲是围坊三期文化的代表性器物，在蓟县围坊[17]、北京房山塔照[18]、易县七里庄[19]、北福地[20]等遗址多有发现。带花边的矮体肥袋足鬲，形体风格则介于冀西北地区早商时期最晚阶段的李大人庄类遗存[21]和围坊三期文化之间。从埋藏遗存单位看，此类陶鬲皆伴出有典型的殷墟文化器物，目前未见随葬于小型墓葬之中。这类遗存的陶器，与李大人庄类遗存接近的矮体肥袋足鬲集中出现于殷墟一期。高领的颈花边鬲和带耳的肥袋足鬲则出现于殷墟三期至四期阶段，年代略晚。这类陶鬲目前在大司空和孝民屯居址中数量略多，在宫庙区有零星发现。

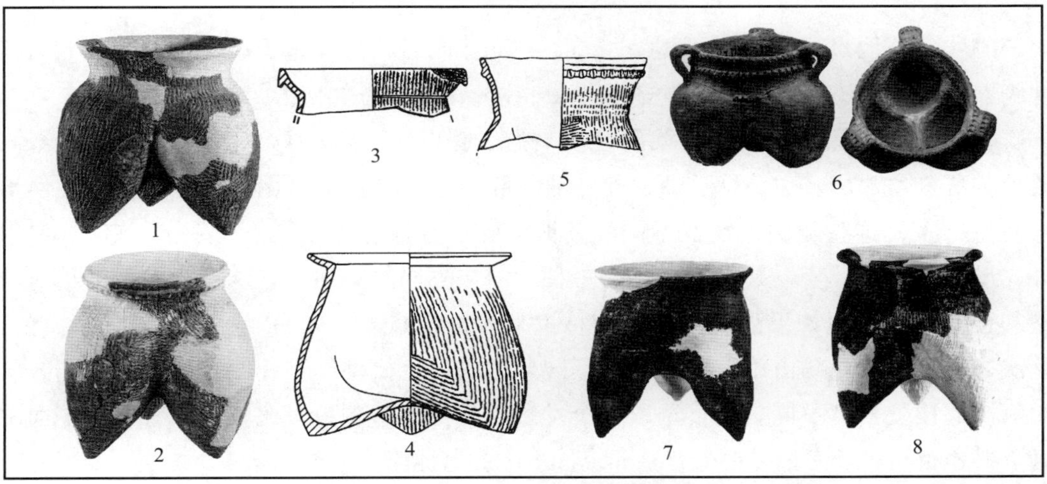

图五　殷墟居址出土但尚不见于墓葬的陶鬲种类

1. 2003AXSG14：2　2. 2004AXSF102--2：2　3. 03 孝民屯 AXST2212④：36　4. 03 孝民屯 G2：89　5. 宫庙区 T1H8：19　6. 72ASTH54：10　7. 08ATYH88：1　8. 15 刘家庄北地 ALNH102：6

带鋬高领袋足鬲与麟游蔡家河[22]的同类器几乎完全相同，是碾子坡类遗存的代表性器物。此类先周文化风格陶器与典型的晚商文化遗物共存，未见单纯独立的埋藏单位。埋藏单位的年代，集中在殷墟四期偏早阶段。目前，此类遗存比较集中地分布于孝民屯一带。

联裆锥足鬲数量较少，大部分袋足与足尖之间无明显分界，绳纹滚压浅，但较粗，可能与晋中地区晚商时期的杏花类遗存有一定的渊源关系。此类陶鬲目前仅见于刘家庄一带。

素面袋足鬲在殷墟总量不多。一般都是夹砂红褐陶或褐陶，火候不高，最大径在袋足偏下部位置，裆较高，无实足。三个袋足分开距离较大，有的裆心宽平，是较为典型的珍珠门文化的代表性器物。此类珍珠门文化风格的陶鬲多与典型的晚商文化遗物共存，未见单纯独立的埋藏单位，年代集中在殷墟三期、四期阶段，埋藏范围略大，在安阳多个地点都有发现。

四、随 葬 规 律

作为随葬器物，陶鬲在殷墟各墓地中的随葬情况有一定的规律可循。这些规律似乎主要表现在如下三个方面：其一，不同墓地是否流行随葬陶鬲并以陶鬲为单一随葬陶器；其二，不同形态陶鬲在墓地的出土概率及出现时间；其三，陶鬲与其他陶器的组合规律。

1. 是否流行随葬陶鬲

殷墟各墓地是否流行随葬陶鬲，并不相同。同时，墓葬是否仅随葬陶鬲，而无其他陶器伴出，反映墓主所属人群的葬仪认知中陶鬲的地位如何。

晚商殷墟墓葬常见的随葬陶器主要有觚、爵、簋、鬲、豆、盘、壶、罐、罍等，此外，尊、盆、卣、盂、甗、甑、斝、瓿、觯、鼎、器盖等日用器类也可随葬，但出土总量不多，这些随葬器物在不同的墓地随葬的数量并不相同（表一）。除觚、爵以外，最常见的随葬陶器是簋、豆、鬲三种，但在不同的墓地中，这三种陶器的绝对数量却也有不同。但如果从随葬陶器的总量来看，殷墟最常见的随葬陶容器是觚、爵，簋次之，陶鬲总量约占第三。陶鬲在不同墓地的出土概率并不相同，反映了不同人群对陶鬲的接受程度不同。以下选取几个发掘较充分，墓葬数量比较多，有墓地平面图且资料公布相对较完整（至少有墓葬统计表）的墓地略作说明。

1984～1988 年大司空村北地发掘殷墟时期墓葬 78 座，其中至少有 51 座墓葬随葬有陶容器[23]。可知这一片区的墓葬随葬陶容器的比例较高（表二）。墓地中发现陶觚 20 件、爵 20 件、鬲 21 件、簋 35 件，豆 12 件、盘 17 件、罐 24 件、罍 13 件。这些墓葬中，除陶觚、爵外，陶簋的数量最多，陶罐次之，陶鬲在墓地中并非具有核心地位的随葬品。墓地中共有20座墓葬随葬有陶鬲，但仅有3座墓葬随葬单鬲，其余墓葬随葬的陶鬲也多是与其他器物伴出，未发现一墓随葬多鬲的情况。

2004年大司空村东南原豫北纱厂中心区发掘殷墟时期的墓葬354座，虽然被严重盗扰，但其中至少有163座墓葬随葬陶容器[24]，可知随葬陶容器的比例也不低。墓地发现陶觚91件、爵82件、簋116件、鬲40件，豆53件、盘45件、罐97件、罍24件。除陶觚、爵外，陶簋数量明显较多，罐、豆的数量也多于陶鬲，说明陶鬲同样不是该墓地中具有核心地位的随葬品（表二）。但墓地中40座墓葬随葬陶鬲，随葬单鬲的墓葬有17座，多于随葬单簋（9座）和单罐（8座）的墓葬，但少于随葬单豆的墓葬（19座）。未发现一墓随葬多鬲的情况。

2000年大司空以东的郭家湾新村发掘晚商时期墓葬379座，其中有212座随葬陶容器，比例较高[25]。墓地发现陶觚111件、爵110件、簋68件、鬲51件，豆106件、盘23件、罐60件、罍37件。墓地中共有51座墓葬随葬陶鬲，但只有17座墓葬单独随葬陶鬲（表二）。该墓地与2004年大司空东南地的发掘情况接近，簋、豆的数量多于陶鬲，随葬单豆的墓葬多于单鬲的墓葬。

1966～1977年间，殷墟西区墓地至少发掘了939座晚商墓葬，其中至少有716座墓葬随葬陶容器，比例极高[26]。墓地共有173座墓葬随葬陶鬲，但不同的墓区随葬陶鬲的墓葬比例不一（表二）。按墓葬发掘者的划分方式，一区随葬陶鬲墓葬21座、二区28座、三区64座、四区21座、五区4座、六区28座、七区6座、八区1座[27]。墓地共发现陶觚472件、爵455件、簋180件、鬲182件，豆187件、盘292件、罐171件、罍53件。该墓地陶鬲的数量较多，簋、豆与鬲的比例较接近；随葬单鬲的墓葬数量较多，共45座，而随葬单簋者22座，随葬单豆者33座，与大司空一带的几处墓地有比较明显的区别。该地区陶盘的总量较多，与洹北大司空一带的墓地有较明显的差别。墓地中不同的墓区间随葬的陶器差别明显。二区、三区、四区，随葬陶鬲的墓葬比例较高。三区随葬单鬲的墓葬最多，尤以该区中部十分集中。一区随葬单簋墓葬较多，二区随葬单豆墓葬较多。随葬单鬲的墓葬以殷墟三期最为多见，三期、四期随葬陶鬲的墓葬总量最多。

1989～1990年孝民屯东南地发掘一片墓地，共发掘晚商时期中小型墓葬132座，其中107座中随葬陶容器，比例较高[28]。这些墓葬中共有33座墓葬随葬陶鬲，共发现陶觚60件、爵59件、簋28件、鬲29件（另有无法统计的残鬲若干），豆21件、盘33件、罐22件、罍2件。鬲与簋的比例接近，略多于陶豆，但明显少于陶盘。墓地中随葬单鬲的墓葬13座，随葬单簋的墓葬4座，随葬单豆的墓葬8座。整体陶器随葬倾向与西区墓地比较接近（表二）。

2003年，孝民屯遗址大规模发掘，共发掘晚商时期墓葬645座，其中333座随葬有陶容器，比例较西区墓地略低[29]。这批墓葬中共发现陶觚208件、爵207件、簋

表一　殷墟代表

墓地	墓葬情况	觚	爵	鬲	簋	豆	盘	壶
98～99 洹北商城	22 座，6 座有陶容器		1	4	1	1		
1936 第二次大司空发掘	20 座，至少 19 座有陶容器	5	5	5	13	4	5	
84～88 大司空村北地	78 座，至少 51 座有陶容器	20	20	21	35	12	17	
04 大司空	354 座，至少 163 座有陶容器	91	82	40	116	53	45	3
郭家湾新村	379 座，212 座有陶容器	111	110	51	68	106	23	17
西区墓地	939 座，至少 716 座有陶容器	472	455	182	180	187	292	26
89~90 孝民屯东南	132 座，107 座有陶容器	60	59	29	28	21	33	1
03 孝民屯	645 座，333 座有陶容器	208	207	80	21	61	28	2
88 刘家庄北地	41 座，至少 24 座有陶容器	12	11	1	16	12	2	
郭家庄	184 座，137 座有陶容器	97	88	21	70	30	56	4
87 梅园庄南地	111 座，至少 64 座有陶容器	43	35	3	11	14	29	
北徐家桥	488 座，292 座有陶容器	120	105	229	15	8	6	
戚家庄东地	192 座，至少 134 座有陶容器	115	114	9	32	21	104	1
赛格金地	14 座，至少 9 座有陶容器	5	6		6	2	2	
91 后冈	41 座，18 座有陶容器	2	1	6	3	5	7	
《殷墟发掘报告》	302 座，至少 224 座有陶容器	104	99	70	42	63	38	
58 小屯西地	52 座，至少 23 座有陶容器	13	11	10	7	14	1	
60 白家坟	59 座，至少 50 座有陶容器	39	33	6	4	23	19	
苗圃北地	85 座，至少 44 座有陶容器	17	17	1	37	8	2	
《安阳小屯》	23 座，至少 6 座有陶器			2		1		
总计	—	1534	1459	770	705	756	709	54

随葬陶器统计表

罍	甑	甗	斝	卣	盆	尊	盂	瓿	觯	鼎	盉	器盖	硬陶器	原始瓷器	白陶
			1												
						1									
13					1	1		5					1		
24		1			2	18	3	6							
37						2	2		2			2	1		
53	4	2	5	5	4	14	4	2	9				4		1
2						1		1							
		2					2				1				
								2							
21				1	3	6		5	1	1		2	3		
2						1			1						
1	1		2			1			1	3			6		
11						1			2				1		
						1		1							
9			1	2		1	6	5	2	2					
2			1	1		1				2					
1															
												1			
175	5	5	10	9	10	49	17	27	18	8	1	5	16	0	1

表二　殷墟代表性墓地陶鬲随葬分析表

墓地	陶器墓随葬鬲墓葬比	陶器墓随葬单鬲墓葬比	数量最多的非觚爵容器	特色鬲种类	集中随葬鬲时代	鬲与其他陶器组合规律
84～88 大司空北	39.2%	5.9%	簋		三期	1. 簋豆 / 簋瓿 / 簋罍 2. 觚爵簋盘罍 + 罐 / 瓿 3. 簋豆罍 / 簋豆罐 / 簋豆罐盘 4. 簋盘罍 / 簋盘罍瓿
04 大司空东南	24.5%	10.4%	簋	瘪裆空锥足鬲	四期	1. 簋瓿豆 2. 簋罐罍盘 3. 觚爵 / 觚爵 + 尊 / 盘 4. 觚爵 + 簋罍 / 簋罐尊 / 簋盘豆 / 簋盘尊 5. 尊豆壶 6. 簋 / 尊 / 罍 / 罐
00 郭家湾	24.1%	8%	豆		四期	1. 豆 / 簋 / 罍 / 罐 2. 觚爵 / 觚爵 + 豆簋罍 / 豆罐尊 / 豆簋罐罍 3. 豆簋罐壶 4. 簋罐 + 罍 / 壶 / 觯 5. 罐罍
西区墓地	墓地总计 24% 一区 12.5% 二区 21.8% 三区 17.3% 四区 35% 五区 66.7% 六区 19.3% 七区 5.7% 八区 1.8%	墓地总计 6.3% 一区 2.8% 二区 9.1% 三区 7.3% 四区 3.3% 五区 33.3% 六区 6.2% 七区 2.8% 八区 0	盘	瘪裆筒腹鬲	三、四期	1. 觚爵 2. 觚爵 + 豆 / 簋 / 盘 / 罍 3. 觚爵 + 豆簋 / 豆簋罐 4. 觚爵 + 盘罐 / 盘簋 5. 觚爵 + 簋罐 / 簋罍 / 簋罐盘 / 簋壶 6. 豆 / 簋 / 盘 / 罐 / 罍 / 觯 7. 簋罐 / 豆簋 / 簋罐罍 / 盘罐簋
89～90 孝民屯东南	30.8%	12.1%	盘	瘪裆空锥足鬲	三期	1. 觚爵 2. 觚爵 + 簋 / 盘 / 罐 / 豆 3. 觚爵 + 簋盘罐 / 4. 豆 / 罍 / 簋

03 孝民屯	24.6%	15.3%	鬲	瘪裆高腹鬲 折肩柱足鬲 高领肥袋足鬲	四期	2. 觚爵 + 盘簋罐 3. 豆 / 簋 4. 簋甗 / 簋盘
58 小屯西地	21.7%	4.3%	豆		三期	1. 觚爵 2. 觚爵 + 簋豆罍 / 簋盘罍 3. 觚爵 + 豆盘瓿
60 白家坟西地	8%	2%	豆		三期	1. 觚爵 + 盘 / 簋 2. 觚爵 + 豆簋罍
59～61 苗圃北地	84.1%	40.9%	鬲		三期	1. 觚爵 2. 觚爵 + 豆 3. 豆
88 刘家庄北	4.2%	0	簋		二期	觚爵豆簋
82～92 郭家庄西南	13.6%	0.7%	簋		四期	1. 觚爵 + 盘罐 / 簋罐罍 / 簋盘 / 豆 2. 簋 3. 簋罐 / 簋豆
87 梅园庄南	4.7%	0	盘		四期	1. 觚盘 2. 觚爵簋罐 + 豆罍 / 盘
北徐家桥	77.7%	49.3%	鬲	联裆羊角足鬲 单把鬲	四期	1. 觚爵 2. 觚爵 + 簋 / 盘 / 簋甑 / 豆 / 斝 3. 豆
戚家庄东地	6%	2.2%	盘	束口折肩鬲	四期	1. 觚爵 2. 觚爵 + 簋盘罍 / 簋盘罐罍 3. 罐 / 罍

21 件、鬲 80 件，豆 61 件、盘 28 件、罐 5 件。这批墓葬中有 82 座随葬陶鬲，随葬陶器中鬲的数量较多，远多于陶簋，更多于陶豆，具有鲜明的特点。所有墓葬中，随葬单鬲的有 51 座，随葬单簋的有 4 座，单豆的有 17 座。发掘者也发现，在这批墓葬中，至少有一个片区的墓葬以随葬单鬲者为多，且多使用泥质陶鬲随葬。

1958 年中国社会科学院考古研究所为修建安阳工作站，在小屯西地工作站周边发掘了 52 座晚商时期墓葬，其中 23 座随葬陶器，共有 5 座墓葬随葬陶鬲，仅 1 座墓葬单独随葬陶鬲，但有 7 座墓葬单独随葬陶豆[30]。这批墓葬中共发现陶觚 13 件、爵 11 件、簋 10 件、鬲 7 件、豆 14 件、盘 1 件、罐 7 件，随葬陶鬲比例较低，而陶豆比例明显较高。墓葬中陶器随葬规律较为固定。

1960 年白家坟西地发掘了两个相隔 200 余米的片区，共发掘了 59 座晚商时期的墓葬，随葬陶器数量较多，虽然可能不是一处墓地，但因其随葬陶器的组合规律较一致，因此在一起讨论[31]。这 59 座墓葬中，至少 50 座墓葬随葬陶容器，其中仅有 4 座墓葬随葬陶鬲，只有 1 座墓葬单独随葬陶鬲。随葬的陶容器中至少有陶觚 39 件、爵 33 件、簋 6 件、鬲 4 件、豆 23 件、盘 19 件、罐 3 件。该墓地的鬲、簋比例都不高，较特殊。墓地中随葬多件陶器的墓葬，组合规律较稳定。

1959 年至 1961 年间，苗圃北地曾发掘晚商墓葬 85 座，其中 44 座随葬陶容器[32]。这批墓葬中有 37 座随葬陶鬲，比例极高，且随葬单鬲的墓葬也高达 18 座。随葬的陶容器中，至少有陶觚 17 件、爵 17 件、簋 1 件、鬲 37 件、豆 8 件、盘 2 件、罐 2 件。该墓地中陶簋、罐随葬比例低，较为特殊。墓地随葬多件陶器的墓葬，陶器组合规律较为固定。除陶容器外，该墓地有数座墓葬随葬陶范，是较特殊的葬俗。

1988 年刘家庄村北发掘了一批墓葬，相对比较集中，应该是一处墓地。发掘区共有晚商时期墓葬 41 座，其中 24 座随葬陶容器，比例与 03 孝民屯发掘区的墓葬接近[33]。陶容器中共有陶觚 12 件、爵 11 件、簋 16 件、鬲 1 件、豆 12 件、盘 2 件、罐 3 件。随葬陶器中陶鬲的比例特低，仅 1 座墓葬随葬陶鬲，且未发现单独随葬陶鬲的墓葬，这是该墓地十分突出的现象。

1982 年至 1992 年间，郭家庄西南陆续发掘了 184 座晚商墓葬，其中 137 座随葬有陶容器，比例极高[34]。陶容器中共有陶觚 97 件、爵 88 件、簋 70 件、鬲 21 件、豆 30 件、盘 56 件、罐 37 件。这批墓葬中有 20 座墓随葬陶鬲，出土概率明显较低，与孝民屯片区的墓地差别很大。郭家庄西南的墓葬中，随葬单件陶器的墓葬不多，随葬单鬲的墓葬仅 1 座，单独随葬 1 件陶簋的有 6 座。大部分墓葬的随葬陶容器都是多件共出，有一定的组合关系。

1987 年秋梅园庄南地发掘晚商墓葬 111 座，其中 64 座随葬陶容器[35]。这些陶容器中有陶觚 43 件、爵 35 件、簋 11 件、鬲 3 件，豆 14 件、盘 29 件、罐 10 件。陶鬲仅发现在 3 座墓葬之中，出土比率明显很低。所有墓葬中随葬单件陶器的墓葬，只见单独随葬豆和盘的墓葬，未发现单独随葬鬲、簋的墓葬，是该墓地较有特点之处。

2001 年，北徐家桥村北发掘晚商墓葬 488 座，其中有 292 座随葬陶容器[36]。这些陶容器共有觚 120 件、爵 105 件、簋 15 件、鬲 229 件，豆 8 件、盘 6 件、罐 5 件。陶鬲的随葬概率是殷墟遗址目前已知的墓地中最高的，有 227 座墓随葬有陶鬲。随葬单件陶器的墓葬中，以单独随葬陶鬲的墓葬为绝大多数，总量达 144 座，占墓地随葬陶器墓葬的 48%。除觚、爵外，随葬单簋的墓葬仅 3 座，单独随葬盘、豆的墓葬在北徐家桥墓地中未发现。该墓地随葬陶器的特点异常鲜明。

1981 年至 1984 年，戚家庄东地共发掘了晚商墓葬 192 座，其中至少有 134 座墓葬随葬有陶容器[37]。这批墓葬中共发现觚 115 件、爵 114 件、簋 32 件、鬲 9 件，豆 21 件、盘 104 件、各类罐 50 件。该片区陶鬲出土数量甚少，而盘数量特高，簋、豆数量接近，墓葬随葬陶器的组合中，明显有以盘为多见的现象，这也是该墓地的特色。这一片区的墓地，不太流行随葬单件陶器。所发现的墓葬中，只有 8 座随葬陶鬲，仅发现 3 座墓葬随葬单鬲，另有 9 座墓葬随葬单盘，1 座墓葬随葬单豆，1 座墓葬随葬单簋，4 座墓葬随葬单件各类小罐。鬲、豆、簋在该墓地似乎都不太流行。

上述十四处墓地的随葬陶鬲情况颇有不同，大体呈现出三种倾向（表二）。

第一种倾向是部分墓地随葬陶鬲比例极高，显示出在觚、爵以外，是墓葬随葬陶器的核心。北徐家桥、苗圃北地、03 年孝民屯发掘区和西区墓地三区、五区可作为此种倾向的代表性墓地。说明这些墓地的埋葬人群，十分重视陶鬲在葬仪中所代表的形而上意义。

第二种倾向是随葬陶鬲虽然数量不多，但与簋、豆、盘的数量相差不太悬殊，说明在这一片区的墓地陶器选择中，陶鬲能够在很大程度上为其对应人群所接受，但不作为随葬陶器的中心。以大司空为中心的洹北东部区域各墓地，是这种倾向的代表。

第三种倾向是陶鬲的随葬比例不高甚至极低。58 年小屯西地、60 白家坟西地、88 刘家庄村北、戚家庄东地、87 梅园庄南地、西区墓地八区等墓地的随葬陶鬲数量都在个位数，甚至部分墓地仅有 1 件陶鬲随葬，说明墓地的埋葬人群对陶鬲的接受程度有限。在不选择以陶鬲为炊器、食器葬用陶器器类中心的墓地中，多采用陶豆、陶簋为中心。殷墟三期以后，陶豆逐渐减少，中心地位往往让渡于陶盘，部分墓地的随葬陶器中心有陶豆向陶盘转换的倾向，但陶鬲的地位也并未改变。

同时，还有两点需要指出。其一是，陶鬲发现较多的墓地中，单独随葬陶鬲墓葬的比例相应也较高，二者往往呈正比例关系。其二是，在孝民屯、苗圃北地这样的铸铜手工业作坊区附近甚至与作坊共用同一空间的墓地中，小型墓随葬陶鬲的概率极高。

2. 不同形态陶鬲随葬的时间与空间分布规律

各类不同形态的陶鬲在殷墟不同墓地的随葬时间有所不同，有些特定的陶鬲目前也仅见于某些墓地。目前有如下规律可以总结：

（1）长方体实锥足分档鬲、厚沿实锥足分档鬲、筒腹实锥足分档鬲、高领束颈实锥足分档鬲、各类泥质素面鬲广布于殷墟各墓地。只要是延续时间较长的墓地，均可发现上述几类陶鬲。各类夹砂柱足鬲在各墓地基本都有零星发现，但总体数量都不多，目前尚无法确定哪一处墓地较为集中。上述几类陶鬲在墓葬中的随葬时间，与同形态陶鬲在殷墟居址出现的时间是一致的。

（2）瘪裆筒腹实足根鬲、联裆鬲和无实足根的各类肥袋足鬲，目前仅在大司空及孝民屯一带的墓地中有零星发现，数量都不多，与所在或临近地点居址发现可以相呼应。

（3）夹砂羊角足鬲、素面敛口鬲、束口折肩鬲、单把鬲等相对特殊的陶鬲，目前绝对数量极少，目前多见于北徐家桥、郭家庄、戚家庄等小屯以东、以南的地区。同类的陶鬲在其周围的居址尚未发现或极罕见。

（4）部分总量不多，但文化因素明确的陶鬲在殷墟墓葬中出现的时间规律明显。瘪裆鬲、素面无实足根的肥袋足鬲在殷墟一期和四期阶段发现十分集中。带有晋中地区杏花类遗存风格的陶鬲，则在殷墟二期至四期的墓葬中都有零星出现，但未见某一时段较集中的情况。素面泥质鬲、夹砂羊角足鬲、素面敛口鬲、束口折肩鬲等则集中见于殷墟四期。泥质鬲、夹砂羊角足鬲可能在殷墟二期出现，束口折肩鬲、素面敛口鬲则集中于殷墟四期。

（5）整体来看，殷墟遗址群晚商时期墓葬的陶鬲随葬，自殷墟一期开始未曾中断，这应该是延续自早商时期墓葬随葬陶鬲的葬仪传统。但殷墟前述墓地中更为普遍地随葬各类陶鬲，基本都是在殷墟三期以后，以殷墟三期和殷墟四期偏早阶段相对集中。殷墟一期前后的墓葬随葬陶鬲，从组合还是葬俗特征看，虽较常见，但随葬的规律性还不强。殷墟二期以后，陶鬲随葬的总量下降，在不同的墓地比例差别明显。陶质炊器、食器的组合，并没有在殷墟为各不同人群较普遍地接纳。

（6）如果以小屯为当时殷墟的中心，则大司空、孝民屯、郭家庄、戚家庄，基本上属于都邑相对“郊区”的地点。类似夹砂羊角足鬲、素面敛口鬲、无实足根肥袋足鬲等辨识度较高，但总量不多的陶鬲，多数出现在这些地区的墓葬中。

3. 组合规律

既往研究中，对殷墟晚商时期墓葬陶器组合的基本共识是，“陶质觚、爵为代表的酒器，是陶器组合的核心；同时，陶器出现了明器化的倾向”[38]。总体来看，殷墟晚商时期陶鬲的随葬组合规律基本符合这一论断框架，但也有自身的规律可循。从前述墓地的实际情况来看，陶鬲作为随葬品时，有三种主要的组合倾向，大体有这样几条线索可循。

（1）陶鬲可作为随葬品单独随葬，与其他器物组合时，多为夹砂鬲，但个体较小。在部分墓地，作为明器的泥质陶鬲较少与其他器物配组[39]。从目前殷墟各墓地随葬陶鬲的情况看，以各类夹砂陶鬲为大宗，无论单独随葬还是与其他器物一起配组，也都是各类夹砂鬲最为常见。但与居址所出的陶鬲相比，墓葬随葬的夹砂鬲，整体个头都较小。一般以12～17厘米高的陶鬲最为常见，高度在10厘米左右的陶鬲也有一定的比例，但普遍罕见24厘米以上的高大陶鬲。泥质陶鬲在如03孝民屯墓地、北徐家桥墓地中往往单独随葬，但在04大司空、西区墓地一区、三区等墓地中，却多与其他陶器配组随葬。

（2）在与以觚、爵为中心的酒、饮器配组时，有两种配组形式。一种是鬲与觚爵单独配组，另一种是既有觚、爵饮器，同时又将鬲和簋、豆（盘）、罍等盛食器、存储器配组的模式（表二）。以觚、爵加鬲的配组，出现在殷墟二期，至四期依然存在，但这种组合的绝对数量不多，在部分墓地如西区墓地三区比例偶见稍高。有时，觚、爵未必齐全，会出现单觚、单爵或觯与鬲配组的情况。这当是觚、爵、鬲完整配组的简化形式。

在酒器加鬲（炊器）组合基础上，会增加盛器如簋、豆、盘，有时会再增加存储器罍、尊、瓿，形成饮酒器＋炊器（鬲）＋盛器＋存储器的完整陶器配组。此类配组当是在葬仪方面尽量全面复刻日常生活的体现，但似乎仍然强调以酒器为中心。

（3）在鬲与非饮器配组时，往往是与簋、豆（盘）、罍（罐、瓿）配组。陶鬲随葬的另一种配组方式或思路，是在缺少酒饮器的基础上展开的。基础配组是炊器（鬲）配组盛器。因之，以鬲与簋、豆（盘）单独配组的较多，有时会以鬲同时配组豆、簋、盘。在此基础上再增加存储器罍、罐、尊等。这种组合方式不以酒饮器为中心，反映了更注重无酒器的日常生活，似乎是可以回避宴饮礼仪方式的体现。

（4）同墓随葬陶鬲，极少成对。从前述墓地现象看，陶鬲无论单独随葬还是与其他陶器配组随葬，多是一件，而少有两件一起随葬的陶鬲。晚商殷墟墓葬一墓随葬两鬲的墓例较少，类似八里庄M70这样一墓随葬三件陶鬲的个例[40]，墓例更少。大多数一墓两鬲的墓例中，两件陶鬲形体多不相同。比如58小屯西地M241、M250这样一墓随葬两鬲的墓葬中[41]，两件陶鬲往往都是一件为夹砂锥足鬲，另一件则为泥质鬲；85铁西刘家庄M64两件陶鬲一件为弧裆柱足鬲，一件则为四期常见的无实足根宽体鬲[42]。但也有如戚家庄M231这样随葬的两件陶鬲形态基本相同的例证[43]。

殷墟墓地中一墓随葬多鬲的，往往还有两种情况。一种是在墓葬填土中有一鬲，随葬一鬲，但陶鬲形态也多不相同，比如西区M311就是这种情况[44]。另外一种是碎器葬，会出现两件或多件陶鬲情况，如花园庄东地M60，就有两件打碎的陶鬲[45]。

（5）在随葬仿铜陶礼器的墓葬中，一般没有陶鬲随葬。

五、结　　语

作为同时期东亚地区最大的都市，殷墟居住人群多样复杂，族系不同、来源不同、等级不同的数十万人在数百年间，不可能全部落叶归根。如果埋骨殷墟，必然会有不同地缘或血缘归属的人群，是否都可以在都城拥有相对独立且稳定墓地的问题。人群来源复杂、殷墟社会组织形态模糊不清和晚商都城地权归属关系一无所知，决定了殷墟墓葬研究的一些瓶颈性困境。

但墓葬随葬陶器的共性，往往指向了同一墓地随葬人群的礼制接受程度和共有选择。上述陶鬲在殷墟晚商墓葬中的随葬现象和规律，似乎暗示了殷墟当时人群构成的几点特征。

（1）在殷墟以“觚爵”一类酒饮器为随葬陶器配组核心，“酒奠”思想盛行的整体趋势下，殷墟不同的墓地（区）随葬陶器的选择并不相同。反映了殷墟葬仪礼制细节表达的多元化。同时，殷墟以外四方的族墓地随葬陶器中，陶觚、爵极罕见，无论陶器组合中心是鬲还是簋，但重炊、食器而轻酒器的现象非常突出。但在殷墟，重酒器的“酒奠”礼制表达更为突出，单重炊、食器而轻酒器的墓葬虽然存在，但不占主流地位。城、乡或者都、鄙、邑间的等级地缘差别，似乎也较突出地体现在下层人群的葬仪器物选择之上。

（2）不同墓地或一处较大墓地的不同墓区间，是否选择陶鬲作为随葬陶器的中心，差异较大。这与殷墟以外族墓地中有随葬“陶鬲”“陶簋”两种主要倾向差别明显[46]。说明不同族墓地内陶器组合的复杂程度与墓地的等级、人群存在直接关联，殷墟的人群复杂性直接带来殷墟墓地随葬陶器的复杂性。

（3）殷墟小屯宫庙区以外的外围墓地或墓区多能发现随葬陶鬲有地方文化因素凸显的现象。同时，较罕见器型的陶鬲往往不集中分布，这种现象似乎暗示了少数人群在殷墟生活时并不能聚族而居、聚族而葬。这提醒我们，在殷墟的部分墓地，可能并非单纯意义上的“族墓地”，而是“邦墓”公共化的体现。这更加说明，晚商时期同一墓地空间内可能存在多来源的社会组织，甚至有可能不同族系来源人群可共用一处墓地。晚商时期，在都城中出现不同人群共用墓地，是社会发展过程中，人员重组和地权变更的反映，也应该是周代“邦墓”的源头。

（4）殷墟不同墓地与墓区的随葬陶器中心的差异，比殷墟以外族墓地显示出了更复杂的态势。但随葬陶器中心的差异所反映的是城与乡或都城与鄙、邑、甸、师的等级差异，抑或还是晚商时期或晚商社会存在以政治地缘等级下产生的意识形态表征的物质文化差异，是亟需研究者警醒的现象。

（5）从早商时期随葬陶器以炊器为重心到殷墟时期以觚、爵为中心的“酒奠”礼仪逐渐重要，这种转换过程通过殷墟墓葬的随葬器物可以看清其流变发展过程，但这种变化的导向动因和主导人群是什么，还有待研究。更重要的是，在殷墟不同墓地中，晚商时期不重觚爵随葬的人群和殷墟以外广大不使用觚爵随葬的人群如何理解其身份和族属认同，同样是更大的学术问题。

（6）以陶鬲而窥一斑，殷墟不同墓地、不同等级墓葬中随葬陶器的复杂态势，以及不同墓地的随葬器物组合的或增益或简化，应当理解为殷墟人群的整合过程或缩影，更应该视为晚商意识形态死亡观的整合过程或缩影。

上述梳理，尚有大量细节可进一步探索。我之所见，也仅是宏观感观。下一步需要将观察视角细化，具体到单个墓葬随葬陶器与墓葬方向、埋葬方式对比，细论空间位置临近的小墓组之相互关系，再逐步拓展比较墓区、墓地与不同墓地的期别过程，所获认识必另有不同。但上述粗疏观察，抑或有助于思考晚商都城的管理模式与规划问题。有鉴于此，故不揣浅陋求教于方家。

附记：本文为国家社科基金重大项目“先秦时期中原与边疆冶金手工业（课题编号：17ZDA219）”和中国社会科学院创新工程课题“太行山东麓戎狄的华夏化”阶段性成果。写作过程中，得到了刘绪师、商周田野工作坊同道审阅，他们给予了重要修改意见，谨致谢忱！

注　释

[1] 牛世山：《殷墟文化的多样性——以陶质类容器为视角》，《李下蹊华——庆祝李伯谦先生八十华诞论文集》，科学出版社，2017年；牛世山、岳洪彬、岳占伟：《殷墟文化的多元因素再分析——以陶鬲为例》，《南方文物》2019年第5期；何毓灵：《殷墟“外来文化因素”研究》，《中原文物》2020年第2期。

[2] 牛世山：《殷墟出土的硬陶、原始瓷和釉陶——附论中原和北方地区商代原始瓷的来源》，《考古》2016年第8期；牛世山：《湖北东北部晚商文化的新认识——从蕲春毛家咀遗址和新屋塆青铜器谈起》，《南方文物》2020年第4期。

[3] 常怀颖：《殷墟出土晚商陶器所见晋陕冀地区诸考古学文化因素》，《文物》2021年第7期。

[4] 对殷墟随葬陶器的分析，近年来曾有数篇专门的讨论，从不同角度进行过分析。比较具有代表性的如：胡洪琼：《殷墟墓葬随葬陶器组合研究》，郑州大学硕士学位论文，2005年；何毓灵：《殷墟墓葬随葬品冥器化现象分析》，《三代考古》（二），科学出版社，2006年；胡洪琼：《殷墟仿铜陶礼器墓试析》，《华夏考古》2006年第3期；郜向平：《商墓中的毁器习俗与明器化倾向》，《考古与文物》2010年第1期；郜向平：《商系墓葬研究》，科学出版社，2011年；康石磊：《殷墟仿铜陶礼器研究》，陕西师范大学硕士学位论文，2013年；唐锦琼：《论殷墟铜器墓中的陶器使用方式》，《考古》2015年第4期；李贵昌、李阳、孟小仲：《殷墟大型族邑聚落墓地中墓葬陶器组合的比较研究》，《殷都学刊》2017年第1期；郭梦、何毓灵、李建西等：《殷墟锡衣仿铜陶礼器的发现与研究》，《考古学报》2020年第2期；李晓健：《中心与周邻：陶器视角下的晚商文化研究》，吉林大学博士学位论文，2020年。

[5] 对晚商陶鬲编年的基本框架构建，始于邹衡与郑振香先生。见邹衡：《试论殷墟文化的分期》，《北京大学学报·人文科学》1964年第4、6期；郑振香：《论殷墟文化分期及其相关问题》，《中国考古学研究——夏鼐先生考古五十年纪念论文集》，文物出版社，1986年；中国科学院考古研究所安阳发掘队：《1958～1959年殷墟发掘简报》，《考古》1961年第2期；中国科学院考古研究所安阳发掘队：《1962年安阳大司空村发掘简报》，《考古》1964年第8期。

［6］ 牛世山、岳洪彬、岳占伟:《殷墟文化的多元文化因素再分析——以陶鬲为例》,《南方文物》2019 年第 5 期。

［7］ 李晓健:《中心与周邻：陶器视角下的晚商文化研究》，吉林大学博士学位论文，2020 年。

［8］ 近年来，一些青年学子尝试在这方面进行讨论。但对于墓葬与居址陶器的差异，在类型分析的年代学、器类组合等研究目的之外，由于视角不同，很多研究明显不足。比如，李晓健虽将居址与墓葬所出陶鬲分开进行类型学研究，但并未对比分析居址与墓葬所出陶鬲的差异在哪里，以及这种差异体现了哪些文化与社会的问题。

［9］ 常怀颖:《从随葬陶器看殷墟以外的晚商“族墓地”》,《江汉考古》2020 年第 6 期。

［10］ 高等级铜器墓伴出的陶器，与中小型墓葬的随葬陶器有一定差别，将另文讨论。

［11］ 常怀颖:《晚商殷墟遗址所见陶鬲谱系补议》，待刊。

［12］ 安阳市文物考古研究所:《安阳北徐家桥——2001～2002 年发掘报告》，中州古籍出版社，2020 年。

［13］ 中国社会科学院考古研究所安阳工作队:《1987 年夏安阳郭家庄东南殷墓的发掘》,《考古》1988 年第 10 期。

［14］ 安阳市文物考古研究所:《安阳北徐家桥——2001～2002 年发掘报告》，中州古籍出版社，2020 年。

［15］ 安阳市文物考古研究所:《安阳殷墟戚家庄东商代墓地发掘报告》，中州古籍出版社，2015 年。

［16］ 牛世山、岳洪彬、岳占伟主编:《殷墟出土陶器》，社会科学文献出版社，2018 年。

［17］ 天津市文物管理处考古队:《天津蓟县围坊遗址发掘报告》,《考古》1983 年第 10 期。

［18］ 北京市文物研究所:《镇江营与塔照——拒马河流域先秦考古文化的类型与谱系》，中国大百科全书出版社，1999 年。

［19］ 段宏振、任涛:《河北易县七里庄遗址发现大量夏商周时期文化遗存》,《中国文物报》2006 年 12 月 8 日；段宏振:《七里庄遗址青铜文化遗存的演进——兼论燕山以南地区青铜时代考古学文化的相关问题》,《中国文物报》2007 年 6 月 15 日。

［20］ 拒马河考古队:《河北易县涞水古遗址试掘报告》,《考古学报》1988 年第 4 期；河北省文物研究所:《北福地——易水流域的史前遗址》，文物出版社，2007 年。

［21］ 张家口市文物事业管理所、宣化县文化馆:《河北宣化李大人庄遗址试掘报告》,《考古》1990 年第 5 期。

［22］ 北京大学考古文博院、宝鸡市考古工作队:《陕西麟游县蔡家河遗址商代遗存发掘报告》,《华夏考古》2000 年第 1 期。

［23］ 中国社会科学院考古研究所安阳工作队:《1984～1988 年安阳大司空村北地殷代墓葬发掘报告》,《考古学报》1994 年第 4 期。

［24］ 中国社会科学院考古研究所:《安阳大司空——2004 年发掘报告》，文物出版社，2014 年。

［25］ 中国社会科学院考古研究所:《安阳郭家湾新村》，科学出版社，2020 年。

［26］ 中国社会科学院考古研究所安阳工作队:《1969～1977 年殷墟西区墓葬发掘报告》,《考古学报》1979 年第 1 期。

［27］ 由于材料发表的原因，墓葬登记表只能复原 152 座墓葬中随葬陶鬲，其余 20 座墓葬的情况不详，疑集中于三区。

[28] 中国社会科学院考古研究所安阳工作队:《河南安阳市殷墟孝民屯东南地商代墓葬 1989～1990 年的发掘》,《考古》2009 年第 9 期。
[29] 中国社会科学院考古研究所:《安阳孝民屯(四)殷商遗存·墓葬》,文物出版社,2018 年。
[30] 中国社会科学院考古研究所:《殷墟发掘报告(1958～1961)》,文物出版社,1987 年。
[31] 中国社会科学院考古研究所:《殷墟发掘报告(1958～1961)》,文物出版社,1987 年。
[32] 中国社会科学院考古研究所:《殷墟发掘报告(1958～1961)》,文物出版社,1987 年。
[33] 中国社会科学院考古研究所安阳工作队:《河南安阳殷墟刘家庄北地殷墓与西周墓》,《考古》2005 年第 1 期。
[34] 中国社会科学院考古研究所:《安阳殷墟郭家庄商代墓葬——1982 年～1992 年考古发掘报告》,中国大百科全书出版社,1998 年。
[35] 中国社会科学院考古研究所安阳工作队:《1987 年秋安阳梅园庄南地殷墓的发掘》,《考古》1991 年第 2 期。
[36] 安阳市文物考古研究所:《安阳北徐家桥——2001～2002 年发掘报告》,中州古籍出版社,2020 年。
[37] 安阳市文物考古研究所:《安阳殷墟戚家庄东商代墓地发掘报告》,中州古籍出版社,2015 年。
[38] 郜向平:《商系墓葬研究》,科学出版社,2011 年。
[39] 比如何毓灵就明确指出,在 2003 年孝民屯墓地中,泥质陶鬲多作为随葬品,且不与其他器物配组随葬。
[40] 安阳市文物工作队:《安阳市殷代墓葬发掘简报》,《华夏考古》1995 年第 1 期。
[41] 中国社会科学院考古研究所:《殷墟发掘报告(1958～1961)》,文物出版社,1987 年。
[42] 安阳市博物馆:《安阳铁西刘家庄南殷代墓葬发掘简报》,《中原文物》1986 年第 3 期。
[43] 安阳市文物考古研究所:《安阳殷墟戚家庄东商代墓地发掘报告》,中州古籍出版社,2015 年。
[44] 中国社会科学院考古研究所安阳工作队:《1969～1977 年殷墟西区墓葬发掘报告》,《考古学报》1979 年第 1 期。
[45] 中国社会科学院考古研究所:《安阳殷墟花园庄东地商代墓葬》,科学出版社,2007 年。
[46] 常怀颖:《从随葬陶器看殷墟以外的晚商"族墓地"》,《江汉考古》2020 年第 6 期。

从鲁北到殷墟

——夷式簋、盔形器与晚商海盐的流通 *

陈雪香

（山东大学文化遗产研究院）

夷式簋是商周时期主要分布于鲁北地区的一种陶器，亦见于中原地区和关中、陇东一带。方辉师曾根据其分布，将夷式簋的流动与族群变动结合起来讨论[1]。本文拟在这一研究的基础上，尝试讨论晚商时期夷式簋使用人群所属族群的身份认同、其流动背后的经济资源获取问题，以求教于方家。

一、作为族群象征的夷式簋

身份（Identity）历来是考古学者关注的重要概念。身份包括性别、等级、职业、族群等。其中对族群身份与考古学文化之间关系的关注，在我国考古学研究中有着浓厚的传统。正如《族属的考古》一书指出的，尽管用考古学文化重建古代族群的研究范式颇有风险，但根据考古类型学来区分历史上诸多族群的研究方法，在世界许多地方依然流行，尤其是在历史悠久、族群名称有案可稽的地方[2]。如何在新的理论框架下，利用物质文化遗存，解读和阐释族群身份，仍是当下考古学界非常关心的问题。

所谓族群，是指通过对文化差异 / 共同渊源的认识，将自己与其他相互来往和共存群体分开的一组人群[3]。族属是指某人群自我意识的身份认同[4]。它是社会互动中相对于特定“他者”的一种认同构建[5]。当来自不同文化传统的人群彼此发生交往时，会产生“自我—反身（self-reflexive）”的文化比较，人们会有意突出或弱化不同的物质形制以标示身份归属[6]。维斯纳认为，考古遗存的物质形制至少可以区分为两类，一类是自主形制，一类是象征形制。自主形制以个人为基础，带有传递支持个体认同的信息。象征形制则向某特定群体传递有关自觉归属和认同的清晰讯息，它带有边界信息，通常指向某社会群体及其规范和价值观[7]。

与“商式簋”“周式簋”等陶器一样，“夷式簋”的称谓本身，就带入了一种族群归属的研究倾向。如图一和附表所示，夷式簋最早出现并流行于商代东夷之地的鲁北

* 本文得到山东大学齐鲁青年学者项目资助。

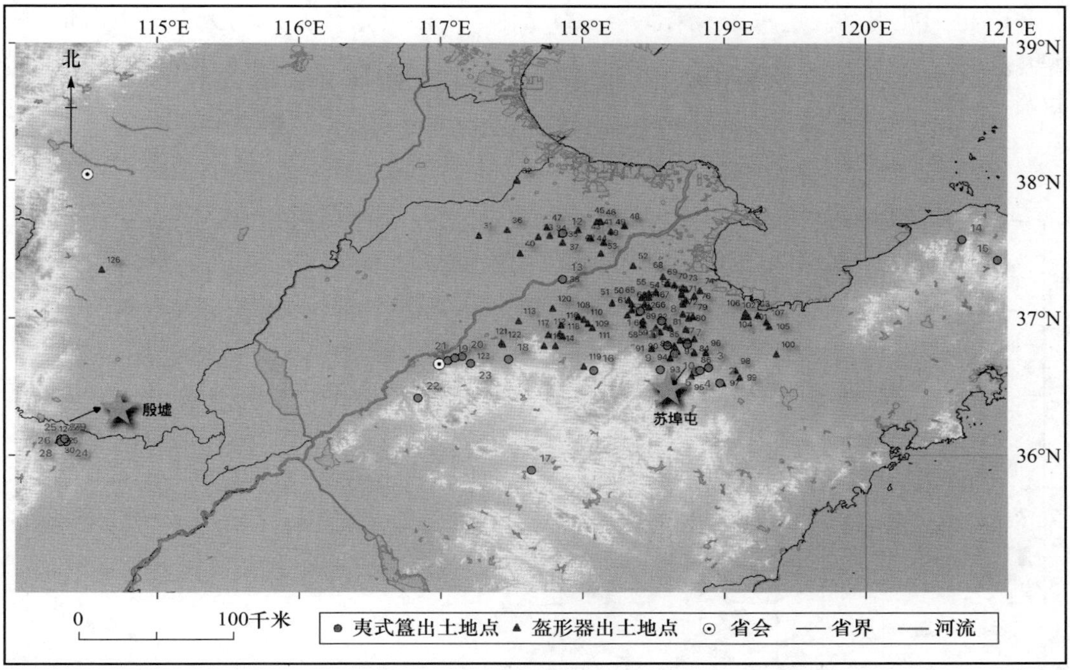

图一　商周时期鲁北至安阳盔形器和夷式簋出土（采集）遗址分布图

1. 广饶五村　2. 昌乐河西　3. 昌乐宇家　4. 昌乐常家庄　5. 昌乐岳家河　6. 寿光火山埠　7. 寿光涡宋台　8. 寿光丰城西村　9. 青州郝家庄　10. 青州苏埠屯　11. 青州赵铺　12. 阳信李屋　13. 滨州兰家　14. 黄县东营周家村　15. 栖霞县大北庄　16. 淄博皇姑顶　17. 新泰郭家泉　18. 章丘马安　19. 济南洪家楼　20. 济南王舍人庄　21. 济南大辛庄　22. 长清仙人台　23. 济南唐冶　24. 安阳梯家口村　25. 安阳太平庄　26. 安阳苗圃　27. 安阳小屯　28. 安阳刘家庄　29. 安阳郭家湾新村　30. 安阳郭家湾新村　31. 乐陵县刘武官乡刘武官　32. 庆云县齐周务　33. 阳信县商店寨孙寨遗址　34. 阳信县水落坡乡东魏村　35. 阳信县水落坡乡李屋　36. 阳信县流坡坞镇幽家　37. 滨州市堡集镇高北营　38. 滨州市堡集镇兰家　39. 滨州市单寺乡小赵家　40. 惠民县刘黄　41. 沾化县西杜村　42. 沾化县富国镇杨家　43. 沾化县泊头乡陈家　44. 沾化县泊头乡郑家　45. 沾化县城商贸小区　46. 沾化县富国镇刘虎　47. 沾化县古城镇西范　48. 利津县盐窝镇西洋江　49. 利津县明集乡南望参　50. 博兴县店子镇梨园　51. 博兴县寨郝乡寨卞　52. 东营市刘集　53. 东营市王家岗　54. 广饶县南口　55. 广饶县东赵　56. 广饶县尚道　57. 广饶县南袁村　58. 广饶县原西营乡北卧石　59. 广饶县原西营乡西营　60. 广饶县原小张乡西柳　61. 广饶县广饶镇申盟亭　62. 广饶县广饶镇西殷古城　63. 广饶县石村镇营子　64. 广饶县原徐颜镇西杜疃　65. 广饶县花官乡草桥　66. 广饶县花官乡大桓村　67. 广饶县丁庄镇牛圈　68. 广饶县丁庄镇王署埠　69. 广饶县丁庄镇淄脉沟　70. 寿光市卧铺乡曹辛　71. 寿光市卧铺乡大荒北央　72. 寿光市卧铺乡小荒北央　73. 寿光市卧铺乡郭井子　74. 寿光市卧铺乡菜央子　75. 寿光市卧铺乡双王城　76. 寿光市杨庄乡官台　77. 寿光市卧铺乡寇家坞　78. 寿光牛头镇牛头　79. 寿光田柳镇崔家庄　80. 寿光王高镇薛家庄　81. 寿光化龙镇高家庄　82. 寿光丰城乡埠子顶　83. 寿光文家乡北傅家庄　84. 寿光市　85. 寿光市孙家集镇边线王　86. 寿光市纪台乡吴西刘　87. 寿光市石门董　88. 青州市何官乡杨营村　89. 青州市阳河乡葛口　90. 青州市朱良镇朱良　91. 青州市王母宫乡后范王　92. 青州市苏埠屯乡方台　93. 青州市杨家庄乡大赵务　94. 青州市口埠镇赵铺　95. 昌乐县北岩乡邹家庄　96. 昌乐县后于留遗址　97. 昌乐县马宋乡河西　98. 潍坊市军埠口乡姚官庄　99. 潍坊市坊子区范家庄　100. 潍坊市朱里镇会泉庄　101. 潍坊市央子镇崔家央子　102. 潍坊市央子镇河北岭子　103. 潍坊市央子镇西利渔　104. 潍坊市央子镇央子　105. 昌邑市龙池镇鄑邑故城　106. 昌邑市固堤场　107. 昌邑市瓦城　108. 桓台县田庄镇史家　109. 桓台县唐山镇唐山　110. 桓台县唐山镇李寨　111. 桓台县果里镇前埠　112. 邹平县廉家　113. 邹平县大河崖　114. 邹平县史营　115. 邹平县台头　116. 邹平县苑城乡丁公　117. 邹平县邹平镇鲍家　118. 邹平县长山镇鲍家　119. 淄博市寨里镇北沈马　120. 高青县陈庄　121. 章丘市宁家埠　122. 章丘市王推官庄　123. 济南市唐冶新城　124. 安阳花园庄东地　125. 安阳白家坟东北　126. 河北隆尧双碑（1～29 为夷式簋出土地点；30～126 为盔型器出土地点）[9]

地区，也因此得名。这一器形来源于岳石文化，下限可到春秋，以殷墟三四期和西周早中期较为常见[8]。夷式簋多为泥质灰陶或黑陶；素面或有简单的凹弦纹装饰。其区别于商式簋、周式簋的形制特点，表现为敞口或侈口，卷沿，鼓腹或收腹，圈足较高；尺寸变化范围不大，口径一般在 18～22 厘米，通高在 16～20 厘米左右（图二）。

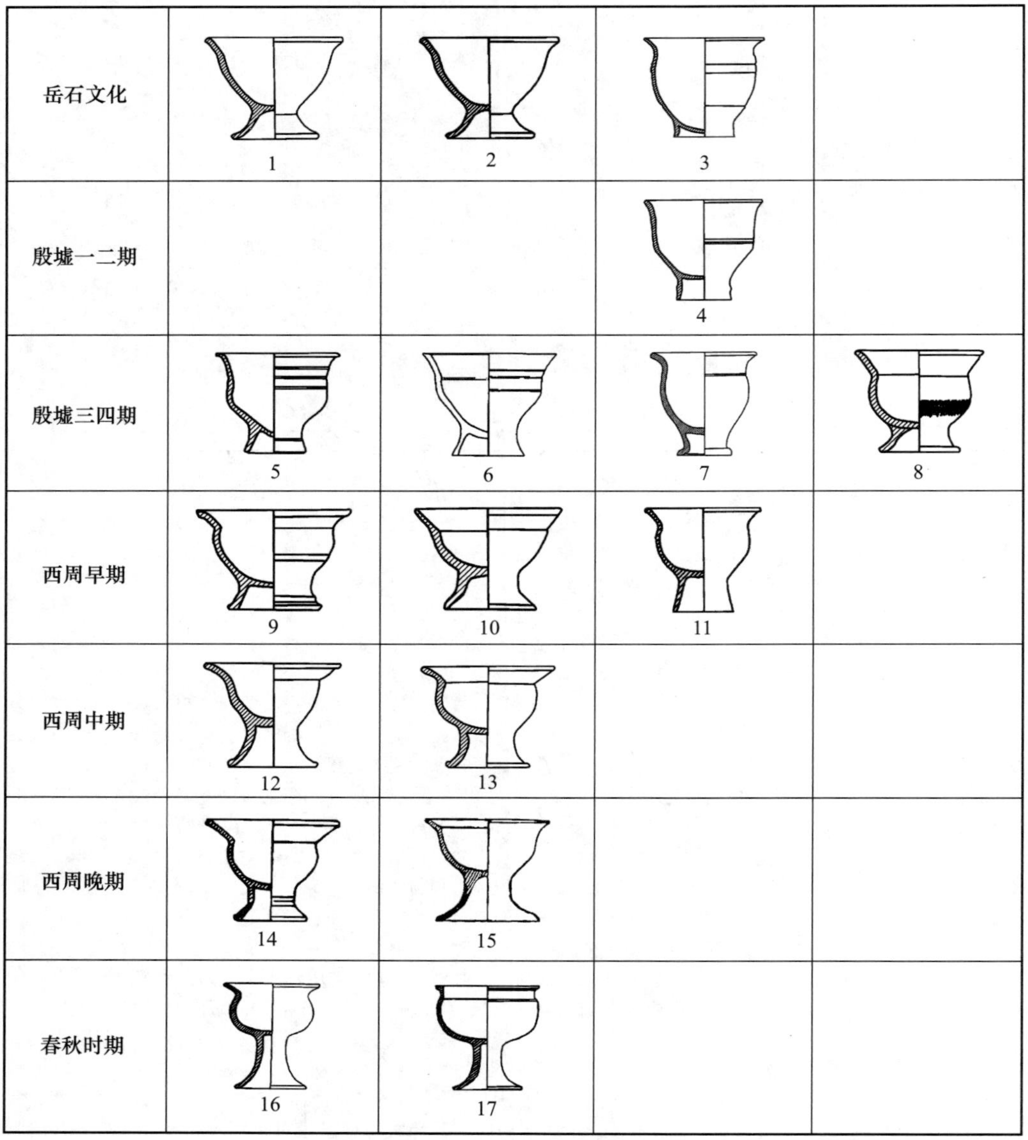

图二　商周时期鲁北地区出土的夷式簋

1. 寿光火山埠　2. 青州郝家庄　3. 青州赵铺采：26　4. 青州赵铺采：27　5. 济南大辛庄 M72：11　6. 章丘马安 M88：1　7. 滨州兰家 BLSZ：28　8. 寿光涡宋台 21：9　9. 昌乐宇家 M1-65：10　10. 广饶五村 M11：1　11. 济南唐冶 H138：2　12. 黄县周家村 M2：60　13. 黄县周家村 M2：118　14. 栖霞县大北庄古墓：4　15. 青州赵铺采：29　16. 长清仙人台 M6：B45　17. 新泰郭家泉 M2：1

从空间分布看，夷式簋有如下三个特点。首先，分布范围较广。在东部始自渤海南岸近莱州湾的内陆地区，沿泰沂山脉北侧，经淄博、邹平、章丘、济南、长清，在鲁西南黄泛区出现空白，向西至中原地区的安阳，至关中地区周原附近，至陇东到达甘肃境内。其次，分布具有不连续性。夷式簋在近莱州湾内陆地区较为丰富，以潍坊、昌乐、青州、广饶、滨州、阳信为其密集区。近莱州湾内陆地区之外，在鲁北地区的分布大致呈线性，至中原安阳成为鲁北之外发现最为集中的区域，至关中地区以周原附近出土最多，至陇东到达甘肃境内的清水、庄浪一带，中间均有空白地带。再次，分布带有非随机特点。夷式簋在近莱州湾内陆地区之外的分布地点虽然相对零散（不连续），但带有较强的目的性。即在鲁北地区主要位于交通要道（不限聚落等级），一路向西，到中原和关中地区以殷墟和周原为主（都城），在陇东集中于清水和庄浪两个地点（秦人先祖封邑[10]）[11]。夷式簋空间分布的不连续、非随机特点，与立足“实用功能”的日常器物如绳纹陶鬲的分布有明显差异。后者的分布具有自主形制的渐变和随机特征，而前者与族群象征形制的分布特点一致[12]。

鲁北地区夷式簋的出土背景有以下几点值得关注。第一，鲁北地区出土的夷式簋，有明确出土单位的，除济南唐冶外，多数出自墓葬[13]。这种器物的非日常使用特点鲜明，应当在鲁北商周丧葬礼仪中有明确含义。在文献和金文中，簋是重要的盛稻粱之器[14]。这种器形在墓葬中常见，陶质或铜质均有。有的簋中曾发现食物残留，如安阳殷墟花园庄东地 M54 出土两件形制相似的青铜簋，内部下层就有烹饪后的谷物颗粒[15]。山西横水西周倗国墓 M1011 出土铜簋中也曾发现可能为煮熟的大米及肉类的黑色残留物[16]。卜辞中也有“簋黍”，表示用簋盛黍祭祀[17]。甲骨文“”（一般隶定为“⿰火叟”）则是双手捉簋形，象征着聚拢，有征召之义，常见的如“⿰火叟人”“⿰火叟羌”“⿰火叟牛”等[18]。这样看来，簋积极参与了商周时期的社会礼仪，尤其是丧葬和祭祀礼仪。夷式簋在鲁北地区墓葬中反复出现，具有特定的仪式感，是一种公开场合的重复活动，表达了生者群体对于逝者的文化认同。

第二，夷式簋既见于苏埠屯 M7 这样的中等规格贵族墓[19]，也见于小型陶器墓。这说明其使用者似乎没有身份高低之分。也就是说，这种器物虽见于特定群体，但并不用于区分等级身份，不用以体现墓主人的社会阶层。

第三，无论聚落等级高低，夷式簋与商式簋共存于同一墓地的现象普遍。如晚商作为核心聚落的济南大辛庄遗址[20]、作为普通聚落的章丘马安遗址[21]均有墓地中两种簋共存的现象。这说明使用者活动范围不局限于文化核心区或边缘区。

第四，夷式簋与商式簋虽然共见于等级不同的聚落墓地之中，却又不共存于同一墓葬[22]。这说明二者在功能上具有互补性，也暗示两种陶簋在族群身份认同上的差异，被用来区分“我者”和“他者”。这是在下葬的公开仪式中，持续重复被群体接受的差别认同。这里的夷式簋符合维斯纳所说“具有明确的指向性，向某特定群体传递有关自觉归属和认同的清晰讯息”[23]的象征形制特征。

空间分布和出土背景分析显示，夷式簋带有显著的象征形制特点，是标示身份归属的遗存之一。夷式簋所代表的人群，方辉师认为，鲁北地区以大辛庄类型为代表的商文化早期阶段，以夹砂褐陶陶系为特征的“第二类文化遗存”是本区东夷文化在商代的遗留，这些器物到了晚商阶段确已很少见到，但土著因素实际上并没有消失，它以一种隐藏的方式出现，墓葬中的夷式簋就是其代表[24]。不过，东夷文化是一个宽泛的概念，其所在区域包括了多个不同的族群。如果能根据夷式簋的时空分布，将其与更小范围的人群联系起来，对于我们理解这种器物分布的动因，将更加清晰。

二、莱州湾内陆：夷式簋、盔形器及其背后的族群势力

在上述思路下，我们将夷式簋的时空分布做了一个更加细致的观察，发现了一个有意思的现象。夷式簋的密集区和延续时间最长的区域，都集中在近莱州湾的内陆地区。从年代分布看，鲁北地区所见夷式簋以莱州湾内陆地区出土物年代最早，而且延续时间最长，形制也最富于变化（图二）。同时，这里也是夷式簋出土地点最为密集的地区（图一）。据此推知，夷式簋代表族群的主要活动区，当在近莱州湾的内陆一带。

另一方面，近莱州湾内陆在晚商因靠近海盐产地而有着特殊的经济政治地位。近年来在环渤海南岸发现的大量的盐业遗址（群），指向一个相对稳定的海盐生产地点[25]。这里被学者视为殷墟时期商王朝的盐业生产中心[26]。制盐区发现了一种数量庞大的陶器，即用来煮盐的盔形器。这种器物上限可到殷墟一期，主体存续时间为殷墟三四期至西周早中期；它的主要分布区在莱州湾内陆（图一）。我们注意到，盔形器与夷式簋在空间和年代分布上，非常一致。夷式簋与盔形器在海盐生产供应地共出的高度一致性，在近莱州湾内陆地区夷式簋的使用者与海盐生产者之间建立了天然的联系。

盔形器的分布，在沿海地区被认为与制盐活动有直接关系；在近海内陆地区，则可能是盔形器产地或供应地点[27]。目前为止，青州赵铺、阳信李屋和滨州兰家，是仅见的有明确证据作为盔形器供应地点的遗址。而在青州赵铺、阳信李屋和滨州兰家这三个盔形器供应地点[28]，都发现了夷式簋。更为学者所关注的是，在兰家遗址，还出土了一件带有“”字铭文的商代青铜卣，年代为殷墟三期偏晚阶段[29]。对这一铭文的释读，一说为卤，反映了商王朝在山东滨海地区曾设置盐业管理机构，负责海盐的生产与供给，而墓主人可能就是一位盐官[30]。一说为“甾（灾）”，氏名。“甾”本甾缶之象形字，甾氏与覃氏主司煮盐不同，以制造盛盐之甾器为职业[31]。并且，卜辞有以“甾”为方国名，为殷戬伐之对象，后为商所灭[32]。若后者说法可信，则盔形器使用者当与甾氏关系密切。

对兰家遗址出土铜器铭文的关注，同样引发了我们将海盐贡纳与鲁北规格最高的晚商遗址——苏埠屯之间关系的重视。现在可以看到，夷式簋、盔形器最密集的地方，

以寿光、青州为主，这里是苏埠屯遗址所在的鲁北最靠东的区域核心。从聚落分布情况来看，最有可能直接控制海盐生产的，应该是苏埠屯而不是远在中原的商王。由此本文提出一个假设，即海盐向殷墟的流通，即使是贡纳，这种贡纳也不是完全由商王占主导地位的。苏埠屯政体（有学者认为是薄姑国[33]）才是海盐生产的重要控制者，遗址出土的大量青铜礼器、官职铭文、四条墓道的大墓，无不彰显着这一政体从商王甚至其他更多客户那里所获不菲。商王室与苏埠屯政体之间长期保持了某种海盐资源交换的协议。当协议处于稳定状态时，二者交好，商王无需派驻大规模的军队和管理机构，只需要维护好海盐运输路线的畅通，大大降低了商王朝获取鲁北海盐的成本。而商王的征夷方等行动，或许是这种协议处于不稳定状态的映射。在这个假设的视角下，重新审视晚商遗存向东没有越过弥河，鲁北晚商核心聚落呈线性分布[34]等现象，也更加顺理成章了。

三、晚商鲁北海盐的流通：贡纳？贸易？

将晚商盔形器的分布图与夷式簋分布图比较可知，在密集区之外，二者的分布路线呈现出高度的一致性。即在鲁北沿泰沂山麓北侧交通要道呈线性分布，一路向西到达安阳殷墟[35]。这就意味着，夷式簋代表的人群流动，与伴随海盐流出[36]的盔形器流动线路呈现出高度的契合关系。换言之，夷式簋的使用者不仅仅与海盐生产有关，还与海盐的流通关系密切。若认可殷墟发现的盔形器代表了鲁北海盐往安阳的流通，那么促成这一流通实现的重要主体，就是夷式簋所属的族群成员。

这一发现令笔者颇感振奋。近年来先秦盐业史的研究，在盐业生产地点、生产技术等方面取得了突破性进展[37]。但关于商代盐的流通，尤其是盐的贸易流通，我们依然所知甚少。学者根据甲骨文记载，观察到商代盐资源向商王朝中心流动的现象[38]。按照文献记载，商王朝贵族所得之盐，一般用于食用、祭祀以及盐的再分配[39]。商王朝不仅直接派官员管理渤海南岸的盐业生产，还派大臣来敛取盐卤[40]。甲骨文和金文资料也显示，商王朝对盐业生产有着严格的管理，商王亲涉其事，也设有兼职甚至专司的盐官[41]。《尚书·禹贡》中的贡赋系统已经将盐作为青州的重要贡纳物品之一[42]，渤海南岸运往殷墟的海盐，似乎支持盐在贡纳体系中的流通模式[43]。

然而迄今为止，商代卜辞尚未见到明确的贡盐记录，也没有文献显示商代是否有专职的徙盐之官[44]。另一方面，尽管商王朝政治经济讨论较多，但对于商王朝统治者究竟在多大程度上控制着王畿之外的物资生产与分配仍是有争议的问题。那么，在贡纳体系之外，是否存在盐的贸易流通，即是否有盐商存在也是值得考虑的。在这一背景下，结合夷式簋和盔形器的流动和分布，考察海盐从鲁北产盐区到安阳殷墟的流动方式，有助于阐明这个重要的问题。

殷墟发现的盔形器，其年代最早的可到殷墟三期，与殷墟出土夷式簋的年代背景大致吻合。从出土背景来看，这些盔形器均出自日常活动区域，也是普通遗存，并没有参与到王室贵族的重要祭祀活动中。再来看夷式簋的出土背景。根据方辉师的考证，殷墟夷式簋既见于墓葬，也见于灰坑和文化层。前者既有铜器墓也有小型陶器墓，后者一般为普通居址和铸铜遗址。见于墓葬的共 3 例，分别出自安阳刘家庄、梯家口村和太平庄西，年代均为殷墟三期。文化层和灰坑的 5 例，分别出自苗圃北地（铸铜作坊遗址文化层）、小屯西地一区（大灰沟及其废弃后堆积）、小屯（椭圆形窖穴废弃后堆积，打破小型房址，另有 1 件夷商融合式簋）和小屯南地（灰坑，夷商融合式簋），年代为殷墟三四期[45]。

夷式簋使用者的居住与埋葬方式，与殷墟聚族而居、聚族而葬的常见现象并不一致，在殷墟的分布明显具有不连续性，显然，这不是一个大规模迁入殷墟的族群。其墓葬背景也提示，夷式簋的使用者社会地位至少跨越中低两个阶层。这样看来，这个群体在殷墟的总人口规模不大，而且居住和埋葬地点都相对分散。那么，他们到底是贡纳体系中的徙盐者，还是海盐在普通人群交换体系中的贸易者呢?

笔者从 Blanton 对族属象征使用的分析中受到一些启发。Richard E. Blanton 的研究表明，在远途专业贸易群体中，族群成员更愿意凸显自己的族群象征。对于从事远距离、跨族群边界的专业贸易群体而言，信任是贸易的前提。贸易者与家乡族群主体的共性以及密切的联系，是与货源和消费地点构建信任的基础；贸易者群体本身也会因为拥有共同的象征体系而共建信任关系，并由此在贸易实践中获利[46]。学者将这一群体称为贸易离散社群，这些人通常刻意维持原生族群的自我认同和习俗，一方面使得交换对象愿意与他们这些携带异域物品的外来者进行贸易，另一方面也可增强他们与原生族群的信任关系[47]。在这一理论视角下，陈伯桢对古巴国境内带有强烈楚式风格的瓘井沟口东侧楚式墓地做了全面论证，指出这些墓主人应该属于楚国在巴国负责盐业贸易的贸易离散社群[48]。

由此看来，殷墟夷式簋的使用者更像是扮演了商业贸易体系中海盐交换者的角色，而不是政治经济体系中受王室直接管理的徙盐者。夷式簋的出土背景显示，他们在殷墟的社会地位不高，活动于普通居址、手工业作坊。安阳郭家湾新村遗址可以见到盔形器与夷式簋相距不远共出的情况，这里恰是一处较为完整的中小贵族与平民聚落。为了保持与族群主体的一致，殷墟的夷式簋使用者保留了类似夷式簋这样的族群象征，而且很可能在生者的日常活动中也出现了夷式簋参与的某些仪式活动，所以我们会在灰坑和文化层中见到相关遗存。而他们的贸易对象，可能恰恰是那些身份地位并不高的平民和匠人。这些人没有机会分配到王室赏赐的食盐，只能通过交换、经济贸易等途径获得这种资源。这一发现提示我们或许可以重新思考商代手工业者和平民对于盐的需求问题。

四、结　　语

综上，本文注意到，鲁北至安阳的夷式簋和盔形器在分布区域、流通路线和存续年代上都有一定的共性。本文尝试在两种陶器之间建立一种联系，以此为线索探讨晚商鲁北地区海盐的流通方式。夷式簋代表的有着东方族属标识的人群，不仅参与了晚商鲁北海盐的生产，而且参与了海盐向安阳殷墟的流通。此时鲁北向殷墟的“贡”盐，更宜解读为以苏埠屯为核心的鲁北政体与安阳殷墟王室之间的交换关系；而安阳所见夷式簋和盔形器，或反映出存在面向中小贵族、手工业者和平民阶层的盐业贸易。

附记：这篇小文起意自2017年，期间得到方辉师、王青教授、加里·费曼教授等师长的指导。感谢牛世山老师鼓励写作成文。然落笔匆匆，论证不及斟酌。不妥之处，敬请读者批评指正。

附表　鲁北至安阳夷式簋出土概况表

编号	出土 / 采集地点	出土单位和标本编号	年代信息	文献来源
1	广饶五村	M11：1	西周早期	山东省文物考古研究所、广饶县博物馆：《广饶县五村遗址发掘报告》，《海岱考古》（第一辑），山东大学出版社，1989年，第61～123页
2	昌乐河西	标本54：26、54：22、54：28	殷墟三四期、西周早期	潍坊市博物馆、昌乐市文管所：《山东昌乐县商周文化遗址调查》，《海岱考古》（第一辑），山东大学出版社，1989年，第292～312页
3	昌乐宇家	M1，标本65：10	西周早期	潍坊市博物馆、昌乐市文管所：《山东昌乐县商周文化遗址调查》，《海岱考古》（第一辑），山东大学出版社，1989年，第292～312页
4	昌乐常家庄	标本13：14	春秋早期	潍坊市博物馆、昌乐市文管所：《山东昌乐县商周文化遗址调查》，《海岱考古》（第一辑），山东大学出版社，1989年，第292～312页；年代参考王青：《海岱地区周代墓葬与文化分区研究》，科学出版社，2012年，第46～48页
5	昌乐岳家河	M134：2	西周晚期	山东省潍坊市博物馆、山东省昌乐县文管所：《山东昌乐岳家河周墓》，《考古学报》1990年第1期；年代参考王青：《海岱地区周代墓葬与文化分区研究》，科学出版社，2012年，第46～48页
6	寿光火山埠	20：68	岳石文化	寿光县博物馆：《寿光县古遗址调查报告》，《海岱考古》（第一辑），山东大学出版社，1989年，第29～60页

续表

编号	出土 / 采集地点	出土单位和标本编号	年代信息	文献来源
7	寿光涡宋台	标本 21∶1、21∶9、21∶8，其中 21∶8 保留了夷式簋的基本器型，但口沿部位有与商式簋融合的特征，可称为商夷融合式簋	殷墟三四期	寿光县博物馆：《寿光县古遗址调查报告》，《海岱考古》（第一辑），山东大学出版社，1989 年，第 29～60 页
8	寿光丰城西村	标本 84∶1	殷墟三四期	寿光县博物馆：《寿光县古遗址调查报告》，《海岱考古》（第一辑），山东大学出版社，1989 年，第 29～60 页
9	青州郝家庄	H6∶52	岳石文化	吴玉喜：《岳石文化地方类型初探——从郝家庄岳石遗存的发现谈起》，《考古学文化论集（三）》，文物出版社，1993 年，第 270～310 页
10	青州苏埠屯	M7∶25	殷墟四期	山东省文物考古研究所、青州市博物馆：《青州市苏埠屯商代墓发掘报告》，《海岱考古》（第一辑），山东大学出版社，1989 年，第 254～273 页
11	青州赵铺	采∶26、采∶25、采∶27、采∶29	岳石文化、略早于殷墟三四期、西周晚期	夏名采：《青州市赵铺遗址的清理》，《海岱考古》（第一辑），山东大学出版社，1989 年，第 183～201 页
12	阳信李屋	M32∶1	殷墟四期	山东省文物考古研究所、北京大学中国考古学研究中心：《山东阳信李屋遗址商代遗存发掘简报》，《考古》2010 年第 3 期
13	滨州兰家	BLSZ∶28	殷墟三四期	滨城文物管理所、北京大学中国考古学研究中心：《山东滨州市滨城区五处古遗址的调查》，《华夏考古》2009 年第 1 期
14	黄县东营周家村	原报告中 B 型簋共 24 件，包括了两种不同类型的夷式簋	西周中期	唐禄庭、姜国钧：《山东黄县东营周家村西周残墓清理简报》，《海岱考古》（第一辑），山东大学出版社，1989 年，第 314～320 页；进一步分型和年代参考方辉：《商周“夷式簋”的传播与族群变动》，《华夏考古》2015 年第 4 期
15	栖霞县大北庄	大北庄古墓：4、大北庄古墓：5	西周晚期	李元章：《山东栖霞县大北庄发现东周墓》，《文物》1979 年第 5 期；年代参考方辉：《商周“夷式簋”的传播与族群变动》，《华夏考古》2015 年第 4 期
16	淄博皇姑顶	8∶9	殷墟三四期	张光明：《淄博市张店周村古遗址调查报告》，《海岱考古》（第一辑），山东大学出版社，1989 年，第 6～23 页
17	新泰郭家泉	M2∶1	春秋中期	山东大学历史系考古专业、山东省新泰市文化局：《山东新泰郭家泉东周墓》，《考古学报》1989 年第 4 期

续表

编号	出土 / 采集地点	出土单位和标本编号	年代信息	文献来源
18	章丘马安	M99：2、M106：1、M111：1、M120：1、M80：1、M88：1、M131：1、	殷墟三四期	济南市考古研究所、章丘市博物馆、山东省文物考古研究所：《山东章丘马安遗址的发掘》，《东方考古》（第 5 集），科学出版社，2008 年，第 372～464 页
19	济南洪家楼	采集 1 件无编号	殷墟三四期	F. S. Drake. Ancient Pottery from Shantung. *Monumenta Serica*, vol. Ⅳ, 1939-1940, p.383-405
20	济南王舍人庄	采集 2 件无编号	殷墟三四期	F. S. Drake. Shang Dynasty Site at Li-Cheng Wang-she-jen-chuang Shandong. *The China Journal*, vol.XXXI, September 1939, p.118-120
21	济南大辛庄	M72：11	殷墟三期	山东大学东方考古研究中心、山东省文物考古研究所、济南市考古研究所：《济南市大辛庄商代居址与墓葬》，《考古》2004 年第 7 期
22	长清仙人台	M6：B45、M2：1	春秋早期、春秋中期	山东大学历史系考古专业、山东省新泰市文化局：《山东新泰郭家泉东周墓》，《考古学报》1989 年第 4 期
23	济南唐冶	H138：2	西周早期	济南市考古研究所：《济南市唐冶遗址考古发掘报告》，《海岱考古》（第六辑），科学出版社，2013 年，第 227 页
24	安阳梯家口村	M3：6	殷墟三期	孟宪武、朱爱芹：《安阳市梯家口村殷墓的发掘》，《华夏考古》1992 年第 1 期
25	安阳太平庄	M5：1	殷墟三期	贾玉俊、孟宪武、王素梅：《安阳市殷代墓葬发掘简报》，《华夏考古》1995 年第 1 期
26	安阳苗圃	PNT1 ④：2 铸铜作坊文化层	殷墟三四期	中国社会科学院考古研究所编著：《殷墟发掘报告（1958～1961）》，文物出版社，1987 年，图一〇五，5
27	安阳小屯	GT104 ⑥：38 小屯西地大灰沟层；小屯 T43（2）H14：40，46，打破小型房址；小屯南地 H46：5	殷墟三四期	中国社会科学院考古研究所编著：《安阳小屯》，世界图书出版公司，2004 年，图五八，18、21，图版二〇，1；中国社科院考古研究所安阳工作队：《1973 年安阳小屯南地发掘简报》，《考古》1975 年第 1 期，图一一，8
28	安阳刘家庄	M12：4	殷墟三期	安阳市文物工作队：《1995～1996 年安阳刘家庄殷代遗址发掘报告》，《华夏考古》1997 年第 2 期
29	安阳郭家湾新村	T6H24：1	殷墟三期	中国社会科学院考古研究所、安阳市文物考古研究所：《安阳郭家湾新村》，科学出版社，2020 年

注 释

［1］ 方辉：《商周“夷式簋”的传播与族群变动》，《华夏考古》2015 年第 4 期。

[2]〔英〕希安·琼斯著，陈淳、沈辛成译：《族属的考古》，上海古籍出版社，2017 年，第 2 页。

[3]〔英〕希安·琼斯著，陈淳、沈辛成译：《族属的考古》，上海古籍出版社，2017 年，第 5 页。

[4] Shennan S. Introduction: archaeological approaches to cultural identity. In: Shennan S.（ed.） *Archaeological Approaches to Cultural Identity*, London: Unwin & Hyman, 1989: 19.

[5] Megaw J. and M. Megaw. Ancient celts and modern ethnitity. *Antiquity*, 1996(70): 175-181.

[6] Barth F. Introduction. In: F. Barth（ed.）*Ethnic Groups and Boundaries*, Boston: Little Brown, 1969: 9-38; Hodder I. *Symbols in Action. Ethnoarchaeological Studies of Material Culture*. Cambridge: Cambridge University Press, 1982.

[7] Wiessner P. Style and ethnicity in the Kalahari San projectile point. *American Antiquity*, 1983(48): 253-276.

[8] 方辉：《商周“夷式簋”的传播与族群变动》，《华夏考古》2015 年第 4 期。

[9] 图中盔形器出土地点主要参考了以下文献：燕生东：《商周时期渤海南岸地区的盐业》，文物出版社，2013 年；王青：《环境考古与盐业考古探索》，科学出版社，2014 年；图中夷式簋出土地点，主要参考了方辉：《商周“夷式簋”的传播与族群变动》，《华夏考古》2015 年第 4 期。为方便读者检索，将夷式簋出土地点制成附表。盔形器出土地点众多，未能列表一一注明出处。新报道的安阳郭家湾新村所见夷式簋（T6H24：1）与盔形器（T25H22：8）出土位置距离较近，值得关注。

[10]（汉）司马迁：《史记·秦本纪》，中华书局，2014 年，第 228 页。

[11] 分布线路参见本文图一和方辉：《商周“夷式簋”的传播与族群变动》，《华夏考古》2015 年第 4 期，图一一。

[12] 考古学形制在象征身份和协调社会关系中的积极主动作用，有可能造成物质文化不连续和非随机的分布（见 Hodder I. and C. Orton. *Spacial Analysis in Archaeology.* Cambridge: Cambridge University Press, 1976）。不连续分布并非相对的社会孤立和保持距离，反而使它们成为研究人群互动的焦点。琼斯指出，用以标示文化边界的形制“选择”并非随心所欲，它们与群体内的文化实践和社会关系相关（《族属的考古》第 154 页）。

[13] 济南市考古研究所：《济南市唐冶遗址考古发掘报告》，《海岱考古》（第六辑），科学出版社，2013 年，第 227 页。

[14] 张光直：《中国古代的饮食与饮食具》，《中国青铜时代》，生活·读书·新知三联书店，2013 年，第 336～368 页。

[15] 中国社会科学院考古研究所：《安阳殷墟花园庄东地商代墓葬》，科学出版社，2007 年，第 327 页。

[16] 杨益民、金爽、谢尧亭等：《绛县倗国墓地铜簋的残留物分析》，《华夏考古》2012 年第 3 期。

[17] 黄天树：《殷墟甲骨文中所见的“名动相因”现象》，《黄天书甲骨文金文论集》，学苑出版社，2014 年，第 281～293 页。

[18] 于省吾主编：《甲骨文字诂林》，中华书局，1996 年，第 955、956 页。

[19] 山东省文物考古研究所、青州市博物馆：《青州市苏埠屯商代墓发掘报告》，《海岱考古》（第一辑），山东大学出版社，1989 年，第 254～273 页。

[20] 山东大学东方考古研究中心、山东省文物考古研究所、济南市考古研究所：《济南市大辛庄商代居址与墓葬》，《考古》2004 年第 7 期。

[21] 济南市考古研究所、章丘市博物馆、山东省文物考古研究所：《山东章丘马安遗址掘发掘》，《东方考古》（第 2 集），科学出版社，2008 年。

[22] 方辉：《商周“夷式簋”的传播与族群变动》，《华夏考古》2015 年第 4 期。

[23] Wiessner P. Style and ethnicity in the Kalahari San projectile point. *American Antiquity*, 1983(48): 253-276.

[24] 方辉：《商周“夷式簋”的传播与族群变动》，《华夏考古》2015 年第 4 期。

[25] 方辉：《商周时期鲁北地区海盐业的考古学研究》，《考古》2004 年第 4 期；王青：《山东北部沿海先秦时期海岸变迁与聚落功能研究》，《东方考古》（第 3 集），科学出版社，2006 年；王青、朱继平、史本恒：《山东北部全新世的人地关系演变：以海岸变迁和海盐生产为例》，《第四纪研究》2006 年第 26 卷第 4 期。

[26] 燕生东：《殷墟时期渤海南岸地区盐业生产性质》，《东方考古》（第 9 集），科学出版社，2012 年。

[27] 燕生东：《商周时期渤海南岸地区的盐业》，文物出版社，2013 年。

[28] 田野考古工作和研究表明，近莱州湾内陆紧邻咸淡水分界线，是莱州湾海盐生产地的直接接触者。这里的聚落，可能扮演了制盐区供给地的角色。这些聚落为制盐区提供食物、制盐工具以及人力。燕生东：《商周时期渤海南岸地区的盐业》，文物出版社，2013 年，第 206、207 页。

[29] 冯时：《古文字所见之商周盐政》，《南方文物》2009 年第 1 期；方辉：《商周时期鲁北地区海盐业的考古学研究》，《考古》2004 年第 4 期。

[30] 方辉：《商周时期鲁北地区海盐业的考古学研究》，《考古》2004 年第 4 期。

[31] 冯时：《古文字所见之商周盐政》，《南方文物》2009 年第 1 期。

[32] 冯时：《古文字所见之商周盐政》，《南方文物》2009 年第 1 期。

[33] 殷之彝：《山东益都苏埠屯墓地和“亚丑”铜器》，《考古学报》1977 年第 2 期。

[34] 陈雪香：《山东地区商文化聚落形态演变初探》，《华夏考古》2007 年第 1 期。

[35] 盔形器在鲁西南的十里铺北遗址也有发现（参见高明奎：《山东定陶十里铺北遗址发掘的主要收获及初步认识》，《龙山文化与早期文明——第 22 届国际历史科学大会章丘卫星会议文集》，文物出版社，2017 年，第 137～142 页）。而目前还没有在这一带见到夷式簋。鉴于这里是黄泛区，晚商的考古发掘不多，未来或许有相关发现也未可知。

[36] 盔形器作为制盐工具，在制盐区之外的分布，有多种解释，如汲水器（任相宏：《青州盔形器之研究》，1992 年山东省考古学会年会论文）、储盐器（王青：《山东北部盐业考古研究》，《环境考古与盐业考古探索》，科学出版社，2014 年，第 246 页）等。另一方面，结合民族学调查和盐业考古研究，制盐工具在密集区之外的流动，往往与盐的流动有着密切的关系。结合鲁北地区盔形器低密度区的发现，有学者认为这些零星发现的盔形器有可能是随着盐的贸易流通输出的（李水城：《中日早期盐业考古的比较观察》，《考古学研究》（六），科学出版社，2006 年，第 99～113 页）。

[37] 陈伯桢：《中国盐业考古的回顾与展望》，《南方文物》2008 年第 1 期；王青：《山东盐业考古的回顾与展望》，《华夏考古》2012 年第 4 期；李水城：《中国盐业考古十年》，《考古学研究》（九），文物出版社，2012 年。

[38] 杨升南：《从“卤小臣”说武丁对西北征伐的经济目的》，《甲骨文商史丛考》，线装书局，2007 年，第 433～450 页。

［39］冯时：《古文字所见之商周盐政》，《南方文物》2009 年第 1 期。
［40］王祁：《从古文字看晚商时期商王朝对山东沿海食盐的经营》，《文物》2020 年第 9 期。
［41］冯时：《古文字所见之商周盐政》，《南方文物》2009 年第 1 期。
［42］顾颉刚、刘起釪：《尚书校释译论》，中华书局，2005 年，第 573 页。
［43］杨升南：《商代的财政制度》，《历史研究》1992 年第 5 期。
［44］冯时：《古文字所见之商周盐政》，《南方文物》2009 年第 1 期。
［45］方辉：《商周时期鲁北地区海盐业的考古学研究》，《考古》2004 年第 4 期。
［46］Blanton R. E. Theories of ethnicity and the dynamics of ethnic change in multiethnic societies. *Proceedings of the National Academy of Sciences of the United States of America*, 2015, 112（30）:9176-9181. Blanton 的这一见解，以族群作为利益群体为前提。他将族群象征体系置于集体行为理论和高代价象征理论视角下进行讨论。从这两个理论角度来看，虽然对群体中的成员来讲，族群象征意味着成员需要付出高昂的成本（“会员费”），但它对帮助各类资源的集体管理非常有效，成员反过来因此受益。Blanton 的研究表明，在特定社会情境下，族群建构的收益可能高于它的符号成本。对远途专业贸易群体而言，显然其收益远大于成本。值得注意的是，从事远途专业贸易的群体，往往经营于边缘地区和中心地区之间。
［47］Cohen A. 1971. Cultural strategies in the organization of trading diasporas. In C. Meillassoux（ed.）*The Development of Indigenous Trade and Markets in West Africa*, London: Oxford University Press, 1971: 266-281.
［48］陈伯桢：《东周时期楚国的盐业贸易离散》，《台湾人类学刊》（Taiwan Journal of Anthropology）2014 年第 1 期，第 1～54 页。

根津美术馆藏三件方盉的再考察

唐锦琼

（中国社会科学院考古研究所）

根津美术馆是日本收藏中国古代青铜器的重镇，其中最著名的收藏当为铭“左”“中”“右”的三件方盉（图一）。这三件方盉均是1949年前盗掘出土，并流散海外的。据称这三件器物出自安阳殷墟西北岗王陵区的M1001[1]。2019年11月，笔者有幸近距离（隔着橱窗）观摩过这三件器物，觉得有进一步探讨的可能。以下仅就观察的一些收获和认识阐发如下。

1　　2　　3

图一　根津三方盉

1.“左”盉　2.“中”盉　3.“右”盉

铜盉是先秦时期铜器中的重要器类，从二里头文化时期，延续使用至东周时期。对于铜盉，已有诸多学者加以研究，对铜盉类型划分、功能使用等提出诸多观点[2]，多以器身形状或者分足情况加以划分。铜盉最为突出的特征在于斜伸出来的流部。流部有从顶部到腹部的变化历程。这三件盉上部有盖，盖一侧有一管状流斜向上方，即流位于顶部，属于“封顶盉”。当地人形象地称之为“高射炮”[3]。

这三件铜盉的形制一致，大小稍有差别[4]。当时铜器制作采取的是一器一模一范的方式，器体尺寸上的少许差别或许是制模时、或是由模翻范时、或是浇铸时的形变等所致的微小变化。三件铜盉整体由上、下两部分组成。上部作大敞口状，横截面呈方形，顶部有隆起的顶盖，顶盖一侧有管状流斜伸向空中，另一侧有元宝形口；下方为四个袋足，裆高，裆部夹角小，下方为柱形高实足根，袋足的横截面亦呈方形。器身四隅和中间均有扉棱间隔。流上部有道扉棱一直延伸到顶盖器口的上方。器流下方的扉棱与下方器身中部的扉棱连为一体。与口侧相对应的腹部有一半圆形鋬。

三件铜盉的纹饰布局完全一样，分别位于顶部（流部、顶盖）、器身（上腹上部、上腹下部）、袋足（上下两部分）处，此外鋬及牺首等附加物上也有不同的纹样。三件器物的差别突出体现在施加纹样似同实异上：在基本布局相似的基础上，纹饰的采用、布置等细节上有着很多的差异。是什么导致了这些差别？是有意设置还是妙手得之？这才是这三件铜器值得深入考察的地方。以下逐一分析各处的纹样情况[5]。

最上方的管状流的后端施加一个作吞流状的兽形（图二）。

1　　2　　3

图二　根津三方盉的流部

1.“左”盉　2.“中”盉　3.“右”盉

“左”盉流部的兽形呈伏虎状，大圆形角支出器表，虎身略有起伏，尾部上翘。

“中”盉流部的兽形呈夔龙形，槌状的柱形角支出器表，龙身起伏略大，尾部上翘内卷。由头部形状推断，有可能是仿大鲵的形态。

“右”盉流部的兽形呈夔龙形，大长方形角支出器表，龙身起伏更大，尾部上翘。

器盖上整个铺满大兽面纹（图三）。兽面整体呈半浮雕状，自流部延伸过来的扉棱一直分布到器口上方，将兽面分为对称的两部分，也构成了兽面的鼻梁。器口以下，在近器盖边缘处可见獠牙痕迹，表明兽面并未以器口为口。器口处原先是否有盖不得而知。杜金鹏先生收集这一时期的25件封顶铜盉，未见有盖的[6]。此外，如果有盖，

1　　2　　3

图三　根津三方盉器盖的上大兽面

1.“左”盉　2.“中”盉　3.“右”盉

盖上的纹饰势必会破坏顶盖兽面的完整性。因此可能器盖处原先没有盖，也有可能使用木塞之类的有机物加以封护。三件铜盉顶盖上大兽面纹身首齐备，但有着显著的差异。

“左”盉顶盖上兽面纹的兽角呈蕉叶形，整体作圆弧三角形。林巳奈夫先生名之以“尖叶角饕餮”，并根据眼睛的形状认为是鸱鸮[7]；下方眉毛略细，近鼻端略尖，近耳侧略呈回勾；眼睛整体较大，呈长圆形，中间眼珠亦呈长圆形，与外侧的眼眶平行；鼻子呈蒜头形，较之其他两件略大；下方嘴部仅有上颚，有 4 颗獠牙；耳部呈长条状，两端向外侧弯曲；兽面的前肢蜷曲在身前，肢端的 4 个爪子十分明显；尾部位于耳侧，一端略尖。顶盖上的器口较为宽大。

“中”盉顶盖上兽面纹的兽角呈牛角形，两侧显著上翘；眉毛略直，稍粗；眼睛为“臣”字形，中间的眼珠呈圆形，呈半浮雕状；鼻子呈蒜头形，整体较为细长；下方嘴部仅有上颚，獠牙并不明显；耳部较小，分布在眼睛两侧，不类其他两件平行于眼睛和眉毛，眉毛两端内卷；兽面的前肢蜷曲在身前，但较“左”盉更接近于角落的位置，肢端的 4 个爪子也较“左”盉更为纤细；尾部位于耳侧，略粗大，顶端已经超出兽角的高度。顶盖上的器口整体细长，上部的元宝口折角处并不十分明显。

“右”盉顶盖上兽面纹的兽角整体粗大，呈“几”字形，外侧已经侵占了相当于“左”盉和“中”盉尾部的位置，角呈倒“L”形，外侧显著内卷；眉毛近似于“左”盉的形状，但外侧的回勾更为明显；眼睛为“臣”字形，中间的眼珠呈圆形，呈半浮雕状，但较“中”盉的眼珠略小；鼻子呈蒜头形，但整体较短，鼻翼的内卷不甚显著，仅呈圆形；下方嘴部仅有上颚，獠牙不明显；耳部较“中”盉较细长，两端内卷；兽面的前肢蜷曲在身侧，与“左”盉和“中”盉位于身前有着显著的区别，爪子并不位于脚端，而是沿前肢一线分布。因位置被兽角侵占，未见有尾部。顶盖上的器口较为短宽。

器身上腹部纹饰可分做两段，分别占据了自上而下 2/3 和 1/3 的位置。上腹部为尾部朝上的小兽面，尾部呈蕉叶状。此处兽面细节并不十分清楚，暂且不论。

上腹部下段为横向布置动物纹样，背部相对。“左”盉此处为尾部上卷的夔龙纹。“中”盉为背部上弓的夔龙纹，嘴部大张。“右”盉为虎纹，大耳，口部向下大张。

上腹部和袋足之间，除有鋬的一面外，其余三面均有一小牺兽。牺兽的面部形状基本一致，差异主要体现在牺角的不同。“左”盉牺首的角呈羊角状，外侧内卷；“中”盉牺首的角呈牛角状，两侧竖起，尖部内卷；“右”盉牺兽的角也呈羊角状，但转折处较为规整，尖角处只内勾，未有内卷。

袋足部分纹饰分为上下两部分。上部为一道窄纹饰带，均施以头部相对的动物纹样。“左”盉为小鸟纹，尖喙略下勾，直身，尾部略呈尾鳍状，腿部折于头下；“中”盉为虎纹，口部向下大张，尾部上卷；“右”盉为小鸟纹，更为具象，尖喙超前，曲身，尾部下勾，未见有足部。

袋足下部均是以方形袋足的四隅为中心，作口部向下，吞柱足状的无身大兽面，下方均以倒置的夔龙纹做下颚，共四组。兽面的形制也各不相同（图四）。

1 2 3

图四 根津三方盉袋足上纹饰

1.“左”盉 2.“中”盉 3.“右”盉

“左”盉袋足的兽面为“几”字形角，细眉，眉外侧略下勾，“臣”字形目底纹上有半浮雕圆形眼珠，耳部呈“C”形，内卷严重。

“中”盉袋足的兽面为羊角形，尖端内卷呈盘状，细眉，眉外侧略下勾，“臣”字形目底纹上有半浮雕圆形眼珠，较“左”盉的眼珠略大，耳部为竖直小钩状。

“右”盉袋足的兽面为“ㄱ”形角，较为粗大，无尖，细眉，眉外侧略下勾，“臣”字形目底纹上有半浮雕“回”字形眼珠，耳部呈蕉叶形，作圆弧三角形，形体略大。

在流对面的体侧有一兽形半圆鋬（图五），也各有特色。

1　2　3

图五　根津三方盉鋬部的纹饰

1."左" 盉　2."中" 盉　3."右" 盉

"左"盉鋬的兽形角部呈大杏叶形，耳外侧有一周扉牙环绕，装饰华丽。兽形鋬的口部微张，獠牙明显，四肢蜷曲于腹部。

"中"盉鋬的兽形角部呈"C"形，耳外侧也有一周扉牙环绕，兽形鋬的口部更大，四肢蜷曲于腹部，身下还压着一条尾部蜷曲的夔龙，角为"尖叶角"。

"右"盉的兽形鋬整体呈鸱鸮形，角部为羊角形，略呈盘羊状，尖喙下勾。爪下有一尾部蜷曲的夔龙，双角呈槌状。

由以上列举可知，这三件铜盉上纹饰可分为两大类：一类是大兽面纹为主，分别位于器流处、封顶处，袋足上部以及鋬上，占据着器表的大部分面积，最为夺人眼球，属于主体纹饰；另一类则位于上腹部、袋足上部等，以及两者之间的牺兽等处，更多的是到补白的作用，为次要纹饰。

对于兽面纹，各家的分类和研究不约而同地注意到角部独特的标示性作用。如段勇即指出“角（或代替角的耳）就成为区分兽面纹最重要的标志。而且由于兽面纹是正面向人，难以根据其整体形状的变化来划分类型，因此角（或代替角的耳）也就成为划分兽面纹类型的主要依据”[8]。林巳奈夫对饕餮纹的划分也是以角或者羽冠的形状为主要标准[9]。

依照角和其他明确的形态，三件铜盉的纹饰状况可以总结为表一。

表一　根津美术馆藏三方盉纹饰分布表

位置		等级	“左”盉	“中”盉	“右”盉
流		主	伏虎＋大圆形角	夔龙＋槌形角	夔龙＋长方形角
封顶		主	尖叶角	牛角	“几”字形角
上腹上部		次	—	—	—
上腹下部		次	夔龙纹	夔龙纹	虎纹
腰部牺首		次	羊角，外侧内卷	牛角状	羊角状
鋬	主体	主	兽形＋大杏叶形角	兽形＋“C”形角	鸱鸮形＋羊角
	鋬下小兽	次	无	夔龙＋尖叶角	夔龙＋槌状角
袋足上部		次	小鸟纹	虎纹	小鸟纹
袋足下部		主	“几”字形角	羊角	“┓”形角

由表一可见，这三件铜盉的纹样并没有明确的组合关系。“左”方盉各处兽面的角分别是“大圆形角”（流部）、“尖叶角”（封顶）、“杏叶形角”（鋬）、“‘几’字形角”（袋足），各处均不相同。槌状角分别出现“中”方盉器流的夔龙上，以及“右”方盉鋬下的小兽上。这表明在制作这三件铜盉时，对于纹样的使用没有一定之规，随意组合而成。

此类铜器上同形异纹的现象在殷墟时期并不常见。殷墟高等级墓葬中，如妇好墓、花东 M54、郭家庄 M160、大司空 M303 内也出有大量的成组成对铜器。这些器物的形态和纹饰基本一致，纹饰各组成部分虽然有所差异，但整体大同小异。又如分别藏于日本泉屋博古馆和法国赛努施基博物馆的一对“虎食人卣”。张光直先生认为是一对[10]。李学勤先生通过对两件器物的对比观察，指出多处不同之处：

（1）日本一件虎的门齿个个分离，法国一件则两两相连。

（2）日本一件人耳造型较简，法国一件则有耳孔形，左耳垂有一穿孔。

（3）日本一件虎爪间人背上有小饕餮纹，法国一件则为雷纹，虎双爪相距甚近。

（4）日本一件器底龙纹两侧鱼纹首向相反，右侧的不够明晰，法国一件两鱼首均向前。

（5）日本一件虎体侧顾首龙纹为“瓶”形角，法国一件则都只有叶形的耳而无角[11]。

以上几项差异，显然没有上述三件方盉那样明显。对这三件方盉上差异所产生的原因有进一步考察的必要。

这三件器物都出土于西北岗王陵区的M1001中，属于王室用器[12]。这三件方盉在鋬下分别有“左”“中”“右”三铭。对于三字的意义，学者多认为是表示他们之间的位置[13]。此类铭在殷墟时期还有其他发现。西北岗王陵区M1022内出有铭“右”字的方彝和“中”字的爵各一件。M1022是一座祭祀坑，坑内埋一人一狗，人是俯身直肢，狗侧卧在人侧。墓内出土有10件铜器，包括觯、爵、斝各2件，角、觚、卣、方彝各1件。这些器物多有打碎分散放置现象。石璋如先生将这些器物分为四组，认为“似与四时祭祀有关”[14]，或有过渡诠释之嫌。M1022等位于王陵区的东区[15]。东区是商王室用于祭祀其先祖的又一个公共祭祀场地[16]。这两件器物的来源很可能源自王室。故宫博物院藏的一件“左”鼎（《集成》01097），铭文位于器耳之上，与常见的位于器腹上的铭文显著不同，抑或是专门为祭祀而制作的器物。因此，当时高等级阶层有可能会制作和使用标明位置的铜器，专门用于祭祀[17]。

作为当时最为重要的战略资源和“政治性消费”[18]品，青铜器冶铸是由国家控制的[19]。具体的铸造，则是由专门的“族”来完成的。《左传·定公四年》：“昔武王克商，成王定之，选建明德，以蕃屏周。……分鲁公……殷民六族，条氏、徐氏、萧氏、索氏、长勺氏、尾勺氏。……分康叔……殷民七族，陶氏、施氏、繁氏、锜氏、樊氏、饥氏、终葵氏。”这些氏族中很多就是手工业氏族，“索氏应即绳工氏族，长勺氏、尾勺氏应即酒器工氏族，陶氏应即陶工，施氏应即旗工，繁氏应即马缨工，铸氏应即挫刀工或釜工，樊氏应即篱笆工，终葵氏应即推工氏族”[20]。《考工记》称：“知得创物，巧者述之守之，世谓之工。”表明这些手工业氏族是世代从事这一行业，从而保证了相关技艺的流传和发展。

殷墟是一种大邑聚落的形态，是由星罗棋布式的小族邑簇拥着王族族邑而构成。各个族邑（包括王族城邑）都是相对独立的聚落单元，是由居住区、生产区和墓地组成的综合体，即殷人生前聚族在邑内生活和生产，死后同样合族葬于邑区范围内[21]。殷墟发现的诸多铸铜作坊也是此种形态。殷墟发现的铸铜作坊包括小屯铸铜作坊[22]、苗圃北地铸铜作坊[23]、任家庄南铸铜作坊[24]、孝民屯铸铜作坊[25]和孝民屯东南地铸铜作坊[26]等。孝民屯遗址内除了大量的铸铜相关遗存外，在墓葬内也发现随葬有与铸铜有关的遗物，如SM952、SM676、SM590、SM37内随葬有陶鼓风嘴；SM22、

SM384、SM51、SM867、SM73、SM607 等出土有磨石或砺石。这些磨石、砾石是用于青铜器浇铸完成后打磨器表的[27]。因此，发掘者推测这些墓葬的墓主人生前可能是铸铜工匠，死后随葬象征其身份的工具，并葬在工作区附近[28]。这些遗址是当时以铸铜为业的某一族群的聚居地。三件方盉有可能即产自这些铸铜作坊内。

由此，就出现了拥有者（使用者）和制造者的分离，即王室或者贵族等拥有和使用这些铜器，而这些铜器是由专业的铸铜族群制造的。

商代铜器的制造采用陶范铸造的方式，有着制模、制范、合范、浇铸和最后的加工等流程。一件器物的形（器形）、构（布局）和纹（纹样）是在整个流程的不同阶段实现的。

铜器制作的第一步是制作器模，以决定器物的基本形态。铜器的制作一般是“一模一器”，一件器物对应一件单独制作的器模。陈志达先生通过对妇好墓中五件“亚其”爵和五件“司䍃母”觚的细致观察，认为都不是同一个模上翻出的范铸成的[29]。这三件方盉也应该是制作出三个基本形态完全一致的泥模，作为进一步工作的基础。

铜器纹饰是通过外侧范上的纹样实现的。这三件铜方盉的纹饰是以雷纹为底，主纹高出底纹之上，主纹上也施划雷纹的繁缛三层花纹。方盉的主纹，如器盖上的大兽面和袋足上大兽面纹，以及上腹部和袋足上部的装饰纹样，呈半浮雕状突出于器表。有些部分突出器表甚多，如器盖上大兽面的兽角，以及袋足上大兽面的兽角等，呈浮雕状。这些部分很难在范上制作，应当是在模上塑成，后被翻印到范上的。这说明这三件铜盉纹饰的制作方法也是采用常用的模范结合法——纹饰的主体轮廓都是在模上制作，然后翻印到范上，再精雕细刻细部纹样而成[30]。对于方盉上的一些圆雕的附件，如腰部的牺兽和鋬等，多采取分铸法制作[31]。这些附件在器模上是否表现出来难以推断。

对于这三件铜器的拥有者和使用者来讲，“国之大事，在祀与戎”，用于祭祀活动的礼乐器绝对不能掉以轻心的，对产品制造的关键性节点应该有着实时的控制。铜器的生产过程是由模到器的变换过程。委托方（即拥有者和使用者）会对模进行审核。对模上明显表现出的纹饰上的差异，委托方应该见到并加以首肯，制作者才能进行接下来的制作。因此，这三件方盉上的差异是委托方所接受和同意，是在他们首肯下制作的。

“形”和“纹”两大外在要素共同构成了一件铜器，使其成为使用功能的载体[32]。对这三件方盉来讲，委托方对器表纹样上逼死强迫症患者的种种违和视而不见，表明在委托方看来，“形”在器物功用的发挥中起着更为主要的作用。

这三件铜盉整体呈四足的方形，由器口至颈腹部横截面呈方形，连袋足的横截面也是方形。封顶铜盉源自封顶陶盉。杜金鹏先生曾统计过封顶铜盉，共 25 件。除了这三件以外，其余均为三足圆形器。通过对青铜方鼎的研究，有学者认为青铜方鼎是青铜礼器中的核心器物，在商代和西周前期的礼器组合中占有极其重要的位置，是“明贵贱，别等列”的标志，是统治阶级权力和地位的象征[33]。此后，又有学者指出殷墟出土的大多数方形器皿的纹饰明显高于同类圆形器，且多出于规格较高的墓葬中[34]。可见，方形器在礼制意义上一般要高于圆形器。封顶铜盉的延续时间从二里冈文化下层至殷墟一、二期，由此以后铜盉的流部都下移到颈、腹部，成为另一种形式的铜盉[35]。妇好墓[36]内即出土有2件三柱足封顶盉（858、859），也出有流下移到腹部的铜盉（798、824），还有2件平底铜盉（837、838）的短流位于肩部，当是过渡阶段的体现。这三件方盉当是圆形封顶盉与方形器结合创制的新产物。此类创制是委托方的心血来潮，还是制作者的技术创新，抑或两者激烈碰撞的产物，则不得而知了。

这三件器物出土于西北岗M1001。M1001的时代在殷墟二期[37]，属于武丁晚期和祖庚、祖甲时期。这一时期的“铜器组合与以前各期段相比，形式极为丰富，在相对较小的范围（如位置相近或规模相似的墓葬内）铜器组合相对统一，觚爵套数多少与墓葬规模的大小成正比。这说明，二期晚段时商王朝用于区分人与人之间等级关系的礼乐制度已相当成熟，基本形成定制”[38]。也许就是在此礼制转变和形成的关键时期，会产生一些新的器形和新的组合等，会在某些器物上有所创制。这三件器物可能就是在过渡期间有益的尝试。

对于青铜器上纹样的作用，张光直先生提出“青铜彝器是协助巫现沟通天地之用的”“其上所象的动物纹样也有助于这个目的”[39]。段勇认为兽面纹的原型是牛、羊、豕等祭牲，同时也代表着祖先、神乃至上帝等受祭对象，配置于兽面纹附近的夔龙纹体现了“夏族、龙族等众多崇龙部族的祖、神”，玄鸟纹和凤鸟纹分别代表了商人和周人崇拜的神灵[40]。

林巳奈夫认为饕餮纹（兽面纹）代表上帝，并将相关纹样的诠释更为整齐化。

> 饕餮在青铜器上占据特别大的面积，享有极高的待遇。反观大面积地装饰饕餮的青铜器，其等级也很高。其他鬼神和象征性符号则以带状纹饰的形式装饰在青铜器不显眼的地方，占据面积很小，与饕餮有很明显的区别。据此可以推测，其他鬼神和象征性符号是方国的“物”，而饕餮是统治者的“物”，即上帝。上帝图像的饕餮源于大约公元前5000年河姆渡文化的太阳神图像，龙山文化在由此演变过来的图像里面画鬼神脸，饕餮是把这个鬼神图像改成殷商风格的翻版。河姆渡文化的太阳神火焰升起，代表着太阳神的生产力，这个火焰形象在饕餮中成为倒梯形的篦形装饰，火焰形象的象征意义也一起被保留。但商代为饕餮添加了公羊、水牛和老虎等野生动物的因素。
>
> 所谓牺首与饕餮很相似，其圆雕被用在青铜容器的肩部、颈部、鼎足、把手上部等很显眼的地方，有时也被用在纹饰带的正中处，待遇比其他方国的“物”高。它和饕餮最大的区别是饕餮额部有篦形装饰，代表上帝的生产力即德，而牺首没有这种篦形装饰。此外，饕餮没有像动物样的身体，而牺

首拥有虎、水牛等四脚动物的身体。牺首的等级虽然比上帝低一等，但比方国的其他“物”高。从图像表现的角度看，牺首可以说是具有肉体的上帝，也可以说是在成为比较抽象的上帝之前的、地上存在的“物”。

饕餮＝上帝，还带着凤、小龙等随从，而这些随从也是方国的“物”。小龙的来历目前不明，但凤是侍奉河姆渡太阳神的双鸟的后裔。商代，凤作为上帝之臣降临地上，传达上帝的意思，有时作为上帝的分身戴着上帝的面具出现[41]。

这些论述都是将纹饰赋予某种特定的含义，代表着某一特定的神灵。倘若在某一时期存在统一的神灵形象体系的话，为何在这三件铜盉上所体现出的神灵的现象如此不统一，存在着各种随意组合。发现的大量铜器，除了成组成对的器物外，各种纹样组成形式不尽相同，很难找出完全一致的。张光直先生等曾对四千余件有铭铜器的形制、纹饰、铭文等各方面特征进行系统梳理，用数字代码来代表这些特征[42]，希望能够找到相关规律。但最终报告始终未有发表，仅有一篇稍早时候发表的初步报告[43]，也没有明确的规律性的结论。因此，纹饰与器形间没有显著的对应关系，最大的规律就是没有规律。罗越女士认为的“这些纹饰仅仅是单纯的图案，没有确定的——宗教、宇宙、神话的——意义”[44]或许更为接近当时的实际情况。

附记：本文的写作得益于参观根津美术馆时与周振宇先生对纹样布局等的探讨，特此致谢！

注　释

［1］在《侯家庄第二本·1001号大墓》中，提到“据我们所知东耳东北角的一个即侯老庆挖得三铜方盉的盗坑”。高去寻先生的编者按中明确指出“此三铜盉可见于梅原末治：《河南安阳遗宝》之图版四四、四五、四六”。当即这三件器物。参见梁思永、高去寻：《侯家庄第二本·1001号大墓》，史语所，1962年，第3页。

［2］对于铜盉用途的讨论，参见彭裕商、韩文博、田国励合著的《商周青铜盉研究》中第一部分研究现状中的阐述，《考古学报》2018年第4期。

［3］石璋如先生的口述史中如是记载：“……盗掘的武官人在西北岗发现铜器，……像侯家庄曾经发现三个高射炮（就是有管状嘴、盖的大型管流盉，本地人称为高射炮），后被日本人高价买去。”参见陈存恭、陈仲玉、任育德访问，任育德记录：《石璋如先生访问记录》，近代史研究所，2002年，第85页。

［4］如“左”盉高73厘米，“中”盉高71.2厘米，“右”盉高72.1厘米，相差在1厘米左右。

［5］要仔细考察这三件铜器的纹饰情况，需立足于较为清晰的图像资料，包括照片、线图和拓片等。本文利用的资料包括《中国青铜器全集》[中国青铜器全集编辑委员会编：《中国青铜器全集·第三卷·商（3）》，文物出版社，1997年，第142～144页。三件器物均为右侧后方视角

的照片］; *Shang Ritual Bronzes in the Arthur M. Sackler collection*（Robert W.Bagley. *Shang ritual bronzes in the Arthur M. Sackler collection*. 1987, p130, fig129。其中 fig129 左侧为右方盉，右侧为中方盉，均为左侧后方视角的照片），以及根津美术馆所编的馆藏图录（根津美术馆：《殷周の青铜器》，2009 年，第 14～23 页）。此外，杜金鹏先生在《封顶盉研究》一文中提供了三件器物较为简略的线图，可供参考。

［6］ 杜金鹏：《封顶盉研究》，《考古学报》1992 年第 1 期。

［7］〔日〕林巳奈夫著，〔日〕广濑薰雄、近藤晴香译，郭永秉润文：《殷周青铜器综览（第二卷）殷周时代青铜器纹饰之研究》，上海古籍出版社，2019 年，第 88 页。

［8］ 段勇：《商周青铜器幻想动物纹研究》，上海古籍出版社，2003 年，第 27、28 页。

［9］〔日〕林巳奈夫著，〔日〕广濑薰雄、近藤晴香译，郭永秉润文：《殷周青铜器综览（第二卷）殷周时代青铜器纹饰之研究》，上海古籍出版社，2019 年，第 83、84 页。

［10］ 张光直：《商周青铜器上的动物纹样》，《中国青铜时代》，生活·读书·新知三联书店，1999 年。

［11］ 李学勤：《试论虎食人卣》，《南方民族考古》（第一辑），四川大学出版社，1987 年。

［12］ 对于 M1001 的墓主，曾有学者推测为商王武丁。参见杨锡璋：《安阳殷墟西北冈大墓的分期及有关问题》，《中原文物》1981 年第 3 期。

［13］ 如梅原末治先生认为是它们排列的位置。董作宾先生和钟柏生先生也赞成其说。转引自石璋如：《侯家庄·第十本·小墓分述之一，1005、1022 等八墓与殷代的司烜氏》，史语所，2001 年，第 77 页。

［14］ 石璋如：《侯家庄·第十本·小墓分述之一，1005、1022 等八墓与殷代的司烜氏》，史语所，2001 年，第 68～85 页。

［15］ 1934 年，殷墟第十次发掘期间，由于东区发生大肆盗掘，发掘团集中到东区发掘，第一天即发现 1022 东侧的 1005，紧接着又发现 1022 号坑。参见石璋如：《侯家庄·第十本·小墓分述之一，1005、1022 等八墓与殷代的司烜氏》，史语所，2001 年，第 105 页。

［16］ 杨锡璋、杨宝成：《从商代祭祀坑看商代奴隶社会的人牲》，《考古》1977 年第 1 期。

［17］ 殷墟西区墓地 M699 出土有三件铭“中”字的铜铙。由于他们出土地点远离小屯宫殿区和西北岗王陵区。此处或为人名、族名，与三件方盉不同。参见中国社会科学院考古研究所：《殷墟青铜器》，文物出版社，1985 年，第 477 页。

［18］ 许宏：《青铜的政治性消费》，《中国社会科学报》2013 年 1 月 4 日第 A05 版。此外何毓灵先生称之为“礼制性消费”，参见何毓灵：《论殷墟手工业布局及其源流》，《考古》2019 年第 6 期。

［19］ 孟宪武、李贵昌、李阳：《殷墟都城遗址中国家掌控下的手工业作坊》，《殷都学刊》2014 年第 4 期。

［20］ 郭宝钧：《中国青铜器时代》，生活·读书·新知三联书店，1963 年，第 45 页。

［21］ 郑若葵：《殷墟“大邑商”族邑布局初探》，《中原文物》1995 年第 3 期。

［22］ 石璋如：《小屯（第一本）·遗址的发现与发掘·乙编·殷墟建筑遗存》，史语所，1959 年。

［23］ 中国社会科学院考古所安阳队：《1982～1984 年安阳苗圃北地殷代遗址的发掘》，《考古学报》1991 年第 1 期。

［24］ 安阳市文物考古研究所：《河南安阳市任家庄南地商代晚期铸铜遗址 2016～2017 年发掘简报》，《中原文物》2018 年第 5 期。

［25］中国社会科学院考古研究所：《殷墟发掘报告（1958～1961）》，文物出版社，1987年，第69页；殷墟孝民屯考古队：《河南安阳市孝民屯商代铸铜遗址2003～2004年的发掘》，《考古》2007年第1期。

［26］中国社会科学院考古研究所安阳工作队：《2000～2001年安阳孝民屯东南地殷代铸铜遗址发掘报告》，《考古学报》2006年第3期。

［27］翟少冬、朱雪峰、徐宏杰等：《浅谈殷墟青铜器的铸后打磨工艺》，《江汉考古》2020年第5期。

［28］中国社会科学院考古研究所：《安阳孝民屯：（四）殷墟遗存·墓葬》，文物出版社，2018年，第1095、1096页。

［29］中国社会科学院考古研究所：《殷墟妇好墓》，文物出版社，1980年，第17页。

［30］刘煜：《殷墟出土青铜礼器铸造工艺研究》，广东人民出版社，2019年，第91页。

［31］刘煜：《殷墟出土青铜礼器铸造工艺研究》，广东人民出版社，2019年，第238～264页。

［32］以后随着金文使用的普遍化和长篇化，铭文材料也是另一项重要因素。

［33］杨宝成、刘森淼：《商周方鼎初论》，《考古》1991年第6期。

［34］岳洪彬：《殷墟青铜礼器研究》，中国社会科学出版社，2006年，第267页。

［35］彭裕商等先生在对商周时期铜盉的研究中，将封顶盉划分为A型，流行时代以二里冈时期为主，上及二里头四期，下达殷墟早期。参见彭裕商、韩文博、田国励：《商周青铜盉研究》，《考古学报》2018年第4期。杜金鹏先生曾指出“发现晚于殷墟文化二期的封顶铜盉的可能性则相对较小”。参见杜金鹏：《封顶盉研究》，《考古学报》1992年第1期。

［36］中国社会科学院考古研究所：《殷墟妇好墓》，文物出版社，1980年。

［37］杨锡璋：《安阳殷墟西北冈大墓的分期及有关问题》，《中原文物》1981年第3期。

［38］岳洪彬：《殷墟青铜礼器研究》，中国社会科学出版社，2006年，第148、149页。

［39］张光直：《商周青铜器上的动物纹样》，《中国青铜时代》，生活·读书·新知三联书店，1999年。

［40］段勇：《商周青铜器幻想动物纹研究》，上海古籍出版社，2003年，第148～163页。

［41］〔日〕林巳奈夫著，〔日〕广濑薰雄、近藤晴香译，郭永秉润文：《殷周青铜器综览（第二卷）殷周时代青铜器纹饰之研究》，上海古籍出版社，2019年，第69页。

［42］张光直、李光周、李卉等：《商周青铜器与铭文的综合研究》，史语所，1973年。

［43］张光直：《商周青铜器器形装饰花纹与铭文综合研究初步报告》，《中研院民族学研究所集刊》1970年第30期。

［44］转引自张光直：《商文明》，生活·读书·新知三联书店，2019年，第31页。

“无终”别解

严志斌

（中国社会科学院考古研究所）

1965年陕西绥德墕头村发现一处商代墓葬，出土有青铜鼎、簋、瓿、壶、觚、爵、勺、匕、戈、钺、镞、刀、斤、凿、铜泡等共22件[1]。其中戈铭二字（图一），或释为冬刃。后经裘锡圭先生研究，考释为“亡终”，就是见于《左传》的戎狄名“无终”[2]，并得到战国三孔布钱文“亡郚”的辅证。从此，此说基本成为不刊之论。笔者也认为此说是正确的。

图一　陕西绥德墕头村出土戈及铭文

与此戈铭相同者还见于以下七器：

无终鼎（集成01451），现藏故宫博物院，通高21、宽16厘米。圆体，深腹，双立耳，三柱足。腹部有六凸棱，以凸棱为鼻，饰兽面纹（图二）。年代为殷墟三期。

无终鼎（集成01450），现藏中国国家博物馆。通高23.9、口径19.8厘米。圆体，平沿方唇，圜底深腹，口沿上有一双立耳，三柱足。腹部有六道扉棱，饰云雷纹填地的下卷角兽面纹（图三）。年代为殷墟三期。

无终鼎（集成01452），侈口束颈，口沿上有一对立耳，鼓腹，圜底，三柱足。颈部饰鸟纹，腹饰蝉纹，均以云雷纹填地（图四）。为殷墟三期器。

无终爵（集成07611），现藏安阳市博物馆，通高19.5、流至尾长16.5厘米。流宽短，一对菌状柱立于口沿近流折处，卵形腹，三棱锥足，腹侧有牛首鋬手。口沿和

图二　故宫博物院藏无终鼎及铭文

图三　中国国家博物馆藏无终鼎及铭文

尾流饰三角蕉叶纹，腹部有四道扉棱，饰云雷纹填地的兽面纹（图五）。年代为殷墟三四期。

无终爵（集成 07612），现藏故宫博物院。腹饰兽面纹。

无终觚（集成 07023），现藏上海博物馆。通高 31.3、口径 17.5 厘米。喇叭形口，长颈，腹微鼓，圈足有较高的折沿，腹和圈足各有四道扉棱。颈饰蕉叶纹，其下饰四

图四　无终鼎及铭文

图五　安阳市博物馆藏无终爵及铭文

瓣目纹，腹饰分解式上卷角兽面纹，圈足饰折角解体式兽面纹（图六）。年代为殷墟三四期。

无终觚（集成 07024），现藏故宫博物院，通高 30.8、宽 17 厘米。整体呈喇叭形，长颈，侈口，束腰，圈足。腰、足各有四凸棱，颈饰蕉叶兽面纹，腹及足饰兽面纹（图七）。年代为殷墟三四期。

图六　上海博物馆藏无终觚及铭文

图七　故宫博物院藏无终觚及铭文

这些铜器年代集中在殷墟三四其期，将无终释为族名是合适的。笔者在此仅提出另外一个思考的方向，那就是铭文“无终”可能是出现在铜器上的早期嘏辞，其意与“无期”近同。

作为祭器，祈求获得长命无终是商周时期器主铸造使作铜器的一个主要目标，所以祈求获得长命无终类的嘏辞在两周铜器铭文中比比皆是。

西周早期偏晚阶段的麦方尊（集成 06015）铭中有“唯天子休于麦辟侯之年铸，孙孙子子其永亡终，终用造德，绥多友，享旋走令”（图八）。铭中的“亡终”即是无终，从字形来看，就是上述无终器铭文的直接赓续。

差不多同时期的邢侯簋（集成04241）铭有“帝无终命于有周，追孝，对不敢坠，昭朕福盟，朕臣天子，用典王命，作周公彝”。麦方尊的亡终在这个期间已经与“无终”并行，但两者的意义应该是等同的。

亡终、无终这类嘏辞，在西周中期以后，又演变为“霝终”的表述：

师道簋（新收1394），西周中期器，铭“余其万年宝，用享于朕文考辛公，用匄得纯盉亘命霝终”。

善夫山鼎（集成02825），西周晚期器，铭“山敢对扬天子休命，用作朕皇考叔硕父尊鼎，用祈匄眉寿，绰绾永命霝终，子子孙孙永宝用”。

蔡姞簋（集成04198），西周晚期器，铭“用祈匄眉寿、绰绾、永命、弥厥生，霝终，其万年无疆，子子孙孙永宝用飨”。

黄子鼎（集成02566），春秋早期器，铭“黄子作黄夫人行器，则永祜福霝终霝后”。

或者用“永终”：

井人钟（集成00109），西周晚期器，铭“䫇淑文祖、皇考克慎厥德，得纯用鲁，永终于吉，妥不敢弗帅用文祖、皇考，穆穆秉德”。

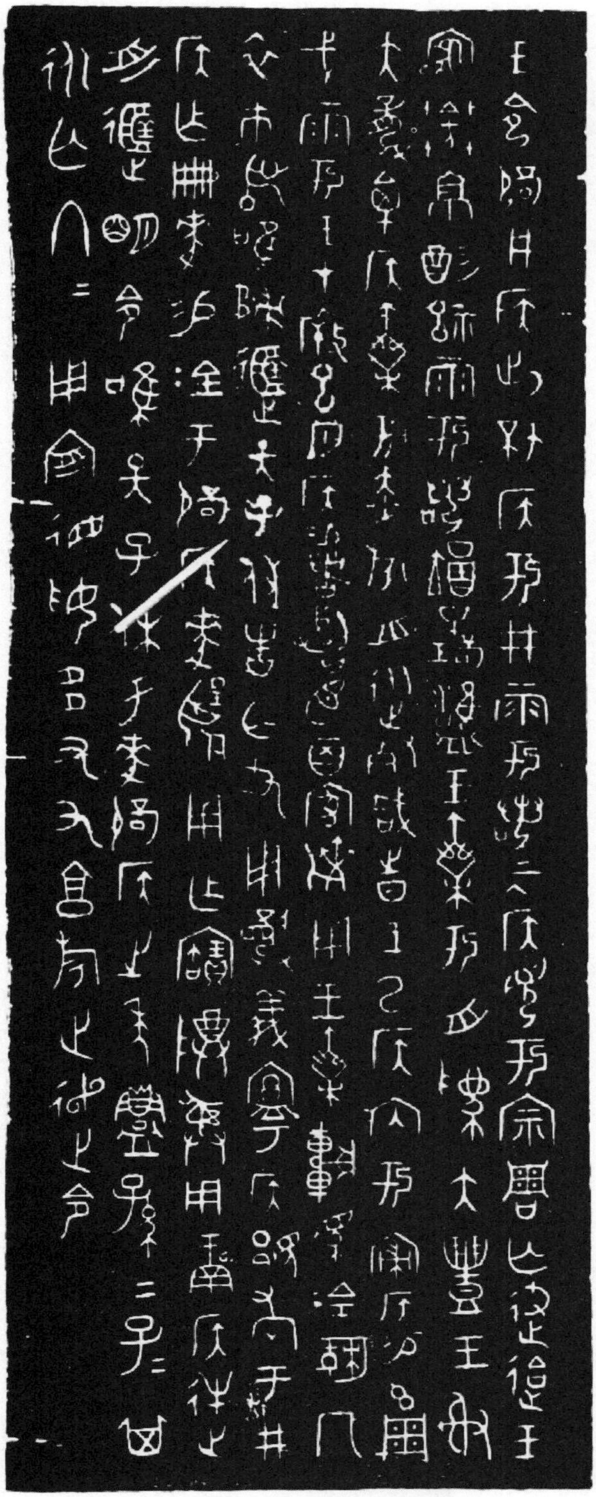

图八　麦方尊铭文摹本

春秋战国时期，无终类嘏辞变

为无期、万年无期一类用词：

邾大宰簠（集成 04623），春秋早期器，铭“曰：余诺恭孔惠，其眉寿以餗，万年无期，子子孙孙，永宝用之”。

上都府簠（集成 04613），春秋中期器，铭“唯正六月初吉丁亥，上都府择其吉金，铸其丽簠，其眉寿无期，子子孙孙，永宝用之”。

王子午鼎（集成 02811），春秋晚期前段器，铭“用享以孝于我皇祖文考，用祈眉寿，弘恭舒迟，畏忌趩趩，敬厥盟祀，永受其福。余不畏不差，惠于政德，淑于威仪，阑阑兽兽。令尹子庚，繄民之所亟，万年无期，子孙是制”。

褱鼎（集成 02551），战国早期器，铭“褱自作飤𥗪鼬，其眉寿无期，永保用之”。

同在德堨头村商墓出土的铜器中还见有一鼎，通高 24、口径 14.5、腹深 14.5 厘米。口稍敛，一对立耳，深腹圜底，三柱足细小。口下饰云雷纹组成的兽面纹。内壁铭“天”。同时出土一件铜钺，通长 16.1、刃宽 6.6 厘米。宽弧刃，长方形内，阑侧二穿，内中部有一圆孔。饰卷夔纹。内上铸铭文“郷”（集成 11732）（图九）。此二器表明德堨头村商墓出土铜器族属并不单纯。这件乡钺之“郷”的含义很可能并不是族名，其后也并没有类似的族名出现，很可能也是早期嘏辞，意为“飨”。西周早期的麦方鼎（集成 02706）铭“麦赐赤金，用作鼎，用从邢侯征事，用飨多诸友”。西周中期的卫鼎（集成 02733）铭“乃用飨王出入使人，罘多朋友，子孙永宝”。仲枏父鬲（集成 00752）铭“师汤父有司仲枏父作宝鬲，用敢飨孝于皇考，用祈眉寿，其万年子子孙孙其永宝用”。

图九　郷钺及铭文

商代铜器铭文中常见有“郷宁”，如郷宁鼎（集成 01362）、郷宁簋（集成 10503）、郷宁爵（集成 08177）、郷宁父乙方鼎（集成 01824）、郷宁父癸簋（集成 03337），此铭的含义可能与鄉钺铭近同。虽然西周以降嘏辞多出现在青铜容器上，但与鄉钺一样，“鄉宁”一词也曾出现在兵器上，如：鄉宁戈（近出 1089），出土于河南安阳市郭家庄商代墓葬（M135：5），通长 24、阑长 7.2 厘米。銎式戈，援宽而短，末端呈舌尖形，胡较长，胡上有二穿，橄榄形銎孔，内后端有一刺（图一〇）。

图一〇 鄉宁戈及铭文

西周早期的頙方彝（集成 09892）铭有“頙启卲宁百姓，扬，用作高文考父癸宝尊彝，用申文考烈，余其万年鬚孙子宝。𠬝”（图一一）。铭中的卿宁应该就是鄉宁。由之，我们可知鄉、鄉宁皆是嘏辞，而与族群名号无涉。所谓商代铜器中的“亡终”，不排除也是嘏辞的可能。

图一一 頙方彝铭文

注　释

[1] 黑光、朱捷元:《陕西绥德墕头村发现一批窖藏商代铜器》,《文物》1975年第2期。
[2] 裘錫圭:《釋"無終"》,《裘錫圭学术文集》(第三卷),复旦大学出版社,2015年。

再论成都十二桥遗址的分期与年代*

冉宏林

（四川省文物考古研究院）

成都十二桥遗址于1985年发现并发掘，其文化面貌独特，上承三星堆文化，下启东周时期古蜀文化，弥补了成都平原先秦时期考古学文化序列的重大缺环，发掘者因此将十二桥遗址商周时期遗存所代表的考古学文化命名为“十二桥文化”[1]，孙华先生[2]将其划分为二期3段，年代分别相当于殷墟二期、殷墟三期、春秋早期至战国初期，江章华先生[3]同样分为二期3段，但年代分别为殷墟三期、殷墟四期至周初、西周前期。此后众多研究者以十二桥遗址为基础对古蜀文化相关问题展开了深入探讨，十二桥遗址的重要性不言而喻。

正因为如此，有必要重新审视十二桥遗址商周时期遗存的堆积状况和出土遗物，以期对其分期和年代有更加全面、准确的认识。不足之处祈请各位专家批评指正。

一、遗址堆积状况审视

堆积状况是一个遗址最基本也是最重要的信息，是开展考古学文化和聚落考古等研究的基础。十二桥遗址的堆积状况较为特殊，这从报告对遗址发现和发掘经过的介绍可以窥探一二：

> 当时的现场，已挖掘成一个不规则形，北边大南边小，南北长约39米，东西宽23～31米，深约3米至4米的综合大楼地下室基坑。
>
> 上部大量的文化堆积已毁坏殆尽，大量挖掘扰乱的泥土堆积在现场。……确认整个Ⅰ区范围内大部分地方都挖到了黄色沙夹砾石层（按：即后来确认的第12层）[4]。

可见十二桥遗址在正式发掘之前已经被综合大楼地下室基坑（以下简称“基坑”）

* 本文属于2014年度四川省公益性科研院所基本科研项目“三星堆文化与十二桥文化关系再研究”成果之一。

破坏至后来确认的Ⅰ区（ⅠT25 除外）和Ⅱ区东部 12 层[5]。事实上远不止如此。

> 1985 年 12 月，……在距地表 3.5～4 米深的地方，出现许多陶片和一些圆木构件等遗物[6]。
>
> 第 12 层：黄色土……该层下叠压有木结构建筑遗迹。
>
> 第 13 层：青灰色土……包含大量木结构建筑的构件，即为建筑倒塌后形成的堆积层[7]。

经过发掘确认，圆木构件出自遗址第 13 层，而发掘之前已经挖掘出圆木构件，表明基坑所破坏的遗址堆积不仅仅只是第 12 层，还包括至少部分第 13 层。报告彩版一所显示的北部几个探方隔梁表面凹凸不平，应该是挖掘基坑所致，南部几个探方中的建筑构件已基本与探方隔梁表面齐平，在一定程度上也表明遗址第 13 层很有可能已部分遭到破坏（图一）。同样的证据还来自报告图三所示的ⅠT22 西壁剖面[8]，ⅠT22 是基坑所破坏区域中唯一可看出破坏之前堆积全貌的探方，由西壁剖面图测得第 13 层表面距地表深度为 4～4.18 米，而基坑最深达 4 米，底部已基本触及第 13 层部分表面，破坏部分第 13 层的可能性较大。

图一　十二桥遗址发掘Ⅰ区全景（南－北）
（改自《成都十二桥》彩版一）

综上，在正式发掘之前，十二桥遗址的堆积已经被基坑严重扰乱，其中第 12 层及以上地层被破坏殆尽，第 13 层亦遭部分破坏。更为遗憾的是，十二桥遗址的堆积可能并非原生文化堆积，而是经过洪水侵扰过的次生堆积。报告对于木构建筑被洪水侵袭的情况有如下介绍：

> 在Ⅰ区的北部与东部，地势西北高而东南低，许多木构件又呈西北至东南向的倒塌之状。特别是在Ⅰ区北面的 T1～T5 中，木构件分布没有一定规律，显得凌乱；就是一些大圆木构件也发生了明显的位移现象。在Ⅰ区 T6～T9 中木构件呈西北至东南走向，木构件一致的走向中又存在着一条略带弧形的通道，仔细观察这条略带弧形的通道便不难看出其与洪水有着密切的关系，许多木构件就顺着这条弧形通道发生了位置移动的现象，形成木构件沿着这条弧形通道分布的原因，推测与洪水有关[9]。

除此之外，由报告文字描述和彩版一、彩版二可知第 12 层和第 13 层均包含有较多鹅卵石和沙土。鹅卵石大小分选不明显，且层层累积，并非人工遗迹，极有可能是洪水造成的[10]。这种猜测也可从报告对十二桥遗址所处位置的介绍和罗开玉[11]、孙华[12]等学者的研究（图二）中得到印证：

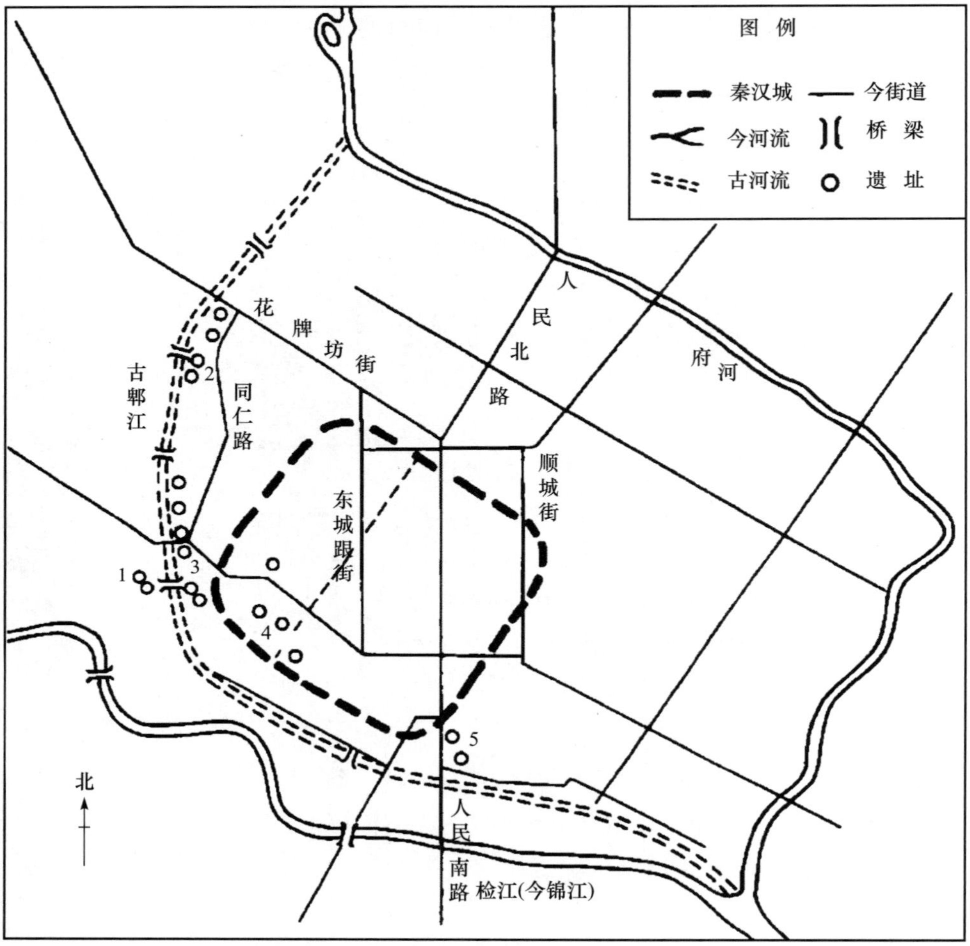

图二 古郫江沿岸商周时期遗址分布示意图

（改自孙华《四川盆地的青铜时代》图 3.1）

1. 青羊宫遗址 2. 抚琴台小区遗址 3. 十二桥遗址 4. 上汪家拐遗址 5. 指挥街遗址

> 今十二桥遗址的位置，在西郊河、摸底河与南河之间，正濒临古河道旁，历史上受洪水的侵害是可以想见的[13]。

值得注意的是，与十二桥遗址同处古郫江沿岸的商周时期遗址也有较为明显的洪水侵袭现象，如方池街遗址[14]、指挥街遗址[15]等，更加让我们相信十二桥遗址的堆积遭遇了洪水侵扰。

总之，十二桥遗址的堆积有很大可能性是被洪水侵扰搬动形成的次生堆积，并在发掘之前被建筑施工严重破坏扰动，显然不是未经扰动的原生文化堆积。

二、陶器形制分析

尽管十二桥遗址的堆积不是原生文化堆积，但在成都平原其他商周时期遗址未大量发现之前，其出土遗物，尤其是陶器的时代特征明显，是当时构建成都平原商周时期考古学文化序列、讨论古蜀文明发展变化的重要参考资料。

随着新材料的不断积累，目前关于成都平原商周时期考古学文化序列的研究有了新的进展，因此有必要“回头看”十二桥遗址的这批商周时期遗存，重新进行分期断代。

十二桥遗址商周遗存中所见的陶器种类较多，尤以小平底罐、高领罐、圈足罐、敞口罐、圜底罐、敛口瓮、折肩瓮、厚唇瓮、侈口缸、溜肩盆、敞口壶、子母口壶、高柄豆、豆形器、尖底盏、尖底杯、盉、帽形器、鸟头把勺和器盖较为常见。

小平底罐　除了少数为泥质灰陶之外，多数为夹砂褐陶，器表多有灰黑色或灰褐色陶衣。侈口，斜腹，小平底。除极少数在肩部饰纵向细绳纹之外，均素面无纹。根据唇部有无花边分二型：

A 型　唇部无花边。根据口沿、肩部特征分六式：

Ⅰ式　卷沿，方唇，圆肩且有稀疏绳纹。标本 T7⑬：137（图三，1）。

Ⅱ式　卷沿，方唇，圆肩微耸，从此式开始，肩部不再有纹饰。标本 T2⑬：5（图三，2）。

Ⅲ式　卷折沿，方唇，耸圆肩变矮。标本 T3⑬：9（图三，3）。

Ⅳ式　卷折沿，尖圆唇，窄耸肩。标本 T50⑬：27（图三，4）。

Ⅴ式　卷折沿变高，尖圆唇，耸肩变窄。标本 T6⑬：10（图三，5）。

Ⅵa 式　卷折沿较高，尖圆唇，窄肩近无。标本 T49⑬：22（图三，6）。

Ⅵb 式　卷折沿甚高，尖圆唇，窄肩。标本 T50⑬：7（图三，7）。

之所以将Ⅵa 式和Ⅵb 式分为同一式的两种而不分为不同的二式，主要原因在于二者整体上并不具有形制特征上的渐变关系。二者均有不同部位的特征直接延续自Ⅴ式，如Ⅵa 式的肩部几乎消失，显然是比Ⅴ式的肩部更窄，而Ⅵb 式相比Ⅴ式则是口沿变得更高。尽管从口沿高矮上看，Ⅵb 式比Ⅵa 式更晚，但从肩部特征来看，Ⅵa 式又比Ⅵb 式晚，所以Ⅵa 式和Ⅵb 式不能理出早晚渐变的关系来，只能视为同一式的两种风格。从出土情况来看，两种风格的小平底罐也经常共出，也表明二者并不是前后相继的二式。

此外，以上各式中除了Ⅵb 式为泥质灰陶之外，其余均为夹砂褐陶，且该式与前一式之间的差别较为明显，或许属于另外一种器类，以往学者多归为尖底杯，但其形制源自小平底罐却是较为明确的，故暂且归为Ⅵ式的其中一种。

B 型　唇部有花边，标本 T16⑫：99（图三，8）。十二桥遗址出土的 B 型小平底罐的肩部均为卷沿、圆耸肩，方唇，与 A 型Ⅱ式小平底罐相似。

高领罐　除个别为夹砂灰陶外，均为夹砂褐陶；侈口，卷沿，高领；领部多有一道或多道凹弦纹。从口径看，此器有大、小两种，大者口径超过 30 厘米，小者口径不超过 20 厘米，以往有学者分别称之为高领瓮和高领罐，考虑到二者无论是陶质、陶色还是形制、纹饰都基本相同，并无本质区别，故本文统称为高领罐。根据领部特征分六式：

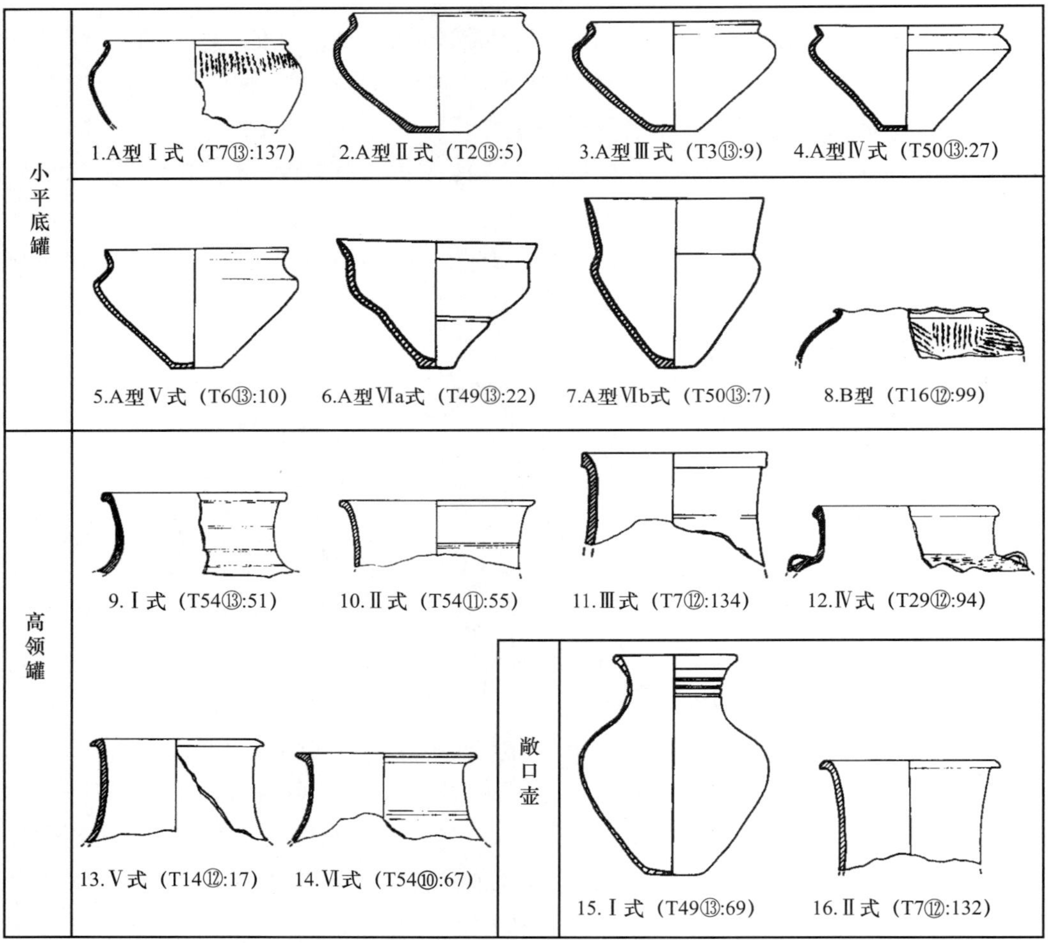

图三　十二桥遗址出土小平底罐、高领罐和敞口壶

Ⅰ式　束领。标本 T54⑬：51（图三，9）。

Ⅱ式　微束领。标本 T54⑪：55（图三，10）。

Ⅲ式　近直领。标本 T7⑫：134（图三，11）。

Ⅳ式　直领，下部微外弧。标本 T29⑫：94（图三，12）。

Ⅴ式　领上部直，下部外弧，整体略呈敛领。标本 T14⑫：17（图三，13）。

Ⅵ式　敛领，仅近口部略直。标本 T54⑩：67（图三，14）。

圈足罐　均为夹砂陶，陶色以褐色和灰色为主；侈口，卷沿，方唇，鼓腹；肩部多有绳纹与凹弦纹的纹饰组合。由于形制特征与小平底罐较为相似，加上出土的完整器甚少，故以往未辨识出这类陶器，均归为小平底罐。我们在整理新药铺发掘资料时经过详细对比将其辨认出来[16]，并发现这类器物广泛分布于晚商至西周早期的成都平原。根据整体形态分二型：

A 型　整体呈罐形。根据口肩部特征分六式：

Ⅰ式　溜肩。标本 T17⑬：39（图四，1）。

Ⅱ式　溜圆肩。标本 T12⑫：23（图四，2）。

Ⅲ式　斜圆肩。标本 T18⑬：1（图四，3）。

Ⅳ式　沿面微凹，圆鼓肩。标本 T50⑬：61（图四，4）。

Ⅴ式　沿面变宽且内凹明显，圆鼓肩变窄，且肩部不再有纹饰。标本 T43⑩：100（图四，5）。

Ⅵ式　沿面外端明显内勾，耸圆肩，肩部素面无纹。标本 T11⑫：28（图四，6）。

B 型　整体呈钵形。标本Ⅰ采：6（图四，7）。该型圈足罐的整体形制与 A 型Ⅵa 式小平底罐较为接近。

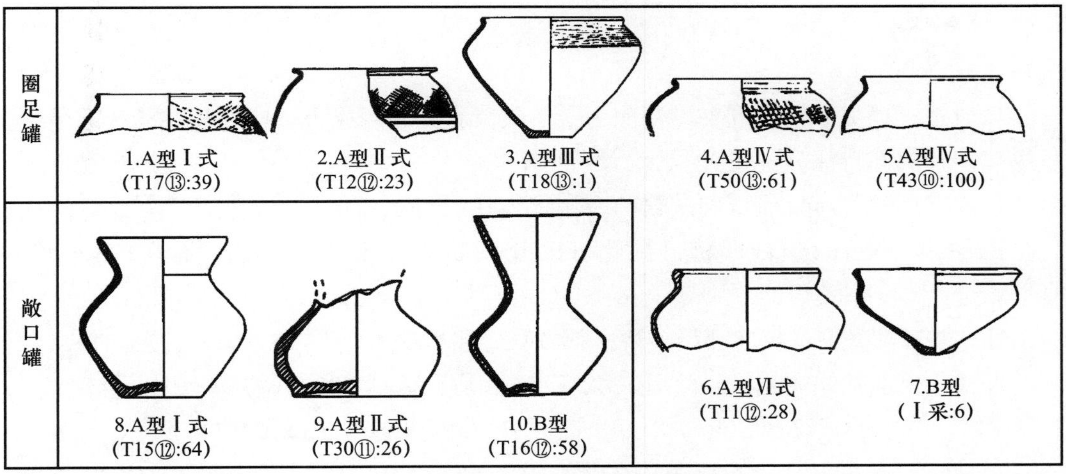

图四　十二桥遗址出土圈足罐和敞口罐

敞口罐　几乎均为夹砂褐陶。斜敞口，方圆唇，斜直领，溜肩近折，斜腹，平底或微内凹。素面。根据领部高矮分二型：

A 型　矮领。根据肩腹部特征分二式：

Ⅰ式　肩面斜直微鼓，腹部较深。标本 T15⑫：64（图四，8）。

Ⅱ式　肩部变窄，腹部甚浅。标本 T30⑪：26（图四，9）。

B 型　高领。标本 T16⑫：58（图四，10）。

圜底罐　均为夹砂褐陶。侈口，卷沿，方唇，圆肩。肩部饰细密绳纹。根据领部特征分四式：

Ⅰ式　束领较高。标本 T24⑪：21（图五，1）。

Ⅱ式　领部变矮，内束程度变弱。标本 T11⑫：22（图五，2）。

Ⅲ式　矮敛领。标本 T51⑩：17（图五，3）。

Ⅳ式　敛领近无。标本 T51⑩：16（图五，4）。

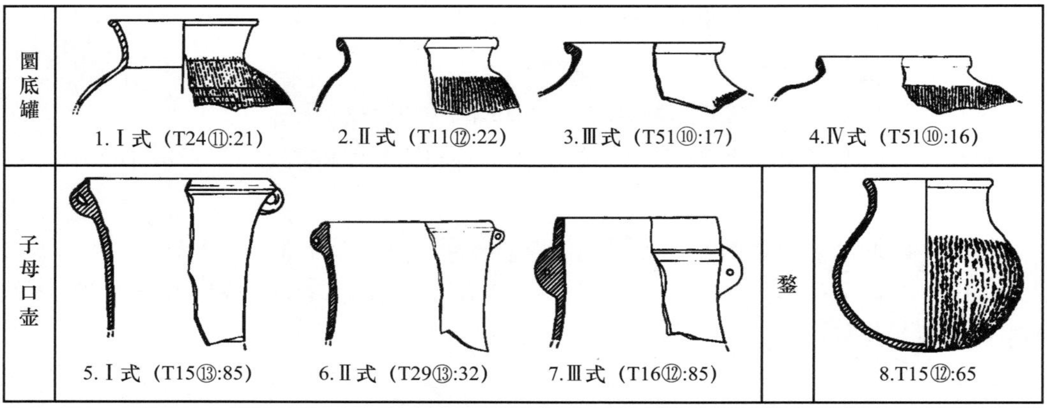

图五　十二桥遗址出土圜底罐、子母口壶和鋬

敛口瓮　以夹砂褐胎和夹砂灰陶为主。敛口，方唇，深腹。口外和肩部多饰绳纹。根据口部和肩部特征分五式：

Ⅰ式　口部无突起，溜肩。标本 T16⑫：140（图六，1）。

Ⅱ式　口外有一道浅凹槽，据此可区分口部与肩部，溜圆肩。标本 T23⑫：56（图六，2）。

Ⅲ式　口部微突，突起部位较薄，圆鼓肩。标本 T16⑬：135（图六，3）。

Ⅳ式　口部整体突起，截面呈三角形，窄耸肩。标本 T20⑫：38（图六，4）。

Ⅴ式　口部明显突起，近短沿，肩部进一步变窄。标本 T50⑬：72（图六，5）。

折肩瓮　陶系仅见夹砂灰陶和夹砂褐陶。整体形制特征与敛口瓮较为相似，但肩部为折肩，且素面无纹饰。根据口肩部特征分三式：

Ⅰ式　口部整体微突，肩面微鼓。标本 T15⑫：91（图六，6）。

Ⅱ式　口部突出，肩面斜直。标本 T39⑪：52（图六，7）。

Ⅲ式　口部整体突起似矮领，肩面微凹。标本 T22⑫：33（图六，8）。

厚唇瓮　以夹砂褐陶为主，夹砂灰陶和泥质灰陶较为少见。侈口，卷沿，圆唇较厚，广肩。肩部多饰菱形印纹。根据沿内有无凹槽分二型：

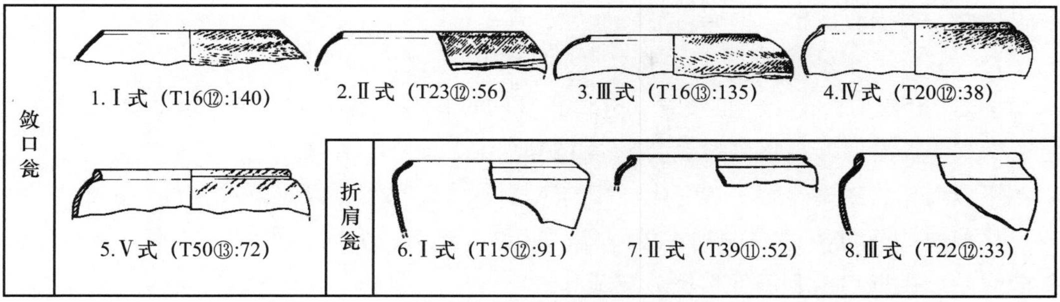

图六 十二桥遗址出土敛口瓮、折肩瓮

A 型 沿内无凹槽。根据口沿特征分三式：

Ⅰ式 短沿，整体外侈明显。标本 T23⑩：48（图七，1）。

Ⅱ式 沿变长，整体近似直立，外侈程度明显减弱。标本 T7⑫：193（图七，2）。

Ⅲ式 长沿似领，整体内敛。标本 T2⑬：33（图七，3）。

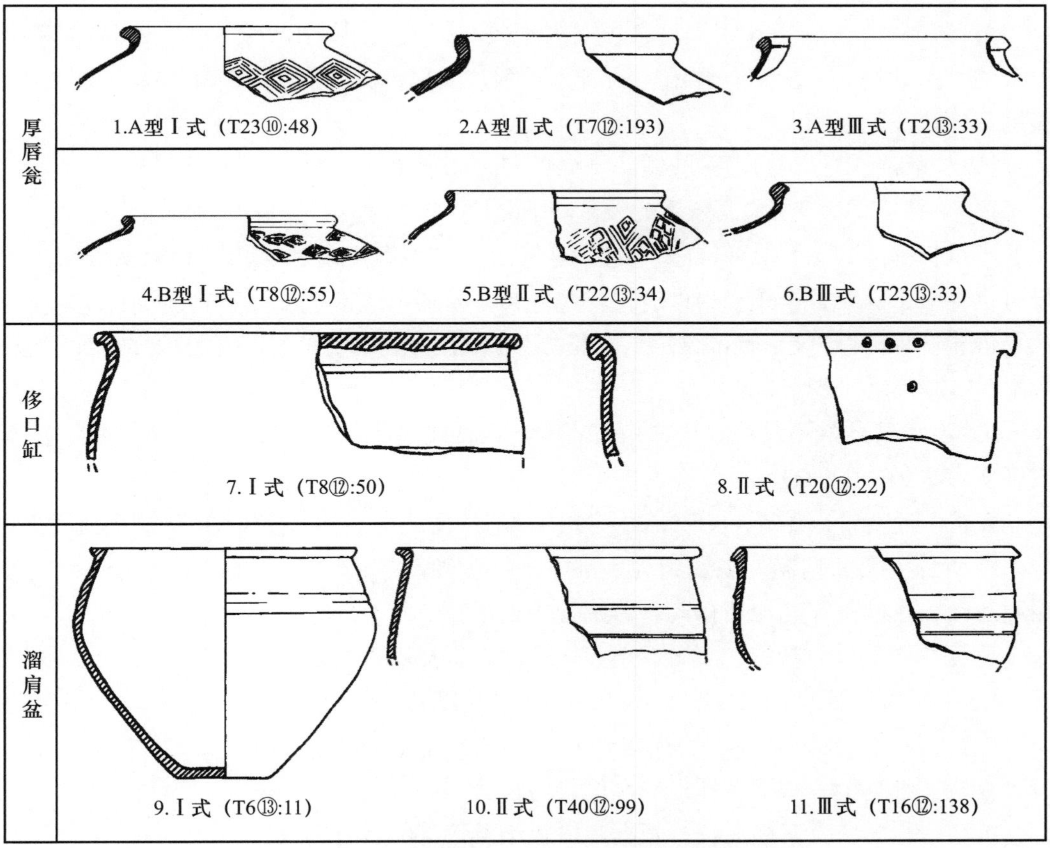

图七 十二桥遗址出土厚唇瓮、侈口缸和溜肩盆

B 型　沿内有凹槽。根据口沿特征分三式：

Ⅰ式　短沿，整体外侈明显。标本 T8⑫：55（图七，4）。

Ⅱ式　沿变长，整体近似直立，外侈程度明显减弱。标本 T22⑬：34（图七，5）。

Ⅲ式　长沿似领，整体内敛。标本 T23⑬：33（图七，6）。

可以看出，B 型厚唇瓮的变化规律与 A 型厚唇瓮基本可以对应。

侈口缸　仅见夹砂褐陶和夹砂灰陶。侈口，卷沿，方唇，窄肩，斜腹。唇面多饰斜向绳纹。根据口沿和肩部特征分二式：

Ⅰ式　沿面较宽，肩部略显。标本 T8⑫：50（图七，7）。

Ⅱ式　短沿近无，肩部近无。标本 T20⑫：22（图七，8）。

溜肩盆　以夹砂褐陶为主，夹砂灰陶和泥质灰陶少见。侈口，折沿或卷沿，溜肩，深斜腹，小平底。肩部多饰数道凹弦纹。根据口沿和肩部特征分三式：

Ⅰ式　窄折沿，肩面外斜较为明显。标本 T6⑬：11（图七，9）。

Ⅱ式　窄卷沿，肩面微外斜。标本 T40⑫：99（图七，10）。

Ⅲ式　窄沿近无，肩面近直。标本 T16⑫：138（图七，11）。

敞口壶　由于口颈部残片与高领罐区别较小，故只辨识出少数几件。陶系仅见夹砂灰陶和夹砂褐陶。敞口，卷沿，圆唇，长颈，圆肩，深斜腹。颈部多饰数道凹弦纹。根据颈部特征分二式：

Ⅰ式　束颈，与Ⅰ式高领罐的领部特征近同。标本 T49⑬：69（图三，15）。

Ⅱ式　微束颈，与Ⅱ式高领罐的领部特征基本一致。标本 T7⑫：132（图三，16）。

子母口壶　以夹砂褐陶居多，夹砂灰陶次之，另有少量泥质灰陶和泥质褐陶。子母口，卷沿，圆唇，长颈，口外有对称竖环耳。根据口颈部特征分三式：

Ⅰ式　口部微外鼓，颈部微束，与Ⅱ式高领罐的领部和Ⅱ式敞口壶的颈部特征相似。标本 T15⑬：85（图五，5）。

Ⅱ式　口部外鼓不甚明显，微束颈近直，与Ⅲ式高领罐的领部特征基本一致。标本 T29⑬：32（图五，6）。

Ⅲ式　近直口，直颈，与Ⅳ式高领罐的领部特征近同。标本 T16⑫：85（图五，7）。

高柄豆　无完整器，多残断为盘部、柄部和圈足三部分，以夹砂褐陶为主，次为泥质灰陶、夹砂灰陶和泥质褐陶。分别分析如下：

豆盘　均敞口、卷沿、圆唇、斜腹。素面。根据腹部特征分二式：

Ⅰ式　折腹位置靠近口部。标本 T15⑫：43（图八，1）。

Ⅱ式　折腹下移至近底部。标本 T29⑬：85（图八，2）。

豆柄　细高柄。根据整体形态和纹饰特征分二型：

A 型　直筒状，素面无纹。根据整体粗细及下部特征分五式：

Ⅰ式　整体较粗。标本 T1⑬：27（图八，7）。

Ⅱ式　整体变细。标本 T7⑬：85（图八，8）。

Ⅲ式　下部变得更细，但中上部仍然较粗。标本 T15⑫：26（图八，9）。

Ⅳ式　中、下部变细，仅上部显得较为外鼓。标本 T30⑬：34（图八，10）。

Ⅴ式　整体甚细，仅上部微外鼓。标本 T5⑫：41（图八，11）。

B 型　纺锤状，即上部明显外凸，且外凸处多有一道或数道凸棱纹，在柄和盘部交接处有一杯形突起。根据杯形突起和柄上部外凸程度分三式：

Ⅰ式　杯形突起的下部略外鼓，柄上部外凸较为明显，凸棱纹多，不止有一道。标本 T19⑬：40（图八，12），标本 T2⑫：200（图八，13）。

Ⅱ式　杯形突起的下部斜收，柄上部外凸程度变弱，有且只有一道凸棱纹。标本 T7⑫：36（图八，14），标本 T16⑫：45（图八，15）。

Ⅲ式　柄上部基本不外凸，仅饰一道外凸的凸棱纹。标本 T16⑫：8（图八，16）。

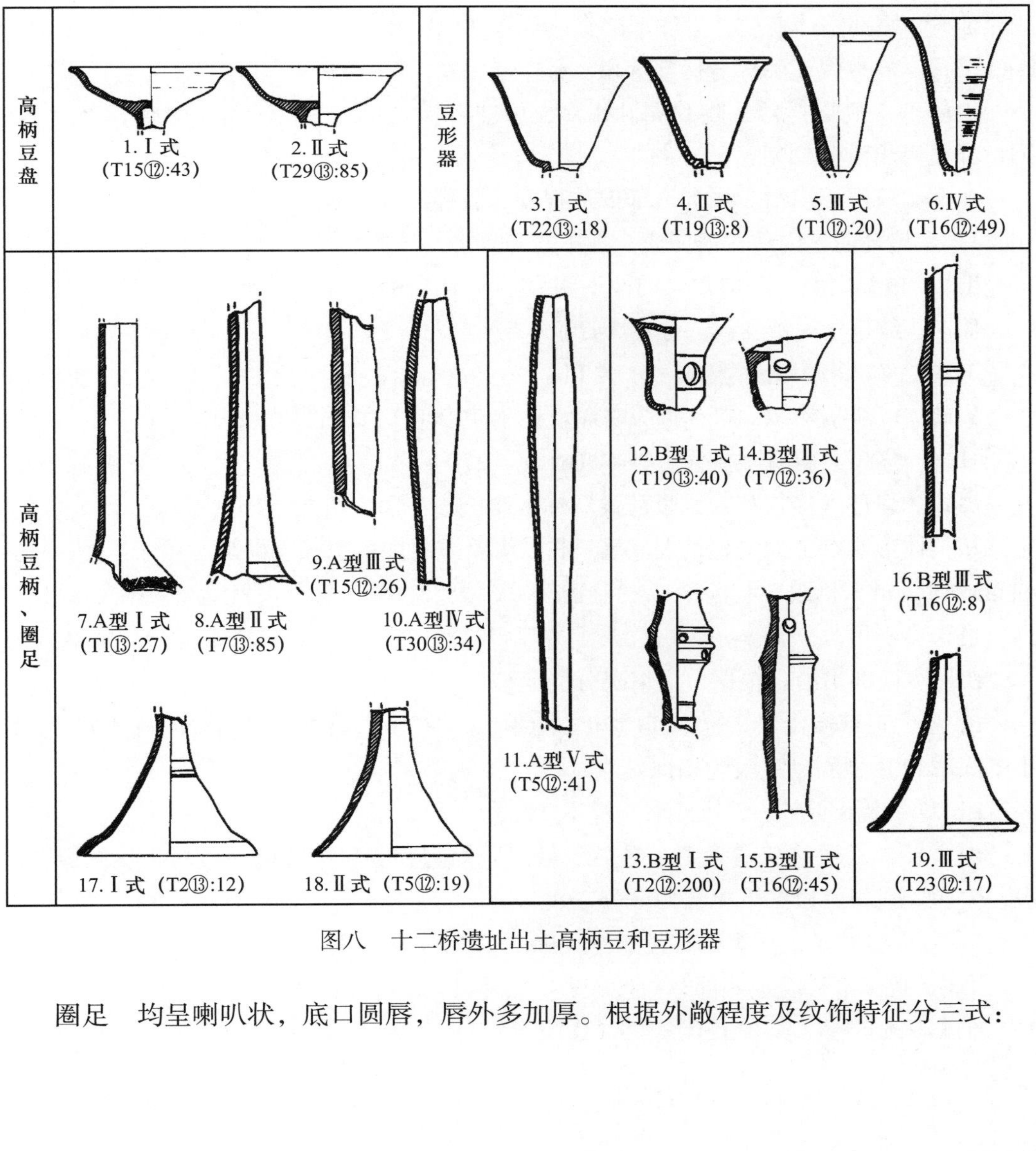

图八　十二桥遗址出土高柄豆和豆形器

圈足　均呈喇叭状，底口圆唇，唇外多加厚。根据外敞程度及纹饰特征分三式：

Ⅰ式　整体外敞较甚，足面微内凹，圈足偏上部有数道凹弦纹。标本 T2⑬：12（图八，17）。

Ⅱ式　外敞变弱，足面基本不内凹，凹弦纹上移至圈足和柄部交界处。标本 T5⑫：19（图八，18）。

Ⅲ式　整体斜侈，导致圈足和柄部交界不明确，圈足素面，凹弦纹上移至柄中下部。标本 T23⑫：17（图八，19）。

豆形器　仅见盘部，其柄部和圈足与高柄豆同部位的特征近似。以夹砂褐陶、泥质灰陶为主，另见少量夹砂灰陶。均敞口、卷沿、圆唇、斜腹。素面。根据盘腹特征分四式：

Ⅰ式　腹部整体较粗，腹壁斜直微内曲。标本 T22⑬：18（图八，3）。

Ⅱ式　腹下部变瘦，腹壁明显内收。标本 T19⑬：8（图八，4）。

Ⅲ式　腹部整体变瘦，近底部略直。标本 T1⑫：20（图八，5）。

Ⅳ式　瘦直腹，底部与柄部等粗。标本 T16⑫：49（图八，6）。

尖底盏　只见夹砂灰陶和夹砂褐陶，以前者为主。圆唇，浅腹，尖底。素面。根据口部是否出沿分二型：

A 型　口部不出沿。根据口部内敛程度和腹部深浅分七式：

Ⅰ式　口部明显内敛，浅曲腹。标本 T30⑩：2（图九，1）。

Ⅱ式　口部内敛，深斜腹，内曲不明显。标本 T6⑫：34（图九，2）。

Ⅲ式　敛口，腹部变浅。标本 T43⑩：8（图九，3）。

Ⅳ式　口部微内敛，浅腹。标本 T18⑫：3（图九，4）。

Ⅴ式　口部微外侈，斜直折腹略深。标本 T39⑫：30（图九，5）。

Ⅵ式　侈口，斜直腹变浅。标本 T61⑩：27（图九，6）。

Ⅶ式　口部外侈较甚，斜腹甚浅。标本 T40⑪：16（图九，7）。

从整体形制特征的变化情况来看，Ⅳ式和Ⅴ式之间似乎还有缺环。由于Ⅴ式、Ⅵ式和Ⅶ式均侈口、折腹，与前面四式差别较大，故以往学者多将其视为尖底盏的另外一型，也未尝不可。

B 型　口部出沿。根据出沿情况分二亚型：

Ba 型　口部微出沿。标本 T1⑫：21（图九，8），该器整体形制特征与 A 型Ⅵa 式小平底罐和 B 型圈足罐较为相似。

Bb 型　出沿明显，整体外卷。标本 T23⑫：22（图九，9）。

尖底杯　以泥质灰陶为主，另见少量泥质褐陶和零星夹砂陶。敛口，尖圆唇，深腹，尖底。素面。根据下腹部特征分三式：

Ⅰ式　折腹明显，折腹处有浅凹槽。标本 T1⑬：69（图一〇，1）。

Ⅱ式　折腹下移至近底部，折棱较弱。标本 T7⑫：24（图一〇，2）。

Ⅲ式　无折棱。标本 T30⑫：3（图一〇，3）。

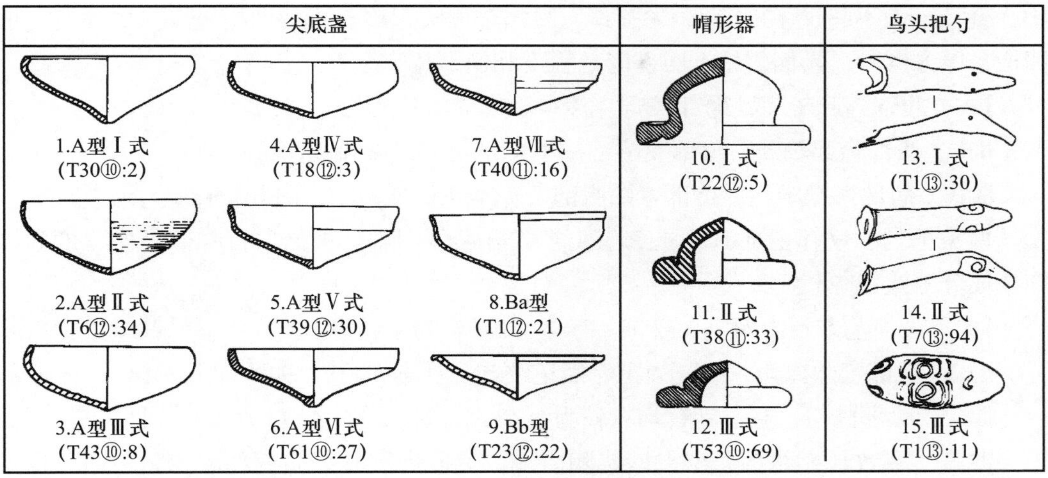

图九　十二桥遗址出土尖底盏、帽形器和鸟头把勺

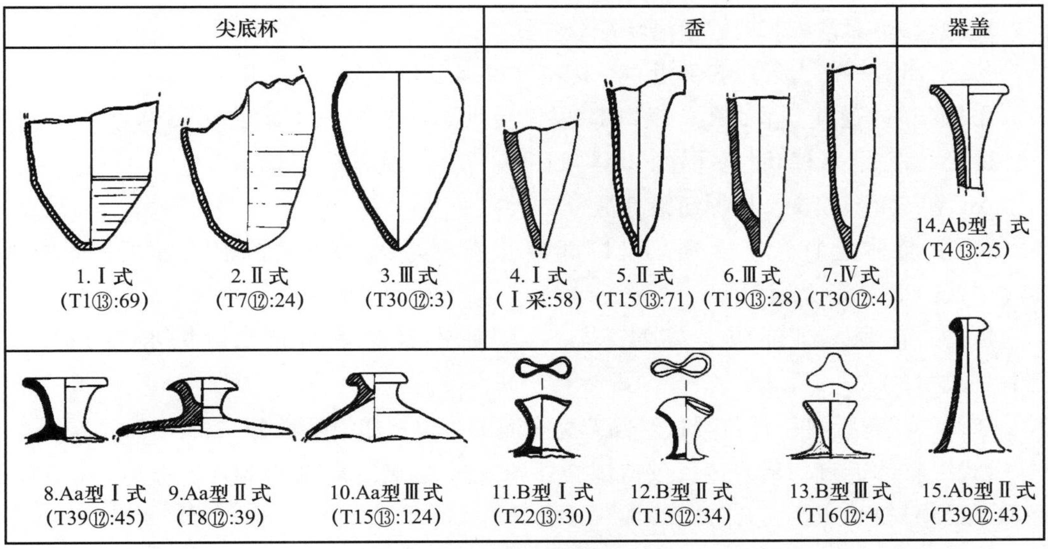

图一〇　十二桥遗址出土尖底杯、盉和器盖

盉　不见完整器，以盉足最为常见，多见夹砂灰陶，另有少量夹砂褐陶。素面。根据袋足下部和足根特征分四式：

Ⅰ式　袋足呈椎体，无实足根。标本Ⅰ采：58（图一〇，4）。

Ⅱ式　袋足近呈筒状，仅近足根部急剧收缩，实足根不甚明显。标本 T15⑬：71（图一〇，5）。

Ⅲ式　筒状袋足，实足根较长。标本 T19⑬：28（图一〇，6）。

Ⅳ式　筒状袋足，足根部进一步变长呈圆锥状。标本 T30⑫：4（图一〇，7）。

帽形器　均为泥质陶，陶色以褐色为主，少见灰色；手制，故不甚规整；器形较小，直径最大不超过10厘米，尖圆顶，腹部整体隆起略有折棱，檐较厚，底面有一道凹槽，厚方圆唇。素面。根据腹部隆起程度和檐部宽窄分三式：

Ⅰ式　腹部隆起较高，檐部较宽。标本T22⑫：5（图九，10）。

Ⅱ式　腹部隆起较矮，檐部变窄。标本T38⑪：33（图九，11）。

Ⅲ式　腹部微微隆起，檐部紧贴腹部。标本T53⑩：69（图九，12）。

鸟头把勺　仅存把部，泥质灰陶，多数有黑色陶衣。根据鸟首喙部内勾程度和纹饰特征分三式：

Ⅰ式　喙部基本不内勾，无纹饰。标本T1⑬：30（图九，13）。

Ⅱ式　喙部微微内勾，眼睛周围有简单纹饰。标本T7⑬：94（图九，14）。

Ⅲ式　喙部内勾，整个鸟首均有较为复杂的勾划纹。标本T1⑬：11（图九，15）。

器盖　多数只存纽部，以夹砂灰陶居多，夹砂褐陶和泥质灰陶较少。素面。根据钮部整体形态分二型：

A型　圆圈状纽。根据纽部长短分二亚型：

Aa型　纽部较短。根据纽沿特征分三式：

Ⅰ式　纽沿斜侈，近盖腹部近直。标本T39⑫：45（图一〇，8）。

Ⅱ式　整体近直，呈直颈，仅口部微外卷。标本T8⑫：39（图一〇，9）。

Ⅲ式　直颈，口部明显外卷。标本T15⑬：124（图一〇，10）。

Ab型　纽部较长。根据纽沿特征分二式：

Ⅰ式　整体近直，呈直颈，仅口部微外卷，与Aa型Ⅱ式器盖特征近同。标本T4⑬：25（图一〇，14）。

Ⅱ式　直颈，口部明显外卷，与Aa型Ⅲ式器盖较为相似。标本T39⑫：43（图一〇，15）。

B型　花瓣状纽，乃圆圈状纽部分捏合而成。根据纽沿特征分三式：

Ⅰ式　整体近直，呈直颈，仅口部微外卷，与Aa型Ⅱ式和Ab型Ⅰ式器盖特征近同。标本T22⑬：30（图一〇，11）。

Ⅱ式　直颈，口部明显外卷，与Aa型Ⅲ式和Ab型Ⅱ式器盖较为相似。标本T15⑫：34（图一〇，12）。

Ⅲ式　器壁变薄，尤其口部变薄，整体斜直。标本T16⑫：4（图一〇，13）。

三、分期与各期年代

由上文可知，十二桥遗址商周时期堆积为次生堆积，出土陶器的共存关系不明，故我们在对十二桥遗址进行分期断代时，只能参考其他分期和年代明确的遗址。通过对比十二桥遗址和这些遗址的典型器物及其型式，以及不同型式在这些遗址的典型单位中的共存关系，从而初步确定十二桥遗址的分期和各期年代。

用于明确上述主要器物的典型型式之间对应关系的遗迹单位包括三星堆 99 ⑨层、三星堆 99G ⑦层、郎家 H2323、郎家 H2332、新药铺 H22、新药铺 H15、博雅 H709、博雅⑤层、星河西 H7094、星河西 H7096、星河西 H7266、星河西 M2727、星河西 T4 ⑥层、星河西 T4 ⑤层、国际⑤ A 层、兰苑 H305、新一村⑦层、新一村⑥层、城关 M25、城关 M95 以及盐井沟 M1 等。

三星堆 99 ⑨层[17] 该层出土器物较多，比较常见的包括高柄豆、圈足罐、小平底罐、敛口瓮、鸟头把勺和器盖等。高柄豆的柄部呈直筒状，较粗（图一一，6），圈足斜直且有细密的云雷纹（图一一，7），与十二桥 A 型Ⅰ式豆柄相似；圈足罐呈溜肩（图一一，2），与十二桥 A 型Ⅰ式圈足罐近同；敛口瓮口部无突起，溜肩（图一一，4），十二桥Ⅰ式敛口瓮与之接近；鸟头把勺的鸟头喙部基本不内勾，表面亦无纹饰（图一一，5），与十二桥Ⅰ式鸟头把勺基本相同。除此之外，三星堆 99 ⑨层出土的小平底罐（图一一，3）、豆盘（图一一，1）和器盖（图一一，8）都比十二桥遗址出土同类器的第Ⅰ式要更早。而与三星堆 99 ⑨层同属一段的 99G⑰ 层出土的盉足（图一一，9）则与十二桥Ⅰ式陶盉相似。由此可见，十二桥遗址有与三星堆 99 ⑨层和三星堆 99G⑰ 层年代相同的遗存，后二者属于三星堆遗址第三期 4 段的典型单位，年代相当于二里头文化第二期[18]。

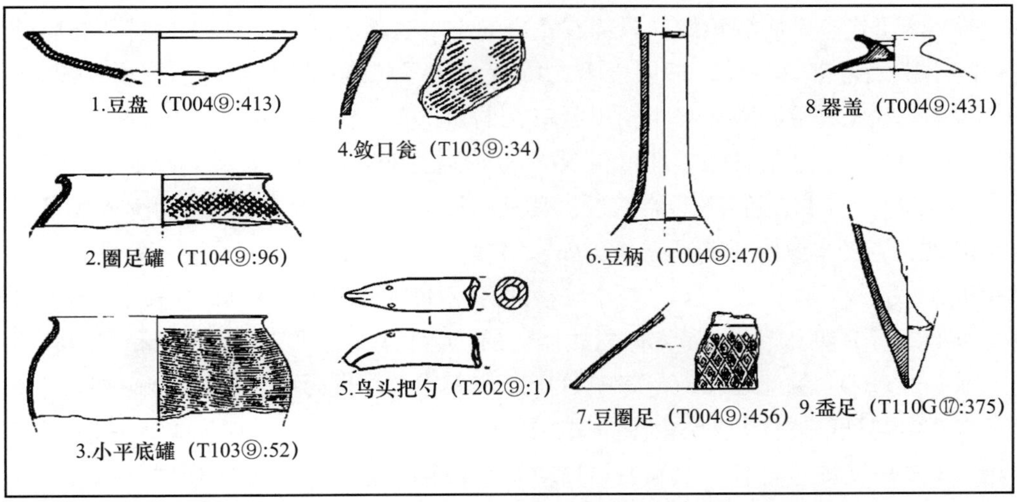

图一一　三星堆 99 ⑨层、三星堆 99G⑰ 层出土部分典型陶器

郎家 H2323[19] 该灰坑发表的器物较少，仅有小平底罐、敛口瓮和高柄豆三种。小平底罐唇部无花边，卷沿、方唇、圆肩，肩部饰绳纹（图一二，2），与十二桥 A 型Ⅰ式特征相似；敛口瓮口外侧有一道浅凹槽，溜圆肩（图一二，1），与十二桥Ⅱ式敛口瓮基本一致；高柄豆的筒形直柄相对较细（图一二，3），与十二桥 A 型Ⅱ式豆柄大致相同。故十二桥遗址的部分陶器与郎家 H2323 的年代相当，后者年代相当于三星堆遗址第三

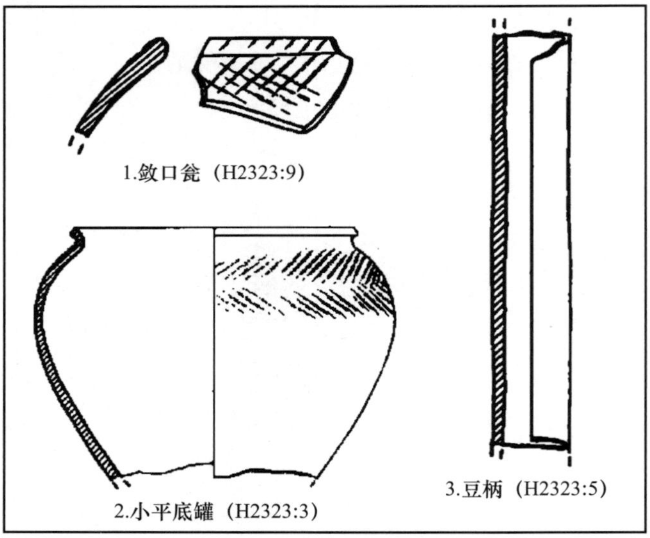

图一二　郎家 H2323 出土部分典型陶器

期 5 段或金沙遗址第一期 1 段[20]，即二里头文化第三期[21]。

郎家 H2332　该灰坑出土陶器包括小平底罐、圈足罐、敛口瓮、豆形器和器盖等。唇部无花边的小平底罐为卷沿、方唇、圆肩微耸，肩部无绳纹（图一三，1），与十二桥 A 型Ⅱ式小平底罐相似；唇部有花边的小平底罐（图一三，4）的特征与唇部无花边的小平底罐基本一致，近同于十二桥 B 型小平底罐；圈足罐为溜圆肩（图一三，2），与十二桥Ⅱ式圈足罐基本相同；敛口瓮的口部微突，但突起的部位较薄，圆鼓肩（图一三，3），与十二桥Ⅲ式敛口瓮一致；豆形器盘的腹部整体较粗，腹壁斜直微内曲（图一三，8），与十二桥Ⅰ豆形器相近，其直筒形柄的下部变细，与十二桥 A 型Ⅲ豆柄较为相似，与之相似的豆柄还见于与郎家 H2332 同属一段的郎家⑥层，而且其圈足上部有两道凹弦纹（图一三，9），与十二桥的Ⅰ式豆圈足基本相同；郎家⑥层还出土有分别类似十二桥 B 型Ⅰ式豆柄和 Aa 型Ⅰ式器盖的纺锤状豆柄（图一三，7）和圆圈状器盖纽（图一三，6）。除此之外，与郎家 H2332 和郎家⑥层同时的三星堆 00⑩ 层[22]还出土有喙部内勾且整体饰勾划纹的鸟头把勺（图一三，5），与十二桥Ⅲ式鸟头把勺相似。据此，十二桥遗址包含有与郎家 H2332、郎家⑥层以及三星堆 00⑩ 层同时的遗存，后三者的年代相当于三星堆遗址第四期 6 段或金沙遗址第二期 2 段，即二里头文化第四期至二里冈下层。

三星堆 99G ⑦层　该层出土器物甚多，器类主要有小平底罐、高领罐、侈口缸、敞口壶、子母口壶、高柄豆、豆形器和盉等。小平底罐与十二桥同类器的 A 型Ⅲ式相似，均为卷沿、方唇、耸圆肩变矮（图一四，1）；高领罐（图一四，2）和敞口壶（图一四，3）的领部或颈部内束，近同于十二桥Ⅰ式同类器；侈口缸的沿面较宽，肩部略显（图一四，5），与十二桥Ⅰ式侈口缸特征一致；子母口壶的口部整体明显外鼓，颈

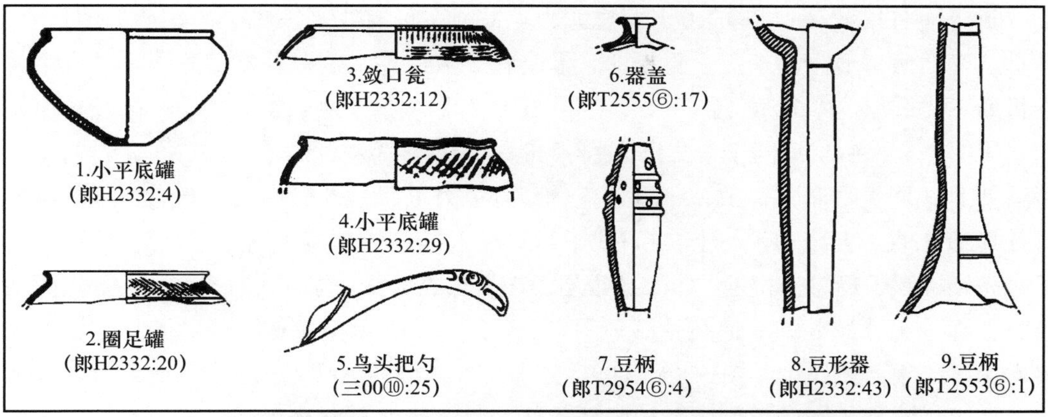

图一三 郎家⑥层、郎家 H2332、三星堆 00⑩ 层出土部分典型陶器

部明显内束（图一四，4），与同出的高领罐和敞口壶相似，早于十二桥的Ⅰ式子母口壶；高柄豆盘为折腹，且折腹位置靠上，柄中下部均变细，仅上部微外鼓，圈足微外敞，圈足和柄部交界处饰凹弦纹（图一四，8），其盘、柄和圈足分别与十二桥的Ⅰ式豆盘、A 型Ⅳ式豆柄以及Ⅱ式圈足相近；豆形器的盘腹下部变瘦，腹壁明显内收（图一四，6），与十二桥Ⅱ式豆形器相当，而其纺锤状的柄部则与十二桥 B 型Ⅱ式豆柄基本相同；盉足接近足根部明显收缩，实足根不甚明显（图一四，7），与十二桥Ⅱ式同类器较为相似。因此，十二桥遗址存在与三星堆 99G ⑦年代相当的遗存，后者属于三星堆遗址第四期 7 段，年代相当于二里冈上层至殷墟一期。

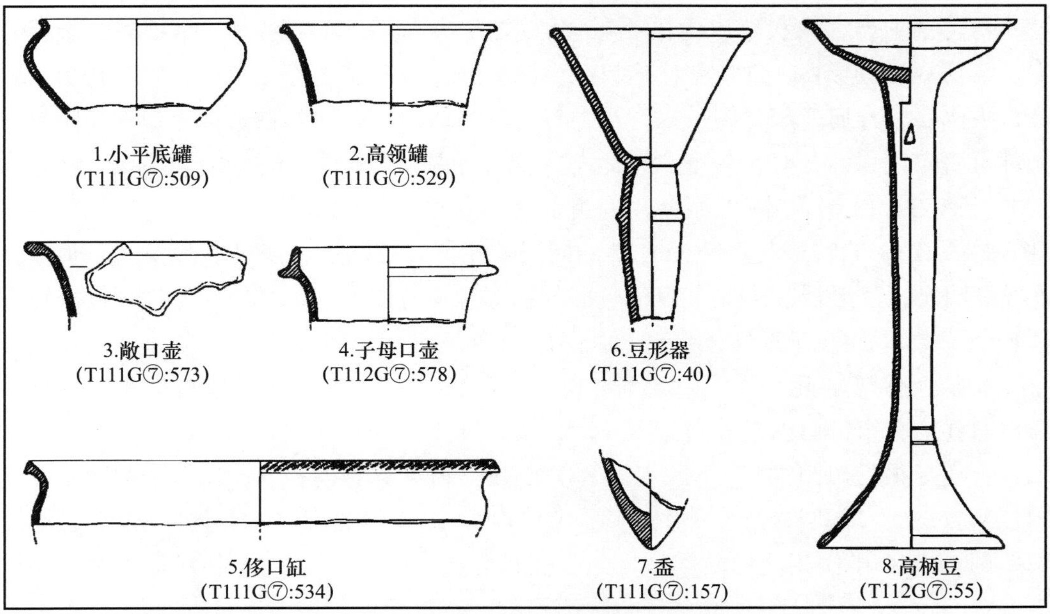

图一四 三星堆 99G ⑦层出土部分典型陶器

新药铺 H22[23] 该灰坑出土器物尤为丰富，主要有小平底罐、高领罐、圈足罐、子母口壶、敞口壶、高柄豆、豆形器、溜肩盆、敛口瓮、盉以及器盖等。小平底罐为卷折沿、尖圆唇、窄耸肩（图一五，1），与十二桥A型Ⅳ式同类器相似；高领罐束领变弱（图一五，6），近同于十二桥Ⅱ式高领罐；圈足罐为斜圆肩（图一五，7），与十二桥A型Ⅲ式同类器基本一致；子母口壶的口部微外鼓，颈部微内束，与高领罐的领部特征近似（图一五，2），与十二桥Ⅰ式子母口壶近同；敞口壶（图一五，3）的颈部特征与高领罐和子母口壶相近，十二桥Ⅱ式敞口壶与之近似；高柄豆柄甚细，上部均微微外鼓，部分于外鼓处饰一道凸弦纹（图一五，9、10），圈足整体斜侈，圈足与柄部交界不明显，素面无纹饰（图一五，11），分别与十二桥的A型Ⅴ式豆柄、B型Ⅲ式豆柄以及Ⅲ式豆圈足相同；豆形器盘的腹部整体变瘦，近底部略直（图一五，8），十二桥的Ⅲ式同类器与之相当；溜肩盆为窄折沿，肩面外斜较为明显（图一五，12），与十二桥的Ⅰ式溜肩盆相似；敛口瓮（图一五，16）与十二桥的Ⅳ式同类器基本一致，均口部整体突起，截面呈三角形，窄耸肩；盉足为筒状袋足，实足根较长且明显（图一五，13），与十二桥的Ⅲ式同类器相近；器盖分为两种，其一为圆圈状纽，颈部有高矮之分，但口部均微微外卷（图一五，4、15），其二为花瓣状纽，依旧为直颈且口部微外卷，与同出的圆圈状盖纽特征相同（图一五，14），与十二桥的Aa型Ⅱ式、Ab型Ⅰ式以及B型Ⅰ式器盖纽特征一致。此外，与新药铺H22同时的三星堆一号祭祀坑[24]出土的尖底盏（图一五，5）与十二桥Bb型尖底盏基本相同，都是口部整体外卷且明显有窄沿。由此可见，十二桥遗址包含有与新药铺H22和三星堆一号祭祀坑同时的遗存，后二者均属“新四期”早段[25]，也即三星堆遗址第五期8段，年代相当于殷墟二期[26]。

新药铺 H15 该灰坑出土器物较多，包括小平底罐、高领罐、圈足罐、子母口壶、高柄豆、豆形器、敛口瓮、侈口缸、溜肩盆、盉、器盖等。小平底罐的卷折沿较高，尖圆唇，耸肩变窄（图一六，2），与十二桥A型Ⅴ式同类器特征相似；高领罐的领部近直（图一六，4），与十二桥Ⅲ式高领罐基本一致；圈足罐的沿面微凹，圆鼓肩（图一六，3），与十二桥A型Ⅳ式同类器大致相同；高柄豆柄（图一六，9）和圈足（图一六，13）的特征与新药铺H22的同类器相似，近同于十二桥A型Ⅴ式豆柄以及Ⅲ式豆圈足；豆形器盘为瘦直腹，底部与柄部等粗（图一六，7），与十二桥Ⅳ式豆形器相似；敛口瓮的口部明显突起，肩部进一步变窄（图一六，15），与十二桥Ⅴ式敛口瓮相似；侈口缸几乎无沿、无肩（图一六，16），与十二桥Ⅱ式侈口缸基本相同；溜肩盆卷沿较窄，肩面微外斜（图一六，14），近同于十二桥Ⅱ式同类器；盉为筒形袋足，长实足根近似圆锥状（图一六，8），与十二桥Ⅳ式陶盉相似；器盖的圆圈状盖纽的颈部较短，口部明显外卷（图一六，1），与十二桥Aa型Ⅲ式盖纽基本相同。此外，与新药铺H15年代相同的新药铺④层出土的子母口壶口部外鼓不甚明显，微束颈近直（图一六，5），与十二桥Ⅱ式子母口壶相似；豆盘腹部折棱靠下接近底部（图一六，6），与十二桥Ⅱ式同类器基本相同；纺锤状豆柄仅上部微外凸，外凸处有一圈凸棱纹

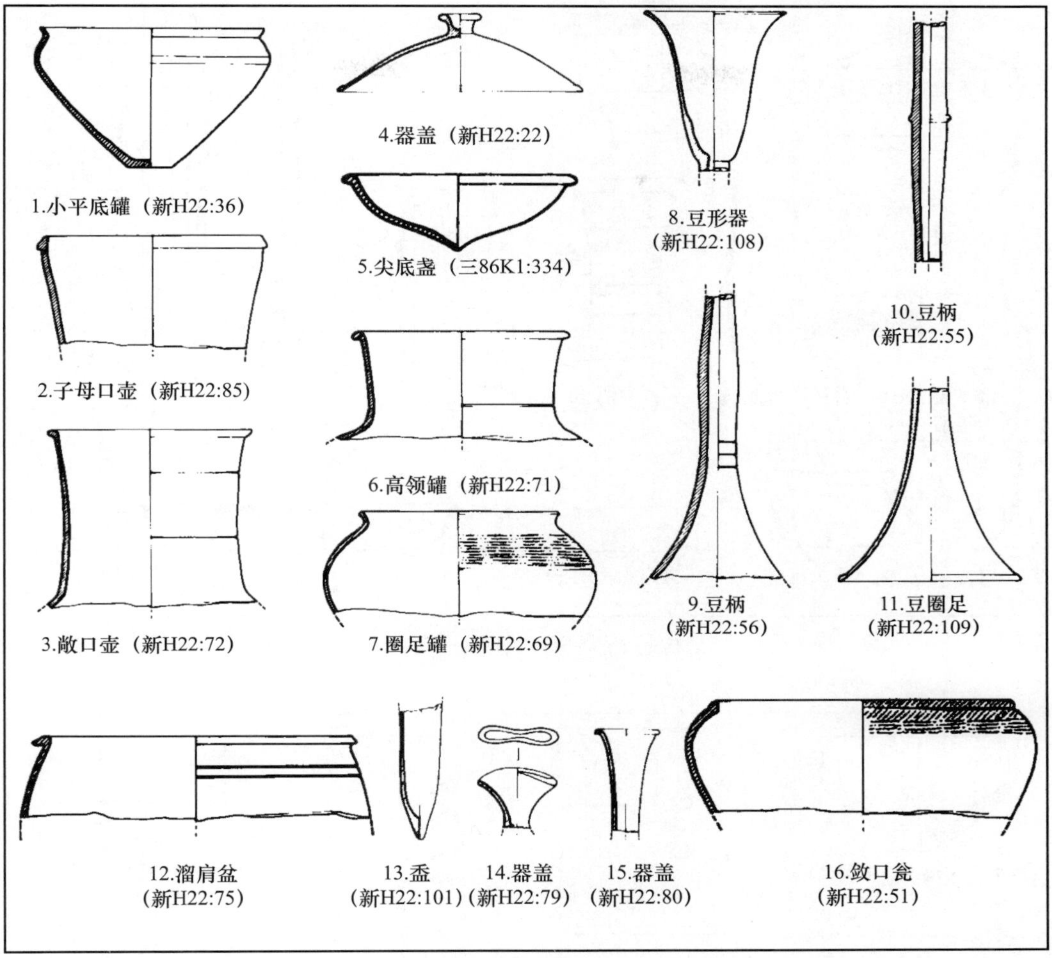

图一五　三星堆 86K1、新药铺 H22 出土部分典型陶器

（图一六，10），与十二桥 B 型Ⅲ式豆柄相似；长颈圆圈状器盖纽的口部明显外卷，与新药铺 H15 的短颈圆圈状盖纽特征相似（图一六，11），近同于十二桥 Ab 型Ⅱ式盖纽，而花瓣状器盖纽的口部同样外卷较为明显（图一六，12），与十二桥 B 型Ⅱ式盖纽相同。综上，十二桥遗址包含与新药铺 H15 和④层年代一致的遗存，相当于三星堆遗址五期 9 段，即殷墟三期[27]。

博雅 H709[28]、星河西 T4 ⑥层[29]、星河西 H7266、兰苑 H305[30]以及三星堆 99 ④层均属金沙遗址第四期 6 段的典型单位，年代相当于殷墟四期。这些单位出土的器物包括小平底罐、高领罐、圈足罐、子母口壶、厚唇瓮、尖底杯、尖底盏、帽形器和器盖等，与十二桥同类器的部分型式特征基本一致。小平底罐可分两种，其一为高卷折沿、窄肩近无（图一七，1），其二卷折沿甚高，窄肩（图一七，8），分别与十二桥 A 型Ⅳa 式和Ⅳb 式小平底罐相似；高领罐为直领，但领下部微微外弧（图一七，9），

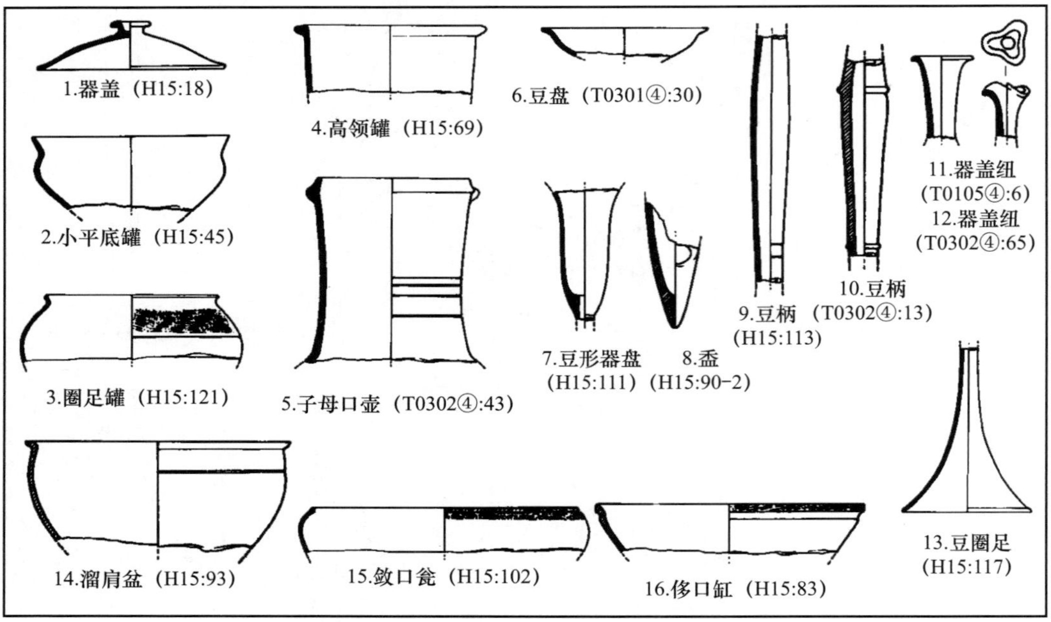

图一六　新药铺④层、新药铺 H15 出土部分典型陶器

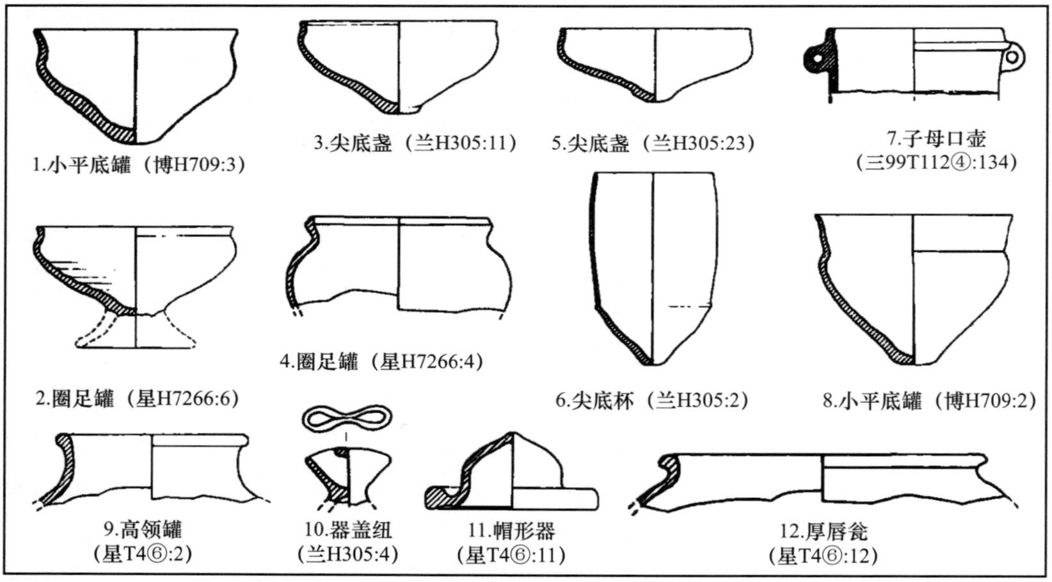

图一七　三星堆 99 ④层、博雅 H709、星河西 T4 ⑥层、星河西 H7266、兰苑 H305 出土部分典型陶器

与十二桥的Ⅳ式同类器近同；圈足罐分为罐形和钵形两种，前者的沿面变宽且内凹明显，圆鼓肩变窄（图一七，4），近似于十二桥的 A 型Ⅴ式圈足罐，后者与同时期的小平底罐和十二桥的 B 型同类器较为相似（图一七，2）；子母口壶的口部近直，直颈，与同时期高领罐的领部特征相似（图一七，7），近同于十二桥Ⅲ式子母口壶；厚

唇瓮沿内无凹槽，沿面较窄，整体明显外侈（图一七，12），与十二桥A型Ⅰ式同类器相似；尖底杯为折腹，且折腹位置有浅凹槽（图一七，6），与十二桥Ⅰ式尖底杯基本一致；尖底盏分两种，其一口部不出沿且明显内敛，曲腹较浅（图一七，5），与十二桥A型Ⅰ式尖底盏相同，其二口部微出沿（图一七，3），与同时期的小平底罐和钵形圈足罐特征以及十二桥的Ba型同类器近似；帽形器的腹部明显隆起，檐部较宽（图一七，11），近同于十二桥Ⅰ式帽形器；花瓣状器盖纽的器壁较薄，沿部整体斜直（图一七，10），与十二桥的B型Ⅲ式盖纽相似。

星河西H7094、星河西H7096和博雅⑤层属于金沙遗址第五期7段的典型单位，包括的主要陶器有高领罐、圈足罐、厚唇瓮、折肩瓮、尖底盏和尖底杯等。高领罐的领上部近直，下部外弧（图一八，1），与十二桥Ⅴ式高领罐相同；圈足罐的沿面外端明显内勾，耸圆肩（图一八，2），与十二桥A型Ⅵ式同类器近似；厚唇瓮分两种，主要区别在于沿内是否有凹槽，除此之外无其他差别，沿都比较长，且整体近似直立，外侈程度明显减弱（图一八，5、6），分别与十二桥A型Ⅱ式和B型Ⅱ式厚唇瓮相似；折肩瓮的口部突出，肩面斜直（图一八，7），近同于十二桥Ⅱ式同类器特征接近；尖底盏口部内敛，斜腹较深，但内曲不明显（图一八，3），与十二桥A型Ⅱ式尖底盏基本相同；尖底杯的折腹位置下移接近底部，折棱较弱（图一八，4），与十二桥Ⅱ式尖底杯相似。由此可见，十二桥遗址包含有相当于金沙遗址第五期7段，也就是西周早期的遗存。

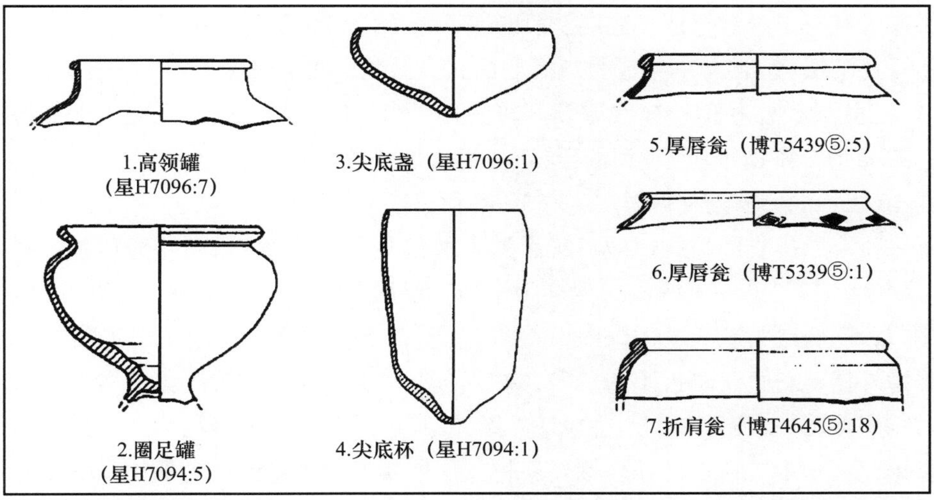

图一八　博雅⑤层、星河西H7094、星河西H7096出土部分典型陶器

星河西T4⑤层出土有尖底盏、尖底杯和厚唇瓮等器物；其中敛口尖底盏的腹部较浅（图一九，1），特征与十二桥的A型Ⅲ式尖底盏近似；尖底杯无折棱，整体形似炮弹（图一九，2），与十二桥Ⅲ式尖底杯相同；厚唇瓮沿内无凹槽，沿部较宽近似领部，整体内敛（图一九，3），与十二桥A型Ⅲ式厚唇瓮特征一致。与星河西T4⑤层年代

同时的国际 M928[31] 出土有高领罐（图一九，5）和折肩瓮（图一九，4），前者的领部内敛，仅口部近直，近同于十二桥Ⅵ式同类器，后者口部整体突起形似矮领，唇面和肩面微凹，与十二桥Ⅲ式折肩瓮相似。故十二桥遗址包含有与星河西 T4 ⑤层和国际 M928 年代同时的遗存，相当于金沙遗址第五期 8 段，即西周中期。

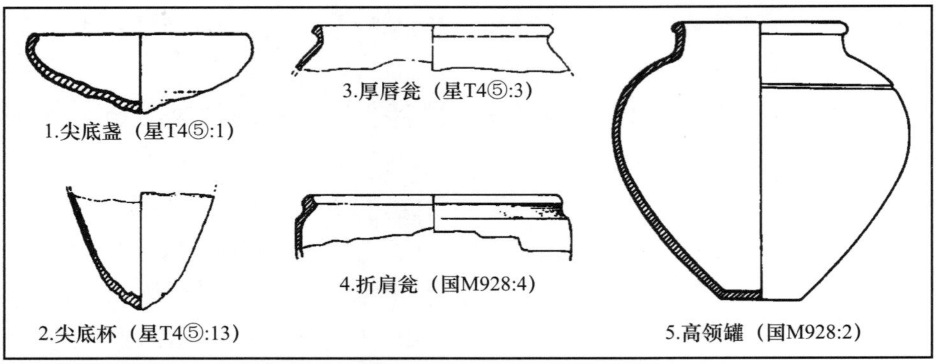

图一九　星河西 T4 ⑤层、国际 M928 出土部分典型陶器

国际⑤A 层和国际 M849 均属金沙遗址第五期 9 段遗存，其出土的尖底盏口部微内敛，腹部较浅（图二〇，1），与十二桥 A 型Ⅳ式尖底盏相似；厚唇瓮的口内凹槽较为明显，口沿较宽且整体内敛（图二〇，2），与十二桥 B 型Ⅲ式相比略晚。因此，十二桥遗址有属于金沙遗址第五期 9 段的遗存，年代相当于西周晚期。

新一村⑦层[32] 出土的矮领敞口罐肩面斜直微鼓，腹部较深（图二〇，3），与十二桥的 A 型Ⅰ式同类器相似；圜底罐领部较高且内束（图二〇，4），近同于十二桥Ⅰ式圜底罐。故而十二桥遗址应该包含有与新一村⑦层年代相近的遗存，大致相当于金沙遗址六期 10 段，即春秋前期偏早[33]，或曰春秋早期。

新一村⑥层出土的器物以敞口罐、圜底罐和尖底盏为主。敞口罐分矮领（图二〇，7）和高领（图二〇，8）两类，但均为窄肩、浅腹，分别与十二桥 A 型Ⅱ式和 B 型敞口罐相似；圜底罐为矮领，微微内束（图二〇，5），近同于十二桥Ⅱ式同类器；尖底盏的口部微外侈，斜直腹略折（图二〇，9），与十二桥 A 型Ⅴ式尖底盏基本相同。此外，新一村⑥层（图五，8）和十二桥遗址（图二〇，6）出土的陶鍪均为束领，口部外卷，球腹。据此可知十二桥遗址还包括新一村⑥层所属的金沙遗址第七期 11 段遗存，年代相当于春秋前期偏晚[34]，或曰春秋中期。

星河西 M2727 出土的尖底盏（图二〇，10）和十二桥 A 型Ⅵ式同类器的特征相似，均为侈口、斜直折腹较浅，而城关 M25[35] 出土的尖底盏（图二〇，13）则与十二桥 A 型Ⅶ式尖底盏近同，口部明显外侈，斜腹甚浅。可见，十二桥遗址包含有与星河西 M2727 和城关 M25 同时期遗存，其中星河西 M2727 属于金沙遗址第七期 12 段，年代相当于春秋晚期，城关 M25 的年代为战国早期早段[36]。

城关 M95（图二〇，12）和盐井沟 M1（图二〇，11）[37] 均出土圜底罐，分别与十二桥遗址同类器的Ⅲ式和Ⅳ式相似，前者为矮敛领，后者敛领特征更为明显，故十二桥遗址包含有与城关 M95 和盐井沟 M1 年代相同的遗存，即战国末期[38] 和秦代。

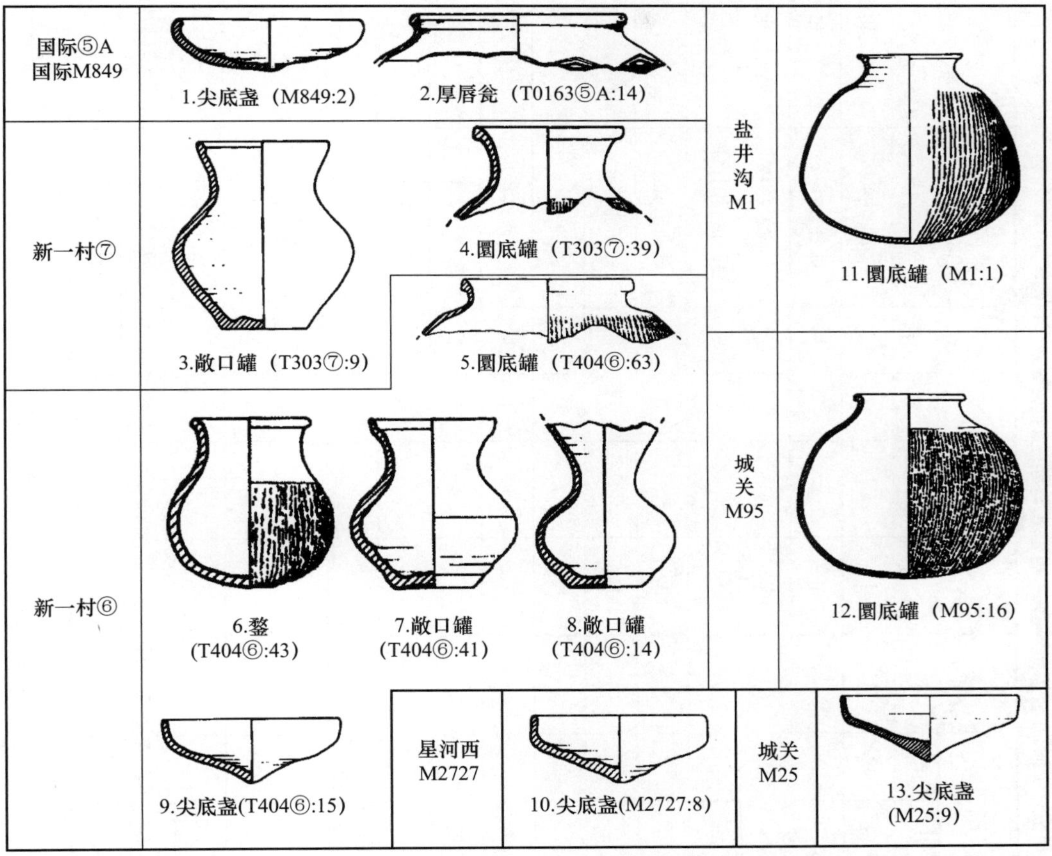

图二〇 国际 M849、国际⑤ A 层、新一村⑦层、新一村⑥层、星河西 M2727、城关 M25、城关 M95、盐井沟 M1 出土部分典型陶器

综上所述，十二桥遗址商周时期遗存并不像以往学者所认为的那样单纯，可分为九期 16 段（表一），年代从三星堆遗址第三期 4 段所属的二里头文化第二期一直延续至战国早期偏早阶段，前后长达 1500 余年，甚至还间断使用至战国末期乃至秦代。由典型器物及其型式在各期段的分布情况来看，十二桥遗址的商周时期遗存主要集中于二期 3 段至五期 9 段，即二里头文化四期至西周中期，其余时段遗存较少，仅零星可见。

再回头看各层出土典型器物的典型型式构成情况（表二）。第 13 层的 A 型小平底罐、A 型圈足罐、敛口瓮、高柄豆的 A 型豆柄、豆形器、鸟头把勺、盉以及 B 型器盖纽等均包含有不少于三个式别，即便只包含一个式别的器类，多数也并非Ⅰ式，如折肩瓮、A 型厚唇瓮、高柄豆盘、A 型尖底盏以及 Aa 型器盖纽等。第 12 层与 13 层的情

表一　十二桥遗址典型陶器型式与期段对应表

期段	器型	小平底罐 A	小平底罐 B	高领罐	圈足罐 A	圈足罐 B	敞口罐 A	敞口罐 B	圜底罐	敛口瓮	折肩瓮	厚唇瓮 A	厚唇瓮 B	对比单位	年代
一	1				Ⅰ					Ⅰ				三星堆 99⑨	二里头文化二期
	2	Ⅰ								Ⅱ				郎家 H2323	二里头文化三期
二	3	Ⅱ	√		Ⅱ					Ⅲ				郎家 H2332	二里头文化四期至二里冈下层
	4	Ⅲ		Ⅰ										三星堆 99G⑦	二里冈上层至殷墟一期
三	5	Ⅳ		Ⅱ	Ⅲ					Ⅳ				新药铺 H22	殷墟二期
	6	Ⅴ		Ⅲ	Ⅳ					Ⅴ				新药铺 H15	殷墟三期
四	7	Ⅵ		Ⅳ	Ⅴ	√					*Ⅰ*	Ⅰ	*Ⅰ*	兰苑 H305	殷墟四期
五	8			Ⅴ	Ⅵ						Ⅱ	Ⅱ	Ⅱ	星河西 H7096	西周早期
	9			Ⅵ							Ⅲ	Ⅲ	*Ⅲ*	星河西 T4⑤	西周中期
	10													国际⑤A	西周晚期
六	11						Ⅰ		Ⅰ					新一村⑦	春秋早期
七	12						Ⅱ	√	Ⅱ					新一村⑥	春秋中期
	13													星河西 M2727	春秋晚期
八	14													城关 M25	战国早期早段
九	15								Ⅲ					城关 M95	战国末期
	16								Ⅳ					盐井沟 M1	秦代

续表

期段	器型	高柄豆				侈口缸	溜肩盆	豆形器	子母口壶	敞口壶	尖底盏			对比单位	年代
		盘	柄		圈足										
			A	B							A	Ba	Bb		
一	1		Ⅰ											三星堆 99 ⑨	二里头文化二期
	2		Ⅱ											郎家 H2323	二里头文化三期
二	3		Ⅲ	Ⅰ	Ⅰ			Ⅰ						郎家 H2332	二里头文化四期至二里冈下层
	4	Ⅰ	Ⅳ	Ⅱ	Ⅱ	Ⅰ		Ⅱ		Ⅰ				三星堆 99G ⑦	二里冈上层至殷墟一期
三	5	Ⅱ	Ⅴ	Ⅲ	Ⅲ		Ⅰ	Ⅲ	Ⅰ	Ⅱ			√	新药铺 H22	殷墟二期
	6					Ⅱ	Ⅱ	Ⅳ	Ⅱ					新药铺 H15	殷墟三期
四	7						Ⅲ		Ⅲ		Ⅰ	√		兰苑 H305	殷墟四期
五	8										Ⅱ			星河西 H7096	西周早期
	9										Ⅲ			星河西 T4 ⑤	西周中期
	10										Ⅳ			国际⑤ A	西周晚期
六	11													新一村⑦	春秋早期
七	12										Ⅴ			新一村⑥	春秋中期
	13										Ⅵ			星河西 M2727	春秋晚期
八	14										Ⅶ			城关 M25	战国早期早段
九	15													城关 M95	战国末期
	16													盐井沟 M1	秦代

续表

期段	器型	尖底杯	鸟头把勺	盉	帽形器	鋬	器盖 Aa	器盖 Ab	器盖 B	对比单位	年代
一	1		Ⅰ	Ⅰ						三星堆 99 ⑨	二里头文化二期
	2		*Ⅱ*							郎家 H2323	二里头文化三期
二	3		Ⅲ				Ⅰ			郎家 H2332	二里头文化四期至二里冈下层
	4			Ⅱ						三星堆 99G ⑦	二里冈上层至殷墟一期
三	5			Ⅲ			Ⅱ	Ⅰ	Ⅰ	新药铺 H22	殷墟二期
	6			Ⅳ			Ⅲ	Ⅱ	Ⅱ	新药铺 H15	殷墟三期
四	7	Ⅰ			Ⅰ				Ⅲ	兰苑 H305	殷墟四期
五	8	Ⅱ			*Ⅱ*					星河西 H7096	西周早期
	9	Ⅲ			*Ⅲ*					星河西 T4 ⑤	西周中期
	10									国际⑤ A	西周晚期
六	11									新一村⑦	春秋早期
七	12					√				新一村⑥	春秋中期
	13									星河西 M2727	春秋晚期
八	14									城关 M25	战国早期早段
九	15									城关 M95	战国末期
	16									盐井沟 M1	秦代

注：表中斜向字体表示的器物式别与所属期段对应关系并不确认，仅根据前后式别所属期段推测

况类似，多数器类包括有不止一个式别，部分只有一个式别的器物，其式别特征早于第 13 层，如 A 型厚唇瓮、B 型厚唇瓮和高柄豆盘等。第 11 层和 10 层的式别构成情况相对单一一些，很少出现一种器物三个以上式别共存的情况，不过多数器物的式别特征明显早于第 13 层和 12 层，也不符合常理。由此可见，十二桥遗址商周时期地层堆积出土的器物不仅型式混杂，且存在式别特征与层位关系严重矛盾的现象，这也印证了上文关于十二桥遗址商周时期堆积是经过洪水搬运形成的次生堆积的观点。

表二　十二桥遗址商周时期地层出土陶器型式统计表

器类			第 13 层	第 12 层	第 11 层	第 10 层
小平底罐	A		Ⅰ1 Ⅱ1 Ⅲ4 Ⅳ9 Ⅴ1 Ⅵa3 Ⅵb5	Ⅲ1 Ⅳ1 Ⅵb3	Ⅳ1	Ⅳ1
	B		√2	√2		
高领罐			Ⅰ3	Ⅲ1 Ⅳ2 Ⅴ1 Ⅵ1	Ⅱ1 Ⅴ1	Ⅵ1
圈足罐	A		Ⅰ4 Ⅲ1 Ⅳ1 Ⅴ1 Ⅵ1	Ⅱ2 Ⅲ2 Ⅳ3 Ⅵ2 Ⅶ1	Ⅵ1	Ⅵ1
	B		√1	√1		
敞口罐	A			Ⅰ6 Ⅱ1	Ⅱ1	Ⅱ1
	B			√1		
圜底罐				Ⅱ1	Ⅰ1	Ⅲ1 Ⅳ1
敛口瓮			Ⅱ3 Ⅲ7 Ⅳ1 Ⅴ1	Ⅰ1 Ⅱ3 Ⅲ2 Ⅳ3	Ⅰ1	
折肩瓮			Ⅱ1	Ⅰ1 Ⅲ1	Ⅰ1 Ⅱ1	
厚唇瓮	A		Ⅲ1	Ⅰ1 Ⅱ1	Ⅰ1	Ⅰ1
	B		Ⅱ1 Ⅲ1	Ⅰ2		
侈口缸			Ⅰ1 Ⅱ1	Ⅰ2 Ⅱ1		
溜肩盆			Ⅰ1 Ⅲ1	Ⅱ2 Ⅲ1		Ⅰ1
高柄豆	盘		Ⅱ3	Ⅰ1		
	柄	A	Ⅰ1 Ⅱ2 Ⅳ2	Ⅱ1 Ⅲ1 Ⅴ2		
		B	Ⅰ2 Ⅱ2	Ⅰ3 Ⅱ4 Ⅲ1	Ⅰ1	
	圈足		Ⅰ1 Ⅱ1	Ⅱ2 Ⅲ2		
豆形器			Ⅰ1 Ⅱ6 Ⅳ1	Ⅱ4 Ⅲ2 Ⅳ1		
子母口壶			Ⅰ1 Ⅱ4	Ⅰ1 Ⅱ1 Ⅲ2		
敞口壶			Ⅰ1	Ⅱ1		
尖底盏	A		Ⅴ1	Ⅱ1 Ⅳ1 Ⅴ2	Ⅵ1 Ⅶ1	Ⅰ2 Ⅲ1 Ⅵ1 Ⅶ1
	Ba			√3		
	Bb			√1		
尖底杯			Ⅰ2 Ⅱ1	Ⅰ5 Ⅱ3 Ⅲ6	Ⅲ4	
鸟头把勺			Ⅰ3 Ⅱ4 Ⅲ1			

续表

器类		第 13 层	第 12 层	第 11 层	第 10 层
盉		Ⅰ1 Ⅱ2 Ⅲ3 Ⅳ1	Ⅰ1 Ⅱ1 Ⅲ2 Ⅳ1	Ⅲ1	
帽形器		Ⅰ1	Ⅰ2 Ⅱ2	Ⅰ1 Ⅱ2	Ⅱ1 Ⅲ1
鍪			√1		
器盖	Aa	Ⅲ2	Ⅰ1 Ⅱ1 Ⅲ4		
	Ab	Ⅰ1	Ⅰ4 Ⅱ1		
	B	Ⅰ1 Ⅱ1 Ⅲ1	Ⅰ1 Ⅱ1 Ⅲ4		

四、余　论

本文在结合以往学者关于十二桥遗址堆积成因的研究成果的基础上，参照发掘报告的介绍，重新审视了十二桥遗址的堆积状况，明确属于商周时期遗存的第 13 层至 10 层属于洪水冲积形成的次生堆积。也因此，这些地层内出土的陶器年代混杂严重，共存关系不明。基于此，我们完全按照器物的形制和纹饰特征的变化情况对主要器物进行型式划分，并通过对比成都平原年代明确而又包含有十二桥遗址主要器物的典型型式的单位，将十二桥商周时期遗存分为九期 16 段，年代最早可至二里头文化第二期，最晚可到秦代。

十二桥遗址商周时期遗存所属考古学文化并不像以往学者所说的只有十二桥文化。第四期 7 段至第五期 10 段出土器物以尖底盏、尖底杯为主，辅以厚唇瓮、折肩瓮、帽形器，属于事实上的十二桥文化。第一期 1 段至第二期 4 段出土的器物包括小平底罐、高领罐、圈足罐、敛口瓮、高柄豆、豆形器、盉以及鸟头把勺等，均是三星堆文化[39]的典型器物，而第三期 5 段和 6 段则与新药铺遗址的商代遗存类似，属于三星堆文化与十二桥文化的过渡阶段遗存[40]。至于第六期 11 段至第九期 16 段，尽管十二桥遗址只出土了敞口罐、圜底罐和尖底盏等，并无太多共存的器物，但从成都平原同时期遗存，尤其是墓葬随葬大量的“巴蜀青铜器”[41]来看，应该属于晚期巴蜀文化[42]无疑。

由于十二桥遗址商周时期遗存并非原位堆积，故难以确切判断该遗址的性质。不过，由于发掘区内并无遗留的灰坑、墓葬等居址遗存，故即便十二桥遗址未被洪水破坏，原本也并不是供人居住的普通聚落。综合 F1 的“T”字形平面形状和干栏式的结构特征，以及十二桥遗址处于古郫江沿岸的地理位置来看，十二桥遗址可能只是一个起着“码头”作用的小型遗迹点，并不能视为一个通常意义上的遗址。

注　释

[1] 四川省文物考古研究院、成都文物考古研究所：《成都十二桥》，文物出版社，2009 年，第 133 页。以下简称《十二桥》，本文所用十二桥遗址材料均引自该报告。

［2］ 孙华：《成都十二桥遗址群分期初论》，《四川考古论文集》，文物出版社，1996年，第123～144页。

［3］ 江章华：《成都十二桥遗址的文化性质及分期研究》，《四川大学考古专业创建三十五周年纪念文集》，四川大学出版社，1998年，第146～164页。

［4］ 四川省文物考古研究院、成都文物考古研究所：《成都十二桥》，文物出版社，2004年，第5页。

［5］ 本文所讨论的对象主要是十二桥遗址商周时期遗存，即Ⅰ区（ⅠT25除外）和Ⅱ区东部第10层至第13层，发掘区其他区域并未编号至第10层，且Ⅰ区和Ⅱ区探方编号除了T1之外并无重复，故为了方便行文，下文均省略探方及地层编号之前的发掘区编号。

［6］ 四川省文物考古研究院、成都文物考古研究所：《成都十二桥》，文物出版社，2009年，第5页。

［7］ 四川省文物考古研究院、成都文物考古研究所：《成都十二桥》，文物出版社，2009年，第13页。

［8］ 四川省文物考古研究院、成都文物考古研究所：《成都十二桥》，文物出版社，2009年，第12页。

［9］ 四川省文物考古研究院、成都文物考古研究所：《成都十二桥》，文物出版社，2009年，第19页。

［10］ 于孟洲、夏微：《成都平原商周时期考古研究的重要成果——〈成都十二桥〉读后》，《考古》2013年第6期；万娇：《成都十二桥遗址早期堆积的性质及成因分析》，《文物》2017年第12期。

［11］ 罗开玉：《早期成都城初论——兼论早期南方城市的几个问题》，《四川文物》1992年第2期，图二。

［12］ 孙华：《成都十二桥遗址群分期初论》，《四川考古论文集》，文物出版社，1996年，图一。

［13］ 四川省文物考古研究院、成都文物考古研究所：《成都十二桥》，文物出版社，2009年，第20页。

［14］ 王毅：《从考古发现看川西平原治水的起源与发展》，《华西考古研究（一）》，成都出版社，1991年，第156页。

［15］ 孙华：《成都十二桥遗址群分期初论》，《四川考古论文集》，文物出版社，1996年，第129、130页。

［16］ 四川省文物考古研究院：《四川广汉新药铺商代遗址发掘报告》，《考古学报》2017年第2期。

［17］ 三星堆遗址1999年发掘资料均存于四川省文物考古研究院三星堆遗址工作站。

［18］ 冉宏林：《三星堆遗址分期新论》，待刊。

［19］ 成都文物考古研究所：《成都市金沙遗址郎家村“精品房”地点发掘简报》，《成都考古发现（2004）》，科学出版社，2006年，第176～216页。以下所引郎家地点的材料均源自此文，不再另注。

［20］ 冉宏林：《金沙遗址分期再研究》，《南方民族考古》（第十八辑），科学出版社，2020年。以下所引关于金沙遗址分期和年代的观点均源自本文，不再另注。

［21］ 冉宏林：《郎家村遗存再分析——兼谈三星堆文化在成都地区的分布》，《中国国家博物馆馆刊》

2020年第6期。以下所引关于郎家地点分期和年代的观点均源自本文，不再另注。
[22] 三星堆遗址2000年发掘资料现存四川省文物考古研究院三星堆遗址工作站。
[23] 四川省文物考古研究院：《四川广汉新药铺商代遗址发掘报告》，《考古学报》2017年第2期。以下所引来自新药铺遗址的材料均源自本报告，不再另注。
[24] 四川省文物考古研究所：《三星堆祭祀坑》，文物出版社，1999年。
[25] 冉宏林：《再论三星堆祭祀坑的分期》，《三星堆研究（五）——三星堆与世界上古文明暨纪念三星堆祭祀坑发现三十周年国际学术研讨会论文集》，巴蜀书社，2019年，第63～68页。
[26] 冉宏林：《三星堆第四期遗存再认识——从新药铺商代遗存中得到的启示》，《四川文物》待刊。
[27] 冉宏林：《三星堆第四期遗存再认识——从新药铺商代遗存中得到的启示》，《四川文物》待刊。
[28] 成都市文物考古研究所：《成都金沙遗址万博地点考古勘探与发掘收获》，《成都考古发现（2002）》，科学出版社，2004年，第62～95页。
[29] 成都文物考古研究所：《金沙遗址星河路西延线地点发掘简报》，《成都考古发现（2008）》，科学出版社，2010年，第75～140页。以下所引星河西地点材料均源自本简报，不再另注。
[30] 成都市文物考古研究所、四川大学考古系：《成都市金沙遗址"兰苑"地点发掘简报》，《成都考古发现（2001）》，科学出版社，2003年，第1～32页。
[31] 成都文物考古研究所：《金沙遗址"国际花园"地点发掘简报》，《成都考古发现（2004）》，科学出版社，2006年，第118～175页。以下所引国际地点材料均源自本简报，不再另注。
[32] 成都市文物考古研究所：《成都十二桥遗址新一村发掘简报》，《成都考古发现（2002）》，科学出版社，2004年，第172～208页。以下所引新一村遗址材料均源自本简报，不再另注。
[33] 江章华：《成都十二桥遗址的文化性质及分期研究》，《四川大学考古专业创建三十五周年纪念文集》，四川大学出版社，1998年，第146～164页。
[34] 江章华：《成都十二桥遗址的文化性质及分期研究》，《四川大学考古专业创建三十五周年纪念文集》，四川大学出版社，1998年，第146～164页。
[35] 四川省文物考古研究院、德阳市文物考古研究所、什邡市博物馆：《什邡城关战国秦汉墓地》，文物出版社，2006年。下引城关墓地M95的材料源自本报告。
[36] 雷雨：《试论什邡城关墓地的分期与年代》，《四川文物》2006年第3期。
[37] 成都文物考古研究所、蒲江县文物管理所：《蒲江县飞龙村盐井沟古墓葬》，《成都考古发现（2011）》，科学出版社，2013年，第339～372页。
[38] 雷雨：《试论什邡城关墓地的分期与年代》，《四川文物》2006年第3期。
[39] 孙华：《试论三星堆文化》，《四川盆地的青铜时代》，科学出版社，2000年，第138～178页。
[40] 冉宏林：《三星堆第四期遗存再认识——从新药铺商代遗存中得到的启示》，《四川文物》待刊。
[41] 四川省博物馆：《四川船棺葬发掘报告》，文物出版社，1960年。
[42] 李复华、王家祐：《巴蜀文化的分期和内涵试说》，《巴蜀历史·民族·考古·文化》，巴蜀书社，1991年，第174～185页。

安阳北徐家桥村北商代四合院建筑基址分类

孟宪武　李贵昌　胡玉君

（安阳市文物考古研究所）

2002年为了殷墟申报世界文化遗产的需要，我们有幸在北徐家桥村北的一块土地上进行了全面的文物勘探和考古发掘工作。发掘工作取得了丰盛的收获。这次发现的殷代房基共有63座，44座房基保存相对完好（图一）。这些房基的形制大致可分为三种类型，第一种为“四合院式”夯土建筑基址，第二种是单体式夯土建筑基址，第三种是穴式建筑基址。“四合院式”夯土建筑基址是这次发掘工作中最重要的发现。这次共发掘了9座（图二），其中5座被整体揭露，另4座仅揭露出局部。

一、四合院建筑基址的分类

这批“四合院式”建筑基址从形制上又可分为四种形式。

第一种以Ⅲ号四合院建筑基址为例（图三、图四），该基址仅揭露出南庑（堂屋）、东庑及北庑局部（西庑未予揭露）。基址保存比较完整，应该是一座坐南朝北的四合院建筑基址。这座四合院的四座台基均不相连接，是Ⅲ号四合院建筑基址的一个特点。南庑为堂屋，整个台基为“凸”字形状，台基面上分布有南、中、北三排柱基，分别为南庑后墙、前墙及前廊檐柱基，三排柱基排列整齐有序，柱基间隔几乎均等。从南庑门前的前檐廊柱基分布看，南庑应有两个出入庭院的门道，其门道均在前檐廊内，即前墙柱基B14与B15间和柱基B15与B16间，前墙上的这两个门道分别与前廊檐柱基中的柱基B13与B12间和柱基B12与B11间两个门道南北对应。四合院的院门应在北庑，没有被揭露出来。庭院呈长方形状，院面低于台基面。

第二种四合院建筑基址的特点简称为“围屋式”四合院建筑基址。即院内四座房屋的夯土台基相互连接在一起，四角均有“公共角柱”的存在，将四面房基联合成一体。这种形制的四合院建筑基址包括Ⅰ号、Ⅱ号、Ⅳ号、Ⅴ号等四座。Ⅰ号四合院建筑基址（图五、图六），保存基本完整，建筑特点显著突出。其基址平面呈“回”字形状，基址南北长20、东西宽25米，面积在500平方米左右。该基址平面由院门、角门、庭院、北庑、西庑、南庑、东庑及北庑的前廊和西庑的后廊以及北庑的前门庭等

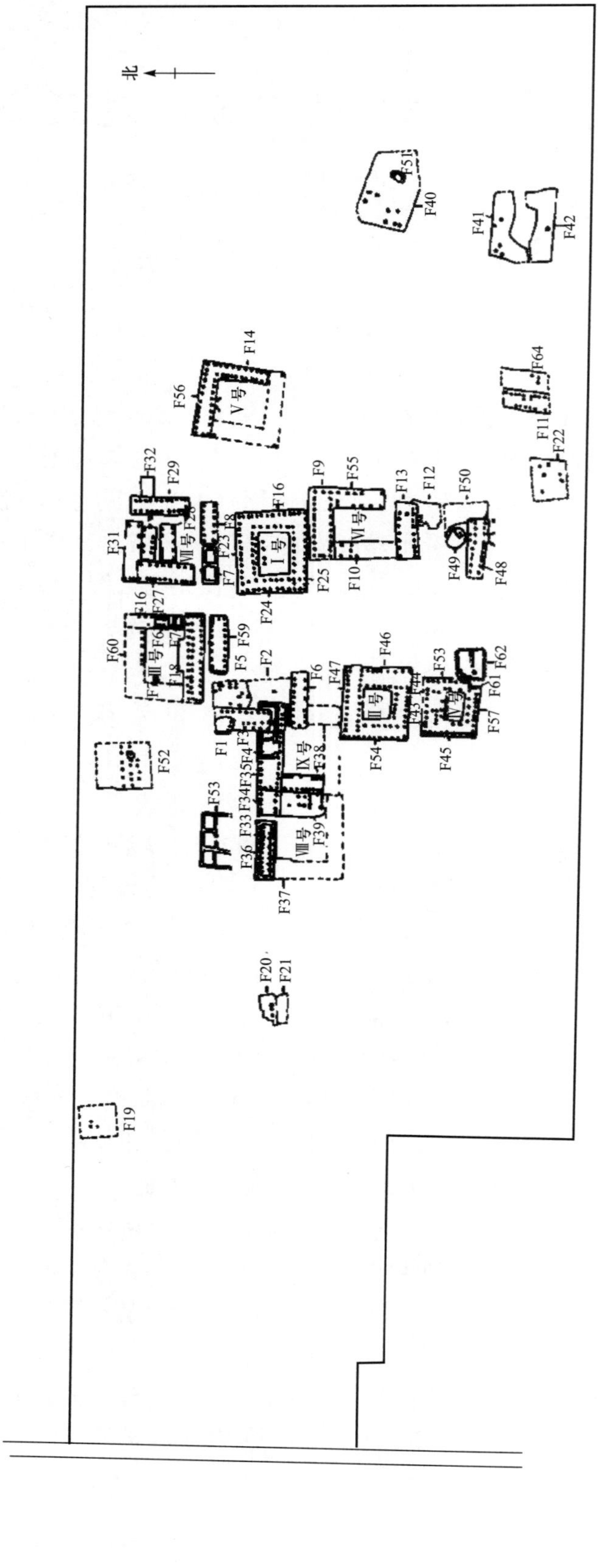

图一 北徐家桥村北商代房基分布平面图

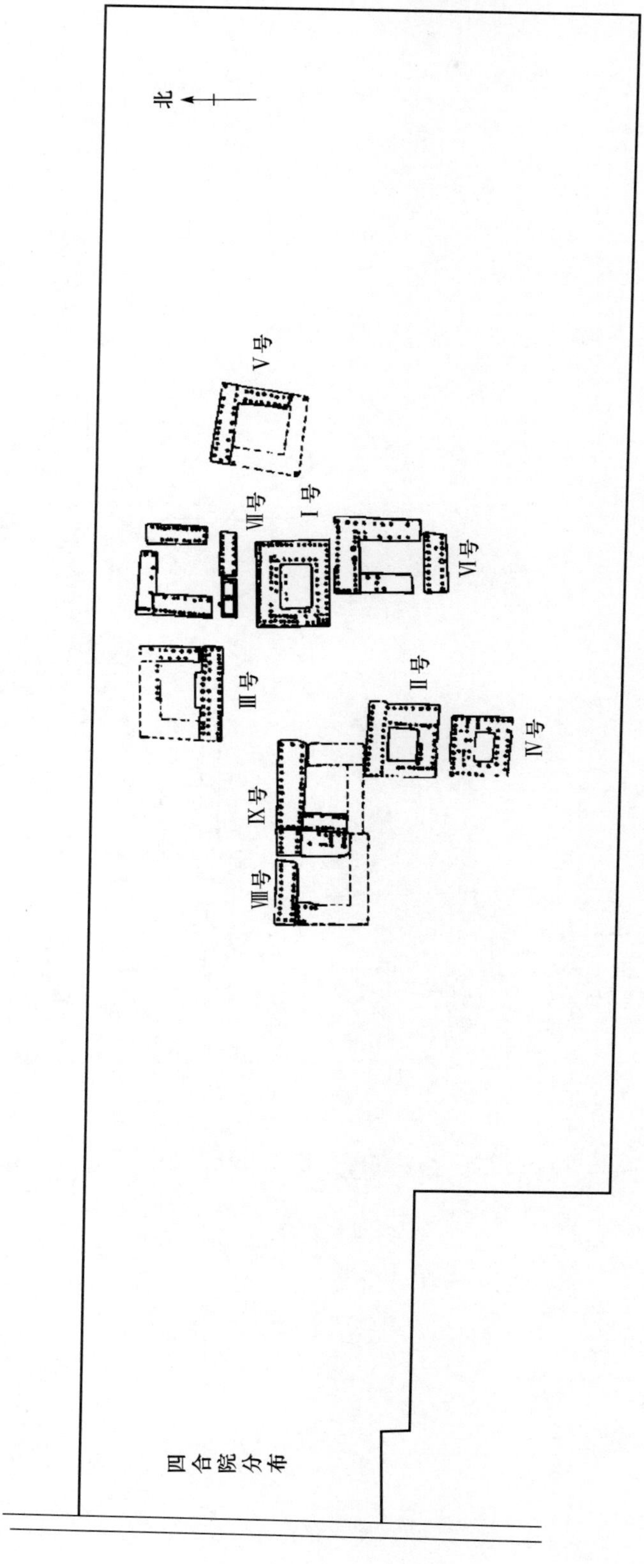

图二　北徐家桥村北商代四合院建筑基址分布平面图

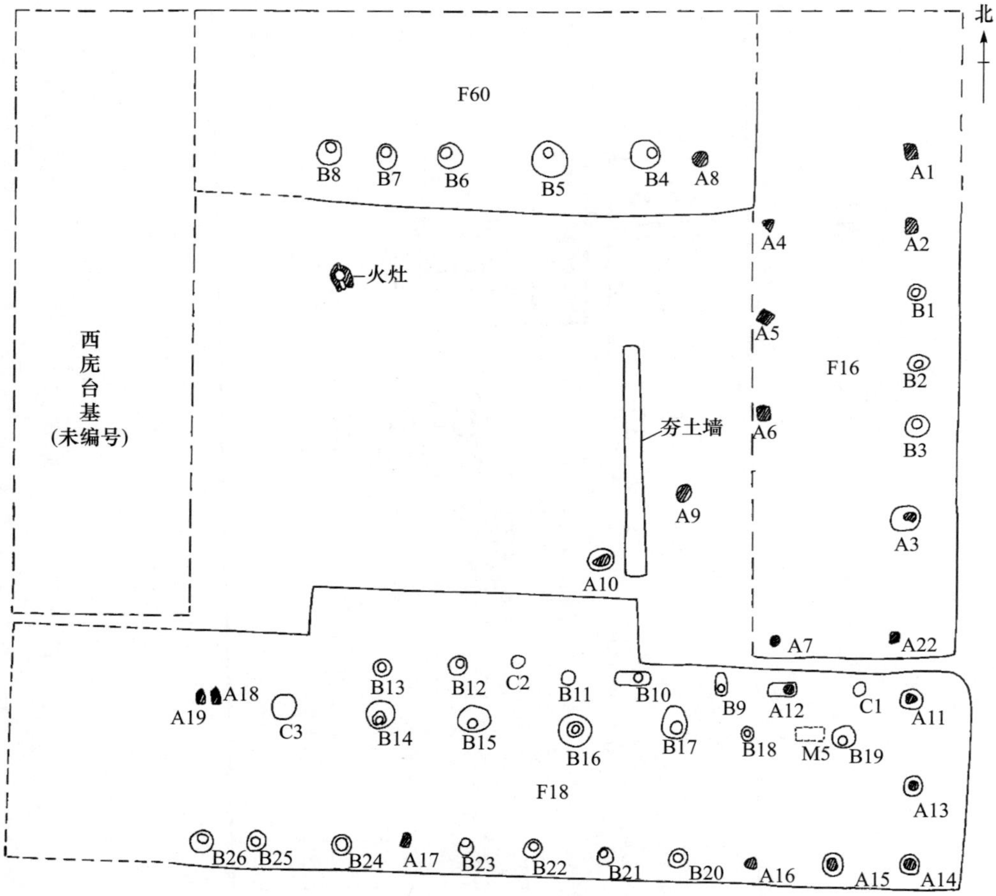
北
F60
B8
B7
B6
B5
B4
A8
A1
A4
A2
火灶
B1
A5
西庑台基(未编号)
F16
B2
夯土墙
A6
B3
A9
A3
A10
A7
A22
A18
B13
B12
C2
B11
B10
B9
A12
C1
A11
A19
C3
B14
B15
B16
B17
B18
M5
B19
F18
A13
B26
B25
B24
A17
B23
B22
B21
B20
A16
A15
A14

图三　Ⅲ号四合院

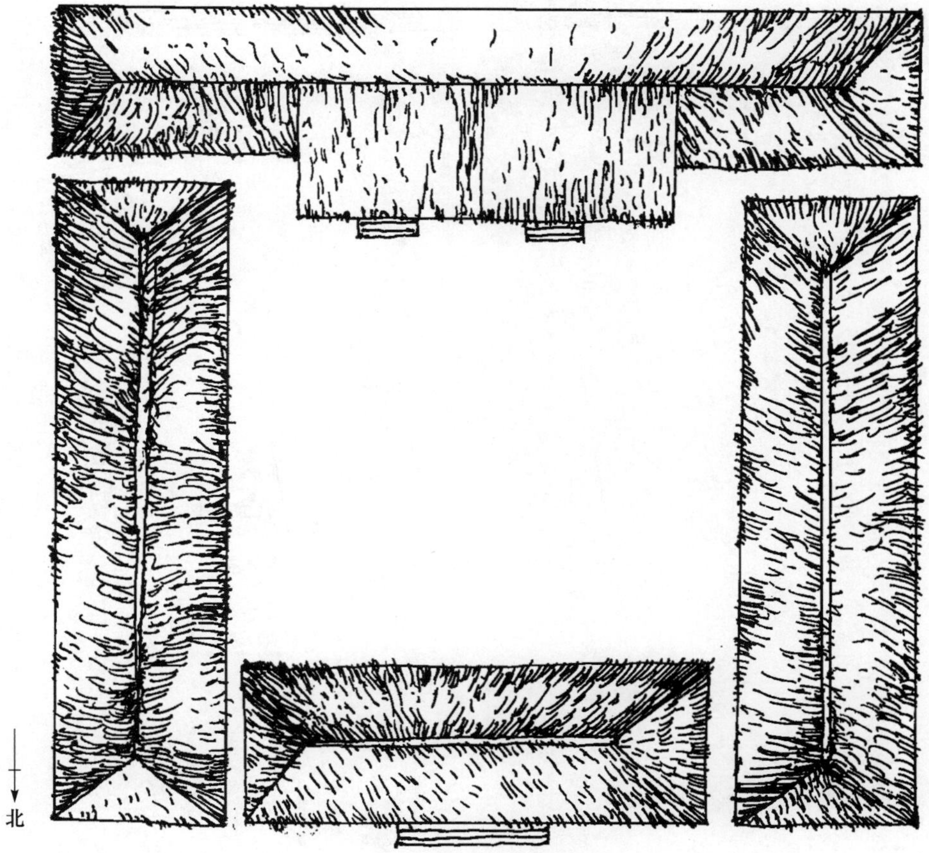

图四　第一种：Ⅲ号四合院俯瞰模拟图

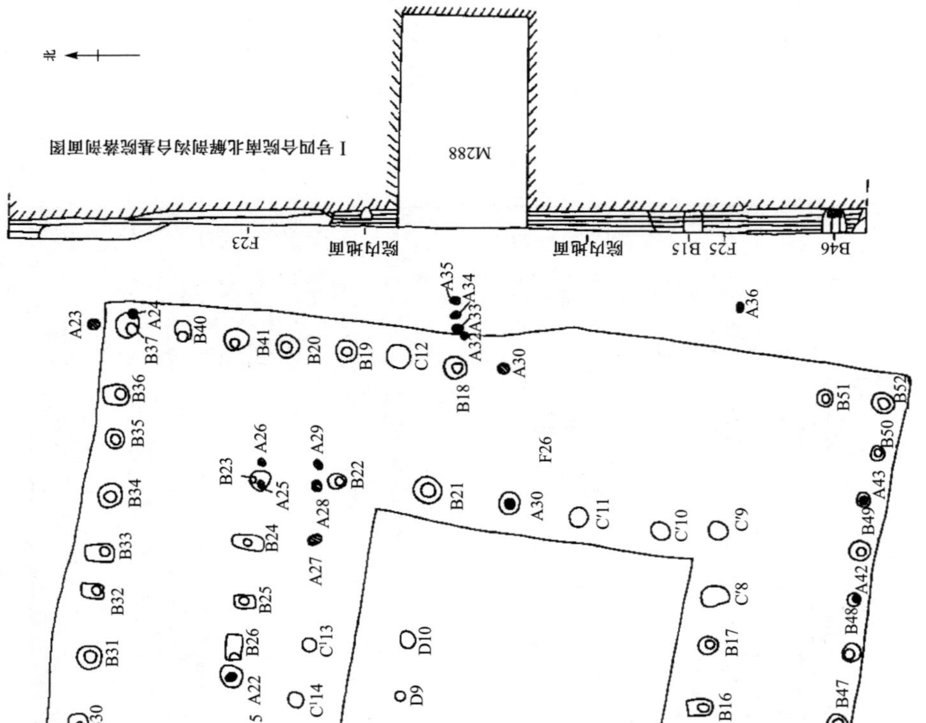

图五　I号四合院

图六　第二种：Ⅰ号四合院俯瞰模拟图

部分构成。四庑除西庑和南庑西南角有隔间柱基外，其余各庑间均无隔间柱基，都是相通联的。院门位于台基西侧，西庑后廊檐柱基中部，南、北侧两个门道。北门道宽0.7、南门道宽1.5米。角门位于台基的西南角，四个柱基（柱基B5与A13、柱基A14与A15两对柱基之间）础石呈“八”字形，对外呈扇面展开的合理分布，说明了这一角门的合理存在。角门外宽1.2米，向内缩成1米。庭院呈东西长方形状，东西长11、南北宽6.7米，院内有较硬的活动面痕迹。四庑进深均为3.5米，北庑有前廊（前廊在台基上），廊前有门庭。从前廊檐柱基和门庭柱基的分布看，进出北庑的门道应有两个。北庑前廊檐柱基与东庑相接处有一门道可通行（北庑前墙柱基A25与A26和北庑前廊檐柱基A28与A29平行相对应，二者间宽1.3米，形成北庑前廊通往东庑的过道）。南庑进出庭院的门道应在前墙柱基B14与B15间，这两个柱基与庭院内的两个南庑门庭柱基D11、D12南北对应，形成庭院进出南庑的门道。西庑的门道可由院门直通庭院内。“围屋式”四合院建筑基址有一个共同的、独到的构筑特点，那就是在四合院夯土台基的四个外角都设有一个公共角柱基。这个公共角柱基为这座四合院相邻的两座房基共同使用。Ⅰ号四合院建筑基址也不例外，同样具有这种独到的构筑特征。Ⅱ号和Ⅳ号四合院建筑基址同属第二种“围屋式”四合院建筑基址。只是Ⅱ号、Ⅳ号四合院建筑基址台基面积稍小，院门朝向各有不同。Ⅱ号四合院建筑基址（图七）面积为 393.72 平方米，院门朝东，且台基东北角有一角门，北庑后墙中部朝北有一门道。Ⅳ号四合院建筑基址（图八）面积为 292.5 平方米，院门朝南，方向 205°，南庑后墙开有院门三道，门宽度均等，均在 2.4 米。北庑为堂屋，有两道隔间柱基，将其断为三间。北庑台基上有前廊，廊宽 1.3 米，从廊檐柱基看，北庑（堂屋）是三进门。北庑台基前有三个台阶，分别与北庑三道门上下对照，中间台阶较宽，两侧台阶较窄。从台基整个平面看，南庑的三道院门是与北庑（堂屋）的三个台阶、三道门相对应的。

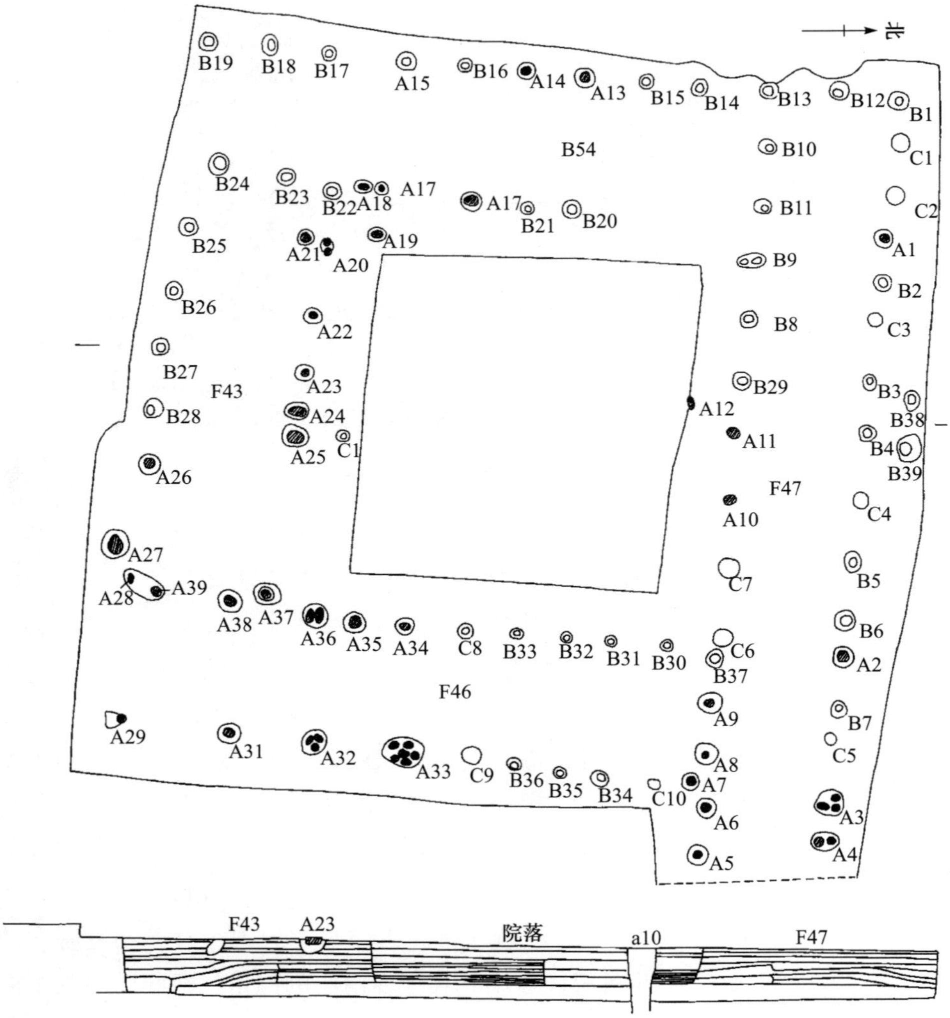

图七　Ⅱ号四合院

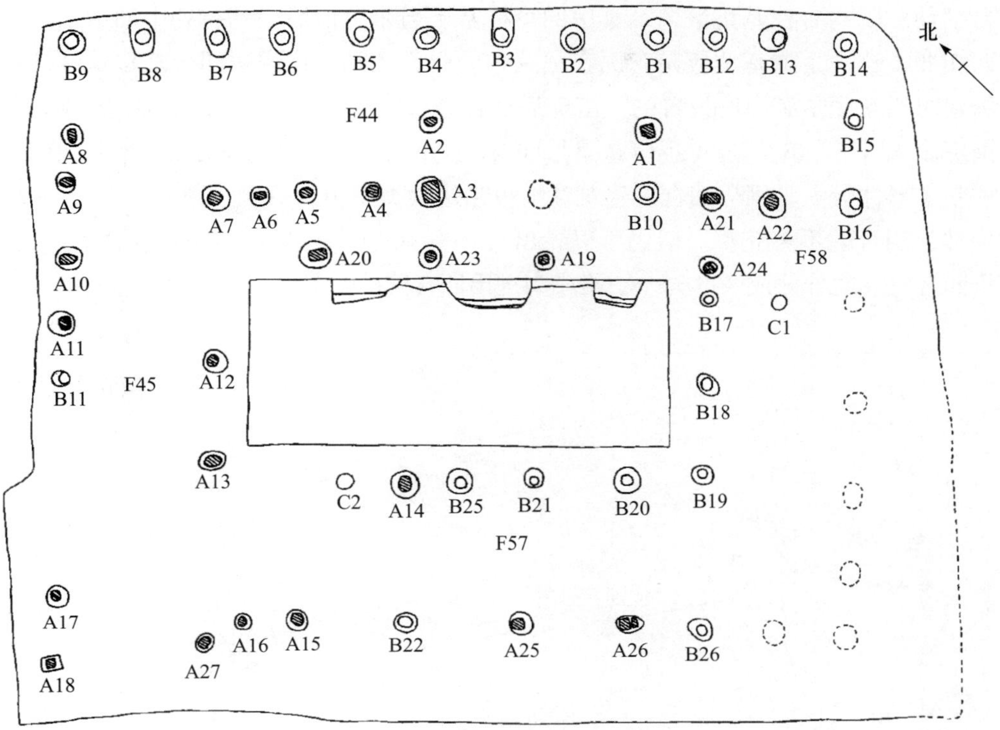

图八　Ⅳ号四合院

第三种四合院建筑基址的构筑特点以Ⅵ号四合院为代表（图九、图一〇），它的特点是四合院建筑基址中都有一个夹道作为四合院通衢外界的门道。Ⅵ号四合院建筑基址是一座坐北朝南的四合院建筑基址。但四座房屋夯土台基的修建是有先后的，最明显的是四合院北庑（堂屋）台基修建在先，而西庑、东庑两座房屋夯土台基是在北庑台基修筑建成后，再进行修建。但后两座房基的修建时间与北庑的修建时间相近或同时。至于南庑夯土台基与西庑、东庑夯土台基有间隔，不相连接。推测南庑夯土台基的修建时间或与北庑、西庑、东庑夯土台基的修建时间相近，或早或晚暂不能确定。但就Ⅵ号四合院建筑基址作为一个整体来看的话，四座房屋夯土台基的修建时间应该是同时或相近的。Ⅵ号四合院建筑基址的西庑、东庑夯土台基都与南庑台基不相连接，中间有间隔，形成相互之间的空隙夹道。这是可以作为庭院通往外界衢道的。因而，可以认为，这种形式的四合院可以通过夹道进出庭院。Ⅵ号四合院建筑基址还有一个特点，即北庑进出庭院的门道在北庑前墙柱基 B19 与 B20 之间，该门道宽 2.4 米。柱基 B19、B20 是北庑前墙柱基行列中两柱基间间距最宽的，且两个柱基坑不仅尺寸大，而且规格高，都是双重柱基坑的形制，皆圆形，外柱基坑径都在 90～100 厘米，内柱基坑径为 45 厘米，内柱基坑中部都有一个圆形黑色木炭柱朽痕，木炭柱径 30～35 厘米。这种较大形制规格的柱基坑及木炭柱的圆径尺度在殷墟建筑基址中是罕见的。东庑台基前庭院内有柱基坑数个，其中四个柱基坑与东庑前墙柱基行列中的四个柱基坑东西相照，这几个柱基坑应是东庑在庭院中的门庭柱基。这说明四合院建筑基址在当初修建时，东庑是有门庭设置的。南庑后墙柱基行列中的柱基A32与B25柱基间，应为南庑出入外界的南门道（也应是Ⅵ号四合院的南院门），门道宽在2.2米。门侧的两个柱基坑形体较大。Ⅷ号四合院建筑基址也是这种类型中的一座（图一一），但只揭露了局部，四合院不算完整。但仍可以看出，一条南北向小路从四合院内东侧穿过，小路将四合院北庑分截成两部分，小路成为进出四合院的主要通道。

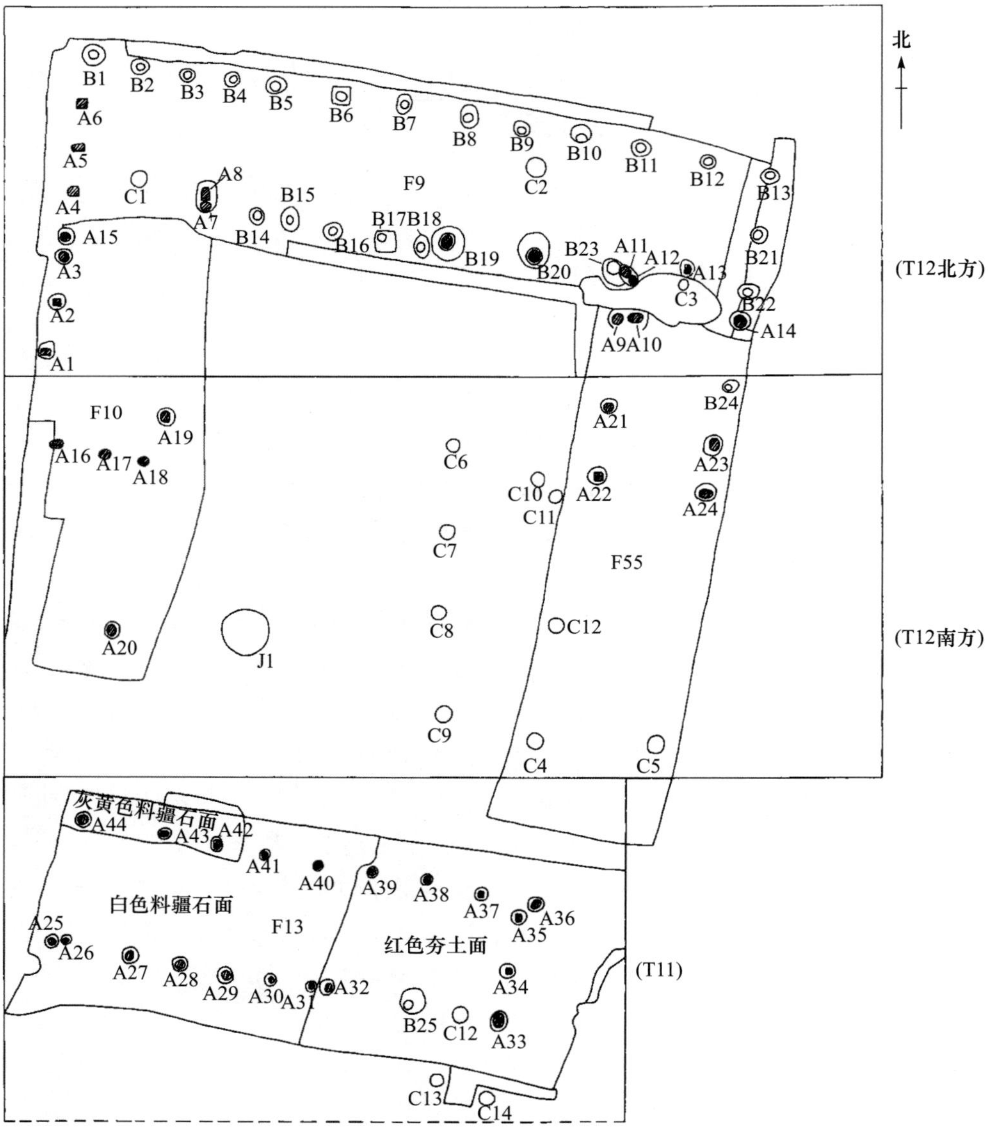

图九　Ⅵ号四合院

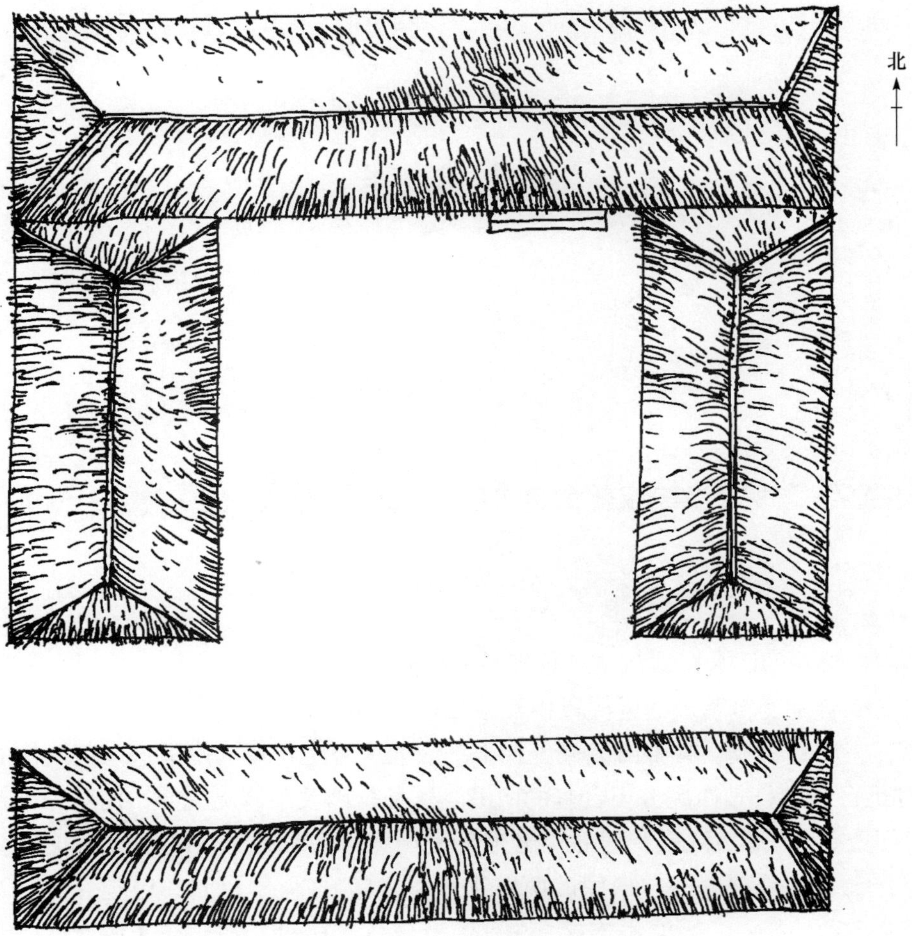

图一〇　第三种：Ⅵ号四合院俯瞰模拟图

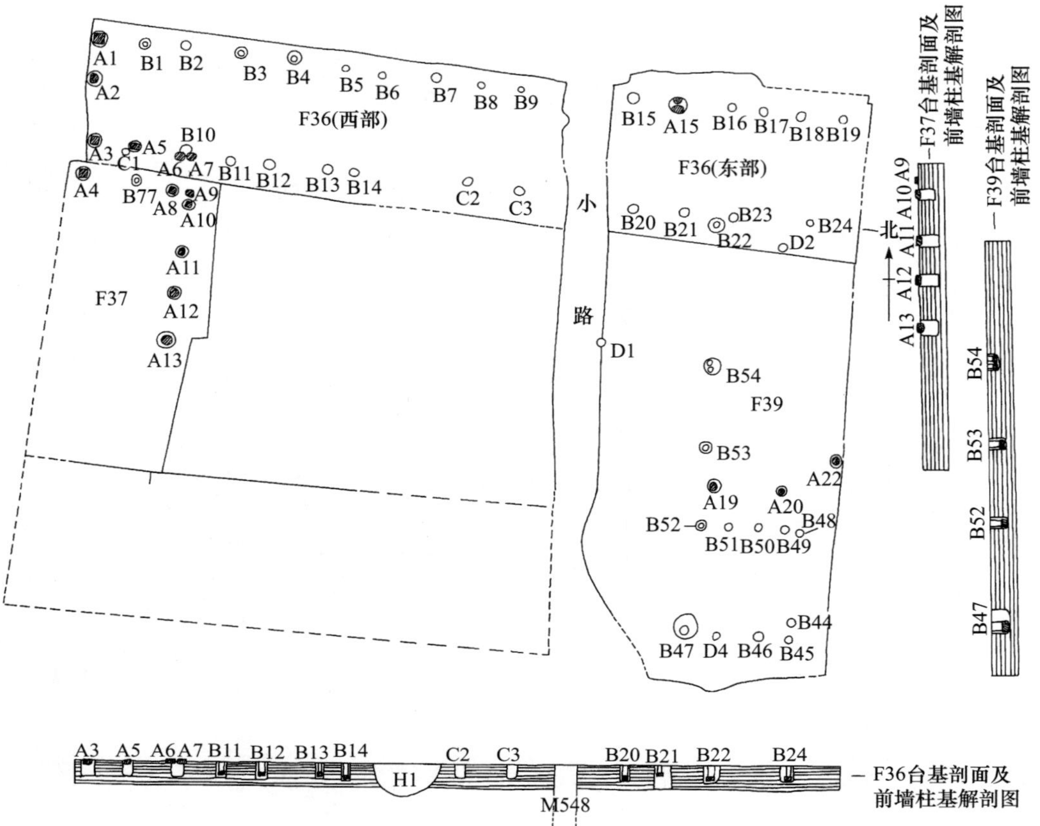

图一一　Ⅷ号四合院建筑基址平面图及北庑 F36、西庑 F37、东庑 F39 台基剖面及前墙柱基解剖图

第四种形式的四合院建筑基址仅Ⅶ号四合院建筑基址一座（图一二、图一三）。它的特点是四合院建筑基址的南庑是由互不相连接的两座房基组成的。Ⅶ号四合院建筑基址由五座房基组成，其中西庑夯土台基打破北庑夯土台基的南沿，南庑西侧的房基 F7 的夯土台基则打破西庑夯土台基的南沿。这种打破关系情况说明，西庑夯土台基在修建时间上要晚于北庑夯土台基的修建时间，南庑房基 F7 夯土台基的修建时间要晚于西庑夯土台基的修建时间。南庑的两座房基，房基 F8 位于东侧，房基 F7 位于西侧，两座房基东西一排，二者互不连接，中间有 0.65 米宽的间隙夹道。东庑台基的北端西侧与北庑 F31 不相连接，二者中间有宽 2.4 米的夹道。Ⅶ号四合院建筑基址的东侧与北侧各有一个夹道作为进出庭院的通道，从这一特征上讲，Ⅶ号四合院的某种构筑特征是和第三种形式的四合院建筑基址的构筑特征是相同的。Ⅶ号四合院很可能是一座坐西朝东的四合院建筑基址，原因是四合院中的北庑、东庑两座基址坐向不正，都有些偏颇。而南庑则有两座房基组成。西庑则不一样，它的位置居在庭院的正中部位，两端不偏不倚，且台基面上的两排柱基保存完好，十分规矩，排列整齐有序。西庑进出

庭院的正门应在西庑前墙的正中，即柱基 B18 与 B19 之间，门宽为 2 米。如果有偏门的话，则分别在正门的左右两侧，即前墙柱基 B19 与 B20 之间和柱基 B17 与 B16 之间，门宽都在 2 米左右。Ⅶ号四合院建筑基址别具特色，它的四面房屋的夯土台基，仅西庑 F27 与北庑 F31 及南庑 F7 之间有打破关系，其余几座房基互不相连，北庑与东庑之间的夹道，东庑与南庑房基 F8 间的夹道均可以作为Ⅶ号四合院通衢外界的门道所在。而独当一面的四合院南庑则由两座不同类型的建筑基址构成。这两点应是四合院建筑基址中第四种建筑类型所独有的建筑特色。

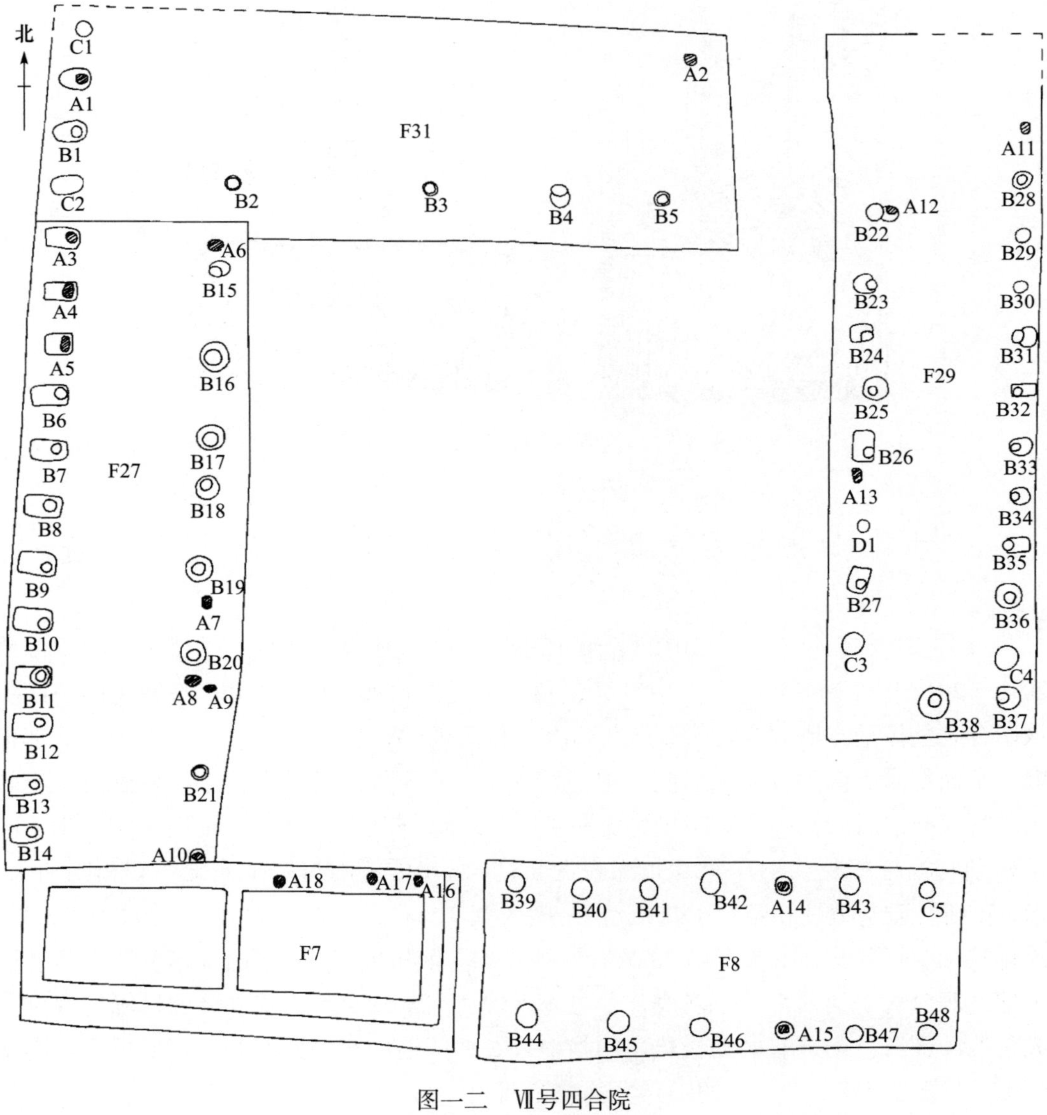

图一二　Ⅶ号四合院

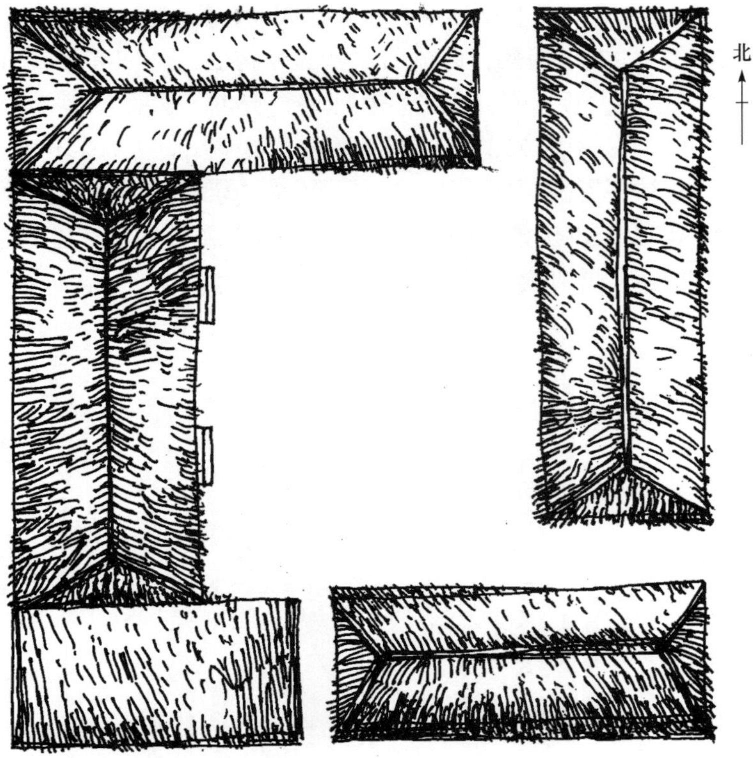

图一三　第四种：Ⅶ号四合院俯瞰模拟图

二、目前殷墟所发表的有关商代四合院建筑基址的资料

（1）发表在《考古》2012年第12期上的《河南安阳市殷墟刘家庄北地2010～2011年发掘简报》一文中[1]，报道了一座商代四合院建筑基址F79（图一四）。该四合院整体呈方形四合院状，坐北朝南，面积450平方米（含庭院）。可分为北部正殿、东西配殿、南庑，东西两院、中部过廊及排水设施。基址上有3周柱础石，应与当时宫殿的前后墙及廊相对应。北部正殿宽8.5米，前后两排柱础石间距约3.5米，前排柱础与檐柱相距约1.75米。东配殿宽5.8米，前排柱础与后排柱础之间相距约3.5米，前排柱础与檐柱相距约1.4米。两配殿残宽5.5米，柱础保留较少，南庑宽5.5米，前排柱础与后排柱础相距约3.25米，前排柱础与前排檐柱相距约1.3米。整座房基被中部过廊分为东西两部分。南庑部分过廊下埋有陶水管道。庭院部分的过廊把庭院分成东西两部分，南部有两处炭化木门槛痕迹（两门通向东、西两院，门槛下埋有陶水管）。过廊北部有1件压碎的陶瓮。庭院东西长11.5、南北宽8.5米。院落较台基低约0.4米，地面较光滑平整。东院有两层台阶进入北主殿。院落南部有一段东西向的短墙，东西长2.6、南北宽约0.35、高约0.32米，与南庑之间形成宽1.4米的通道，通道

底部呈缓坡沟状。沟底西部有一节套水管与排水系统相通，推测此沟（或坑）用于蓄水，再由水管排出，沟上应铺有木板。院落内显露的台基墙面最里面为夯土，中间用粗沙粉刷，厚约1厘米，最外侧用白灰抹平。西院破坏严重。院落的南部有一片石子，直接铺到排水管处。院落中部偏南有一近圆形窖穴H2479，口径3.3、底径2.64米，口大底小。窖穴内填红烧土，土质松软，包含陶罐、鬲等陶片。在窖穴底部有一具人骨架，头北脚南，头部方向的位置有1块石头，上面附有红漆，在人骨架的脚部放置一件绳纹陶罐。东西院内的废水经门槛下的陶水管汇集至过廊正中的蓄水坑，再经南部陶水管排向F79东南的巨型灰坑H2456内。结合F79院内出土陶器及H2498出土青铜器，可以判定F79的年代为殷墟文化第四期偏晚阶段[2]。

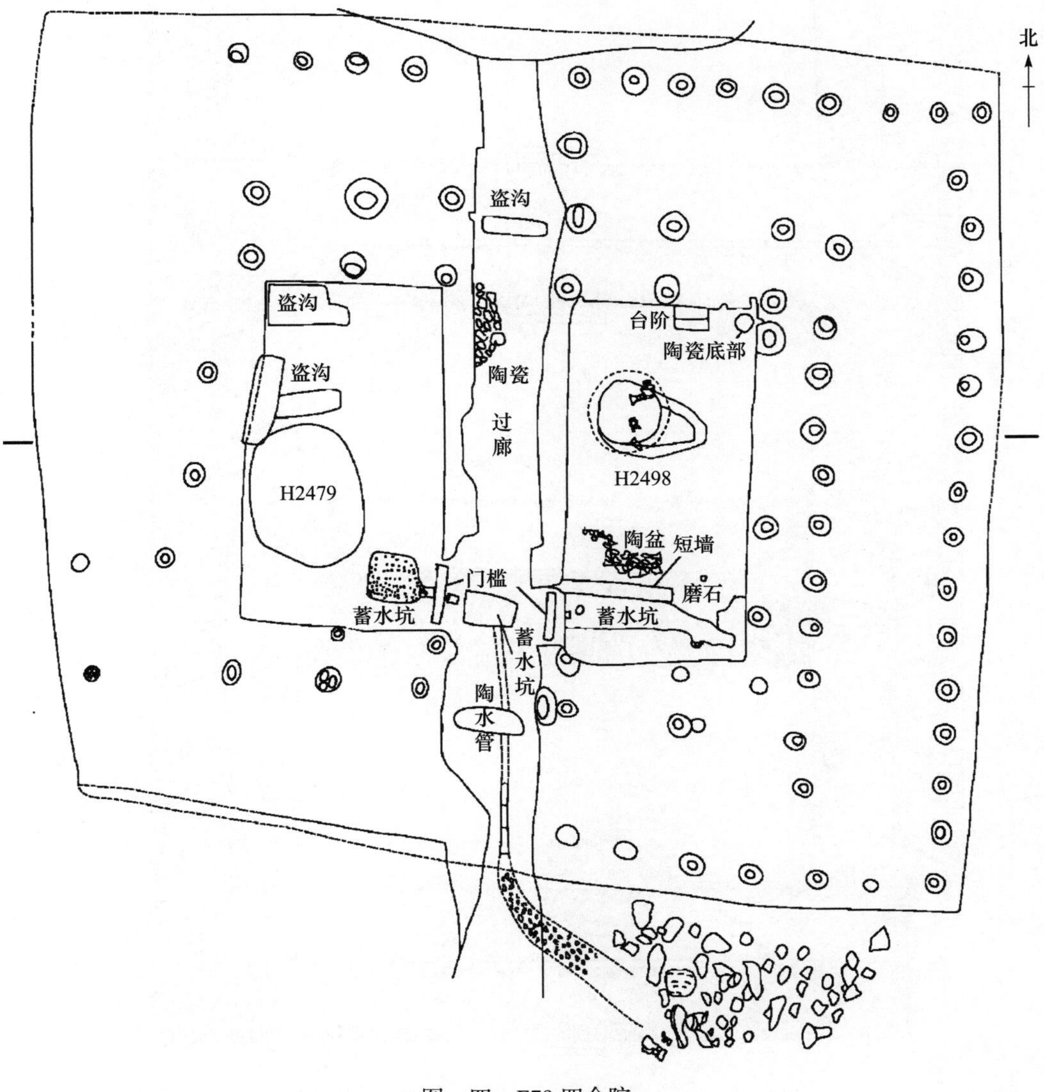

图一四　F79四合院

（2）另外，在《安阳大司空——2004 年发掘报告》（上册）中报道的有关商代四合院建筑基址的相关资料[3]。其中“西组建筑群”，可分东、西两院。东院有前后六排东西向建筑，形成前、中、后三进院落；西院有前后三排基址，形成前后两进院落。这是安阳大司空村新近发现的两组南北向多进院落的四合院建筑基址的重要资料（图一五）。报告中介绍其中东院是以房基 F22 为中心的一组三进四合院落。最南侧的

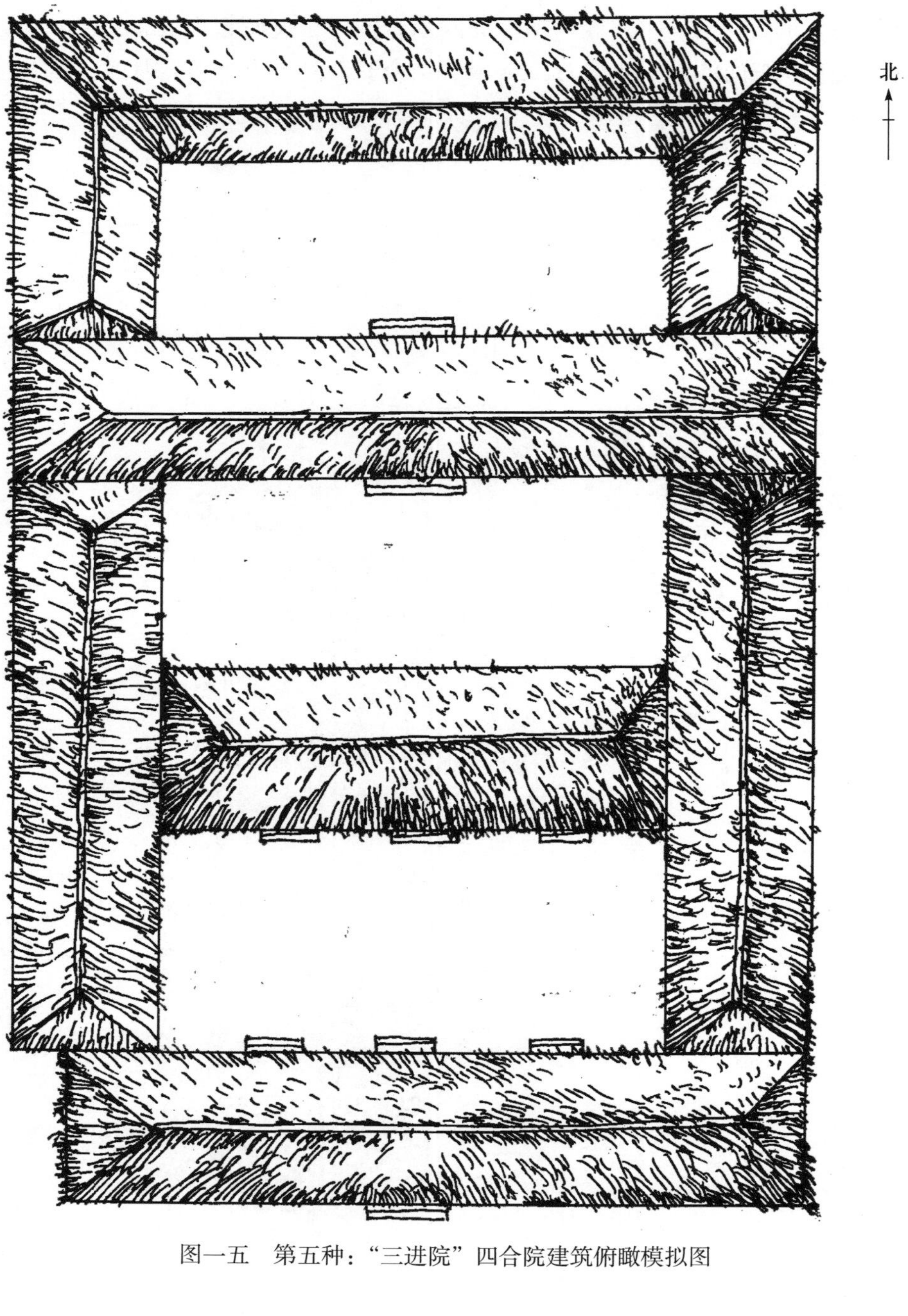

图一五　第五种：“三进院”四合院建筑俯瞰模拟图

前院四合院以房基 F22 为堂屋，以 F19 为南庑，以房基 F34、房基 F24 的南段为东西厢房。中间四合院是以房基 F23 一段为堂屋，以房基 F34、房基 F24 各一段为东西厢房，房基 F22 为南庑。北侧的四合院是以房基 F40 为堂屋，房基 F38 为西厢房，房基 F23 的一段为南庑，东厢房没有发掘暂不明朗。东院三进院落的构筑特征：包括房基 F19、F22、F24、F34、F23、F38 和 F40，构成东院以房基 F22 为中心，前后六排基址，三进院落的建筑群。由南向北分别由 F19、F22、F23、F40 将其隔成前院、中院、后院，各院之间均有正房的门道相通。前院长 16、宽 8.5 米。中院长 16、宽 5.5 米。后院长不明，宽 9 米。三进四合院均南北向，中间有相互通衢的门道。它们之间南北是相通连的，是一体的。且进出院落的大门是朝南开的。这些都毫无疑问。

以上通过刘家庄、大司空村两处新近发现的商代四合院资料的简要介绍。可以看出刘家庄发现的商代四合院 F79 的形制与北徐家桥村北商代四合院的第二种形制的四合院（“围屋式”）是相同的。F79 四合院四方台基连在一起，是一体的。且台基东北角及东南角都有一个公共角柱（台基西北角及西南角被破坏，其公共角柱已不存在。想当初这两个公共角柱肯定是存在的）。刘家庄发现的商代四合院 F79 的形制应属北徐家桥村商代四合院的第二种类型。大司空村发现的“C 区建筑群”中，可分为东、西两院。东院前后六排东西向建筑，形成前、中、后三进院落；西院前后三排建筑，形成前后两进院落。大司空村这种四合院多进院落建筑基址的发现，这在殷墟还是第一次。这种四合院两进、三进院落的建筑类型，和北徐家桥村北发现的前四种四合院建筑类型是有区别的，是不同的，应另当别论。这里我们将这种四合院多进院落的建筑基址类型列为第五种形式的四合院建筑基址。

近些年来，在殷墟遗址的发掘中，又发现了多批有关四合院建筑基址的资料。由于没有发表，这里不便引用。我们相信，随着殷墟考古发掘工作的进一步深入，殷墟都城内的夯土建筑基址的资料将更加丰富，则代表都城内主体建筑的四合院建筑的地位将更加的凸显。

三、四合院建筑基址的性质

殷墟发现的四合院建筑基址，究竟是什么性质的建筑。他究竟是什么人居住的。可以肯定的说，这些夯土建筑基址在当时不应是一般的民居。原因是在这些夯土建筑基址中，往往很难发现民居中常有的炉灶一类的遗存。从这个意义上讲，民居的性质可以否定。既然不是民居，那就应该从别的方面去思考。是贵族居住的住所，还是官府衙署的办公场所，或是某个宗氏的首脑居室或族的宗庙建筑。以上这些推测皆有可能。查阅相关资料，这些问题已有专家进行过研究。《安阳大司空——2004 年发掘报告》一书中称：像这样的四合院建筑——其规模较大，柱网结构和排水设施也都紧凑合理，也应是较为重要的贵族居住区。这些大型夯土基址的发现，都可证明在殷墟四期阶段大司空遗址还是相当重要的贵族居住区域。《安阳大司空——2004 年发掘报告》一书的编著者推测大司空村发现的“高台式夯土四合院建筑基址群”，也应是“较为重要的贵族居住区”[4]。2002 年在殷墟北徐家桥村北发掘的商代四合院夯土建筑基址遗存，有学者研究认为“北徐家桥村北群体建筑还可能是殷商时期某一阶段某个族的核心的建筑遗存”，也“很可能是商王室下属的一处重要官邸”[5]。最近《安阳北徐家桥——2001～2002 年发掘报告》一书出版。该报告的编著者在报告编写过程中认真研读发掘资料，将该遗址中的有关墓葬的材料与遗址中的夯土建筑基址的材料有机的结合起来，并进行了综合分析。最后得出“北徐家桥村北这组建筑基址群，在当时，应该是国家政府下属的一个中层政府部门管理机构。即中央设在下面的一个衙署所在地”。遂进一步推测“他应是一个‘石作’管理部门，即国家下属的一个管理玉石器制作的政府中层的管理衙门。之所以这样推测，原因只有一个，就是在这片建筑基址群的周围分布有大量的制作石器的匠人墓葬，而这片墓地所属的‘酉’族，多数成员生前都应是从事石器制作工作的。这是我们判定北徐家桥村北建筑基址群为国家‘石作’管理衙门性质的根本理由”[6]。《安阳北徐家桥——2001～2002 年发掘报告》这本报告中得出的北徐家桥村北建筑基址群为国家“石作”管理衙门性质的结论，理由是充分的。毫无疑问，这个判定基本上是正确的。我们同意这一观点。

以上有关殷商时期夯土建筑基址性质的几种研究观点，虽说大多为推测，但都有其正确的一面，值得信服。但有一点是可以肯定的，即这些夯土建筑基址的性质，在当时的社会绝不是一般民众的居所，即一般的“民居”。

附记：本文在撰写过程中得到了邓晓峰副研究馆员的热情指导和帮助，在此表示感谢。

注　释

[1] 中国社会科学院考古研究所安阳工作队：《河南安阳市殷墟刘家庄北地 2010～2011 年发掘简报》，《考古》2012 年第 12 期。

[2] 中国社会科学院考古研究所安阳工作队：《河南安阳市殷墟刘家庄北地 2010～2011 年发掘简报》，《考古》2012 年第 12 期。

[3] 中国社会科学院考古研究所：《安阳大司空——2004 年发掘报告》，文物出版社，2014 年。

[4] 中国社会科学院考古研究所：《安阳大司空——2004 年发掘报告》，文物出版社，2014 年。

[5] 孟宪武、李贵昌：《殷墟四合院式建筑基址考察》，《中原文物》2004 年第 5 期；孟宪武：《安阳殷墟考古研究》，中州古籍出版社，2003 年，第 76 页。

[6] 安阳市文物考古研究所：《安阳北徐家桥——2001～2002 年发掘报告》，中州古籍出版社，2020 年。

酒务头M1初论*

李宏飞
（中国社会科学院考古研究所）

山西闻喜酒务头墓地是近年来商周考古的重大考古发现之一，填补了晋南地区殷墟文化晚期高规格遗存发现的空白，荣获2018年度全国十大考古新发现。酒务头墓地发现5座带一条墓道的大墓，其中4座被盗，仅有M1保存完好并经科学发掘。酒务头M1的考古新发现，对于认识晋南地区殷墟文化晚期遗存的面貌提供了重要资料，并为探讨晋南地区由商入周的历史进程提供了关键的学术支点。故此依据现已发表的材料[1]，谈一点对酒务头M1的初步认识。

一、酒务头M1的年代

酒务头M1随葬的青铜礼器有鼎、甗、簋、觚、爵、尊、卣、斝、罍、盉、盘，是判断墓葬年代的重要对象。其中又以铜甗、卣、斝、罍、簋的时代特征最具代表性。

铜甗M1：20的甑部靠近甗腰处附加有一根自上而下的铜钩，用于安装能够上下活动的铜箅。此件铜甗的甗钩似为先铸铸接，与陕西泾阳高家堡出土铜甗的铸造工艺[2]相同。类似的联箅铜甗在殷墟文化中极为罕见，仅有安阳殷墟大司空村M303：57与之相似，但后者以先铸接的铜半环安装铜箅[3]，两者存在铸造工艺上的差异。殷墟大司空村出土铜甗94ASM7：22[4]虽有铜箅，但为可摘取式。此外，殷墟榕树湾小区出土铜甗M1：7“甑与鬲中间原有箅，已残”[5]，具体情况不详。上述三件铜甗的年代均为殷墟文化第四期。

大铜卣M1：63、小铜卣M1：62的器盖和口下纹饰带内填由小型雷纹构成的几何形虿纹，属于殷墟文化第四期的流行特征[6]。根据目前的资料，自殷墟文化第三、四期之际以降，开始流行大、小铜卣同出一墓的现象，特别是相同纹饰组合的大、小铜

---

* 本文是国家社会科学基金青年项目“关中商代青铜礼器研究（批准号：19CKG022）”的阶段性研究成果。

卣，见于山西灵石旌介 M1[7]、安阳殷墟大司空村 M303、刘家庄北 M1046[8]等典型铜器墓，酒务头 M1 的情况也是如此。

铜斝 M1：59 为分裆斝，口上有双柱，这是流行于殷墟文化第四期的特征，安阳殷墟大司空村 94ASM7：33、M303：108、刘家庄北 M1046：20 皆其例。

铜罍 M1：85 双耳衔环，圈足斜高，同样属于流行于殷墟文化第四期的特征，如大司空村 M303：59。

需要重点讨论的是铜簋 M1：84 的时代特征。

首先来看具有明确铭文者。戊辰彝（肆簋）（图一，1）[9]和殷墟西区铜簋 M1713：33（寝鱼簋）（图一，2）[10]均为商末器。上述两器的标志性时代特征是大弧度束颈、鼓腹较显著。天亡簋被认为是武王灭商之后所铸[11]，簋身的主要变化特征是束颈和鼓腹程度皆不如前。酒务头 M1：84（图一，3）簋身的束颈和鼓腹特征更接近西周初年的天亡簋（图一，4），可能属于相比肆簋和寝鱼簋年代更晚的商末器。

图一　商周之际铜簋对比

1. 戊辰彝（肆簋） 2. 殷墟西区 M1713：33（寝鱼簋） 3. 酒务头 M1：84　4. 天亡簋

其次来看商系铜器群中铜簋的演进序列。在安阳殷墟遗址的铜器墓序列中，与肆簋、寝鱼簋形制特征最为相似的是大司空村墓葬出土的两件铜簋 M303：79（图二，1）、M303：81，束颈和鼓腹程度显著，环耳上接于口下纹饰带处。相对年代更晚的刘家庄北 M1046 所出束颈鼓腹簋 M1046：61（图二，4）的束颈和鼓腹程度皆不如前，圈足也趋于矮直，酒务头 M1：84（图二，2）的特征与之近似。该墓同出盆形簋

M1046：60（图二，3）的圈足外斜角度减小，环耳与口下纹饰相接处更加靠上，具有相对较晚的时代特征。山东滕州前掌大M11[12]和河南鹿邑太清宫M1[13]属于相对年代更晚的商系文化墓葬，发掘者均将其年代定为西周早期，两墓随葬铜簋（图二，5、6）的圈足较为矮直，双环耳与口下纹饰向上靠近口唇或直接与口唇处相接，属于相对更晚的时代特征。

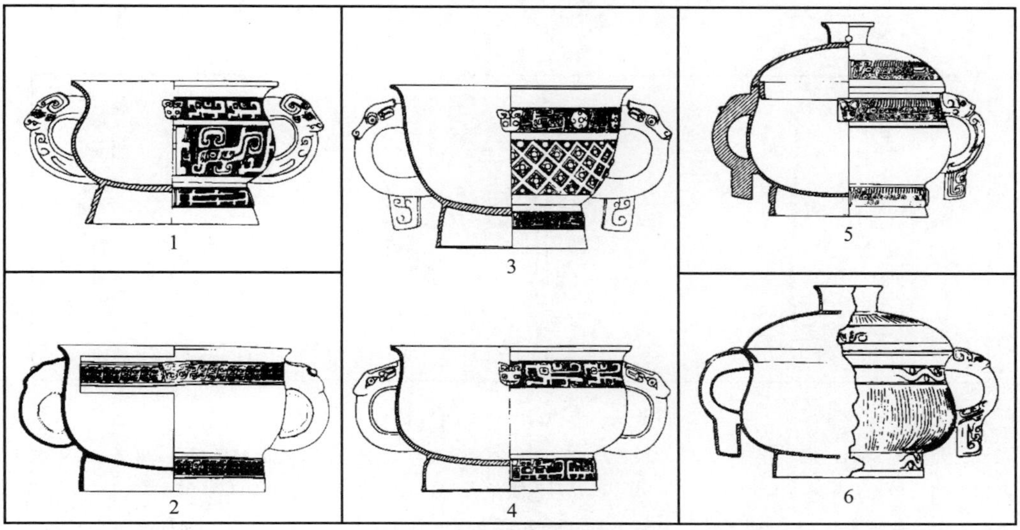

图二　商系铜器群铜簋对比

1. 大司空村M303：79　2. 酒务头M1：84　3. 刘家庄北M1046：60　4. 刘家庄北M1046：61　5. 前掌大M11：79　6. 太清宫M1：158

酒务头M1所出铜钺、矛、曲内戈、翘刃刀、卷刃刀和环手削等也具有非常鲜明的时代特征。铜钺M1：43（图三，1）（M4：23为同款）与安阳殷墟榕树湾M1：25（图三，7）、郭庄村北M6：8相似，铜矛M1：44、M1：45（图三，2）与刘家庄北M1046：124（图三，8）相似，曲内戈M1：38、M1：40、M1：41、M1：23、M1：24（图三，3）与刘家庄北M1046：78、M1046：150（图三，9）相似，翘刃刀M1：31（图三，4）与刘家庄北M1046：97（图三，10）相似，卷刃刀M1：50（图三，5）与郭庄村北M6：6（图三，11）相似。此外，环手削M1：37（图三，6）也与榕树湾M1：33（图三，12）相似。

由此可见，在殷墟文化的铜器墓序列中，酒务头M1的年代既不是殷墟文化第四期最早的铜器墓，也不是该期最晚的铜器墓，其相对年代晚于大司空村M303，与刘家庄北M1046、榕树湾M1、郭庄村北M6的年代大体相当或略早。

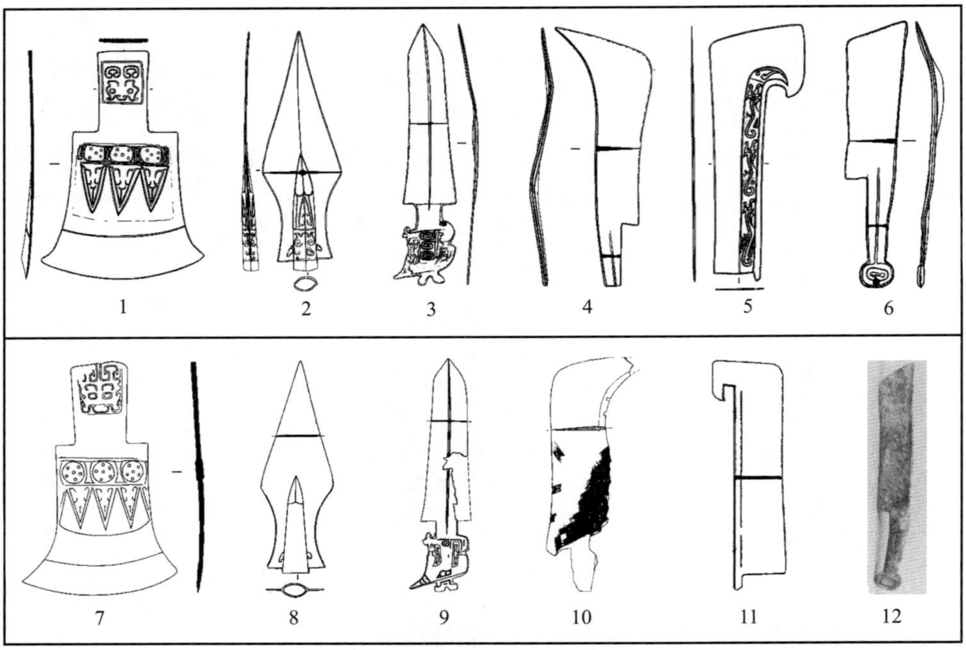

图三　酒务头与殷墟出土青铜兵器及工具对比

1、7. 钺（酒务头 M1：43、榕树湾 M1：25） 2、8. 矛（酒务头 M1：45、刘家庄北 M1046：124） 3、9. 戈（酒务头 M1：24、刘家庄北 M1046：150） 4、10. 翘刃刀（酒务头 M1：31、刘家庄北 M1046：97） 5、11. 卷刃刀（酒务头 M1：50、郭庄村北 M6：6） 6、12. 环手削（酒务头 M1：37、榕树湾 M1：33）

二、酒务头 M1 与殷墟文化典型铜器墓的对比

通过与安阳殷墟遗址同时期殷墟文化铜器墓的对比，可对酒务头 M1 的地方特点和个体特征进行初步探讨。

（一）墓位形态

发掘者认为酒务头墓地的主体是殷墟文化第四期，5 座大墓的相对年代顺序排列为由西至东[14]，这意味着酒务头 M1 应是该墓地年代最晚的大墓。

以大型墓葬相聚分布的墓群亦曾见于安阳殷墟遗址。在殷墟西区第三墓区的西北部，发现 M689、M699、M700、M701 四座带一条墓道的大墓集中分布在一起，形成一处小型墓群[15]。这四座墓葬的墓道皆朝向南略偏西，其中 M689、M699、M700 由西向东排列分布，M701 的墓圹位于 M699、M700 墓道之间并打破前者的墓道（图四，1）。M699 随葬Ⅶ式陶觚、Ⅶ式陶爵和Ⅳ式陶盘，M700 随葬Ⅷ式陶觚、Ⅵ式陶盘，可知后者的年代也晚于前者。四座大墓虽均被严重盗扰，但根据出土遗物的时代特征判断均为殷墟文化第四期。由此可见，酒务头墓地大墓与殷墟西区第三墓区大墓的墓位形态存在较为明显的相似之处。

发掘者还指出，酒务头墓地的五座大墓的西部或西南部均发现与之相对应的车马坑（图四，2）[16]。以往，考古工作者“根据殷墟西区的埋葬情况推测，大墓一般在车马坑的东或东北方”[17]。相关研究也认为，殷墟遗址拥有独立陪葬车马坑的墓葬“车马坑均设置于诸墓的西南方向，陪葬的车马坑群都为横向排列”[18]。酒务头M1的墓主东向，墓葬西南对应的车马坑K1的马车也是朝向东，符合以往对于殷墟文化大墓与其对应车马坑位置的规律性认识。

从墓葬及其对应的车马坑分布情况看，酒务头墓地属于较为典型的殷墟文化墓地。

（二）墓葬形制

通常情况下，商周时期的带墓道大墓如果只有一条墓道，墓道往往开在墓主头向相反的墓圹宽边上。酒务头大墓尽管均为南向墓道，但墓圹为东西向长方形，墓道开在了墓圹的长边上。这样的墓葬形制在殷墟文化中较为罕见。

安阳殷墟的郭家庄曾发现相同形制的墓葬M172，与著名的郭家庄M160处于同一墓群之中（图五，1）[19]。郭家庄M160的年代相当于殷墟文化第三、四期之际，发现10件铜方觚和铜角的组合，相当于十套铜觚、爵的墓葬，是一座规格相当之高的铜器墓。M172被盗严重，根据出土陶觚、爵的时代特征判断墓葬年代为殷墟文化第四期的偏早阶段，与大司空村M303的年代大体相当，但该墓底部的长、宽尺寸明显大于大司空村M303，且有墓道，应该比同时期的大司空村M303墓主马危的身份等级更高（图五，2）。值得注意的是，M160同样是一座东向墓葬，其墓底长、宽尺寸也与M172大体相当，最大的差别在于年代略早的M160缺乏墓道。两墓处于同一墓群之中，该墓群内的M163、M165、M168、M169也是东西向墓葬。由此可见，此类东西向墓葬带南向墓道的大墓，主要是墓葬方向起到了决定性作用，但墓道方向并未受其影响，而是依然选取了通常流行的南墓道。这实际上是东西向高规格墓葬添加墓道的一种方式。

由于酒务头墓地发现的大墓皆是东西向的南墓道大墓，仍然可将其视为一种本地特色。

（三）葬俗

殉人在殷墟文化的贵族墓葬中非常常见，不论是大型带墓道墓，或是墓圹相对狭小的小型贵族墓。直至商周之际，沣西地区新出现的一类随葬联裆鬲或高领袋足鬲的腰坑墓，如张家坡67SCCM54、M89[20]，客省庄83SCKM1[21]等，尽管并没有墓道，仍然频繁发现二层台殉人。

酒务头墓地也是如此，在M2、M3、M5中均发现了殉人，尤以“M5殉人痕迹最多，发现6～7处”[22]。然而奇怪的是，未经盗扰的酒务头M1中竟然没有殉人，这是很特殊的情况。从墓地的整体情况看，酒务头M1缺乏殉人并不能看作是地方特点，而应属于个体特点。

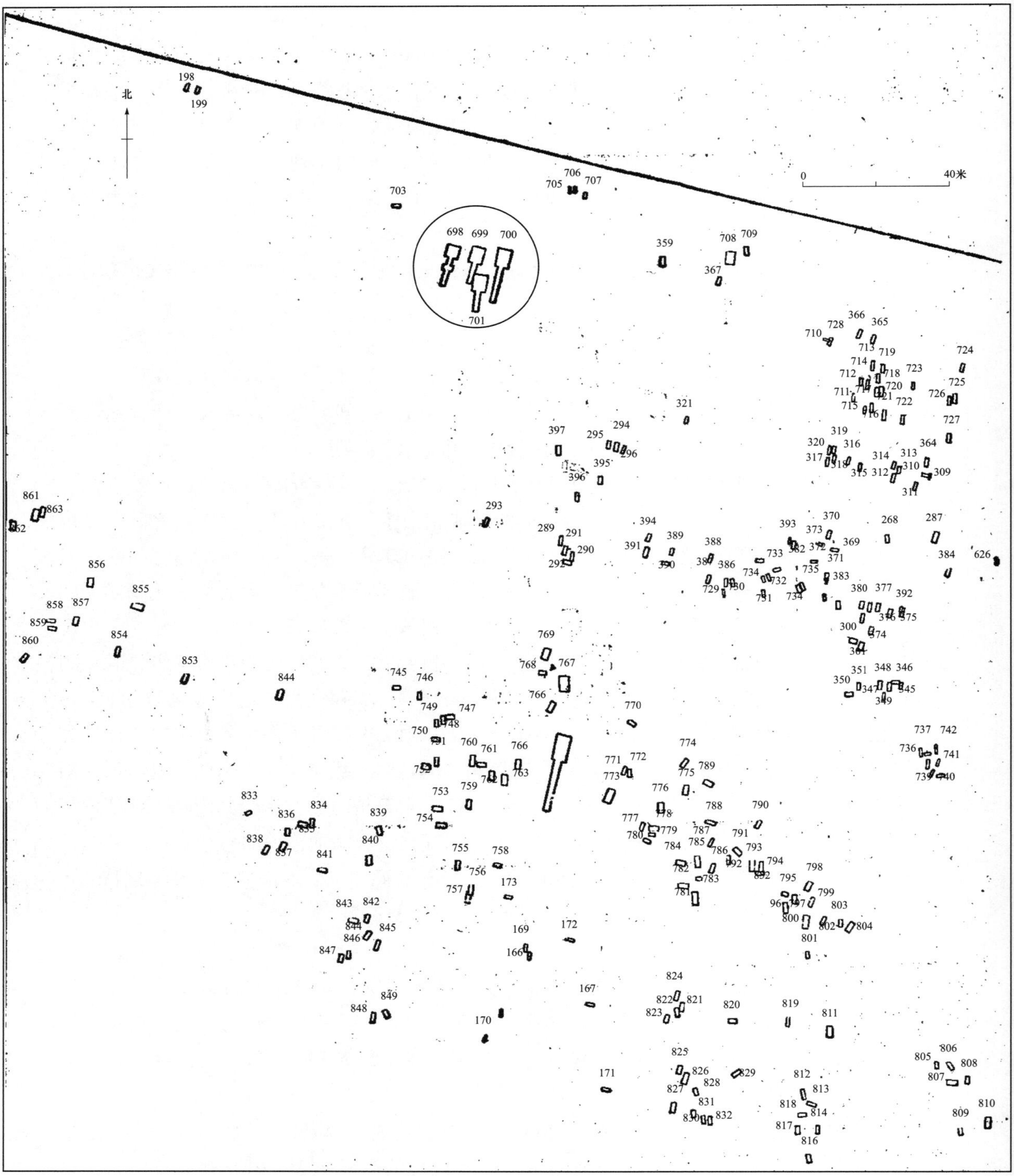

1

图四　殷墟西区第三

1. 殷墟西区第三墓区（

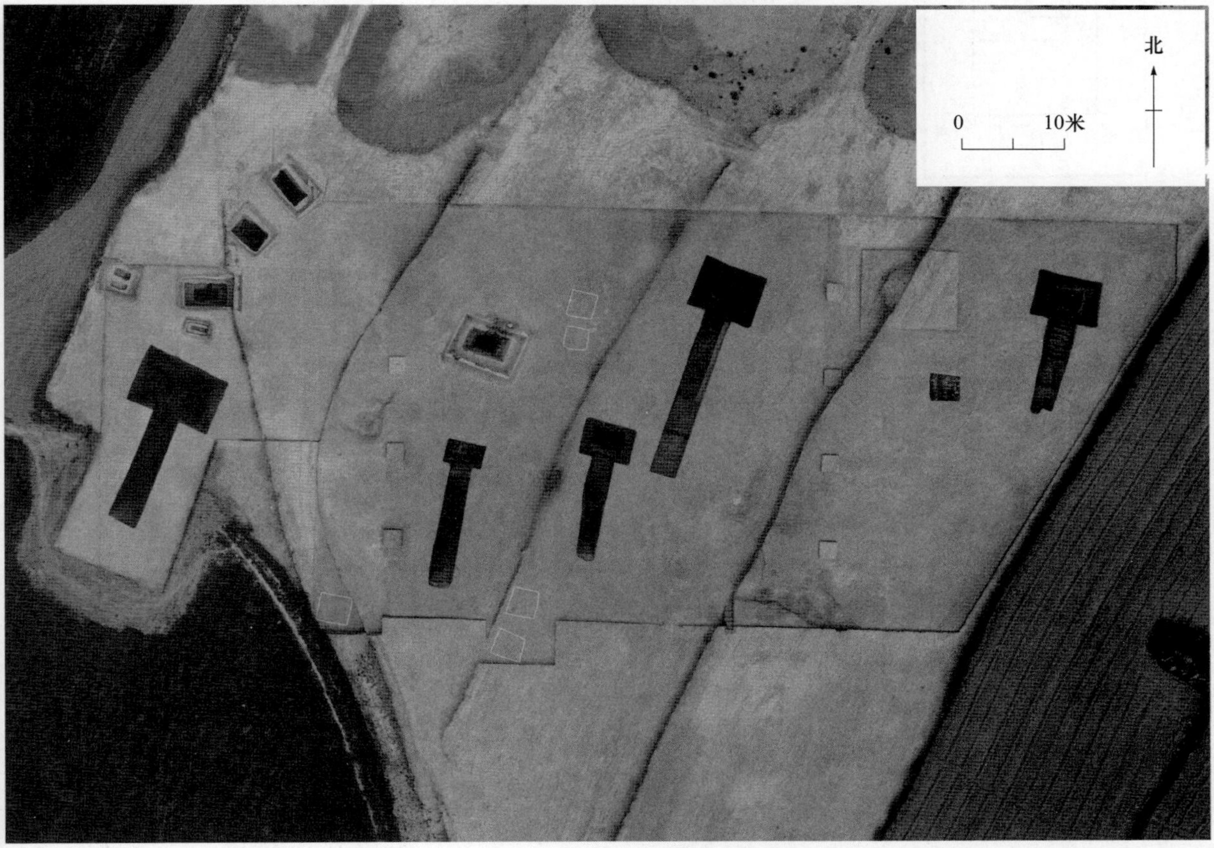

2

）与酒务头墓地平面图

2. 酒务头墓地平面图

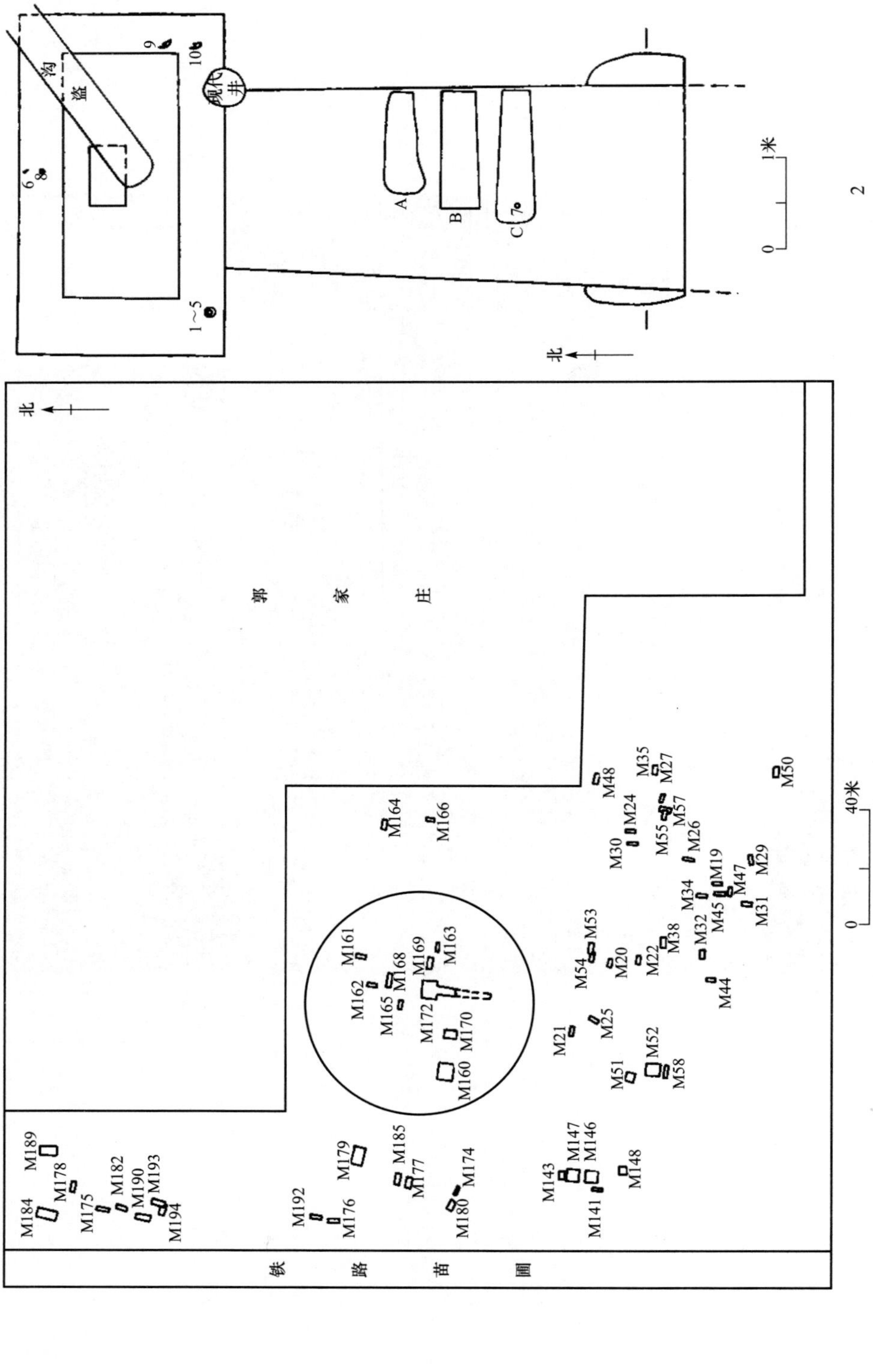

图五　郭家庄北区墓葬平面图及M172平、剖面图

1. 郭家庄北区墓葬平面图　2.M172平、剖面图

（四）随葬青铜礼器

安阳殷墟遗址的殷墟文化晚期铜器墓通常埋入一套用于下葬的铜器，具有较为一致的铭文信息。从酒务头 M1 随葬青铜礼器和兵器的整体情况看，也属一套用于随葬的青铜器。除铜爵的铭文明显不同外，其余青铜器的铭文信息也基本一致。可见，酒务头 M1 铜器群与安阳殷墟同时期墓葬铜器群的特征类似。

通过安阳殷墟大司空村 M303 与刘家庄北 M1046 随葬青铜礼容器组合的对比（表一），酒务头 M1 具有一套较为典型的殷墟文化铜器墓礼容器组合。尽管酒务头 M1 在墓葬形制方面属于规格更高的带墓道墓，其随葬组合的器类丰富程度却不及安阳殷墟同时期的大型竖穴土坑墓。

表一　随葬青铜礼容器组合对比

	大圆鼎	中圆鼎	小方鼎	分裆鼎	扁足鼎	甗	簋	觚	爵	角	觯	平裆斝	分裆斝	折肩尊	觚形尊	卣	壶	罍	方彝	盉	盘	斗
大司空村 M303	1		2	2	2	1	2	6	10			1	1	1	1	2	1	1		1	1	1
酒务头 M1	1			2		1	1	5	6				1		1	2		1		1	1	
刘家庄北 M1046	1	1	2	2		1	2	3	5	2	2		1	2	1	2	1	1	1	1	1	1

殷墟文化晚期的墓葬除大圆鼎外，还会随葬小方鼎、分裆鼎、扁足鼎等陪鼎，如大司空村 M303 和刘家庄北 M1046 均随葬两套这样的陪鼎。从铜觚、爵的套数考量，酒务头 M1 尽管低于大司空村 M303，但高于刘家庄北 M1046，该墓随葬的陪鼎却仅有两件分裆鼎，其样式也不是殷墟文化晚期流行的大兽面纹分裆鼎，而是仅在口下饰一道条带状兽面纹，这是铸造工艺上的简化特征。

从公安追缴的出自酒务头墓地的“子匿”组铜器看，这应是出自另一座大墓，计大圆鼎 1 件、小方鼎 2 件、分裆鼎 1 件（应有 2 件）、觚 2 件（还应有与之对应的爵）。这显然不是铜器群的全貌，但至少属于与大司空村 M303 铜器群面貌接近的礼容器组合。“子匿”组铜器的大圆鼎铸造精良，通耳高达 43.7 厘米，重达 13.57 千克，而酒务头 M1 随葬大圆鼎的通高仅有 25 厘米，重量也仅有 2.426 千克，两者差异悬殊。“子匿”组大圆鼎、小方鼎、分裆鼎的铸造质量并不差于安阳殷墟铜器墓所出者。从这个角度上看，酒务头 M1 铜器群确实发生了“殷礼”基础上的简化现象。

简化现象同样反映在酒务头 M1 随葬的铜簋之上。参照同时期铜器墓的情况，酒务头 M1 应当随葬 2 件铜簋。酒务头 M1 随葬的铜簋选取了流行年代较早、细节相对简单的卷云纹作为口下和圈足的主体纹饰，反映的也是铸造工艺上的简化。

简化现象还体现在酒务头 M1 随葬的铜甗之上。自殷墟文化第三、四期之际以降，殷墟文化高规格铜器墓的铜甗流行绹索耳，如郭家庄 M160：51（图六，1）、大司空村 M303：57（图六，2）、刘家庄北 M1046：4（图六，3）等。酒务头 M1：20（图六，4）为新兴的联箅甗，基本形制特征也与殷墟文化第四期的铜甗相近，但主要差异体现在口上的双耳并未采用绹索耳，而是传统立耳。这同样是铸造工艺简化的表现之一，类似的情况在安阳殷墟的年代相近及略晚的铜器墓中也有所体现，如榕树湾 M1[23]随葬铜甗（图六，5）口下纹饰为简化为轮廓的波浪形夔纹，口上同样是传统立耳。至于殷墟西区 M1713[24]、郭家庄北 M6[25]、刘家庄北 M9[26]等明器化铜礼器墓，随葬铜甗也采用了传统立耳。

1　　2　　3　　4　　5

图六　铜甗对比

1. 郭家庄 M160：51　2. 大司空村 M303：57　3. 刘家庄北 M1046：4　4. 酒务头 M1：20　5. 榕树湾 M1：7

酒务头 M1 随葬的 5 件铜觚采用了单层花纹的粗体觚。相对而言，粗体觚往往与单层花纹配套出现，皆是早年流行的作风，这也属于铸造工艺的简化现象。

随葬成组铜铙也是殷墟文化贵族墓葬的重要标配。前涉郭家庄 M160、大司空村 M303、殷墟西区 M699 皆随葬一套 3 件铜铙组合。酒务头 M1 随葬一套 3 件饰水牛角兽面的铜铙组合，酒务头 M4 随葬另一套 3 件饰羊角兽面的铜铙组合。根据酒务头 M4 腰坑中所出陶鬲的时代特征可知其年代同属殷墟文化第四期。

从青铜礼器群的整体特征看，酒务头 M1 铜器群属于较为典型的殷墟文化墓葬青铜礼器群，但部分器类出现了铸造工艺上较为明显的简化特征，这并不能归之为酒务头墓地的整体特征，而仅能局限为酒务头 M1 此时此地的自身特征。

（五）随葬陶器

殷墟遗址的墓葬最常见的随葬器类是陶觚、爵，安阳地区周邻的磁县[27]、淇县[28]等地也曾发现随葬陶觚、爵的墓葬。除此之外，便是与安阳地区关系密切的山东青州苏埠屯[29]、济南刘家庄[30]存在随葬陶觚、爵的墓葬。据发掘者披露，酒务头 M5“出土残陶爵”[31]，这一信息暗示酒务头墓地与安阳殷墟可能存在较为直接的文化联系。

陶罍是殷墟文化墓葬中常见的随葬器类，特别是在规格稍高的铜器墓中。但是殷墟遗址的铜器墓随葬的陶罍趋于多元化，可依据尺寸和特征分为大、中、小型陶罍。根据目前所见的材料，酒务头 M1 随葬陶器皆为小型陶罍（图七，1）（其中 1 件尺寸更小的陶罐属于小型陶罍的简化形式）。小型陶罍是殷墟文化第四期墓葬的常见器型，但仅随葬多件小型陶罍的墓葬也比较少见。在安阳殷墟遗址，榕树湾 M1 仅随葬小型陶罍（图七，2）（另有陶簋发现于填土中），该墓的年代也与酒务头 M1 大体相当或略晚。

图七　酒务头 M1 与榕树湾 M1 随葬陶罍
1. 酒务头 M1 随葬陶罍　2. 榕树湾 M1 随葬陶罍

从随葬陶器方面看，酒务头 M1 仅随葬小型陶罍的情况尽管较为少见，但在安阳殷墟遗址仍然可以找到墓例。而就陶罍本身而言，也与安阳殷墟遗址所出者难辨差别。

三、酒务头 M1 的发现意义

刘绪先生指出，商文化在殷墟文化第二期至第四期在西方处于“退缩”的状态，不论是晋南的汾河谷地、关中东部还是洛阳以西的豫西地区均罕见此阶段文化遗存[32]。酒务头 M1 与安阳殷墟遗址同时期铜器墓的共性特征是主要的，个性特征是次要的，可以认定为一座典型特征的殷墟文化铜器墓。根据目前的考古材料，酒务头 M1 是晋南地区迄今发现最典型的殷墟文化第四期铜器墓，也是目前确知位置最靠西的殷墟文化第四期铜器墓[33]。该墓的发现，确立了晋南地区殷墟文化第四期铜器墓的典型墓例，为探讨汾河谷地和关中地区同时期铜器群的年代和性质等问题，提供了关键的时空坐标。

酒务头 M1 青铜礼器群的整体面貌与安阳殷墟遗址同时期铜器墓非常近似，酒务头 M5 随葬陶爵的情况更是暗示其与安阳殷墟遗址非同寻常的直接联系。酒务头墓地的出现，是商王朝为巩固西部边陲而采取的重要举措，甚至有可能是殷墟文化晚期直接来自安阳商都的政治军事措施。

酒务头 M1 不论是器群构成或器物特征上均呈现出了趋于简化的特点，墓葬规格相当高却无殉人，随葬铜爵的铭文明显异于同出的其他铜器，这些特殊现象或许与接近商王朝覆亡的衰落大势有关。

根据古本《竹书纪年》的记载，自商王武乙之后，西土集团已能够在汾河谷地开展军事行动。《尚书 · 西伯戡黎》更是在帝辛时期将势力伸到了迫近安阳的太行山西麓。酒务头墓地处在“戡黎”之路的关键位置，西土集团在东进过程中势必将其剪除。从这个意义上说，酒务头 M1 也为考古视角探讨商周更替的历史进程提供了关键的节点。

注　　释

[1] 白曙璋、高振华：《山西闻喜酒务头商代墓地》，《2018 中国重要考古发现》，文物出版社，2019 年；陕西省考古研究院、山西博物院、运城市文物工作站等编著，高振华、白曙璋、马昇主编：《山右吉金——闻喜酒务头商代墓地出土青铜器精粹》，山西人民出版社，2020 年；王春法主编：《河东之光——山西酒务头考古成果展》，山东美术出版社，2020 年。

[2] 陕西省考古研究所：《高家堡戈国墓》，三秦出版社，1995 年。

[3] 中国社会科学院考古研究所：《安阳大司空——2004 年发掘报告》，文物出版社，2014 年；金正耀：《商末至西周早期铜甗工艺的演变及其意义》，《两周封国论衡：陕西韩城出土芮国文物暨周代封国考古学研究国际学术研讨会论文集》，上海古籍出版社，2014 年。

[4] 中国社会科学院考古研究所、安阳市文物考古研究所：《殷墟新出土青铜器》，云南人民出版社，2008 年。

[5] 安阳市文物考古研究所：《安阳殷墟徐家桥郭家庄商代墓葬》，科学出版社，2011 年，第 104 页。

[6] 李宏飞：《论周原贺家 73M1 铜器群——关中地区先周时期铜器群探索之一》，《南方文物》2017 年第 4 期。

[7] 山西省考古研究所：《灵石旌介商墓》，科学出版社，2006 年。

[8] 中国社会科学院考古研究所安阳工作队：《安阳殷墟刘家庄北 1046 号墓》，《考古学集刊》（第 15 集），文物出版社，2004 年。

[9] 董作宾：《殷历谱》，《“中央研究院历史语言研究所”专刊》，1945 年石印本；郭沫若：《“戊辰彝”考释》，《殷周青铜器铭文研究》，人民出版社，1954 年；陈梦家：《美国所藏中国铜器集录》（订补本），中华书局，2019 年。

[10] 中国社会科学院考古研究所安阳工作队：《安阳殷墟西区一七一三号墓的发掘》，《考古》1986

年第 8 期。

[11] 郭沫若:《两周金文辞大系图录考释》,上海书店出版社,1999 年;陈梦家:《西周铜器断代》,中华书局,2004 年;唐兰:《西周青铜器铭文分代史徵》,上海古籍出版社,2016 年。

[12] 中国社会科学院考古研究所:《滕州前掌大墓地》,文物出版社,2005 年。

[13] 河南省文物考古研究所、周口市文化局:《鹿邑太清宫长子口墓》,中州古籍出版社,2000 年。

[14] 白曙璋:《山西闻喜酒务头墓地初识》,《山右吉金——闻喜酒务头商代墓地出土青铜器精粹》,山西人民出版社,2020 年。

[15] 中国社会科学院考古研究所安阳工作队:《1969～1977 年殷墟西区墓葬发掘报告》,《考古学报》1979 年第 1 期。

[16] 白曙璋:《山西闻喜酒务头墓地初识》,《山右吉金——闻喜酒务头商代墓地出土青铜器精粹》,山西人民出版社,2020 年。

[17] 中国社会科学院考古研究所安阳工作队:《安阳郭家庄西南的殷代车马坑》,《考古》1988 年第 10 期。

[18] 吴晓筠:《商周时期车马埋葬研究》,科学出版社,2009 年,第 103 页。

[19] 中国社会科学院考古研究所:《安阳殷墟郭家庄商代墓葬》,中国大百科全书出版社,1998 年。

[20] 中国社会科学院考古研究所沣西发掘队:《1967 年长安张家坡西周墓葬的发掘》,《考古学报》1980 年第 4 期。

[21] 中国社会科学院考古研究所丰镐发掘队:《长安沣西早周墓葬发掘记略》,《考古》1984 年第 9 期。

[22] 白曙璋:《山西闻喜酒务头墓地初识》,《山右吉金——闻喜酒务头商代墓地出土青铜器精粹》,山西人民出版社,2020 年。

[23] 安阳市文物考古研究所:《安阳殷墟徐家桥郭家庄商代墓葬》,科学出版社,2011 年。

[24] 中国社会科学院考古研究所安阳工作队:《安阳殷墟西区一七一三号墓的发掘》,《考古》1986 年第 8 期。

[25] 安阳市文物工作队:《河南安阳郭庄村北发现一座殷墓》,《考古》1991 年第 10 期。

[26] 安阳市文物工作队:《1983～1986 年安阳刘家庄殷代墓葬发掘报告》,《华夏考古》1997 年第 2 期。

[27] 河北省文物管理处:《磁县下七垣遗址发掘报告》,《考古学报》1979 年第 2 期。

[28] 河南省文物考古研究院:《河南淇县大李庄商代晚期墓葬发掘简报》,《考古》2018 年第 5 期。

[29] 山东省博物馆:《山东益都苏埠屯第一号奴隶殉葬墓》,《文物》1972 年第 8 期;山东省文物考古研究所、青州市博物馆:《青州市苏埠屯商代墓发掘报告》,《海岱考古》(第一辑),山东大学出版社,1989 年。

[30] 济南市考古研究所:《济南市刘家庄遗址商代墓葬发掘报告》,《海岱考古》(第 11 辑),科学出版社,2018 年。

[31] 白曙璋、高振华:《山西闻喜酒务头商代墓地》,《2018 中国重要考古发现》,文物出版社,2019 年。

[32] 刘绪:《商文化在西方的兴衰》,《夏商周考古探研》,科学出版社,2014 年。

[33] 陕西西安老牛坡发现的袁家崖墓葬以往被认为是一座殷墟文化第四期墓葬,但其年代有可能晚至西周初年(参看雷兴山:《西安袁家崖墓葬年代为西周说》,《华夏考古》2008 年第 1 期),随葬器物还出现特征明显的关中西部文化因素,也并不具备殷墟文化的典型特征。

论西周的商、周两系陶器组合*

王　洋

（武汉大学历史学院　陕西省考古研究院）

一、研究背景与"族属代码"研究方法

族属研究是历史时期考古的热点与难题。20世纪50年代郭宝钧与林寿晋先生对洛阳东郊"殷人墓"的辨识[1]，开启了西周墓葬的族属研究。70年代琉璃河燕国墓地Ⅰ、Ⅱ两墓区，曲阜鲁城甲、乙两组墓的发现，掀起了西周族属研究的热潮。围绕着腰坑殉狗、殉人是否为殷遗民的特征，形成了正反两种长期相持不下的观点[2]。这些争论的实质是，墓葬特征能否标识族属？墓葬中的哪些特征才具有标识族属的意义？90年代以后，张家坡井叔墓、北赵晋侯墓等姬姓贵族墓葬的发现与发表，周原、周公庙等遗址的新发现，使得越来越多的学者认同周人与殷遗民存在不同的族属特征，如腰坑、殉人、用牲、墓向、随葬陶器、车马坑等[3]。

但理论上的质疑仍然存在，族属与考古学文化是不同概念，两者并不一一对应[4]，也有学者直言"族属认同是基于自我以及与他者之间变化不定的、因势而异的和主观的认定"[5]。那么如何在族属研究中辨别、剔除这些不稳定因素呢？人类学对族属的辨识，有主位（etic）与客位（emic）两种视角，主位是从被研究人群主观的自我认定来分辨，客位是根据研究者的观察（如文化特征）来分辨[6]。由于族属是自我的归属和认同，所以主位视角被看作更可靠的标准[7]。不过两种视角并非决然对立，文化特征虽不是划分族群的客观标准，但也是划分族群的工具[8]。

所以对考古学的族属研究来说，需要从古人的族群认同出发，动态地寻找表现在物质文化上的族属标志。也就是张光直先生所说"寻找古人的分类"[9]，这个看似难以企及的目标，在中国考古学的研究中是可以部分实现的，大量历史文献、墓葬中能表明墓主身份的文字（如铜器铭文），就是绝佳材料。在性别考古中，常将具有性别标

* 本文为国家社科基金项目"陕西宝鸡贾家崖遗址发掘资料的整理与研究（批准号：20CKG011）"成果。

识意义的遗存称作“性别代码（gender code）”，据此来判断墓主性别[10]。那么在族属研究中，或可将能标识古人族属身份的遗存称作“族属代码”，它是诸多反映族属的特征中，被古人有意维持的、最稳定的那一类。族属代码的一边是文字记载的族群，另一边是考古发现的遗存，这一概念则是连接两者的中间手段。对它的研究既是为了辨识族属，也是为进一步的墓地结构与聚落结构研究提供标准，为社会结构研究奠定基础。

考虑到族属认同的变化不定与因势而异，族属代码的研究应包含三部分内容。首先是辨识族属特征，其次是分析该特征的内在器用特点（规则）、外在时空变化，后两者常常是动态的，是造成族属与物质文化难以对应的重要原因，也是以往研究中常常被忽视的。

已有研究表明腰坑、殉人可看作商系族群的族属代码，而墓葬中更常见的陶器是否具有族属意义，也很早被关注。1980年苏秉琦先生提出“殷式鬲”“周式鬲”“楚式鬲”的概念[11]，为从陶器来探讨族群指出了方向。如周人灭商后，周式风格的陶器开始大量出现在原商王朝统治区，而此前是很少见的。逐渐丰富的材料又表明，关中地区的周人与殷遗民都可随葬联裆鬲（周式鬲），河南地区的周人与殷遗民都可随葬商式鬲，两族群使用陶器形制的差异，并非放之四海皆准。同时多个遗址的研究者注意到商、周两族群的陶器组合不同，如张学海[12]、张剑[13]、郭仁与田敬东[14]、马赛[15]等先生，雷兴山先生还提出殷遗民有随葬多件同形器的现象[16]。

本文拟在以往研究成果的基础上，从族属较明确的墓葬材料出发，首先辨识姬姓周人、殷遗民随葬陶器的族属特征，再对各自特征的器用特点展开分析，提出族属代码。进而讨论不同族属特征在西周大分封、族群大迁徙背景下的时空变化，及其反映的社会历史问题。以期从实证与方法上对西周墓葬的族属研究有所裨益。

二、“周系陶器组合”的辨识与器用特点

族属较明确的姬姓周人墓葬主要有两类：一是由随葬铜器铭文可知为姬姓的贵族墓，如姬姓诸侯与王室重臣。由于女性墓的葬俗不单纯，既可从夫也可从父[17]，所以这里仅统计男性贵族墓。二是先周时期以来周人聚居区（西土地区）的有关墓葬。本文对姬姓周人随葬陶器的分析便以此二者为基础。

（一）姬姓周人男性贵族墓

此类墓葬中，出陶器的见有井叔、晋侯、卫侯、应侯、曾侯及其男性近亲墓（表一）。

（1）井叔墓。长安张家坡井叔墓地发掘西周中期带墓道大墓4座[18]，除M168墓主身份有较大争议外，M152、M157、M170被认为是三代井叔墓[19]。这三墓均被盗，

其中出陶器的两墓都是1鬲。位于两座井叔墓之间的M165随葬井叔作铜杯，墓主男性，被认为是井叔的子辈[20]，亦出1鬲。

表一 姬姓周人贵族墓的随葬陶器

墓主	墓号	盗扰	年代	随葬陶器	陈器位置
井叔	张家坡M157	盗	西周中期	联裆鬲1	椁室东北角
	张家坡M170	盗	西周中期	联裆鬲1	盗洞内
井叔子辈	张家坡M165	盗	西周晚期	联裆鬲1	盗洞内
晋侯	北赵M114	盗	西周早期晚段	联裆鬲1罐1	头端二层台上
	北赵M6	盗	西周中期早段	鬲	不明
	北赵M33	盗	西周中期晚段	鬲	不明
	北赵M91	无	西周晚期早段	联裆鬲1	西北角高于椁室处
	北赵M1	盗	西周晚期早段	联裆鬲1	东北角填土内
	北赵M8	盗	西周晚期晚段	联裆鬲1	椁室东北角
	羊舌M1	盗	春秋早期	联裆鬲1罐1	不明
卫侯	辛村M21	盗	西周早期	鬲1	北二层台上
	辛村M1	盗	西周早期	商式鬲1	北二层台上
应侯	滍阳岭M232	盗	西周早期晚段	联裆鬲1三足瓮1	盗洞内
	滍阳岭M95	无	西周晚期早段	鬲1罐5豆1	豆单置于椁顶
	滍阳岭M8	无	春秋早期早段	联裆鬲1	头端棺椁间右角
应侯近亲或子辈	滍阳岭M84	无	西周中期	联裆鬲1	头端二层台右角
	滍阳岭M242	无	西周早期晚段	联裆鬲1	头端二层台中部
曾侯	叶家山M111	无	西周早期	鬲1	头端二层台中部
	叶家山M65	无	西周早期	联裆鬲1	头端二层台右角
	叶家山M28	无	西周早期	鬲1豆2	鬲置头端二层台中部，豆置椁顶
曾侯近亲?	叶家山M107	无	西周早期	联裆鬲1	头端二层台中部

注：表中陶器未注明件数与形制的，均为相关信息不明

（2）晋侯墓。曲沃北赵墓地与羊舌墓地共发掘晋侯墓10座[21]，年代从西周早期晚段延续至春秋早期。已发表7座墓出土的陶器，组合有1鬲、1鬲1罐两种，以前者为主。

（3）卫侯墓。浚县辛村卫国墓地发掘带墓道大墓8座，其中M21、M42、M2、M1、M17随葬铜兵器，墓主可能为男性，被认为是多代卫侯[22]。这些墓葬均被盗，仅西周早期的M21、M1出陶器，均为1鬲[23]。

（4）应侯墓。平顶山滍阳岭应国墓地M232、M95、M8为单墓道大墓，墓主为应

侯，其中M8随葬1鬲，另两墓还出有三足瓮与豆[24]。M84被发掘者认为是应侯墓[25]，但该墓无墓道，墓室面积仅10.6平方米，随葬铜鼎2件，无礼乐器，等级明显过低，不过从随葬的兵器、多件应侯铭铜器看，墓主若非应侯也应是其男性近亲。M242由所出无鼎铭文可知墓主为应公庶子或应公小宗庶子[26]。后两墓均随葬1鬲。

（5）曾侯墓。湖北随州叶家山发掘西周早期的曾侯墓3座[27]，其中M65、M111均随葬1鬲，M28随葬鬲1豆2。M107随葬曾伯铜爵，墓主男性，被认为是曾伯[28]、M28曾侯之子[29]或其公卿[30]，亦随葬1鬲。

可见族属明确的姬姓周人男性贵族墓普遍随葬陶器，其陶鬲形制（图一）、陈器位置都不固定，但陶器组合却有着极强的共性——以1鬲为主，偶见1鬲1罐。这一特征为畿内、畿外、诸侯、王臣、较低等级贵族普遍遵循，从西周早期一直延续至春秋时期。

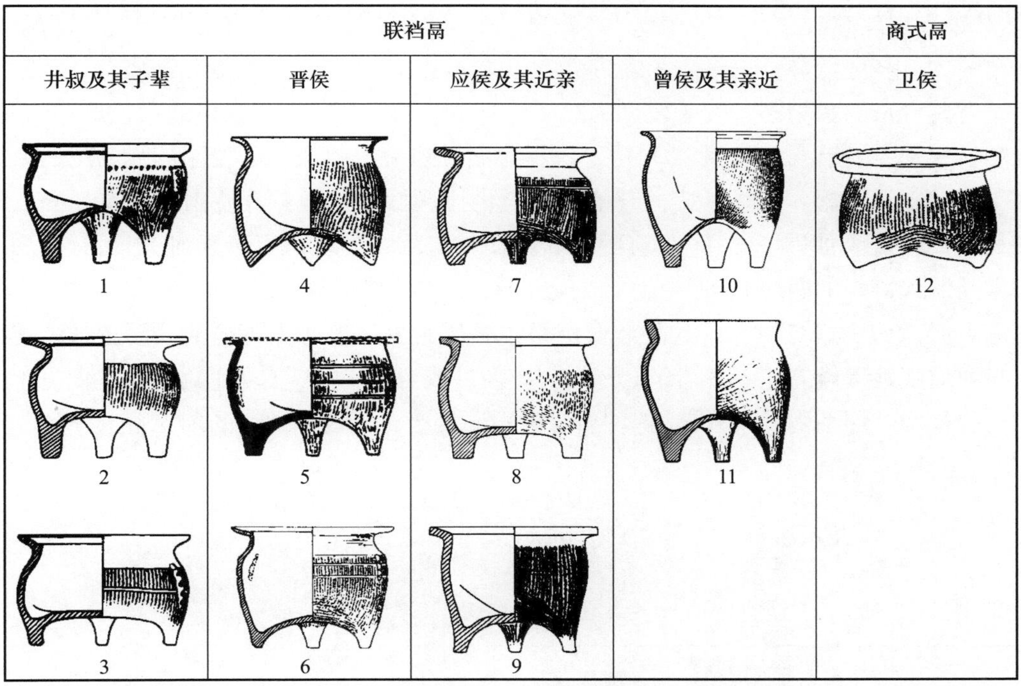

图一　姬姓周人贵族墓随葬的陶鬲

1～3. 张家坡（M157：105、M170：050、M165：033）　4～6. 北赵（M114：31、M1：1、M8：40）　7～9. 滍阳岭（M232：060、M84：3、M8：81）　10、11. 叶家山（M65：21、M107：1）　12. 辛村（M1：37）

例外的仅有3座墓，均有其特殊之处。滍阳岭M232的三足瓮出土于盗洞。滍阳岭M95、叶家山M28随葬陶豆，但两墓中的豆与其他随葬陶器明显不同：其一，豆均无豆柄，仅是残豆盘，两墓未遭盗扰，应是古人有意为之。其二，豆单独置于椁顶，与其他陶器分置两处。这些或许表明两墓中的豆与鬲、罐类随葬陶器的性质不同，残豆盘或是下葬过程中某一葬仪的体现，不应看作陶器组合。类似的例子曾多有发现，鹿邑太清宫长子口墓随葬的10件原始瓷豆，均被有意打掉豆柄，连断裂的位置都甚为一致[31]，洛阳北窑出土的原始瓷豆也多如此[32]。另外值得注意，应、曾两国均处周人南土，这例外的残豆盘是否又与此相关，尚未可知。

（二）先周时期以来西土地区的姬姓周人墓

关于先周文化面貌的不同意见有16种之多[33]，至今哪些墓地是先周时期姬姓周人的墓地仍未达成共识，但讨论的对象不外关乎关中西部泾河与渭河流域先周时期诸遗存[34]。其中除以扶风壹家堡、周原贺家为代表的京当型商文化墓葬[35]，以周原刘家、宝鸡高家村为代表的刘家类姜戎墓外[36]，其他墓地的随葬陶器存在极大共性——随葬1鬲或1鬲1罐组合。先周至西周初期的此类墓地有陕西长武碾子坡[37]、周原贺家西[38]、王家嘴[39]、凤翔西村[40]、扶风北吕[41]、白龙[42]、武功黄家河[43]、郑家坡[44]、宝鸡斗鸡台[45]、石鼓山[46]、峪泉[47]、岐山周公庙[48]、孔头沟[49]、麟游蔡家河[50]、淳化枣树沟脑[51]、礼泉朱马嘴[52]、旬邑崔家河[53]、甘肃崇信于家湾[54]等。

对其中墓葬数量多、发表较详细的4处墓地（长武碾子坡、扶风北吕、凤翔西村、武功黄家河）统计可知（图二）[55]，先周时期以来关中西部地区普遍流行的陶器组合是1鬲或1鬲1罐，偶见1罐，其他组合所占比例微乎其微。其使用者既有随葬高领袋足鬲的人群（如碾子坡），也有随葬联裆鬲的人群（如北吕、黄家河），还有兼用这两类鬲的人群（如西村）。不论先周文化是什么，由地域和年代可知，这种陶器组合的使用者必然包含姬姓周人，这种组合应是以姬周为主体的西土族群的共同特征。这也恰与西周姬姓贵族的随葬陶器组合一致。鉴此，或可将1鬲、1鬲1罐为主，偶见1罐的组合称为“周系陶器组合”。这种组合为不同等级、年代、地区的周人普遍使用，可

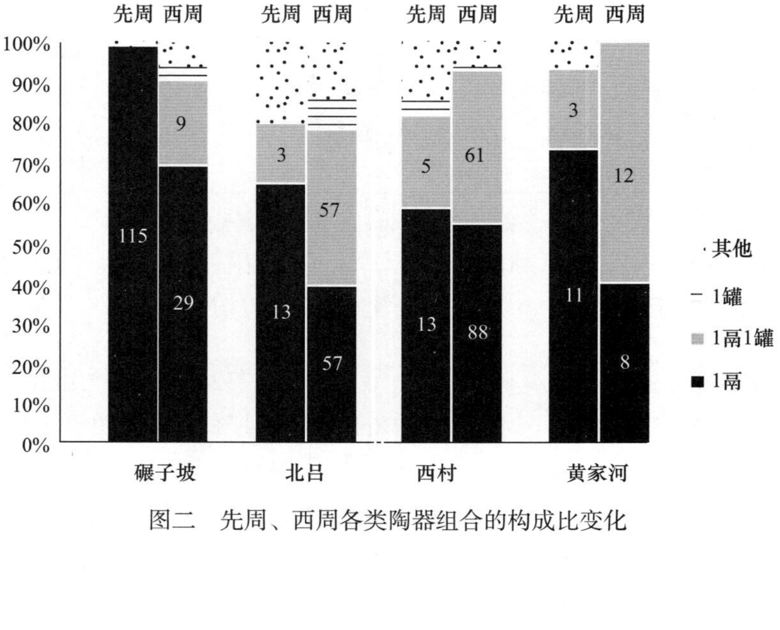

图二　先周、西周各类陶器组合的构成比变化

看作姬姓周人的一个“族属代码”。其器类与件数的“少”曾被理解为墓葬等级低，是不正确的。

值得注意，周系陶器组合有着内在的年代变化与性别差异。这是其器用特点的两个方面。

一是年代上，先周时期的陶器组合以 1 鬲为主，1 鬲 1 罐所占比例很少。后者比例最高的凤翔西村也仅占 22.7%，比例最低的碾子坡甚至不见此类组合。进入西周，1 鬲 1 罐组合突然增多，在多数墓地与 1 鬲组合所占比例相若，如渭河流域的扶风北吕、凤翔西村、武功黄家河，唯泾河上游的长武碾子坡、崇信于家湾增幅略小（图二）。

二是性别上，先周时期两性墓葬的陶器组合似无明显差异，均以 1 鬲为主，西周时期随着 1 鬲 1 罐组合的大增，男女两性的陶器组合也出现倾向性的差异。男性墓多随葬 1 鬲，而女性墓更倾向随葬含有罐类的 1 鬲 1 罐和 1 罐组合，尤其是后者在男性墓中几乎不见。可再举一处西周时期族属相对单纯的周系墓地——西安少陵原[56]。该墓地 429 座墓中，随葬周系陶器组合且可知墓主性别的有 146 座，年代自西周早期延续至晚期，其中 81.3% 的男性墓随葬 1 鬲[57]，70.9% 的女性墓随葬 1 鬲 1 罐或 1 罐（图三）。这种两性差异在夫妻并穴合葬墓中更为明显，如宝鸡石鼓山西周初期的 M3 与 M4，其中男性 M3 随葬 1 鬲，女性 M4 随葬 1 鬲 1 罐[58]。

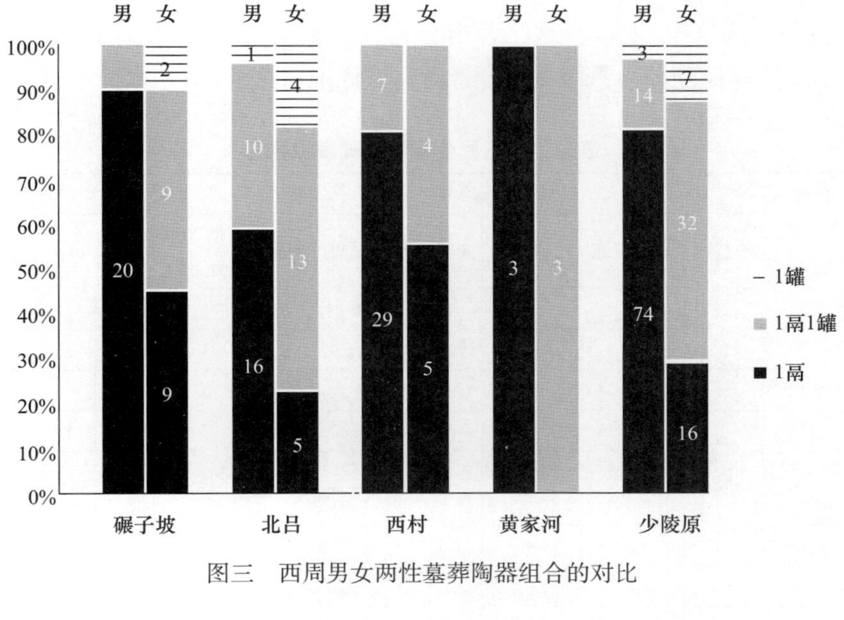

图三　西周男女两性墓葬陶器组合的对比

关于陶器组合性别差异的原因，可能是西土族群两性葬俗本身的不同，而非女性为外来族群，延续娘家葬俗所致。原因是：其一，统计的 5 处墓地涵盖关中西部至陇东的广阔区域，如此大范围内表现出近同的性别规律，并且这种性别差异均是于商周之交开始出现，表明这是西土的地域特征。其二，假如女性为外来族群，葬俗从父，那么在关中西部应发现有大量单纯随葬1鬲1罐的墓地（尤其是男性墓），但未曾发现。

三、“商系陶器组合”的辨识与器用特点

一般认为族属是广义殷遗民（或称商系族群）的墓地主要有：陕西周原遗址齐家北制玦作坊[59]、庄李铸铜作坊[60]、云塘制骨作坊[61]、齐家东墓地[62]，沣西张家坡东墓地[63]、北京房山琉璃河墓地Ⅰ区[64]、山东曲阜鲁城甲组墓[65]、河南洛阳北窑铸铜作坊[66]、鹿邑太清宫长子口墓[67]、殷墟孝民屯西周墓[68]等。这些墓葬普遍设腰坑、用牲、殉人，随葬陶器也存在极强的共性，表现在器类组合及器形的“同形”特征两方面。

（一）殷遗民随葬陶器的器类组合

晚商时期商人墓葬的陶器组合以觚爵为核心，另配有盘、豆、簋、罐、鬲、罍等器类[69]。西周时期殷遗民墓葬中已不见陶觚爵，但其他诸多器类被延续，组合中每个器类的件数也不固定，给人以组合繁多、千变万化之感。这与“周系陶器组合”在器类与件数上都甚为固定相比，差异显著。不过殷遗民随葬陶器中也有较为稳定的特征，就是器类组合，组合以鬲簋罐、鬲簋豆罐、鬲盆豆罐三种为主，其他组合也多是在此基础上的损益（表二）。所以，这三种组合无疑是殷遗民随葬陶器的主体与核心。另外，还有少量殷遗民随葬周系陶器组合，后文将详细讨论。

表二　殷遗民墓葬的随葬陶器组合

陶器组合 墓葬（数量）	商系器类组合							其他	周系陶器组合		
	鬲簋罐	鬲簋豆罐	鬲盆豆罐	鬲豆罐	鬲盆罐	鬲簋	其他含簋或豆或盆		1鬲	1鬲1罐	1罐
周原齐家北（25）	3	8	—	—	—	1	4	—	2	4	3
周原庄李（18）	3	3	—	2	—	—	3	4	1	—	2
周原齐家东（12）	2	5	—	1	1	—	3	—	—	—	—
周原云塘（11）	3	1	—	—	—	—	3	1	1	—	2
56～57张家坡东（101）	24	—	19	—	6	3	15	3	26	2	3
67张家坡东（66）	19	2	3	1	1	5	6	3	14	11	1
琉璃河Ⅰ区（26）	12	2	—	—	—	1	7	3	1	—	—
曲阜鲁城甲组墓（31）	—	5	1	—	1	—	12	8	—	—	4
殷墟孝民屯（9）	5	—	—	—	—	1	1	—	2	—	—
洛阳北窑铸铜作坊	√	√					√				

注：表中“其他含簋或豆或盆”指除所列组合之外、包含簋或豆或盆的组合

地域上，不同遗址对三种器类组合的选择各有侧重。沣西张家坡东的器类组合以鬲簋罐、鬲盆豆罐为主，其中早期常见含簋的组合，晚期常见含盆的组合[70]，而周原各地从早至晚几乎都不见含盆的组合。

（二）殷遗民随葬陶器的“同形”特征

“同形”指的是墓葬中的同一器类若随葬有多件，这多件同类器形制近同、大小相若。这一特征在西周各地的殷遗民墓葬中普遍存在，并且出现频率极高。如周原齐家北出陶器（不计入周系组合的墓葬）的16座墓中，15座见有同形，占94%。其中典型者如M4，随葬的各器类均是同形（图四，1～14）。03周原庄李已发表的5座墓均有同形[71]。99周原齐家东已发表的6座墓中5座同形，即使西周晚期明器化、制作粗糙的陶器也是如此，如M25[72]。曲阜鲁城甲组出陶器（不计入周系组合的墓葬）的21座墓中，17座有同形，占81%。琉璃河未将出土陶器全部发表，但I区出陶器的26座墓中，21座都随葬有多件同类器，推测其同形现象也应不少。丰镐地区同形现象的比例较周原等地明显偏低，约占出陶器墓葬（不计入周系组合的墓葬，下同）的40%，年代上也涵盖整个西周时期。如56～57张家坡东出陶器的70座墓中，31座有同形；67张家坡东出陶器的40座墓中，14座有同形[73]。

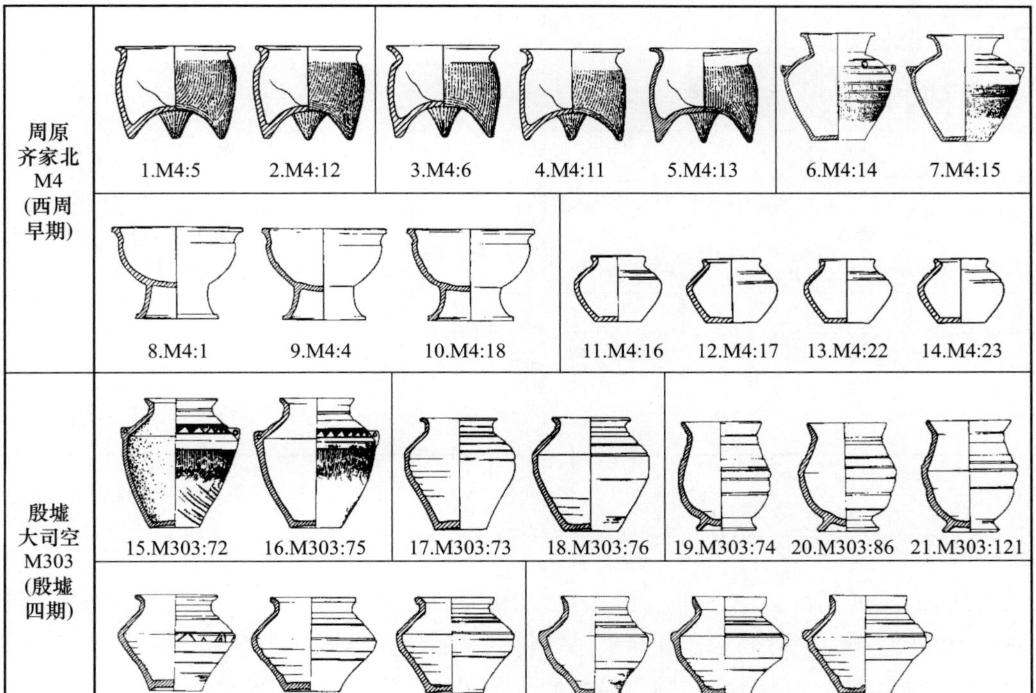

图四 殷遗民与商人随葬陶器的“同形”特征

其实，“同形”特征是殷墟文化的固有传统，既表现在陶器上，也表现在铜器上。陶器的同形，在殷墟平民墓中基本不见（因为陶器墓一般每个器类随葬1件），仅流行于贵族阶层。统计殷墟等级较高的贵族墓，随葬三套铜觚爵及以上者有：小屯M5[74]、小屯M18[75]、郭家庄M160[76]、大司空M303[77]、花园庄东M54[78]、刘家庄北M1046[79]、刘家庄北M9[80]、戚家庄东M269[81]、殷墟西区M1713[82]、郭家庄北M6[83]（表三）。从中可知，陶器同形于殷墟三、四期越来越普及，器类上始终限定于储盛用的罐、罍等器（图四，15～27）。至周初，殷遗民陶器组合变化的同时，同形特征由上而下迅速普及至平民阶层，同形的器类也得到极大扩展。

表三　殷墟随葬三套以上铜觚爵的墓葬中陶、铜器“同形”情况

墓葬	年代	同形陶器	不同形陶器	同形铜器
小屯M5	殷墟二期	—	爵1 筒形器1	鼎甗簋彝尊觥壶瓿卣罍斝盉觚爵斗，共164件
小屯M18	殷墟二期	—	觚1 爵1 豆1 盆1	甗2 觚4 爵4
花园庄东M54	殷墟二期	罍AⅠ5、AⅡ4、C5	觚1 爵1 豆1 鬲1 簋？罍2	分裆鼎4 觚A4、B5 爵A4、B5
戚家庄东M269	殷墟三期	—	觚1 爵1 簋1 豆1 罐1	觚Ⅱ2 爵2
郭家庄M160	殷墟三期	罍10	觚1 爵1 簋1 豆1 罐2	分裆鼎2 尊2 斝2 觚10 角10
大司空M303	殷墟四期	罐A2、B3，罍A2、B4，尊4	觚1 爵1 簋1 瓿2	方鼎2 分裆鼎2 扁足鼎2 簋2 觚6 爵10
刘家庄北M1046	殷墟四期	罍AⅠ8	觚1 爵1 盘1 罍2	方鼎2 分裆鼎2 方尊2 觚Ⅰ2 爵Ⅰ4 角2
西区M1713	殷墟四期	罐Ⅲ4	觚1 爵1 盘1 罍1 罐2	圆鼎2 觚2 爵Ⅱ2
郭家庄北M6	殷墟四期	罐Ⅲ2 壶2	觚1 爵1 簋1 盘1 罐2	圆鼎4 方鼎2 觚Ⅱ2 爵Ⅱ2
刘家庄北M9	殷墟四期	罐Ⅰ2、Ⅳ6	觚1 爵1 簋1 盘1 盆1 罐2	分裆鼎2 觚Ⅱ3 爵Ⅲ2 觯Ⅱ2

殷墟铜器的同形（图五），较陶器出现更早，在殷墟二期已极为流行。妇好墓随葬的210件铜礼器中，同形器就多达164件，涵盖除水器外的各个器类[84]。此后等级较高的贵族墓莫不如此（表三），周初的殷遗民鹿邑长子口墓仍延续这一特征，随葬有11个器类的同形铜器51件。所以，西周殷遗民陶器的同形特征无疑是商人传统的延续。

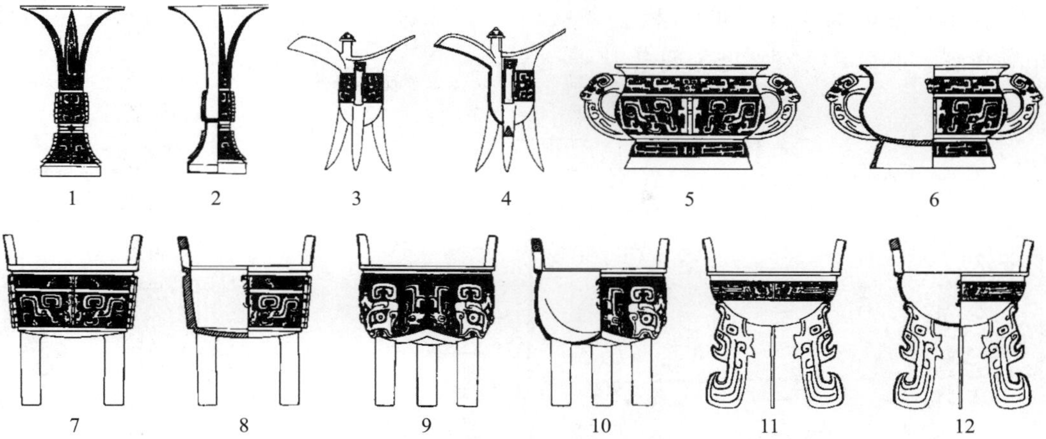

图五　殷墟大司空 M303 随葬的“同形”铜器

1、2. 觚（M303：110、M303：111） 3、4. 爵（M303：113、M303：90） 5、6 簋（M303：81、M303：79）
7、8. 方鼎（M303：114、M303：115） 9、10. 分裆鼎（M303：82 、M303：104）
11、12. 扁足鼎（M303：100、M303：112）

值得注意，西周的陶器同形在适用器类与件数上，都有着内在器用规定：

（1）同形特征适用于常见的鬲、簋、豆、罐、盆等各器类，但唯独商文化传统的商式簋例外，几乎不见多件同形者。周原齐家北出土商式簋的墓葬有 M30 与 M7，两墓未被盗，商式簋都只有 1 件，而其他器类却都是 2 件或 4 件同形（图六）。尤其是 M7 随葬了 4 件同形的簋加 1 件商式簋，明确显示出商式簋不遵守多件同形的器用编排。周原其他地点也多如此，或仅随葬 1 件商式簋，如齐家东 99 ⅣA1M19[85]；或随

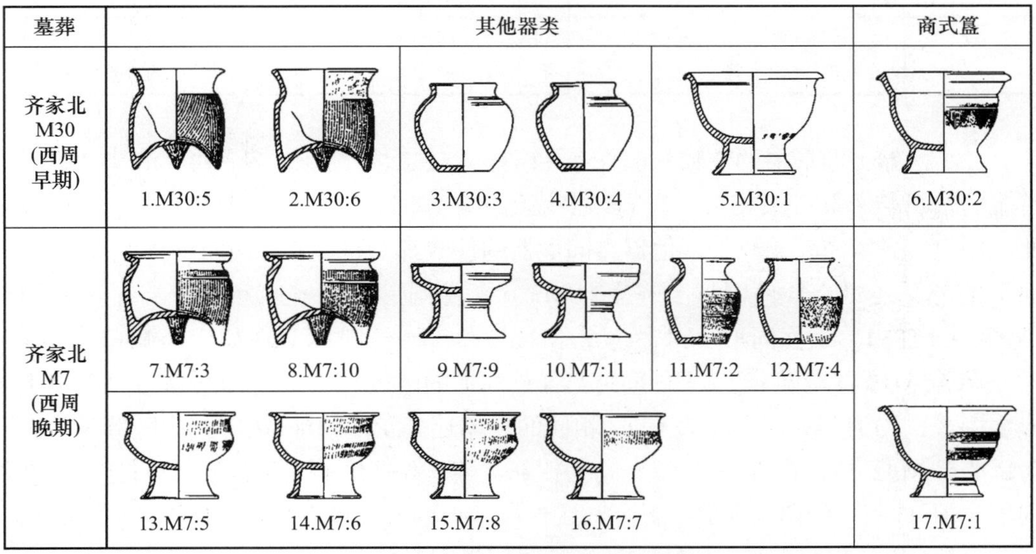

图六　周原齐家北随葬商式簋的墓葬

葬不同形的 2 件商式簋，如 03 秋庄李 M48[86]。陈器位置上，商式簋在墓中往往相对单独放置，亦显其特殊之处（图七）。

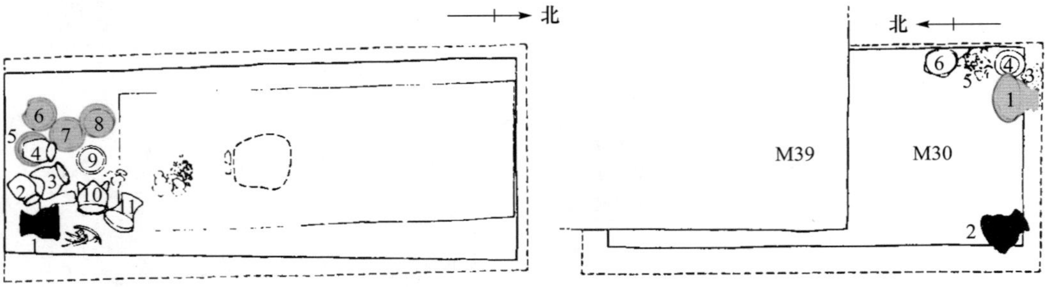

1.齐家北M7　　2.齐家北M30

图七　周原殷遗民墓葬中商式簋的放置位置

这一器用规则在已知等级最高的殷遗民墓长子口墓中，表现的更是明确。该墓随葬陶器多达 197 件，其中仅商式簋（报告称 C 型簋）单出 1 件，其余 17 个类型的陶器均是多件同形（表四）。陈器位置上，商式簋单置于墓室上部的圆形夯土台上，而其余百余件陶器都置于椁室内，足见该器在殷遗民心中的特殊地位。

表四　长子口墓随葬的陶容器

器类型	8 件及以上同形						2～4 件同形												
	罐		尊		罍		大口尊	簋		豆	盆		贯耳壶	豆	瓮	觚	爵	簋
	A	B	A	B	A	B		A	B	A	A	B		B				C
件数	10	22	8	20	12	12	4	4	4	3	3	3	3	2	2	2	2	1
形制	同形	同形	同形	同形	同形	同形	同形	同形	同形	同形	同形	同形	同形	同形	近同	同形	同形	

（2）一器类同形器的件数一般在 2～4 件，唯独罐类例外，多者可达二十余件。并且罐的数量与墓葬等级相关，当同形多罐超过 8 件时，墓葬均为铜礼器墓。周原齐家北、庄李、齐家东，罐以外其他器类同形器的件数都不超过 4 件，而罐除见有 2～4 件同形的外，还见有 6 件同形（齐家北 M3）、7 件同形（89 齐家东 M9[87]）、8 件同形（齐家北 M12）、11 件同形（14 贺家北 M11[88]）、16 件同形（03 秋庄李 M17[89]）等，78 齐家东 M19 甚至随葬了 16 件同形与 8 件同形的两组[90]。其中凡随葬 8 件及以上同形多罐者，均为铜礼器墓（表五）。相同的现象还见于琉璃河Ⅰ区，其中随葬 8 件以上陶罐的有 M52、M53、M54 三墓，均为铜礼器墓。高等级的长子口墓，更是随葬 22 件同形与 10 件同形的两组陶罐，另外与罐形制近似的罍、尊也都是 8 件以上同形，而其他器类都是 2～4 件同形（表四）。这种注重罐类同形的意识，与晚商一致。

表五　周原与琉璃河遗址随葬 8 件及以上同形陶罐的殷遗民墓葬

墓葬	随葬陶器	随葬铜礼器	年代
02 齐家北 M12	鬲 3（同形 2）簋 2 罐 10（同形 8）	鼎 1	西周早期
14 贺家北 M11	鬲 4（同形）簋 2 瓿 2（同形）壶 1 罐 11（同形）	鼎 7 簋 2 爵 2 斝 1 尊 1 牛形尊 1 觯 1 卣 1 斗 1	西周中期
78 齐家东 M19	鬲 4（同形 3）簋 2 豆 2（同形）罐 24（同形 16+ 同形 8），仿铜陶尊 1 卣 1 爵 2 觚 2 觯 1 盉 1 盘 1	鼎 2 簋 2 甗 1 尊 1 卣 1 爵 2 觯 1 盉 1 盘 1	西周中期
03 秋庄李 M17	鬲 2（同形）簋 3（同形 2）豆 2（同形）罐 16（同形）	鼎 1 簋 1	西周中期
琉璃河ⅠM52	簋 1 罐 11（该墓同形情况不明）	鼎 1 鬲 1 爵 2 觯 1 尊 1	西周早期
琉璃河ⅠM53	鬲 5 簋 2 罐 11（该墓同形情况不明）	簋 1 爵 1 觯 1 尊 1	西周早期
琉璃河ⅠM54	鬲 12 簋 5 罐 17 三足瓮 1（该墓同形情况不明）	鼎 1 簋 1 盘 1	西周早期

注：表中陶器后未注明同形情况的均为不同形

综上所述，西周殷遗民墓葬的随葬陶器存在两大特征，一是器类组合以鬲簋罐、鬲簋豆罐、鬲盆豆罐为主体与核心，二是“同形”特征，该特征又有着内在的器类与件数规定。这两大特征在殷遗民墓葬中往往同时具备，又都是殷墟文化传统的延续。鉴于其使用者是以殷遗民为主体的商系族群，这又与周人及西土族群使用的“周系陶器组合”差异巨大，故可将带有上述两种特征的陶器组合称作西周时期的“商系陶器组合”，视作殷遗民等商系族群的“族属代码”。

四、西周分封与周人随葬陶器的时空变化

西周的大分封使姬姓周人扩散至王朝的各个角落，这些周人一般严格延续着西土传统的周系陶器组合，但在部分地区也发生了变化。表现为三种模式。

（一）入乡随俗的陶鬲形制之变

西周时期周系陶器组合中的鬲，主要是各种形式的联裆鬲（包括仿铜鬲），这是其关中传统的延续。但分封至不同地区的周人，也开始使用所在地区当地文化形制的陶鬲，在鬲的选择上呈现“入乡随俗式”的改变，只是组合还坚持周系组合。这种变化在西周各地较为普遍，在分封至殷商故地、西周南土的周人墓中尤其明显。

商式鬲，即方唇分裆袋足鬲，是商文化的典型器类，为商文化核心区商至西周时期最常见的一类鬲。西周随葬这种鬲的周人也正集中在殷商故地，如：

（1）河南浚县辛村 M1 卫侯墓，沿用周系组合 1 鬲，但形制为商式鬲（图八，3）[91]。

（2）河南淇县杨晋庄卫国墓地，发掘西周早中期墓葬 224 座，随葬周系陶器组合，极少见腰坑，其族属可能以分封至卫国的周人为主，大量使用商式鬲[92]。

（3）河南荥阳娘娘寨发掘西周墓葬 19 座，分内城Ⅰ区与外城Ⅲ区两处，从墓向、

腰坑、随葬陶器可知两区族属分别为殷遗民与周人[93]。周人墓区普遍沿用周系组合 1 鬲，但所见的 7 件鬲均为商式鬲（图八，1、2）。

（4）河南洛阳北窑墓地，西周早期墓葬的陶鬲以商式鬲为主，其中随葬这种鬲的 M20、M22 等墓组合为 1 鬲（图八，4、5），无腰坑，其族属应为周人[94]。

随葬商式鬲的周人墓，在等级上涵盖诸侯至平民的各阶层，年代上涵盖整个西周。可见分封至殷商故地的周人，虽严格延续着周系陶器组合，但对鬲的选择普遍且有意的放弃了原有传统，改用了“战败国”商人的当地形制，甚至最高等级的卫侯也不例外。

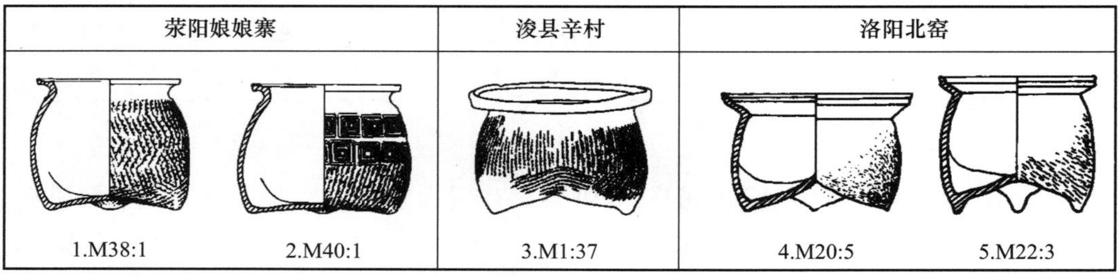

图八　周人墓葬随葬的商式鬲

分封在南土曾国的周人也是如此。叶家山曾侯墓 M111、M65、M28 随葬的联裆鬲均带有鲜明的本地特征，表现为大口、整体近倒梯形，柱状（或称截锥状）素面足根、红陶（图一，10）。这种柱足鬲占在叶家山墓地出土陶鬲的绝大多数[95]，是鄂北地区常见的一种陶鬲特征[96]。而关中等周文化核心区同时期的联裆鬲，一般为尖锥状足根、外饰绳纹、灰陶（图一，4）。

可见，坚持陶器组合为族属代码、入乡随俗的改变陶器形制，是周人分封过程中常用的一种文化范式。其原因可从文献对卫国的记载窥知，卫国地处殷商旧都，周公平三监之乱后封康叔于此，分以殷民七族，命其“启以商政，疆以周索”（《左传·定公四年》）。所开“商政”，被认为是延续商人的风俗政教，杜预注“居殷故地，因其风俗，开用其政”[97]，也有认为是商之历法[98]、赋税[99]等。傅斯年说这“显然是一种殖民地政策，虽取其统治权，而仍其旧来礼俗”[100]。周人陶鬲形制之变，或许就是对被统治者怀柔政策的体现。

（二）东土边疆的陶器件数之变

周王朝东土边疆的燕、鲁两国周人墓，随葬的器类虽仍是鬲、罐，但各器类的件数不严格限定为 1 件。即仅遵循周系组合的器类规定，而不遵循件数规定。

琉璃河墓地Ⅱ区 20 世纪 70 年代发掘的墓葬中，除腰坑殉狗、填土殉狗的 M264、M254 外，其余被认为是周人墓[101]。其中出陶器的 17 座墓中，仅半数严格遵循周系组合，另外 35% 的墓葬虽随葬周系组合中的鬲、罐，但件数不为 1（表六）。年代上，严格与不严格的两种组合一直并存，但存在由早到晚逐渐严格的过程。西周早中期的11座墓中，严格的周系组合仅4座，至西周晚期的6座墓中，5座都是严格的周系组合。

表六 琉璃河墓地II区墓葬的陶器组合

陶器组合	周系陶器组合			不遵循周系组合的件数规定				非周系陶器组合	
	1鬲	1鬲1罐	1罐	2鬲	1鬲2罐	2鬲1罐	2罐	1鬲1杯	鬲1罐1豆1
墓葬数量	4	4	1	3	1	1	1	1	1
总计（%）	9（52.9%）			6（35.3%）				2（11.8%）	

曲阜鲁城望父台墓地，族属被认为是周人[102]。该墓地发掘西周至春秋时期墓葬39座，均未被盗，有38座随葬陶器，其中近半数严格遵循周系组合，其余墓葬都仅遵循周系组合的器类规定，而未遵循件数规定（表七）。年代上，两种组合始终并存。

表七 曲阜鲁城望父台墓地的陶器组合

陶器组合	周系陶器组合			不遵循周系组合的件数规定							
	1鬲	1鬲1罐	1罐	1鬲2罐	1鬲4罐	1鬲3罐	1鬲5罐	1鬲6罐	1鬲15罐	2鬲3罐	3鬲3罐
墓葬数量	13	2	1	9	5	3	1	1	1	1	1
总计（%）	16（42.1%）			22（57.9%）							

燕、鲁是周王朝分封最远的两个姬姓诸侯国，两国周人陶器组合的不严格，应与其地域有关。值得注意的是，这种松动的器用现象在铜器铭文上也有出现——姬姓周人不用日名就在燕国例外，召公后代所作的几件铜器使用了商人惯用的日名，如宪鼎、伯宪盉、龢爵称"召伯父辛"，匽侯旨鼎铭"匽侯旨作父辛尊"，叔遂尊铭"叔遂作召公宗宝尊彝，父乙"[103]。并且燕国日名铜器的年代仅见于西周早期，与琉璃河周人陶器组合早期不严格、晚期较严格的时代特征同步。所以，姬燕随葬陶器与使用日名的"违例"，可能有着相同的社会背景。

一般认为燕、鲁所在的东土地区商文化因素浓厚。周初封鲁时即分以殷民六族，并命其"因商奄之民"，与卫国"皆启以商政"(《左传·定公四年》)，鲁国"亳社"、弟及与子继相结合的继承方式也都是殷礼的延续[104]。由于商系陶器组合普遍随葬同类器多件，燕鲁两国周人的陶器件数之变或许就是受此影响，而这种改变的动机可能与前述卫国类似。当然也可能只是周人处王朝边疆、文化边缘的一种自我变化。

（三）虢、芮一带不随葬陶器

个别姬姓周人并不随葬陶器，见有：三门峡虢国墓地，西周末期至春秋早期的虢季墓M2001、虢太子墓M2011与M1052均不随葬陶器[105]。20世纪50年代发掘的38座铜礼器墓中多达29座不出陶器，作为姬姓封国其中应包含不少周人。韩城梁带村芮国墓地，春秋早期的芮公墓 M27、M28 均不随葬陶器[106]。澄城刘家洼芮国墓地，包括春秋早期的两座芮公墓在内，已发掘的几十座大中小型墓葬基本不见陶器[107]。

周人不出陶器的墓葬发现很少，地域上集中在陕晋豫交界处的黄河右岸虢、芮一带，年代上始于两周之际。这些墓葬中陶器的“缺失”，究竟是周人随葬陶器的地域变化、时代变化，还是有其他原因，以目前的材料还难以回答。不过可以肯定的是，即使到春秋时期，不随葬陶器仍非周人主流，这一时期的羊舌 M1 晋侯墓[108]、曲村墓地 I2 发掘区[109]、侯马上马墓地[110]、滏阳岭 M8 应侯墓、曲阜鲁城望父台墓地、宝鸡贾家崖墓地[111]等周人墓葬，仍延续着西周的传统。

五、周系陶器组合的向心力

周初姬姓周人在政治上跃升至统治族群，周人原本相对独有的族属特征开始被他族使用。西周的三大族群中，殷遗民与姜姓族群都出现了一改自身传统，转用周系陶器组合的现象，表现出了不同程度的周化，这在周人腹心地区相对突出。

（一）西土殷遗民随葬陶器的周化

除商系陶器组合外，少量殷遗民墓葬也随葬周系陶器组合，这在多地都有发现，但地域上存在明显的不平衡性（表二）。迁至周原、丰镐这些深入周人腹地的殷遗民中，约有 30% 选择周系组合，如周原齐家北、沣西张家坡东，年代涵盖西周早、中、晚各个时期。这些选择周系组合的墓葬常见腰坑、用牲，等级较高者还殉人，所以其族属并非不是殷遗民，如张家坡东两次发掘的周系组合墓葬中，有腰坑与殉人者达 20 座，所占比例与随葬商系组合的墓葬相若。

与此对比鲜明的是，琉璃河、曲阜鲁城等原非周文化分布区的殷遗民，则极少甚至不使用周系组合。琉璃河Ⅰ区出陶器的 26 座墓中仅见 1 座；曲阜鲁城甲组墓出陶器的 31 座中仅见 4 座，还都是周系组合中最不典型的 1 罐组合。检索洛阳地区的殷遗民墓葬，也甚少见周系陶器组合者[112]。

此外，殷遗民随葬陶器的周化更普遍的表现在陶鬲形制。周原与丰镐的殷遗民不论随葬何种组合，几乎都不用典型的商式鬲[113]，而普遍使用周式的联裆鬲（包括仿铜鬲）。最早迁入沣西的部分殷遗民还选择了西土传统的高领袋足鬲，如 67SCCM89[114]、83 沣毛 M1 与 83SCKM1[115]，三墓均为东西向墓、设腰坑殉狗，墓内殉人或放置牲腿，其墓主被认为是商系族群[116]，但三墓随葬周系组合 1 鬲或 1 鬲 1 罐，鬲均为高领袋足鬲，可以说是对周人陶器的极尽模仿。

距周人腹心越近周化程度越强，显示出周系陶器组合对殷遗民产生着向心力式的影响。不过陶器组合的影响远不及陶器形制的影响广泛，使用周系组合的殷遗民只是很小的一部分。

（二）西土姜姓族群葬俗特征的周化

以周原刘家[117]、宝鸡高家村[118]、茍家岭[119]等墓地为代表的先周时期刘家类墓葬，被认为是姜姓族群的遗存。其特征是：墓葬形制为偏洞室墓或带头龛的竖穴土坑墓，墓室内、陶器口放置石块，随葬陶器数量一般在3至10余件，组合一般为多鬲多罐（也包括少量多鬲一罐、一鬲多罐），鬲均为高领袋足鬲。刘家类姜姓墓葬在西周时期仍有延续，见于沣西张家坡的21座偏洞室墓[120]。只是其墓葬特征除洞室墓外，已发生诸多改变（表八）：其一，改多鬲多罐的陶器组合为周系陶器组合。出陶器的18座墓中17座如此，且男性（包括随葬兵器）的5座墓均为1鬲，女性的1座为1鬲1罐，遵循了周系组合的性别规定。其二，改传统的高领袋足鬲为联裆鬲（包括仿铜鬲）。其三，墓内不再放置石块。这些墓葬的年代从西周早期一直延续至西周晚期偏早，其中既有贵族也有平民，表明部分姜姓族群从西周早期开始就放弃了自身的部分族群传统，改用了统治者周人的族属特征[121]。

表八　刘家类墓葬族属特征的年代变化

墓葬	年代	陶器组合		放置石块	墓葬形制		
		多鬲多罐	周系组合		偏洞室	竖穴带头龛	竖穴土坑
周原刘家	先周	10	1	√	15	1	—
宝鸡高家村	先周	15	2	√	4	14	1
宝鸡茍家岭	先周	3	—	√	不明		
沣西张家坡	西周	1	17	—	21	—	—

另外，文献记载西周时期关中地区有着数量众多的姜姓族群，如申、吕等国，西周十二王的王后中，姜姓就达6位之多[122]。但目前关中可确认的西周姜人墓葬仅张家坡一处，这与文献记载相差悬殊。所以，推想西周时期应有不少姜人改自身传统为周人葬俗，以致考古学者竟难以从墓葬特征上将其辨识出来。

虽然殷遗民、刘家类姜人的这些改变很难说是主动还是被动的，但地处周人腹心、与周人接触较多的这些族群普遍表现出“周化”，并且改变的开始时间正是周人变身统治者的西周早期，这种他族群向统治族群族属特征的靠近，或许带有某种获取认同的政治经济动机。尤其是部分姜人的改变较殷遗民彻底得多，更像是带有某种意图的策略，如表达姬姜联盟的一体性。

六、结　　语

本文提出需从古人的族群认同出发，动态地寻找能标识古人族属身份的遗存，即寻找“族属代码”。在西周墓葬中，陶器组合而非陶器形制具有标识族属的意义。以姬姓周人为主体的西土族群随葬“周系陶器组合”，以殷遗民为主体的商系族群随葬“商系陶器组合”，这两类组合可分别看作姬姓周人与殷遗民的“族属代码”，这是本文力图从古人视角辨识的族属标志，为西周墓葬的族属判断提供了较为可靠的依据。在族属代码的使用上，需要同时考察陶器组合的族属特征与内在器用特点两方面。还需说明，姬姓周人随葬周系陶器组合，但并非所有随葬周系陶器组合的都是姬姓周人，殷遗民与商系组合的关系同样如此。所以对墓葬的族属判定需要结合多方面的族属特征，才更可靠。

周系陶器组合形成于先周时期，商系陶器组合也是晚商文化的延续，两者截然不同又东西对立，可能最初源于西土、东土的文化差异。陶器并不只是单纯作为“器物”随葬，更多的是丧礼或祭礼的载体，两系陶器组合可能正反映着周系与商系、西土与东土的不同礼俗。陶器组合具有族属代码的意义，可能也与相应礼俗被积极维持及其长期稳定有关。从文献看，西周时期不同族群的礼俗确实是多元并存的，如鲁国周社、亳社并立，《礼记》《论语》甚至明确区分周礼、殷礼、夏礼[123]。

族属认同可能是动态的，族属特征也不是一成不变的，这些改变可能以各族群的现实利益为动机。从姬姓周人来看，分封至殷商故地与南土的周人延续周系组合，但改用当地陶鬲的形制；分封至东土边疆的燕、鲁两国周人，延续周系组合器类，但不遵循件数规定。这些对本地文化因素不同形式的采纳，或是周人“启以商政，疆以周索”的统治政策所致。从非周族群来看，周人在政治上由“小邦周”跃升为统治者，处其腹心地带的部分殷遗民与姜人随即改用周系陶器组合及周式形制的陶鬲，这或是带有获取认同的政治经济动机。以上种种表明，物质文化既被用来构建族属，同时也可能被后者所构建[124]，这种现象在华夏族群逐步形成的历史上多有发生[125]。但即便如此，作为族属代码的陶器组合而非陶器形制，仍是其中相对稳定的部分。

西周各封国经过长期的发展，最终形成了自身的国文化，东周时期族文化与国文化的关系、族别特征向国别特征的转化，就成了东周族属研究的新内容与新问题。对西周墓葬的族属研究，为东周相关研究的开展奠定了基础。

注　　释

［1］郭宝钧、林寿晋：《一九五二年秋季洛阳东郊发掘报告》，《考古学报》第九册，1955 年第 1 期。

［2］肯定者如郭宝钧、林寿晋：《一九五二年秋季洛阳东郊发掘报告》，《考古学报》第九册，1955 年第 1 期；郭仁：《关于西周奴隶殉葬问题的探讨》，《中国历史博物馆馆刊》1982 年第 4 期；

张学海：《试论鲁城两周墓葬的类型、族属及其反映的问题》，《中国考古学会第四次年会论文集》，文物出版社，1985 年；反对者如胡谦盈：《关于“殷人墓”的商榷》，《考古通讯》1956 年第 3 期；王恩田：《曲阜鲁国故城的年代及其相关问题》，《考古与文物》1988 年第 2 期；刘绪、赵福生：《琉璃河遗址西周燕文化的新认识》，《文物》1997 年第 4 期。

[3] 张剑：《洛阳两周考古概述》，《洛阳考古四十年——1992 年洛阳考古学术研讨会论文集》，科学出版社，1996 年；韩巍：《西周墓葬的殉人与殉牲》，北京大学硕士学位论文，2003 年；印群：《由墓葬制度看殷遗民文化特色嬗变之不平衡性》，《中国历史文物》2004 年第 4 期；马赛：《周原遗址西周时期人群构成情况研究——以墓葬材料为中心》，《古代文明》第 8 卷，文物出版社，2010 年；种建荣：《周原遗址姚家墓地结构分析》，《华夏考古》2018 年第 5 期；张礼艳：《从墓葬材料看丰镐地区西周时期的人群构成》，《华夏考古》2015 年第 2 期。雷兴山：《聚邑成都 两系一体——周原遗址商周时期聚落与社会研究》，国家社会科学基金重大项目结项成果，2020 年 6 月。

[4] 李伯谦：《考古学文化的族属问题》，《考古学研究》（七），科学出版社，2008 年。

[5] 希安·琼斯著，陈淳、沈新成译：《族属的考古——构建古今的身份》，上海古籍出版社，2017 年，第 18 页。

[6] 希安·琼斯著，陈淳、沈新成译：《族属的考古——构建古今的身份》，上海古籍出版社，2017 年，第 72、230 页。

[7] 弗雷德里克·巴斯主编，李丽琴译，马成俊校：《族群与边界——文化差异下的社会组织》，商务印书馆，2014 年，第 1～29 页。

[8] 马成俊：《弗雷德里克·巴斯与族群边界理论（代译序）》，《族群与边界——文化差异下的社会组织》，商务印书馆，2014 年。

[9] 张光直：《考古学专题六讲》，文物出版社，1986 年，第 64-71 页。

[10] 李宁利：《史前考古遗存的“性别代码”——欧美性别考古学研究进展》，《考古与文物》2010 年第 4 期；王洋、刘一婷：《关中西汉中小型墓葬“性别代码”初探》，《北方文物》2017 年第 2 期。

[11] 苏秉琦：《从楚文化探索中提出的问题》，《江汉考古》1982 年第 1 期。

[12] 山东省文物考古研究所、山东省博物馆、济宁地区文物组等：《曲阜鲁国故城》，齐鲁书社，1982 年，第 188、214 页。

[13] 张剑：《河南洛阳西周墓葬陶器初探》，《中原文物》1993 年第 1 期。

[14] 北京市文物研究所：《琉璃河西周燕国墓地（1973～1977）》，文物出版社，1995 年，第 251 页。

[15] 马赛：《周原遗址西周时期人群构成情况研究——以墓葬材料为中心》，《古代文明》（第 8 卷），文物出版社，2010 年。

[16] 雷兴山、蔡宁：《周原遗址黄堆墓地分析》，《古代文明》（第 12 卷），上海古籍出版社，2018 年。

[17] 如宝鸡茹家庄 M2 的墓主是鱼伯夫人、周人井姬，该墓随葬有夫家葬俗的陶深腹罐，也使用了娘家葬俗的铜鱼、海贝组成的棺饰。参见卢连成、胡智生：《宝鸡強国墓地》，文物出版社，1988 年，第 360 页。

[18] 中国社会科学院考古研究所：《张家坡西周墓地》，中国大百科全书出版社，1999 年。

[19] 卢连城、朱凤瀚等先生认为 M168 是井叔夫人墓。参见卢连城：《张家坡西周井叔墓地的昭穆

排列》,《中国文物报》1995 年 3 月 5 日；朱凤瀚：《商周家族形态研究》（增订本），天津古籍出版社，2004 年，第 649、652 页。

［20］ 张长寿：《关于井叔家族墓地——1983～1986 年沣西发掘资料之一》,《考古学研究——纪念陕西省考古研究所成立三十周年》，三秦出版社，1993 年；朱凤瀚：《商周家族形态研究》（增订本），天津古籍出版社，2004 年，第 652 页。

［21］ 北京大学考古系、山西省考古研究所：《1992 年春天马 - 曲村遗址墓葬发掘报告》,《文物》1993 年第 3 期；北京大学考古学系、山西省考古研究所：《天马 - 曲村遗址北赵晋侯墓地第二次发掘》,《文物》1994 年第 1 期；山西省考古研究所、北京大学考古系：《天马 - 曲村遗址北赵晋侯墓地第三次发掘》,《文物》1994 年第 8 期；山西省考古研究所、北京大学考古系：《天马 - 曲村遗址北赵晋侯墓地第四次发掘》,《文物》1994 年第 8 期；北京大学考古学系、山西省考古研究所：《天马 - 曲村遗址北赵晋侯墓地第五次发掘》,《文物》1995 年第 7 期；北京大学考古文博学院、山西省考古研究所：《天马 - 曲村遗址北赵晋侯墓地第六次发掘》,《文物》2001 年第 8 期；山西省考古研究所、曲沃县文物局：《山西曲沃羊舌晋侯墓地发掘简报》,《文物》2009 年第 1 期。

［22］ 郭宝钧：《浚县辛村》，科学出版社，1964 年。

［23］ 报告认为 M1 属孝夷厉宣时期，但该墓出土车軎细长，銮铃边缘有火焰状镂孔、颈粗座长，都是西周早期的特征。参见吴晓筠：《商至春秋时期中原地区青铜车马器形式研究》,《古代文明》（第 1 卷），文物出版社，2002 年。

［24］ 河南省文物考古研究所、平顶山市文物管理局：《平顶山应国墓地（Ⅰ）》，大象出版社，2012 年；河南省文物研究所、平顶山市文物管理委员会：《平顶山应国墓地九十五号墓的发掘》,《华夏考古》1992 年第 3 期；河南省文物考古研究所、平顶山市文物管理局：《河南平顶山应国墓地八号墓发掘简报》,《华夏考古》2007 年第 1 期。

［25］ 河南省文物考古研究所、平顶山市文物管理委员会：《平顶山应国墓地八十四号墓发掘简报》,《文物》1998 年第 9 期。

［26］ 黄益飞：《平顶山应国墓地出土“旡”鼎铭文研究》,《考古》2015 年第 4 期；袁俊杰、王龙正：《论旡鼎与丧服礼》,《考古》2015 年第 6 期。

［27］ 湖北省文物考古研究所、随州市博物馆：《湖北随州叶家山 M65 发掘简报》,《江汉考古》2011 年第 3 期；湖北省文物考古研究所、随州市博物馆：《湖北随州叶家山 M28 发掘报告》,《江汉考古》2013 年第 4 期；湖北省文物考古研究所、随州市博物馆：《湖北随州叶家山 M111 发掘简报》,《江汉考古》2020 年第 2 期。

［28］ 湖北省文物考古研究所、随州市博物馆、出土文献与中国古代文明研究协同创新中心：《湖北随州叶家山 M107 发掘简报》,《江汉考古》2016 年第 3 期。

［29］ 黄凤春：《从叶家山新出曾伯爵铭谈西周金文中的“西宫”和“东宫”问题》,《江汉考古》2016 年第 3 期。

［30］ 于薇、常怀颖：《叶家山“西宫”爵与两周金文“三宫”及其相关问题》,《江汉考古》2016 年第 5 期。

［31］ 河南省文物考古研究所、周口市文化局：《鹿邑太清宫长子口墓》，中州古籍出版社，2000 年，第 54 页。

[32] 洛阳市文物工作队:《洛阳北窑西周墓》,文物出版社,1999 年,第 66 页。

[33] 宗礼、刘栋:《先周文化研究六十年(1933～1993 年)》,《周秦文化研究》,陕西人民出版社,1998 年。

[34] 雷兴山:《先周文化探索》,科学出版社,2010 年,第 14 页。

[35] 京当型商墓的陶器组合多为 1 鬲 1 罐或 1 罐,也见有 2 鬲,鬲均为商式鬲、罐均为绳纹圆腹罐。参见高西省:《陕西扶风县益家堡商代遗址的调查》,《考古与文物》1989 年第 5 期;陕西省考古研究所:《岐山贺家村周墓发掘简报》,《考古与文物》1980 年第 1 期;陕西周原考古队:《陕西岐山贺家村西周墓发掘报告》,《文物资料丛刊》(第 8 集),文物出版社,1983 年;雷兴山:《先周文化探索》,科学出版社,2010 年,第 176、179 页。

[36] 刘家类墓葬的陶器组合一般为多鬲多罐,鬲均为高领袋足鬲,罐有高领球腹罐等多种。参见陕西周原考古队:《扶风刘家姜戎墓葬发掘简报》,《文物》1984 年第 7 期;宝鸡市考古队:《陕西宝鸡高家村刘家文化墓地发掘报告》,《古代文明》(第 7 卷),文物出版社,2008 年。

[37] 中国社会科学院考古研究所:《南邠州 · 碾子坡》,世界图书出版公司,2007 年。

[38] 长水:《岐山贺家村出土的西周铜器》,《文物》1972 年第 6 期;陕西省博物馆、陕西省文物管理委员会:《陕西岐山贺家村西周墓葬》,《考古》1976 年第 1 期;陕西省考古研究所:《岐山贺家村周墓发掘简报》,《考古与文物》1980 年第 1 期;陕西周原考古队:《陕西岐山贺家村西周墓发掘报告》,《文物资料丛刊》(第 8 集),文物出版社,1983 年;周原考古队:《2001 年周原遗址(王家嘴、贺家地点)发掘简报》,《古代文明》(第 2 卷),文物出版社,2003 年。

[39] 巨万仓:《陕西岐山王家嘴、衙里西周墓葬发掘简报》,《文博》1985 年第 5 期;周原考古队:《2001 年周原遗址(王家嘴、贺家地点)发掘简报》,《古代文明》(第 2 卷),文物出版社,2003 年。

[40] 雍城考古队:《凤翔南指挥西村周墓的发掘》,《考古与文物》1982 年第 4 期;韩伟、吴镇烽、马振智等:《凤翔南指挥西村周墓人骨的测量与观察》,《考古与文物》1985 年第 3 期。

[41] 宝鸡市周原博物馆:《北吕周人墓地》,西北大学出版社,1995 年。

[42] 罗西章:《扶风白龙大队发现西周早期墓葬》,《文物》1978 年第 2 期。

[43] 中国社会科学院考古研究所武功发掘队:《1982～1983 年陕西武功黄家河遗址发掘简报》,《考古》1988 年第 7 期。

[44] 刘军社:《武功县郑家坡周人墓地》,《中国考古学年鉴 · 1987》,文物出版社,1988 年,第 259、260 页。

[45] 苏秉琦:《斗鸡台沟东区墓葬》,北京大学出版社,1948 年。

[46] 石鼓山考古队:《陕西宝鸡石鼓山西周墓葬发掘简报》,《文物》2013 年第 2 期;陕西省考古研究院、宝鸡市考古研究所、宝鸡市渭滨区博物馆:《陕西宝鸡石鼓山商周墓地 M4 发掘简报》,《文物》2016 年第 1 期。

[47] 陕西省考古研究所、宝鸡市考古队:《陕西省宝鸡市峪泉周墓》,《考古与文物》2000 年第 5 期。

[48] 雷兴山:《先周文化探索》,科学出版社,2010 年,第 208、209 页。

[49] 种建荣、张敏、雷兴山:《岐山孔头沟遗址商周时期聚落性质初探》,《文博》2007 年第 5 期。

[50] 北京大学考古文博学院、宝鸡市考古队:《陕西麟游县蔡家河遗址商代遗存发掘报告》,《华夏考古》2000 年第 1 期。

[51] 西北大学文化遗产与考古学研究中心、陕西省考古研究院、淳化县博物馆：《陕西淳化县枣树沟脑遗址先周时期遗存》，《考古》2012年第3期；西北大学文化遗产学院、陕西省考古研究院、淳化县博物馆：《陕西淳化枣树沟脑遗址2007年发掘简报》，《文物》2013年第2期；王振、陈洪海：《陕西淳化枣树沟脑遗址2008年度发掘的主要收获》，《西北大学学报（哲学社会科学版）》2010年第40卷第6期。

[52] 北京大学考古系商周组、陕西省考古研究所：《陕西礼泉朱马嘴商代遗址试掘简报》，《考古与文物》2000年第5期。

[53] 咸阳地区文管会、旬邑县文化馆：《陕西旬邑县崔家河遗址调查记》，《考古与文物》1984年第4期。

[54] 甘肃省文物考古研究所：《崇信于家湾周墓》，文物出版社，2009年。

[55] 对各处墓地中先周墓葬年代的判断，依据雷兴山：《先周文化探索》，科学出版社，2010年。根据商周墓葬一般仅男性随葬兵器的规律，将无性别鉴定墓葬中随葬铜兵器者判定为男性。

[56] 陕西省考古研究院：《少陵原西周墓地》，科学出版社，2009年。

[57] 91座男性墓中有26座是根据随葬兵器铜戈、昜判定。

[58] 石鼓山考古队：《陕西宝鸡石鼓山西周墓葬发掘简报》，《文物》2013年第2期；陕西省考古研究院、宝鸡市考古研究所、宝鸡市渭滨区博物馆：《陕西宝鸡石鼓山商周墓地M4发掘简报》，《文物》2016年第1期。

[59] 周原考古队：《周原——2002年度齐家制玦作坊和礼村遗址考古发掘报告》，科学出版社，2010年。报告认为西周早期晚段开始的38座墓葬与制玦作坊有关，族属是殷遗民，本文所说的齐家北墓地即这些墓葬。

[60] 周原考古队：《陕西周原遗址发现西周墓葬与铸铜遗址》，《考古》2004年第1期；周原考古队：《陕西扶风县周原遗址庄李西周墓发掘简报》，《考古》2008年第12期；周原考古队：《2003年秋周原遗址（ⅣB2区与ⅣB3区）的发掘》，《古代文明》（第3卷），文物出版社，2004年。

[61] 陕西周原考古队：《扶风云塘西周墓》，《文物》1980年第4期。

[62] 中国社会科学院考古研究所扶风考古队：《一九六二年陕西扶风齐家村发掘简报》，《考古》1980年第1期；陕西周原考古队：《陕西扶风齐家十九号西周墓》，《文物》1979年第11期；罗西章：《扶风齐家村西周墓清理简报》，《文博》1990年第3期；周原考古队：《1999年度周原遗址ⅠA1区及ⅣA1区发掘简报》，《古代文明》（第2卷），文物出版社，2003年。

[63] 张家坡东一带历经多次发掘，其中规模较大的有两次：一次见于中国科学院考古研究所：《沣西发掘报告》，文物出版社，1962年；另一次见于中国社会科学院考古研究所沣西发掘队：《1967年长安张家坡西周墓葬的发掘》，《考古学报》1980年第4期。

[64] 北京市文物研究所：《琉璃河西周燕国墓地（1973～1977）》，文物出版社，1995年。

[65] 山东省文物考古研究所、山东省博物馆、济宁地区文物组等：《曲阜鲁国故城》，齐鲁书社，1982年。

[66] 洛阳博物馆：《洛阳北窑村西周遗址1974年度发掘简报》，《文物》1981年第7期。

[67] 河南省文物考古研究所、周口市文化局：《鹿邑太清宫长子口墓》，中州古籍出版社，2000年。

[68] 殷墟孝民屯考古队：《河南安阳市孝民屯遗址西周墓》，《考古》2014年第5期。发掘的9座西

周墓中有5座设腰坑，墓向以南向为主，也有北向、东向，据此推测其族属应为殷遗民。

[69] 中国社会科学院考古研究所安阳工作队：《1969～1977年殷墟西区墓葬发掘报告》，《考古学报》1979年第1期。

[70] 中国科学院考古研究所：《沣西发掘报告》，文物出版社，1962年，第129页。

[71] 周原考古队：《2003年秋周原遗址（ⅣB2区与ⅣB3区）的发掘》，《古代文明》（第3卷），文物出版社，2004年。

[72] 周原考古队：《1999年度周原遗址ⅠA1区及ⅣA1区发掘简报》，《古代文明》（第2卷），文物出版社，2003年。

[73] 限于发表材料的局限，这里将墓葬登记表中同式的陶器统计做同形。

[74] 中国社会科学院考古研究所：《殷墟妇好墓》，文物出版社，1980年。

[75] 中国社会科学院考古研究所安阳工作队：《安阳小屯村北的两座殷代墓》，《考古学报》1981年第4期。

[76] 中国社会科学院考古研究所：《安阳殷墟郭家庄商代墓葬1982～1992年考古发掘报告》，中国大百科全书出版社，1998年，第70页。

[77] 中国社会科学院考古研究所：《安阳大司空——2004年发掘报告》，文物出版社，2014年，第395页。

[78] 中国社会科学院考古研究所：《安阳殷墟花园庄东地商代墓葬》，科学出版社，2007年，第68页。

[79] 中国社会科学院考古研究所安阳工作队：《安阳殷墟刘家庄北1046号墓》，《考古学集刊》（第15集），文物出版社，2004年。

[80] 安阳市文物工作队：《1983～1986年安阳刘家庄殷代墓葬发掘报告》，《华夏考古》1997年第2期。

[81] 安阳市文物工作队：《殷墟戚家庄东269号墓》，《考古学报》1991年第3期。

[82] 中国社会科学院考古研究所安阳工作队：《安阳殷墟西区一七一三号墓的发掘》，《考古》1986年第8期。

[83] 安阳市文物工作队：《河南安阳郭庄村北发现一座殷墓》，《考古》1991年第10期。

[84] 西周文化墓葬虽也常见形制相同的铜器，但大小多依次递减，不同于商代形制、大小都同的“同形”。

[85] 周原考古队：《1999年度周原遗址ⅠA1区及ⅣA1区发掘简报》，《古代文明》（第2卷），文物出版社，2003年。

[86] 周原考古队：《2003年秋周原遗址（ⅣB2区与ⅣB3区）的发掘》，《古代文明》（第3卷），文物出版社，2004年。

[87] 罗西章：《扶风齐家村西周墓清理简报》，《文博》1990年第3期。

[88] 周原考古队：《陕西宝鸡市周原遗址2014～2015年的勘探与发掘》，《考古》2016年第7期。

[89] 周原考古队：《2003年秋周原遗址（ⅣB2区与ⅣB3区）的发掘》，《古代文明》（第3卷），文物出版社，2004年。

[90] 陕西周原考古队：《陕西扶风齐家十九号西周墓》，《文物》1979年第11期。

[91] 郭宝钧：《浚县辛村》，科学出版社，1964年，第62页。

[92] 河南省文物考古研究院：《河南淇县杨晋庄发现西周卫国墓群》，《中国文物报》2017年6月30日第八版。

[93] 郑州市文物考古研究院：《河南荥阳娘娘寨城址西周墓葬发掘简报》，《文物》2009 年第 9 期；郝红星、张家强：《娘娘寨的春秋事》，《大众考古》2015 年第 6 期。

[94] 洛阳市文物工作队：《洛阳北窑西周墓》，文物出版社，1999 年。

[95] 湖北省文物考古研究所、随州市博物馆：《湖北随州市叶家山西周墓地》，《考古》2012 年第 7 期。

[96] 张昌平：《叶家山墓地相关问题研究》，《随州叶家山——西周早期曾国墓地》，文物出版社，2013 年。

[97] 杨伯峻：《春秋左传注》（修订本），中华书局，2009 年，第 1538 页。

[98] 黄朴民：《说“启以商政”“启以夏正”》，《中国史研究》1987 年第 4 期。

[99] 李衡眉：《“启以商政”和“启以夏政”另解》，《中国史研究》1995 年第 4 期。

[100] 傅斯年：《周东封与殷遗民》，《民族与中国古代史》，河北教育出版社，2002 年。

[101] 北京市文物研究所：《琉璃河西周燕国墓地（1973～1977）》，文物出版社，1995 年，第 251 页。

[102] 山东省文物考古研究所、山东省博物馆、济宁地区文物组等：《曲阜鲁国故城》，齐鲁书社，1982 年，第 214 页。

[103] 张懋镕：《周人不用日名说》，《历史研究》1993 年第 5 期；张懋镕：《周人不用族徽说》，《考古》1995 年第 9 期。

[104] 王晖：《周代殷周二礼并用论》，《文史》2000 年第 2 辑。

[105] 中国科学院考古研究所：《上村岭虢国墓地》，科学出版社，1959 年；河南省文物考古研究所、三门峡市文物工作队：《三门峡虢国墓》（第一卷），文物出版社，1999 年。

[106] 陕西省考古研究院、渭南市文物保护考古研究所、韩城市文物旅游局：《陕西韩城梁带村遗址 M27 发掘简报》，《考古与文物》2007 年第 6 期；陕西省考古研究院：《陕西韩城市梁带村芮国墓地 M28 的发掘》，《考古》2009 年第 4 期；陕西省考古研究院、渭南市文物保护考古研究所、韩城市文景区管理委员会：《梁带村芮国墓地——二〇〇七年度发掘报告》，文物出版社，2010 年。

[107] 陕西省考古研究院：《周代封国考古的新发现——陕西澄城刘家洼春秋墓地发掘取得重要收获》，《中国文物报》2018 年 1 月 12 日第八版。

[108] 山西省考古研究所、曲沃县文物局：《山西曲沃羊舌晋侯墓地发掘简报》，《文物》2009 年第 1 期。

[109] 北京大学考古学系商周组、山西省考古研究所：《天马－曲村（1980～1989）》（第二册），科学出版社，2000 年。

[110] 山西省考古研究所：《上马墓地》，文物出版社，1994 年。

[111] 种建荣、张天宇、陈钢等：《宝鸡贾家崖遗址两周陶器分期研究》，《青铜器与山东古国学术研讨会论文集》，上海古籍出版社，2017 年。

[112] 张剑：《洛阳两周考古概述》，《洛阳考古四十年——1992 年洛阳考古学术研讨会论文集》，科学出版社，1996 年。

[113] 马赛：《周原遗址西周时期人群构成情况研究——以墓葬材料为中心》，《古代文明》（第 8 卷），文物出版社，2010 年。

[114] 中国社会科学院考古研究所沣西发掘队：《1967 年长安张家坡西周墓葬的发掘》，《考古学报》1980 年第 4 期。

[115] 中国社会科学院考古研究所丰镐发掘队：《长安沣西早周墓葬发掘记略》，《考古》1984 年第 9 期。

[116] 雷兴山：《先周文化探索》，科学出版社，2010年，第233页；路国权、侯级润：《张家坡M89年代为西周说——论西周高领袋足鬲》，《文博》2009年第4期。

[117] 陕西周原考古队：《扶风刘家姜戎墓葬发掘简报》，《文物》1984年第7期。

[118] 宝鸡市考古队：《陕西宝鸡高家村刘家文化墓地发掘报告》，《古代文明》（第7卷），文物出版社，2008年。

[119] 高次若、刘明科、李新泰：《宝鸡高家村发现刘家文化陶器》，《考古与文物》1998年第4期。

[120] 中国社会科学院考古研究所：《张家坡西周墓地》，中国大百科全书出版社，1999年，第66页；梁星彭：《张家坡西周洞室墓渊源与族属探讨》，《考古》1996年第5期。

[121] 还存在一种可能，先周时期本就存在一支如张家坡洞室墓那样，使用偏洞室墓，随葬周系陶器组合、不葬石块的族群。而本文误将本属不同族群的张家坡洞室墓与先周刘家类墓葬，看成了同族群在时间上的改变。这种可能是否存在尚待今后更丰富的考古材料来回答。

[122] 李零：《茫茫禹迹——中国的两次大一统》，生活·读书·新知三联书店，2016年，第83、98页。

[123] 王晖：《商周文化比较研究》，人民出版社，2000年，第3～5页。

[124] 希安·琼斯著，陈淳、沈新成译：《族属的考古——构建古今的身份》，上海古籍出版社，2017年，第153、163页。

[125] 王明珂：《华夏边缘：历史记忆与族群认同》，社会科学文献出版社，2006年。

西周墓葬方向及相关问题探讨*

郜向平

（郑州大学历史学院）

从考古发现看，夏、商时期的墓葬均以北向为主，但两者间存在显著差异，即商文化北向墓多为北偏东方向[1]，而属夏文化的二里头文化墓葬则多为北偏西方向[2]。有学者结合建筑朝向等指出，这种方位差异当是夏、商两个族群的文化差异[3]，或认为分别与磁北方向和地理子午向接近[4]。在上述研究的基础上，我曾进一步指出，商代东、南、西向的墓葬也大多不朝向正方向，而是顺时针偏转了10°左右，这种偏转很可能并非出于对某个方位的尊崇，而是源于基准坐标轴的偏差[5]，即整个方位测量系统的偏差。同理，二里头文化墓葬和建筑方向的偏转也应理解为整个方位测量系统的偏差，即较正方位系统逆时针偏转了10°左右。

基于上述认识，我们可以依照墓葬方向相对于正方向的偏转情况，进一步对西周墓葬进行分类考察。这不但是对西周墓葬方向的一个新的分类角度，也是对夏商方位系统差异的进一步考察。

为便于统计，我们将316°至45°称为北向墓，其中316°至359°为北偏西，1°至45°为北偏东；46°至135°为东向墓，其中46°至89°为东偏北，91°至135°为东偏南；136°至225°为南向墓，其中136°至179°为南偏东，181°至225°为南偏西；226°至315°为西向墓，其中226°至269°为西偏南，271°至315°为西偏北。相对于四个正方向（0°、90°、180°、270°），北偏东、东偏南、南偏西、西偏北可称为顺时针偏转，北偏西、西偏南、南偏东、东偏北可称为逆时针偏转。

需要说明的是，考古工作中墓葬方向的测量并非十分精确，上述划分仅是为统计方便而设。本文即是在统计的基础上，对各主要墓地的墓向做整体趋势考察。此外，以往田野工作中的方向测量多采用磁方位系统，西周文化分布范围内，近百年的磁偏角多在西偏2°至5°间[6]，偏差度数对墓向统计结果影响不大，多数情况下可以忽略。

---

* 本文为国家社会科学基金项目“中原地区周代丧葬礼俗与社会分群、分层研究（项目号：14CKG007）”成果。

一

与夏、商墓葬分别较正方向逆时针、顺时针偏转不同，西周时期不仅有数量较多的顺时针偏转墓葬，也有较多逆时针偏转的墓葬，一般偏转角度在10°～20°之间；也有部分墓地的墓葬偏转角度较大，墓葬方向多接近45°、135°、225°或315°。根据包含不同偏转角度墓葬的多少，可将西周时期主要墓地分为以下三类。

第一类是以顺时针偏转墓葬为主的墓地。主要包括山东曲阜鲁故城药圃墓地、望父台墓地[7]，山西曲沃北赵晋侯墓地[8]和曲村墓地[9]，河南浚县辛村卫国墓地[10]、荥阳西司马墓地[11]、平顶山滍阳岭应国墓地[12]、三门峡虢国墓地[13]，陕西长武碾子坡墓地[14]等。

曲阜鲁故城发掘有129座两周时期的墓葬，可分甲、乙两组[15]。其中属甲组的县城西北角墓葬、北关村西北墓葬属东周时期，而药圃、斗鸡台则有部分西周墓葬。药圃墓地方向明确的墓葬有30座，其中北偏东者3座、南偏西者20座，此外有南偏东及正南方向者7座，是以顺时针偏转的墓葬占大多数。斗鸡台墓地27座墓葬中，南偏西者14座、东偏南者2座，此外有正北向者1座、南偏东者10座，是以顺时针偏转为主，也有一定数量的逆时针偏转墓葬。望父台乙组墓中，39座被定为西周时期，其墓向以北向占绝大多数，而北偏东者有35座。总体而言，鲁故城甲组墓以南偏西向的墓葬为主，而乙组墓则以北偏东者占绝大多数，两组墓葬方向虽多相反，但均是以顺时针偏转的墓葬居多。此外，鲁故城外郭城垣可能始建于两周之际或西周晚期[16]，从平面图上看，其方向也是顺时针略偏转。

曲沃北赵晋侯墓地9组19座墓葬中，18座有墓道。以南侧墓道为准，均较正南方向顺时针偏转10°左右。相对而言，年代较早的两组偏转角度略小，如M114、M113墓主头向均为6°，而其后各组墓葬的偏转角度在8°～20°间。车马坑的方向亦顺时针偏转[17]。曲村墓地636座方向明确的墓葬中，北偏东、东偏南者分别占49.2%（313座）、28%（178座），是以顺时针偏转者占绝大多数。

绛县横水墓地M1、M2倗伯夫妇墓以墓道方向为准，均为272°[18]。该墓地墓葬大多向西，从墓地平面图上看，多数墓向都是顺时针偏转[19]。

浚县辛村卫国墓地发掘西周至春秋早期的墓葬68座，其中北偏东者62座，角度比较集中，基本在3°至20°间。

荥阳西司马墓地的西周早中期墓葬[20]中，西向54座、南向26，分别占65.85%、31.71%，北向墓很少。西向墓以270°至295°间为主，南向墓以180°至197°为主，均是顺时针偏转。

平顶山应国墓地见于发表的西周至春秋早期墓葬共24座，其中方向明确者19座，除 1 座向南外，余皆向北。北向墓中，北偏东者 14 座，方向从 2° 至 16°；此外北偏西者 3 座、正北向 1 座，是以顺时针偏转者占绝大多数。可能为应侯墓的 M232 墓道弧向东南，为 172°，其墓室也较正方向逆时针偏转，与多数墓不一样。

三门峡虢国墓地已刊布的墓葬计 250 座，方向可知者有 244 座，其中北向者 231 座，占 94.67%。北向墓中，北偏东者 158 座，占 68.4%，北偏西者 51 座，占 22.08%，是以顺时针偏转者居多。结合墓地平面图看，逆时针偏转者以 20 世纪 50 年代发掘区中部（第二组墓葬）相对集中。

长武碾子坡墓地有西周墓葬 45 座，绝大多数为东向，其中 29 座为东偏南、11 座为东偏北，则是以顺时针偏转占多数[21]。

此外，在陕西岐山周公庙遗址，从墓地平面图上看，包括陵坡墓地在内的 7 处墓地的墓葬都以顺时针偏转为主[22]。湖北随州叶家山墓地的墓葬多为东西向，已发表的几座墓方向在 90° 至 115° 间[23]。从墓地平面图上看，墓向也以顺时针偏转为主[24]。山东高青陈庄西周城址的方向也以顺时针偏转为主，见于发表的少量墓葬均为北偏东方向[25]。从商末延至西周早中期的滕州前掌大墓地大多数墓葬为北偏东方向[26]，河南鹿邑太清宫长子口墓方向为 24°[27]，安阳殷墟地区发现的西周墓葬[28]大多也都是顺时针偏转。

第二类是以逆时针偏转墓葬为主的墓地。包括甘肃崇信于家湾墓地[29]，陕西扶风北吕墓地[30]、泾阳高家堡墓地[31]、华县东阳墓地[32]，以及河南洛阳北窑墓地[33]，北京房山琉璃河燕国墓地[34]等。

崇信于家湾 138 座先周至西周时期的墓葬中，123 座为北偏西，角度比较集中，在 320° 至 358°之间，是以逆时针偏转占绝大多数。

扶风北吕以北向墓为主，有少量西向墓及个别东、南向墓。其中第Ⅰ、Ⅱ墓地共 25 座墓，以逆时针偏转占绝大多数；第Ⅲ墓地 29 座墓葬中，逆时针偏转 12 座、顺时针偏转 16 座，不少墓葬偏转角度较大；第Ⅳ墓地 163 座墓葬中，顺时针偏转 45 座、逆时针偏转 88 座；第Ⅴ墓地的 66 座墓葬中，顺时针偏转 29 座，逆时针偏转 26 座。第Ⅳ、Ⅴ墓地都有相当数量的墓葬被标为正方向（Ⅳ墓地 26 座、Ⅴ墓地 11 座），北吕遗址在 1980 年前后的磁偏角为西偏 2.53°，则 0° 至 2° 的墓葬都可归入逆时针偏转的墓葬中，则这两个墓地都是以逆时针偏转的墓葬为主的。此外，第Ⅳ墓地顺时针偏转的墓葬相对集中于南部和中部，第Ⅴ墓地则没有明显的集中分布趋势，不过后者的墓葬角度非常集中，基本都在 350° 至 10°间。

泾阳高家堡的 6 座西周早期墓葬中，5 座方向在 344° 至 348°之间，另 1 座为 72°，则均是逆时针偏转 10 余度。

华县东阳的 72 座西周墓葬以南向为主，北向次之，有少量西、东向墓。在 70 座方向明确的墓葬中，南偏东者 38 座，另有 10 余座为北偏西、西偏南的墓葬，则是以逆时针偏转的墓葬为主。需要说明的是，该墓地有 10 余座北偏东、南偏西的墓葬，方向在 3°至 20°或 184°至 205°间，但结合墓地平面图及墓葬平面图看，多分别为北偏西、南偏东，即仍应是逆时针偏转，其方向度数计算有误。

洛阳地区西周墓葬可以较为明确地分为周人墓和殷遗民墓两类，两类墓均以北向为主，且多为逆时针偏转。如属于周人墓的北窑墓地，方向明确的墓葬有 342 座，绝大多数为北向，其中北偏西者 235 座、北偏东者 54 座，是以逆时针偏转者居绝大多数。杨文镇墓葬也以逆时针偏转为主[35]。殷遗民墓较为分散，在发表有一定数量墓葬的地点中，东关以逆时针为主[36]，下窑村西区逆、顺各半[37]。值得注意的是，铸铜遗址从墓葬平面图上看，包括两条墓道大墓 M14 在内的墓葬皆以逆时针偏转为主[38]。西周中晚期开始，涧河两岸[39]和白马寺[40]一带开始有墓葬分布，其墓向仍均为北向，但似以顺时针偏转为多。相较于本地的西周早中期墓葬而言，这是一个值得注意的变化。

北京房山琉璃河墓地分两区，20 世纪 70 年代发掘的一批墓葬和车马坑刊布较详，其中Ⅰ区的 26 座墓及 3 座车马坑中，北偏西者 14 座、北偏东者 11 座，另有 4 座为磁正北方向；Ⅱ区 23 座墓葬和 2 座车马坑中，北偏西者 12 座、北偏东者 11 座，另有 2 座为磁正北方向。1975 年前后琉璃河遗址所在地区磁偏角约为西偏 5.41°，如果将上述磁方位角数值换算为真方位角数值，则磁方位角 5°以内和正北方向的墓葬都应改为北偏西，其中Ⅰ区 9 座、Ⅱ区 5 座。这样，整体而言，琉璃河墓地的墓葬方向绝大多数应为北偏西，即逆时针偏转。此外，墓地之西董家林古城的方向亦是逆时针偏转，与多数墓向一致。

第三类墓地的墓葬方向相对于正方向偏转角度较大，类似于王仁湘所谓“四维”“斜向方位系统”[41]。我们把墓葬方向相对于正方向偏转角度在 25°及以上的墓葬归为“斜向方位系统”墓葬，以此类墓葬占多数的墓地作为第三类墓地，主要包括宝鸡竹园沟、茹家庄墓地[42]，西安少陵原墓地[43]，贾里村墓地[44]和韩城梁带村墓地北、南区墓葬[45]。

宝鸡竹园沟 22 座墓葬中，21 座方向明确，均向东南向（93°至 156°），且相对于正方向偏转角度较大，115°至 141°间的墓葬有 12 座；另有 3 座马坑的方向也在 120°至 130°间。茹家庄 4 座墓葬则多向西南，其中 3 座的墓向在 201°至 234°间，另 1 座为 59°；3 座马坑、车马坑的方向分别为 43°、55°和 240°。

西安少陵原墓地发掘的 429 座西周墓葬中，以东南、西北向居多数，且相对于正方向偏转角度较大，如东南向（92°至 178°）的墓葬有 200 座，其中 115°至 155°间者有 143 座；西南向（275°至 355°）的墓葬有 110 座，其中 295°至 335°间的墓葬有 82 座。

西安贾里村发掘的 30 座西周墓葬方向相对杂乱，大体以东西向居多，其中 21 座为顺时针偏转，且偏转角度较大，较正方向偏转 25°及以上的墓葬有 19 座。

2007 年在韩城梁带村北、南区发掘的 26 座墓葬均向东北，偏转角度较大。除

M28 墓道方向为 188°外，余均在 20°至 55°间。不过西区 10 座墓葬的偏转角度较小，均在 5°至 24°间。

上述三类墓地大都是以某一类墓葬为主，墓向偏转情况总体比较一致。但在一些遗址中，墓向的偏转情况相对复杂，尤其是在都城性质的遗址中呈现出比较复杂的面貌。如丰镐遗址已发掘的西周墓葬主要集中在沣西地区，其中 1955～1957 年在沣西张家坡第一、四地点发掘的 100 座墓葬中，顺时针偏转和逆时针偏转者大致各占半数[46]；第二、三地点与 1967 年发掘的北区墓葬在同一区域，共 105 座墓葬和 5 座车马坑，则是以逆时针偏转为主；1967 年发掘的西区 42 座墓葬和 3 座马坑，则以顺时针偏转为主；1955～1957 年在沣西客省庄发掘的 51 座墓葬也以顺时针偏转居绝对多数；1983～1986 年在张家坡西发掘的 365 座墓葬和 3 座车马坑、22 座马坑中，以北向为主，其中 213 座为北偏西，95 座为北偏东，是以逆时针偏转者居多，顺时针偏转者也占相当数量。结合墓地平面图看，顺时针偏转者相对集中于墓地中部，即张礼艳所划分的沣西 A 区第二组墓葬[47]。沣东地区集中发掘的墓葬不多，1984 年在普渡村发掘的 42 座墓葬和 2 座车马坑以逆时针偏转为主[48]。

周原遗址的墓葬方向也比较复杂。2002 年齐家北石玦作坊 40 座墓葬以顺时针偏转为主，逆时针偏转者也占一定数量，后者相对集中于发掘区西部[49]；2003、2004 年在庄李（李家）铸铜遗址发掘的 26 座墓葬和 1 座车马坑则基本都是逆时针偏转；齐家东墓葬偏转角度则较大[50]，应属第三类墓地；1977～1978 年在岐山双庵发掘的 31 座西周墓中，28 座都为西偏南，即逆时针偏转居绝对多数[51]。

二

据王仁湘研究，史前墓葬的方向与多种自然或文化因素相关[52]。冉宏林指出早商“环城墓”平行或垂直于城墙方向[53]，马赛认为北吕墓地墓葬的方向与所在地势相关[54]。但是对夏商建筑和墓葬的研究表明，其方向在广大区域内多保持较高的一致性，表明方位系统存在大范围的约束机制，即建筑和墓葬方向并不完全由具体地形决定。因此，对西周墓葬的方向仍可以做宏观的统计分析和规律探寻。事实上，西周墓葬的方向虽呈现出多样化的趋势，但若细加辨析，在杂乱的表象下仍有一定规律可循。

（1）与商文化墓葬在大范围内保持顺时针偏转的统一性不同，西周墓葬方向的偏转方式比较多样，不仅不同遗址的墓葬偏转倾向可能有所不同，同一遗址甚至同一墓地中也存在不同偏转倾向的墓葬。尤其值得注意的是，比较公认的殷遗民墓葬的方向也不尽一致，有的保持商墓顺时针偏转的传统，有的则转而为逆时针偏转。

如洛阳地区西周早中期包括北窑铸铜遗址墓葬在内的殷遗墓葬都以逆时针偏转为主，琉璃河Ⅰ区墓葬也以逆时针偏转为主，均与同地的周人墓葬方向一致；而安阳殷墟、鹿邑长子口墓、滕州前掌大墓葬均以顺时针偏转为主，曲阜鲁故城的苗圃、斗鸡台甲组墓也以顺时针偏转居多，似乎保持了商人原有的方位系统。丰镐遗址1955～1957年、1967在张家坡发掘的墓葬被认为与殷遗民有关[55]，但第二、三地点与1967年发掘的北区墓葬以逆时针偏转为主，1967年发掘的西区墓葬则以顺时针偏转为主，第一、四地点者甚至顺时针偏转和逆时针偏转者大致各占半数。

结合建筑的朝向来看，西周王朝对于方位系统似乎没有统一的要求。具体在不同国家或地区内部，是否有统一要求也不尽一致。如洛阳地区、鲁、燕、晋等人群构成多元，但方向比较统一，可能有统一要求；丰镐、周原等地的墓葬方向相对多样，甚至不同偏转方向的墓葬共存于同一墓地中，可能就没有统一要求。

（2）大体而言，墓向与所在区域或国族有一定关系。如以顺时针偏转墓葬为主的第一类墓地多见于东方地区，明确的姬姓周人墓葬，如鲁、卫、应、晋、郑、虢的高级贵族大多为顺时针偏转；以逆时针偏转墓葬为主的第二类墓地则多见于关中地区，如扶风北吕、泾阳高家堡、华县东阳以及甘肃崇信于家湾墓葬等。值得注意的是，第二类墓地中也有不少被认为与周人有关，包括北吕墓地、张家坡井叔家族墓、洛阳北窑墓地、琉璃河Ⅱ区墓葬等，其中琉璃河燕国、井叔家族据文献或金文可知为姬姓，但已有学者指出其与姬周王族的统系并不明确，或为赐姓为姬的异族人群[56]。方位系统的差异或许也表明所谓“姬姓周人”的构成是较为复杂的。第三类墓地也主要位于关中，其墓葬方向与王仁湘指出的巴蜀地区方位系统类似，值得注意的是，㢭国墓葬中含有较多巴蜀文化因素[57]，正与墓向体现出来的特征相合。

在丰镐、周原、北吕第Ⅳ墓地、虢国墓地虽然存在不同偏转墓葬共存的现象，也往往能看出相对聚集的趋势，表明同一偏转趋势的墓葬所属人群的关系更为密切；而这些遗址中不同偏转趋势的墓葬共存，恰表明其人群构成的多样。

（3）一些遗址或墓地的墓向呈现出随时间而变化的趋势。如洛阳地区瀍河两岸西周早中期墓葬多为逆时针偏转，而中期偏晚以后在涧河两岸和白马寺一带出现的墓葬则以顺时针偏转为主，似乎随着人群变动，所使用的方位系统也有所变化。此外，北赵晋侯墓地早期墓葬的方向顺时针偏转角度较小，至少从M32、M33组开始，偏转角度多在15°以上[58]。更值得注意的是，春秋早期羊舌晋侯墓地的M1为344°，是北偏西[59]。从墓地平面图上看，M2及另外一组3座大墓的方向与M1近似，都是北偏西。这与北赵晋侯墓地有明显差异，其转变原因为何，尚需进一步探讨。

古代用以测量方向的方式约有三种：日影定向、极星定向、磁针定向。如果我们承认夏商周建筑和墓葬方向的偏转是源于方位系统偏差的话，那么磁针定向是难以解释夏商建筑和墓葬的偏转差异的[60]。有学者认为商代墓葬和建筑多偏向东北乃是利用太阳确定方位所致[61]，那么夏商若在同一天的不同时辰测定日影，或有可能导致所测方位的不同偏转倾向。此外，班大卫（David W. Pankenier）推测夏商“可能用了截然不同的方法或观念”，商人可能采用了新的极星来校正方向，也可能选择同一颗极星，但“测量的时刻或季节有规律性的区别”[62]。

无论定向手段为何，夏商似乎存在一定的约束机制，问题是西周时期为何不再有统一约束了呢？对此尚难以解答。不过可以指出的是，古代方位系统是和计时系统密切相关的。春秋时代各国历法不一，西周时期或已如此，这和方位系统的多元并存或有内在的关联。

附记：磁偏角相关问题蒙中国社会科学院考古研究所王辉先生指教，谨致谢意！

注　释

[1] 杨锡璋：《殷人尊东北方位》，《庆祝苏秉琦考古五十五年论文集》，文物出版社，1989年。

[2] 杨冠华：《二里头文化及二里冈文化墓葬比较研究》，北京大学硕士研究生学位论文，2004年。

[3] 高炜、杨锡璋、王巍等：《偃师商城与夏商文化分界》，《考古》1998年第10期；杨鸿勋先生在1995年召开的商文化国际学术讨论会上已论及夏、商文化在建筑朝向上的差异，参见杨鸿勋：《“中国商文化国际学术讨论会”述要》，《考古》1995年第9期。

[4] 杜金鹏：《偃师二里头夏都规划探论》，《夏商周考古学研究》，科学出版社，2007年。

[5] 郜向平：《商系墓葬研究》，科学出版社，2011年，第90、91页。

[6] 本文所使用的磁偏角数据根据美国国家海洋和大气管理局网站提供的磁场计算器计算，使用IGRF（International Geomagnetic Reference Field）模型，https://www.ngdc.noaa.gov/geomag/calculators/magcalc.shtml#declination。

[7] 山东省文物考古研究所、山东省博物馆、济宁地区文物组：《曲阜鲁国故城》，齐鲁书社，1982年。

[8] 北京大学考古系、山西省考古研究所：《1992年春天马－曲村遗址墓葬发掘报告》，《文物》1993年第3期；北京大学考古系、山西省考古研究所：《天马－曲村遗址北赵晋侯墓地第二次发掘》，《文物》1994年第1期；山西省考古研究所、北京大学考古学系：《天马－曲村遗址北赵晋侯墓地第三次发掘》，《文物》1994年第8期；山西省考古研究所、北京大学考古学系：《天马－曲村遗址北赵晋侯墓地第四次发掘》，《文物》1994年第8期；北京大学考古系、山西省考古研究所：《天马－曲村遗址北赵晋侯墓地第五次发掘》，《文物》1995年第7期；北京大学考古文博学院、山西省考古研究所：《天马－曲村遗址北赵晋侯墓地第六次发掘》，《文物》2001年第8期。

[9] 北京大学考古学系商周组、山西省考古研究所：《天马－曲村（1980～1989）》，科学出版社，2000年。

[10] 郭宝钧：《浚县辛村》，科学出版社，1964年。

[11] 河南省文物考古研究院、郑州市文物考古研究院、荥阳市文物保护管理中心：《荥阳西司马墓地》，大象出版社，2016年。

[12] 河南省文物考古研究所、平顶山市文物管理局：《平顶山应国墓地（Ⅰ）》，大象出版社，2012年；河南省文物研究所、平顶山市文管会：《平顶山市北滍村两周墓地一号墓发掘简报》，《华夏考古》1988年第1期；河南省文物考古研究所、平顶山市文物管理委员会：《平顶山应国墓地九十五号墓的发掘》，《华夏考古》1992年第3期；娄金山：《河南平顶山市出土的应国青铜器》，《考古》2003年第3期；河南省文物考古研究所、平顶山市文物管理局：《河南平顶山

应国墓地八号墓发掘简报》,《华夏考古》2007 年第 1 期；河南省文物考古研究院、平顶山市文物管理局、河南大学历史文化学院：《河南平顶山应国墓地 M257 发掘简报》,《华夏考古》2015 年第 3 期。

[13] 中国科学院考古研究所：《上村岭虢国墓地》，科学出版社，1959 年；河南省文物考古研究所、三门峡市文物工作队：《三门峡虢国墓》（第一卷），文物出版社，1999 年；河南省文物考古研究所、三门峡市文物工作队：《上村岭虢国墓地 M2006 的清理》,《文物》1995 年第 1 期；河南省文物考古研究所、三门峡市文物工作队：《三门峡虢国墓地 M2010 的清理》,《文物》2000 年第 12 期；河南省文物考古研究所、三门峡市文物工作队：《三门峡虢国墓地 M2013 的发掘清理》,《文物》2000 年第 12 期；河南省文物考古研究所、三门峡市文物考古研究所：《河南三门峡虢国墓地 M2008 发掘简报》,《文物》2009 年第 2 期；按虢国墓地主体为春秋早期，但鉴于其资料完整，代表了西周以来的一个主要国族，故纳入本文分析。

[14] 中国社会科学院考古研究所：《南邠州 · 碾子坡》，世界图书出版社，2007 年。

[15] 张学海：《试论鲁城两周墓葬的类型、族属及其反映的问题》,《中国考古学会第四次年会论文集》，文物出版社，1985 年。

[16] 许宏：《曲阜鲁国故城之再研究》,《三代考古》（一），科学出版社，2004 年；山东省文物考古研究所：《曲阜鲁国故城考古工作取得重要成果——确认了鲁故城宫城　解决了宫城外郭城的年代问题》,《中国文物报》2017 年 3 月 10 日第五版。

[17] 山西省考古研究所、北京大学考古文博学院：《山西北赵晋侯墓地一号车马坑发掘简报》,《文物》2010 年第 2 期。

[18] 山西省考古研究所、运城市文物工作站、绛县文化局：《山西绛县横水西周墓发掘简报》,《文物》2006 年第 8 期。

[19] 谢尧亭：《晋南地区西周墓葬研究》，吉林大学博士学位论文，2010 年，图四八。

[20] 发掘者定为晚商至西周早期的墓葬共 82 座，实际都应是西周早中期的墓葬。

[21] 报告第 291 页统计东偏南 24 座、东偏北 9 座，数据略有出入，本文暂以墓葬登记表为准。

[22] 种建荣：《周公庙遗址商周时期聚落与社会》，西北大学博士学位论文，2010 年。

[23] 湖北省博物馆、湖北省文物考古研究所、随州市博物馆：《随州叶家山——西周早期曾国墓地》，文物出版社，2013 年。

[24] 湖北省博物馆、湖北省文物考古研究所、随州市博物馆：《随州叶家山——西周早期曾国墓地》，文物出版社，2013 年。

[25] 山东省文物考古研究所：《山东高青县陈庄西周遗址》,《考古》2010 年第 8 期；山东省文物考古研究所：《山东高青县陈庄西周遗存发掘简报》,《考古》2011 年第 2 期；山东省文物考古研究所：《高青县陈庄西周遗存发掘简报》,《海岱考古》（第四辑），科学出版社，2011 年。

[26] 中国社会科学院考古研究所：《滕州前掌大墓地》，文物出版社，2005 年；滕州市博物馆：《滕州前掌大村南墓地发掘报告（1998～2001）》,《海岱考古》（第 3 辑），科学出版社，2010 年；郜向平：《商系墓葬研究》，科学出版社，2011 年，第 90 页。

[27] 河南省文物考古研究所、周口市文物局：《鹿邑太清宫长子口墓》，中州古籍出版社，2000 年。

[28] 中国社会科学院考古研究所安阳工作队：《河南安阳殷墟刘家庄北地殷墓与西周墓》,《考古》2005 年第 1 期；殷墟孝民屯考古队：《河南安阳市孝民屯遗址西周墓》,《考古》2014 年

第 5 期。
［29］ 甘肃省文物考古研究所:《崇信于家湾周墓》，文物出版社，2009 年。
［30］ 宝鸡市周原博物馆:《北吕周人墓地》，西北大学出版社，1995 年。
［31］ 陕西省考古研究所:《高家堡戈国墓》，三秦出版社，1995 年。
［32］ 陕西省考古研究所、秦始皇兵马俑博物馆:《华县东阳》，科学出版社，2006 年。
［33］ 两条墓道的两座墓中，M446 为 4°，M451 虽登记为 350°，但平面图上明显顺时针偏转。
［34］ 北京市文物研究所:《琉璃河西周燕国墓地（1973～1977）》，文物出版社，1995 年。
［35］ 洛阳市文物工作队:《洛阳东郊 C5M906 号西周墓》,《考古》1995 年第 9 期；洛阳市文物工作队:《洛阳东郊西周墓》,《文物》1999 年 9 期。
［36］ 洛阳市文物工作队:《洛阳东关五座西周墓的清理》,《中原文物》1984 年第 3 期。
［37］ 郭宝钧、林寿晋:《一九五二年秋季洛阳东郊发掘报告》,《考古学报》第九册，1955 年第 1 期。
［38］ 洛阳博物馆:《洛阳北窑村西周遗址 1974 年度发掘简报》,《文物》1981 年第 7 期；洛阳市文物工作队:《1975～1979 年洛阳北窑西周铸铜遗址的发掘》,《考古》1983 年第 5 期。
［39］ 中国科学院考古研究所:《洛阳中州路西工段》，科学出版社，1959 年。
［40］ 张剑、蔡运章:《洛阳白马寺三座西周晚期墓》,《文物》1998 年 10 期；陈国梁、宋江宁、郭晓涛等:《汉魏洛阳故城两周时期墓葬发掘取得新收获》,《中国文物报》2007 年 12 月 5 日第二版；中国社会科学院考古研究所洛阳汉魏城队:《河南洛阳市汉魏故城 M175 西周墓发掘简报》,《考古》2014 年第 3 期。
［41］ 王仁湘:《四正与四维：考古所见中国早期两大方位系统——由古蜀时代的方位系统说起》,《四川文物》2011 年第 5 期。
［42］ 宝鸡市博物馆:《宝鸡強国墓地》，文物出版社，1988 年。
［43］ 陕西省考古研究院:《少陵原西周墓地》，科学出版社，2009 年。
［44］ 陕西省考古研究院:《贾里村西周遗址》，文物出版社，2017 年。
［45］ 陕西省考古研究院等:《梁带村芮国墓地——二〇〇七年度发掘报告》，文物出版社，2010 年。
［46］ 第一地点 53 座墓葬中，顺时针偏转 23 座，逆时针偏转 21 座；第四地点，47 座墓葬中，顺时针偏转 24 座，逆时针偏转 21 座。
［47］ 张礼艳:《丰镐地区西周墓葬研究》，社会科学文献出版社，2015 年，第 170 页图 41。
［48］ 中国社会科学院考古研究所浮西发掘队:《1984 年长安普渡村西周墓葬发掘简报》,《考古》1988 年第 9 期。
［49］ 陕西省考古研究院、北京大学考古文博学院、中国社会科学院考古研究所等:《周原——2002 年度齐家制玦作坊和礼村遗址考古发掘报告》，科学出版社，2010 年。顺时针偏转者 20 座、正方向 10 座，逆时针偏转 10 座。
［50］ 马赛:《聚落与社会——商周时期周原遗址的考古学研究》，北京大学博士学位论文，2009 年，第 64～70 页。
［51］ 西安半坡博物馆:《陕西岐山双庵新石器时代遗址》,《考古学集刊》（第 3 集），中国社会科学出版社，1983 年。
［52］ 王仁湘:《我国新石器时代墓葬方向研究》,《中国原始文化论集——纪念尹达八十诞辰》，文物出版社，1989 年；又收入王仁湘:《中国史前考古论集》，科学出版社，2003 年。

[53] 冉宏林：《早商“环城墓”研究》，《夏商都邑与文化》（一），中国社会科学出版社，2014年。
[54] 马赛：《北吕墓地试析》，《考古与文物》2009年第1期。
[55] 张礼艳：《丰镐地区西周墓葬研究》，社会科学文献出版社，2015年，第210～215页。
[56] 韩巍：《西周金文世族研究》，北京大学博士学位论文，2007年，第245页。
[57] 宝鸡市博物馆：《宝鸡强国墓地》结语，文物出版社，1988年。
[58] M1、M2分别为188°、189°，偏转角度也较小。从另外一个角度看，M113、M114，M9、M13及M1、M2三组墓葬位于墓地东部，其偏转角度较小，而其他西部各组墓葬偏转角度较大，或许是为了对应某个特定的标识，如北部的塔儿山。
[59] 山西省考古研究所、曲沃县文物局：《山西曲沃羊舌晋侯墓地发掘简报》，《文物》2009年第1期。
[60] 学者已指出二里头和偃师商城相距很近，建筑方向却呈现出显著差异。
[61] 石璋如：《河南安阳后冈的殷墓》，《历史语言研究所集刊》第十三本，中央研究院历史语言研究所，1948年；宋镇豪：《释督晝》，《甲骨文与殷商史》第三辑，上海古籍出版社，2013年；高江涛：《殷人四方尊位探讨》，《2004年安阳殷商文明国际学术研讨会论文集》，社会科学文献出版社，2004年。
[62] 班大卫：《再谈北极简史与“帝”字的起源》，《当代西方汉学研究集萃·上古史卷》，上海古籍出版社，2012年。

再析“长子口”墓

——兼谈青铜器的分组订制与几种称谓结构

王正原

（北京大学考古文博学院）

长子口墓[1]位于河南省周口市鹿邑太清宫镇，随葬铜器铭文中多见“长子口”称号，因而得名。墓葬的下葬年代在西周早期，有两条墓道与“亚”字形的椁室，且未经盗扰。规模之大与随葬品之丰厚，堪称罕见。

以往研究集中于墓主身份的讨论，诸家观点迥异，可分为三类：

（1）以“长”为国族之名，认为“长子口”是私名为“口”的长国国君。持该观点的学者包括韩维龙、张志清[2]、杨肇清[3]、林欢[4]、杨升南[5]等。

（2）读“长”为“微”，或以“微”为“长”之讹变，认为“长子口”即微子启。持该观点的学者包括王恩田[6]、松丸道雄[7]、尹夏清与尹盛平[8]等。

（3）读“长子”为亲属称谓，认为墓主是私名为“口”的庶长子。持该观点的学者包括李学勤[9]、唐锦琼[10]等。

既往研究有两方面尚待推进。一方面，重视文字考释，轻视墓葬的埋葬内容。另一方面，在文字考释上，重单字的联系，对语境和称谓结构的考察略显不足。然而，墓葬的埋葬内容是墓主社会化的重要介质，语素在语境中才具有明确意义。本文试在这两方面做进一步研究：第一，以部分随葬品判断墓葬的年代，并据有关埋葬内容分析其文化因素；第二，综合铜器铭文内容、铭文书体与装饰风格的特征，逐件分辨其年代与来源；第三，按年代先后考察随葬铜器组合，并与相似语境的铜器群比较，以大致勾勒墓主社会地位的起伏；第四，梳理古文字资料，明确“長（长）”的含义与“某子某”“某子”“子某”几种称谓结构中的用法；最后，综合前文讨论，推测墓主身份。

一、年代与文化因素

多数学者认为本墓下葬年代在西周早期，笔者赞同。不过，以往的年代研究重铜器、轻陶器。后者生产与埋葬的时间差更短，可以更准确地指示墓葬下葬年代；另外，判断铜器年代时，使用了不少年代存疑的对比器（如西周早期墓葬中遗留的商器）。故下文不避繁缛，先研究墓葬下葬年代。其中，重点分析陶器年代，辅以铜器年代。在判断陶器年代时，兼讨论其文化因素。

下面几种陶器年代特征明显（图一）。

陶豆　5件，形制近同。尖圆唇，口微敛，腹较深，通体素面，仅柄部有一或两道旋纹。殷墟的豆，器腹多起棱。少数不起棱的，如殷墟西区 M352：2[11]、前掌大 M36：1[12]，都作浅腹敞口，与长子口墓陶豆相异。本墓陶豆，形制近于张家坡 KM145：8[13]、曲村 M6536：1[14]，年代在西周早期，且有周文化影响。

簋　分三型。

A型　4件。S型腹，双耳，颈饰一周云雷纹。这种簋源自殷墟的S型腹仿铜簋，但颈部纹饰有前掌大类型作风。其演变规律是圈足变高，与殷墟四期的小屯西地 GM233：41[15]比较可知，A型簋的年代进入了西周早期。

B型　4件。直腹，颈饰一周云雷纹与圆泡纹，有前掌大类型特色。演变规律同A型簋，与殷墟四期的前掌大 M101：2[16]及西周早期的前掌大 M115：5[17]比较可知，B型簋的年代在西周早期。

C型　1件。盆型腹，厚三角唇，沿微折，腹饰绳纹，三角划纹打破绳纹。这种簋是殷墟典型器类，何毓灵指出其在殷墟四期多作厚方唇，沿不折，西周早期多作厚三角唇，沿微折，愈晚折沿位置愈靠下[18]。与殷墟四期的殷墟西区 M347：20[19]及西周早期早段的张家坡 M178：2[20]、洛阳北窑 H3：1[21]比较可知，C型簋的年代在西周早期早段。

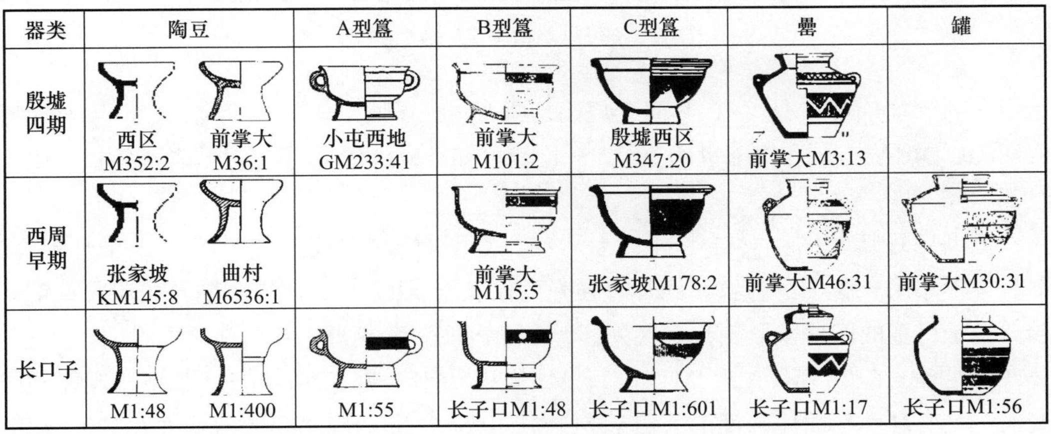

图一　长子口器物年代比较·陶器

罍　有多型，8件A型罍最典型。高直领，折肩，直腹，下腹微收，肩饰多道旋纹或一窄条绳纹，腹饰绳纹及两道三角纹，三角纹间的绳纹被刮去。规整的三角绳纹、高而宽的领、锐利的领肩转折，是前掌大类型的特色，与殷墟陶罍三角绳纹不规整、领较小、领肩转折较缓形成对比。其变化规律是由矮斜领发展为高直领。与殷墟四期的前掌大 M3 : 13[22]及西周早期的前掌大 M46 : 31[23]比较可知，A 型罍的年代在西周早期。

圆腹罐　32 件，形制近同。直领，折肩微弧，弧腹，肩饰旋纹与泥饼，腹饰旋断绳纹。殷墟陶罐肩饰泥饼、旋纹者，体量很小，多作卷沿，腹部也较素。这种圆腹罐常见于前掌大类型西周早期的墓葬，如前掌大 M30 : 31[24]。

随葬铜器年代跨度较大，仅看年代较晚的几件（图二）：

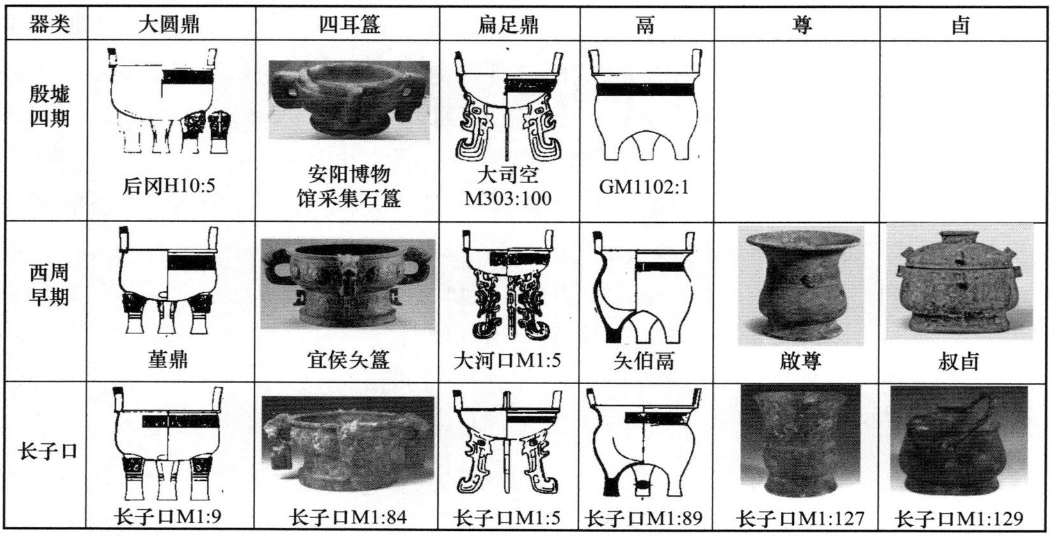

图二　长子口器物年代比较 · 铜器

大圆鼎　1 件，M1 : 9，其演变规律是腹变浅，下腹渐垂，足变高而粗壮。与殷墟四期的戍嗣子鼎[25]和康王世的堇鼎[26]比较可知，M1 : 9 形态接近后者，年代在康王时期。

青铜四耳簋　2 件，M1 : 84、M1 : 85。豆形腹，高圈足下起台阶；四半环形耳，下有方形小珥；腹饰圆泡纹。四耳簋在晚商仅有石质的[27]，西周早期开始流行青铜质的。长子口墓的四耳簋形制与宜侯夨簋[28]、強伯簋[29]相近，年代在康王时期。

扁足鼎　5 件，M1 : 5、M1 : 12、M1 : 29、M1 : 76、M1 : 93。其演变规律是腹变浅、足变高。与殷墟四期的大司空 M303 : 100[30]和西周早期的前掌大 M120 : 8[31]及大河口 M1 : 62[32]比较可知，年代在西周早期。

青铜鬲　2 件，M1 : 89、M1 : 90。其演变规律是裆变高，袋足变瘦，颈部变束，器身变矮。与殷墟四期的 GM1102 : 1[33]和西周早期偏早的夨伯鬲[34]比较可知，年代在西周早期偏早。

尊　1 件，M1 : 127，两段式尊始流行于昭王世，如啟尊（《铭图》11778）；然与之相比，M1：127 腹不鼓，下腹不垂；加之墓中铜器年代较早，故 M1：127 年代或在康王世，是两段式尊的较早形态。

卣　2 件，M1：129、M1：219。卣器体宽扁，形态近于叔卣（《铭图》05113），亦在康王世。与 M1：127 成组。

综合陶器、铜器的年代来看，长子口墓的下葬年代在西周早期，或许即在康王世前段。随葬陶器属商文化系统，但前掌大风格浓厚，与典型殷墟文化有别，这说明其制陶作坊有东部殷民的特征。

该墓的主要葬俗，与典型商文化无异，其特征至少包括：① 腰坑；② 殉人；用牲；③ 青铜觚爵组合；④ 铜器中酒器比例高于食器；⑤ 随葬较多陶器；⑥ 使用明器化的陶觚爵；⑦“亚”字形椁室，南墓道直达墓底[35]。

应当指出，明器化的陶觚爵多见于典型殷墟墓葬，在商文化地方类型（包括前掌大类型）的墓葬中很少见。故而，制定葬俗者与制作陶器者文化来源有异，这或许是周初殷民结构重新整合的结果。

二、青铜器分组研究

高规格墓葬中的铜器来源很复杂，常可通过礼物、赗赙、抢夺等方式得自他人。纵是墓主自作器，或专为墓主所作器（如明器），其年代也存在一定跨度，且可以订做自不同作坊。欲通过随葬器物研究墓主的社会地位，则先需细致区分器物的来源与年代。本节主要对墓主自作器按书体与装饰风格进行分组研究，逐件判断年代。对于其他来源的器物，仅分析其来源与年代。

李峰曾以书体为标准，将长子口墓铜器分为三组：A.“子”空首，“口”两竖高出，“长”宽扁，头发方折，称号为“长子口”；B.“子”实首，“口”两竖不高出，“长”瘦长，头发圆滑，称号为“长子口”或“子口”；C.“子”实首，称号为“子”；并认为，在年代上 A 组最早，B 组其次，C 组最晚[36]。

本节在李说的基础之上，深化铜器分组研究。笔者将墓主自作器按书体分为四组，进一步明确各自的特征。笔者还将展示，铭文书体与器物装饰风格间存在关联性，各组器物年代各有一定跨度，可能是不同生产线的作品。

铭有墓主称号的铜器，铭文书体有四种：

A 组（图三，1）“子”为空首，头大而宽；“长”较宽，头发方折；“口”两竖高出。字体粗细均匀，笔画细而整洁。称号作“长子口”。

B 组（图三，2）“子”为实首，头小，上部较平；“口”两竖不高出；“长”头发弯曲，较窄长。笔画粗细变化大，更为象形化，字体不如 A 整洁。称号作“长子口”或“子口”。

C 组（图三，3）“子”为实首，头小，上部较饱满。字体似 B，但起笔、收笔处比 B 锐利。称号省作“子”。

D 组（图三，4）“子”为实首，但与 B 组、C 组相比，字体纤细，粗细均匀。称号作“子口”。

A　　B　　C　　D

图三　四种书体举例

下将分述各组铜器的情况。有些铜器无铭文或铭文未发表，但根据有关特征，可以判断组别，文中会特别注明。

1. A 组

小方鼎　5 件，M1∶4、M1∶77、M1∶88、M1∶95、M1∶186（图四，1），条状扉棱，柱足尚较粗，腹直。小方鼎的演变规律为扉棱变高，由条形变为 F 型，柱足变高变细，腹变浅，截面逐渐由长方形变为倒梯形。长子口小方鼎年代比商末的竈鼎（《铭图》02317）更早，大致在殷墟四期。

扁足鼎　5 件，M1∶5、M1∶12、M1∶29、M1∶76、M1∶93（图四，3），上节已述，在西周早期。

鬲鼎　5 件，M1∶6、M1∶78、M1∶80、M1∶91、M1∶185（图四，2），足高，腹浅，裆较平。鬲鼎的演变规律为足变高，腹部变浅，裆部逐渐变得不明显。与殷墟四期晚段的刘家庄 M1046∶26[37] 及西周早期的张家坡 M54∶2[38] 比较可知，其年代应在西周早期。

方尊　2 件，M1∶8、M1∶125（图四，10、11），高扉棱，肩有兽首与禽鸟浮雕，圈足起台阶。形制与亞醜方尊[39] 近似，年代在殷墟四期。长子口墓两件方尊形制相同，但前者铸造精致，细节锐利；后者粗陋，细节圆钝。前者一次铸造成形，厚薄均匀；后者厚薄不均，有大面积补铸痕。前者配有铜斗，而后者无。后者有可能是为扩充器物组合，在下葬前临时铸造的明器。

方觥 2件，86、225（图四，12、13），扉棱呈F型，器身纵向分为三段。形制与亞醜方觥[40]近似，年代在殷墟四期。与方尊存在类似现象，一件是实用器，一件是明器。

一套尊卣组合，觚型尊1（M1：137；图四，14）提梁卣1（M1：224；图四，15）。朱凤瀚指出，觚型尊的演变规律是器体变宽矮，中腹以上的高度占通高之比例变小，在商末约为1.9，周初约为1.6[41]。从器体比例看，其年代在殷墟四期。提梁卣腹作扁罐型，提梁以小环衔接者是商末器的特征[42]，年代也在殷墟四期。

另一套尊卣组合，觚型尊1（M1：127；图四，16）提梁卣2（M1：129、M1：219；图四，17、18），铭文均作“长子口作旅宗（将鼎）”，是“长子口”为宗庙所作祭器。据上节，年代在康王世。此外，设于短轴上的提梁，一般见于凤鸟纹提梁卣，本是为衬托高耸扉棱；然两件提梁卣通体素面，已背离这种设计的本意，故年代晚于凤鸟纹提梁卣的流行年代，即早不至周初。

甗 1件，M1：42（图四，7），制作粗陋，器体轻薄，形态扭曲，底无烟炱，疑为明器。甗的演变规律为柱足增高，袋足变瘦，甑部腹变浅。该器形制与灵台白草坡M1：11相近[43]，年代在西周早期。

方罍 1件，M1：124（图四，6），工艺不精，器身扭曲。扉棱高耸呈F型，主纹阴线密度低，不凸起，地纹阴线密度较高。从纹饰结构和流畅地纹来看，年代在殷墟四期。

方斝 2件，M1：130、M1：222（图四，8、9），铭有“长子口”三字，但未发表拓片。装饰手法与A组的小方鼎、方尊、方觚、方罍类似，应是A组的器物。斝在西周早期已近消亡，方形器在西周时期亦很少见，加之其主纹不凸起的装饰手法流行于商末，故其年代应在殷墟四期。

方爵 4件，M1：133、M1：134、M1：202、M1：214（图四，4）。方觚4件，M1：118、M1：211、M1：213、M1：216（图四，5）。无铭文，但装饰风格与小方鼎、方尊、方觥、方罍、方斝相同，应是A组的器物。爵的演变规律是柱逐渐远离流折处。类似器物见殷墟四期的亞醜爵（《铭图》07066）和后冈M9：10[44]，与之相比，长子口方爵的柱离流折更远，已在口沿侧面的中部，年代在西周早期。方觚与之成套，器体很瘦高，年代也在西周早期。

2. B组

圆爵4件，分为两套。一套（M1：198、M1：199；图五，1、2）满饰兽面纹，兽面隐于云雷地纹之中。从矮柱、薄流、足作较矮的三角锥型来看，年代在殷墟四期。另一套（M1：203、M1：223；图五，3、4）仅在腹部饰一窄周云雷纹。从高柱、厚流、刀状足来看，年代在西周早期。

根据配套关系，4件圆觚也是B组器物。分为两套。一套（M1：83、M1：132；

图四 A组铜器

1. 小方鼎（M1：4、M1：77、M1：88、M1：95、M1：186） 2. 鬲鼎（M1：6、M1：78、M1：80、M1：91、M1：185） 3. 扁足鼎（M1：5、M1：12、M1：29、M1：76、M1：93） 4. 方爵（M1：133、M1：134、M1：202、M1：214） 5. 方觚（M1：118、M1：211、M1：213、M1：216） 6. 方罍（M1：124） 7. 甗（M1：42） 8、9. 方斝（M1：130、M1：222） 10、11. 方尊（M1：8、M1：125） 12、13. 方觥（86、225） 14、16. 觚形尊（M1：137、M1：127） 15、17、18. 提梁卣（M1：224、M1：129、M1：219）

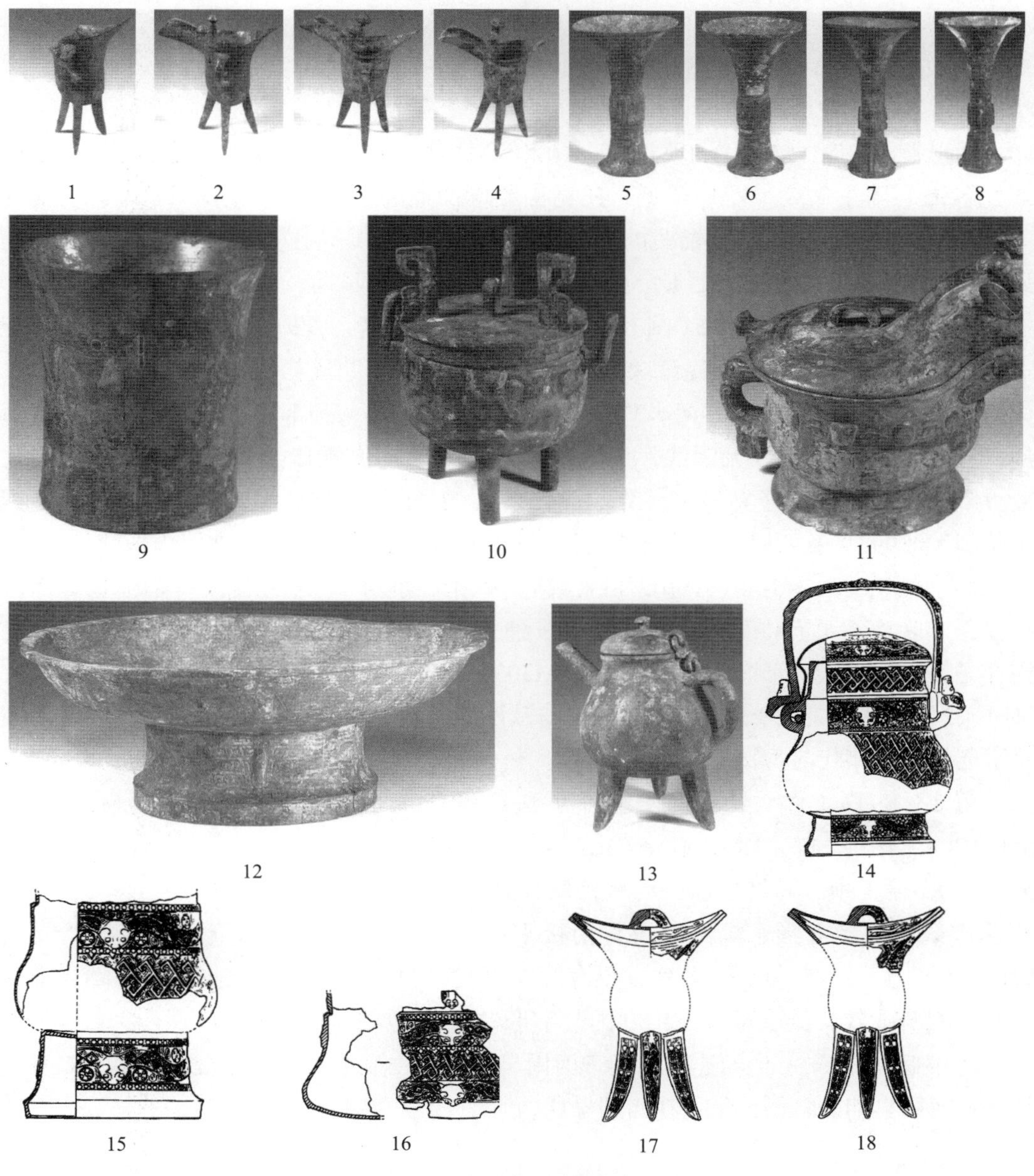

图五　B 组器物

1～4. 圆爵（M1：198、M1：199、M1：203、M1：223） 5～8. 圆觚（M1：83、M1：132、M1：101、M1：121） 9. 中型圆鼎（M1：194） 10. 圆形尊（M1：221） 11. 簋形觥（M1：92） 12. 盘（M1：210） 13. 盉（M1：102） 14. 提梁卣（M1：163） 15、16. 觯（M1：13、M1：15） 17、18. 角（M1：126、M1：204）

图五，5、6）与第一套爵成组，仅在腹部饰兽面纹，兽面隐于云雷地纹之中，装饰手法同第一套圆爵。从腹径与通高之比为 0.18 来看，年代在殷墟四期。另一套（M1：101、M1：121；图五，7、8）与第二套爵成组。口饰蕉叶纹，腹饰兽面纹，圈足饰夔龙纹。从腹径与通高之比为 0.09 来看，年代在西周早期。

中型圆鼎　1件，M1∶194（图五，9），带盖，上有三个夔龙纹片状足。索状附耳，腹微垂，足细而矮；口沿下饰一周圆泡纹与目纹。该器型很少见，从腹微垂、索状耳来看，年代在西周早期。

圆形尊　1件，M1∶221（图五，10），器体作笔筒型，口微侈，近口部处及近底部处各饰一周小鸟纹。器型罕见，还见于殷墟四期的子就尊（《铭图》11209）、楠杯（《铭图》10851），西周中期前段的萬杯（《铭图》10865）。从这几件器物来看，其演变规律是口渐外侈、器壁变弧，则M1∶221年代似在西周早期。

簋形觥　1件，M1∶92（图五，11），原型是带耳簋，去掉一耳，口沿起流，再配上有浮雕兽首的盖，便成了觥。仅见于长子口墓。以商末周初的一种青铜簋为原型：侈口圆唇，束颈，腹微鼓；两半环形耳下有长方形垂珥；颈部饰三角纹、圆涡纹各一周，腹饰兽面纹。主纹无阴线，无地纹。这种簋的演变规律是腹变浅，口腹径之比变大。与殷墟四期的子魕簋（《铭图》04536）、守妇簋（《铭图》03600）、鄉宁父癸簋（《铭图》03993）及西周早期的册農簋[45]比较可知，簋形觥的年代在西周早期。

盉　1件，M1∶102（图五，13），铭文省作“子口”。罐形腹，三角锥足侧面范土显露。晚商盉足有锥足、柱足、款足三种，西周早期仅有柱足、款足两种，范土显露亦是较早的形式。形态近于大司空村M303：117[46]，年代在殷墟四期早段。盘1件（M1∶210；图五，12），虽无铭文，但与其配套，也是B组器物。斜腹，高圈足，圈足下起台阶，年代与盉接近。

角2件、卣1件、觯2件，装饰手法全同，是一套器物。角2件，M1∶126、M1∶204（图5，17、18），满饰“山”字形勾连雷纹。提梁卣1件，M1∶163（图五，14），盖、颈、圈足各饰一周一首双身龙纹，其余位置满饰“山”字形勾连雷纹。从器体截面呈椭方形、提梁以兽首衔接来看，年代在西周早期。觯2件，M1∶13、M1∶15（图五，15、16），器残，仅存腹至圈足，腹饰两周一首双身龙纹，圈足饰一周一首双身龙纹，其余部分满饰“山”字形勾连雷纹。圈足下部起台阶。这套器物生产时间相近，“山”字形勾连雷纹近于西周早期的長隹壶诸器，身体较粗的一首双身龙纹亦是西周早期的特征，年代在西周早期。

3. C组

大圆鼎　1件，M1∶9（图六，1），上文已述，年代在康王世。

四耳簋　2件，M1∶84、M1∶85（图六，2、3），上文已述，年代在康王世。此外，两器存在与方尊、方觥相同的情况，前一件是实用器，后一件是下葬前临时制作的明器。

小方鼎　2件，M1∶190、M1∶191（图六，4、5），腹浅，截面略呈倒梯形，足细高，扉棱高耸呈F形，腹饰瘦削多歧枝之兽面纹。形近康王世的作册大鼎（《铭图》02390）、申伯鼎[47]，年代大致在康王世。两器形状和纹饰轮廓全同，但M1∶191主纹不凸起，主纹阴线密度低于地纹，制作精细，有烟炱；M1∶190主纹凸起，制作粗陋，器体变形，器壁厚薄不均，其中一柱足是补铸上的，无烟炱。情况与方尊、方觥、四耳簋类似，前一件是实用器，后一件或是下葬前临时制作的明器。

1 2 3 4 5

图六 C组器物

1. 大圆鼎（M1∶9） 2、3. 四耳簋（M1∶84、M1∶85） 4、5. 小方鼎（M1∶190、M1∶191）

4. D组

扁足鼎 1件，M1∶52（图七），铭文作“子口寻作文母乙彝”，是长子口为母乙所作祭器。墓主称号省作“子口”。李学勤认为“寻”作“再次”义[48]，可从。从腹的深度和足的高度来看，接近大司空村M303∶100[49]，年代在殷墟四期偏早。

5. 其他来源或未分组

几件墓主自作器铭文未发表，暂不分组。

方卣 1件，M1∶120（图八，5）有铭“长子口”，属A或B组。方形截面，通体素净，盖似方彝、方罍之屋脊状，同型器还见于宝鸡強国墓地BZM7∶332[50]。

图七 D组器物：扁足鼎（M1∶52）

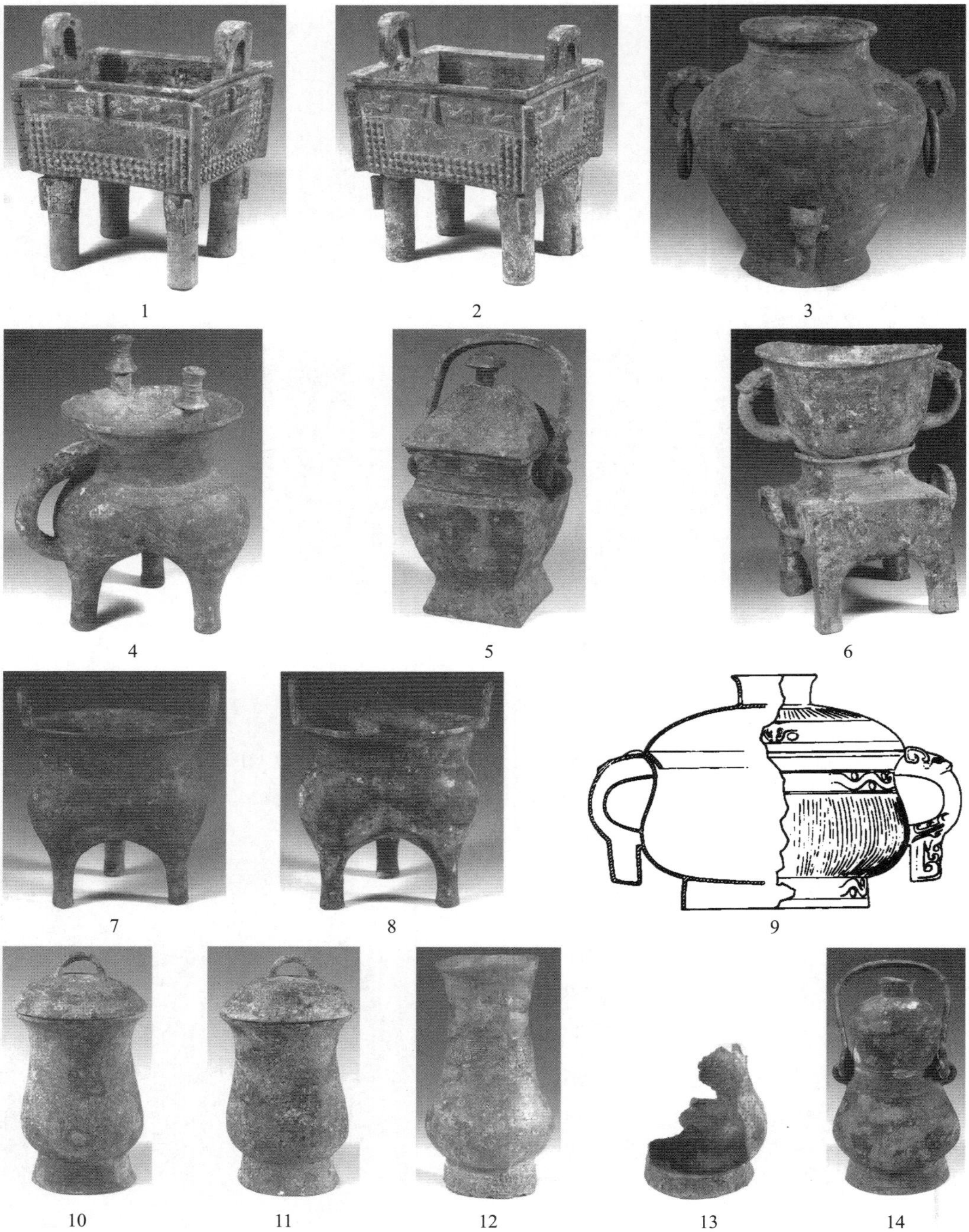

图八　未分组器物

1、2. 小方鼎（M1：46、M1：87） 3. 圆罍（M1：248） 4. 圆斝（M1：196） 5. 方卣（M1：120） 6. 方座甗（M1：28、M1：79） 7、8. 鬲（M1：89、M1：90） 9. 簋（M1：158） 10～13. 觯（M1：197、M1：200、M1：220、M1：183） 14. 壶（M1：218）

方座甗 1件，M1：28、M1：79（图八，6），有铭“长子口”，属A或B组。分体，甑部有两半环形耳，下为带附耳的桌形方座。器型少见，妇好墓三联甗（M5：768、M5：769、M5：770、M5：790）[51]与之相似，为长条桌形方座上置三个甑，甑皆附有耳。石鼓山出土青铜甑M4：320[52]与其甑部形制相近。方甗和方卣虽尺寸很小，但均有烟炱，是实用器。

簋 1件，M1：158（图八，9），有铭“长子口”，属A或B组。S形腹，沿下与圈足各饰一周一首双身龙纹，腹饰直棱纹。器型与殷墟四期的作父乙簋（《铭图》30341）、天黾簋（《铭图》03716）近似，龙身尚较纤细，年代在殷墟四期。

一些器物非墓主自作：

小方鼎 2件，M1：46、M1：87（图八，1、2），带“析子孙”族氏铭文。腹深中等，足较粗壮，形制近于安阳郭家庄M160：134[53]，年代在殷墟三期。与墓中多数器物的年代相差较远，其族氏铭文亦不与墓主称号共存，故是来自族外的礼物。

圆斝 1件，M1：196（图八，4），铭有“戈丁”二字，“戈”是族氏铭文，“丁”是日名。颈部甚高，年代在殷墟三期。同是得自外部的礼物。

觯 1件，M1：183（图八，13），铭有“盡”字，应是族氏铭文。器残。

另有一些无铭铜器，计有1件壶，M1：218（图八，14）；3件觯，M1：197、M1：200、M1：220（图八，10～12）；2件鬲，M1：89、M1：90（图八，7、8）；1件圆罍，M1：248（图八，3），均非重器（罍尺寸很小，有明器化倾向）。壶与觯都是商末周初器，鬲与罍年代在西周早期。

下对墓主自作器的分组现象进行总结。

各组器物的年代分布存在差异[54]：不计明器，A组器物的生产从殷墟四期持续到了西周早期，殷墟四期器物12件（35%），西周早期器物22件（64%）。B组器物的生产从殷墟四期持续到了西周早期，殷墟四期器物有6件（33%），西周早期器物有12件（70%）。C组器物都生产于西周早期，且年代下限或比A、B两组略晚。D组器物仅1件，年代在殷墟四期偏早。

四组器物的装饰手法各有特色。A组以方形器为主，占72%（25/36），扉棱较高，主纹不凸起但阴线密度比地纹低。纹饰线条流畅，制作工艺较为精细。B组全为圆形器，绝大多数器物不用扉棱，极少数用轻薄低矮的扉棱充当纹饰界栏。除饰“山”字形勾连雷纹的一套器物外，装饰风格较为简化，常用云雷纹条带或隐于地纹中的兽面纹。创新器型多见，包括饰“山”字形勾连雷纹的组器、簋形觥、笔筒形的尊。C组器物等级较高，饰圆泡纹的四耳簋，饰多歧枝兽面纹的小方鼎，都更贴近周人的审美。

总之，各组器物的年代虽稍有早晚，但非严格的前后关系。各组铜器的书体、装饰手法等特征，存在聚合关系，其生产可以持续一段时间[55]。故笔者认为，每组器物来源不同，各代表了一条生产线。铜器生产线有固定的写手，器型与装饰风格有自己的特色。

A、B 两组铜器的生产都横跨商周，但风格变化不大，这对研究商周之际铸铜作坊经历的历史过程有所助益。

三、墓主身份的历时变化

上节显示，墓葬中的青铜器是在墓主生前的不同时期，通过不同渠道逐渐积累起来的。在来源上包括自作器、礼物、传世器等，在功能上包括自用器、祭器、明器等。若将随葬铜器群作历时展开，或可探究墓主社会地位的变化。

先需澄清两个问题。

首先，物质财富与社会等级之间，是否存在大致对应关系？笔者认为，对于东周前的墓葬，这无需多虑，原因有三：第一，“国之大事，在祀与戎”，三代贵族的政治权力，很大程度上来自祭权，青铜器是最重要的介质[56]。贵族要通过铜器之“夸富”，取悦鬼神，震慑活人。寒酸的铜器不足以支撑祭权与政治权力。第二，在古式社会中，人、物与“灵”存在混融状态[57]，要将象征意义从铜器上抽离，视其为可以“节俭”之物，需要“超越性”思想的支持。第三，政治地位与经济财富的分离，是晚近社会中才能见到的现象。

其次，墓葬中随葬的青铜器，是否可以代表墓主生前拥有的铜器群？随墓主下葬的铜器或经人为选择，但长子口墓随葬铜器数量大，组合完整，是墓主生前拥有的铜器群之有效样本。总之，通过随葬青铜器推测墓主的社会地位，是可行的。

下分三个阶段考察长子口铜器，并推测墓主社会地位的前后变化。

第一阶段是殷墟四期。在这一时段，墓主的青铜容器来自 A、B、D 三组，至多包括：觚爵 2 套，小方鼎 5 件，扁足鼎 1 件，方尊 1 件，方觥 1 件，方斝 2 件，方罍 1 件，尊卣 1 套，盘盉 1 套，共 19 件。从铜器的数量与装饰风格来看，墓主当时地位还不显赫。

用一墓中某段时间的铜器，与另一墓全部铜器做数量上的比较，尺度不一。不过，长子口墓铜器的年代跨度大于表中的绝大多数墓葬，墓主亦很长寿；这种比较至少可以分辨商周之际的长子口与下葬时的对照墓主（表一），身份孰高孰低。在第一阶段，长子口拥有 2 套觚爵，比表一中绝大多数无墓道中小型墓都低。青铜容器共 19 件，亦与表中墓葬大致处于同一等级。再者，此时长子口尚无象征崇高地位的大圆鼎[58]，唯一的“重器”是一件方罍，但该器形状扭曲，器壁轻薄，重 6 千克，分量仅相当于较重的小方鼎，不足以充当等级之象征物[59]。故而，长子口在殷墟四期拥有的器物数量，近于无墓道的中小型墓葬墓主，与两墓道、“亚”字形椁室之规制不相称。笔者认为，长子口在商末属贵族阶层，但地位不算十分显赫。

表一　殷墟典型墓葬面积与器物数量统计表

墓号	分期	面积（平方米）	圆鼎	方鼎	甗	簋	盂	斝	尊	觚	爵	角	瓿	壶	盉	卣	盘	罍	彝	觯	觥	箕形器	方形器	勺	斗	共计	备注
小屯 M331	Ⅰ	6.08	2		1			3	3	3	3				1	1									1	19	锅形器 1
小屯 M238	Ⅱ	2.45						1		3	3			1		1		1	2							12	
小屯 M18	Ⅱ	10.58	3		2	1		2	2	5	5					1	1	1				1				24	
小屯 82M1	Ⅳ	4.6	3	2	1	3		1	1	3	3					1				1						19	
小屯妇好墓	Ⅱ	22.4	27	5	10	5	1	12	10	53	40		3	4	6	2	2	2	5	2	8	1	1		8	210	汽柱甑 1 罐 1，小方缶 1
花园庄东 M54	Ⅱ	25.78	6	2	1	2	2	1	2	9	9							1	1		1			1	2	40	
郭家庄 M160	Ⅲ	13	4	2	1	1		3	3	10		10			1	1	1	1		1			1		1	41	
郭家庄北 M6	Ⅳ	5.5	2	2	1	1		1	1	3	3					1		1		1						17	
郭家庄北 M9	Ⅳ	6.05	3		1	1		1	1	3	3					1				2						16	
刘家庄北 M1046	Ⅳ	9.18	4	2	1	2		1	3	3	5	2			1	3	1	1	1	2					1	33	

注：采自《安阳殷墟刘家庄北 1046 号墓》

除铜器数量外，装饰风格亦可资比较。曾有不少学者认为，殷墟晚期铜器工艺衰落，多见明器化的粗陋铜器，杨锡璋、杨宝成猜测其原因是“殷代后期殷人对上帝和神的信仰已经开始动摇”[60]。近来，孝民屯铸铜作坊出土的精美陶范，迫使学者对旧说进行反思。例如，岳占伟、李永迪认为，“衰落”表象的实质是装饰风格的两极分化：

> （殷墟晚期铜器）一是向着明器化方向发展，即出现了专门用于墓葬随葬的葬器。……此类青铜礼器多出于殷墟晚期的中小型贵族墓葬，故很容易给人以殷墟晚期青铜文化走向衰落的假象。
>
> 一是沿着实用器，即祭器方向继续发展。且出现了两种风格：一种风格是沿着传统样式继续前进。其具体表现为器形变化不大，但器壁变得较薄；满身花纹减少，带状纹饰增多……在铸造技术上似乎没有多少进步，甚至有的呈现衰退之势。此风格的青铜礼器多与明器化的青铜礼器同出于殷墟晚期的中小型贵族墓。
>
> 另一种风格则是在传统样式基础上大力创新，具体表现为体大、壁厚、质重，造型新颖、奇特、夸张，纹饰细密、繁缛，铸造精湛、优良。此风格的青铜礼器在铸造技术上有不少创新和发展，它们真正代表了殷墟晚期灿烂辉煌的青铜文化。此风格的青铜礼器多见于国内外传世铜器，居住遗址内出土的铜器，以及孝民屯出土的部分陶范所对应的铜器。[61]

这一总结十分精辟，有力回击了以往的铜器衰落说。笔者还想补充三点：第一，晚商铜器总体的发展规律是扉棱变高，纹饰浮雕变高，器体变厚重[62]。故引文所言“创新风格”，实是沿传统方向的发展；所言“传统风格”，与传统方向相比实是倒退。第二，“明器化”指的是艺术风格，但不能完全对应于器物功能，如长子口墓中的“复制明器”，风格上属传统方向，但功能是明器。第三，由于创新和传统风格的铜器多是实用器，故在随葬品的选取上，二者不会因功能之异而被区别对待。创新风格铜器罕见于殷墟墓葬，实是因为高等级墓葬都惨遭盗掘，而非殷人不随葬这种器物。

三种风格的铜器的出土情况，可以反映墓主的等级。长子口墓虽距安阳较远，但亦被卷入这种分层结构之中[63]。长子口 A、B 组的铜器，均器体轻薄。A 组饰较高的扉棱，多数主纹阴线密度低于地纹，但不凸出；B 组装饰素净，仅饰简单纹饰条带，都属传统风格铜器。

不妨比较长子口墓铜器与同时期的创新风格铜器。长子口方尊（M1：8）、方觥（M1：26）与亞醜方尊、方觥[64]形制近似，但长子口的两件器物在精细、厚重程度上相形见绌（图九）。长子口方罍（M1：124，高 47.6 厘米，重 6 千克）与上博亞㠱方罍（仅存器身，高 53 厘米，重 29.6 千克）和湖南省博皿方罍（高 84.8 厘米，重 51.5 千克）相比，有天壤之别（图一〇）。商末贵族小臣兹多见于黄组卜辞，为乙辛时王之近臣[65]，传世品中有一件小臣兹方卣，属创新方向铜器（高 49.2 厘米，重 14.9 千克（图一一，5），亦远胜长子口方罍。石鼓山墓葬劫掠自商人的铜器，“族徽”共十余种，器主都是商末贵族，不少器物是创新方向的，远比长子口的器物精致厚重。前掌大 M11，无墓道，墓室面积不足 10 平米，却随葬有创新风格的尊、卣、觯等器物，还随葬有长子口商时期尚未拥有的大圆鼎（图一一，6～9）。故从青铜器的装饰风格来看，可知长子口地位不如这些铜器的器主显赫，亦不能与其墓葬规制相称。

图九　长子口与亞醜铜器的对比图

1. 亚醜方尊、方觥　2. 长子口方尊、方觥

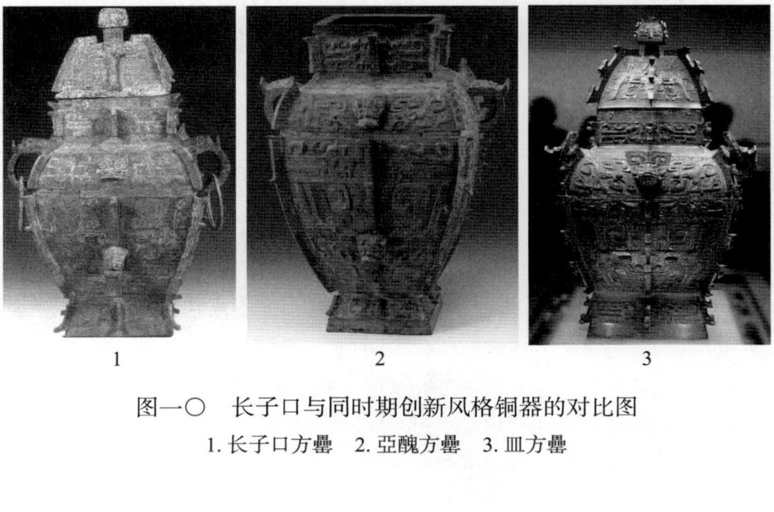

图一〇　长子口与同时期创新风格铜器的对比图

1. 长子口方罍　2. 亞醜方罍　3. 皿方罍

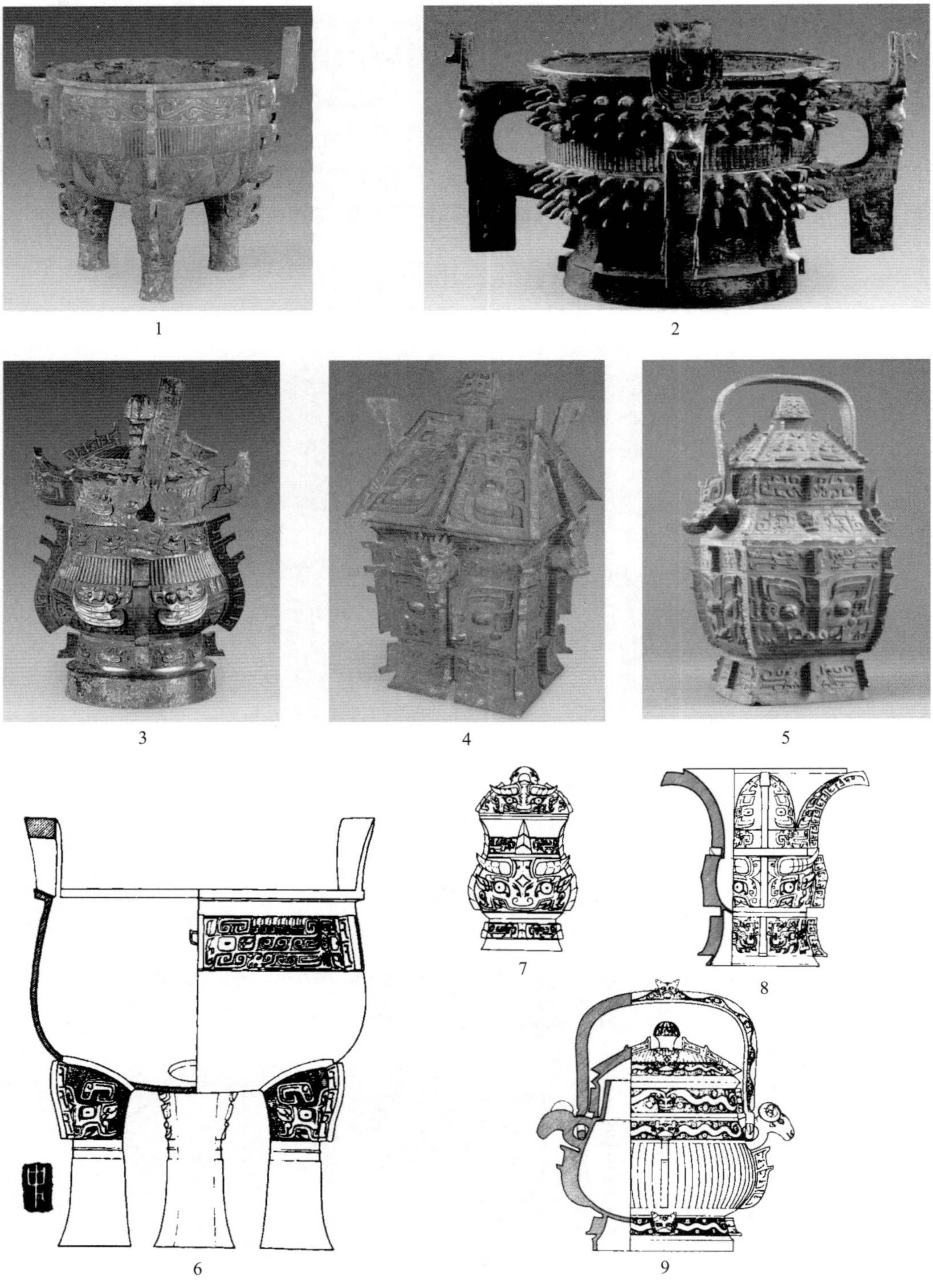

图一一　一些商末周初的创新方向铜器

1～4. 石鼓山　5. 小臣兹卣　6～9. 前掌大 M11

第二阶段是西周早期。A 组的风格延续了晚商时的情况，但大大扩充了器物组合，增加了 5 件扁足鼎、5 件鬲鼎、4 套方形觚爵，一套 1 尊 2 卣，提高了器物群的等级。B 组在扩充组合的同时，产生了一些新器型，2 角、1 卣、2 觯上精细的“山”字形勾连雷纹颇具新意；簋形觥、圆形尊和中型圆鼎则是对于新造型的尝试，器型罕见。C 组铜器的出现最为重要。大圆鼎是长子口墓仅有的重器。小方鼎风格属创新方向，精细、厚重程度远胜商末的 5 件小方鼎。四耳簋是西周早期的新器型，多为高级贵族所有（如宜侯夨和夨伯）。C 组铜器的器型、纹饰也更贴近周人审美。故而，长子口在西周早期拥有了数量更多、等级更高的铜器，审美上向周人贴近。此时，长子口墓的青铜容器至少已有 58 件，等级明显高于表一中的墓葬。

第三阶段是墓主下葬前的“瞬间”。方尊、方觥、四耳簋、小方鼎都被“复制”出了明器，以扩充组合的数量，进一步抬高墓主身份。墓葬被规划为双墓道、“亚”字形椁室的宏大形制。双墓道大墓是仅次于四墓道大墓的等级，“亚”字形椁室亦是崇高等级的象征[66]。墓葬残长 49.5 米（因口部被削，原长应在 60 米以上），墓室上口残长 9、宽 6.63、底长 8.1 米，宽 5.6 米。从墓室尺寸、形制来看，长子口的地位高于辛村 M21（卫侯）、琉璃河 M202（燕侯）、晋侯 M114（晋侯）、张家坡 M157（井叔）等带墓道大墓的墓主。

总之，长子口在商末属不甚显赫的贵族，其地位在周初显著提高，在铜器风格上也向周人靠拢，死后以宏大规制下葬。其地位的升迁，或与周人的新秩序有关。

四、试释“长子口”

上文对墓葬的考古情景做了考察，本节试对“长子口”三字进行考释。首先，“长”字的读法尚有争议，下将先厘清其字形，再考察其在不同语境中的含义。之后，笔者将着重分析“某子”“子某”“某子某”三种相关的称谓形式，以探究“长子口”称号的结构。最后，将“长子口”的称号作历时展开，解释该人名的含义。

“长族”说、“微子启”说的字形辨认存在偏差。前者虽正确地将“长子口”的首字读为“长”，却将甲骨文中的“𢒟”[67]认作“長”，认为长子口是𢒟族首领。后者提出，“長”“微”的字形差别是有杖无杖，有杖者为“長”，无杖者为“微”，故“长子口”实是“微子口”，乃宋国封君[68]。

林沄指出，“長”“𢒟”两字有截然差别。前者身首间有横画，头部与身体的笔画不相连；后者没有横画，身首相连。“𢒟”“微”亦不是同一个字，后者多了偏旁“攵”。“長”与“微”不能混用，墙盘[69]中两字写法便完全不同[70]。

笔者赞同林沄的看法。第一，在甲骨文中，“𢒟”有无杖的写法。在西周金文中，“長”同样有带杖与无杖的写法。然甲骨文、金文中，“𢒟”“長”两字首部始终有截然分别（表二），故两字的区别在于首部，而非有杖、无杖。第二，“微”比“𢒟”多了“攵”旁，并非一字（见表二）。第三，在语音上，“長”在定母阳部，“微”在明母微部，不能互相假借。第四，克罍铭文说：“令克侯于匽，旃、羌、豸、觑、雩、馭、髟”（《铭图》13831），其中的“髟”很可能是商代的髟族。若“髟”族已被分封给冀北的燕国，其族长却又在豫东南享有双墓道大墓，则不合情理。从以上四点来看，长子口墓之“长”是“长”而不是“髟”，更不是“微”。

表二　微、髟、長字形差异

	殷墟甲骨文	商金文	西周金文	长子口墓
微	 《合集》17942  《合集》27996		 史牆（墙）盘  裘衛盉	
髟	 《合集》6986  《合集》3074	 孤竹丁罍	 史牆盘  克罍	
長	 《合集》27641  《合集》28195	 亞長觶	 臣谏鼎  昜長鼎  史牆盘	 M1：194  M1：86

下面考察“长”在出土文献中的用法与含义，试作清理。

晚商“長”字见于如下几处：

（1）花园庄东 M54 器铭“亚长”[71]。按传统学说“长”是族名，曹大志指出其应读作职官名[72]，此处其说可从。殷墟二期晚段。

（2）《甲骨文合集》28195：“乙未……长……不……”。含义不明。同版卜辞记载了“舊一乙”“口（中廾）”“口子”“師貯”等大臣进供马匹之事。无名组。

（3）《甲骨文合集》27641：“于劦日[illegible]，乃又[illegible]，王受又（佑）。其又（佑）长子，叀龟至，王受又（佑）。”在该辞中“长子”是劦祭中的保佑对象，是亲属称谓。无名组。

（4）刘家庄 M1046 墨书石璋：“[illegible]于长子癸”。该墓还有不少石璋墨书，如“[illegible]于大子丁”“[illegible]于中（仲）子癸”“[illegible]于殇子癸”“[illegible]于祖丁”“[illegible]于祖乙”“[illegible]于父口”“[illegible]于亞辛”“[illegible]于三辛”“[illegible]于舌君乙”“[illegible]于舌君丁”等。“[illegible]”是祭名，“癸”是日名，“长子癸”是受祭的死者。李学勤指出这批称号皆是亲属称谓，“大子”即“太子”，

“长子”即“庶长子”，“中子”即“支子”[73]，其说可从。首先，墨书中“祖”“父”等皆是亲属称谓，则“子”不应是例外。其次，祭祀对象一般都是家族内的亲属。再次，“大子”“中子”常见于王卜辞与子卜辞，是保佑、祭祀的对象，是多见的亲属称谓。墨书“长”字写法同书体A。殷墟四期晚段。

西周“长”字见于如下几处：

（1）《铭图》01791长子鼎：“长子作母癸宝彝。𡚬。”[74]“𡚬”是族氏铭文，故“长”不可能是氏名，而应是亲属称谓。商末周初。

（2）《铭图》01306寡长鼎：“寡长作齍。”“寡长”是“氏名+私名”的结构，“长”是私名。西周早期。

（3）《铭图》13345高卣：“曩长疑其子子孙孙宝用。”“曩长疑”是曩侯亚疑的别名，“长”与“侯”同作“长官”义。西周早期。

（4）《铭图》11394长隹壶尊：“长隹壶。”“壶”是一组器物的小共名。按惯例，“长”为氏名，“隹”为私名；但也存在“长隹”合为私名的可能。西周早期。

（5）《铭图》08263长隹壶爵，同上。

（6）《铭图》01864长子狗鼎：“长子狗乍（作）文父乙尊彝。”出土于湖北黄陂。“长子狗”是作器者名。同墓还出一组媵器，有学者认为媵器是外族女子的嫁妆，长子狗鼎是本土“长”族族长之器[75]。然而，该鼎也有可能非本土器物，“长子”读为亲属称谓更妥。西周中期早段。

（7）《铭图》01806长日戊鼎：“乍（作）长宝尊彝日戊。旅。”“旅”是氏名，“长”是祭祀对象的名字。西周中期。

（8）《铭图》04347长由簋：“长由乍（作）宝尊簋。”按惯例，“长”是氏名，“由”是私名。但也存在“长由”合为私名的可能。西周中期。

（9）《铭图》14796长由盉：“长由蔑歷”，同上。西周中期。

（10）《铭图》14353长由盘：“长由蔑历”，同上。西周中期。

（11）《铭图》05288臣谏簋：“母弟引庸有长子□”，“母弟”“长子”皆是亲属称谓。西周中期。

（12）《铭图》14541史墙盘：“文武长剌（烈）”，李学勤释“长”为“盛”[76]，唐兰释“长”为“绵长”[77]，皆可从，大抵作“长、大”之义。共王器。

（13）《铭图》04694敔簋：“王令敔追袭于上洛谷，至于伊、班、长榜捷首百……”该器记述了周人与南淮夷的战事。有人认为“长榜捷首百”意为“车边长木挂着上百个首级”[78]，略显屈折。“长”“榜”两字似乎读作一个两字地名或两个单字地名更妥，则长地距伊、班不远，应在伊洛盆地。西周晚期。

（14）《铭图》02806长社亲鬲：“长社亲曰賓匜”[79]。摹本失真，“曰”字疑是“乍”。“长社亲”为作器者名，“长”或为氏名。西周晚期。

（15）《铭图》45327史密簋：“周伐长必”[80]。铭文谈及了西周晚期伐南淮夷事，周人东征时与齐人协同作战。“长必”是战场地名，应距齐地及南淮夷领地不远，或在鲁豫皖交界地区。宣王器。

（16）《铭图》02501 四一二年逨鼎：“余肇建长父侯于杨”[81]，“长父”有人解作“尚父”[82]，有“高、年长”之美意。宣王器。

由上可见，商至西周时期“长”的用法主要有五种：

（1）氏名。包括西周早期的“长隹”、西周中期的“长由”、西周晚期的“长志𩠐”等（部分不能排除是私名）。与商周大氏相比，出现频率很低，似非望族。

（2）亲属称谓，即第一个儿子，无论嫡庶。晚商见于无名组卜辞和殷墟四期的墨书，西周时期见于早期的长子鼎、中期的臣谏簋和长子狗鼎。是“长”的常见用法[83]。

（3）形容词，如史墙盘作“盛大绵长”义，四一二年逨鼎作“尚”义。

（4）长官义，花园庄东 M54“亚长”或作此义，西周早期高卣中与“侯”同义。

（5）地名。都在西周晚期，敔簋中的“长”在伊洛流域，史密簋中的“长必”在鲁豫皖交界地带。

再来看与“长子口”称号相关的称谓结构，这包括“某子”“子某”与“某子某”三种，下文各作梳理：

（1）某子。前述“长子”“大子”等均属这种结构，是亲属称谓。但也可指某族之长，如古子（《合集》05906：“癸丑卜，貞，執古子”，抓住古族首领）、邑子（《合集》03280：“貞：叀邑子呼饗醿”，叫邑子来喝酒）、荣子（《集成》05843：“榮子乍（作）寶尊彝”，疑属荣氏家族[84]）。

（2）子某。见于商金文、卜辞（表三～表五）。董作宾、胡厚宣、张光直、李学勤、朱凤瀚等学者认为是私名为某的王子[85]。其中，朱凤瀚的论述最为丰满。他认为，由于“某子”频繁参加祭祀，且常是祭祀、保佑的对象，故王卜辞的“子某”全为王之子女（可以是时王，也可以是先王）。子卜辞中一些“子某”不见于王卜辞，可能是贵族家族首领之子[86]。

笔者大体赞同朱说，但认为子卜辞中的“子某”亦应作“王子”之义，原因如下：① 不少“子某”既见于王卜辞，又见于子卜辞（如子妥，同见于宾组与非王圆体类和劣体类），是同一人，指王之子女。若将王子之子也称作子某，则亲属称谓“子某”便出现了辈分上的混乱[87]。商人的亲属称谓虽不重同代关系，但重视代际关系，不会出现这种混淆。② 子卜辞中一些“子某”不见于王卜辞，可能是因为这些王卜辞尚未被今人发现，或这些人未被王卜辞记录。同理，王卜辞中的不少“子某”亦不见于子卜辞。

笔者还认为，商金文中的“子某”也特指“王子”。卜辞为王室和少数贵族专有，但有铭铜器限制更小。然而，一些现象显示，“子某”在金文中的用法亦有严格限制，含义与卜辞中相同：

① 根据笔者对《商周青铜器铭文暨图像集成》及《续编》的统计，商金文中“子

某”称号共有54种，其中33种见于卜辞，17种不见于卜辞，4种存疑（表三～表五）。同见于卜辞、金文的“子某”所占比例甚高。

表三　商金文、卜辞同见的“子某”

编号	名称	甲骨文出处	金文出处	备注
1	子希（求）	《合集》00811	《铭图》00458	
2	子癸（巫）	《合集》02358	《铭图》00459	
3	子妥	《合集》21890	《铭图》00460	女，有生育卜辞
4	子媚	《合集》14035	《铭图》00469	同上
5	子就	《合集》03138	《铭图》00474	
6	子蝠	《合集》03224	《铭图》00470	
7	子衛	《合集》03270	《铭图》00471	
8	子殅	《合集》00137反+ 《合集》16890反	《铭图》00477	
9	子[illegible]	《合集》05954	《铭图》00478	
10	子[illegible]（鬲）	《合集03087》	《铭图》01133	
11	子刀	《合集》21961	《铭图》01132	
12	子南（暂释）	《合集》22276	《铭图》03644	
13	子妻	《合集》32774	《铭图》03645	
14	子正	《合集》07145	《铭图》07339	
15	子嬴（龍、龏）	《乙编》3904	《铭图》00465	
16	子不	《合集》07352	《铭图》07366	
17	子[illegible]	《合集》41495	《铭图》07372	
18	子何	《乙编》09451	《铭图》07375	
19	子叀	《合集30508》	《铭图》07382	
20	子守	《林》2.1.5	《铭图》07387	
21	子[illegible]	《合集》00811正	《铭图》08003	
22	子偁	《花东》00034	《铭图》09308	
23	子保	《合补》00482	《铭图》09318	
24	子弓（也作弘）	《合集》00269	《铭图》10176	
25	子漁	《合集》14536	《铭图》10966	
26	子[illegible]（也作[illegible]）	《合集》03187	《铭图》11208	
27	子[illegible]	无，但出自妇好墓， 应是王子	《铭图》09636	出土于妇好墓， 应是王子
28	子侯	《合集》03091	《铭图》12712	

续表

编号	名称	甲骨文出处	金文出处	备注
29	子莳	《合集》00371	《铭图》03240	
30	子黄	《合集》32783	《铭图》11797	
31	子糸	《合集》01866	《铭图》07367	
32	子	《库》1745	《铭图》09330	
33	子良	《合集》13724	《铭图》03651	

表四　仅见于商金文中的“子某”

编号	名称	金文出处
1	子	《铭图》00975
2	子翌	《铭图》00476
3	子雨	《铭图》00974
4	子异	《铭图》01205
5	子鼻	《铭图》01223
6	子孤	《铭图》03649
7	子甗	《铭图》04536
8	子義	《铭图》07338
9	子禾	《铭图》07373
10	子	《铭图》07383
11	子	《铭图》07386
12	子	《铭图》07389
13	子	《铭图》07390
14	子	《铭图》09324
15	子妣心	《铭图》09641
16	子达	《铭图》10622
17	子	《铭图》07392

表五　存疑的“子某”

编号	名称	金文出处	备注
1	子乙	《铭图》00457	卜辞习见子 + 日名，是王子庙号
2	子戊	《铭图》01733	同上
3	子左	《铭图》07336	卜辞有“左子”“右子”，疑是左子
4	子	《铭图》30798	与多个氏名合用，疑是族氏铭文
5	子良	《铭图》03651	疑是卜辞“妇良”，《合集》13936

“子某”在卜辞中，有的出现数十次，多数仅见一次。有理由推测，不少“子某”未被卜辞记录，或对应卜辞未被今人发现（据刘源统计，卜辞中“子某”共106种[88]，晚商有九任商王，王子的数量应远多于此）。铸造铜器的门槛，远比被卜辞记录的低。与此相对，绝大多数“子某”都应有铸造铜器的能力。故金文中自然会有不少不见于甲骨文的“子某”。

反过来考虑，若“子某”可以指非王室贵族的子女，由于贵族人口远远大于王族人口（社会阶层常作金字塔式分布），那么贵族之子称“子某”的就应远比王子称“子某”的多，则铜器中的绝大多数“子某”都不应见于卜辞，这和上面的统计是矛盾的。故笔者认为铜器中的“子某”在与卜辞中的“子某”含义相同。

② 有“子某”称谓的铭文，鲜见族氏铭文[89]，反倒是“子某”可以成为氏名，如子妻之后可称作妻族[90]。族氏铭文在铜器铭文中的出现频率极高，故“子某”称谓与族氏铭文的互斥不是巧合。这说明，“子某”不需要通过族氏铭文来标榜自己所属的社会群体。这只能解释为，“子某”皆来自王族。

③ 据朱凤瀚先生统计，习见于卜辞的一些贵族家族，未见称“子某”者[91]。这可以说明，“子某”并非常用的亲属称谓，适用范围有限。

④ 一些金文存在回避“子某”称谓的现象。

以下几种铭文中的“子”皆作“族长”义：

《集成》5965：“子光（䀠）商（赏）小子启貝”。

《集成》5394：“子商（赏）小子省貝五。”

《集成》5417：“子令小子[illegible]先以人于堇，子光（䀠）商（赏）[illegible]貝二朋。”

《博古》20：33：“子易（賜）亀貝。”

《集成》02648：“子易（賜）小子䨻王 / 商（賞）貝。”

《集成》09100：“子易（賜）𣪕貝。”

在这些铭文中，“子”均不著私名，仅有受赐者才会标出姓名。然而，在商代其他赏赐铭文中，赏赐者留名的现象是十分常见的（更不用说西周的私家册赏铭文），如：

《集成》05414：“乙亥，𠨘其賜作冊[illegible]徵一、珏一，用作祖癸尊彝，在六月，唯王六祀，翌日。”

《集成》03904：“乙未，卿旋易小子[illegible]貝 / 二百”。

此外，族长作器时亦常仅自称“子”（某些情况下或许仅称私名）：

《集成》2018：“子乍（作）鼎盟彝。”

《集成》05375：“子乍（作）婦彝，汝子母庚宓祀尊彝。”

仅当赏赐者是商王时，“子”后才会附上私名：

《集成》06000：“乙卯，子見在大室，白□一、絹琅九，[illegible]百牢，王賞子黄瓚一、貝百朋。子䀠賞𡚬貝，用作己寶□。”

铭文中的“子黄”亦见于卜辞，或即商王之子，在祭典中受到商王赏赐。“子”

是“媺”的族长，转而赏赐“媺”，“媺”因此作器。这些现象提示，赏赐铭文中“子”隐去私名，不是因为分组族长不宜直呼族长之名，而是为了避开“子某”的称谓结构。

基于上面四点原因，笔者认为，“子某”在青铜器铭文中也特指王子。退一步讲，即便这几点推理不成立，甲骨文、金文中“子某”的统计规律也提示，铜器中大多数“子某”与卜辞中的“子某”无异，就指王的子女。

（3）某子某，如：

《合集》10405：“己卯媚子廣入宜羌十。”

《集成》2694：“丁卯，王令宜子會西方于省。”

类似称谓还有良子弘、兔子豐、不子曲、㞷子阦、禽子掃、禽子殳等，赵鹏认为这种称谓是“某族族长私名为某”的意思[92]。笔者认为，“某子某”亦有可能指“某人的儿子私名为某”。例如，禽是宾组时期活跃的一名贵族（其后代成为了禽族），典宾B组有“禽子掃”“禽子殳”，很可能是禽本人之子。再如，“良”即“婦良”，是商王配偶，见于典宾A、B组；“良子弘”活跃于典宾B组和宾出间组，应是婦良之子。

回头来看“长子口”这一人名的用法。若将墓主称号作历时展开可知，墓主最早的称号“子口”，见于D组扁足鼎（M1：52）和B组的盉（M1：102）[93]，年代都在殷墟四期早段[94]。稍后，墓主之名作全称“长子口”，从殷墟四期持续到西周早期。最晚的称号是“子”，见于C组器物，可能都接近康王世。

最早的称谓“子口”应是墓主名的核心部分。根据上面的分析，指私名为“口”的一位王子。

其后出现的称号“长子口”中的“长”，与“子”连读为亲属称谓“长子”，叠加在先有的“子口”之上，强调“口”是王子中的庶长子。将“长”读为亲属称谓的理由如下：“长”非族名。“子口”很可能是王族，且“长”族似非望族，与本墓的宏大规制不符。“长”似非地名。卜辞中子某的封地一般得自其私名[95]，且作为地名的“长”出现时间较晚，频率较低。“长”非形容词或官名。“长”作形容词则语义难通，作职官名的频率很低，语义也难通。“长”非人名，因为“某人儿子名某”的称谓多见于他称。在正式称号中标榜父名或母名，较为反常。然而，作为亲属称谓的“长”出现频率较高，尤多见于晚商的家族祭祀文本，故“长”在此处最可能是亲属称谓。刘家庄M1046墨书石璋中“长子”的称谓，是为了和“大子”和“中子”造成区别，明确具体的嫡庶长幼差别。而长子口墓中“长子”的称呼，似非用于与同一语境下的其他亲属称谓相区分，而更像是在刻意营造墓主的身份。这种营造从殷墟四期开始，一直延续到了西周早期，体现着对话语权力的争夺。

西周早期的C组重器上，“长子口”的称号仅作“子”。这同时是“长子口”的省称与国族长的意思。

五、结　　语

以上几部分的讨论可以总结如下：

（1）长子口墓埋葬于西周早期，最可能在康王世。墓主的族属是殷遗民，其葬俗与典型殷墟文化无异，唯陶器形态受到了前掌大类型的影响，这体现了周人对殷民结构的重整。

（2）墓主持续从几个不同的生产线订做铜器。一个生产线制造的铜器，铭文书体、器型和装饰风格有一致性。从青铜容器来看，墓主在晚商时期属地位不甚显赫的贵族。进入西周时期，墓主的社会地位有可观的提升，且在一定程度上接受了周人的审美习惯。墓葬规模宏大，仅比王低一个等级。

（3）墓主惯用的称号前后有所变化。殷墟四期早段作“子口”，意思是名为“口”的王子；“长子口”一名稍晚出现，将“长子”叠加在“子口”上，强调“口”在兄弟中年纪最长；在西周早期晚些时候，墓主人名多作“子”，除为“长子口”的省称外，“子”还指族长或一国之长。

还应提到，晚商时期豫东南地区的重要性不高。从考古学文化的分布来看，商王国在南域的势头减弱，遗址稀疏[96]；从文化属性来看，豫东南处属前掌大类型、安邱类型与典型商文化的过渡地区[97]；从出土文献来看，晚商地名位于豫东南者甚少[98]，本地似乎也没有大氏存在。然而，到了西周时期，杞、宋、陈、蔡等诸侯国都分布于邻近区域，其统治阶层皆非当地土著；长子口大墓的宏大规制对应着一个地位很高的诸侯国。故从商到西周，豫东南地区的重要性陡然上升，此为周势力对文化地理格局的重组。

若将上述认识在历史背景中加以综合，可以描绘出这样的景象：长子口是商王室中一位不受重用的王子，他试图通过强调自己的“长子”地位来获得政治权力。进入西周时期，长子口的权力有所提升，在周人的支持下成为了一国之长。他如愿以偿，淡化了对“长子”地位的强调，安于“子”之身份。墓中东方风格的陶器，代表着长子口所辖殷族群结构的重整。长子口还铸造了若干重器以体现其族长祭权。下葬前，部分器物的套数被临时扩充，墓葬有着双墓道、“亚”字形椁室的宏大规模。

这不免使我们想到了《殷本纪》对微子的记载：“帝乙长子曰微子启，启母贱，不得嗣”“微子数谏不听，乃与大师、少师谋，随去”“周武王崩，武庚与管叔、蔡叔作乱，成王命周公诛之，而立微子于宋，以续殷后焉”。“长子口”究竟是不是微子启？松丸道雄先生的观点似乎可取：口在溪母侯部，启在溪母支部，可以假借。长、微字形相近，可以讹变[99]。大墓顶部的东周祭祀坑也很可能是宋人所为。若“长子”是刻意的政治宣传，后人必要消除这一痕迹。无论“长子口”是不是微子，大墓中的考古资料已为我们展现了颇为生动的历史信息。

附记：本文的基本构想曾在2020年春徐天进教授开设的《西周墓葬研究》课程上分享，当时徐老师和同学给予了我大量帮助。成文后，孙庆伟教授、孙华教授提出了宝贵的修改意见。笔者心存感激。文中的疏漏之处，皆因本人学识浅陋所致，文责自负。

注释

[1] 韩维龙、张志清：《鹿邑太清宫长子口墓出土青铜器》，《中原文物》2000年第1期；韩维龙、张志清：《鹿邑长子口墓出土文物举要》，《收藏家》2000年第4期；河南省文物考古研究所：《河南鹿邑县太清宫西周墓的发掘》，《考古》2000年第9期；河南省文物考古研究所、周口市文化局：《鹿邑太清宫长子口墓》，中州古籍出版社，2000年。该墓资料发表凡以上四种。本文援引资料皆来自考古报告《鹿邑太清宫长子口墓》，为避繁缛，恕不反复做注。

[2] 韩维龙、张志清：《长子口墓的时代特征及墓主》，《考古》2000年第9期，第24～29页。

[3] 杨肇清：《长国考》，《中原文物》2002年第4期，第46～50页。

[4] 林欢：《试论太清宫长子口墓与商周"长"族》，《华夏考古》2003年第2期，第64～67、104页。

[5] 杨升南：《商代的长族——兼说鹿邑"长子口"大墓的墓主》，《中原文物》2006年第5期，第50～54页。

[6] 王恩田：《鹿邑太清宫西周大墓与微子封宋》，《中原文物》2002年第4期，第41～45页；王恩田：《鹿邑微子墓补证——兼释相侯与子口寻（腨）》，《中原文物》2006年第6期，第53～60页。

[7] 松丸道雄：《文献与考古学的邂逅——实地考察鹿邑太清宫周初大墓》，《中国文物报》2004年2月6日第七版。

[8] 尹夏清、尹盛平：《鹿邑太清宫西周大墓墓主研究》，《华夏考古》2009年第3期，第59～63、68页。

[9] 李学勤：《长子、中子和别子》，《故宫博物院院刊》2001年第6期，第1～3页；李学勤：《祼玉与商末亲族制度》，《史学月刊》2004年第9期，第21～22页。

[10] 唐锦琼：《鹿邑太清宫"长子口"墓国属问题的一点思考》，《三代考古》（二），科学出版社，2006年，第472～482页。

[11] 中国社科院考古所安阳考古队：《1969～1977年殷墟西区墓葬发掘报告》，《考古学报》1979年第1期，第27～157页。

[12] 中国社会科学院考古研究所：《滕州前掌大墓地》，文物出版社，2005年，第187页。

[13] 中国科学院考古研究所：《沣西发掘报告》，文物出版社，1963年，第136页。

[14] 北京大学考古系商周组、山西省考古研究所：《天马－曲村（1980～1989）》第二册，科学出版社，第326页。

[15] 中国社会科学院考古研究所：《安阳发掘报告（1958～1961）》，文物出版社，1987年，第220页。

[16] 中国社会科学院考古研究所:《滕州前掌大墓地》，文物出版社，2005年，第151页。
[17] 中国社会科学院考古研究所:《滕州前掌大墓地》，文物出版社，2005年，第155页。
[18] 何毓灵、唐锦琼、印群等:《河南安阳市孝民屯遗址西周墓》,《考古》2014年第5期，第17～28页。
[19] 中国社科院考古所安阳考古队:《1969～1977年殷墟西区墓葬发掘报告》,《考古学报》1979年第1期，第27～157页。
[20] 中国科学院考古研究所:《沣西发掘报告》，文物出版社，1963年，第122页。
[21] 徐治亚:《洛阳北窑村西周遗址1974年度发掘简报》,《文物》1981年第7期，第52～64页。
[22] 中国社会科学院考古研究所:《滕州前掌大墓地》，文物出版社，2005年，第171页。
[23] 中国社会科学院考古研究所:《滕州前掌大墓地》，文物出版社，2005年，第167页。
[24] 中国社会科学院考古研究所:《滕州前掌大墓地》，文物出版社，2005年，第172页。
[25] 中国社会科学院考古研究所:《安阳发掘报告（1958～1961）》，文物出版社，1987年，第271页。
[26] 北京市文物研究所:《琉璃河西周燕国墓地（1973～1977）》，文物出版社，1995年，第103页；王世民、陈公柔、张长寿:《西周铜器分期断代研究》，文物出版社，1999年，第26、259页。
[27] 安阳博物馆，采集。
[28] 中国青铜器全集编辑委员会编:《中国青铜器全集·六》，文物出版社，1997年，第118页。
[29] 卢连成、胡智生:《宝鸡?国墓地》，文物出版社，1988年，第25页。
[30] 岳洪彬、岳占伟、何毓灵:《殷墟大司空M303发掘报告》,《考古学报》2008年第3期，第353～394、417～434页。
[31] 中国社会科学院考古研究所:《滕州前掌大墓地》，文物出版社，2005年，第218页。
[32] 山西省考古研究院、临汾市文物局、翼城县文物旅游局等:《山西翼城大河口西周墓地一号墓发掘》,《考古学报》2020年第2期，第201页。
[33] 中国社科院考古所安阳考古队:《1969～1977年殷墟西区墓葬发掘报告》,《考古学报》1979年第1期，第27～157页。
[34] 卢连成、胡智生:《宝鸡?国墓地》，文物出版社，1988年，第37页。
[35] 参张明东:《商周墓葬比较研究》结语，中国社会科学出版社，2016年。
[36] 李峰:《长子口墓的新启示》,《青铜器和金文书体研究》，上海古籍出版社，2018年。
[37] 徐广德、刘小贞、李进:《安阳殷墟刘家庄北1046号墓》,《考古学集刊》2004年第2期，第359～390、402、424～432页。
[38] 中国社会科学院考古研究所沣西发掘队:《1967年长安张家坡西周墓葬的发掘》,《考古学报》1980年第4期。
[39] 殷之彝:《山东益都苏埠屯墓地和“亚醜”铜器》,《考古学报》1977年第2期，第23～34、161～162页。
[40] 殷之彝:《山东益都苏埠屯墓地和“亚醜”铜器》,《考古学报》1977年第2期，第23～34、161～162页。
[41] 朱凤瀚:《中国青铜器综论》，上海古籍出版社，2009年，第179页。
[42] 朱凤瀚:《中国青铜器综论》，上海古籍出版社，2009年，第202页。

［43］ 甘肃博物馆文物队：《甘肃灵台白草坡西周墓》，《考古学报》1977 年第 2 期。

［44］ 中国社会科学院考古研究所安阳队：《1991 年安阳后冈殷墓的发掘》，《考古》1993 年第 10 期，第 880～903 页。

［45］ 欧潭生：《河南信阳县浉河港出土西周早期铜器群》，《考古》1989 年第 1 期，第 10～19 页。

［46］ 岳洪彬、岳占伟、何毓灵：《殷墟大司空 M303 发掘报告》，《考古学报》2008 年第 3 期，第 353～394、417～434 页。

［47］ 初仕宾：《甘肃灵台白草坡西周墓》，《考古学报》1977 年第 2 期，第 99～130、199～214 页。

［48］ 李学勤：《祼玉与商末亲族制度》，《史学月刊》2004 年第 9 期，第 21～22 页。

［49］ 岳洪彬、岳占伟、何毓灵：《殷墟大司空 M303 发掘报告》，《考古学报》2008 年第 3 期，第 353～394、417～434 页。

［50］ 卢连成、胡智生：《宝鸡𢐗国墓地》，文物出版社，1988 年，第 112 页。

［51］ 中国社会科学院考古研究所：《殷墟妇好墓》，文物出版社，1980 年，第 42 页。

［52］ 陕西省考古研究院、宝鸡市考古研究所、宝鸡市渭滨区博物馆：《陕西宝鸡石鼓山商周墓地 M4 发掘简报》，《文物》2016 年第 1 期，第 4～52 页。

［53］ 中国社会科学院考古研究所：《安阳郭家庄商代墓葬：1982～1992 年考古发掘报告》，中国大百科全书出版社，1998 年，第 82 页。

［54］ 以上对器物年代的判断，不少基于器物形态演变的逻辑序列。若要判断单件器物的年代，需要多方面的证据，且尺度不宜过细。但在判断一群器物的年代时，纵使个别器物的判断有误，但在总体上仍可准确地反映一群器物的年代分布。

［55］ 值得提及的是，墓主年龄约六十余岁，可以支持器物年代的较长跨度。

［56］ 张光直：《美术、神话与祭祀》，生活 · 读书 · 新知三联书店，2013 年。

［57］ 莫斯著，汲喆译：《礼物：古式社会中交换的形式与理由》，商务印书馆，2019 年。

［58］ 或可反驳，大圆鼎在商周墓葬中一般仅随葬 1 件，但生前可以拥有多件，如大盂鼎、小盂鼎，则长子口有可能在商末已经拥有大圆鼎，但未随葬入墓中。然而，迄今发掘的未被盗墓葬，多为中小型墓。一墓中随葬多件大圆鼎，亦有几例，如大河口 M1、叶家山 M111。故笔者认为，部分更高等级的墓葬或许可以随葬多件大圆鼎，长子口在晚商时期有可能的确尚未拥有这种器物。

［59］ 值得一提的是，若计算青铜容器与乐器的总重，长子口墓有 170.8 千克，郭家庄 M160 礼乐器有 202.4 千克。前者是双墓道，墓底面积 54 平方米的大墓，后者是无墓道，墓底面积 13 平方米的中型墓，可见其间的反差。

［60］ 杨锡璋、杨宝成：《殷代青铜礼器的分期和组合》，《殷墟青铜器》，文物出版社，1985 年。

［61］ 岳占伟、李永迪、申明清：《试论殷墟晚期青铜礼器的两个发展方向》，《江汉考古》2017 年第 3 期，第 89～108 页。

［62］ Loehr Max. The Bronze Styles of the Anyang Period. *Archives of the Chinese Art Society of America*, 1953（7）：42～53.

［63］ 有学者根据同位素研究，认为殷墟铜器大多铸造于安阳，若此，则长子口墓的铜器便来自安阳。即使这种铜器产自地方，其在风格上与安阳上的同步，亦说明了安阳力量对地方的控制，否则地方铜器完全可以沿着殷墟二三期的道路，增高扉棱和浮雕，而不发生风格的分化。故而，无论在何种情况下，长子口铜器的风格均可以代表其在商末铜器秩序中的社会层级。

[64] 殷之彝：《山东益都苏埠屯墓地和“亚醜”铜器》，《考古学报》1977年第2期，第23～34、161、162页。

[65] 西北岗1003大墓出土过小臣兹所作石簋，见梁思永、高去寻：《侯家庄第四本·1003号大墓》，“中央研究院”历史语言研究所，1967年。

[66] 商人四墓道大墓都用“亚”字形椁室，双墓道大墓仅一小部分用“亚”字形椁室。

[67] “彭”是活跃于商王国西北部的一个族氏，习见于卜辞。

[68] 王恩田：《鹿邑太清宫西周大墓与微子封宋》，《中原文物》2002年第4期，第41～45页。

[69] 陕西周原考古队：《陕西扶风庄白一号青铜器窖藏发掘简报》，《文物》1978年第3期。

[70] 林沄：《说飘风》，《林沄学术文集》，中国大百科全书出版社，1998年，第30～34页；林沄：《长子口墓不是微子墓》，《黄盛璋先生八秩华诞纪念文集》，中国教育文化出版社，2005年，第79～81页。

[71] 中国社会科学院考古研究所：《安阳殷墟花园庄东地商代墓葬》，科学出版社，2007年。

[72] 曹大志：《“族徽”内涵与商代的国家结构》，《古代文明》（第12卷），上海古籍出版社，2018年，第71～122页。

[73] 李学勤：《长子、中子和别子》，《故宫博物院院刊》2001年第6期，第1～3页；李学勤：《裸玉与商末亲族制度》，《史学月刊》2004年第9期，第21、22页。

[74] 吴婉莉：《记新发现的几件西周铜器》，《考古与文物》2010年第4期，第41～44页。

[75] 唐锦琼：《鹿邑太清宫“长子口”墓国属问题的一点思考》，《三代考古》（二），科学出版社，2006年，第472～482页。

[76] 李学勤：《论史墙盘及其意义》，《考古学报》1978年第2期，第149～158页。

[77] 唐兰：《略论西周微史家族窖藏铜器群的重要意义——陕西扶风新出墙盘铭文解释》，《文物》1978年第3期，第19～24、42页。

[78] 马承源：《西周青铜器铭文选（三）》，文物出版社，1988年，第287页。

[79] 潘胜华、石玉杰：《河南确山出土西周晚期铜器》，《考古》1993年第1期，第85、97页。

[80] 张懋镕、赵荣、邹东涛：《安康出土的史密簋及其意义》，《文物》1989年第7期，第42、64～71页。

[81] 陕西省考古研究所、宝鸡市考古工作队、眉县文化馆等杨家村联合考古队：《陕西眉县杨家村西周青铜器窖藏发掘简报》，《文物》2003年第6期，第4～42页。

[82] 田率：《四一二年逨鼎与周伐猃狁问题》，《中原文物》2010年第1期，第39～44页。

[83] 需要说明，考虑到庶长子在贵族家族中是普遍存在的，“长子”这一称谓的使用频率便显得很低了。不过，“大子”“中子”这些亲属称谓，在卜辞中和铭文中的出现频率，同样也非常低。商代对王子的称谓，一般为“子某”（朱凤瀚：《商周家族形态研究》，天津古籍出版社，2004年，第41～50页），而不区分其行辈。西周时则可以“伯仲叔季”来区分行辈，不需用“大”“长”“中”这些说法。“长子”等亲属称谓，只出现于两种情况：第一，儿子为父母辈作祭器，自称“长子”以明确其长幼地位。作器者一般会以私名自称，那么“长子”这种刻意的说法自然不会多见。第二，卜辞中商王或家族族长为儿子之事占卜，称其为“长子”“大子”“中子”等，以强调其嫡庶位置。商人对王子的惯称是“子某”，那么在不需强调嫡庶差别的语境，自然不会使用“长子”“大子”“中子”等称呼。考虑到商人父、祖等亲属称谓，全都不分舅伯叔父的同辈差别，这种现象应当很好理解。

［84］ 韩巍：《西周金文世族研究》，北京大学博士学位论文，2007年，第104～115页。

［85］ 赵鹏：《殷墟甲骨文人名与断代的初步研究》，线装书局，2007年，第84～86页。

［86］ 朱凤瀚：《商周家族形态研究》，天津古籍出版社，2004年，第41～50页。

［87］ 非王卜辞常将“我”“余”与“某子”并称，可知其辈分相同。见朱凤瀚：《商周家族形态研究》，天津古籍出版社，2004年，第144页。

［88］ 刘源：《殷墟甲骨卜辞与〈左传〉中“子某”之对比研究》，第五届古文字与古代史国际学术研讨会，第49～146页。

［89］ 唯一的反例是《集成》00866：“子商〔亞䖒〕乙”，但亞䖒亦可作官职来讲。表达婚姻关系的铭文在理论上也可出现“子某”与族氏铭文共存的现象。

［90］ 朱凤瀚：《商周家族形态研究》，天津古籍出版社，2004年，第57页。

［91］ 朱凤瀚：《商周家族形态研究》，天津古籍出版社，2004年，第43页。

［92］ 赵鹏：《殷墟甲骨文人名与断代的初步研究》，线装书局，2007年，第82、83页。

［93］ 传世器还有一件子口爵，铭“子口”（《铭图》07561），亦应是长子口作器。字体同B组，矮柱，腹还较浅，应是殷墟四期偏早器物。

［94］ 其铭文称“子口寻作文母乙（将鼎）”，“寻”为“再次”义，则墓主在那之前还曾为母乙作过器，该称号或可追溯至更早的时候。

［95］ 朱凤瀚：《商周家族形态研究》，天津古籍出版社，2004年，第41～50页。

［96］ 曹斌：《从商文化看商王朝的南土》，《中原文物》2011年第4期，第20～45页。

［97］ 宋豫秦：《论鲁西南地区的商文化》，《华夏考古》1988年第1期，第69～85页；杨锡璋、高炜：《中国考古学·夏商卷》，中国社会科学出版社，2003年，第307页；张文军、张志清、樊温泉等：《河南鹿邑栾台遗址发掘简报》，《华夏考古》1989年第1期，第1～14页。

［98］ 最接近的或许是帝辛征东夷的路线，但诸家考证中最近的一条，也在鹿邑之东数十上百公里。参见韦心滢：《殷代商王国政治地理结构研究》，上海古籍出版社，2013年，第289页。

［99］ 松丸道雄：《文献与考古学的邂逅——实地考察鹿邑太清宫周初大墓》，《中国文物报》2004年2月6日第七版。

“新田模式”与三晋都城探讨

马俊才

（河南省文物考古研究院）

一、“新田模式”概况

晋国是我国春秋至战国早期最重要的诸侯国之一，具有超级大国的地位。战国时期，在晋国原有的疆域基础上，三家分晋后又形成了韩赵魏七雄之三的诸侯国。在东周时期晋系文化可以说是当时中国核心文化之一，研究其都城布局与演变对探讨东周列国都城的发展规律具有重要的学术和历史价值。

所谓“新田模式”是指春秋时期晋都新田时的都城布局模式。以田建文先生为代表的考古工作者，在侯马晋都遗址经过长期艰苦发掘和研究，于1994年前提出的晋都平面布局特点，即“新田模式”，其内涵主要有六点[1]：

（1）无郭城。“品”字形宫城内宫殿台基位于制高点，宫城内为晋公直接控制区。

（2）宫城之东有卿大夫营筑的小城，个别小城内有规模小的宫殿台基，小城均由两个更小的城构成。

（3）宫城之南、之东是手工业作坊区，不同性质的手工业作坊分区设置，同一性质的手工业作坊依产品种类又有地点之别。

（4）牛村、平望古城东北角不作直角，不是地势所限当刻意为之，与防御有关。

（5）除“左祖右社”外，还有祭“台部”及郊祀一类场所。

（6）宫城之南、之西发现的“邦墓”规格不高，晋公陵墓位于远离宫殿背山面水的墓茔佳地。

以上六点以三点最为突出，即突出防御、突出手工业作坊、突出祭祀，将难以确定的白店古城排除在“新田模式”之外。“左祖”指呈王路宗庙建筑，“右社”指位于牛村古城南的社祀遗址。

1993年至2010年，新田遗址又陆续有了东郭马古城，西高、虒祁、晋田热力公司3处祭祀遗址，平阳宾馆制陶作坊遗址，西里、虒祁、南上官墓地等重要发现，为“新田模式”的内涵和局部调整提供了丰富的新材料，于是田建文先生又于2010年12月提出了“新田模式”新认识，可以说是“新田模式”的最新发展，主要观点是[2]：

（1）以公元前453年为界，晋都新田分“品”字形宫城时期和凤城古城时期。

（2）“品”字形宫城时期，1993年总结的前五条特点没有改变，新田模式的精髓是宫城和卿城。

（3）凤城古城时期的特点是墓地只有“公墓”和零散墓葬，没有传统意义上的“邦墓”。

（4）从“品”字形宫城到凤城古城的变化，反映了晋国在新田时期繁荣和衰落的过程。

笔者同意“新田模式”的主要观点和最新认识。由于晋都新田突破了西周以前都城方形布局的束缚，是后续韩、赵、魏三晋诸侯都城的直接起源，对其他东周列国都城的布局影响巨大，甚至对西汉长安城的布局都产生了一定的影响，是中国古代城市发展史上重要的里程碑。故本文拟通过对“新田模式”作初步地动态分析和进一步探讨，力图解析晋都布局的核心特点及其与三晋都城布局的发展关系，不当之处，还望方家斧正。

二、“新田模式”特性探讨

1. 选址的必然性

迁都筑城在诸侯争霸、公卿争权甚至篡国的东周时代是最重要的国之大事，由政治、经济、军事、文化、自然等因素决定。其中政治需要是根本因素，国力体现的经济和军事是决定因素，文化是传承因素，自然环境是制约和利用因素。政治、经济、军事又是动态发展变化因素。五种因素决定了都城的规模、形制与演变形态，最终形成了考古工作者所面临的城址历史格局。

政治方面，东周时期的晋国是由地方小国通过征伐与勤王逐渐发展起来的超级大国。春秋时期都城先后经历了唐、翼、曲沃、绛、新绛时代。公元前704年，晋缗公一年，曲沃武公灭翼，开启了小宗取代大宗的晋国统治局面。之后，防止公族小宗势大夺权成为历任晋公的重要事务，逐渐重用异姓朝臣。公元前669年，晋献公八年，为了彻底剪除公族小宗的威胁，晋献公尽杀群公子，晋国进入了无公族只有公室的时代。公元前661年，晋献公十六年，晋作两军，灭耿、霍、魏，以耿封赵夙、以魏封毕万，异姓卿士开始崭露头角。为防自己儿子弑君篡权，公元前655年，晋献公二十二年，甚至杀太子申生，公子夷吾与重耳（后来的晋文公）出奔他国自保。公元前629年，晋文公八年，作三军，异姓卿士军权渐大。

公元前585年，即晋景公十五年，晋国迁都新田，此事在《左传·成公六年》载：“晋人谋去故绛。诸大夫皆曰：‘必居郇瑕氏之地，沃饶而近盐，国利君乐，不可失也。’韩献子将新中军，且为仆大夫。公揖而入，献子从公立于寝庭。谓献子曰：‘何如？’对曰：‘不可。郇瑕氏土薄水浅，其恶易觏。易觏则民愁，民愁则垫隘，于是乎有沉溺重膇之疾。不如新田，土厚水深，居之不疾，有汾、浍以流其恶。且民从教，十世之利也。夫山泽林盐，国之宝也。国饶则民骄佚，近宝公室乃贫，不可谓乐。’公说，从之。夏四月丁丑，晋迁于新田。”这段记载明确说明了晋人迁都新田而非现运城盐湖一带的原因，是新田地区土厚水深，在这里居住因为有汾浍之水冲去恶疾而不得病，这里的居民很有教化，在这里建都可以有十辈人的好处。而在土薄水浅的近盐湖地建都，人容易生病，民众骄横，公室贫弱。这反映了晋人的强调居住环境利用地利人和的观点。选址在两河之间，除了上述优点外，水路交通的便利也是其选址的重要原因之一。汾河是黄河的重要支流，也是晋国通过黄河西与秦国、东与东周王室、郑、卫、宋等中原诸国和东方的齐国贸易往来的重要通道。晋国地处的山西，是表里山河之地，东西南三面被大山环绕，陆路交通十分不便，以黄河水系为主的水路交通是晋国的重要交通通道。据《左传》记载，公元前 647 年，晋惠公四年，晋国大旱之时向秦国借粮时，运粮船遍布了西起秦国雍城，东至晋都绛地的渭水、黄河、汾河水道，史称“泛舟之役”。迁都新田后，新都仍临汾河，可见晋人十分重视汾河水路之利。此外，濒临大河还能够以河为城池进行防御，便于城市供水排水。可以说随着城市规模的扩大，利用大河作为护城河进行防卫和供排水的便利，成了东周城市的一大特点。

晋都新田前期，历晋景公、厉公、悼公、平公、昭公，晋国通过多次战争和诸侯会盟称霸中国，晋公较好地控制了异姓卿士的发展。但到了晋顷公十二年即公元前 514 年，六卿终于掌权，晋公权利彻底衰落。政治发展形势对都城布局与演变产生了很大影响。

2. 规模庞大的大都会性质

晋都新田时，经公元前 585 年至公元前 376 年，历 13 代国君，直至韩、赵、魏三家分晋，以此为都 209 年，建立了一座当时中国庞大的都城。从已有的考古发现看，遗址范围东起秦村以东，西过现汾河东岸，南起峨嵋岭下，北过东郭马村，东西横跨 9 千米，南北宽达 7 千米，实际总面积近 40 多平方千米，占地面积在春秋诸侯国都中几乎首屈一指。

新田遗址中已探明和发掘的遗迹有 40 余处，东周文化层几乎遍及整个遗址，其中主要遗址群有大小城址 11 处（白店、平望、牛村、台神、平望西南小城、牛村东南小城、呈王、马庄、北坞、北郭马、凤城）、大型宫殿台基 4 处（牛村城内 2 处、平望城内 1 处、台神城外西侧 1 处）、宗庙建筑群 1 处（呈王路）、手工业作坊址 6 处（铸铜、制陶、石圭）、祭祀坑带 11 处、墓地 8 处，以及大片的居住址。这种大规模和多类型遗址的集合体相互关联，组成一个不可分割的古文化载体。可以说晋都新田遗址是各类遗迹均有发现的巨型都城遗址，居住有大量的人口。《左传》《国语》中不乏中小诸侯国使节出使晋都新绛的记载，还有郑相子产、游吉，甚至郑国、卫国国君等都去晋都朝贺晋公。发生在晋都的政治事件甚至可以影响到各国的关系，所以新田是当时中国大都会性质的诸侯国都（图一）。

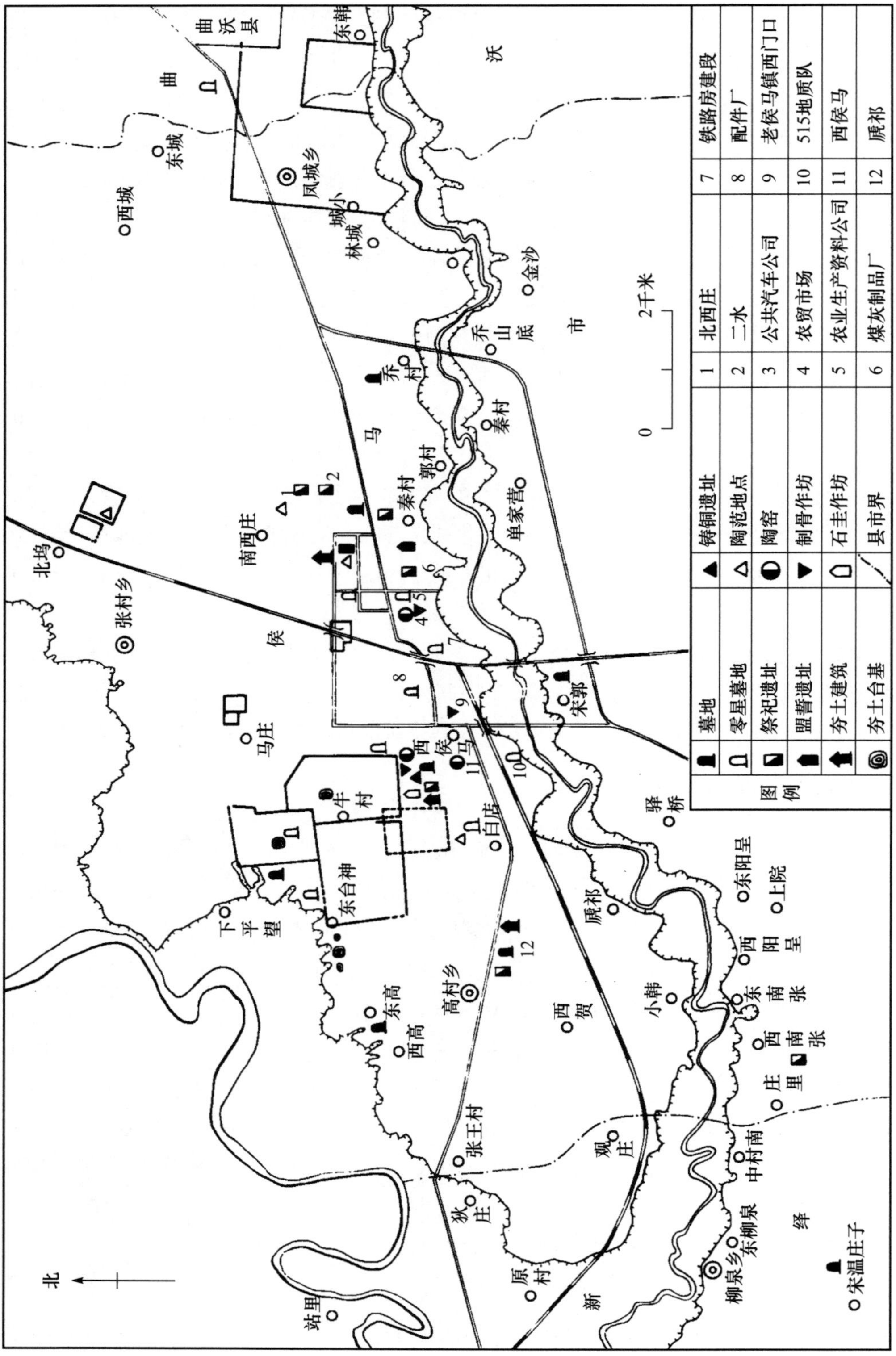

图一　晋都新田遗址平面图
（据《晋都新田》图一，山西人民出版社，1996年）

3. 动态发展性

古代大型城址往往是数量众多的古人长期生活之地，建筑、道路、城墙、沟渠等设施是不断发展变化的，早期的设施废弃或沿用，晚期的设施叠压其上，造成了我们面对的故城遗址是一处处非常复杂的多种遗迹叠压打破的最终格局，通过这种格局要复原当时的布局和环境是一种反向的动态关系，必须用动态发展的眼光进行分析界定。公元前 585 年，晋都新田建立，到公元前 349 年赵肃侯元年时，夺晋君端氏地，徒处屯留，晋公在新田总共约 236 年，期间经历了 14 位晋侯的营建发展，都城布局动态改变，直到晋国灭亡后沦为废墟。考古地层学是厘清晋都布局的核心手段，只有建立在考古地层学所发现遗迹的基础上，对都城内发现的各种遗迹进行动态的比较研究，才能摸清当时晋都布局的概况。

晋都新田共发现了 11 座东周时期具有夯土城墙标志的大小城址，其中大型城址白店、牛村、台神、平望和平望小城、牛村小城分布在晋都的西部临近汾河处，组成了宫城区。呈王、马庄、北坞、北郭马 4 座小型的城址分布在宫城区的东部和东北部（大致情况见表一）。分布在曲沃县城一带的凤城古城相距较远[3]。

铸铜、制骨、制石等手工业作坊分布在宫城南边和东边。

祭祀遗址和盟誓遗址分布广泛，除宫城以北外，宫城的东、西、南三南均有发现。

零星墓地和百工墓葬分布在城址周围，其中较大型的墓地有牛村故城南墓地、平望故城西墓地（下平望）、台神故城以西的东高墓地等，大型的邦墓如上马墓地和柳泉公族墓地分布在浍河南岸。

这些发现大致标明了晋人居住的不同功能区，但如果把它们混为一谈，则容易混淆城址动态发展的历史原貌。北坞故城的东城经考古发掘证实为后筑，略晚于西城，说明了城址布局的动态发展性。而白店故城原为考古钻探确定的较早城址，在晋景公迁都新田以前存在，但这一推断已有可能被推翻。牛村、台神、平望三座城“品”字形分布的大型城址叠压着白店故城，在同一大时代文化层面上分布，说明“品”字形宫城在废弃时是同时存在的，也是最终发展的结果。由于发掘资料较少，目前还难以判定三座宫城的具体建筑年代，但是我们可以通过布局和已有的发掘材料推测这三座城是经过统一规划并逐渐扩建而成的。祭祀区与手工业作坊区也具有这种动态发展特点。

4. 相互依连的“品”字形宫城区

牛村、台神、平望三座呈“品”字形分布的城址是晋侯的宫殿区或宫城区，三城既相互连接，又各自独立，分别有独立的城墙体系和核心宫殿。三城的规模大小均在 100 万平方米以上，以台神故城最大，达到了 207.5 万平方米。

三座宫城废弃年代相同，大致没有异议，但三城的始建年代则有较大的差异。主要的观点有：

表一　晋都新田故城各小城概况表

（单位：米、平方米）

城名	东城墙长宽	东城壕宽深	西城墙长宽	西城壕宽深	南城墙长宽	南城壕宽深	北城墙长宽	北城壕宽深	城门个数	城门大小	城址面积	始建年代	废弃年代	核心建筑（长 × 宽 – 高）	备注
白店	980 ×（6–7）	9 × 4	1000 × 8	9 ×（1.5–2）	740 ×（6–7）	（10–12）× 4	745 × 6	（10–12）× 4			约 74 万	最早		百余块夯土 最大 100 × 5	
牛村外	1390 ×（7–8）	（15–26）× 4	1050 ×（8.2–9）	沟？	1070 ×（8–9）	26 × 4	955 × 8	（15–17）× 4.5	南 2 东 1	宽 10 米 2 门洞各 4 米	100 多万	公元前 580 年	约公元前 400 年		
牛村内	665 ×（5–6）	偏北有	残 15 × 3	偏北有	500 ×（5–8）		530 ×（4–6）				34.3 万			52.5 宽高台基 1 处，夯基 40 处	
台神	残 350 × 8		1250 ×（8–13）	宽 8 米多	1660 ×（8–10）	（10–17）× 6.3	残 1100 ×（5–7）	沟 15 ×（1.8–2）	西 2 南 1		207.5 万	？		7 处大型夯土基址	
平望	1340 ×（5–6）	16 × 3	1286 ×（5–6）	（8–9）× 4.5	860 ×（4–5.5）	（13–15）× 4.5	残 1086 × 6	（8–9）× ？	西 2？南 2？		约 125.2 万			高台基 1 个，夯土 40 余处	
马庄东	350 ×		350 ×		265 ×		265 ×		东 1 南 1		9.27 万				
马庄西	250 ×		250 ×		200 ×		200 ×		南 1		5.0 万			高台夯基	
北坞东	570 ×		570 ×		493 ×		493 ×				28.1 万				2 城间隔 8
北坞西	382 ×（4–7）		382 ×（4–7）		372 ×（4–7）		372 ×（4–7）		西 1	4 × 3	14.21 万			大型基址 12 处	

续表

城名	东城墙长宽	东城壕宽深	西城墙长宽	西城壕宽深	南城墙长宽	南城壕宽深	北城墙长宽	北城壕宽深	城门个数	城门大小	城址面积	始建年代	废弃年代	核心建筑（长 × 宽 - 高）	备注
呈王北	167×4		168		396×4		残 259				6.65 万	前 500	前 400	2 处夯土	赵氏之宫?
呈王南	105×4		105×4		214×4		214×4				2.25 万	前 500	前 400		
北郭马外	250		250		350		350				8.75 万	春秋晚	约战国末		
北郭马内	约 190		约 190		约 310		约 310				约 5.89 万	春秋晚	约战国末		

注：据《晋都新田》，山西人民出版社，1996 年

一为同时起建说，指三座宫城为同时兴建，是流行的观点。《晋都新田》第 115 页中发掘者已考虑到这种存在的可能性[4]。

二为牛村、台神古城同时起建，平望古城最晚建设说。《商周考古》第 242 页认为："从这四座相互套筑的地层关系来看，白淀（店）古城最早，牛村、台神古城次之，平望古城较晚。"[5]

三为三座古城中以平望古城最早，牛村、台神为扩建晋都时增拓的宫城。

笔者同意第三种观点，主要通过平面关系和城壕的共存关系、城墙和城壕的完整性来推断：平望故城平面形态规整，近长方形，四墙外均有城壕，时代应该最早，可能是迁都新田时即修建的宫城。牛村外城有东壕、南壕、北壕，没有在平望古城的东南部发现牛村古城的西北角城墙基础，也没有在相应区域发现西北城壕遗迹。台神城有西壕、南壕、北壕，与牛村共用的城墙东西两侧没有发现城壕，只有沟类的遗迹，而此沟应为筑中墙时的起土沟。笔者认为牛村、台神二城是在平望故城南同时兴建的，为扩建的左右城结构。扩建期甚至有可能与马庄、北坞等小城的扩建是同时的。

有一点需要注意的是牛村内城的始建年代，理论上是存在比牛村外城早的可能。

牛村小城和台神小城值得关注。从图一，3 可知，牛村小城位于牛村大城外西南角正南，相距很近，平面为边长约 192 米的正方形（图上测量），均在地下。台神小城位于台神大城西南角外偏南处，相距很近，为南北向小城，均在地下。南北长约 386、东西宽约 284 米，正北方远处即为台神西夯土三台。如在图上的测量数据无误，这两座有一定规模的小城可能为守卫宫城区的独立性城堡。

5. 极具特色的双城制小城（卿城）

新田遗址面积较小的城址已发现四座，分别是呈王、马庄、北坞、北郭马，均为双城制，又可细分为双城并列式、双城共墙式、双城内外城式三种。四城的共同点是远离宫城区，面积远比三座宫城中的任何一个小，大致在 9 万～42 万多平方米之间，均没有发现护城壕。多数两小城的始建年代不同，是扩建的结果。

双城并列式的小城为北坞故城，其东西两城左右并列，东城西墙和西城东墙之间有一条交通干道加以分隔，二城和道路的方向均为东北西南向，与三座宫城和呈王、马庄、北郭马三城的正南北方向差异很大。西城略小，东城略大。该城于 1983 年经大面积考古发掘，发现西城建城较早，约相当于公元前 550 年前后，即晋国迁都新田后稍晚，内有大型夯土基址 12 处。东城面积较大，与西城间隔 8 米宽的大路，为稍后扩建。北坞故城是面积最大的小城，其东城面积达 28.1 万平方米，西城面积 14.21 万平方米[6]，总面积几乎是呈王故城和北郭马故城的 4 倍多，马庄故城面积的近 3 倍，非常特殊，值得进一步研究。

双城共墙式的城址有马庄故城和呈王故城。两座长方形的城址共用一道城墙或一道城墙中的大部，形成了左右城制的东西城和上下城制的南北城。马庄故城西城小，面积 5 万平方米，东城面积几乎大于西城一倍，面积约 9.27 万平方米。东城的东北部发现有高台夯土台基，是主要建筑。呈王故城为南北二城，北城大，面积 6.65 万平方米，中部发现两处夯土建筑基址，应为核心建筑。南城较小，面积 2.25 万平方米，是小城中最小的单城。

北郭马故城于 2000 年才发现，在北坞故城东北约 500 米处，据初步调查，确定该城属于方块式的内外城结构，外城平面大致呈长方形，东西长约 350 米，南北宽约 250 米，面积近 9 万平方米。内城位于外城内北部，东西大致长 310 米，南北宽约 190 米。城门、道路及城内布局因工作有限，没有搞清楚。

关于这些小城的性质，学术界多数认为是晋国掌握实权的卿的私城，在新田模式中发掘者直接将其定性为卿城，是新田模式的精髓之一。晋都新田卿城的出现，有一定的时代背景。公元前 558 年一代霸主晋悼公死去，由十岁的平公即位，便由韩、赵、魏、智、范、中行氏六卿联合执政，晋国政出多门，导致晋国公室无力左右局面，晋国霸业维持了一段，便开始“晋楚共霸”、晋秦言和，晋国也开始一步一步走向衰落，直至灭亡。六卿们在各自的领地里实行改革、设郡立县，弱肉强食，在晋都新田里也要有自己的根据地，这就是卿城。

在呈王故城东南的祭祀遗址中发现大量盟书，盟书辞中主盟人为赵嘉即赵襄子之子赵桓子，盟书的内容均为赵氏家族内部分裂与斗争之事，其时间大致在公元前 497—470 年之间。

《左传·定公十三年》“范氏、中行氏（荀寅）伐赵氏之宫，赵鞅（赵简子）奔晋阳。”晋阳为赵简子封地，由其被攻伐奔晋阳可知“赵氏之宫”不在晋阳，而在新田。此处盟誓遗址距离呈王故城最近，呈王城极有可能就是赵氏的卿城。晋国后期公室卑微，卿族强大，最后竟至晋侯反朝三晋之君，保族不成终被三家分晋。在新田朝中，卿士力量强大，甚至可以左右朝政，不但有强大的家丁力量，还有坚固的私家城堡，在发生政变时还可以支撑一时，如前述的赵简子奔晋阳事。

马庄故城和北坞故城面积更大，是已探明的双城制小城。我们推测新田城内可能还有这样的小城待发现，它们也极可能是卿士居住的城，如赵、魏、韩、智、范、中行氏等。

双城中有的一城是后来增建、有的可能是同时建成。一城中有夯土高台类的核心建筑，是卿家宫殿所在，也是卿本人所住之地。另一城没有这类核心建筑，应该为卿的家臣和军队居住。各卿政权独立，拥有各自武装，位于都城中的卿城集防御和居住于一身，城内居住的是卿的核心人员，城外附近可能为各卿的私田，能够进行盟誓类活动，这便有了呈王城附近的赵氏盟誓遗址。双城的扩建，可以看作是卿原住一城，力量强大后再建一城便于居住核心人员。

小城的另一个显著特点是面积相差很大，可能反映了各卿士实力的悬殊。

6. 以铸铜遗址为核心的手工业作坊址

手工业主要是为都城的统治者服务的，商业区是为了商品的有序交流而设立的“市”，这两类遗址在晋都新田都有发现，主要分布在宫城区以外的区域，相当于城市的郭城区，在先秦城址中有强烈的共性。

晋都新田发现的手工业作坊有铸铜、制骨、制陶、石圭四类，其中以铸铜遗址分布范围最大。这些遗址主要集中分在牛村古城的南、东南和东部，别的地点也有零星分布。在牛村古城南部，铸铜、制骨、石圭作坊交错分布。再往东南又为制陶、制骨作坊。东部也发现了石圭和制陶作坊。不同性质的手工业作坊分区设置，同一性质的手工业作坊依产品种类又有地点之别，这是“新田模式”的重要特点之一。

（1）铸铜遗址

主要有牛村古城南、平望古城、白店、北坞古城、北西庄等，其中以牛村南面积最大，并作过超大规模发掘[7]，出土的陶范模数以万计，种类有礼器、乐器、兵器、工具、车马器、杂器、钱币等，几乎涵盖了晋式铜器的所有类型，并发现了与之相关的居址、铸铜作坊、生产废弃物、制骨作坊、制陶作坊、石器作坊等，发现了以产品的不同划分的主要功能区。其时代最早的为春秋中期偏晚，与晋迁都新田时间相当。春秋晚期是铸铜遗址的高峰期，到战国早期初年铸铜活动的规模已有所减小，随后突然消失。这个时代跨度和宫城区的使用年代是相符合的。

牛村南铸铜遗址规模庞大，各区作坊分工明确，产品种类齐全，配套设施完备，是新田都城中规模最大、延续时间最长的铸铜遗址，是晋君直接管辖的公家作坊。

平望古城内 20、21、24、25 号夯土附近灰土较多，灰土中出有陶片和陶范块、坩埚片、炼渣，这一带也为一处铸铜作坊区。由于没有发掘，加上陶范过于破碎，无法判断所铸器物的类型和铸造规模。但从位于宫城中心部位的位置来说，推测所铸器物可能是专为晋君和家人使用的，是晋君的私家作坊。

2003 年在位于牛村铸铜遗址西南不远处，发现了战国早中期的铸铜遗址，其中 H15 中“出土成形陶范约 700 余块，制作精美，很多器形、纹饰、动物、人物造型、印章及较大陶模背面贴有瓦片的制作工艺为铸铜遗址前所未见。出土的 10 余枚印章模型在侯马是第一次发现。印章文字有‘中行’‘公’‘繁’‘少’‘生’‘玺’等等。”这个遗址的年代已超过牛村铸铜遗址的下限，其性质属于晋国公室还是韩魏诸侯需进一步研究考证。

北坞故城 1983 年发掘出一些陶范，种类有车軎、环、环首刀、带钩等。没有发现礼乐器铸范[8]。

呈王路遗址 1984～1986 年发现夯基近百座，祭祀坑 130 座，已揭露或清理夯基 26 座，祭祀坑 62 座，有陶范出土。

北西庄遗址 20 世纪 50 年代曾发掘出少量陶范：“（铜范）数量很少，且多已破碎不堪，均为空首布和铜凿的内范。”[9]

这些遗址除位于平望古城内的性质不明外，卿城中或卿城外附近的遗址中，出土的陶范种类往往只有车马器、工具、小件饰品等，铸造规模也很小，说明卿的私城或附近存在小型作坊，是为卿室日常服务的，其性质不同于牛村南铸铜遗址和白店铸铜遗址的公室性质。

（2）制陶遗址

已发现的主要有西侯马遗址、农贸市场遗址和牛村铸铜遗址XXⅡ号发掘地点南等，还有一些零星陶窑的发现地点。位于铸铜遗址间的制陶作坊的产品和铸铜活动有关，其他遗址则主要烧造日用陶器和建材类筒板瓦等。由于发掘地点和发掘面积的限制，制陶地点的发现目前还很少，但可以看出在新田都城中是呈面状分布的，分布范围很广。可以推测位于铸铜遗址间或附近的制陶遗址属于公室管辖，其他的则具有明显的商品经济特色。

（3）石圭作坊遗址

位于牛村铸铜遗址区已发掘部分的西北部，1962～1965年间断发掘，遗物有铸铜和石圭生产两类。石圭生产遗物超过万件，主要为石料、石片、石圭残段，另有磨石和刀具。石圭和玉圭是当时重要的礼器，从已发掘的晋系墓葬观察，一些平民墓都有石圭随葬，大型的贵族墓和诸侯墓葬中还有精美的玉圭出土。结合《周礼·春官·大宗伯》和《周礼·春官·典瑞》关于镇圭、桓圭、信圭、躬圭、四圭、两圭、裸圭、圭璧、土圭、珍圭、驵圭、穀、琬圭、琰圭等多种圭的记载，可知圭是一种应用普遍的重要礼器。晋公在专门控制的铸铜作坊中单设这一部门，体现了对这种礼器的重视程度和控制程度。

（4）制骨作坊

已发现3处之多。

一处是1957年在侯马工作站东部附近发现的，发现时已破坏殆尽[10]。

一处是1959年在牛村铸铜遗址北端发现的，面积较大。以兽骨、鹿角为原料，发现大量废料、半成品、废品，主要产品有管、笄、刻笔、板等，和日常生活与铸铜活动有关，应是铸铜作坊的组成部分。

另一处1985年在农贸市场制陶遗址南部百米处发现，发现情况与上述两处雷同。

1990年，在牛村铸铜遗址XXⅡ号发掘地点北部又发掘出H417，坑中出土大量骨料产品、半成品、磨石等。该地点也应与牛村铸铜活动有关。

7. 数量众多特征分明的祭祀遗址与左祖右社的探讨

新田晋都到目前为止已发掘出11处祭祀遗址，分别是北西庄、牛村古城南、盟誓遗址、煤灰制品厂、省建一公司机运站、呈王路建筑群、省地质水文二队、西南张、虒祁村、晋田热电力公司、西高，这些遗址分布在宫城区的西、南、东三面，以南面和东面居多，仅西南张遗址位于浍水南岸的台地上，其余均在浍水以北，汾河以东区域。这些祭祀遗址分布广泛，面积大小不一，除个别为盗掘发现外，基本上都是配合当地基本建设而发现的。所有祭祀遗址均由排列整齐的长方形或近长方形竖穴土坑状的祭祀坑组成，小的遗址祭祀坑只有数十个，大的遗址祭祀坑多至上千座。祭祀坑均密集分布，东西成排，南北成列，多数两个一组，组间的打破关系不多，应该经过详细的布局规划。祭祀坑按照所埋牺牲大小不一，牺牲主要有牛、羊、马，个别有人牲。空坑形制最小，数量不少，经发掘者现场仔细清理，发现坑底有腐锈的白点和颜色较深的土块，推测为血祭坑或肉祭坑。坑内有牺牲牛、马、羊等整体葬，也有肢解葬和部分葬，许多坑中陪葬有玉器一件。从西向东的祭祀地点玉器质量逐渐下降，有的用石片代替，反映了各祭祀遗址地位的不同。所有祭祀遗址的年代均在晋都新田时期或稍晚，反映了它们与都城的同步发展性。

盟誓遗址的祭祀坑中发现了书写文字的玉石器5000余件，用毛笔书写，字迹多为朱红色，少数呈黑墨色，一片上文字长短不一，少者数字，多者达220余字，这就是著名的“侯马盟书”，前文已述，是赵氏主盟的盟誓遗址。

丰富的祭祀遗址引起了研究者的极大兴趣，发表了各种各样的观点。“新田模式”即认为牛村南祭祀遗址为晋国的“社”，呈王路祭祀建筑遗址为晋国的“祖庙”，西高祭祀遗址的祭祀对象是台骀。也有学者认为牛村南祭祀遗址属于宗庙性质，西南张祭祀遗址是晋国的邦社遗址，并可能和西部的柳泉晋公墓地有关。还有学者认为盟誓遗址、煤灰制品厂、北西庄、省地质水文二队、省建一公司机运站等祭祀遗址呈半环形包围呈王路建筑祭祀地点，应是以呈王路宗庙为中心进行祭祀活动。

笔者认为，已发现的祭祀遗址不是盗掘发现就是配合基建发现，均属于偶然发现，宫城区以西地域被汾水冲毁已不得而知，宫城区以北还存在大面积没有做过详细考古工作的耕地，可能还有类似遗址。从已发现的祭祀遗址越向西靠近宫城区级别越高的现象推测，祭祀遗址的主盟人和对象应该是不同的。笔者有一个观点，新田晋都是在六卿争霸晋公逐渐衰落的历史背景中产生、发展、衰亡的，韩赵魏三卿力量不断强大得以封侯，晋侯领土越来越小势力日衰，最后不得不反朝韩赵魏三君，直至灭亡。在晋都新田时期，各卿之间、官员之间、卿与家人之间，甚至晋侯与卿之间不断举行盟誓活动来相互拉拢约束，壮大各自的力量。《左传·定公十三年》（公元前497年）所载：“一二月辛酉，赵鞅入于绛，盟于公宫。”这条史料就反映了晋侯与卿室赵鞅之间的盟誓活动。侯马盟誓遗址揭示的是赵氏与族人和归服者之间的盟誓活动，反映了新田都城中小面积的祭祀遗址是卿室私有的，用来祭祀他们的祖先，祈求祖先和上帝保佑他们，惩罚背誓者，打击敌对势力。与盟誓遗址规格类似的祭祀遗址主要是省建一公司机运站、省地质水文二队、煤灰制品厂、虒祁等。越靠近宫城祭祀遗址规模越大、陪葬玉器等级越高的现象，说明了这类遗址属晋侯公室专用，主要是牛村南、西高等遗址。笔者赞成牛村南祭祀遗址是晋公“社祀”遗址，不是“宗庙”遗址的观点。

笔者不赞成呈王路祭祀建筑遗址是晋国宗庙的看法，因为祭祀规模偏小，等级偏低，一些祭祀坑打破旁边的建筑基址又说明了祭祀活动晚于相关的建筑基址。建筑物的兴建与废弃是经常的事，是动态发展的，不能把同一平面上的遗迹混为一谈，这一处祭祀遗址应该也是卿和大夫类的私家祭地。

西高祭祀遗址规模庞大，葬玉级别最高，其北正对被汾水毁的虒祁宫遗址。而虒祁宫是晋侯发号施令的行政中心，这处祭祀遗址当与之配套。西南张祭祀遗址规模也很大，地处浍河以南，南邻峨眉岭，应该也是晋国公室的祭地，可能用来祭祀山川，和晚期的柳泉晋公墓地没有关系。

可以说掘坎宰牲歃血为盟拉拢同党壮大势力打击异己的盟誓行为，是晋国卿室争霸的重要政治手段之一，新田都城内祭祀遗址的频繁发现正是这种现象的反映，也是晋国贵族的特征行为之一，在天马－曲村遗址发现的战国早期同类祭祀遗址、在河南温县西张计村发现的韩氏主盟的盟誓遗址也是这种行为的体现。

1986 年、1988 年和 1989 年发掘的天马－曲村遗址祭祀坑是与新田祭祀坑位置最近、时代相当的同类遗迹，关系当十分紧密。共发掘祭祀坑 58 座，大体可划为西南、东北向的五列，均为近东北向长方形竖穴土坑，坑口最长者 1.7、最宽者 0.8、最短者 0.38、最窄者 0.31 米，坑深 0.16～8.4 米，坑底多小于坑口，底部或呈锅底形，有的做出台阶状。祭祀坑内所埋牺牲可鉴定者有马、牛、羊三种，马坑 11 座，均为 9～12 月龄的小马；牛坑 17 座，均为 6～10 月龄的小牛；羊坑 20 座，年龄多在 6 月～2 岁之间；未鉴定种属的坑 2 座。空坑 8 座，这种坑多小而浅，坑内未见任何遗物。共 12 坑中有玉器和牺牲相伴出土，其中牛坑 8 座，马坑 4 座。羊坑和空坑中均未见玉器。玉器的器形有壁、璜、龙形佩、钺等[11]。

河南温县韩国盟誓遗址，1979 年 3 月发现，位于温县州城遗址城外东北隅，与州城仅一护城河之隔。1980 年 3 月至 1982 年 6 月，在盟誓遗址发掘 594 平方米，发现长方形或椭圆形土坑 124 个。其中 16 坑出土书写盟辞的石片，8 坑单出石圭，5 坑单出石简，另外 3 坑石圭堆积在石简之上，个别坑仅见玉璧、玉兽等玉器。还有 35 坑出土羊骨架，当为“坎牲”。共发掘出土圭片达万余片，现整理发表的仅是一号坎的材料。一号坎中出土盟书 4588 片，除部分石简、石璋外，绝大多数为石圭。盟书文字系毛笔墨书，出自多人手笔，内容大体一致，均是要求参盟者竭诚效忠其主，不得与贼臣为徒，若其心有二，则将断子绝孙。《简报》认为，一号坎的时代为春秋晚期，盟书的主盟者为韩氏宗主韩简子，其时约相当于晋定公十五年（公元前 497 年）[12]。

8. 墓地的分布

新田遗址已发现墓地 11 处，分别是上马、牛村古城南、盟祀遗址、下平望、东高、西里、虒祁、南上官、乔村、秦村、柳泉，分为邦墓地、公墓区、家族墓地、百工墓、阵亡士兵墓地等，还有一些零星墓葬。其中新田时期上马、虒祁等墓葬数量多的墓地属大型邦墓，下平望、东高、盟祀遗址等为家族墓地，秦村为阵亡士兵墓地，牛村南为百工墓地。凤城时期的柳泉为晋侯公墓，乔村墓地为邦墓地。

新田时期邦墓地分布在城外浍河南北岸，百工墓地和家族墓地广泛分布在各相对遗址的周围，说明当时都城内还存在较多白地或耕地，可提供都城所需的部分农产品。这种布局和其他先秦都城比较接近，而此期的晋侯公墓区还没有发现，估计在浍河以北的新田遗址区的某处岗地上，如同新郑郑国都城、曲阜鲁国都城、临淄齐国都城一样，公墓区就设在大城即郭城之中。凤城时期晋侯公墓是柳泉墓地当无疑问，邦墓区则是乔村墓地。

9. 外郭城问题

就目前的考古发现来看，新田城还没有发现外郭城，“新田模式”认为没有外郭城，仅以高山大川为城池防御。

晋是当时的超级大国，其他列国不敢觊觎，先秦古籍中没有都城被他国进攻的记载，更没有提及城门，没有郭城的可能性是很大的。发生在新田的争斗只有内乱，如《左传·定公十三年》“秋七月，范氏、中行氏伐赵氏之宫，赵鞅奔晋阳，晋人围之”，《左传·襄公二十三年》“四月，栾盈帅曲沃之甲，因魏献子，以昼入绛”所载。栾盈白天没有经过抵抗就轻易进了国都，逼得晋侯躲到宫中，说明了新田可能是没有外围城防的。从已有的各种材料看，现阶段笔者同意新田无郭城墙说，新田的城郭形态就是西周沣滈都城“大都无郭”式样。

新田城址面积很大，又位于两条大河交汇之处，水患是城市的重要威胁。笔者考察过其他一些位于两河交汇或大河之滨的古城址，发现它们近河岸的区域往往被冲掉，有的冲毁区还相当大，不仅冲掉了城墙，连城内都冲掉了大面积，附近的凤城故城南部也如此。观察晋都新田的布局，发现宫城区的平望和台神两城距离汾河断崖已非常近，南部的浍河北岸也有大量的水毁断崖，新田的郭城西郭墙和南郭墙是否已被冲掉了呢？《水经注》卷六《汾水条》：“汾水西迳虒祁宫北，横水有故梁，截汾水中，凡三十柱，柱径五尺，盖晋平宫之故梁也。物在水，故能持久而不败也。”说明了郦道元认为的晋虒祁宫已塌入汾水中。卷六《浍水》条：“又西南过虒祁宫南，宫在新绛县故城西四十里，晋平公之所构也……其宫背汾面浍，西则两川之交会也。”记载了祁虒宫的准确方位在两河交汇处之东，汾河在其北，浍河在其南。不论塌入汾河的是否虒祁宫，晋宫的一部分被汾水毁掉是无疑的，远在西部的郭墙不可幸免。可供寻找的北郭墙只余理论上的一小段，东郭墙应该是最有可能存在的，其位置可能已经过了秦村南北一线。宫城墙的宽度最大在 10 米左右，无规律可循的北、东郭墙是很难寻找的。当然，这只是一种假设，需要考古发现加以证明。

10. 凤城时期的继承性

近年田建文先生的新观点认为晋侯在晋国的最后一段时期以凤城为都，柳泉晋公墓地与凤城对应，时属战国早期，是十分正确的。平望城中的战国早期墓 M1、M2 的发现，打破牛村城墙的灰坑，以及呈王路夯土建筑的废弃等，都反映了战国初年新田城的突然衰落。其实这种现象也是可以理解的，诸卿争霸的进程导致了范氏、中行氏、羊舌氏、智氏等豪门族人的死亡和外逃，他们的卿城也败落了。争霸大局已定后，韩、赵、魏的君主既要相互继续争霸，又不屑与日薄西山的晋侯为伍，于是他们的族人和军队去了各自的领地和都城，卿城亦废，新田中的人口大量减少，街区大面积荒废，晋侯不得已离开品形宫城，搬进了凤城。此时的晋侯沦为只有曲沃、翼城、绛地三地的小诸侯了。

凤城古城是长方形的内外城结构，理论上继承了牛村古城内外城的布局，虽面积比三宫城中的每个都大，但宫城面积大大缩小啦。

11."新田模式"探讨总结

（1）是诸卿争霸、晋侯逐渐衰败的历史产物。

（2）突破了方块城市的束缚，讲究地利人和，选址于两条大河交汇处，体现了东周列国都城大布局特色。

（3）"品"字形宫城、双城制的卿城、众多的祭祀和盟祀遗址是其精髓。公室和卿室各有祭祀禁地。宫城经过发展演变，平望城的年代最早。从平望城中三个大型水池遗迹和河沟类水系的发现，结合文献记载，平望城大概为晋侯的内宫，有宫殿和内寝大殿。牛村城内外两重城，十分坚固，可能是记载的晋侯"固宫"。而记载的晋侯"公宫"可能是台神城。台神城外西部高大的夯土台基和塌入汾河中的宫殿当为晋悼平二公扩建的豪华宫殿群虒祁宫。卿城双城多数是先后营建的，反映了城主势力的逐渐扩大。

（4）大型铸铜手工业牛村由晋公室直接控制，各卿城及附近只能拥有铸造车马器、工具等小件易损铜器的作坊。制陶作坊分布广泛，公室的控制性不强。

（5）现阶段认为新田无郭城，寻找万一存在的郭城是今后考古工作的一个重点。

（6）以公元前 453 年为界，"新田模式"分为新田和凤城两个阶段。柳泉晋公墓地与凤城相对应。

（7）牛村和平望古城的东北角不作直角，或是为防备来自东北的威胁而特意加固的措施，或是东北侧有城壕拐角的加固设施。

（8）"新田模式"系晋都新田的初步框架，随着以后的重要发现和研究，是不断丰富和发展的。

三、"新田模式"与三晋都城关系

韩、赵、魏是晋国的卿士，分晋后各自成为力量强大的诸侯国，号称战国七雄，他们的起家源于晋国，代表的也是晋文化。城市规划具有很强的文化代表性和继承性，他们的卿城均是双城制，是经过争霸战争考验的。这为三晋都城的发展奠定了制度、物质和思想基础，于是三晋都城尽可能采取了“新田模式”双城制布局。

三晋都城，文献记载的有韩都平阳、宜阳、阳翟、新郑；赵都晋阳、中牟、邯郸；魏都魏城、安邑、大梁。其中韩都平阳、赵都晋阳、魏都魏城均是三晋列为晋卿时已建的都邑，其他是成为战国七雄后的都城。因此，三晋立国前都城与同期的国都新田有很多的类似之处，立国后则与卿城有明显的继承关系。目前为止，三晋都城经过考古发现轮廓较为清晰的仅有韩都新郑、赵都晋阳和邯郸、魏都安邑，其他都城大部分尚在调查认识的阶段。本文仅对这些城址作粗线条的梳理和比较，从中探讨与“新田模式”的关系。

（一）赵都

1. 晋阳

赵氏始封晋阳，从赵盾算起到公元前423年赵献侯徙都中牟，约有200多年。按公元前517年赵鞅委派董安于、尹铎等加修晋阳城开始计算，以晋阳为都94年。可以说赵都晋阳是一座延续时间很长的城址，与晋都新田共存的时间有62年，布局上也有某种联系。古晋阳城在今山西省太原市西南晋源镇。其城址方向为北偏东18°。西南城角现为南城角村，西北城角在古城营村西，其间残存有部分城墙，残高约7米。二城角相距约2700米，当为西垣之长。西北城角发现有由北折向东的夯土痕迹，东有东城角村，与西北城角直线相距约4500米，当为北垣之长。南垣自西城角东折，残长626.4、宽30米。从其西北、西南城角均呈直角来推测，整座城平面当呈长方形，周长当在14000米左右，与魏安邑城的规模大致相等。在古晋阳城外发现赵氏家族墓地，其中第251号大墓可能为赵简子或赵襄子的陵墓，可明确判断此城即赵都晋阳城。上述城墙当为外郭城，内有宫城，《韩非子·十过》中，明确记载其城郭、宫城和五官之藏。

目前还没有发现宫城，但从文献中已知晋阳城郭具备，推测可能为外郭内宫的“回”字形，封闭状，与牛村古城的结构类同。从赵氏在晋阳大力加修城池、巩固工程后，公元前453年智、魏、韩三家包围晋阳，决汾河水灌城，使晋阳不没者三版同之，人们易子而食，惨烈空前，致使魏、韩两家心中惧怕贪婪的智氏而反戈一击，三家共灭智氏而分其地，史称“三家分晋”。这一重大事件标志着战国时期的开始。这一事件也说明了晋阳之地较为低矮，距离汾河不远，大部分地方比汾河水还低，与“新田模式”中城址选在两河交汇之间的高岗上明显不同，也说明晋阳为赵氏最早的封邑，势力还小的赵氏只能把城址选在封地中，无法顾及都城所在地的高矮。进而推断，发生晋阳之役时，赵都晋阳只是由董安于、尹铎在原址上进行了扩建和加固行为。因为所做发掘和勘探工作很少，晋阳城的布局很不清晰，推测里面应有赵氏的早期城址（图二）。

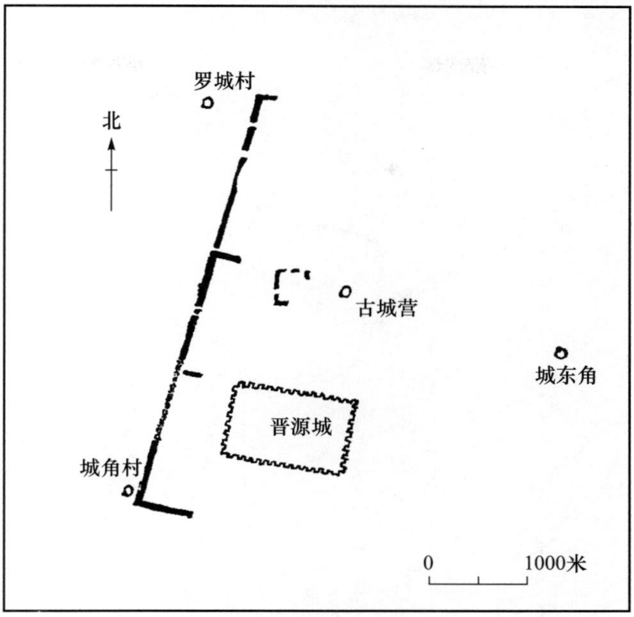

图二 晋阳城勘测平面图

2. 邯郸

公元前386年，赵敬侯徙都邯郸，至公元前228年秦国俘虏赵王迁，攻占邯郸，赵国灭亡。赵都邯郸为都时间158年，是使用最长时间的赵都（图三）。位于今邯郸市区及其西部。据考古勘测，邯郸城由“王城”和“大北城”两部分构成（图四），总面积约1887.9万平方米。其“王城”又由西城、东城、北城三部分构成，平面呈品字形，总面积为505万平方米[13]。

西城平面呈方形，基本为正方向。占地面积约197万平方米。西城保存较好，地面存夯土墙址，长1426，基宽20～30、局部达40，高3～7米。残存4号和9号两座城门遗址。北垣保存较好，地面存夯土墙址，长1394，基宽20～30、局部达50，高3～8米。存2号和3号两座城门遗址。东垣保存较好，地面存夯土墙址，长1422、基宽18～36、高2～8米。可能存在两座城门遗址。南垣保存较好，地面存夯土墙址，长1372、基宽30、高3～7米。残存5号和10号两座城门遗址。城内现存5座地面夯土台基址（1～5号）及多处地下建筑基址等遗迹。

东城平面近长方形，南北长、东西窄。占地面积约131万平方米。西垣即西城的东垣，两城共用一垣。但东城之西垣向南有一段延伸，长48米，因此西垣总长1470米，换言之东城南部整体较西城向南位移48米。南垣保存较好，地面存夯土墙址，长834、基宽35～50、存高3～6米。残存7号城门遗址。东垣非直线形，在距离南垣515米处向东平折100米后再向北。保存情况较差，地面城垣仅存留南部一小段，

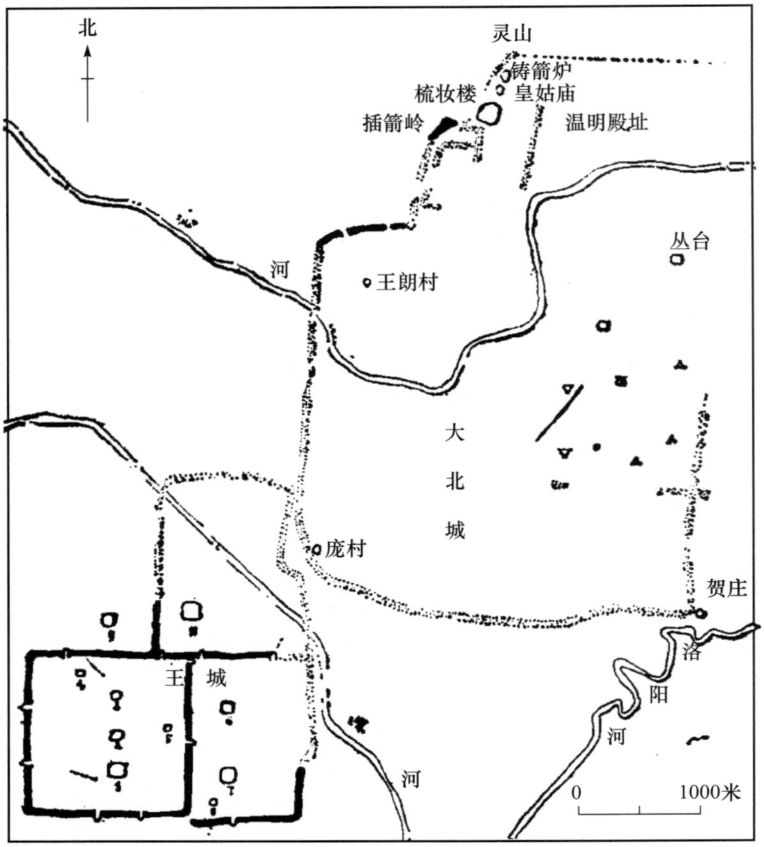

图三　赵都邯郸城勘测平面图

（采自段宏振：《赵都邯郸城研究》，文物出版社，2009 年，第 88 页）

长 460、基宽 30、高 3～4 米。其北为地下基址，长 1114 米。东垣总长 1574 米（含折角处长度）。北垣保存亦较差，地面城垣仅存西段，长 593、基宽 23～40、高 2～6 米。北垣总长 950 米，残存 1 号和 8 号两座城门遗址。东城内残存 3 座地面夯土台基址（6～8 号）及多处地下建筑基址等遗迹。

北城平面呈不规则长方形，南北较长，东西略窄。占地面积约 212 万平方米。城除南垣西段和西垣南段保存有地面城垣基址外，其余均埋藏于地下。北城南垣即是西城北垣东段和东城北垣，三城共用一垣，长 1440 米。西垣南段保存地面城垣长 800、基宽 20～30、高 2～7 米，其北为地下城垣基址。西垣总长 1544 米。北垣地下基址长约 1272、宽 30 米。东垣地下基址长约 1592、宽 30 米。

赵王城的城垣建造均系夯土筑成，城垣上除发现门阙遗迹 11 处外，还发现排水管道和铺瓦等防雨排水遗迹。城内分布有 20 多处夯土台建筑基址和地下夯土建筑基址，还有多处一般地下遗址。地表散布大量的板瓦、筒瓦、瓦当等建筑材料及瓮、罐、盆、豆等残片，有的基址还发现有柱础石。

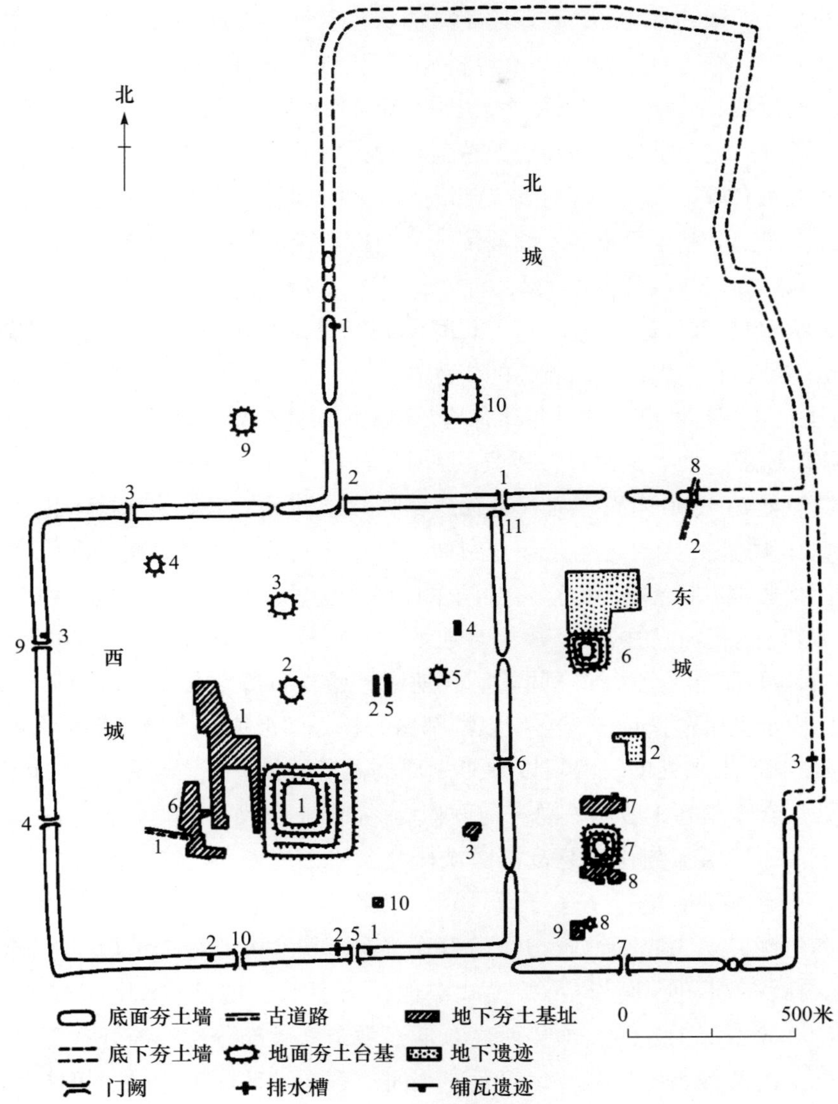

图四 邯郸赵王城平面图

（采自段宏振：《赵都邯郸城研究》，文物出版社，2009年，第93页）

赵王城城南还发现有壕沟系统。壕沟北距王城南垣1000米，与南垣基本平行，呈正东西向，其中西段部分主要由3条截面呈倒梯形的壕沟并列组成，间距10米，长约2700余米；最北的壕沟G1上口宽4～4.6、底部宽0.4～0.7、深2.25～2.6米；中间的壕沟G2上口宽4.3～4.9、底宽0.55～0.6、深2.5～2.65米；最南壕沟上口宽3～3.8、底宽0.6、深2.5～2.6米。东段已探明1200余米，是一条宽约10米的壕沟。目前钻探探明的壕沟总长度约2700余米，其性质属于赵王城南面近郊的防御系统，它们与南垣附近的城壕一起，共同构成王城乃至整个邯郸城南郊的完整防御系统[14]。

大北城在故城遗址东北部，位于赵王城的东北方向，两城相距60余米。大北城一般被学界称之为“郭城”，其具体位置在今邯郸市区中心，其范围的四至大体是：联纺路以南，光明大街以西，建设大街以东，学院北路北面的庞村—贺庄连线以北。遗址区除西北隅局部地段外，现全被现代城市建筑覆盖。总占地面积约1178万平方米。大北城平面呈不规则长方形，除西北角一带西垣局部尚存地面基址外，其余均为地下基址。西垣走向不规则，南段部分基本呈直线，北段部分呈曲折斜线，总长5604米，其中地面城垣存有1697米，宽20～30米。南垣大致呈直线，总长3090米，宽20米左右。东垣基本呈直线，总长约4800米，宽20～40米。北垣长1820米。城垣均系夯土筑成。城内西北隅紧靠西城垣一带，有一组与城垣相连的俗称“插箭岭”“梳妆楼”“铸箭炉”“皇姑庙（台地）”等夯土台建筑基址群。城内北部有丛台和温明殿等夯土台建筑基址。城内还发现多处手工业作坊遗址，种类有冶铸、制陶、制骨等作坊（图三、图四）。

大北城以西约1500米百家村一带为赵都贵族墓葬区，以战国墓葬为主，地面尚存有封土的墓葬16座，无封土的墓葬分布稠密，难计其数。郭城以南的北张庄至陈家岗一带为汉代贵族墓葬区，地面尚存有封土的大墓20余座。另外，郭城的西部和西南部郊区，还分布着众多的战国至汉代聚落遗址群。在故城的北、西、南60千米×60千米的范围内，亦即洺河至漳河之间的广大地域，还分布着十几座战国时期的大小城镇以及众多的中小型聚落遗址群，它们以邯郸城为核心而形成一个城镇聚落大群团。

城址西北15千米处的三陵村以及更北部的温窑一带为赵国王陵区，分布着南北2座陵区，共计有5座赵王陵园，总占地面积约28平方千米。

研究方面，段宏振先生《赵都邯郸城研究》一书以聚落考古的角度，结合详细的考古资料，对赵都邯郸进行了多方面研究，取得了重大研究成果。笔者依据此书所据考古资料和论断，认为赵都邯郸与新田模式关系密切。大北城选址位于滏阳河等三条河流之间，水路交通便利，与新田模式类似，为春秋晚期已建城址，是赵氏旁系邯郸午的采邑。北依低山丘陵，地势西高东低，中东部大部分城址掩埋在深厚的淤积层下。赵氏历次内部战争的记载，也提示了当时应存在城墙防卫设施。可能存在的内城分布在大城北部和西北角。赵国迁都邯郸时国力强盛，大北城已不能满足大量人口和兵士居住，西南部的高地不利于军事防卫，不能确保赵王统治集团防御外部军事进攻和内部政变的双重政治要求，便新建了处于高处与大北城呈犄角状防御的赵王城三城。“品”字形的赵王城与新田城的牛村、台神、平望的形态几乎完全相同。大北城是郭城，为贵族、居民、五官之藏、手工业作坊之地，其分布与新田模式类似，但郭城有明确的城墙。“品”字形的宫城区除了形态相似之外，邯郸城可能也是北城先建，南二城后建。三小城相互联系，与大城为掎角之势。笔者认为北城可能为赵王的居住宫殿区，和平望城性质一样；东城和西城为赵国朝堂区，和台神、牛村更加相似。东城和西城主次关系涉及赵王城的朝向问题。关于赵王城朝向有东向和南向两种观点，一般认为是坐北朝南的，但根据当地西高东低的地形和主要宫殿夯土台基的分布情况，笔者认为和赵王陵头向向东一样，王城布局最大可能为东向，西城内1号夯土台基为主殿所在，狭小的东城内南北分布的6号和7号夯土台基形制较小、相对高度较低、左右挟持突出了1号主殿君临天下之势。另外邯郸城下发生的大战很多，城址的军事防御性极强。从平面图上观察，北城东北角与大北城的西南角平面形状不规整，之间还有一定的距离，互不沟通，可能存在大北城的护城河。笔者从军事防御的角度认为此处是赵王城和大北城防御的关键地带和重要联系纽带，存在连在一起、共用城墙、以城门相沟通、以空中栈桥相连通等几种遗迹可能性，还需进一步的发掘证实。整体布局上邯郸王城和郭城为左右城址，其来源可能为赵氏在新田的呈王城形态。

（二）魏都

魏都战国中晚期的名都大梁在河南开封市一带，被宋代东京城叠压，因地处黄泛区腹地，埋深在9米以下，地下水旺盛，几乎没有经过考古发掘工作，勘探工作难度也很大，目前考古资料几乎空白，故探讨略去大梁城。霍地的考古资料也属空白。只讨论魏城与安邑二都。

1. 魏城

公元前636年晋文公任命魏武子为大夫，采邑在魏地。公元前596年魏悼子徒都霍地，此魏都共存在约40年以上，是魏国早期都城之一，为都时间较短。古魏城城址在今芮城县北五里许，有龙泉水流经古城西南部，城西之涧当即为永乐溪。据考古勘测可知（图五），其城址平面略呈方形，方向正北。东、南、北三面城墙近乎一条直

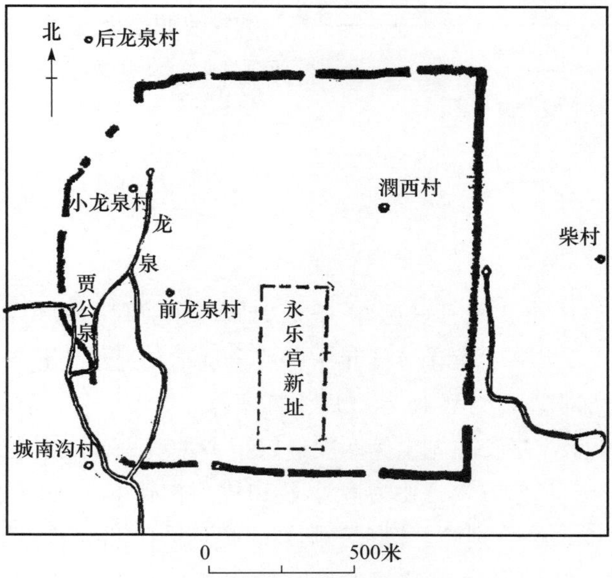

图五　魏城勘测平面图

线，曲折甚少，而西城墙呈拱形，中央向外突出。周长约4500、南垣长1150、东垣长1268、北垣长约1080、西垣长约1000米[15]。中南部永乐宫新址纯阳殿下发现有春秋中晚期的墓葬10座，井3口，人骨葬坑3个。推测魏城宫城在南部的永乐宫附近。[16]

魏城为都时间较短，略早于新田始为晋都时，布局推测为外郭内城的“回”字形封闭式结构，与新田模式明显不同。

2. 安邑

据记载，晋悼公11年（公元前562年）至魏惠王九年（公元前361年）魏人居安邑，前后约200年，安邑是魏国历史上的重要都城。此后魏迁都大梁，直到公元前225年魏国灭亡。该城秦汉时为河东郡治所在。安邑故城在今山西夏县西北约7千米，即今禹王城城址（图六），总面积约13平方千米。分为大城、中城和小城。大城平面略呈梯形，北窄南宽。北垣长2100、西垣长4980、南垣现长3565、东垣北段现长约1530米，南段情况不明。勘查者推测其大城修筑于战国时期；中城修筑于秦汉时期；小城可能是宫城，与大城同时修筑[17]。可以说魏都安邑是明显的左右城结构，来源可能也为晋都新田中的魏家私城，如马庄、北坞。选址在青龙河之畔。这些在布局上是对新田模式的继承。

图六　魏都安邑城勘测平面图

（三）韩都

1. 宜阳故城

位于今河南省洛阳市宜阳县城西25千米韩城镇东关村与城角村一带（图七），为早期韩都，周威列王二年（公元前424年）韩武子从平阳迁都于此，到韩景侯（公元前408～前407年）迁都阳翟，为都16年，后为韩国西部重镇，公元前307年被秦国攻占。

1978年与1984年，赵安杰先生等两次进行了考古调查，确定了城址基本形状为近“凸”字形，面积366万平方米，由春秋小城和战国扩建的大城组成。并采集了戈4、矛3、镞56件等兵器，和个别筒、板瓦等陶器。提到城以北的韩昭侯冢和楚王墓[18]。

2014～2017年，为编制宜阳韩都故城文物保护规划提供考古资料，洛阳市文物考古研究院对故城进行了全方位的考古调查、勘探与测绘工作，确定了城垣的具体位置和残存形态，并发现了城门 2 座、北垣早期城垣基础 1 段、北东西三侧护城壕、马面 9 处、地下夯土遗迹 5 段、水渠及堤防 1 段、沟 10 余条、墓葬区 3 处（探明面积 200 平方米左右曲尺形大墓 6 座、长方形大墓 3 座、中小型墓近 2000 座）、灰坑 1000 余座（含小城内 600 余座新石器时代灰坑）、道路 3 条、窑址 100 余座等丰富遗迹，对城址布局有了大概了解，并确定城北“韩昭王冢”为汉墓[19]。

2016 年，洛阳市文物考古研究院对东垣北门进行了发掘，发现门阙、排水渠，和东周延续用至隋唐的宽 8、厚 1.5 米东西向道路一条。在大城中西部制陶作坊区发掘灰坑 5 个、沟 1 条、秦系陶窑 1 座。

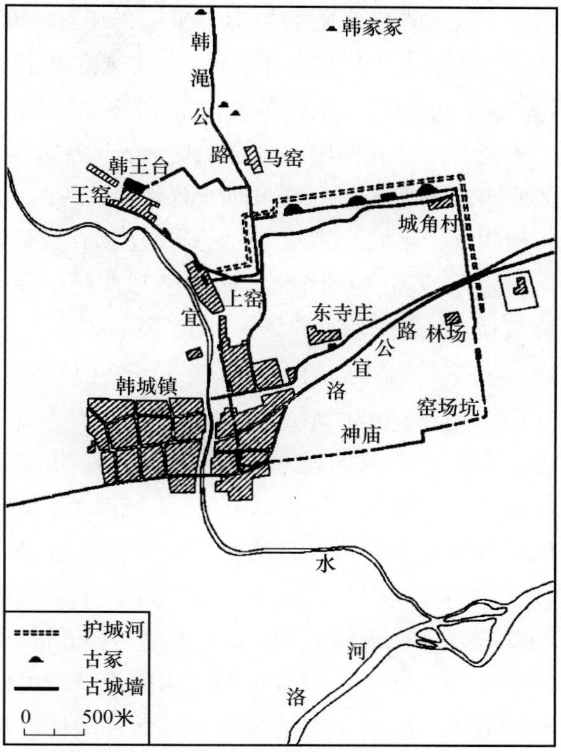

图七　韩都宜阳平面图

2017 年，洛阳市文物考古研究院对大城中一座曲尺形大墓进行了发掘，确定其为一座带一斜坡通道未完工的地下建筑基坑或大墓，由墓道和墓室两部分组成，墓道东西长 5.25、南北宽 3.5～3.9 米，墓室南北长 17.8～18.25、东西宽 7.5～8.95 米。同时对城址东北部北城墙南侧的一处不规则形，东西长 500、南北宽 30～50、深 1.7～7 米的大型军事防御设施局部进行了发掘，发现大量铜箭镞，许多箭镞射在生土内[20]。

目前可以确定宜阳城址平面呈近“凸”字形，南北长 1510～2150、东西宽 1630～1840 米，由小城和大城组成，总面积 366 万平方米。小城位于西北角的山坡上，北部向外凸出，南部与大城相连，内部发现近 2000 座中小型墓葬，可能先为宫殿区，迁都阳翟成为军事重镇后变成墓葬区。大城位于东南部，是郭城，其东北城垣保存较好，高出地表 3～8 米，西南角被宜水冲毁，东垣全长 1515、宽 18～36、现在高度 3～6 米；北垣全长 1843、宽 18～38、高 1.5～8 米；西垣全长约 2150、宽 20～35 米；南垣残长约 1630 米（地面残长约 710 米）。城垣残存高度已较 1984 年调查时略低。东、北两面城垣外均有明显的宽窄不一的，深 6～9 米的护城壕遗迹。东垣、北垣上各发现 2 座城门。已发掘的东垣南门为一门一道，洞宽约 8 米。东垣北部墙体上有棍洞，是夯筑城垣时打在夯土中的“木筋”，为郑、韩两国特色夯土工艺。在东、北垣上发现 13 个马面，小城北垣，郭城东北垣、北垣上发现的城墙上部还有建筑遗迹。此外，在大城西北角外向西北发现一段长737米的曲尺形夯土墙，在主城60米宽的护城壕内北部另有长10、宽8米的不规则形夯土遗迹。还发现5段护城河堤护类地下夯土遗迹，总长1578米；南北向道路3条，东西向1条；各类沟渠10余条；呈曲尺形分布有序的大型建筑基坑12座，以及主要分布在其两侧的陶窑200余座。特大型墓葬位于大城西北角。确定城址具有突出的军事防御性质，小城非宫城而是墓葬区，大城北、东城河为人工开挖，水源来自西北宜河引水，小城北部发现的蜿蜒夯土遗存极可能为拦截山水而筑的护堤。

宜阳故城为韩国的名城大邑和西部的军事重镇。《战国策·秦第二》“宜阳未得”篇高诱注：“宜阳，韩邑，韩武子所都也。”后韩景侯将都城再迁至阳翟以避秦锋，宜阳一直是韩国西部的军事重镇，是韩西拒强秦的战略要地，《战国策·东周策》“秦攻宜阳”篇曾记载“城方八里，材士十万，粟支数年”。该城东望洛阳，西出商阪、函谷，是东西往来的要塞，且背山面水，形势险要，乃历代兵家必争之地。公元前307年的“秦拔宜阳，斩首六万”，该城遭到破坏并废弃。已有的考古发掘发现说明，城址城垣并非同期筑成，西边突出的小城据城墙的墙筑形制及夯土内不见战国或再晚的遗存，它的建筑时代，应在春秋时期。东边大城区城墙的形制、规模与西边有异，时代较晚些，应在战国时期。城内的出土文物，也多为战国时期。因此宜阳故城由原来规模甚小的旧城以及旧城东部扩建的规模较大的新城区构成。郭城东、北城墙外人工挖有护城壕。城墙个别地段建有马面和敌楼（角楼）等防御设施。郭城西北部发现三处大型建筑基址，另发现东西、南北大道各一条。城西北角建有极具军事色彩的高台建筑“韩王台”，城西五里和十里处各建有军事报警用的瞭望台。城北秦岭南麓分布着战国时期的四座大冢和数量众多的墓群。

研究方面，何海斌从韩迁都战略等方面对韩迁都宜阳进行了研究[21]。徐团辉也对韩迁都宜阳和韩国在河南的三都进行了比较研究，指出宜阳为韩国临时性都城，是韩国为灭郑做的准备[22]。吴业恒、吕劲松、陈南南在《宜阳韩都故城考古考古调查新收获》中探讨了韩都宜阳故城的布局、夯土及城壕年代、护城河及水源问题、墓葬区、与郑韩故城的关系，提出北城墙外夯土为早期城垣，现存城垣为晚期城垣，人工城壕水源有西北角的两处，小城为韩公共墓区，三座特大型墓可能为韩国贵族墓葬，根据在大城东寺庄附近发现宽8米的夯土墙、建房时发现的较大石柱础、“紫禁城”传说，可能宫城在此。因较大面积被村庄占压，许多重要遗迹未能发现。吴业恒、史家珍以2014～2017年考古调查勘探发掘资料的梳理为重心，对宜阳韩都的布局、时代、演变进行了研究和探讨，是最为权威的资料性研究成果[23]

宜阳作为韩都共经历了16年，这是韩人离开故土汾水河谷后向南扩张建立的第一座都城，其平面建筑形态可以说是“新田模式”中左右共墙式城址的翻版，本来这里存在一座规模较小的宜阳城，韩人利用这座小城的东墙向东又筑了一座面积达3平方千米多的大城，其形状很像“新田模式”中的马庄古城。笔者同意徐团辉先生宜阳城为韩国扩张期临时都城的观点。该城具有典型的军事重镇特色。

2. 禹州阳翟故城

战国时期韩国都城，位于现禹州市老城区，北临颍河，西依禁沟河，正处于两水交汇处的东部一带。经 1958、1990 年调查和勘探确定（图八），故城平面略呈正方形，除东北角为斜角外，余皆直角。城址略呈正方形，东墙长 1600、南墙长 1850、西墙长 1750、北墙长 1500、周长 6700 米。城墙全系红黏土夯筑而成。故城北墙东段和东墙北段共约 590 余米保留尚好，但其内侧已遭受不同程度的破坏。南墙西段和北墙西段以及西南城角和西北城角处尚存地面残墙，其余城墙多已无存，墙基多被现代建筑物覆盖。城墙残高一般为 2～4 米，最高处 6 米，墙基宽度不等，北墙东段墙基宽 40 米左右。夯土层坚硬，夯层一般厚 9～13 厘米，最厚 16 厘米。夯痕有平夯和圆形小夯窝两种，窝径 4～5 厘米。在北墙东段内侧断面高 2 米左右，发现板筑用的棍孔遗迹 20 余眼，孔横距（顺墙向）34～55、纵距（上下）30～40 厘米，孔径 7～11 厘米，个别孔径约 30 厘米。根据顺墙方向的孔位观察测知板长约 1.4 米，每次夯筑 4～5 层，逐次加高。这种“木筋混凝土”式夯筑方法，是郑韩两国在中原地区修建城墙的代表性技法。在东、西、南、北城垣上各有缺口一处，应为城门遗址。南门偏东、北门偏西、东门稍偏北，东西两门基本照应。东、西、南墙外有壕沟，唯北墙东段外侧濒临颍河而无壕沟。城壕从西北角引入颍河水，沿人工壕沟绕城一周，再入颍河，城内雨水也从城壕排出护城河。

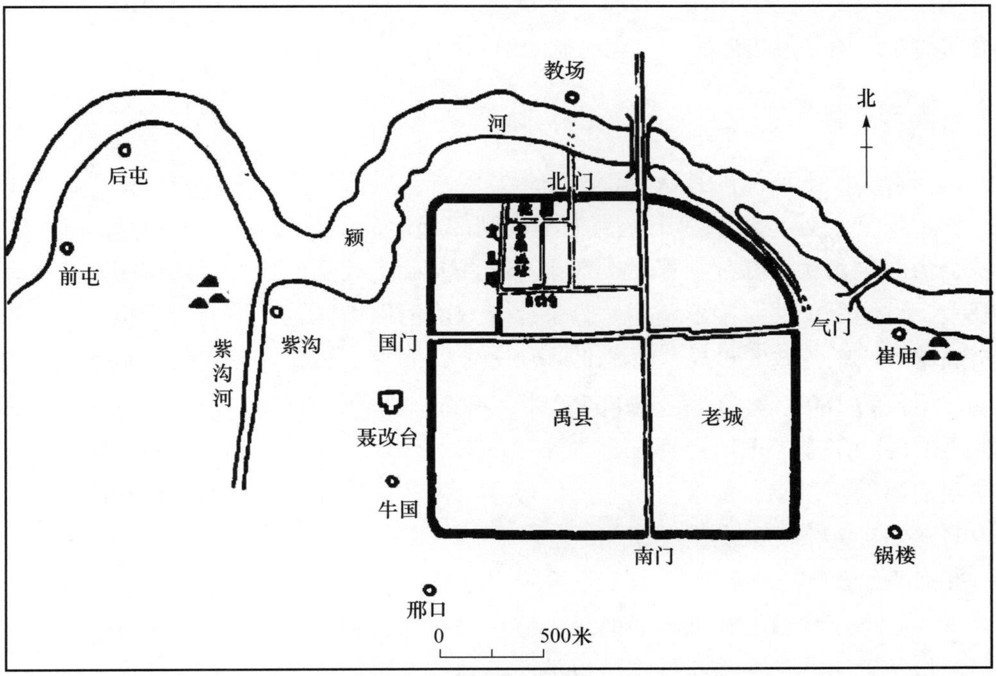

图八　韩都阳翟平面图

宫殿区遗址位于故城内西北部，南北长约 550、东西宽约 380 米，群众俗称为“龙亭”（即皇城），基建时挖至 5 米深时还见很多战国瓦片（图八）。

在故城西北部约 1.83 千米的台地上，1987～1988 年，河南省文物研究所（现河南省文物考古研究院）配合基建工程时，在 2.55 万平方米内，探出古墓葬 111 座，墓葬分布极为密集，共发掘基葬 107 座，其中战国墓 81 座，墓室多为长方竖穴，重要的是，发现“甲”字形中型墓葬 11 座，墓室深 5～6 米，最深达 7 米。墓内随葬品有铜戈、铜剑、玉璧、陶器和鹿骨架等遗物。这些墓葬应属韩国贵族墓群。

平民墓地：位于故城东约 1.5 千米的崔庄和寨子村附近。1979 年以来，已发现战国空心砖墓 20 余座，清理了 10 余座。

传说的韩哀侯墓位于故城西南 20 千米的冀村北侧土岗上，墓冢高 5.5 米，周长 20 余米。1977 年在故城西墙外（现老城西关）有一农民挖土时曾发现战国铜戈 1 件，内部刻有铭文“九年□命（令）右库工币（师）□冶□”，是典型韩戈，是对此城为韩都的注解[24]。

2006～2007 年，为配合南水北调中线工程建设，武汉大学历史学院考古系和武汉博物馆在故城北隔颍河的钧台街道八里营村南发掘 8046 平方米，清理出先秦至汉代灰坑、水井、沟、夯土等遗迹 100 处，和极其丰富的金元时期遗迹，说明此地为阳翟城的郊里之地[25]。

阳翟故城为韩景侯时的韩国都城。因城内被现代城市叠压，几乎没有做过考古发掘工作，布局不明。但从城外侯墓、贵族墓、平民墓及郊里遗址的分布看，和侯马新田模式的布局还是很相近的，具有明显的继承性。

3. 新郑韩都

韩都新郑位于现河南省新郑市区一带，经考古发掘证实，为东西两城，位于双洎河与黄水河交汇处，西城为王城，为不规则的梯形，东城为郭城，为不规则长方形，二城合为一牛角状。韩都新郑是在郑都新郑的基础上改建而成的，郑都跨双洎河，比韩都大，可能是“回”字形结构。韩都放弃双洎河以南区域，沿河岸筑成，并在中间加筑隔城形成东西城的布局。西城北垣残长约 2400 米，西垣与南垣均被双洎河冲毁；东城北垣长约 1800 米，东垣长约 6500 米。韩都总面积约在 1100 万平方米。西城内建有韩宫殿区和宗庙，东城内为五官之藏和手工业作坊、居民区等。邦墓区位于护城河外或双洎河以西以南、黄水河以东的区域，王侯陵区分布在都城的西部和西南部，故城内多发现儿童葬和少数成人葬（图九）[26]。

韩都的主要特点有：

（1）大小双城制是韩都布局的最大特色之一，这种布局在战国中期齐、燕、赵等国国都均予采用，是在当时特定历史条件下城市发展的最佳布局，它的优点一是使政治中心与经济中心相分离，既增强了王权，又便于加强对民众的管理；二是从军事上

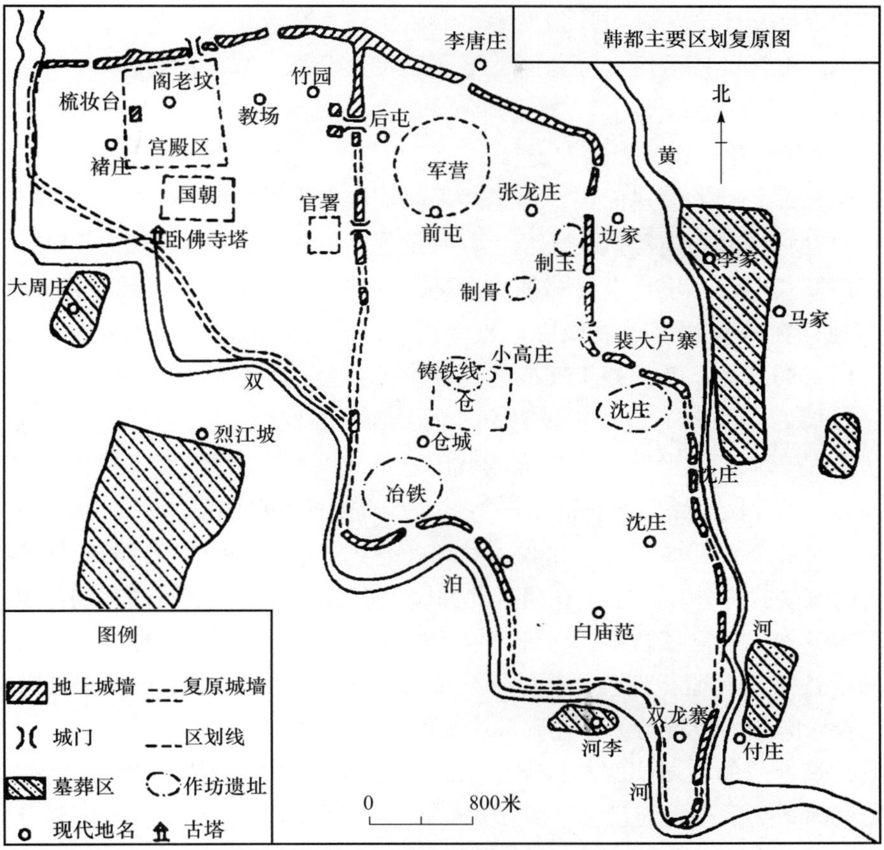

图九　新郑韩都主要区划复原图

考虑，小城即王城大大缩小了防守空间，可以集中力量加强对王城的护卫。

（2）倚重大河作为天然屏障，为此韩不惜放弃双洎河优越的漕运条件和供排水功能。故城内沟壑较多，排水问题可以轻易解决，对生活用水问题，韩人采取了大量凿井的办法，在已发掘的一个 7 米 ×7 米的探方内就发现了同时期水井 13 眼，可见当时凿井之多，城内人口之众。

（3）对重点防御的西城，韩人增筑马面、瓮城等当时最先进的防御设施，并对要害区域，如太庙、宫城更是采取了挖沟筑墙的办法形成了城中城的布局和防御体系，庙墙、宫墙厚达 15～20 米。

（4）各主要区域的布局位置是：西城为政治中心，有国朝（或太庙）、宫城、官署区、教场等重要区划，其中国朝在城的正中部位，宫城在其正北偏西，官署区在其正东偏南，教场在宫城正东。东城为屯兵、居民和商业区，主要区划有各种工业作坊、屯军区、仓廪区等。屯军区在城西北部，制玉遗址在城的东北部，制骨遗址在城中北部，仓廪区在城正中部，铸铁遗址分别在城西南、中部、东部。

（5）韩都规划体现了韩对郑强烈的“毁汝宗庙、残汝社稷”意识，挖绝烧断郑国风水的心态。在郑的社稷区、邦墓区甚至在梳妆台上都设立了冶铸作坊，其目的是使郑永不翻身。

（6）加宽“环涂”以利于战时通行。

韩都在郑都基础上改建而成，为了战争的需要，形成了明显的左右城结构，左城是王城，内有宫城、太庙等重要小城。右城是郭城。这种布局和安邑、邯郸一样，是典型的新田模式卿家私城形态。郑都本来是跨双洎河的一座大城，韩哀侯灭郑后放弃双洎河南地，在城中加修了隔城墙，形成位于两河交汇处的左右城结构，可以看作是对新田模式的继承。韩都处于四战之地的中原腹地，军事防御色彩深厚。王城高大坚固，隔城墙的东侧即王城外还设有宽深的护城河，突出了拱卫王城的特点。另外，2018年发掘的郭城西北角与王城相邻的城门遗址战国部分由宽大的护城壕、高大的瓮城、窄长的一条穿城道路、较长的水渠组成，军事防御特征明显。

通过对已知三晋都城的初步比较，发现韩赵魏与新田同时期的都城，形制上基本还是封闭的方块式内外城结构。立国后的都城大都继承了新田卿城的共用一墙双城制，突出了王城，加强了宫城防卫，与郭城互为犄角进行防御。都城内没有发现新田都城中常见的埋牲祭祀和盟祀遗址，反映了三晋以王权为核心的中央集权制已高度发达，国中已无晋六卿般的分裂势力，在国都中无明确的家族祭祀私地和盟祀场所。“新田模式”强调宫城地位的建城模式，影响了齐、燕、中山等同代诸侯国都。秦朝咸阳城和西汉长安城内布局数个大面积宫城的做法，也是“新田模式”突出宫城的继承。“新田模式”是中国古代城市发展史上一个光辉的里程碑！

注　释

［1］田建文：《“新田模式”——侯马晋国都城遗址研究》，《山西省考古学会论文集（二）》，山西人民出版社，1994年，第121页。

［2］田建文：《晋都新田的两个问题》，中国文物报2008年9月12日第七版。

［3］山西省考古研究所侯马工作站编：《晋都新田》，山西人民出版社，1996年，第20、121页。

［4］山西省考古研究所侯马工作站编：《晋都新田》，山西人民出版社，1996年，第115页。

［5］北京大学历史系考古教研室商周组编著：《商周考古》，文物出版社，1979年，第242页。

［6］山西省考古研究所：《侯马北坞古城勘探发掘简报》，《三晋考古（第一辑）》，山西人民出版社，1994年，第154、157、165页。

［7］山西省考古研究所：《侯马铸铜遗址（上）》，文物出版社，1993年，第7、8页。

［8］山西省考古研究所：《侯马北坞古城勘探发掘简报》，《三晋考古（第一辑）》，山西人民出版社，1994年，第181页。

［9］山西省考古研究所侯马工作站　畅文斋、张守中、杨富斗：《侯马北西庄东周遗址的清理》，《文物》1959年6期。

［10］山西省文物工作委员会：《山西省文管会侯马工作站工作的总收获（1956年冬至1959年初）》，

《考古》1959年5期。
[11] 北京大学考古学系商周组、山西省考古研究所编著:《天马-曲村(第三册)》,科学出版社,2000年,第983~985页。
[12] 河南省文物研究所:《河南温县东周盟誓遗址一号坎发掘简报》,《文物》1983年第3期。
[13] 河北省文物管理处、邯郸市文物保管所:《赵都邯郸故城调查报告》,《考古学集刊》(第4辑),中国社会科学出版社,1984年,第162、163页。
[14] 段宏振、任涛:《邯郸赵王城遗址勘察和发掘取得新收获》,《中国文物报》2008年10月22日第二版。
[15] 陶正刚、叶学明:《古魏城和禹王古城调查简报》,《文物》1962年Z1期。
[16] 山西省文物管理委员会、山西省考古研究所:《山西芮城永乐宫新址墓葬清理简报》,《考古》1960年第8期。
[17] 陶正刚、叶学明:《古魏城和禹王古城调查简报》,《文物》1962年Z1期。
[18] 赵安杰:《战国宜阳故城调查简报》,《中原文物》1988年第3期。
[19] 吴业恒、吕劲松、陈南南:《宜阳韩都故城考古调查新收获》,《保护与传承视野下的鲁文化学术研讨会论文集》,上海古籍出版社,2018年,第250~263页。
[20] 吴业恒、史家珍:《考古洛阳》,科学出版社,2019年,第64~69页。
[21] 何海斌:《三晋都城迁徙及其地缘战略初探》,山西师范大学2009年硕士学位论文,第26~29页。
[22] 徐团辉:《韩国迁都宜阳、阳翟考辨》,《华夏考古》2015年第2期;徐团辉:《战国时期韩国三大都城比较研究》,《中原文物》2011年第1期。
[23] 吴业恒、史家珍:《考古洛阳》,科学出版社,2019年,第64~69页。
[24] 刘东亚:《阳翟故城的调查》,《中原文物》1991年第2期。
[25] 河南省文物局编著:《禹州阳翟故城遗址(上、下册)》,科学出版社,2016年。
[26] 马俊才:《郑韩两都平面布局初论》,《中国历史地理论丛》1999年第2期。

论春秋中晚期鲁中地区随葬青铜礼器组合的文化属性*

印　群

（中国社会科学院考古研究所）

春秋中晚期鲁中地区[1]主要是齐国的势力范围，这一带除少量遗址外[2]，大体属于齐文化圈。春秋中晚期鲁中地区随葬青铜礼器组合主要出自以下贵族墓：新泰周家庄墓地青铜礼器墓[3]、长清仙人台墓地5号墓[4]、邹平大省村青铜礼器墓[5]和淄博磁村青铜礼器墓[6]等。其中，近年来发掘的新泰周家庄墓地是规模较大的东周时期齐国墓地，该墓地发掘了78座春秋战国墓，其中包括20座春秋晚期随葬青铜礼器墓；长清仙人台墓地随葬青铜礼器的5号墓与邹平大省村3座随葬青铜礼器墓属于春秋中晚期；淄博磁村4座随葬青铜礼器墓属于春秋晚期。本文拟通过将新泰周家庄墓地的春秋晚期随葬青铜礼器组合与同属于鲁中地区的长清仙人台5号墓以及邹平大省村和淄博磁村墓地随葬青铜礼器组合进行对比，以考察该地区春秋中晚期随葬青铜礼器组合的特点，探讨其文化属性及其所凝聚的文化因素。

一、春秋中晚期鲁中地区随葬青铜礼器墓的考古发现

（一）考古发现的春秋晚期新泰周家庄墓地青铜礼器墓

周家庄墓地在新泰市周家庄东南，地势从西北朝东南倾斜。该墓地南北大约长300、东西宽150米左右。发掘区位于墓地中北部，共发现78座东周时期齐国中小型墓，都是长方形竖穴土坑墓，有序排列，较密集。葬具皆为木质的棺椁。人骨架基本上是单人仰身直肢葬，墓主人多为30～45岁左右的男性。墓中殉狗现象较常见，椁底和四周大多施以青膏泥。出土文物里，以青铜兵器较多。在该墓地20座春秋晚期的随葬青铜礼器墓中，有11座存在施用膏泥的痕迹，9座墓发现了殉狗现象。一些墓主属

* 本文是2017年度国家社科基金重点项目“东周墓葬制度研究（项目编号：17AKG003）”的成果之一。

于贵族，还有一些是平民（表一、图一、图二）。

表一 春秋晚期周家庄墓地随葬青铜礼器组合简表[7]

墓名	鼎制	青铜礼器组合	时代
周家庄 3 号墓	1 鼎	鼎 1、豆 4、舟 2、盘 1	春秋晚期
周家庄 73 号墓	1 鼎	鼎 1、豆 1、舟 1	春秋晚期
周家庄 62 号墓	无鼎	敦 1、舟 1	春秋晚期
周家庄 10 号墓	无鼎	豆 2、舟 2	春秋晚期
周家庄 48 号墓	1 鼎	鼎 1、豆 2、舟 2	春秋晚期
周家庄 28 号墓	无鼎	豆 2、舟 2	春秋晚期
周家庄 72 号墓	1 鼎	鼎 1、豆 2、舟 2、盘 1、匜 1	春秋晚期
周家庄 11 号墓	无鼎	豆 2、舟 2	春秋晚期
周家庄 58 号墓	无鼎	豆 2、舟 2	春秋晚期
周家庄 61 号墓	无鼎	舟 2	春秋晚期
周家庄 50 号墓	1 鼎	鼎 1、豆 1、舟 1、壶 1	春秋晚期
周家庄 68 号墓	2 鼎	鼎 2、豆 2、舟 2、盘 1、匜 1	春秋晚期
周家庄 69 号墓	无鼎	敦 1、壶 1、盘 1、舟 1	春秋晚期
周家庄 80 号墓	1 鼎	鼎 1、豆 2、舟 2、盘 1、匜 1	春秋晚期
周家庄 36 号墓	1 鼎	鼎 1、豆 2、舟 2、盘 1、匜 1	春秋晚期
周家庄 35 号墓	1 鼎	鼎 1、甗 1、豆 2、壶 1、舟 2、盘 1	春秋晚期
周家庄 2 号墓	2 鼎	鼎 2、甗 1、豆 4、壶 1、舟 2、盘 1、匜 1	春秋晚期
周家庄 22 号墓	1 鼎	鼎 1、豆 2、舟 2	春秋晚期
周家庄 13 号墓	1 鼎	鼎 1、豆 2、舟 2	春秋晚期
周家庄 49 号墓	1 鼎	鼎 1、豆 2、舟 1	春秋晚期

图一 周家庄墓地 M2 出土的青铜鼎

（采自《山东新泰周家庄东周墓发掘简报》图六）

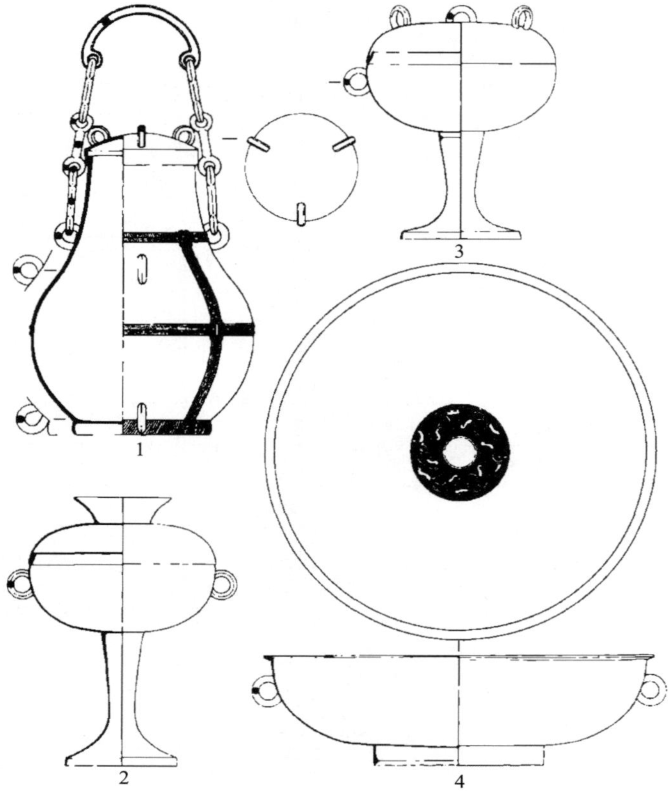

图二　周家庄墓地 M2 出土的青铜壶、豆、盘
（采自《山东新泰周家庄东周墓发掘简报》图二二）
1. 壶　2、3. 豆　4. 盘

根据以上春秋晚期周家庄墓地的随葬青铜礼器组合，可归纳出春秋晚期周家庄墓地随葬青铜礼器基本组合[8]（表二）。

表二　春秋晚期周家庄墓地随葬青铜礼器基本组合表

鼎制	随葬青铜礼器	年代
2 鼎	鼎 2、豆 2；舟 2；盘 1、匜 1	春秋晚期
1 鼎	鼎 1、豆 2；舟 2	春秋晚期
无鼎[9]	豆 2；舟 2	春秋晚期

（二）考古发现的春秋中晚期鲁中地区其他青铜礼器墓

1. 长清仙人台墓地

该墓地从东向西有序排列着 6 座墓葬。其中 M1 与 M2、M4 和 M6 呈南北并列，应为并穴合葬墓。在该墓地6座墓里，5号墓在墓地的最西端，是一座长方形竖穴土坑墓，墓向为290度。墓口长4.6、宽为3.3米。墓室西北角挖有脚窝，墓底中间发现一个圆角长方形的腰坑，长0.96、宽0.4米。腰坑里殉有一条狗，其头向和墓向相反。葬具是一棺一椁。椁室呈长方形，长2.9、宽2.4米。椁盖板由宽约0.14～0.44米的木板组成。棺也呈长方形，长2.15、宽1米。棺底板下是由两条南北向的枕木垫起来的。椁外发现熟土二层台，台上还有席子。有一弧形壁龛位于二层台北壁正中，长2.6、最宽0.8、最高0.5米。壁龛东半部集中出土了一组陶器。5号墓随葬有青铜礼器、乐器、玉器、陶器、骨角器及拆散放置的马车等，共计100余件（组），主要放在二层台、壁龛、棺椁之间以及棺里尸体附近。铜礼器、乐器皆放在棺椁之间的南侧。这6座墓的时代跨度是从西周晚期到春秋中晚期。时代最早的是3号墓，最晚的是5号墓。1号墓、2号墓介于两周之际。4号墓、6号墓则属于春秋早期偏晚。该墓地是邿国墓地。在发表的仙人台墓地发掘资料中，仅该墓地5号墓的年代属于春秋中晚期[10]（表三）。

表三　春秋中晚期仙人台墓地M5随葬青铜礼器组合简表

墓名	鼎制	青铜礼器组合	年代	备注
仙人台墓地M5	列鼎3	鼎3、甗1、敦2、舟2、壶1、盘1[11]	春秋中晚期	青铜礼器据发掘者所认定

据春秋中晚期仙人台墓地M5随葬青铜礼器组合简表（表三），可得出春秋中晚期仙人台墓地随葬青铜礼器组合表（表四）。

表四　春秋中晚期仙人台墓地随葬青铜礼器组合表

鼎制	随葬青铜礼器	年代
列鼎3	鼎3、敦2、舟2、壶1、盘1、甗1	春秋中晚期

2. 邹平大省村墓地

该墓地在邹平县城东北的大省村，所清理的墓葬中包括5座东周墓。这5座分布较密集的东周墓集中于一块长24、宽12米的区域内，都是长方形土坑竖穴墓，其中2座是南北向，3座呈东西向。M4有生土二层台，其余则是熟土二层台。M4和M7发现了腰坑。葬具为木质葬具。M7是一棺一椁，M4是双棺，其余的都是单棺（表五）。

表五　春秋中晚期大省村墓地随葬青铜礼器组合简表

墓名	鼎制	青铜礼器组合	年代
大省村墓地M1	1鼎	鼎1、盘1、舟2、鉴1、匜1	春秋中晚期
大省村墓地M3	1鼎	鼎1、豆1、舟1、盘1、壶1	春秋晚期
大省村墓地M 7	无鼎	舟1	春秋中期

据春秋中晚期大省村墓地随葬青铜礼器组合简表（表五），可归纳、简化出春秋中

晚期大省村墓地（1鼎墓）随葬青铜礼器基本组合表（表六）和春秋中期大省村墓地（无鼎墓）随葬青铜礼器组合表（表七）。

表六　春秋中晚期大省村墓地（1鼎墓）随葬青铜礼器基本组合表

鼎制	随葬青铜礼器	年代
1鼎	鼎1；盘1；舟1	春秋中晚期

表七　春秋中期大省村墓地（无鼎墓）随葬青铜礼器组合表

鼎制	随葬青铜礼器	年代
无鼎	舟1	春秋中期

3. 淄博磁村墓地

该墓地位于淄博市淄川区磁村西南，发现了4座春秋晚期墓，这4座墓均为东西向的竖穴土坑墓。该墓地4座方向一致的墓葬有序排列，皆出土了成组的青铜礼器。在1号墓的墓室填土里发现了殉狗[12]。该墓地显然是一个存在着密切相互关系的齐国小型贵族墓地（表八）。

表八　春秋晚期磁村墓地随葬青铜礼器组合简表

墓名	鼎制	青铜礼器组合	年代
磁村墓地M01	1鼎	鼎1、敦1、舟1	春秋晚期
磁村墓地M02	1鼎	鼎1、敦1、舟1	春秋晚期
磁村墓地M03	1鼎	鼎1、敦1、舟1、豆1	春秋晚期
磁村墓地M1	1鼎	鼎1、敦1、舟1	春秋晚期

据春秋晚期磁村墓地随葬青铜礼器组合简表（表八），可得出春秋晚期磁村墓地随葬青铜礼器基本组合表（表九）。

表九　春秋晚期磁村墓地随葬青铜礼器基本组合表

鼎制	随葬青铜礼器	年代
1鼎	鼎1、敦1；舟1	春秋晚期

二、春秋中晚期鲁中地区随葬青铜礼器组合的特点

（一）周家庄墓地的随葬青铜礼器组合特征

在春秋晚期周家庄墓地所发现的两座两鼎墓——周家庄M2和周家庄M68皆随葬2鼎，这两座墓在该墓地已发掘的春秋时期墓葬中是随葬鼎数最多的，往下依次为

1 鼎墓、无鼎墓。周家庄墓地随葬青铜礼器基本组合中，从 2 鼎墓到 1 鼎墓再至无鼎墓，尽管不同级别基本组合的随葬礼器器形及数量不同，但各级别的基本组合都随葬有 2 件酒器（舟 2），作为周家庄墓地的 2 鼎墓，其随葬青铜礼器基本组合里酒器所占比例为（2/8）（25%）；该墓地 1 鼎墓的随葬青铜礼器基本组合中酒器所占比例是 2/5（40%）；该墓地无鼎墓的随葬青铜礼器基本组合里酒器占比例是（2/4）（50%）。在该墓地，随葬青铜鼎数越少，其青铜礼器基本组合里酒器所占比例越高，似表明酒器颇受重视，此或与该墓地青铜兵器多，军事氛围浓厚有关。

（二）仙人台墓地的随葬青铜礼器组合特征

从随葬青铜礼器的种类来看，仙人台墓地 M5 随葬了 4 件炊器（鼎 3、甗 1）、2 件盛食器（敦 2）、3 件酒器（壶 1、舟 2）、1 件水器（盘 1）；周家庄 M2 随葬了 3 件炊器（鼎 2、甗 1）、4 件盛食器（豆 4）、3 件酒器（壶 1、舟 2）、2 件水器（盘 1、匜 1）；周家庄 M68 随葬了 2 件炊器（鼎 2）、2 件盛食器（豆 2）、2 件酒器（舟 2）、2 件水器（盘 1、匜 1）。

春秋中晚期仙人台墓地列鼎（3 鼎）墓随葬青铜礼器组合中，酒器所占比例达到了 30%，高于周家庄墓地 2 鼎墓的随葬青铜礼器基本组合里酒器所占比例（25%）（表二），前者的酒器是两种器形（舟、壶），而周家庄 2 鼎墓（M2）的随葬青铜酒器也同样是两种器形（舟、壶），反映出在仙人台墓地列鼎（3 鼎）墓与周家庄 2 鼎墓（M2）的随葬青铜礼器组合中，酒器组合所占据的地位较高。

（三）周家庄墓地与大省村墓地随葬青铜礼器组合之比较

春秋晚期周家庄墓地 1 鼎墓随葬青铜礼器基本组合是鼎 1、豆 2、舟 2；而大省村墓地 1 鼎墓随葬青铜礼器基本组合则是鼎 1、盘 1、舟 1。春秋晚期周家庄墓地 1 鼎墓的随葬青铜礼器基本组合与大省村墓地 1 鼎墓的相比，前者比后者多出了豆 2、舟 1；后者比前者多出了盘 1。豆是盛食器，舟为酒器，盘是水器，也就是说前者比后者多出了两件盛食器（豆 2）和一件酒器（舟 1），后者只比前者多出了一件水器（盘 1）。周人的随葬青铜礼器组合是“重食的组合”[13]，其食器的数量及种类决定着组合的等级，所以虽然二者都是 1 鼎墓，但周家庄墓地 1 鼎墓的随葬青铜礼器基本组合在规格上是高于大省村墓地 1 鼎墓随葬青铜礼器基本组合的。

周家庄墓地春秋晚期无鼎墓的随葬青铜礼器基本组合是豆 2、舟 2，而大省村墓地无鼎墓随葬青铜礼器组合就是舟（1 件），前者也比后者多出了盛食器豆（2 件）、酒器舟（1 件），恰与周家庄墓地 1 鼎墓随葬青铜礼器基本组合比大省村墓地 1 鼎墓随葬青铜礼器基本组合所多出的器形及数量完全一致，也反映出周家庄墓地无鼎墓的随葬青铜礼器基本组合虽与大省村墓地无鼎墓随葬青铜礼器组合同属于无鼎墓，但前者在规格上亦同样高于后者。周家庄墓地 1 鼎墓及无鼎墓随葬青铜礼器基本组合在酒器、食器上都明显比大省村墓地的多，且所多出的器形及数量竟完全一致。

（四）周家庄墓地与磁村墓地随葬青铜礼器组合之对比

春秋晚期磁村墓地 1 鼎墓随葬青铜礼器基本组合是鼎 1、敦 1、舟 1；而周家庄墓地 1 鼎墓的则是鼎 1、豆 2、舟 2；春秋晚期磁村墓地 1 鼎墓随葬青铜礼器基本组合和周家庄墓地的相比，前者比后者多出了盛食器（敦 1）；后者比前者多出了盛食器（豆 2）和酒器（舟 1）。因此，春秋晚期周家庄墓地 1 鼎墓随葬青铜礼器基本组合中，盛食器和酒器在数量上都多于磁村墓地。

三、结　　语

（1）春秋中晚期鲁中地区随葬青铜礼器墓数量较多的周家庄墓地和磁村墓地以及唯一出土列鼎的仙人台 5 号墓，其随葬青铜礼器组合里食器所占比例都明显高于酒器、水器等其他器类。前文已述，周人的随葬礼器组合是“重食的组合”，其食器的数量及种类决定着组合的等级。在仙人台（3 鼎）列鼎墓 M5 及周家庄墓地 2 鼎墓的随葬青铜礼器组合里，食器所占的比例均不少于 50%，反映出“重食”的组合特点。在春秋晚期周家庄墓地中居于主体地位的 1 鼎墓（占该墓地春秋晚期青铜礼器墓的 55%）及无鼎墓（占该墓地春秋晚期青铜礼器墓的 35%）随葬青铜礼器基本组合里食器所占比例分别为 3/5（60%）和 2/4（50%）；在春秋晚期磁村墓地里，该墓地全部 4 座墓都是随葬青铜 1 鼎墓，其中，食器所占比例为 2/3（约 67%）；而在位于鲁中地区边缘的邹平大省村春秋中晚期墓地，占主体的 1 鼎墓里仅有 2 座墓（占该墓地春秋中晚期墓的 2/3，约 67%），这 2 座墓的随葬青铜礼器基本组合中，食器、水器和酒器各占 1/3 的比例，食器所占比例也不低于其他器类。因此，春秋中晚期鲁中地区随葬青铜礼器组合在总体上即属于“重食的组合”，基本合于姬周贵族礼制。

在论及随葬鼎制及礼器组合等级时，所引用的文献往往是《春秋公羊传》桓公二年何休注，即“礼祭，天子九鼎，诸侯七，卿大夫五，元士三也”[14]。实际上，与列鼎墓相比，春秋中晚期鲁中地区更多的是非列鼎墓，也就是身份低于元士的墓主。《礼记·曲礼下》记载：“无田禄者不设祭器”，孔疏曰：“此明不得造（器）者，下民也，若大夫及士有田禄者，乃得造器”[15]。这里的“器”指祭器。所谓祭器即鼎、簋这样的礼器。“士有田禄者，乃得造（祭）器”即是说有田禄之士可造祭器，也就是可以使用 3 鼎的元士级贵族[16]，所以鲁中地区春秋中晚期随葬青铜礼器墓中，少于 3 鼎而仍随葬青铜礼器者，当是身份低于元士的底层贵族。

鲁中地区春秋中晚期随葬青铜礼器组合以仙人台墓地所发现的贵族墓级别最高，仙人台 M5 出土了列鼎 3，而 2 鼎、1 鼎及无鼎墓则以周家庄墓地规格较高。虽然周家庄墓地 1 鼎墓的随葬青铜礼器基本组合与大省村墓地 1 鼎墓的随葬青铜礼器基本组合都出自 1 鼎墓，但前者的随葬青铜礼器基本组合在规格上高于后者。该情况亦同样见于二者的无鼎墓随葬青铜礼器组合。春秋晚期周家庄墓地无鼎墓的随葬青铜礼器基本组合比大省村墓地无鼎墓随葬青铜礼器组合多出了盛食器豆（2 件）、酒器舟（1 件），恰与周家庄墓地 1 鼎墓随葬青铜礼器基本组合比大省村墓地 1 鼎墓随葬青铜礼器基本组合所多出的器类、器形及数量完全一致，反映出周家庄墓地无鼎墓的随葬青铜礼器基本组合在规格上亦同样高于大省村墓地无鼎墓的随葬青铜礼器组合。周家庄墓地的 1 鼎墓与无鼎墓在春秋时期该墓地随葬青铜礼器墓中是数量最多者，而大省村墓地 1 鼎墓和无鼎墓则包括了全部随葬青铜礼器墓，由此便能从总体上反映出周家庄墓地青铜礼器墓随葬盛食器、酒器的规格明显高于大省村墓地的同级墓葬。春秋晚期磁村墓地 1 鼎墓随葬青铜礼器基本组合比周家庄墓地 1 鼎墓随葬青铜礼器基本组合多出了 1 件盛食器（敦），但后者比前者多出了 2 件盛食器（豆）及 1 件酒器（舟）。敦也是盛食器。在春秋晚期周家庄墓地 1 鼎墓随葬青铜礼器基本组合里，无论是盛食器还是酒器的数量都多于磁村墓地，所以，前者的规格也明显高于后者。

春秋晚期周家庄 M2（2 鼎墓）随葬了鼎 2、甗 1、豆 4、壶 1、舟 2、盘 1、匜 1，计 12 件青铜礼器；周家庄 M68（2 鼎墓）随葬了鼎 2、豆 2、舟 2、盘 1、匜 1，计 8 件青铜礼器。周家庄 M2 随葬青铜礼器组合数量为 12 件，竟然比仙人台墓地春秋中晚期列鼎（3 鼎）墓 M5 随葬的青铜礼器组合数目（10 件）还多出了 2 件。周家庄 M2 与 M68，两墓平均各随葬礼器 10 件，恰与仙人台墓地 M5 所随葬的礼器数量（鼎 3、敦 2、舟 2、壶 1、盘 1、甗 1）相等，从而反映出作为 2 鼎墓的周家庄 M2 和 M68，其随葬青铜礼器组合数量偏多，甚至可与仙人台墓地列鼎墓（列鼎 3）所随葬的青铜礼器组合数目一较高低，暗示出前者在随葬青铜礼器组合数量方面高出了其应有的规格。其原因或是一方面春秋晚期违礼逾制现象不罕见[17]，另一方面齐国为姜姓贵族，姜齐贵族虽与周王室有姻亲关系，也实行姬周贵族礼制，但也有自身特点，如春秋中、晚期的列鼎数量仍有偶数形式等[18]。

（2）鲁中地区春秋中晚期随葬青铜礼器组合里的各级别组合不仅都随葬有酒器，而且其中占主流的 1 鼎墓与无鼎墓所随葬的酒器在青铜礼器组合里所占比例相当高，反映出鲁中地区春秋中晚期随葬青铜礼器组合也明显受到了殷商文化因素的影响。春秋中晚期仙人台墓地列鼎（3 鼎）墓随葬青铜礼器组合中，酒器所占比例达到了 30%，而显然比周家庄墓地所占比例最高的 1 鼎墓随葬青铜礼器基本组合中酒器所占 40% 的比例低，即周家庄墓地 1 鼎墓随葬青铜礼器基本组合中酒器所占比例明显高于春秋中晚期仙人台墓地列鼎（3 鼎）墓随葬青铜礼器组合中酒器所占的比例，反映出周家庄墓地 1 鼎墓随葬青铜礼器组合中对酒器组合的重视程度更高。

属于齐文化腹心区的春秋晚期磁村墓地 1 鼎墓随葬青铜礼器基本组合中，酒器仅一件（舟 1）。相比之下，周家庄 M2 作为非列鼎（2 鼎）墓，其组合里酒器数量与仙人台列鼎（3 鼎）墓随葬青铜礼器组合里酒器的器形、数量一致（壶 1、舟 2），反映出了前者所随葬的酒器是规格偏高甚至超规格的。这种“重酒的组合”[19]与殷文化因素密切相关，也与东夷文化因素相近[20]。

大省村墓地 1 鼎墓随葬青铜礼器基本组合里共计 3 件器物，仅有 1 件酒器（舟），在其基本组合里占 1/3 的比例，该比例低于周家庄墓地 1 鼎墓的随葬青铜礼器基本组合里酒器所占比例；大省村墓地无鼎墓随葬青铜礼器组合中，总共只有 1 件器物即酒器（舟），酒器在其组合中所占比例为 100%，此比例高于周家庄墓地无鼎墓随葬青铜礼器基本组合中酒器所占比例。从大省村墓地无鼎墓随葬青铜礼器组合里酒器所占（100%）比例及周家庄墓地无鼎墓随葬青铜礼器基本组合里酒器所占（50%）比例来看，春秋中晚期鲁中地区无鼎墓随葬青铜礼器基本组合中酒器所占比例偏高是其特点之一。

（3）影响春秋中晚期鲁中地区随葬青铜礼器组合的有齐文化、鲁文化乃至东夷文化等地方文化因素。磁村春秋晚期墓 M03 随葬的青铜敦周身饰有乳钉，属于典型的齐文化风格，但其鼎是深腹，在器物组合里发现了深腹盖豆，这有别于齐故城周围小型铜器墓器物组合。由器形、纹饰反映出，大省村 M1 与 M7 出土的青铜舟跟鲁国故城甲组春秋墓出土的Ⅱ式及Ⅲ式舟相近；M3 出土的盘和舟还有共存的壶，跟莒南大店一号殉人墓所随葬的盘、舟及壶相同。曲阜鲁国故城的发掘者认为，其甲组墓的墓主是当地的原住民，即属于东夷人，莒南大店殉人墓是莒国墓，莒是东夷古国，因此，大省村东周墓明确地具有东夷文化因素。仙人台 M5 的器物组合受到了中原文化的影响，M5 随葬了制作精细的铜带流鼎，与其形制相同者曾出土于侯马上马墓地及上村岭虢国墓地，上马墓地等则属于中原文化。周家庄墓地的随葬器物组合大多为偶数，陶器组合及形制大多呈现东周时期齐国墓的特点。绝大多数青铜兵器和齐国兵器的特点相同。一些墓葬出土的陶鼎、仿铜陶鬲、盆、觯及罐等和鲁国文化相关器特点相同。

综上所述，春秋中晚期鲁中地区随葬青铜礼器组合基本呈现了周人青铜礼器组合特点，其食器总体上受到重视，而其酒器也相对发达，由此亦体现出了殷人文化的因素。不仅如此，春秋中晚期鲁中地区随葬青铜礼器组合因为其所在地域而处于多种文化因素的影响之下，周家庄墓地随葬陶器组合、形制大多具有东周时期齐文化特点，而一些墓中出土的陶鼎、仿铜陶鬲、盆及罐等与鲁文化特点一致。仙人台 M5 的青铜带流鼎明显具有中原文化的因素。大省村春秋时期墓葬所随葬的青铜礼器表现出了东夷文化因素。磁村春秋晚期墓出土的青铜敦既有典型的齐文化风格，但其器物组合又有自身特点。因此，春秋中晚期鲁中地区贵族墓随葬青铜礼器组合在以周文化因素为主，兼有殷商文化因素的前提下，还体现出了齐文化、鲁文化及东夷文化等地方文化风格，其中影响较大的是齐文化因素。

注　释

[1] 鲁中地区包括今济南、淄博、泰安及滨州邹平一带。

[2] 如新泰郭家泉东周陶器墓群，见山东大学历史系考古专业、山东省新泰市文化局：《山东新泰郭家泉东周墓》，《考古学报》1989年第4期。

[3] 山东省文物考古研究所、新泰市博物馆：《山东新泰周家庄东周墓发掘简报》，《文物》2013年第4期；山东省文物考古研究所、新泰市博物馆：《新泰周家庄东周墓地》，文物出版社，2014年。

[4] 山东大学考古系：《山东长清县仙人台周代墓地》，《考古》1998年第9期；山东大学历史文化学院考古与博物馆学系：《山东济南长清仙人台周代墓地M4发掘简报》，《文物》2019年第4期；任相宏：《山东长清县仙人台周代墓地及相关问题初探》，《考古》1998年第9期；山东大学历史文化学院考古系：《长清仙人台五号墓发掘简报》，《文物》1998年第9期。

[5] 山东省惠民地区文物组、邹平县图书馆：《山东邹平县大省村东周墓地》，《考古》1986年第7期。

[6] 淄博市博物馆：《山东淄博磁村发现四座春秋墓葬》，《考古》1991年第6期。

[7] 印群：《论新泰周家庄遗址春秋时期青铜礼器墓的等级性》，《东方考古》（第14集），科学出版社，2017年；印群：《论新泰周家庄遗址春秋时期青铜礼器墓的文化因素》，《三代考古》（第7集），科学出版社，2017年。

[8] 基本组合指各墓皆有的或者出自多数墓的器物组合。

[9] 无鼎墓：M62；M10；M28；M11；M58；M61；M69。

[10] 同出于山东大学历史文化学院考古系的两篇文章，其一是《山东长清县仙人台周代墓地》，该文认为仙人台五号墓属于春秋晚期；其二是《长清仙人台五号墓发掘简报》，后发表的该文则认为仙人台五号墓是春秋中期墓。所以，该墓的年代定为春秋中晚期。

[11] 发掘者认为该墓除了青铜礼器外，还随葬了3件青铜杂器，即带流鼎1件、舟形器1件、异形器1件。

[12] 在该墓地1号墓的墓室填土里发现殉狗的现象当属于残存的东夷人之风俗。

[13] 郭宝钧：《商周铜器群综合研究》，文物出版社，1981年，第91页。

[14]《春秋公羊传注疏》卷四，引自《十三经注疏》，中华书局，1980年，第2214页。

[15]《礼记·曲礼下》，引自《十三经注疏》，中华书局，1980年，第1258页。

[16] 湖北省宜昌地区博物馆、北京大学考古系：《当阳赵家湖楚墓》，文物出版社，1992年。

[17] “到了春秋中、晚期，随葬2至1鼎的中士、下士一级的末流贵族在身份上与随葬3鼎的元士（上士）一级贵族的差距正趋于缩小……与春秋早期相比，该等级内部的中下层在随葬礼器方面已悄然向随葬3鼎的上士一级接近，反映出士一级贵族的中下层在身份上有所提高。”见印群：《黄河中下游地区的东周墓葬制度》，社会科学文献出版社，2001年，第207页。

[18] “山东地区春秋中、晚期的鼎制比早期的复杂化了。原来那种形制、纹饰、大小均相同的列鼎依然可见，其中的列鼎数既保留有偶数形式（如：临沂凤凰岭东周墓），也有了奇数形式（沂水刘家店子M2）。”见印群：《先秦考古探微》，人民日报出版社，2004年，第212页。

[19] 郭宝钧：《商周铜器群综合研究》，文物出版社，1981年，第91页。

[20] 印群：《论春秋时期秦墓的随葬列鼎制度——兼与莒、薛国贵族墓比较》，待刊。

赵国考古学文化北进的轨迹*

张渭莲

（河北师范大学历史文化学院）

一、问题的提出

赵国脱胎于晋国，赵国考古学文化渊源于晋文化。在独立建国之后，赵国考古学文化便开始逐渐摆脱晋文化的窠臼，至战国中期则基本形成自己的独特风格。严格意义上的赵国考古学文化，是指战国时期赵国境内的考古学遗存总和，可简称之为赵文化。

赵文化的发展轨迹与赵国的历史进程紧密相连。三家分晋之后，韩魏二家渐次入驻中原腹地，而赵的发展方向则基本上面向广袤的北方。赵国对北方地区的开拓与经营，主要是针对北方诸胡部族的交流与融合。《史记·匈奴列传》："晋北有林胡、楼烦之戎，燕北有东胡、山戎。……赵武灵王亦变俗胡服，习骑射，北破林胡、楼烦。筑长城，自代并阴山下，至高阙为塞。而置云中、雁门、代郡。"[1] 因此，自春秋时期的晋国到赵武灵王之前，晋北至阴山脚下一带，一直为林胡、楼烦等诸胡民族所占据。赵国向北方的拓展与殖民，必然与诸胡民族产生密切的关系，而随之北进的赵文化也必定相应表现出独特的发展轨迹。

赵文化北进轨迹的复原与勾勒，实际上即是将赵文化从战国时期北方地区考古遗存中辨别和认证出来，这一过程需要考古学比较研究的典型标尺，具体说来就是晋阳和邯郸等地典型的赵文化、晋北及阴山南麓等地的典型诸胡文化。通过对两种不同系统考古学文化的鉴别与梳理，探索两种文化的碰撞与融合，进而大致描绘出赵文化在北方地区传布的路径。

赵国向北方地区的开拓大致可分为三个阶段：第一阶段，春秋晚期至战国初年的赵襄子时期，赵国兼并代地，赵国势力一跃进入晋东北一带。第二阶段，战国早期到中期，赵国稳步向北方推进至晋北一带。第三阶段，战国晚期，赵国灭中山、辟地千

---

* 本文为国家社科基金项目"东周赵国考古学文化研究（项目批准号：15BKG014）"的阶段性研究成果。

里至阴山脚下（图一）。赵国疆域北拓三个阶段的时空范围，比较清晰可辨。但与之相随相应的赵文化北进历程，却表现出比较复杂的情形，这正反映了文化属性及其传播与变迁的特性，政权与军事的控制与文化的变迁往往难以完全协同节奏与步伐。因此，在考古学文化研究层面，赵文化北进轨迹的考证与复原，是建立在考古学诸元素探索基础之上的。本文将通过对赵国北拓地区的相应考古遗存的综合分析，基本勾勒出赵文化北进的大致轨迹，并进一步尝试探索赵国北拓与赵文化北进之间的关系。另需说明的是，关于战国时期的绝对年代尚存在争议，本文采用公元前453年作为战国的起始。

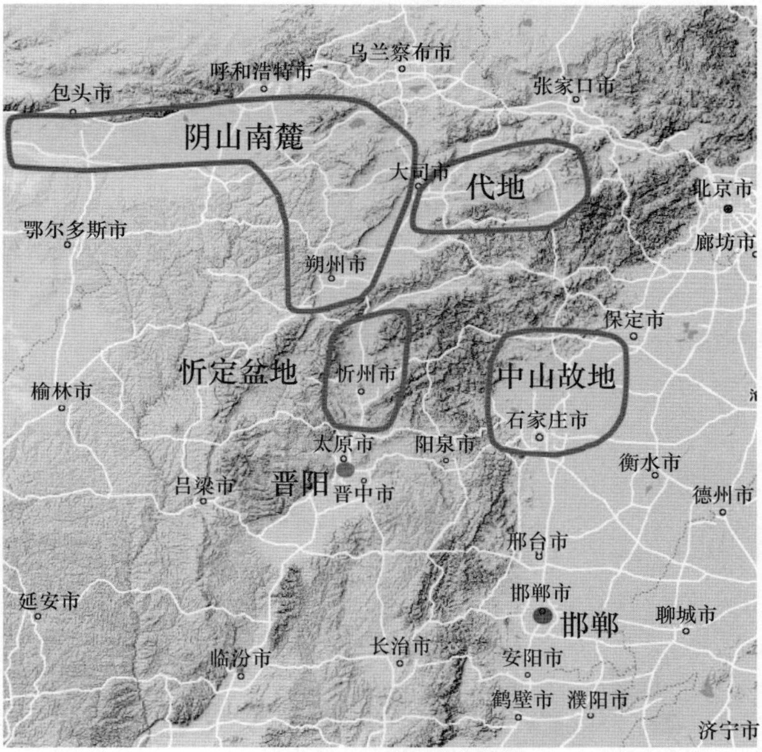

图一　赵文化北进线路示意图

二、春秋晚期至战国初年：赵文化向北方的跃进

赵襄子即位之后，即用计谋击杀代君，继而据有代地。赵氏控制的地域由晋阳飞跃至大同盆地东端的代地，是为跃进，而此二地中间应隔着诸胡地域，因此代地大概很可能只是一块飞地。直到战国晚期中山覆灭之后，代地才与赵国连为一体，因此《史记赵世家》才说："灭中山……北地方从，代道大通"。

赵襄子所灭的代地，位于今大同盆地东部，后来赵国于此地设置代郡。在此范围内发现的考古学文化遗存较少，主要有蔚县代王城、陈家湾城址、阳原东安阳故城等城址[2]和浑源李峪、怀仁杨谷庄等墓地。

蔚县的代王城遗址位于壶流河南岸，现今存留的椭圆形城址可能为西汉时所筑，但在城内亦发现有春秋时期的遗存，因此城址的建筑时代有可能早到春秋晚期[3]。此外，在代王城遗址西北约 6 千米处的北双涧村清理了一座东周时期的大型墓葬。墓上现存有高达 13 米的夯土封土，墓室呈长方形，并带有东西两个墓道，虽已被严重盗扰，仍残存遗物有陶质的罐、瓮、盆、豆以及金泡饰等遗物。墓主可能与赵国代地高级贵族有关[4]。

代地的东周墓葬自 20 世纪 20 年代以来便有发现。自 1923 年至 1978 年先后在浑源李峪发现鼎、豆、壶、罍、盘、匜、簋、鍑等青铜礼器和车马器，这些青铜器大多出自墓葬之中[5]。关于这批铜器的性质一直存在争议，有学者认为其性质属于燕国[6]或代国[7]，但更多的学者推定墓主应是身居代地的赵国贵族[8]，或属于代国灭亡后的赵人墓地[9]。由李峪铜器群所处的位置及其铜器的年代，结合襄子灭代的文献记载，可以基本断定这批铜器中的绝大多数应属于赵国。距此不远的怀仁杨谷庄亦发现有此一时期的小型墓葬，均为长方形竖穴土坑墓，其中 9、10 号墓的椁室内葬有羊头骨和肢骨、牛下颌骨、鸡骨等，随葬有鼎、豆、壶等陶礼器和铜带钩[10]。这些墓葬的年代大致为战国早中期。

代地的文化遗存，从总体看与晋阳、邯郸等赵氏控制的核心地域的考古学文化面貌基本相同，如墓葬均为长方形竖穴土坑墓，流行使用木质棺椁，习见以青铜鼎、豆、壶、盘、甗等器物或陶制仿铜礼器随葬等（图二），但亦有不少自身的特点：如铜器中存在部分不见或少见于中原地区的器类，如椭方形的鼎和鍑、圜底壶、“丁”字形骨器、北方式马衔和马镳等，个别墓葬中随葬有动物的头骨和肢骨，反映出代地固有的较为复杂的历史背景。

在代地周边分布有较为丰富的东周文化遗存，但其文化面貌却与代地有着较为明显的差别（图三）。代地以北的张家口南部的桑干河谷地带和内蒙古的凉城岱海一带，广泛分布着以宣化小白杨[11]和凉城毛庆沟[12]为代表的一类遗存。这类遗存的墓葬多数未见木质葬具，墓内流行以马、牛、羊等动物的头骨和蹄骨殉葬，随葬品除各类陶罐之外，主要为相当多数量的青铜短剑、齿柄刀、环首刀、銎内斧，其中短剑种类繁多，有兽首剑、环首剑、平首剑等不同的样式。此外，还随葬有大量泡饰、连珠饰、管形饰、鸟形饰等铜质装饰品和玛瑙、绿松石类装饰品，以及鹿、马、虎等动物牌饰。位于代地西面和南面的朔州平鲁井坪[13]和原平刘庄、代县沙洼等地清理的墓葬，其埋葬习俗亦与桑干河谷和岱海盆地的同期墓葬有不少相似之处。以上多个地点属于春秋晚期至战国初年的文化遗存，与太原金胜村、邯郸百家村等赵文化核心区的文化遗存完全不同，但却与长城沿线的北方系文化存在着千丝万缕的联系，可能其创造与使用者即是传世文献所载的诸胡类人群。

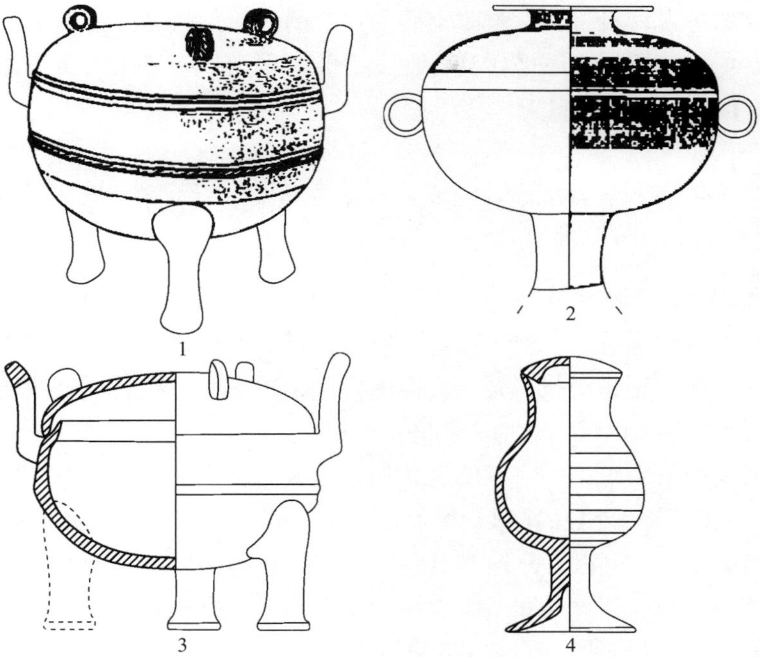

图二 春秋晚期战国早期代地出土遗物

1. 铜鼎（75M2：1） 2. 铜豆（75M2：2） 3. 陶鼎 4. 高足小陶壶

（1、2 出自李峪庙坡，3、4 出自怀仁杨谷庄，无器物号）

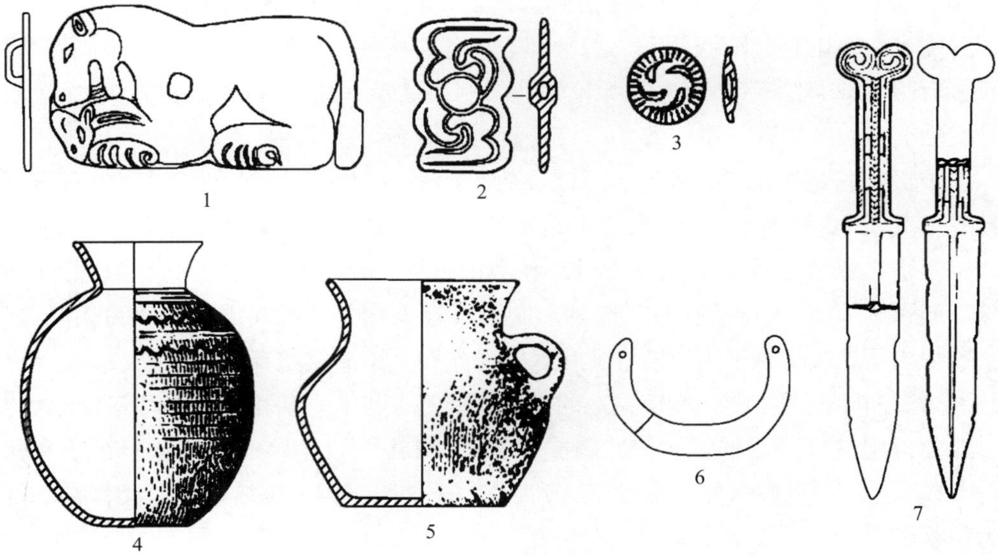

图三 代地周边诸胡遗存

1. 虎饰牌（M11：2） 2. 鸟饰牌（M63：1） 3. 泡饰（M31：5） 4. 高领罐（M62：1）

5. 单耳罐（M303：1） 6. 金项饰（1996M：2） 7. 短剑（M60：6）

（1 出自小双古城，2、4、7 出自毛庆沟，3 出自小白杨，5 出自井坪，6 出自涿鹿倒拉嘴）

综合现有的考古材料看，以浑源李峪为代表的代地为较为典型的赵文化遗存，而周边的宣化、凉城、朔州、原平代县等地发现的墓葬则属于诸胡的遗留，从这个意义上说，代地无疑具有飞地的意义[14]。

三、战国早中期：赵文化的稳步北进

公元前453年，赵国正式成为一个独立的国家。此时赵国的中心在于经营南部，但并未放弃对北方的推进。为便于与此前夺得的代地的联系，赵国一方面与盘踞在滹沱河中游地区的中山频频交战，另一方面由晋阳出发向北，经由忻定盆地稳步向晋北推进。此方面的材料可以忻定盆地为例略作分析。

忻定盆地发现的属于此一时期的文化遗存主要有忻州上社、奇村，原平刘庄、峙峪、练家岗、武彦村，定襄中霍村，繁峙作头等，其时代自春秋晚期延续至战国中期。依其文化面貌的不同，可将其分作三期。其中忻州上社M2[15]和原平刘庄1985M3[16]年代最早，属第一期；忻州奇村M1[17]、繁峙作头[18]的部分墓葬年代较晚，属于第三期；其余单位均为第二期，即战国早期。

第一期即春秋晚期之时，忻定盆地存在着两种面貌不同的文化遗存。

在忻定盆地南端的忻州上社村南台地上发掘的M2为长方形竖穴土坑墓，面积近30平方米，墓坑四壁经过防潮处理，其内的葬具为木质的双棺双椁，墓葬早年被盗，仅余鼎、盖豆、壶、盘、匜等9件仿铜陶礼器，其中3件陶鼎形制相同，均为敛口鼓腹，肩部有一对附耳，深腹圜底。盖豆和壶亦各有两件，形制亦相同。器物制作精致，器表多有暗纹或彩绘[19]。该墓葬无论是从形制还是随葬品的风格，均与侯马、晋阳等晋赵文化核心区的遗存基本一致，可将其归入中原文化系统。

位于忻定盆地中部的原平刘庄M3亦为一座长方形竖穴土坑墓，但墓内以卵石砌筑棺室，其上以横木盖顶，人架置于墓室北壁的壁龛之内。墓内随葬有青铜的盖豆、鍑、单耳壶、�各1件，金盘丝1对，金泡饰1件，金串珠44颗，绿松石珠645颗，骨珠506颗[20]。除青铜的盖豆、钘的形制与晋赵文化分布区同类器物较为相似之外，其余器物均不见或少见于中原核心文化区，显然属于诸胡类遗存。

到第二期即战国早期，忻定盆地的文化格局基本与上一期相同，但略有变化。

地处忻定盆地南端的忻州依然属中原文化控制区。上社M1的规模略小于春秋晚期的M2，但亦有多重棺椁，虽被盗，尚存有63件陶、铜、玉质器物。陶器共26件，均为仿铜陶礼器，器类有鼎、豆、壶、盘、匜、高足小壶、钘等（图四，1～3）。铜器有盖弓帽、环首刀、环，玉器除各类玉环外，尚有一套玉覆面[21]。器物组合、形制以及埋葬习俗均与邯郸、晋阳等地几乎完全相同。

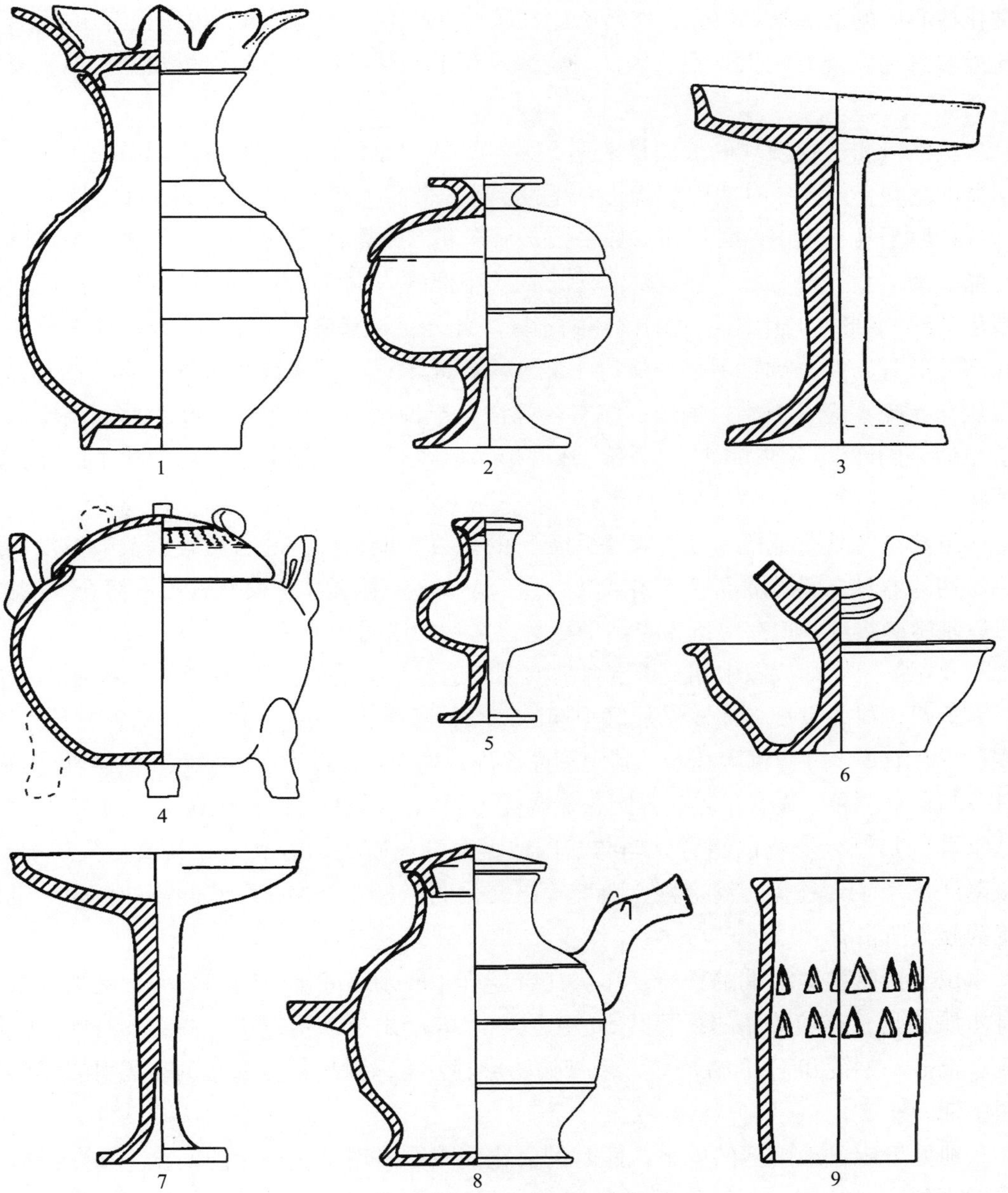

图四 忻定盆地战国早中期典型器物

1. 华盖壶（M1∶10） 2. 盖豆（M1∶14） 3、7. 盘豆（M1∶16；M1∶12） 4. 鼎（M1∶38） 5. 高足小壶（M1∶15） 6. 鸟柱盘（M1∶16） 8. 兽流盉（M1∶8） 9. 筒形器（M1∶11）
（1～3. 忻州上社 余均忻州奇村）

位于忻州东北的定襄亦发现与上社 M1 类似的文化遗存[22]。在定襄县南滹沱河南岸的中霍村发现的 5 座墓葬中，以 M1 和 M2 规模略大，随葬有鼎、豆、壶、盘、匜、甗等青铜礼器和珠、管、坠、扣等玉石质装饰品。从随葬品的组合和形制看，与中原文化核心区的墓葬基本一致，然而，此二墓的椁室均为石块砌筑，椁室内有木质棺椁。此外二墓还发现有殉人存在。因此，定襄一带的文化遗存的性质较忻州上社略为复杂一些。

虽然忻州上社发现的战国早期遗存为典型的中原风格，定襄也出现了使用中原青铜器的墓葬，但此一时期忻定盆地中部的原平一带却仍然为北方系文化所控制。

在原平县（现山西省忻州市原平市）城东北的峙峪村发现的战国墓[23]，虽然随葬有鼎、甗、豆、甗、尊、壶、戈、矛、剑等中原式青铜礼器和兵器，但出土的两件马衔呈“8”字形，与中原习见的圆环式不同。此外，于墓底南北两端发现有两个马头骨和部分肢骨，此类殉牲习俗亦流行于北方。距此不远的练家岗发现的一座战国墓[24]，既随葬有甗、壶等中原式铜器，亦有鍑等常见于长城沿线地区的器物。此墓出土的马衔与峙峪的“8”字形略有不同，内环圆形，但“8”字外端平直，亦为典型的北方式器物。

虽然这几处墓地既有北方系文化流行的积石为椁和殉牲的习俗，以及长城沿线居民习用的器具，但随葬品中已出现鼎、豆、壶、盘、匜类中原文化常见的组合和器类，可以基本确定这些遗存应该为受到华夏文化影响的诸胡所遗留。

及至第三期即战国中期，忻定盆地的诸胡遗存基本消失。

忻州奇村曾发现一座属于战国中期的墓葬，葬具为一棺一椁，墓内随葬有鼎、豆、壶、匜、甗等多件仿铜陶礼器，其中陶鼎 5 件，均为敛口鼓腹，肩部有一对附耳。豆分盘豆与盖豆两种，壶有华盖壶与圆盖壶两类（图四，4～9）。此外还有玉面饰 12 片[25]。从墓葬的形制到器物的组合，均与赵国典型墓葬没有大的差别。尤其值得关注的是，该墓还出土了鸟柱盘、筒形器、鸭尊等赵文化的标志性器物，显然此时的忻州一带已确为赵人所占有。

位于忻定盆地北端的繁峙县作头村曾清理 100 余座战国时期的墓葬，绝大多数都有木质葬具，有随葬品的墓葬共 50 座，其中 38 座出土带钩，还有些随葬有陶罐、陶壶、铜壶、铜镜和玉石饰品[26]。依带钩的形制，可以看出部分墓葬的年代可以早到战国中期。

地处忻定盆地中部的原平，此时的文化面貌亦出现了一些新的变化。在原平武彦村发现的一批战国货币，包括刀币 2180 枚、布币 2223 枚。刀币上的币文有甘丹、白人、王人，大尖足布上的币文有甘丹、大阴，小尖足布的币文最为复杂，有兹氏、平匋、晋阳、西都、新城、蔺、离石、中阳等，而圆足布的币文亦有阳人、兹氏、晋阳等。因共出的货币中，未见战国晚期铸造于东安阳的方足布，因此其埋葬年代应该在赵国占领阴山南麓地区之前[27]。

因此，以现有资料可以说，自春秋晚期和战国早期开始，赵文化就已由晋阳北上，占据忻定盆地南端的忻州，距此不远的定襄甚至原平亦受到了赵文化的强烈影响。至迟至战国中期，赵人不仅已驱逐或同化盘踞于原平等地的诸胡，甚至已将其势力扩张至忻定盆地北端的繁峙。如此一来，由晋阳至代地，中间已无大的阻碍，为战国晚期赵文化的继续北拓奠定了坚实的基础。

四、战国晚期：赵文化北进辟地千里

战国晚期赵武灵王胡服骑射改革之后，赵国国力大增，因而频繁向居于赵国北疆的诸胡发起攻击，在灭掉盘踞于滹沱河中游一带的中山之后，继而北上将赵人势力伸入到阴山南麓地区。此方面的考古例证极为丰富。

中山旧地发现的属于这一时期的文化遗存，以平山黄泥村、正定吴兴和元氏南白楼为代表。

平山黄泥村和正定吴兴所见的战国晚期墓葬，均有木质葬具，随葬陶礼器为鼎、豆、壶、盘、匜、碗及小壶组合，带钩较为常见[28]。元氏南白楼发掘的同期墓葬，形制与特征基本与上述两地相同：均有木质具，习见鼎、豆、壶、盘、匜的陶礼器组合，铜带钩较为多见等[29]。但有些墓葬除此之外，还有鸟柱盘、筒形器和鸭形尊等赵文化标志器物，可见其性质已属赵墓无疑。

除墓地之外，中山境内原属于中山的城址至战国晚期亦为赵所领有。主要城址有房子、元氏、东垣、南行唐、石邑、封龙、九门、中人、左人、丹丘、华阳、上曲阳、下曲阳、扶柳等。此外，赵国还对一些城址重新进行加固甚至扩建，如《史记·赵世家》载："（孝成王）十一年，城元氏，县上原"。

晋北和河套一带的赵文化遗存较为丰富，既有长城等体量巨大的建筑遗迹，亦有文化特征极为鲜明的城址与墓葬。

赵北长城不仅是赵文化大幅北拓的北界，同时也是赵文化鼎盛时期的象征。赵武灵王在北破林胡、楼烦之后，于阴山脚下筑起长城。不少学者根据传世文献资料，考证出这段长城起于代地，西经晋北地区进入内蒙，沿大青山南麓迤逦而西，再西北折至阴山，至内蒙古包头西北乌拉特前旗境内的乌拉山西端[30]。赵长城的修筑遵循因地制宜的原则，在山势较高的地方，如山南侧有较宽的漫坡，长城便建筑于漫坡的腰部，在没有漫坡的地方，长城遗迹就贴近山脚下修筑。个别地段的长城，也有利用山地险要地形而修筑的。至于赵长城的结构，从现有资料看，除个别地方为石头垒砌之外，大多数为夯土筑成。夯土的基宽一般为3.5米左右，宽处可以到4米。夯层厚5～15厘米。沿着长城或长城以南十数里左右范围内，散布着大大小小的烽台。在长城内外还发现一些城障遗址。这些城障遗址多为夯土结构，多为长方形或方形，边长约200米[31]。这些障城、烽台与坚固的城墙有机地组合在一起，构成了一套完整的防御体系。

此一区域的城址主要发现于长城沿线，规模大小不一。内蒙古托克托县城关镇东北35千米的古城乡古城村发现的一座古城，平面近似方形，除西北角和东墙部分地段损毁外，城墙多保存较好。古城西南角有一座长方形小城。城内出土有东周时期的卷云纹瓦当、陶釜、货币以及汉魏时期的遗物，城外发现有战国时期的墓地[32]。此城应是文献记载中的云中城。位于卓资县的城卜子城堡，规模较小。平面呈方形，城垣系夯土筑成，城内出土陶器有盆、碗、釜等日用陶器和板瓦、筒瓦、瓦当等建筑材料以及铸有兹氏币文的布币。城堡东西两侧即赵北长城遗迹，因此该城堡应属于长城附属建筑障城类遗迹[33]。类似的城址在包头古城湾[34]、卓资三道营[35]、清水河城嘴子[36]、清水河拐子上[37]、呼和浩特陶卜齐[38]等多个地点均有发现，数量众多。

除城址之外，在晋北的朔州市区[39]、岢岚县窑子坡[40]和内蒙古和林格尔土城子[41]、大堡山[42]、清水河城嘴子[43]、丰镇十一窑子[44]、凉城水泉[45]、饮牛沟[46]、包头召潭[47]等地亦发现多处战国晚期的墓地。其中凉城水泉和饮牛沟墓地均位于蛮汗山南麓，不仅在空间上距离较近，而且墓地内均存在着两类葬俗截然不同的人群。

凉城水泉墓地发掘的27座东周墓葬，均为竖穴土坑墓，其中南北向7座，东西向20座。东西向的墓葬流行殉牲，以牛羊的头骨和蹄骨为主，随葬品以铁短剑、牌饰、鹤嘴斧最为常见，而南北向的墓葬多有木质葬具，流行以带钩随葬。由埋葬习俗上的差异可以推断，不同墓向的两类墓葬应属于不同文化的族群，其中东西向的墓主应为当地土著居民，而南北向的墓主可能为北上的中原人群[48]。

饮牛沟墓地的情形与水泉相似，亦存在东西向和南北向两类墓葬，埋葬习俗亦完全不同。但该墓地时代较晚的墓葬，存在着两种葬俗渐趋融合的情况。具体表现在，原本没有木质葬具的东西向墓中出现了木质棺椁，而南北向墓中有殉牲的比例却在增加，反映出随着时间的推移，持有两种不同丧葬习俗与观念的人群来往日益增多，互相学习对方文化中的长处为己所用[49]。

无独有偶，在岱海盆地以西的土默川平原亦发现有属于战国晚期的墓葬。2005年在和林格尔土城子古城东侧发现的两座墓葬规模较大[50]。其中M1394为一座围沟墓，围沟北段中部被M1388打破，围沟内东南部附葬2人。主墓面积约10平方米，墓内随葬有多件仿铜陶礼器，由是知其基本组合为鼎、豆、壶、盘、匜，其中豆有盖豆和盘豆之分，壶有小口鼓腹壶与高足小壶之别，与赵文化核心区所见基本相同。此外，陶器的形制亦与邢台东董村、榆次猫儿岭等地同类器极为近似。墓内随葬铜带钩的习俗亦同于中原地区。M1388面积约22平方米，略大于M1394，墓内出土陶礼器组合与M1394近似，亦为鼎、豆、壶、盘、匜为基础的组合，器物外表均有红白二彩绘制的直线、圆点、网纹、锯齿等多种纹饰，更为有趣的是，此墓还出土有鸟柱盘、筒形器各1件。无论是墓葬陶器的形制、纹饰，还是器物组合，均与临城中羊泉、邢台东董村等地同期墓葬极为相似，而鸟柱盘和筒形器更是赵文化最具特色的代表性器物（图五）。土默川平原高等级墓葬的发现，意味着赵文化已于此期北上并占据大青山南麓一带。以上种种发现均形象地反映了以赵文化为主体的中原文化北进阴山南麓，与当地文化融合共存的发展轨迹。

图五　阴山南麓战国晚期和林格尔土城子墓葬出土典型器物

1. 鼎（M1388：3） 2. 壶（M1388：6） 3. 盘（M1388：15） 4. 盘豆（M1388：7） 5. 盖豆（M1388：2） 6. 鸟柱盘（M1388：14） 7. 筒形器（M1388：13） 8. 匜（M1388：11）

五、结语：赵文化北进的特点

赵文化的北进可分为三个阶段：春秋晚期、战国早中期和战国晚期。除春秋晚期的代地属于飞地性质、为赵襄子以计谋取之外，其余时段均是由近及远，渐次向北方推进。

北上的赵文化，不仅影响了当地土著居民的生产和生活方式，亦受到当地文化的强烈影响，因此其文化中既有中原核心地区晋赵文化的特点，又有北方系文化因素的存在，与邯郸、晋阳等地的赵文化相比，存在若干自己独特的个性。

考古学文化的北进轨迹与文献记载的赵国对北方疆土的开拓进程基本一致。从最初对代地的征服，到后来对中山的讨伐，以至于对楼烦、林胡原居地即长城沿线地区的占有，终将赵文化的势力延伸至阴山南麓，体现了处于强盛时期的赵国对于边疆地区的开拓与经营。

注　释

[1] 司马迁：《史记》，中华书局，1959 年，第 2885 页。

[2] 刘建华：《张家口地区战国时期古城址调查发现与研究》，《文物春秋》1993 年第 4 期。

[3] 蔚县博物馆：《代王城城址调查报告》，《文物春秋》1997 年第 3 期。

[4] 河北省文物研究所：《蔚县北双涧战国墓》，《中国考古学年鉴·2003》，文物出版社，2004 年，第 123、124 页。

[5] 商承祚：《浑源彝器图》，金陵大学中国文化研究所，1936 年；山西省考古研究所：《山西浑源县李峪村东周墓》，《考古》1983 年第 8 期。

[6] 山西省考古研究所：《山西浑源县李峪村东周墓》，《考古》1983 年第 8 期。

[7] 赵化成：《东周燕国青铜容器的初步分析》，《考古与文物》1993 年第 2 期。

[8] 高去寻：《李峪出土铜器及其相关之问题》，《历史语言研究所集刊》1999 年第 4 期。

[9] 李学勤：《东周与秦代文明》，文物出版社，1984 年，第 59、60 页；朱凤瀚：《中国青铜器综论》，上海古籍出版社，2009 年，第 1998～2008 页。

[10] 高峰、张海啸、安孝文：《怀仁县杨谷庄战国墓清理简报》，《山西省考古学会论文集》（第三集），山西古籍出版社，2000 年，第 65～71 页。

[11] 张家口市文物事业管理所、宣化县文化馆：《河北宣化县小白阳墓地发掘报告》，《文物》1987 年第 5 期。

[12] 内蒙古文物工作队：《毛庆沟墓地》，《鄂尔多斯式青铜器》，文物出版社，1986 年，第 227～315 页。

[13] 支配勇：《平鲁井坪楼烦墓》，《文物季刊》1992 年第 1 期。

[14] 李伯谦：《关于考古学文化互动关系研究》，《古代文明研究通讯》2006 年第 31 期。

[15] 山西省考古研究所、忻州市文物管理处：《忻州上社战国墓发掘报告》，《三晋考古》（第三辑），山西人民出版社，2006 年，第 159～170 页。

[16] 山西忻州地区文物管理处：《原平县刘庄塔岗梁东周墓》，《文物》1986 年第 11 期。

[17] 李有成、徐海丽：《山西省忻州奇村战国墓》，《文物季刊》1995 年第 2 期。

[18] 宋洋：《繁峙作头墓葬所出带钩及其相关问题研究》，山西大学硕士学位论文，2007 年。

[19] 山西省考古研究所、忻州市文物管理处：《忻州上社战国墓发掘报告》，《三晋考古》（第三辑），山西人民出版社，2006 年，第 159～170 页。

［20］ 山西忻州地区文物管理处：《原平县刘庄塔岗梁东周墓》，《文物》1986 年第 11 期；忻州地区文物管理处：《山西原平刘庄塔岗梁东周墓第二次发掘》，《文物季刊》1998 年第 1 期。

［21］ 山西省考古研究所、忻州市文物管理处：《忻州上社战国墓发掘报告》，《三晋考古》（第三辑），山西人民出版社，2006 年，第 159～170 页。

［22］ 李有成：《定襄县中霍村东周墓发掘报告》，《文物》1997 年第 5 期；郭艮堂、李培林：《定襄中霍村出土的一批青铜器》，《文物》2004 年第 12 期。

［23］ 戴尊德：《原平峙峪出土的东周铜器》，《文物》1972 年第 4 期。

［24］ 李有成：《原平县练家岗战国青铜器》，《山西省考古学会论文集》（第一集），山西人民出版社，1992 年，第 107～109 页。

［25］ 李有成、徐海丽：《山西省忻州奇村战国墓》，《文物季刊》1995 年第 2 期。

［26］ 宋洋：《繁峙作头墓葬所出带钩及其相关问题研究》，山西大学硕士学位论文，2007 年。

［27］ 山西省文物管理工作委员会：《山西省原平县出土的战国货币》，《文物》1965 年第 1 期。

［28］ 夏素颖：《河北平山县黄泥村战国墓》，《文物春秋》2002 年 4 期；辽宁省文物考古研究所：《河北正定县吴兴墓地战国墓葬发掘简报》，《考古》2012 年第 6 期。

［29］ 武汉大学考古学系、河北省文物局南水北调文物保护办公室、元氏县博物馆：《河北元氏县南白楼战国秦汉墓地的发掘》，《考古》2018 年第 2 期。

［30］ 张维华：《赵长城考》，《禹贡半月刊》第 7 卷第 8、9 合期；盖山林、陆思贤：《阴山南麓的赵长城》，《中国长城遗迹调查报告集》，文物出版社，1981 年；严宾：《高阙考辨》，《历史地理》（第 2 辑），上海人民出版社，1982 年；沈长云：《赵北长城西段与秦始皇长城》，《历史地理》（第七辑），上海人民出版社，1990 年；何清谷：《高阙地望考》，《陕西师范大学学报》1986 年第 3 期；严宾：《高阙考辨》，《历史地理》（第二辑），1982 年；李逸友：《高阙考辨》，《内蒙古文物考古》1996 年第 1 期；魏坚：《河套地区战国秦汉塞防研究》，《边疆考古研究》（第 6 辑），科学出版社，2007 年。

［31］ 盖山林、陆思贤：《阴山南麓的赵长城》，《中国长城遗迹调查报告集》，文物出版社，1981 年，第 21～24 页。

［32］ 内蒙古自治区文物考古研究所、托克托县博物馆：《托克托县古城村古城遗址发掘报告》，《内蒙古文物考古文集》（第 3 辑），科学出版社，2004 年，第 218～261 页；石俊贵、刘燕：《内蒙古托县云中古城出土战国货币》，《内蒙古金融研究》1996 年第 4 期。

［33］ 内蒙古自治区文物考古研究所、达茂旗文物管理所：《卓资县城卜子古城遗址调查发掘简报》，《内蒙古文物考古文集》（第三辑），科学出版社，2004 年，第 129～143 页。

［34］ 陆思贤：《包头市古城湾村的古城与古墓》，《包头文物资料》（第一辑），包头市文物管理所，1983 年；包头市文物管理处、达茂旗文物管理所：《包头境内的战国秦汉长城与古城》，《内蒙古文物考古》2000 年第 1 期。

［35］ 李兴盛：《内蒙古卓资县三道营古城调查》，《考古》1992 年第 5 期。

［36］ 内蒙古自治区文物考古研究所：《清水河县城嘴子遗址发掘报告》，《内蒙古文物考古文集》（第三辑），科学出版社，2004 年，第 81～128 页。

［37］ 乌兰察布盟文物工作站：《清水河县拐子上古城调查》，《内蒙古文物考古》1991 年第 1 期。

［38］ 陈永志、江岩：《榆林镇陶卜齐古城调查简报》，《内蒙古文物考古》1996 年第 1、2 期；内蒙

古文物考古研究所：《呼和浩特市榆林镇陶卜齐古城发掘发掘简报》，《内蒙古文物考古文集》（第二辑），中国大百科全书出版社，1997 年，第 431～443 页。

[39] 徐庆：《朔州市区发现一批战国墓》，《山西省考古学会论文集》（第三集），山西古籍出版社，2000 年，第 61～64 页；平朔考古队：《山西朔县秦汉墓发掘简报》，《文物》1987 年第 6 期；黄盛璋：《朔县战国秦汉墓若干文物与墓葬断代问题》，《文物》1994 年第 5 期。

[40] 山西省考古研究所等：《岢岚窑子坡遗址古墓葬发掘报告》，《三晋考古》（第四辑），上海古籍出版社，2012 年，第 445～449 页。

[41] 内蒙古文物考古研究所：《内蒙古和林格尔县土城子古城发掘报告》，《考古学集刊》（第 6 集），中国社会科学出版社，1989 年。

[42] 内蒙古师范大学历史文化学院、内蒙古自治区文物考古研究所：《和林格尔县大堡山墓地发掘报告》，《草原文物》2013 年第 2 期。

[43] 内蒙古自治区文物考古研究所：《清水河县城嘴子遗址发掘报告》，《内蒙古文物考古文集》（第三辑），科学出版社，2004 年。

[44] 乌兰察布博物馆：《内蒙古丰镇市十一窑子战国墓》，《考古》2003 年第 1 期。

[45] 内蒙古自治区文物考古研究所：《凉城县水泉东周墓地发掘简报》，《草原文物》2012 年第 1 期。

[46] 内蒙古自治区文物工作队：《凉城饮牛沟墓葬清理简报》，《内蒙古文物考古》1984 年第 3 期；内蒙古文物考古研究所、日本京都中国考古学研究会：《饮牛沟墓地 1997 年发掘报告》，《岱海考古》（二），科学出版社，2001 年。

[47] 包头市文物管理处：《包头市二零八墓地》，《内蒙古文物考古》1997 年第 2 期。

[48] 内蒙古自治区文物考古研究所：《凉城县水泉东周墓地发掘简报》，《草原文物》2012 年第 1 期。

[49] 内蒙古自治区文物工作队：《凉城饮牛沟墓地清理简报》，《内蒙古文物考古》1984 年第 3 期；内蒙古文物考古研究所、日本京都中国考古学研究会：《饮牛沟墓地 1997 年发掘报告》，《岱海考古》（二），科学出版社，2001 年。

[50] 南开大学历史学院考古学与博物馆学系、内蒙古文物考古研究所、和林格尔县文物管理所：《内蒙古和林格尔县土城子古城两座东周墓葬的发掘》，《考古》2018 年第 5 期。

中山王壶铭与晚周祭礼考略

黄益飞

（中国社会科学院考古研究所）

中山国是东周时期一个诸侯国，国都位于今河北平山县境内。春秋时期的中山国乃箕子之后鲜虞氏所建子姓国[1]，战国中山国建于鲜虞中山故地，或为周天子所建的姬姓侯国[2]。战国中山国最初建都于顾，曾一度被赵灭国，中山桓公再次复国建都于灵寿，前后历经一百余年。灵寿故城位于河北平山县三汲乡，中山王陵则分作两处，一处位于灵寿城西城北部，一处位于灵寿城以西[3]。陵区选址于西城及城西，或与西方属阴地，适合埋葬亡者有关。

已经发掘的中山王舋墓即位于灵寿城西的王陵区，中山王舋墓虽被盗扰，仍出土不少重器，尤以中山王舋鼎、中山王舋壶及好蚉壶三件长铭铜器史料价值最高[4]。关于中山三器，学者研究很多，成果丰硕。值得注意的是，中山三器中有不少关乎礼制的记述，这些记载是研究战国礼制的第一手史料，学术价值很高。我们将在学者研究的基础上，对中山三器所涉礼制问题进行补充讨论。本文先对中山王壶所涉晚周祭礼及相关问题略作考述。

中山王壶与晚周祭礼相关内容不多，但十分重要，兹节录如下：

> 唯十四年，中山王舋命相邦贮择燕吉金，釗（铸）为彝壶。節于醒（禋）醣，可法可常。以饗上帝，以祀先王。

一、“”字辨略

铸字，中山王壶铭作“”，学者多隶定为从金从寸之“釮”[5]。该字的隶定还可以再作讨论。愚按：非寸字。《说文·寸部》：“寸，十分也。人手却一寸，动衇，谓之寸口。从又从一。”学者已经指出，寸乃指事字，从又，加指事符号“—”来标示寸口之处[6]。睡虎地秦简作“”若“”，《汗简》作“”，《说文》作“”，石鼓文“寺”字、“導”字所从寸作“”，皆从又，加指事符号“—”，表示手后一寸之处。然

中山王壶铭铸字所从则作“”，与上揭诸“寸”字字形不合。

学者已经指出，“”乃“肘”之本字[7]。“肘”字有三种形体：第一种为象形字，甲骨文作“”，西周金文作“”，像臂节之形[8]。甲骨文、金文中多假借为“九”字。第二种为指事字，甲骨文作“”，中山王壶、大梁鼎、上官鼎“铸”字所从之“”，其他如番匊生壶“铸”字（）字所从“”、耳公剑“铸”字（）所从“”，皆是指事字的“肘”字。指事字的“肘”字，从又，添加竖向的指事符号来指示臂节。在上揭诸从“肘”的“铸”字中，肘皆作为声旁[9]。第三种为会意（形声字），《说文·肉部》：“肘，臂節也。从肉从寸。寸，手寸口也。陟柳切。”这一形体也见于睡虎地秦简《封诊》篇[10]，但是在战国文字中指事字“肘”字和“寸”字的写法逐渐混同，如郭店竹简《成之闻之》篇肘字作“”[11]，指事符号上端出现了装饰性的横笔，很可能在转写的过程中与“寸”字混同。《说文》以肘为会意字，可能所据字形为讹变字形。颇疑《说文》之“肘”字，是在第二种指事字“肘”的基础上增益形旁“肉”而形成的形声字。《说文》从“肘省声”诸字，如“纣”“疛”酎等[12]，所从“寸”应即指事字“肘”字的讹体，诸字皆为“肘声”，而非“肘省声”。

二、禋醻与絜祀

醺醻，读为禋醻[13]。醻，《周礼》作齐[14]。醻，即《周礼·天官·酒正》之“五齐”，学者已有共识[15]。“节于禋醻”，与《周礼·天官·酒正》郑玄《注》“齐者，每有祭祀，以度量节作之”，适可对读[16]。

《周礼》云“五齐”，而中山王壶称为“禋醻”者，或与五齐之用途及酿制相关。据《周礼·天官·酒正》经文及郑《注》，鬼神贵德不享味，五齐之味薄于专供人饮之三酒，故五齐专作祭祀之用。

五齐言禋者，乃祭祀贵诚敬之义。《说文·示部》：“禋，潔祀也。一曰精意以享为禋。从示垔声。”段玉裁《注》：“凡义有两岐者，出‘一曰’之例。……但《说文》多有浅人疑其不备而竄入者。《周语》：‘内史过曰：精意以享，禋也。’‘絜祀’二字已苞之。何必更端偁引乎。”是禋者，意在强调精诚致祭。酿制五齐、三酒皆需精诚谨敬，五齐祭神尤须敬慎。《礼记·月令》：“仲冬之月，……乃命大酋，秫稻必齐，麹糵必时，湛炽必絜，水泉必香，陶器必良，火齐必得。兼用六物，大酋监之，毋有差忒。”郑玄《注》：“秫稻必齐，谓孰成也。湛，渍也。炽，炊也。火齐，腥孰之调也。”孔颖达《正义》：“先须治择秫稻，……齐得成熟。又须以时料理麹糵，……炊渍米麹之时必须清絜。……所用水泉必须香美，所盛陶器必须良善。……炊米和酒之时，用火齐，生孰必得中也。”所记当是禋醻之义。

三、上帝与五方帝

中山王嚳壶铸造于中山王嚳十四年，或即公元前315年[17]，当周慎靓王六年。彼时根据人王及其王廷拟构的上帝帝廷结构、成员与殷商、西周时期拟构的帝廷结构和成员相比，呈现出了新的特点，而且由于当时诸侯纷纷僭越称王，郊祀制度也与殷商、西周时期有所不同。

从殷商、西周时期至战国时期，帝廷结构和成员发生过数次变化。殷商西周时期拟构的帝廷组织，最为核心的部分只有上下两层，即上层为居中的至上神上帝，下层为五方之神组成的上帝五臣，五臣为上帝之佐。下层五方之神以社神为帝工居中央，司掌分至四气之神为帝使分居四方。这一原始的帝廷结构可能不晚于公元前五千纪。后世随着五行思想的完善，后土社神被纳入五行之神的体系，随之形成了新的神祇系统，即上层为居中的至上神上帝；中层为东方帝太皞、南方帝炎帝、中央帝黄帝、西方帝少皞、北方帝颛顼组成的五方帝，五方帝为上帝之佐；下层为木正句芒、火正祝融、土正后土、金正蓐收、水正玄冥组成的五行之神，五行之神为五方帝之佐。这个系统至迟产生在战国时代[18]。

从殷商直至春秋时期，天子祭上帝，诸侯为天子之佐而祭帝佐的祭祀制度基本被严格遵行。遵行周礼的时代，除了周天子，唯鲁与二王之后的杞、宋可以郊天祭上帝，《礼记·礼运》记孔子之语即云："鲁之禘郊非礼也，周公其衰矣。杞之郊也，禹也。宋之郊也，契也。是天子之事守也。故天子祭天地，诸侯祭社稷。"

这一制度随着周王室衰微以及秦统一六国等重大历史事件的发生也产生了重大的改变。到了汉代，已将本为上帝帝佐的五方帝与上帝完全等同，这在司马迁《史记》中有很鲜明的反映。

天子祭上帝，诸侯祭帝佐在春秋时期仍被遵循。如秦襄公八年立西畤祀白帝即其证。由于司马迁将上帝与帝佐混淆，因此《史记·秦本纪》与《史记·封禅书》出现了不同的记述。《封禅书》云：

> 秦襄公既侯，居西垂，自以为主少皞之神，作西畤，祠白帝。其牲用駵驹、黄牛、羝羊各一云。

《秦本纪》则云：

> （秦）襄公于是始国，与诸侯通使聘享之礼，乃用駵驹、黄牛、羝羊各三，祠上帝西畤。（《集解》：徐广曰："《年表》云：立西畤，祠白帝。"《索隐》："襄公始列为诸侯，自以居西。西，县名，故作西畤，祠白帝。畤，止

也，言神灵之所依止也。亦音市，谓为坛以祭天也。”）

白帝为五方帝之一，乃上帝之帝佐，孔子称之为天佐。《礼记·祭法》孔颖达《正义》引《孔子家语》孔子论五方帝之事云：

> 天有五行，木、火、金、水及土，分四时化育以成万物，其神谓之五帝，是五帝之佐也。犹三公辅王，三公可得称王辅，不得称天王。五帝可得称天佐，不得称上天。

白帝为上帝之佐，犹秦封诸侯为周天子之佐，故秦祀白帝并非僭越，不违礼制。然白帝不得称上帝，亦犹孔子所谓“五帝可称天佐，不得称上天”。司马迁据秦汉制度将作为早期的帝佐五方帝与至上神上帝等同，故《秦本纪》称“祠上帝西畤”，《封禅书》则谓“作西畤，祠白帝”，二者本为一事。

司马迁混淆早期帝佐与上帝之别，因诬指秦襄公立畤有僭越之心。《史记·六国年表》云：

> 太史公读《秦记》，至犬戎败幽王，周东徙洛邑，秦襄公始封为诸侯，作西畤用事上帝，僭端见矣。《礼》曰：“天子祭天地，诸侯祭其域内名山大川。”今秦杂戎翟之俗，先暴戾，后仁义，位在藩臣而胪于郊祀，君子惧焉。

司马迁误以秦襄公所祀白帝为至上神上帝，固有“位在藩臣而胪于郊祀”之论，并据以认为彼时秦已“僭端见矣”，实系以今论古。

随着周王室不断式微，尤其是战国中期诸侯纷纷僭越称王之后，西周以降所遵行的祭祀制度发生了根本性变化。

《史记·周本纪》：“（周显王）四十四年，秦惠王称王，其后诸侯皆称王。”《正义》：“《秦本纪》云：惠王十三年，与韩、赵、魏并称王。”周显王四十四年（公元前325年），这一年可能是一个分水岭。周显王四十四年之前诸侯虽也存在诸多僭越之事，但是年之后，僭越之事已经公开合法化了。中山王壶作于公元前315年，事在周显王四十四年之后，因此周天子封建的中山侯，也僭越称王了。

诸侯僭越称王势必影响西周以降遵行的等级分明的祭祀制度。天子祭上帝、诸侯祭五方帝的制度也发生了变化。一方面，部分诸侯开始直接祭祀上帝。由中山王壶铭“以飨上帝”的记述来看，从诸侯与周天子并驾齐驱称王之后，中山王已经毫不避讳地僭越了周天子的郊天之礼。另一方面，一些诸侯对国内原有的祭祀五方帝的制度赋予了新的内涵。如秦虽然一直延续祭祀五方帝的制度，随着不断的僭越已经逐渐将五方帝与昊天上帝等同了。尤其是秦昭襄王灭周之后更坐实了这一制度。《史记·秦本纪》:“(昭襄王)五十四年(公元前253年),王郊见上帝于雍。”秦昭襄王五十一年(公元前250年)俘虏周赧王,同年周赧王卒,周亡。故秦昭襄王五十四年之时,周已亡,此时秦昭襄王“郊见上帝于雍”,名义上是在雍畤祭五方帝,实际上早已将五方帝作为昊天上帝来祭祀了。换句话说,战国晚期秦国在雍畤的祭帝活动,从实际祭祀的层面彻底混淆了上帝与帝佐五方帝的区别。

秦始皇统一六国之后,并未恢复三代天子郊天之礼,而是继续沿用雍畤祭帝的旧制,直至秦灭亡。《史记·封禅书》:

> 二年,东击项羽而还入关,问:“故秦时上帝祠何帝?”对曰:“四帝,有白、青、黄、赤帝之祠。”高祖曰:“吾闻天有五帝,而有四,何也?”莫知其说。于是高祖曰:“吾知之矣,乃待我而具五也。”乃立黑帝祠,命曰北畤。

从《封禅书》所记汉高祖刘邦议祠五帝事,可以看出秦朝的国家祭祀不仅沿袭了东周时期的祠五方帝的祭祀制度,而且将祭祀五方帝制度升格为国家郊祀礼,也就是将旧有天神体系中的五方帝与上帝等同。这可能是汉人将上帝与五方帝等量齐观最为关键和直接的原因。秦的郊祀制度不仅对汉初的国家祭祀产生了重要影响,而且还影响了汉儒对相关经典、制度等的阐释,如郑玄“六天”说的根源可能即在于此。《说文解字·田部》:“畤,天、地、五帝所基止祭地也。”许慎谓畤兼祀天、地与五帝,亦是如此。

秦始皇统一六国之后没有恢复三代郊天之礼,可能与秦始皇迷信时下流行的五德终始之说有关,即以秦代周乃以水德取代周之火德[19],故自领为得天命之水德北帝[20],也就不能再恢复三代郊天旧制了。

四、禋醻与祭祀九献

中山王壶铭所记以禋醻饗上帝、祀先王之事,对研究三代郊天、祭祖之礼甚有助益。

天子郊天之礼至汉初已亡佚,杜佑《通典·吉礼·沿革·郊天上》综合诸种文献记载对周天子郊天之仪节进行了勾稽,颇备参酌。摘录其要者如下:

> 祭前期十日,王亲戒百官及族人。……乃习射于泽宫,选可与祭者。其日,王乃致斋于路寝之室。……王将出,大司乐令奏《王夏》。……祭前,掌次先于丘东门外道北,设大次、小次。掌次张毡案,设皇邸。王服大裘而立于丘之东南,西面。大司乐奏圜钟为宫以下之乐,以降神。次则实柴于丘坛上。王亲牵牲而杀之。次则实牲体、玉、帛而燔之,谓之禋祀。次乃扫于丘

坛上而祭，尸服裘而升丘也。……就坐时，尸前置苍璧。又荐笾豆及血腥等，为重古之荐。王乃以匏片为爵，酌瓦甒之泛齐以献尸，为朝践之献。五齐之名：一曰泛齐，二曰醴齐，三曰盎齐，四曰醍齐，五曰沈齐（杜佑自注："无祼礼。郑玄注《小宰》云：'唯人道宗庙有祼，天地大神至尊不祼者，以其莫可称焉者也'"）。七献（杜佑自注："宗庙九献而天神七献者，宗庙之祭通数尸未入前，王及后于奥中先行二祼以降神、次七献，故有九也。今天是外神，无祼，故七献而已"）。

七献者，荐血腥后，王以匏爵酌泛齐以献尸，所谓朝践是也。此为一献。次大宗伯摄王后之事，亦以匏爵酌醴齐亚献，亦为朝践。是二献。……次荐熟于神前，荐毕，王乃以匏爵酌盎齐以献尸，大宗伯以匏爵酌醍齐以亚献，所谓馈献也。通前凡四。尸乃食，食讫，王更酌朝践之泛齐以酳尸，所谓朝献。大宗伯更酌馈献之醍齐以亚酳，所谓再献。通前凡六。又有诸臣为宾之一献。凡七。

杜氏七献之说乃以崔灵恩九献说[21]为本，又参己意所拟。对读《通典》和中山王壶的相关记载，可以部分复原周代祭天九献之礼。

历来学者多尊奉郑玄之说，以天地大神至尊不祼。然此非殷周古制，西周何尊、德方鼎皆载有武王祼天之事，故饗上帝应有祼礼[22]。则祭天亦应有王及后行二祼以降神之事，合杜佑所谓七献，亦应为九献。

《通典》谓荐血腥之后，乃朝践之献，即王酌泛齐以献尸。荐血腥后为朝践之献，礼无明文，乃杜佑据宗庙九献之礼推定。杜佑自注："按：郊丘礼阙，无文以书。唯《大宗伯·司尊彝》所陈酒齐，郑玄及郑众皆以为宗庙之礼。今约《司尊彝》酌献五齐之次以为说。"今由中山王壶铭观之，杜佑以郊丘有朝践之献不为无据。郊天、祭祖既有五齐，则应备九献之礼无疑。

中山王壶所谓以禋齐饗上帝者，乃以五齐饗献上帝神尸之谓。《通典》据《礼记·郊特牲》"器用陶匏，以饗天地之性"，以尊为陶尊，爵为匏片，此或系殷周古礼。中山王壶谓"铸为彝壶，以节禋齐，……以饗上帝"，则当时盛饗神尸之五齐者乃此铜壶，此或后世变礼。

以壶盛禋醻可与《周礼·春官·司尊彝》相关记载对读。《司尊彝》云："春祠夏禴，祼用鸡彝、鸟彝，皆有舟；其朝践用两献尊，其再献用两象尊，皆有罍，诸臣之所昨也。秋尝冬烝，祼用斝彝、黄彝，皆有舟；其献用两著尊，其馈献用两壶尊，皆有罍，诸臣之所昨也。"郑玄《注》："壶者，以壶为尊。《春秋传》曰：'尊以鲁壶。'"此酌禋醻之壶，或与《司尊彝》之壶尊有关。

中山王壶铭说明，《周礼》所记制度是有相关制度背景作为依据的。

注 释

[1] 陈槃:《春秋大事表列国爵姓及存灭表譔异》，上海古籍出版社，2009 年，第 1134～1148 页。

[2] 黄盛璋:《关于战国中山王墓葬遗物若干问题辨正》,《文物》1979 年第 5 期；黄盛璋:《再论平山中山国墓若干问题》,《考古》1980 年第 5 期；冯时:《中国古文字学概论》，中国社会科学出版社，2016 年，第 633～635 页。

[3] 河北省文物研究所:《战国中山国灵寿城——1975～1993 年考古发掘报告》，文物出版社，2005 年。

[4] 河北省文物研究所:《譽墓——战国中山国国王之墓》，文物出版社，1996 年。

[5] 朱德熙、裘锡圭:《平山中山王墓铜器铭文的初步研究》,《文物》1979 年第 1 期；李学勤、李零:《平山三器与中山国史的若干问题》,《考古学报》1979 年第 2 期。

[6] 林义光:《文源》卷七，中西书局，2012 年。

[7] 刘钊:《郭店楚简校释》，福建人民出版社，2005 年；李天虹:《释郭店楚简〈成之闻之〉篇中的“肘”》,《古文字研究》第二十二辑，中华书局，2000 年。

[8] 丁山:《数名古谊》,《历史语言研究所集刊》第一本第一分，商务印书馆，1928 年；马叙伦:《说文解字六书疏证》卷二十八，科学出版社，1957 年。

[9] 肘与铸古皆属幽部字，古音相近。

[10] 张守忠:《睡虎地秦简文字编》，文物出版社，1994 年。

[11] 荆门市博物馆:《郭店楚墓竹简》，文物出版社，1998 年。

[12]《说文·疒部》:“疛，小腹病。从疒，肘省声。陟柳切。”《说文·糸部》:“紂，马緧也。从系，肘省声。除柳切。”《说文·酉部》:“酎，三重醇酒也。从酉，肘省声。”（段玉裁《注》谓：“各本作‘从时省’，誤。”）《明堂月令》曰：孟秋，天子饮酎。除柳切。”“讨”字可能也从肘声，《说文·言部》:“治也。从言从寸。他皓切。”段玉裁《注》:“或曰：从肘省声。”肘与讨古皆属幽部字，应以从肘声为是。

[13] 李学勤、李零:《平山三器与中山国史的若干问题》,《考古学报》1979 年第 2 期。

[14] 朱德熙、裘锡圭:《平山中山王墓铜器铭文的初步研究》,《文物》1979 年第 1 期；冯时:《中国古文字学概论》，中国社会科学出版社，2016 年，第 636 页。

[15] 朱德熙、裘锡圭:《平山中山王墓铜器铭文的初步研究》,《文物》1979 年第 1 期；商承祚:《中山王譽壶、鼎铭文刍议》,《上海博物馆集刊——建馆三十周年特辑》，上海古籍出版社，1983 年。

[16] 商承祚:《中山王譽壶、鼎铭文刍议》,《上海博物馆集刊——建馆三十周年特辑》，上海古籍出版社，1983 年；冯时:《中国古文字学概论》，中国社会科学出版社，2016 年，第 636 页。

[17] 冯时:《中国古文字学概论》，中国社会科学出版社，2016 年，第 635 页。

[18] 冯时:《中国古代的天文与人文》，中国社会科学出版社，2006 年，第 87～100 页。

[19] 顾颉刚:《五德终始说下的政治与历史》,《古史辨自序》，河北教育出版社，2000 年。

[20] 何焯:《义门读书记》，中华书局，1987 年，第 206 页。

[21] 崔灵恩九献说详见孔颖达《礼记·礼运》《正义》。

[22] 冯时:《我方鼎铭文与西周丧奠礼》,《考古学报》2013 年第 2 期。

洛阳周山大墓年代试探

刘贤鹏
（北京联合大学应用文理学院历史文博系）

一、引　　言

洛阳周山大墓位于洛阳市西郊土桥村南，2002 年为了配合周山公园建设进行了考古调查及勘探，2005 年发表了调查简报，推测周山大墓年代为东周，为东周王陵[1]。周山大墓分东西二区，西区独立大冢编号 ZSM1，东区有三座大冢东西相连，编号 ZSM2、ZSM3 与 ZSM4，俗称“三王陵”（表一、图一）。

表一　周山大墓列表

墓区	编号	墓口平面	墓道	封土形制
西区	ZSM1	“甲”字形	残长 40 米	覆斗形，底部边长 105～110 米，高约 20 米
东区	ZSM2	“中”字形	北残长 24.5 米，南残长 16 米	覆斗形，东西 25 米，南北 41 米，高约 12 米
	ZSM3	“中”字形	北残长 40 米，南残长 16.5 米	覆斗形，边长 70～82 米，高约 14 米
	ZSM4	“中”字形	北残长 35 米，南残长 15 米	覆斗形，东西 25 米，南北 55 米，高约 12 米

《简报》发表后，不少学者对周山大墓墓主进行了研究。李德方认为周山大墓是中原地区最早出现的冢墓，并同意《简报》周山大墓为东周王陵[2]。蔡运章认为周山为四座独立大墓[3]，墓主归属与李德方观点一致，他们都据文献认为周山大墓随葬了灵、景、悼、敬四位周王。赵兆将周山大墓与其他地区的东周大墓进行了对比，推定东区“三王冢”为夫妻同墓异穴合葬，西区为独立大冢，据文献分析认为两组大墓分别埋葬了灵、景二王[4]。徐昭峰认为《简报》推断周山大墓为东周王陵是可信的，据文献“谷洛斗，将毁王宫”与瞿家屯遗址发现大量纵横冲击沟相合，这次洪水威胁到了东周王陵区，因此灵王选葬于周山陵区。赧王在战国晚期从成周城西迁王城，王宫在洛阳瞿家屯遗址，故赧王应葬于周山陵区，结合文献分析认为周山大墓应埋葬了灵、景、悼、赧四王[5]。王震认同赵兆对周山大墓性质的判断，“三王冢”应为夫妻异穴合葬，据文献分析认为周山 ZSM1 为周赧王墓，东区“三王冢”为周赧王之父周慎靓王及其

图一 周山“三王冢”平面图
（引自谷歌卫图 2002 年 9 月 8 日）

夫人合葬墓[6]。周山大墓在文献记载中见于《皇览》《水经注》“洛水又东……径周山……上有周灵王冢。《皇览》曰：周灵王葬于河南城西南，周山上。盖以王生而神，故谥曰灵。其冢，人祠之不绝。”[7]此外，李贤注《后汉书》所引《帝王世纪》有“狄泉本殷之墓地，在成周东北，今城中有殷王冢是也，又太仓中大冢，周景王也”[8]。按此，周景王墓应葬在汉魏洛阳故城东北的金村墓区，并不在周山。《皇览》《帝王世纪》年代都比较晚，其说法不一定准确。

学界对周山大墓年代的认识都按调查简报的说法，并没有针对大墓年代进行探讨，但按简报定为“东周”时代并不够准确。周山大墓的年代直接关系到大墓的性质，因此有必要对周山大墓年代做分析。因周山大墓只做了调查及勘探工作，地表遗存少，年代特征不明显，因此给大墓的年代判断造成了一定困难。但是，据调查简报可知周山大墓为覆斗形，通过对东周时期圆丘与覆斗形封土葬制及洛阳地区是否存在封土葬制的考察，可推定周山大墓的年代上限。秦汉帝陵也采用覆斗形葬制，周山大墓是否为秦汉时期修建可通过历史文献分析确定。

二、洛阳地区两周时期的葬俗传统

在中原地区，东周墓葬制度上承西周而来。西周王陵尚未发现，但发掘了不少诸侯级大墓。在周公庙遗址陵坡墓地共发现22座西周大墓，其中10座为“亚”字形，关于墓地性质，有认为是周公家族墓地，也有认为是西周王陵[9]。此外，比较重要的还有天马-曲村晋侯墓地[10]、浚县辛村卫国墓地[11]、北京房山琉璃河西周墓地[12]、澄城县刘家洼芮国墓地[13]、河南淅川下寺春秋楚墓[14]、山东沂水纪王崮春秋墓[15]、山东临淄故城河崖头春秋大墓等[16]。所见这些重要的大墓都没发现有封土的存在。据林留根[17]、韩国河[18]、杨楠[19]等研究，吴越地区在商周时期就已流行封土墓，中原地区在春秋末期才出现封土墓，战国才开始流行。吴越地区的土墩墓与封土墓存在一些差异，土墩墓一般在土墩上修建墓穴，或平地掩埋[20]，不少土墩存在“一墩多墓”现象[21]。从土墩墓到封土墓的转变最早出现在吴越地区。总之，在中原地区，包括秦、楚，从周初至春秋中期都未采用封土葬制。

西周时期的洛阳地区除了北窑西周墓外，其余地点尚未有重要王室成员或诸侯级的大墓发现，北窑墓地也没发现有封土存在[22]。洛阳地区在东周时期有3处重要的大墓分布区：东周王城内墓区、狄泉成周墓区与周山墓区。在东周王城内东部及东墙外密集分布有大量春秋至战国墓葬，2001年在体育场东侧第27中学勘探出3座春秋早期大墓，编号C1M10122为“亚”字形。《简报》推定这3座大墓为夫妻同墓异穴合葬墓，墓主为平王及其两位夫人[23]。2002～2003年发掘的王城广场194座东周墓[24]及2005年发掘的体育场路东周墓都没发现有封土[25]。

狄泉成周陵区为金村大墓所在，1962年在汉魏洛阳城内东北角探出一座“甲”字形大墓才确定了金村大墓的准确位置[26]。金村大墓于1928～1934年被盗掘，据《洛阳故城古墓考》制作的平面图共有8座“甲”字形大墓。据沈辰研究，怀履光并未曾到过金村大墓勘查，《洛阳故城古墓考》内公布的洛阳金村大墓平、剖面图非出自专业人员之手。怀履光是根据一位金村木匠的口述信息，在此基础上委托一位中国工程师帮忙绘制了金村大墓的平面图[27]。因此，金村大墓到底存在多少座大墓，及这些大墓全部都为“甲”字形或存在“中”字型现并不清楚。战国东周王城墓区主要分布在东周王城内东部与北部，1957年在城内北部发现了4座战国大型“甲”字形大墓，编号M1～M4，M1被盗严重，墓内一石圭上有墨书“天子”二字[28]。1973年发掘了M4，被盗严重[29]。1984年在M1东北30米处发掘了一座战国陪葬坑，编号C1M395，等级很高[30]。有学者推测M1～M4很可能为西周君陵墓[31]。

东周王城墓区发现较为重要的大墓多数被盗，墓葬原始状态被破坏殆尽。东周王城墓区从秦汉以来不断被开发，在两汉时墓区正位于汉洛阳城的东墙两侧[32]。在唐代，王城墓区东侧大部分被纳入到唐洛阳城皇城中，墓区西侧又紧靠唐洛阳城西墙[33]，在历代不断的城建活动中，大墓原有封土难免被人为活动削平或移除。洛阳金村大墓位于洛阳城内东北部，原来存在的封土也会因城市建设被移平。综上，除周山大墓外，洛阳地区在东周时期不能排除存在封土葬制的可能性。

三、战国地方诸侯封土葬制

除周山大墓外，洛阳地区尚未发现有封土大墓。在战国时代，封土葬制在地方诸侯中相当流行。周山大墓是否受到地方诸侯封土葬制的影响，对确定周山大墓年代有重要作用。现考古发现的战国圆丘或覆斗形封土大墓主要有五个诸侯国采用，分别是秦、赵、齐、楚与中山。

1. 秦王陵

秦王陵现发现有六处，分别是西山陵区、雍城陵区、渭北陵区、芷阳陵区、韩森冢陵区与骊山陵区。在这些陵区中，只有渭北陵区、韩森冢陵区[34]与骊山始皇陵区发现有覆斗形封土，渭北陵区有 3 座陵园，即严家沟陵园[35]、周陵陵园[36]与司家庄陵园[37]（表二、图二）。

表二　战国封土秦陵列表

陵区	编号	墓口平面	陵园布局	封土形制
严家沟陵园	Ⅰ号秦陵	“亚”字形	陵园最外的方形围沟，南北长 992、东西长 650 米，围沟内中部有 2 座覆斗形封土，南北相距 160 米	北封土覆斗形，边长 75～88 米，残高 14.8 米；南封土覆斗形，南北长 90 米，东西长 90～120 米，残高 2～5 米
周陵陵园	Ⅱ号秦陵	“亚”字形	陵园最外的方形围沟，南北长 950、东西长 639 米；封土外围墙南北长 422、东西长 236 米，封土南北相距 146 米	北封土覆斗形，边长为 55～66 米，封土残高 17.5 米；南封土顶部被削平，底边南北长 90 米，东西长 120 米
司家庄陵园	暂无	“亚”字形	陵园最外的方形围沟，南北长 1285、东西长 1038 米	覆斗形，边长为 63～80 米，高约 15 米
韩森冢陵园	M1	“亚”字形	M1 封土西南侧有 3 座“甲”字形陪葬墓	覆斗形，边长为 73～75 米，高 19 米

此外，在西安南郊咸阳财经学院发掘了一座“亚”字形大墓，无封土[38]，墓主一般被认为是秦始皇祖母夏太后[39]，也有认为属于汉惠帝与张皇后合葬墓[40]。咸阳北原上三座陵园墓主的推断，《咸阳原三座秦陵墓主考》一文有综述[41]，兹不赘言。一般来说，严家沟与“周陵”这两座规格与布局相同的陵园为夫妻异穴合葬，为秦惠王、

图二　周陵封土平面图
（引自谷歌卫图 2014 年 12 月 12 日）

秦武王夫妻同墓异穴合葬墓。司家庄陵园年代为战国晚期，墓主归属尚难判断。韩森冢最有可能为秦孝文王墓[42]。

2. 赵王陵

赵王陵位于河北省邯郸市西北郊外，共有 5 座陵园，呈东北—西南分布（表三、图三）。1978 年进行了考古调查，1981 年发表了调查简报《河北邯郸赵王陵》[43]。每座陵园以长方形的大型夯土台为中心，称为“陵台”，在其上修建 1～2 座覆斗封土，封土下为墓室。赵国在前 386～前 228 年定都邯郸，简报据《赵世家》推测邯郸赵王陵应为敬侯、成侯、惠文王、孝成王与悼惠王的陵墓。1997 年陈三 2 号大墓被盗，缴获文物中有一件金牌饰有铭文“三十一年”，很可能为赵惠文王三十一年（前 268 年）。因此，陈三 2 号大墓很可能为赵惠文王墓[44]。

表三　邯郸赵王陵列表

陵区	编号	墓口平面	陵台	封土形制
温窑村陵区	温窑 1 号	“中”字形	边长 340 米 ×216 米，上有一覆斗形封土	覆斗形，底边长 49 米 ×47 米，高 3 米
	温窑 2 号	“中”字形	边长 172 米 ×201 米	北封土覆斗形，底边长 43 米 ×30 米，高 6 米；南封土覆斗形，底边长 39 米 ×37 米，高 6 米
陈三村陵园	陈三 1 号	“中”字形	边长 288 米 ×194 米	覆斗形，底边长 57 米 ×47 米，高 15 米
	陈三 2 号	“中”字形	边长 242 米 ×182 米	北封土覆斗形，底边长 47 米 ×43 米，高 12 米；南封土覆斗形，底边长 50 米 ×42 米，高 12 米
周窑村陵园	陈三 3 号	“中”字形	边长 181 米 ×85 米，陵台上有一夯台，边长 66 米 ×37 米，高 5.5 米	陵台上封土覆斗形，边长 31 米 ×29 米，高 3.3 米；陵台下封土覆斗形，边长 77 米 ×66 米，高 11 米

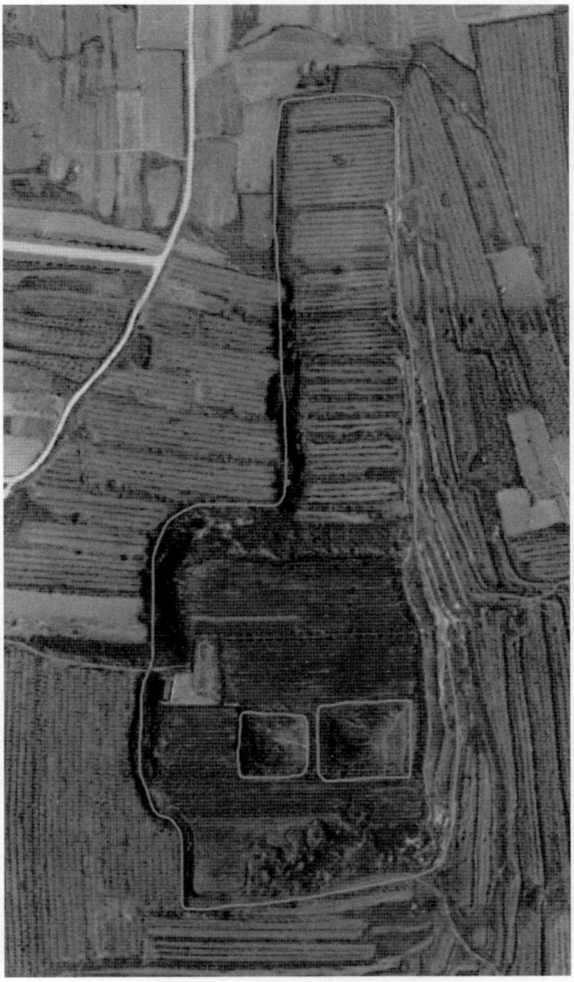

图三　温窑 2 号陵园平面图
（引自谷歌卫图 2017 年 11 月 14 日）

3. 齐王陵

临淄故城南郎家庄 1 号墓为齐国地区现发现最早的封土大墓，年代为战国早期[45]。在发掘前墓口上原有高大的坟堆，因常年取土遭到破坏。除郎家庄 1 号墓外，齐国封土墓都集中在齐王陵周边地区。齐王陵位于山东省临淄故城南约 7 千米，淄河的东岸。1991～1992 年山东省考古研究所对齐王陵所在周边地区进行了考古调查及测量，基本摸清了齐王陵及周边墓葬的分布。齐王陵分布在三处地点，分别是青州齐陵镇墓区、南辛庄墓区和普通乡“田和冢”墓区（表四），《临淄齐墓》只公布了比较重要的墓葬的勘探与调查数据[46]（图四）。

表四　临淄齐王陵重要大墓列表

陵区	编号	墓口平面	陵台	封土形制
齐陵镇墓区：四王冢墓区	LM36 : 1	“甲”字形	底边长 122 米 ×109 米，高 8.5 米	圆形，底径 49 米，高 7.9 米
	LM36 : 2	未探明	底边长 110 米 ×120 米，高 7 米	圆形，底径 59 米，高 11 米
	LM36 : 3	“甲”字形	底边长 128 米 ×131 米，高 3.4 米	圆形，底径 56 米，高 12 米
	LM36 : 4	“甲”字形	底边长 112 米 ×117 米，高 6 米	圆形，底径 43 米，高 4.8 米
齐陵镇墓区：二王冢墓区	LM40 : 1	“甲”字形	底边长 88 米 ×75 米	底径 21 米，高 5 米
	LM40 : 2	“甲”字形	底边长 59 米 ×53 米	底径 8 米，高 5 米
南辛庄墓区	QM4	“甲”字形	底南北长 110 米，东西长 90 米，高 7.8 米	圆形，底径 21 米，高 8.7 米
	QM5	“甲”字形	底南北长 125 米，东西长 110 米，高 12.8 米	椭圆形，底径 25～35 米，高 9 米
	QM7	“甲”字形	底边长 180 米 ×150 米，高 12 米	椭圆形，底径 30～65 米
田和冢墓区	QM8	未探明	底边长 175 米 ×115 米，高 15 米	椭圆形，底径 30～70 米，高 6.8 米

图四　四王冢陵园平面图

（引自《临淄齐墓》图版一三）

公元前 386 年田氏代齐，前 221 年齐王建投降秦国，前后历 8 位齐君。田齐王陵很可能随葬了太公和、桓公、威王、宣王与襄王[47]。值得注意的是，齐王陵与赵王陵都有陵台与封土，两者近似的形制表明了它们处于同一时代。前 386 年田氏代齐与《赵世家》“(赵肃侯)十五年(前 335 年)，起寿陵”年代相差不远[48]，说明齐、赵王陵在战国才采用封土葬制。

4. 楚王陵

楚王陵只发掘了安徽省寿县李三孤堆战国末期的楚幽王(前 237～前 228 年)墓，封土为圆形，底径 90 余米，残高 2 米[49]。除楚幽王墓外，其他楚王陵尚未发现。河南固始县侯古堆 1 号大墓为楚地最早的封土大墓[50]，据出土铭文、随葬品和丧葬习俗分析，墓主人应为楚国番县贵族而非吴王夫人季子墓，年代在战国初年吴亡之后[51]。战国中期开始，楚地封土墓才开始增多，主要集中在纪南城周边地区(表五)。

表五 楚国重要封土大墓列表

墓区	编号	墓口平面	封土形制
固始县侯古堆	M1	“甲”字形	底径 55 米，高 7 米
荆州八达岭冯家冢墓地	JBFM1	“甲”字形	覆斗形，底南北长 85 米，东西长 98 米，高约 13 米
	JBM2	“甲”字形	圆形，底径 57 米，高约 6 米
荆门包山楚墓	M1	“甲”字形	椭圆形，底径 18 米，高 2 米
	M2	“甲”字形	椭圆形，底径 54 米，高 5.8 米
江陵望山	M1	“甲”字形	圆形，底径 18 米，残高 2.8 米
	M2	“甲”字形	圆形，底径 17 米，残高 2 米

冯家冢战国晚期大墓，《简报》推测很可能为楚王陵[52]。包山楚墓 M2 规模大于 M1，为夫妻同墓异穴合葬，据墓内出土简牍分析判断，M2 下葬年代在前 316 年之后[53]。江陵望山 M1、M2 为战国中期晚段[54]。楚地大墓封土多为圆丘形，覆斗形很少见。

5. 中山王陵

中山王陵在河北省平山县三汲村，共发现 3 座中山王陵园，每座陵园以一座封土大墓为中心，分别为 M1、M6 与 M7，M1 已发掘，M6、M7 进行了勘探与调查(表六)。M1 为中山王厝墓，埋葬时间在前 310 年左右[55]。《报告》推测 M6 为中山成公墓，M7 中山桓公墓[56]。

表六 中山王陵列表

墓区	编号	墓口平面	封土形制
灵寿故城外墓区	M1	“中”字形	覆斗形，上下分三级，底边长 110 米 ×92 米，高 15 米
灵寿故城内墓区	M6	“中”字形	覆斗形，底边长 90 米，高 6 米
	M7	“中”字形	覆斗形，上下分三级，边长 65 米，高约 14 米

综上，通过对秦、齐、楚及中山圆丘与覆斗封土葬制的分析可知，除吴越地区外，中原、秦、楚地区在战国早期才开始出现圆丘形封土，到了战国中期才流行覆斗形封土。齐、赵王陵主体结构分陵台与封土两部分，封土修建在陵台上。秦、楚王陵则没有陵台，封土直接在墓穴上夯筑。因此，战国王陵在形制上可分有陵台类与无陵台类。洛阳周山大墓没有陵台，其覆斗封土直接修筑在墓穴上方，说明周山大墓与秦、楚覆斗葬制关系更密切。战国王陵多采用“甲”字形或“中”字形，流行夫妻同墓异穴合葬，规格大小有差，体现了尊卑等级，这点与周山大墓一致，表明周山大墓是在战国流行封土葬制的大背景产生的。进一步说，洛阳周山大墓的年代上限应不早于战国中期。

四、文献分析

在秦代，仅发现秦始皇陵为覆斗形大墓。西汉帝陵除文帝霸陵没有封土外[57]，其余皇帝与皇后都修建有覆斗形封土，皆为夫妻同墓异穴合葬[58]。东汉帝陵封土从方形转变为圆形。因遭王莽之乱，社会疲敝，东汉早期从皇家到庶民都提倡薄葬，并影响了魏晋。除北朝外，曹魏、西晋、南朝帝陵都延续了东汉薄葬制度，遵守不封的墓葬传统[59]。周山大墓为覆斗形，是否为秦汉时所修需探讨。

首先，吕不韦曾分封在河南，周山大墓为吕不韦墓也存在可能，但通过文献分析排除这一可能性。秦庄襄王元年（前249年）吕不韦因灭东周君有功被封为文信侯，封邑在河南县。始皇帝十年吕不韦牵涉嫪毐之乱被免除相邦，《吕不韦列传》“秦王十年十月，免相国吕不韦，……出文信侯就国河南”[60]。《秦本纪》“十二年，文信侯不韦死，窃葬。”[61]“窃葬”一词表明吕不韦墓不可能葬在洛阳周山。秦末动乱，诸侯割据，前206年二月项羽分封诸侯，“立申阳为河南王，都雒阳”[62]。但在汉高祖元年（前206年）十月“河南王申阳降，置河南郡”[63]。此后，终西汉一朝都没在河南郡分封诸侯。周山大墓ZSM1封土底边长105～110米，高约20米，汉高祖与吕后合葬的长陵，东封土底边东西长164～166米，南北长132～134米，高24米，西边封土底边长162～164米，南北长134米，高24米[64]。与汉长陵相比，周山大墓规模并不小。前210年秦始皇卒后，天下大乱，社会凋敝。西汉建立后，轻徭薄赋，与民休息。从周山大墓勘探情况来看，也没有秦汉帝陵封土外复杂的供皇帝死后的衣、食、用、行所用的外藏制度[65]，二者葬制相差较大，说明周山大墓不可能为秦汉时期。

商鞅改革后，秦国迅速崛起，不断蚕食东方。秦昭王五十一年（前256年）“……使将军摎攻西周，西周君走来自归，顿首受罪，尽献其邑三十六城，口三万。……五十二年……周初亡”[66]。秦庄襄王元年（前249年）“东周君与诸侯谋秦，秦使相国吕不韦诛之，尽入其国”[67]。早在周赧王时（前314～前256年）东西周分治，王室孱弱，战国晚期秦人又以统一六国为重任，东出函谷关，日渐压迫周、韩，东、西周君并无充分的政治与经济条件修建规模宏大的陵墓，秦人也不可能为东、西周君修建规模宏大的陵墓。综上分析，周山大墓的年代应早于前256年秦灭西周君。

五、结　语

通过秦、赵、齐、楚与中山地区的圆丘和覆斗形封土大墓与周山大墓对比分析可知，除吴、越地区外，中原地区在战国初期才出现圆丘形封土葬制，到了战国中期才出现覆斗形封土葬制。不计周山大墓，洛阳地区在战国早中期尚未发现有封土大墓，但不能排除存在的可能性。周山大墓为覆斗形，年代上限应不早于战国中期。周山大墓也无秦汉帝陵封土外复杂的外藏制度，结合文献分析，排除了周山大墓晚于秦代的可能性，年代下限应不晚于前256年秦灭西周君。

注　释

［1］洛阳市第二文物工作队：《洛阳西郊周山东周王陵调查记》，《中原文物》2005年第6期。

［2］李德方：《洛阳周山东周王陵考述》，《三门峡职业技术学院学报》2009年第4期。

［3］蔡运章：《中华第一陵——洛阳高新区周山东周王陵考》，《建筑与文化》2007年第3期。

［4］赵兆：《周山王陵墓主身份考》，《洛阳考古》2016年第1期。

［5］徐昭峰：《东周王城研究》，科学出版社，2019年，第163～167页。

［6］王震：《洛阳周山陵区墓主再议》，《洛阳考古》2018年第3期。

［7］杨守敬、熊会贞：《水经注疏》卷十五《洛水》，江苏古籍出版社，1989年，第1038、1039页。

［8］范晔：《后汉书》志第十九《郡国一》，中华书局，2013年，第3390页。

［9］种建荣：《周公庙遗址陵坡墓地及相关问题》，《中国国家博物馆馆刊》2018年第7期。

［10］北京大学考古文博学院：《天马－曲村遗址北赵晋侯墓地第六次发掘》，《文物》2001年第8期。

［11］郭宝钧：《浚县辛村》，科学出版社，1964年。

［12］王巍、黄秀纯：《1981～1983年琉璃河西周燕国墓地发掘简报》，《考古》1984年第5期。

［13］陕西省考古研究院：《陕西澄城县刘家洼东周芮国遗址》，《考古》2019年第7期。

［14］河南省文物研究所、河南省丹江库区考古发掘队、淅川县博物馆编：《淅川下寺春秋楚墓》，文物出版社，1991年。

［15］山东省文物考古研究所、临沂市文物考古队、沂水县博物馆：《山东沂水县纪王崮春秋墓》，《考古》2013年第7期。

［16］山东省文物考古研究所：《齐故城五号东周墓及大型殉马坑的发掘》，《文物》1984年第9期。

［17］林留根：《论中国墓葬封土之源流》，《东南文化》1996年第4期。

［18］韩国河：《论中国古代坟丘墓的产生与发展》，《文博》1998年第2期。

［19］杨楠：《论江南地区土墩墓与中国古代坟丘起源的关系》，《考古学研究》（五），科学出版社，2003年。

［20］田正标：《吴越土墩墓的形制结构及相关问题》，《百越文化研究——中国百越民族史学会第十二次年会暨百越文化国际学术研讨会论文集》，2004年；杨楠：《土墩墓及其相关概念之辨

析》，《东南文化》2013 年第 5 期。

［21］付琳：《试析江南周代土墩墓中“一墩多墓”的结构与形式》，《南方文物》2015 年第 3 期。

［22］洛阳市文物工作队：《洛阳北窑西周墓》，文物出版社，1999 年。

［23］洛阳市文物工作队：《洛阳体育场路东周墓发掘简报》，《文物》2011 年第 5 期。

［24］洛阳市文物工作队：《洛阳王城广场东周墓》，文物出版社，2009 年，第 8～39 页。

［25］洛阳市文物工作队：《洛阳体育场路西东周墓发掘报告》，文物出版社，2011 年，第 28～67 页。

［26］中国科学院考古研究所洛阳工作队：《汉魏洛阳城初步勘查》，《考古》1973 年第 4 期。

［27］沈辰：《金村传说：怀履光与洛阳文物之谜》，《美成在久》2017 年第 3 期。

［28］陈久恒：《洛阳西郊一号战国墓发掘记》，《考古》1959 年第 12 期。

［29］洛阳市文物工作队：《洛阳西郊四号墓发掘简报》，《文物资料丛刊》（第 9 辑），文物出版社，1985 年。

［30］洛阳市文物工作队：《洛阳解放路战国陪葬坑发掘报告》，《考古学报》2002 年第 3 期。

［31］潘付生、李惠君：《洛阳西周君陵墓位置探析》，《中原文物》2011 年第 6 期。

［32］中国国家博物馆、洛阳市文物考古研究院：《洛阳大遗址航空摄影考古》，文物出版社，2017 年，第 124 页。

［33］中国国家博物馆、洛阳市文物考古研究院：《洛阳大遗址航空摄影考古》，文物出版社，2017 年，第 209 页。

［34］西安市文物保护考古研究院：《西安东郊“韩森冢”考古调查简报》，《考古与文物》2015 年第 2 期。

［35］刘卫鹏、岳起：《咸阳塬上“秦陵”的发现和确认》，《文物》2008 年第 4 期。

［36］陕西省考古研究院、咸阳市文物考古研究所、周陵文物管理所：《咸阳“周王陵”考古调查、勘探简报》，《考古与文物》2011 年第 1 期。

［37］焦南峰、孙伟刚、杜林渊：《秦人的十个陵区》，《文物》2014 年第 6 期。

［38］陕西省考古研究院：《陕西长安神禾塬战国秦陵园遗址田野考古新收获》，《考古与文物》2008 年第 5 期。

［39］丁岩：《神禾原战国秦陵园主人试探》，《考古与文物》2009 年第 4 期。

［40］段清波：《关于神禾原大墓墓主及相关问题的讨论》，《考古与文物》2009 年第 4 期。

［41］耿庆刚、曹龙、赵汗青：《咸阳原三座秦陵墓主考》，《考古与文物》2018 年第 4 期。

［42］刘卫鹏：《秦孝文王寿陵位置蠡测》，《秦俑博物馆开馆三十周年暨秦俑学第七届年会国际学术研讨会会议论文》，陕西出版集团三秦出版社，2009 年。

［43］河北省文管处、邯郸地区文保所、邯郸市文保所：《河北邯郸赵王陵》，《考古》1982 年第 6 期。

［44］赵建朝、李海祥：《河北邯郸赵王陵二号陵出土的战国文物》，《文物》2009 年第 3 期。

［45］山东省博物馆：《临淄朗家庄一号东周殉人墓》，《考古学报》1977 年第 1 期。

［46］山东省文物考古研究所：《临淄齐墓》（第 1 集），文物出版社，2007 年，第 18～29 页。

［47］山东省文物考古研究所：《临淄齐墓》（第 1 集），文物出版社，2007 年，第 30～32 页。

［48］司马迁：《史记》卷四十三《赵世家》，中华书局，2013 年，第 1802 页。

［49］郭德维：《对寿县李三孤堆楚王墓的推测》，《安徽省考古学会会刊（第 6 辑）》，安徽省考古学会，1982 年，第 35～39 页。

[50] 固始县侯古堆一号墓发掘组:《河南固始侯古堆一号墓发掘简报》,《文物》1981年第1期。
[51] 张闻捷:《固始侯古堆一号墓的年代与墓主》,《华夏考古》2015年第2期。
[52] 荆州博物馆:《湖北荆州八岭山冯家冢墓地考古勘探简报》,《文物》2015年第2期。
[53] 湖北省荆沙铁路考古队:《包山楚墓》,文物出版社,1991年,第9、45页。
[54] 湖北省文物考古研究所:《江陵望山沙冢楚墓》,文物出版社,1996年,第5、111页。
[55] 河北省文物管理处:《河北省平山县战国时期中山国墓葬发掘简报》,《文物》1979年第1期。
[56] 河北省文物考古研究所:《战国中山国灵寿城——1975～1993年考古发掘报告》,文物出版社,2005年,第119～123页。
[57] 杨武站、曹龙:《汉霸陵帝陵的墓葬形制探讨》,《考古》2015年第8期。
[58] 咸阳市文物考古研究所:《西汉帝陵钻探调查报告》,文物出版社,2010年,第179～181页。
[59] 中国社会科学院考古研究所:《中国考古学·三国两晋南北朝卷》,中国社会科学院出版社,2018年,第87～253页。
[60] 司马迁:《史记》卷五《秦本纪》,中华书局,2013年,第2513页。
[61] 司马迁:《史记》卷八十五《吕不韦列传》,中华书局,2013年,第231页。
[62] 司马迁:《史记》卷七《项羽本纪》,中华书局,2013年,第316页。
[63] 班固:《汉书》卷一《高祖本纪》,中华书局,2013年,第33页。
[64] 咸阳市文物考古研究所:《西汉帝陵钻探调查报告》,文物出版社,2010年,第7页。
[65] 赵化成:《秦汉帝陵外藏系统(从葬坑)的性质问题》,《秦始皇帝陵博物院》,三秦出版社,2011年。
[66] 司马迁:《史记》卷五《秦本纪》,中华书局,2013年,第218页。
[67] 司马迁:《史记》卷五《秦本纪》,中华书局,2013年,第219页。

广西合浦双坟墩土墩墓年代及相关问题浅析

李　岩

（广东省文物考古研究所）

广西合浦双坟墩位于合浦县城东北约12千米的石湾镇大浪村红花坎村民小组北侧，南距大浪古城约700米。双坟墩为两墩，地处红土台地，大致呈东西向排列，相距41米。东侧墩编号为D1，西侧墩编号为D2，D2墩顶海拔高度为12.6米。2004年11月，广西文物工作队曾对D1进行过清理，未能判明为土墩墓，仅发现一批遗物。2012年6～9月，广西文物保护与考古研究所对D2进行了发掘，D2之M2～M4发掘者虽然将出土器物与浙江等地土墩墓出土器物进行了比较，认为D2的M2～M4可视为同期墓葬，其年代应与两广地区“米”字纹陶遗存相当，考虑到当地文化发展的滞后性，将D2的3座早期墓的年代定为秦至西汉早期[1]。笔者2020年曾经有机会前往合浦大浪古城工地现场观摩，收获不小，如下就双坟墩D2的年代等问题发现些个人看法，以求教于方家。

一、基本概况

根据简报所述，笔者将土墩墓的结构等问题先做一下梳理（图一）。

第3层：垫土层，全墩分布。红黄色黏土，局部夹灰褐色土，土质致密，最厚0.4米。无包含物。

第4层：垫土层，近水平堆积，全墩分布。红色夹灰、黄色黏土，土质致密，厚0.36～1.05米。出土陶片数量与第2层相当，绝大多数为硬陶，少量为红色软陶。纹饰有复线菱格纹、夔纹、方框对角线纹、“回”字纹和方格纹等，可辨器形有釜、罐等。

第5层：位于墩体中部及北部，表面平整，应为第4层下建筑的垫土层。深灰褐色土，厚0.15～0.3米。未发现包含物。

第5层以下为生土。

结合平、剖面图可知，D2为土墩墓，外观呈馒头状，平面为椭圆形，但由于墩体北部受到现代坟墓的破坏，以及其他遗迹的扰动，土墩墓的封土部分几乎无存了。但是，从第3、4两层的垫土来看，与土墩墓的营造方式是基本一致的；第4层为含有

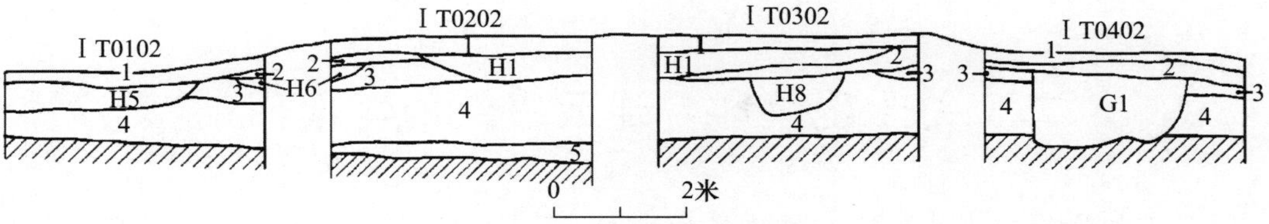

图一 T0102～0402 北壁剖面图

陶片的垫土，其上，又再加一层纯净的垫土，即第 3 层，这两层，虽有叠压，但在营造时，应当相隔时间很短，可视为同时。此后，在第 3 层层表下挖很浅的竖穴坑，显然，M3、M4 为放置较高的随葬品，在墓穴一端再挖坑，放置大件随葬品。

此外，D2 的 M2～M4 所展现的情况应当是一墩下多浅坑墓之状况，从平面图上观察，M2～M4 分布于墩的南部，而其北部则未见，或许与后期扰动破坏有关（图二）。

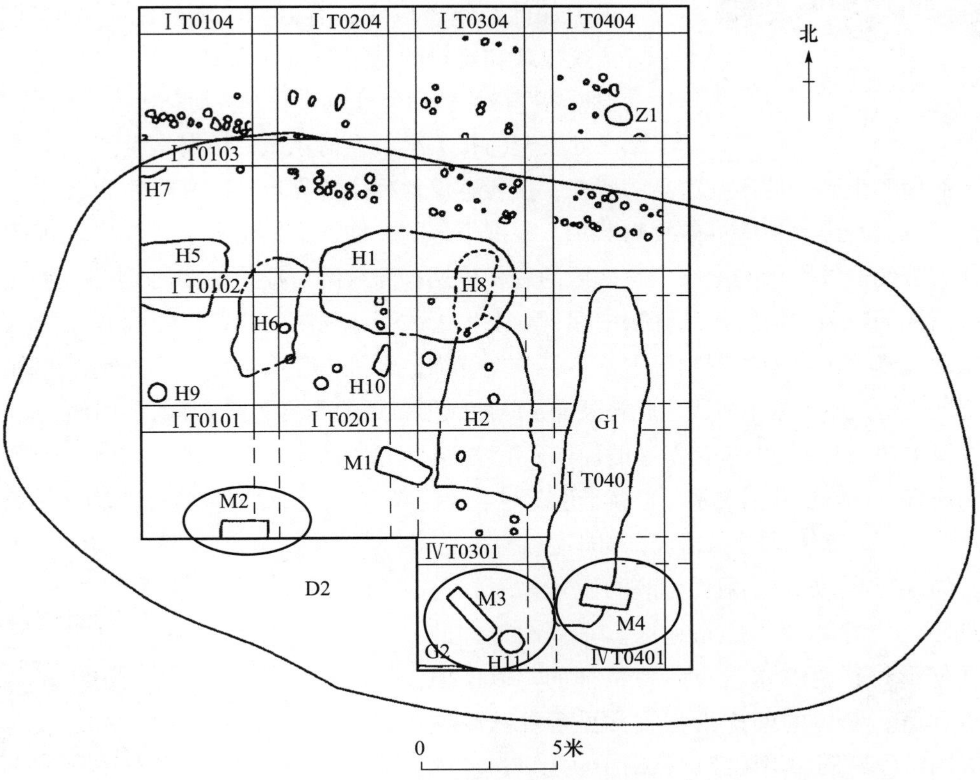

图二 双坟墩 D2M2～D2M4 平面分布示意图

对墓葬结构有了了解之后，让我们再观察一下相关地层中出土陶片的年代。

在上述结构的基础上，我们再来观察一下垫土层，即第 4 层出土的陶片，其作用在于判定 D2M2～D2M4 的年代之上限。

二、关于夔纹和勾连云雷纹的时代问题

从双坟墩简报发表的陶片纹饰拓片来看，简报称为夔纹，实际并未见典型的夔纹；广东同行将此类纹饰多称为勾连云雷纹（图三），在广东清远马头岗[2]、广西灌阳马山背[3]等诸多遗存中有所见。这至少涉及了如下问题：

图三 双坟墩发掘出土勾连云雷纹

（1）夔纹结束的时间；

（2）勾连云雷纹出现和流行的时间；

（3）广西地区这两种纹饰出现和流行及结束的时间；

（4）同时也涉及双坟墩紧邻的大浪古城年代的判断。

正因如此，笔者以为，有必要将夔纹结束的时间、勾连云雷纹出现和流行的时间先加以梳理。

根据博罗横岭山商周墓地[4]、博罗梅花墩[5]、银岗[6]两窑址三处发现的相关材料，梅花墩、银岗是生产陶瓷器的窑址，而横岭山则是使用其产品的所在，三者不仅地理位置靠近，而其陶瓷器之间亦可相互比较。横岭山墓地所见夔纹陶器物，根据报告的分期，并结合本人的看法，墓葬所见主体部分的夔纹陶可确定在广东地区的春秋早期；夔纹的特征无论如何变化，都还是以弧线组成为特色；而进入到春秋中期，则发生了改变，夔纹的线条已经成为近直角的硬折状况，横岭山墓地的器物群中，不见此类纹饰，而且梅花墩窑址也不见此类纹饰；银岗窑址正是开始于这个阶段，此类纹饰是此前弧形特点的夔纹之直接延续，时间大体可定为春秋中期。而清远马头岗等地的勾连云雷纹也见于银岗窑址，不见于梅花墩；从纹饰的结构观察，与夔纹并无关系，也就是说此时夔纹已经消失，而双坟墩简报发表的陶片纹饰拓片（图三），就是勾连云雷纹，而非夔纹。

勾连云雷纹的来源从目前的发现来看，与夔纹不同，并非源于广东地区。东周时期，此类几何形纹饰是非常具有时代特征的，以中原地区而言，斜体的勾连云雷纹常见于春秋晚期至战国阶段，例如洛阳凯旋路南 1997LM467[7]，该墓葬单位为分期的第二期，属于春秋晚期，97LM467：10，铜鼎，腹壁有一周凸弦纹，上下腹均饰勾连云雷纹（图四），97LM467：13，铜车辖軎同样装饰了勾连云雷纹（图五）。

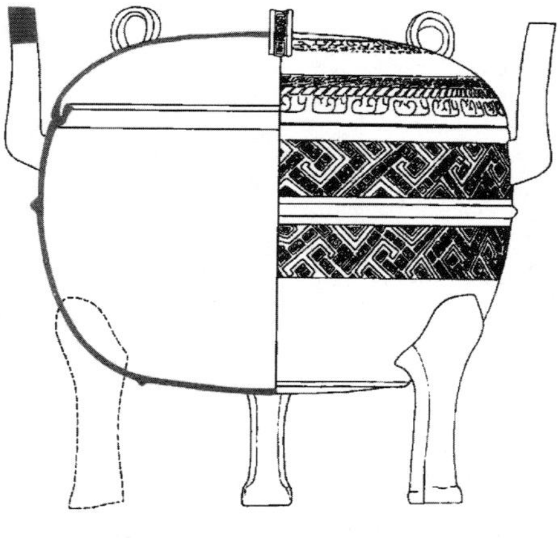

图四 洛阳凯旋路南 1997LM467 之铜鼎

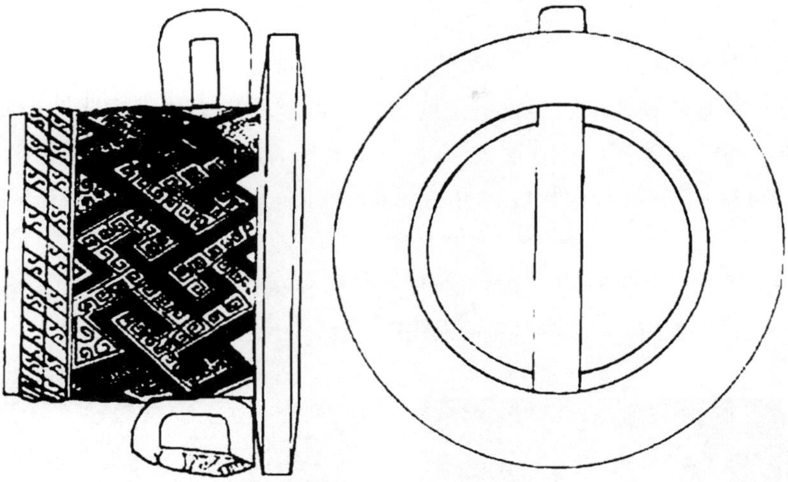

图五　洛阳凯旋路南 1997LM467 之辖軎

另外一例来自余岗楚墓，襄阳余岗 2004M175：1，铜鼎，其腹之中、上部均为勾连云雷纹。报告者认为该墓葬单位的年代在战国早期[8]。

广东同行将印纹硬陶上的勾连云雷纹之时代确定在春秋战国之际至战国早期。此类纹样当为传入，从目前发现来看，不排除一种可能性，即铜器所用之勾连云雷纹自楚地传入广东，而广东则将其用在了印纹硬陶之上，博罗银岗窑址则较为广泛地烧造了此类纹饰的陶器。

广西出现的印纹硬陶之几何形印纹最早当以西周时期的夔纹为代表，并可见相当于广东春秋早期的硬折角之夔纹，同时也有相当于广东春秋晚期至战国早期的勾连云雷纹，勾连云雷纹较为多见的则在桂东北地区，作为合浦的双坟墩之桂南沿海地区，所见发表资料似乎很少。

大浪古城所见印纹硬陶中，也见到了勾连云雷纹，与桂东北相比较，广西南部沿海地区更早的夔纹并未发现[9]。

三、双坟墩所见出土陶瓷器的年代

笔者将简报所发表的有图或照片之主要器物的年代与过往所见加以比较，并试图找出其年代的上下限。

让我们先来观察一下 D1 的几件陶、瓷器。需要说明的是：关于 D1 的墓葬形式与结构，有可能是一墩多穴，也可能是一墩一墓，所以，其所见器物仅仅能够从单件器物的角度而论，并不能完全代表 D1 的年代。

首先是两件瓮。陶瓮（D1：4）。形体较大。灰黑色硬陶。器形特征为圆肩，鼓腹，下部弧收，平底内凹。纹饰由部分组成：上腹部为“米”字纹，下为“方”格纹

（图六）。

该器物从形态角度而言，可以参照的有揭东县面头领 M8：1[10]。两者器形非常相似，根据广东地区对“米”字纹陶瓮的排序，此类器形为战国中期较为典型的状态，与战国晚期至西汉南越国时期（早段）的同类器物有显著区别，后者的代表有广州增城浮扶岭 M511[11]。两者在器形上的差别有二：首先是肩部，其次后者整体显得高瘦些。

陶瓮（D1：3）的器形与方格纹装饰，同样在揭东县面头领可见，参见 M6：1。年代同揭东县面头领 M8：1，不赘述（图七）。

图六　陶瓮（D1：4）

图七　陶瓮（D1：3）

原始瓷碗。简报中称为陶碗（D1：2）。硬陶，灰白胎。口微敛，弧腹，平底略内凹。内外施青黄釉，外部多已脱落（图八）。其形制与釉色在绍兴祝家山 M1 可见，参见祝家山 CZM1：4[12]。广东揭东县面头领 M2 的原始瓷碗中也有数件与其釉及形制类似者[13]。无论是浙江或者是广东，此类原始瓷碗均为战国中期比较常见的器物。

从双坟墩 D1 的几件主要陶瓷来看，绝大部分在战国中期，因此也基本可以推断 D1 的年代为战国中期。

D2M1　显然年代很晚，非本文讨论之列，不叙。

D2M2　仅在墓室北侧出土陶瓿 1 件。该器物为硬陶。红褐色薄胎，夹黑色砂粒，外有灰色陶衣。敛口，圆肩，扁圆腹，平底略内凹。肩部贴附筒瓦式双贯耳。通体饰细布纹（图九）。参照浙江地区土墩墓的同类器物也被称为鼓腹罐，纹饰也被称为麻布纹，见小家山 M172-4[14]，同为战国中期遗物。

图八　原始瓷碗（D1：2）

图九　陶瓿（D2M2：1）

D2M3　墓室一端出土陶杯 5 件、瓮 1 件。

杯发表了三件。一件为原始瓷，两件为印纹硬陶质地。形制均为口微敛，深弧腹，薄胎，平底略内凹。通体饰细布纹，口沿外及近底处纹饰被抹去（图一〇～图一二）。制法和纹饰同于 D2M2 瓿，从风格特别是纹饰判断应为同时期遗物。

图一〇　陶杯

图一一　陶杯

图一二　原始瓷杯

图一三　陶瓮（D2M3：6）

D2M3：6，瓮。泥黄色软陶。敛口，宽沿，溜肩，圆鼓腹，平底（图一三）。此类瓮在绍兴越墓中也有所见，但形制略有差异，合浦者器身略高，绍兴之小黄山 M13 同类器物则显得偏矮，小黄山 M13 为战国早期墓，两者看来是时代差别导致[15]；同时，需要指出的是，D2M3 之两类器物在广东同期墓葬的随葬品中基本不见，这对于推断合浦双坟墩 D2M3 的器物来源是一个重要线索，容后叙。

D2M4　墓室一端出土陶杯 6 件、瓮 1 件。陶瓮埋藏及器物摆放方式与 M3 类似。

D2M4 陶瓮与同墩 M3 类似，不赘述。

图一四　原始瓷罐（D2M4：1）

原始瓷罐（D2M4：1）。简报称为杯，同类器物浙江同行称为罐，因此类器物为浙江所多见，笔者从之，也称为罐。该标本胎体略厚，烧制温度较高。轮制。口略敛，器身较矮，平底。器内外施青黄釉，多已脱。腹部饰瓦楞纹。底部有螺旋式切割痕（图一四）。相同质地和造型的原始瓷罐，在绍兴小黄山 M17 中出土了两件[16]，不仅制法、釉色，甚至瓦棱纹的形状与装饰部位都非常接近，显示其产地同源，年代大约接近，应为战国中期之物。

该墓葬单位发表的两件原始瓷杯形制接近，均为轮制。敞口，斜直腹，平底略突出，类似小饼足状。内壁有明显的轮旋痕迹，器内外施青黄釉，多已脱落。下腹近底处旋刮一周，底部有螺旋式切割痕（图一五、图一六）。相同的质地与器形同样见于绍兴小黄山 M17，年代亦较为清楚。

图一五　原始瓷杯（D2M4：2）

图一六　原始瓷杯（D2M4：6）

总体说来，无论是陶器还是原始瓷器的特征，都显示 D2M2～D2M4 的年代基本为战国中期。其中 D2M4 在三单位中，原始瓷数量较多，而且质量较好，墓主人应当是其中地位较高者。

四、双坟墩与大浪古城的关系及文化因素来源

2020年夏，笔者再次应邀来到广西合浦，观摩双坟墩附近的大浪古城遗址[17]。大浪古城经发掘，城垣为方形，根据广西同行的发掘资料，城内第4层叠压着城墙，推断应当为建成后城内的堆积，此推断如无误，则城内第4层堆积的年代等于或晚于城垣的年代。

从笔者在发掘现场的观摩来看，其所出土的陶器中，以各类几何印纹为特色，其中偶见勾连云雷纹、大量的是双线方格加对角线构成的“米”字纹，而且质地坚硬，显示烧成温度较高，特征与双坟墩D2M2～D2M4所见基本一致。为战国中期者。

大浪古城城北约800米即为双坟墩，两者年代不仅一致，而且两者从空间距离来看，相距很近，不足一千米，因此，两者的关系为城与城所属的墓地。但从城内堆积以及遗迹观察，大浪古城延续时间不长，而且，从发掘以及过往的工作所获得的资料来看，不见瓦、瓦当，结合土墩墓墓葬规格和出土文物推断，该城的规格可能不高。这与笔者在兴安所见灵渠边之秦城的发掘资料[18]形成了比较明显的对比，秦城遗址的发掘尚可见战国晚期之瓦和瓦当。当然，大浪古城的性质还有待日后工作方能确定。

方形城垣和土墩墓的来源

先秦时期，或者具体到战国中期，关于两广地区的城址和土墩墓构成的聚落，广西同行的发现尚属首次，不仅具有开创性，而且对未来两省在田野工作中寻找相关遗迹和聚落，提供了非常的范例与参考。

既然是首次发现城址与土墩墓共同构成的聚落，那么其来源自然也成为学界关注的问题，所幸，一同前往大浪古城观摩学习的同行中，有来自浙江省所的田正标先生，根据田正标先生的介绍，至少在春秋时期，浙江北部即出现了方形城垣的城址，土墩墓则也应当是受到浙江地区土墩墓的影响而出现的。笔者通过观察双坟墩D2各单位的原始瓷产品认为，特别是D2M4的原始瓷，为广东所不见，因此，不排除其中一些原始瓷制品直接来自浙江的可能性。

另外一个来源则应与广东有关。

根据广西几何印纹硬陶（先秦时期）的发现情况，从纹饰特征来看，自夔纹陶阶段，至少西周晚期就已经通过粤西北进入广西东北部。春、战之交至战国早期的勾连云雷纹则在广西的空间分布上，显示有桂东北及桂南沿海（合浦）两个区域，但这两两区域似乎并未连为一体。从这种分布特点来看，存在着不同来源的可能性：即桂东北地区的勾连云雷纹，由于地处传统上与广东交流密切的区域，其勾连云雷纹的来源应与广东关系更为密切，而桂南沿海的合浦，即双坟墩的勾连云雷纹则与其他原始瓷

器一同来自浙江的可能性也是存在的。

战国中期的情况则有所改变，双线方格加对角线的“米”字纹不仅在广东突然大量出现，而且也同时出现在广西的沿海和桂东北，之前未见的一些原始瓷器和瓿等器形也进入两地，显然这些器物或者说因素，源头是浙江；而广西沿海之合浦则出现了更为先进的城址，从海路途径观察，广东的榕江口（揭阳）至湛江，都显示了来自浙江，或者说长江下游地区的器物。湛江硇洲岛，据此，笔者更倾向于浙江及长江下游地区的文化因素来自海路。

关于双坟墩的原始瓷沿海路进入关系的另一个证据在于随葬品的摆放方式观察：双坟墩 D2M3、D2M4 随葬品的摆放情况有两个特点：其一是在墓穴的一端挖一个小坑，将较大的器物置于其中，其二是小件的原始瓷等器物都围绕着大件器物摆放。

关于墓穴内的器物坑，罗定背夫山年代早于双坟墩 D2，但其墓穴内埋瓮的位置似乎应当与腰坑类似，同时，也没出现其他较小器物在大件器物周围的情况，因此，笔者两者似乎关系不大。反观榕江口的揭阳地区，与双坟墩 D2 同属战国中期之墓葬，在揭东县面头领可见随葬品摆放类似的情况[19]（但未见土墩墓的报告，但从墓坑仅仅有 0.3 米残存深度来看，为土墩墓的可能性较大）。绍兴越墓中的祝家山 M1 的随葬品摆放引起了笔者的注意[20]，其椁室西端的一众原始瓷碗围成圆圈形摆放，这与揭东县面头领随葬品摆放的方式如出一辙，而此前（战国中期）广东的墓葬中未曾出现过，因此，是该阶段外来传入的，至少从浙江到揭东、合浦这条线路上，我们见到了这类随葬品的摆放习俗。

五、结　语

本文通过原始瓷及土墩墓等文化因素的比较，认为合浦双坟墩 D2M2～D2M4 及大浪古城的年代均为战国中期，勾连云雷纹的进入可能更早些；在对时间认识的基础上认为，双坟墩土墩墓为大浪古城之所属墓地。

而双坟墩土墩墓 D2M2～D2M4 及大浪古城所含几何印纹硬陶和原始瓷的来源有两种可能，或来自广东，原始瓷器则来自浙江；自浙江传入的原始瓷器之途径，沿海路西进可能性非常大，这条海路的存在，甚至导致大浪古城的出现，足见其重要，同时，也为我们理解汉代海上丝绸之路带来了新知，至少现在可以说：汉代海上丝绸之路不是突然出现的，而是早在先秦时期，至少已经抵达了北部湾的合浦。

无论是陆路还是海路，战国中期，自浙江而来的新的文化因素给了我们一个很大的启示，即广东乃至广西的田野考古工作都需要非常注意两件事情：一、田野发掘时注意寻找封土，这在广州的中新知识城考古工地[21]已经初见端倪；二、先秦时期的城址也是未来广东三代考古的重点之一。墓地发现不少，与浙江的联系如此紧密，加之合浦大浪古城的发现，相信在广东地区未来的田野考古调查中应有所突破。

注　释

［1］广西文物保护与考古研究所:《广西合浦县双坟墩土墩墓发掘简报》,《考古》2016年第4期。
［2］广东省文物管理委员会:《广东清远发现周代青铜器》,《考古》1963年第2期；广东省文物管理委员会:《广东清远的东周墓葬》,《考古》1964年第3期。
［3］广西文物工作队:《广西几何印纹陶的分布概况》,《文物集刊》(第3集)，文物出版社，1981年。
［4］广东省文物考古研究所:《博罗横岭山——商周时期墓地2000年发掘报告》，科学出版社，2005年，第47、68页。
［5］广东省文物考古研究所、博罗县博物馆:《广东博罗县园洲梅花墩窑址的发掘》,《考古》1998年第7期。
［6］广东省文物考古研究所:《广东博罗银岗遗址发掘简报》,《文物》1998年第7期；广东省文物考古研究所:《广东博罗银岗遗址第二次发掘》,《文物》2000年第6期。
［7］中国社会科学院考古研究所洛阳唐城工作队:《洛阳凯旋路南东周墓发掘报告》,《考古学报》2000年第3期。
［8］襄阳市文物考古研究所:《余岗楚墓》，科学出版社，2011年，第88～92页。
［9］笔者往合浦参会所见。
［10］揭阳考古队:《揭东县面头领墓地发掘报告》,《揭阳考古》，科学出版社，2005年，第79～101页。
［11］广州市文物考古研究所:《广东增城浮扶岭M511发掘简报》,《文物》2015年第7期。
［12］浙江省文物考古研究所、绍兴市文物考古研究所、绍兴市柯桥区文化发展中心等:《绍兴越墓》，文物出版社，2016年，第64页。
［13］揭阳考古队:《揭东县面头领墓地发掘报告》,《揭阳考古》，科学出版社，2005年，第77、79～101页。
［14］浙江省文物考古研究所、绍兴市文物考古研究所、绍兴市柯桥区文化发展中心等:《绍兴越墓》，文物出版社，2016年，第64、77页。
［15］浙江省文物考古研究所、绍兴市文物考古研究所、绍兴市柯桥区文化发展中心等:《绍兴越墓》，文物出版社，2016年，第64、133页。
［16］浙江省文物考古研究所、绍兴市文物考古研究所、绍兴市柯桥区文化发展中心等:《绍兴越墓》，文物出版社，2016年，第64、89页。
［17］笔者前往现场观摩材料。
［18］笔者2017年应邀到广西同行兴安秦城工地所见。
［19］揭阳考古队:《揭东县面头领墓地发掘报告》,《揭阳考古》，科学出版社，2005年，第60、79～101页。
［20］浙江省文物考古研究所、绍兴市文物考古研究所、绍兴市柯桥区文化发展中心等:《绍兴越墓》，文物出版社，2016年，第57、64页及图Ⅱ-2-3-1。
［21］广州市文物考古研究院发掘资料，待发表。

荥阳“薄中”应与郑州的亳都无关

张立东

（河南大学历史文化学院）

郑州商城是商代早期规模最大的城市，显然应是“四方之极”的都城，也就是历史文献中的“亳”。虽然传世文献中记述仲丁迁于隞，但是已有的考古证据显示：仲丁、外壬以隞为都时，相距不远的故都并未废弃，直到河亶甲迁相之后，郑州商城才最终沦为废墟，并一直保持到战国早期。

郑州商城内城外侧普遍存在战国时期的夯土，昭示着战国中期韩国占领亳城故墟之后，曾经进行全面的修缮。根据《汉书》《后汉书》对中牟管（或筦）城的记述，以及隋代管城县的设置，可以断定郑州韩城的名称应为“管”。该城在战汉之际再次沦为废墟之后，此地曾经的亳城之名逐渐被人遗忘，致使汉代以来几乎无人知悉郑州商城曾为早商亳都，从而造成后世对亳都位置的种种推测，形成不少关于亳都的说法。

汉代的郑州地区仍有一些名亳之地，从而留下了商代亳都在地名方面的重要遗痕。《后汉书·郡国志》中的“薄亭”和常庙城址出土的陶文“亳聚”，说明汉代在郑州西南郊的常庙一带，仍有以亳、薄命名的亭、聚。不过，这两个相距不远而性质不同的地名，与郑州商城、郑州韩城并没有直接的关系。根据常庙城址出土的大量战国时期“亳”字陶文，论者多认定那里是专门为郑州韩城制造“亳”字陶器的作坊。这两处与亳相关的地名应与这个专供作坊直接相关[1]。

在论证郑州商城为早商亳都之时，有些学者曾经提到名为“薄中”的汉代地名。例如郑杰祥先生指出：

> 汤都郑亳之说虽然不见于文献记载，但也不是绝无踪迹可寻。《水经注疏·济水》：“索水又东迳虢亭南。”郦道元注引《风俗通》曰：“俗说高祖与项羽战于京、索间，遁于薄中，羽追求之。时鸠止鸣于上，追之者以为必无人，遂得脱。”杨守敬疏：“按：亭在荥阳县东北。”郑州商城正处于这个方位，所谓薄中应当就在此地。《续汉书·郡国志·河南尹下》：“荥阳县……有薄亭。”薄亭是东汉时期荥阳县下一个基层行政单位，而东汉薄亭和西汉薄中地名的由来与春秋战国时期的亳地或亳丘，以及早商时期的亳都或亳社，在

历史上都应有密切的渊源关系[2]。

李维明先生也将“薄中”与“亳城”“薄亭”并列，作为郑州商城为早商亳都的文献证据[3]。

“薄中”不见于今本《风俗通义》，属于该书的佚文。王利器先生《风俗通义校注》对这段文字做了标点：

> 俗说：高祖与项羽战，败于京、索间，遁丛薄中，羽追求之，时鸠正鸣其上，追者以为必无人，遂得脱，及即位，异此鸟，故作鸠杖以赐老人也。

根据王先生的注释，这段佚文见于以下九种古书：《水经注·济水》、《艺文类聚》卷九十二、《玉烛宝典》卷一、《太平御览》卷七一〇、《太平御览》卷九二一、《太平寰宇记》卷五二、《避暑录话》卷一、《林下偶谈》卷一、《木笔杂钞》卷上、《天中记》卷四十八、《天中记》卷五十九。现抄录其中八书的引文，以资比较。

《水经注·济水》：

> 俗说高祖与项羽战于京、索，遁于薄中，羽追求之。时鸠止鸣其上，追之者以为必无人，遂得脱。及即位，异此鸠，故作鸠杖以扶老[4]。

《艺文类聚》卷九十二：

> 俗说高祖与项羽战，败于京索，遁丛薄中。羽追求之，时鸠正鸣其上，追者以鸟在无人，遂得脱。及即位，异此鸟，故作鸠杖以赐老者[5]。

《玉烛宝典》卷一：

> 云说高祖败于京索，遁丛薄中，羽追求之。时鸠正鸣其上，追者以为必无人，遂得脱。及即位，异此鸟，故作鸠杖以赐老者[6]。

《太平御览》卷七一〇：

> 汉高祖与项籍战京索间，遁丛薄中，时有鸠鸣其上，追者不疑，遂得脱。及即位，异此鸟，故作鸠杖以赐老人也[7]。

《太平御览》卷九二一：

> 俗说高祖与项羽战，败于京索，遁丛薄中，羽追求之，时鸠正鸣其上，追者以鸟在无人，遂得脱。后及即位，异此鸟，故作鸠杖以赐老者[8]。

《避暑录话》卷一：

又言汉高帝与项籍战京索间，兵败，伏丛薄中。有鸠鸣其上，追者不疑，得免。即位，作鸠杖赐老人[9]。

《林下偶谈》卷一：

俗说高祖与项羽战于京索间，遁于薄中。羽追求之，时鸠正鸣其上，追之者以为必无人，遂脱。及即位，异此鸠，故作鸠杖以扶老[10]。

《木笔杂钞》卷上：

俗说高祖与项羽战于京索间，遁于薄中，羽追求之，时鸠正鸣其上，追之者以为必无人，遂脱。及即位，异此鸠，故作鸠杖以扶老[11]。

《天中记》卷四十八：

汉高祖与项籍战于京索间，遁丛薄中。时有鸠鸣其上，追者不疑，遂得脱[12]。

《天中记》卷五十九：

俗说高祖与项羽战败于京索，遁丛薄中。羽追求之时，鸠正鸣其上，追者以鸟在无人，遂得脱，及即位，异此鸟，故作鸠杖以赐老者[13]。

以上八书十条所引基本相同，高祖所遁之处都是“薄中”。“薄”前一字，或是“于”，或是“丛”，再前一字大都是“遁”，仅一条为“伏”。“遁丛薄中”不通。若仅据上文的比较，显然应以“于”为准。然而引用此段文字者并非只有这些书。

《太平寰宇记》卷五十二河北道汜水县：

厄井，在县东北七十里。《风俗通》谓：“汉高祖与项羽战败于京、索，遁入蒲井。鸠止鸣其上，追者以为无人，遂得脱，因名厄井。”又《九州要记》云：“丁公抱石欲填之”，是此井。《郡国志》云：“尧井在县东十五里，即厄井也。”未明孰是[14]。

此书所引之《风俗通》与上八书所引有明显的不同。高祖藏身之地不是“薄中”而是“蒲井”，此前一字也由“于”“丛”换成了“入”。还提到为了纪念汉高祖受厄于此，后人将该井命名为“厄井”。

讲述这段故事的并非仅有《风俗通》一书，只是在这些古书中高祖藏身地的原名隐去，仅提到之后新改之名：“厄井”“免井”。

《太平广记》卷一三五引南朝梁代殷芸的《小说》:

荥阳南原上有厄井。父老云:“汉高祖曾避项羽于此井，为双鸠所救。”故俗语云:“汉祖避时难，隐身厄井间，双鸠集其上，谁知下有人。”汉朝每正旦辄放双鸠，起于此[15]。

《说郛》卷二五引殷芸《小说》:

荥阳板渚津原上有厄井。父老云:“汉高祖曾避项羽于此井也，为双鸠所救。”故俗语云:“汉祖避时难，隐身厄井间，双鸠集其上，谁知下有人。”汉朝每正旦辄放双鸠，或起于此[16]。

《小说》于高祖藏身地仅提到“厄井”，但提到了厄井的具体位置，即荥阳的“南原上”或“板渚津原上”。该书还引述了四句五字的俗谚，而且提到了汉代正旦放双鸠的习俗。

《初学记》卷七“井”引晋戴延之《西征记》:

板渚津，津南原上有厄井。父老云:汉祖与楚战，败走逃此井。追军至，见两鸠从井中出，故得免厄，因名厄井[17]。

与殷芸《小说》相比，该书有两点不同：一是将厄井所在更具体于板渚津的南原上，似乎是整合了上引的两种《小说》引文。二是两鸠的动作由“集其上”改为“从井中出”。这种改动是不合情理的。若两鸠从井出，必然导致高祖的暴露。“故得免厄”之语，则又将该书与其他文献联系起来。

《太平御览》卷二九引晋伏琛《三齐略》:

荥阳有免井，汉沛公避项羽追，逃于井中，有双鸠集其上，人云沛公逃入井，羽曰:“井中有人，鸠不集其上。”遂下道，沛公遂免难。后汉世元日放鸠，盖为此也[18]。

此书将其他书里的“厄井”改称为“免井”。由上引《西征记》中的“故得免厄”，可推知“免井”之名也是为了纪念汉高祖免厄于此而命名的。不过，这段高祖避难记还有发展。

清褚人获《坚瓠秘集》卷五厄井条:

风俗通。厄井在汜水县东十五里。汉高祖与项羽战，败于京索，遁入眢井。追者至，见井中有双鸠飞出，因得免。殷芸小说：荥阳板渚津原上有厄井，汉王避项羽处。郡国志：厄井在荥阳。汉高祖为雍齿所追，投匿井中。随有蜘蛛结网蔽其井口，得脱。汲黯为荥阳守，立神蛛庙以祀之。圣天子百灵呵护，信然[19]。

这段晚出文字的特殊之处有以下几点：一是指出厄井距离汜水县的具体里数。二是描述该书为“眢”井。《说文》：“眢，目无明也。”《广韵·桓韵》：“眢，井无水。”《左传·宣公十二年》：“目于眢井而拯之。”陆德明释文：“《字林》云，眢，井无水也。”眢井与高祖遁入井中相合。三是“井中有双鸠飞出”同于《三齐略》。四是记述了这段故事的另一版本，即追高祖之人为雍齿，而拯救他的灵物是蜘蛛，以至于荥阳守建造了神蛛庙。另外，厄井与汜水县城之间的里数，此书与《太平寰宇记》所说的“在县东北七十里”有较大差别。

梳理完有关汉高祖避难记的诸文献之后，即可对本文最关心的地点问题略加讨论。汉晋文献中的高祖避难处共有四种：薄中、蒲井、厄井、免井（表一）。其中后两种是为了纪念高祖避难地而后改的，与本文的主题无涉。前两种显然存在关系，蒲井与厄井共存于一处，说明所有四者都是一个地点的不同称呼。

薄中、蒲井两种称呼之间的联系是很明显的。“薄”与“蒲”音近，而“中”与“井”形似，因此这种称呼很像是同一地点在传播过程中的异化。《春秋·哀公四年》：“六月辛丑，亳社灾。”《公羊传·哀公四年》：“六月，辛丑，蒲社灾。”《仪禮·郊特牲》：“薄社北牖。”傅斯年《夷夏东西说》认为：“蒲姑之‘蒲’在平声，然其声类与‘亳’‘薄’同，而蒲姑又在《诗·毛传》《左·杜注》中作‘薄姑’，则‘蒲’当与‘薄’通”[20]。

表一　京索之战后高祖避难地的几种说法

《风俗通义》一	《风俗通义》二	《小说》	《西征记》	《三齐略》
薄中	蒲井、厄井	厄井	厄井	免井

相比较而言，“蒲井”更可能是最早的说法，“薄中”是其变化形式。理由如下：第一，从“双鸠集其上”来看，高祖藏身地点是一个比较小的地方，枯井是非常合理的一种地方。第二，蒲之本义为草。《说文》：“蒲，水艸也。可以作席。从艸，浦声。”蒲草是多年生水生草本，叶狭长，可编席、包、扇等。嫩芽称蒲菜，可食。蒲草最适宜生长在有浅水、底部为深厚沃土的湖泊或池沼。故此，蒲井之谓未必是该井的名称，而只是对此井的描述，就像上文提到的《坚瓠秘集》的“眢井”一样，只是描述的角度有所不同。第三，若用“蒲井”来替代“薄中”，则前面的“丛”字就可以讲通了。

《说文》:“丛，聚也。”《太平御览》卷九二一所用的“藂”字就是“叢”字的异体，即从“艸”,“聚”声之字。第四，若“丛”为本字，则“丛蒲中”或“丛蒲井”均可通，而以前者为长。

总而言之，曾经作为高祖避难处的“薄中”，原来应是“蒲井”或“蒲中”，因此与商代的亳都没有任何关系，今后再讨论郑州商城为亳都的文献证据时，不宜再使用这条文献。另外，我们对该条文献的疏理，对于正确理解汉代的鸠杖也颇多助益。

注　释

[1] 张立东:《汉代郑州的“薄亭”与“亳聚”》,《中原文化研究》2021年第1期。
[2] 郑杰祥:《商汤都亳考》,《中国史研究》1980年4期。收入《郑州商城遗址考古研究》，大象出版社，2015年，第45页。
[3] 李维明:《试论郑州隞、亳、管之地望》,《中国历史文物》2007年第4期。收入《郑州青铜文化研究》，科学出版社，2013年，第364页表一。
[4] 杨守敬、熊会贞:《水经注疏》，江苏古籍出版社，1989年，第666页。
[5]（唐）欧阳询撰:《艺文类聚》，上海古籍出版社，1965年，第1599页。
[6]（北齐）杜台卿撰:《玉烛宝典》卷一，中华书局，1985年，第48页。
[7]（宋）李昉等撰:《太平御览》，中华书局，1960年，第3165页。
[8]（宋）李昉等撰:《太平御览》，中华书局，1960年，第4088页。
[9]（宋）叶梦得:《避暑录话》,《宋元笔记小说大观》，上海古籍出版社，2001年，第2602页。
[10]（宋）吴氏:《林下偶谈》，中华书局，1985年，第3页。
[11]（宋）佚名:《木笔杂钞》，中华书局，1991年，第2页。
[12]（明）陈耀文:《天中记》，广陵书社，2007年，第1612页。
[13]（明）陈耀文:《天中记》，广陵书社，2007年，第3165页。
[14]（宋）乐史:《太平寰宇记》，中华书局，2007年，第1081页。
[15]（宋）李昉等编:《太平广记》，中华书局，1961年，第963页。
[16]（明）陶宗仪编:《说郛》第五册，北京市中国书店，1986年，第1页。
[17]（唐）徐坚等:《初学记》，中华书局，1962年，第155页。
[18]（宋）李昉等撰:《太平御览》，中华书局，1960年，第136页。
[19]《笔记小说大观》（七），江苏广陵古籍刻印社，1984年，第524页。
[20] 傅斯年:《夷夏东西说》,《傅斯年全集》（三），湖南教育出版社，2000年，第196页。

手工业研究

论商前期青铜双耳簋的风格与工艺

——兼及早期青铜簋风格与工艺的地域性问题

苏荣誉

（中国科学院自然科学史研究所）

随着古代青铜器资料的增加、搜集和研究的推进，与其他青铜文明相对照，愈发突显中原古代青铜器卓尔不群、无与伦比。其特点首先表现在造型怪异、复杂，但实用性差；其次表现在装饰和纹饰独特、华丽甚至繁复得匪夷所思，母题纹样从来不曾在其他文明中出现过，而且新近的研究还揭示出其中不少原本是瑰丽多彩的。最后表现在实现功能和风格要求的制作技术大相径庭，以泥范块范法为独占工艺，几乎没有其他文明通常甚至优先采用的锻造成形工艺，能确定的失蜡法铸件也相对很少，技术路线大不同；铸接成为制作复杂器物和大型器物的主要途径，而与其他文明以铆接和焊接为主要手段的工艺差别也颇为明显。在这样的背景下，高锡高铅青铜成为中原古代青铜器材质的主流，富有特色。如何认识这些特色并揭示其深刻内涵？在青铜器风格与工艺间有怎样的对应关系？其中铸工又扮演着怎样的角色？工艺因素在青铜器断代和产地研究中的作用如何？青铜容器与此前的陶器关联如何？这些问题逐步成为中原青铜器研究的重要议题。而这样的研究首先需要大量的案例研究，本文即是一个尝试，所针对的问题集中在风格和工艺及其源流等有限的几个方面。

本文的研究对象是商前期的青铜双耳簋。所采用的分期，以盘庚迁殷将商代分前后两段，前段包括早商和中商，后段指殷墟时期。鉴于长期将早年小屯五座墓作为殷墟早期遗存，而新近的洹北发掘和研究已将之划为中商晚期，原殷墟四期分法可相应调整为以武丁迁小屯为殷墟的开始，分为早、中、晚三个时段。

本文所讨论的商早期双耳青铜簋，数量不多，但分布广阔，既有的考古学和青铜器研究，对它们年代和属性的认识颇不一致，但各自的依据未必自洽和允当。当然，根据具体器物的哪些、怎样的风格因素判定器物的早晚关系，也是缺乏研究的问题。具体器物与其出土单元的环境、与共出器物的关系，尤其是与通常被考古学家所据以断代的陶器的关系，在青铜器断代的纠葛，虽然岳洪彬已有初步的讨论[1]，但跟进的研究还相当有限，尚待多角度推进。此外，青铜器工艺技术与青铜器断代的关系，既往很少涉及，近来虽有较多尝试[2]，但需要更多的证伪、批评和提升。

此外，与青铜器断代紧密相关的铸地研究，也是近些年才得到关注，所凭借的特殊工艺的工匠谱系，在技术论、艺术论、方法论上的适应性、变通性及其裕度，都是需要不断探索的问题。当然，由细致的器物检验和查勘所揭示的现象，并由此产生的对器物功能的新理解和认识，也需要将之置于瘗埋理念、仪式或过程中反刍和批判。

在先秦文献中，可能是《诗经》率先提到簋。从“陈馈八簋”（《小雅·伐木》）知其为容器，东汉许慎《说文解字》：“簋，黍稷方器也”，说簋是盛谷物的方形容器，质地不明。其说与通常认识的青铜簋相去甚远，或反映出东汉已无青铜簋。事实上，甲骨文即已有“簋”，但为数有限，或者说明簋在殷商尚非主要容器。据《甲骨文字典》，簋在各期写法如下：

一期：（乙 881）

二期：（存一 .1467）

三期：（宁一 .231），（粹 987）

五期：（京 5080）[3]。

字从从，各期的具体笔画或有变易，结构已相当稳定。金文继承了甲骨文形体，数百年的变化很小，兹援引《殷周金文集成》实例如下：

西周早期：禽簋 4041，強伯簋 3617

西周中期：㾓簋 4173.1，舟作宝簋 3375

西周晚期：中友父簋 3755，旅仲簋 3872

春秋早期：鲁伯大父作季姬婧簋 3974，穌公子簋 4014

春秋晚期：復公仲簋盖 4128，蔡侯申簋 3599

战国早期：陈逆簋 4096，陈贝 + 方簋盖 4190[4]。

从上述青铜簋铭的“簋”字构成上，未见与“金”相关的偏旁，说明沿袭了甲骨文。大概到战国中晚期，簋已经改变了造型和材质，甚至已经消失，所以许慎在《说文解字》中的臆度自然不足为奇。

很明显，早期的古文字形体并未给出簋的形状和质地，后期字书依然，还增加了讹误，以致宋代的金石学家将金文簋字认为“敦”，直到清代钱坫（1744～1806 年）才考订为“簋”，并指出：“古之簋或以竹作或以瓦作，故竹皿并用。此则改竹皿而从攴”[5]。簋在西周时期成为主要器类，此后往往与鼎搭配或成组成列，也因此据其形状将一类器物称簋。基本造型为盆形的腹，外壁对设双耳，个别设四耳，极个别设三耳，还有一批无耳。耳的造型有繁简之别，但基本是“C”形，有不同的附饰。底圜，下接或高或矮的圈足，还有将圈足置于方座之上者。至于盆形主体，多圆形截面，极个别为方形或椭方形截面，但腹壁曲率和腹之深浅变化较多，朱凤瀚已有归纳[6]。

考古学兴起后，又根据器形，将与之接近者也称之为簋，以至包括了新石器时代的某些陶器，使之成为一个庞大的体系。形制和工艺直接关系到器物的年代和产地。风格分析是考古学家、艺术史家和古器物学家惯常的研究手段。就青铜器而言，代表性的研究如岳洪彬和朱凤瀚。

岳洪彬研究殷墟青铜簋，非常细密地将59个样本中的形式明确的54件分A、B、C、D四型，C型和D型各1件，A型21件分a、b、c三个亚型，分别有三、二、三个式别，各自的演变规律为：

Aa和Ab，口径由小于腹径到大于腹径，腹由深变浅，圈足由矮变高；

Ac，除腹部由深变浅外，耳由五垂珥到有卷耳垂珥，再到长方形大垂珥。

B型31件分a、b两个亚型，各有三个式别，各自的演变规律为：

Ba，器由高到矮，腹由深变浅，圈足由矮变高；

Bb，耳由无珥到有垂珥，圈足由矮变高[7]。

朱凤瀚系统地讨论青铜簋，将商周时期簋分五型，A型有两个亚型，前者有五个式别；B型分三个亚型，Ba和Bc各有两个式别；C型有三个式别，D型分两亚型，分别有四和两个式别，E型有两个式别；但却还未包括那种小卷耳的簋。以至在讨论盘龙城青铜器群时，也没有关注李家嘴簋LZM1：5和杨家湾簋YWM11：13，只是指出两座墓的年代分别在二里冈上层二期第一阶段和第二阶段。对于城固龙头火疙瘩窖藏，虽没有涉及双耳簋，但指出其年代为二里冈上层第二阶段，即白家庄期[8]。

本文是对商代前期装饰一对小卷耳的青铜簋的分析和讨论。因长期缺乏对它们的关注，其时代往往被大而化之处理，不免偏颇，而其工艺以及铸地等很少论及。本文搜集五件簋，先仔细分析它们的结构和装饰风格因素，再解析其铸造工艺，然后根据风格和工艺因素构建它们的内在关联以及与相关器物的关系，并按照不同因素进行排比，认识哪些风格因素和工艺因素具有时代性而哪些可能是工匠个性的偶尔呈现。最后再溯源并讨论南方风格器物的中原渊源问题。

一、黄陂盘龙城双耳簋

黄陂盘龙城是一处十分重要的商文化遗址，一般认为是中原二里冈文化向南扩展的结果，延续到中商时期[9]。盘龙城考古发掘报告将该遗址分为七期，前三期相当于二里头文化二、三期之间到四期与二里冈期之间，后四期属于二里冈阶段。该遗址的墓葬出土青铜簋3件，两件出自李家嘴墓，1件无耳1件双耳，另1件双耳簋出自杨家湾墓[10]，本文着重讨论两件双耳簋。

1. 李家嘴双耳簋LZM1：5

李家嘴岗地在盘龙城遗址中比较特殊，发现了30个灰坑和4座墓葬，但只有M2经正式发掘，其他3座都是遭破坏后清理的。墓葬规模较大，出土遗物丰富，是盘龙城同一阶段有明显布局规划的等级最高的一组墓葬。年代属盘龙城第四和第五期，遗址中的一些灰坑被认为可能与祭祀有关，而其他一些灰坑的年代可以晚至第七期[11]。

李家嘴 M1 被排定在盘龙城第五期，出土青铜礼器 22 件，是迄今所知殷墟之前墓葬出土青铜器最多者。其中一件双耳簋 LZM1 : 5，通高 17.4、口径 22、圈足径 16.3 厘米，重 2.8 千克（图一）[12]。簋敛口，斜平沿较宽，视觉为敞口，厚方唇，沿下腹壁微向外弧鼓再收束出底。颈壁较直，饰两周凸弦纹，纹线粗细高矮欠匀，平行度不一。腹面饰宽纹带，主题是兽面纹，风格属于平铺宽带状线条，上下有细凸弦纹作边，而纹带下另饰一周凸弦纹。纹带分相等的三组，每组的中间为兽面纹，其两侧各置一大夔纹，体量约有兽面纹的一半，可能与相邻的另一组夔纹构成抽象的兽面纹。兽面纹的构图并不十分完整和清楚，可辨识的是鼻头抵在纹带下栏，两侧勾线为鼻翼，鼻外似深咧的嘴角，露出鲨鱼一样锯齿形排牙，并与夔纹相向。鼻中起窄而矮的鼻梁，纵贯纹带，两侧饰立刀纹。一对“臣”字形大眼距离较大，半球形眼珠虽非正圆且不一致，但颇为突出。眼外可能是向外伸再向上弧弯的窄条兽身，尾向内回卷。额和眼上为冠饰，形如多叉鹿角，有竖直如立刀者，有弯卷如树枝者，或者兽面的造型基于雄鹿，但未见耳（图二）。兽面纹外的所谓夔纹更为抽象，是否夔纹或有疑问，或是夔纹的原始形态。其形若曲尺，沿兽面纹的身和面布局，线条型式与兽面相同，并在面部与兽面有交集。可辨识的仅仅是其突出的一只眼球，口、鼻、耳、角和身均不辨，但却与相邻的夔纹依纹饰组界大体对称，合起来似乎为一幅倒置的抽象兽面纹（图三）[13]。此二兽面纹均具有相当的原始性，属于罗越（Max Loehr，1903～1988）划分的安阳Ⅱ型[14]。

簋底微圜，下接圈足。圈足壁近直，分大体相等的上下两段，上段略收束，均布三透孔，其中两个近“十”字形，一个不规则，一条凸弦纹从中间贯穿它们。孔均外小内大，说明形成孔的泥芯由圈足芯自带，与范在圈足表面结合。圈足下段加厚，内、外壁光素，底沿平整（图四）。

三组纹饰的组界上有清楚的披缝，是垂直细阳线，应自口沿贯通圈足底沿，但却未见打破颈和腹部的凸弦纹，或者这些范的分型面曾经处理，或者是铸后经过精细打磨去除了披缝，均需微痕调查予以确认。这些披缝表明簋腹为三分范。

图一 盘龙城李家嘴簋（LZM1 : 5）
（引自《盘龙城》彩版 26）

图二 盘龙城李家嘴簋（LZM1 : 5）兽面纹
（引自《盘龙城与长江文明》131 页图 23）

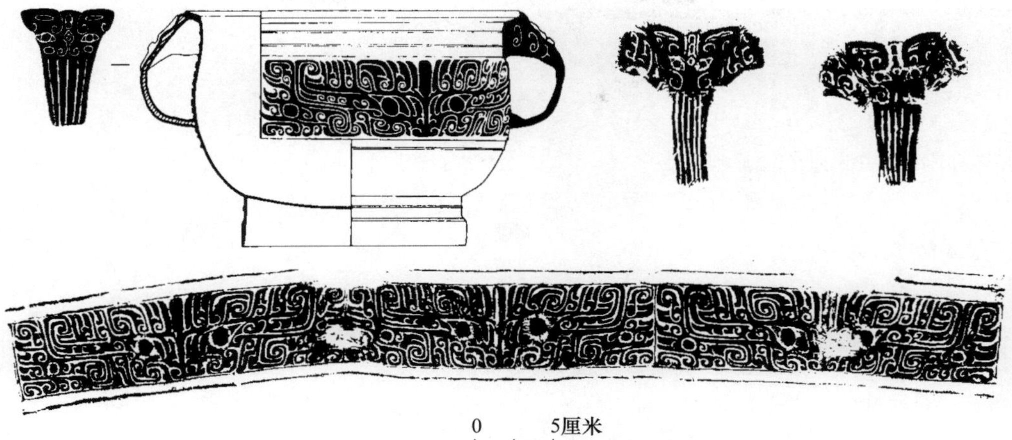

图三 盘龙城李家嘴簋（LZM1：5）线图和纹饰拓片
（引自《盘龙城》203 页图 138，1～4）

图四 盘龙城李家嘴簋（LZM1：5）底与圈足
（引自《盘龙城与长江文明》133 页图 27）

此簋对设两“C”形耳，作兽头形，上大而宽，下细而扁。兽头起于簋颈，与颈壁及唇沿有缝隙，叠压两凸弦纹却未及纹带上栏，兽面向外，两侧斜平，勾云纹。兽面的嘴不明晰，鼻翼较凸并勾圈线，鼻头和鼻梁勾弧线。一对“臣”字形眼中突出半球形眼珠。额中勾菱形，上竖柄形冠饰。冠饰两侧为一对大耳，耳轮较宽，耳蜗明显，顶与簋口沿平齐。自兽头口下犹如出带状舌，上勾四道纵线，向下弧弯搭在纹带中间（图五）。兽头耳中空，可见颈部凸弦纹；耳中泥芯犹存，知其壁较薄；耳下段微呈槽形（图六）。另一耳与簋颈和腹的结合处明显溢出铜，叠压在器表（图七），且中部细弱。这些现象说明双耳分铸，而耳叠压在腹壁上，表明双耳后铸[15]。更为重要的现象在腹内壁，与双耳相应，均可见三个排列呈倒“品”字形的钉头形突起（图八、图九），均是华觉明等研究分铸后划分出的铸铆式后铸类型的“铆头”。具体制作时先铸簋腹，在设耳处预铸三个工艺孔。制作耳的铸型时，腹内泥芯上有三个铆头的型腔，腹外由耳的一块迎面范、两块侧面范和一耳芯组成；组装铸型时，工艺孔在型腔中；浇注时，青铜流过工艺孔充满铆头的型腔、工艺孔和耳的型腔，凝固后，耳牢牢地铸接在腹壁上[16]。底部的 X 光成像，表明簋的口、腹和圈足并非正圆，下腹略薄，而底部的壁厚不尽一致，微有差别；底部一枚垫片颇为清晰，边界还有气孔，下腹使用了四枚垫片，排列基本齐整（图一〇）[17]。

图五　盘龙城李家嘴簋（LZM1：5）兽耳
（引自《两周封国论衡》560 页图 16）

图六　盘龙城李家嘴簋（LZM1：5）兽面纹
（引自《盘龙城与长江文明》132 页图 24）

图七　盘龙城李家嘴簋（LZM1：5）兽面纹
（引自《盘龙城与长江文明》132 页图 24）

图八　盘龙城李家嘴簋（LZM1：5）
（引自《两周封国论衡》560 页图 16）

图九　盘龙城李家嘴簋（LZM1：5）
（引自《两周封国论衡》560 页图 16）

图一〇　盘龙城李家嘴簋（LZM1：5）
（引自《盘龙城与长江文明》133 页图 27）

对于这件簋的铸造工艺，早年曾认为“应是分铸附件后再通体合铸”，意思是双耳先铸[18]，明显为误判。尔后华觉明等指出，该簋是当时所知“最早使用分铸法的青铜器件”“簋体先铸，簋耳后接，属于后铸法中薄壁件的铆接式铸接”，还进一步对比盘龙城李家嘴出土的无耳簋 LM2：2，指出后者较早，而分铸就发生在二者之间。“分铸法是从器件的补铸发展而来，最早可能是在二里冈时期用铆接式的后铸法于薄壁的簋上加铸簋耳，又用多次铸接的方法联接卣的各个部件，如盘龙城李家嘴一号墓所出铜卣便采取了这种做法。稍后，在斝、爵柱纽的制作上，采用了榫卯式先铸法。到殷墟前期，在较为厚的器壁上铸接器鋬等附件，榫卯式的后铸法，得到了很大发展。”[19]贝格立（Robert W. Bagley）和其他学者也注意到这一点，并认为盘龙城簋双耳的分铸是最早的部分分铸实例[20]。这种铆头设计，即是为了强化后铸双耳与腹部的结合，铆头形状不规则，表面光素。

胡家喜等讨论这件簋的铸造工艺，指出“簋体的浇口设置仍在圈足上，而在簋体与簋耳相接处预留簋耳的三个浇口与气孔”，并给出了后铸簋耳的示意图（图一一）[21]。

胡氏等的分析是正确的，但示意图表明后铸的双耳从簋腹内浇注则缺乏依据，不仅“铆块”上面并未发现任何浇道痕迹，而且，鉴于簋腹内操作空间狭小，操作的可行性不免可疑。此外，文中所及“预留气孔”也不知所指。

这件簋的造型、结构、纹饰和铸造工艺一如上述，内容丰富且新奇。另外值得关注的是其配置关系，圆钵形的器体布局三组纹饰，每组纹饰的体量都不大，所以母题兽面纹两侧填“夔纹”，相邻的两夔纹似可构成倒置的抽象兽面纹，其格局与商早期即二里冈阶段的绝大多数圆形器相同，如郑州向阳回民食品厂窖藏出土的大口折肩尊 XSH1：3、郑州商城罍 C8M2：1，盘龙城李家嘴出土的尊 LZM2：75 和盘 LZM2：2 等[22]。但此簋要设一对兽首耳，使得附件和纹饰难以对称和均衡。

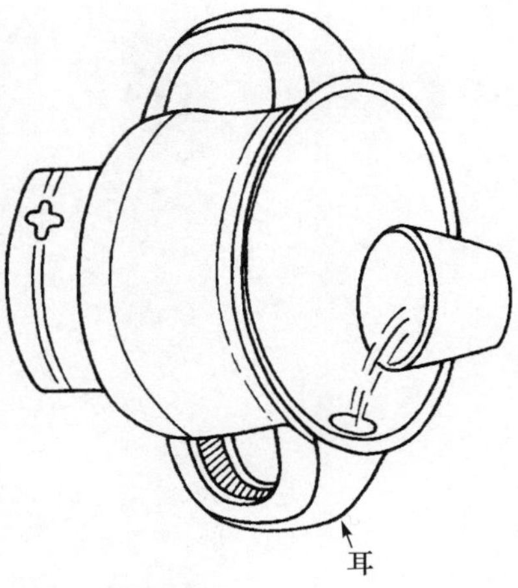

图一一　盘龙城李家嘴簋（LZM1：5）耳后铸示意图
（引自《盘龙城》587 页图 16）

2. 杨家湾双耳簋 YWM11：13

杨家湾是盘龙城遗址中最大的岗地，东西长 500、南北宽 350 米，海拔高程 46～49 米，也是面积最大的遗址区块，最厚的文化堆积达两米，内涵也最为丰富，包含商代墓葬的遗址遍布其上，已发现的墓葬多达 22 座，虽有早至第三期者，但多集中在第六、七期。新发现的建筑和墓葬，均提示此处是盘龙城遗址的后期中心[23]。

1989 年冬发现并清理的墓 YWM11 位于杨家湾南坡，是一座 2.5 米 ×1.4 米的长方竖穴墓，方向 20°，墓口距地表 1.2 米，堆积有 10 块石头。葬具已完全糟朽，推测有棺有椁，知其在黑或褐色底漆上用朱漆绘兽面纹、云纹、三角纹和条纹等图案，但人骨无存，葬式不明。发掘报告根据墓中陶瓮内的骨渣，推测墓主置于其中埋葬，聊备一说。墓底有二殉狗坑，随葬品分四层放置在椁板上填土中，青铜器 35 件、陶器 9 件、玉器 4 件，另有石器、绿松石器和骨器各 3 件。在椁板上还有 17 块青铜鼎残片和 6 块青铜尊残片，其上下左右皆有成片的朱砂和雕花板痕[24]。

双耳簋 YWM11：13 出土于墓坑南腰坑上方，通高 18.4、口径 21.2、圈足径 15.4 厘米，重 2.35 千克（图一二），体量与尊 LZM1：5 相近，发掘报告分析该墓属于盘龙城七期[25]。这件簋也是敛口，宽沿微弧，圆唇，视觉上口更开敞（图一三）。沿下腹壁向外弧鼓，至腹中弧收成底，下接圈足（图一四）。颈不明显，饰两周凸弦纹，高低宽窄和平行度亦不够规整。

上腹也饰一周兽面纹带，由相同的三组纹饰横排构成，各组纹饰的母题都是兽面纹两侧填夔纹，以宽线条平铺形式展开，上下以凸弦纹为边，但其宽窄更为不匀。居

图一二　盘龙城杨家湾簋（YWM11：13）
（引自《盘龙城》彩版 39，2）

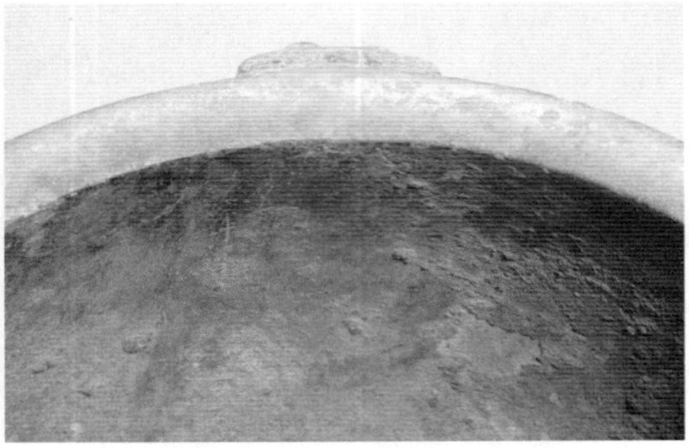

图一三　盘龙城杨家湾簋（YWM11：13）
（引自《盘龙城青铜器工艺技术研究》）

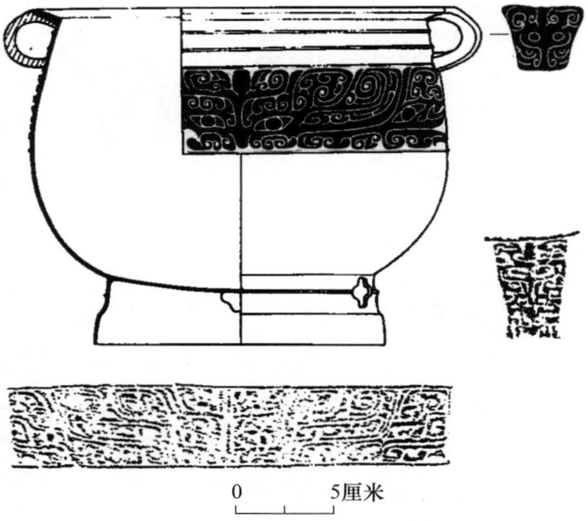

图一四　盘龙城杨家湾簋（YWM11：13）
（引自《盘龙城》290 页图 213，3～5）

中的兽面较大，较宽的鼻头及下栏，中间起窄而矮的鼻梁纵贯纹带，上部是鹿架形冠饰。鼻头两侧为深咧嘴角，露出锯齿形牙齿，其外面与夔纹相连。鼻两侧勾立刀纹，再外设“臣”字形眼，中间突出半球形圆眼珠。眼外是兽的窄条身躯，向两侧上方弧形伸展至于上栏尾稍回卷。难以理解的是眼上云纹勾勒的部分，有若自额下向两侧上方生出的角，几乎“S”形向上栏蜿蜒后横伸再下折，角稍回勾（图一五）。兽面纹的两侧，是几乎三角形的抽象“夔纹”，满饰曲勾的云纹，眼珠圆突，故除眼外均不能辨识，但大体与相邻的“夔纹”左右对应，可构成一幅抽象兽面纹（图一六），和前揭李家嘴簋一样，或许是初期兽面纹的一种形态。然而，纹饰组界上的披缝清晰，直而浅，纵贯纹带并与上下边的凸弦纹交接，与不交接的鼻梁形成清晰对照。然而，与簋 LZM1：5 相同的是，该簋的披缝也没能打破或影响颈部的凸弦纹（参见图一六）。三

图一五 盘龙城杨家湾簋（YWM11：13）
（引自《盘龙城青铜器工艺技术研究》）

图一六 盘龙城杨家湾簋（YWM11：13）
（引自《盘龙城青铜器工艺技术研究》）

道披缝说明此尊铸型与前揭李家嘴尊一致。

一对“C”形小耳生于口沿而接在上腹纹带的上栏，与颈部构成管状，其中有残存的泥芯，但明显可见打断了颈部的两道凸弦纹。耳两侧微收而中间微凸，壁厚一致（图一七，1、2）。耳面满布纹饰，也是宽线兽面纹，线条与上腹纹带相近。兽面纹左右对称，下面是较长的嘴和不突起的鼻，均勾云纹。中间一对椭圆形大眼，椭圆形眼珠突出；头顶中间有排形冠饰，两侧为“T”形角。勾纹深峻，与上腹纹带相若（图一七，3）。

1 2 3

图一七 盘龙城杨家湾簋（YWM11：13）
（引自《盘龙城青铜器工艺技术研究》）
1. 耳下弦纹阻断 2. 耳下弦纹阻断与残留泥芯 3. 耳面纹饰

圈足的形式和李家嘴尊一致，分高度相近的上下两段。上段略细，均布三个“十”字形透孔，孔形状较规矩且一致，内外同大，侧壁直甚至微有腰鼓形（图一八），但位置不在分型面正中，而是偏右，一周突弦纹穿过孔的正中。圈足下段加厚，增量大约为凸弦纹凸起的高度，底沿平整。圈足透孔壁的腰鼓形，说明其成形不是由圈足芯自带泥芯撑而成，倒更可能是泥垫片所致。X 光片表现出该簋颇圆正，未见使用垫片，但可见底部和腹部有不少气孔（图一九），多属皮下气孔，故而在器表多数不能观察到，但个别因锈蚀而破皮，使得气孔露了出来（见图一八）。

图一八　盘龙城杨家湾簋
（YWM11：13）
（引自《盘龙城青铜器工艺技术研究》）

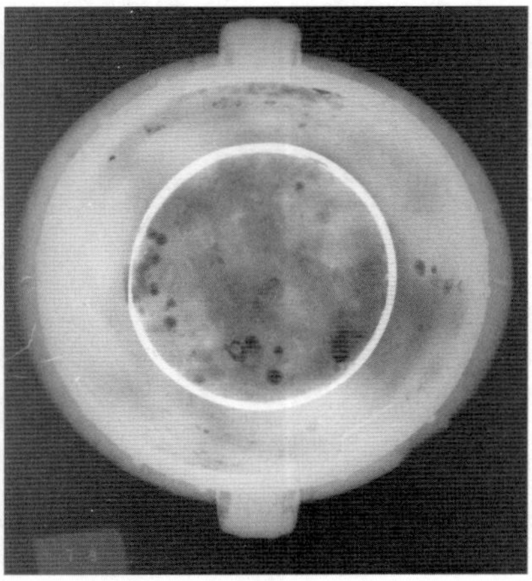

图一九　盘龙城杨家湾簋
（YWM11：13）
（引自《盘龙城青铜器工艺技术研究》）

胡家喜等指出此簋双耳浑铸，铸型由三范和一块腹芯、一块圈足芯组成[26]。张昌平等指出，此簋“上腹饰三足兽面纹，双耳与器身三组纹饰以及其中三个镂孔形成‘五点配列式’关系，……浑铸的双耳在耳与外壁之间设有芯，腹壁上留有相应的铸造痕迹”。所出墓属于盘龙城最晚阶段，器形特征接近殷墟文化时期的簋[27]。

二、城固龙头火疙瘩双耳簋

1980年，在地处汉中盆地的城固龙头镇南的土包火疙瘩东北角，农民挖土发现一个青铜器窖藏，出土一批青铜器。窖藏距地面2.3、距土包顶1.5米，窖穴铺有一层约一指厚的灰层，所搜集到的青铜器包括觚3件，尊2件，罍、簋、卣、壶、盘各1件，另有钺4件、矛7件和镰形器41件。次年农民在这土包又发现一个青铜器窖藏，搜集到14件青铜器。王寿芝等指出，城固商时属巴方，商王朝在此驻有重兵，火疙瘩曾是祭台，而这些青铜器是祭器[28]。

图二〇　龙头火疙瘩簋
（引自《汉中商代青铜器》40页）

1980年火疙瘩窖藏出土的1件双耳簋（图二〇），通高16.4、口径26.3、腹深12.2厘米，重4.29千克，曹玮将其年代断为商代中期[29]。

这件簋的造型近于前揭李家嘴尊LZM1：5，但有所变易，装饰有较大不同（图二一）。此簋口壁较直，宽斜平沿使之敞口（图二二）；方唇较厚并外出。口沿下腹壁较直，至中腹再向下弧收出平底，下接高圈足承器。口唇下饰一周不十分平直的细凸弦纹，其下饰一周窄纹带，由一二组斜角目云纹构成，线条均匀，眼珠突出，但各组纹饰互有出入，上、下边均镶不很平直、宽窄不一的凸弦纹。整个纹带浮起突出器表，该纹带和其上的凸弦纹构成了颈部纹饰。

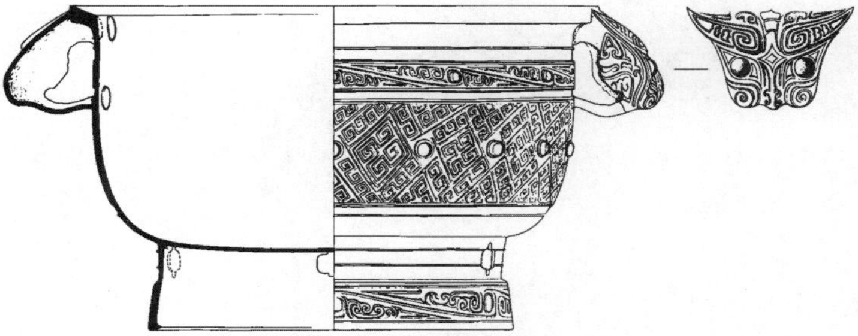

图二一　火疙瘩簋线图
（引自《汉中商代青铜器》41 页）

腹部纹带颇宽，平铺斜排的粗线雷纹，中间均匀排布一周十八枚圆突乳钉。雷纹究竟是同一模翻制范的重复，还是源自不同的模，需要图像分析获知，但乳钉的形状和大小微有差别，应当是在范上逐一加工的铸型。纹带下也有一周与沿下形制相同的凸弦纹，蕴含着腹部纹饰与颈部的映射关系。

器底平，圈足壁直（图二三），向下微微外撇。圈足同样分高度相近的上下两段，上段一周均设三个形状不很规则的“十”字形透孔，两周凸弦纹大体切过横的两侧并贯穿它们。下段饰一周由六组斜角目云纹组成的纹带，完全的平铺形式，眼珠也不突出，上下以凸弦纹镶边。其纹线类型和手法与颈部纹带相同，也是与颈部纹带相呼应的装饰。纹带下有窄的素带，圈足底沿平整。

图二二　火疙瘩簋口沿
（作者摄）

图二三　火疙瘩簋口沿
（作者摄）

图二四　火疙瘩簋兽耳
（引自《汉中商代青铜器》40页）

簋的颈部对设两“C”形兽首耳，也起于唇沿、接于腹部纹带的上栏，颈部的目云纹带和凸弦纹从其中穿过。兽头在耳上半部，面向下方，故而斜接于唇沿。兽吻较宽，鼻头饰螺线，鼻中有窄而平的鼻梁，一对大“臣”字形眼中眼珠圆突。额中勾菱形，上竖三角形高大冠饰，其上勾云纹。一对蛹形大角成倒“八”字形伸向口唇，其上满布纹饰，纹线的宽度和颈、腹、圈足纹带接近（图二四），兽头两侧上方勾云纹，下侧为裂开的大嘴，露出尖利的牙齿（见图二二），似从其中伸出扁而窄的舌，弯曲着接于纹带，其外面勾纵向纹两道（图二四）。两耳上段的兽头中空，截面为槽型，有较宽的侧面，其中尚存泥芯。

簋身可见清晰的铸造工艺痕迹。在三个“十”字形透孔中间位置，均可见清晰的垂直的铸造披缝，披缝很窄，穿过纹线的痕迹均很明显，且都通过腹部的乳钉和颈部目纹眼珠，只有一处在眼珠留下错范痕迹，但在无纹饰的折腹、圈足上端以及颈部纹带的上下，几乎未见披缝痕迹，说明这些部位经过仔细处理。

双耳有明显分铸痕迹，并叠压在颈部纹带上（见图二〇），说明双耳后铸接在口沿外。在腹内壁，与耳相对位置，均有三个排成倒“品”字形的铆头，形如钉头突起于器壁，表面光滑，上边的两个因与口沿平齐而不圆正（图二五，1、2），与盘龙城李家嘴双簋相同，是为加强后铸双耳于腹壁的结合采用的强化措施，两件器如出自师徒二人之手。

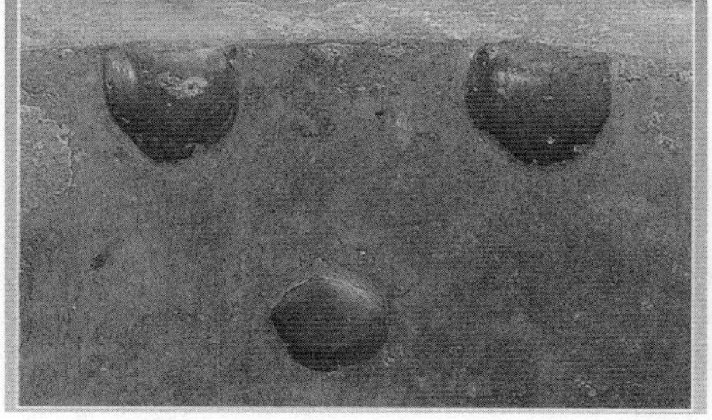

1

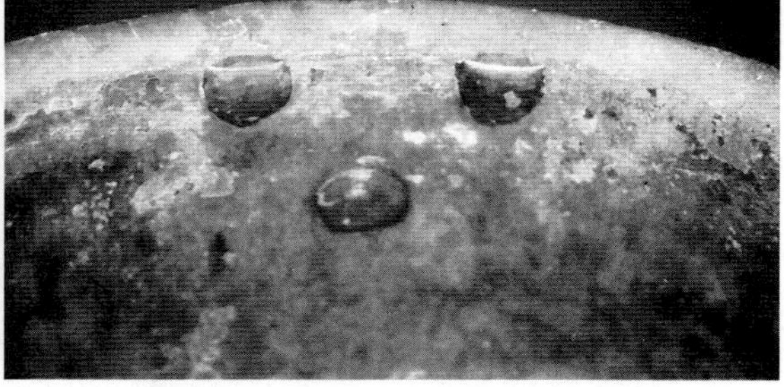

2

图二五　火疙瘩簋内壁铸铆头
1. 引自《汉中商代青铜器》40页　2. 作者摄

簋内底可见规则分布的四枚形状不规则垫片（图二六），格局也与李家嘴双耳簋一致。底沿宽窄不匀，较宽处当是浇道设置位置（见图二三）。

赵丛苍曾指出，龙头双耳簋与盘龙城李家村簋相同或相似，还进而指出双耳铆接，后又说明三个“铆块”是铸接器耳的痕迹[30]。前说过于笼统，后说均不够确切。

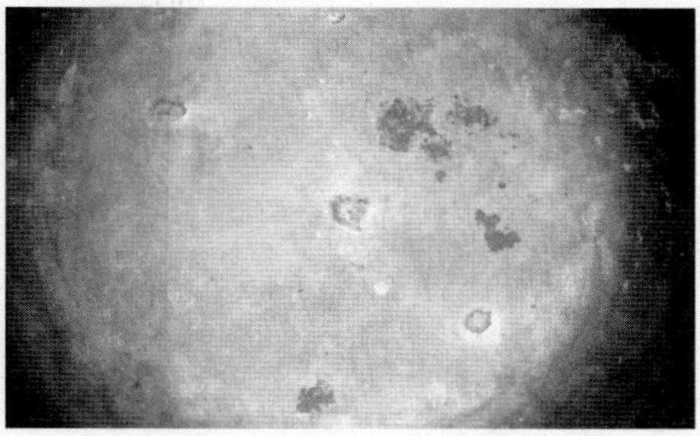

图二六　火疙瘩簋底垫片
（作者摄）

三、新干大洋洲涝背双耳簋

1989年，赣江中游新干大洋洲程家村农民在涝背沙丘南端取土，发现一大批古代青铜器、玉器和陶瓷器。涝背沙丘西滨赣江，考古调查认为其处赣江古河道，与吴城遗址隔江相对，东南即牛头城遗址。此处原有一座40米×20米，高3～4米的椭圆形沙土堆，农民取土发现一批青铜器后，考古调查和清理遂得展开，在8.22米×3.60米范围内古器物分布密集，发掘报告将之确定为一个大型墓葬，但有不同看法[31]，或称古器物坑更为贴切。

图二七　大洋洲涝背簋
（引自《中国青铜器全集》卷4图173）

在大洋洲涝背出土的数百件青铜器群中，青铜容器48件，其中包含1件双耳簋XD：43，发掘报告称之为假腹盘，后改称簋（图二七）。此簋通高17.4、口径33.1、腹径28.1、腹深6.4、圈足底径26.6厘米，出土时底残破一孔洞，后经修补，修复后重10.4千克[32]。

此簋大口微敛，宽平沿，厚方唇外出。浅腹，深度仅6.4厘米，为高度三分之一。腹中正饰一龟纹，系阴线勾出，左后侧约四分之一为打破的洞所破坏。纹样的龟头较大，细尖吻，颈只伸出一部分。龟身圆，背中心饰圆涡纹，外饰两周云纹。龟头两侧伸出一对前爪，腿细而短，但爪的四趾大而张开，残存的右后足亦然，尾尖残存一点（图二八）。上腹壁近直而微微外弧，下腹弧

图二八　俯视涝背簋
（作者摄）

收再折而下垂成高大圈足（图二九）。

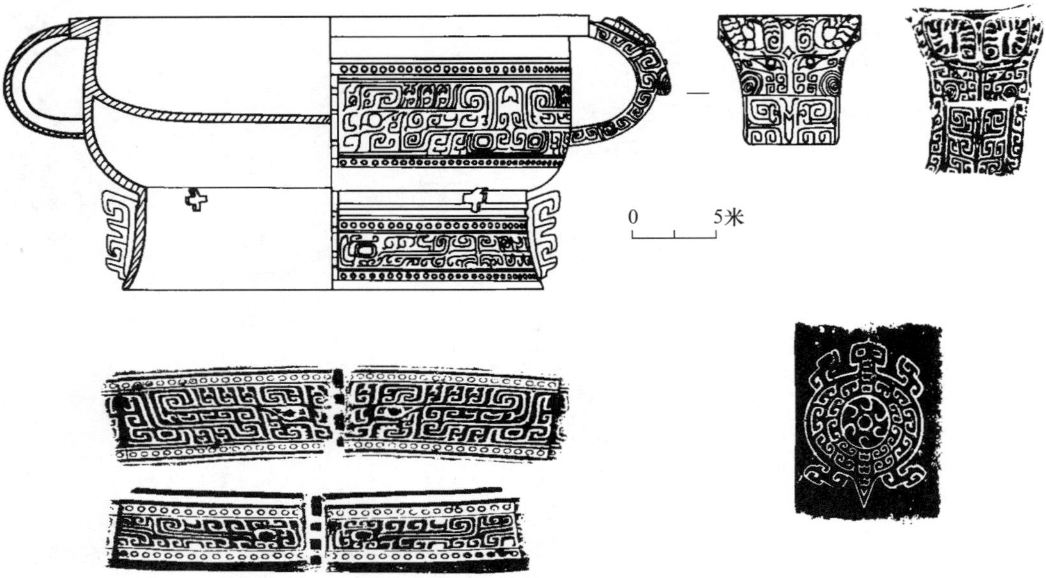

图二九　涝背簋线图与纹饰拓片
（引自《新干商代大墓》60、61 页图 33）

图三〇　涝背簋扉棱
（作者摄）

唇下的颈不明显，腹部饰宽纹带，由较宽的纹线平铺而成，纹带的主体是兽面纹，四组构成完整纹带，其上下均以细线圆圈纹带镶边，圆圈较小，圆正程度互有出入，排列亦不尽匀称，但圆圈纹带也以两凸弦纹镶边，其外侧还有对应的凹弦纹以衬托凸弦纹。腹部纹带的四组纹饰，前后两组相同，左右两组一致。前后的兽面纹中间有勾云式扉棱为鼻，扉棱长度与纹带宽等，两侧勾随形线并透空（图三〇），兽面以之为对称展开。兽面纹比较抽象，可见宽鼻及其向内勾卷的鼻翼，两侧有深咧的嘴角，并露出锯齿状的牙齿。扉棱两侧勾立刀纹，一对不大的眼睛不甚对称，其中的半球形眼珠高高圆突，一只眼角上斜。眼外无耳，长而细的兽身成“S”形，满勾云纹，横伸再上折到上栏，尾向内回勾。兽面额顶大冠饰如横展的鹿架，左右对称排列云纹、“T”形纹和三云纹。兽面的两下角填饰抽象变体夔纹，线型与兽面一致，但结构莫辨，只有近乎四边形的小眼珠突出，抽象形式与前述盘龙城李家嘴和杨家湾簋相若。但是，这件簋兽面两侧的夔纹与相邻的夔纹对称性高，很可能结合成抽象的长嘴兽面纹，其正中，即纹饰组界可见细而直的铸造披缝，说明簋腹铸型四等分。

左右两组纹饰相同。因为耳的设置，兽面纹没有扉棱，代之以平直的竖线，兽面纹依然连续，未受干扰（图三一，1），构图和两侧填饰夔纹与前后两组一样（图三二）。双耳为“C”形，若半卷的管，造型为兽头形，与前述各簋的耳有很多的共同点。耳起于唇边，板状下卷接在腹部纹带的兽面纹的鼻头位置。兽面微下视，与城固火疙瘩簋耳取向接近，但鼻更宽，两侧螺线突出形成鼻翼。鼻头中间起低矮的鼻梁，其两侧和面部勾云纹；一对不大的“臣”字形眼睛中，圆形眼珠不大但突出，没有填满眼眶。额中勾很小的菱形，顶有燕尾形冠饰。冠饰两侧设开口向下弯曲的“G”形大角。角卷曲超过一周，根勾卷曲纹，中间排布双鳞纹，稍略向外翘起（图三一，2）。耳宽扁，截面为槽形，两侧内折并饰云纹。兽鼻下部分不能确定为兽舌，中间纵列燕尾纹，两侧勾对称的三组云纹，并起边线（图三一，3）。

1　　　2　　　3

图三一　大洋洲簋耳下腹纹与耳面纹饰

（作者摄）

1、2. 左耳　3. 右耳

簋底设在腹壁中间，圜形，但中央略平。腹壁下段弧收后直折下垂成高圈足，圈足直径颇大，壁微内弧（图三三）。四道勾云形扉棱，分别与腹部的扉棱和耳相对应，均置于圈足壁。四道扉棱造型一致，均透空，两侧勾随形纹；其上端较高而下端较低，上端抵在下腹与圈足壁折角处，下端在圈足纹带下栏（见图三〇；图三一，2；图三二）。圈足顶部均设四个形状规则的“十”字形透孔，位置在45°方向，一周窄带型凸弦纹切在横的下边串联它们。圈足纹饰带在透孔之下，由四组相同的纹饰构成，每组纹饰均依扉棱对称展开，每个扉棱两侧各置两头相向的夔纹，两夔纹也可构成一幅兽面纹，扉棱成为兽面纹鼻。这些夔纹构图较为一致，以与腹纹带相同的线条平铺出抽象夔形，长鼻弯举，“T”形角横置，长圆形眼中同形的眼珠颇为突出，除此，即是水平长伸的夔身、向回勾卷的尾，另有翅和华丽的装饰。与腹部纹带相同，纹带上下均有圆圈纹带镶边，所不同的是上圆圈纹带内边线很细而外边线如贯穿透孔的窄带；下圆圈纹带内边亦细而下边直接是颇宽的圈足底边（图三四，1、2）。

图三二　涝背簋腹部纹饰与铸造披缝
（作者摄）

图三三　涝背簋底与圈足
（作者摄）

1　　2

图三四　涝背簋圈足扉棱与透孔及纹饰
（作者摄）
1. 圈足扉棱　2. 透孔及纹饰

这件簋的结构非同寻常，浅腹、底吊在半腹壁，过于大而高的圈足，板状大耳，且底部中心饰龟纹，都具有青铜盘的某些特征，可能是发掘报告将其归为盘的缘由，也是迄今所仅见的独特簋形。然而，其“C”形卷筒状兽耳，兽面纹及其两侧所填夔纹的构图，却与前述几件早期双耳簋具有紧密联系。此外，这件簋还有一些独自的因素，如腹部和圈足装饰勾云形透孔扉棱，使得其造型严格左右对称，这种四分结构致使纹饰构成也分四组，圈足顶部的透孔亦须设置四个。

特殊的结构蕴含着非同寻常的制作工艺。这件簋的铸造工艺信息十分丰富，既有明确的，也有隐晦的。

圈足纹饰组界上的披缝十分明显，窄细而直，并打破圆圈纹带且与腹部披缝重合。沿圈足四个透孔中垂线的铸造披缝（见图三二；图三四，2），是铸范分型面和结合面，说明簋采用四分范铸型，四块腹范与一块腹芯和一块圈足芯组成铸型[33]。X 光成像揭示，一处披缝两侧的壁厚有较明显差别（图三五，1），说明腹范在组装时有一块变形而略外翘，造成一边略厚。

同样，X 光片也显现出底部的破损、修补、气孔等缺陷以及龟纹和破损。颇为重要的是簋内底在龟纹外设置的四枚垫片，布局较为规则，头前一枚，尾后一枚偏左，而两侧各一枚略靠前。更为重要的是这些垫片的形状近乎圆形，与通常商周青铜器以不规则碎器片为垫片大不相同[34]。它们边缘清晰，一枚的周边几乎有一周环形间隙，说明铸接良好。而龟纹右侧的一枚垫片的中心有圆孔，应当是垫片的气孔（图三五，2）。簋底壁厚不过两毫米，圆正的垫片及其中的气孔，均说明这些垫片是特别铸造的，而非旧器或残器碎片。这是早期专门制作垫片的实例，将特意制作垫片的历史，从西周中期大大提早了[35]。此外，龟纹头前的那枚垫片的内侧，有一加大的补块，一边较长且较直，如何形成及补缀值得探讨。

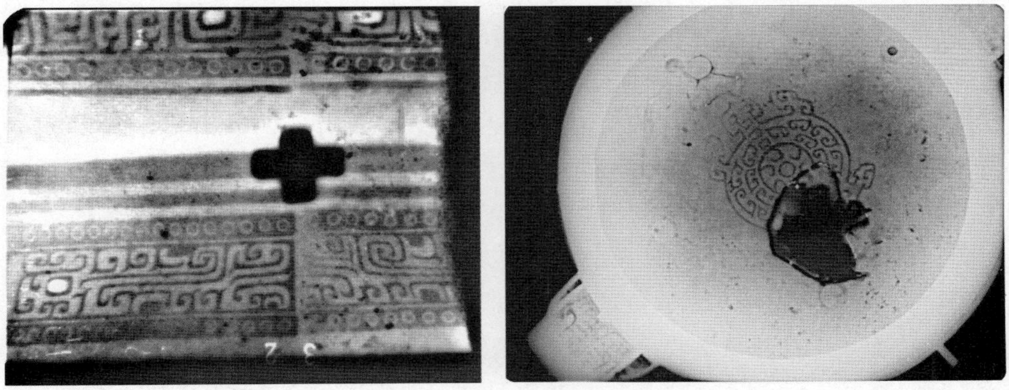

1　　2

图三五　涝背簋 X 光片

（均系胡东波教授惠供）

1. 下腹与圈足 X 光片　2. 底部 X 光片

铸造这件簋的难点在于双耳，造型别致是其早期形态。耳上均无工艺痕迹，它设在纹带上，没有打破纹饰，未在纹饰的正投影两侧方向出现披缝，说明耳分铸成形。在耳与腹结合处的外面，几乎没有分铸痕迹，但在内结合面，可见自簋腹溢出铜进入耳槽的现象（见图三一，1），相应的，在外侧也有一点叠压簋耳（见图三一，2），说明耳先铸。

这件簋铸造工艺方面较隐晦复杂的是扉棱。六道扉棱中间的披缝虽然可见，但未见其与圈足和腹部纹饰重合（见图三〇；图三二；图三四，1），说明扉棱分铸。六道扉棱俱属勾云型式，两侧都勾随形阴线，且均透空。簋的四个分型面均与扉棱相错 45°，那么扉棱的成形要么采用活块铸型嵌入腹部铸型，要么分铸成形。在腹部两道扉棱与腹部的结合处，没有见到任何分铸的痕迹，但圈足的扉棱根部，的确有圈足叠压扉棱的痕迹（见图三四，1），说明扉棱先铸成形。更多的证据，需要 CT 扫描予以证明或否定。

四、山西青铜博物馆藏双耳簋

山西打击盗墓犯罪，缴获 1 件青铜双耳簋，现藏山西青铜博物馆，权且称之为青铜博物馆双耳簋，简称青铜馆双耳簋。

这件簋通高 18、通宽 38.5、口径 25.6、圈足径 19.5 厘米，重 4200 克（图三六）[36]。口稍敛，较宽的斜沿外侈，方唇（图三七）。颈略束，上饰一周凸弦纹。腹壁微弧鼓，饰平铺的四组兽面纹组成的纹带，上下均以圆圈纹带镶边，而圆圈纹带两侧则以凸弦纹为边，圆圈基本圆整，但大小略有出入，排列也不尽齐整，纹线高度相同，但宽窄有出入，线条类型与其两边的凸弦纹一致。腹部四组兽面纹基本一致，线条较圆圈纹带宽，近于苏村火疙瘩簋腹纹带而较盘龙城李家嘴和大洋洲涝背簋的窄。兽面弧形阔鼻头抵于纹带下栏，中间起窄而矮的鼻梁纵贯纹带，两侧勾云纹。鼻头两侧为深咧的嘴角，露出三角形牙齿。一对长圆形大眼外端略上斜，其中长圆形眼珠颇为突出，眼珠长度约是宽度的一倍。眼后无耳，横出窄长兽身，再上折及于上栏后，尾向内回卷，兽身勾云纹。额上的冠饰系鼻向上延伸并扩展而成，中间有牌饰，两侧饰立刀纹、“T”形纹、3 个立刀纹，它们组成类似鹿架的大冠饰。同样，兽面两侧填抽象的夔纹，大体呈三角形，除突出的眼珠可辨识外，余不能辨，且线条型式与兽面相同。填饰的夔纹与相邻纹饰组的夔纹相应对置，组界上的披缝隔开了二者，难以确认它们合在一起构成倒置的兽面纹。披缝纵贯纹带并打破上下的圆圈纹带，但在下腹和颈部素面上未见痕迹，倒是在唇下可见（图三八）。纹带下另饰一周凸弦纹，和颈部凸弦纹相应，但均未有明显的被披缝干扰的痕迹。

图三六　青铜馆双耳簋
（作者摄）

图三七　俯视青铜馆双耳簋
（作者摄）

两“C”形兽头耳对置，主体在上半部分，是圆雕中空兽头，下半作浅槽。兽头起于口沿下、叠压在颈部并及于腹部纹带上栏边线，接于纹带兽面的额部（图三八，2）。兽头微向下颔首，阔鼻，平面朝天，前窄后宽。兽厚上唇中有褶，鼻头两侧以卷线勾出鼻翼，面正中设窄而高的勾云形透空扉棱鼻梁，其两侧勾随形线，鼻两侧勾立刀纹。“臣”字形眼中球形眼珠圆突；额中勾菱形，并被扉棱鼻梁叠压。一对高浮雕大角向两侧斜伸，角根勾云纹，角中勾出鳞纹；两角之间的头顶饰云纹（图三八，3）。兽头两侧，后段所勾云纹应表示兽耳及其耳蜗，前端上唇勾云纹，其下为张开的兽口，呲出一对尖利的獠牙。鼻头之下的耳下段为内折的槽型，光素，下端板状珥长垂，厚度与兽头扉棱相若，两侧勾“S”形云纹。耳的设置没有影响兽面纹构图，一耳下的腹壁纹饰连续（图三八，2），另一耳下腹壁纹饰模糊（图三八，4）。此外，一耳的下段前面正中有一纵向的透孔，孔左上部分残缺（图三八，3），另一耳的孔不规则，显出壁薄不及半毫米（图三八，5）。

图三八　青铜馆双耳簋

（作者摄）

1. 局部　2～5. 兽头耳

簋底微圜，以圈足承器。圈足壁斜直略外撇，分上下两段。上段对称布局四个不是很规则的“十”字形透孔，一周凸弦纹穿过正中。下段壁向外突出些许，壁些微外撇，内壁则相应折出，依然保持壁厚一致。底沿平直，且宽窄基本匀称（图三九，

1），只是内壁局部有芯皴裂造成的突出毛疵。内壁面应未经加工，平而不光，应当是铸出的原始面（图三九，2），而外壁面的光滑，或者体现了铸型与芯光滑的差别，更大的可能是抛光所致。整个簋的纹饰，除圆圈纹线细外，其余均是宽线铺陈形式，纹线流畅。

簋体遗留有清晰的铸造工艺痕迹。在腹部纹饰组的分界，可见清晰的铸造披缝，并延伸到圆圈纹带中，插入两圆圈之中，二者间距自然加大。其位置与圈足透孔相应，但在圈足和颈部未见痕迹，说明这些部位的披缝被打磨干净，只在个别透孔上可见微小的痕迹，但在侈出的唇下可见披缝（见图三六、图三八），说明簋腹四分范，与腹芯和圈足芯组成铸型。腹内壁光滑，但圈足内壁平而不光，腹内壁明显经过打磨。圈足的四个透孔外小内大，内壁无披缝，说明是由圈足芯自带芯头（芯撑）所形成的（图三九，2）。口沿下有缩孔（图三九，3），说明铸型倒置浇注。

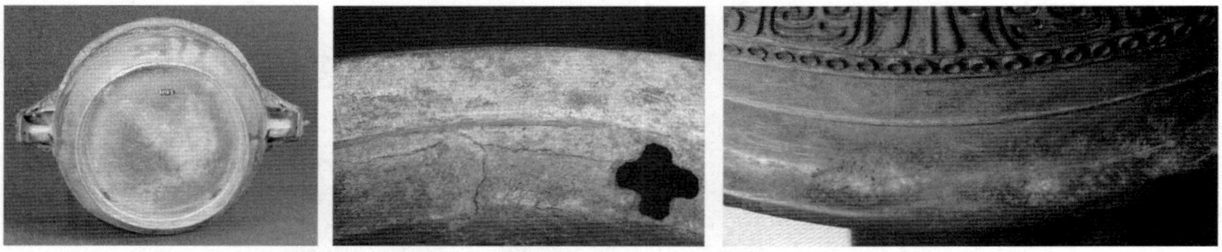

1　　2　　3

图三九　青铜馆双耳簋

（作者摄）

1. 圈足底沿　2. 内壁　3. 口沿下缩孔

双耳明显分铸，且叠压着腹壁（见图三八，1、3），说明耳系后铸接在腹壁。一只耳铸接时因铜液漫溢，覆盖了部分腹壁纹线，并使兽面纹冠饰不完整。耳扉棱和珥中线都可见清晰的铸造披缝，前者还有范上下相错的痕迹（见图三八，3），说明耳是对开分型，两块范与芯组成了铸型。在腹壁内侧铸接耳的位置，均有一组四枚铆头，呈上三下一排列，大小和形状不一，突起高度基本一致（图四〇），远较前述李家嘴和火疙瘩簋铆头为高（数目也多出一枚），均可见明显的分铸并叠压腹壁的痕迹，这些铆头和耳一体，二者的对应关系，可以确定铆头是后铸双耳时，为铸接牢靠所采用的措施，形成了铸铆式铸接。和前述盘龙城李家嘴和城固龙头村双耳簋一致。

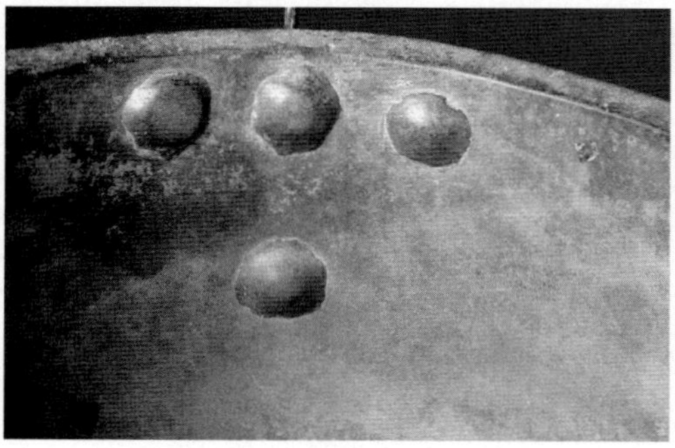

图四〇　青铜馆双耳簋铆头

五、五件双耳簋风格和工艺对比与排序

就本文关注的五件青铜簋进行风格对比，虽难免小题大做之嫌，但对于明晰风格要素却较为直观。现从轮廓结构、装饰结构、装饰纹样等几点进行讨论。工艺对比是惯常的做法，据风格与工艺的对比结果，对它们进行排序，并与相关器物参照，推定它们的年代。

1. 轮廓结构

就结构和造型论，五件簋具有高度的一致性：具有较高圈足的钵形器在口沿对置"C"形耳。就轮廓看，盘龙城两件簋虽然口沿的宽窄、唇的厚薄不一，但都敛口，壁弧鼓，只是杨家湾簋腹更深，耳更小而已。

盘龙城李家嘴出土的1件无耳簋LZM2：2，通高238、口径236毫米，重5.15千克，敛口宽沿，深腹，上腹饰一周三兽面纹组成的宽线纹带，较矮的圈足也分上略细下略粗的两段，上段中间一周凸弦纹，三个均布凸形透孔，从上段跨向下段，而其下的底沿还设有一个缺口，三个缺口既不与兽面纹相应，也不与纹饰组界即铸造披缝一致（图四一）。下腹设有三枚相当规整的长方形垫片。发掘报告将此墓定为盘龙城第四期，早于李家嘴一号墓[37]。此簋的结构和轮廓与杨家湾簋颇为接近，而与李家嘴一号墓簋的沿窄、唇厚、腹较浅等相比，差别略大。

图四一　盘龙城李家嘴簋（LZM2：2）
（引自《盘龙城》彩版17，1）

青铜馆簋也敛口，但程度较小，近乎李家嘴一号墓簋。火疙瘩簋和涝背簋均壁直，后者腹很浅。按照岳洪彬认为殷墟簋由深腹向浅腹的演变趋势[38]，仅据轮廓，五件簋的年代顺序可以排列如下：

杨家湾簋→李家嘴簋→青铜馆簋→火疙瘩簋→涝背簋。

对于簋的双耳，其实用功能不明，但应当是重要的附件。五件簋耳的共同点是体量均较小，都从唇沿开始，占据簋上部四分之一到二分之一高度；其二是都饰兽面或作兽头形。按形状可分两类，一类为半圆管形，外饰兽面纹，杨家湾簋最为典型，涝背簋接近；另一类上半为兽首，下半为槽型，李家嘴簋、火疙瘩簋和青铜馆簋均如此。相比而言，李家嘴簋和火疙瘩簋的耳更为接近，青铜馆簋兽首因透孔扉棱饰而颇为华丽，下方的垂珥出现得过于突然。以附饰从简单向复杂发展，五件簋的顺序可以排列如下：

图四二 妇好墓双耳簋
（引自《中国青铜器全集》卷 2 图 95）

杨家湾簋→滂背簋→李家嘴簋、火疙瘩簋→青铜馆簋。

其实，本文所讨论的五件簋，在商周青铜簋中属于罕见的类别，绝大多数双耳簋具有“C”形大耳，代表这类早期形式的双耳簋，是安阳小屯妇好墓簋 M5：851（图四二），属于殷墟早期的武丁时代[39]。妇好墓共出土 5 件簋，只有 1 件具耳，可见簋耳的普遍化可能是从殷墟中期开始的。这件簋没有铭文，在妇好墓中属于少数。其造型为侈口，尖沿，方唇，腹壁斜直，下腹光素并急收出圜底，斜直外撇的圈足承之。上腹饰一周平铺的顾首夔鸟纹带，线条略宽，填饰细线云雷纹作地。纹带的前后中心，两夔鸟尾之间设圆雕牺首，两侧夔鸟首之间为平铺的略宽线人面纹，器两侧对设大“C”形兽耳，起于纹带上栏而接于下腹弧收处，耳顶端为兽首，口以下为光素管槽形。圈足顶一周均布三个孔，但未透，其下加厚，并饰六幅夔纹、两两成组的纹带，组界设窄矮的扉棱，位置在孔之下，圈足底沿光而不平。簋通高 23、口径 33.5、圈足径 22.5 厘米，重 8.05 千克。虽然其铸造工艺信息未见披露，但三组的腹部纹带和圈足纹带及其三扉棱，很难与一对耳及前后的牺首配置，工艺上如何措置双耳以及三分铸型，应是关键。可以与之相比的是对置“C”形双耳的妇好甗 M5：767，双耳是铸铆式后铸，应是南方作坊铸工被迁移到殷墟王室作坊铸造的产品[40]。

对照而言，本文所论五件簋，就双耳来说，与殷墟时期双耳簋大相径庭，鉴于妇好墓出土甗双耳铸铆式铸接的事实，簋置双耳是否与南方铸工有关，还需要更多证据，即使有关，其时间跨度颇大，并不能与本文五件簋直接相关。

与簋之轮廓密切相关的还有扉棱饰，或者说扉棱主要装饰功能即是调整轮廓。二里头晚期青铜器刚刚出现扉棱的雏形，即是勾云形透空扉棱，中商时期南方风格青铜器使得扉棱有了长足发展，出现的勾牙式扉棱被普遍应用到大口折肩尊、罍、瓿、卣等器类上，并逐步演化出来长条形扉棱[41]。本文涉及的五件簋，杨家湾簋、李家嘴簋和火疙瘩簋都没有扉棱，青铜馆簋在耳的兽头正中间纵置勾云形透空扉棱，而滂背簋不仅腹部有两道，圈足还有四道勾云形透空扉棱。按照扉棱装饰和演化趋势，五件尊可排列如下：

杨家湾簋、李家嘴簋、火疙瘩簋→青铜馆簋→滂背簋。

2. 纹饰结构

纹饰是青铜器风格的另一重要因素，是讨论青铜器风格的主要对象。本文所及五件双耳簋，虽然纹线的宽窄不同，但均是宽纹线平铺类型，李家嘴簋、杨家湾簋和青铜馆簋，纹饰均为带状，属于罗越划分的安阳Ⅱ式，而火疙瘩簋和涝背簋，纹饰虽也为带状，但几乎满铺器表，圈足也有纹带，属于罗越划分的安阳Ⅲ式。从纹饰发展看，可以笼统地说Ⅱ式早于Ⅲ式，但不绝对，二者同时共存不仅可能，或者还共存很久，甚至在殷墟晚期、西周中晚期、战国中晚期，都出现过装饰逆进化或者退化的现象。

至于纹饰的内容，除火疙瘩簋腹部饰菱格乳钉纹带、圈足斜角目云纹带外，其余都是兽面纹或兽面纹填所谓夔纹的配置。需要指出的是，虽然迄今对斜角目纹的内涵几乎一无所知，但却是来历久远的纹样。在偃师二里头遗址第四期，即有陶大口尊 2000IIIT2 ④：1 肩沿下装饰斜角目纹带的实例[42]。另外四件簋，无论是腹部母题兽面纹，还是如涝背簋的圈足，兽面纹构成都较为抽象，不够完整。如嘴的上唇不明，两侧深咧的嘴角无法联系，均无耳，也无角，但却都有兽身和一副鹿架形大冠饰，宽阔而复杂，与妇好墓出土的妇好瓿 M5：778 腹部的兽面纹泾渭分明，后者兽面无兽身，其余要素完全，冠饰却小很多（图四三）[43]。从纹线对比看，李家嘴簋和杨家湾簋线条较粗犷。

图四三　妇好瓿（M5：796）
（引自《中国青铜器全集》卷 3 图 73）

和母题兽面纹相比，两侧填饰的“夔纹”更抽象，基本上呈曲尺形或三角形，除突出的眼珠可辨识外，其余均不知所然。问题是四件簋填饰皆如此，高度相似。说明它们年代相近或者相差不大。综合母题和填纹，五件簋可列序如下：

李家嘴簋、杨家湾簋→青铜馆簋→涝背簋、火疙瘩簋。

五件簋的纹饰配置如下：

	颈部	上腹	下腹	圈足
杨家湾簋	两突弦纹	中宽兽面纹＋夔纹	光素	一突弦纹
李家嘴簋	两突弦纹	宽兽面纹＋夔纹带	一突弦纹	一突弦纹
火疙瘩簋	一突弦纹＋目云纹	乳钉菱格纹	一突弦纹	二突弦纹、目云纹
涝背簋		宽兽面纹＋夔纹＋圆圈纹		一突弦纹、兽面纹＋圆圈纹
青铜馆簋	一突弦纹	宽兽面纹＋夔纹＋圆圈纹	一突弦纹	一突弦纹

其实，涝背簋的凸弦纹，包括腹部圆圈纹边界和圈足纹带上侧圆圈纹带边，都是窄扁的带状，和其他四簋的凸弦纹有所不同。从纹饰配置，五件簋可列序如下：

杨家湾簋→李家嘴簋→青铜馆簋→火疙瘩簋→涝背簋。

再看纹饰局部。李家嘴和杨家湾簋的纹带尽管宽窄不同，但都是三组，相应的圈足透孔也是三个，簋体铸型的分型面与透孔基本一致，但双耳与三组纹饰配置难以和谐；涝背簋和青铜馆簋则均是四组纹饰，圈足均布四透孔，分型面与透孔相应，双耳或者如涝背簋腹部两扉棱、圈足四扉棱均可对称布局。火疙瘩簋腹部纹饰虽然不分组，但颈部和圈足纹带三分，圈足相应三个透孔，也与披缝一致。从纹饰布局，可以排出如下序列：

杨家湾簋、李家嘴簋→火疙瘩簋→青铜馆簋、涝背簋。

有必要与殷墟出土青铜圈足器相比较。早年发掘的小屯五座墓，年代相当于洹北期，即中商晚期，时代在殷墟之前。小屯 M199 出土的一件瓿 R2069，尖沿，方唇，束颈，鼓腹下垂，矮圈足。颈部饰一周二十一幅内填细雷纹的三角纹带，下隔一周窄扁的凸弦纹，接着一窄纹带由十一幅横“S”纹填细云纹勾出，这条纹带或者也可视为簋的肩饰。腹饰宽纹带，为斜格网文内填细雷纹，菱格中央突出乳钉。圈足纹带由九组目云纹构成（图四四）[44]。三条均布的垂直披缝清晰，打破口沿至圈足纹饰，其装饰类型可归入罗越的安阳Ⅲ式。这件瓿无耳，却与李家嘴簋 M2：2 明显不在同一时代。

殷墟妇好墓出土的无耳妇好簋 M5：832 是两件一对簋之一，侈口，尖沿，薄唇，束颈，鼓腹，矮圈足，几乎满饰，颈部云纹带上饰三个圆雕牺首，腹部饰菱格纹，中间突出圆乳钉，圈足顶均布三透孔，与牺首相错 60°，下饰三组平铺目雷纹带，组界间以鱼鳃骨形突棱，并与牺首位置一致，底部铸铭“妇好”。通高 9.1、口径 13.5、圈足径 9 厘米，重 0.9 千克（图四五）。此簋铸造披缝明显，沿三透孔分型，因此牺首后铸[45]。可见，虽然此簋已经发展出罗越Ⅳ式风格，还饰有圆雕牺首，但装饰布局强调三分：三牺首、三透孔、三组目雷纹，而且足与颈部装饰位置相同，上下呼应，却有意避开分型面，明显具有二里冈以降至中商形成的传统。但是，与本文所关注的五件双耳簋相较，装饰风格的差别是显而易见的，反映了它们的年代均早于殷墟。

图四四　瓿形器
（引自《殷墟出土伍拾叁件青铜容器之研究》图版 16）

图四五　妇好小型铜簋（M5：832）
（引自《殷墟妇好墓》图版 16，1）

3. 铸造工艺

这里主要讨论铸造方法和铸型工艺。

五件簋都是泥范块范法铸造成形的，属于典型的中原青铜器的技术传统。这里的铸造方法特指双耳的铸造。

除杨家湾簋双耳浑铸外，其余4件簋的双耳均分铸，其中新干涝背簋双耳先铸，另外3件簋双耳后铸，且都属于铸铆式后铸的类型。

铸铆式后铸是华觉明等研究妇好墓青铜器铸造工艺时的发现，后来经过对一系列南方风格青铜器的考察，确定这是一种南方风格的铸造工艺[46]。而工艺的溯源探索与黄陂盘龙城李家嘴一号墓出土的两件青铜斝颇有干系。

这座墓出土5件青铜斝，其中斝LZM1：12和LZM1：13看似普通，实则颇为特殊。两件斝的造型接近，具有典型的二里冈上层青铜斝的造型特点，杯状的腹分上下两段，上段包括口唇和颈部，下段包括腹部。底平，口侈，口沿似乎向内折卷加厚约1毫米，颈根部收束，显得腹外鼓。底下以截面为三角形的中空锥足相承，空足与腹腔贯通，其中或有部分泥芯依然留存。在一足之上，腹部设一带状或槽状“C”形鋬，与鋬相对的口沿内竖起一对立柱，截面方形，顶端有伞形柱帽。装饰在颈根部，一道由宽线抽象兽面纹和两夔纹组成的纹带，上下以凸弦纹镶边，并被鋬下的泥芯所打破。LZM1：12出土时，口沿近半连同一个立柱残失，通高24.5厘米（图四六，1）[47]。从鋬下纹带被打破看，鋬应浑铸成形，鋬下的芯与腹范组合，在纹带上留下垂直的两道披缝，披缝之间素面。但斝LZM1：12的外面不仅可见鋬明显分铸（图四六，2），腹内壁还可见到“铆头”状结构（图四六，3），说明鋬是以铸铆式后铸成形的，面对

1　　2　　3

图四六　盘龙城李家嘴斝（LZM1：12）

（引自《盘龙城与长江文明》119、120页图1、2）

1. 斝　2. 鋬　3. 鋬铸铆

两种矛盾现象，合理的解释是原铸的鋬残缺了，后再以铸铆式后铸补铸[48]。说明此时已有铸工明确认识到铸铆式后铸工艺的优势，或者铸接结合力强用于补铸，或者适合于薄壁件上铸接。

青铜斝 LZM1：13 出土时上腹残缺近半，一足残失，两足下段补铸，后经修复。其造型与斝 LZM1：12 颇为接近，但腹部几乎不分段，上腹饰三周凸弦纹，下腹饰三组兽面纹带，上下镶圆点纹带。底微外突，足圆锥形，截面环形，中空足与腹部贯通。同样的槽带形鋬起于上腹而接于下腹纹带中部（图四七，1）。鋬中间铸造披缝明显且粗糙，且鋬明显分铸，叠压在纹带上（图四七，2），说明鋬后铸，但在斝腹内壁，没有铸铆式后铸的“铆块”，是否有接榫为榫接式后铸，有赖 CT 分析予以确定，与斝 PZLM1：12 的不同是明显的。不独如此，此斝两足经补铸，但原铸的三足与腹浑铸。腹部纹组界有明显的铸造披缝，底部也有近环形的铸造披缝（图四七，3），说明此斝的铸型由三腹范、一底范与腹芯（与三足芯一体）组成，X 光成像没有发现底部设置垫片[49]。还有，纹带上下以圆点纹或乳钉纹带镶边的做法相当古老，多见于二里头文化晚期器，如上海博物馆藏管流角、郑州白家庄出土乳钉纹斝、开封收购的一件乳钉纹斝和上海博物馆收藏的一件乳钉纹斝[50]。

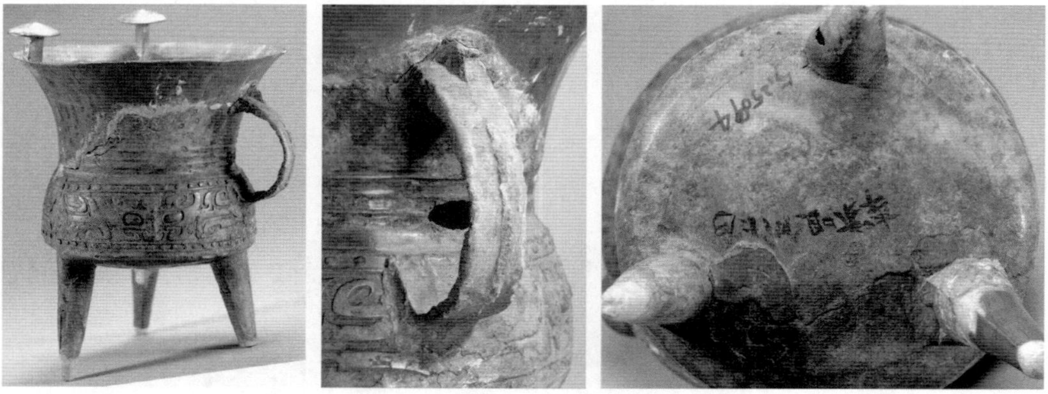

1　　2　　3

图四七　盘龙城李家嘴斝（LZM1：13）
（引自《盘龙城与长江文明》122、123 页图 6～8）
1. 斝　2. 鋬　3. 底

与两件斝同出的李家嘴簋，原本设计双耳铸铆式后铸，虽然耳根局部与簋口颈有隙，但结合牢固，未见修复痕迹。这件簋的铆头为三个，形若平头钉盖，但不圆整甚至边缘参差，表面也不光滑，凸起内壁 1 毫米左右，呈倒“品”字排列（见图八、图九）。和青铜馆簋相比，青铜馆簋耳具有四个铆头，虽其边缘依然参差，但突鼓如泡钉，为上三下一排列（见图四〇）。或者是另一铸工参照李家嘴簋所为。城固火疙瘩簋耳也是三个铆头，形状同样不规则，但表面光滑，排列也是倒“品”字形。其铆头特别处于上边两枚紧贴口沿，且被口沿“切”去一块，大概是工艺孔位置偏高所致。

这三件簋排序，李家嘴簋列首，年代在二里冈上层或略早，而另两件难以决断，但相去不远。

可资说明其年代下限的，是一组三件凤柱斝，但只有一件有明确的出土地点，出自岐山贺家村墓葬。那座墓是1973年农民平整土地时发现的10座墓之一，编为M1，出土青铜器10余件，7件青铜容器中，有1件凤柱斝M1：10，通高41厘米。此斝侈口，尖沿，杯形腹分上下两段，各饰三组兽面纹组成的纹带，兽面的鼻和组界设勾牙形扉棱。一只“C”形大兽鋬起于上腹而接在下腹，鋬顶为兽首形，其额有勾云形饰。与鋬相对，自口沿内壁竖起两方形柱，柱头上各伏卧一只圆雕凤鸟，透空冠饰颇为华丽。器底微突，三只截面三角形的空足承器（图四八，1）。清理简报以为此墓年代为西周早期，早期图录认为斝的年代为商晚期，但林沄认为其年代要早于殷墟[51]。

考察器内壁，发现若干特别的现象。首先是与鋬的兽首相对的一对“铆头”，圆泡状，轮廓整齐，表面饰涡纹，明显与器壁有间隙，说明鋬后铸，与盘龙城李家嘴簋一脉相承，但美化了铆头（图四八，2）。其次是腹内壁上下段的三组纵列的突棱，是铸接先铸的兽面纹鼻扉棱的强化措施（图四八，3）。[52]

1

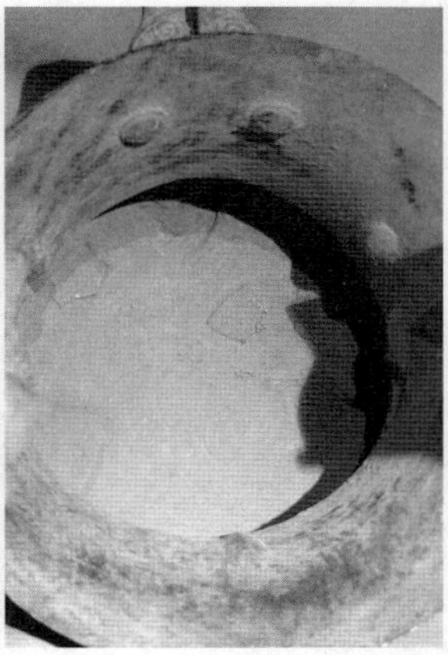
2

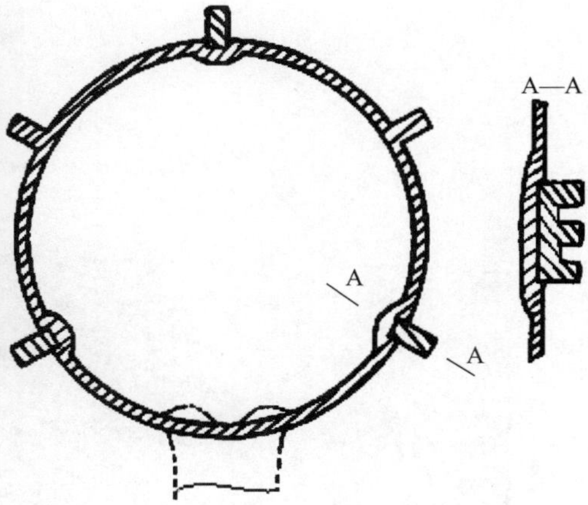

3

图四八　岐山贺家村凤柱斝

1. 斝（引自《中国青铜器全集》卷4图59）　2. 内壁铆头与突棱（引自《两周封国论衡》554页图9左）

3. 扉棱先铸示意图（引自《艺术史研究》第16辑126页图42）

与贺家村凤柱斝同形、具有紧密联系的还有两件传世斝，分别收藏在华盛顿弗利尔艺术馆（The Freer Gallery of Art，Smithsonian）和京都泉屋博古馆。弗利尔斝（编号：07.37）与贺家村斝最为接近，只是腹部纹带略浅、扉棱较窄矮（图四九，1），通常将其年代断为商晚期[53]。但其内壁，同样有一对装饰涡纹的圆泡形铆头，腹部的三组扉棱也属先铸铸接（图四九，2），工艺与贺家村凤柱斝完全相同，可以认为为师徒之作。泉屋博古馆斝，除凤鸟造型一致但更华丽[54]，三只三角形截面足中空并与腹腔贯通外，器腹的变化较大，最为突出的不同是底分裆，腹部纹带无扉棱，且下腹饰高浮雕兽面纹，云雷纹衬地，是三层花结构（图五〇，1）。不独如此，下腹内壁还有随高浮雕纹饰相应的下凹，其中部分泥芯尚存（图五〇，2）。一只“C”形大兽鋬设在腹壁，可以称奇的是与鋬相应，腹内壁相应位置有一对“圆铆头”，浮凸于器壁并饰涡纹（图五〇，3）。显然，此器与前二凤柱斝一脉相承，只是出自另辈铸工之手[55]。

1　　2

图四九　弗利尔斝及铆头

（引自 *The Freer Chinese Bronzes, Volume Ⅰ*, p.127, pl.21; p.129, fig.15）

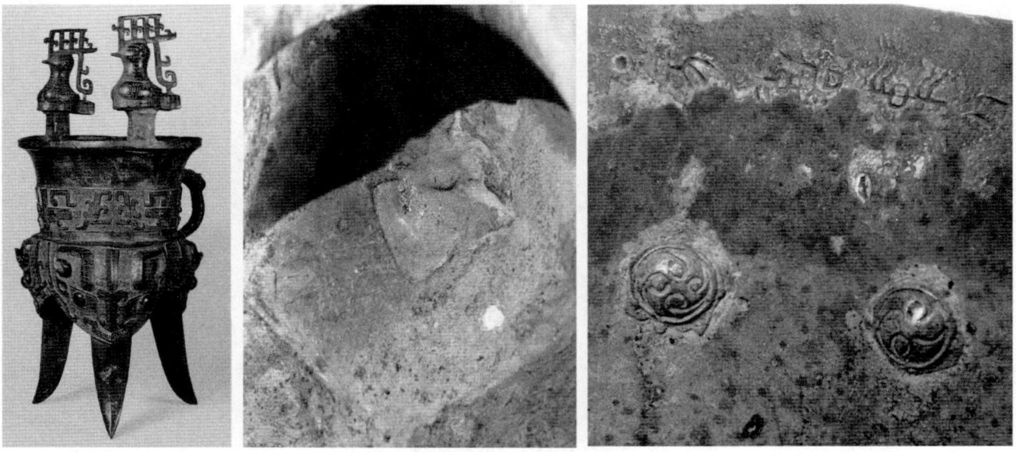

1　　2　　3

图五〇　泉屋博古馆斝

1. 斝（引自《泉屋博古》47 页）2. 底内壁下凹（引自《泉屋透赏》373 页图 34）

3. 内壁铆头（引自《两周封国论衡》558 页图 13）

商代杯状腹的青铜斝甚多，而凤柱斝仅此三件，而且关键工艺相同，说明其时代联系紧密。上海博物馆收藏的一件青铜斝，也是杯状腹，上下腹各饰一兽面纹带，未有扉棱，柱帽为平常的伞状，但"C"形兽耳的兽头巨大且中空，有若李家嘴簋之兽耳（图五一，1），然而，与兽耳相应的腹内壁，有一对和泉屋博古馆斝相同的铆头（图五一，2）。这件斝本身年代不晚，但鉴于铸铆式铸接不复见于斝而转向盂、甑、卣等器的耳和纽，可以将之附列于凤柱斝之尾，推定自贺家村斝至上海博物馆斝出自四代人之手，从中商中早期之交或略晚延续到中商晚期或中商与晚商的过渡阶段。

1　　　　2

图五一　上海博物馆斝及铆头

（引自《泉屋透赏》374 页图 35、375 页图 36）

同样，小卷耳和铸铆式铸接双耳的簋仅所见三件，其序可排如下：

李家嘴簋 → 青铜馆簋

李家嘴簋 → 火疙瘩簋

至于青铜馆簋和火疙瘩簋的早晚，还难以断定。似乎从李家嘴簋分出两支，一支继续铸造兽面纹带，但其两侧镶圆圈纹，双耳的铸铆式铸接设四枚铆头，上三下一排列，且铆头突如圆泡；而另一支保持平头钉盖铆头，三枚，倒"品"字排列，但器腹纹饰满布型，颈部和圈足都有窄斜角目纹带。二者的年代在中商早期前后，最早到中商与早商之交，最晚到中商晚期与中期的过渡。

再分析新干涝背簋，满布纹饰但无底纹，属平铺类型，纹饰属罗越Ⅲ式，其冠饰的燕尾纹虽小，但颇为特殊。其双耳先铸，扉棱先铸，在殷墟器物中没有可比性，但却与岐山贺家村凤柱斝建立起联系，该斝腹部三组扉棱先铸，以凸棱式铸接，而涝背簋扉棱则是平背式铸接[56]。事实上，扉棱铸接的渊源应早于岐山贺家村凤柱斝。弗利尔艺术馆藏一件带盖长颈壶（编号：49.5；图五二，1），具有二里冈晚期即早商晚期风格特点，盖和颈部均饰三道勾牙式扉棱，这些扉棱先铸，因壁薄，其中盖的一道扉棱穿出了盖壁可在内壁看到（图五二，2）[57]，显然造成了一种铸造缺陷。后来的铸工为避免这种缺陷的发生，在铸接处的内壁设突棱加厚器壁，可完全包络扉棱根部，形成了扉棱的凸背式铸接。但还有铸工另辟蹊径，采用加厚器壁的方式，形成了扉棱的平背式铸接，新干涝背很多青铜器的扉棱，应该都是采用这一方式铸接的[58]。看来，涝背簋要晚，但不会晚于殷墟早期。因此，五件双耳簋的序列可排如下：

杨家湾簋→李家嘴簋→青铜馆簋、火疙瘩簋→涝背簋。

1　　　　　　　　　　2

图五二　弗利尔壶及盖

1. 引自《中国青铜器全集》卷3图91　2. 引自 *The Freer Chinese Bronzes, Volume Ⅰ*, p.43, fig.6

铸型工艺是指簋本体铸型的结构。

盘龙城杨家湾簋和李家嘴簋铸型三分，分型面大体与圈足三透孔相应，这种形式在二里冈青铜器中常见，如郑州商城、黄陂盘龙城。火疙瘩簋则有所不同，虽是三范，分型面却不与三个透孔相一致，而是相错60°。大洋洲涝背簋四分铸型，分型面过四透孔。青铜馆尊，铸型四分，分型面通过圈足透孔。很明显，簋的铸型设计与圈足透孔有密切关系，首先是二者数目相同，其次是多数簋的分型面与圈足透孔位置相应、通过透孔，只有火疙瘩簋是例外。对此例外，可以认为是其铸工讲求个性而为。针对铸型工艺，五件簋的序可排如下：

杨家湾簋、李家嘴簋→火疙瘩簋→青铜馆簋、涝背簋

综合上述讨论，五件簋的年代可以排列如下：

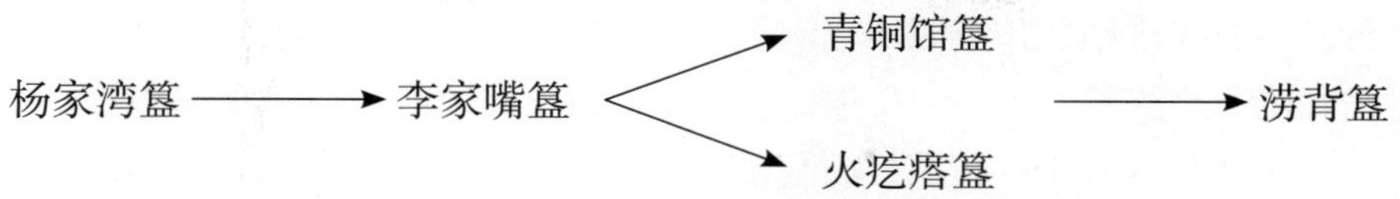

盘龙城杨家湾簋的年代最早，年代相当于商早期的二里冈上层一期，李家嘴簋略晚，年代相当于二里冈一、二期过渡阶段或二期。龙头火疙瘩簋和青铜馆簋二者早晚难以确定，大约同时，年代或在二里冈二期晚段或二期向中商的过渡阶段，不排除火疙瘩簋进入了中商早期的可能。大洋洲簋年代在中商晚期或者略早，或者此前认为的殷墟一期或略早。孙华讨论大洋洲涝背青铜器群，指出其年代不晚于殷墟四期划分的第二期[59]，很有见地。

就铸地而言，杨家湾簋虽然有其特色，如圈足凸形透孔、孔下设缺口，但还不能确定这些是南方青铜器特征，铸地不明。当然，郑州商城铸铜遗址内涵相对贫弱，既不能说明铸造了商城窖藏坑青铜器[60]，更不能证明如贝格立推测的盘龙城器铸造于彼[61]。至于盘龙城李家嘴簋、龙头火疙瘩簋和青铜馆簋，具有典型的南方工艺特征，应是南方铸铜作坊某组铸工的产品，所以时代跨度不会太大。大洋洲涝背簋也具有典型的南方工艺，扉棱分铸，与上述三件簋不同，属于南方铸工的另一组别。

这里涉及圈足的透孔，顺便略作申论。对于这些透孔，宋至清的古器物学家熟视无睹，率先注意到这一问题的是大英博物馆的叶慈（Walter Perceval Yetts，1878～1957 年）。他研究猷氏（George Eumorfopoulos，1863～1939 年）收藏的中国青铜器，注意到青铜觚胴足上的孔洞，认为是失蜡法铸造青铜器过程中，所设置的铜芯撑被切截成片，再经锈蚀脱落所致[62]。万家保（1926～2009 年）虽不同意叶慈说法，却也认为是曾经采用了“十”字形或长方形的铜片支撑泥芯，尔后铜片脱落或腐蚀而形成的[63]。石璋如（1902～2004 年）分析青铜尊，以为是“在底上另置两个或四个十字架式的支垫”，以支持圈足芯[64]，认为是泥芯撑的痕迹。直到最近，刘煜再次沿袭石璋如之说，认为透孔的形成是泥芯头或泥芯撑设置的孑遗[65]。这些观点都过于片面[66]。工艺上没有考虑到圈足芯不长，其直径较大，底沿下伸出的芯座足以使之稳固，无需伸出芯头固定之；同样，位置也在范的端头，而端头需要榫卯等固定范，靠近这些结构设置芯头以固定范效率较低。在没有设置透孔的圈足器上，如郾城拦河潘出土的二里冈与中商之际的兽面纹罍，岳阳鲂鱼山出土的中商时期兽面纹瓿、妇好墓出土的双耳簋 M5：851 都未在圈足壁发现垫片[67]，也说明透孔位置无需垫片保持型腔或固定范。此外，透孔的形状式样颇多，常有不规则形，也多见“十”字形，还有一些特别形状的如火疙瘩簋为 T 形，盘龙城李家嘴二号墓无耳簋 LZM2：2 为凸形。若作为芯撑或芯头，无需加工成多样且复杂的形状，特别是殷墟时期青铜觚圈足上十分窄细的“十”字形透孔，如上海博物馆所藏黄觚，却有不少觚如安阳大司空村 M267 出土的戍马觚那样，“十”字形透孔未透[68]，的确，形成这样的透孔诚非易事，作为芯撑的形状更加不可思议。事实上，自新石器时代晚期起，在大汶口文化、屈家岭文化、龙山文化的陶器的支座、柄和圈足上往往有透孔，功能基本属装饰性，且有向规则性和美观演化的趋势，这些装饰后来又表达在青铜器上，也是陶铸关系密切的一个脚注，未必与铸铜工艺有关。明显的事实是盘龙城杨家湾簋和大洋洲涝背簋圈足透孔是两侧小中间大，须制作独立的芯（片）才能成形，不仅与足芯支撑无关，还有加持固定在圈足芯和范之间的麻烦。二里冈时期的仿铜陶器，往往也在圈足顶设透孔，是其非工艺要求而属装饰的又一证明。

六、早期小卷耳陶容器与早期双耳青铜簋

古代中原及其周边地区的青铜器面貌，在整个古代文明的视野里，无疑非常之独特甚至怪异，造型和纹饰以及实现它们的手段，均卓尔不群。各式各样青铜容器，从功能设计、色相到使用都有诸多未解之谜。

然而，寻绎这些器物的源流关系，不难发现与新石器时代的陶器密切相关，无怪乎古人将“陶冶”并称，其工艺之间的联系，应该蕴含在“陶铸”之中。

1. 二里头文化

陶簋应当出现在新石器时代晚期，和钵、盆等容器功能相同，造型差别不大，但多无耳。大溪文化的杯，在中腰会设置带状“C”形鋬，山东龙山文化的陶杯，也往往设有带状的“C”形鋬。受这些器物的影响，新石器时代晚期和二里头文化，环形或“C”形小卷耳会出现在盆、簋、罍器物口沿，泥片自口沿外卷向颈部，形小，只具有装饰功能。如偃师二里头遗址二里头文化二期墓葬出土的陶盆 2002VM4：4，折沿圜底，口沿外对置两个小“C”形耳，较宽，有若卷筒，上面与口沿大体平齐，下端接在口沿下腹壁（图五三，1）。另一件陶盆 2002VM4：14 形式与之相同，同属第二期晚段。四期晚段的一件陶簋 2004VM17：1，宽沿厚唇，鼓腹圈足，上腹饰两周宽凸弦纹，口沿外对生卷筒形较宽的耳，直接从口沿外卷向口沿下，平素无纹饰（图五三，2）[69]。

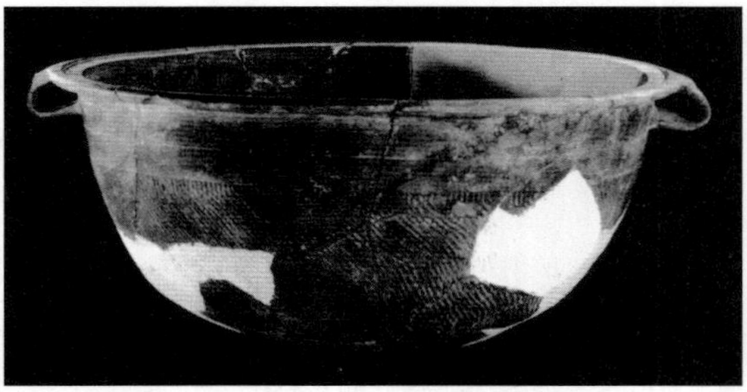

1

2

图五三　二里头文化陶盆与陶簋

（引自《二里头：1999～2006》图版 184，1；图版 199，2）

1. 二期晚段陶盆（2002 V M4：4） 2. 四期晚段陶簋（2002 V M4：14）

这些盆或簋的双耳形状，与本文所论五件青铜簋中除青铜馆簋相一致，当是这类青铜器耳的渊源，体现了二里头文化对江汉平原乃至赣江中游商文化的影响。

2. 郑州商城

承续二里头文化的早商二里冈阶段，郑州商城是都城，遗物具有这一时期的代表性。

根据《郑州商城：1953～1985年考古发掘报告》，出土的陶簋，属于二里冈下层一期的只有两件，敞口高圈足，无耳；属于二里冈下层二期的簋，有飞跃式增长，计40件，直口折沿式最多，达28件，其次为敞口卷沿式，计9件，只有3件是双耳簋，而发掘报告只列举两件，均出自铭功路制陶遗址，皆属细泥质磨光灰陶。簋C11H135：41，通高15.8、口径36.8厘米；直口微外侈，弧折沿，圆唇，颈部饰一周阴弦纹和一周凸弦纹；浅腹，弧形腹壁饰一周凸弦纹；底近平，圈足壁较直，其上段略细，对设两个刻出的“十”字形透孔，一周凸弦纹通过其中；下段略粗；一对宽扁兽耳对置，自口沿卷向上腹包住颈部，耳装饰简略，只见两目和鼻梁（图五四，2）。簋C11H135：6残缺很多，仅存含簋耳不到四分之一的腹壁，残高4厘米。直口，弧腹，颈和腹部各饰一周凸弦纹，宽扁卷耳起于口沿接于上腹。兽面边缘清晰，直而较宽的鼻梁两侧一双三角形眼和三角形眼珠（图五四，2）[70]。

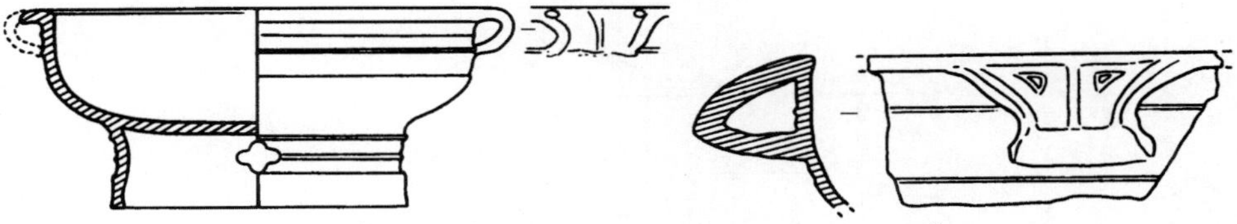

1　　2

图五四　郑州商城铭功路制陶遗址二里冈下层二期双耳陶簋

（引自《郑州商城：1953～1985年考古发掘报告》）

1. C11H135：41　2. C11H135：6

与二里冈下层二期紧密衔接，属于二里冈上层一期的簋共55件，直口折沿深直腹簋16件，敛口折沿鼓腹簋28件，敞口卷折沿斜腹簋5件，敞口卷沿深腹簋2件，敛口卷沿深腹簋1件，另有双耳簋3件。这3件双耳簋均为泥质灰陶，且都经磨光，制作精致。簋ZFH1：5出自郑州市法院工地的一个灰坑，残高15.6、口径24厘米。簋敛口，宽沿外折，颈微束，腹圆鼓，上部磨光，颈部划纹二周，有二弯月形记号。“C”形扁耳隆起很矮，跨在颈部，耳面以线勾出鼻和两圈形眼以示兽面，簋腹和圈足无纹饰，但圈足下边加厚出裙（图五五，1）。簋DHH1：3出自德化街工地一灰坑，出土时圈足略残，修复后通高12.8、口径31.5厘米。此簋敞口，大弧折沿，厚唇，颈不明显，腹弧收，腹壁饰宽兽面纹带，由四组宽线兽面纹组成，上下以凸弦纹镶边；一对

“C”形耳起于口沿接于纹带上部，光素；圈足甚矮，圜底及地（图五五，2）。另一件簋 C5T61 ①：75 出自南关外，自下腹残失，残高 9.2、口径 30 厘米。直口微敛，宽平沿，厚唇。颈和腹部均磨光，颈饰一周凸弦纹，上腹饰八组宽线兽面纹组成的纹带，以凸弦纹镶边；一对“C”形耳造型和纹饰与簋 ZFH1：5 耳相同，上面勾出鼻梁和两目（图五五，3）[71]。

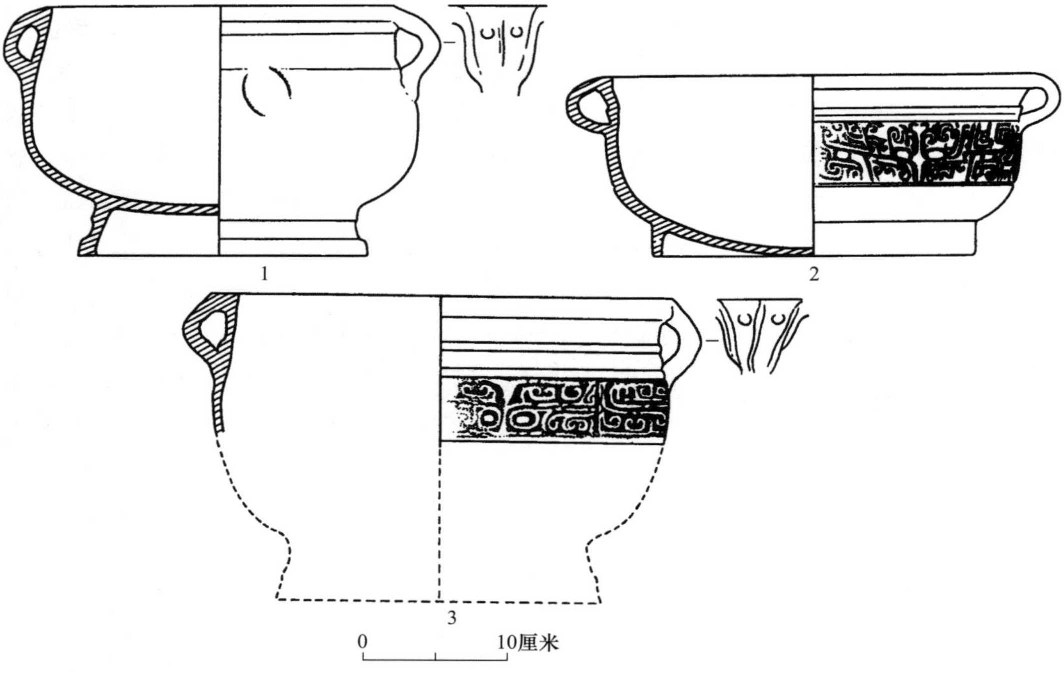

图五五　郑州商城二里冈上层一期陶双耳簋

（引自《郑州商城：1953～1985 年考古发掘报告》）

1. 郑州市法院（ZFH1：5）2. 德化街（DHH1：3）3. 南关外遗址（C5T61 ①：75）

属于二里冈上层二期的陶簋发现 6 件，也是泥质灰陶，其中敛口折沿式 4 件，直口无沿和敞口折沿式各 1 件，没有双耳簋[72]。

从郑州商城出土陶簋可以看出，作为容器的簋虽然成为二里冈阶段的主要容器，但双耳形式的数量少，且品质高，多经磨光，多有装饰，特别是二里冈上层一期的簋 DHH1：3 和 C5T61 ①：75，装饰宽线兽面纹带，兽面纹也很抽象，给人以模仿青铜双耳簋的强烈印象。与青铜双耳簋对比，模仿的对象显然是李家嘴二号墓簋 LZM2：2 的类型。可以推测，虽然郑州商城迄今还未见青铜簋出土，但从这些仿铜陶簋看，当时已经有同形的青铜簋存在。

相对而言，黄陂盘龙城遗址发现的陶簋数量很少，只有 6 件，发掘报告将它们分为侈口和直口两类，各自 3 件，除杨家嘴簋 YZT3 ③：21 分在第五期外，两件在第六期，三件在第七期[73]。与郑州商城相对比，盘龙城簋的情状似乎更接近二里冈下层一期格局，二者是文化取向的差异还是年代的错位，值得研究。

至于樟树吴城遗址，发掘报告只列出两件陶簋，且只存下腹和圈足，上半部分无法推测，但据所出的钵、盆和碗等其他种类陶器看，吴城文化几乎没有设小卷耳的陶器[74]。吴城文化与新干大洋洲涝背青铜簋的关系，目前还不易建立起来。

通过对陶器特别是陶双耳簋的分析，比较清楚地反映出青铜双耳簋与中原二里头文化和早商二里冈阶段文化的密切关系，南方青铜铸工虽然有不少精妙的技术发明甚至可以炫酷，但依然是在中原青铜艺术和制度格局下存在和发展的，不存在一个所谓独立的青铜艺术和制度系统[75]。

七、结　语

小卷耳簋是在二里头文化中即已出现的陶器类型，并在二里冈继续沿用。这类陶簋质地较好、制作较精，二里冈阶段的个别器，如装饰宽线兽面纹带者，很可能是青铜簋的仿制品，有理由期待这样的青铜簋在中原出土。二里头文化和二里冈下层一期时，簋为数很少，却在二期开始较快增多，反映了器用的差别，然其背景还茫然无知。

在江汉平原，以盘龙城遗址为代表，簋形器始终不多，但却出现了两件小卷耳青铜双耳簋，其中一件是杨家湾簋，半管形耳浑铸成形，外饰兽面纹；另一件出自李家嘴一号墓，将耳作兽形，并采用了铸铆式分铸的形式后铸双耳。二者纹饰类型一致，年代相差应不大，杨家湾簋原始，年代应在李家嘴之前，这和对杨家湾墓葬的断代有较大出入，或者该墓葬并非较李家嘴墓晚很多，或者是其中瘗埋了较早的器物。而李家嘴一号墓簋，则应视为铸工为求簋的华美而别出心裁之作。当然，较之略早的李家嘴二号墓的斝 LZM2：12，錾以铸铆式铸接补铸，可以视为是某铸工探索铸铆式铸接的努力。

李家嘴一号墓簋耳铸铆式铸接的成功，很可能成为该工匠的某种秘技，小心地传给了两个弟子，一个铸造了城固火疙瘩簋，另一个铸造了青铜馆簋。这三件簋的基本造型和装饰格局一致，但纹样和装饰有出入，既可认为是时代变迁的结果，也可认为是铸工个性的表达。如此，三件器物的年代也就是一代人的差别，也许就二三十年。这样，青铜馆簋兽耳有珥，就只能作为偶然因素看待，不能成为判断器物早晚的因子。至于两百多年后簋耳的珥与这件器物的关系，目前难以深入讨论，或者如霍布斯鲍姆（Eric J. Hobsbawn，1917～2012 年）理论，是一种传统的再发明[76]。此后，这种工艺不再用于铸造青铜簋，转而铸造青铜斝，尔后是青铜盂、甗、偶方彝和盖纽等，传人随时代要求而铸造不同的器物，传了大约十代，但核心工艺不变，且牢牢控制在很少的铸工之手[77]。

对南方青铜器的研究，可据相当数量的器物归纳出其特殊的风格类型和工艺特点，但远非全部，需要不断深入地探索丰富其内涵，当然只有铸铜遗址的发现和深入研究才能认知其基本面貌或全貌，包括是否铸造非南方风格器。

新干大洋洲涝背簋具有典型性。从造型和装饰风格类型上，与前述四件簋差别较大，但耳形接近。其假腹式浅腹、宽大圈足、扉棱装饰，燕尾纹等等，均构成其重要特色。工艺上，耳的成形不同于盘龙城杨家湾簋耳浑铸而采用分铸，但是先铸成形，与李家嘴、火疙瘩和青铜馆簋不同；其扉棱也先铸成形，但铸接方式不同于岐山贺家村凤鸟斝扉棱的突棱式铸接而采用平背式铸接，虽然技术路线一致，但工艺手段不同，充分体现了工匠的个性。而扉棱的分铸，基本上是铸工的炫技心态的体现。

巴纳曾指出铸接源自补铸[78]。华觉明等在研究妇好墓青铜器的铸造技术时，发现圆斝的鋬是榫接式后铸，并指出“陶斝的鋬和所有陶器的鋬一样都是后接的”，认为青铜斝鋬的分铸可能从制陶技术得到启发[79]。是古代中国“陶”“冶”、“陶”“铸”密切关系的佐证。但青铜工业可能早在青铜时代早期，已充分吸收了制陶术的技术成果和精华，工艺设计走向各自独立之途。在盘龙城所出土 50 件爵和 54 件斝中[80]，既有早于李家嘴一号墓者，多是晚于此墓者，仅有斝 LZM1：12 和 LZM1：13 的鋬分铸且互有差别，正是“陶”“铸”独立的脚注[81]。

贝格立认也认为铸工从补铸发明了后铸，并进而指出商代铸工铸造青铜器，偏好一次浇注成形，即浑铸，只是在万不得已情况下，分铸才偶一为之[82]。这一概括未免失之笼统，过于强调工艺原则和习惯而忽视了工匠的个性与诉求。事实上，早在二里头文化的晚期，不仅已经发明后铸铸接，而且新近也发现了先铸的盉鋬，而早商和中商阶段青铜器的大型化与复杂化，全赖分铸铸接工艺的高度技巧和广泛使用，甚至一批工匠为炫技而发明出一些特别工艺，如铸铆式铸接和扉棱先铸，等等。

此外，在梳理这些簋的铸造工艺时，还有新的发现。以前所知青铜垫片是铜器碎片，形状不规则，厚度与器壁一致。但大洋洲涝背簋底部的四个垫片却是圆形，显然是特意铸造的。无独有偶，盘龙城李家嘴二号墓簋 LZM2：2 底部的垫片即是长方形且突出器内壁的，也是特意铸造并在设置铸型时是插入簋腹芯的，或者反映了垫片使用的初期形态，但也说明南方有铸工专门铸造具体形状的垫片用来铸造青铜器，为认识南方风格青铜器增添了新内容。

作者附识：拙文原拟奉给张长寿、陈公柔先生纪年文集，因截稿在前，便将拟与《三代考古》的论倒置兽面纹卣和壶一文先呈献了；是牛世山教授的再三宽宥，可将此拙文准备得略微从容一些。本文涉及的盘龙城簋，是张昌平教授主持的国家社科基金重大项目盘龙城研究的一部分。青铜博物馆簋的材料，最先是韩炳华教授先惠示、并提示作者铸铆式铸接新添实例。2020 年开始，作者与山西博物院合作，对这件器物进行了仔细研究，此拙文也是与山西博物院合作的一点成果。大洋洲涝背簋曾在三十年前进行过研究，但X光片是胡东波教授惠赠的。写作过程中，劳内田纯子博士查核万家保先生生卒，李晴女士安排参观历史研究院考古博物馆，见到若干新石器时代小卷耳陶器。对以上诸位的支持和帮助，谨在此表示由衷的感谢。

注　释

[1] 岳洪彬：《殷墟青铜礼器研究》，中国社会科学出版社，2006年，第131～136页。

[2] 苏荣誉：《妇好墓青铜器与南方影响——殷墟青铜艺术与技术的南方来源与技术选择新探》，《商周青铜器铸造工艺研究》，科学出版社，2019年，第1～68页。

[3] 徐中舒主编：《甲骨文字典》，四川辞书出版社，1989年，第485、486页。

[4] 中国社会科学院考古研究所：《殷周金文集成》（第6～8册），中华书局，1988、1987年。

[5] 钱坫：《十六长乐堂古器款识考》卷二页七，1933年开明书局翻刻嘉庆元年自刻本。

[6] 朱凤瀚：《中国青铜器综论》，上海古籍出版社，2009年，第125～135页。

[7] 岳洪彬：《殷墟青铜礼器研究》，中国社会科学出版社，2006年，第51～59页。

[8] 朱凤瀚：《中国青铜器综论》，上海古籍出版社，2009年，第124～135、918、928页。

[9] 杨锡璋、高炜主编：《中国考古学·夏商卷》，中国社会科学出版社，2003年，第188、198～200页。

[10] 湖北省文物考古研究所：《盘龙城：1963～1994年考古发掘报告》，文物出版社，2001年，第441～446页。

[11] 张昌平、孙卓：《盘龙城聚落布局研究》，《考古学报》2017年第4期，第439～460页。

[12] 湖北省文物考古研究所：《盘龙城：1963～1994年考古发掘报告》，文物出版社，2001年，第181、199页，203页图138.1～4，图版60.2，彩版26。

[13] 《中国青铜器》编辑委员会：《中国青铜器全集》第1卷，文物出版社，1996年，图164。

[14] Max Loehr. The Bronze Styles of the Anyang Period (1300-1028 B.C.). *Archives of the Chinese Art Society of America*, 1953(7): 42-53; Max Loehr. *Ritual Vessels of Bronze Age China*. New York: The Asia Society Inc., 1968: 11-16, 26-36.

[15] 湖北省文物考古研究所：《盘龙城：1963～1994年考古发掘报告》，文物出版社，2001年，第199页；胡家喜、李桃元、李秀辉等：《盘龙城遗址青铜器铸造工艺探讨》，《盘龙城：1963～1994年考古发掘报告》附录七，第587页。

[16] 华觉明、冯富根、王振江等：《妇好墓青铜器群铸造技术的研究》，《考古学集刊》（第1集），中国社会科学出版社，1981年，第244～272页。

[17] 苏荣誉、张昌平：《盘龙城青铜器的铸接工艺研究》，《盘龙城与长江文明国际学术研讨会论文集》，科学出版社，2016年，第118～137页。

[18] 湖北省博物馆：《盘龙城商代二里冈期的青铜器》，《文物》1976年第2期，第37页。

[19] 华觉明、冯富根、王振江等：《妇好墓青铜器群铸造技术的研究》，《考古学集刊》（第1集），中国社会科学出版社，1981年，第264、265页。

[20] Robert W. Bagley. The Zhengzhou Phase (The Erligang Period). in Fong Wen ed., *The Great Bronze Age of China, An Exhibition from the People's Republic of China*, New York: The Metropolitan Museum of Art, 1980: 105-106; Robert W. Bagley. *Shang Ritual Bronzes in the Arthur M. Sackler*

Collections. Washington DC: The Arthur M. Sackler Foundation, 1987: 42; 河南省博物馆：《河南三门峡市上村岭出土的几件战国铜器》，《文物》1976 年第 3 期，第 54、11 页。但后文认为具体工艺是“器身和耳饰分开铸造，然后铆合成为一体”，分铸的认识是正确的，但铆合的看法不确，应是铸铆式铸接结构。

［21］胡家喜、李桃元、李秀辉等：《盘龙城遗址青铜器铸造工艺探讨》，《盘龙城：1963～1994 年考古发掘报告》，文物出版社，2001 年，第 586、587 页附录七。

［22］河南省文物考古研究所：《郑州商城：1953～1985 年考古发掘报告》，文物出版社，2001 年，第 815、821 页，图 548、552.2；湖北省文物考古研究所：《盘龙城：1963～1994 年考古发掘报告》，文物出版社，2001 年，第 168～269、175、176 页，图 110、116。

［23］张昌平、孙卓：《盘龙城聚落布局研究》，《考古学报》2017 年第 4 期，第 439～460 页；湖北省文物考古研究所：《盘龙城：1963～1994 年考古发掘报告》，文物出版社，2001 年，第 217～228 页。

［24］湖北省文物考古研究所：《盘龙城：1963～1994 年考古发掘报告》，文物出版社，2001 年，第 217、263～266 页。

［25］湖北省文物考古研究所：《盘龙城：1963～1994 年考古发掘报告》，文物出版社，2001 年，第 283、286 页，第 290 页图 213.3-5，图版 92.3，彩版 39.2。

［26］胡家喜、李桃元、李秀辉等：《盘龙城遗址青铜器铸造工艺探讨》，《盘龙城：1963～1994 年考古发掘报告》，文物出版社，2001 年，第 582 页附录七。

［27］张昌平、丹羽崇史、广川守：《论商周时期青铜簋的铸型技术》，《考古》2012 年第 10 期，第 63 页。

［28］王寿芝：《陕西城固出土的商代青铜器》，《文博》1988 年第 6 期，第 3～9 页。

［29］《中国青铜器全集》第 1 卷图 60；曹玮主编：《汉中出土商代青铜器》第 1 卷，巴蜀书社，2006 年，第 40～41 页。此器的尺寸和重量从此，与王寿芝的著录有出入。王氏记通高 16.5、口宽 26.3、腹深 12、足高 4.5、足径 18 厘米，重 4.36 千克（王寿芝：《陕西城固出土的商代青铜器》，《文博》1988 年第 6 期，第 3～9 页）。

［30］赵丛苍：《城固洋县铜器群综合研究》，《文博》1996 年第 4 期，第 3～26 页；赵丛苍主编：《城洋青铜器》，科学出版社，2006 年，第 13 页，图版 72～75。

［31］江西省文物考古研究所、江西省博物馆、新干县博物馆：《江西新干商代大墓》，文物出版社，1997 年，第 1～7 页；彭明瀚：《江西新干大洋洲商代遗存性质新探——兼与墓葬说商榷》，《中原文物》1994 年第 1 期，第 16～19 页。

［32］《江西新干商代大墓》，第 57 页，图 33、彩版 15.1、图版 17.1；《中国青铜器全集》、朱凤瀚和岳洪彬等均沿袭发掘报告称盘（《中国青铜器全集》第 4 卷，图 173；朱凤瀚：《中国青铜器综论》，第 1197 页；岳洪彬：《殷墟青铜礼器研究》，第 410 页图 22。改称簋的著录如：《长江中游青铜王国：江西新干出土青铜艺术》（江西省博物馆、上海博物馆编，两木出版社，1994 年，No.21）和《商代遗珍：江西新干大洋洲出土文物精品》（深圳博物馆、江西省博物馆编，文物出版社，2010 年，第 66 页）。

［33］苏荣誉等：《新干商代大墓青铜器铸造工艺研究》，《新干商代大墓》附录九，文物出版社，1997 年，第 257～300 页。此文与发掘报告一致，称“商代大墓”和“盘”，后在苏荣誉《新干大洋洲

商代青铜器群铸造工艺研究》中改正，见：《磨戟：苏荣誉自选集》，上海人民出版社，2012 年，第 63～116 页。

[34] 苏荣誉、胡东波：《商周铸吉金中垫片的使用和滥用》，《饶宗颐国学院院刊》创刊号，2014 年，第 101～134 页。

[35] 苏荣誉：《见微知著——中国古代青铜器的垫片及相关问题》，《国博讲堂》（2013～2014），上海古籍出版社，2016 年，第 115～166 页。

[36] 山西省公安厅、山西省文物局：《国宝回家：2018 山西公安机关打击文物犯罪成果精粹》，文物出版社，2018 年，第 88、89 页。

[37] 湖北省文物考古研究所：《盘龙城：1963～1994 年考古发掘报告》，文物出版社，2001 年，第 174、175 页，页 175 图 116.1，图版 49.3，彩版 17.1。

[38] 岳洪彬：《殷墟青铜礼器研究》，中国社会科学出版社，2006 年，第 51～59 页。

[39] 中国社会科学院考古研究所：《殷墟妇好墓》，文物出版社，1980 年，第 50 页，30 页图 19.6，图版 17.2–3；《中国青铜器全集》第 2 卷，文物出版社，1997 年，图 95。

[40] 中国社会科学院考古研究所：《殷墟妇好墓》，文物出版社，1980 年，第 46、49 页，图版 15.2–3；苏荣誉：《安阳殷墟青铜技术渊源的商代南方因素：以铸铆结构为案例的初步探讨兼及泉屋博古馆所藏凤柱斝的年代和属性》，《泉屋透赏：泉屋博古馆青铜器透射扫描解析》，科学出版社，2015 年，第 352～386 页。

[41] 苏荣誉：《洛宁出土与上博收藏二里头文化铜角申论》，第二届世界古都论坛暨纪念二里头遗址科学发掘 60 周年学术研讨会，2019.10.19～20，洛阳；苏荣誉：《扉棱先铸青铜容器初论》，宝鸡戴家湾、石鼓山与安阳出土青铜器及陶范学术研讨会，2015.11.30～12.4，北京—西安—宝鸡。

[42] 中国社会科学院考古研究所：《二里头（1999～2006）》，文物出版社，2014 年，第 91 页，彩版 215.3。

[43] 中国社会科学院考古研究所：《殷墟妇好墓》，文物出版社，1980 年，第 66 页，彩版 5.2；《中国青铜器全集》第 3 卷，文物出版社，1997 年，图 73。

[44] 李济、万家保：《殷墟出土伍拾叁件青铜容器之研究》（古器物研究专刊第五本），历史语言研究所出版，1972 年，图版 16。

[45] 中国社会科学院考古研究所：《殷墟妇好墓》，文物出版社，1980 年，第 49 页，图版 16.1；华觉明、冯富根、王振江等：《妇好墓青铜器群铸造技术的研究》，《考古学集刊》（第 1 集），中国社会科学出版社，1981 年，第 267 页表六。

[46] 苏荣誉、张昌平：《盘龙城青铜器的铸接工艺研究》，《盘龙城与长江文明国际学术研讨会论文集》，科学出版社，2016 年，第 118～137 页。

[47] 湖北省文物考古研究所：《盘龙城：1963～1994 年考古发掘报告》，文物出版社，2001 年，第 191、192、194 页，195 页图 131.1–2，192 页图 129.7–8，图版 58.1、57.3。

[48] 苏荣誉、张昌平：《盘龙城青铜器的铸接工艺研究》，《盘龙城与长江文明国际学术研讨会论文集》，科学出版社，2016 年，第 118～137 页。

[49] 苏荣誉、张昌平：《盘龙城青铜器的铸接工艺研究》，《盘龙城与长江文明国际学术研讨会论文集》，科学出版社，2016 年，第 118～137 页。

[50]《中国青铜器全集》第 1 卷，文物出版社，1996 年，图 12、14–16。

［51］陕西省博物馆、陕西省文物管理委员会：《陕西岐山贺家村西周墓葬》，《考古》1976 年第 1 期，第 31～38 页；陕西省考古研究所、陕西省博物馆、陕西省文物管理委员会：《陕西出土商周青铜器》（一），文物出版社，1980 年，图 2；《中国青铜器全集》第 4 卷，文物出版社，1998 年，图 59-61；林沄：《商文化青铜器与北方地区青铜器关系之再研究》，《林沄学术文集》，中国大百科全书出版社，1998 年，第 262～288 页。

［52］苏荣誉：《岐山出土商凤柱斝的铸造工艺分析及其相关问题的探讨》，《两周封国论衡：陕西韩城出土芮国文物暨周代封国考古学研究国际学术研讨会论文集》，上海书画出版社，2014 年，第 551～563 页。

［53］John A. Pope，Rutherford J. Gettens，James Cahill，and Noel Barnard. *The Freer Chinese Bronzes, Volume I: Catalogue*. Washington DC: The Smithsonian, 1967: 126-131, plate 21, fig. 129; Rutherford J. Gettens. *The Freer Chinese Bronzes, Volume II: Technical Studies,* 1969: 92; 容庚：《商周彝器通考》，哈佛燕京学社，1941 年，第 382 页，图 455。

［54］泉屋博古馆：《泉屋博古：中国古铜器编》，汗牛书店，2002 年，第 47～195 页；滨田耕作：《泉屋清赏》，1918 年，图 88；容庚：《商周彝器通考》，哈佛燕京学社，1941 年，第 382 页，图 456。

［55］苏荣誉：《安阳殷墟青铜技术渊源的商代南方因素——以铸铆结构为案例的初步探讨兼及泉屋博古馆所藏凤柱斝的年代和属性》，《泉屋透赏：泉屋博古馆青铜器透射扫描解析》，科学出版社，2015 年，第 352～386 页。

［56］苏荣誉：《新干大洋洲商代青铜器群铸造工艺研究》，《磨戟：苏荣誉自选集》，上海人民出版社，2012 年，第 63～116 页。

［57］John A. Pope，Rutherford J. Gettens，James Cahill，and Noel Barnard. *The Freer Chinese Bronzes, Volume I: Catalogue*，pp. 40-45，plate 4，fig. 6;《中国青铜器全集》第 3 卷，文物出版社，1997 年，图 91。二者将这件器物年代定为晚商，显然失之偏晚。

［58］苏荣誉：《青铜工艺与青铜器风格、年代和产地——论商末周初的牛首饰青铜四耳簋和出戟饰青铜器》，《艺术史研究》（第 16 辑），中山大学出版社，2014 年，第 97～143 页。

［59］孙华：《关于新干大洋州大墓的几个问题》，《文物》1993 年第 7 期，第 19～26 页。

［60］苏荣誉：《郑州商城铸铜遗址与出土青铜器研究》，《青铜器与金文》（第 5 辑），上海古籍出版社，2020 年，第 58～108 页。

［61］Robert W. Bagley, Pan-long-ch’eng. A Shang city in Huangpi. *Artibus Asiae*, 1977(34): 165-219.

［62］W. Perceval Yetts. *The George Eumorfopoulos Collection; Catalogue of the Chinese and Corean Bronzes*, v.1, London: E. Bean, ltd. 1929: 37.

［63］李济、万家保：《殷墟出土青铜觚形器之研究》（古器物研究专刊第一本），历史语言研究所出版，1964 年，第 24、25、38 页。

［64］石璋如：《殷代的铸铜工艺》，《中央研究院历史语言研究所集刊》第 26 本，1955 年，第 112 页。

［65］刘煜：《圈足上的镂孔：试论商代青铜器的泥芯撑技术》，《南方文物》2014 年第 3 期，第 110～116 页。

［66］苏荣誉：《二十世纪对先秦青铜礼器铸造技术的研究》，《泉屋透赏：泉屋博古馆藏青铜器透射

扫描解析》，科学出版社，2015 年，第 387～445 页。

[67] 《中国青铜器全集》第 1 卷，文物出版社，1996 年，图 127；《中国青铜器全集》第 4 卷，文物出版社，1998 年，图 93、94；《中国青铜器全集》第 2 卷，文物出版社，1997 年，图 95。

[68] 《中国青铜器全集》第 4 卷，文物出版社，1998 年，图 125；《中国青铜器全集》第 2 卷，文物出版社，1997 年，图 114。

[69] 中国社会科学院考古研究所：《二里头：1999～2006》，文物出版社，2014 年，第 73、76、80 页，76 页图 3-2-1-9A、81 页图 3-2-1-12，彩版 184.1、189.3、199.2。

[70] 河南省文物考古研究所：《郑州商城：1953～1985 年考古发掘报告》，文物出版社，2001 年，第 166、642～645 页，645 页图 440.5-6，图版 128.5。

[71] 河南省文物考古研究所：《郑州商城：1953～1985 年考古发掘报告》，文物出版社，2001 年，第 741～745 页，747 页图 506.1-3，图版 190.1。

[72] 河南省文物考古研究所：《郑州商城：1953～1985 年考古发掘报告》，文物出版社，2001 年，第 862～863 页。

[73] 湖北省文物考古研究所：《盘龙城：1963～1994 年考古发掘报告》，文物出版社，2001 年，第 480、481 页，479 页图 339。

[74] 江西省文物考古研究所、樟树市博物馆：《吴城：1973～2002 年考古发掘报告》，科学出版社，2005 年，第 303 页，302 页图 185.10-11。

[75] Virginia C. Kane. The Independent Bronze Industries in the South of China Contemporary with the Shang and Western Chou Dynasties. *Archives of Asian Art*, 1974–1975(28): 77–107; 苏荣誉、彭适凡：《新干青铜器群技术文化属性研究——兼论中国青铜文化的统一性和独立性》，《南方文物》1994 年第 2 期，第 30～36、53 页。

[76] Eric J. Hobsbawn，Terence Ranger 编，顾杭、庞冠群译：《传统的发明》(*The Invention of Tradition*)，译林出版社，2004 年，第 1～53 页。

[77] 苏荣誉：《安阳殷墟青铜技术渊源的商代南方因素——以铸铆结构为案例的初步探讨兼及泉屋博古馆所藏凤柱斝的年代和属性》，《泉屋透赏：泉屋博古馆青铜器透射扫描解析》，科学出版社，2015 年，第 352～386 页。

[78] Noel Barnard, Sato Tamotsu. *Metallurgical Remains of Ancient China*. Tokyo: Nichiōsha, 1975: 9.

[79] 华觉明、冯富根、王振江等：《妇好墓青铜器群铸造技术的研究》，《考古学集刊》(第 1 集)，中国社会科学出版社，1981 年，第 258 页。

[80] 湖北省文物考古研究所：《盘龙城：1963～1994 年考古发掘报告》，文物出版社，2001 年，第 511 页。

[81] 苏荣誉、张昌平：《盘龙城青铜器的铸接工艺研究》，《盘龙城与长江文明国际学术研讨会论文集》，科学出版社，2016 年，第 118～137 页。

[82] Robert W. Bagley. The Zhengzhou Phase (The Erligang Period). 1981: 99.

周原庄李铸铜遗址西周銮铃的范铸模拟实验研究

宋江宁[1]　董子俊[2]

（1. 中国社会科学院考古研究所　2. 宝鸡市周原博物院范铸工艺研究所）

銮铃是商周时期流行的车器构件，《诗经》多有如“两百彭彭，八鸾锵锵”“鸾声嘒嘒，载骖载驷”之类的记载；考古中也常在高等级墓葬中出土数量众多的銮铃，可以说在我国青铜时代銮铃起到了实用与礼制的双重作用。对銮铃的研究不仅可以认识器物本身，更可以对当时的社会礼制有更为清晰的认知。目前学界对銮铃的定名[1]、分期[2]、形制[3]、族属及其功用[4]等问题都进行了深入研究，并取得了丰富的研究成果。

同时也应注意，銮铃虽然体量不大，但因为其结构复杂，铸造的难度并不亚于青铜容器，所以对銮铃的研究可以更好地认知我国商周时期的铸造工艺。但长期以来由于此类器物的铸造遗物如陶模、范出土较少，故青铜铸造的研究以对铜斝、铜鼎等礼器为主要对象，缺乏对銮铃的研究。

2003～2004年，周原考古队在庄白李家发掘了一处铸铜作坊，其生产时间从西周中期延续到晚期[5]。遗址出土了大量与铸铜相关的遗存，如陶范、炉壁、铜渣等，銮铃范是数量较多的一种，为认识该类器物的铸造工艺提供了可能。我们通过观察陶范实物、工艺分析得到了銮铃铸造的一般规律，并在此基础上进行了范铸工艺的模拟实验研究。

一、模 拟 实 验

1. 设计及制模

首先，实验采用了商周青铜器普遍使用的分型制模工艺，根据宝鸡周原博物馆馆藏实物的范铸结构和銮铃范表面留下的信息，以銮铃厚度为中心上下对称分型制模。铃体制作：用圆规在木板上找出中心画出中线，以左右对称偏移中心的方式画出铃部的平面形状（图一，1），然后制作出铃部的形状（图一，2），再手工制作铃部球体的一半（图一，3）。方座制作：根据观察可知，出土銮铃范表面的型腔要大于銮铃的实物，因此方座需要两侧加宽。方座面的宽度根据需要而定，其制作只是将图一，4 中的方形平面磨成斜面，即前低后高。从侧视方向看，上面窄下面宽。

从銮铃范铸结构观察可知，披缝在球体厚度的中心，但到了方座部位却变换方向走向了四个边棱，这就说明在两块对称的銮铃范之间还夹着边范，致使銮铃的披缝不能贯通銮铃的中心。因此，需要将模面的矩形尺寸加宽，为制作边范留出余地。

上述操作就是銮铃模的设计与制作的过程。图 1，4 为制好的銮铃模，这一模型是上下分型制作的，故其型是銮铃厚度的一半，只需固定在平板上就可制范了。

2. 制范及阴干

由于銮铃是对半分型，其分型面为平板，因此将銮铃模安置在平面的木板上用木框将其围挡后即可进行制范。在模上可制作出大量范，每两片对合即成范包，亦称双合范。每片范都各具备一半厚度的型腔。将銮铃模被固定在木框中，模中心与木框的中心保持在纵向标记线上，以此定位中心（图一，5）。然后将泥料填满夯实，用木棍反复捣实（图一，6）。图一，7 左是从模上脱下来的泥范。泥料在阴干的过程中会逐渐收缩，范的尺寸也会随之减小，从图一，8 中看到泥料收缩的空隙在 5 毫米左右。水分释放尺寸减小，但不影响合范浇铸。利用纵向标记线在两范的底面做出标记，可避免合范时銮铃的型腔错位。

3. 方坐芯和铃体球形芯的制作

芯是铸造具腹内空腔，三足或四足之间有空档以及有内壁的器物时使用的，从不同部位与功能上又可分为球体芯、方座芯，以及永久性泥芯（也称作盲芯）。商晚期鼎多使用了盲芯；斝、簋、爵之类器物，凡具有“鋬”以及两道披缝痕迹的即为芯痕，此类芯专为实现鋬内为空心，亦称“鋬芯”。此次实验制作的“芯”为球体芯及方座芯。

方座芯的制作：方座是空心，因此必须制作出芯。从出土的实物看，方座的 4 个面都各有 2 个芯撑孔，即上面一个三角形孔和下面一个圆形孔，这些工艺痕迹表明銮铃在制作时可能采用了在范面贴泥制芯的工艺来制作泥芯。这一做法在陶范表面也有体现。在实际的制芯操作中，其具体工艺是在范面相应部位贴上泥片，泥片厚度等于铃体厚度。贴好泥片后，在对应的部位割出三角形及圆形孔。把范对合并固定后，将芯料填入有泥片的范腔内夯实。之后再打开范腔去掉泥片，就得到了具有三角形及圆形芯撑的泥芯。

铃体球形芯的制作：制作銮铃的铃体亦是相同工艺。铃体有两个面，一个面是完整的，另一个面则具有长三角形镂空。在商周青铜器中，这样的工艺并不鲜见。制作镂空的工艺思想，有相当多是采用芯撑来实现的。芯撑的长短大小，可以根据需要进行设计，甚至可以制作成纹饰。

从图一，9～12 中可看到制作泥芯的过程。在贴泥片之前的范面球体部位，做一圈参考线（详见图一，9 中箭头），并向下挖出芯座，画出长三角形芯撑（图一，10）的位置，无三角形芯撑的一面则不挖。銮铃实物正反两面的中心都有圆形芯撑孔，但是孔的周围有一圈凸起线。通过观察发现，芯撑孔大多数都在圆圈之内，所以推测是为安置球体芯所用的参考线。芯头插在芯座内起固定泥芯的作用。浇铸后，球体芯上的三角形芯撑和圆形芯撑孔与范面贴实，即形成三角形镂空和圆形镂空。图一，10 为刻划的长三角形未掏出泥片时的状态，此时无法看到参考线。实际操作时需预估中心位置并掏出中心圆形泥片，只要不超出参考线范围即可。图一，11 中的圆形芯撑孔位置偏移较明显，加之目前多件馆藏銮铃都存在中心孔偏移的问题，亦说明了在确定中心孔时操作存在较大的随意性。图一，11 左边范的球体部位泥片割出了三角形，再掏出被割泥片，三角撑由此产生。图中左下侧陶范为周原考古队发掘的銮铃范局部，可看到手工操作将泥片割到了范面，并形成了有锥度的三角凹坑。经过观察，凹坑的泥料与范面有所不同，表面为面料，下面为背料。图中显示，由于割三角形泥片造成了有斜面的凹坑，说明操作时用力过大破坏了范面。图中右边的范是无三角形芯撑的一面，已贴好泥片，只需要割出圆形芯撑孔位置的泥片即可，无需其他操作。图一，12 是各自将芯料充实填平，把提前铸好的铜丸安置其中，然后两范对合并压紧实，打开范后就形成了一个完整的球体芯。黑灰色的“米”字形是剥离的泥片，三角形则是产生镂空的部位。图一，13 是剥离泥片后露出的三角形芯撑。图一，14 是只有圆形芯撑的一面。图一，15 为泥片全部剥离后的状态，是一个完成的球形芯，提前铸好的铜丸已被包裹在球体芯之中。待阴干焙烧及铸造后，将球体芯掏掉，铜丸自然留在銮铃的球体中。图二，1 为取出球形芯后陶范上留下的痕迹和圆形芯撑孔。

4. 榫卯及参考线制作

榫卯主要是用于两范对合时的定位。考古发掘的銮铃范，其分型面全为卯，这些卯形状都不规则，所以銮铃模上应没有设置榫卯。在范面卯的周围也未发现定位线，且有卯被重新用泥料填平的现象。据此可以认定，发掘的銮铃范表面的卯，都是手工随意制作的，对合范定位不起作用。

图二，2 是在銮铃方座正反面对应的范面先画出参考线。图二，3 为手工在方座范正面与边范对应的部位制作榫卯，为合范时固定边范之用。据出土实物观察，由于銮铃大小不同，方座正反面凸起的参考线数量亦不相同，但多是奇数的五或七条，且 4 个面的中线基本都在芯撑孔中心。同样，銮铃侧面有三条线或一条线的，可认为中线两边的线是计划芯撑孔的位置和直径而定的。范面画参考线在先，制作边范卯在后。画线的目的是计划方座宽度和芯撑的位置。偶见表面四条线的銮铃，芯撑孔位置在中间两线之间，虽无中线，但芯撑孔同样有参考可循。

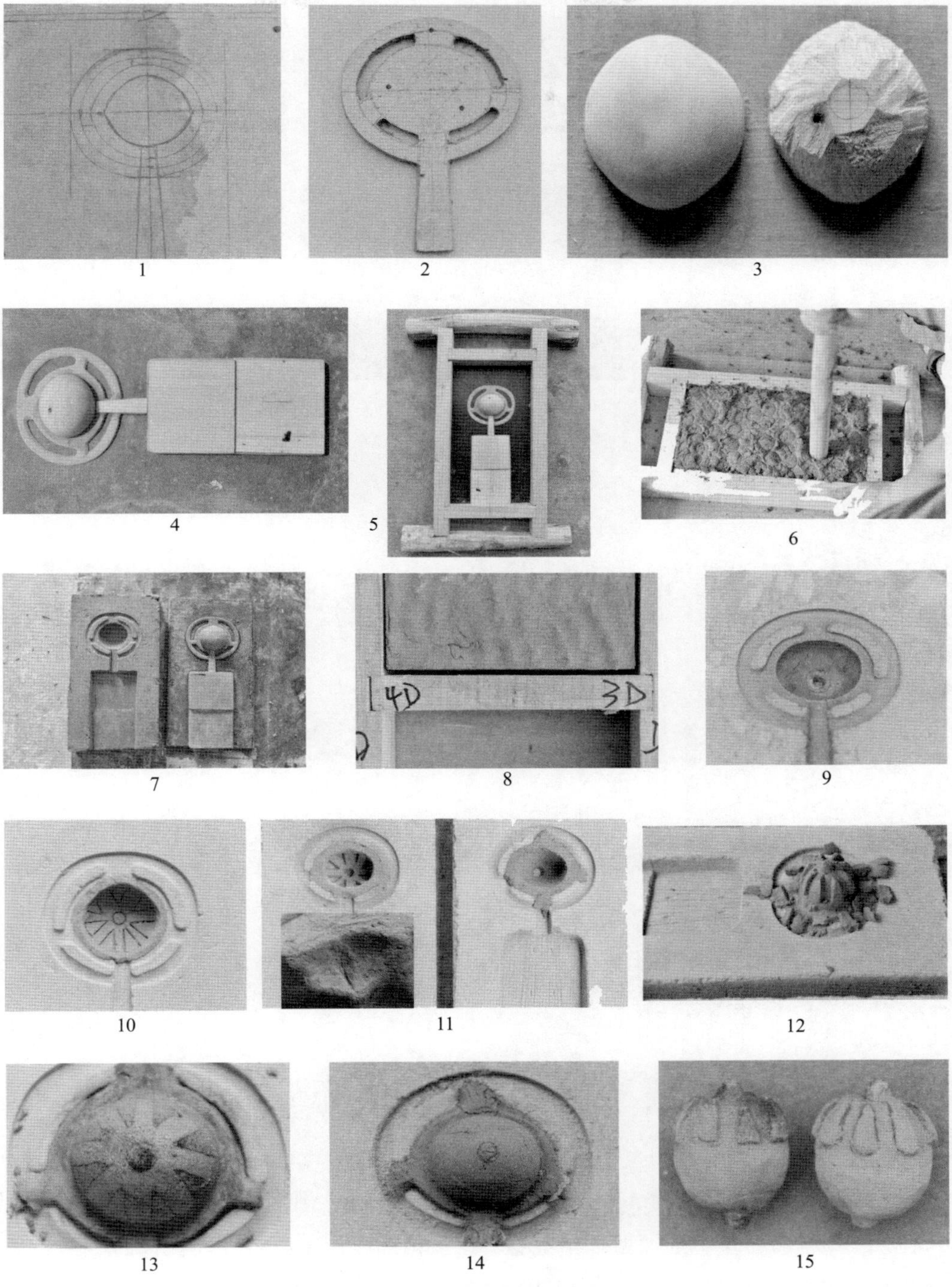

图一　西周銮铃范铸模拟实验之一

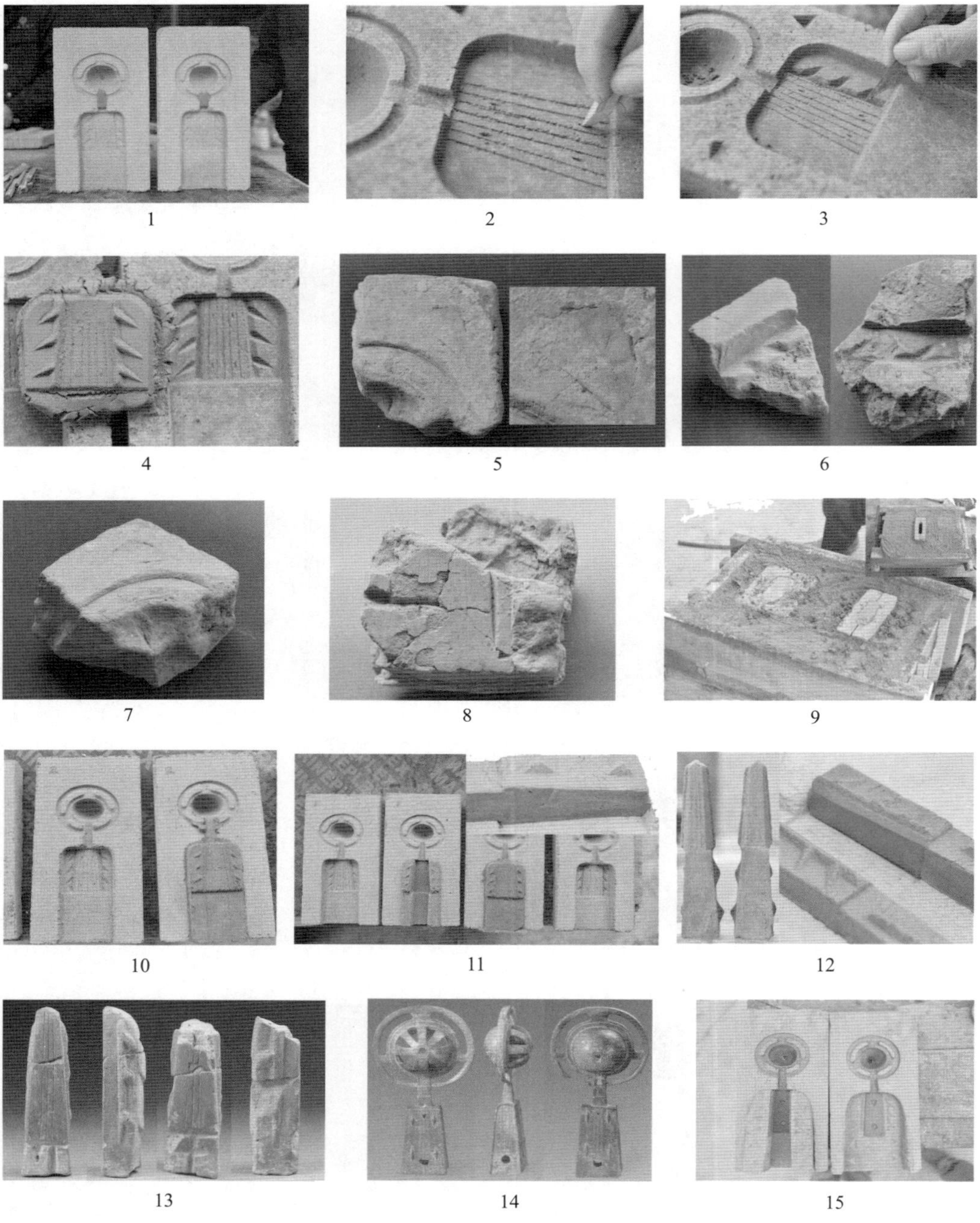

图二　西周銮铃范铸模拟实验之二

图二，4是参照宝鸡周原博物馆藏銮铃，在范面制出七条线，并在范面挖出四个凹坑，为下一步贴泥片制方座芯而用。由于贴泥片湿度大，所贴的范面会持续吸收泥片水分，而导致泥片两端翘起，凹坑的设计还会起到紧固泥片的作用。在制作方座芯时，范块需要竖立起来，凹坑亦可防止泥片脱落。在范面制作卯，随意制作而无需对称。

卯的位置以两边的参考线为准，碰到线或保留线并均等距离顺线操作。从馆藏实物看，方座表面的参考线大多都位于了四个边棱上，有的断断续续，有的线在边棱上与边棱保持平行，这就是参考线的残留痕迹。图二，4 还有范面制作好的参考线以及四个凹坑。上面摆放的泥块，是用泥料在范面压出的“泥拓片”，旨在观察范面的制作缺陷而进行下一步的修改。通过“泥拓片”看正面效果要比看反面的视觉更容易辨别，范面的所有工艺痕迹都被还原在拓片上了。

图二，5 为出土的銮铃范，可明确看到卯的形状，但烘范时已被填平，说明没有起到作用。由于回填的泥料与范料有差异，形成了不同的颜色，由于泥料收缩，产生了缝隙（图中右图为局部放大图，红色部位是回填卯的泥料）。图二，6 为发掘的銮铃残块（图右为 H3：187、图左为 H5：54），与图二，5 和图二，8 相比都是随意制作边范位置的卯，并以参考线为标准顺线而下。从出土残范（H3：108）上可以观察到七条参考线（图二，8）；从馆藏实物看，无论四条、五条或七条参考线，卡边范的卯都在参考线以外，说明参考线是銮铃方座的相对边缘。从图二，5 局部可见卯的周围没有设计线，制作随意，尽管卯被回填，但也可以说明在其是在范面直接制作而成的。

如若銮铃模的分型面设置榫卯，那么制出的范就会具有定位结构才好防止合范错位，但发掘出土的銮铃范中，分型面的榫卯都不具备定位的功能。后经进一步分析，我们发现合范时，以范的方形底座为基准就可以准确定位，并不需要榫卯。图二，8 为銮铃范的方座部位，为了增加铸件表面的光泽度，制范时表面使用了较为细腻的面料，其缺失部位与图二，7 中所示陶范大体一致。

5. 边范制作

在传统的范铸工艺中，范一般是在模上加泥料夯制而成的。但銮铃两侧的边范则不尽相同，因其属于嵌入大范中的小型范，故而无法通过模来进行夯制，只能采用“范中制范”的方法，即将预制的銮铃范，提前做出需要与边范配合的卯以及参考线，然后将两范合在一起埋紧在木箱中防止涨开，就可制作。具体操作如下：

图二，9 中可看到銮铃主范被埋紧后制边范的情景。由于两范之间只有空腔，将泥料填实在范内，泥料填满后打开主体范，就可得到边范。图二，10 可看到边范雏形。边范表面有榫卯和参考线，下方的方形面为设置的芯头部位。前面提到制作时随意挖的卯，由于是两范合在一起范中制范，所以作出的榫卯自然就对号入座了。在进一步制范时，只需把两条参考线以内的泥料掏出即可。在此过程中，我们也可以进一步理解銮铃实物上方座边棱内残留线条形成的原因。

图二，11 的右图为边范的雏形，待掏泥料。左图为已成型的边范。从左图的侧面看，边范与主体范之间的配合是严密的。图二，12 为两套边范不同角度的照片。图二，13 为发掘出土的銮铃边范，从这些陶范中可以观察到参考线以及随意制作的各类榫卯。

图二，14 为周原博物馆藏銮铃（中间和左侧图片为同一件器物），可以看到銮铃方座的大面有 7 条参考线，小面有 3 条参考线。亦可看到球体的一个面有长三角形的芯撑孔，而两个面中心都有圆形的芯座孔，还可看到在方座的表面既有短三角形芯撑孔又有圆形的芯撑孔。而这些芯座孔、芯撑孔，都是为合范时固定泥芯用的。只有当泥芯被牢牢的固定在范的中心，才能浇铸出有足够厚度的銮铃。右图表面有 5 条参考线，但已经体现到了方座边棱。

6. 銮铃厚度的制作

毫无疑问，銮铃的空腔是靠泥芯来实现的，泥芯的尺寸应该小于銮铃范的内径尺寸。如设计一个圆形空腔青铜器的外观直径为 100 毫米，假设计划铸造 2 毫米厚度，那么泥芯的直径就需要制作成 96 毫米。銮铃的空腔制作与其他青铜器的空腔制作完全一样。我们采用了贴泥制芯的方法制作泥芯，在制作泥芯之前，先在范面贴泥片，泥片的厚度即是銮铃的厚度。在范面需要铸铜的部位贴上一层泥片，不需要铸铜的部位不贴。当两范对合后，范腔的尺寸就被缩小了。这样制作出来的泥芯，合范浇铸后就达到了銮铃厚度的设计要求。

图二，15 与图三，1 都是在范面型腔的部位贴上了泥片，可看到泥片上割出了三角形及圆形的芯撑孔，并且锥度较大。在馆藏銮铃的内壁，也可看到芯撑孔有锥度斜面。如果没有斜面，在制作好的泥芯上剥泥片时很容易将芯撑带掉。从图三，2 中可以看到正在制作方座芯，贴好泥片之后将范埋紧在木箱中，将芯料逐渐填实在范腔内逐渐夯满。图三，3 是夯满了泥芯料后刚刚打开范，泥片没有粘在范面，而是被带到了泥芯表面。这是因为范面较干，而芯料较湿，所以泥片会被沾在泥芯表面，需要将泥片从泥芯表面清理掉。图三，4 是制作好泥芯后刚刚打开范，方座芯在泥片之下、待剥去泥片状态，上面黑色为锅底灰。图三，5 为剥离泥片的过程，用刀具逐渐挑开泥片，凸起的芯撑被留在泥芯表面。图三，6 是已经将泥片全部去掉，可看到正侧两面的芯撑，亦可看到芯头处的榫卯。图三，7 是制作好的泥芯被安置到范面，可看到剥掉泥片后泥芯与范面之间有间隙。芯撑顶着范面，芯撑以外部位的间隙保证了铜液充型。这种制作芯撑的工艺思想，并非先民在制作銮铃时的发明，而是在商早期就已经普遍使用，并且贯穿了整个青铜时代。图三，8 为出土的銮铃方座芯（H4：41）残件，上部分缺失、但下面的圆形芯撑非常明确，右下图圆形表面凸起的纵向线、是制芯时从范面相反得来，与图三，1 及图三，6 紧密相关，说明先有卯后有隼，存在因果关系。图三，9 也是銮铃方座芯（H7：151）发掘品的残件，可看到三角形芯撑，并可看到修整三角芯撑的边时留下了刀痕，同时也对应在銮铃方座内壁。

7. 阴干焙烧

制好的范需要阴干，因为在自然条件下释放水分会使收缩变形率相对稳定。本次模拟实验中阴干的范在倒焰窑中焙烧的温度为1000℃左右。图三，10是从窑的缝隙中拍摄的范在窑中的情况。图三，11为缓慢降温后，焙烧好的范在窑中准备取出待浇铸。在图三，12中，左边是将球体芯及方座芯都安置到相应的部位，看到的间隙，即是浇铸后銮铃的厚度。图三，13为球体处的局部放大图。

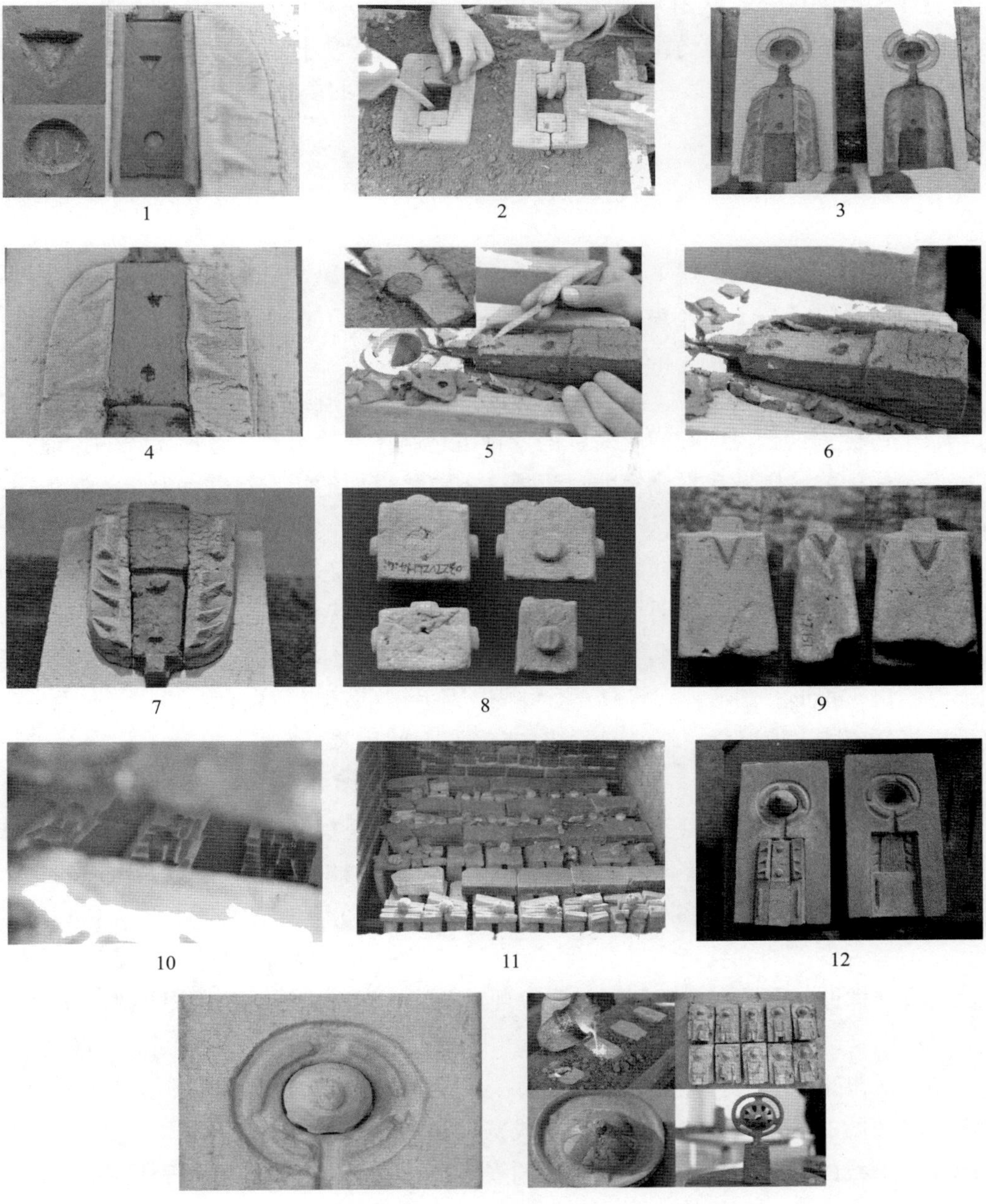

图三　西周銮铃范畴模拟实验之三

8. 合范及铸造

本次銮铃的范铸模拟实验虽然制作了数十套銮铃范，但我们在制作过程中对每套范都做了记号，故而这一批陶范每组之间都扣合紧密。将范包埋入沙箱并夯紧，就可以浇铸了。我们采用铜的合金成分为 84Cu、16Sn 二元合金。熔炼温度约为 1200℃，浇铸温度约为 1100℃。从图三，14 中可以看到，将熔炼好的铜液浇铸到范腔中后浇铸出了一批青铜銮铃。其范铸结构与发掘出土的銮铃完全一样。当把铸件的范土及芯料都清理干净后，摇摆銮铃时铜丸即可在球体内发出清脆的声音。

二、实验认识

本文以西周庄李铸铜遗址出土的銮铃范作为参考对象，结合同时期銮铃的实物观察，对该类器物进行了范铸模拟实验。通过制模、制范、阴干、焙烧、合范和铸造等多个流程的实验，获得了以下认识：

（1）从銮铃范铸结构看，披缝在球体厚度的中心，但到了方座部位却变换方向走向了四个边棱，这就说明在两块对称的銮铃范之间还夹着边范，致使銮铃的披缝不能贯通銮铃的中心。因此，在制模的过程中，需要将模面的矩形尺寸加宽，为制作边范留出余地。

（2）从出土实物看，銮铃方座的 4 个面都各有 2 个芯撑孔，即上面一个三角形孔和下面一个圆形孔，这就表明可能是采用了在范面"贴泥制芯"的工艺制作泥芯。其具体工艺是在范面相应部位贴上泥片，泥片厚度等于铃体厚度。贴好泥片后，在对应的部位割出三角形及圆形孔。将范对合并固定死后，将芯料填入有泥片的范腔内夯实。之后再打开范腔去掉泥片，就得到了具有三角形及圆形芯撑的泥芯。

（3）銮铃球体制作镂空的工艺，有相当多是靠芯撑来实现的。芯撑的长短大小，可以根据需要进行设计，甚至可以制作成纹饰。通过观察发现，芯撑孔大多数都在圆圈之内，所以推测是为安置球体芯所用的参考线。芯头插在芯座内起固定泥芯的作用。浇铸后，球体芯上的三角形芯撑与范面贴实（即形成三角形镂空）。

（4）考古发掘的銮铃范，其分型面全为卯，这些卯形状都不规则，所以銮铃模上应没有设置榫卯。在范面卯的周围也未发现定位线，且有卯被重新用泥料填平的现象。据此可以认定，发掘的銮铃范表面的卯，都是手工随意制作的，对合范定位不起作用。

（5）从出土实物看，由于銮铃大小不同，方座表面凸起的参考线数量亦不相同，但多是奇数的五或七条，且 4 个面的中线基本都在芯撑孔中心。同样，銮铃侧面有三条线或一条线的。可以认为，中线两边的线，是计划芯撑孔的位置和直径而定的。范面画参考线在先，制作边范卯在后。画线的目的是计划方座宽度和芯撑的位置。个别表面有四条线的銮铃，芯撑孔位置在中间两线之间，虽然没有中线，但芯撑孔同样有参考可循。从馆藏实物看，方座表面的参考线大多都位于四个边棱上，有的断断续续，有的线在边棱上与边棱保持平行，这就是参考线的残留痕迹。

（6）銮铃的两侧有边范，这些边范都属于对号入座的范，无法制成模来进行夯制，只能采用“范中制范”的方法。具体的操作是将预先制好的銮铃范，提前做出需要与边范配合的卯以及参考线，将两范合在一起埋紧在木箱中防止涨开，然后填满泥料夯打而成边范。

（7）銮铃的空腔是靠泥芯来实现的，泥芯的尺寸，应该小于銮铃范的内径尺寸。采用贴泥制芯的方法制作泥芯，需要在制作泥芯之前，先在范面贴泥片。而泥片的厚度，即是銮铃的厚度。当两范对合后，范腔的尺寸就被缩小了。这样制作出来的泥芯，合范浇铸后就达到了銮铃厚度的设计要求。

三、结　　语

通过一系列的实验步骤，我们不仅成功复制出了西周时期的銮铃，更在铸造工艺上对这类器物有了诸多的认知。实验考古印证了“贴泥制芯”的范芯制作工艺，探索了通过内外范的榫卯来实现镂孔青铜器的制作过程。在整个复制过程中，对参考线的功能、位置的设计与思考，对器物厚度的实现，榫卯的设置等都进行重新考量，得到了与之前不同的认知。

对诸如銮铃这类结构复杂、设计精巧的青铜车马器的复制，不仅在流程了复原了器物本身，更加深了我们对西周时期铸造工艺的认识。相对于青铜容器的简单合范，銮铃范的“范中范”、定位线、镂空铃体等设计，实现了器物的复杂功能。西周时期，銮铃作为礼制的象征被大量使用，这背后亦有成熟的铸造工艺的支撑。通过实验我们探知了青铜器的设计与技术之间的关系，器物的技术与设计，互相参照、互为依托，共同作用创造了我国辉煌的青铜时代。

注　　释

[1] 中国科学院考古研究所：《辉县发掘报告》，科学出版社，1956年，第51、52页；孙机：《从胸式系驾法到鞍套式系驾法——我国古代车制略说》，《考古》1980年第5期，第448～460页。

[2] 吴晓筠：《商至春秋时期中原地区青铜车马器形式研究》，《古代文明》（第1卷），文物出版社，2002年，第180～277页；孙机：《从胸式系驾法到鞍套式系驾法——我国古代车制略说》，《考古》1980年第5期，第448～460页；朱凤瀚：《中国古代青铜器》，南开大学出版社，1995年。

[3] 朱凤瀚：《中国古代青铜器》，南开大学出版社，1995年；吴晓筠：《商至春秋时期中原地区青铜车马器形式研究》，《古代文明》（第1卷），文物出版社，2002年，第180～277页。

[4] 〔日〕黄川田修，蓝秋霞译，许宏校：《齐国始封地考——山东苏埠屯遗址的性质》，《文物春秋》2005年第4期；张应桥：《关于山东滕州前掌大M3、M4的年代问题》，《中原文物》2006年第

2 期；吴晓筠：《商至春秋时期中原地区青铜车马器形式研究》，《古代文明》（第 1 卷），文物出版社，2002 年，第 180～277 页。

[5] 周原考古队：《2003 年秋周原遗址（ⅣB2 区与ⅣB3）的发掘》，《古代文明》（第 3 卷），文物出版社，2004 年；周原考古队：《陕西扶风县周原遗址庄李西周墓发掘简报》，《考古》2008 年第 12 期；周原考古队：《周原庄李西周铸铜遗址 2003、2004 年春季发掘简报》，《考古学报》2011 年第 2 期。

从封堵陶窑火门的陶鬲管窥商周时期烧（灰）陶观火的技术选择*

王 迪

（中国社会科学院考古研究所）

1987年，在陕西长安沣西遗址范围内的张家坡村发现一处罕见的遗迹现象：在西周晚期一号陶窑（下文简称Y1）火膛口（即火门）塞了一件完整的陶鬲，口部向内，三足向外。或许由于这一遗迹现象罕见，至今未见有学者讨论。本文分析相关考古资料，认为这代表了商周时期陶工烧制灰陶时帮助创造窑内还原气氛和监测窑内火候的技术选择，试作分析，供大家讨论。

一、Y1相关遗存概况

1987年，为配合西安沣河毛纺织厂修建排水污渠，考古研究所沣西队在张家坡村进行了钻探和发掘，并发表简报。清理的遗迹中，包括西周晚期的1座陶窑，编号为Y1。Y1只清理了窑门和窑室的一部分，窑室在探方东壁露出一个圆弧形的边，最大宽度是1.02米，推测窑室应为圆形，窑室残高0.35米，窑室内填有大量红烧土块，火膛在窑室前方，高0.5、宽0.46米，周壁烧成青灰色，非常坚硬（图一）。在火门处填塞一件完整陶鬲，口部向内，三足向外。火门外是H13，为烧窑时工作场所。火门前有大量的烧灰和陶片，陶片绝大多数是夹砂灰陶绳纹鬲的残片，其中有一些烧流了的残器。仅以窑门前发现的鬲足而言，以三足一件计，至少有陶鬲83件。此外，也有少量的素面泥质灰陶盂、豆、罐等残片。发掘者据此推测这座窑可能是以烧制陶鬲为主的，根据地层和窑内外出土的陶片，陶窑时代属西周晚期[1]。

简报明确指出窑室的残高是0.35米，描述了窑室内的堆填物，但未提及火膛的深度和高度，表明当时可能只清理了出露的窑室前部，没有清理火膛。简报中没有提及Y1具体窑型，也没有Y1的剖面图。

---

* 本文研究得到国家社科基金青年项目“商周都邑制陶作坊研究（批准号：18CKG012）”的资助。

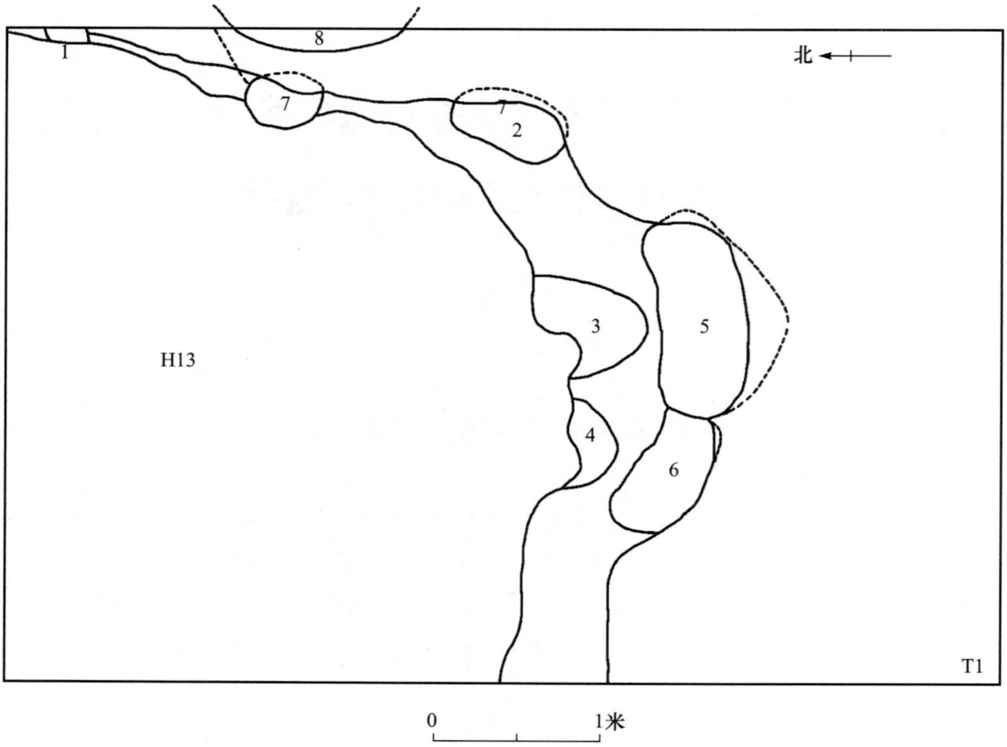

图一　张家坡 87-91Y1 平面示意图
1～6. 壁龛　7. 火门　8. 窑室

二、Y1 的窑型和产品

西周时期丰镐地区的烧陶主要利用横穴窑和竖穴窑两种窑型[2]。

横穴窑呈馒头状，自前向后分布火膛和窑床。窑后没有烟囱的称为横穴升焰窑，窑后有烟囱的称为半倒焰窑[3]。以马王镇西周晚期 92SCMY1 为例，这是一座半倒焰窑，窑室底部呈圆形，直径 1.92 米，现存窑壁最高处约 1.16 米，窑壁从下向上渐收火门处的高度与张家坡 Y1 相似，大约 0.5 米（据比例尺测算），估计窑顶呈穹窿状（图二）[4]。其窑室的尺寸，符合简报所述窑室出露一个圆形弧边，宽 1.02 米的条件。但是，由于这种陶窑的窑室前部没有窑床，直接和火膛相通，在 Y1 火门完整的情况下，即使没有窑室部分残留，此处的深度也至少是火膛的深度 0.5 米，不符合简报中窑室前部残高 0.35 米的描述，因此 Y1 应不是横穴窑。

竖穴窑也呈馒头状，自下而上分布火膛、窑壁和窑室。以西周时期马王村 92SCMY4 为例，窑室窑壁向上渐收，残存 0.48 米，估计窑顶呈穹窿状。窑室底径约 1.98 米，残存 10 个火眼（图三）[5]。窑室的尺寸和窑箅的存在，能符合 Y1 窑室前部出露一小部分，宽 1.02 米，窑室残高 0.35 米的条件，所以 Y1 应属于竖穴窑。

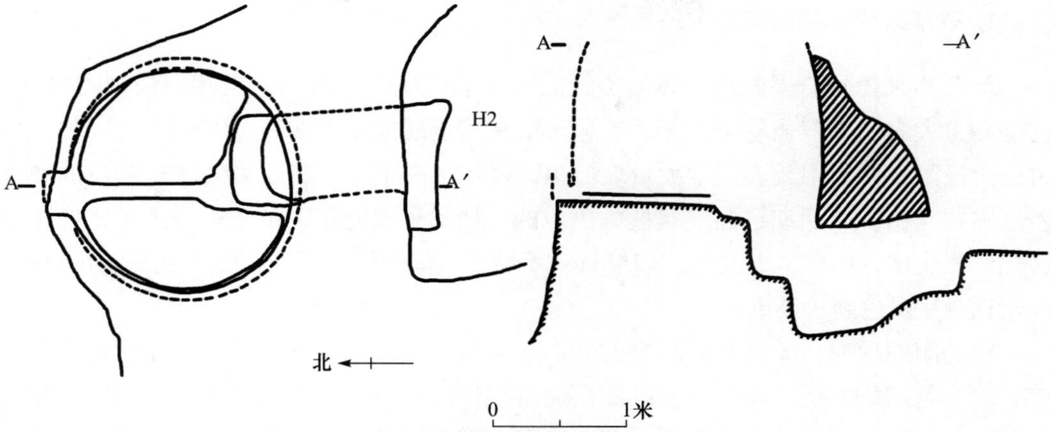

图二　92SCMY1平、剖面图

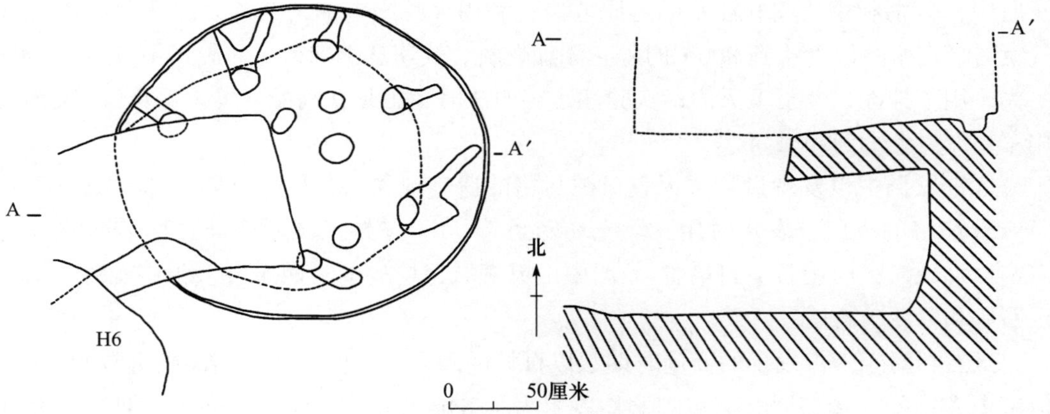

图三　92SCMY4平、剖面图

烧陶会产生大量的灰烬和陶片垃圾，这些往往堆积在陶窑附近。Y1火门前有大量的烧灰和陶片，陶片绝大多数是夹砂灰陶绳纹鬲的残片，部分是烧流了的残器，鬲足的数量表明至少有陶鬲83件，发掘者推测这座窑可能是以烧制陶鬲为主，笔者亦然。夹砂灰陶鬲应该是这座窑的主要产品。由于大量的灰烬和夹砂灰陶鬲堆积在火门前，而火门尚被陶鬲封堵，这些堆积会阻碍正常的烧陶活动，因此，这些堆积原本可能堆积在陶窑周边，在陶窑废弃后才填充进操作坑。

三、Y1反映的灰陶烧制技术

陶鬲保持“塞”在窑门上，口部向内三足向外的状态，表明陶鬲保留了当时和火门周壁抹泥相连的状态，这应是简报所谓“塞”的本意。封堵火门，反映了当时烧制灰陶时候使用的技术和材料。

1. 封堵火门帮助创造窑内还原气氛

新石器时代到商周时期，黄河流域的陶工们已经懂得选用黏土才能烧制陶器[6]。这些黏土大多属于普通易熔黏土，铁含量很高，烧成温度不能超过1000～1100℃，超过这个极限，坯体中就会产生大量玻璃相，陶坯会产生变形甚至熔融[7]。陶器的颜色差别主要是由烧成后期窑内气氛性质决定的。如果氧气充足，黏土中的铁元素大部分转化成氧化铁，陶器呈土红色，如果氧气不足，大部分转化成四氧化三铁和氧化亚铁，陶器就会呈灰色到灰黑色[8]。

在烧陶的后期，通过封堵陶窑的烟囱、火门，阻止氧气进入窑室，显然是帮助创造还原气氛的好方法。周仁等人推测商周时期烧陶获得还原气氛的方法，与当今传统制瓦和制陶业中采用的方法相似，即在烧成末期封闭窑顶，并在窑顶用渗水入窑的办法实现[9]。岳占伟等人按照殷墟陶窑的形制和尺寸建造陶窑，成功烧制了殷墟灰陶。实验中，分别利用牛粪和注水的还原方法：利用火膛内添加牛粪的方法帮助创造还原气氛时，在窑室温度达到800℃时停止添加燃料，快速从烟囱口、火膛口中投入干燥的牛粪，用草拌泥快速封上火门；实验注水还原法时，也是在高温环境下停止添加燃料，用草拌泥封上烟囱和火门[10]。

考古发掘中也发现过陶窑火膛口被封堵的遗迹现象。在早商时期，邯郸涧沟遗址竖穴升焰窑的火门，发现时用9块土坯密封着[11]。登封王城岗遗址春秋早期的一座陶窑，发现时火门用石头封堵着[12]。中山灵寿城遗址战国时期Y1，火门前放置石块，以石块和草泥土封堵[13]。

虽然相对于考古发现的商周时期数以百计的陶窑，保留封闭火门的陶窑数量稀少，但考古发现的大量商周时期灰陶器物表明当时可能已经普遍使用了烧窑后期封闭火门的技术。陶窑往往反复使用，为了下一次的烧造，必须打开火门清理火膛里的灰烬，应是考古发掘中少见火门封闭现象的重要原因。我国自新石器时代就开始烧制灰陶，为了创造还原气氛，封堵火门的情况可能自新石器时代就有了。Y1用一件陶鬲封闭火门，除了帮助创造窑内的还原气氛，还可能代表了当时一种监测窑内火候的技术。

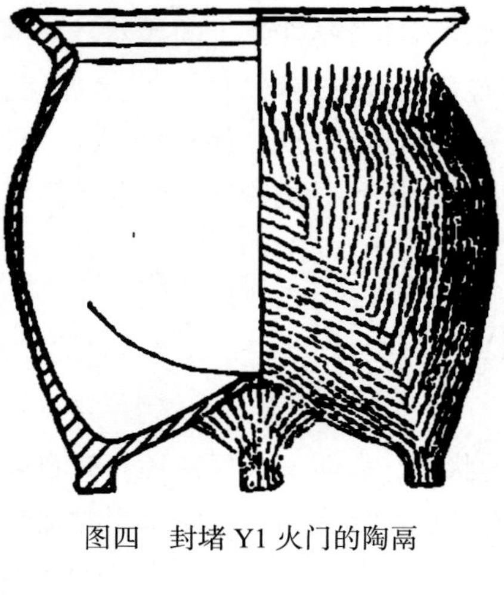

图四　封堵Y1火门的陶鬲

2. 堵火门的陶鬲可监测窑内火候

这件填塞火门的陶鬲为夹砂灰陶，敞口，宽沿，沿面有棱，圆腹，分裆较低，袋足，足根呈疙瘩状，口沿以下饰绳纹，口径28、高31厘米，是西周晚期丰镐最典型的器形之一（图四）[14]。

封堵火门的陶器在器形、陶质和陶色与该陶窑的主要产品相同，这件陶鬲应该是陶窑的产品。用该鬲封堵火门，可以帮助观测窑内的火候变化。

对陶工来说，烧陶时监测窑温是决定烧陶成败的重要工作。窑内的气氛和温度变化，决定着烧陶的成功与否。不论是烧陶器还是瓷器，陶工都会用各种方法，帮助准确了解窑内的火候情况。这在民族学上有大量实例，此不赘述。

岳占伟等人模拟烧制殷墟灰陶的实验中，在温度达到最高温度800℃后，封堵烟囱和火门开始烧制灰陶必需的还原阶段，窑温从800℃逐渐降低到出窑的100℃，前后经历了数小时[15]。Y1窑前的废品中有烧流陶片，说明当时烧陶后期的窑温可能达到过1000℃。

用于封堵火门的陶鬲近距离接触火膛内的火焰。在烧陶后期创造还原气氛的过程中，在陶窑的顶部烟囱和火门都封闭的情况下，陶鬲身上发生的变化，就成了判断窑温变化的重要指示。当温度意外超过1000℃，陶鬲可能发生变形和炸裂；当温度处于近800℃的高温时，陶鬲可能局部红如热铁，并随着温度的降低逐渐变得暗淡；当温度急剧变化时，陶鬲可能破裂；当烧陶渐至尾声，陶工可以通过触摸陶鬲直观感知温度，确定开窑时机。窑内的温度异常变化和氧气的异常进入直接相关，窑内气氛的变化也就通过陶鬲上的变化反映出来。

封堵火门所用的夹砂灰陶鬲，和窑内陶坯在质地和器形上都相似。陶工用其封堵火门，能够在观察陶鬲反映的窑内温度、气氛变化的同时，从堵火门陶鬲上了解窑内陶鬲坯上发生的变化，从而可以更及时地采取措施，确保烧陶成功。在历史时期的陶瓷生产中，陶工为了监测窑内火候而放置的火照，其质地都与窑内的器坯相同或者相似。

本文认为Y1用陶鬲封堵火门，不仅仅是因为陶鬲是陶窑的产品，本身数量多而随手取用，可能还因为陶鬲和烧陶产品的性质相同，陶工借此监测还原阶段的火候变化和陶坯状态。Y1周围有大量的陶鬲碎片，表明这座窑曾多次使用，用陶鬲封堵火门的方法也可能被反复实践，已经是陶工熟练掌握的一种观火技术。

四、陶器封堵火门技术的流传

《礼记·王制篇》记载："凡执技以事上者：祝、史、射、御、医、卜及百工……不贰市，不移官。"表明商周时期依附于贵族的手工业者应世代相袭，从事同样的工作。丰镐两京是西周时期的都城。沣西张家坡西周晚期Y1陶工掌握的陶器封窑技术，可能代表的不是个别陶工，而是都城中的某些制陶家族长期的烧陶实践，应在考古材料中有更多痕迹可循。换句话说，Y1的陶器封堵火门现象不应是考古发现的孤例。

在洛阳东周王城遗址，曾发现一处战国陶窑遗址，350平方米范围内发现18座战国陶窑，其中战国早期的Y5是横穴升焰窑，火门保存完好，呈拱形，宽0.45、高0.5米，火门由一陶盆封堵，发掘所见战国时期的灰坑和陶窑中，都包含大量板瓦、筒瓦、陶盆、陶罐等残破器物[16]。这些陶器都是泥质灰陶，与封堵Y5火膛口的陶盆材质相同。用陶盆封堵火门，应与张家坡Y1陶鬲封堵火门的技术选择相似，用与陶坯性质相同的器物封堵火门，以帮助创造窑室的还原气氛，同时提高火候监测的准确性。

由于陶窑往往被反复使用，陶工会反复为下一次烧陶而清理火膛灰烬，从而破坏陶器封堵火门的现象，这会大大降低考古发现几率。但是，由于陶工需要提前准备好陶器以封堵火门，并且陶器可能会被重复使用，所用陶器更可能被保留在陶窑操作坑底部或者附近。依据这一假设，邢台粮库、武功浒西庄和沣西马王三处遗址可能也曾经在烧陶时用陶器封堵陶窑火门。

在邢台粮库遗址晚商遗存中，发现许多灰坑、陶窑、制陶作坊的储泥窖、洗泥坑或制陶工作场，发现的陶片以夹砂灰陶鬲为大宗，复原器也最多，其中部分烧流[17]，表明这里是主要生产夹砂灰陶鬲的制陶作坊区。I区发现的陶窑Y1是一座竖穴升焰窑，在操作坑近底部发现两件完整的夹砂灰陶鬲，发掘者认为应是窑工们烧窑期间使用的器具[18]，但没能指出具体用途。这两件陶鬲的质地、形制与遗址中出土的其他同期陶鬲相同，应是制陶作坊的产品。结合张家坡Y1和东周王城战国时期Y5的发现，邢台粮库Y1操作坑中的陶鬲可能也是在烧制灰陶鬲的后期封堵火门用的。

武功浒西庄西周早期陶窑Y7的窑室外设有烟道，作直筒形径直向上通向地面，应是一座半倒焰窑。发掘时，在其火膛口东部发现一件西周双耳绳纹罐[19]。沣西马王火车站西南发现的西周晚期Y1是半倒焰窑，窑底火膛附近曾出土疙瘩足陶鬲一件[20]。它们可能都曾用于在烧窑后期堵塞火门。

由此，本文大致梳理出陶器封堵火门技术选择的流传过程：自商代晚期出现于邢台地区，在战国时期的洛阳地区仍有沿用。这一技术选择和窑型之间的联系，限于发现有限，尚难推断。

五、结　　语

在烧陶的后期，陶工用与陶坯性质相同的器物封堵火门，在创造烧制灰陶所需的还原气氛的同时，还能监测窑内的火候变化和陶坯状态。这可能是商周时期一些制陶家族在长期烧制灰陶的实践基础上，摸索出的一种观火新技术。在制陶作坊的背景下，这种用于封堵陶窑火门的器物，很可能也是作坊的产品。

本文对张家坡Y1陶鬲封堵火门现象的分析，增加了我们对商周时期陶工烧制灰陶时，在创造还原气氛和火候监测环节上的技术选择的认识，丰富了我们对商周时期灰陶烧制活动的了解。由于商周时期烧陶还存在用土坯、石头和草拌泥封堵火门的情况，陶器封堵火门究竟是代表一种更加先进的观火技术，还是只不过反映了不同制陶家族在烧陶时候的一种技术选择，有待更多的分析。这一技术流传的背后是否是制陶家族的迁徙，尚不得而知。

未来的考古发掘中，更加注意对陶窑操作坑底部和火膛周围完整陶器或者可能复原陶片的观察、收集和记录，或许能丰富相关研究资料。

注 释

[1] 中国社会科学院考古研究所：《1987、1991年陕西长安张家坡的发掘》，《考古》1994年第10期。本文用图经作者根据原图改绘。

[2] 中国社会科学院考古研究所、陕西省考古研究院、西安市周秦都城遗址保护管理中心：《丰镐考古八十年》，科学出版社，2016年，第80～83、121～124页。

[3] 张明东：《黄河流域先秦陶窑研究》，《古代文明》（第3卷），文物出版社，2004年，第141页。

[4] 中国社会科学院考古研究所沣镐队：《1992年沣西发掘简报》，《考古》1994年第11期。

[5] 中国社会科学院考古研究所沣镐队：《1992年沣西发掘简报》，《考古》1994年第11期。

[6] 周仁、张福康、郑永圃：《我国黄河流域新石器时代和殷周时代制陶工艺的科学总结》，《考古学报》1964年第1期。

[7] 李家治、陈显求、张福康：《中国古代陶瓷科学技术成就》，上海科学技术出版社，1985年，第28页。

[8] 周仁、张福康、郑永圃：《我国黄河流域新石器时代和殷周时代制陶工艺的科学总结》，《考古学报》1964年第1期。

[9] 周仁、张福康、郑永圃：《我国黄河流域新石器时代和殷周时代制陶工艺的科学总结》，《考古学报》1964年第1期。

[10] 岳占伟、荆志淳、岳洪彬等：《殷墟出土灰陶器的制作与烧制实验研究》，《南方文物》2014年第3期。

[11] 北京大学、河北省文物局 邯郸考古发掘队：《1957年邯郸发掘简报》，《考古》1959年第10期。

[12] 北京大学考古文博学院、河南省文物考古研究所：《登封王城岗考古发现与研究（2002～2005）》，大象出版社，2007年，第385页。

[13] 河北省文物研究所：《战国中山国灵寿城——1975～1993年考古发掘报告》，文物出版社，2005年，第32页。

[14] 中国社会科学院考古研究所：《1987、1991年陕西长安张家坡的发掘》，《考古》1994年第10期。

[15] 岳占伟、荆志淳、岳洪彬：《殷墟出土灰陶器的制作与烧制实验研究》，《南方文物》2014年第3期。

[16] 洛阳市文物工作队：《洛阳东周王城战国陶窑遗址发掘报告》，《考古学报》2003年第4期。

[17] 河北省邢台市文物管理处：《邢台粮库遗址》，科学出版社，2005年，第174页。

[18] 河北省邢台市文物管理处：《邢台粮库遗址》，科学出版社，2005年，第162页。

[19] 徐元邦、刘随盛、梁星彭：《我国新石器时代——西周陶窑综述》，《考古与文物》1982年第1期。

[20] 中国社会科学院考古研究所沣镐队：《1992年沣西发掘简报》，《考古》1994年第11期。

学　术　史

中国科学院考古研究所筹设考析

庞小霞

（中国社会科学院考古研究所）

新中国的考古事业已经走过了70年，而20世纪50年代年成立的中国科学院考古研究所（1977年改属中国社会科学院）在新中国考古事业中尤其初创期的前30年起着举足轻重的作用。但是关于考古所如何筹备设立及设立之初的一些机构、人员情况尤其考古所所址内景观的变迁却鲜为人知。笔者爬梳相关档案、文献，访谈健在的相关人员以期对这段历史有个初步考析。同时，适逢中国考古学走过百年历史，谨以此文以志纪念。

一

1949年的7月13日，中国科学界酝酿了两个多月的中华全国第一次自然科学工作者代表会议筹备委员会在北京召开，会上拟定了一份准备提交人民政治协商会议的关于《建立人民科学院草案》的提案。9月召开政协会议讨论了这一提案，决定建立中国科学院，由时任中共中央宣传部长的陆定一负责筹建，由恽子强和丁瓒承担具体组织工作[1]。在上述由钱三强和丁瓒执笔撰写的《建立人民科学院草案》中，提出在科学院下设立特种研究机构，即设立各种研究所的问题，并就前中央研究院和北平研究院等所属机构改组或增设提出了建议。其中有：

> "中研院史语所大部分已移到台湾，其中不肯去的，现在留在南京，一部分到了北平。关于语言部分的工作人员可以并入北大由罗常培组织一个语言学研究室。历史部门，没有成为一个特殊单位的必要，可以并入各大学中。两所中的考古部门，可以合并，由郭沫若主持之，地点集中在北平，名称可以叫作考古学研究所。"[2]

1949年11月1日中国科学院成立，11月5日正式接管了北平研究院史学研究所，10日则正式接管前中央研究院历史语言研究所北平图书史料整理处（以下简称图整处）。至此中国科学院考古研究所（以下简称中科院考古所）的两个主要组成单位已经归属中国科学院正式管理，而考古所尚在筹备中。关于北平研究院史学研究所的历史、发展等已有学者做过系统研究[3]，本文不再赘述。1949 年科学院成立将其并入考古所时，时有人员 14 人，承担史学研究、考古研究、图书管理及行政事务等方面工作，另外考古所接收的还有该所的图书、古物标本和家具等[4]。而关于图整处学者系统研究的不多，兹作一简要梳理和考证。根据《科学通报》记载："北平图书史料整理处成立于 1946 年对日胜利之后，地址设在北京王府大街九号，当时系专为接收并整理日本人所经办的东方、近代两图书馆的藏书。"[5]同时台湾中央研究院历史语言研究所的网站在该所的简史中指出："中日战争期间，本所先迁湖南长沙，继迁云南昆明，最后定居于四川南溪县李庄之板栗坳。1946 年迁回南京，继续推动各项研究工作，并接收北平东方文化研究所及近代科学图书馆图书，成立北平图书史料整理处。"[6]而图整处成立的背景和相关史实从一篇披露的史语所的旧档案——傅斯年民国三十五年（1946 年）亲笔撰拟的一篇上呈公文中似可明确[7]，其内容如下：

为呈报调查北平旧日人东方文化研究所各节，并拟具意见事。查日人之东方文化研究所有房三百余间，中国旧书十六万余册。此事前由"行政院"核准，由本所接收并接办业务，目下仍由沈特派员为甄审及整理图书之用。斯年到北平后，深觉此事甚为复杂。如本院不接办其业务，则依政府法令，即应由敌伪产业处理局拍卖，如接办其业务，在本院又是一大担负。兹权衡轻重，拟请准设历史语言研究所北平图书史料整理处，以接办其业务，同时并将一大部分房舍借北京大学及沈先生所主持之华北文教协会应用，但须确定本院产权。拟整理处置办法，及北大、文教租约，一并上呈，敬乞鉴核。再，东方文化研究所图书馆外，尚有近代科学图书馆书七万余册，沈先生主张，应并由本院接收。此外尚有搜集日人各方图书四十余万册。似可由本院先继续沈先生之工作，加以整理，然后由本院、北平图书馆、北大、清华共分之。并拟办法，呈请鉴核。现在觊觎此项书籍及房舍者，大有其人，如不早做合理稳固之决定，后患难测，应合并陈明。谨呈

院长

总干事

历史语言研究所傅斯年

六月二十三日

由此档案，尽管不知道具体图整处上报后批准的具体时间，但是图整处成立的时间不会早于 1946 年 6 月 23 日。而第二历史档案馆近年公布的史语所抗战后处理北京北海静心斋和蚕坛的档案表明至少在 1946 年 9 月之前图整处已经存在[8]。至于有学

者言“图整处1945年设立，并于1945年11月聘用汤用彤为主任”[9]的说法或许有误。而关于图整处接收的单位“东方文化研究所”“东方图书馆”均不确切，实际接管的是东方文化事业总委员会设在北平的人文科学研究所和北平近代科学图书馆两个单位。“北京人文科学研究所”是日本政府利用“庚款”在华建立的研究机构，是日本外务省为了能够顺利开展“对支文化事业”而设立的“文化”招牌，也是日本扩大在华势力、对华实施文化侵略的工具之一，成立于1927年12月20日，地点位于东方文化事业总委员会收购的黎元洪总统私宅（此大院地景变迁详后）[10]。1935年后随着日本侵华步伐加快，外务省全面配合其“大陆政策”并抛出所谓“新规事业”，其目的美其名曰介绍、推广日本近代科学，北平近代科学图书馆就是在这种背景下筹建的，该馆的实质仍是日本扩大在华势力、对华实施文化侵略的工具。该馆设立地点也在东方文化事业总委员会所在的大院内，1936年12月5日正式开馆[11]。之所以认为有两个图书馆，是因为前述人文科学研究所下曾设有一个图书馆，初设时名称确为东方文化图书馆，但是这个图书馆的名称只在一些文件中存在了11个月，之后改为东方文化图书筹备处。筹备处的主要任务是编撰《续修四库全书总目提要》，为编撰需要搜集很多古书，就有了大批藏书，考虑其性质和一般借阅的图书馆不同，才改为筹备处[12]。近代科学图书馆以收藏自然科学图书为主，并从日本运来大量日文图书，而人文科学研究所下面的图书筹备处则以中国古籍为主。还需明确的是，抗战胜利后及建国初期其实很多人已经不清楚人文科学研究所、图书筹备处和近代科学图书馆三者的关系了，所以才有傅斯年和《科学通报》都提及的接收两个图书馆的说法。而另一份民国档案也提到了“业将人文科学图书馆、近代科学图书馆同时接收”[13]，同样反映了时人已对当时的图书馆、研究所的名称混为一谈。

还需说明的是中瑞西北科学考察团。该团系由若干文化、学术、教育机构组成的一个科学考察团体。从考古学史角度已有学者做过系统研究[14]，所以关于该团体的基本情况等不再赘述。中国科学院建院前夕在讨论科学院建院后如何接管原有科研机构时有一个原则：中央研究院和北平研究院机构由科学院接管；静生生物调查所、中国地理研究所、中央地质调查所等以科学院准备接管为原则，其他以往私人的研究机关暂缓接管[15]。由于西北科学考察团不属于上述几大机构，其骨干成员黄文弼曾给中国科学院院长郭沫若写信表达希望西北科学考察团并入科学院。1949年11月科学院成立后，西北科考团理事会常务理事马衡、徐旭生、袁复礼及理事黄文弼也曾联名致函郭沫若表达相同意见。

> “现科学院组织成立，所有国立研究机构必须并入。前西北科学考查团考古组复员后，原暂借北平研究院史学研究所地点工作（地质部分借清华地理系工作），现考古组甚愿参加科学院为一单位，或成立西北部，考古为其中之一组，以便在先生领导之下进行工作。”[16]

1949 年 12 月 21 日科学院举行了西北科学考察团结束会议，接收了该机构的部分资料包括文书档案、图书、古物标本等[17]。由于该团主要成员徐旭生、黄文弼都随着北平研究院史学研究所并入考古所，这部分接收的资料及清华的一些资料目前均辗转保存于中国社会科学院考古研究所[18]。因此中科院考古所的建立和西北科学考察团也有着一定的关系。

尽管中国科学院要成立考古所基本是确定的，但是从科学院成立至少到 1950 年 5 月“中国科学院考古研究所”的名称官方并未使用。1950 年 4 月郭宝钧已经率队赴安阳开展考古工作，1950 年 5 月出版的《科学通报》第一卷第一期中关于这次赴安阳殷墟的工作仍以“前中央研究院历史语言研究所图书史料整理处考古组”作为署名单位[19]。这个时期科学院接收的其他研究所也存在同样使用 1949 年前研究所名称的情况[20]。1950 年 5 月 19 日，政务院周恩来总理发出任命通知书，任命郑振铎为考古所所长，梁思永和夏鼐为副所长，之后 1950 年 7 月出版的《科学通报》第一卷第三期中，殷墟的考古工作报告题目中不再出现前中研院史语所的名称，末尾的署名则用“考古研究所通讯”[21]，可见这时官方已认为考古研究所成立。

中科院考古所成立初期，组织机构不够正规和健全，所下面一级的机构一般称为 XX 组，20 世纪 50 年代先后设立行政组、研究组、技术组、图书组、资料组、编辑组等，另有所务秘书。行政组包括收发、人事、财务、总务等。1953 年研究组区分为新石器时代、商周和汉唐三个研究组。技术组包括测量绘图、照相、文物修整等，尚有统一管理。编辑组也包括几方面工作，但无统一管理，具体由当时的所领导负责。建所初期业务人员很少，业务工作多由梁思永、夏鼐直接领导，并未形成中层的业务组织。1954 年科学院为考古所派来办公室主任，并建立党支部，1958 年派来行政副所长（即牛兆勋副所长），又于 1957 年建立学术秘书组，考古所的组织机构始日臻健全。

还有一个值得思考的问题，目前考古所的各种有关所史资料中尤其近年出版的书籍和所网站均称考古所正式成立于 1950 年 8 月 1 日。然而，政务院 1950 年 5 月 19 日同一天颁发了考古所所长郑振铎，副所长梁思永、夏鼐及近代史所长范文澜等人的任命通知书，中国科学院郭沫若院长签发任命文件是在 1950 年 5 月 31 日。同在一个大院的近代史所通常以 1950 年 5 月作为正式成立日期，而同日由周恩来签发任命所长的语言所则以 1950 年 6 月 25 日为建所日。另查《夏鼐日记》1950 年及之后的 10 年、20 年及 30 年，无论在 5 月还是 8 月考古所均无纪念活动。1990 年考古所四十年始有所庆，之后的五十六十年所庆均定在 8 月 1 日前后举行。由此，考古所建所日定在 1950 年 8 月 1 日还需继续研究。

二

中科院考古所酝酿成立时除了考虑机构上接收前中央研究院和北平研究院的史学、

考古部门，最主要的就是延揽考古人才。北平研究院史学研究所的徐旭生、黄文弼、苏秉琦当时都已在北平，加入新成立的考古所自无异议。而南京的史语所的多数人员1948年冬迁往台湾，该所当时留在大陆的业务人员中只梁思永在北平，夏鼐在温州老家，郭宝钧在汉口。在梳理相关史料中，笔者也认为在考古所筹备和草创初期前中研院史语所人员起着决定作用[22]。除了乔梁指出的苏秉琦写给王天木抱怨的信及考古所1950年春的殷墟发掘多是原史语所人员参与这两点之外，从各方力促夏鼐北上主持考古所也可看出。

1949年5、6月份，中科院尚在筹建中，其主要的筹建领导显然将夏鼐作为未来创建的考古机构的主要领导人选。《夏鼐日记》1949年6月1日记载当日收到后来出任中科院副院长的陶孟和来信"邀余赴京洽商恢复史语所事"[23]。之后1949年10月6日的日记，收到后来出任中科院秘书处处长和编译处处长的黄宗甄的来信，夏鼐先生的"友朋通信"暂未出版，目前不清楚具体来信内容，基本推测应该与邀其北上工作有关。之后11月21日的《夏鼐日记》记载与罗宗洛在上海会面，从《夏鼐日记》看罗先生这个时期一直和中科院联系密切，并曾给夏鼐去信劝其北上。而这天的日记清楚记载会面后罗再次重申前函之意，"谓黄宗甄君将于短期内来沪，表示或来沪一晤，或赴北京参加协商规划中科院历史考古部分"。郭沫若院长也曾在1950年4月给夏鼐去信，邀其到北京出任考古所领导并商谈考古发掘计划[24]。

而最热心夏鼐来主持史语所"残局"并在考古所筹备中起重要作用的是梁思永。早在1949年6月20日，梁思永就给夏鼐写信，从信中可知，此时梁并不清楚未来要成立科学院并组建考古所，其计划的是"如何保存史语所大陆上残存的这点事业基础"，这时他是就史语所的历史、语言、考古三个方面的工作和人事来整体考虑的。当然他出身考古，和夏鼐谈的更多的是未来新中国的考古，其拳拳之心殷殷之情满溢于纸。最后信末竟是"来，来，赶紧来"，可见其迫切之心。这封信发出不几日得知北大也有意聘夏鼐，其又紧急发电报："前函促北来，惊闻北大拟聘兄，盼仍来平，主持史所"。之后1949年的9月29日，梁思永又一次给夏鼐去信催其北上，从下文所载信的内容分析自6月来信后的这段时间梁思永应该是参与了中科院考古机构的筹备。

> "弟敦促兄北来之意，不止为共同支持史语所残局（此残局似乎在短期内即将结束）更为今后（尤其是今后一二个月中）中研院等研究机关合并改组为科学院（此殆成定局）之过程中，亟须兄亲自在场，积极为将来之中国考古事业计划奋斗。目前国内能领导全盘考古事业者唯兄与济之先生，而济之先生远在台湾，音信阻绝，未必能及时赶到参见此项工作。此事关系中国考古学之前途甚巨，愿兄予以深切之考虑，至盼！至盼！"[25]

之后1950上半年，因夏鼐仍在浙江大学任教，梁思永分别在1月和6月又给夏鼐写信均是邀其北上，特别是 1950 年 6 月的信，是在得知夏鼐母丧情况下，除了安慰仍是情真意切力邀夏鼐出任考古所副所长。

郑振铎自 1949 年 10 月～1950 年 1 月间曾给夏鼐去 5 封信邀约其北上担任文物局古物处处长，直到 1950 年 6 月再次给夏鼐的信因为当时已经有了政务院的任命通知书，郑振铎邀其北上则主要是主持考古所诸事[26]。

还需指出的是，郭宝钧在 1948 年冬辗转到了汉口，他 1949 年 6 月和梁思永取得联系，8 月也是应梁思永的邀请赴北平图整处。之后 1950 年 4 月 2 日带队赴殷墟发掘四盘磨村和武官村大墓[27]。这也是新中国成立后的第一次田野考古发掘工作。

总之，图整处在北平，梁思永在北平，夏鼐又被多位上层领导认为是考古所领导的理想人选。尽管夏鼐还没有到京，但是中央研究院是 1949 年前中国科学发展的最高代表，更为重要的是，除了史语所，中研院其他很多所的重要人物多未赴台，且是未来科学院的领导人（比如陶孟和等），所以从哪个方面看前中研院史语所都是未来考古所组成的核心和骨干力量，考古所的组建过程史语所也必起关键作用。而考古所的组建过程中梁思永则厥功至伟。

1950 年 7 月夏鼐抵达北京，之后至少 1954 年梁思永去世前，考古所是以梁思永的领导为核心，这期间关于所务方面，夏鼐多找梁思永商议，苏秉琦等人也有参与商讨[28]。从夏鼐日记看 1950～1952 年夏鼐大部分时间是在田野工作，因此所内运转主要依靠梁思永；此外郑振铎虽为正所长，但毕竟是兼任且并非专业出身，其主要精力不在考古所。至此考古所初创时期的三老（徐旭生、郭宝钧、黄文弼）二公（夏鼐、苏秉琦）均已到所[29]。五虎上将[30]中的马得志、王伯洪则是原图整处的人员，二人自然加入考古所。马得志生平已有详细介绍[31]，不再赘述。王伯洪原为地下党员，是考古所建所时十几位业务人员之一。曾是丰镐地区的早期田野考古工作的主要参与者之一，为首任丰镐队队长，主持编著《沣西发掘报告》。由于他相当长时间内是考古所业务人员中唯一的党员，故参与了考古所早期的很多重要事务（曾任所学术秘书、党支部委员），为考古所早期发展做过贡献。1974 年因病早逝[32]。

安志敏在 1950 年春季的殷墟发掘中已经作为北大的实习生参加。1948 年 6 月安志敏北京中国大学毕业后于燕京大学历史系兼任助教，协助裴文中史前考古学的教学实习。次年 2 月代裴文中讲授史前考古学。1949 年 9 月考入北京大学文科研究所史学部，成为考古组的研究生，师从裴文中和梁思永[33]。其同届研究生还有蔡美彪、宿白、漆侠三位，日后都成为史学和考古学领域的著名学者。安志敏研究生未毕业，1950 年 10 月就加入了考古所。其具体弃学来考古所的原因不可考，但是从梁、安二人的师生关系及两家数十年的亲密交往，可以推测安志敏到考古所工作很大可能是受到梁思永的影响并得到他的引荐[34]。石兴邦是 1950 年 9 月 5 日到考古所报到的，他的情况和安志敏有类似之处。1949 年石兴邦考入浙江大学人类学研究所的研究生，师从吴定良，入学后转随夏鼐学考古，一年后也是研究生未毕业，适逢考古所筹备，他可能是应夏鼐之邀，梁思永同意，就到考古所工作了[35]。五虎上将的另一位是王仲殊，王先生是1950年7月北京大学历史系毕业，经张政烺推荐，梁思永欣然接纳并于8月初入所，成为考古所成立后第一位从大学毕业，分配来的青年研究人员[36]。

建所之初除了上述人员，考古所接收的图整处人员究竟还有哪些呢？图整处成立时人员有12人[37]。具体情况可从梁思永写给夏鼐的信中得窥全貌，时主任由汤用彤改为梁思永，支薪的研究员1人，助理研究员1人，助理员2人，事务员3人，书记2人，工人3人，院警3人，共15人[38]。又据《本院所属各研究机构概况》指出“接收的图整处人员一二人，刻无增减”[39]。这与梁思永所言15人有出入。近年有学者据史语所旧档所载的人事资料列出1948年12月史语所当时人员的动向[40]。据此人员名册则前述出入正是多了院警3人，推测院警应是后来加入的临时聘用人员。结合此名册中登记的10位滞留北平人员和梁思永的12人记载，又据考古所《同仁录》及人事档案资料，大体可知研究员1人：梁思永；助理研究员1人：孙德宣[41]；助理员2人：赖家度、傅婧[42]；事务员3人：丁始玉[43]、窦珍如[44]、王伯洪；书记2人：马得志；工人3人：杨有润，名册中此人职称为技士，或许是梁思永所说的工人之一。此外名册认为还有北平办事处的主任余逊和管理员陈钝。余逊一直协助汤用彤管理图整处，其属于北大发薪，不在梁思永所言的12人之列[45]。陈钝或为另一名书记。这样图整处12人中尚有2位工人不清楚具体是谁，而上述确知的10人中仅有梁思永、赖家度、王伯洪、马得志于1950年考古所建所时留在考古所。

同时1950年建所前后徐智铭、魏善臣、王明已加入考古所，三人均在苏同炳记录的1948年底史语所实有人员名册中[46]，徐智铭、王明二人后来均调离考古所。徐智铭是考古所建所时仅有的十几名业务人员之一，曾参加建所初期辉县、洛阳等地的发掘，又曾为北京大学考古专业和考古训练班讲授考古测量课程。大约1954年调往中国科学院古脊椎动物研究室（现中国科学院古脊椎动物与古人类研究所）。王明1950年进所，担任所务秘书，1957年调往中科院哲学所，他是道教研究领域的著名学者，具体情况不再赘述。

魏善臣1932年10月至1949年1月在史语所任职。1950年6月到考古所工作，辉县12人发掘团成员之一，曾参加安阳、洛阳两地的发掘，管理新出土的文物标本，晚年管理所本部的文物库房[47]。而建所当年即入所从事考古工作的人员还有赵铨、杨圣泉、郭义孚等人。赵铨1921年出生于北京，1950年春应聘入考古所，参与建所当年的殷墟和辉县的发掘工作，于1952年建立考古所技术组，并长期负责。杨圣泉1914年出生于山东招远，102岁高龄辞世，一生极具传奇色彩，是一位擅长英语翻译的抗战老兵。其1950年6月进入考古所，1950～1958年期间被派往清华大学和北京地质学院（现中国地质大学），协助袁复礼整理西北科学考察团资料，后在考古所图书室工作。郭义孚1950年冬入职考古所，主要从事考古测量、考古绘图工作。关于3人更详细介绍可参看《同仁录》一书[48]。

北平研究院史学研究所并入中科院考古所时共有人员 14 人，除了前述的徐旭生、黄文弼、苏秉琦三人，其余 11 人随史学研究所并入[49]。11 人中冯家昇、王静如、程溯洛、尚爱松、贾敬颜、王恩庆等人主要从事史学研究，1953 年从考古所调到中央民族学院（现中央民族大学）。许道龄、钟凤年则留在考古所从事史学研究至退休。白万玉（1899～1970 年），早年曾先后随安特生和中瑞西北科考团从事调查和标本采集，20 世纪 30 年代在北平研究院史学研究所考古组工作，参加渭河流域调查、宝鸡斗鸡台发掘和资料整理等工作。1950 年参与辉县发掘，曾为北大考古专业和考古训练班讲授文物修复课程。其后参与了考古所早期很多田野工作。1956 年起，代表考古所参与北京明定陵发掘的现场指挥，退休后仍在定陵工作一段时间。11 人中陆式薰长期从事考古绘图工作，擅长清绘地图，60 年代初退休。姚从善则是目前唯一尚健在的先生，1927 年出生于北京，1936～1942 年读私塾，1947 年入北平研究院工作。1950 年考古所成立后在图书室工作，其数十年如一日在图书管理的岗位上勤勤恳恳为科研人员服务，还常常给年青业务人员传授版本、目录知识，受到所同仁的尊敬。

三

中科院考古所成立后，根据当年院方规划所址设在当年图整处所在的王府大街九号[50]。这个王府大街九号在考古所成立前后的情况可以从邓广铭女儿邓可因的描述中略见一斑：在原王府大街北端的路西灰墙内，翠花胡同以南、东厂胡同以北，西至太平胡同（笔者按即今东厂北巷），这是一个方圆四十八亩的大院落，1949 年前南侧的门叫东厂胡同一号、二号，东墙门叫王府大街九号[51]（图一）。1949 年之前这个大院落中的机构也并非图整处一家单位，从前述图整处成立的公文中可知，西边的部分即东厂胡同 1 号、2 号由北京大学和华北文教协会占用。北京大学在此的机构是北京大学文科研究所，1945 年抗战胜利，随北大迁回北平时入驻东厂胡同，除了办公地点，院里还辟出一些房子作为学者宿舍，胡适、沈兼士、汤用彤、邓广铭、张政烺均在此居住过。还有当时考入文科研究所的研究生如宿白等也曾在此居住。梁思永 1946 年回北平养病住在大院东部的一处小院里，即后文的“小山坡”。1952 年高等学校院系调整后，北大文科研究所解散，所属研究人员及所藏学术资料分别归入北京大学有关各系、中国科学院有关各研究所以及故宫博物院等单位。华北文教协会是沈兼士创立的地下抗日组织[52]，抗战胜利后沈兼士负责接管北平的高校和文化机构，当时大院中西部的三百余间房屋其曾做过规划，一部分实际已经占用作为特派员办公及复员委员会会址，拟还占用一部分作为华北文教协会办公及整理储藏图书之用[53]。

1949 年 11 月中科院成立前后相关人员一直与北大交涉，最终北大文科研究所的办公用房腾出，而学者们的住宅、研究生宿舍之后才陆续迁出。与此同时中科院院部

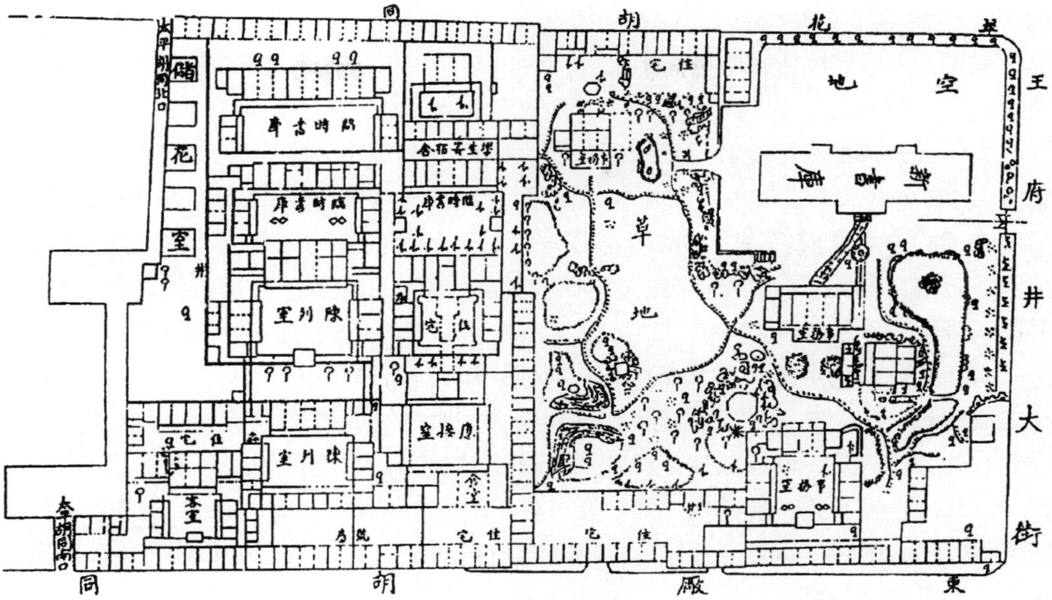

图一　王府大街九号大院子 20 世纪 30 年代总平面图

（采自阿部洋：《“对华文化事业”的研究——战前中日教育文化交流的展开与挫折》，汲古书院，2004 年）

于 11 月 23 日从东四马大人胡同 10 号临时迁入大院里，当时院部办公用房在大院东部的一个“四合院”，也是大院目前唯一所剩的几间房，具体后文有详述。此“四合院”正北三间的西间为郭沫若院长办公室，东间为竺可桢、陶孟和两位副院长合用，中间为会议室，两厢房屋为办公厅[54]。1951 年 6 月 23 日中科院院部迁往文津街 3 号原静生生物调查所大楼，随后这里也成为考古所的办公地点[55]。特别要说明的是，东厂胡同 1 号未来的主人是 1949 年 4 月作为华北大学历史研究室的身份搬入的。1950 年 5 月主要在这个研究室的基础上成立了近代史研究所[56]，但是在成立前后所内人员并不能全部集中于东厂胡同办公，仅有范文澜领导的 5 人组留在东厂胡同，近代史组曾迁至干面胡同整理档案，即使搬回后也因房间少而感觉拥挤[57]。另外世界史研究所和边疆史地研究中心（现在改为边疆研究所）在 80 年代后也都曾长期在东厂胡同 1 号内办公。

还需说明的是北平研究院史学研究所的原址在中南海怀仁堂西四所[58]，1949 年春季该所与北平研究院总办事处从中南海搬出，迁至西直门外的三贝子花园。三贝子花园或因园乃康熙三子诚隐亲王的宅邸而俗称三贝子花园，正式名称为“可园”，乾隆时期在其东边又修建了乐善园，清末在三贝子花园、乐善园及广善寺、惠安寺旧址建成了农事试验场[59]。民国时期这个地方又称天然博物院、万牲园，1955 年改为北京动物园。北平研究院成立之初其下设的各个部门分设在不同地点，其中生物部下设的生物学研究所、植物学研究所、动物学研究所都设在当时的天然博物院（三贝子花园）

内[60]。北平研究院史学研究所1949年应该是临时迁到三贝子花园内这三个研究所的办公地点，史学研究所被中科院接管后，1950年考古组部分先搬进王府大街的大院内，之后陆续全部搬入。

大院最西部的房屋也称东厂胡同2号，1949年归属中科院后为“中国科学院第六宿舍”，黄文弼和贾兰坡等曾居住在该院平房中。2号院的北部靠近翠花胡同的部分，后归中国社会科学院拥有，1982年盖了家属楼，目前门牌为东厂北巷2号院。2号院南部靠近东厂胡同部分1985年建了两栋中科院的家属住宅楼，目前门牌是东厂北巷1号院6号楼和4号楼。

其实大院落的形成历经几个时期。明代这里是著名的特务机构东厂，并无园林水榭之类建筑。东厂胡同的名称概也因此得来并一直延续。清咸丰年间大学士两广总督瑞麟在此大肆建筑，修建园林，初名“漪园”，奠定了此大宅院的基本轮廓。八国联军侵华，此园也遭劫难，瑞麟三子佛尼音布对花园重加整修，改名“余园”，其得名一说“劫后余生”，一说“富贵有余”。这是大宅院的第一次较大变化。光绪末年宅园归属大学士、直隶总督荣禄。民国二年（1913年），荣禄后人将之售于袁世凯，次年被袁世凯赠于黎元洪[61]。黎元洪将其作为私宅，在东面靠近今天的王府井大街一侧修建了水泥围墙，这是大院景观的第二次重大变化。今天在王府井大街1号的嘉德艺术中心大楼外保存了一段当年的水泥墙，围墙转弯处的下方还有一块界碑，上面写着“黎大德堂界”（图二）。

黎元洪搬走后，1927年10月日本人设立的东方文化事业总委员会购下此处房舍，并于1934年3月1日～1935年8月30日在大院东北部建了一栋三层的钢筋水泥大楼[62]。推测前述东方文化图书筹备处的图书和近代科学图书馆的图书应该都存放在这个三层楼内，从一张朝东开的1937年挂有近代科学图书馆的照片看（图三），很可能东面开门也是这个时期，这个阶段东面的门牌也称王府大街九号[63]。三层水泥大楼北边还有1栋砖混结构的二层楼房，建造年代是20世纪50年代初[64]。日本人占领时期是大院的第三次重要变化。

1950年中国科学院成立后，日本人建立的三层大楼一直是中国科学院图书馆书库所在，曾被定为北京市文保单位，中科院图书馆全部迁往中关村后空置多年（图四）。20世纪初竟被圈占，后来连同北面的二层楼一起被炸掉。发生在2006年之后的这一炸掉文保单位，改变明清以来翠花胡同结构的行为彻底改变了王府九号大院北部的布局，之后圈起来的这块地几易其手，目前这个区域和半个翠花胡同，建成了嘉德艺术中心的大楼。

上述书库南边和以西部分一直是考古所的办公用址，门牌号在“文革”中改为人民路27号，“文革”后又改成了王府井大街27号。考古所范围的东侧，主要是大院子的花园[65]。花园中有北宽南窄的池塘，北部塘内有太湖石矗立，南部则有一座水泥小桥横跨东西池岸。池塘南侧堆土石为假山，假山上也有太湖石，假山与东围墙之间也

图二 “黎大德堂界”碑

图三 1937 年的近代科学图书馆大门正面
（《近代科学图书馆馆刊》1937 年创刊号）

有一段虎皮石墙，墙上有门洞，门额书有“竹石幽城”四字。东围墙内侧原有丁香林，20 世纪 50 年代中后期毁丁香林沿东围墙建东西向平房三十余间用作考古所文物库房和职工宿舍等。

水池的西岸边堆土石为高台，考古所人称之为“大山坡”，其上建有目前尚存的坐东朝西三间两卷勾连搭的古建筑，名“苍莨馆”（又称“紫藤轩”）。但是从下图可见，此建筑显然面向池塘向东开门，同时张孝光先生也告知确实其到所里时“苍莨馆”也曾东向开门（图五）。

“苍莨馆”的西侧，为高数十米的水泥藤萝架，当年藤萝花开，美丽异常。顺着紫藤花架南行，在“苍莨馆”西南有一座完整的四合院，四合院正房东侧有顶部呈垛口状的虎皮石门洞，额称“乐安门”，院中有一棵古树白皮松。正房三大间坐北朝南，东西各有耳房 1 间。还有东西厢房各 3 间，厢房南北也各有耳房 1 间。四合院南墙中部在高出地面台基上建有垂花门，台基内外有两层石阶，垂花门东西两侧又各有仅一层台阶的券顶小门洞一处。四合院南墙南侧有一条南北宽三四米，东西长八九十米的通道，通道南侧贴近东厂胡同围墙有一排南房，约三十一二间，多归考古所使用。这个四合院的三间北房就是前文所说的当年曾做过郭沫若院长办公室的房子。

“乐安门”四合院正房北面是又一进院子，但无东西厢房，仅有坐北朝南的房子多间，应该就是贾珺文中“余园”的正厅，乃 5 间硬山建筑，其东设有 2 间耳房。房子

图四 水泥围墙和日本人所建的书库（拍摄于 2004 年）

图五 20 世纪 50 年代或之前的考古所院内

50 年代又向西和北扩建多间用作考古所的阅览室、书库和办公用房。阅览室的西南另一座土山的东端有一八角亭子。日本人所建的三层书库西北有一片高凸于周围的大平台，考古所人称为“小山坡”，其上有开间不大的平房十间左右，曾是考古所副所长梁思永一家住所。“小山坡”以南地段，曾有花厅、凉亭等老建筑。以上景观基本是考古所建所时院落内的大致面貌（图六）。20 世纪 50 年代陆续拆除“小山坡”南面的老建筑，营建了考古所早期的技术室、标本室、会议室、理化实验室等。目前这些 50 年代建的老房子尚在。

1977 年成立了中国社会科学院，中国科学院考古研究所更名为中国社会科学院考古研究所。考古所区域内更大变化可追溯至 50 年前。20 世纪 70 年代填平池塘，80 年代初拆除八角亭建设史学一号楼，80 年代末至 90 年代初，拆除东南角的四合院东西厢房、耳房、南侧垂花门以及南围墙内从东到西的南房，建起一座外墙白色的楼房，就是考古所人俗称的“小白楼”[66]。90 年代后期起，社科院为营建博源宾馆及考古所 8 层办公楼，继续拆掉原考古所院落内的大部分旧房。目前院内的旧建筑和景物仅存四合院内原正房三间、东耳房一间、“苍葭馆”以及院中一株古树白皮松（图七）。

图六 三层书库楼、阅览室及北楼
（从东向西看，可能在华侨大厦上拍摄于约 20 世纪 80 年代）

图七 四合院留下的北房东耳房及院中白皮松
（拍摄于 2020 年春）

附记：本文写作过程中得到本单位姚从善、张孝光、王世民、高炜、梁星彭、安家瑶、陈星灿、王浩天、吴海燕、秦少华、侯俊宇等先生诸多帮助，尤其王世民、高炜、陈星灿三位先生在资料搜集、论文修改等方面都提出很多宝贵意见，在此一并致谢！另外本文在2020年6月纪念建所70年期间在中国考古网刊发，之后得到了所内外很多同仁的关注，特别是涉及的人员、事件、景观等细节方面，又获得很多鲜为人知的详细背景资料。笔者对一些问题也有了新的认识，比如对梁思永先生在筹备和建所初期的巨大贡献应当给予充分肯定等。当然关于郑振铎、苏秉琦等先生在建所初期对考古所乃至中国考古学的贡献等容专文探讨。此次发表，主要根据众多反馈意见一一核查资料作了订补。因此，此前考古网的同名文章凡与本文有抵牾的，均以本文为准。

注　释

[1] 姚蜀平：《中国科学院的筹备与建立》，《中国科技史料》（第10卷），1989年第3期；樊宏业：《〈建立人民科学院草案〉的来龙去脉》，《中国科技史料》（第21卷），2000年第4期。

[2] 中国科学院档案：办永50–1；另参见：《建立人民科学院草案》，《中国科技史料》（第21卷），2000年第4期。

[3] 林文照：《北平研究院历史概述》，《中国科技史料》（第10卷），1989年第1期；刁娅君：《北平研究院史学研究所的二十年》，《文史杂志》2007年第3期。

[4] 《本院所属各研究机构概况》，《科学通报》（第一卷），1950年第1期，第45页。

[5] 《本院所属各研究机构概况》，《科学通报》（第一卷），1950年第1期，第42页。

[6] 见台湾史语所网站对该所的介绍。

[7] 苏同炳：《手植桢楠已成荫——傅斯年与中研院史语所》，台湾学生书局，2012年，第358、359页。

[8] 陈晓敏辑：《"中央研究院"历史语言研究所整理运送及接收保管明清档案相关史料》，《民国档案》2008年第1期。

[9] 欧阳哲生：《新学术的建构——以傅斯年〈历史语言研究所报告〉为中心的探讨》，《文史哲》2011年第6期，第117页。

[10] 孙颖、徐冰：《"北京人文科学研究所"筹建始末——20世纪上半叶日本对华文化侵略之典型一例》，《求是学刊》2007年第34卷第5期；孙颖：《二十世纪上半叶日本的"对支文化事业"研究——基于"东方文化事业总委员会"与"日华学会"的考察》，东北师范大学博士学位论文，2008年。

[11] 石嘉：《抗战时期日本在华北的文化侵略——以北京近代科学图书馆为例》，《首都师范大学学报》2017年第4期；徐志民：《从合作到对抗：中国人眼中的"东方文化事业"（1923～1931）》，《社会科学研究》，2017年第4期。

[12] 王一心：《东方文化图书馆始末述论》，《山东图书馆学刊》2017年第6期；罗琳：《〈续修四库全书总目提要〉编纂史纪要》，《图书情报工作》1994年第1期。

[13] 杨斌选辑：《战后教育部平津区特派员沈兼士关于接收北平高校及文化机构的函电》，《民国档

案》2018 年第 1 期，第 40 页条目 5。

[14] 王新春：《中国西北科学考查团考古学史研究》，兰州大学博士学位论文，2012 年。

[15] 参见“科学院准备接管原有各科学研究机关座谈会”，中国科学院办公厅档案，永，第 50-28。

[16] 姚蜀平：《中国科学院的筹备与建立》，《中国科技史料》（第 10 卷），1989 年第 3 期。

[17] 张九辰：《中国科学院接收“中国西北科学考查团”的经过》，《中国科技史杂志》（第 27 卷），2006 年第 3 期。

[18] 目前所内保存的清华转来的采集品已经陈星灿、曹勇两先生整理。参见陈星灿：《内蒙古巴彦淖尔盟的史前时代遗存——中瑞西北科学考察团考古资料的整理与研究之一》，《考古学集刊》（第 11 集），中国大百科全书出版社，1997 年，第 1～31 页；曹勇：《内蒙古、甘肃、新疆地区的史前时代遗存——中瑞西北科学考察团考古资料的整理与研究之二》，中国社会科学院研究生院硕士论文，1988 年。

[19] 前中央研究院历史语言研究所北京图书史料整理处考古组：《赴安阳调查发掘的初步报告》，《科学通报》（第一卷），1950 年第 1 期，第 33 页。很多文章都认为这次发掘是 10 日出发赴安阳，但是这里《科学通报》很详细记载是 2 日出发，还有 8 日发来电报，十日晚另一批人出发的记录，所以 12 日出发或有误，12 日是指考古发掘工作开始。

[20]《本院成立以来五个月中的工作概况》，《科学通报》（第一卷），1950 年第 1 期，第 3 页。

[21] 考古研究所通讯：《中国科学院殷墟调查发掘组工作续报》，《科学通报》（第一卷），1950 年第 3 期。

[22] 乔梁：《新中国考古初创时期的苏秉琦先生》，《南方文物》2018 年第 1 期。

[23] 夏鼐：《夏鼐日记》卷四，华东师范大学出版社，2011 年，第 245 页。

[24] 通信内容详见《夏鼐友朋通信录》，待出版。但是从《夏鼐日记》可知这一信息（夏鼐：《夏鼐日记》卷四，华东师范大学出版社，2011 年，第 294 页）。

[25] 夏鼐：《夏鼐日记》卷四，华东师范大学出版社，2011 年，第 264 页。

[26] 郑振铎：《郑振铎全集·书信》第十六卷，华山文艺出版社，1998 年，第 225～230 页。

[27] 前中央研究院历史语言研究所、北京图书史料整理处考古组：《赴安阳调查发掘的初步报告》，《科学通报》（第一卷），1950 年第 1 期，第 33 页。

[28] 夏鼐：《夏鼐日记》卷四，华东师范大学出版社，2011 年。

[29] 三老二公的说法见《20 世纪的中国考古学》，《20 世纪中国知名科学家学术成就概览·考古学卷》，科学出版社，2015 年，第 3 页。也有学者指出考古所和学界从未有对夏鼐先生称呼夏公的，概“三老二公”实乃对建所元老的尊称和美名，此处仅以此引出建所初期的几位著名学者。

[30] 五虎将也是对于建所初期的几位青年学者的美称，概和后来考古所的几大才子类似。只是五虎将的说法因时间不同也有不同说法，也有认为陈公柔先生也是五虎将之一。参见《20 世纪的中国考古学》，《20 世纪中国知名科学家学术成就概览·考古学卷》，科学出版社，2015 年，第 3 页。

[31] 王巍主编：《20 世纪中国知名科学家学术成就概览·考古学卷》，马得志条，科学出版社，2015 年，第 380～387 页。

[32] 王伯洪的情况由王世民、高炜等先生处获知，原计划就王伯洪访谈张长寿先生，可惜张先生 2020 年初去世，这也是促使我随后一定写此文的原因之一。王伯洪的人事档案所内没有查到。

从人事处得知，早年的人事档案建立很复杂，1950 年建所时的人员档案仅查到魏善臣 1 人的。还有的人事档案由于曾有段时间社会接管退休人员而被转到街道了。

［33］王巍主编：《20 世纪中国知名科学家学术成就概览》安志敏条，科学出版社，2015 年，第 399～417 页。

［34］此段关于安志敏先生北大的导师和同学是从安志敏先生的女儿安家瑶老师处得知，询问关于安先生来所原因她也有相同看法。

［35］参看石兴邦口述、关中牛编著：《遗老遗少考古所》，《大众考古》2013 年第 5 期。

［36］王巍主编：《20 世纪中国知名科学家学术成就概览》王仲殊条，科学出版社，2015 年，第 418、419 页；中国考古学会编：《中国考古学年鉴 · 2016》逝世考古学家栏，中国社会科学出版社，2017 年。

［37］周宁辑：《国立中央研究院概况（1928～1948）》，《民国档案》1990 年第 4 期。

［38］信件全文参见：梁柏有：《思文永在——我的父亲考古学家梁思永》，故宫出版社，2016 年，第 141～143 页。

［39］《本院所属各研究机构概况》，《科学通报》（第一卷），1950 年第 1 期，第 42 页。

［40］苏同炳：《手植桢楠已成荫——傅斯年与中研院史语所》，台湾学生书局，2012 年，第 378～381 页。

［41］1950 年春殷墟发掘的通讯稿作者是孙德宣。但不见于 2010 年 60 年所庆时编撰的内部资料《同仁录》，后到中科院语言所任职。

［42］傅婧属图整处人员，王世民先生告知此人未到考古所工作，后来任职何处不清楚。此人不在《同仁录》中，可证明的确 1950 后不在考古所工作。

［43］丁始玉（女）：1946 年入职图整处，20 世纪 50 年代去科学出版社工作，1984 年在该单位离休。她 1949 年后虽没留在考古所工作，但曾长期在考古所大院内居住。

［44］窦珍如是图整处人员，邓广铭夫人，1950 年后在中国科学院图书馆任职。

［45］余逊为北大教授，著名学者。

［46］苏同炳：《手植桢楠已成荫——傅斯年与中研院史语所》，台湾学生书局，2012 年，第 378～381 页。

［47］魏善臣的情况据考古所人事档案及王世民先生告知。

［48］中国社会科学院考古研究所：《同仁录》，内部刊物，2010 年 7 月。

［49］此处据林文照和刁娅君的文章并结合考古所内部资料《同仁录》获得 10 人名单，后来根据王世民先生提供的人员名单，又询问尚健在的姚从善先生逐一核实得来。

［50］《本院所属各研究机构概况》，《科学通报》第一卷，1950 年第 1 期，第 42 页。

［51］邓可因：《世事沧桑话东厂》，《京华古迹寻踪》，燕山出版社，1996 年，第 400～402 页。

［52］赖晨：《鲜为人知的地下抗日组织"华文协"》，《档案天地》2013 年第 1 期。

［53］杨斌选辑：《战后教育部平津区特派员沈兼士关于接收北平高校及文化机构的函电》，《民国档案》2018 年第 1 期，条目 19 和 29。

［54］王扬宗：《中国科学院的筹备与建立》，《中国科学报》2015 年 7 月 10 日第 6 版；《本院成立以来五个月中的概况》，《科学通报》第一卷，1950 年第 1 期，第 4 页。

［55］其实考古所的办公用房除了这个大院中东部的房屋，马市大街也曾有房子属于考古所，对此一

些早年来所的老先生如张孝光先生、刘玉先生也都言考古所曾在马市大街有房子。而据夏鼐日记 1952 年 3 月 11 日记载，“科联搬入大院办公，马市大街房子可以归考古所”，可见考古所据有马市大街的房子应该是 1952 年 3 月后了，建所之初并未在马市大街办公。

［56］赵庆云：《中国科学院 1950 年率先成立近代史研究所考析》，《清华大学学报》（哲学社会科学版）2018 年第 2 期；赵庆云：《中科院近代史所筹设风云》，《博览群书》2019 年第 10 期。

［57］《中国科学院近代史研究所近况》，《科学通报》1950 年第 4 期。

［58］刁娅君：《北平研究院史学研究所初探》，华东师范大学硕士学位论文，2008 年。

［59］朱家溍：《“乐善园”和“三贝子花园”的有关史料》，《文物》1957 年第 6 期；张润普：《读“乐善园和三贝子花园史料”书后》，《文物》1958 年第 5 期。

［60］林文照：《北平研究院历史概述》，《中国科技史料》1989 年第 1 期。

［61］黎元洪之前余园的形成和创建参见贾珺：《北京东城余园》，《中国园林》2011 年第 1 期。

［62］罗琳：《〈续修四库全书总目提要〉编纂史纪要》，《图书情报工作》1994 年第 1 期。

［63］《北平近代科学图书馆馆刊》创刊号，1937 年，第 1 页，近代科学图书馆大门正面。

［64］贾珺认为是在日本人占领时期建造的（参见贾珺：《北京东城余园》，《中国园林》2011 年第 1 期），而王世民先生认为从建筑风格看像 20 世纪 50 年代前期建造。从孙颖对于东方文化事业总委员会的活动梳理看，除了书库建设外，此地不见日人其他建设记载（参见孙颖：《二十世纪上半叶日本的“对支文化事业”研究——基于“东方文化事业总委员会”与“日华学会”的考察》，东北师范大学博士学位论文，2008 年），所以这个北楼年代笔者也倾向 20 世纪 50 年代建设。日前从我所张孝光先生那里得知，他 1953 年进所后，这个二层楼刚建成不久，他曾和石兴邦、王仲殊、张云鹏等先生在此楼居住过，因此可以确定此楼建于 1951 或 1952 年。

［65］下文考古所范围内的景物主要依据王世民、张孝光、高炜等先生提供的材料，并参考一些旧照片和邓可因、贾珺等人文章。

［66］经过强烈争取，考古所总算在王府井旧址保留了一点念想，小白楼、大院的老建筑仍归考古所，目前是考古所科技中心办公地点，考古所的其他部门已于 2019 年 12 月迁到北四环。大院中近代史所、世界史所也都迁到北四环并共同隶属于中国社会科学院下属的中国历史研究院。王府井大院里目前则是社科院的另外几个经济类研究所的办公地点。

奥库涅夫文化的考古发现与研究*

王　鹏

（中国社会科学院考古研究所）

公元前 3 千纪中期至公元前 2 千纪初期，是南西伯利亚早期金属时代考古学文化发展的第一个高峰——早期青铜时代（或青铜时代早期）[1]。与之前的早期金属时代初期阶段相比，该时期考古遗存的面貌发生了根本性的改变，这主要表现在诸考古学文化在畜牧业、冶金业和艺术等领域的突飞猛进和取得的非凡成就。南西伯利亚的早期青铜时代与中国的龙山时代大体同时，二者均属于“大变革”的时代，且已有证据表明，此时的南西伯利亚与中国北方地区存在广泛的文化交流。若想了解这些文化交流曾在何种程度上影响了区域历史的发展，有必要对两地的考古遗存进行比较研究，揭示当时文化交流的内容和形式。在南西伯利亚及周边地区的早期青铜时代考古学文化当中，奥库涅夫文化（окуневская культура）最具代表性且研究得最为深入，因此本文将梳理奥库涅夫文化研究的历史和最新成果，概括奥库涅夫文化的各项要素，希望对我们了解奥库涅夫文化，乃至南西伯利亚的早期青铜时代有所助益（图一）。

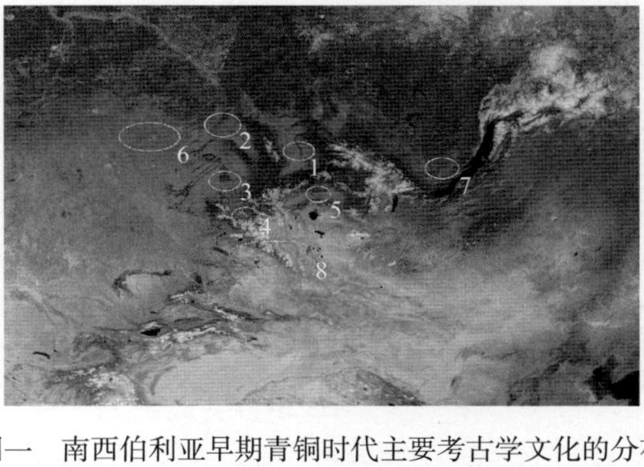

图一　南西伯利亚早期青铜时代主要考古学文化的分布

1. 奥库涅夫文化（окуневская культура） 2. 萨穆希文化（самусьская культура） 3. 叶鲁尼诺文化（елунинская культура） 4. 卡拉科尔文化（каракольская культура） 5. 恰 - 霍里文化（чаа-хольская культура） 6. 奥季诺沃文化（одиновская культура）、克罗多沃文化（кротовская культура） 7. 格拉兹科沃文化（глазковская культура） 8. 切木尔切克文化

* 本文系中国社会科学院学者资助计划（批准号：XQ2020003）、中华文明探源研究整合课题（课题编号：2020YFC1521608）、国家社会科学基金项目（项目编号：21AKG006）成果。

一、奥库涅夫文化研究的历史

奥库涅夫文化分布在米努辛斯克盆地，是南西伯利亚地区最著名、最早进入青铜时代的考古学文化之一。虽然属于奥库涅夫文化的考古遗存很早就被发现并引起考古学家格外的注意，但是由于自身多方面的特殊性，奥库涅夫文化作为一支独立考古学文化得到正式的命名却很晚。

奥库涅夫文化所在的米努辛斯克盆地，是俄罗斯开展考古工作最早，同时也是考古学研究最充分的地区之一。1722 年 1 月 6 日，奉俄罗斯帝国皇帝彼得一世之命组建、由 Д. Г. 梅塞施密特（Д.Г. Мессершмидт）领导的西伯利亚科学考察团（1719～1727），在米努辛斯克盆地南部今哈卡斯共和国叶尼塞河左岸的阿巴坎－别列沃兹村（Абакано-Перевоз）附近发掘了一座斯基泰时期的冢墓，这被认为是俄罗斯考古学史上的首次科学考古发掘。此后，由 В. И. 别林格（В.И. Беринг）领导的第二次北方科学考察团（1733～1743）和 П. С. 帕拉斯（П.С. Паллас）领导的俄罗斯科学考察团（1768～1774）亦对米努辛斯克盆地内的古迹进行了研究，并对不同时期的冢墓进行了简单的分类[2]。19 世纪，对米努辛斯克盆地古代遗存的研究主要由地方志学者进行，他们的研究依然是对个别遗迹（主要是墓葬）的零星发掘、分类，并开始尝试讨论其绝对年代、源流和族属问题，但此时的研究仍旧处于起步阶段，所得出的结论也与事实相去甚远[3]。

1

2

图二　鲁登科和捷普洛霍夫

1.С. И. 鲁登科（1885～1969）　2.С. А. 捷普洛霍夫（1888～1934）

对米努辛斯克盆地古代遗存的系统研究开始于 20 世纪初期。苏俄内战（1918～1922）伊始，一些身处苏区和白区的科学家，或是为了躲避战乱，或是受高尔察克政府之命，由欧洲撤离至西伯利亚的托木斯克。其中包括 С. И. 鲁登科（С.И. Руденко，1885～1969）和 С. А. 捷普洛霍夫（С.А. Теплоухов，1888～1934），他们在大学和研究所的工作迅速使托木斯克成为了当时西伯利亚考古学研究的中心[4]（图二）。

1920 年（鲁登科、捷普洛霍夫领队）和 1921 年（捷普洛霍夫领队），为了解决西伯利亚古代遗存的分类和编年问题，捷普洛霍夫谨慎地选取了地理环境和气候条件优越，且遗存丰富的米努辛斯克盆地叶尼塞河左岸巴铁尼村（Батени）附近 6×12 平方千米的范围，进行系统的考古调查和发掘（图三）。

1922 年，由于政治局势的变化，捷普洛霍夫追随鲁登科返回圣彼得堡，就职于圣彼得堡大学和俄罗斯博物馆。此后的 1923～1928 年，捷普洛霍夫继续了在巴铁尼村的工作。在 8 年的时间里，捷普洛霍夫共发掘青铜时代和早期铁器时代的墓葬 150 多座，

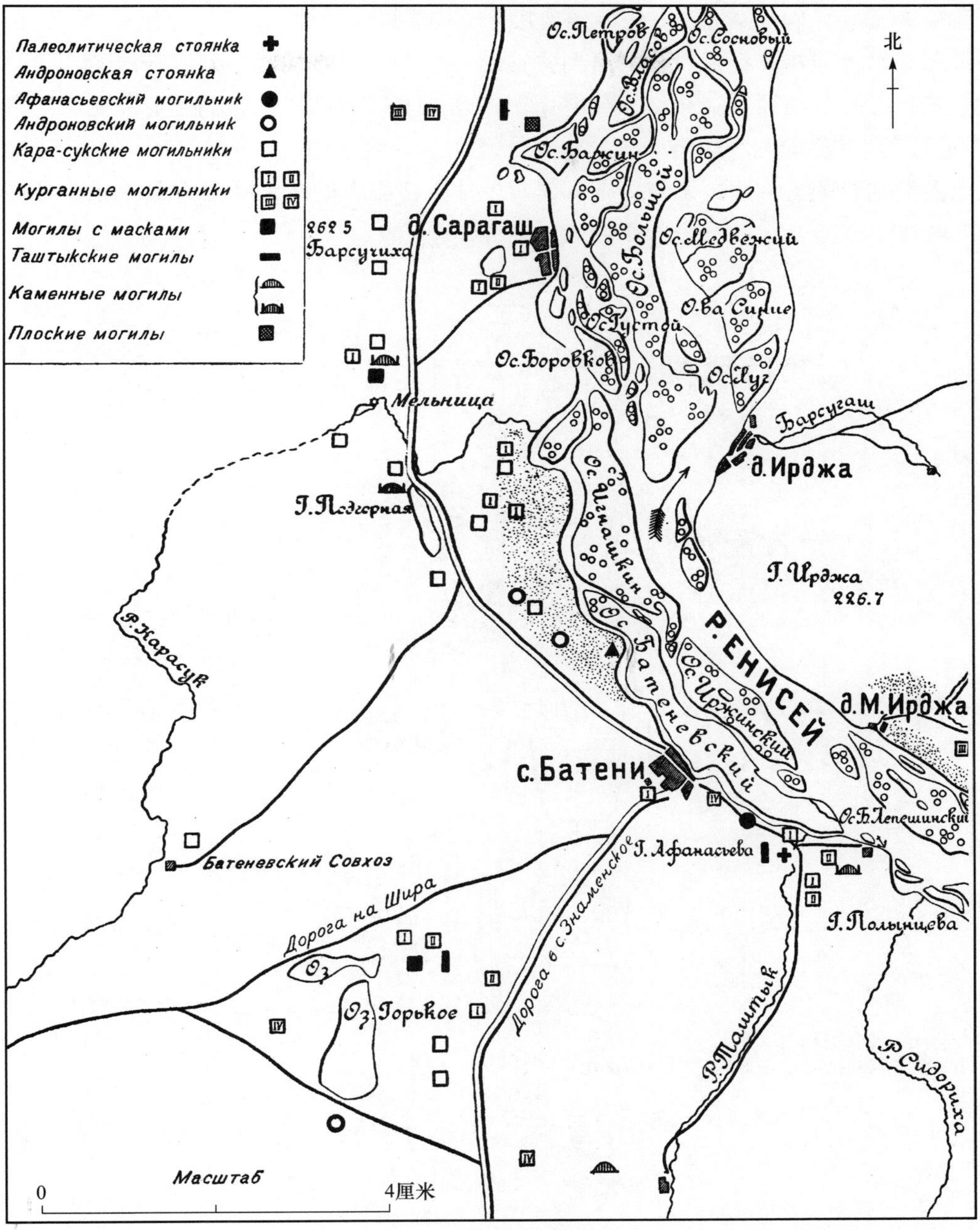

图三 巴铁尼村附近遗迹

（取自 Теплоухов，1927）

以及石器时代和青铜时代的居址数处[5]。正是得益于米努辛斯克盆地得天独厚的条件，以及采取的区域系统调查和科学的发掘方法，更加之研究者本人对古物、古迹的敏感，捷普洛霍夫几乎凭一己之力很快就建立了南西伯利亚地区首个科学的早期金属时代考古学文化发展序列。1929 年，继《米努辛斯克地区的古代墓葬》[6]之后，在总结性的研究报告《米努辛斯克地区古代金属文化分类的尝试（概述）》中，捷普洛霍夫根据墓葬形制和出土遗物的特点将米努辛斯克盆地的早期金属时代遗存分成并命名为4个考古学文化：阿凡纳谢沃文化、安德罗诺沃文化、卡拉苏克文化、米努辛斯克坟丘文化（后被重新命名为塔加尔文化）[7]。此后，C. B. 吉谢列夫（C.B. Киселёв，1905～1962）在南西伯利亚的大量田野工作验证和丰富了捷普洛霍夫的体系[8]，并使之成为考古学上的经典（图四）。

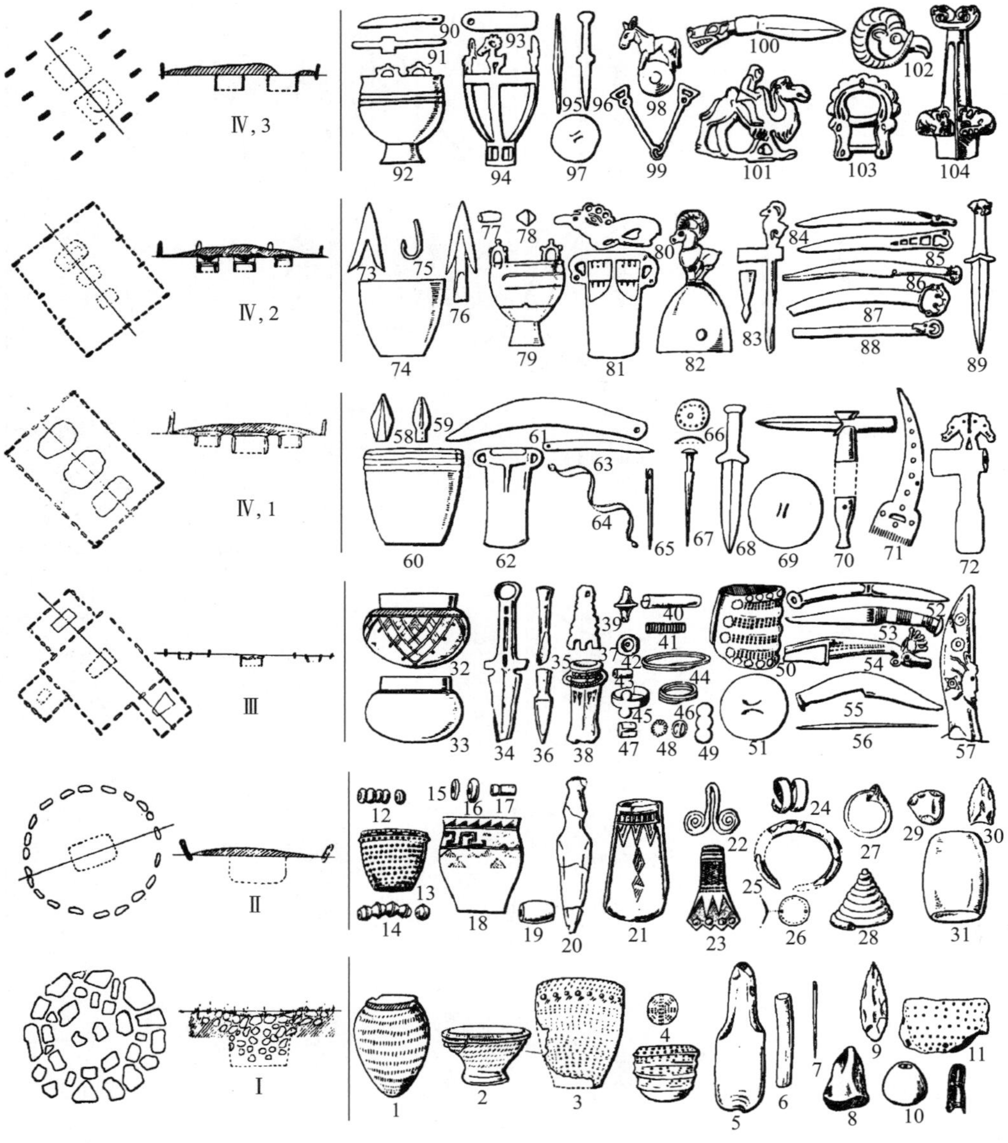

图四　C. A. 捷普洛霍夫对米努辛斯克盆地早期金属时代遗存的分类

Ⅰ. 阿凡纳谢沃文化　Ⅱ. 安德罗诺沃文化　Ⅲ. 卡拉苏克文化　Ⅳ. 米努辛斯克坟丘文化

（取自 Теплоухов，1929）

在这个序列当中，并不包括奥库涅夫文化。这是因为在此之前捷普洛霍夫未发掘到典型的奥库涅夫文化冢墓——其对奥库涅夫村（Окунев Улус）墓地的发掘晚在1928年，此时《米努辛斯克地区的古代墓葬》《米努辛斯克地区古代金属文化分类的尝试（概述）》已经完成。在这两篇文章中，捷普洛霍夫将雅尔奇墓地（Ярки）出土平底陶器的3座石棺墓归入安德罗诺沃文化，而将阿凡纳谢沃山墓地（Афанасьева Гора）同样出土该类陶器（实际上是打破和利用了阿凡纳谢沃文化墓葬墓室）的2座墓葬归入了阿凡纳谢沃文化[9]，但指出该类遗存处于阿凡纳谢沃文化与安德罗诺沃文化之间的过渡阶段——显然他已经意识到了该类遗存的特殊性，这为日后学术界的争论埋下了伏笔。

1947年，M. H. 科玛洛娃（M.H. Комарова）整理出版了奥库涅夫村墓地的材料，她基本继承了捷普洛霍夫的观点，认为奥库涅夫村墓地、雅尔奇墓地、阿凡纳谢沃山墓地的相关遗存属于安德罗诺沃文化的最早阶段，并将其称为安德罗诺沃文化奥库涅夫类型[10]。20世纪五六十年代，A. H. 李普斯基（A.H. Липский，1890～1973）在米努辛斯克盆地南部发掘了一系列墓地，如塔斯－哈扎[11]（Тас-Хаза）、别里提里[12]（Бельтиры）等，他根据奥库涅夫类型墓葬与阿凡纳谢沃文化墓葬共存于同一个石围内（实际上是奥库涅夫文化墓葬打破和利用了阿凡纳谢沃文化墓葬的石围），以及奥库涅夫文化类型遗存与阿凡纳谢沃文化遗存共存于一个墓室内（实际上是奥库涅夫文化墓葬打破和利用了阿凡纳谢沃文化墓葬的墓室）的现象，将奥库涅夫类型归入阿凡纳谢沃文化，并认为奥库涅夫类型属于阿凡纳谢沃文化的晚期阶段。虽然李普斯基的观点一时得到了很多学者的支持[13]，但情况很快就发生了改变。自20世纪后半期开始，为了配合叶尼塞河中游克拉斯诺亚尔斯克水电站的建设，由捷普洛霍夫的学生、苏联科学院考古研究所圣彼得堡分部（现俄罗斯科学院物质文化史研究所）的M. П. 格里亚兹诺夫（M.П. Грязнов，1902～1984）领导的克拉斯诺亚尔斯克考古队，在米努辛斯克盆地内进行了大规模的考古调查和发掘活动。1962～1963年，由格里亚兹诺夫的学生Г. A. 马克西缅科夫（Г. A. Максименков，1930～1986）领导的考古分队，在哈卡斯共和国萨拉尕什村（Сарагаш）附近发掘了切尔诺瓦亚-8墓地（Черновая Ⅷ）[14]。该墓地规模较大，由14座墓围内的114座墓葬组成，这些墓葬均属于奥库涅夫类型，不见任何阿凡纳谢沃文化因素，因此马克西缅科夫提出该类遗存应该是年代介于阿凡纳谢沃文化和安德罗诺沃文化之间的一支独立的考古学文化，遂根据奥库涅夫村墓地的发现，将其命名为奥库涅夫文化[15]。马克西缅科夫还根据当时的考古发现，首次提出了奥库涅夫文化墓葬打破和利用阿凡纳谢沃文化墓围的科学论断[16]，这被后来的考古发现所证实。从此，学术界普遍接受了奥库涅夫文化的概念，并对这类新确认的考古遗存投入了更多的关注和更大的研究热情，比如克拉斯诺亚尔斯克考古队的成员、格里亚兹诺夫的学生Э. Б. 瓦捷茨卡娅（Э.Б. Вадецкая，1936～2018）对奥库涅夫文化研究史的回顾以及对奥库涅夫文化遗存的综合研究等[17]（图五）。

1 2 3

图五 格里亚兹诺夫、瓦捷茨卡娅与马克西缅科夫

1.М. П. 格里亚兹诺夫（1902～1984） 2.Э. Б. 瓦捷茨卡娅（1936～2018） 3.Г. А. 马克西缅科夫（1930～1986）

20世纪90年代与21世纪初，鉴于新的考古学资料的积累，为了整合奥库涅夫文化研究，Д. Г. 萨维诺夫（Д.Г. Савинов）等连续组织出版了《奥库涅夫文集》[18]和《奥库涅夫文集2》[19]。这两部文集不仅公布了一批重要的新、老材料，还涉及奥库涅夫文化的分期、年代、艺术、冶金业、畜牧业以及奥库涅夫文化与其他考古学文化的关系等方面，这对奥库涅夫文化研究有极大的促进作用。

自2009年以来，由瓦捷茨卡娅的学生А. В. 波利亚科夫（А.В. Поляков）领导的萨彦考古队，在米努辛斯克盆地内开展了持续的考古工作。虽然规模不大，并且承担着配合基本设施建设的任务，但萨彦考古队的工作是自克拉斯诺亚尔斯克考古队以来，俄罗斯科学院对米努辛斯克盆地的古代遗存特别是早期金属时代遗存最有计划性和最系统的研究，其研究成果进一步完善了经克拉斯诺亚尔斯克考古队补充的捷普洛霍夫的分类、分期体系[20]。不仅如此，有赖于科学的发掘方法，并得益于对自然科学方法的积极运用，萨彦考古队对奥库涅夫文化的研究，尤其是对奥库涅夫文化的分期、年代和艺术等方面的研究取得了突破性的进展。2020年12月，在萨彦考古队的基础上，俄罗斯科学院物质文化史研究所在米努辛斯克盆地南部城市阿巴坎建立了南西伯利亚工作站，这体现了捷普洛霍夫—格里亚兹诺夫—马克西缅科夫、瓦捷茨卡娅—波利亚科夫四代圣彼得堡考古学家之间的学术传承，同时也标志着南西伯利亚考古新时代的开启。

二、奥库涅夫文化的埋葬习俗

除了一些可能属于防御设施的“山城”遗迹之外[21]，奥库涅夫文化的居址发现和研究得极为有限[22]，因此可供研究的考古材料绝大多数来自墓葬。目前已发掘的奥库涅夫文化墓地共有30余处，每处墓地由一座、数座或十数座墓围构成，每座墓围内有数座或十数座墓葬。除此之外，还常见单独存在和“混入”阿凡纳谢沃文化墓地或墓葬中的奥库涅夫文化墓葬。

奥库涅夫文化墓围由高约数十厘米的石板或石块垂直栽埋在地表而成，大致呈方形，边长由数米至数十米不等，但以十几米最为常见，一般为东—西或东北—西南朝向，墓葬即分布于墓围内。墓葬在墓围中的分布有两种情况，一种是墓围中有一座中心墓葬，其余墓葬围绕中心墓葬分布，一种是墓葬在墓围中散布，不存在中心墓葬。在一段时间内的埋葬行为结束之后，墓围内填以土石，成为“库尔干”（冢墓），同时也存在年代稍晚的墓葬打破墓围内的封土继续埋葬的现象。考古发掘证实，在保存较好的情况下，奥库涅夫文化墓围的四角存在垂直竖立、略高于墓围的“角石”[23]，且在墓围西墙的中央部位偶见嵌有石雕的现象。不仅如此，在墓围的东侧，紧邻墓围还往往修建有专门的方形的祭祀场地，其西墙上亦嵌有石雕[24]（图六）。

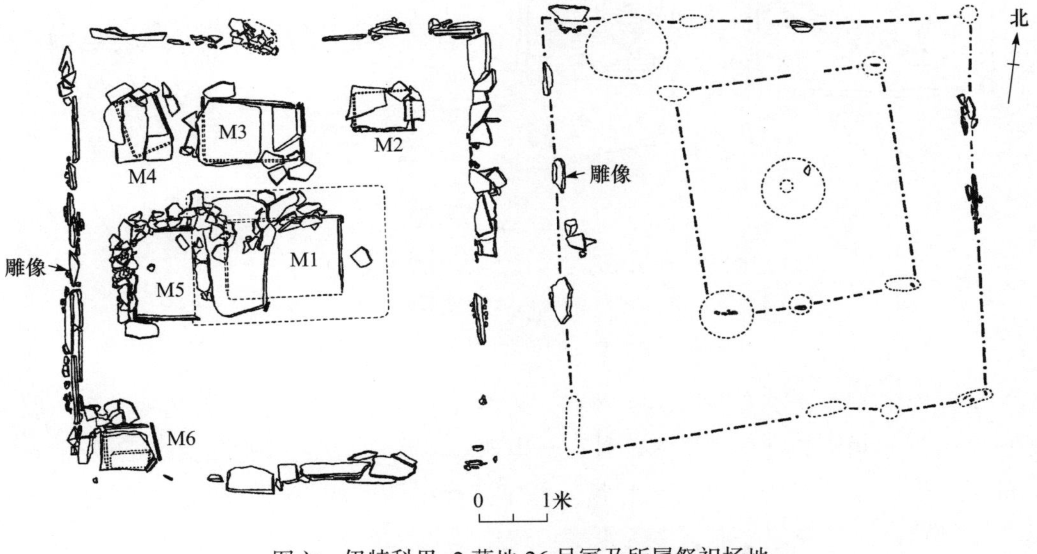

图六　伊特科里 -2 墓地 26 号冢及所属祭祀场地

（取自 Поляков，2010）

奥库涅夫文化的墓葬形式多样，分为土坑竖穴墓、洞室墓以及石棺墓等。土坑竖穴墓不见葬具，分为带生土二层台和不带二层台两种，土坑长宽尺寸不大，深一般不超过 1 米（亦有深达数米者，但较为罕见），其上覆盖以原木或石板[25]。洞室墓亦不见葬具，分为纵向洞室和横向洞室两种，洞口以大石板封堵[26]。石棺墓较为常见，石棺四壁及底由大石板搭建而成，上盖一块或数块石板为盖，石棺或可省去棺底。此外，个别土坑墓墓底铺有石板，或仅存“枕石”“脚石”，可视为简化的石棺。

常见单人葬（成人、儿童），少见双人、三人合葬（成年男女、成年女性与儿童、成年男女与儿童），同时存在于一个墓穴中二次葬入死者的现象（后葬入者为一次葬或迁葬）。墓主多为仰身屈肢及侧身屈肢，头向不固定，但以朝向西或西南为主（图七）。值得注意的是，奥库涅夫文化儿童墓与成人墓共存于一个墓围内，甚至不乏随葬品宗教色彩浓厚的“厚葬”者[27]，这与阿凡纳谢沃文化儿童墓位于墓围之外，以及安德罗诺沃文化儿童墓集中埋葬的现象完全不同。

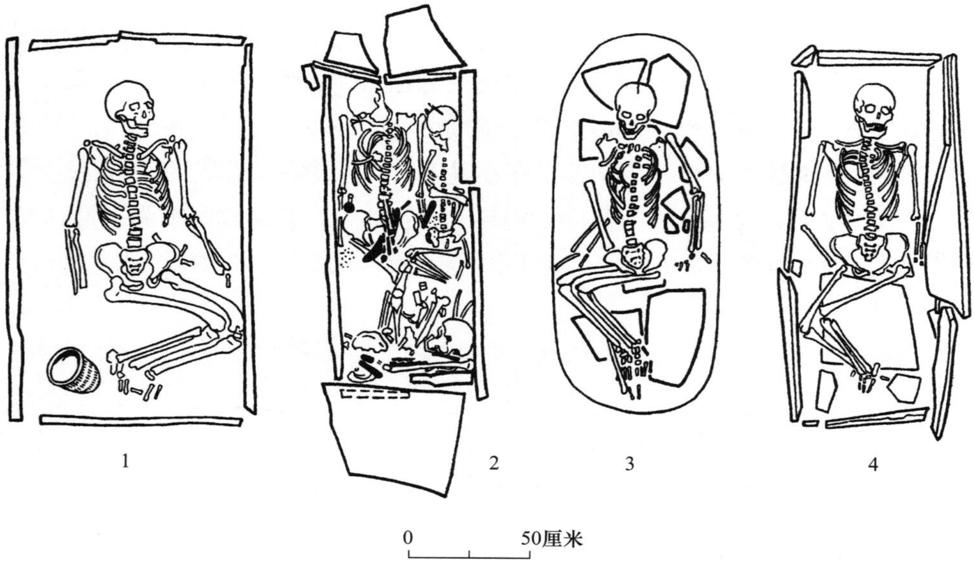

图七　切尔诺瓦亚-8墓地奥库涅夫文化墓葬

1.8号冢M16　2.8号冢M21　3.11号冢M7　4.10号冢M1

（取自 Вадецкая，Леонтьев，Максименков，1980）

墓葬中出土的遗物有服饰品、陶器、武器、工具以及与宗教有关的物品等。服饰品包括由铜丝制成的耳环、手镯，骨、石串珠，以及缝缀在衣物上的石珠以及带有穿孔的熊、鹿、紫貂等野生动物的牙齿。每座墓葬中随葬的陶器一般为1～2件，出在墓主头部或脚部位置，手制，多为平底，少见圜底，器表施锥刺纹和刻划纹，器底常见“×”形和“¤”符号，个别陶器外表有涂朱和朱绘纹饰现象。武器包括木柄、骨柄铜匕首，打制石镞和骨镞等。工具包括铜刀、鱼钩，铜及骨锥、针、针管，石杵、斧、“熨斗”（箭杆整直器）和骨鱼叉等。与宗教有关的物品包括用于焚烧植物的陶“香炉”、骨匕形器、石“半月形器”、玉环、石“权杖头”、滑石人像、雕刻有人面的骨板、铜镜，以及各类微型动物形骨雕等。

三、奥库涅夫文化的畜牧业与冶金业

现有的考古材料表明，奥库涅夫文化不存在农业，生产活动以畜牧业和渔猎业为主，但二者在经济中所占的比重并不好判断。这是因为目前发现的奥库涅夫文化居址极少，而墓葬材料又不能完全反映这方面的内容。

卡达特 -6（Кадат Ⅵ）是目前发现的唯一一处单纯的奥库涅夫文化居址，遗址内出土的动物骨骼以家养的牛、绵羊、马为主，同时也见有少量的狍子等野生动物骨骼[28]。而在森林地带的“山城”遗址当中，出土的动物骨骼却以狍子、鹿、野猪等野生动物为主[29]。

在墓葬中，牛、绵羊、马等家养动物骨骼较为少见，更多的是野生动物骨骼，除作为装饰品的野生动物牙齿之外，还有猞猁、水獭、鹤等野生动物的头骨，并见有随葬鹿舌骨、狼脚骨、狍子距骨等现象，有学者认为这些骨骼并非殉牲[30]，而是与特定的宗教信仰有关，因此并不能反映当时的经济形态。

能反映奥库涅夫文化畜牧业发达程度的是一些图像资料。在奥库涅夫文化的石雕当中，常见公牛的形象，并且一些“神化”的人像头部往往饰有牛角，可见牛在奥库涅夫文化居民精神生活当中的重要性。不仅如此，在一些石雕当中还见有双轮、四轮牛车的图像[31]，虽然这些图像均与宗教信仰有关，但仍可看出畜牧业在当时经济生产中的重要性（图八）。

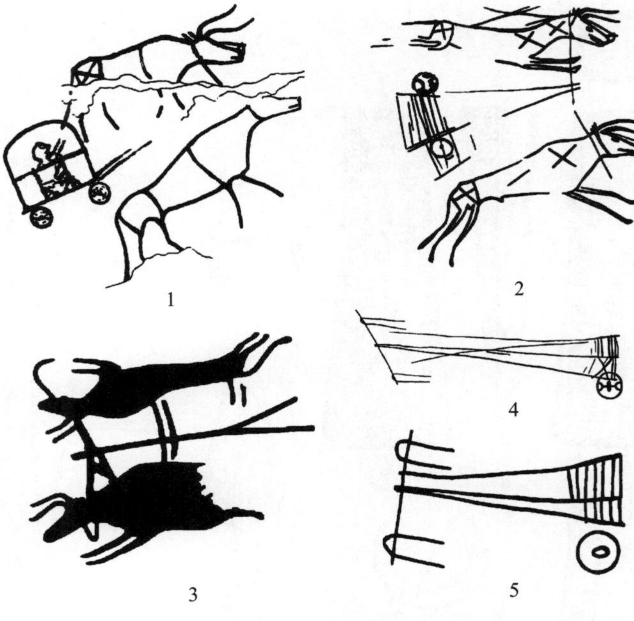

图八　奥库涅夫文化的牛车图像

（取自 Есин，2012）

目前尚未发现奥库涅夫文化与冶金活动直接相关的遗迹和遗物，因此除了冶金产品外，没有其他的材料可供研究当时的冶金业。奥库涅夫文化的金属遗物均出于墓葬内，以铜（纯铜、青铜）质为主，银质较少，器类主要有铜针、锥、针管、叶片状铜刀等工具，以及耳环、手镯、坠饰等装饰品。在早期阶段，纯铜和含砷量较低的砷铜占绝大多数，在晚期阶段，锡青铜大幅度增加[32]，研究者一般认为这是受“塞伊玛－图尔宾诺文化现象”的影响所致。

“塞伊玛－图尔宾诺文化现象”兴起于以萨彦－阿尔泰为中心的南西伯利亚地区，其年代与奥库涅夫文化大体相当。此时在奥库涅夫文化周邻地区的萨穆希文化（самусьская культура）、叶鲁尼诺文化（елунинская культура）、奥季诺沃文化（одиновская культура）、克罗多沃文化（кротовская культура）中均发现了塞伊玛－图尔宾诺式的铸范和铜器。虽然在奥库涅夫文化中尚未见铸范，但一些考古发现仍然显示出奥库涅夫文化与“塞伊玛－图尔宾诺文化现象”密切相关。比如由瓦捷茨卡娅首先公布的莫伊谢伊哈墓地（Моисеиха）奥库涅夫文化墓葬中出土的铜矛[33]（图九，5），属于典型的塞伊玛－图尔宾诺式铜器；С. Н. 列昂季耶夫（С.Н. Леонтьев）公布的米努辛斯克盆地南部上木里尕村（Верхняя Мульга）附近的塞伊玛－图尔宾诺式铜器窖藏[34]（实际上是一座遭破坏的墓葬，出土遗物包括铜矛、斧、刀各一件，图九，1、2、4），从地理位置上看应属于奥库涅夫文化。此外，在切尔诺瓦亚-11 墓地奥库涅夫文化墓葬中出土的一件白玉环[35]（图九，3），亦应与“塞伊玛－图尔宾诺文化现象”有关。

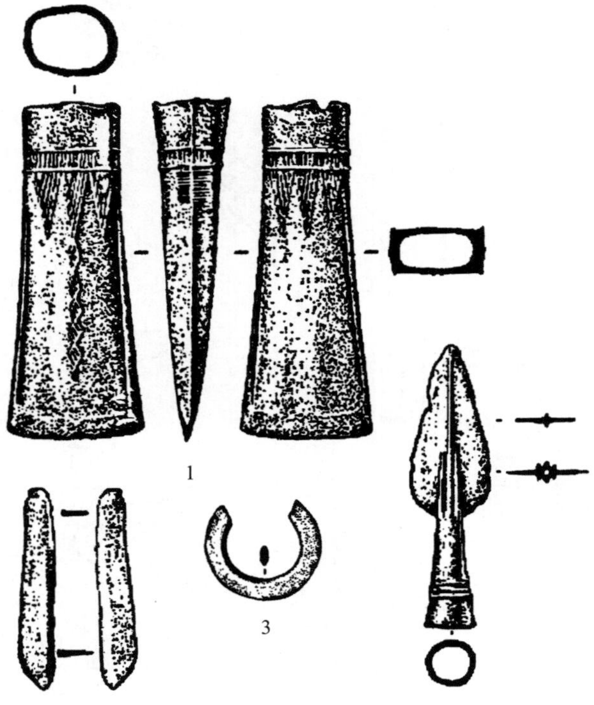

图九　“塞伊玛－图尔宾诺文化现象”遗物

（5. 取自 Вадецкая，1986；其余取自 Леонтьев，2002）

1. 铜斧　2. 铜刀　3. 玉环　4、5. 铜矛

四、奥库涅夫文化的宗教艺术

除了畜牧业和冶金业之外，奥库涅夫文化所取得的另一项巨大成就，是雕刻（也包括少量彩绘）艺术。与南西伯利亚同时期的萨穆希文化艺术（主要是陶器纹饰）、卡拉科尔文化艺术（каракольская культура，主要是石棺彩绘）一样，奥库涅夫文化雕刻艺术同样表现出了浓厚的宗教色彩。

奥库涅夫文化雕刻艺术品主要分为两类。一类是小型雕刻，出在墓葬当中，包括滑石人头像，刻有人头像的骨片，各种动物形骨雕、石雕，以及所刻图案性质不明的其他器物等（图一〇）。另一类是大型石刻，包括石柱（或碑）和石板两种，前者往往高达2～3米，立于地表，可能属于祭祀遗迹的一部分，后者相对较小，通常利用作石棺的侧板和盖板。二者所表现的均为现实所不见的人面、猛兽、“星”等“神秘图像”（图一一）。

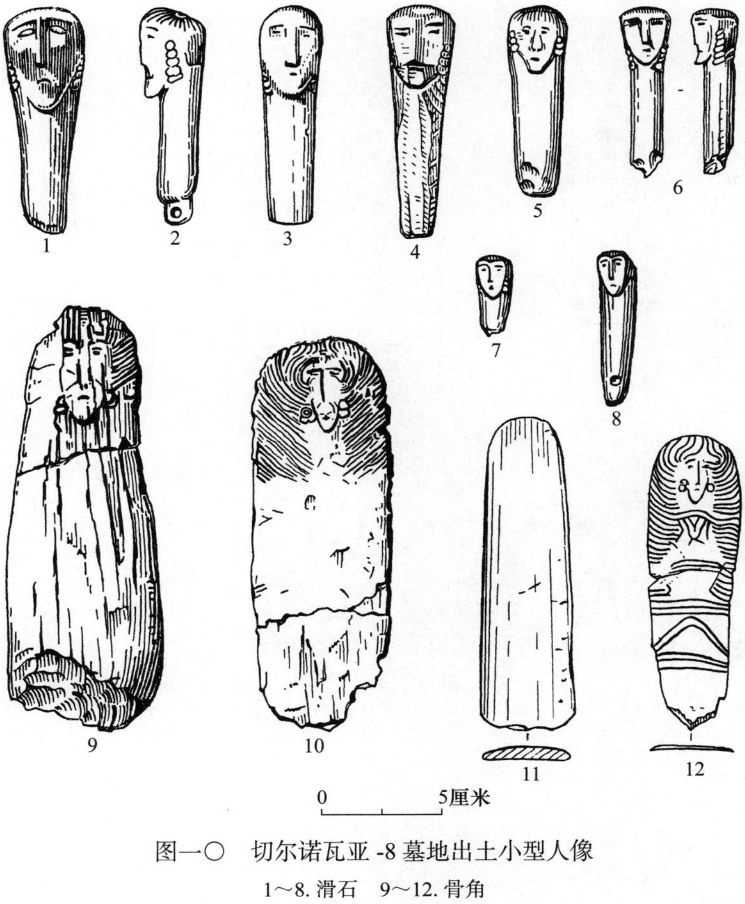

图一〇　切尔诺瓦亚-8墓地出土小型人像

1～8. 滑石　9～12. 骨角

（取自 Вадецкая, Леонтьев, Максименков, 1980）

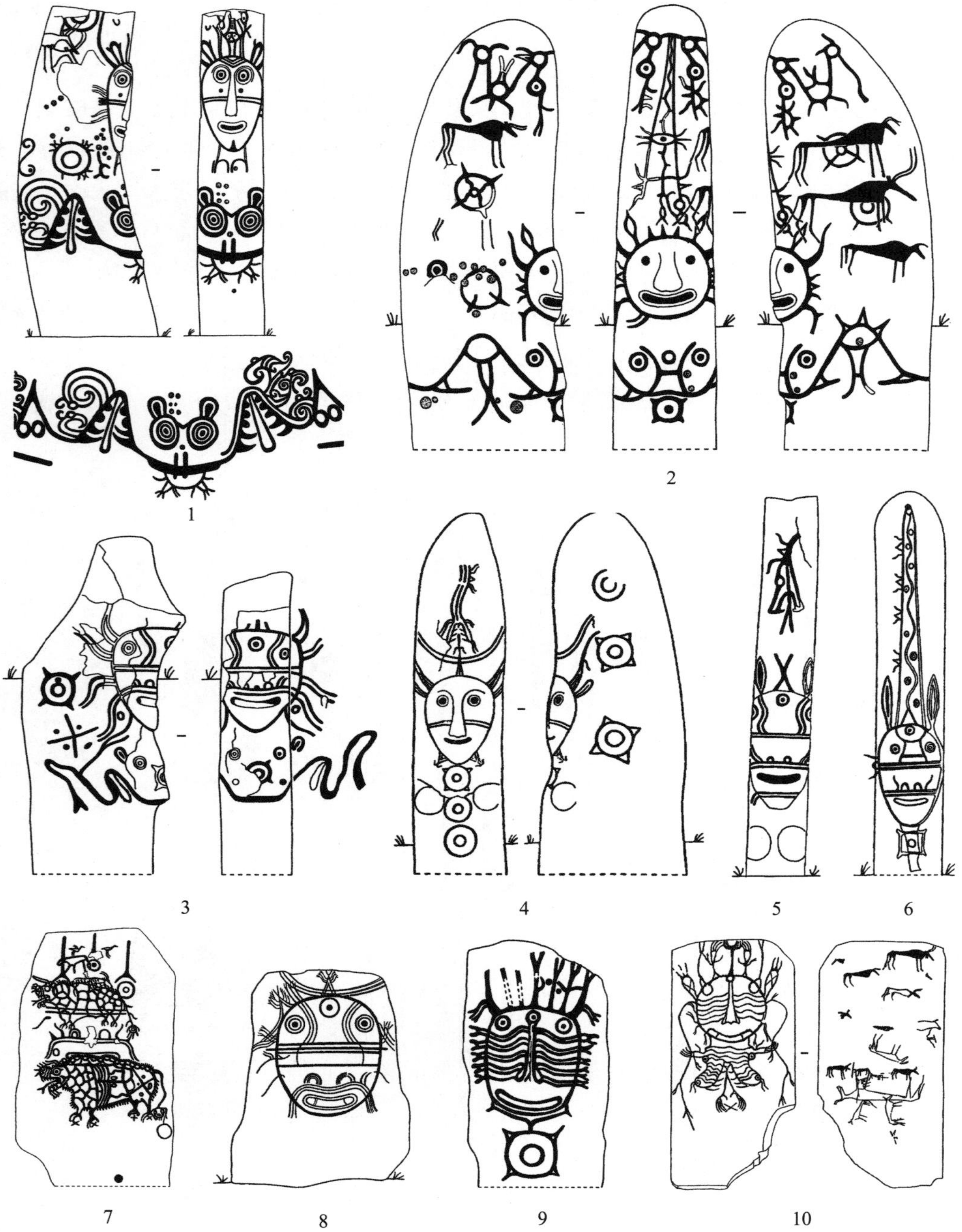

图一一　奥库涅夫文化大型石刻
（取自 Леонтьев, Капелько, Есин, 2006）

奥库涅夫文化大型石刻集中分布于米努辛斯克盆地内今哈卡斯共和国及克拉斯诺亚尔斯克边疆区南部的叶尼塞河及其支流的两岸。这些石刻很早就为学者所注意，但对其系统的整理和研究始于20世纪20年代。1921～1925年，格里亚兹诺夫和 Э．Р．施耐德（Е.Р. Шнейдер）对野外及博物馆收藏的石雕像进行了系统的调查，在其公布的64件石雕像中，有55件属于奥库涅夫文化[36]。20世纪50～70年代，李普斯基搜集了大量的奥库涅夫文化石雕像，将其集中存放于哈卡斯民族志博物馆内进行展览和研究[37]，但可惜的是他的专题著作未及出版[38]。1967年，瓦捷茨卡娅在一部普及型的著作中对奥库涅夫文化石雕像进行了概述[39]，1980年，她公布了先前所见以及克拉斯诺亚尔斯克考古队新发现的153件奥库涅夫文化石雕像，并对其进行了系统的研究[40]。2006年，Н．В．列昂季耶夫（Н.В. Леонтьев）等在德国考古研究院的资助下，对当时已知的绝大部分共300余件奥库涅夫文化石雕像进行了全面的描述和部分重绘，并作了细致的研究[41]。这是到目前为止对奥库涅夫文化石雕像搜集最全面、描绘精度最高的著作。

奥库涅夫文化雕刻艺术尤其是大型石刻，是青铜时代欧亚大陆上最奇特和壮观的文化现象之一。然而这些石刻年代和文化属性的确认却经历了十分漫长和复杂的过程。

20世纪20年代，格里亚兹诺夫和施耐德根据当时已经确认的阿凡纳谢沃文化和安德罗诺沃文化墓葬中不存在、米努辛斯克坟丘文化（塔加尔文化）墓葬二次利用这些石刻的现象，认为其属于卡拉苏克文化。该观点最初得到了吉谢列夫的赞同[42]。

1945年，В. П. 列瓦肖娃（В.П. Левашева）在阿巴坎附近发掘了一处由9座石棺墓组成的冢墓，其中一座墓葬中出土了2件骨雕人像[43]。鉴于这处墓地与当时被认为是属于安德罗诺沃文化的奥库涅夫类型墓葬的相似性，同时也由于出土骨雕与米努辛斯克盆地石雕像的相似性，格里亚兹诺夫改变了之前的观点，认为这些石雕像属于安德罗诺沃文化[44]。吉谢列夫虽然也赞同阿巴坎骨雕像属于安德罗诺沃文化，并将个别类似的石雕像归入安德罗诺沃文化，但他认为这些骨雕像与米努辛斯克盆地的大多数石雕像并不相同，因此仍坚持认为后者属于卡拉苏克文化，并将其与商周青铜器上的饕餮纹相对比，以支持他的卡拉苏克文化起源于中国北方地区的观点[45]。

20世纪50年代，李普斯基在米努辛斯克盆地南部发掘了塔斯－哈扎等墓地，并根据一些文化现象，将这些墓地中奥库涅夫类型墓葬的属性定为阿凡纳谢沃文化。塔斯－哈扎墓地中出土了一些刻有人像、禽鸟的石棺侧板和盖板，李普斯基认为系阿凡纳谢沃文化人群利用的“前朝遗物”，遂将这些被二次利用的石板以及米努辛斯克盆地其他石雕的年代定在阿凡纳谢沃文化之前，即新石器时代。李普斯基的观点一时得到了众多学者的支持，比如吉谢列夫在他最后的一篇文章中指出，李普斯基的发现最少说明米努辛斯克盆地的石雕像并不全部属于青铜时代，虽然他仍然坚持阿巴坎骨雕属于安德罗诺沃文化的观点，但已经倾向于认为其他的大型石雕属于更早的新石器时代[46]，并且提出这些石雕像与半坡文化彩陶人面图案存在很大的相似性[47]。

20 世纪 60 年代，继塔斯－哈扎之后，在奥库涅夫文化赖以提出的切尔诺瓦亚 -8 墓地再次发现了大量刻有图像的石碑。这些石碑被二次利用作奥库涅夫文化墓葬的石棺，从理论上讲，其年代要早于墓葬本身，但其与奥库涅夫文化的关系仍不能确认。瓦捷茨卡娅坚定地认为这些石碑连同其他地点的石柱均属于奥库涅夫文化[48]，她的理由是，在奥库涅夫文化之前的阿凡纳谢沃文化中不见此类石雕，而在奥库涅夫文化墓葬中发现的坠饰等，却与石雕上的图像颇为相似。除此之外，在奥库涅夫文化的头骨上常见有赭石的残迹，瓦捷茨卡娅认为系当时居民面部装饰的残留，并从这些赭石的残迹看出了其与石雕人面的相似性。显然，瓦捷茨卡娅提出的证据并不直接，因此有学者并不赞同她的观点，仍认为米努辛斯克盆地石雕像的年代要早于奥库涅夫文化，甚至要早于阿凡纳谢沃文化[49]。但从总体上说，大多数学者都接受了瓦捷茨卡娅的观点。

2010 年，由俄罗斯科学院物质文化史研究所和艾尔米塔什博物馆组成的联合考古队，在发掘伊特科里 -2 墓地（Итколь Ⅱ）14 号冢的过程中，于属于奥库涅夫文化的 M4 内发现了 8 件骨（角）雕，其中 4 件为野兽及禽鸟的头像（图一二，1～3、8），另外 4 件为人、兽组合图像（图一二，4～7），后者与米努辛斯克盆地部分大型石柱所表现的内容几乎完全相同。^{14}C 数据表明，其年代为公元前 2620～前 2206 年（2σ），属于奥库涅夫文化的早期阶段[50]。2016～2017 年，俄罗斯科学院物质文化史研究所萨彦考古队发掘了伊特科里 -2 墓地属于奥库涅夫文化的第 12 号冢，在该冢的 M3 内出土了一件典型的奥库涅夫文化陶“香炉”，上面刻画有与米努辛斯克盆地石雕几乎完全相同的“神面”[51]（图一三）。^{14}C 数据表明，其年代为公元前 2572～前 2291 年（2σ），亦属于奥库涅夫文化的早期阶段[52]。这两项重要考古发现，将米努辛斯克盆地石雕与奥库涅夫文化建立了直接的联系，这使争论了近一个世纪的学术问题得到了彻底的解决。从此，学术界所面临的，仅是奥库涅夫文化雕刻艺术的起源问题，和对奥库涅夫文化宗教艺术的解读问题。

五、奥库涅夫文化的分期与年代

1992～1995 年，由 И. П. 拉扎列托夫（И.П. Лазаретов）领导的俄罗斯科学院物质文化史研究所叶尼塞考古队为了配合基建，在哈卡斯共和国阿巴坎地区的乌依巴特河谷发掘了属于奥库涅夫文化的乌依巴特 -3 和乌依巴特 -5 墓地（Уйбат Ⅲ、УйбатV），这为奥库涅夫文化的分期提供了关键性材料[53]。

乌依巴特 -3 和乌依巴特 -5 墓地的墓葬明显可以分为两组：一组与塔斯－哈扎等墓地相似（包括乌依巴特 -3 第 1 号冢、乌依巴特 -5 第 1 号冢 M1-7、9），如存在中心墓葬，见有带生土二层台的竖穴土坑墓以及洞室墓等；另一组与切尔诺瓦亚 -8 墓地相似（包括乌依巴特 -5 第 2、4 号冢，以及第 1 号冢的 M8、9、11、13），如无中心墓葬，

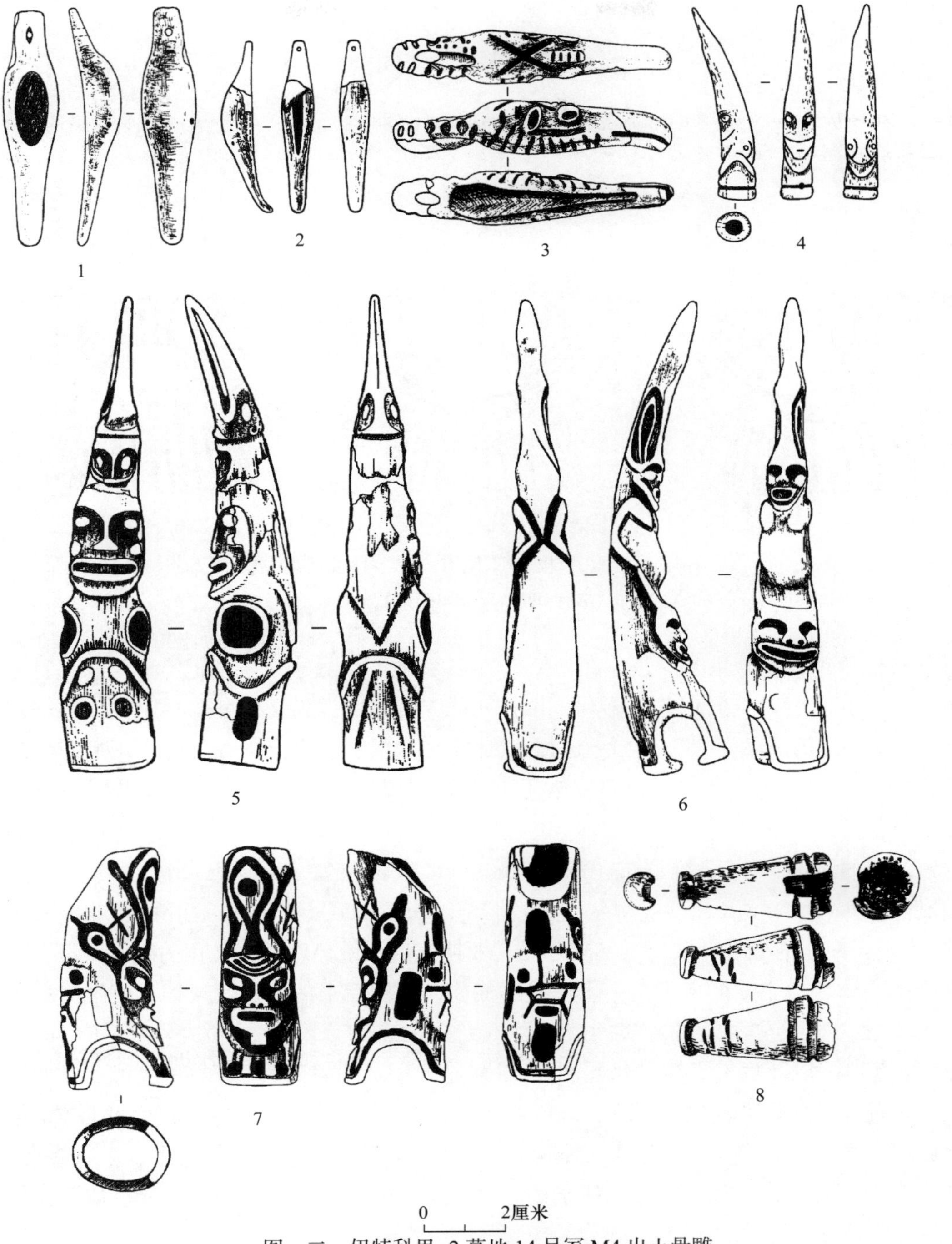

图一二　伊特科里 -2 墓地 14 号冢 M4 出土骨雕

（取自 Поляков，Есин，2015）

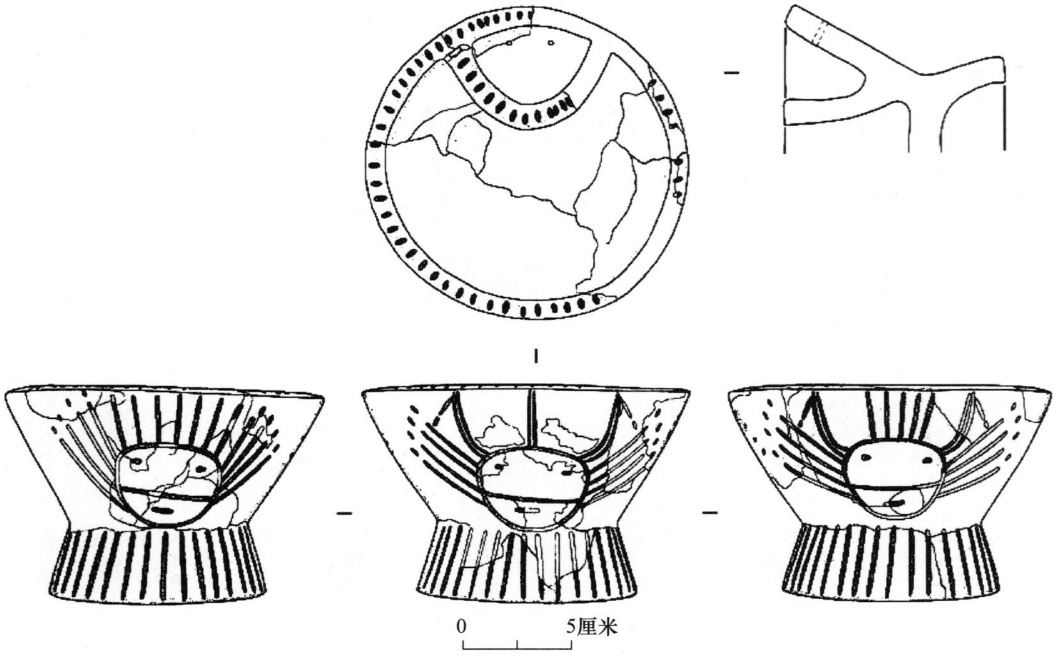

图一三　伊特科里 -2 墓地 12 号冢 M3 出土陶器

（取自 Поляков，Есин，2017）

常见石棺墓等。更为重要的是，在乌依巴特 -5 墓地的 1 号冢中发现了第二组墓葬打破第一组墓葬墓围封土的现象。据此，拉扎列托夫将奥库涅夫文化分为早晚两期，即乌依巴特期和切尔诺瓦亚期。这个分期方案建立在地层证据之上，并且证实了之前学者提出的塔斯 − 哈扎墓葬较早、切尔诺瓦亚 -8 墓葬较晚的观点[54]，因此很快就得到了普遍承认（图一四、图一五）。

2005 年，Д. Г. 萨维诺夫（Д.Г. Савинов）根据斯特列尔卡（Стрелка）[55]、拉兹利夫 -10（Разлив-Х）[56]、切尔诺瓦亚 -11（Черновая-Ⅺ）[57]墓地的材料，提出了“拉兹利夫期”的概念，认为其在切尔诺瓦亚期之后，系奥库涅夫文化的晚期阶段[58]。萨维诺夫分期最主要的依据是艺术风格的演变，虽然后来的考古发现证实萨维诺夫关于奥库涅夫文化艺术发展规律的观点并不完全正确[59]，但拉兹利夫 -10、切尔诺瓦亚 -11 墓地，以及后来发现的伊特科里 -2 墓地 1 号冢[60]所表现出的一些特点，如多次葬入现象、随葬品较少等，确实与乌依巴特期和切尔诺瓦亚期有所不同，并且 ^{14}C 年代数据也显示出该类遗存的年代可能相对较晚。因此即使已发现的属于“拉兹利夫期”的遗存极为有限，并且没有十分明确的区分标准，奥库涅夫文化的三期说也被大部分学者“默认”[61]。

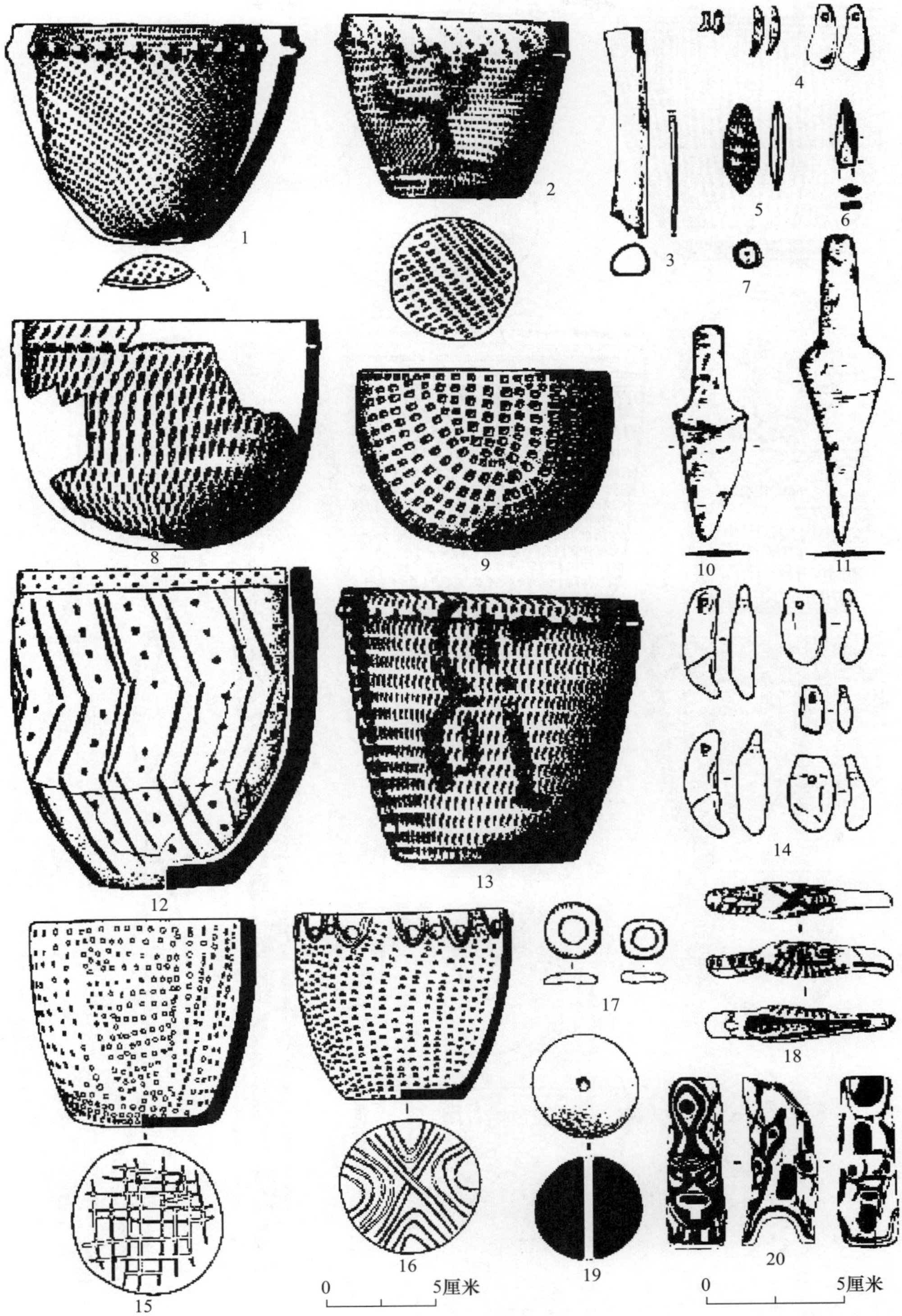

图一四　奥库涅夫文化乌依巴特期遗物

（取自 Поляков，Лазаретов，2019）

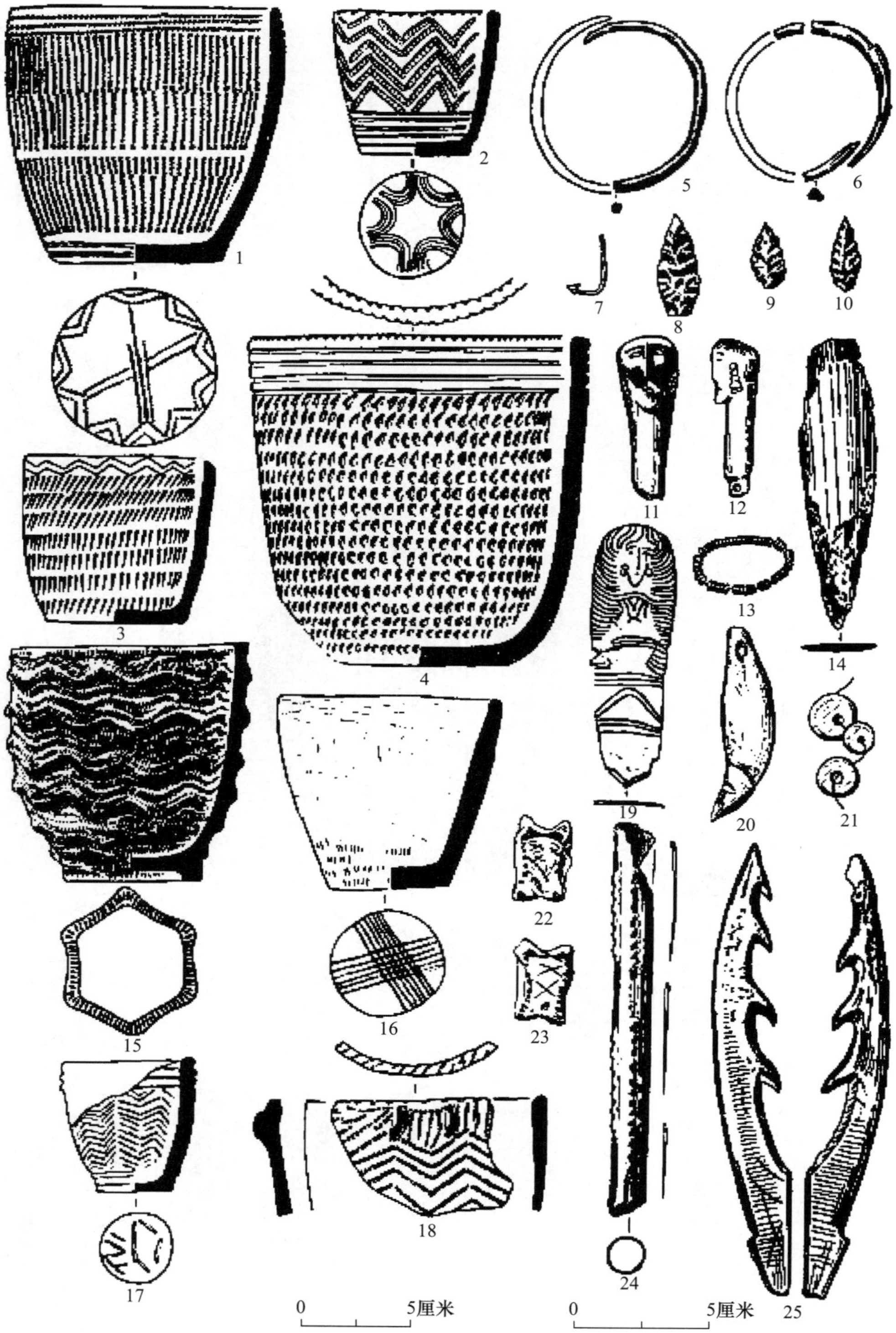

图一五　奥库涅夫文化切尔诺瓦亚期遗物
（取自 Поляков，Лазаретов，2019）

奥库涅夫文化的绝对年代，主要依靠 ^{14}C 数据判定。20 世纪 70 年代，马克西缅科夫曾利用阿凡纳谢沃文化未经校正的 ^{14}C 年代数据，以及 К．В．萨里尼科夫（К.В. Сальников）推定的安德罗诺沃文化的年代，将奥库涅夫文化的年代定为公元前 21～前 17 世纪[62]。20 世纪 80 年代，瓦捷兹卡娅同样根据阿凡纳谢沃文化未经校正的 ^{14}C 年代数据，同时参考当时推定的安德罗诺沃文化的年代[63]，以及与奥库涅夫文化有亲缘关系的萨穆希文化[64]和克罗多沃文化[65]的年代，将奥库涅夫文化的年代定为公元前 18、前 17～前 13 世纪[66]，这个年代范围一直到 20 世纪 90 年代中期都被学术界接受[67]。

20 世纪 90 年代末期以来，由于考古新发现的增多和 ^{14}C 测年技术的进步，奥库涅夫文化自身的 ^{14}C 数据开始积累，并且飞速增长（德国同行在这方面的贡献尤多）。2017 年，波利亚科夫在考古背景分析的基础上，利用 OxCal 4.3 程序和 IntCal 13 曲线，对当时所见全部的共 50 个明确属于奥库涅夫文化的 ^{14}C 数据（其中 4 个样本数据出自遗址，其余均出自墓葬）进行了研究[68]。出自墓葬中的 46 个样本数据显示：奥库涅夫文化的年代上限明显地落在公元前 26 世纪，稍超出阿凡纳谢沃文化的年代下限——公元前 25 世纪的范围（图一六），这符合马克西缅科夫、萨维诺夫、Вл. А. 谢苗诺夫（Вл. А. Семёнов）[69]、拉扎列托夫等人坚持的奥库涅夫文化与阿凡纳谢沃文化之间整体取代、短暂共存的观点，而与 М. Д. 赫拉贝斯缇娜（М.Д. Хлобыстина）[70]、Л. А. 索科洛娃（Л. А. Соколова）[71]等人坚持的奥库涅夫文化与阿凡纳谢沃文化长期共存的观点不同；反映奥库涅夫文化年代下限的 ^{14}C 数据并不集中，但除去由液闪法测得且较为分散的 3 个数据之外，主要集中于公元前 18 世纪，这与 ^{14}C 数据显示的米努辛斯克盆地内的安德罗诺沃文化（费德罗沃文化）的年代上限，存在百年左右的空白（图一六），因此尚不能证明瓦捷茨卡娅、谢苗诺夫、拉扎列托夫、萨维诺夫等坚持的，奥库涅夫文化在米努辛斯克盆地南部可能一直存在到青铜时代晚期的观点（详下）。

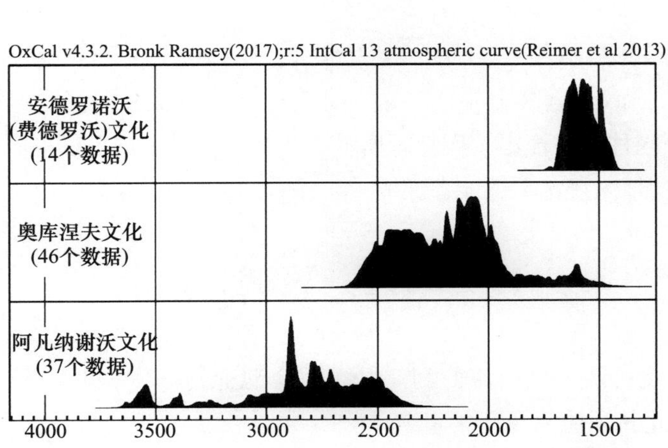

图一六　米努辛斯克盆地阿凡纳谢沃文化、奥库涅夫文化、安德罗诺沃文化的 ^{14}C 年代数据

（取自 Поляков，2017）

在这46个 ^{14}C 数据当中，出自可判断为乌依巴特期墓葬的有9个，年代集中在公元前26～前23世纪；出自可判断为切尔诺瓦亚期墓葬的有19个，除了两个取自可能属于二次葬入的“先人”头骨而偏老的数据之外，年代集中在公元前22～前20世纪；出自可判断为拉兹利夫期墓葬的有1个，年代在公元前19～前18世纪（图一七）。这些数据大体反映了奥库涅夫文化的绝对年代，同时也证明了上举奥库涅夫文化的分期，尤其是乌依巴特期－切尔诺瓦亚期划分的正确性。截止到2019年，奥库涅夫文化的 ^{14}C 年代数据已经积累到了68个，新获得的数据进一步将奥库涅夫文化的年代限定在公元前26世纪末至公元前17世纪，从而填补了奥库涅夫文化与安德罗诺沃文化之间的年代空白[72]。

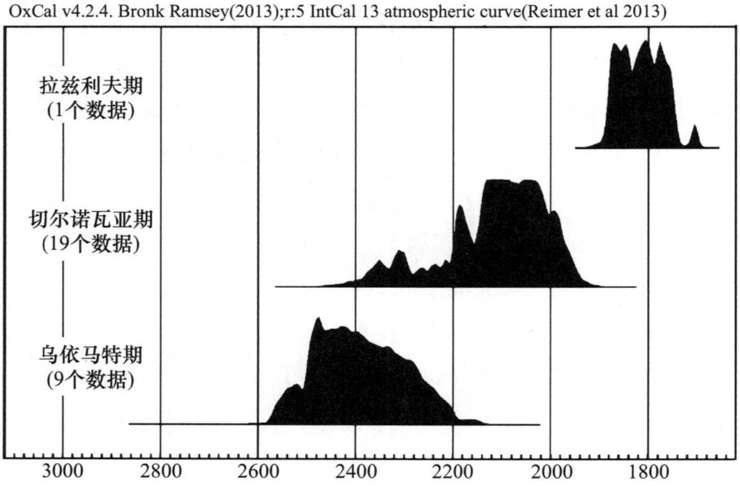

图一七　奥库涅夫文化乌依巴特期、切尔诺瓦亚期、拉兹利夫期的 ^{14}C 年代数据
（取自 Поляков，2017）

值得指出的是，2016年С. В. 斯维亚特科（С.В. Святко）等对出自奥库涅夫文化红石墓地（Красный Камень）1号冢1号墓、乌依巴特－恰尔科夫墓地（Уйбат-Чарков）1号冢11号墓的不同种类的样本（人骨、鹿骨、羊骨、木材）进行了检测和研究，结果未发现米努辛斯克盆地内理论上可能存在的、可使 ^{14}C 年代偏老的湖泊碳库效应[73]。

六、奥库涅夫文化的源流

奥库涅夫文化被认为是南西伯利亚乃至整个北亚地区青铜时代最为奇特的“文化现象”之一，因此其源流问题非常重要。

关于奥库涅夫文化的起源，首先应考虑的是其与南西伯利亚先前考古学文化的关系，即是否本地起源的问题。20世纪70年代，马克西缅科夫曾根据切尔诺瓦亚-8墓地人骨所显示的蒙古人种特征，与阿凡纳谢沃文化人骨所显示的欧罗巴人种特征明显不同，指出二者不存在亲缘关系。同时，他又根据切尔诺瓦亚 -8 墓地人骨与当时被认为属于新石器时代的巴铁尼村墓葬[74]人骨人类学特征的相似性，指出奥库涅夫文化植根于当地的新石器时代文化。他推测，奥库涅夫文化先民被后来的阿凡纳谢沃文化居民排挤出米努辛斯克盆地，在受到阿凡纳谢沃文化影响、掌握了畜牧和冶金技能之后，该人群又返回米努辛斯克盆地，结果是由其创造的奥库涅夫文化取代了阿凡纳谢沃文化[75]。马克西缅科夫关于奥库涅夫文化植根于当地的新石器时代文化的论断，在很长时间内都被学术界所接受，但其建立在人类学材料的基础之上，并无考古学方面的证据，并且巴铁尼村墓葬后来被证明属于奥库涅夫文化[76]，因此并不能成立。

关于奥库涅夫文化起源问题的实质性进展发生在 20 世纪 90 年代乌依巴特 -3 和乌依巴特 -5 墓地的发掘，以及奥库涅夫文化乌伊巴特期的提出。此时考古学家开始有意识地根据奥库涅夫文化早期阶段的考古学材料探讨该文化的起源问题。

在体质人类学方面，研究表明，乌伊巴特期的居民存在二元性：男性具有明显的欧罗巴人种特征（但与之前的阿凡纳谢沃文化居民明显不同），女性具有明显的蒙古人种特征；而切尔诺瓦亚期的居民具有同质性：男性和女性均具有明显的蒙古人种特征。考古学家据此推测，公元前 26 世纪曾经有一群属于欧罗巴人种的男性自欧亚大陆西部迁入米努辛斯克盆地，他们与当地属于蒙古人种的女性相结合，创造了奥库涅夫文化，经过四五百年的发展后，奥库涅夫文化居民已经失去了原来的欧罗巴人种特征。近年来古遗传学的研究也得出了近似的结论：与之前相比，奥库涅夫文化居民的遗传结构发生了根本性的改变。根据系统发育标记，奥库涅夫文化居民 Y-DNA 主要是新出现的单倍群 Q，而线粒体 DNA 主要是属于欧亚东部的单倍群 A 、C5c 、D4[77]。

在考古学方面，除了常见于女性墓葬中的由野生动物牙齿制成的坠饰，以及石雕（彩绘）艺术中的野兽图像所反映出的渔猎经济元素具有一定的“本地特色”之外，考古学家注意到，奥库涅夫文化的洞室墓与带生土二层台的竖穴墓均属于乌伊巴特期的偏早阶段，并且其形制与欧亚大陆西部的洞室墓文化共同体（катакомбная культурно-историческая общность）的墓葬极为相似（图一八）。不仅如此，该阶段别具特色的遗物，如托盘上带有隔断的陶“香炉”等，亦与洞室墓文化共同体的同类器几乎完全相同。这些均将奥库涅夫文化一系列重要文化因素的起源地指向了欧亚大陆的西部，尤其是里海的西北部地区[78]。

关于奥库涅夫文化的流向，也是非常重要的学术问题，但是由于学术界对奥库涅夫文化最晚阶段的拉兹利夫期了解极为有限，该问题尚无法得到解答。从目前的考古材料看，奥库涅夫文化与安德罗诺沃文化的年代前后相接，并且二者在人种特征和文化面貌上不存在传承关系，即安德罗诺沃文化完全取代了奥库涅夫文化。然而，瓦捷茨卡娅首先注意到，安德罗诺沃文化仅分布在米努辛斯克盆地的北部[79]，向南不超过阿巴坎一线。因此很多学者推测，安德罗诺沃文化在米努辛斯克盆地南部可能受到了

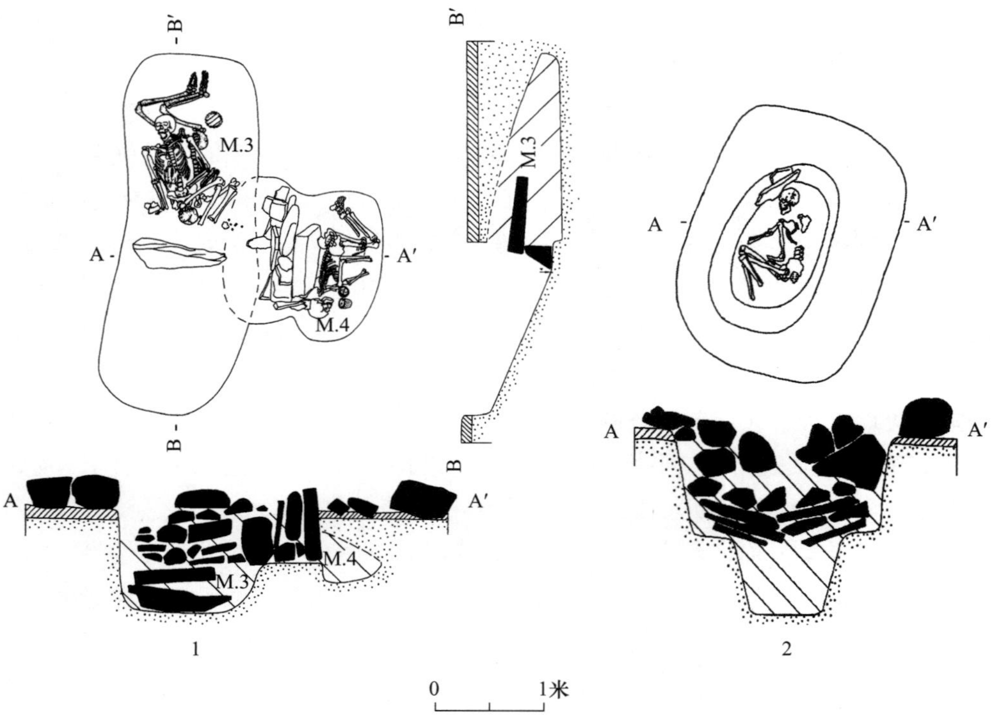

图一八　奥库涅夫文化洞室墓与竖穴墓
1. 乌伊巴特－恰尔科夫墓地 1 号冢 M3、M4　2. 乌伊巴特－恰尔科夫墓地 1 号冢 M2
（修改自 Лазаретов, Поляков, 2018）

奥库涅夫文化的阻挡，而后者在米努辛斯克盆地南部可能一直存在到了青铜时代晚期，并对卡拉苏克文化产生了影响。当然，这些尚未得到考古学材料的证实。

七、结　　语

奥库涅夫文化是南西伯利亚青铜时代内容最丰富、文化现象最复杂的一支考古学文化。经过一个世纪的不懈努力，学术界已经对奥库涅夫文化有了很大程度上的了解。有赖于此，同时经过对比我们发现，以奥库涅夫文化为代表的南西伯利亚早期青铜时代诸考古学文化，在“塞伊玛－图尔宾诺文化现象”的背景下，与中国北方乃至长江流域同时期的考古学文化联系紧密。这主要表现在公元前三、二世纪之交，塞伊玛－图尔宾诺式铜器（主要是铜矛）在中国北方和长江流域的出现，以及石峁文化、陶寺文化、后石家河文化艺术以及一系列特殊遗物与奥库涅夫文化的相似性。值得注意的是，在这些文化联系的背后很有可能存在着人员的流动，比如石峁文化和陶寺文化中均存在石棺墓，特别是陶寺墓地 M3288 石棺墓墓主“半侧身屈肢”的葬式[80]，与奥库涅夫文化如出一辙。至于此次文化交流的过程，及其对古代中国的影响，尚待进一步研究。这是我们关注奥库涅夫文化的主要原因。

同时也应该看到，关于奥库涅夫文化的一些考古学问题仍悬而未决。比如奥库涅夫文化的起源问题，如上所述，人类学材料以及古遗传学研究表明，最初的奥库涅夫文化居民由来自欧亚大陆西部的男性与南西伯利亚本地的女性构成。对阿尔泰以及鄂毕河上游地区同时期的卡拉科尔文化和耶鲁尼诺文化人骨的研究，也得出了类似的结论[81]。这说明奥库涅夫文化是在一个大的人群迁徙的背景下形成的。然而，这些人群究竟来自哪里，具体过程如何，还不能明确。在这种情况下，近年发掘的新疆伊犁州墩那高速公路尼勒克段Ⅲ标段 M5，可能对解决这些问题有所帮助[82]。尼勒克墓葬的年代大致为公元前 2950～前 2750 年，略早于奥库涅夫文化，其墓围、封堆及随葬陶器的形制与阿凡纳谢沃文化相似，而偏洞室的特点又与奥库涅夫文化乌依巴特期的墓葬相似。若从欧亚大陆西部的视角看，该墓的结构、葬式、随葬品等具有明显的竖穴墓文化（ямная культура）和洞室墓文化混合的特点，而这些正是相当于竖穴墓文化晚期阶段的波尔塔夫卡文化（полтавкинская культура）的特征。因此由尼勒克墓葬推测，分布于黑海和里海北岸、顿河与乌拉尔河之间草原地带的波尔塔夫卡文化，很有可能就是奥库涅夫文化的源头之一，并且其在较早的时期就已经到达了新疆的西部。

再比如奥库涅夫文化艺术的起源问题，虽然很早就有学者注意到，在欧亚大陆西部的竖穴墓 – 洞室墓文化墓葬中亦存在与奥库涅夫文化相似的利用刻有人像的石碑的传统[83]，但不能否认，其与奥库涅夫文化石碑图像的艺术风格完全不同。我们发现，奥库涅夫文化艺术中的一些元素，与中国新石器时代的考古学文化——尤其是良渚文化十分相似，因此奥库涅夫文化艺术在形成的过程中，是否通过某种方式受到过来自南方的影响，也是值得进一步研究的。

凡此种种，均在一定程度上需要依靠中国的考古学材料加以解决。因此，我们不仅要关注，还应该积极地参与到奥库涅夫文化的研究当中来，以探索我们身处其中的欧亚大陆北方的历史。

注 释

[1] 在整个欧亚大陆的年代体系当中，南西伯利亚的青铜时代早期相当于前者的青铜时代中期或青铜时代早期的偏晚阶段。

[2] 王鹏：《西伯利亚考古学的滥觞》，《光明日报》2017 年 12 月 22 日第 16 版。

[3] Матющенко В.И., *300 лет истории сибирской археологии.* Том I. Омск, 2001.

[4] Китова Л.Ю., Сергей Александрович Теплоухов, Российская археология, 2010, №2. С. 166-173.

[5] Китова Л.Ю., Сергей Александрович Теплоухов, Российская археология, 2010. №2. С. 166-173. Грязнов М.П., С.А. Теплоухов и его роль в истории сибирской археологии. *Источники и историография: археология и история.* Омск, 1988. С. 69-75.

[6] Теплоухов С.А., Древние погребения в Минусинском крае. Материалы по этнографии. 1927. Т. Ⅲ, вып. 2. С. 91-108.

［7］ 在早期金属时代之后还有塔什特克文化、公元前5～7世纪的石堆墓、公元7世纪的石堆墓、公元8～10世纪的石堆墓、公元11～12世纪的墓葬、公元13～14世纪的墓葬6个阶段，但这并不是捷普洛霍夫发掘和研究的重点。见 Теплоухов С.А., Опыт классификации древних металлических культур Минусинского края. (В кратком изложении). Материалы по этнографии. 1929. Том Ⅳ. Вып. 2. С. 41-62.

［8］ Киселёв С.В., *Древняя история Южной Сибири*. Материалы и исследования по археологии СССР. №9. М.-Л.,1949.

Киселёв С.В., *Древняя история Южной Сибири*. М., 1951.

［9］ Грязнов М.П., *Афанасьевская культура на Енисее*. СПб., 1999.

［10］ Комарова М.Н., Погребения Окунева улуса: к вопросу о хронологическом разделении памятников андроновской культуры Минусинского края. Советская археология, 1947, № 9. С. 47-60.

［11］ Липский А.Н., Новые данные по афанасьевской культуре. *Вопросы истории Сибири и Дальнего Востока*. Новосибирск, 1961. С. 269-278.

Липский А.Н., Вадецкая Э.Б., Могильник Тас-Хазаа. *Окуневский сборник 2. Культура и её окружение*. СПб., 2006. С. 9-52.

［12］ Липский А.Н., Раскопки в 1953 году в Хакасии. КСИИМК. 1957. Вып.70. С. 72-76.

Липский А.Н., Вадецкая Э.Б., Афанасьевские и окуневские погребения в могильнике Бельтыры. *Окуневский сборник 2. Культура и её окружение*. СПб., 2006. С. 73-81.

［13］ Кызласов Л.Р., Афанасьевские курганы на речках Уйбат и Бюрь. Советская археология, 1962. № 2. С. 112-123.

［14］ Вадецкая Э.Б., Леонтьев Н.В., Максименков Г.А., *Памятники окуневской культуры*. Л., 1980.

［15］ Максименков Г.А., Окуневская культура. *Материалы по древней истории Сибири (Древняя Сибирь. Макет 1 тома Истории Сибири)*. Улан-Уде, 1964. С. 243-248.

Максименков Г.А., Окуневская культура и её соседи на Оби. *История Сибири*. Т. 1. Л., 1968. С. 165-172.

［16］ Максименков Г.А., Впускные могилы окуневского этапа в афанасьевских курганах. Советская археология, 1965, №4. С. 204-211.

［17］ Вадецкая Э.Б., *Археологические памятники в степях Среднего Енисея*. Л., 1986.

［18］ Савинов Д.Г., Подольский М.Л., *Окуневский сборник. Культура. Искусство. Антропология*. СПб., 1997.

［19］ Савинов Д.Г., Подольский М.Л., Наглер А., Чугунов К.В., *Окуневский сборник 2. Культура и ее окружение*. СПб., 2006.

［20］ Поляков А.В., Лазаретов И.П., Современная хронология эпохи палеометалла Минусинских котловин. *Прошлое человечества в трудах петербургских археологов на рубеже тысячелетий (к 100–летию создания российской академической археологии)*. СПб., 2019. С. 188-202.

［21］ Кириллова Д.А., Подольский М.Л., Све Кызыл хая на севере Хакасии. *Окуневский сборник 2*. СПб., 2006. С. 130-145.

Кириллова Д.А., Подольский М.Л., Све Хазынхыр-горное святилище на реке Аскиз. *Окуневский сборник 2*. СПб., 2006. С. 146-156.

Готлиб А.И., Подольский М.Л., *Све-горные сооружения Минусинской котловины.* СПб., 2008.

[22] Курочкин Г.Н., Поселение эпохи ранней бронзы на Кадатском водохранилище. Древние культуры евразийских степей (по материалам археологических работ на новостройках). Л., 1983. С. 56-58.

[23] Кызласов И.Л., Воплощения вселенной: Археологические памятники как объект палеоастрономии. Историко-астрономические исследования. Вып. XXI. М., 1989. С. 193-212.

Лазаретов И.П., Поляков А.В., Могильник Красный Камень: погребально-ритуальный комплекс ранней бронзы. Теория и практика археологических исследований. 2018. № 2 (22). С. 21-46.

[24] Поляков А.В., Поминальное сооружение окуневской культуры на озере Итколь. *Древние культуры Евразии. Материалы международной научной конференции, посвящённой 100 -летию со дня рождения А.Н. Бернштама*. СПб., 2010. С. 75-80.

Поляков А.В., Объекты за пределами оград курганов окуневской культуры. *Труды Ⅳ (XX) Всероссийского археологического съезда в Казани. Том I.* Казань, 2014. С. 478-481.

[25] Лазаретов И.П., Поляков А.В., Исследования могильника Уйбат-Чарков и новые данные о раннем этапе развития окуневской культуры. Теория и практика археологических исследований. 2018. №3 (23). С. 41-69.

[26] Поляков А.В., Погребения катакомбного типа в материалах окуневской культуры. Археологические вести. 2020. Вып. 26. С. 98-110.

[27] Поляков А.В., Есин Ю.Н., Миниатюрные изображения из погребения окуневской культуры на озере Иткуль в Хакасии. Археология, этнография и антропология Евразии, 2015, № 2. С. 43-57.

[28] Курочкин Г.Н., Поселение эпохи ранней бронзы на Кадатском водохранилище. *Древние культуры Евразийских степей*. Л., 1983. С. 56-58.

[29] Готлиб А.И., Подольский М.Л., Све-горные сооружения Минусинской котловины. СПб., 2008.

[30] Вадецкая Э.Б., Археологические памятники в степях Среднего Енисея. Л., Наука. 1986. С. 29-34.

[31] Есин Ю.Н., Древнейшие изображения повозок Минусинской котловины. Научное обозрение Саяно-Алтая. 2012. № 1(3). С. 14-57.

[32] Хаврин С.В., Металлические изделия окуневской культуры. *Окуневский сборник 2. Культура и её окружение.* СПб., 2006. С. 242-244.

[33] Вадецкая Э.Б., Предметы вооружения из могил окуневской культуры. *Военное дело Сибири и Центральной Азии*. Новосибирск, 1981. С. 13-21.

Вадецкая Э.Б., *Археологические памятники в степях Среднего Енисея.* Л., 1986.

Зимина В.М., Афанасьевское погребение из Тубы. *Сибирский археологический сборник.* Новосибирск, 1966. С. 160-163.

Ковалева О.В., Леонтьев Н.В., Амзараков П.Б., Раскопки афанасьевского могильника под горой Моисеиха в 1959 г. *Афанасьевский сборник.* Барнаул, 2010. С. 108-121.

［34］ Леонтьев С.Н., К вопросу о сейминско-турбинской традиции на Енисее. Степи Евразии в древности и средневековье. СПб., 2002. С. 181-183.

Леонтьев С.Н., «Клад» бронз сейминско-турбинского типа из деревни Верхняя Мульга (юг Красноярского края). Российская археология. 2007, №3. С. 141-143.

［35］ Леонтьев С.Н., Памятник окуневской культуры курган Черновая XI. Археология, этнография и антропология Евразии. 2001. № 4. С. 116-123.

［36］ Грязнов М. П., Шнейдер Е. Р., Древние изваяния Минусинских степей, Материалы по этнографии, Том IV, вып. 2. Л., 1929.

［37］ Липский А.Н., *Енисейские изваяния*. Абакан, 1970.

［38］ Вайнштейн С. И., Романтика и трагедии в судьбе Альберта Николаевича Липского, Репрессированные этнографы, вып. 2. М. 2003.

［39］ Вадецкая Э.Б., *Древние идолы Енисея*, Л., 1967.

［40］ Вадецкая Э. Б., Извания окуневской культуры, *Памятники окуневской культуры*. Л., 1980.

［41］ Леонтьев Н. В., Капелько В.Ф., Есин Ю.Н., *Изваяния и стелы окуневской культуры*. Абакан, 2006.

［42］ Киселёв С.В., Семантика орнамента карасукских стел. *Из истории докапиталистических формаций. Сборник статей к сорокапятилетию научной деятельности Н.Я. Марра*. Известия ГАИМК. Вып. 100. М.-Л.: 1933. С. 280-292.

［43］ Левашева В.П., Раскопки могильника окуневской кудьтуры в Абакане в 1945 г. *Археология Северной и Центральной Азии*. Новосибирск, 1975. С. 99-104.

［44］ Грязнов М.П., Минксинские каменные бабы в связи с некоторыми новыми материалами. Советская археология.1950. № 12. С. 128-156.

Грязнов М.П.,Писаница эпохи бронзы из д. Знаменки в Хакассии. КСИИМК. 1960. Вып. 80. С. 85-89.

［45］ Киселёв С.В., *Древняя история Южной Сибири*. М., 1951.

［46］ Киселёв С.В. К изучению минусинских каменных изваяний. Историко-археологический сборник. М., 1962, С. 53-61.

［47］ 这显然得益于吉谢列夫的第二次访华。吉谢列夫第二次访华在 1959 年，见《C.B. 吉谢列夫通讯院士再度来华》，《考古》1959 年第 12 期；《吉谢列夫同志在我国各地访问》，《考古》1960 年第 1 期。吉谢列夫第一次访华在 1950 年，见《苏联考古学权威吉谢列夫博士来我国讲学》，《文物参考资料》1950 年第 4 期。

［48］ Вадецкая Э.Б.，*Древние идолы Енисея*，Л.，1967.

Вадецкая Э. Б.，Извания окуневской культуры，*Памятники окуневской культуры*. Л.，1980.

［49］ Кызласов Л.Р.，*Древнейшая Хакасия.* М，1986.

［50］ Поляков А.В.，Есин Ю.Н.，Миниатюрные изображения из погребения окуневской культуры на озере Иткуль в Хакасии. Археология，этнография и антропология Евразии. 2015，№ 2. С. 43-57.

［51］ Поляков А.В.，Есин Ю.Н.，Курильница с антропоморфными изображениями из раннеокуневского погребения могильника Итколь Ⅱ. *Труды V (XXI) Всероссийского археологического съезда в Барнауле-Белокурихе*. Т. I. Барнаул, 2017. С. 339-343.

[52] Поляков А.В., Радиоуглеродные даты окуневской культуры. Записки ИИМК РАН, №16. СПб, 2017. С. 52-74.

[53] Лазаретов И. П., Окуневские могильники в долине реки Уйбат. *Окуневский сборник*. СПб., 1997. С. 19-64.

[54] Хлобыстина М.Д., Происхождение и развитие культуры ранней бронзы Южной Сибири. СА. 1973. № 1. С. 24-38.

Вадецкая Э.Б., *Археологические памятники в степях Среднего Енисея*. Л., Наука. 1986.

[55] Савинов Д.Г., Окуневские могилы на севере Хакасии. *Проблемы Западносибирской археологии. Эпоха камня и бронзы*. Новосибирск, 1981. С. 111-117.

[56] Пшеницына М.Н., Пяткин Б.Н. Памятники окуневского искусства из кургана Разлив Х. КСИА. М., 1993. №209. С. 58-67.

Пшеницына М.Н., Пяткин Б.Н., Курган Разлив Х-памятник окуневской культуры. *Окуневский сборник 2*. СПб., 2006. С.82-94.

[57] Леонтьев С.Н., Мелкая пластика окуневской культуры из кургана Черновая-Ⅺ. Вестник САИПИ. 2000. №3. С. 15-17.

Леонтьев С.Н., Памятник окуневской культуры курган Черновая-Ⅺ. Археология, этнография и антропология Евразии. 2001. №4. С. 116-123.

[58] Савинов Д.Г., К проблеме выделения позднего этапа окуневской культуры.Теория и практика археологических исследований. 2005. Вып. 1. С. 28-34.

[59] Лазаретов И.П., Окуневские личины джойского типа — маркеры древних путей. *Наскальное искусство в современном обществе (к 290-летию научного открытия Томской писаницы)*. Кемерово, 2011. Т. 2. С. 59-64.

Лазаретов И.П., Поляков А.В., Исследования могильника Уйбат-Чарков и новые данные о раннем этапе развития окуневской культуры. ТПАИ. 2018. №3 (23). С. 41-69.

[60] Поляков А.В., Лазаретов И.П., Есин Ю.Н., Исследования Саянской экспедиции ИИМК РАН памятников эпохи ранней бронзы на озере Итколь в 2016-2017 гг. Бюллетень Института истории материальной культуры РАН. №8 (охранная археология). СПб:, 2018. С. 123-139.

[61] Поляков А.В., Лазаретов И.П., Современная хронология эпохи палеометалла Минусинских котловин. *Прошлое человечества в трудах петербургских археологов на рубеже тысячелетий (к 100-летию создания российской академической археологии)*. СПб., 2019. С. 188-202.

[62] Максименков Г.А., Окуневская культура. Автореферат диссертации на соискание ученой степени кандидата исторических наук. Новосибирск, 1975.

[63] Косарев М.Ф., *Бронзовый век Западной Сибири*. М., 1981.

[64] Косарев М.Ф., *Бронзовый век Западной Сибири*. М., 1981.

[65] Молодин В.И., Бараба в древности. Автореферат диссертации на соискание ученой степени доктора исторических наук. Новосибирск, 1983.

［66］ Вадецкая Э.Б., *Археологические памятники в степях Среднего Енисея*. Л., Наука. 1986. С. 36.

［67］ Семёнов Вл.А., Окуневские памятники Тувы и Минусинской котловины. *Окуневский сборник. Культура. Искусство. Антропология*. СПб., 1997. С. 152-160.

［68］ Поляков А.В., Радиоуглеродные даты окуневской культуры. Записки ИИМК РАН, №16. СПб, 2017. С. 52-74.

［69］ Семёнов Вл.А., Окуневские памятники Тувы и Минусинской котловины. *Окуневский сборник. Культура. Искусство. Антропология*. СПб., 1997. С. 152-160.

［70］ Хлобыстина М.Д., Происхождение и развитие культуры ранней бронзы Южной Сибири. СА. 1973. № 1. С. 24-38.

［71］ Соколова Л.А., Сосуществование окуневского и афанасьевского комплексов. *Труды Ⅱ (XVIII) Всероссийского археологического съезда в Суздале*. М., 2008. С. 347-351.

［72］ Поляков А.В., Святко С.В., 2009-2019: новые данные по радиоуглеродной хронологии эпохи бронзы Минусинских котловин. *Древности Восточной Европы, Центральной Азии и Южной Сибири в контексте связей и взаимодействий в евразийском культурном пространстве. Том. Ⅱ. Древности Восточной Европы, Центральной Азии и Южной Сибири в контексте связей и взаимодействий в евразийском культурном пространстве (новые данные и концепции). Т. Ⅱ. Связи, контакты и взаимодействия древних культур Северной Евразии и цивилизаций Востока в эпоху палеометалла (Ⅳ-I тыс. до н.э.)*. СПб., 2019. С. 18-20.

［73］ Svyatko S.V., Reimer P.J., Schulting R., Poliakov A.V., Ogle N., A lack of freshwater reservoir effects in human radiocarbon dates in the Eneolithic to Iron Age in the Minusinsk Basin. Archaeological and Anthropological Sciences, 2017, Vol. 9, Issue. 7, p. 1379-1388.

［74］ Грязнов М.П., Неолитическое погребение в селе Батени на Енисее. МИА. 1953. № 39. С. 332-335.

［75］ Максименков Г.А., Окуневская культура. Автореферат диссертации на соискание ученой степени кандидата исторических наук. Новосибирск, 1975.

［76］ Вадецкая Э.Б., Современные представления о состоянии источников по неолиту Минусинской котловины. КСИА. 1988. Вып. 199. С. 68-74.

Поляков А.В., Святко С.В., Радиоуглеродное датирование археологических памятников неолита-начала железного века Среднего Енисея: обзор результатови новые данные. Теория и практика археологических исследований. 2009. № 5. С. 20-56.

［77］ 详见 Поляков А.В., Проблема сложения окуневской культуры в свете современных научных данных. Научное обозрение Саяно-Алтая. 2020. № 1 (25). С. 3-6.

［78］ 详见 Поляков А.В., Погребения катакомбного типа в материалах окуневской культуры. Археологические Вести. 2020. Вып. 26. С. 98-110.

［79］ Вадецкая Э.Б., *Археологические памятники в степях Среднего Енисея*. Л., Наука. 1986. С. 41-42.

［80］ 中国社会科学院考古研究所、山西省临汾市文物局：《襄汾陶寺——1978～1985年发掘报告》，文物出版社，2015年。

［81］ Козинцев А.Г., Из степи-в пустыню: ранние европеоиды Восточного Туркестана по данным генетики и антропологии. *Культуры степной Евразии и их взаимодействие с древними цивилизациями.* Кн. 1. СПб., 2012. С. 122-126.

Чикишева Т.А., *Динамика антропологической дифференциации населения юга Западной Сибири в эпохи неолита-раннего железа.* Новосибирск, 2012. С. 89.

Тур С.С., Солодовников К.Н., Новые краниологические материалы из погребений каракольской культуры эпохи бронзы Горного Алтая. Изучение историко-культурного наследия народов Южной Сибири. Выпуск 1. Горно-Алтайск, 2005. С. 35-47.

[82] 刘汉兴、特尔巴依尔、王晓丹等:《新疆伊犁州墩那高速尼勒克段考古收获及初步认识》,《西域研究》2018 年第 3 期；新疆文物考古研究所、中国人民大学考古文博系、伊犁州文物局等:《新疆伊犁州墩那高速公路尼勒克段沿线古代墓葬的发掘》,《考古》2020 年第 12 期。

[83] Формозов А.А., *Очерки по первобытному искусству. Наскальные изображения и каменные изваяния эпохи камня и бронзы на территории СССР.* МИА №165. М., 1969.

纠葛与症结：三星堆文化上限问题的学史观察

许　宏

（中国社会科学院考古研究所）

一个遗址可以且往往包含多个考古学文化的堆积，而遗址分期与考古学文化的分期是应该做严格区分的。这是20世纪50年代关于考古学文化定名讨论[1]以来，考古学界的共识和常识。“遗址的分期，探讨的是不同考古学文化在同一遗址内堆积的先后问题。考古学文化的分期，是指一考古学文化所经历的历史的相对年代的划分。”[2]但在相当长的时间里，围绕三星堆遗址及其所包含的考古学文化的认识却存在着相当的模糊性。早在20多年前，即有学者指出，“近十多年来，学者们对‘三星堆文化’与‘三星堆遗址’两个完全不同的概念纠缠不清，因而滞误了对三星堆文化及其相关文化的研究，使得四川先秦考古学文化的年代序列处在一片迷雾之中”[3]。梳理学术史，感觉直到近年，围绕三星堆遗址与三星堆文化，这一问题仍“处在一片迷雾之中”，而三星堆遗址先秦时代遗存分属于多个考古学文化、三星堆文化始于三星堆遗址第二期的共识来之不易。

一、遗址与文化分期的混淆

在1987年发表的三星堆遗址首篇发掘简报（1980～1981年度）中，发掘者就指出在已辨识出的三期文化中，“第一期和第二期文化遗物的特征变化较大，判然有别，其间又有明显的间隙层，故我们认为第一期与第二期文化的年代相去较远，而第二期与第三期遗物的特征差异不甚大，并有不少承袭因素，可能两期文化的年代紧相衔接”[4]。该简报最后虽提出“三星堆文化”的概念，但并未对其内涵给出确切的界定；且文中又有“三星堆遗址文化”的提法，语意含混。

此后，参与发掘的学者的论文中所谓“广汉文化”和“三星堆文化”，最初指的都是包含三星堆遗址一期遗存在内的先秦时代文化遗存的全部。所以“三星堆遗址文化”的概念被屡屡提及[5]。当时学者引用转述发掘简报时也都是将遗址的四期看作一个整体："可分为四期，以其独特的文化面貌被称为'三星堆文化'"[6]。1987年简报中本来推定"第一期和第二期文化遗物的特征变化较大，判然有别……年代相去较远"，但在后来参与发掘的学者论文中则有了"从时代来讲，从新石器时代晚期至西周，两千年时间的延续从未间断过"[7]的提法。直到近年，仍有类似的表述："（三星堆遗址）一至四期的堆积在地层上是连续的，文化上是传承延续的。……从在一个遗址上集以上几者为一身，人类古文明在一个遗址上长时间地演绎了一个完整的过程这个意义上来说，也是中国唯一的标本。她还是中国唯一延续了两千年的先秦古都城遗址"[8]。

据1980～1981年发掘简报，遗址第一期地层中木炭标本的碳素测年数据为距今4075±100年，树轮校正为距今4500±150年[9]。几乎与此同时，发掘者又给出了三星堆遗址一期遗存更早的年代上限和时间跨度："这个遗址群的时代，上限到新石器时代晚期，下限约在西周早期（即距今四千八百年至距今三千年左右）"[10]；遗址第一期的"时代大致在新石器时代晚期（距今4740～4070年）"[11]。随之，学术界开始引用这一数据。如曾参与发掘的四川大学林向教授在当时发表的论文中述及"（三星堆）第一期出土物为新石器晚期的东西，^{14}C测定距今约4800年"[12]（2010年的自选集中又删除了这一数据[13]），随后他又有"（第一期）属于龙山时代的文化面貌，经^{14}C测定年代约在距今4700～4500年间"的提法[14]。无论如何，这一提法毕竟拉开了三星堆遗址第一期和第二期之间的时间差，而与1987年简报中"第一期与第二期文化的年代相去较远"的推断相吻合。

上引简报和发掘者披露的碳素测年的基础数据，应都源自中国社会科学院考古研究所和北京大学两家^{14}C实验室的"放射性碳素测定年代报告"，但此后发掘者和研究者给出的年代数据却五花八门，让人无所适从。后文中述及孙华教授做了系统梳理，知学者们在研究结论中选择性地采用未经树轮校正和经树轮校正两种数据。而上文中的极端数值距今4800年，从未见于基础数据。查三星堆遗址第一期遗存三个数据中最早的一个，树轮校正年代是距今4665±135年。如将这一最早数值再加上可能的摇摆幅度的最大值，即4665+135年，居然正好是距今4800年。三星堆遗址第一期的最高年代上限值，就是这么被推定出来的。取早不取晚，尽可能提早年代上限，一度成为三星堆遗址与三星堆文化探索的学术价值取向。距今4600～4500年，被四舍五入为4700、4800年，甚至一度推早到5000年[15]，令人咂然。

二、与"蜀"文化的比附

如果说中国先秦考古研究的一个较显著的特点，是对考古遗存做狭义史学范畴的推定，那么具体到四川地区，则是在新发现的遗存与"蜀"之间做对号入座式的推定。

在这一背景下，考古学范畴的“三星堆文化”在还没有被明确辨析出来的情况下，就被“早期（巴）蜀文化”“早蜀文化”等文献学与考古学整合层面的概念所替代和屏蔽，以后世文献所载族名命名考古学文化蔚然成风。

譬如，20 世纪 80 年代后期的论文中多有类似的论述，“四川近年考古工作的重要进展之一……是将盆地中部一批新石器时代末期到青铜时代的遗址，从原来统称的‘四川新石器文化’中逐步分离出来，认识了‘早期巴蜀文化’这一独立的地方性古代文化面貌”。“大体上可以排出从新石器晚期开始，经过商周，直到春秋时期的两千年间川西古代巴蜀文化发展的序列。根据考古学文化以首次发现发掘的典型遗址命名的惯例，可以将这类文化定名为‘三星堆文化’。它包括新石器末期的‘早期巴蜀文化’，和青铜时代前期（殷商西周时期）的‘中期巴蜀文化’，连续构成了一个古代文化整体发展的历史过程。”[16]“早蜀文化，是指西周以前的早期蜀文化。《华阳国志·蜀志》记载蜀‘历夏、商、周’。笔者根据近几年对广汉三星堆遗址历次发掘所获得的大量实物资料分析，认为《蜀志》所载应为信史。地下的实物史料充分证实了川西平原在西周以前存在着一支古老的地方类型文化，并在四千年左右已进入了文明社会。”[17]

从上述论述中，可以清楚地看到两个认知倾向，一是考古学层面的“三星堆文化”被淡化，一般认为可以用“早期（巴）蜀文化”来替代；二是其意指“三星堆文化”或“早期巴蜀文化”“早蜀文化”，都是包含三星堆遗址第一期遗存所代表的距今四千多年的新石器晚期文化的。

在这一语境下，还是有学者略微强调了三星堆遗址一期遗存的独特性。如林向在综述四川的考古发现与研究时，在“新石器时代与原始文化遗存”下，列“成都平原的三星堆一期文化”一项，指出三星堆遗址“早期蜀文化地层叠压下的第一期文化，其面貌原始，与蜀文化大相径庭。……其中的圈足豆、夹砂褐陶等显然为后来的蜀文化所继承，不过中间肯定有缺环”；在“巴蜀时期的考古发现”中，列“广汉月亮湾—三星堆遗址的发掘”一项，认为“以三星堆遗址第二、三、四期为代表的早期蜀文化……作为一种独立的考古学文化其特征是显著的”[18]。四川大学宋治民教授也较早提及属于“新石器时代晚期至夏代初年”的三星堆遗址一期遗存，“可以看出它和早期蜀文化有一定的渊源关系，同时它们之间的区别也很清楚，因之它们不属蜀文化的范畴，称之为蜀文化的前身，可能更合乎实际情况”[19]。1993 年出版的《三星堆文化》一书“三星堆文化的分期”一节中，引用的是相关学者关于三星堆遗址四期的划分，分别称为“遗址一期文化”“遗址二期文化”“遗址三期文化”和“遗址四期文化”[20]。作者也认为遗址第一期遗存所代表的人群可单独划出：“第一期文化的新石器时代晚期先民为四川盆地内的土著居民；进入古国时期后的第二至三期文化先民属同一民族……他们分别与传说中古蜀国的第一至第三代蜀国统治部落蚕丛、柏灌、鱼凫有关。”

这种以文献记载中的族名来命名考古学文化的研究取向，虽具更多推想的成分，但从中仍可窥见作者对基础材料的聚类分析倾向。

三、三星堆遗址一期的剥离

“一期文化与二、三、四期文化有较大的差别，但也存在一定的承袭关系。”[21]发掘者尽管意识到三星堆遗址一期与其后各期文化遗存的显著差异，但仍不肯将其从三星堆文化中剥离出来，而是做了如是区分：“为了区别三星堆遗址一期与二至四期两种性质和文化面貌均不相同的遗存，我们把属于一期（龙山时期，可能含有二里头时期）的遗存叫作‘下文化层’，把属于二至四期（商至西周早期）的遗存叫作‘上文化层’”[22]。众所周知，以文化层为大的分期单位的做法，习见于20世纪50年代，如郑州商城“二里冈下层”和“二里冈上层”文化期的划分。此后即为考古学界所扬弃。

在研讨与切磋中，开始有学者从学理的层面反思相关问题。如宋治民即指出，“三星堆文化是以发现早、内涵丰富为依据提出的，将三星堆遗址和与其文化内涵相同的遗址命名为三星堆文化本无不可。但现在的问题是，三星堆遗址从一期到四期是否使用同一个文化命名。根据发掘报告和有关资料，三星堆一期和二期是‘判然有别’……一般认为以（三星堆二期）这一群器物为特征的才属三星堆遗址的代表性器物。显然三星堆一期和二期及二期以后各期的陶器是各有特征的两群，如果以三星堆文化命名第二期及其以后的各期文化，又不能包括第一期文化。……笼统的用三星堆文化命名来概括这四期，似不够科学。……当然如果用三星堆文化命名其二、三、四期也是可以的，但必须清楚地加以说明其不包括第一期。”[23]

对三星堆遗址分期问题做系统阐发分析的，是北京大学孙华教授。他指出，“《广汉三星堆遗址》报告将1980～1981年三星堆Ⅲ区的地层合并为具有分期意义的三组文化层，对于这三组文化层之间的关系，报告将它们当作了同一层次，并列处理为三期。然而……（属于第一、二期的地层）它们的差别正如报告所说，是巨大的。……不仅应当有年代上的缺环，还应当有文化内涵的不同”。而同一期各文化层之间的差异程度远远小于各期之间的差异程度，“就只宜以期下的‘段’来加以表述，不宜用并列的‘期’来进行分划”[24]。

他在细致的地层学与类型学作业的基础上，“将三星堆遗址第二期细分为3段，第三期细分为2段，这些期段加上第一期的不再能细分的1段，三星堆遗址可以大致划分为三期6段”，并推论“三星堆遗址似乎应当以第三期最为繁盛，所以该期遗存分布面广、堆积深厚、发掘所获也最多；而在这以后，即到了三星堆第三期时，三星堆遗址就逐渐衰落了”。而“三星堆遗址三期各自的年代范围应当是：第一期为龙山时代晚期至二里头文化时代初期，第二期为二里头文化时代晚期至二里冈文化时期（下限可至殷墟第一期前段），第三期为殷墟文化时期第一期（后段）至第三期。前后跨越了龙山时代、夏代及商代三个时代。”

述及绝对年代，孙华指出“一般说来，经过树轮校正的碳年代数据应是比较准确的，三星堆遗址的碳测年数据普遍偏早，未经树轮校正的年代反而更接近于我们从其他材料所推断的年代，这种现象是值得注意的”。鉴于此，未经树轮校正的遗址第一期的年代距今4200（±80）至4075（±100）年左右，第二期的年代距今3700±100年至3555±80年前后，应是合适的。

至于三星堆遗址三期遗存的文化性质，孙华指出，“它们的文化内涵既有联系，又有相当大的差别。它们相互间的联系表现在相邻两期遗存间都可以找到一种或几种具有前后演变关系的典型陶器；而它们相互间的差异则表现在它们各自都有自己一组特征明显的器物群。因此，三星堆遗址的三期遗存，实际上应当视为同一文化系统下的三种不同的考古学文化”。鉴于与三星堆遗址第一期相类的遗存在成都平原其他遗址尚无发现，他建议将这类遗存命名为“边堆山文化”（以四川北部的绵阳边堆山遗址为典型遗址），以便与可命名为“三星堆文化”的三星堆遗址第二期遗存区别开来。这就明确地将三星堆遗址第一期遗存从“三星堆文化”中剥离开来。

稍后，北京大学李伯谦教授亦撰文指出，“不仅一个遗址内各层堆积因时间早晚不同、包含物特征不同通常属于不同性质的文化，即使各层堆积年代前后衔接、文化内涵有继承发展关系也不一定就是一个考古学文化，这还要看其文化特征发生了怎么样的变化”。依此，“（三星堆遗址）下层遗存与上层遗存之间文化面貌差别很大，生产力水平十分悬殊，社会发展阶段也不相同，即使个别因素有前后承袭关系，也不宜将其视为一个考古学文化”。就三星堆文化而言，“第一期为新石器时代遗存应予排除”[25]。中国国家博物馆李维明研究馆员与其持相近的意见，认为“可以一、二期分界将其区分为两种不同性质的文化”[26]。

三星堆遗址第一、二期遗存出土遗物的一个重要差异，是自第二期起开始出现具有二里头文化风格的盉、豆等陶器和璋、戈、圭等玉器。这一现象逐步为学界所重视：“三星堆文化一、二期之间的显著差异，也表明当时当地发生了一次重大变革，二里头文化因素也正是在三星堆二期时出现于成都平原，三星堆二期文化很可能是在夏末商初时，由迁入成都地区的夏遗民，与当地土著居民相结合所创造的一种新型文化遗存。”[27]此后，关于二里头文化的年代等问题，随着研究的深入而有新的认识，由二里头文化因素出现于成都平原的时段入手，也可以深化我们对三星堆文化形成年代与契机等问题的认知（详后）。

有学者提议应将三星堆文化早期（以月亮湾等地所见玉器、铜牌饰为代表）从以两个祭祀坑为代表的三星堆文化中剥离出来，单独析分出大致相当于二里头文化期的“月亮湾文化”[28]。另有学者认为“由于拥有几乎完全相同的知识体系和价值体系，三星堆文化和十二桥文化实为一个考古学文化”。而“‘三星堆—金沙文化’或从遗址第三期（相当于二里冈上层至殷墟早期[29]）的某个时段开始”[30]。如是，则三星堆文化的上限都早不到二里头文化时期。关于这一问题，笔者拟另文探讨。

四、宝墩文化的提出与受阻

1995 年起，四川省成都市文物考古队等单位在新津宝墩、成都温江鱼凫城、成都郫都古城、都江堰芒城、崇州双河等遗址调查发掘，证实成都平原首次发现了相当于中原地区龙山时代、距今四五千年的古城址群[31]。发掘调查者认为，“它们的时代早晚虽略有差别，而其文化的总体面貌却是较为一致的；它们互有一组贯穿始终而又区别于其他考古学文化而独具特征的器物群，当属同一考古学文化遗存；并与三星堆文化的发展脉络也清晰可见；它们之中又以新津宝墩遗址的面积最大，文化内涵最丰富、最具代表性。因此，我们认为将这一古城址群的考古学文化命名为‘宝墩文化’是合适的”。

在该文中，作者将宝墩文化分为四期七段，而既往被划归三星堆遗址第一期的三星堆地点偏下的堆积和月亮湾地点的相关堆积所出遗物，“均是宝墩文化期的特征”“推测三星堆遗址原分的一期，年代跨度较长，还可分期”。依据宝墩遗址和三星堆遗址一期遗存的相关 ^{14}C 测年数据，他们“将该文化的年代上限推定在距今 4500 年左右。关于其年代下限，可以根据该文化末期正好与三星堆文化衔接的情况，那么三星堆文化的年代上限正好是宝墩文化的下限，而三星堆文化的年代上限有众多的 ^{14}C 年代依据，一般认为在距今 3700 年左右，可以作为宝墩文化的下限。这样我们就把宝墩文化的年代范围大致推定在距今 4500～3700 年之间，前后发展约 800 年”[32]。

在成都市的学者及时披露最新考古发现，并在系统梳理考古材料的基础上正式提出“宝墩文化”的命名之后，大部分学者很快认可了这一命名。即便曾提出过“三星堆一期文化”的林向教授，也旋即赞同并使用了“宝墩文化”的概念，尽管在“蜀”文化的话语系统下，作者还是认为“我们可因它们在发展的阶段上的不同而分别命名，其实两者之间一脉相承并非出现另一种什么新文化”[33]。

三星堆遗址的发掘者在述及三星堆遗址各期遗存的性质时，提法虽有所变化，但仍未对遗址分期和文化分期予以明确的区分：“现已基本查明，三星堆遗址包含着两种文化面貌不尽相同、且又有前后承继关系的遗存：一种是三星堆早期遗存，或称三星堆遗址一期文化，其相对年代大约在中原地区的龙山时代；另一种是三星堆晚期遗存，即三星堆二至四期文化，或叫三星堆遗址上层文化，其相对年代大致在夏至商末周初或更晚”。而“在成都平原还发现了相当于三星堆一期的遗址……这些遗存已被命名为‘宝墩文化’”。下文在述及“三星堆文化的一般特征”时，又包含了“三星堆早期遗存”[34]。更有直接否定宝墩文化命名的声音。如“成都宝墩诸遗存与广汉三星堆遗存应属同一文化。”“就宝墩文化作为一种全新的、有别于任何一种考古学文化的新文化命名是值得商榷的，它应归属三星堆文化宝墩期（或类型）。”“三星堆文化从距今 5000

年至 3000 年之间的发展变化是明确而连续的。”[35]

此后，三星堆遗址的发掘者及其所属机构的学者仍坚持“三星堆一期文化（宝墩文化）”“三星堆四期文化（十二桥文化）”的提法[36]。加括号以示二者就是一码事，也是无奈之举。或有括号内外名称互换者，如“宝墩文化（三星堆一期文化）”的表述[37]，已倾向于认可宝墩文化的提法。高大伦研究员说得更直白：“4500～4000 年前这个时间段，成都平原两支著名的考古学文化，一是广汉三星堆遗址的一期文化，再是新津的宝墩文化（两者实为一个文化，三星堆一期遗存最丰富，宝墩资料整理、公布最早）。”[38]“一个文化”被分为“两支”，各称其名，这对于一般研究者和公众来说，颇感困惑。如“庙底沟二期文化”“王湾三期文化”之类遗址名加期别的命名方法，在学术史上被证明并非理想命名后，一般已不被学术界所认可。

值得注意的是，近年又有“在文化命名上，岷江冲积扇的遗存被命名为‘宝墩文化’，而沱江冲积扇上的三星堆一期直呼‘三星堆一期文化’”的提法，但作者同时又承认“两者之间文化面貌基本一致”[39]。是的，三星堆遗址距离岷江冲积扇上最近的宝墩文化城址——成都郫都古城直线距离只有 30 千米，两个冲积扇之间也没有地理上大的阻隔，因而，三星堆遗址一期遗存与大体同时的宝墩文化其他遗址，不应是不同的文化类型。

五、始年仍被提前的困惑

最令人困惑的是三星堆文化的起始年代。如前所述，相关学者选择性地使用经过或未经树轮校正的碳素测年数据，导致推定年代上歧见纷出，莫衷一是。诚如孙华指出的那样，“在四川地区，不少先秦时期的遗址和墓葬的碳测年数据都有偏早的现象……对于这些现象作出恰当的解释，目前条件还不具备，还有待于更多的碳测年数据的公布。在四川地区碳测年数据的统计分析规律尚未掌握以前，我们还是以通过与中原地区已知年代因素的器物类比所推断的三星堆遗址各期的年代为准，这想来是不会有什么问题的”[40]。

前文述及多有学者注意到陶盉等二里头文化因素是在三星堆遗址第二期时出现于成都平原的。在碳素测年和当地考古学文化分期研究不足以解决文化遗存绝对年代的情况下，这是卡定三星堆文化起始年代的一个重要的比较标尺。而众所周知，据最新的测年研究，二里头文化的始年在公元前 1750 年前后[41]。鉴于三星堆文化最早的遗存中即包含二里头文化第二期风格的陶器，可知三星堆文化形成的时间绝不早于此。考虑到文化传播的时空差，始于三星堆遗址第二期的三星堆文化早期，至多相当于二里头文化晚期至二里冈文化期[42]。依上引二里头文化最新的测年数据，则不应早于公元前 1600 年前后。

在这一大的学术背景下，三星堆遗址的发掘者及其所属机构的学者，仍将三星堆文化的始年上推到距今4000年甚至4100年[43]。依近年最新的测年数据，二里头文化的年代约当公元前1750～前1520年[44]，即便依20多年前结项的夏商周断代工程的测年意见，也是在公元前1880～前1521年之间[45]。既相当于“二里头文化时期”，绝对年代又在距今4100～3600年之间（表一）[46]，不知何据。同一学者对同一文化遗存（三星堆一期文化或宝墩文化）始年的推断，在相继发表的论文中也有不同的表述，时差则达300年（由距今4500年提到4800年），亦不知何据。

表一 三星堆遗址各期重要遗存表

遗址	分期	绝对年代/距今	相对年代	分布面积	重要遗存
三星堆	一	4800～4100	新石器时代晚期	5平方千米	青关山夯土台（面积超过500平方米）、大型柱洞式建筑（目前成都平原仅宝墩古城、郫县古城有发现，但二者均无大型人工夯土台）、仁胜墓地（部分随葬玉器、象牙）
	二	4100～3600	二里头文化时期	3.5平方千米	月亮湾小城（西城墙北段、青关山城墙、真武宫城墙、月亮湾城墙，周长约3000米，面积约47万平方米），青关山人工土台，面积约1.6万平方米，月亮湾台地，仓包包祭祀坑（铜牌饰、铜瑗等）、月亮湾器物坑（玉石列璧）
	三	3600～3200	商	3.5平方千米	三星堆外城圈（东城墙、西城墙、南城墙、北城墙，周长约7000米，面积3平方公里），仓包包小城（北城墙东段、东城墙北段、仓包包城墙、李家院子城墙，周长1400米，面积约9万平方米），青关山人工土台及F2
	四	3200～2600	西周	3.5平方千米	三星堆一、二号祭祀坑，青关山土台及F1、F3，青关山H105、西城墙北段拐角四期补筑城墙，遗址外围较多同时期遗址（已经调查的鸭子河上游即有17处小型遗址）

注：采自《三星堆遗址古文明的长度宽度和高度》一文

至于上表所列属于三星堆遗址第一期、面积超过500平方米的青关山土台及其上的大型柱洞式建筑，尚未得到最新刊布材料的支持：“由于F1（即青关山1号建筑基址）的层位关系不太理想，一方面叠压或打破F1的遗存要么数量极少，要么年代均晚至汉代或以后，另一方面F1叠压的遗存因为需要保护F1而未发掘，故F1的年代上限和下限均无法准确界定”[47]。另外，三星堆一、二号器物坑也都被归为“西周”时期，颇令人不知所从。

人文社会科学领域的任何学术认识，都应是以学者个人为本位而非研究者所属机构秉持同一观点，如夏商文化讨论中著名的“西亳说”和“郑亳说”，都是某位学者个人的观点，而不能认为是中国社会科学院考古研究所和北京大学两个学术机构间的论争。但在对三星堆文化的学术史考察中，的确可看出学术认知在学者所处机构和地域间的差异。总体而言，三星堆遗址的发掘者及其所属机构的学者，在相当长的时间里没有将遗址分期与考古学文化分期区分开来，且多数学者倾向于大幅上推三星堆文化的起始年代；而四川大学等其他单位的学者在材料刊布之初即已注意到二者间的差异并有所提示；成都市相关单位的学者提出“宝墩文化”的命名，进一步卡定了三星堆文化的上限，其早年推定的三星堆文化的始年，也近于最新的认识。真正提出三星堆遗址第二期为三星堆文化之始的，则是四川以外的学者。如是学史现象，饶有趣味。

注　释

[1] 夏鼐：《关于考古学上文化的定名问题》，《考古》1959年第4期。

[2] 张忠培：《研究考古学文化需要探索的几个问题》，《文物与考古论集（文物出版社成立三十周年纪念）》，文物出版社，1986年。

[3] 王毅、张擎：《三星堆文化研究》，《四川文物》1999年第3期。

[4] 四川省文物管理委员会、四川省博物馆、广汉县文化馆：《广汉三星堆遗址》，《考古学报》1987年第2期。

[5] 陈显丹：《略谈广汉文化有关问题——兼论广汉文化与夏文化的关系》，《史前研究》1987年第4期；陈显丹：《论广汉三星堆遗址的性质》，《四川文物》1988年第4期；陈显丹：《广汉三星堆遗址发掘概况、初步分期——兼论“早蜀文化”的特征及其发展》，《南方民族考古》（第二辑），四川科学技术出版社，1990年。

[6] 林向：《三星堆遗址与殷商的西土——兼释殷墟卜辞中的“蜀”的地理位置》，《四川文物》1989年增刊《广汉三星堆遗址研究专辑》。

[7] 陈显丹：《广汉三星堆遗址发掘概况、初步分期——兼论“早蜀文化”的特征及其发展》，《南方民族考古》（第二辑），四川科学技术出版社，1990年。

[8] 高大伦、郭明：《三星堆遗址古文明的长度宽度和高度》，《四川文物》2016年第6期。

[9] 四川省文物管理委员会、四川省博物馆、广汉县文化馆：《广汉三星堆遗址》，《考古学报》1987年第2期。

[10] 陈德安、陈显丹：《上古巴蜀文明的重大发现——三星堆遗址与“三星堆文化”》，《文史杂志》1987年第1期。

[11] 陈显丹：《广汉三星堆遗址发掘概况、初步分期——兼论“早蜀文化”的特征及其发展》，《南方民族考古》（第二辑），四川科学技术出版社，1990年。

[12] 林向：《蜀酒探原——巴蜀的“萨满式文化”研究之一》，《南方民族考古》（第一辑），四川科学技术出版社，1987年。

[13] 林向：《童心求真集：林向考古文物选集》，科学出版社，2010年，第224页。

[14] 林向：《三星堆遗址与殷商的西土——兼释殷墟卜辞中的“蜀”的地理位置》，《四川文物》1989年增刊《广汉三星堆遗址研究专辑》。

[15] 王家佑、李复华：《关于三星堆文化的两个问题》，《三星堆与巴蜀文化》，巴蜀书社，1993年。该文述及“据发掘者陈德安同志见告：经他进一步研究分析后，把《简报》上的分期断代略加修改，即把整个文化层分为四期，第一期为新石器时代晚期，属于龙山文化晚期，距今5000～4200年……”。

[16] 赵殿增：《近年巴蜀文化考古综述》，《四川文物》1989年增刊《广汉三星堆遗址研究专辑》。

[17] 陈显丹：《广汉三星堆遗址发掘概况、初步分期——兼论“早蜀文化”的特征及其发展》，《南方民族考古》（第二辑），四川科学技术出版社，1990 年。
[18] 林向：《新中国成立以来四川的考古发现与研究》，《四川省社会科学手册 · 考古学科》，四川省社会科学院出版社，1989 年。
[19] 宋治民：《早期蜀文化分期的再探讨》，《考古》1990 年第 5 期。
[20] 屈小强、李殿元、段渝主编：《三星堆文化》，四川人民出版社，1993 年，第 58～60 页。
[21] 陈德安：《三星堆遗址》，《四川文物》1991 年第 1 期。
[22] 四川省文物考古研究所三星堆工作站、四川省广汉市文管所、什邡县文管所：《四川广汉、什邡商周遗址调查报告》，《南方民族考古》（第五辑），四川科学技术出版社，1993 年。
[23] 宋治民：《论三星堆遗址及相关问题》，《三星堆与巴蜀文化》，巴蜀书社，1993 年。
[24] 孙华：《试论广汉三星堆遗址的分期》，《南方民族考古》（第五辑），四川科学技术出版社，1993 年。
[25] 李伯谦：《对三星堆文化若干问题的认识》，《考古学研究》（三），科学出版社，1997 年。
[26] 李维明：《试析三星堆遗址》，《四川文物》2003 年第 5 期。
[27] 杜金鹏：《三星堆文化与二里头文化的关系及相关问题》，《四川文物》1995 年第 1 期。
[28] 邓淑苹：《万邦玉帛——夏王朝的文化底蕴》，《夏商都邑与文化》（二），中国社会科学出版社，2014 年。
[29] 四川省文物考古研究所：《三星堆祭祀坑》，文物出版社，1999 年。
[30] 施劲松：《论“三星堆—金沙文化”》，《考古与文物》2020 年第 5 期。
[31] 成都市文物考古工作队、四川联合大学考古教研室、新津县文管所：《四川新津县宝墩遗址调查与试掘》，《考古》1997 年第 1 期；成都市文物考古工作队、四川联合大学历史系考古教研室、温江县文管所：《四川省温江县鱼凫村遗址调查与试掘》，《文物》1998 年第 12 期；成都市文物考古工作队、郫县博物馆：《四川省郫县古城遗址调查与试掘》，《文物》1999 年第 1 期；成都市文物考古工作队、都江堰市文物局：《四川都江堰市芒城遗址调查与试掘》，《考古》1999 年第 7 期。
[32] 江章华、颜劲松、李明斌：《成都平原的早期古城址群——宝墩文化初论》，《中华文化论坛》1997 年第 4 期。
[33] 林向：《蜀与夏——从考古新发现看蜀与夏的关系》，《中华文化论坛》1997 年第 4 期。
[34] 陈德安：《三星堆遗址的发现与研究》，《中华文化论坛》1998 年第 2 期。
[35] 陈显丹、刘家胜：《论三星堆文化与宝墩文化之关系》，《四川文物》2002 年第 4 期。
[36] 万娇、雷雨：《桂圆桥遗址与成都平原新石器文化发展脉络》，《文物》2013 年第 9 期；冉宏林、雷雨：《浅析成都平原先秦时期城址特征的变迁》，《四川文物》2014 年第 3 期。
[37] 赵殿增、陈德安：《一个充满活力的学科生长点——苏秉琦先生指导下的三星堆考古》，《苏秉琦与当代中国考古学》，科学出版社，2001 年。
[38] 高大伦：《成都平原古文明的活力之源》，《夏商周方国文明国际学术研讨会论文集（2014 中国广汉）》，科学出版社，2015 年。
[39] 陈德安：《三星堆古城再认识》，《三星堆研究 · 第五辑》，巴蜀书社，2019 年。
[40] 孙华：《试论广汉三星堆遗址的分期》，《南方民族考古》（第五辑），四川科学技术出版社，

1993 年。

［41］ 张雪莲、仇士华、蔡莲珍等：《新砦—二里头—二里冈文化考古年代序列的建立与完善》，《考古》2007 年第 8 期；仇士华：《^{14}C 测年与中国考古年代学研究》，中国社会科学出版社，2015 年。

［42］ 陈德安、杨剑：《三星堆遗址商代城址的调查与认识》，《夏商周方国文明国际学术研讨会论文集（2014 中国广汉）》，科学出版社，2015 年。

［43］ 万娇、雷雨：《桂圆桥遗址与成都平原新石器文化发展脉络》，《文物》2013 年第 9 期；高大伦、郭明：《三星堆遗址古文明的长度宽度和高度》，《四川文物》2016 年第 6 期。

［44］ 仇士华：《^{14}C 测年与中国考古年代学研究》，中国社会科学出版社，2015 年。

［45］ 夏商周断代工程专家组：《夏商周断代工程 1996—2000 年阶段成果报告（简本）》，世界图书出版公司，2000 年。

［46］ 高大伦、郭明：《三星堆遗址古文明的长度宽度和高度》，《四川文物》2016 年第 6 期。

［47］ 四川省文物考古研究院：《四川广汉市三星堆遗址青关山一号建筑基址的发掘》，《四川文物》2020 年第 5 期。

关于史语所第一次大司空村发掘的史迹

岳洪彬

（中国社会科学院考古研究所）

日战时期，史语所曾携带殷墟发掘的大量资料迁往大西南，迁移过程中，遗失了不少珍贵的发掘资料。据相关史料记载，“本所随本院西迁，先选装最珍贵中西文图书、杂志及善本书共六十箱，首批运往南昌农学院，其余一千三十三箱分批运长沙。但部分殷墟出土的人骨、兽骨及陶片等，限于运输工具，暂留原址”[1]；“史语所离开南京之前，有一部分东西存放山西路的仓库，我们既然来到山西路附近的汪宅，便想就近寻找东西，可是经过打听只晓得东西早被搬往南门附近，之后下落杳然”[2]。史语所在安阳殷墟大司空村的第一次发掘资料，可能也在这次迁移过程中不知寄存何处，现在已无踪迹可寻。

本文将从已公开发表的相关资料中去寻找蛛丝马迹，并结合晚近发掘所获的相关信息，尽可能梳理史语所第一次大司空村发掘的面貌，以飨学界。

一

1949年以前，史语所在大司空区域进行过多次发掘，目前能见到报道的资料只有大司空村第二次发掘。最早由高去寻撰写初稿，后由杜正胜和李永迪整理遗稿，出版了完整的发掘报告《大司空村第二次发掘报告》（以下简称“《二次发掘》”）[3]，把大司空第二次发掘的资料进行了详细报道，不仅细致入微介绍了商代文化遗存，同时一并报道了发掘的东周墓葬。但是关于史语所在大司空村的第一次发掘，却鲜有提及。

《二次发掘》整理者在第二章“探掘的经过”中加编者按：“原插图未绘出第一次发掘的旧探沟，现存田野纪录亦无确切坐标，今根据相关位置将第一次发掘位置大略以▲标出（图一）”。从整理者所加编者按可知，在史语所保存的原始田野记录中，也已没有大司空村第一次发掘的准确位置信息。在《二次发掘》中仅提到：

“民国二十四年秋季，本所梁思永先生领导殷墟发掘团在安阳侯家庄西北冈发掘殷代皇室墓地，将停工之前曾命刘耀先生在大司空村附近各处做过一次规模宏大而为期较短的探掘工作。他在大司空村南地所掘探沟的南端，已距离我们第二次探掘地点很近，插图二上的旧探沟便是出于他的工作。”

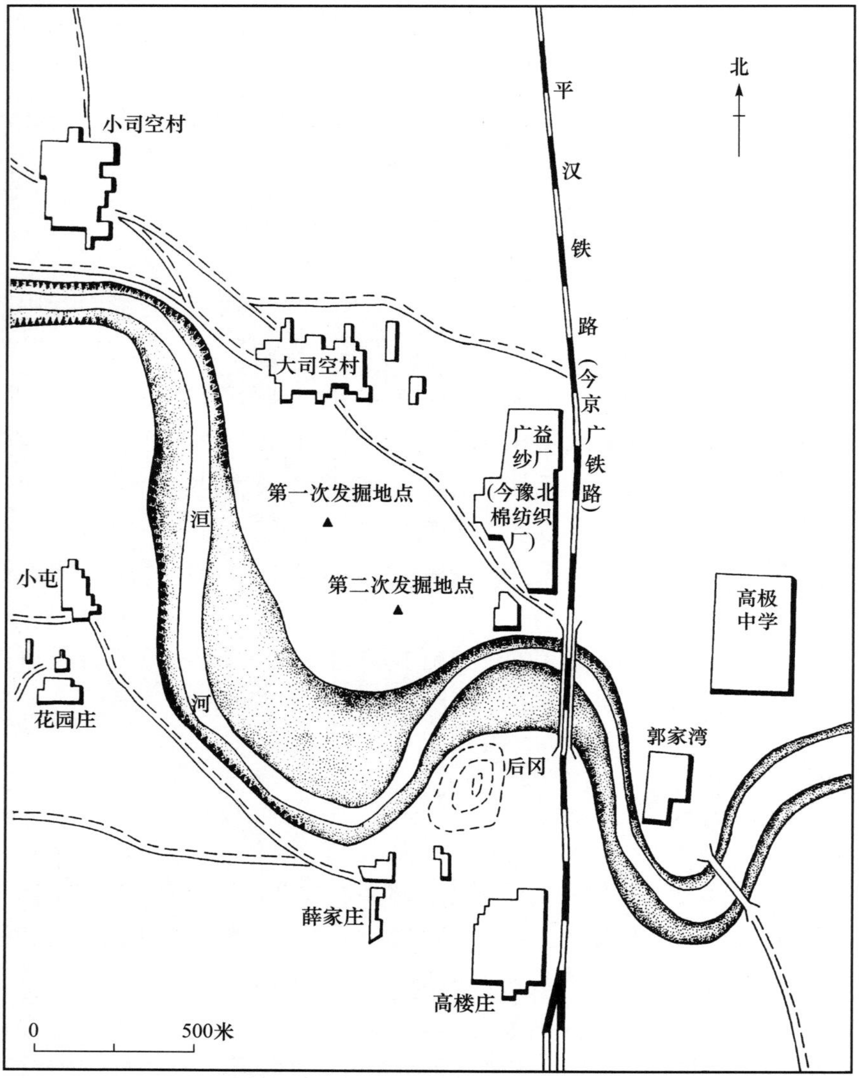

图一　20 世纪 30 年代大司空村南地第一、二次发掘位置示意图
（采自高去寻：《中国考古报告集之四：大司空村 · 第二次发掘报告》）

上述这段话，至少透出如下信息：

（1）1935 年秋在发掘王陵区的同时，还在大司空村进行过试掘；

（2）在“大司空村附近各处”做探掘，说明第一次在大司空村试掘地点不止一处；

（3）“规模宏大而为期较短”，应该是采取当年最流行的“长探沟的发掘方式”，揭露面积较大，或者发掘探沟数量较多；但工作时间应该不长，推测发掘的内涵可能较简单，遗迹现象应不复杂；

（4）第一次发掘地点位于大司空村南地，开探沟的方式为南北长探沟式，长探沟的南端向南距大司空村第二次发掘地点不远。

除此之外，当年参与过殷墟十五次发掘的先生们，在不同的场合或文章中也提到一些大司空村南地第一次发掘的信息。

石璋如先生撰写的《殷墟发掘员工传》介绍刘耀时，曾提到刘耀主持的大司空第一次发掘。石先生写道："刘耀把东区[4]的小墓结束后，他于十月二十日即到大司空村南地发掘，发掘的地点，是在大司村的南门外，很接近大司空的南围墙。挖了一条长百余公尺的一条南北纵坑，又挖了一条东西横坑，发现了六十余处小墓，其中多以陶觚、陶鼎、陶簋、陶豆等随葬品，可是出了一把有胡的戈，是一件很重要的器物。又有三十七处灰土坑，其中蕴藏非常的丰富。到一二月五日结束，先后做了十七日。对于小屯北地洹河左岸的地下堆积，有了一个概略的初步认识。"[5]

上述"小屯北地洹河左岸"，是指面向洹河的流向来说，洹河的左岸即指大司空村南地。但是这里所说的工作时间为"十七日"应有误。石璋如先生在《安阳发掘简史》中写道："此次西北冈东区的小墓告了一个段落，即由刘耀前往试掘。初由广益纱厂开始，在它的北面和西面，行轮廓的打探法，以寻找遗址堆积的中心。继则集中村南即距它的南门不远的地方发掘，由十月二十日开始，到一二月五日止，共做一月又十六日，发掘的方法是采用线式，即每坑长 10 公尺，一坑连接一坑，长达一二百公尺，开坑凡一百十一个，占地约 1100 平方公尺，其中包含有遗迹与墓葬两大类。"看来发掘时间应是持续了"一月又十六日"，与胡厚宣先生在《殷墟发掘》中所说"共作四十七天"相符。

除石璋如先生的著述和回忆文字外，胡厚宣《殷墟发掘》中也有关于大司空村第一次发掘的记述。胡先生写道："大司空村的发掘，一九三五年十月二十日开工，到一二月五日止，共作四十七天。工作人员为刘耀。工作地点在村的东南，最初在村东、村南进行轮廓的探寻，继则集中村南发掘。开坑一百十一，面积一千一百平方公尺，占地约六亩半。发现灰土坑三十七、墓葬十四。墓葬除隋墓一座外，都是殷墓，或仰身，或俯身，顶向则四方都有。殉葬遗物以陶器居多，有的殉陶爵、陶觚，有的殉陶鬲、豆、盌（碗），有的殉陶鬲、盌、罐，各墓出土共得完整的陶器百余件。间或也有殉铜器者，以戈镞为多。灰坑的遗物，多与小屯同。"[6]从记述内容看，发掘工作的起止时间、发掘地点、开坑面积、清理遗迹以及出土遗物等，均与石璋如先生所述大致相同。

至于梁思永先生安排刘耀去大司空村做第一次发掘的原因，在《石璋如先生访问纪录》中提到："殷墟第一二次发掘进行期间，梁思永先生便表示，一个遗址做到一定阶段之后就该进行整理，再看看哪里需要补充，以避免重复，以及新人应该注意的事项，所以西北冈只能做三次；另外应该每个人各做一个小的遗址，而非现行的共同合作制，籍以训练新加入的成员。基于此种理念，梁先生就安排刘耀去大司空村。"[7]在此，石先生说得很清楚，梁思永先生安排刘耀发掘大司空村，主要目的就是培养新人。同时安排祁延霈发掘范家庄，也是处于相同的考量。

除培养新人外，可能还有另外一个原因，就是因为此处常有盗掘，地面常捡到陶片，且有铜器出土，可能会有新的发掘收获。在石璋如先生所著《安阳发掘简史》中写道："大司空村在洹河的北岸，隔河与小屯北地的工作地东西对峙。它的形势和侯家庄相似，洹河围绕其西南两面。它的南面与侯家庄南地一样，好像向南伸出的半岛，从殷墟第四次到第七次发掘，每日朝出晚归，都从这个半岛上穿过，在地面曾捡到不少的陶片，有绳纹的，有黑色的。到第八次发掘殷墟的时候，因为住在城里不穿过这个半岛了，但盗掘者常在对岸盗掘，保安队常去驱逐，有一次盗掘者尚抓破保安队的大衣，猖狂的情形于此可知。据调查此处曾出一车坑，发现铜器数十件。我们也常想来此试掘，但因工作太忙无法分身。"从殷墟第四次至第七次发掘，地点主要在小屯村东北地，当时殷墟发掘团的成员都居住在广益纱厂（今豫北纱厂），每次去发掘工地都要经过大司村南地，涉水到对岸的小屯村北，故此对大司空村南的遗址情况有一定的了解，有铜器等高规格遗物出土[8]，对当时殷墟发掘团来说，还是有很强的诱惑力，选择大司空村南作为发掘点是有备而来。

二

关于大司空村第一次发掘的收获，石璋如先生在《安阳发掘简史》中介绍的最为详细：

> 遗迹方面，计有地下穴窖三十七处，虽然形状不一，但时代以小屯期者为多，其中的遗物以陶片、兽骨两种为最丰富。
>
> 墓葬方面，共得殷墟六十四处，计有仰身俯身两种，形制为长方形，长约 2.00 公尺左右，宽约 0.60 公尺左右，深约 3.00 公尺上下。随葬物有陶质觚、爵、鬲、豆等，形制大都矮小与铜质的觚爵不同，间或也有铜质的戈、镞等，因此可分为觚爵组、鬲豆盌组、鬲盌罐组、混合组多种。较大的墓葬多被早期或现代盗掘，残遗甚少。又有隋墓一处，随葬物有陶俑等[9]。

这里所记载的发掘收获，主要有两项：

（1）清理了 37 处窖穴。无论是石璋如先生的多处记述，或是胡厚宣先生所著，对此数据均无异议。从 1930–1 探沟和 1930–2 探沟（详见下文）发掘情况来看，第一次大司空村发掘的区域有一条宽 30 米的东西向道路，叠压道路的均为不早于殷墟四期偏晚阶段的淤积土层，道路下叠压的大部为生土层，因此探沟中发现的窖穴数量较少；另外，受当时发掘水平和发掘方法的局限，有不少灰坑、窖穴，甚至水井、墓葬等遗迹，发掘者没有辨识出来而被忽略。

从目前重新揭露的1930-1探沟和1930-2探沟平面和剖面看，只有三处窖穴或灰坑，且都集中在1930-2探沟的北端，而且三处窖穴都没有清理到底即停止发掘。其中，有两处可能是因为没有出土高规格遗物而放弃；有一处窖穴则是因为发现一具完整的人骨架，人骨架清理完毕后并没有提取，而是现场回填保护，故而停止继续清理。

（2）关于清理的墓葬数，则说法不一。据石先生的多处记述，第一次大司空村发掘清理的墓葬数都是六十余座，甚至非常明确的说是六十四座殷墓[10]，另外还有一座隋墓。但胡厚宣先生记述的墓葬数却只有14座，其中还包括一座隋墓，其余13座为殷墓。如此大的悬殊，很可能一处记录有误。

大司空村区域文化堆积丰富，中小型墓葬分布密集，甚至不乏灰坑中包含多具人骨的情况；而且第一次发掘所开面积超过一千平方米，发现墓葬数应不会少。故笔者觉得，石璋如先生的说法更为可信。从目前发掘的情况来看，大司空村南尤其是东西道路以北区域，分布着大量的小型土坑竖穴式的商墓和部分魏晋、隋唐墓葬，揭露面积上千平方米，发现六十余座各时期墓葬，是完全可能的。

三

上文也已提到，2020年中国社会科学院考古研究所安阳工作队配合殷墟遗址博物馆进行基建发掘，在发掘区域内发现两处长探沟，经与以前公开发表的资料比对，均没有找到相关的资料，但与《二次发掘》中的发掘地点位置图比对，发现这两处南北长探沟很可能就是20世纪30年代大司空村第一次发掘的探沟（图二）。

两条探沟一西一东，我们将之分别称为“1930-1探沟”和“1930-2探沟”。两条探沟均为南北向，呈“一”字排开，应该就是石璋如先生所说的“线式发掘方法”。两条探沟之间相距40米，1930-2探沟较1930-1探沟偏南约20米。

1930-1探沟，位于本次发掘区的中部偏西北。在本发掘区已暴露出91.3米，经钻探知向北尚延伸8.7、南北通长100、宽1米，发掘面积100平方米。若按石璋如先生所述，“每坑长10公尺，一坑连接一坑”，那么该探沟应为10个坑。整个探沟中，没有发现隔梁，说明当时没有设置隔梁。

1930-2探沟，位于本发掘区东部偏北。在本发掘区已暴露112米长，经钻探该探沟继续向北延伸，被现代公路所覆盖，宽度为0.8～0.85米，发掘面积约95平方米。按当年的开坑法，1930-2探沟约相当于11个坑。该探沟南部留有三个隔梁，隔梁之间相距9米，隔梁宽1米。

东、西两探沟的共同特点是：① 探沟的东、西两剖面铲刮整齐，垂直光滑；② 均未曾划分自然文化层和各类遗迹分界线；③ 探沟底部深浅不一，基本都发掘到生土为止，多数都把生土层下挖30～50厘米；④ 部分遗迹如灰坑、道路、墓葬、夯土房基没

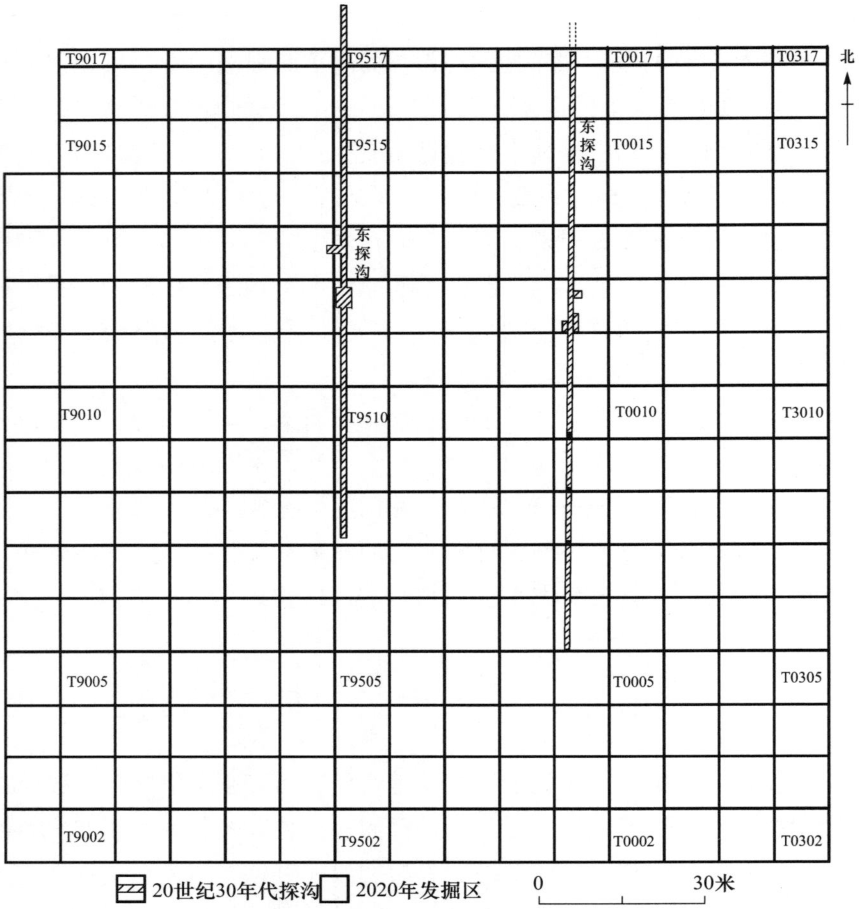

图二　20 世纪 30 年代大司空村第一次发掘的探沟位置图

有被辨识出来，少数较深的遗迹却能清理到底。

据石璋如先生所述，当年“开坑凡一百一一个，占地约 1100 平方公尺”。本次发掘区所见东、西两探沟，仅为当年所开 111 个探沟中的 21 个。按当年的线式发掘法，在线形探沟发掘过程中，发现窖穴或墓葬时，则会按照遗迹的形状和方向扩大发掘面积，从大司空村第二次发掘开坑总平面图上可见大概（图三）。本次发现的两探沟中，均于探沟中部发现两处或三处扩大发掘面积的地方，其余区域均未见扩大发掘面积的现象，说明当年的发掘者在这两个探沟中没有发现他们认为重要的遗迹现象。经本次清理剖面发现，实际文化层堆积还是较丰富的，应是当年发掘者对遗迹现象的认识存在局限。

下面我们将当年发掘的探沟剖面划分文化层，并辨识剖面中暴露出来的遗迹现象，向学界做简要介绍，尽可能还原当年的发掘情况。

1930-2 探沟西剖面大致可分四层（图四）：

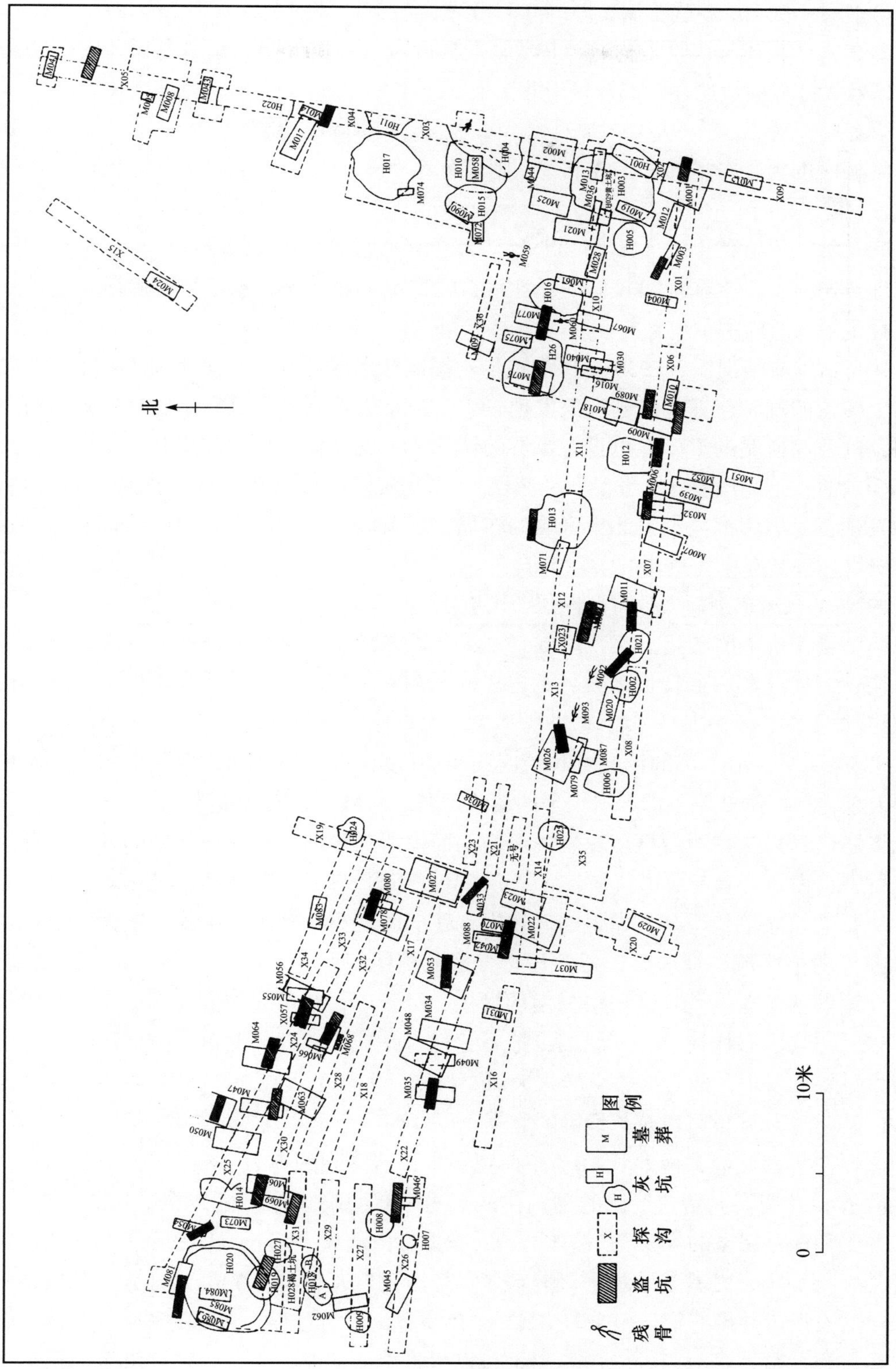

图三 1930年代史语所大司空村第二次发掘开坑及遗迹总平面图

第 1 层，耕土层和扰土层，厚约 0.8～1 米。发掘区域内普遍分布。

第 2 层，黄灰土，厚约 0.3～0.5 米。发掘区域内普遍分布。魏晋和唐宋时期的墓葬，以及大部分商代遗存，都开口于此层下。

第 3 层，黄灰土，厚 0.2～1.2 米。可分为③A、③B、③C 三小层，其中③A 分布在发掘区的大部分区域，③B 和③C 则仅分布在东—西主干道的中部地势较低洼的区域。

第 4 层，黄黑黏土层，厚 0～0.5 米。为淤土长期沉积形成的堆积。这层堆积在殷墟遗址普遍存在，多在地势较低的低洼地，时代应属殷墟文化第四期最晚阶段。其下直接叠压东—西向主干道上。

从目前发掘情况看，1930-2 探沟在本发掘区已暴露部分，主要清理的是东—西向道路上覆盖的堆积，其他遗迹现象发现较少，当年的发掘者并没有认出这条东—西向道路，以及对道路的重要性也没有足够的认知。因此才会发出“刘耀开了不少坑，找到不少东西，不过没有什么精品”的感慨[11]，其实发现这条道路的重要性超过其他所有的发现，对殷墟都邑洹河北岸区域的布局，以及对于洹河南、北两岸遗存的相互联系等研究，都具有极为重要的学术价值。

1930-1 探沟东剖面大致可分四层（图五）：

第 1 层，耕土层和扰土层，厚 0.6～1.2 米。该层下发现数量众多的盗沟和近现代排水沟、清代墓葬和近现代墓葬。近现代排水沟和现代墓打破或叠压 20 世纪 30 年代的探沟。

第 2～4 层，南半部的地层堆积情况与 1930-2 探沟大致相同，但北半部的地层堆积要复杂得多，第 2 层下即开口大量的商代房基、灰坑、窖穴和墓葬。

上述信息只是在两条早年发掘的探沟剖面中所见到的，目前该区域的考古发掘仍在进行中，完整的遗迹堆积和分布情况，将会在田野发掘完毕之后整理公布。

从石璋如先生和胡厚宣先生的著述中，我们发现当年刘耀先生第一次大司空村发掘选择了两个区域，一个是广益纱厂（今豫北棉纺织厂）北侧，一个是大司空村南。上面介绍的两条探沟就是大司空村南的发掘，至于广益纱厂北侧的发掘，先生们皆仅简单提及，均没有详述。究其原因，笔者觉得应是在广益纱厂北侧试掘面积很小，也没有太重要的发现，故直接放弃转入大司空村南。实际上，在 2004 年笔者主持配合豫北纱厂基建时，于 C 区建筑基址群的北侧，也发现一条早年发掘的探沟（图六）。

该探沟呈南北向，南北长 10、东西宽 1 米，清理到距地表 2.8 米时，局部出现生土，故放弃发掘。但是，遗憾的是，在该探沟中有两眼水井（除 J7 外，H202 也是一眼水井）和保存完整的 M225，都被当年的发掘者清理掉一部分，且三个重要的遗迹现象都挂在剖面上，尤其是该探沟还打破了“C 区建筑基址群”的最北排夯土基址，但是当年的发掘者并没有辨认出来。M225 保存完整，有棺有廓，随葬一整套铅礼器（有鼎、簋、觚、爵、尊、卣各一）和彩绘布幔包裹着的陶器，规格较高。由于大司空区

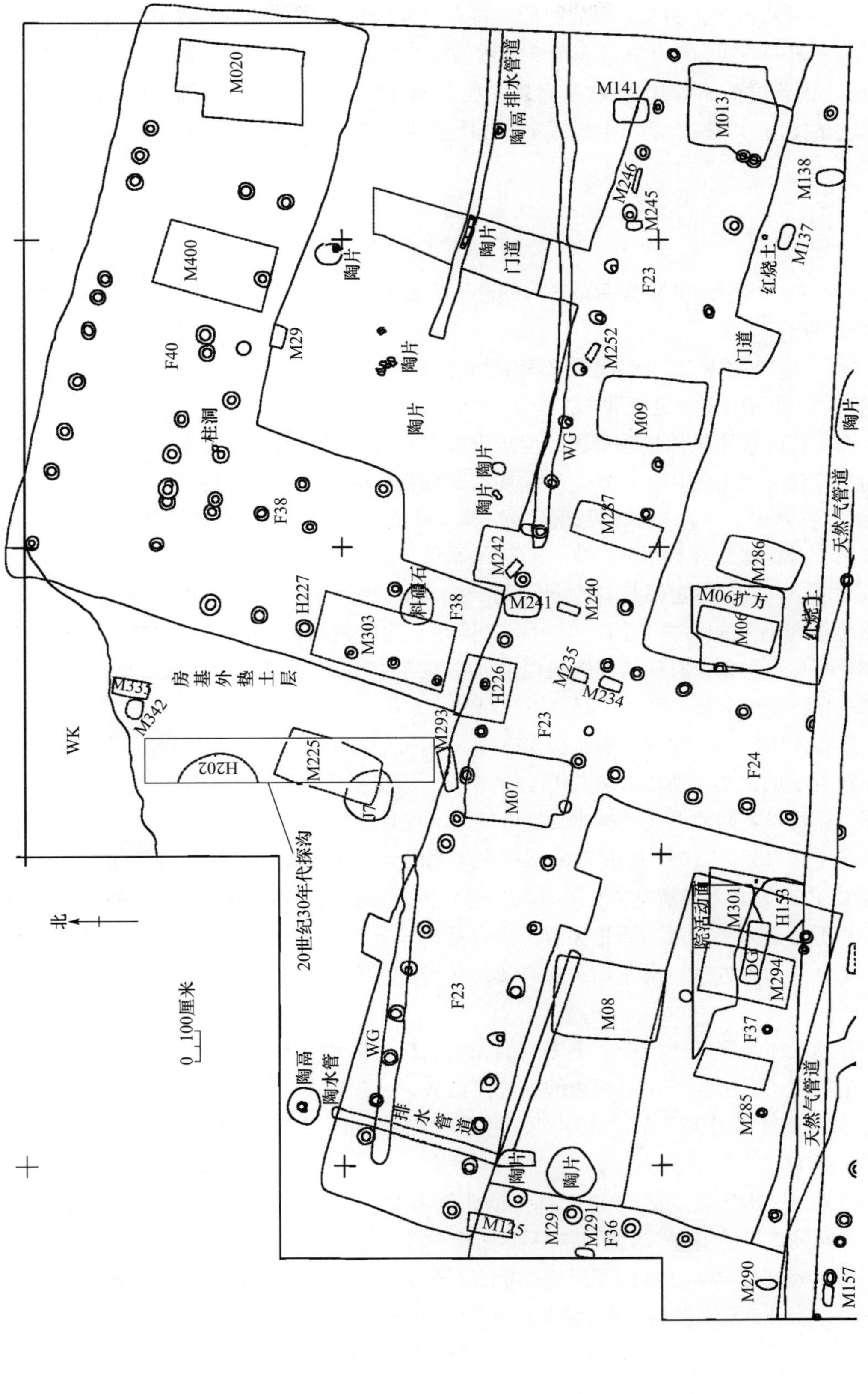

图六 2004 年豫北纱厂北侧发掘时发现的 20 世纪 30 年代探沟

域常见成对的异穴合葬墓，因此我们觉得在其周围还应该有一座同时期的墓葬，故进行了有意识的寻找，终于在其东侧 2 米远的地方，发现了 M303。因此我们说，著名的“马危”铜器群墓葬 M303，就是因为发现了 M225 才找到的[12]。笔者推测 2004 年发掘的这条探沟，应该就是当年刘耀先生在广益纱厂北面所开探沟。

四

通过对 20 世纪 30 年代两条探沟的进一步整理和分析，发现两个问题，在此提出，供大家讨论。

第一，20 世纪二三十年代史语所在殷墟共进行了十五次发掘，在发掘之前是否先使用探铲（即洛阳铲）进行勘探?

洛阳铲的使用虽然出现很早，但史语所当年参与殷墟发掘的先生们，在殷墟发掘期间应该没有普遍使用洛阳铲。无论在石璋如先生的访谈录中，或是在石先生撰写的《安阳发掘简史》中，都鲜有提及钻探之事。唯有一次提及，是在殷墟第一次发掘时，提到用“打探法”寻找甲骨，即“打探法系借用打天花粉（药材）的铁铲，挖成方约七八寸之小方穴，以窥视其中的土色及产物，而后选择比较有意义者再进行开坑”[13]，虽然用意与后来的钻探相同，但所用工具却是挖药材的铁铲，而不是盗墓者惯用的“洛阳铲”；且用铁铲打探的方法使用也很少，当时仍以“开坑”为主要“打探”手段，甚至在寻找夯土台基边缘时，都是用开探沟的方式进行。

据石先生回忆，在殷墟第四次发掘时，由石先生负责寻找夯土，“这时我刻意以坑来寻找台子的大小，所以我就先开坑找夯土，逐步寻找成形，当时适用很多坑来寻找轮廓，要到很晚期才进展到整体发掘阶段。不过我开坑并未深挖，所以台子还保存着，就是‘甲四基址’”[14]。由此看来，石先生当时是在夯土基址的边缘处开很多坑（即探沟），以此方式来找清楚夯土基址的边界范围；但石先生很有整体观念，在发现夯土时，并不急于向下清理，而是保留夯土台基，等全部找清夯土外范围后，再整体揭露夯土基址。这种方法，虽不如钻探高效，在当时也不失为一种有效的发掘夯土台基的方法。

直到殷墟第十四次发掘，史语所的先生们仍不用钻探的方法来寻找夯土基址，据石先生叙述：“I 南位于小屯西边的探坑探出来一个夯土地方，我们就做了探方（10 乘 10），发现夯土、墓葬”[15]。很明显，仍是用“探坑探出来”一处夯土，再开探方发掘的“打探法”。

但是，在本次发现的 1930-2 探沟的西剖面上，笔者发现了一个非常特殊的现象，就是每间隔 2 米壁上有一个垂直向下的凹槽，直径约 8 厘米（见图四）。后从安阳队老技师处了解到，早年考古勘探所用探铲直径较大，铲径就在 8 厘米左右，现在探铲头部直径仅有 4.5 厘米左右。由此推测，1930-2 探沟西壁上的凹槽不排除是早年钻探留下的探孔的可能。如果这种可能存在的话，我们不妨推想一下，当年史语所发掘者开坑的流程：第 1 步，在计划开坑位处拉上一条南北方向的基线，这条基线就是该探沟的西壁；第 2 步，沿该基线每间隔 2 米打一探孔，了解地下文化层堆积情况；第 3 步，以该基线为西边界，向东开挖 0.8～1 米宽的探沟。1930-2 探沟可能就是以此流程所开之坑，但从史语所公开发表的资料看，这样的开坑流程，没有任何记载，说明这种开坑方法在当时即使存在，也应该没有普遍应用。

上述推测，只是一种可能性。另外一种可能，就是当年发掘者审视地层的一种方式。在李永迪等编的《殷墟发掘照片选辑（1928～1937）》中有一张照片（图七），为殷墟第四次发掘时，郭宝钧先生左、右手各持一把手铲，右手持铲正在探沟壁上刮一条垂直的竖槽，形状与 1930-2 探沟西壁上的凹槽极其相似，图注说明为“殷墟第四次发掘，郭宝钧审视夯土与非夯土层次”[16]。由此推测，1930-2 探沟西壁上发现的间距 2 米的垂直竖槽，不排除也是当年发掘者审视地层的一种方式所留。

图七　20 世纪 30 年代探沟西壁上的竖状沟槽
1.1930-2 探沟　2. 竖状沟槽局部　3. 郭宝钧在审视地层

第二，关于出土遗物的采集问题。

早年史语所的发掘者，在殷墟的十五次发掘过程中，对遗物的采集方式也是在不断的变化的。除了第一次董作宾先生主持发掘时，主要收集刻辞甲骨，对其他遗物不太重视；自第二次发掘由李济先生主持，除刻辞甲骨外，对其他共存的所有遗物全部采集、编号、登记造册，尤其第三次发掘“大连坑”时，更是全部采集，细致入微[17]。甚至有些遗物保存状况较差，无法采集，都要一一记录其信息。石璋如先生在《安阳发掘简史》写道：“因为洹北是新的遗址，对于遗物的处理尽量多收，除非毫无办法的碎骨与碎陶弃而不收，但亦登记其种类、数量、名称、及未收字样，以便将来统计时有所稽考。”这里所说的“洹北”，是指洹河北岸区域的遗址，如大司空、侯家庄、武官西北冈等[18]。

当年的发掘者对各类出土遗物都非常重视，除刻辞甲骨、陶器、铜器和玉石器外，对骨头标本也非常重视。在殷墟第六次发掘结束后，曾将采集的兽骨装了“百余箱”，包了一个火车车厢，运回北平，交给地质调查所的新生代研究室分析研究[19]。到了殷墟第十次发掘，胡厚宣记述：“这次发现人头骨一百多个，完整的约占三分之一，又有肢体骨数十副，此为殷代人体资料第一次的重大收获。有了这一批资料，我们就可以研究殷代一部分人的体格及其与现代华北居民的异同，甚至可以进一步研究殷代一部分人的来源问题。”[20]由此可见，当年的发掘者不仅已充分认识到人骨研究的重要价值，而且对兽骨的学术价值也有较充分的认知，并已展开横向学术合作。

然而，在我们近年来的发掘中，发现不少早年发掘殷墟的史迹，其中也发现一些与前辈学者记述不相符的地方。比如2004～2005年笔者发掘小屯宫庙区甲组基址西南侧时，于H10中复原一件高达1米多的陶大口尊（T1H10：1），但这件大口尊的大部分残片却出自史语所20世纪30年代发掘后回填的探沟（简报编号“探沟2”和“探沟4”[21]）中，H10仅出土少部分残片，但这少部分残片与回填探沟中的陶片可拼合成一件大口尊（图八）[22]。

2011～2014年在豫北纱厂发掘时，也曾清理了一个早年发掘过的小探沟，简报编号为H70，实际上是早年发掘后的回填坑，该回填中出土大量鹿角和骨料，仅经切割过的鹿角就达三百余件[23]。按照现代考古学家的认识，经切割过的鹿角都是常见的小件标本，绝不可能把数百件“小件”丢于回填土中。该发掘区域与20世纪30年代进行的大司空村第二次发掘区很近，推测应是30年代大司空村第二次发掘的回填坑；但从《二次发掘》报告中没有找到该发掘坑位，因此不排除此坑也是大司空村第一次发掘的坑位之一。有待未来考古工作证实。

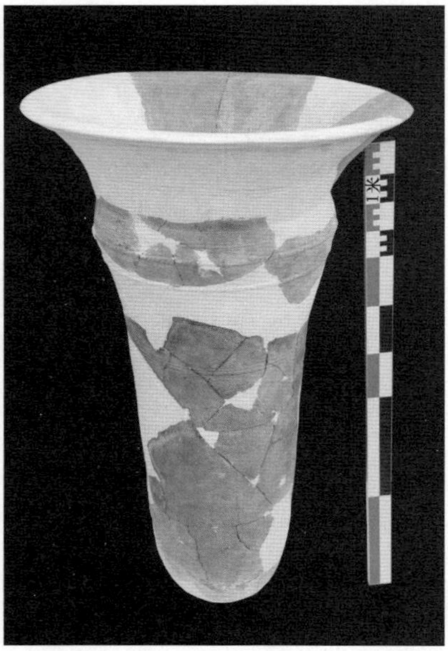

图八　小屯宫庙区甲组基址附近出土的大口尊

另值得注意的是，在2020年发现的“1930-1探沟”北段，即2020AST9514北隔梁处，清理完“1930-1探沟”的回填土后，发现在探沟的最底部有一具完整的人骨架（图九）。人骨架保存尚好，其上覆盖一薄层纯净黄土，再上被回填土覆盖。人骨架下仍为灰土堆积，因发现人骨架而放弃了对下层灰土层的清理。这显然是早年考古人清理过后，又覆盖黄土，之后原址回填保护。

图九　“1930-1 探沟”中未采集的人骨架

相似的现象还有几例。在 1930-2 探沟中，发现两处曾扩大面积清理到人骨和兽骨的地方。其中，一处位于 1930-2 探沟的北段，应是清理了一座墓葬，清理完毕后，把人骨保留在原地，把随葬品（或者是部分残碎的随葬品）放在人骨头旁，之后原土回填。另一处位于 1930-2 探沟的中段，扩方面积较大，呈边长约 3 米的正方形，距地表深 2.5 米，在回填土的底部发现大量散乱的牛骨，很显然当年是发掘到一个牛坑，清理完毕后，并没有采集牛骨标本，甚至还把牛骨架启起，可能是观察测量后又散置于坑中。

从已发表的资料看，早年史语所的先生们已非常重视对动物标本的采集，尤其是人骨标本，却把大司空村第一次发掘中清理的人骨标本弃之未采，确实有些令人费解。当然其中是否还有其他的原因，已成殷墟发掘史上无解之谜！

回顾过去，既能看到早年殷墟考古人的睿智、不易和短板，更能清晰认识到当前殷墟考古发掘的优势与不足，发挥优势，弥补不足，才能使殷墟考古更具科学性。20 世纪 30 年代史语所对大司空村进行的第一次发掘共开百余个坑位，揭露面积达一千余平方米，本次发现的仅是其中的二三条探沟，还有大量的坑位尚不为人知，希望在以后的发掘中，能不断发现大司空村第一次发掘的片断史迹，丰富和完善大司空村第一次发掘的史料，为完整的殷墟考古发掘史提供科学依据。

注　释

[1] 大事纪编辑小组：《中央研究院历史语言研究所七十年大事纪》，台北历史语言研究所出版，1998 年，第 14 页。

[2] 陈存薛、陈仲玉、任育德访问，任育德记录：《石璋如先生访问纪录》，台北历史语言研究所出版，2002 年，第 309 页。

[3] 高去寻遗稿，杜正胜、李永迪整理：《中国考古报告集之四：大司空村 · 第二次发掘报告》，台北历史语言研究所出版，2008 年。本文中引自本报告的资料，不再一一加注。

[4] 作者按，这里的“东区”是指发掘王陵区时所划分的东区，当时刘耀协助梁思永先生负责发掘东区

的众多小墓，包括人头坑、肢体坑、刀斧葬等，据说当时刘耀还清理了一座鸟坑，经鉴定为孔雀。

［5］ 石璋如著，李永迪、冯忠美、丁瑞茂编校：《殷墟发掘员工传》，台北历史语言研究所出版，2017年，第317页。在此书中，李永迪等编校者又特意加编者按："此即大司空村第一次发掘"。可见，编校者对大司空村第一次发掘的看重，遗憾的是可利用的关于大司空村第一次发掘的信息实在太少。

［6］ 胡厚宣：《殷墟发掘》，复旦大学出版社，2017年，第89页。

［7］ 陈存薛、陈仲玉、任育德访问，任育德记录：《石璋如先生访问纪录》，台北历史语言研究所出版，2002年，第124、125页。

［8］ 加拿大多伦多皇家字大略博物馆所藏青铜器就有传出大司空村的，见怀履光（W. C. White. *Bronze Culture of Ancient China*. Toronto; University of Toronto Press，1956: 15-74）。怀履光认为当时所收的铜器均出自同一墓，且将出土地点标在大司空村西南，但其所发表的器物分属殷墟不同时期，应为不同墓葬出土。从2020年在该区域的发掘看，绝大部分规模稍大的墓葬均已被盗掘，怀履光所收青铜器很可能出自大司空村南。

［9］ 石璋如遗稿，李匡悌、冯忠美辑补：《安阳发掘简史》，台北历史语言研究所出版，2019年，第115、116页。

［10］ 石璋如先生在《安阳发掘简史》中所说"墓葬方面，共得殷墟六十四处"，这里的"殷墟"应是"殷墓"的笔误。

［11］ 陈存薛、陈仲玉、任育德访问，任育德记录：《石璋如先生访问纪录》，台北历史语言研究所出版，2002年，第125页。

［12］ 中国社会科学院考古研究所：《安阳大司空——2004年发掘报告》，文物出版社，2014年。

［13］ 石璋如遗稿，李匡悌、冯忠美辑补：《安阳发掘简史》，台北，2019年，第28页。

［14］ 陈存薛、陈仲玉、任育德访问，任育德记录：《石璋如先生访问纪录》，台北历史语言研究所出版，2002年，第60页。

［15］ 陈存薛、陈仲玉、任育德访问，任育德记录：《石璋如先生访问纪录》，台北历史语言研究所出版，2002年，第138页。

［16］ 李永迪、冯忠美编：《殷墟发掘照片选辑（1928～1937）》，台北历史语言研究所出版，2012年图版36。

［17］ 李济：《安阳》，上海人民出版社，2007年，第50～57页。

［18］ 石璋如遗稿，李匡悌、冯忠美辑补：《安阳发掘简史》，台北历史语言研究所出版，2019年，第72页。

［19］ 石璋如遗稿，李匡悌、冯忠美辑补：《安阳发掘简史》，台北历史语言研究所出版，2019年，第56、57页。

［20］ 胡厚宣：《殷墟发掘》，复旦大学出版社，2017年，第77页。

［21］ 2005年在甲组基址西南侧发掘时，发现12条史语所当年发掘过的探沟，但与石璋如先生所著《安阳发掘简史》中公布的小屯发掘坑位图比对，没有发现这些探沟。说明石先生公布的小屯村北地发掘坑位图，也不完整。

［22］ 中国社会科学院考古研究所安阳工作队：《2004～2005年殷墟小屯宫殿宗庙区的勘探和发掘》，《考古学报》2009年第2期。

［23］ 中国社会科学院考古研究所安阳工作队：《河南安阳市殷墟豫北纱厂地点2011～2014年发掘简报》，《考古》2019年第3期。

东西之争：文献与考古视野下的嬴秦族源探索

刘思源

（清华大学出土文献研究与保护中心）

1933 年，为贺蔡元培师寿，傅斯年将《民族与古代中国史》一书中的三章编为一文，首次发表于《庆祝蔡元培先生六十五岁论文集》，此文便是对学界影响深远的《夷夏东西说》[1]。在探讨夷者各族时，傅斯年对嬴姓族源作出如下判断："秦赵以西方之国，而用东方之姓者，盖商代西向拓土，嬴姓东夷在商人旗帜下入于西戎。《秦本纪》说此事本甚明白。少皞在月令系统中为西方之帝者，当由于秦赵先祖移其传说于西土，久而成土著，后世作系统论者，遂忘其非本土所生"，这也成为嬴秦民族"东来说"的重要依据。

1927 年，蒙文通注意到《左传》中关于西戎、赤狄、白狄等少数民族的记载，遂始研究周秦民族。1936 年其任教于天津时，应顾颉刚之请，写成《犬戎东侵考》《秦为戎族考》等文，刊布于顾氏主编的《禹贡》半月刊。其中《秦为戎族考》体现了蒙文通关于秦人族属的基本看法。1940 年 3 月，顾颉刚在成都创办《史学季刊》，蒙文通新作《秦之社会》亦见于创刊号中，重申秦为戎族。数年间"泛滥群籍、搜讨故实以相佐验"，蒙文通对于自己的观点很有自信，在《周秦少数民族研究》序言中，他写道：

> "造父、胥轩悉为戎，则秦之为戎无惑也，乌有所谓皋陶、伯益之后者耶！谓之伯益之后者，涉东夷嬴（嬴）姓而误耳。"

傅斯年是"人间最稀有的天才"，蒙文通则被称为"经史大师"，二人均使用了《史记·秦本纪》作为材料，却对"嬴秦族源"有截然不同的看法。以今天的眼光审视，两位的考证或许均有可商榷之处，但联系到后来学界长达数十载的争论，可以说他们将秦人来源问题带入学界视野本就是意义非凡。此后，多方学者参与到这场讨论里，逐渐形成"东来说"与"西来说"两大阵营，而秦人族源也成为早期秦史研究中难以绕开的话题。

一、东来还是西来：传世文献中的嬴秦族源

蒙文通是“西来说”的主要代表，认为秦实为戎族，具体而言是犬戎的一支。他的主要观点可归纳如下：

第一，秦人父系、母系俱为戎人。据《史记·秦本纪》记载，申侯回忆“昔我先郦（骊）山之女，为戎胥轩妻，生仲潏，保西垂”，中潏之父胥轩名前有“戎”，故“自非夏族，此秦之父系为戎也”，又，申侯为戎人，骊山之女作为其祖先也为戎，“此秦之母系亦为戎也”。

第二，造父为北唐戎之君。《史记·赵世家》中提及赵之先祖造父将桃林盗骊、骅骝、绿耳，献给穆王。而《竹书纪年》载：“穆王时，北唐之君来见，以一骊马，是生绿耳”，蒙文通指出造父就是这位北唐之君。北唐的位置，《逸周书·王会》中载“北唐戎以闾”。孔晁注：“北唐，戎之在西北者。”据此，蒙文指出造父为北唐戎人。“则仲潏、造父以来，于西周为北唐戎。此与秦同族之赵亦为戎也。是秦之为戎，固自不疑。”

第三，秦人习俗与戎相似，文献中也常将二者并举。《春秋公羊传·昭五年》曰：“秦者，夷也。”《史记·商君列传》言：“始秦戎狄之教，父子无别，同室而居。”《管子·小匡》亦提到桓公西征时“攘白狄之地，至于西河，而秦戎始从”。《史记·六国年表》：“今秦杂戎狄之俗，先暴戾，后仁义。”

第四，秦人祖先与所居的犬丘均与犬戎相关。“秦人自大骆以来居犬丘，西戎灭犬丘大骆之族，庄公伐西戎破之，居其故西犬丘，倘犬丘之名，与犬戎亦实有相连之关系耶？况于殷周间在西戎为天子，自非犬戎之强莫属也。虢公败犬戎于渭汭，败戎于桑田，而伊雒之戎遂同伐王城。盖犬戎至新丰，而新丰始有骊山之名。再至渭汭，渐遂东出，此正骊山女之胤，始至伊洛之扬拒泉皋之戎也。”秦人所居的犬丘“远在西鄙群戎之间，亦足见秦实为戎”。

上述考证使“西来说”在形成之初就建立起基本体系，为之后的“东西之争”做好了充分准备。相比之下，“东来说”的发展则是循序渐进的过程。

1935 年 6 月胡适在日记中记录：“孟真来谈他的古史心得，特别是秦民族的问题，极有趣味。他是绝顶聪明人，记诵古书很熟，故能触类旁通，能从纷乱中理出头绪来。在今日治古史者，他当然无有伦比。”虽然从傅斯年与胡适的交往中还能看到他对秦民族的关注，但事实上，傅斯年在《夷夏东西说》后鲜有对秦族源问题的专门论述。不过当时学界中与傅斯年观点相同的学者并不在少数。1938 年，顾颉刚和史念海共同编写的《中国疆域沿革史》出版，对于秦人祖先的理解也与傅斯年类似：“在东北以外，古淮夷亦有此种神话，《史记·秦本纪》云：‘秦之先，颛顼之苗裔孙曰女修。女修织，

玄鸟陨卵，女修吞之，生子大业……’虽记秦事，实叙淮夷之祖，因秦本嬴姓，嬴姓乃东方滨海之民族也。”[2]后续顾颉刚《春秋史讲义》、钱穆《国史大纲》等著作中均持秦人东来的观点[3]。

然而需要注意的是，“秦人是东方民族”这一观点虽存在于当时各类著述之中，但是多数文章的最终目的却并不是要理清秦人族源。换言之，“秦人是东方民族”往往是为了证明其他观点而存在。这也导致“东来说”的研究在一段时间都未能继续深入。相比于蒙文通系统的梳理和翔实的史料，秦人东来的材料仿佛是“散兵游勇”，亟需一次整理与归纳。1945 年，黄文弼所作的《嬴秦为东方民族考》改变了这一现状。

黄文弼被誉为“中国西北考古第一人”，在新疆考古、西北边疆史地研究、简牍学等方面的贡献都为学界所熟知。1927 年，作为中方考古专家加入中瑞西北科学考察团以后，黄文弼的学术著作几乎全部与西域相关，探索秦人的早期历史的《嬴秦为东方民族考》在其间自然显得有些“奇怪”，但事实上却又顺理成章。

黄文弼的学术研究中，不仅有对考古学、史地学等方面的关注，亦对古代民族有所考察，黄烈在《黄文弼历史考古论集》中就提到：“先生对于古代的西域民族，也结合考察进行研究。他在第一次蒙新之行，就注意了民俗学的调查。他关于大夏、大月氏的故地及西徙，对西域诸国的分布及种族问题，都作过有意义的探索，提出了一系列启人思路的见解，为推动进一步研究作出了贡献”[4]。1943 年刊发的《论匈奴族之起源》、1944 年撰写的《西域诸国之种族问题》《楼兰土著民族之推测》等文都是与族属研究有关的作品[5]。对西北民族的兴趣与 1945 年《嬴秦为东方民族考》的完成究竟有多大程度的关联现在已不得而知，但以这一阶段黄文弼的研究视角来看，对古代民族的兴趣或多或少推动了他对早期秦人族属的探讨。更为重要的是，西北科学考察团成立的背景是此前西方探险队在我国大量盗掘文物，黄文弼走上西北考古道路也肩负着保护国家文物的职责，此时“中国文化西来说”又再次抬头，国家也正处在危急存亡之关头。在这样的情况下，黄文弼写此文除去学术上的探讨之外，还有更深层次的意义，他写道：“余友蒙文通君近为文谓‘秦为戎族，且为犬戎之一支’，发前人之所未发。但吾人考察中国历史，研究秦民族之来源，与蒙君所举，适得其反。乃草为斯文。窃以中国受强邻侵迫，中华民族濒于危亡。试思古先帝王，有大功于中国，首先奠定吾中华民族者，当推秦皇、汉武、唐太宗，近年来学者每好奇，唐人现指为藩姓矣。若嬴秦又后为戎族，然者奠定中国民族，必要假助于夷狄耶。吾为此惧，非好辩也”。

虽然文章出发点略带民族主义色彩，但考证中黄文弼仍秉持了实事求是的态度。他不仅指出“秦为戎人”在论证中的缺环，更质疑了蒙文通对史料的理解。

蒙文通以“昔我先郦山之女，为戎胥轩妻，生仲潏，保西垂”证明秦人祖先为戎人，黄文弼即指出“蒙君并未证明戎胥轩为犬戎”。此外，黄文弼根据《秦本纪》认为，从秦人世代与西戎为敌和周王室的态度来看，秦与戎自非一族：“周宣王欲利用秦以御西戎，故以秦庄公为西垂大夫。盖欲利用秦以保西垂耳。若秦为西戎之一支，周宣王未必用西垂大夫，秦与西戎，亦未必自相攻伐如此”。周幽王时的骊山之乱，戎人与申侯伐周，秦襄公将兵救周，两者显然处于对立面上，“故秦不特非西戎或犬戎一支，且非其同盟”。至于秦人所居的犬丘，黄文弼强调这不能作为秦为犬戎的证据，理由是“即令犬丘为犬戎旧居，犬戎西徙，秦人徙据之，亦殊可能。不能因此，即谓秦与犬戎有关也”。蒙文通所指文献中以秦与戎相比，黄文弼的理解则是“秦汉间人比秦于戎狄者，皆指其风俗杂戎耳，非谓其种族也。按《秦本纪》云：‘大费之玄孙曰费昌，子孙或在中国，或在夷狄。’又云：‘中潏在西戎，保西垂。’则居于戎狄者，其俗杂戎，此为势理之比至者。”

不难看出，黄文弼发现了“西来说”论证中最为“致命”的不足，即蒙文通论证逻辑比较简单，多只考虑文字字面的关联，缺乏更深层次的探索。秦与戎在历史上有密切联系是不争的事实，但这些材料能否都能作为秦人族源的证据则需要加以判别。此外，除了黄文弼提到的问题外，“戎”字本身就具有其他含义，梁云在回顾早期秦文化探索时曾表示“就今天的材料及认识来看，蒙说之误很明显。‘戎’字也可释为车，‘小戎’是轻型战车，‘元戎’是大车；秦、赵祖先世代御车牧马，故多以车、马为名，如大骆、衡父，‘戎胥轩’亦当如此”[6]。王玉哲认为战国晚期所谓夷、狄、戎等词，表达的是好侵暴人国者之称，不包含种族或者民族的含义[7]。

指出“西来说”的几处“硬伤”后，黄文弼提出“秦为东方民族，此为余之所持”，并从两方面进行论述，成为“东来说”在传世文献方面的重要依据。结论如下：

第一，秦人祖先传说。从《史记·秦本纪》可知“秦人述其祖先之传说言之，亦有可为秦为东方民族之证者”。因为“其取材与商相同”，均以吞鸟卵为传说中心。

第二，嬴姓所居之地。秦为嬴姓，而嬴姓诸侯国皆在今山东南部、江苏北部、安徽东北部，自徐州以东至于海滨，均处于东方，“故与其谓秦为西戎，不如谓秦为东夷较合事实也”[8]。

之后的几十年中，不少学者在上述两点的基础上，不断发掘与认识史料，为“东来说”体系的完善与丰富做出极大贡献。赵化成将这一阶段里“东来说”在文献方面的证据扼要地归为四点：

（1）秦人与东方的殷人、夷人都有起源于“玄鸟陨卵”的神话传说，即有着共同的鸟图腾崇拜。

（2）秦为嬴姓，而嬴姓族多居于东方，如西周、春秋时的徐、郯、江、黄、奄等国。

（3）秦人祀少皞之神，传说少皞嬴姓祖，居于东方。

（4）秦的祖先与殷王朝关系密切，如费昌、孟戏、仲衍、蜚廉、恶来都曾为殷臣[9]。

可以发现，“东来说”学者在寻找文献中的证据时，基本把握着两个“关系”：一是秦与商的关系，一是秦与嬴姓的关系，以此二者作为纽带，建立起秦和东方民族的关系。这种说法也得到了早期秦史研究中多数学者的赞同。

不过“东来说”中使用了一些传说神话故事，对于这一类史料，学界的态度不一。王国维曾说：“上古之事，传说与史实混而不分。史实之中固不免有所缘饰，与传说无异，而传说之中亦往往有史实为之素地。”钱穆亦云：“各民族最先历史无不从追记而来，故其中断难脱离‘传说’与带有‘神话’之部分。”“东来说”学者显然与二位认识相仿，才对秦人的神话记载多加使用。与之相反，“西来说”的支持者们始终是以审视的眼光来看待神话传说。鉴于神话传说难以考证又多加修饰，以此作为秦人东来的关键论据自然是不太具说服力的。如熊铁基所言：“夏、商、周、秦的早期历史，神话多于史实，秦尤其如此，它本身非华夏族。在强大起来以后，就要为自己的祖宗世系伪造一批英雄故事……另一方面在他们逐步华化的过程中又尽量拉扯和华夏族的关系。”这种见解被后来的“西来说”学者所继承，史党社在其 2008 年博士论文中仍然坚持：“记载秦人早期历史的文献《秦本纪》，西周中期非子之前的那些记载，并不可靠，比较可靠的大概只是记载秦祖世系的部分……其中记载的秦祖‘事迹’，尤其不可靠。因为这些‘事迹’，强调了是秦祖与古代圣王、三代王室的密切关系，以及自己祖先的显赫地位，这应是非子受封后秦人的主观造作，虚构或‘重构’的成分是很大的，目的是强调自己的‘华夏’身份……因此，此中所记载的秦祖‘东来’的证据，就是不可靠的。”[10]

从 20 世纪 30 年代东西之争初见端倪，到 80 年代左右再起波澜，双方几十年文献爬梳之结晶已尽数展现在学界视野中。若单以阵营人数来比较，“东来说”似乎更占上风，但事实上哪一方的理由都不具备“一锤定音”的效果。囿于稀少的早期秦史文献，再想往前推进的每一步都颇为艰难。然而几乎与此同时，随着一系列的发掘材料出现，秦人族源的问题也让考古学人充满好奇，东西之争由此进入了新的阶段。

二、直肢葬与屈肢葬：考古学人的初步探索

1979 年 9 月，在青海省考古学会和青海省历史学会联合举办的学术报告会上，俞伟超作了以《古代“西戎”和“羌”“胡”文化归属问题的探讨》为题的讲话，认为“秦人（至少其主体）是西戎的一支，应当是没有问题的”，这是考古学界对秦人族源问题的首次发声，而这一认识的产生建立在俞伟超对辛店文化族属的研究之上。

辛店文化于 1924 年由安特生在甘肃临洮辛店村首次发现，1958～1960 年，为配合刘家峡水库工程，中国社会科学院考古研究所甘肃工作队先后对甘肃永靖的张家咀、莲花台、姬家川遗址进行发掘，之后青海省文物工作队等单位在青海民和等地也发现了辛店墓葬[11]。根据这些辛店文化的墓葬材料，俞伟超敏锐地发现甘肃永靖姬家川辛店墓中的屈肢葬不见于青海墓中，并据此指出这种葬式的不同体现出两地墓主族属的差异。青海地区的辛店文化“按其地望来说，显然应当还是羌人的遗存”，而甘肃地

区的辛店文化“当然也就是另一些种姓的羌人”[12]。为了使这种推测更为可靠，俞伟超在指出屈肢葬突然出现在河南、山西等地与随平王东迁的西戎诸族有关之余，还表示辛店与秦人文化很大的相似性是“能够更加清楚地说明辛店文化是西戎文化之一的根据”。

很明显，俞伟超是希望通过秦与辛店、西戎的紧密联系来间接证明辛店是西戎文化。在他看来，文献中记载秦人祖先“在西戎，保西垂”，且1974年湖南当阳出土的楚钟称秦人为“秦戎”的证据已经可以说明秦人是西戎的一支。同时，大批东周秦墓的出现也为辛店与秦文化的关系提供了考古材料上的支持。通过墓葬形制与出土器物分析，俞伟超总结出了秦人的三点“自身文化特征”，分别是屈肢葬、铲形袋足鬲和洞室墓。并通过对比将每种文化因素都进行了详细分析。

第一，蹉曲特甚的屈肢葬在甘肃永靖辛店墓与东周秦墓中都十分常见，这不仅是秦墓与其他国家东周墓的区别之一，也说明了秦与辛店在族源上的密切联系。

第二，铲形袋足鬲同样也是甘肃辛店文化所特有而不见于周文化中，可称之为“戎式鬲”，这种鬲在战国秦墓中亦有出现，“至少暗示了秦人和戎人的长期密切关系，而这是有历史的亲缘关系为基础的”。

第三，洞室墓在甘青地区起源很早却在黄河中下游无迹可寻，而陕西地区的东周秦墓流行洞室墓，“又说明她和羌戎文化关系的密切”。

虽然80年代的发掘材料还比较有限，但这“三大特征”确实反映了东周秦墓的部分特征，所以在俞伟超以此来判断秦人族属问题，并得到秦为戎人的结论时，自然得到当时不少学者的认同，因此俞伟超这篇讲话稿也被认为是“西来说”的代表作之一。可实际上此文写作的意图并不是探讨秦人的族源，而是利用秦是西戎为辛店文化族属的确认找到坚实依据，所以通篇对于“秦人是西戎的一支”确切的判断来源只有上文提及的“在西戎，保西垂”及楚钟上的“秦戎”二字。其实，这两条文字材料在解决秦人族属问题时力度并不算大，它们与蒙文通所使用的论据有着类似的缺陷。当然，另一个隐含的依据是从逻辑上出发的，俞伟超对永靖辛店与秦人的族属本就有一定的认识，“三大特征”正好帮助他证明了这种推测。他认为永靖可能“是另一些种姓的羌人”，秦人则是西戎一支，两者恰恰有共同的“三大特征”，且这种特征与周人无关，刚好证明了它们都是同一族源。从地理位置、文献记载及甘青其他文化的族属来看，这个族源应当是西戎。

无独有偶，同样在1979年，时任陕西雍城考古队队长的韩伟发表《试论战国秦的屈肢葬仪渊源及其意义》，讨论对象亦是秦墓中屡见的屈肢葬，但文中对屈肢葬认识却促使韩伟与俞伟超对秦族源的判断分走两端。1975年，韩伟受命组建雍城考古队，最初队内除了他，只有吴镇烽、尚志儒和曹明檀三人，其目的与陕西考古所此前三次组建的考古队并无二致，即寻找秦都雍城[13]。只是他们的运气要更好一些，考古队成立的第二年便在凤翔县八旗屯发掘了40座春秋战国秦墓以及4座车马坑。这次的发掘中只有一座洞室墓，其余均为长方形竖穴土坑墓，可辨墓主葬式的墓中，有7座是直肢葬、13座为屈肢葬。值得注意的是，八旗屯墓地中的一些墓有殉人，这些殉人采用的全部是屈肢葬，而墓主人均为仰身直肢葬[14]。借助于这批墓葬材料，韩伟提出：

> 凤翔秦国的墓地中，出现了春秋时期大批殉葬奴隶的墓葬，1976年发掘的八旗屯墓地中，殉奴墓占已发掘墓总数1/5，殉奴多达20名。殉奴墓中的奴隶主与奴隶，采用不同的葬式。凡是奴隶主均系仰身直肢葬，棺椁和随葬品也符合其身份，……而殉葬奴隶则是屈肢葬，尸骨均以薄棺盛殓，置于奴隶主墓内的小龛中，一般无殉葬品，多数系有铜铃，个别殉含石、石圭一类小件器物……但是到了战国时代，不仅在陕西地区出现了大量的屈肢葬者的独立墓葬，而且每个墓中都有一定的棺椁和随葬品。……春秋秦的独立屈肢葬者虽然很少，但亦应是最早获得解放的奴隶。

韩伟基于八旗屯的春秋秦墓，初次认识到秦墓等级与葬式之间的关联，不过这篇文章更想说明的是，从春秋的殉人屈肢葬墓到战国独立屈肢葬墓的变化是奴隶解放的结果，反映了奴隶制向封建制转变[15]。所以韩伟并未将葬式与秦族源问题结合起来，但这已经引起了“西来说”学者的质疑，最先做出反应的是曾在秦都咸阳进行过多年工作的刘庆柱，他直接指出：

> 有的文章依据凤翔八旗屯一处族墓地的春秋殉奴墓中奴隶主直肢、殉奴屈肢葬式，从而认为秦宗室贵族为直肢葬，屈肢葬为殉葬的奴隶葬仪，这种看法是值得商榷的。因为就在八旗屯邻近的高庄秦墓地中的殉奴墓里，奴隶主和奴隶均为屈肢葬式，大量春秋秦墓的独立屈肢葬墓中陪葬有成组青铜礼器或仿铜陶礼器，这种普遍现象也足以说明它们不是奴隶或“个别”被解放的奴隶。至于关中地区春秋战国时代的墓葬中，直肢葬者未必就是秦奴隶主或宗室贵族。……因此我们认为关中地区春秋战国时代墓葬中的直肢葬者，在春秋时代，可能系周人后裔或客居秦国的关东诸国之民；在战国时代（尤其在战国晚期），则大多数可能是关东徙民或被关东文化同化了的秦人[16]。

韩伟文中没有明言秦宗室贵族使用直肢葬，但刘庆柱已经领会到韩伟想表达的深层含义，以后续的争论来看，刘庆柱的理解无疑是正确的[17]。韩伟与刘庆柱都同意葬式或对族群有辨识作用，但在两种葬式属于哪个族的问题上，双方意见不同。刘庆柱极力论证直肢葬的使用人群是周人或关东诸国人，总之，不是秦国宗室，这样直肢、屈肢葬式的使用者就从韩伟的秦上下阶级变为刘庆柱的秦与周人。为什么“西来说”学者无法认同直肢葬存在于秦人中，并且多为上层人群所使用？原因在于：“秦人”最初只包含嬴秦族人，在不断的发展之中，其他人群也逐渐加入成为“秦人”的一部分，这是学界普遍认同的。而秦上层阶级，也就是统治阶级包含嬴秦族人的可能自然远大于下层阶级，所以高等级墓葬中显示出的葬俗才更能反映秦人的族源。倘若直肢葬成为探寻族源的钥匙，那“三大特征”之一在这里便失去意义，即使东周秦墓中屈肢葬的比例再高，秦人族源与辛店文化的屈肢葬也无法产生关联，这对“西来说”是一个不小的挑战。不过此刻“西来说”支持者们大概没有想到，“东来说”的反击才刚刚开始，“西来说”会在后面接二连三的打击下几近崩盘。

此后几年中，韩伟的《关于“秦文化是西戎文化”质疑——兼谈秦文化的族属》、《关于秦人族属及文化渊源管见》两文相继问世[18]。如果说1979年韩伟只是感到“屈肢葬仪是先秦考古中的一个重要问题。有关这个问题的许多方面，还有待于继续深入研究。”那么这时他的目光已逐步扩大到对族属的研究上并且旗帜鲜明地站在“东来说”一方。这次他并非仅仅质疑“屈肢葬”在秦人族源中的作用，而是全盘否定了俞伟超等人的“三大特征”。

除了坚持直肢葬为奴隶主使用的看法外，1976年陕西临潼秦始皇陵东上焦村发现的始皇陪冢为韩伟增添了更多信心。上焦村本次共发掘8座墓，均为带斜坡墓道的“甲”字形墓，随葬有金、银、铜、铁、玉、陶、漆器及丝绸等二百件左右的器物，表明墓主人较高的社会地位，比较反常的是，发现的7具人骨大多身首异处，其中M15中的男性墓主骨头上还发现铜镞一支，似为在同一时期被肢解或射杀。不过M11的墓主是一个例外，这位女性的骨骼保存较为完整，重点是她采用了仰身直肢葬，根据《史记》记载，秦二世时曾密谋除先帝故臣及诸公子，发掘者推测“我们疑这批墓的墓主人可能是秦始皇的宗室或大臣”[19]。M11体现出的仰身直肢葬俗，在很大程度上说明了秦的上下层葬式是有别的。韩伟就此指出：

> 春秋秦的贵族采用直肢葬式，就是到了统一后，嬴秦的宗室贵族也采用直肢葬式。……可见嬴秦的统治阶级尤其是宗室贵族，并不采用屈肢葬式。这对研究秦人的种族乃至文化传统具有很大说服力，它说明“葬俗是人们（尤其是古代人们）最具有保守性和继承性的文化因素，也是一个民族（或部族）中最具特点的方面之一，一般来讲它不是任何外因影响能够促其改变的”说法的正确性；同时，也否定了“屈肢葬俗无疑应属于秦的自身文化传统”的看法[20]。

不仅如此，韩伟还指出辛店文化中占主要地位的并不是屈肢葬，相反屈肢葬数量还很少，所以“推断辛店文化是春秋秦墓屈肢葬源流的重要线索，恐有失偏颇”。

相比于屈肢葬，铲形袋足鬲和洞室墓就更难担起“西来说”的重任，它们的麻烦出在材料的时代上。韩伟一针见血地指出“铲形袋足鬲只是到了战国中或早期才在关中地区的秦墓中出现，到了战国晚期就绝迹了。……所以，可以断定铲形袋足鬲在秦墓中的出现，不会早于战国时代，它不是从春秋到战国期间秦墓中始终存在、延绵不绝的典型器物。……把铲形袋足鬲当作秦文化的特征之一，并断定这种东西就是戎人文化的表征，或者说由此得到了齐家文化、辛店文化与春秋战国秦文化之间‘渊源关系的重要线索’似乎缺乏坚实基础。”洞室墓所面临的与铲形袋足鬲相仿，也是“陕甘两省可能属于春秋的秦墓中（姑且不论断代是否正确），均未见到洞室墓”。

韩伟对“三大特征”的质疑无疑是明智的。从后续“西来说”学者渐渐做出退让可见一斑。80 年代，俞伟超谈及围沟墓是秦人葬俗时说：

> 这些秦公陵墓的准确年代虽然还未能肯定，围墓沟是秦人的一种传统葬俗则应当是很清楚的了。这种制度，现在既然又知道早在相当于商代的苏志的析支羌的墓地中已经发生，当能进一步说明秦人与以羌人为主体的西戎诸部落，早就有其密切关系。如果联系到《史记·秦本纪》所述秦之先祖中潏便“在西戎、保西垂”等情况来考虑，秦人和西戎诸部落关系之悠久，是完全可以肯定的了。从秦文化发展的整个历史过程来看，这样悠久的密切关系，至少在实质上可以认为是一种亲缘关系[21]。

90 年代时，仍然是相同的话题，对秦人族属的表达上俞伟超就显得有些犹豫，他说：

> 综上所述，可知早在公元前 2 千纪时，在中国西北地区的某些青铜文化中，已经出现了带围墓沟的坟丘墓。以后发达起来的秦人，尽管其起源有东、西两说，但总是发迹于西北的，因而其文化的总貌中，必定含有相当的西北羌戎文化的因素[22]。

特别是甘肃甘谷毛家坪遗址发掘后，更加说明韩伟对铲形袋足鬲和洞室墓认识的准确性。值得一提的是，发掘具有标杆意义的毛家坪遗址正是在俞伟超的推动下完成的。彼时俞伟超有感于秦的研究局限在东周时期，对西周时期的秦知之甚少，伴随着对秦人的来源疑惑，俞伟超将与此相关的研究任务安排予他的研究生赵化成，以期达到对“西周中、晚期以后周、秦、戎这三大文化的界限（当然包括其演变过程）的探索”。沿着老师“周孝王时代非子前后的秦文化面貌，恐怕就要到类似于周文化的遗存中去寻找”的思路，赵化成前往《史记》中西周秦人的活动区域——甘肃东部进行田野调查。来到毛家坪时，附近断岩上的几个陶片和人骨吸引了赵化成的注意，凭借扎实的陶片功夫他判断这是秦在周代的遗迹，由此选定了以毛家坪遗址作为发掘对象[23]。

随后，1982、1983年甘肃省文物工作队与北京大学考古学系联合对毛家坪遗址进行了两次发掘，此次工作收获颇丰，发现灰坑、墓葬、房基等遗迹现象，尤为重要的是第一次找到了西周时期的秦文化遗存[24]。毛家坪西周遗存中不见铲形袋足鬲和洞室墓，可以清楚地说明这两者均不是秦的传统文化特征。不过屈肢葬在这里十分流行，12座西周时期的墓葬中，墓主人“葬式均为屈肢，其中八座墓蜷曲特甚，死者的头向均朝西”，这些墓葬并非殉葬而是独立的墓葬，赵化成认为“这一时期自然还谈不上奴隶解放问题”，所以毛家坪的独立屈肢葬墓显然不是韩伟所谓“解放的奴隶”，加之关中贵族秦墓也有屈肢葬，于是他得出屈肢葬并非奴隶葬仪的结论。同时，由于对西周时期秦文化特点认识还远远不够，不能把出现屈肢葬、西向墓等甘青地区古代文化因素与秦文化源于西方简单等同起来，况且“在某些特殊原因下，一个民族的葬俗也是可以改变的”，赵化成谨慎地表示“关于秦文化渊源及至于秦人来源现在还不宜过早下结论”[25]。

赵化成的态度与当时的材料是相符的。秦人西周时期仅有毛家坪和董家坪两处地点进行了发掘，虽然“首次从考古学文化层面揭示出西周时期秦文化的初步面貌，表明西周时期秦族已经活动于甘肃东部的渭河上游一带了”，但是由于“毛家坪遗址发掘面积较小、文化遗存也不够丰富，没有发现城墙、大型建筑及较高等级墓葬”，对于上层阶级人群所使用的文化知之甚少，因此难以全面掌握西周时期秦文化的面貌，想要理清秦文化的渊源更是困难。而正如韩伟所言：“搞清秦文化的根源及内涵，是推断秦人族属的关键”。考古中秦文化渊源与历史上秦人族源是两个不同的问题，这两者有区别亦有联系。秦文化是由秦人创造并使用的文化，前文已述“秦人”本就内涵丰富且不断变化，所以秦文化也必定会吸收多种外来文化，但其中哪些能作为判断族属的依据是需要认真考虑的，决不能将两者一概而论。“西来说”便是在对文化面貌认识不清的情况下，将秦文化中的某些外来因素视为自身因素，并以此去判断族属，这也成为“西来说”遭到反驳的主要原因。另外，赵化成在族属的判别方法上也有疑虑。刘庆柱与韩伟虽然观点有别，但都承认葬俗保守且稳定性较强，能反映出部族的传统特征，也就是说他们认为直肢葬或屈肢葬等与葬俗有关的文化因素能够代表秦人的族属。但赵化成对以葬俗判断族属的方法并不完全信任，因为在他看来一个民族的葬俗是有可能改变的。

事实上这时“西来说”与“东来说”都有可以再商讨的空间，由于直肢葬见于上焦村秦宗室墓中，刘庆柱便无法回避直肢葬极有可能是秦人族源在物质文化上的表现。而韩伟需要回答的是秦帝国时期的上焦村陪葬墓是否能代表春秋甚至更早时期嬴秦族人的葬式，或者说应如何证明嬴秦族人的葬俗具有传承性。此时的材料并不足以完全支撑起任何一方的观点，东西来说之争呈现胶着之态。不过，这样的局面随着东周秦墓的不断发现发生了改变，最为重要的遗址当数大堡子山秦公墓。然而若是提前知晓大堡子山墓葬群会以如此方式重见天日，人们一定愿意它永远沉睡于地下。

1992～1993年，甘肃礼县一带的古墓遭到“剃头拉网式”的盗掘，其中大堡子山墓地不断有珍贵文物出土并很快流失海外。在这种情况下，甘肃省文物考古研究所组建了礼县大堡子山秦国墓地考古发掘队，由戴春阳担任队长，于1994年3月1日赴大堡子山墓地进行抢救性发掘。经过全面钻探和重点发掘，除了最为人瞩目的2座东西向“中”字形大墓（M2、M3）及2座车马坑外，墓地范围内还规律地分布着间距为5～7米的东西向“中”小型墓，总数在200座以上，但绝大部分都被盗扰[26]。处于墓地中心的M2与M3，在形制、规模上都显现出墓主身份的特殊性，突然在海外涌现百余件青铜器和金饰片更加印证了这一点，最重要的是部分青铜器上有“秦公”字样的铭文，据传这些青铜器就是来自大堡子山。

这次盗墓活动对学术研究造成的损失是不可估量的，失去了出土信息的文物本身虽还具有艺术价值，但历史价值大打折扣，因此即使可以确认它们是春秋早期秦公墓，但学者们对墓主身份的看法一直有较大分歧。所幸这两座几乎全空的墓葬仍然为学界提供了较完整的葬俗信息：两座大墓墓主都使用仰身直肢葬，且有殉人现象，在墓室底部均设置腰坑，坑内殉狗。同样的葬俗在东周其余秦公墓及贵族墓中相当常见，也盛行于殷商墓葬之中，显示出秦人与东方民族的密切关系[27]。

大堡子山墓地被盗后不久，其东南的圆顶山秦人贵族墓地也惨遭盗掘，在这一背景下，2004年，甘肃省文物考古研究所、中国国家博物馆田野考古部、北京大学考古文博学院、陕西省考古研究院以及西北大学文化遗产学院联合成立“早期秦文化调查、发掘和研究”课题组[28]，并组建“早期秦文化联合考古队”，主动探求早期秦文化的面貌[29]。礼县地处西汉水上游，史书中的早期秦人曾这一区域中活动。民国时期，著名的秦公簋传出礼县红河乡一带，考古学家多次的实地踏查也证明这里的周秦文化遗存比较丰富，被盗的大堡子山与圆顶山墓地再次昭示出西汉水流域在探索秦文化中的重要地位。因此，早期秦文化联合考古队的行动便选择从西汉水上游展开，这次的调查持续时间不长，但成绩斐然，其中礼县县城以西的西山遗址成为考古队的首个发掘地点。

西山遗址发现西周、东周两个阶段的秦文化遗存，西周时期的墓葬很有特色，发掘者概括：“墓地依照地势分区埋葬，皆为长方形竖穴土坑墓，排列有一定的规律，西周时期的墓葬一为地势较高处的3座墓葬，形制较大，墓向为东西向，墓主仰身直肢，有殉人和腰坑，随葬品丰富；二为地势低处的3座墓葬，墓向为南北向，墓主屈肢葬，随葬品较少”[30]。

本次发掘中规模最大、等级最高的M2003，为3鼎2簋墓，也是地势高处的3座墓葬之一，除了上述的特征外，墓内还有两名殉人。这批墓葬时代约为西周晚期，种种现象都说明秦人上下阶级间存在明显差异是客观事实，秦贵族所使用的葬俗至少在西周晚期已经形成，并被东周嬴秦本族人所继承下来，同时也可以基本确定屈肢葬并非秦人族源问题的关键。东西之争的天平逐渐向“东来说”倾斜，距离“可以下结论”

的日子也越来越近了。

三、殊途同归：东西之争的最终章

2011年可以说是秦人族源探索的关键之年。这年冬天，《清华大学藏战国竹简（贰）》全部整理完毕并结集出版，其中收录一部由138支竹简组成的史书，整理者命名为《系年》。文中记录了从武王伐纣到战国早期的历史，是关于周朝的一部断代史。时任清华大学出土文献研究与保护中心主任的李学勤评价道："《系年》篇不仅能为诸如秦人如何起源等争论已久的问题提供翔实证据，更有多处或可补充与纠正《左传》《国语》《史记》等传世史籍的记载。"[31]

与此同时，早期秦文化联合考古队在甘肃清水李崖遗址的钻探与发掘工作也渐入尾声。李崖遗址在牛头河中游的周代遗址群中处于中心地位，其面积至少有100万平方米。此次发掘西周早中期墓葬19座，其中15座属于秦文化墓葬，葬俗特征包括：头向西、仰身直肢葬、有腰坑殉狗，随葬的部分陶器具有浓厚的商式风格，是迄今为止发现时代最早的秦墓。以葬俗与陶器体现的商文化因素为基，早期秦文化联合考古队表示"早期秦文化与商文化有着某种渊源关系，再结合文献记载秦远祖与商王朝的密切关系，从而可以肯定秦族、秦文化是东来的，这在秦史、秦文化研究领域的重要性不言而喻"[32]。

如果说秦人贵族墓，特别是大堡子山春秋早期秦公墓的发现是"西来说"阵营不断萎缩的缘由，那么2011年《系年》与李崖西周墓的问世就使得"东来说"更加深入人心。这两项工作所取得的成就自然离不开团队的不懈努力，但具体到秦人族源问题的推进上，则必须要提到李学勤与梁云在其中所扮演的重要角色。

1. 李学勤与《清华简关于秦人始源的重要发现》

清华简是清华大学藏战国竹简的简称，在入藏清华大学之前长期处于流散状态，期间竹简"被人包裹上保鲜膜，有些简还用现代竹片衬托，在两端用胶带缠上"。这种保存方式仅考虑保湿效果而忽视了密封环境下微生物的滋生与繁殖，实际并不利于饱水竹简的保护，反而会导致竹简发霉。但由于假简曾充斥于市场，国内外多数机构都对竹简保持观望状态，导致竹简迟迟得不到妥善的保护，如此发展下去，这批战国竹简的结果可想而知，不过2008年的一场饭局改变了这些竹简的命运。

当时，为迎接原中华书局总编辑傅璇琮先生来清华大学主持古典文献研究中心的工作，清华大学党委书记陈希宴请傅璇琮夫妇，并邀杨振宁夫妇、李学勤夫妇及清华大学副校长谢维和共同作陪。席间李学勤提及这批竹简可能具有重要价值，表示："如果是真的，那就是司马迁也没有看过的典籍"。陈希等人深知此事重大，便委托李学勤与香港方面联系，摸清情况。稍后，在李学勤、张光裕及李均明的初步鉴定后，清华大学校友赵伟国购买了这批竹简，并无偿捐献给母校，故名“清华简”。清华简的内容多为经、史类文献，对中国古史研究意义重大，“价值难以估计”，《系年》便是其中颇为重要的一部分[33]。

作为清华简整理与研究的负责人，李学勤在清华简入藏后立马带领团队开展了一系列保护与研究工作，并以每年一部的速度出版整理报告，至今已有九辑。在第二辑《系年》的整理过程中，李学勤注意到这样一段与秦人祖先有关的简文：周武王死后发生三监之乱，在周成王伐商邑平叛后：“飞曆（廉）东逃于商盍（蓋）氏，成王伐商盍（蓋），杀飞曆（廉），西迁商盍（蓋）之民于邾虗，以御奴叡之戎，是秦先人”。结合文献与古文字，李学勤指出“‘飞曆’就是‘飞廉’，‘曆’字从‘甘’声，‘廉’字从‘兼’声，古音相近通假。‘商盍氏’即《墨子·耕柱篇》《韩非子·说林上》的‘商蓋’，也便是称作‘商奄’的奄。”《孟子》和《逸周书》与《系年》记载相似，在《孟子·滕文公下》里飞廉亦死于东方：“周公相武王，诛纣。伐奄，三年讨其君，驱飞廉于海隅而戮之，灭国者五十，驱虎豹犀象而远之，天下大悦。”《逸周书·作雒》中也有嬴姓诸国在三监之乱中的反周事迹：“周公立，相天子，三叔及殷东徐奄及熊盈以略。……二年，又作师旅，临卫政殷，殷大震溃。……凡所征熊盈（嬴）族十有七国，俘维九邑。”奄也属于嬴姓国，飞廉逃至此处“正是由于同一族姓”。在此基础上，李学勤对这段历史作了如下解读：

由《系年》简文知道，商朝覆灭之后，飞廉由商都向东，逃奔商奄。奄国等嬴姓东方国族的反周，飞廉肯定起了促动作用。乱事失败以后，周朝将周公长子伯禽封到原来奄国的地方，建立鲁国，统治“商奄之民”，……但在《系年》发现以前，没有人晓得，还有“商奄之民”被周人强迫西迁，而这些“商奄之民”正是秦的先人，……秦国先人“商奄之民”在周成王时西迁，性质用后世的话说便是谪戍。其所以把他们遣送到西方，无疑也和飞廉一家有关，因为飞廉的父亲中潏正有为商朝“在西戎，保西垂”的经历，并且与戎人有一定姻亲关系。中潏、飞廉一家，本来也是自东方出身的。周朝命令“商奄之民”远赴西方御戎，完全不是偶然的决定。

秦人东来的结论还为以前诸多不易理解的问题找到方向，从侧面证实了“东来说”的合理性。李学勤并举：

在文献方面，《史记·封禅书》载：“秦襄公既侯，居西垂，自以为主少皞之神，作西畤，祠白帝，其牲用駵驹、黄牛、羝羊各一云。”秦襄公为什么自称主少皞之神，是由于少皞嬴姓，《说文》：“嬴，帝少皞氏之姓也。”《左传》讲得很清楚，封鲁的奄国之地又称做“少皞之虚”，秦襄公只是没有忘记国族的来源而已。

在金文方面，西周中期的询簋和师酉簋都提到“秦夷”，还有“戍秦人”，来自东方的商奄之民后裔自可称“夷”，其作为戍边之人又可称“戍秦人”。

在简帛方面，马王堆汉墓帛书《战国纵横家书》的“苏秦谓燕王章”云：“自复而足，楚将又出沮漳，秦将不出商阉（奄），齐不出吕隧，燕将不出屋注。”所说是指各国的始出居地。秦出自商奄，正与《系年》所记吻合。这几句话后世的人们不懂，所以传世本《战国策》把“商奄”等都错误地改掉了[34]。

李学勤被誉为“百科全书式的学者”，尽管他谦虚地称：“我这个人兴趣相当广泛，所学杂而不纯，又由于工作的经历，从事过不同方面的研究，写过的东西很难理出一条思想发展的线索”，但从学术成果上来看，他在若干领域中都是引导者，朱凤瀚评价李学勤是“用非常精彩的学术论文来启发同行学者”，秦史与秦文化也不例外。李学勤对秦的关注自20世纪50年代就已经开始，几十篇学术论文囊括了秦文化的多个方面。大堡子山秦公墓墓主之争作为早期秦史中的焦点话题，其开端也要追溯到1994年李学勤与艾兰合著的《最新出现的秦公壶》一文[35]。于族源问题而言，李学勤的《清华简关于秦人始源的重要发现》一出就得到各界学人的广泛认可，史学界中沉寂多年的秦族源问题大讨论再次重启。另一个不容忽视的是，李学勤考证简中“邾虐”即《尚书·禹贡》的“朱圉”，位于今甘肃甘谷[36]。这一思路得到考古学界的重视，在赵化成提议下，处于甘谷的毛家坪遗址在近30年后得到重新发掘[37]。

李学勤在秦人始源上的观点之所以备受关注，与《清华简》本身的影响力不无关系，但真正原因还要归于其翔实的材料与清晰的逻辑，以及他本人对于史学的态度。一直以来，李学勤致力于推动史学通俗化，当然《清华简关于秦人始源的重要发现》等文并非科普作品，但在研究越来越专精的时代中，由于知识储备的种类不同，在阅读不熟悉领域的文章时往往会产生“隔行如隔山”之感，直接制约了一些优秀作品的传播。但在李学勤文中，即使综合运用古文字、文献、考古等各方知识，亦能在多个领域获得肯定，得益于他语言和结构上的简明，正如他评价司马迁时所言：“他（笔者按：指司马迁）曾受学于《尚书》博士孔安国，深得《尚书》之学真义，但他在引用《尚书》时，对古奥费解的字词，都用意义相同又通俗易懂的字词来代替。”[38]李学勤在《清华简关于秦人始源的重要发现》中也践行了这一点。

2. 梁云的早期秦文化之路

梁云与秦文化的结缘要从硕士时期算起，彼时他接到了一份任务，内容是对河南三门峡千余座秦墓进行整理，在与这些材料的朝夕相处中，梁云逐渐熟悉了秦文化的研究史，并得出“要掌握秦的特点，得把它放在东周考古的背景里去观察”的基本认识。带着这样的思想，梁云在跟随李伯谦攻读博士学位时，便选择了以“战国时代的东西差别——考古学的视野”作为自己的论文题目，通过秦与东方六国在考古学遗存上的差异与比较，找出了秦横扫六国的原因所在，完成从考古学向历史学的转化[39]。2005 年从南开大学历史学院博士后流动站出站后，梁云进入“早期秦文化联合考古队”的组建单位之一——中国国家博物馆田野考古部工作，结合到他自身的学术背景，梁云也成为了联合考古队的一员，并立马投身于早期秦文化的研究当中，此后十几年里，几乎每一次早期秦文化联合考古队的调查、发掘都能寻觅到梁云的身影。

伴随着“深度的史学关怀”[40]，诸如秦人族源此类的历史问题自然而然会受到梁云的关注。而使用考古材料去解读历史问题的方法又为他所擅长，这一方法在秦人族源问题上的应用集中体现在《从秦墓葬俗看秦文化的形成》一文。在论文中，梁云将东周秦墓分为国君、大夫、士、庶民四个等级，在对各级别墓葬葬俗的文化因素构成比较后，梁云发现：

> 直肢葬、腰坑、殉狗、殉人现象自上而下减少；相反，屈肢葬、无腰坑、无殉狗、无殉人的现象自上而下增多。西首葬则是各阶级共有的主体因素……春秋秦墓的殉人风俗与东夷族以及殷人墓类似，而与周人迥异，说明了秦国的统治者与商文化及东夷文化有着较为紧密的历史渊源关系。可以说，腰坑、殉狗、殉人是史学界关于嬴秦东来说直接而有力的证据……葬式首先是一种尸体的处理方式，反映了特定的丧葬观念，但在氏族林立的先秦时期，这种观念又是文化心理重要的组成部分，往往代表了一定的人群。因此，秦墓中的直肢葬和屈肢葬既有等级上的高下之分，可能又有族群方面的含义，即社会上层和下层各有不同的来源[41]。

上述理解与梁云博士论文在思想上一脉相承。博士期间梁云已认识到秦与东方六国的一大区别在于秦墓两极分化极为严重，体现出很强的君主集权色彩，本文着眼的葬俗是这一结论的再次体现。这种文化上的“异质性”揭示出秦在人群结构上的复杂性，也就是说秦统治阶级与被统治阶级的族属应有区别，所以上层统治阶级使用的腰坑、殉狗以及殉人等葬俗才是反映族属的要素。

很快，以天平（天水—平凉）铁路的修建为契机，李崖遗址得到了小规模的钻探与发掘，与之前牛头河流域调查时对李崖的认识相吻合，这里极有可能是秦人早期活动地，或与秦人祖先非子封地“秦邑”有关，因而在报请国家文物局批准后，于 2010、2011 年进行了两次主动性发掘。上文提及，早期秦文化联合考古队指出该遗址有力地证实秦人是东来的，这基本代表了考古队成员的意见，当然也包括梁云。他多次提及李崖遗址对嬴秦族源的重要意义：

> 在李崖发掘的秦文化墓葬是目前所知年代最早的秦墓，给人印象最深的

是出土了一大批商式风格的陶器，如方唇分裆鬲、厚方唇簋、三角划纹簋等，这使我们能够通过陶器建立起早期秦文化与商文化之间的直接联系。此外，墓葬的腰坑、殉狗比例极高。早期秦墓的这种殷商遗风不可能是嬴秦在西周时期受他人影响所致。因为西周时周人为统治阶层，代表了文化正统，如果嬴秦本为西土民族，不该舍周文化而去学习弱势的殷遗民的旧习。所以说它是嬴秦族固有的文化传统，李崖遗址的发掘从考古学的角度证实了秦人“东来说”[42]。

西周至春秋前期秦文化面貌的逐步清晰使探讨早期秦文化渊源成为可能，梁云将这一阶段秦文化的来源归于三种文化，分别是商文化、周文化以及西戎文化，当中哪种文化因素最能代表秦人族源，梁云的理解是：

第一类因素，即源于商文化的因素最具代表性，反映出嬴秦宗族来自东方，与商王朝关系密切，受商文化影响很深。这类因素大多属于丧葬习俗，葬俗浓缩了一个民族的丧葬观念，最少现实功利色彩，具有很强的顽固性，即便经历王朝更替、社会动荡也很难改变，往往是判断族属、探索族源的有效指标。而且这类因素在西山型阶段集中出现于高等级墓葬，与嬴秦的社会地位相吻合[43]。

至此，梁云建立起了对嬴秦族源的完整认识。使用葬俗来判断族属的方法，从某种意义上来说与当时韩伟、刘庆柱思想的有着继承关系，这也正显示出它的优越性。相较于器物层面的遗存而言，具有精神意义的葬俗无疑在族属问题上作用更显著。尽管此前秦人东来说已经占据很大优势，但梁云的分析显然使“东来说”的论据更为系统和严密，因而也成为当前最为人所接受的意见。

四、余论：历史与考古之间

对历史学的理解，可以分为广义与狭义两种。广义历史学指研究人类社会历史的学科，狭义历史学则是依靠资料研究人类社会历史的学科，本文中所提及的历史学当然属于后者。而考古学定义是“根据古代人类通过各种活动遗留下来的实物以研究人类古代社会历史的一门科学”[44]，因而文献史学与考古学的终极目的是一致的，区别在于两者使用的材料和方法，前者擅长运用各类文献，后者多以实物资料为主要研究对象。从这种角度来说，双方并非“敌人”而是“好友”，嬴秦族源问题的解决就是双方通力合作的例子。纵观对秦人来源的探索历程，在形式上是“西来说”与“东来说”之争，实质上是文献史学与考古学共同努力去回答族属问题的过程，尽管材料各异、方法有别，但结论却非常一致，这并非偶然巧合或刻意人为，而是呈现为历史的真相本身。但是在这一过程中依然有不少波折，其原因大致有以下两点：

第一，材料的局限性。这里的局限性至少包括两方面，其一是材料本身的模糊性。单看文献和实物资料都有其不足之处。文献方面，在长期的流传过程中，不可避免会出现记载有误、矛盾等现象，致使学者们对某些问题，甚至同一条文献的理解都存有不同。这点在考古研究中体现的更为明显，考古学要透物见人，但其利用的实物材料本身不会“说话”，需要仰赖考古学者帮助它们发挥出自身价值，而由于研究方法与思路上的不同，对考古材料的解读上常常也会存在差异。其二是材料的数量上。王国维在清华大学所作的著名演讲《最近二三十年中中国新发见之学问》中开篇即言“古来新学问起，大都由于新发现”，点明了新材料对于学术研究的重要意义。尽管学科的理论方法在不断更新与完善，但不得不说新出材料对嬴秦族源的问题具有极大推动作用。20 世纪 80 年代，俞伟超所提出的“三大特征”能得到学界认可，最主要还是因为这些特征确实是当时材料的客观反映，倘若后续没有大堡子山与其他秦人贵族墓葬的出现，直肢葬与屈肢葬间的拉锯战或许仍在继续。于文献而言亦是同理，秦人的族源问题之所以在史学界也有争论，很大的原因是早期秦人历史记载零散且稀少，中间又多有抵牾，以此进行的论证不免会出现较多逻辑缺环。而清华简的写作年代虽在战国中期，但其内容不少是西周原始档案的传抄或编纂，尽管其中还存在一些值得商榷之处，但其可靠性已得到了学界的广泛认可。在此基础上通过出土文献与传世文献的对读，让秦人东来在文献上的依据更为坚实和可靠。

第二，族属研究的困境。这种困境普遍存在于考古学研究中，诸如先周文化、早期楚文化以及早期秦文化等都有类似状况。以秦人族源为例，在梳理学术史过程中不难发现，学者们不断探索和回答的问题就是“什么物质遗存是区分族属的依据”，在嬴秦族源研究中，由于秦墓中的陶器、青铜器等在很大程度上继承了西周文化，特别是毛家坪遗址等西周时期早期秦文化的发现，让学者们的眼光更多关注到葬俗，也就是所谓具有更多精神含义的材料，而不是日用品当中，以目前的情况来看，在早期秦文化领域中选择葬俗进行族属研究的方法较为可行，但是否能用于其他的研究则仍需要具体问题具体分析[45]。

嬴秦族源的探索现已暂告一段落，从中值得反思的是如何更优地结合文献与考古材料。中国考古学拥有浓厚的史学背景，让考古人的研究常常以史学为导向，不免出现一些情况，如以寻找古都为考古发掘的目标，或简单地用历史文献去解释考古材料等等，这不仅限制了考古学自身的理论发展和体系建设，更使让考古材料与历史文献有“互相利用”之嫌。事实上，为文献作注确实并非考古学的全部意义，人类社会史之宽广让考古学在文献记载之外本就有更多发挥的空间。然而不能否认的是，文献为认识古代社会提供了更为便利的条件，它所承载的也是人类历史中相当重要的一部分，如果舍弃文献去看待有史时期的考古遗存，便是忽略了文献所蕴含的珍贵价值。就这种角度而言，在史学文献中找寻考古遗存价值的方法是合理且应当坚持的，不过在解读的过程中应怀着开放和谨慎的态度。开放是指在解读考古学中各类遗存时，既要坚守考古又要走出考古，除了专注于考古学的研究，也要熟悉文献学、古文字学等相关领域的学术史以及学术前沿，如此才能更好地运用其他领域的研究成果。谨慎是需要我们在判别考古遗存的性质时避免匆忙“下定义”，因为文献本身也是需要处理与辨别的，有时从史籍中发现的文字似乎恰能对应某些遗址的情况，但在将文献与遗址相关联之前，还有不少必要的步骤，如甄别这些文献记录的内容具有多大的可信度、确定相关内容是否还存有其他记载等等。待历史文献与考古的学者们都对某一问题研究达到一定程度时，或许才是使用文献去解读考古材料的最佳时机[46]。

注　　释

[1] 此文虽然发表于1933年，但其主要思想在傅斯年欧洲留学期间已形成。参见傅斯年：《史学方法导论》，吉林出版集团股份有限公司，2017年。

[2] 顾颉刚、史念海：《中国疆域沿革史》，商务印书馆，2017年。

[3] 顾颉刚：《顾颉刚古史论文集》卷4，中华书局，2011年；钱穆：《国史大纲》上册，商务印书馆，2010年。

[4] 黄烈：《黄文弼先生传》，《黄文弼历史考古论集》，文物出版社，1989年。

[5] 黄烈：《黄文弼先生学术年表》，《西域史地考古论集》，商务印书馆，2015年。

[6] 梁云：《早期秦文化的探索历程》，《天水师范学院学报》2017年第37卷第1期。

[7] 王玉哲：《秦人的族源及迁徙路线》，《历史研究》1991年第3期。王玉哲此观点的论据为《谷梁传》僖公三十三年：“晋国人及姜戎败秦师于殽。不言战而言败，何也？狄秦也。其狄之何也？秦越千里之险，入虚国，进不能守，退败其师徒，乱人子女之教，无男女之别。秦之为狄，自殽之战始也。”秦是否为狄，不会因一次战争而改变，所以此处称狄并非种族的判断。此外，《谷梁传》昭公十二年称华夏族姬姓之晋为狄，反而称鲜虞为中国，也是因为晋对鲜虞的侵伐而被冠以夷狄之名。

[8] 黄文弼：《嬴秦为东方民族考》，《秦西垂文化论集》，文物出版社，2005年。

[9] 赵化成：《寻找秦文化渊源的新线索》，《文博》1987年第1期。

[10] 史党社：《秦关北望——秦与“戎狄”文化的关系研究》，复旦大学博士学位论文，2008年。需要特别说明的是，随着材料的不断丰富，史党社的观点也逐渐发生改变，向“东来说”靠拢。

[11] 关于辛店文化的发现与研究可参看俞伟超：《考古类型学的理论与实践》，文物出版社，1989年；任瑞波：《论辛店文化的分期与年代》，《考古学报》2019年第4期。

[12] 俞伟超认为羌人是西戎的一部分，她可分为许多不同种姓，各个羌人的种姓间有着文化发展水平的差异。历史中犬戎、骊山、义渠等戎，或是羌人分化出来且不同于其他诸羌的支系。参看俞伟超：《古代“西戎”和“羌”“胡”考古学文化归属问题的探讨》，《先秦两汉考古学论集》，文物出版社，1985年。

[13] 张礼智：《陕西博物馆百年史1909～2009》，三秦出版社，2014年。

[14] 陕西省雍城考古工作队：《陕西凤翔八旗屯秦国墓葬发掘简报》，《文物资料丛刊》（3），文物出版社，1980年。

[15] 韩伟：《试论战国秦的屈肢葬仪渊源及其意义》，《中国考古学会第一次年会论文集（1979）》，文物出版社，1980年。

[16] 刘庆柱：《试论秦之渊源》，《秦西垂文化论集》，文物出版社，2005年。

[17] 需要指出的是，此时韩伟的《关于"秦文化是西戎文化"质疑——兼谈秦文化的族属》已经发表，文中明确表示"春秋秦的贵族，采用着直肢葬仪，就是到了统一秦时，秦代的宗室贵戚也采用着直肢葬仪"。不过就《试论秦之渊源》的参考文献而言，刘庆柱此文主要针对的还是《试论战国秦的屈肢葬仪渊源及其意义》一文。

[18] 韩伟的这两篇文章先后发表于1981年和1986年。前者对俞伟超《古代"西戎"和"羌""胡"文化归属问题的探讨》表示质疑，后者加入了与刘庆柱的商讨。两文虽在表达上略有差异，但中心思想基本未发生改变。参见韩伟：《关于"秦文化是西戎文化"质疑——兼谈秦文化的族属》，《青海考古学会会刊》1981年第2期；韩伟：《关于秦人族属及文化渊源管见》，《文物》1986年第4期。

[19] 秦俑考古队：《临潼上焦村秦墓清理简报》，《考古与文物》1980年第2期。

[20] 韩伟此处引用的两段文字，均来自刘庆柱《试论秦之渊源》一文。

[21] 俞伟超：《关于"卡约文化"和"唐汪文化"的新认识》，《先秦两汉考古学论集》，文物出版社，1985年。

[22] 俞伟超：《日本方形周沟墓与秦文化的关系》，《古史的考古学探索》，文物出版社，2002年。

[23] 赵化成：《手铲释天书》，2012年5月17日，news.pku.edu.cn/ztrd/bdkg90nkgzy60n/3436-241351.htm；南玉泉：《俞伟超老师1984年元旦在美国给赵化成南玉泉的回信》，2011年7月26日，http://blog.sina.com.cn/s/blog_6787ac670100rzth.html，2020年4月13日。此外除了毛家坪外，董家坪遗址中也有西周时期秦文化遗存，不过毛家坪遗址的收获较为丰富。

[24] 甘肃省文物工作队、北京大学考古系：《甘肃甘谷毛家坪遗址发掘报告》，《考古学报》1987年第3期。

[25] 赵化成：《寻找秦文化渊源的新线索》，《文博》1987年第1期。

[26] 戴春阳：《礼县大堡子山秦公墓地及有关问题》，《文物》2000年第5期；戴春阳：《礼县大堡子山秦国墓地发掘散记》，《甘肃文物工作五十年》，甘肃文化出版社，1999年。

[27] 不过刘庆柱认为陕甘地区秦直肢葬墓的使用者为周人或其他人群也具有一定合理性，譬如有学者认为陇县边家庄贵族墓墓主人可能是周遗民。参见张天恩：《早期秦文化特征形成的初步考察》，《秦汉史论丛》（第9辑），三秦出版社，2004年。

[28] 学界习惯上称公元前677年秦德公居雍前的秦文化为早期秦文化。

[29] 甘肃省文物考古研究所、中国国家博物馆、北京大学考古文博学院：《西汉水上游考古调查报告》，文物出版社，2008年。

[30] 赵丛苍、王志友、侯红伟：《甘肃礼县西山遗址发掘取得重要收获》，《中国文物报》2008年4月4日第二版。

[31] 王乐：《"清华简"第二册整理报告〈系年〉正式公布1700年后重见先秦编年体史书》，《上海文汇报》2011年12月20日第7版。

[32] 早期秦文化联合考古队：《甘肃清水李崖遗址考古发掘获重大突破》，《中国文物报》2012年1月20日第八版。
[33] 刘国忠：《走近清华简》，高等教育出版社，2011年。
[34] 李学勤：《清华简关于秦人始源的重要发现》，《光明日报》2011年9月8日第11版。
[35] 李学勤、艾兰：《最新出现的秦公壶》，《四海寻珍》，清华大学出版社，1998年。
[36] 李学勤：《谈秦人初居“邾虘”的地理位置》，《出土文献》2011年第1期。
[37] 参见侯红伟：《金戈铁马——毛家坪遗址发掘的重要收获》，2019年9月11日，https://mp.weixin.qq.com/s/yC1SBKrg0DOF3hM8bJYTgw，2020年4月15日。
[38] 李学勤：《推动史学大众化通俗化》，《人民日报》2016年5月9日第7版。
[39] 梁云：《战国时代的东西差别——考古学的视野》，文物出版社，2008年。
[40] 梁云：《战国时代的东西差别——考古学的视野》，文物出版社，2008年。
[41] 梁云：《从秦墓葬俗看秦文化的形成》，《考古与文物》2008年第1期。
[42] 梁云：《关于早期秦文化的考古收获及相关认识》，《中国史研究动态》2017年第4期。
[43] 梁云：《论早期秦文化的来源与形成》，《考古学报》2017年第2期。
[44] 朱凤瀚：《论中国考古学与历史学的关系》，《历史研究》2003年第1期；朱凤瀚：《夏文化考古学探索六十年的启示》，《历史研究》2019年第1期。
[45] 徐良高：《文化理论视野下的考古学文化及其阐释（上）》，《南方文物》2019年第2期；徐良高：《文化理论视野下的考古学文化及其阐释（下）》，《南方文物》2019年第3期。
[46] 关于文献记载与考古发现之间的关系可参看徐良高：《由文献记载与考古发现关系再审视看二里头文化研究》，《中原文化研究》2020年第5期。

考古方法与技术

中英田野考古发掘记录中的“Matrix”及其相关理念的对比研究

陈珂尧

（北京大学考古文博学院）

“Matrix”（矩阵）是田野考古调查和发掘中所使用的生动而实用的图表。矩阵试图代表什么？中英不同的记录方式实际上深深植根于中英不同的田野考古发掘传统。目前在中国最常用的发掘方法是探方发掘法，与此适应的记录方法主要是“中国传统层位关系表”和“系络图”；而英国目前运用的发掘方法是开放式发掘方法（Open-area excavation），与此适应的记录方法是“哈里斯矩阵（Harris Matrix）”和伦敦博物馆的“单一 context 记录系统（single context recording system）”。

一、从格式上对中英四种 Matrix 的初步比较

1. 哈里斯矩阵

1973 年，爱德华·哈里斯（Edward C. Harris）在英格兰温切斯特（Winchester）进行发掘时，他首次使用了新的地层记录方法。1979 年，哈里斯将此方法整理成册，并出版了《考古地层学原理》（*Principles of Archaeological Stratigraphy*），后来被称为“哈里斯矩阵（Harris Matrix）”。哈里斯矩阵因体现了对考古地层学的一系列新解读和新思想，后来被认为是“考古学地层学的一场革命”[1]。

在哈里斯矩阵之前，考古界曾使用剖面图来表示地层序列。但是，对于某些复杂的遗址，剖面图只能显示地层层序的一部分，仅反映了地层堆积的二维情况，仅表示遗址特定部分中各种堆积物的深度和横向范围，每个地层中堆积的平面空间的大小只能反映在平面图中。

哈里斯矩阵以一张上面印有许多小的矩形框的表格而得名（图一）。矩形框代表遗址的不同地层单位和遗迹单位。

在《简明牛津考古词典》中，“哈里斯矩阵”的定义是“基于考古地层学原理的地层单位之间关系的图形表示”[2]。哈里斯认为，考古发掘是一个根据地层顺序揭示地

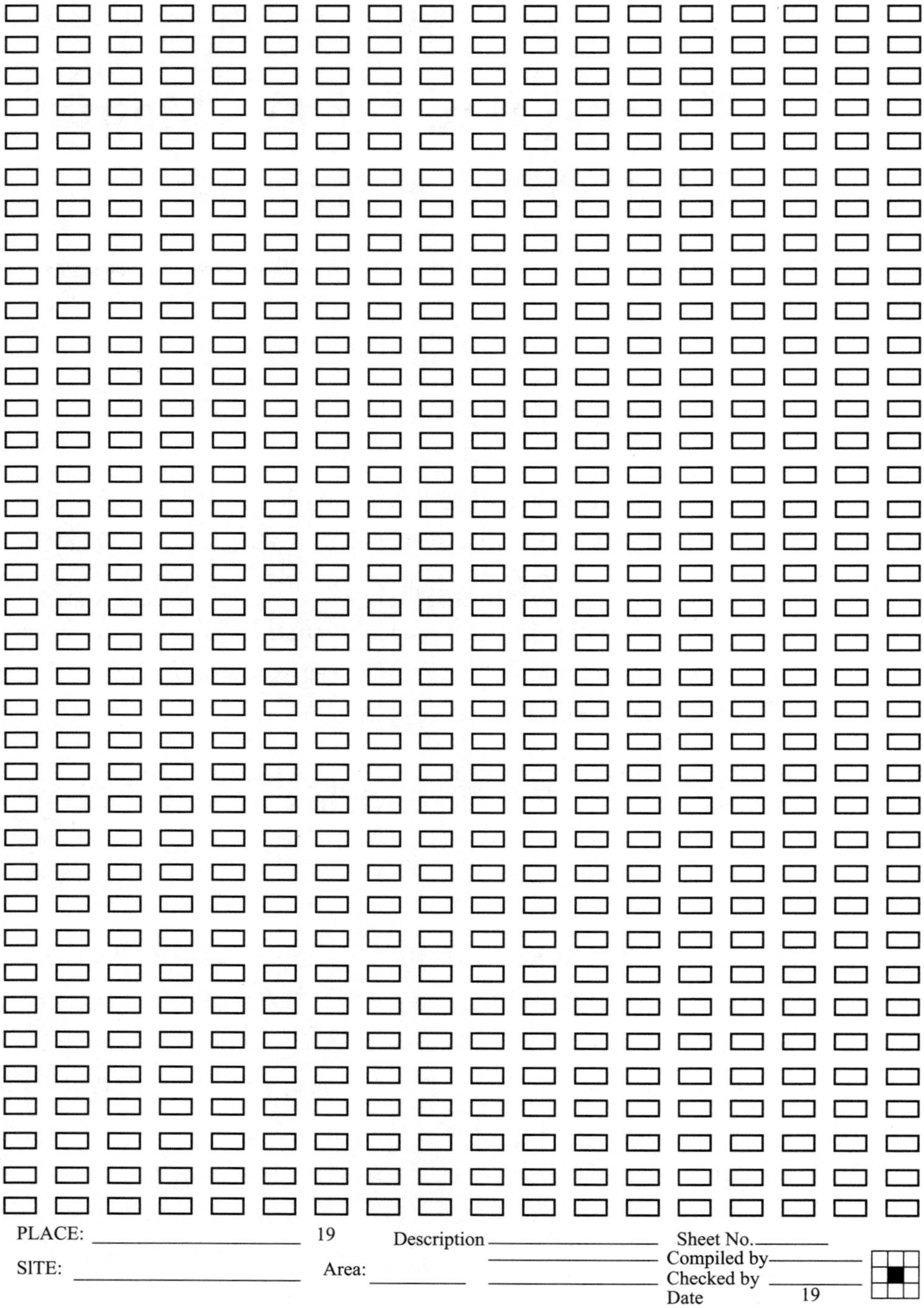

图一　哈里斯矩阵的一个示例[3]

层和遗迹堆积的过程。它的核心在于观察视野，确定时间之间的关系以及了解分层过程。最后，哈里斯矩阵的目的是进行科学记录和呈现。在考古地层序列中，每个地层的堆积和遗迹的堆积都具有三维结构，在时间和空间上具有连续性，并且在地层序列中每个地层与文物之间具有连续性。每当中断连续性时，就会发生自然或文化事件。根据图二，哈里斯解释了考古分层单位之间的三种关系[4]。

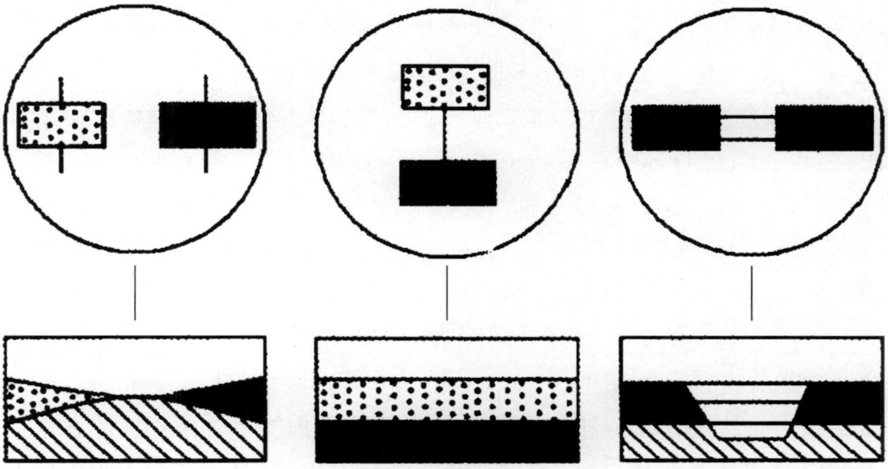

图二 两个地层单位之间存在的三种关系

1. 这些单位没有直接的地层关系 2. 它们是叠压的 3. 单位是一次完整的堆积或遗迹界面的一部分而相互关联

汤惠生对哈里斯矩阵进行了改造和创新，并将其应用于中国田野工作，尤其是在他在四川汉源背后山遗址的发掘中（图三）。

但是，该插图实际上并不是真正的哈里斯矩阵。它说明了 action 之间的关系（不同地层的墓葬、灰坑、探沟之间的关系），其局限性在于需要添加更清晰的解释。在图

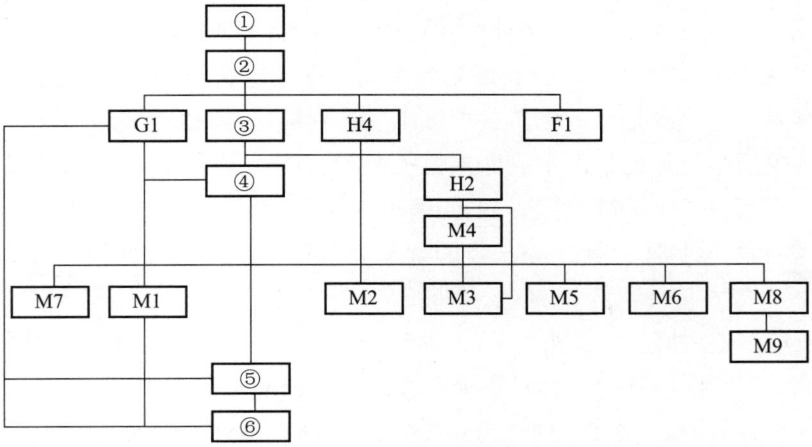

图三 哈里斯矩阵在中国的一种变体，反映了四川雅安汉源县背后山遗址的地层、遗迹和墓葬之间的关系[5]

三中，①、②、③和④是地层数。关于连接线的解释，直线表示两者相关，而曲线表示两者不相关。

2. 单一 context 记录系统

自 20 世纪 80 年代以来，田野记录方法最重要的进步之一就是引入了“单一 context 记录”［见于伦敦博物馆考古服务部的《考古遗址手册》（*Archaeological site manual*）[6]］。每个遗址的 context 都放在单独的工作表中（因此与每个 context 的记录卡的完成并行），与绘制多个相关 context 或有时在单个工作表上绘制遗址的整个开发阶段有所不同。霍德（Hodder，I.）称“context 是一个重建过去象征意义的方法论程序的一个组成部分”[7]。考古学家通常以各种方式使用“context”一词，这些方式在某些情况下通常具有物品的连接或交织的意思。该系统是在城市考古学中发展起来的，其分层通常位于离散的岛屿上，这些岛屿无法在现场联系在一起，并且雇用了大量的工人同时发掘这些岛屿[8]。运用单一 context 记录系统对遗址的层位进行分析时，会生成大量单独的记录。这些记录的相互关联是了解遗址堆积的主要过程。为此，伦敦博物馆采用了哈里斯矩阵。这提供了一种根据 context 的相对地层位置将一个 context 与另一个 context 关联的简单方法，因此可以图形化地记录序列。

“context 是在同一个地方在一起的对象之间的关联和关系。”[9]它还具有的优点是，它允许将一个简单而例行的任务委派给相对缺乏经验的发掘者，而不是在专业规划人员绘制现场时就停止工作（通常是这种情况）。随后，每个单独的计划及其记录卡都将用于创建遗址矩阵和复合阶段设计——三维图表。但是，根据考古学家的经验，考古遗址从来没有像现在这样清晰明了，在规划中看到的许多环境都无法察觉地融合在一起[10]。

该方法最清晰的说明可以在伦敦博物馆 1990 年出版的《考古遗址手册》[11]中找到。尽管该方法具有明确性、逻辑性，但它似乎反对任何在发掘现场的解释，认为这些解释都是主观的、并且可能引起误导，因此倾向于保留解释以进行发掘后的分析。有些西方学者认为这种记录方法似乎否定了考古现场深入观察的潜力，也否认了在遗址的各类现象清晰可见的情况下判断层位关系的尝试，无论考古工作者具备多么敏锐的观察力，都无法在不同光线下、不同角度观察出遗址内每一个三维结构的细微差别。在《考古遗址手册》中，context 的细节和特征似乎没有被绘制，而只是勾勒出轮廓[12]。

综上所述，伦敦博物馆的单一 context 记录系统主要着重于以下相互联系的组成部分：运用无垂直剖面控制的开放式发掘方法，单一 context 记录和规划系统，使用叠压打破关系来表示堆积的层序，通过分组来重新解释和整合哈里斯矩阵上显示的数据，通过图表来表示。

3. 中国传统层位关系表

但是，伦敦博物馆的记录系统对传统的中国田野记录几乎没有影响。因为在中国，继续使用基于探方的记录，部分基于惠勒－肯恩（Wheeler-Kenyon）的探方发掘法，这意味着哈里斯矩阵在序列记录中不被视为关键要素，而在序列解释中被视为说明性工具。

在中国传统的考古发掘中，地层单位与遗迹单位之间的叠压和打破关系的记录方法是垂直剖面图、文字说明和遗迹关系图例（即“中国传统层位关系表”）。

图四是一个探方壁的剖面图。根据图中每个遗迹堆积之间的层位关系，可以将其简化为三组关系：②→③→ M2 →④，②→ H1 → H2 → M3 →④，②→ H1 → M1 →④，这三组关系可以表示为图五的层位关系表。

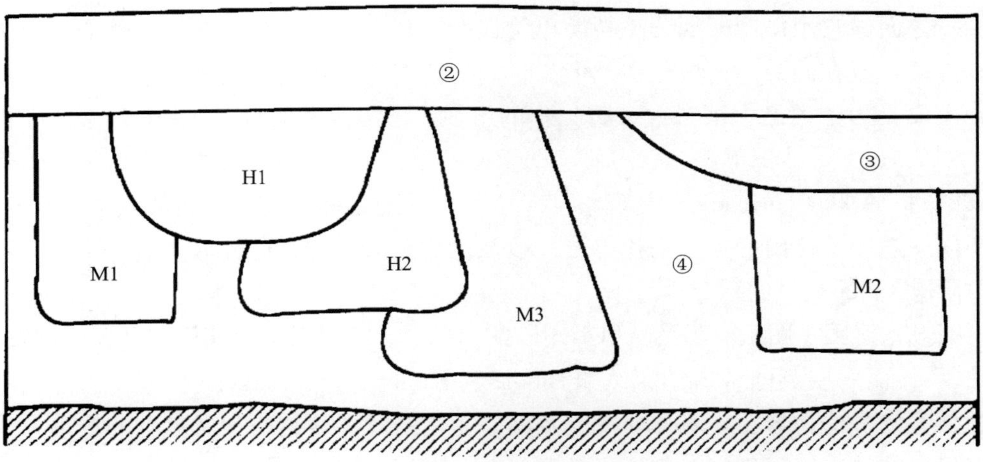

图四 《田野考古学》中一个探方壁的剖面图示例[13]

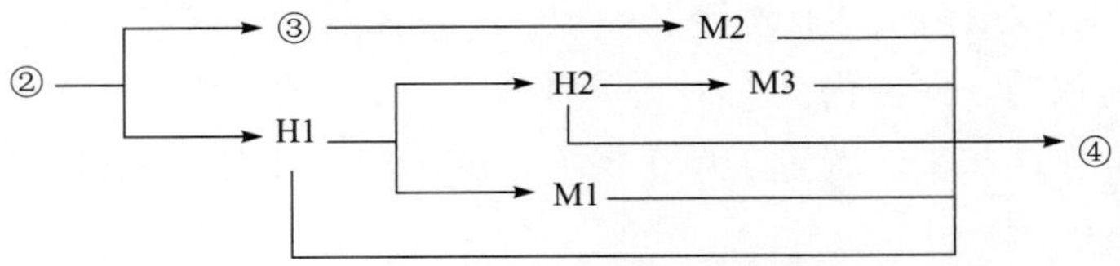

图五 该探方中遗迹间关系的示意图（层位关系表）[14]

中国传统的地层关系表似乎简化了很多，但还不够科学，而且还不像剖面图那样清晰。第一，它仅显示遗迹单位和地层单位的前后顺序，并没有指出与地层的所有打破关系。单箭头仅指示叠压打破关系，突出显示不同层位之间的相对关系。并非所有的叠压打破关系都被列出。第二，无论堆积单位和遗迹单位的位置和时间如何，都只是地层的关系。第三，中国传统层位关系表只有两种类型的单位：遗迹单位和地层单位。

4. 新版《田野考古工作规程》中的系络图

系络图是中国考古田野记录的概念，主要借鉴哈里斯矩阵和中国传统层位关系表，并将矩阵转换为系络图。系络图是哈里斯矩阵结合中国田野考古实践的修订和改进[15]。系统图的基本思想与哈里斯矩阵相同，其基本要素是田野发掘中可识别的堆积的最小单位，但也存在一些关键差异。

系络图对地层单位进行了不同的划分。地层单位分为堆积单位和遗迹单位两层。堆积单位的概念类似于英国的“context”或“unit”。它是在发掘现场的最小可识别堆积物，也是考古田野工作中发掘和记录文化堆积的最小单位。此外，遗迹单位由一个或多个堆积单位，是相对完整的功能单位组成。

应当注意的是，堆积单位包括哈里斯区分的两种“堆积”和“界面”，根据新版《田野考古工作规程》中的“堆积”和“遗迹”来描述和记录。遗迹单位的概念太复杂了。一方面，它用作功能划分（功能单位在严格意义上不是功能单位，例如，灰坑填土和灰坑放置在同一遗迹单位中，但是它们的功能并不相同。仍将在系络图中放在一起，主要是为了遵循中国考古田野工作的习惯，考虑其共时性），并以此命名堆积单位，例如 H1①是堆积单位。它需要求助于遗迹单位 H1 来实现其编号，这类似于哈里斯阵中的“关联（correlation）”现象[16]；另一方面遗迹单位也用作时间意义上的界定，属于同一遗迹单位内的各个堆积单位一般被认为是共时的，这类似于哈里斯矩阵对相同“阶段（phase）”的划分[17]。

探方系络图（图六）不是哈里斯矩阵的一部分。哈里斯提倡使用“开放区域发掘”方法[19]，而一些英国考古学家（如 Biddle 和 Kjølbye[20]、Barker[21]等）认为使用隔梁的探方发掘法对考古现场并非毫无益处，尤其是对那些结构相对复杂的遗址。中国的现场考古情况有所不同。在地层堆积复杂、发掘面积大、发掘周期短的情况下，探方发掘法仍然是中国最有效的田野考古方法。在目前的聚落考古的理念指导下，在国内田野发掘中，随时可以根据其遗迹和堆积状况打掉隔梁，这与英国“开放式发掘法”的基本概念是一致的。探方仍然是中国田野考古记录的基本单位。探方系络图将堆积单位和遗迹单位连接起来，着重于单个探方内的形成顺序和堆积过程以及遗迹单位之间相对早晚的关系。

5. 小结：四种记录方法之间的关系

英国的哈里斯矩阵以及 context 记录方法，是统一编号的，各遗迹单位不再做划分（例如墓葬、灰坑、房子等不同遗迹均在一个大的 context 里，统一分析）。而中国的 Matrix 重视遗迹单位的区分，便于更清晰地辨别出不同的遗迹单位，有利于分类整理和分析。哈里斯矩阵的应用因为在开放式发掘法的前提下，缺少隔梁与关键柱，即缺少了反映地层与堆积叠压打破关系的剖面。中国的系络图在引入哈里斯矩阵和 context

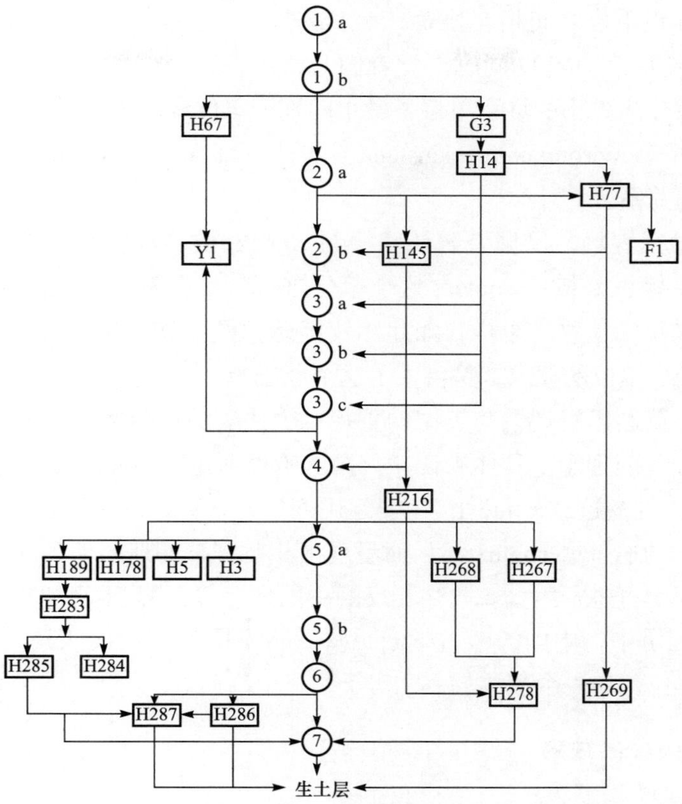

图六　新版《田野考古工作规程》中的探方系络图示例[18]

注：图中箭头表示堆积单位，遗迹单位之间的叠压或打破关系

记录理念的基础上，融合了中国传统层位关系表对于各遗迹、地层单位之间关系的详细阐述的理念。中国的系络图需要结合隔梁、关键柱上所反映的剖面图来更直观、清晰地说明地层与遗迹等一大批单位之间的相互关系。另外，中国的系络图因为在探方发掘法下，除了哈里斯矩阵所绘制的遗址区和各遗迹单独的 Matrix 以外，中国系络图还绘制了探方的系络图，这在哈里斯矩阵里是没有的内容。

二、讨论：中英田野记录“矩阵”的优缺点：互学互鉴、互相完善

（一）对英国 Matrix（哈里斯矩阵、单一 context 记录系统）的评估

1. 英国 Matrix 所蕴含的理念总结

英国田野考古发掘记录重视复原行为过程，强调“堆积”的概念，包括任何一个

最小的堆积。堆积单位之间相互独立、互不隶属，一个堆积单位反映了一次可以辨认的人类行为的结果[22]。与此同时，学者们开始意识到地层和遗迹不是最小的堆积单位，他们可以被分成更小的堆积单位，最小的堆积单位代表了人类行为的结果。同时，英国重视“背景（environment/background）”的概念，重视各context背后的存在环境以及相互之间的关系。

在英国的发掘现场，发掘者辨认和绘制context是非常重要的工作内容，发掘清理、采样、记录等也是按照context这个单位进行。发掘资料首先就是一大堆context记录表和依次采集的遗物、土样，如此比较容易做得规范标准，这是英国记录方法的优点，中国对堆积单位的要求就是借鉴了这个办法的[23]。

笔者认为，英国田野记录与英国的重视“个体”的思想密不可分，总体理念可以形象地比作“分”的理念，具体来说，英国的哈里斯矩阵、context记录方法都是通过“划分”不同种类的遗迹或context，主要运用列举的方法，目的可能是为了清楚地显示和展示每个部分的遗迹或context，从而呈现出相对完整的地层信息和堆积状态，然后在后期整理过程中再进行组合。与之相反的中国理念“合”，重视“集体”的思想，反映在田野考古记录中，中国的考古学家更喜欢将不同的单位按照其不同的单位属性，合成一个遗迹单位，如一个灰坑、一个房子，一个墓葬等。

2. 英国Matrix的缺陷

英国Matrix公认的缺点是人们对哈里斯矩阵作为正式发掘后程序中的一种分析工具所起的作用的认识不足。详细叙述如下：

其一，英国Matrix在形式上复杂不清，所有的context纷繁的关系在一张表上集中展示，极易让人眼花缭乱，无法快速获得需要的信息，可谓“疯狂的矩阵”。哈里斯矩阵对地层形成过程的描述缺乏层次性。哈里斯注意到地层堆积过程也存在类型上的差异，因此才有“堆积时期”和“界面时期”的功能性划分。然而矩阵中单个遗迹的使用、废弃过程常常与整个遗址的整饬、废弃过程置于相同的层次，比如灰坑填土和地层堆积被分在同一阶段。而实践中，哈里斯矩阵经常将整个发掘区甚至是整个遗址的地层单位都编绘在一起，矩阵图的规模十分庞大，经常是贴满了整个墙面，检索起来也非常麻烦。在此情况下，表现一套地层堆积过程的矩阵图还算清晰，而表现复杂的多套堆积时则常常是不知道从何下手[24]。

其二，英国的田野记录中缺乏对遗迹单位的概念的高度重视。中国十分强调遗迹单位，并且强调在田野发掘过程中根据观察客观现象寻找各遗迹明显的边界，划分出不同类型的遗迹单位，例如墓葬、灰坑、房子等，即“合”的理念。但是，在国外的田野记录系统中，只有context这一级别的记录单位，至于哪些context是一座灰坑内的，或者说哪些context构成了一座灰坑的堆积，那是离开了发掘现场后整理的结果。当然，他们的发掘者尤其是主持工地的人，潜意识里还是有房子、墓葬之类遗迹的概念的，否则他们也无法从一大堆 context 中整合出一个个遗迹来的。但在他们的工作系统中只有 context，然而整合的真实性与合理性有待商榷，因为离开了发掘现场，就很难判断了[25]。

其三，哈里斯矩阵没有对地层单位性质的描述，缺乏对遗迹的直观记录。在矩阵中，所有的单位均用数字符号表示，除了"堆积"和"界面"有图形上的差别外，不同遗迹的种类根本无法区分。尽管哈里斯在"界面"的类型划分中强调了"遗迹（feature）"的概念，而且在其所提供的实例中，记录遗迹的界面也被给予了特别的关注，但一个完整的遗迹往往被肢解为不同的界面，且与地层界面不作区分[26]。

其四，哈里斯矩阵缺乏对地层单位平面关系的描述。哈里斯反复强调绘制矩阵的首要原则是田野工作所确定的层位关系，也就是地层单位之间纵向相对时间早晚顺序，虽然也通过划分"阶段"和"时期"进行共时性的分组归纳，但对同时期的空间布局和不同时期的空间结构变化却严重缺乏[27]。哈里斯本人也意识到这一点，因此他特别强调了矩阵图需要与遗址不同层次的平面图相结合来弥补这方面的缺陷。

（二）对中国系络图的评估

1. 中国系络图所蕴含的理念总结

中国的系络图是一种记录手段，也是一种研究手段，强调研究性以及对认识的整体把握，比如对复杂遗迹的记录。中国系络图所蕴含的整体思想为"合"的理念，即类似于"集体"的思想。具体来说，在中国实际的田野发掘中，中国考古学家将同一处遗迹点的不同层位、不同颜色的堆积归成一个单位，并标注遗迹单位号，比如 H1、M1、F1。如果不能当做遗迹，就把它当做地层，给地层号，比如是第 1 层、第 2 层、第 3 层等。

20 世纪七八十年代前，还有大层概念。把所谓的地层单位和遗迹单位划分成一个大层内（现在中国还有，称之为通层派）：按照地层早晚划分，同一时期地层同时包含遗迹单位和地层单位。20 世纪 80 年代后期，中国考古学家意识到一个遗迹单位是一个独立的时间单位，它是叠压在某一层下又打破着某一个单位。这是中国田野考古学地层学研究中的一个极大进展。分成遗迹和地层的两种单位。

英国的 context 传入后，surface、interface 等概念逐渐被中国学者所熟知，被翻译成关键地面（或称活动面、使用面），同时被当成一个独立遗迹单位，即古代人的居住面或活动面。赵辉认为"在遗址的堆积中，地面是一种现象；在地层学上，它是一个概念；在考古学研究方面，它有其独到作用。因而在实践上，也有针对它的工作方法。但无论从哪个方面来说，它都不是一个全新的东西，只是随着田野考古目的的变化，把握它将有越来越重要的意义"[28]。

新版《田野考古工作规程》在传统中国传统层位关系表的基础上，吸收英国"分"

的理念，最大的变化就是 context 方法的引入，并解释为“堆积单位”。新版《田野考古工作规程》明确谈到，把堆积单位而不是遗迹单位作为一次清理工作和记录的最小单位。这是因为人们在聚落上的活动、行为的许多细节是靠这类堆积单位记录下来的。如一座房子的各层垫土及其上层结构反映着该房子建筑的过程，房子内外地面上的种种迹象是复原房子使用情况的依据，上部覆盖的倒塌堆积则是废弃原因、过程的记录，要将这一整套信息拿到手，就需要对属于这座房子的各堆积单位逐一清理记录和必要的遗物采集。

但中国的系络图的理念仍与英国 Matrix 的思想存在不一样之处。中国的旧考古传统，即“合”的传统的影响仍然没有减弱。不过分多少小的 context，还是要最后合成一个遗迹单位。新版田野考古规程是英国的 context 理念（堆积单位的概念）与中国传统考古单位理念（遗迹单位的概念）的混合产物。

中国的 Matrix 上的内容有两种形式：一是用 Matrix 把中国的地层和灰坑填入；二是一个遗迹单位中各种 context，分层，细致划分，把一个遗迹单位分成若干部分，分别命名 context 的理念。即遗迹单位下的 context 系络图。比如说，一个灰坑分五层，每一层是一个 context，一个 interface 是一个 context。

中国的系络图想达到一个“分中有合，合中有分”。既要在田野工作中做到“合”，也要在整理发表工作中做到“合”。中国在吸收 context 的理念的加上了传统层位关系表上“合”的需要，综合了中英的长处，需要英国向中方学习。

2. 中国 Matrix 背后所反映的现实需要

中国考古学有很强的历史传统，发掘大遗址、重要遗址的目的是解决大历史问题，因此中国考古学家格外重视遗迹的重要性。中国考古学的深刻背景为中国考古学之前强调分期，建立起考古学文化的谱系所需。中国传统的层位关系表可以表示出哪些是合并起来的单位，哪些是反映相对早晚关系，就能满足早期中国考古学的实际需要。仅仅将重点放在反映时间早晚关系，就忽视了很多单位之间的关系，以及单位背后所遗存的环境等等。

笔者以为，新版《田野考古工作规程》中的系络图是中国考古学两大现实需要的发展。一是地层学的发展；二是中国考古学研究的发展，即不再满足于分期和考古学文化谱系研究，而是将研究重心转移至对于遗址形成过程、模式、单位属性等方面的研究，并引入 context 的概念。

3. 中国系络图的缺陷

新版《田野考古工作规程》中的系络图虽然是中国田野考古记录的一大重要突破，但也存在着一些不可避免的缺陷，总体来说是“走一步退半步，分合不彻底”。

具体来说，其一，中国的系络图虽然看起来是中英合璧，但在融合上不彻底，还有一些缺陷。如机械地将英国的理念方法应用于中国，在运用中与中国的田野考古的实际不相容。英国考古学家可能会认为中国的系络图中各地层、遗迹单位之间关系过于复杂，有些线条可能是多余的，需要中国考古学家未来不断完善系络图的绘制，并尝试对英国的质疑提出合理的解释。

其二，中国的系络图中有探方地层，但其不属于遗迹单位，传统的地层可能相当于英国的 context。这也饱受英国考古学的质疑，关于探方的系络图在哈里斯矩阵或者 context 记录表是没有的，英国哈里斯矩阵、context 记录是对所有 context 单位的统一记录。探方系络图源于中国特殊的田野考古发掘方法，即“探方发掘法”，英国已经基本采用“开放式发掘法”，故在田野记录中仅记录大的发掘区。

其三，中国的系络图未解决一些学术问题。比如，在中国系络图的理念中，遗迹单位是并列关系，如 H1、H2 并列。假设一个大壕沟 G1 填上几层后，在其上叠压着一座墓葬 M1，其上是填土，再其上又叠压另一座墓葬 M2。另外，在这个大壕沟 G1 之上的填土之上还有一个灰坑 H1。在这组关系里，大壕沟 G1 是一个大遗迹单位，大壕沟之上的墓葬 M1、M2，灰坑 H1 属于一些小遗迹单位，在中国的系络图或者中国传统的层位关系表中，这些单位都无法编号，不能是 G1 的 M1，G1 的 H1，两个单位不能包含。这与中国的传统的考古学理念不同，中国传统考古学理念认为，一个遗迹单位压着一个遗迹单位的地层与这个遗迹单位打破它的地层绝对不是同一个遗迹单位，两个遗迹单位不能包含，无法解决叠压的问题。另外，关于灰坑里包含物的共时性的问题，灰坑的建造与使用时间不完全是同一时期的，目前中国的记录方法中无法体现 context 连接性的概念，需要中方向英国学习。

另外，系络图对于单位属性判断也存在不足，比如堆积的单位性质，由于英国未注重单位性质，中国系络图在引入应用的时候也没有详细考虑。比如某堆积是大型建筑垃圾还是一般生活垃圾，新版的中国系络图需要进一步完善。

（三）小结：中英 Matrix 各自需要完善的方向

中国的系络图和英国的哈里斯矩阵、单一 context 记录系统各有其产生的不同的实际背景，也蕴含着中英不同的哲学思想观念。中国思想讲求“合”，把同一属性的堆积，合并成同一个遗迹单位，在不断规整单位的过程中缺少了遗迹单位内进一步的细分，忽视了各遗迹单位的形成过程。如一个墓葬内部的各细小堆积之间的相互关系，中国的田野记录需要进一步细化，可以尝试绘制一个独立遗迹单位内部的系络图，充分反映遗迹单位的形成过程与单位属性。

总结来说，需要中国田野记录思想在未来更加强调“分”的概念，做到“合中有分”。英国田野记录中重视对不同单位内部的细化，力求将所有的关系同时反映在同一张 Matrix 上，但是忽视了对于遗迹单位的归纳。英国用 context 理念统一对于所有堆积进行统一编号，在发掘时利于记录，但是无法避免在整理过程中对单位属性判断的不便，需要在未来更加强调“合”的概念，增加各遗迹单位的Matrix，做到“分中有合”。综合来看，中英Matrix需要互相学习对方的长处，“分”“合”思想做到完美结合，田野考古记录信息的才能更加完整。

三、结　语

本文主要对于中英田野考古发掘中的记录方式进行探讨，从追溯中英不同的田野考古传统出发，梳理中英四种不同的Matrix在形式上的异同，并对中国的系络图进行详细介绍和深入阐释，接着从设计理念、现实需要等方面评估中英Matrix的优缺点。本文也存在很多不足，例如由于对英国考古传统了解不够深入，偏重中国部分较多，仍存在很大的修改空间。

哈里斯矩阵及其理论在世界范围内影响深远，堪称“圣经”级别的田野指南，近年来，哈里斯矩阵与电脑技术结合，不仅使哈里斯矩阵更完善，也让其使用更便捷和更趋于标准化。国家文物局把哈里斯矩阵列入新版《田野考古工作规程》，无疑会使中国的田野考古发掘更为规范化、科学化和国际化。中国的系络图是考古工作者以考古层位学理论为依据，借鉴和吸收哈里斯矩阵、context的基本思想及哈里斯地层学原理的理念与方法，对中国传统的层位关系表调整、修订与完善后，形成的与田野考古发掘系统匹配的记录方式，将使田野考古发掘的文字记录更加精细、规范、标准。中国的系络图也反映出中国田野考古学向英国学习的积极态度，在英国田野考古学理论方法的基础上，同时也结合中国的本土田野考古学传统。

中英田野考古学的未来，应该在各自的田野考古领域互相取长补短，互学互鉴，互相完善，促进各自田野考古学的合作与共同发展。

注　释

[1] 汤惠生：《哈里斯矩阵：考古地层学理论的新进展》，《考古》2013年第3期，第92页。

[2] Darvill, T. *Harris matrix*, *The Concise Oxford Dictionary of Archaeology*. Oxford: Oxford University Press, 2008.

[3] Harris, E. C. *Principles of Archaeological Stratigraphy.* Kent: Elsevier Science & Technology, 1989: 35.

[4] Harris, E. C. *Principles of Archaeological Stratigraphy.* Kent: Elsevier Science & Technology, 1989: 36.

[5] 汤惠生、夏勇、宋清等：《四川汉源县背后山遗址发掘简报》，《四川文物》2011年第6期，第14页。

[6] Westman, A. *Archaeological Site Manual*, 3rd edn. London: Museum of London, 1994.

[7] Hodder, I. *The Archaeology of contextual Meanings.* Cambridge: Cambridge University Press , 1987: 1.

[8] Barker, P. *Techniques of Archaeological Excavation, 3rd edn*. London: Batsford, 1993: 116.

[9] Price, T. D. and Knudson, K. J. *Principles of Archaeology, 3rd edn*. London: Thames & Hudson, 2018: 107.

［10］ Price, T. D. and Knudson, K. J. *Principles of Archaeology*, *3rd edn*. London: Thames & Hudson, 2018: 116.

［11］ Hodder, I. *The Archaeology of contextual Meanings*. Cambridge: Cambridge University Press , 1987: 1.

［12］ Price, T. D. and Knudson, K. J. *Principles of Archaeology*, *3rd edn*. London: Thames & Hudson, 2018: 116.

［13］ 冯恩学：《田野考古学》，吉林大学出版社，2008 年，第 31 页。

［14］ 汤惠生：《哈里斯矩阵：考古地层学理论的新进展》，《考古》2013 年第 3 期，第 91 页。

［15］ 赵辉、张海、秦岭：《田野考古的“系络图”与记录系统》，《江汉考古》2014 年第 2 期。

［16］ Harris, E. C. *Principles of Archaeological Stratigraphy.* Kent: Elsevier Science & Technology, 1989: 105.

［17］ 赵辉、张海、秦岭：《田野考古的“系络图”与记录系统》，《江汉考古》2014 年第 2 期，第 44 页。

［18］ 中国国家文物局：《田野考古工作规程（修订版）》，2009 年，第 36 页。

［19］ Harris, E. C. *Principles of Archaeological Stratigraphy.* Kent: Elsevier Science & Technology, 1989: 82.

［20］ Biddle, M. and Kjølbye-Biddle, B. Metres, areas and robbing. *World Archaeology: Techniques of Chronology and Excavation*, 1969(1): 208-219.

［21］ Price, T. D. and Knudson, K. J. *Principles of Archaeology*, *3rd edn*. London: Thames & Hudson, 2018: 107.

［22］ 霍东峰：《田野考古发掘记录中的“系络图”》，《考古》2018 年第 1 期，第 74 页。

［23］ 赵辉、李新伟：《问学之路——赵辉先生访谈录》，《南方文物》2015 年第 2 期，第 50 页。

［24］ 赵辉、张海、秦岭：《田野考古的“系络图”与记录系统》，《江汉考古》2014 年第 2 期，第 44 页。

［25］ 赵辉、李新伟：《问学之路——赵辉先生访谈录》，《南方文物》2015 年第 2 期，第 50 页。

［26］ 赵辉、张海、秦岭：《田野考古的“系络图”与记录系统》，《江汉考古》2014 年第 2 期，第 43 页。

［27］ 赵辉、张海、秦岭：《田野考古的“系络图”与记录系统》，《江汉考古》2014 年第 2 期，第 44 页。

［28］ 赵辉：《遗址中的“地面”及其清理》，《文物季刊》1998 年第 2 期，第 77 页。

RTK、CASS 及 CorelDRAW 在田野考古绘图中的应用

何　凯

（中国社会科学院考古研究所安阳工作站）

田野考古绘图是田野考古中的重要工作之一。精确绘制的田野考古图，可将遗迹现象之间的关系准确地表现出来，使研究者充分了解整个工作区域内的遗迹现象，为后续工作提供重要参考，促进学术研究。近年来，随着测绘技术的飞速发展和计算机绘图技术的普及，文物考古领域利用现代化测量仪器、使用计算机软件辅助进行考古工作和研究成为新的潮流。相对于传统田野测绘工具，RTK 精度高，操作简便；使用 CASS 和 CorelDRAW 等计算机绘图软件对采集测绘数据进行数字化处理，并绘制出遗迹数字化图像。与传统纸质图像相对比，数字化图像具有易保存、易检索和使用方便等特点。这些技术手段的应用，不仅可以提高田野考古工作的效率，同时也提升了考古制图的精度，为田野考古绘图数字化、科学化提供基础保障（图一）[1]。

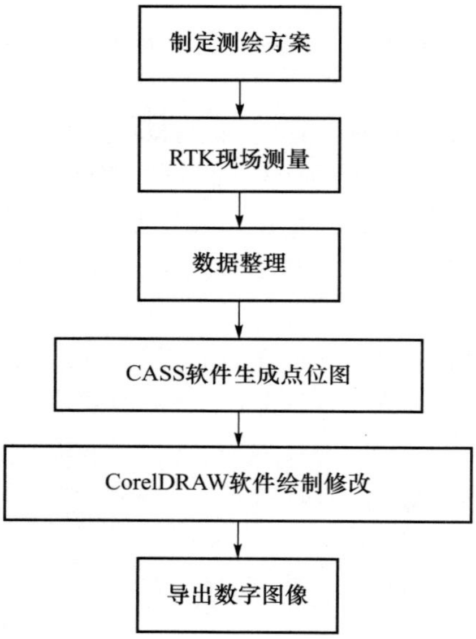

图一　RTK、CASS 及 CorelDRAW 绘图流程

一、RTK、CASS 及 CorelDRAW 的用途与特点

（一）RTK

RTK（Real-Time Kinematic）即“实时动态测量技术”，是以载波相位观测量为根据的实时差分测量技术。基准站通过数据链将其观测值和测站坐标信息一起传送给移动站。移动站在接收基准站数据的同时采集 GPS 观测数据，并在系统内组成差分观测

值进行实时处理，从而获取测量点的三维坐标[2]。使用 RTK 对遗迹进行测量，可以达到采集遗迹坐标数据的目的。

相较于传统测绘工具，RTK 具有以下三个特点：

（1）测量操作简单。使用 RTK 对遗迹进行测量，只需一人使用移动站，即可完成遗迹现象的测量工作。每个测量点的观测时间仅为 3～5 秒[3]，测量数据即时保存至 RTK 手簿之中，测量员可以随时查阅，修改及删除。

（2）测量精度高。RTK 使用高精度 GPS，采用实时动态定位技术，受外界条件干扰少，精度可达厘米级[4]。使用 RTK 获取遗迹大地坐标系具体数据，可以将遗迹准确地标注在考古地理信息系统上，符合国家文物局新修订的《田野考古工作规程》中"重要遗址的三维测绘坐标系统应与国家地理坐标系控制点建立有效关联"的要求[5]。

（3）测量范围大。RTK 基准站电台信号覆盖范围为 5 千米左右，且测量时对环境及地形要求较少。在信号范围内，均可以使用移动站对遗迹现象进行测量。

（二）CASS 软件

CASS 软件为广东地南方数码科技股份有限公司开发的一款绘图软件。它基于 AutoCAD 平台，广泛地应用于地形成图、地籍成图、工程测量成图等领域。CASS 软件可以将 RTK 测量数据，经过简单整理，自动生成点位图，即测量点与测量点之间的相对位置图。

CASS 软件生成遗迹点位图具有以下三个特点：

（1）自动生成点位图，极大地提高了绘图效率。

（2）无需人员手动绘制，确保了点位图的准确性和精确性。

（3）一人操作电脑即可完成点位图的绘制工作，减少绘图参与者，缩短绘图时间。

（三）CorelDRAW 软件

CorelDRAW 软件为加拿大 Corel 公司开发的一款矢量图形平面设计软件。该软件可以实现矢量图、页面设计、图形编辑等多种功能。因该软件具有丰富的绘图工具，故广泛应用于考古平面图、探方图等各类考古绘图之中[6]。

使用 CorelDRAW 软件绘图，具有以下四个特点：

（1）绘图精度高，编辑性强，绘图工具丰富。

（2）操作简单，对绘图员的计算机知识和绘图经验要求较低，推广较为容易。

（3）CorelDRAW 软件同 CASS 软件一样，为矢量绘图软件。其优点是不论放大或缩小多少倍，图形边缘平滑，图像质量不会改变，保证了成图质量[7]。

（4）CorelDRAW 软件可以导出多种格式的数字图像，如 JPG、TIFF、DWG、AI 等，确保了数字图像的多样性。

二、RTK、CASS 及 CorelDRAW 在田野考古绘图中的应用

为了更直观地介绍 RTK、CASS 及 CorelDRAW 在田野考古数字成图的具体步骤和使用技巧，本文以 2020 年安阳殷墟遗址博物馆考古工地 T9313 平面图为例进行说明：

（一）RTK 数据采集

1. 操作方法

本文使用的 RTK 为上海华测导航技术有限公司生产制造。每次测量，需使用移动站对已知大地坐标控制点进行测量及校准，获取大地坐标系具体数据。之后使用移动站，对探方及遗迹现象逐个进行测量，获取遗迹坐标数据。

2. 操作技巧

测量时，利用以下技巧，提高测量效率，保证后期绘图准确。

（1）使用移动站时，需保持移动站水平，确保测量数据的准确性。

（2）测量点命名，需简洁明了，方便后期整理及绘制。例如探方点命名，应以探方一角命名，其余三点为其他探方编号。遗迹点命名，采用“遗迹编号 - 数字”的格式。例如测量 H1，其第一个测量点编号命名为 H1-1。对该灰坑测量时，RTK 手簿会自动记录并延续下一个测量点编号，即 H1-2、H1-3……该遗迹测量完毕后，更改下一个遗迹测量编号。其“-”为间隔符号，主要作用防止遗迹编号与测量点相混淆。但需要注意，间隔符号不可以使用空格符号，此符号在使用 CASS 软件生成点位图时，会无法显示遗迹编号后的数字。

（3）测量遗迹时，需保证每个遗迹闭合性及完整性。即单个遗迹测量完毕后，再进行下一个遗迹测量。

（4）遗迹测量点密度，应保持合理性，过密或过疏都不利于后期绘图。对于复杂遗迹现象，可以适当增加测量点数量，以保证后期绘图的准确性。

（5）测量遗迹剖面时，按照遗迹剖面的东西方向或南北方向，对剖面深度进行测量。

（6）因墓葬、窖穴等空间狭小，且受卫星 GPS 信号限制，无法对其进行测量。可配合使用全站仪测量遗迹范围，后期进行填补。

（二）CASS 数据处理及生成点位图

1. 操作方法

遗迹测量完毕后，首先需要对采集数据进行处理，方便导入 CASS 软件生成点位

图。RTK 采集数据导出格式为 CSV 格式，使用 Excel 即可打开编辑。测量数据仅保留“点名”“代码”“X 坐标”（南北方向数据）、“Y 坐标”（东西方向数据）、“高程”，其余数据均可删除。之后，修改、删除错误的数据，同时将采集数据按照“Y 坐标”“X 坐标”“高程”的顺序进行排列，保存退出。将其后缀名 CSV 格式修改为 DAT 格式，并使用“记事本”格式打开。将“代码”栏内容“，?,”统一修改为“,,”（英文状态格式），保存退出。

本文以南方测绘软件 CASS7.0 版本为例进行说明。打开 CASS7.0 软件，界面顶部为菜单栏，菜单栏下侧为 CAD 工具栏。界面左侧为 CASS 工具栏，右侧为平面菜单栏。界面最下面则为命令栏和状态栏。

选择菜单栏“绘图处理”选项，在子菜单，选择“展野外测点点号”选项。此时，软件会弹出“输入坐标数据文件名”对话框。选择 DAT 格式测量数据文件。CASS 软件会将遗迹点数据，自动生成遗迹点位图，每个测量点旁会显示该点编号。然后选择“文件”选项，点击“图形存盘”，保存格式为 DWG 格式。若数据已经分组，可按上述步骤，将已经分组后的遗迹点位图分别保存（图二）。

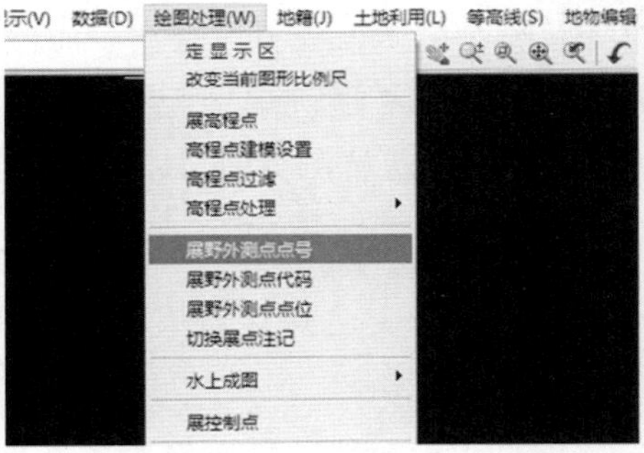

1

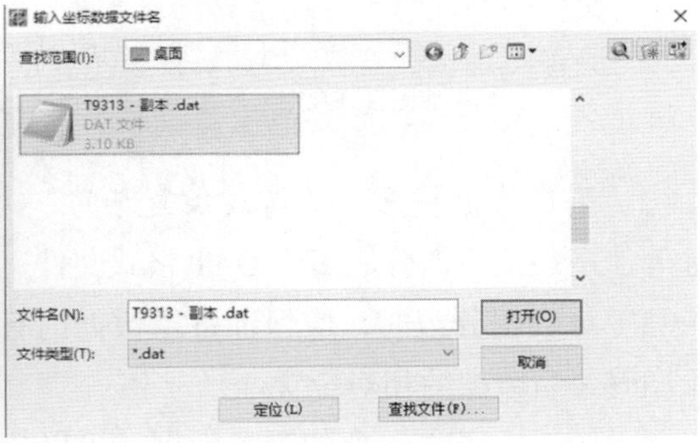

2

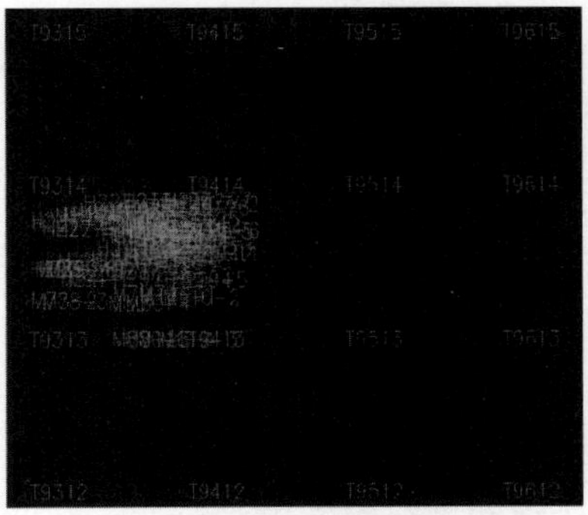

3

图二　CASS 软件生成点位图操作步骤

1. 第一步：选择“展野外测点点号” 2. 第二步：选择“测量数据文件” 3. 第三步：自动生成遗迹点位图

2. 操作技巧

数据处理时，利用以下技巧，方便后期绘图：

（1）RTK 系统默认将南北方向数据设为“X 坐标”，东西方向数据设为“Y 坐标”，因此在绘制遗迹平面图时，需按照“Y 坐标”“X 坐标”和“高程”的顺序进行排列，即东西方向数据在前，南北方向数据在后，这样符合 CASS 软件在生成平面点位图时，先东西方向、后南北方向的要求。同理类推，若绘制探方东西剖面图，则需按照“Y 坐标”“高程”“X 坐标”顺序排列。若绘制探方南北剖面，则需按照“X 坐标”“高程”“Y 坐标”顺序排列（图三）。

	A	B	C	D	E
1	点名	代码	Y坐标	X坐标	高程
2	T9312	?	529160	3999003	57.1
3	T9412	?	529170	3999003	57.2
4	T9512	?	529180	3999003	57.1
5	T9612	?	529190	3999003	57.2
6	T9613	?	529190	3999013	57.2
7	T9513	?	529180	3999013	57.3
8	T9413	?	529170	3999013	57.3
9	T9313	?	529160	3999013	57.1
10	T9314	?	529160	3999023	57.3
11	T9414	?	529170	3999023	57.2

1

	A	B	C	D	E
1	点名	代码	Y坐标	高程	X坐标
2	T9312	?	529160	57.1	3999003
3	T9412	?	529170	57.2	3999003
4	T9512	?	529180	57.1	3999003
5	T9612	?	529190	57.2	3999003
6	T9613	?	529190	57.2	3999013
7	T9513	?	529180	57.3	3999013
8	T9413	?	529170	57.3	3999013
9	T9313	?	529160	57.1	3999013
10	T9314	?	529160	57.3	3999023

2

	A	B	C	D	E
1	点名	代码	X坐标	高程	Y坐标
2	T9312	?	3999003	57.1	529160
3	T9412	?	3999003	57.2	529170
4	T9512	?	3999003	57.1	529180
5	T9612	?	3999003	57.2	529190
6	T9613	?	3999013	57.2	529190
7	T9513	?	3999013	57.3	529180
8	T9413	?	3999013	57.3	529170
9	T9313	?	3999013	57.1	529160
10	T9314	?	3999023	57.3	529160

3

图三　平、剖面图数据列排列顺序

1. 平面图排列顺序　2. 东西向剖面图排列顺序　3. 南北向剖面图排列顺序

（2）测量数据较多且遗迹现象复杂时，可以按照数据类别分组。将墓葬、灰坑、房址等遗迹现象数据分成多个 DAT 格式文件。

（3）对数据分组时，应保证每组数据内有 3 个或 3 个以上已知共同基点，确保后期绘图时每组数据的相对位置。

（4）同一个考古工地的测量数据，可以按测量时间进行分组，但依然需要保证每组数据内有 3 个共同基点。

（5）“，?,”修改为“,,”时，可以使用“CTAL+H”快捷键进行替换。

三、CorelDRAW 制图

1. 操作方法

CASS 软件虽然具有图形绘制和图形编辑功能，但对于绘制探方平面图、遗迹单元图及器物图，使用 CorelDRAW 软件进行编辑更为合适。因此，需要将 CASS 软件生成的点位图，导入至 CorelDRAW 软件内进行绘制及修改。

本文以 CorelDRAW X5 版本为例进行说明。打开 CorelDRAW X5，界面最上面为菜单栏，菜单栏下面为工具栏。界面左侧为工具箱即绘图指令，右侧为颜色面板。工具栏下侧为属性菜单，主要功能是配合工具命令，进行参数或属性的修改与编辑。点击菜单栏“工具”选项，选择“对象管理器”，则界面右侧出现对象管理器界面，即图层界面。工作界面顶部和左侧有标尺工具，其默认最小单位为毫米。

将 CASS 制作完成的 DWG 格式点位图导入 CorelDRAW 软件中，则会提示“导入 autoCAD 文件”对话框，选择“Metric（1 unit=1mm）”选项，然后在“替换缺少字体”对话框内选择确定。点位图会在 CorelDRAW 软件中展开。CorelDRAW 软件制图思路与手工制图思路基本一致，利用软件内的矩形工具和三点曲线工具对测量点按编号顺序依次连接，获取遗迹探方平面图。绘制步骤分为：设置点位图比例、新建图层并分类、修改字体大小、绘制探方位置图、绘制遗迹图，保存文件及导出等。

2. 操作技巧

以下对绘图过程中的步骤及技巧进行详细说明：

（1）设置点位图比例

点位图默认比例为 1∶1000。田野考古探方遗迹平面图一般为 1∶50 比例。因此，需要扩大 20 倍。使用工具箱中的“挑选工具”，将图中测量点及遗迹编号全部选中，并在属性菜单“缩放因数”栏内，输入 100% 的 20 倍，即 2000%，按回车确定。点位图自动扩大至 1∶50 比例（图四）。

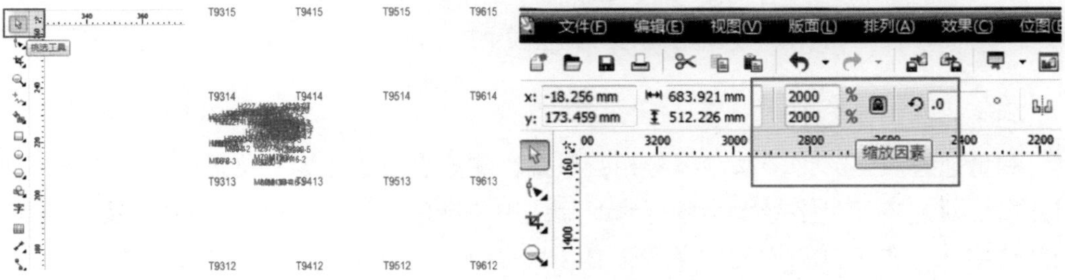

1　　2　　3

图四　缩放比例

1. 第一步：选择“挑选工具”　2. 第二步：选择全部测点量点　3. 第三步：“缩放因数”栏输入数据

（2）新建图层并分类

为绘图方便，在“对象管理器”内，新建图层并对图层名称进行命名。对图层名称命名时，一般会按照类别进行图层分类。例如：探方图层、灰坑图层、墓葬图层，文字图层等。方便后期对图像及文字进行编辑（图五）。

将分组点位图导入 CorelDRAW 软件，软件默认为一个对象群组即一组点及数字的组合。将其放置到对应的图层中并缩放至与该图相同比例，对 3 个已知共同基点拖动至重合，即可获得分组点位图的相对位置关系。如若编辑群组对象，在对应图层中选择群组，鼠标右键取消群组，即可对群组对象进行编辑。

图五　图层新建及分类

（3）修改字体大小

测量遗迹较多，许多遗迹编号相互重叠，测量点被遗迹编号覆盖，造成绘图不便。因此需要对遗迹编号字号大小进行修改。使用“挑选工具”，将图中测量点及遗迹编号全部选中，点击工具箱中的“文本工具（快捷键 F8）”，在属性菜单栏，将字号大小更改为“20”数值。此时，遗迹编号会清楚的标注在测量点的右下角（图六）。

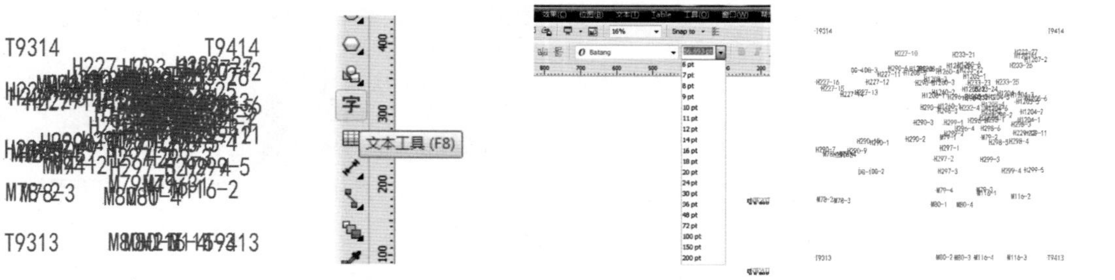

1　　2　　3　　4

图六　修改字号大小操作步骤

1. 第一步：选择全部测点量　2. 第二步：选择“文本工具”　3. 第三步：更改字符　4. 第四步：修改完成

（4）绘制探方位置图

绘制田野考古探方遗迹图之前，首先需要绘制探方位置图。选择探方图层，在工具箱栏选择“矩形工具（快捷键为 F6）”。按住“Ctrl”键，绘制正方形，并在属性菜单“对象大小”栏内，输入“200”数值，按回车确定。一个 20 厘米的正方形即绘制完成。以同样的方法，绘制一个 18 厘米的正方形。在工具箱栏选择“挑选工具”，将 18 厘米正方形与 20 厘米正方形左下角拖动至重合，则一个带隔梁的探方即绘制完成。将绘制完成的探方按需求进行复制，并根据点位图中探方位置进行排列。排列完毕后，探方之间有线条隔离，互不相通，因此需要对线条进行修改：按住“Shift”键，选中探方图层中所有矩形，点击鼠标右键，选择“转换为曲线”选项，将所有矩形转换为可编辑的曲线。利用工具箱栏的“形状工具（快捷键 F10）”，对探方多余线条进行修改或删除。其使用方法：双击曲线则可以新建节点，单击节点箭头即可删除该线条，节点虚线箭头可以对曲线进行编辑，右键菜单可以选择对曲线进行拆分。使用上述方法，即可将遗迹探方位置图绘制完成（图七）。

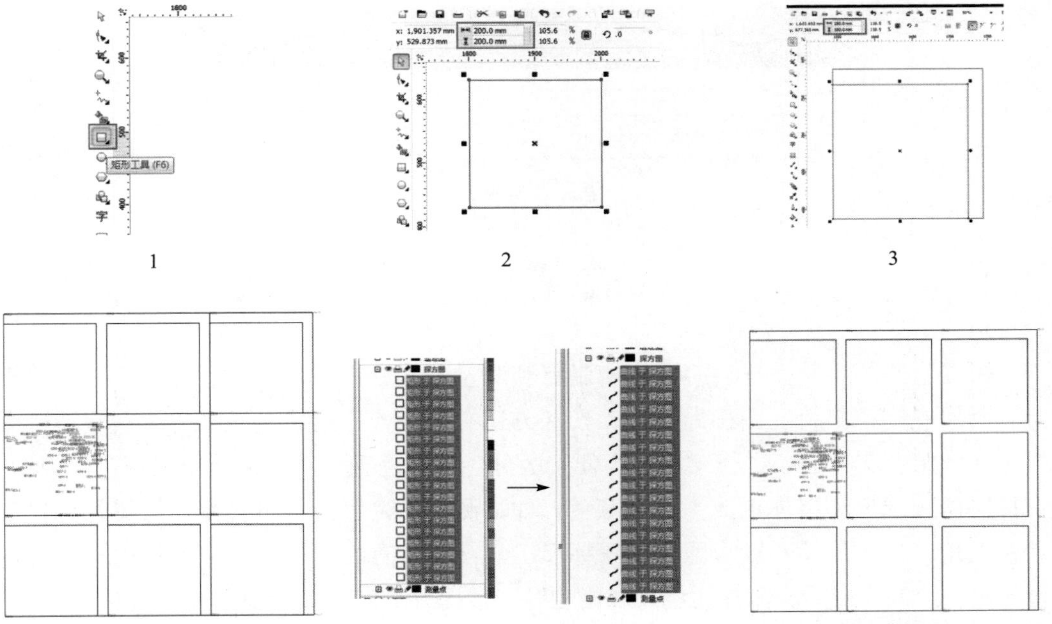

图七　绘制探方位置图操作步骤

1. 第一步：选择“矩形工具”　2. 第二步：绘制 20 厘米的正方形　3. 第三步：绘制 18 厘米正方形并与 20 厘米正方形重合　4. 第四步：复制探方进行排序　5. 第五步：矩形转换为可编辑的曲线　6. 第六步：选择“形状工具”进行修改并绘制完成

（5）绘制遗迹图

探方位置图绘制完成后，开始绘制遗迹图。使用工具箱中“三点曲线工具”，按照测量点编号顺序依次平滑连接。若遗迹绘制线条需要修改或者删除，可以使用工具箱栏的“形状工具”，其使用方法与绘制探方图相同。在属性菜单栏“轮廓宽度”和“轮廓样式选择器”中，可以对线条粗细和线条虚实线进行修改（图八）。需要注意的是CorelDRAW软件按照比例放大或缩小线图时，线条粗细不会根据比例进行变化。例如：轮廓宽度为0.2毫米，字符为18号。该图缩小50%，轮廓宽度依然为0.2毫米，但字符会更改为9号。如需要修改线条粗细，则需要在轮廓宽度选项里进行修改。绘制遗迹平面图时，根据遗迹尺寸大小，适当调整线条粗细及文字字符。例如绘制1∶50的探方平面图，其出版轮廓宽度选择0.2毫米，字符大小选择10号较为合适。

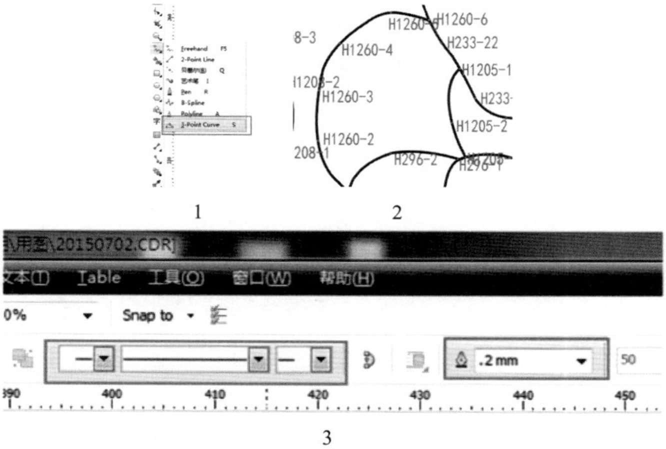

图八　绘制遗迹图操作步骤

1. 第一步：选择“三点曲线工具”　2. 第二步：绘制并修改　3. 第三步：修改线条样式和粗细

探方遗迹图绘制完毕后，可将测量点和测量编号在图层内隐藏：点击“对象管理器”图层左侧“眼睛”图标即隐藏。如探方还有第二或三层遗迹现象，可新建遗迹图层，并依照上文方法，进行绘制。为便于区分各层遗迹现象，可以使用“颜色面板栏”将每层遗迹现象和字体更改为不同颜色。如需测量遗迹尺寸，可将鼠标放置在标尺工具左上角，按住鼠标左键，即可重置标尺工具零点位置，这样即可以方便地对遗迹进行测量。绘制完成后，添加比例尺和指北针，该探方平面图即绘制完毕（图九）。

（6）保存文件及导出

点击菜单栏中“文件”，保存所需绘图格式。同时也可选择“导出”多种格式和不同分辨率的数字图像，方便后期编辑和使用。

利用上述方法，可应用于大多数田野考古遗址测绘。特别是大型遗址测量，可以将已知遗迹绘制在同一张图上。如殷墟手工业作坊布局图中的道路、铅锭坑、作坊等遗迹，便是使用RTK对遗迹进行测量，使用CASS及CorelDRAW对数据进行编辑和绘制（图一〇）[8]。

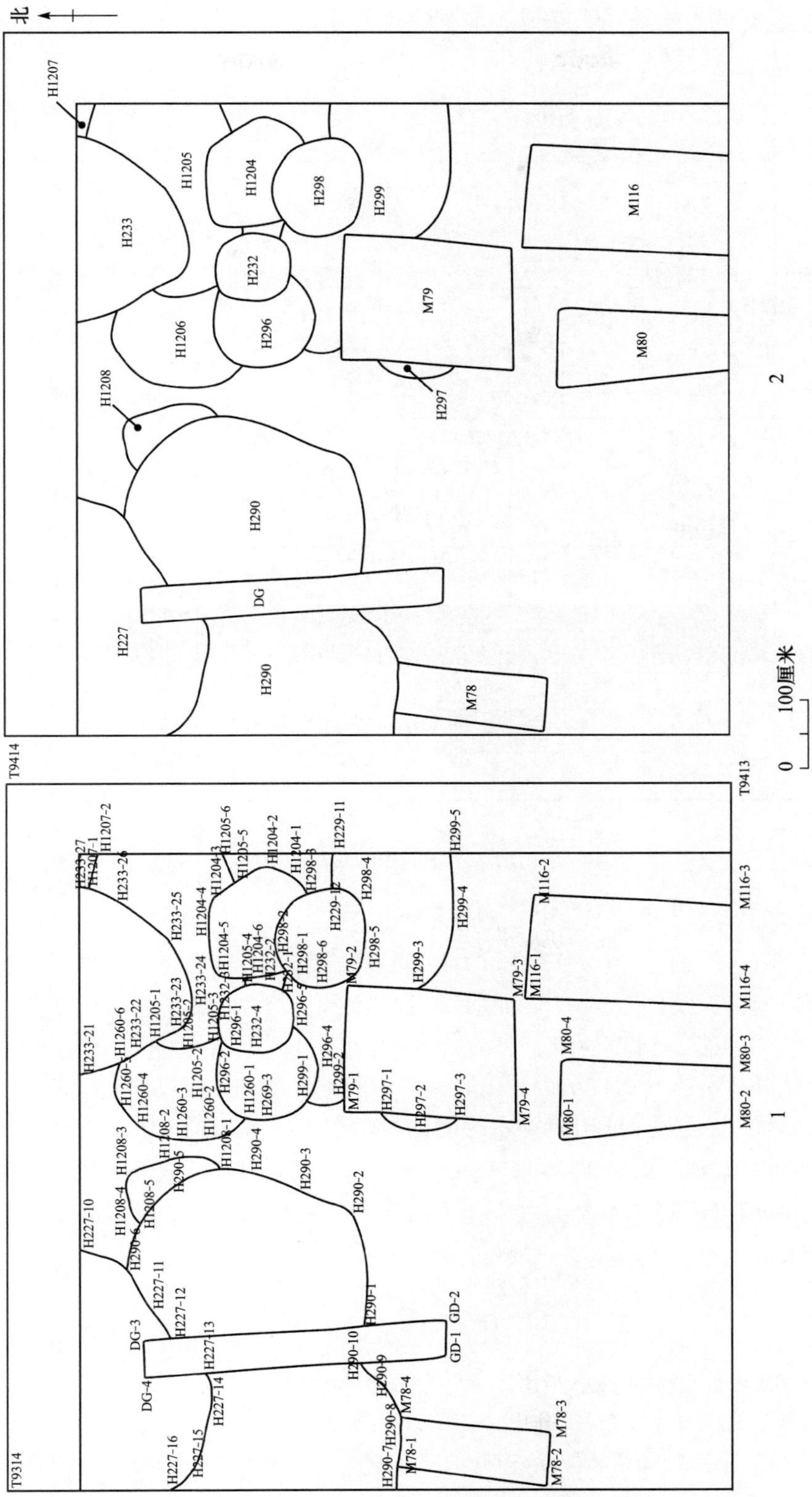

图九 T9313遗迹平面图

1. 第一步：隐藏测量点和测量编号 2. 第二步：添加遗迹编号及指北针、比例尺

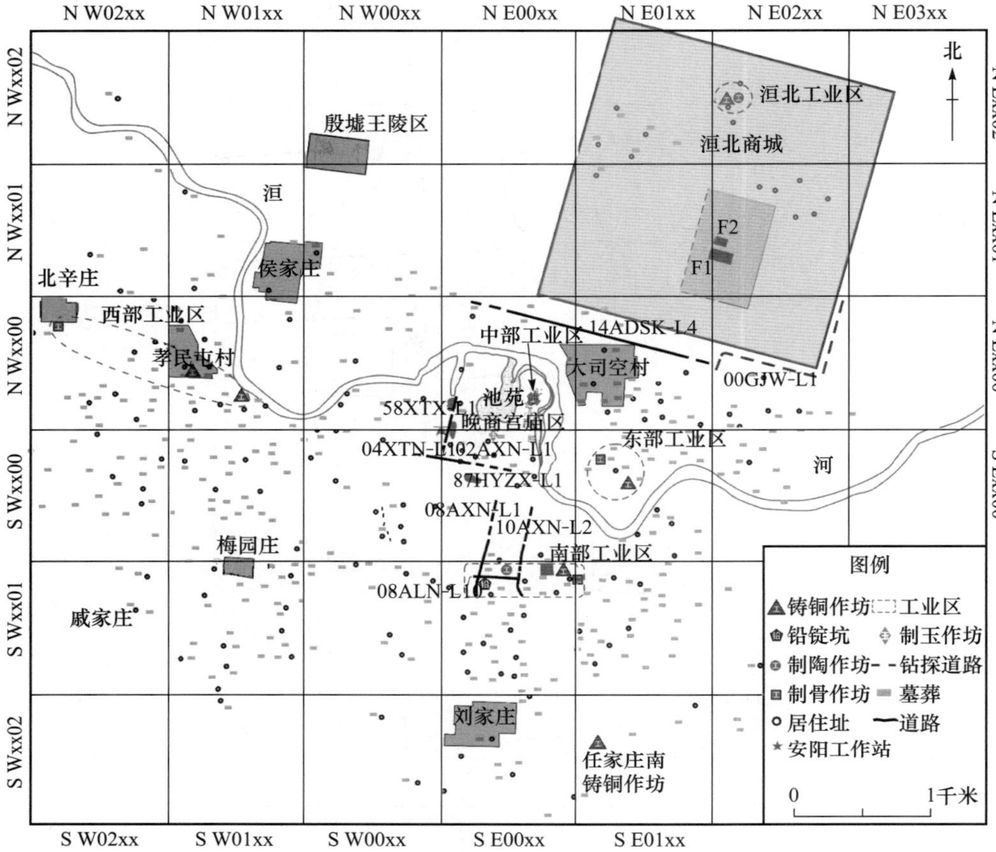

图一〇　殷墟手工业作坊布局图

四、结　　语

使用 RTK 进行测量，将数据导入 CASS 软件，并自动生成遗迹点位图，然后将点位图导入 CorelDRAW 软件进行编辑和绘制。利用这种方法不仅可以提高绘图效率，提升绘图精度，而且也可以保证田野考古绘图的科学性，实现田野考古绘图数字化、科学化。通过不断探索和实践，RTK、CASS 和 CorelDRAW 因其高效性、便捷性的特点将会更广泛地应用于田野考古绘图之中，为田野考古发掘、保护和研究提供精确的科学数据及数字图像。

注　　释

[1] 赵向莉：《田野考古测绘中的科技应用》，《大众考古》2014 年第 12 期。
[2] 段鹏飞：《浅谈 RTK 技术在考古工作中的应用》，《山西建筑》2010 年第 12 期。
[3] 邹秋实：《RTK 与全站仪在考古测量工作中的应用与探讨》，《南方文物》2015 年第 4 期。

[4] 王昭:《考古测量的新方法——RTK、GPS、全站仪等测量新工具在考古发掘中的应用》,《东北史地》2009 年第 5 期。
[5] 国家文物局:《田野考古工作规程》,文物出版社，2009 年。
[6] 唐彬彬:《考古绘图中 CorelDraw、AutoCAD 与 MapGIS 的数据转换》,《中国文物报》2012 年 11 月 2 日第七版。
[7] 许姗:《浅谈计算机平面制图软件在考古绘图中的运用》,《海岱考古》(第三辑)，科学出版社，2010 年。
[8] 何毓灵:《论殷墟手工业布局及其源流》,《考古》2019 年第 6 期。

文化遗产保护与利用

探索现代企业与殷墟文化遗产和谐共生之路

程国强　魏庆军　杨义恒　柳海兵　崔　齐
（安阳钢铁集团股份有限公司）

安钢，地处中国历史文化名城安阳，是洹水河畔的一座现代化钢铁企业。

殷墟，是唯一有文字可考的中华文明的发源地、华夏文明的一颗璀璨明珠、宝贵的文明遗址。

作为殷墟近邻，安钢始终高度重视参与殷墟保护。特别是近年来，安钢既要企业发展，更要碧水蓝天，将环保提升视为与殷墟和谐共生，为殷墟增光添彩的生命线工程，投入近70亿元，开展环保深度治理，并斥资16亿元，大力推进“公园式、森林式”园林化工厂建设，主动融入殷墟国家遗址公园规划。2019年12月29日，安钢成功获评国家3A级旅游景区，勾勒出现代冶炼文明和古代文明遗址和谐共融大美画卷。

一、主动担当，以敬畏之心做好殷墟保护

“一片甲骨惊天下”。殷墟是人类珍贵的历史文化遗产。

作为殷墟近邻，自1958年建厂起，安钢始终高度重视与殷墟遗址的和谐发展，高度重视文物保护与文化传承。60多年来，安钢积极承担国有企业社会责任，陆续投入殷墟文物保护基金数千万元，持续为殷墟文物保护贡献国有企业力量。

其中殷墟博物苑的建设、殷墟车马坑等大型文物的搬迁、国宝后母戊鼎的“省亲之旅”、殷墟世界文化遗产申报、殷墟志愿者服务等，安钢都在积极参与。在厂区，将孝民屯地点商代晚期铸铜工场区建成文化公园，地表植绿，一座最大的青铜器作坊就地保护，地表标识展示（图一）。

近年来，安钢积极以习近平总书记关于文物保护工作的系列重要论述和批示指示精神为指导，严格贯彻落实各级政府关于文物保护的要求，严守文物“保护红线”，对文物保护给予了大力支持。

2020年，创建A级环境绩效企业，是安钢工作的重中之重。其他项目都是倒排工期，严格按节点完成。但是所有涉及文物考古的项目，不设置时间节点。安钢集团党委

图一　安钢厂区商代晚期铸铜遗址展示（摄影：殷海民）

书记、董事长李利剑多次强调要严格执行有关文物保护法律法规，加强与文物保护部门的沟通合作，处理好安钢发展和殷墟文物保护的关系，坚决按文物保护规矩制度办事，不越过红线一步。

为了更好地做好保护工作，安钢还专门成立了文物与环境领导小组，由安钢集团总经理刘润生亲自担任组长；出台《安阳钢铁集团有限责任公司文物保护管理制度》，规范管理，构建安钢文物安全网格，组建安钢文物保护巡查员及监督员队伍；常抓不懈，由安钢保卫处、工程管理公司两个专业职能单位负责日常工作，在做好厂区文物保护安全巡查的同时，不断加强安钢文物保护宣传教育工作，积极参与安阳市殷墟文物保护系列活动，将文物保护管理落到了实处，使得安钢文物保护体制机制得到空前重视和加强。

二、重视融合，让古代与现代冶炼文明薪火相传

在60余年发展历程中，安钢始终坚持发展为第一要务，大力推进结构调整，持续提高发展质量，当前已经实现装备大型化、工艺现代化、产品高端化、生产过程自动化和智能化，成为全国极具竞争力、影响力和带动力的现代化钢铁强企。

殷商，是古代青铜冶炼文明的一座高峰。安钢，是现代钢铁冶炼文明的优秀代表。古老冶炼文明和现代冶炼文明一河之隔，因缘际会。

文明，只有在接续的传承中，才具有灵魂，能够更好地活起来，动起来。

殷墟国家考古遗址公园建设规划启动后，安钢第一时间主动对接，把发展现代钢铁工业旅游，与实现古代冶炼文明和现代冶炼文明接续传承充分结合起来，对厂区工艺规划进行了大幅度调整，已拆除建、构筑物建筑面积20.7万平方米，腾退出约40万

平方米的生产线地域，整体上生产线自东向西迁移、优化，将东部保护区内部分工序逐步退出生产功能，逐步转移至远离殷墟的地区。邀请殷墟国家考古遗址公园规划设计单位清华同衡，做好安钢文化旅游规划设计，与殷墟国家考古遗址公园规划有机融为一体，未来将建设殷商铸铜工艺展示馆、宋代冶银工艺展示馆、现代工业遗产展览馆、安钢钢铁博物馆、安钢钢铁工艺品制作体验中心等旅游景点，打造包括服务、集散、购物、娱乐、办公等在内的综合性旅游接待服务区，让游客参观殷墟遗址后，在安钢可以进一步感受中国冶炼文明的千年变迁历史。

安钢还为游客量身打造了从炼铁到炼钢，再到轧钢的工业旅游参观线路，游客可以在生产现场实地观摩国际国内钢铁高端装备和一流生产线的现代化生产过程，近距离了解钢铁是怎样炼成的，感受工业文明与现代科技的神奇，进一步深化、拓展殷墟国家考古遗址公园旅游的内涵和外涵，让古老冶炼文明在“活化”继承中活起来、动起来。

三、轻量排放，实现脱胎换骨的绿色蜕变

作为城市中的钢厂、世界文化遗产殷墟的邻居，安钢高度重视环保治理工作，将其作为政治任务、生存之基、民生所向、企业发展命脉，近年来投入近 70 亿元资金，采用最先进的技术、最高水平的装备配置，加大环保治理力度，在全国第一家实现了焦炉脱硫脱硝的全覆盖，是国内第一家实现全流程干法烟气治理的钢铁联合企业，早在 2018 年，就实现了主体工序超低排放、近零排放，只见烟囱不见烟业已成为安钢一景。

与此同时，安钢着眼殷墟保护和环境提升，启动了产能异地置换计划，通过置换的方式关停安阳本部相对落后但符合国家准入标准的部分设备设施。近年来安钢先后关停的设施包括：10 座焦炉中的 6 座已经退出生产序列；6 座高炉，停产 3 座；炼钢转炉 7 座，拆除 3 座。为了更好地保护世界文化遗产殷墟，安钢做出了艰苦努力，付出了巨大代价。

异地置换工程实施以后，安阳本部减少焦化产能 168 万吨 / 年，炼铁产能 165 万吨 / 年，炼钢产能 180 万吨 / 年，占到安阳本部产能的近 1/5，从生产源头大幅减少了排放总量。

通过这一系列“大动作”，安钢实现了“凤凰涅槃”，减排比例超过 80%，清洁运输比例达到 82% 以上，环保治理达到国际一流、国内领先水平，完成了脱胎换骨的绿色蜕变，颠覆了人们对传统钢铁产业的固有印象，以一个清洁、绿色、低碳的钢铁巨人形象屹立在殷墟之畔。

2018 年 5 月 25 日，中共中央政治局常委、全国人大常委会委员长栗战书在视察安钢时评价道：“安钢的环保工作做得很好！”

陪同视察的生态环境部大气环境管理司司长刘炳江汇报说："生态环境部原本考虑让城市钢厂全部搬迁、退出城区，但看到安钢的环境治理效果，实际上城市钢厂是可以与城市和谐共存的，安钢已经做出了很好的尝试，搬迁并不是城市钢厂的唯一选项。"

安钢的环保经验入选《中国绿色发展典型案例汇编》白皮书；在中财办"大气污染防治企业座谈会"上作典型发言；先后荣获"绿色发展标杆企业""中国最具影响力绿色企业""中国钢铁工业清洁生产环境友好企业"等殊荣。央视新闻频道《新闻直播间》、新华网、人民网、河南卫视《聚焦》栏目先后走进安钢，报道安钢环保治理的典型经验和做法。2019 年，安钢的大气污染治理经验做法被生态环境部树立为钢铁行业标杆并推广。

2020 年，安钢克服疫情影响，以精益求精、追求极致的精神，追加 12 亿元，开展新一轮环保提升，进一步加快绿色发展步伐，全力创建 A 级环境绩效企业。

截至 2020 年 9 月份，涉及创 A 工作的环保治理项目全部建成并投入使用，安钢实现了全工序、全流程超低排放，排放总量在高起点上再度大幅减少，绿色发展迈上新高度，一个更加绿色可亲的钢铁巨人屹立在洹河岸边，与殷墟和谐共融。

当前，安钢创建 A 级环境绩效企业工作已近尾声，有望在 2021 年一季度通过国家 A 级绩效企业评审，成为全国钢铁行业前几家晋 A 企业之一。

四、美化颜值，高标准打造园林化工厂

2020 年初，新冠肺炎疫情突如其来，但这丝毫不能阻挡河南安钢工业旅游景区迎来第一个春天。五月的钢城绿意愈发浓郁，鲜花在灿烂的阳光下更加娇艳，"AAA 国家级旅游景区"标牌醒目悬挂在钢厂大门处。厂区新铺设建成的柏油大道，宽敞平直、乌黑油亮，景观带中的树木迎风摇曳，安钢"公园式、森林式"园林化工厂已然成形，置身其中，仿佛来到生态园林，而不是钢铁生产厂区。

眼下虽是深冬，但仍然绿意葱葱，风格迥异的现代化厂房间，花木扶疏，白鸽长飞，鱼儿摆尾清泉间，孔雀抖衣诱彩云。

一手抓环保深度治理，一手抓厂容厂貌治理，安钢将大美钢城建设贯穿始终。

2018 年以来，安钢紧密结合殷墟国家遗址公园建设，主动对接规划，在投入巨资进行环保治理的基础上，投入 16 亿元资金，以 4A 级国家旅游景区的高标准，大手笔进行全公司范围的绿化、美化、亮化、硬化工程，把殷墟整体保护规划与安钢园林化工厂建设深度融合，打造一流遗址公园、一流钢铁强企融合共生的发展格局。

从 2018 年新一轮园林化工厂建设启动至今，安钢厂区完成 20.4 千米道路修缮铺设，新增绿化及景观项目面积约 43.6 万平方米，建成厂区特色花园 15 个，种植乔灌木 75.3 余万株。

上下同欲者胜。在安钢党委领导下，"自己动手、美化家园"活动进行得如火如荼，各二级单位创意无限，运输部将浓缩版江南园林搬进了机关小院；第二炼轧厂用国学智慧绘出百米文化长廊……

犄角旮旯的"小微"空地也被充分利用起来，"见缝插绿"，退居二线的设备零件化身工业雕塑，一个个新颖别致的口袋公园点缀钢城。

2019 年年底，安钢顺利通过国家 3A 级旅游景区评审，成为全国钢铁行业第七家、河南省第一家获此殊荣的钢铁企业，工厂变公园、厂区变景区的美好愿景变为现实。

自上而下的顶层设计和自下而上的"全民运动"，美了安钢，火了旅游，亮了绿色发展品牌。前来进行研学游、工业游的旅客络绎不绝。2020 年，尽管受到新冠疫情的冲击，前来安钢旅游的热度依旧不减。据统计，自 2020 年 9 月正式对外开放以来，截止到 2020 年 12 月 31 日，景区共接待游客近 5000 人。

"以前我们搞环保的时候，安钢既是一个'金娃娃'，又是一个'臭蛋蛋'，扔了舍不得，治起来又难，所以当时我们搞环保对安钢爱恨交加"，原安阳市环保局局长郭震在参观后感慨道，"可是现在再看安钢，天蓝地绿像个花园一样，就是不像钢铁企业，非常震撼"。

当前，安钢园林化工厂建设一期工程已经完成。漫步钢铁之城，锦鲤碧藻，花红柳绿，翠竹青藤，亭台楼榭，层石为岸，水瀑相连的景致徐徐映入眼帘。

二期工程建设也正快马加鞭全力推进，规划拟拆除 12.5 万平方米，按 4A 级国家旅游景区标准进行建设，力争在短时间内全部完成，继续将自然、生态、文化与钢铁产业融为一体，传承冶炼文化、延续历史记忆、营造特色风貌，安钢"公园式、森林式"园林化工厂将美出新颜值，靓出新高度。

安钢焕然一新的厂容厂貌，吸引了社会的广泛关注，抖音、短视频频频刷爆朋友圈。婚纱摄影公司也主动与安钢对接，取景安钢厂区，引入工业风、钢铁风、怀旧风，开启"景区 + 摄影"合作模式，安钢成为豫北地区第一处工业风婚纱拍摄网红打卡基地。

安钢集团党委书记、董事长李利剑这样描述了"公园式、森林式"园林化工厂建设全部完成后的安钢美景：平整区域设置小山湖泊，不同区域种植樱花等树种，彩色或标准的柏油马路串联起厂房，厂房藏在树林间，山水相映，厂区内芳草鲜美、落英缤纷，安钢看起来像森林，像公园，但就是不像工厂。

安钢以亮丽生态底色厚植发展底蕴，"绿色发展、高效发展、高质量发展"取得重大突破，高质量发展之路越走越宽广。2016 至 2020 年，连续 4 年被国家权威部门评为钢铁行业"A"级竞争力特强企业。

新时代，新目标，新作为。安钢将一如既往认真践行习近平生态文明思想，秉持"既要企业发展，更要碧水蓝天"发展理念，倾力打造安钢的绿水青山，进一步深度实现企业与城市、世界文化遗产——殷墟的共生共融，为美丽中国建设、为殷墟文化遗址保护贡献安钢力量。

中国社会科学院考古研究所夏商周考古研究室2019～2020年科研成果存目

许　宏

[1]《洛阳盆地中东部先秦时期遗址：1997～2007年区域系统考古调查报告》，科学出版社，2019年。（主编）

[2]《二里头考古六十年》，中国社会科学出版社，2019年。（主编）

[3]《关于石峁遗存年代等问题的学术史观察》，《中原文物》2019年第1期。

[4]《二里头：从田野到阐释》，《南方文物》2019年第2期；中国人民大学书报资料中心：《复印报刊资料·先秦、秦汉史》2020年第1期。（合著，第一作者）

[5]《中华文明总进程的核心与引领者：二里头文化的历史位置》，《南方文物》2019年第2期。（合著）

[6]《试论二里头遗址出土陶器化学成分所见选料传统》，《南方文物》2019年第2期。（合著）

[7]《二里头遗址发现60年的回顾、反思与展望》，《中原文物》2019年第4期。（合著）

[8]《二里头考古六十年》，《文史知识》2019年第9期。（合著，第一作者）

[9]《青铜催生"中国"？——公元前2000年前后的中原社会》，《中国科学院文化遗产科技认知研究中心集刊》（第一辑），安徽科学技术出版社，2019年。

[10]《小议金昌三角城的历史位置与特质》，《三代考古》（八），科学出版社，2019年。

[11]《中国考古学长足发展的缩影——写在〈二里头考古六十年〉出版之际》，《中国文物报》2019年10月11日。

[12]《见证中国考古学的转型》，《人民日报》2019年10月19日。

[13] An Archaeological Proposal of the Origin of State in China. *Journal of Chinese Humanities*, Brill Academic Publishers, November 2019, 5(1): 43-54.

[14]《考古学所见东亚大陆的城市缘起》，《世界历史评论》总第12辑，上海人民出版社，2019年（夏季号）；《中国社会科学文摘》2019年第12期。（合著，第一作者）

[15]《论"青铜时代"概念的时空适用性——以中国东北地区为例》，《聚才揽粹著新篇：孟凡人先生八秩华诞颂寿文集》，科学出版社，2019年。

[16]《考古学参与传说时代古史探索的论理》，《遗产》（第一辑），南京大学出版社，2019年。

[17]《春秋战国时期城市的形态及其社会意义》，《中国城墙》（第一辑），江苏人民出版社，2019年。

[18] Rise and fall of complex societies in the Yiluo region, North China: The spatial and temporal changes. *Quaternary International*, 2019, 521: 4-15.（合著）

[19] Geomorphic changes along the Yiluo River influenced the emergence of the first urban center at the Erlitou Site, Central Plains of China. *Quaternary International,* 30 June 2019, 521: 90-103.（合著）

[20] 「中國古都の恆と變：古代の城郭配置を中心として」（日本）東方學會『東方學』No. 139，2020-01。

[21] 中国社会科学院考古研究所二里头工作队：《河南偃师市二里头遗址宫殿区 5 号基址发掘简报》，《考古》2020 年第 1 期。（合著）

[22]《二里头都邑的两次礼制大变革》，《南方文物》2020 年第 2 期。

[23]《从田野到作品：考古人收获的十年》，《天涯》2020 年第 6 期。

[24]《青铜时代王朝文明的初霁》，《中国社会科学报》2020 年 9 月 30 日。

[25]《何以中国——考古学视角下的“中国”诞生史》，《文明探源：考古十讲》，社会科学文献出版社，2020 年。

[26]《何以中国——考古学视角下的中国诞生史》，《部级领导干部历史文化讲座 · 2019》，国家图书馆出版社，2020 年。

[27]《二里头：何以堪称“最早的中国”？》，《了不起的文明现场：跟着一线考古队长穿越历史》，生活 · 读书 · 新知三联书店，2020 年。

[28]《二里头：中国早期国家形成中的一个关键点》，《早期文明的对话：世界主要文明起源中心的比较》，上海古籍出版社，2020 年。

[29]《中国考古学界国家起源探索的心路历程与相关思考》，《国家起源问题研究的理论与方法——“国家起源研究的理论与方法国际学术研讨会”论文集》，中西书局，2020 年。

何 努

[1]《薪火相传探尧都——陶寺遗址发掘与研究四十年历史述略》，《南方文物》2018 年第 4 期。（合著，第一作者）

[2]《大运河的前身 大运河文化带江苏段春秋之前的文脉》，《大众考古》2019 年第 1 期。

[3]《二里头 2005VT111 出土的陶水管“筒瓦”解》，《黄河 · 黄土 · 黄种人》2019 年第 4 期。

[4]《说说苏美尔文明与中原文明》，《中国社会科学报》2019 年 8 月 19 日第 5 版。

[5]《发掘陶寺——四千年前“北京城”考古》，《走近考古人》，科学出版社，2019 年。

[6]《关于陶寺早期王族墓地的几点思考》，《三代考古》（八），科学出版社，2019 年。

[7]《陶寺遗址的水资源利用和水控制》，《故宫博物院院刊》2019 年第 11 期。

[8]《石峁皇城台与美索不达米亚“塔庙”的对比分析》，《南方文物》2020 年第 1 期。

[9]《良渚文化原始民主制度崩溃原因蠡测》，《中原文化研究》2020 年第 3 期。

[10]《制度文明：陶寺文化对中国文明的贡献》，《南方文物》2020 年第 3 期。

[11]《华西系玉琮功能新蠡测》，《黄河 · 黄土 · 黄种人》2020 年第 12 期。

[12]《战国至汉代玉器艺术考古的真正典范——评〈实幻之间——院藏战国至汉代玉器特展〉图录》，《文物春秋》2020 年第 5 期。

[13]《中国考古学的特色、风格与气派》，《中国社会科学报》2020 年 11 月 9 日第 5 版。

[14]《黄河双雄——陶寺与石峁的“恩怨”简史索隐》，《黄河文明的标识——陶寺 · 石峁的考古揭示》，山西人民出版社，2020 年。

[15]《尧都之证——山西襄汾陶寺城址考古侦探》,《天中讲坛：中华文明探源》，科学出版社，2020年。

[16] Longshan Culture Issues: Taosi and Cosmology. *The Oxford Handbook of Early China*, New York: Oxford University Press, 2020.

谷 飞

[1]《社会考古视角下的偃师商城——以聚落形态和墓葬分析为中心》,《中原文物》2019年第5期。（合著，第一作者）

[2]《偃师商城宫城第三号宫殿建筑基址的年代问题》,《三代考古》（八），科学出版社，2019年10月。

[3]《河南偃师市偃师商城宫城祭祀D区发掘简报》,《考古》2019年11期。（合著）

[4]《河南偃师商城囷仓遗址》,《大众考古》2019年第12期。（合著）

[5]《偃师商城2018～2020年田野工作的新收获》,《中原文物》2020年第6期。（合著，第一作者）

[6]《2018～2020年偃师商城小城北城墙发掘简报》,《中原文物》2020年第6期。（合著）

[7]《河南偃师商城遗址新发现大型仓储区及囷仓类建筑基址》,《中国文物报》2020年8月7日第八版。（合著）

[8]《河南偃师商城遗址2019年发掘收获》,《2019中国重要考古发现》文物出版社，2020年。（合著，第一作者）

印 群

[1]《〈燕地古城考〉评介》,《中国史研究动态》2019年第3期。

[2]《论春秋时期的楚墓人殉》,《三代考古》（八），科学出版社，2019年。

[3]《论淅川下寺楚王室墓地殉人墓的文化因素》,《南方文物》2019年第6期。

[4]《论燕下都战国大墓的埋葬特点——与齐国战国大墓等比较》,《东方考古》（第16集），科学出版社，2019年。

[5]《论春秋时期鲁东南殉人墓的文化因素——兼及东夷与嬴秦文化的关系》,《复旦学报》（社会科学版）2020年第4期。

[6]《论春秋时期上马墓地的随葬青铜礼器组合》,《青铜器、金文与齐鲁文化学术研讨会论文集》，上海古籍出版社，2020年。

[7]《论圆顶山秦高级贵族墓随葬青铜礼器组合——兼与晋、楚墓比较》,《殷都学刊》2020年第4期。

[8]《论战国楚墓随葬车马坑》,《东方考古》（第17集），科学出版社，2020年。

徐良高

[1]《家国天下——西周社会与政体初识》,《传承与创新：考古学视野下的齐文化学术研讨会论文集》，上海古籍出版社，2019年。

[2]《文化理论视野下的考古学文化及其阐释（上）》,《南方文物》2019年第2期。

[3]《文化理论视野下的考古学文化及其阐释（下）》,《南方文物》2019年第3期。

[4]《从“证经补史”到“考古写史”——新中国两周考古七十年》,《中国文物报》2019年9月27日第五版（考古专刊）。

[5]《考古学文化、文献文本与吴越早期历史的构建》,《考古》2020年第9期。

[6]《考古发现所见楚文化在东南和西北方向的进退》,《三代考古》(八)，科学出版社，2019年。

[7]《丰镐遗址近年考古工作收获与思考》,《三代考古》(八)，科学出版社，2019年。(合著)

[8]《由文献记载与考古发现关系再审视看二里头文化研究》,《中原文化研究》2020年第5期。

[9]《陕西西咸新区大原村西南西周墓葬发掘简报》,《南方文物》2020年第4期。(合著)

[10]《从考古学看“大一统”观念》,《中国社会科学报》2020年7月20日。

[11]《新中国历史学研究七十年》第四章夏商周时代考古，中国社会科学出版社，2020年。(参编)

[12]《中国历史学暨考古学本体论研究传统与现状刍议》,《中国考古学理论与方法（Ⅰ)》，科学出版社，2020年。

[13]《关于史学价值与意义的几点认识》,《南方文物》2020年第6期。

施劲松

[1]《成都平原先秦时期的墓葬、文化与社会》,《考古》2019年第4期。

[2]《建筑与考古学的相遇——读〈明代宫廷建筑史〉》,《江汉考古》2019年第2期。

[3]《记川西的三座冶铁炉》,《中国文物报》2019年4月19日第六版。

[4] The Cultural Landscape of the Chinese Bronze Age. *Acta Archaeologica*, May 17th, 2019, 90(1).

[5]《古城的消失与重构》,《读书》2019年第7期。

[6]《成都平原先秦时期的房址——兼谈十二桥遗址的木构建筑》,《南方文物》2019年第5期。

[7]《面向“未来”的“历史”建构》,《读书》2020年第5期。

[8]《考古背景中的巴蜀符号》,《四川文物》2020年第3期。

[9]《论三星堆—金沙文化》,《考古与文物》2020年第5期。

[10]《长江流域青铜时代的文明图景》(专访),《三联生活周刊》2020年第39期。

岳洪彬

[1]《安阳殷墟大司空村东南地2015～2016年发掘报告》,《考古学报》2019年第4期。(合著，第一作者)

[2]《殷人不会盗掘殷人墓葬的证据》,《南方文物》2019年第5期。

[3]《商代扁体铜卣的铸造工艺研究》,《南方文物》2019年第5期。(合著)

[4]《殷墟文化的多元因素再分析——以陶鬲为例》,《南方文物》2019年第5期。(合著)

[5]《当甲骨遇上考古——读〈殷墟考古与甲骨学研究〉》,《南方文物》2020年第2期。

[6]《谈谈商代考古学研究中的“泛祭祀倾向”》,《南方文物》2020年第4期。

牛世山

[1]《河南安阳市殷墟豫北纱厂地点2011～2014年发掘简报》,《考古》2019年第3期。

[2]《殷墟文化的多元因素再分析——以陶鬲为例》,《南方文物》2019年第5期。(合著，第一作者)

[3]《商代扁体铜卣的铸造工艺研究》,《南方文物》2019 年第 5 期。(合著)
[4]《中国古代初期城市的营建考察——以石家河聚落群、陶寺城址为例》,《江汉考古》2019 年第 5 期。(合著，第一作者)
[5]《湖北东北部晚商文化的新认识——从蕲春毛家咀遗址和新屋塆青铜器谈起》,《南方文物》2020 第 4 期。
[6]《商、周王朝的礼制变革——以酒礼器为视角》,《人民美术家》2020 年第 10 期。

付仲杨

[1]《沣西遗址出土西周原始瓷胎釉特征的初步研究》,《文博》2019 年第 2 期。(合著)
[2]《丰镐遗址近年考古工作收获和思考》,《三代考古》(八)，科学出版社，2019 年。(合著，第一作者)
[3]《丰京遗址水系与聚落布局》,《江汉考古》2019 年第 5 期。
[4]《陕西西咸新区大原村西南西周墓葬发掘简报》,《南方文物》2020 年第 4 期。(合著，第一作者)
[5]《西安市长安区西周时期丰京遗址》,《中国考古学年鉴 · 2018》，中国社会科学出版社，2020 年。(合著，第一作者)

严志斌

[1]《巴蜀符号研究中的两类特殊符号》,《新果集（二）：庆祝林沄先生八十华诞论文集》，科学出版社，2018 年。
[2]《巴蜀符号集成》，科学出版社，2019 年。
[3]《三代考古》(八)，科学出版社，2019 年。(执行主编)
[4]《宣汉罗家坝墓地出土巴蜀符号探析》,《中国国家博物馆馆刊》2019 年第 4 期。(合著)
[5]《漆觚、圆陶片与柄形器》,《中国国家博物馆馆刊》2020 年第 1 期。
[6]《霸伯簋铭文校议》,《故宫博物院院刊》2020 年第 5 期。
[7]《四川荥经同心村墓地出土巴蜀符号探析》,《四川文物》2020 年第 6 期。
[8]《国家博物馆藏商代铜器铭文例述》,《中国国家博物馆馆藏文物研究丛书 · 青铜器卷（商）》，上海古籍出版社，2020 年。

陈国梁

[1]《合与分：聚落考古视角下二里头都邑的兴衰解析》,《中原文物》2019 年第 4 期。
[2]《洛阳盆地中东部先秦时期遗址——1997～2007 年区域系统调查报告》，科学出版社，2019 年。(执行主编)
[3]《二里头考古六十年》，中国社会科学出版社，2019 年 10 月。(合著)
[4]《社会考古视角下的偃师商城——以聚落形态和墓葬分析为中心》,《中原文物》2019 年第 5 期。(合著)
[5]《河南偃师市偃师商城宫城祭祀 D 区发掘简报》,《考古》2019 年第 11 期。(合著)
[6] Rise and fall of complex societies in the Yiluo region, North China: The spatial and temporal changes.

Quaternary International, 2019, 521: 4-15.（合著）

[7]《河南偃师商城囷仓遗址》，《大众考古》2019 年第 12 期。（合著，第一作者）

[8]《河南偃师商城遗址 2019 年发掘收获》，《2019 中国重要考古发现》，文物出版社，2020 年。（合著）

[9]《河南偃师商城遗址新发现大型仓储区及囷仓类建筑基址》，《中国文物报》2020 年 8 月 7 日第八版。（合著，第一作者）

[10] Anthropological analysis from the Bronze Age site of Erlitou (Henan province, China). *Quaternary International*.（合著）

[11]《囷窌仓城：偃师商城第XⅢ号建筑基址群初探》，《中原文物》2020 年第 6 期。

[12]《偃师商城 2018～2020 年田野工作的新收获》，《中原文物》2020 年第 6 期。（合著）

[13]《2018～2020 年偃师商城小城北城墙发掘简报》，《中原文物》2020 年第 6 期。（合著，第一作者）

何毓灵

[1]《论殷墟手工业布局及其源流》，《考古》2019 年第 6 期；中国人民大学书报资料中心：《复印报刊资料·先秦、秦汉史》2019 年第 5 期。

[2]《论殷墟刘家庄北地铅锭贮藏坑性质》，《三代考古》（八），科学出版社，2019 年。

[3]《考古学家到底是做什么的？》，《群言》2019 年第 8 期。

[4]《洹北商城作坊区内发现铸铜工匠墓》，《中国文物报》2019 年 6 月 21 日第五版。

[5]《小议殷墟石器研究》，《文物春秋》2019 年第 2 期。（合著）

[6]《殷墟“外来文化因素”研究》，《中原文物》2020 年第 2 期。

[7]《读懂“有价值的古物”》，《人民日报》2019 年 11 月 16 日第 5 版。

[8]《殷墟锡衣仿铜陶礼器的发现与研究》，《考古学报》2020 年第 2 期。（合著）

[9]《浅谈殷墟青铜器的铸后打磨工艺》，《江汉考古》2020 年第 5 期。（合著）

[10]《安阳郭家湾新村》，科学出版社，2020 年。（合著，副主编）

[11]《河南安阳市洹北商城铸铜作坊遗址 2015～2019 年发掘简报》，《考古》2020 年第 10 期。（合著，第一作者）

曹慧奇

[1]《河南偃师市偃师商城宫城祭祀 D 区发掘简报》，《考古》2019 年第 11 期。（合著）

[2]《河南偃师商城囷仓遗址》，《大众考古》2019 年第 12 期。（合著）

[3]《〈周髀算经〉从数学看先秦的天文观及地中问题》，《南方文物》2020 年第 4 期。

[4]《河南偃师商城遗址 2019 年发掘收获》，《2019 中国重要考古发现》，文物出版社，2020 年。（合著）

[5]《偃师商城城门遗址的发现与研究》，《中原文物》2020 年第 6 期。

[6]《偃师商城 2018～2020 年田野工作的新收获》，《中原文物》2020 年第 6 期。（合著）

[7]《2018～2020 年偃师商城小城北城墙发掘简报》，《中原文物》2020 年第 6 期。（合著）

[8]《河南偃师商城新发现大型仓储区及囷仓类建筑基址》，《中国文物报》2020 年 8 月 7 日第八版。（合著）

岳占伟

［1］《商代扁体铜卣的铸造工艺研究》，《南方文物》2019 年第 5 期。（合著，第一作者）
［2］《殷墟青铜器铸造的几个相关问题》，《商周青铜器铸造工艺研究》，科学出版社，2019 年。（合著，第一作者）
［3］《实验考古是探索古代技术的重要方法——以殷墟制陶和熔铜实验为例》，《三代考古》（八），科学出版社，2019 年。（合著，第一作者）
［4］《安阳殷墟大司空村东南地 2015～2016 年发掘报告》，《考古学报》2019 年第 4 期。（合著）
［5］《殷墟文化的多元因素再分析——以陶鬲为例》，《南方文物》2019 年第 5 期。（合著）
［6］《安阳孝民屯（三）：殷商遗存・铸铜遗物》（上、下册），文物出版社，2020 年。（主编）
［7］《从考古材料看殷墟第四期的文化面貌》，《南方文物》2020 年第 4 期。
［8］《浅谈殷墟青铜器的铸后打磨工艺》，《江汉考古》2020 年第 5 期。（合著）
［9］《河南安阳市洹北商城铸铜作坊遗址 2015～2019 年发掘简报》，《考古》2020 年第 10 期。（合著）

唐锦琼

［1］《先秦时期水晶制品初探》，《东南文化》2019 年第 5 期。
［2］《江苏苏州木渎古城》，《黄淮七省考古新发现（2011～2017）》，大象出版社，2019 年。
［3］中国社会科学院考古研究所、苏州市考古研究所苏州古城联合考古队：《江苏苏州市五峰北遗址 2016 年发掘简报》，《考古》2020 年第 1 期。（合著，第一作者）
［4］《苏州五峰北遗址磨制石器的“操作链”及“生命史”研究》，《考古》2020 年第 11 期。（合著）

宋江宁

［1］《沣西遗址出土西周原始瓷胎釉特征的初步研究》，《文博》2019 年第 2 期。（合著）
［2］《西周の滅亡原因に関する新知见》，《岩手大学平泉文化研究センター年報》第 7 集。
［3］《2015 年周原遗址贺家北（ⅡC3 区）墓葬发掘简报》，《考古与文物》2019 年第 5 期。（合著）
［4］《无角度、不（非）学术——对考古学学科性质和中国考古学学科发展的思考》，《南方文物》2020 年第 6 期。
［5］《陕西宝鸡市周原遗址凤雏六号至十号基址发掘简报》，《考古》2020 年第 8 期。（合著，第一作者）

赵海涛

［1］《二里头考古六十年》，中国社会科学出版社，2019 年。（合著）
［2］《中华文明总进程的核心与引领者：二里头文化的历史位置》，《南方文物》2019 年第 2 期。（合著，第一作者）
［3］《试论二里头遗址出土陶器化学成分所见选料传统》，《南方文物》2019 年第 2 期。（合著）
［4］《二里头遗址发现 60 年的回顾、反思与展望》，《中原文物》2019 年第 4 期。（合著，第一作者）
［5］《揭开二里头遗址的面纱》，《人民日报》2019 年 10 月 19 日。

［6］《河南偃师市二里头遗址宫殿区5号基址发掘简报》,《考古》2020年第1期。（合著，第一作者）
［7］《二里头遗址新见神灵及动物形象的复原和初步认识》,《考古》2020年第2期。（合著）
［8］《河南偃师二里头遗址1号巨型坑祭祀遗迹出土动物的饲养方式》,《第四纪研究》2020年2期。（合著）
［9］《近20年来二里头遗址田野考古收获概析》,《平泉文化研究所年报》（日本·岩手大学），2020年第8期。
［10］《二里头都邑聚落形态新识》,《考古》2020年第8期。
［11］ Anthracological analysis from the Bronze Age site of Erlitou(Henan province, China). *Quaternary International*.（合著）
［12］《纪念二里头遗址科学发掘60周年国际学术研讨会综述》,《黄河·黄土·黄种人》2020年第30期。（合著）

高江涛

［1］《洛阳盆地与晋南早期交通道路之“中条洹津道”》,《中原文物》2019年第1期。
［2］《洛阳盆地与晋南早期交通道路之“虞坂巅軨道”》,《中原文物》2019年第2期。
［3］《洛阳盆地与晋南早期交通道路之“轵关陉道”》,《中原文物》2019年第3期。
［4］《试论中国早期国家形成的模式与动力》,《史学月刊》2019年第6期。
［5］《几何形态测量和稳定同位素视角下河南下王岗遗址出土猪骨的相关研究》,《江汉考古》2019年6期。（合著）
［6］《试论二里头文化时期洛阳盆地和江汉平原的交流通道》,《南方文物》2020年第2期。
［7］《淅川下王岗：2008～2010考古发掘报告》，科学出版社，2020年。
［8］《从起源看中华文明的“三对特征”》,《中国社会科学报》2020年10月19日。
［9］《陶寺文化与社会的三个特质》,《中国文物报》2020年12月4日。
［10］《黄河流域龙山时代的鳄鱼骨板探析》,《东方考古》（第17集），科学出版社，2020年。

常怀颖

［1］《郑州大遗址片区保护利用战略规划》，科学出版社，2018年。（合著）
［2］《打开夏文化认知的新视界》,《光明日报》2019年3月4日第14版（理论·史学版）。
［3］《2018年度夏商周考古发现与研究学习综述》,《古代文明研究通讯》2019年第2期。
［4］《试析西周早期社会青铜工业生产机制——以湖北随州叶家山墓地出土铜器为中心》,《文物》2019年第5期。（合著）
［5］《“烘范窑”与“预热设施”辨》,《南方文物》2019年第3期。
［6］《襄阳余岗墓地出土青铜容器的金相及成分分析》,《江汉考古》2019年第3期。（合著）
［7］《殷墟车马器补议》,《江汉考古》2019年第5期。
［8］《中原腹地以北地区的“过渡期”遗存蠡探》,《三代考古》（八），科学出版社，2019年。
［9］《略谈晚商太行山南麓及临近地区的铜器墓》,《中原文物》2020年第4期。
［10］《商周之际关中西部的车马埋葬》,《考古学研究》（十一），科学出版社，2020年。
［11］《探寻先秦时期伊洛社会的横截面》,《中华读书报》2020年9月30日第8版。

［12］《从随葬陶器看殷墟以外的晚商“族墓地”》，《江汉考古》2020 年第 6 期。
［13］《2019 年度夏商周考古发现与研究学习综述》，《古代文明研究通讯》总第 87 期，2020 年 12 月。
［14］《考古工作者的日常》，《三联生活周刊·少年增刊》2020 年第 2 期。
［15］《野外考古发掘现场》，《三联生活周刊·少年增刊》2020 年第 2 期。

李宏飞

［1］《试论二里头遗址出土陶器化学成分所见选料传统》，《南方文物》2019 年第 2 期。（合著，第一作者）
［2］《藁城台西商代遗址再分析——兼论商文化“居葬合一”的特质因素》，《中国国家博物馆馆刊》2019 年第 7 期。
［3］《论老牛坡 86Ⅲ1 区墓地》，《三代考古》（八），科学出版社，2019 年。
［4］《〈中国铜器综述〉：首开铜器类型学研究先河》，《中国社会科学报》2019 年 10 月 24 日。
［5］《郑州小双桥遗址 2014 年Ⅳ A02 区发掘报告》，《华夏考古》2019 年第 5 期。（合著）
［6］《试论邳州梁王城遗址发现的西周墓葬——兼论铜山丘湾社祀遗迹的年代》，《中原文物》2020 年第 1 期。
［7］《河南史前城址的分类研究》，《华夏考古》2020 年第 1 期。
［8］《论游凤七器——关中地区先周时期铜器群探索之二》，《考古与文物》2020 年第 4 期。
［9］《江西清江盆地商代诸遗存兴起背景探讨》，《南方文物》2020 年第 4 期。
［10］《殷墟刘家庄西周遗存分析》，《东亚文明》，燕山大学出版社、社会科学文献出版社，2020 年。
［11］《纪念二里头遗址科学发掘 60 周年国际学术研讨会综述》，《黄河·黄土·黄种人》2020 年第 30 期。（合著，第一作者）

王　迪

［1］《考古遗存的整体提取——以墎墩五号墓墓棺的提取为例》，《南方文物》2019 年第 6 期。
［2］《试析西周时期气候变化与丰京聚落布局演变的关系》，《三代考古》（八），科学出版社，2019 年。
［3］《丰镐遗址近年考古工作收获与思考》，《三代考古》（八），科学出版社，2019 年。（合著）
［4］《再议丰京遗址新发现的水系遗存》，《中原文物》2019 年第 3 期。（合著，第一作者）
［5］《山东聊城西梭堤“聊城汛”碑》，《文物》2020 年第 10 期。
［6］《一件西周早期青铜钺上“鸟蛇相斗”主题纹饰的辨识及相关问题讨论》，《南方文物》2020 年第 4 期。
［7］《紧抓中轴线，科学推进北京老城保护》，《中国城市报》2020 年 7 月 13 日。
［8］《如何深入打造海昏侯文化 IP》，《中国城市报》2020 年 9 月 28 日。
［9］《浅论当代国外制陶中的禁忌与祭祀》，《东方考古》（第 17 集），科学出版社，2020 年。
［10］《西安市长安区西周时期丰京遗址》，《中国考古学年鉴·2018》，中国社会科学出版社，2020 年。（合著）

编　后　记

《三代考古》（九）要与读者见面了。从第一辑到现在准备出版的第九辑，每两年出版一辑，现已成为研究夏商周考古、历史、文化的核心阵地和含金量很高的品牌。

在《三代考古》开始创办时，编委会最初的设想，每一辑定一个主题。虽然从前两辑的作者几乎为中国社会科学院考古研究所夏商周研究室同仁到现在所内外学人都积极投稿，潜在的投稿者多了，但因稿源问题，最初的宗旨还是无法完美实现。虽然《三代考古》的定位是文物考古领域的文集，鼓励以考古材料为基础进行研究，但这类研究不可能仅限于考古学科层面，而是必然要上升到人文社会科学乃至哲学研究层面。所以本辑收稿范围，没有严格限定，凡考古报告和简报（新石器晚期——夏商周时期）、哲学思辨、人文社科研究（新石器晚期——夏商周时期），都在收稿范围。

感谢学界学人尤其是投稿者对《三代考古》的关注和支持！收入本辑的稿件，其中考古报告和简报5篇，时代涵盖长，内容各具特色，重要性不言而喻。论文涉及的领域较广，研究各擅胜场。

本辑的出版，得到中国社会科学院考古研究所、夏商周研究室以及同仁们的大力支持。

编辑出版中，科学出版社的董苗女士为本辑编辑付出了大量心血。编辑期间，中国社会科学院大学历史学院的田书殷同学、吉林大学考古系的王珏同学、常淑敏博士先后加入校对文稿，考古所安阳队的王新丽和管明丽两位技师加班处理图片。感谢大家的辛劳付出，在此一并致谢！

牛世山

2021年3月21日

图版一

1. 陶鬲（H21 ： 1）

2. 陶深腹罐（H10 ： 13）

3. 陶鼎（M1 ： 6）

4. 陶豆（M1 ： 4）

5. 陶壶（M1 ： 1）

6. 铜“甘丹”布币（采 ： 33、采 ： 34）

《邯郸北羊井遗址调查记》

图版二

1. 河村取土坑断面地层及灰坑关系

2. M1 棺顶

3. M1 棺内

1. M8 棺内

2. M8 棺底木板与棺底三条横木

3. M8 坑底的棺底板与三条横木的印痕

图版四

1. M18 墓圹与椁盖板顶部正射影像（右为西）

2. M18 椁底腰坑东南角立柱（右为西）

3. M18 椁东挡板

《2016 年河南内黄县河村商代晚期遗址和墓葬发掘简报》

1. M18 椁底板（右为西）

2. M18 棺盖板正射影像（右为西）

3. M18 木棺（棺四壁立板塌陷情况）（右为西）

《2016年河南内黄县河村商代晚期遗址和墓葬发掘简报》

图版六

1. M18 棺内（右为西）

2. M18 棺西挡板两端榫卯结构

图版七

1. M18 椁侧壁与底上的束棺横木条痕迹

2. M18 椁底板上的束棺横木条

图版八

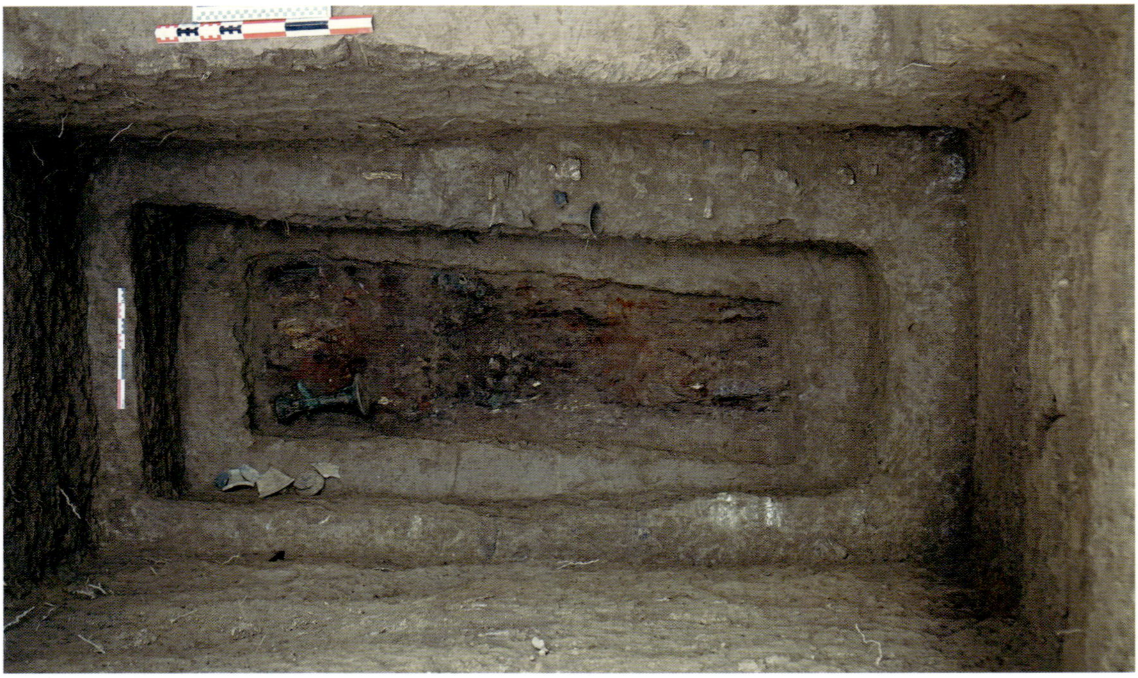

1. M8 棺内

2. M9 棺内

1. 磨石（M5 ： 10）

2. 玉蝉（M5 ： 7）

3. M8 出土铜觚、爵

4. M5 出土陶器

5. M8 出土随葬品

1. M9 出土青铜器

2. M9 随葬陶、铜容器

1. M123

2. M123 局部（南→北）

图版一二

1. 仿铜陶鼎内遗物（M123 ： 4）

2. 仿铜陶觯（M123 ： 20）、陶尊（M123 ： 37）

3. 陶罐（M123 ： 11、M123 ： 9、M123 ： 10）、
陶罍（M123 ： 12、M123 ： 39）

4. 陶觚（M123 ： 22）、陶爵（M123 ： 38）

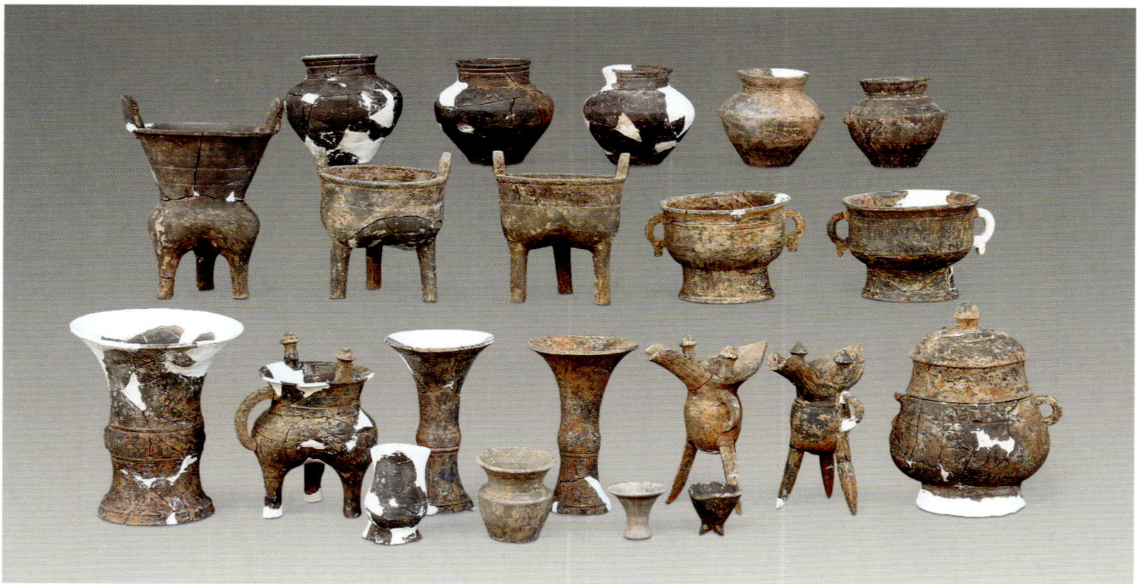

5. M123 陶器组合

1. 仿铜陶鼎（M123 ：14、M123 ：4）

2. 仿铜陶簋（M123 ：8、M123 ：13）

3. 仿铜陶爵（M123 ：18、M123 ：19）

4. 仿铜铜觚（M123 ：23、M123 ：21）

5. 仿铜陶尊（M123 ：16）

6. 仿铜陶甗（M123 ：15）

《河南安阳市殷墟大司空东地M123发掘报告》

图版一四

1. 仿铜陶卣（MM123 ∶ 17）

2. 仿铜陶斝（M123 ∶ 40）

3. 玉柄形器（M123 ∶ 42）

4. 玉鱼形刻刀（M123 ∶ 44、M123 ∶ 43）

5. 铜铃（M123 ∶ 5、M123 ∶ 6、M123 ∶ 7、M123 ∶ 1、M123 ∶ 2）

6. 磨石（M123 ∶ 29）

《河南安阳市殷墟大司空东地M123发掘报告》

1. 骨镞（M123 ： 3、M123 ： 32、M123 ： 33）

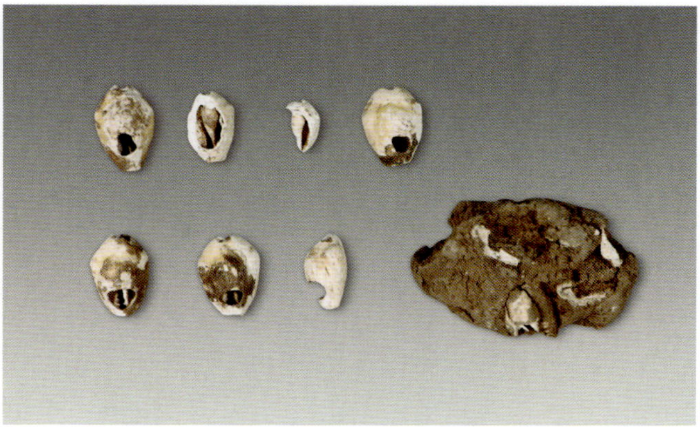

2. 货贝（M123 ： 41）

3. 铜蚌合体饰正面（M123 ： 27）

4. 铜蚌合体饰背面（M123 ： 27）

5. 文蛤（M123 ： 28）

6. 石璋（M123 ： 35、M123 ： 24、M123 ： 30、M123 ： 31、M123 ： 36、M123 ： 34）

图版一六

1. 大口罐（J15 ：1）

2. 大口罐（J15 ：2）

3. Aa 型泥质灰陶罐（J15 ：4）

4. Aa 型泥质灰陶罐（J15 ：5）

5. Aa 型泥质灰陶罐（J15 ：6）

6. Ab 型泥质灰陶罐（J15 ：10）

《2008 年河南安阳殷墟刘家庄北地 J15 发掘简报》

1. Aa 型泥质灰陶罐（J15 ： 8）

2. Aa 型泥质灰陶罐（J15 ： 11）

3. B 型泥质灰陶罐（J15 ： 12）

4. B 型陶罍（J15 ： 18）

5. C 型陶罍（J15 ： 17）

6. A 型陶罍（J15 ： 19）

《2008 年河南安阳殷墟刘家庄北地 J15 发掘简报》

图版一八

1. B 型泥质灰陶罐（J15 ： 14）

2. 小口罐（J15 ： 49）

3. 陶簋（J15 ： 23）

4. 陶壶（J15 ： 21）

5. 陶壶（J15 ： 22）

6. 陶器盖（J15 ： 47）

《2008 年河南安阳殷墟刘家庄北地 J15 发掘简报》

图版一九

1. A 型泥质红陶罐（J15 ： 36）

2. A 型泥质红陶罐（J15 ： 34）

3. A 型泥质红陶罐（J15 ： 27）

4. A 型泥质红陶罐（J15 ： 46）

5. A 型泥质红陶罐（J15 ： 38）

6. A 型泥质红陶罐（J15 ： 42）

图版二〇

1. 夹砂红褐陶罐（J15 ∶ 24）

2. 夹砂红褐陶罐（J15 ∶ 25）

3. B 型泥质红陶罐（J15 ∶ 44）

4. B 型泥质红陶罐（J15 ∶ 45）

5. 陶瓿形器（J15 ∶ 48）